Heike Jöns:

Grenzüberschreitende Mobilität und Kooperation in den Wissenschaften.
Deutschlandaufenthalte US-amerikanischer Humboldt-Forschungspreisträger
aus einer erweiterten Akteursnetzwerkperspektive

ISBN 3-88570-116-2

HEIDELBERGER GEOGRAPHISCHE ARBEITEN

Herausgeber:

Bernhard Eitel, Hans Gebhardt,
Rüdiger Glaser und Peter Meusburger

Schriftleitung: Klaus Sachs

Heft 116

Im Selbstverlag des Geographischen Instituts der Universität Heidelberg

2003

Grenzüberschreitende Mobilität und Kooperation in den Wissenschaften

Deutschlandaufenthalte US-amerikanischer Humboldt-Forschungspreisträger aus einer erweiterten Akteursnetzwerkperspektive

von

Heike Jöns

Mit 38 Abbildungen, 11 Tabellen und 8 Karten

(mit engl. summary)

Im Selbstverlag des Geographischen Instituts der Universität Heidelberg

2003

Die vorliegende Arbeit wurde von der Geowissenschaftlichen Fakultät der Ruprecht-Karls-Universität Heidelberg als Dissertation angenommen.

Tag der mündlichen Prüfung: 30. April 2002

Gutachter: Prof. Dr. Peter Meusburger
Gutachter: Prof. Dr. Hans Gebhardt

Foto Umschlagvorderseite: Heike Jöns, Illustration anläßlich des Zweiten Internationalen Symposiums *Knowledge and Space,* Studio der Villa Bosch, Heidelberg, September 2002

Foto Umschlagrückseite: Archiv der Alexander von Humboldt-Stiftung, Bonn, Jubiläumsfeier zum 25jährigen Bestehen des Humboldt-Preisträgerprogramms, US Library of Congress, Washington D.C., Oktober 1997

Umschlaggestaltung: Heike Jöns

Printed in Germany
ISBN 3-88570-146-2

Everything is connected in life – the point is to know and to understand it.

Aus der Fotoserie von Gillian Wearing zum Thema
Signs that say what you want them to say and not signs
that say what someone else wants you to say, 1992-93

Für HePePeAn

Vorwort

Die Ausführungen dieser Arbeit bewegen sich im Spannungsfeld historischer und geographischer, sozialwissenschaftlicher, wissenschaftstheoretischer und politischer Erkenntnisinteressen zu internationaler Mobilität und Kooperation in den Wissenschaften. Sie entwickelten sich aus Forschungsinteressen einer Geographie des Bildungs- und Qualifikationswesens, die einen Schwerpunkt am Geographischen Institut der Universität Heidelberg darstellt, an dem diese Arbeit entstand. Darüber hinaus waren drei verschiedene Entwicklungen am Ende der 1990er Jahre prägend: Eine breite öffentliche Diskussion um die internationale Attraktivität Deutschlands für ausländische Gastwissenschaftler, ein interdisziplinär zunehmendes Interesse an der Bedeutung räumlicher Mobilität und spezifischer räumlicher Kontexte für wissenschaftliches Arbeiten und eine vermehrte Rezeption theoretischer Konzepte der interdisziplinären Wissenschaftsforschung in der Geographie.

Gemeinsam mit den empirischen Ergebnissen zu den Bedingungen und Auswirkungen staatlich geförderter Deutschlandaufenthalte US-amerikanischer Wissenschaftler zwischen 1972 und 1996 stelle ich mit dieser Arbeit den Entwurf einer erweiterten Akteursnetzwerkperspektive zur Diskussion. Diese formierte sich im Wechselspiel von Empirie und Theorie und scheint ein umfassenderes Verständnis wissenschaftlicher Interaktionsbeziehungen zu ermöglichen als die konventionelle Akteursnetzwerkperspektive. Zudem wird auf Grundlage des vorgeschlagenen Gedankengerüsts versucht, Bewegung in jüngere Fachdiskussionen um das erkenntnistheoretische Dilemma zwischen sozialer Konstruktion und natürlichem Realismus zu bringen und die Konzepte Natur, Gesellschaft, Technologie und Wissen aus einer neuen Perspektive kritisch zu reflektieren. Die vorliegenden Ausführungen basieren auf der gleichnamigen, im Mai 2002 im Internet veröffentlichten Doktorarbeit (JÖNS 2002b) und verstehen sich als ein Diskussionsbeitrag zu laufenden Diskursen über Wissenschaftsbeziehungen, Handlungsverantwortung, Hybridität und akteursnetzwerkbasierte Wissenschafts- und Gesellschaftskonzepte, der im Zuge reger Diskussionen in verschiedenen Fachkontexten weiter zu elaborieren sein wird.

Allen Personen und Institutionen, die mich im Rahmen dieser Arbeit unterstützt haben, möchte ich an dieser Stelle sehr herzlich danken. Mein besonderer Dank gilt Prof. Dr. Peter Meusburger, der mir den Anstoß zur Beschäftigung mit den Humboldt-Preisträgern gab und den Entstehungsprozeß dieser Arbeit mit wertvollen Ratschlägen, ermunterndem Zuspruch und der Schaffung einer kreativen Arbeitsumgebung unterstützend begleitete. Diese Arbeit wäre auch nicht denkbar ohne die Kooperationsbereitschaft von 61 Preisträgern aus den USA und vier deutschen Post-Docs, die eine halbe bis zwei Stunden ihrer Zeit für ein Gespräch mit mir verwendeten. Für ihre Aufgeschlossenheit und die mit den Gesprächen verbundenen Erfahrungen danke ich ihnen sehr. Dankbar bin ich auch den mehr als eintausend US-Wissenschaftlerinnen und Wissenschaftlern, die an einer postalischen Erhebung teilgenommen haben, deren Resultate ebenfalls in diese Arbeit eingeflossen sind.

Für das Vertrauen, das mir von seiten der Humboldt-Stiftung entgegengebracht wurde, bedanke ich mich stellvertretend bei deren Generalsekretär Dr. Manfred Osten sehr herzlich. Mein besonderer Dank gilt Dr. Wolfgang Holl, Dr. Gisela

Janetzke, Dr. Hellmut Hanle, Dr. Kurt-Jürgen Maaß (inzwischen Generalsekretär des ifa), Dr. Steffen Mehlich, Birgit Teubner, Nurten Cinarcik und Sabine Schlosser für ihre große Unterstützung bei den Erhebungen zum Preisträgerprogramm. Prof. Dr. Zoltán Cséfalvay hatte diese Kooperation dankenswerterweise vermittelt als er Humboldt-Stipendiat am Geographischen Institut in Heidelberg war.

Dem DAAD danke ich für die finanzielle Unterstützung meines dreimonatigen USA-Aufenthalts im Herbst 1999 (Doktorandenstipendium im HSP III), der mir die persönlichen Gespräche mit Preisträgern an der Ost- und Westküste ermöglichte. Der Hiehle-Stiftung der Universität Heidelberg gilt mein Dank für Zuschüsse zu den Druckkosten und zu den Transkribierkosten der englischsprachigen Interviews.

An der Datenerfassung zur vorbereitenden Studie zum Preisträgerprogramm waren Verena Reitz und Nadine Berger als wissenschaftliche Hilfskräfte maßgeblich beteiligt. Für ihren Einsatz in Bonn und Heidelberg möchte ich Ihnen ebenso herzlich danken wie Kate Hoyler für ihre große Hilfe bei der Transkription der englischsprachigen Interviews. Ingeborg Grätzig (DFG) und Dr. Klaus Schnitzer (HIS) danke ich für die Bereitstellung von Förderzahlen zu verschiedenen Mobilitätsprogrammen. Hilfreiche Unterstützung bei der Bearbeitung des Projekts habe ich im Laufe der Zeit auch von Hedda Jöns, Katrin Lichti, Nadine Siemer, Yvette Tristram, Aaron Steele, Diana Künsken, Ines Renon und Simone Ullrich erhalten. Prof. Dr. Hans Gebhardt gilt mein Dank für die Übernahme des Koreferats zur Doktorarbeit und Dr. Klaus Sachs für seine kooperative Schriftleitung der HGA.

Für anregende Diskussionen während der Entstehung dieser Arbeit danke ich Tim Freytag, Prof. Dr. Michael Heffernan, Prof. Dr. Walter Lewin und Michael Hoyler. Zu Beginn des Projekts vertieften Gespräche mit Prof. Dr. Roger Hart und Prof. Dr. Cathryn Carson mein Interesse an den *science studies;* für konstruktive Kommentare und Anregungen zu den resultierenden Ausführungen gilt mein Dank Prof. Dr. Trevor Barnes, Prof. Dr. David Livingstone, Dr. Michael Bravo, Richard Powell, Alexander Vasudevan, Dr. Wolfgang Zierhofer, Prof. Dr. Wolf-Dietrich Sahr und Prof. Dr. Steven Shapin. Maßgeblich dafür waren Vorträge auf den *AAG Meetings* in New York (Sitzung *Geographies of Knowledge and Education II,* März 2001) und Los Angeles (Sitzung *Empires of Science IV,* März 2002), im Rahmen des Zweiten Internationalen Symposiums *Knowledge and Space* (Heidelberg, September 2002) und am *Department of Geography* der *University of Cambridge* (Februar 2003). Gute Gelegenheiten zur Diskussion ausgewählter Ergebnisse boten sich auch auf der ifa-Konferenz *Auswärtige Kulturpolitik – ein Stiefkind der Forschung?* (Stuttgart, September 2001) und auf dem Geographentag 2001 in Leipzig. Wichtige inhaltliche Impulse stammen zudem von den Vorträgen und Seminaren der ersten fünf Heidelberger *Hettner-Lectures,* die ich in der Funktion der verantwortlichen Organisatorin dieser jährlichen Veranstaltungsreihe des Geographischen Instituts und der Klaus Tschira Stiftung besonders intensiv verfolgen konnte.

Abschließend richtet sich mein Dank an meine Freunde und Familie für Verständnis und Unterstützung in arbeitsreichen Zeiten und im besonderen an meine Eltern, Hedda und Peter Jöns, und meine Schwestern Petra und Andrea für ihre Zuwendung seit Beginn meines ganz persönlichen Netzwerkbildungsprozesses.

Heidelberg, im Juni 2003   Heike Jöns

Inhaltsübersicht

Einleitung   1

1 Konzeptionelle Grundlagen einer geographischen Wissenschaftsstudie   7
   1.1 Untersuchungsfelder räumlicher Mobilität in den Wissenschaften   7
   1.2 Ziele und Perspektiven   11
   1.3 Forschungskontexte und Begrifflichkeiten   16
   1.4 Methodische Vorgehensweise und Datengrundlagen   69
   1.5 Fazit zur Konzeption der Arbeit   91

2 Wissenschaftliche Praxis, Mobilität und Akteursnetzwerke   93
   2.1 Zentrale Aussagen und Begriffe der Akteursnetzwerktheorie   94
   2.2 Wissenschaftliche Praxis als Netzwerkbildungsprozeß   101
   2.3 Räumliche Mobilität im Prozeß des Netzwerkbildens   120
   2.4 Kritik und Erweiterung der Akteursnetzwerkperspektive   127
   2.5 Fazit zur erweiterten Akteursnetzwerkperspektive   160

3 Kontextualisierung geförderter Wissenschaftlermobilität   165
   3.1 Das Preisträgerprogramm der Alexander von Humboldt-Stiftung   166
   3.2 Wissenschaft und Forschung in Deutschland und den USA   200
   3.3 Mobilitätsprogramme in der deutschen Förderlandschaft   224

4 US-Wissenschaftler als Humboldt-Preisträger in Deutschland   231
   4.1 Ausgewählte Charakteristika der US-Wissenschaftler   232
   4.2 Entwicklungen vor dem ersten Preisträgeraufenthalt   252
   4.3 Die Zeit in Deutschland   291
   4.4 Resultierende Sachverhalte und Beziehungen   351
   4.5 Aufenthaltsübergreifende Typisierung nach Karrierephasen   407

5 Wissenschaftswelten im ausgehenden 20. Jahrhundert   419
   5.1 Räumliche Bezüge wissenschaftlicher Praxis und Interaktion   420
   5.2 Weltweite Interaktionen renommierter US-Wissenschaftler   429
   5.3 Strukturierung grenzüberschreitender Mobilität und Kooperation   435
   5.4 Abschließendes Fazit und Ausblick   451

Zusammenfassung   453
Summary   471
Literatur- und Quellenverzeichnis   477

Inhaltsverzeichnis

Abbildungsverzeichnis	VII
Tabellenverzeichnis	VIII
Kartenverzeichnis	VIII
Verzeichnis der Abkürzungen	IX

Einleitung		**1**
1	**Konzeptionelle Grundlagen einer geographischen Wissenschaftsstudie**	**7**
1.1	Untersuchungsfelder räumlicher Mobilität in den Wissenschaften	7
1.2	Ziele und Perspektiven	11
1.3	Forschungskontexte und Begrifflichkeiten	16
	1.3.1 Geographische Wissenschaftsforschung	18
	1.3.2 Basiskonzepte interdisziplinärer Wissenschaftsforschung	23
	1.3.2.1 Mertons funktionalistisches Paradigma	26
	1.3.2.2 Kuhns Relativismus	29
	1.3.2.3 Renaissance externalistischer Ansätze	30
	1.3.2.4 Kognitive Ansätze	31
	1.3.2.5 Sozialer Konstruktivismus der *Edinburgh School*	34
	1.3.2.6 Laborkonstruktivismus	35
	1.3.2.7 Akteursnetzwerktheoretische Konzeptionen	39
	1.3.2.8 Schlußfolgerungen	43
	1.3.3 Mobilität, Wissen und Qualifikation in der Geographie	46
	1.3.4 Zirkuläre akademische Mobilität und auswärtige Kulturpolitik	55
	1.3.5 Kommunikation und Kooperation in den Wissenschaften	63
1.4	Methodische Vorgehensweise und Datengrundlagen	69
	1.4.1 Schriftliche Befragung und AvH-Datenbank	75
	1.4.2 Leitfadenorientierte verstehende Interviews	80
	1.4.2.1 Konzeption und Durchführung	80
	1.4.2.2 Auswertungsmethoden	86
1.5	Fazit zur Konzeption der Arbeit	91

2	**Wissenschaftliche Praxis, Mobilität und Akteursnetzwerke**	**93**
2.1	Zentrale Aussagen und Begriffe der Akteursnetzwerktheorie	94
2.2	Wissenschaftliche Praxis als Netzwerkbildungsprozeß	101
	2.2.1 Rationalistisch versus relativistisch	102
	2.2.2 Mobilisierung	104
	2.2.3 Stabilisierung	106
	2.2.4 Erhärtung	109
	2.2.5 Grenzenlose Assoziationen	111
	2.2.6 Verbreitung und Erhaltung	116
	2.2.7 Relationale Räume	117
2.3	Räumliche Mobilität im Prozeß des Netzwerkbildens	120
	2.3.1 Zirkulation	120
	2.3.2 Kollektivität	123
	2.3.3 Grenzüberschreitende Interaktion	124
2.4	Kritik und Erweiterung der Akteursnetzwerkperspektive	127
	2.4.1 Geschichte einer (A)Symmetrie	130
	2.4.2 Kartesisches Denken	132
	2.4.3 Menschliche und supramenschliche Wesen	136
	2.4.4 Spurensuche	139
	2.4.5 Historische und dynamische Hybridität	141
	2.4.6 Eine komplexe Trinität	146
	2.4.7 Natur – Gesellschaft – Wissen und Geographie	150
	2.4.7.1 Neue Sichtweisen	151
	2.4.7.2 Netzwerkbilden in *allen* Wissenschaften	156
2.5	Fazit zur erweiterten Akteursnetzwerkperspektive	160
3	**Kontextualisierung geförderter Wissenschaftlermobilität**	**165**
3.1	Das Preisträgerprogramm der Alexander von Humboldt-Stiftung	166
	3.1.1 Entstehungskontext und Programmgeschichte	166
	3.1.2 Modalitäten und Entwicklungen 1972 bis 1996	172
	3.1.2.1 Nominierungen und Preise	174
	3.1.2.2 Preisträgeraufenthalte	177
	3.1.2.3 Nachkontakte und Humboldt-Vereinigungen	178

Inhaltsverzeichnis V

        3.1.3 Nominierte, Nominierende und Auswahl 181
                3.1.3.1 Beteiligung in Deutschland und den USA 183
                3.1.3.2 Aktivität und Attraktivität nach Fachgebieten 189
                3.1.3.3 Biographisch-kulturelle Verbundenheit 193
        3.1.4 Fazit zur Programmentwicklung 198
    3.2 Wissenschaft und Forschung in Deutschland und den USA 200
        3.2.1 Forschungsinput und Forschungsoutput 202
        3.2.2 Kooperationskulturen im Publikationswesen 207
        3.2.3 Historischer Abriß bilateraler Wissenschaftsbeziehungen 211
                3.2.3.1 Die Institutionalisierung der Kontakte 212
                3.2.3.2 Anknüpfungspunkte in der Zwischenkriegszeit 214
                3.2.3.3 Flucht und Vertreibung in der NS-Zeit 216
                3.2.3.4 Vom Wandel der Zentren 218
                3.2.3.5 Die zweite Hälfte des 20. Jahrhunderts 220
    3.3 Mobilitätsprogramme in der deutschen Förderlandschaft 224

4 US-Wissenschaftler als Humboldt-Preisträger in Deutschland 231
    4.1 Ausgewählte Charakteristika der US-Wissenschaftler 232
        4.1.1 Altersstruktur 232
        4.1.2 Geschlechterverhältnis 235
        4.1.3 Regionale Herkunft und Karrierestationen 238
        4.1.4 Basisinstitutionen und Fachgebiete 245
        4.1.5 Postalisch und persönlich befragte Preisträger im Vergleich 250
    4.2 Entwicklungen vor dem ersten Preisträgeraufenthalt 252
        4.2.1 Beziehungen zu Deutschland 253
                4.2.1.1 Entstehung wissenschaftlicher Kontakte 253
                4.2.1.2 Wissenschaftlich motivierte Emigration 255
                4.2.1.3 Kontakte zum Gastgeber 260
                4.2.1.4 Ausmaß und Art wissenschaftlicher Kontakte 264
                4.2.1.5 Begegnung mit der Humboldt-Stiftung 268
                4.2.1.6 Biographische und familiäre Bezüge 269
                4.2.1.7 Schatten der Vergangenheit 270
        4.2.2 Motivationen und Erwartungen 277
                4.2.2.1 Gemeinsamkeiten heterogener Assoziationsketten 279
                4.2.2.2 Erwartungen an die wissenschaftliche Interaktion 288

	4.3	Die Zeit in Deutschland	291
		4.3.1 Aufenthaltsdauer und Gastinstitutionen	291
		4.3.2 Gestaltung und Verlauf der Aufenthalte	299
		4.3.2.1 Typen wissenschaftlich motivierter Interaktion	303
		4.3.2.2 Fachspezifische Netzwerkbildungsprozesse	313
		4.3.3 Erfahrungen und Bewertungen	322
		4.3.3.1 Arbeitsumfeld	326
		4.3.3.2 Wissenschaftslandschaft	331
		4.3.3.3 Soziale Integration und privates Umfeld	344
	4.4	Resultierende Sachverhalte und Beziehungen	351
		4.4.1 Verzweigungen heterogener Assoziationsketten	351
		4.4.2 Publikationen, Veranstaltungen und Folgeprojekte	360
		4.4.3 Typen fortgesetzter wissenschaftlicher Interaktion	373
		4.4.4 Nachfolgemobilität zwischen Deutschland und den USA	377
		4.4.5 Informelle Netzwerke und transatlantische Mobilitätsschienen	396
	4.5	Aufenthaltsübergreifende Typisierung nach Karrierephasen	407
5	**Wissenschaftswelten im ausgehenden 20. Jahrhundert**		**419**
	5.1	Räumliche Bezüge wissenschaftlicher Praxis und Interaktion	420
	5.2	Weltweite Interaktionen renommierter US-Wissenschaftler	429
	5.3	Strukturierung grenzüberschreitender Mobilität und Kooperation	435
		5.3.1 Gesellschaftssysteme	437
		5.3.2 Persönliche Ressourcen	439
		5.3.3 Institutionalisierte Förderangebote	440
		5.3.4 Karriere- und Familienzyklus	441
		5.3.5 Materielle und immaterielle Welten	443
		5.3.6 Wissenschaftskulturen und deren Hierarchisierung	445
		5.3.7 Biographische Bezüge und kulturelle Affinität	447
		5.3.8 Mobile Wissenschaftler(-innen)	450
	5.4	Abschließendes Fazit und Ausblick	451

Zusammenfassung	**453**
Summary	**471**
Literatur- und Quellenverzeichnis	**477**
Anhang	**505**

Abbildungsverzeichnis

Abb. 1:	Positionierung und Präzisierung des inhaltlichen Fokus	9
Abb. 2:	Forschungskontexte mit ausgewählten Literaturangaben	17
Abb. 3:	Ausgewählte Ansätze der Wissenschaftssoziologie	25
Abb. 4:	Elemente und Abstraktionsstufen des Forschungsprozesses	92
Abb. 5:	Eine symmetrische Erklärung von Natur und Gesellschaft	95
Abb. 6:	Zyklen der Akkumulation in Zentren der Kalkulation	105
Abb. 7:	Latours zirkuläres System wissenschaftlicher Praxis	115
Abb. 8:	Das allgemeine Symmetrieprinzip der Akteursnetzwerktheorie	127
Abb. 9:	Die implizite Asymmetrie des allgemeinen Symmetrieprinzips	135
Abb. 10:	Latours Konzept der zirkulierenden Referenz	137
Abb. 11:	Ein neues menschenzentriertes Aktantenkonzept	143
Abb. 12:	Interpretation Latourscher Fragezeichen	144
Abb. 13:	Eine komplexe Trinität von Aktanten	147
Abb. 14:	Überblick zur Geschichte der Alexander von Humboldt-Stiftung	168
Abb. 15:	Programme der Alexander von Humboldt-Stiftung	169
Abb. 16:	Entwicklung des Preisträgerprogrammes und Grundgesamtheit	170
Abb. 17:	Zahl und Einkommen der *full professors* in den USA, 1972-98	177
Abb. 18:	Nominierungen und Humboldt-Forschungspreise, 1972-2001	182
Abb. 19:	Fachspezifische Beteiligung an zirkulärer akademischer Mobilität	190
Abb. 20:	In Deutschland geborene US-Wissenschaftler/-innen	195
Abb. 21:	Rückläufige biographische Deutschlandbezüge in den USA	196
Abb. 22:	Forschungsinput im internationalen Vergleich	204
Abb. 23:	Internationale Koautorenschaft nach Fachgebieten	209
Abb. 24:	Förderung ausländischer Gastwissenschaftler in Deutschland	225
Abb. 25:	Altersentwicklung im US-Preisträgerprogramm, 1972-96	234
Abb. 26:	Frauenanteile im Rahmen zirkulärer akademischer Mobilität	237
Abb. 27:	Auswanderungszeiträume in Deutschland geborener US-Preisträger	240
Abb. 28:	Nominierte, Preisträger und Gesprächspartner im Vergleich	250
Abb. 29:	Assoziationsketten zur Realisierung der Preisträgeraufenthalte	280
Abb. 30:	Aufenthaltsdauer der US-Preisträger in Deutschland, 1972-96	292
Abb. 31:	Typen wissenschaftlicher Arbeit und Interaktion	314
Abb. 32:	Individuelle Resultate der Deutschlandaufenthalte	356

Abb. 33: Ausgewählte wissenschaftliche Resultate nach Fachgebieten 363
Abb. 34: Publikationsverhalten ausgewählter US-Wissenschaftler 366
Abb. 35: Typen fortgesetzter wissenschaftlicher Interaktion 374
Abb. 36: Muster nachfolgender Mobilitätsbeziehungen 378
Abb. 37: Altersgruppenspezifische Verlaufstypen und Karrierezyklen 410
Abb. 38: Geographien verschiedener wissenschaftlicher Praktiken 426

Tabellenverzeichnis

Tab. 1: Grundgesamtheit und Rücklauf der schriftlichen Vollerhebung 78
Tab. 2: Gesprächspartner nach Institutionen und Fachgebieten 82
Tab. 3: Struktur der Humboldt-Forschungspreise in den 1990er Jahren 171
Tab. 4: Die Top-25 Basisuniversitäten im US-Preisträgerprogramm 185
Tab. 5: Veröffentlichte wissenschaftliche Artikel nach Staaten und ausgewählten Jahren zwischen 1981 und 1995 206
Tab. 6: Gastwissenschaftler in Deutschland nach Förderinstitution und Gefördertengruppe, 1998 228
Tab. 7: Gastwissenschaftler in Deutschland nach Förderprogrammen, 1995-99 230
Tab. 8: Karrierewege der US-Preisträger 1972-96 243
Tab. 9: Motivationen der US-Wissenschaftler für den Preisträgeraufenthalt 284
Tab. 10: Resultierende Sachverhalte aus Sicht der US-Wissenschaftler 354
Tab. 11: Interinstitutionelle Beziehungen im Preisträgerprogramm 399

Kartenverzeichnis

Karte 1: Nominierende Institutionen nach Auswahlerfolg, 1972-96 186
Karte 2: Forschung und Entwicklung in Deutschland und den USA 201
Karte 3: Ausgewählte Lebensverlaufsstationen der US-Preisträger 1972-96 244
Karte 4: Basisinstitutionen der US-Preisträger 1972-96 246
Karte 5: Nominierte, Preisträger und Gesprächspartner an R1-Universitäten 249
Karte 6: Geförderte Gastwissenschaftler/-innen 1998 297
Karte 7: Beispiel eines informellen Netzwerks der US-Preisträger 1972-96 398
Karte 8: Weltweite Kooperationen der US-Preisträger 1972-96 431

Verzeichnis der Abkürzungen

ANT	Akteursnetzwerktheorie
AvH	Alexander von Humboldt-Stiftung
AvHAA	Alexander von Humboldt Association of America
BEVELAC	Schwerionenbeschleuniger am Lawrence Berkeley Laboratory
BMBF	Bundesministerium für Bildung und Forschung
BMBW	Bundesministerium für Bildung und Wissenschaft
BMFT	Bundesministerium für Forschung und Technologie
BMZ	Bundesministerium für wirtschaftliche Zusammenarbeit und Entwicklung
CERI	Centre for Educational Research and Innovation
CERN	European Organization for Nuclear Research
D(-)	Deutschland bzw. in Deutschland tätige Person
DAAD	Deutscher Akademischer Austauschdienst
DAAK	Deutsch-Amerikanisches Akademisches Konzil
DESY	Deutsches Elektronen Synchrotron
DFG	Deutsche Forschungsgemeinschaft
ERP	European Recovery Program
ESA	European Space Agency
ETH	Eidgenössische Technische Hochschule Zürich
EU	Europäische Union
EXOSAT	European Space Agency X-ray Observatory, 1983-86
FuE	Forschung und Entwicklung
FulKom	Fulbright-Kommission
GG	Grundgesamtheit der US-Preisträger/-innen
GA	Humboldt-Gastgeber
GSI	Gesellschaft für Schwerionenforschung mbH
GWI	Humboldt-Forschungspreis für Geisteswissenschaftler/-innen
HIS	Hochschul-Informations-System GmbH
HRK	Hochschulrektorenkonferenz, Vereinigung der deutschen Hochschulen

IfA	Institut für Auslandsbeziehungen
IIE	Institute of International Education
ISI	Institute for Scientific Information
KAAD	Katholischer Akademischer Ausländerdienst
LBL	Lawrence Berkeley Laboratory
LMU	Ludwig-Maximilians-Universität München
MIT	Massachusetts Institute of Technology
MPG	Max-Planck-Gesellschaft
MPI	Max-Planck-Institut
NASA	National Aeronautic and Space Administration
NATO	North Atlantic Treaty Organisation
NIH	National Institute of Health
NSF	US National Science Foundation
OECD	Organisation for Economic Cooperation and Development
OMGUS	Office of Military Government US
PD	Post-Doktorand bzw. Post-Doc
PRT	Humboldt-Forschungspreisträger/-innen
PWE	Wiedereinladung der Preisträger/-innen durch die Humboldt-Stiftung
RHIC	Relativistic Heavy Ion Collider
ROSAT	Röntgen Satellit Observatorium, 1990-99
SCI	Science Citation Index
TNC	Transnational Companies
TU	Technische Universität
UCB	University of California, Berkeley
UCLA	University of California, Los Angeles
UCSF	University of California, San Francisco
UNESCO	United Nations Educational, Scientific and Cultural Organisation
USS	Humboldt-Forschungspreis für Natur- und Ingenieurwissenschaftler/-innen aus den USA
WGL	Wissenschaftsgemeinschaft Gottfried Wilhelm Leibniz e.V.

Einleitung

Scholars these days are like the errant knights of old, wandering the ways of the world in the search for adventure and glory.

David Lodge, Small World, 1984, 63.

Gelehrte gelten in der Geschichte gemeinhin als räumlich sehr mobile Personen. Aus den Anfängen wissenschaftlicher Naturbeobachtung in Europa ist um 600 vor Christus eine Reise des Thales von Milet nach Ägypten überliefert, deren wissenschaftliche Resultate als Ursprung der griechischen Geometrie gelten. Seine am Fuße der Pyramiden gewonnenen geometrischen Erkenntnisse führte der Astronom, Mathematiker und Mitbegründer griechischer Philosophie mit seiner Rückkehr nach Milet in Griechenland ein, wo er diese und andere Lehren in der auf ihn zurückgehenden Ionischen Schule vermittelte (AUTHIER 1998; SERRES 1998b). Während des vom Christentum geprägten europäischen Mittelalters reisten Geistliche zwischen klösterlichen, bischöflichen und höfischen Schulen als Zentren der Pflege und Weitergabe des bekannten und schriftlich fixierten Wissens umher, um eigenes Wissen weiterzugeben, sich mit Gleichgesinnten über wissensbezogene Fragen auszutauschen und Neues zu lernen. Seit Herausbildung der ersten *universitas magistrorum et scolarium* im späten 12. und frühen 13. Jahrhundert (Bologna, Paris, Oxford, Montpellier, Cambridge)[1] bezieht sich räumliche Mobilität von Studierenden, Lehrenden und Forschenden auf zunehmend mehr Universitäten und im Laufe der Zeit hinzugekommene außeruniversitäre Forschungsstätten privater und staatlicher Gründung, darunter seit dem 16. Jahrhundert nach italienischem Vorbild entstandene wissenschaftliche Akademien, im 17. Jahrhundert aufgekommene Forschungslaboratorien und ab dem letzten Viertel des 19. Jahrhunderts gegründete Industrielabors (vgl. DE RIDDER SYMOENS 1992a; DE RIDDER SYMOENS 1996a; SERRES 1998a).

Neben räumlicher *Karrieremobilität*, die zwischen verschiedenen Stadien einer wissenschaftlichen Laufbahn erfolgen kann, und anders motivierten *Migrationen* von Studierenden, Lehrenden und Forschenden im Sinne vorerst dauerhafter Wohn- und Arbeitsortwechsel sowie *Pendelbewegungen* zwischen zwei oder mehr Wohn- und Arbeitsorten gab es immer auch zirkuläre Formen *räumlicher Mobilität* in den Wissenschaften, wie die Ägyptenreise des Thales von Milet oder neuzeitliche

---

[1] Vgl. VERGER 1992, 62. Da sich die ersten Universitäten als Körperschaften von Lehrenden und Studierenden allmählich aus bestehenden Schulen entwickelten, gestaltet sich die Fixierung von Gründungsdaten schwierig. In Bologna beispielsweise, das als Standort der ersten universitären Einrichtung in Europa gelten kann, ereigneten sich wesentliche Änderungen zur Universität in den Jahren um 1080-1090 (VERGER 1992, 48). Auch bei nachfolgenden Universitätsgründungen variierten, sofern vorhanden, die Zeitpunkte von Gründungsentscheidung, Konstitution der Körperschaft, päpstlicher oder königlicher Anerkennung und Beginn des Lehrbetriebs zum Teil erheblich und ermöglichen daher verschiedene Datierungen (RÜEGG 1992, 4-8; VERGER 1992, 45-47).

Entdeckungsreisen und Forschungsexpeditionen veranschaulichen. Im Zentrum des Interesses dieser Arbeit stehend, umfaßt diese *zirkuläre akademische Mobilität* fachlich und oft auch kulturell motivierte, zeitlich befristete Aufenthalte von Studierenden, Lehrenden und Forschenden an anderen Orten als dem ihres primären Arbeitsumfeldes (kurz- bis langfristige Studienaufenthalte, Forschungsreisen, Gastprofessuren, Tagungsbesuche u. a.). Zirkuläre akademische Mobilität ist in der Regel mit einer Rückkehr an die ursprüngliche Wirkungsstätte verbunden und gleicht somit dem von Bruno LATOUR (1987) als *cycle of accumulation* bezeichneten Prozeß aus Weggehen, Begegnungen und Rückkehr, dessen Tradition für wissenschaftliches Arbeiten er in seinem Werk *Science in Action* bis zu den europäischen Entdeckungsreisen im 15. Jahrhundert zurückverfolgt und als konstitutiv für jede Zentrumsbildung erachtet (vgl. Kapitel 2.2.2).

Im 19. Jahrhundert wurden im Zuge der Nationalstaatenbildung eigens Institutionen geschaffen, um zirkuläre Mobilität zwischen landeseigenen und ausländischen wissenschaftlichen Einrichtungen durch staatlich finanzierte Programme zu unterstützen.[2] Allein die Tatsache staatlicher Förderung und Institutionalisierung akademischer Mobilität läßt vermuten, daß mit entsprechenden Auslandsaufenthalten Folgewirkungen verbunden sind, die über die Dimension der wissenschaftlichen Akteure und Praktiken hinausweisen. Daher stellt sich die Frage nach Umfang, Art, Reichweite und möglichen Bewertungen der Auswirkungen, die mit einer institutionelle, politische und kulturelle 'Grenzen' überschreitenden akademischen Mobilität verbunden sein können. Von besonderem Interesse ist in diesem Zusammenhang die Bedeutung räumlicher Mobilität für die Produktion und Verbreitung wissenschaftlichen Wissens als Konstituens der Wissenschaften (vgl. LATOUR 1987; HARRIS 1998).

---

[2] Beispielsweise entstand in Frankreich im Jahr 1834 auf Initiative des Bildungsministers das staatliche *Comité des Travaux Historiques* zur finanziellen und beratenden Unterstützung historischer und archäologischer Feldarbeit in und außerhalb Frankreichs. 1842 folgte – bis 1845 als separater staatlicher Forschungsrat – der *Service des Missions*, der offizielle Reisestipendien in allen Disziplinen für Forschungen im Interesse der französischen Zivilisation vergab (HEFFERNAN 1994, 23 f.; die 1881 in *Comité des Travaux Historiques et Scientifiques* umbenannte Dachorganisation existiert bis heute als Abteilung des 1939 gegründeten *Centre National de la Recherche Scientifique*).

In Deutschland wurde im Jahr 1860 die *Alexander von Humboldt-Stiftung für Naturforschung und Reisen* zum Andenken an den Namenspatron auf Initiative seiner Freunde gegründet und durch die *Königlich Preußische Akademie der Wissenschaften* in Berlin verwaltet. Stiftungszweck war die finanzielle Unterstützung naturwissenschaftlicher Arbeiten und größerer Reisen talentierter deutscher Wissenschaftler. Das Stiftungsvermögen wurde unter anderem vom preußischen König, von der *Royal Society of London* und der *Petersburger Akademie der Wissenschaften* gespendet. Mit dem Verlust des Vermögens in der Inflationszeit stellte die Stiftung 1923 ihre Tätigkeit ein. 1925 rief das damalige Deutsche Reich die *Alexander von Humboldt-Stiftung* (AvH) mit der Aufgabe ins Leben, die Ausbildung junger ausländischer Hochschulabsolventen in Deutschland zu fördern (AvH 1984; 1993). Diese zweite Humboldt-Stiftung stellte ihre Tätigkeit im Jahr 1945 ein und wurde 1953 durch die Bundesrepublik Deutschland wiedererrichtet (vgl. Abb. 14, S. 164). In ähnlicher Weise geht auch der *Deutsche Akademische Austauschdienst* (DAAD) als derzeit größte deutsche Mittlerorganisation zur Förderung des akademischen Personenaustausches auf eine frühere Gründung zurück (Gründung des *Akademischen Austauschdienstes e.V.* im Jahr 1925 in Heidelberg, im gleichen Jahr Übersiedlung nach Berlin; nach der Auflösung im Jahr 1945 erfolgte 1950 die Neugründung des DAAD; vgl. ALTER 2000; HEINEMANN 2000).

Einleitung

Darüber hinaus stellen akademische Mobilität, wissenschaftliche Netzwerke ins Ausland und die Attraktivität von Hochschulen für ausländische Wissenschaftlerinnen und Wissenschaftler[3] Themen hoher wissenschaftlicher und wissenschaftspolitischer Aktualität dar. So haben sich im Rahmen von Globalisierungsdebatten und nationalen Standortdiskussionen in bezug auf Wirtschaft und Wissenschaft, wie sie in Deutschland seit Mitte der 1990er Jahre in einer breiteren Öffentlichkeit geführt werden (vgl. z. B. BERCHEM 1996; BITZ 1996; BODE 1997; ERICHSEN 1997; FRITZ-VANNAHME 1997; GRIES 1997; HERZOG 1997; HRK 1997; JÖNS 1998; KARISCH 1998; DAAD 2001), verschiedene Fragen aus dem Phänomen staatlich geförderter akademischer Mobilität ergeben. Diese beziehen sich auf Ausmaß und Art internationaler Wissenschaftsbeziehungen, auf den Vergleich verschiedener Bildungs- und Wissenschaftssysteme durch mobile Wissenschaftler, auf das Ausmaß räumlicher Strukturierung wissenschaftlicher Interaktion und Kooperation durch Aspekte wie Staatsgrenzen, Sprachräume und Wissenschaftskulturen und auf die Lokalisierung, Beschaffenheit und Beziehungen wissenschaftlicher Interaktionszentren in verschiedenen raumzeitlichen Kontexten.

Die vorliegende Arbeit geht diesen Fragen nach, indem sie Entstehungszusammenhänge, Verläufe und Auswirkungen staatlich geförderter akademischer Mobilität und internationaler Kooperation in den Wissenschaften des ausgehenden 20. Jahrhunderts aus deutsch-amerikanischer Perspektive untersucht und deren Implikationen diskutiert. Grundlage der empirischen Untersuchungen und theoretischen Reflexionen sind mehrmonatige Aufenthalte renommierter US-amerikanischer Wissenschaftler an deutschen Universitäten und außeruniversitären Forschungsinstitutionen zwischen 1972 und 1996, die im Rahmen der ersten 25 Jahre des Preisträgerprogramms der Alexander von Humboldt-Stiftung (AvH) erfolgten.[4] Ausgehend von diesen Mobilitätsereignissen werden verschiedene miteinander verbundene Fragestellungen zu einem wichtigen Segment deutsch-amerikanischer (Wissenschafts-)Beziehungen, zu Einflußfaktoren und Wirkungen forschungsbezogener Mobilität und Kooperation sowie zu räumlichen Bezügen wissenschaftlichen Arbeitens in ihrem historisch-geographischen Kontext entfaltet und untersucht. Maßgeblich dafür ist die Perspektive der Preisträger als Gruppe erfahrener Wissenschaftler ihrer Fachgebiete. Anhand ihrer Lebensläufe und Repräsentationen werden die Deutschlandaufenthalte rekonstruiert und ein aktuelles Bild zur Außenwahrnehmung der deutschen Wissenschaftslandschaft gezeichnet, das in Hinblick auf die Situation des deutschen Hochschulsystems zu Reflexionen einlädt. Neben

---

[3] Aus Gründen der verbesserten Lesbarkeit werden im folgenden Frauen und Männer zumeist unter der maskulinen Form des Substantivs subsumiert, sofern eine Differenzierung nicht Hauptinteresse der Betrachtung ist. Gelegentlich wird von Wissenschaftlerinnen und Wissenschaftlern gesprochen, um die gleichberechtigte Ansprache beider Geschlechter zu verdeutlichen. Von der attraktiv erscheinenden Variante, durchgängig die feminine Form zu verwenden, wurde abgesehen, da die Mehrheitsverhältnisse in der untersuchten Mobilität US-amerikanischer Wissenschaftler so eindeutig für die maskuline Form ausfallen (vgl. Kapitel 4.1.2), daß sich unter den 61 Interviewpartnern (vgl. 1.4.2) schließlich keine Frau mehr befand und somit die Verwendung der femininen Form inkorrekt gewesen wäre.

[4] Aus programmbezogenen Gründen waren in diesem Zeitraum 96% der US-amerikanischen Humboldt-Forschungspreisträger (US-Preisträger) Natur- und Ingenieurwissenschaftler, so daß sich die Betrachtungen im wesentlichen auf diese Fachbereiche konzentrieren (vgl. 3.1.3.2 und 4.1.4).

einer räumlich differenzierenden Perspektive wird der Einordnung der Ergebnisse in einen weiteren Kontext internationaler Integration, Kooperation und Netzwerkbildung in den Wissenschaften sowie internationalen Wissenstransfers und kulturellen Austausches große Bedeutung beigemessen.

Die theoretische Perspektive, die dieser Untersuchung zugrunde liegt, ist durch die Theorie der Akteursnetzwerke inspiriert, die in den 1980er Jahren von Pariser Wissenschaftssoziologen um Michel Callon und Bruno Latour konzipiert wurde (CALLON 1986; CALLON, LAW, RIP 1986; LAW 1986a; LATOUR 1987) und seitdem im Rahmen interdisziplinärer Wissenschaftsstudien, vor allem unter Einbezug anthropologischer und philosophischer Einflüsse (z. B. SERRES 1995; STENGERS 1997), weiterentwickelt (LAW 1994; LATOUR 1993; 1999b) und kontrovers diskutiert worden ist (z. B. COLLINS und YEARLEY 1992; CALLON und LATOUR 1992; BLOOR 1999a; 1999b; LATOUR 1999a). Seit Mitte der 1990er Jahre wird diese Theorie zunehmend von Geographen in verschiedenen Interessensgebieten rezipiert (z. B. CASTREE 1995, LIVINGSTONE 1995; MURDOCH 1995; DEMERITT 1996; HINCHLIFFE 1996; THRIFT 1996; 1999; GREGORY 1998; MASSEY 1999a; BASSETT 1999; BRAVO 1999) und für verschiedene geographische Forschungsfelder fruchtbar gemacht (vgl. BINGHAM 1996; MURDOCH 1997a; 1997b; WHATMORE 1999; 2002; ZIERHOFER 1997; 1999; 2000; 2002; BINGHAM und THRIFT 2000; HETHERINGTON und LAW 2000a; 2000b). Für die vorliegende Arbeit bereitet die Akteursnetzwerkperspektive einen geeigneten Ausgangspunkt, da sie eine überzeugende Alternative zu anderen Wissenschafts- und Gesellschaftsverständnissen offeriert (vgl. 2.1; 2.2), gleichzeitig eine Methode zur Erforschung der Wissenschaften darstellt (vgl. 1.4; 1.4.2) und als ein besonders geeignetes Konzept zur Beschäftigung mit Fragen des Reisens in den Wissenschaften (SHAPIN 1995, 307) viele Ansatzpunkte bietet, sich mit räumlichen Bezügen wissenschaftlichen Arbeitens intensiv auseinanderzusetzen (vgl. 2.3). Gerade das Verständnis von Wissenschaft als Netzwerkbildungsprozeß in Zentren wissenschaftlicher Kalkulation (LATOUR 1987) scheint geeignet, der Komplexität und Dynamik des Phänomens zirkulärer akademischer Mobilität in angemessener Weise gerecht zu werden.

Entsprechend eines dem hermeneutischen Zirkel verwandten Ablaufs des Forschungsprozesses (vgl. GADAMER 1999, 270 ff.) war der Entstehungsprozeß dieser Arbeit jedoch mit dem Problem konfrontiert, daß die konventionelle Theorie der Akteursnetzwerke den Ausgangspunkt, aber nicht mehr den Endpunkt der Arbeit darstellte. So haben sich wesentliche Argumente der Theorie im Rahmen der empirischen Auswertungen nicht bewährt und wurden daher den veränderten Anforderungen entsprechend modifiziert und erweitert. Obgleich Hauptergebnis, werden Modifizierung und Erweiterung der Akteursnetzwerkperspektive bereits im zweiten Kapitel entwickelt, um die Interpretation der im historisch-geographischen Kontext verhafteten empirischen Ergebnisse auf Grundlage eines theoretischen Konzepts vornehmen zu können, das der Produktion und Konfiguration zeitgenössischer Interaktionsbeziehungen in verschiedenen Fachrichtungen besser gerecht werden kann.

Die empirischen Ergebnisse beruhen im wesentlichen auf drei verschiedenen Datenquellen, welche unter Einsatz quantitativer und qualitativer Methoden der empirischen Sozialforschung ausgewertet wurden. Bei den Datenquellen handelt es

Einleitung

sich erstens um anonymisierte Individualdaten aus der Datenbank der Humboldt-Stiftung zu allen 1.719 US-Wissenschaftlern, die in den Jahren 1972 bis 1996 als Forschungspreisträger in Deutschland waren, zweitens um 1.020 Fragebögen als Ergebnis einer schriftlichen Vollerhebung zu den ersten 25 Programmjahren und drittens um 61 leitfadenorientierte verstehende Interviews, die von der Autorin im Spätsommer und Herbst 1999 mit US-Preisträgern der Regionen Boston/Cambridge und Berkeley/San Francisco/San Jose, vor allem am *Massachusetts Institute of Technology* (MIT), an der *Harvard University* und der *University of California at Berkeley* (UCB), geführt wurden.

Das erste Kapitel ordnet die Arbeit in relevante wissenschaftliche Diskurse ein und legt Ziele und Methodik der Untersuchung dar. Wesentlicher Bestandteil ist eine ausführliche Beschäftigung mit ausgewählten Basiskonzepten sozialwissenschaftlicher Wissenschaftsforschung im 20. Jahrhundert, da diese für das Verständnis der weiteren Ausführungen erforderlich sind und in der Geographie bisher wenig diskutiert wurden.

Das zweite Kapitel entwickelt die theoretischen Grundlagen der Arbeit. Aufbauend auf einer Auseinandersetzung mit dem Wissenschaftsverständnis der Akteursnetzwerkperspektive wird erstens eine theoriegeleitete und empiriegestützte Konzeptionalisierung zirkulärer akademischer Mobilität vorgenommen. Diese führt zweitens zu einer kritischen Reflexion des akteursnetzwerktheoretischen Symmetrieprinzips zwischen Menschen und Dingen als einem Kernkonzept des gleichnamigen Gedankengebäudes. Basierend auf grundsätzlichen Überlegungen zum Verständnis der Konzepte Natur, Gesellschaft, Technologie und Wissen – im Rahmen wissenschaftlicher Praxis auf das Engste miteinander verzahnt – mündet das zweite Kapitel in einem konkreten Vorschlag zur Modifizierung und Erweiterung des akteursnetzwerktheoretischen Gedankengebäudes.

Vor dem Hintergrund der erweiterten Akteursnetzwerkperspektive werden anschließend die Deutschlandaufenthalte US-amerikanischer Humboldt-Forschungspreisträger im Detail untersucht. Dazu widmet sich das dritte Kapitel zunächst einer intensiven Kontextualisierung der Aufenthalte. Im ersten Teil des Kapitels wird die Programmentwicklung, einschließlich der Nominierungen und Auswahl, analysiert; der zweite Teil thematisiert zeitgenössische Charakteristika und historische Beziehungen von Wissenschaft und Forschung in Deutschland und den USA; der dritte Teil ordnet das Preisträgerprogramm in die deutsche Förderlandschaft ein.

Das vierte Kapitel stellt das empirische Hauptkapitel dar und gliedert sich weitgehend chronologisch. Gegenstand der Auswertungen sind die Entstehung der Deutschlandkontakte, Motivationen und Erwartungen der mobilen US-Wissenschaftler, die Gestaltung ihrer Preisträgeraufenthalte sowie daraus hervorgegangene Erfahrungen und Auswirkungen. Als Fazit werden typische Aufenthaltstypen herauskristallisiert und zusammenfassend diskutiert.

Das fünfte Kapitel präsentiert abschließend ein Konzept zum Verständnis räumlicher Bezüge verschiedener wissenschaftlicher Praktiken auf Grundlage der erweiterten Akteursnetzwerkperspektive und faßt thesenhaft die Ergebnisse der vorherigen Kapitel zur Strukturierung grenzüberschreitender Mobilität und Kooperation in den Wissenschaften zusammen.

1 Konzeptionelle Grundlagen einer geographischen Wissenschaftsstudie

Räumliche Mobilität in den Wissenschaften ist das zentrale Ereignis, das den Gegenstandsbereich dieser Arbeit definiert. Im Einklang mit jüngeren Erkenntnissen der interdisziplinären Wissenschaftsforschung, die wissenschaftliche Praxis als räumlich situiert und wissenschaftliches Wissen als lokal konstruiert charakterisiert (vgl. z. B. LATOUR 1987; HARAWAY 1988; LIVINGSTONE 1995; 2002a), und angesichts der Tatsache, daß im Zuge mobilitätsbedingter Raumüberwindung eine Beziehung zwischen mindestens zwei verschiedenen Orten entsteht, wurde den Ausführungen eine explizit *räumlich* differenzierende Perspektive zugrundegelegt. Diese interessiert sich in besonderer Weise für die Bedeutung verschiedener räumlicher und kultureller Kontexte im Rahmen der untersuchten Mobilitätsbeziehungen und der damit verbundenen wissenschaftlich motivierten Interaktionen und Kooperationen. Eine *zeitlich* differenzierende Perspektive ist für die Arbeit ebenfalls wichtig, da Mobilitätsereignisse aus einem Zeitraum von 25 Jahren des Preisträgerprogramms der Alexander von Humboldt-Stiftung (AvH) untersucht werden. Letztendlich legt jedoch der fachliche Blickwinkel die Betonung eines *geographischen* Ansatzes nahe.

> Spatiality and temporality, human geography and human history, intersect in a complex social process which creates a constantly evolving historical sequence of spatialities, a spatio-temporal structuration of social life which gives form not only to the grand movements of societal development but also to the recursive practices of day-to-day activity. The production of space (and the making of history) can thus be described as both the *medium* and the *outcome* of social action and relationship (SOJA 1985, 94).

Ziel dieses ersten Kapitels ist es, den Gegenstandsbereich und die Ziele der Arbeit zu präzisieren und diese in einem weiteren internationalen und interdisziplinären Forschungskontext zu positionieren. Darauf aufbauend werden Methodik und Datengrundlagen der empirischen Untersuchungen erläutert.

1.1 Untersuchungsfelder räumlicher Mobilität in den Wissenschaften

Im Mittelpunkt des Interesses dieser Arbeit steht ein bestimmtes Segment der räumlichen Mobilität von *Personen*, die mit Wissenschaft befaßt sind (vgl. Abb. 1).[5] Obgleich die Frage 'Wer betreibt Wissenschaft?' Gefahr läuft, mehr Fragen aufzuwerfen als Antworten nahezulegen (vgl. LATOUR 1987, 157 ff.), lassen sich als erste Annäherung die Bereiche des Studiums, der Erforschung und der Lehre wissenschaftlicher Erkenntnisse und Praktiken identifizieren.[6] In dieser Arbeit

---

[5] Es wäre auch möglich, die räumliche Mobilität von Dingen (z. B. von Patenten; vgl. DE LAET 2000) und Ideen (vgl. die Ausführungen zu Edward Saids Konzept der *travelling theory* in GREGORY 2000, 298; LIVINGSTONE 1995, 6 f.) ins Zentrum der Untersuchung zu stellen.

[6] Das zugrundeliegende Verständnis des Wissenschaftsbegriffs wird im Laufe des zweiten Kapitels ausführlich erläutert und diskutiert. An dieser Stelle sei vorweggenommen, daß als primäres Kriterium einer inhaltlichen Bestimmung der Prozeß wissenschaftlicher Praxis dienen wird, verstanden als Konstruktionsprozeß wissenschaftlicher Produkte in Form von Fakten und Artefakten (vgl. Kapitel 1.2.2.7; 2.2).

stehen hauptberuflich *forschende* Personen im Mittelpunkt und somit Wissen Schaffende im engeren Sinne. Es handelt sich zudem um etablierte Wissenschaftler, die hohe berufliche Positionen in der universitären oder außeruniversitären Forschung innehaben. Da die Mehrheit von ihnen an US-amerikanischen Hochschulen tätig ist (vgl. Kapitel 4.1.4), sind sie meist auch in der Lehre tätig, was für die untersuchte Mobilität jedoch von sekundärer Bedeutung ist (vgl. 3.1.2; 4.3.2).

Da der Terminus *räumliche Mobilität* als übergeordneter Begriff für sämtliche Positionswechsel in einem räumlich definierten System verwendet wird,[7] ist für eine inhaltliche Präzisierung der eigenen Perspektive die Systematisierung nach verschiedenen Kriterien erforderlich. In Hinblick auf räumliche Mobilität in den Wissenschaften bietet sich unter Berücksichtigung geläufiger Typisierungen von Mobilität im allgemeinen (BÄHR 1992) und der Mobilität Hochqualifizierter im besonderen (SALT 1997; GLEBE und WHITE 2001) zunächst eine Gliederung nach Dauer und Richtung der Mobilität sowie dem Verhältnis der beteiligten Orte an. Obgleich die Grenzen zwischen den resultierenden Kategorien gerade in den Wissenschaften wegen häufig multipler und flexibler Arbeitsverhältnisse sowie komplizierter Arrangements von Wohn- und Arbeitsort(en) fließend und verschiedenste Kombinationen möglich sind, können im wesentlichen drei Typen räumlicher Mobilität in den Wissenschaften unterschieden werden (vgl. Abb. 1):[8]

- *Migration* (Wanderung) als ein – zumindest vorläufig – dauerhafter Wechsel des Wohn- und Arbeitsortes;
- *Pendelmobilität* zwischen einem oder mehreren Wohn- und Arbeitsorten;
- *zirkuläre Mobilität* als zeitlich befristeter Wechsel des Arbeitsumfeldes von einer festen Konstellation von Wohn- und Arbeitsorten aus.

Gegenstand der Arbeit ist der dritte Mobilitätstyp, der sowohl die räumliche Mobilität an sich als auch den damit verbundenen zeitlich befristeten Aufenthalt an mindestens einem anderen Ort als den eigentlichen Wohn- und Arbeitsorten bezeichnet. Phänomene wie freiwillige oder erzwungene Emigration, *brain drain* und räumliche Karrieremobilität, die mit dem ersten Mobilitätstyp assoziiert sind, oder der regelmäßige Wechsel von Arbeitsorten (täglich bis halbjährlich, manchmal auch darüber hinaus) werden im Rahmen der untersuchten deutsch-amerikanischen Wissenschaftsbeziehungen zur Sprache kommen (vgl. z. B. 4.2.1), stehen aber nicht im Mittelpunkt des Interesses.

---

[7] Der Begriff *Mobilität* bezeichnet in allgemeinster Form den „Wechsel eines Individuums zwischen definierten Einheiten eines Systems" (Mackensen et. al. zit. in BÄHR 1992, 277). Im Unterschied zu räumlicher Mobilität werden unter sozialer Mobilität Positionswechsel innerhalb eines sozial definierten Systems verstanden (z. B. Arbeitsplatzmobilität).

[8] Ausschlaggebend für diese Typisierung ist der Arbeitsort des Wissenschaftlers, jedoch wird der Wohnort ebenfalls genannt, da die Untergliederung in weitere Typen unter anderem das Verhältnis zwischen Wohn- und Arbeitsort berücksichtigen könnte.

1.1 Untersuchungsfelder räumlicher Mobilität in den Wissenschaften

Abb. 1: Positionierung und Präzisierung des inhaltlichen Fokus

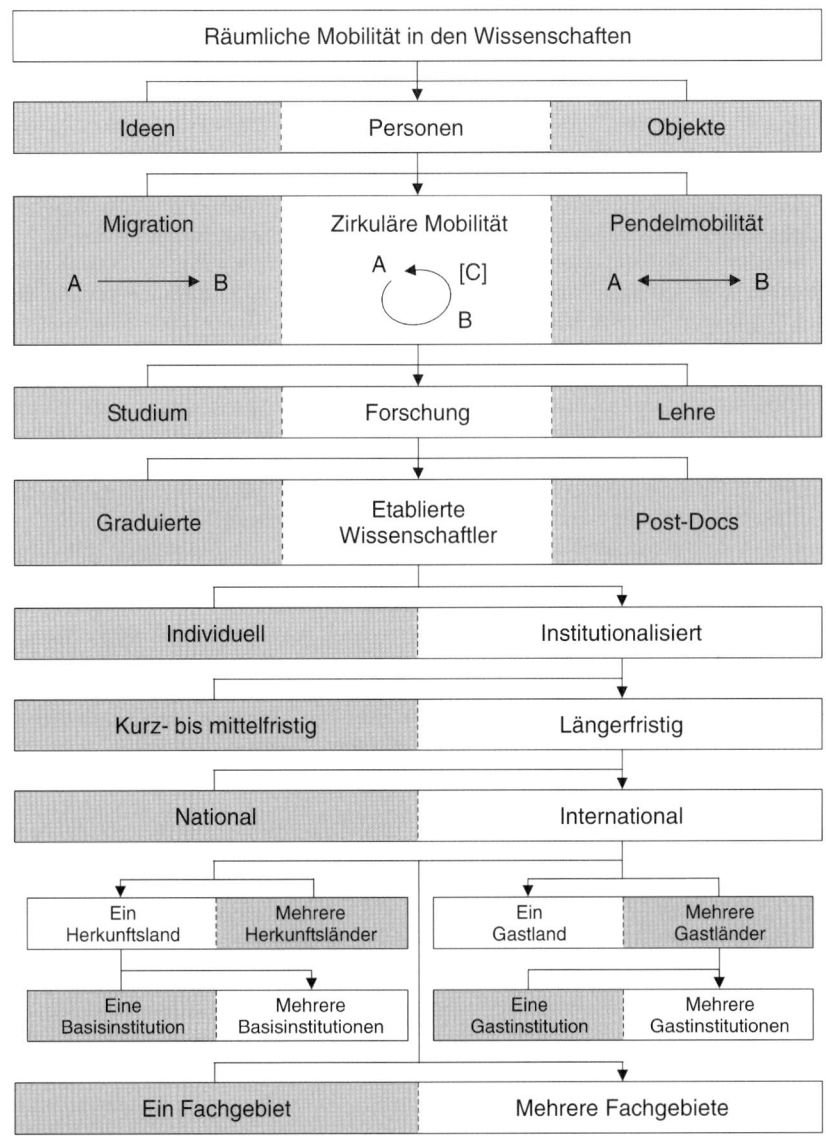

Quelle: Eigener Entwurf.

In der sozialwissenschaftlichen Forschung wird für zirkuläre räumliche Mobilität in Studium, Forschung und Lehre häufig der Begriff *akademische Mobilität* verwendet, ohne daß jedoch Art und Richtung der Mobilität näher charakterisiert werden. Deshalb wird im folgenden bevorzugt von zirkulärer akademischer Mobilität gesprochen.[9] Diese bezeichnet, wie einleitend definiert, räumliche Mobilität in Form von fachlich und meist auch kulturell motivierten, zeitlich befristeten Aufenthalten von Studierenden, Lehrenden und Forschenden wissenschaftlicher Einrichtungen an mindestens einem anderen Ort als dem gegenwärtig primären Arbeitsumfeld, in das die mobile Person nach dem Aufenthalt in der Regel zurückkehrt. Zirkuläre akademische Mobilität umfaßt somit Tagungsreisen genauso wie kurz- bis langfristige Forschungs-, Lehr- und Studienaufenthalte im In- und Ausland.[10]

Innerhalb zirkulärer akademischer Mobilität lassen sich wiederum verschiedene Segmente unterscheiden, die in Hinblick auf eine Untersuchungsperspektive vielfältig kombiniert werden können (vgl. Abb. 1).[11] Im Kontext dieser Arbeit ist eine Unterscheidung zwischen organisierter und 'spontaner' oder 'freier' zirkulärer akademischer Mobilität wichtig (vgl. GORDON und JALLADE 1996). Während letztere die selbständige Organisation der Bedingungen und Finanzierung des Aufenthalts kennzeichnet, ist organisierte zirkuläre akademische Mobilität im Rahmen von Mobilitätsprogrammen institutionalisiert (z. B. Förderprogramme der Hochschulen, staatlich geförderter bzw. privater Wissenschafts- und Mittlerorganisationen oder der EU). Wie im Falle der untersuchten institutionalisierten Mobilität im Rahmen des Preisträgerprogramms der Humboldt-Stiftung stellt die staatliche Förderung internationaler Mobilitätsprogramme einen wichtigen Bestandteil auswärtiger Kulturpolitik dar und erfordert daher zum Verständnis der Mobilitätsereignisse deren Einordnung in einen weiteren historischen, politischen und internationalen Kontext (vgl. Kapitel 3).[12]

Ausgangspunkt der empirischen Untersuchungen dieser Arbeit ist entsprechend der vorgestellten Systematik internationale zirkuläre Mobilität etablierter Wissenschaftler in Form von institutionalisierten längerfristigen forschungsbezogenen Aufenthalten. Die mobilen Wissenschaftler stammen aus verschiedenen Fachge-

---

[9] Im Englischen wird der Begriff *academic mobility* verwendet. Obgleich das englische Wort *academic* und das deutsche Wort *akademisch* unterschiedliche Bedeutungsinhalte aufweisen, wird der Begriff in beiden Sprachräumen gleichermaßen verwendet (vgl. 1.3.4).

[10] Strenggenommen umfaßt zirkuläre akademische Mobilität ein Spektrum von auswärtigen Terminen mit weniger als einer Stunde Dauer bis zu mehrjährigen Aufenthalten.

[11] Noch feinere Kategorien ergäben sich durch weitere Differenzierungen, wie im Falle institutionalisierter Mobilität durch die Unterscheidung von Fördereinrichtungen und Mobilitätsprogrammen (vgl. 3.3).

[12] Für die konzeptionelle Bestimmung der auswärtigen Kulturpolitik der Bundesrepublik Deutschland, die neben Wirtschaft und Sicherheit die dritte Säule der Außenpolitik darstellt, ist das Auswärtige Amt zuständig. Die Durchführung der Auslandskulturarbeit liegt dagegen zu einem großen Teil in der Verantwortung der Mittlerorganisationen. Diese stellen selbständige, nicht-staatliche, aber staatlich unterstützte Einrichtungen dar (Prinzip der Pluralität). Zu den wichtigsten deutschen Mittlerorganisationen auswärtiger Kulturpolitik gehören das Goethe-Institut, das Institut für Auslandsbeziehungen (ifa), der DAAD und die Humboldt-Stiftung. Des Weiteren leisten auch Bundesländer, Regionen, Agglomerationen, Kommunen (z. B. Städtepartnerschaften), Kirchen, Schulen, sonstige öffentlich-rechtliche Körperschaften und politische Parteien wichtige Beiträge zur internationalen kulturellen Verständigung und Zusammenarbeit.

bieten, sie weisen unterschiedliche Basisinstitutionen aus einem nationalstaatlich definierten Herkunftsraum auf (USA) und haben verschiedene Gastinstitutionen eines anderen nationalstaatlich definierten Aufenthaltsraumes besucht (Deutschland). Auf dieser Grundlage gilt es in der empirischen Analyse, Gemeinsamkeiten und Unterschiede zwischen den individuellen Aufenthalten in Hinblick auf verschiedene Aspekte der Mobilität zu eruieren. Eine Charakterisierung der Preisträgermobilität im Sinne der Schlagworte *brain exchange, brain transfer, brain drain* oder *brain waste* (vgl. z. B. MEUSBURGER 1998, 383-385 oder den jüngeren Überblick von GLEBE und WHITE 2001, 40 f.) bleibt an dieser Stelle aus, da der Überzeugung gefolgt wird, daß eine solche Beurteilung nur das Resultat empirischer Analysen sein kann (vgl. 4.4.1).[13]

Insgesamt kann die untersuchte *personenbezogene* Mobilität zwischen Deutschland und den USA als *Einstieg* in die Verzweigungen wissenschaftlicher Praxis in interkulturellem Kontext betrachtet werden (vgl. 1.3.2.7). Wesentliche Aussagen der Arbeit werden sich daher auf räumliche Mobilität in den Wissenschaften im weiteren Sinne beziehen (vgl. Abb. 1).

1.2 Ziele und Perspektiven

> *Meine Damen und Herren, wir in der Bundesrepublik Deutschland hoffen, daß sich diese Maßnahmen im Sinne der Partnerschaft günstig auswirken werden. Und wir knüpfen dabei an jenen Willen zur Gemeinsamkeit an, der das Programm des Marshall-Plans bestimmt hat.*
>
> *Willy Brandt, Dank an Amerika, 1972, 1141.*

Mit diesen Worten gab der damalige deutsche Bundeskanzler Willy Brandt anläßlich des 25. Jahrestages der Verkündung des Marshallplans verschiedenen, von ihm zuvor als Ausdruck des Dankes an die USA bekanntgemachten Maßnahmen zur Stärkung der deutsch-amerikanischen Beziehungen alle guten Wünsche mit auf den Weg. Bei einer dieser Maßnahmen handelte es sich um ein Mobilitätsprogramm für US-amerikanische Natur- und Ingenieurwissenschaftler, das 1972, dem Jahr der offiziellen Ankündigung, begann und seitdem dieser Gruppe von Wissenschaftlern mehrmonatige Aufenthalte an deutschen Forschungseinrichtungen ermöglicht. In den 1980er Jahren wurde das in Form von Humboldt-Forschungspreisen etablierte Programm auf renommierte Wissenschaftler aller Fachgebiete und Länder ausgedehnt, allerdings stellte das USA-Sonderprogramm auch in den 1990er Jahren mit rund 50 Preisen pro Jahr (ca. 50%) das Herzstück des Preisträgerprogramms dar.

---

[13] Da einige der zuvor genannten Attribute der untersuchten Aufenthalte, wie zum Beispiel längerfristig und forschungsbezogen, als programmbezogene Zielsetzungen einen variableren Rahmen bieten als andere Merkmale (z. B. institutionalisierte Mobilität oder deutsch-amerikanische Wissenschaftsbeziehungen), werden auch diese im vierten Kapitel einer empirischen Analyse unterzogen.

Nach einem Vierteljahrhundert deutsch-amerikanischer Wissenschaftlermobilität und Forschungskooperation im Rahmen des Preisträgerprogramms setzt sich diese Arbeit zum Ziel, Einflußfaktoren, Verläufe und Wirkungen der Deutschlandaufenthalte US-amerikanischer Humboldt-Forschungspreisträger zu erforschen und somit Aussagen zu Umfang, Art, Reichweite und möglichen Bewertungen der Auswirkungen zu treffen, die Brandt als günstig im Sinne der Partnerschaft erhoffte. Aus dieser ersten, historisch-geographischen Perspektive, stellen sich zunächst folgende Fragen: Wie ist das Programm entstanden? Welche Rolle spielt es innerhalb der deutsch-amerikanischen Beziehungen und der deutschen Förderlandschaft? Um wen handelte es sich bei den mobilen Wissenschaftlern? Welches Verhältnis zu Deutschland hatten die US-Wissenschaftler vor ihrem Preisträgeraufenthalt und wie hat sich dieses später verändert? Des weiteren gilt es zu ergründen, für welche Aktivitäten die Aufenthalte genutzt wurden, in welcher Form internationaler Wissenstransfer erfolgte, wie die Preisträger und ihre Interaktionspartner wissenschaftlich oder in anderer Weise beeinflußt wurden, welche Kontaktnetze entstanden sind, in welchem Ausmaß und welcher Form Nachfolgemobilität stattfand, über welche Zeiträume sich weitere Kooperationen erstreckten und welche Bedingungen und Einflüsse für die Ereignisse jeweils verantwortlich waren.

Nominierungen für den Humboldt-Forschungspreis können nur von deutschen Wissenschaftlern vorgenommen werden. Mit der Nominierung erklären sie sich bereit, Gastgeber zu sein, wenn der Preisträger die mit dem Preis verbundene Einladung nach Deutschland annimmt und mit dem deutschen Wissenschaftler zusammenarbeiten möchte. Dies setzt voraus, daß die deutschen Gastgeber internationale Kontakte sowie eine gewisse wissenschaftliche Aktivität und Aufgeschlossenheit besitzen, und hat zur Folge, daß Angehörige der Gastinstitution durch den Aufenthalt des ausländischen Fachvertreters profitieren können. Da das Preisträgerprogramm für längerfristige Forschungsaufenthalte international renommierter US-Wissenschaftler das wichtigste im Universitätsbereich ist und neben Förderungen der Max-Planck-Gesellschaft auch im außeruniversitären Bereich zu den bedeutendsten Programmen dieser Art gehört, lassen sich die Aufenthaltsorte der US-Preisträger als ein Indikator für internationale Interaktionszentren in den verschiedenen Fachgebieten heranziehen. Wo waren diese internationalen Interaktionszentren der deutschen Wissenschaften im letzten Viertel des 20. Jahrhunderts? Handelt es sich um die gleichen Zentren, die sich durch ausländische Gastwissenschaftler anderer Programme ergeben? Welche Bedeutung hatten die Bedingungen an den Gastinstitutionen für die Gestaltung und Nachfolgewirkungen der Aufenthalte? Dies sind Fragen, die angesichts von Überlegungen, die Internationalität durch ausländische Gastwissenschaftler zu einem Evaluationskriterium für universitäre Institute heranzuziehen (DAAD 1997; 2000a), besondere Aktualität besitzen.

Schließlich wirft die historisch-geographische Perspektive Fragen zur Situation und Außenwahrnehmung des deutschen Wissenschaftssystems auf. Zu welchen Eindrücken haben die mehrmonatigen Erfahrungen der US-Wissenschaftler mit dem deutschen Wissenschaftssystem geführt und welche Bedeutung hatten diese für den Verlauf und die Nachfolgewirkungen der Aufenthalte? Welche Gemeinsamkeiten und Unterschiede sehen die US-Preisträger zwischen der US-amerikanischen

1.2 Ziele und Perspektiven

und der deutschen Wissenschaftslandschaft? Aus welchen Gründen würden Preisträger ihren Mitarbeitern einen Forschungsaufenthalt in Deutschland empfehlen und warum nicht? Welche Implikationen haben die empirischen Ergebnisse und die Deutschlanderfahrungen der international renommierten US-Wissenschaftler für die deutsche Wissenschaftslandschaft und ihre Beziehungen zu den USA? Obgleich die Aufenthalte der interviewten Preisträger zum Zeitpunkt der Erhebungen bis zu 25 Jahre zurücklagen, handelt es sich bei den erfragten Repräsentationen zum deutschen Wissenschaftssystem, in denen sich teilweise Erinnerungen von früheren und späteren Aufenthalten überlagern, um reale, handlungsrelevante Vorstellungen einflußreicher Wissenschaftler (vgl. Kapitel 2.4 zur Handlungsrelevanz von Repräsentationen). Ihre Perspektiven lassen sich zu zentralen Erkenntnissen über die deutsche Wissenschaftslandschaft verdichten, die im Zuge jüngerer Diskussionen um die internationale Wettbewerbsfähigkeit der deutschen Wissenschaftslandschaft große wissenschaftspolitische Relevanz besitzen (vgl. 4.3.3.1; 4.3.3.2).

Maßgeblich für die Rekonstruktion der Preisträgeraufenthalte ist die Perspektive der Preisträger als erfahrene und international renommierte Wissenschaftler verschiedener Fachgebiete. Auf Grundlage ihrer Erinnerungen werden die mit dem Aufenthalt verbundenen Geschehnisse nachvollzogen. Dabei geht es zum einen um die Rekonstruktion einer großen Bandbreite relevanter Gegebenheiten in der Zeit vor, während und nach den Aufenthalten, und zum anderen um die Suche nach Gemeinsamkeiten, Zusammenhängen, möglichen Typisierungen und Entwicklungen während des betrachteten Zeitraumes. Diese Vorgehensweise führt zur zweiten, wissenschaftstheoretisch ausgerichteten Perspektive dieser Arbeit. Sie resultiert aus dem methodologisch-theoretischen Rahmen der Akteursnetzwerktheorie, aus geographischen Ansätzen zur räumlichen Organisation von Wissenschaft und Gesellschaft und aus den identifizierten Forschungsdefiziten zu zeitlich befristeter forschungsbezogener Mobilität (vgl. 1.3.4). Eng mit der historisch-geographischen Perspektive verbunden, geht es bei dieser Perspektive um wissenschaftstheoretische Interpretationen forschungsbezogener zirkulärer Mobilität und internationaler Wissenschaftskooperation, die Konzepte der interdisziplinären Wissenschaftsforschung mit geographischen Perspektiven zur Bedeutung räumlicher Bezüge in den Wissenschaften verbindet.

Mit dem Konzept der Akkumulationszyklen in Zentren wissenschaftlicher Kalkulation stellt die Akteursnetzwerktheorie einen vielversprechenden theoretisch-interpretativen Rahmen für das Verständnis akademischer Mobilität bereit (vgl. 2.2.2). Die damit verbundenen gesellschafts- und wissenschaftstheoretischen Überlegungen liefern gleichzeitig ein methodisches Instrumentarium zur Auseinandersetzung mit den Interaktionen im Rahmen des Preisträgerprogramms. Dies gilt vor allem für die beiden Grundprinzipien der Akteursnetzwerktheorie, Netzwerkbildungsprozesse zu verfolgen und dabei gegenüber bestehenden Kategorisierungen möglichst unvoreingenommen zu sein. Für die Untersuchung der Preisträgermobilität bedeutet dies, möglichst viele Elemente, Personen und Standorte, die mit dem Prozeß verknüpft sind, in ihrer Ausprägung, Bedeutung und gegenseitigen Beziehung zu erfassen. Die akteursnetzwerktheoretische Aufhebung einer apriorischen Trennung zwischen Wissenschaft und außerwissenschaftlicher Gesellschaft schreibt in diesem Zusammenhang nicht nur eine möglichst große Offenheit bei der Rekonstruktion von Auswirkungen vor, sondern legt zudem den Schluß nahe, daß zirkuläre akademische Mobilität neben wissenschaftlicher Praxis auch andere gesellschaftlich-kollektive Diskurse und darin involvierte Akteure wesentlich beeinflußt.[14] Die Möglichkeit, mit der Akteursnetzwerktheorie dem komplexen Wirkungs- und Abhängigkeitsgefüge zirkulärer akademischer Mobilität methodisch und theoretisch gerecht zu werden, zeigt daher auch einen vielversprechenden Weg auf, der in anwendungsorientierten Kontexten geforderten Berücksichtigung breiter Wirkungen dieses Mobilitätstyps nachzukommen:

> However, the definition of benefits should be expanded to consider the effects on civil society, broadening of the economic process, the effect of the changes in attitudes and values, and the networking with other people and locations. [...] [N]etworking relationships among individuals, groups, and institutions – these can be the bases for future economic and political as well as socio-cultural alliances (WINDHAM 1996, 20, 22).[15]

Aus den Untersuchungen zu den Deutschlandaufenthalten US-amerikanischer Humboldt-Forschungspreisträger sollen auf Grundlage der Akteursnetzwerktheorie neben historisch-geographischen Details schließlich auch allgemeinere Aussagen zu Bedingungen, Wirkungen und möglichen geographischen Bezügen internationaler Mobilität und Kooperation in den Wissenschaften zum Ende des 20. Jahrhunderts abgeleitet werden, die über den deutsch-amerikanischen Kontext hinausweisen. Dazu wird die Preisträgermobilität im fünften Kapitel in die weltweiten Interaktionen der US-Wissenschaftler eingeordnet: Welcher Art waren andere Kooperationen dieser Wissenschaftler und welche Faktoren beeinflußten ihre Interaktion in der *scientific community*? Welche Standorte waren während der wissenschaftlichen Laufbahn der US-Preisträger weltweit in die Netzwerke dieser Gruppe international führender Wissenschaftler eingebunden? Was zeichnet diese wissenschaftlichen Interaktionszentren gegenüber anderen Standorten aus und wie stehen verschiedene Hierarchien wissenschaftlicher Zentren in Beziehung zueinander? Abschließend wird versucht, aus entsprechenden Erkenntnissen und zuvor gewonnenen Ergebnissen Thesen zu zirkulärer Mobilität und internationaler Kooperation in den Wissenschaften zu formulieren, die empirisch und theoretisch untermauerte Aussagen zur Bedeutung spezifischer räumlicher Kontexte für wissenschaftliches Arbeiten in verschiedenen Arbeitsrichtungen und Fachgebieten treffen.

Im Rahmen dieser zweiten, wissenschaftstheoretisch ausgerichteten Perspektive ist es darüber hinaus möglich, bestehende Konzepte der Akteursnetzwerktheorie anhand eigener empirischer Befunde in Hinblick auf ihre Eignung für das Verständnis räumlicher Bezüge wissenschaftlichen Arbeitens zu reflektieren. Durch Anwendung der Terminologie der Akteursnetzwerktheorie wird beispielsweise aus der im historisch-geographischen Kontext verhafteten Ausgangsfrage 'Wie sind die

---

[14] Diskurse bezeichnen an dieser Stelle die Gesamtheit historisch-geographisch relevanter Diskussionen, Praktiken, Institutionen, materieller Entitäten und Hybriden (vgl. 2.1).

[15] Diese Forderung wurde im Rahmen eines von der OECD organisierten Seminars zum Thema *Internationalisierung des tertiären Bildungswesens* als eine von mehreren Forschungsstrategien zu akademischer Mobilität formuliert.

1.2 Ziele und Perspektiven

Preisträgeraufenthalte der US-amerikanischen Wissenschaftler in Deutschland zwischen 1972 und 1996 zustandegekommen, wie sind sie verlaufen und welche Auswirkungen haben sich daraus ergeben?' die Frage: 'Welche Akteursnetzwerke waren für diese Mobilitätsereignisse verantwortlich und welche wurden in ihrem Verlauf konstituiert?' Zunehmendes Abstrahieren führt schließlich zu der Frage: 'Welche Typen von Aktanten sind für zirkuläre akademische Mobilität verantwortlich und welche werden dadurch mobilisiert und produziert?'[16]

Die Implikationen dieser Perspektive waren im Nachhinein weitreichender als erwartet, da die Anwendung der Akteursnetzwerktheorie, speziell die Spezifizierung der Aktanten, die für die Preisträgeraufenthalte verantwortlich zeichneten und von den US-Wissenschaftlern mobilisiert wurden, zu Unstimmigkeiten führten, aus denen sich eine Reihe von Fragen ergaben: Warum lassen sich die empirischen Ergebnisse nicht auf konsistente Weise in die Konzeption der Akteursnetzwerktheorie einordnen? Wie sehen die Unstimmigkeiten im einzelnen aus? Wie ist deren Zustandekommen zu erklären und warum ist dies bisher nicht aufgefallen? Ist es möglich, auf Grundlage dieser Erkenntnisse ein Konzept zu formulieren, das den empirischen Ergebnissen besser gerecht wird? Die Beschäftigung mit diesen Fragen führte bis zu grundlegenden Diskussionen über das Verständnis der Konzepte Subjekt und Objekt, Natur, Technologie und Gesellschaft und mündete schließlich im Vorschlag einer erweiterten Akteursnetzwerkperspektive. Von Ausführungen über die Theorie selber untermauert, wird diese im zweiten Kapitel entwickelt und anschließend als methodisch-interpretativer Rahmen für die empirischen Untersuchungen im dritten bis fünften Kapitel verwendet. Zusammenfassend liegen dieser Arbeit folgende Forschungsziele zugrunde:

- historisch-geographische Rekonstruktion eines wichtigen Segments deutsch-amerikanischer (Wissenschafts-)Beziehungen;
- wissenschaftspolitische Schlußfolgerungen zur Situation der deutschen Wissenschaftslandschaft;
- Aussagen zu Einflußfaktoren und Wirkungen staatlich geförderter forschungsbezogener Mobilität und Kooperation;
- Anwendung und kritisches Hinterfragen der Akteursnetzwerkperspektive als methodologisch-theoretischer Rahmen für die empirischen Untersuchungen;
- Erkundung geographischer Bezüge wissenschaftlicher Praxis.

---

[16] Solche allgemeineren Aussagen sind unter anderem dadurch möglich, daß sich die Mobilitätsereignisse im Preisträgerprogramm trotz Nominierung von deutscher Seite her nicht prinzipiell von der zu Beginn definierten zirkulären akademischen Mobilität unterscheiden. So stellen auch die spezifischen Rahmenbedingungen in Form von Forschungspreisen mit gleichzeitiger Einladung zu einem längerfristigen Deutschlandaufenthalt nur einen von mehreren Einflußfaktoren für das Zustandekommen eines längerfristigen Auslandsaufenthalts dar: „Gastgeber wird man in der Regel dadurch, daß man einen Kollegen kennt, den man gerne einladen möchte, um mit ihm zusammenzuarbeiten. Da erhebt sich dann immer die Frage nach der Finanzierung. Vor zwanzig Jahren konnten wir Gastaufenthalte sehr häufig noch über Haushaltsmittel des Landes finanzieren, sei es über Assistentenstellen oder über Gastprofessuren, doch diese goldenen Zeiten sind leider lange vorbei. Deshalb spielt die Humboldt-Stiftung eine entscheidende Rolle bei der Finanzierung unserer Gäste, die ja so wichtig sind für internationale Anbindung" (Professor Dr. Gisbert zu Putlitz im Interview mit Rainer Klofat, abgedruckt in AvH 1997a, 65).

Dabei ergänzen sich die historisch-geographische und wissenschaftstheoretische Perspektive gegenseitig in Hinblick auf empirische Befunde und theoretisch begründete Interpretation, Details und Verallgemeinerungen. Aus der bloßen Existenz staatlich geförderter Mobilität und Kooperation, dem im folgenden Kapitel zu reflektierenden Stand der Forschung und den Kerngedanken der Akteursnetzwerktheorie läßt sich schließlich als forschungsleitende These formulieren, daß grenzüberschreitende Interaktion zwischen Wissenschaftlerinnen und Wissenschaftlern deren wissenschaftliche Arbeit wesentlich beeinflußt und, über die Dimension der wissenschaftlichen Akteure und Praktiken hinausweisend, auch eine wichtige Bedeutung für andere gesellschaftliche Strukturen und Prozesse im Herkunfts- wie im Zielland besitzt. Damit verbunden ist die Überlegung, daß wissenschaftliches Arbeiten auf vielfältige Weise auch räumlich strukturiert ist und daher räumliche Bezüge wissenschaftlichen Arbeitens stärker in die Arbeiten der Wissenschaftsforschung zu integrieren sind.

1.3 Forschungskontexte und Begrifflichkeiten

Räumliche Mobilität in den Wissenschaften besitzt zu Beginn des 21. Jahrhunderts sowohl in wissenschaftspolitischen Diskussionen als auch in der interdisziplinären Wissenschaftsforschung große Aktualität. Ein steigendes Interesse praxisnaher Akteure an räumlichen Aspekten wissenschaftlichen Arbeitens und vor allem an den Bedingungen und Effekten geförderter Wissenschaftlermobilität drückte sich in der zweiten Hälfte der 1990er Jahre in verschiedenen praxisorientierten Konferenzen aus (z. B. BLUMENTHAL et al. 1996; OECD 1996; STIFTERVERBAND FÜR DIE DEUTSCHE WISSENSCHAFT 1997; IFA 2001; vgl. auch Kapitel 1.3.4). In jüngeren Arbeiten der Wissenschaftsforschung, vor allem in Zusammenhang mit dem dieser Arbeit zugrundegelegten Wissenschaftsverständnis, werden räumliche Mobilitätsprozesse als konstitutives Element der Wissenschaften diskutiert (vgl. z. B. LATOUR 1987; HARAWAY 1988; HARRIS 1998; LIVINGSTONE 1995; GREGORY 2000; vgl. 1.3.1).

Ein Vergleich dieser beiden unterschiedlichen Interessensgebiete zeigt, daß ersterem unter anderem ein theoretisches Fundament fehlt (z. B. TEICHLER 1996a, 339), während letzteres weiterer empirischer Unterfütterung bedarf (z. B. LATOUR 1999b, viii). Daher soll in dieser Arbeit aus geographischer Perspektive eine Vernüpung zwischen stark empirisch ausgerichteten Forschungstraditionen zu zirkulärer akademischer Mobilität und internationaler Wissenschaftskooperation sowie relevanten wissenschafts- und gesellschaftstheoretischen Diskussionen vorgenommen werden. Dies erfolgt vor dem Hintergrund der Verbindung von vier Forschungskontexten, die im folgenden vorgestellt und zueinander in Beziehung gesetzt werden (vgl. Abb. 2).

1.3 Forschungskontexte und Begrifflichkeiten

Abb. 2: Forschungskontexte mit ausgewählten Literaturangaben

Zirkuläre akademische Mobilität & auswärtige Kulturpolitik	Mobilität, Wissen & Qualifikation in der Geographie	Kommunikation & Kooperation in den Wissenschaften	Interdisziplinäre Wissenschaftsforschung
Interdisziplinäre Austauschforschung	*Theoretische Konzepte*	*Kommunikation*	*Forschungsansätze vor und neben ANT*
Grundlagen, Konzepte, Forschungsstand	MEUSBURGER 1980, 1998, 1999b, 2000	NELSON/POLLOCK 1970 CRANE 1972; BECHER 1989 FISCHER/RAMMER 1992 BUTTON et al. 1993 CRAWFORD et al. 1993	WHITLEY 1972; MERTON 1973 BHASKAR 1978; LAUDAN 1981 SOKAL/BRICMONT 1999
BREITENBACH 1974, 1984 THOMAS 1983, 1984, 1985 DANCKWORTT 1984a/b, 1995	*Internationale Mobilität von Hochqualifizierten*		KUHN 1962 BARNES 1974; BLOOR 1976, 1999a/b COLLINS/YEARLEY 1992; SHAPIN 1995
Bedingungen des Personenaustauschs	FINDLAY/GOULD 1989 SALT/FINDLAY 1989 BEAVERSTOCK 1996 FINDLAY 1996 KOSER/SALT 1997 SALT 1997 FREUND 1998 LI et al. 1998 GLEBE/WHITE 2001	*Kooperation*	LATOUR/WOOLGAR 1979, 1986 KNORR CETINA 1984 PICKERING 1992a, 1995
LITTMANN 1981 DÜWELL 1983		BEAVER/ROSEN 1978,1979a/b FRAME/CARPENTER 1979 CARPENTER/NARIN 1981 NARIN/WHITLOW 1990 SCHUBERT/BRAUN 1990 LUUKKONEN et al. 1992 GENUTH 1988a	*Akteursnetzwerktheorie (ANT) & verwandte Arbeiten*
Andere sozialwissenschaftliche Arbeiten			CALLON 1986; CALLON et al. 1986 LAW 1986, 1994 LATOUR 1987, 1988, 1993, 1999a/b/c HARAWAY 1988, 1991, 1997 HARDING 1990 CALLON/LATOUR 1992 STENGERS 1997 BIAGIOLI 1999; LAW/HASSARD 1999
Stand der Forschung	*Bilaterale Wissenschaftsbeziehungen (D-USA)*	*Praxis der Wissenschafts- & Mittlerorganisationen*	
ALTBACH 1989 GOODWIN 1996; OVER 1996 TEICHLER 1996a; WINDHAM 1996 JÖNS 1998, 2001 IFA 2001	VOM BROCKE 1981 HOFFMANN 1988b LITTMANN 1996	*Institutionen- & Programmgeschichte*	*Rezeption der ANT in der Geographie*
Studierende im Ausland	*Standortdiskussion & Internationalisierung*	AVH 1982, 1984, 1993, 1997a, 1999a VIERHAUS/V. BROCKE 1990 ALTER 2000 HEINEMANN 2000	CASTREE 1995; MURDOCH 1995,1997/a/b BINGHAM 1996; DEMERITT 1996 THRIFT 1996, 1999 ZIERHOFER 1997, 1999, 2000 WHATMORE 1999 BINGHAM/THRIFT 2000 HETHERINGTON/LAW 2000a
DANCKWORTT 1959 PFEIFFER 1962 GERSTEIN 1974 GRÜNEBERG 1977 EHLING 1987 BARNETT/WU 1995 GORDON/JALLADE 1996 TEICHLER 1996b, 2002 ROSEN 1997	DAAD 1995, 1997, 2000a, 2001 OSTEN 1995, 1996 BERCHEM 1996 BITZ 1996 OECD 1996 BODE 1997 ERICHSEN 1997 FRITZ-VANNAHME 1997 GRIES 1997	*Mobilitätsmuster, Erfahrungen & Bilder*	**Geographische Wissenschaftsforschung**
Perspektiven von Ländern & Institutionen	HERZOG 1997 HRK 1997 STIFTERVERBAND 1997 KARISCH 1998	PFEIFFER 1965; GOTH 1977 HOFFMANN 1988a MAAß 1988 HOLL 1994 DAAD 1998 HELLMANN 2000	LIVINGSTONE 1992, 1995, 2000, 2002a/b HEFFERNAN 1994, 2000, 2001 BARNES 1998, 2001; HARRIS 1998 BRAVO 1999; GREGORY 2000
JÖNS 1995, 2002 BLUMENTHAL et al. 1996 HEINRITZ/WEST 2000		*Tätigkeitsberichte*	

Quelle: Eigener Entwurf.

1.3.1 Geographische Wissenschaftsforschung

Die vorliegende Arbeit versteht sich als Beitrag zu einer geographischen Wissenschaftsforschung, wie sie in verschiedenen Arbeiten der interdisziplinären Wissenschaftsforschung seit längerem impliziert ist (vgl. z. B. HARAWAY 1988; LATOUR 1987; 1999c; und die Beiträge in PICKERING 1992a; BIAGIOLI 1999) und seit Mitte der 1990er Jahre auch innerhalb der Geographie verstärkt praktiziert wird (z. B. BRAVO 1999; HEFFERNAN 1994; 2000, LIVINGSTONE 1995; 2000; 2002a; DEMERITT 1996; BARNES 1998; 2001; GREGORY 2000). Das geographische Interesse an der Untersuchung der Wissenschaften wurde durch eine intensive Auseinandersetzung mit der Bedeutung räumlicher Bezüge für die Durchführung und Inhalte wissenschaftlicher Forschung in anderen Geistes- und Sozialwissenschaften gefördert. So setzte sich David LIVINGSTONE (1992; 1995) mit verschiedenen Arbeiten von Historikern, Philosophen, Anthropologen und Gesellschaftstheoretikern auseinander, darunter Michel Foucault, Clifford Geertz, Erving Goffman, Anthony Giddens, Donna Haraway, Bruno Latour, Joseph Rouse und Edward Said, um deren geographische Inhalte für die Konzeptionalisierung einer Geographie der Wissenschaften und speziell einer Historischen Geographie der Geographie fruchtbar zu machen:

> I want now [...] to begin to map out something of what a historical geography of science might look like by surveying some recent contributions by historians and sociologists of science. To date, these efforts remain fairly isolated ventures as yet unsystematically developed in terms of a coherent theory of place and space. The taxonomy that I have developed is thus, at best, rudimentary – a first approximation towards the cultivation of a spatialised historiography for science (LIVINGSTONE 1995, 16).

Umgekehrt ist Livingstone bestrebt, mit seinem Entwurf einer Geographie der Wissenschaften das zunehmende Interesse der interdisziplinären Wissenschaftsforschung an der räumlichen Bedingtheit wissenschaftlicher Praxis (vgl. z. B. SMITH und AGAR 1998) durch konzeptionelle Grundlagen aus geographischer Perspektive zu bereichern (vgl. LIVINGSTONE 2002b; HOYLER, FREYTAG und JÖNS 2002).

Wichtige Bezugspunkte für wissenschaftsgeographische Arbeiten bilden Bruno LATOURS (1987) Konzept der Akkumulationszyklen in Zentren wissenschaftlicher Kalkulation (vgl. 2.2) und Donna HARAWAYS (1988) Konzept des situierten Wissens (vgl. 2.2.7; vgl. auch BRAVO 1999; HARRIS 1998; HEFFERNAN 2000; GREGORY 2000; LIVINGSTONE 2000). Latour und Haraway legten einen Grundstein für die systematische Untersuchung von Geographien der Wissenschaft, indem sie zeigten, daß lokale Gegebenheiten und Praktiken konstitutiv für die Schaffung und Erhaltung wissenschaftlichen Wissens sind. Die scheinbare Universalität wissenschaftlicher Fakten beruht demnach allein auf der Konstruktion spezifischer Räume, die deren Existenz außerhalb des Entstehungskontextes gewährleisten (vgl. 2.2). Darauf aufbauend erachtet LIVINGSTONE (1995; 2002b) als zentrale Aufgaben einer Geographie der Wissenschaften die Untersuchung räumlicher Bezüge erstens der Wissensproduktion, zweitens der Wissensverbreitung und -konsumption sowie drittens der gelebten wissenschaftlichen Biographien:

1.3 Forschungskontexte und Begrifflichkeiten

> Elucidating the locational particulars of a scientific life by cultivating geographical biography, I contend, is one way of holding together the private and the public, thought and practice, life and career; it also mounts a resistance to the sense of teleological inevitability that attends the unyielding temporal ordering of the standard historical biography (LIVINGSTONE 2002b, 37 f.).

Livingstones erster Punkt zielt vor allem auf eine Analyse verschiedener Schauplätze bzw. 'Räume' der Wissenschaftsproduktion und deren Einfluß auf die Glaubwürdigkeit und Akzeptanz wissenschaftlicher Erkenntnisse ab (z. B. Labor, Museum, Feld, Garten; vgl. LIVINGSTONE 2000). Er bezieht sich aber auch auf die Auseinandersetzung mit regionalen Unterschieden wissenschaftlicher Praxis und deren politischen Bedingungen (z. B. nationale Wissenschaftskulturen). Der zweite Aspekt schließt die Mechanismen der Zirkulation von Ideen, Instrumenten und Theorien von einem Ort zum anderen ein und lenkt die Aufmerksamkeit auf Art und Ausmaß ihrer Rezeption in verschiedenen lokalen Kontexten.

In dieser Arbeit werden unter anderem die Beziehungen zwischen den Biographien der Humboldt-Preisträger und ihren Aufenthaltsorten in Deutschland untersucht (vgl. 4.2). Von besonderem Interesse ist die Frage, in welchem Maße die wissenschaftliche Arbeit von Preisträgern verschiedener Fachrichtungen in den Kontext der jeweiligen Gastinstitution eingebettet war (vgl. 4.3.2; 5.1). Diese Fragestellung knüpft auch an Ausführungen von GREGORY (2000) an, in denen er untersuchte, wie die Reiserouten von Forschungsreisenden selber deren Texte beeinflußt haben:

> The spaces I have sought to map are not so much 'sites' as 'spaces-in-motion', and in this labile sense the connection between cultures of travel and spatial formation of knowledge is an ancient one. The classical conception of *theoria* evolved from 'the experience of travel' through 'the experience and knowledge one acquires while travelling' to 'a voyage of inquiry' [Hutchinson 1992, 33]. In recovering the moment of its modern formation, it is important to understand that these codings remain much more than metaphors (which are in any case themselves vehicles for travelling): the connection between travel and the production of knowledge is an intimate one (GREGORY 2000, 317).

Räumliche Mobilität ist demnach auch im Kontext der in dieser Arbeit betrachteten Preisträgermobilität nicht nur als Mittel zum Zweck zu betrachten (z. B. Kooperation am Gastinstitut). Vielmehr gilt es zu untersuchen, in welcher Weise der Prozeß der Mobilität als eigenständiges Unterfangen die wissenschaftliche Arbeit der mobilen US-Wissenschaftler beeinflußte (vgl. 4.3.2.2; 4.4.1; 4.4.3).

Um die Bedeutung von Mobilität im Rahmen wissenschaftlicher Praxis systematisch zu erkunden und somit die Generierung und Dynamik wissenschaftlichen Wissens besser verstehen zu können, plädierte auch der Wissenschaftshistoriker HARRIS (1998, 271 ff.) Ende der 1990er Jahre für eine *geography of knowledge*. Seine Untersuchung zur Art und Weise, wie Fernhandelsorganisationen, Kolonialverwaltungen, Missionsbewegungen und wissenschaftliche Akademien im 16. und 17. Jahrhundert ihre Unternehmungen über große Distanzen hinweg organisierten und auf diese Weise Wissen akquirierten, welches wiederum der Entwicklung der modernen Wissenschaften zugute kam, basiert im wesentlichen auf Bruno

LATOURS (1987) Konzept zur wissenschaftlichen Zentrenbildung durch räumliche Mobilisierungsprozesse und dem damit verbundenen akteursnetzwerktheoretischen Wissenschaftsverständnis, was die Eignung dieser Konzepte für eine Auseinandersetzung mit räumlichen Aspekten wissenschaftlichen Arbeitens unterstreicht.

Eine der wenigen historisch-geographischen Untersuchungen zu zirkulärer Mobilität in den Wissenschaften legte Michael HEFFERNAN (1994) vor. Heffernan untersuchte, wie der französische Staat im neunzehnten Jahrhundert die Produktion von Wissen durch die Vergabe von internationalen Reisestipendien für Forschungszwecke beeinflußte, und wie die reisenden französischen Wissenschaftler zur Entwicklung eines französischen wie auch europäischen geographischen Bewußtseins beitrugen. Dazu befaßte er sich mit den Fragen, warum Wissenschaftler und Gelehrte bestimmte Teile der Welt als Reiseziele bevorzugten, und warum einzelnen Themen zu bestimmten Zeiten größere Bedeutung zukam als anderen. Aufbauend auf einer Analyse der vom *Service des Missions* (und seiner Vorläuferinstitutionen) vergebenen Reisestipendien zwischen 1830 und 1914 argumentiert der Autor, daß die Bevorzugung von Westeuropa und dem Mittelmeerraum das Resultat eines Kompromisses zwischen intellektueller Neugier, praktischem Eigennutz und den politischen Urteilen ausgewiesener Wissenschaftler unter der direkten Kontrolle der Regierung war (HEFFERNAN 1994, 29). Staatliche Interessen besaßen im stark zentralisierten französischen Staat des 19. Jahrhunderts einen sehr großen Einfluß auf regionale und thematische Schwerpunkte der vergebenen Forschungsstipendien (z. B. Geschichtsstudien in Italien vor 1870; Archäologie, Erkundung, Kartographie, Medizin, Naturwissenschaften im französischen Imperialreich nach 1870) und konnten somit auch das resultierende geographische Wissen und Bewußtsein der intellektuellen Gemeinschaft beeinflussen. Heffernan weist aber darauf hin, daß Wissenschaft und Stipendienwesen spätestens seit dem 19. Jahrhundert überall in Europa integraler Bestandteil nationaler politischer Kulturen waren. Im Rahmen des Preisträgerprogramms wird die Einbettung in staatliche Interessen daran deutlich, daß dieses Programm als Danksagung der Bundesrepublik an die USA für die Marshallplanhilfe konzipiert wurde (vgl. 3.1).

Zu den geschilderten Schwerpunkten wissenschaftsgeographischer Forschung, wie zum Beispiel zur Mobilität von Wissenschaftlern und zur Produktion von Wissen durch Mobilität, liegen verschiedene Arbeiten von Historikern, Soziologen, Psychologen und Geographen vor, die mit anderen primären Erkenntniszielen, beispielsweise innerhalb der interdisziplinären Wissenschaftsforschung, Biographieforschung, Mobilitätsforschung oder Karriereforschung verfaßt wurden. Wissenschaftsgeographische Arbeiten können daher je nach inhaltlicher Ausrichtung auf unterschiedlichen Fundamenten relevanter Arbeiten aufbauen, die als Auswahl naheliegenster Forschungsbereiche zu verstehen sind (vgl. Abb. 2, S. 17). Innerhalb der Geographie bezogen sich wissenschaftsgeographische Untersuchungen bisher vor allem auf historische Fragestellungen sowie die eigene Disziplingeschichte.[17]

---

[17] Für den englischsprachigen Raum vgl. z. B. LIVINGSTONE 1992; 2002b; 2002c. Für den deutschsprachigen Raum siehe WARDENGA und HÖNSCH 1995 und die Internetseite des Arbeitskreises *Geschichte der Geographie* unter http://www.giub.uni-bonn.de/geschichte/homepage.htm.

1.3 Forschungskontexte und Begrifflichkeiten

Untersuchungen zeitgenössischer wissenschaftlicher Praktiken im Sinne akteursnetzwerktheoretischer Vorstellungen gibt es kaum. Vielmehr wurden bis zum Ende der 1990er Jahre verstärkt *sozial*konstruktivistische Konzepte der interdisziplinären Wissenschaftsforschung aufgegriffen (vgl. LIVINGSTONE 1995; DEMERITT 1996; BARNES 1998):[18]

> The realization that scientific knowledge is mediated, embodied knowledge and that scientific facts are socially constructed makes them no less useful for understanding and living in our world. [...] Concerned exclusively with representation, we have not paid sufficient attention to the practices of intervention by which these representations are constructed and produced (DEMERITT 1996, 500).

Die ersten akteursnetzwerktheoretischen Arbeiten von Bruno Latour und anderen werden bei LIVINGSTONE (1995) und DEMERITT (1996), zum Teil auch bei BARNES (1998), im Kontext dieser sozialkonstruktivistischen Ideen mitbehandelt, obgleich von den Autoren selber eine klare Abgrenzung vorgenommen wird (vgl. 1.3.2.7). In der jüngeren wissenschaftsgeographischen Diskussion wurde vor allem das akteursnetzwerktheoretische Argument der Untersuchung wissenschaftlicher Praxis in ihrem spezifischen räumlichen Kontext aufgegriffen. Die Rolle von Materialität und soziomaterieller Hybridität im Prozeß wissenschaftlichen Arbeitens wurde jedoch vernachlässigt. Es scheint, als ob Bedenken vor der Nähe zu einem realistischen Wissenschaftsverständnis, welche durch eine Anerkennung jeglicher „pre-existing or purely natural or social agencies" (DEMERITT 1996, 498) entstehen könnte, zu einer zögerlichen und selektiven Integration akteursnetzwerktheoretischer Konzepte in wissenschaftsgeographische Diskurse geführt haben.[19] Dabei ist Akteursnetzwerktheorie und sozialem Konstruktivismus gemeinsam, daß sie realistischen Überzeugungen entschieden entgegen treten. Außerdem tragen insbesondere die beiden zentralen Elemente des akteursnetzwerktheoretischen Verständnisses von Wissenschaft und Gesellschaft – Materialität und Hybridität (vgl. 1.3.2.7; 2.1) – und der ausgeprägte Raumbezug der Theorie (vgl. 2.2.7) dazu bei, daß die Akteursnetzwerkperspektive seit Mitte der 1990er Jahre in zahlreichen anderen Bereichen der Geographie zunehmend rezipiert und intensiv angewendet wird.

> Diese Rezeption erfolgt vor allem in Hinblick auf ein relationales Raumverständnis sowie die Konzeption einer relationalen Geographie (BASSET 1999; BINGHAM 1996; BINGHAM und THRIFT 2000; HETHERINGTON und LAW 2000a; MASSEY 1999a; MURDOCH 1997a; 1997b; WHATMORE 1999; THRIFT 1996; 1999; ZIERHOFER 1997; 1999).[20] Sie bezieht sich in beson-

---

[18] HINCHLIFFE (1996) legte jedoch eine akteursnetzwerkinspirierte Konzeption einer *geographies of technology* vor, und ein Themenheft von *Society and Space* präsentierte akteursnetzwerktheoretische Wissenschaftsstudien aus anderen Fachbereichen im geographischen Fachkontext (vgl. HETHERINGTON und LAW 2000a).

[19] DEMERITT (1996, 498 ff.) stellt zwar die Beteiligung materieller Entitäten an 'sozialer' Konstruktion vor, er verwendet jedoch den Begriff mit seinen Implikationen unverändert weiter und besteht zum Abschluß des Artikels auf dem (überwiegend) sozialen Charakter der Wissenschaften.

[20] Die Konzeption einer relationalen Geographie wurde auch von anderen Arbeiten inspiriert, wie zum Beispiel von DELEUZE und GUATTARI (1992), deren Ideen über *Rhizome* auch Eingang in die Akteursnetzwerktheorie gefunden haben (CRAWFORD 1993, 263; LATOUR 1993b, 263; vgl. dazu 2.2.7).

derem Maße auch auf die Diskussion des Verhältnisses von Natur und Kultur in der Humangeographie, einschließlich der Möglichkeit, Verbindungen zwischen Physiogeographie und Humangeographie herzustellen (z. B. CASTREE 1995; MURDOCH 1997a,b; ZIERHOFER 1999; 2000; BINGHAM und THRIFT 2000). Die akteursnetzwerktheoretische Annahme einer konzeptionellen Symmetrie zwischen menschlichen und nicht-menschlichen Akteuren, die den Menschen seiner Schlüsselstellung in der Welt enthebt, löste in diesem Zusammenhang auch themenübergreifende Diskussionen um die Rolle von Menschen und Dingen im empirischen Forschungsprozeß aus, in denen das traditionelle Verständnis einer *Human*geographie kritisch hinterfragt wird (vgl. vor allem MURDOCH 1997b; WHATMORE 1999; 2002; und die eigene Position in Kapitel 2.4.7). Schließlich kann das akteursnetzwerktheoretische Interesse an einer realzeitlichen Untersuchung verschiedener Praktiken und an deren Materialität als konstitutiv für die *non-representational theory* Nigel Thrifts und entsprechende Ansätze zur Entwicklung einer *theory of performativity* angesehen werden (THRIFT 1996; 2000; 2002).[21]

In den genannten Themenfeldern wird seit längerem die Frage behandelt, wie das erkenntnistheoretische Dilemma zwischen sozialer Konstruktion (räumlichem Reduktionismus) und natürlichem Realismus (räumlichem Determinismus) vermieden werden kann, das geographische Theoriediskussionen in den 1990er Jahren kennzeichnete (vgl. z. B. CASTREE 1995; HANSON 1999; WHATMORE 1999) und welches die Akteursnetzwerktheorie explizit zu überwinden versucht (vgl. 2.4.1; LATOUR 1999c, 22). Im Rahmen einer Geographie der Wissenschaften sind ähnliche Diskussionen zur Vermeidung dieses Dilemmas erst kurz vor Beginn des neuen Jahrtausends begonnen worden (vgl. LIVINGSTONE 2000, 294; siehe auch BRAVO 1999; GREGORY 2000). Daher setzt sich diese Arbeit zum Ziel, durch die Anwendung und kritische Reflexion der Akteursnetzwerkperspektive explizit einen Beitrag zu dieser Diskussion zu leisten (vgl. 2.4.7).

Aus zwei Gründen schließt sich im folgenden ein Überblick über wichtige Basiskonzepte der interdisziplinären Wissenschaftsforschung an, die zur Entstehung der Akteursnetzwerktheorie als theoretischem Ausgangspunkt dieser Arbeit geführt haben. Erstens soll in Hinblick auf deren Aussagen mehr Klarheit geschaffen werden als es in bisherigen Rezeptionen innerhalb geographischer Wissenschaftsforschung gelungen ist. Zweitens soll die Rekapitulation der Basiskonzepte ermöglichen, die eigene Position im zweiten Kapitel transparenter zu machen und damit sowohl die theoretische Fundierung empirischer Forschung zu zirkulärer akademischer Mobilität als auch die eigene Kritik an der Akteursnetzwerktheorie zu untermauern. Die folgenden Ausführungen verstehen sich auch als ein erster Beitrag zur Klärung der Frage, warum die Akteursnetzwerktheorie bis zum Ende der 1990er Jahre in verschiedenste Bereiche der Geographie integriert worden ist, jedoch nicht in gleicher Weise in der Wissenschaftsgeographie Berücksichtigung fand, obgleich diese Forschungsrichtung thematisch der Disziplin am nächsten ist, in der die Akteursnetzwerktheorie ursprünglich entwickelt wurde (vgl. 2.4; 2.4.1).

---

[21] Stärker anwendungsbezogene Studien im Kontext der Akteursnetzwerktheorie finden sich auch in der Wirtschaftsgeographie (z. B. MURDOCH 1995; LEYSHON 1997; JÖNS 2001).

1.3.2 Basiskonzepte interdisziplinärer Wissenschaftsforschung

Wissenschaftsforschung hat eine lange Tradition in vielen Fachbereichen. Neben Wissenschaftsgeschichte[22] und Wissenschaftsphilosophie[23], die in Europa als wissenschaftliche Disziplinen im weiteren Sinne bis in die griechische Antike zurückzuverfolgen sind (vgl. Beiträge in SERRES 1998a), entstanden im 20. Jahrhundert verschiedene neue Interessensbereiche, darunter Wissenschaftssoziologie[24], Wissenschaftsanthropologie[25] und Feministische Wissenschaftsstudien[26]. Diese Zweige der Wissenschaftsforschung, in deren Rahmen sich bisher keine geographische Forschungsrichtung etablieren konnte,[27] definieren sich jeweils durch eigene Erkenntnisinteressen sowie spezifische theoretische Konzepte und Methoden; sie werden aber häufig unter dem Überbegriff *science studies* subsumiert, um den gemeinsamen Gegenstandsbereich zu betonen.[28] Hinter diesem Terminus, der unter anderem als Bezeichnung für interdisziplinäre Forschungszentren dient (z. B. *Science Studies Unit, University of Edinburgh*;[29] *The Centre for Science Studies, University of Lancaster*) und vorübergehend auch als Zeitschriftentitel Verwendung fand, stehen jedoch nicht nur verschiedene disziplinäre Traditionen, sondern auch

---

[22] Vgl. z. B. DE SOLLA PRICE 1961; KUHN 1968; SERRES 1998a.

[23] Vgl. z. B. SCRIVEN 1968. Da die Wurzeln des heutigen Wissenschaftsverständnisses bis in die Philosophie der griechischen Antike zurückreichen (Aristoteles beispielsweise unterschied zwischen theoretischer und praktischer Wissenschaft), ist die Literatur zur Wissenschaftsphilosophie – im deutschen Sprachraum bevorzugt als Wissenschaftstheorie bezeichnet – kaum zu überblicken. In einer jüngeren wissenschaftsphilosophischen Arbeit erläutert Isabelle STENGERS (1997) ihr der Akteursnetzwerktheorie nahestehendes Wissenschaftsverständnis mit Bezug auf vorherige wissenschaftstheoretische Ansätze.

[24] Zu unterscheiden sind die allgemeine *sociology of science* und die etwas speziellere, aus einer Verschiebung bzw. Erweiterung des Erkenntnisinteresses entstandene *sociology of scientific knowledge* (SSK). Hinzu kommen die historischen Perspektiven der *historical sociology of science* und *historical sociology of scientific knowledge* sowie die in den 1980er Jahren zunehmend verwendeten allgemeineren Begriffe *sociology of science and technology* sowie *studies in science, technology and society* (STS). Überblicke zur Entwicklung der Wissenschaftssoziologie geben z. B. MERTON 1952; BEN-DAVID 1970; STORER 1973; BLUME 1977b; STATERA 1987; AMANN und KNORR CETINA 1995; HASSE 1996.

[25] Vgl. z. B. LATOUR und WOOLGAR (1979; 1986, besonders 277-279); MENDELSOHN und ELKANA 1981, darin vor allem ANDERSON 1981, ELKANA 1981, LEPENIES 1981; KNORR CETINA 1984; LATOUR 1993.

[26] Vgl. z. B. HARDING 1990; HARAWAY 1997.

[27] In der umfangreichen, 36 Artikel umfassenden Anthologie *The Science Studies Reader* (BIAGIOLI 1999) ist zum Beispiel niemand aus der Geographie vertreten. Das Fach Geographie wurde von Mario Biagioli auch nicht in seiner einleitenden Charakterisierung der *science studies* genannt. Dennoch ist das Interesse an einer Geographie wissenschaftlichen Wissens im Bereich der *science studies* in jüngerer Zeit merklich gestiegen (vgl. SMITH und AGAR 1998; siehe auch LIVINGSTONE 2002a; 2002c und 1.3.1).

[28] Im engeren Sinne umfassen *science studies* Arbeiten, die wissenschaftliche Praxis analysieren: „Science studies is not defined by the extension of social explanation to science, but by emphasis on the local, material, mundane sites where the sciences are practiced. [...] What has been revealed through the study of practice is not used to debunk the claims of science, as in critical sociology, but to multiply the mediators that collectively produce the science" (LATOUR 1999b, 309).

[29] Diese wurde 1966 als interdisziplinäre Forschungsgruppe eingerichtet, um Forschung und Lehre in Hinblick auf soziale Aspekte der Wissenschaften zu etablieren. Aus der *Edinburgh school of social constructivism* stammen wichtige Beiträge zur jüngeren Entwicklung der Wissenschaftssoziologie und vehemente Kritiker der Akteursnetzwerktheorie (vgl. 1.3.2.5; 2.4.1).

große disziplinäre und interdisziplinäre Kontroversen (vgl. z. B. PICKERING 1992a, ROSS 1996 und BIAGIOLI 1999; vgl. auch LATOUR 1999b, viii).[30]

Für die vorliegende Arbeit sind in erster Linie die Beiträge zu den *science studies* relevant, die sich mit der in den 1980er Jahren entstandenen Akteursnetzwerktheorie befassen. Dazu gehören neben verschiedenen im Laufe der Arbeit zitierten interdisziplinären Beiträgen während 20jähriger Forschungspraxis[31] vor allem die wichtigsten Arbeiten Bruno Latours als einem ihrer Begründer und Hauptprotagonisten (vgl. LATOUR und WOOLGAR 1986; LATOUR 1987; LATOUR 1988; LATOUR 1993; LATOUR 1999b), thematisch verwandte Ausführungen und Weiterentwicklungen von HARAWAY (1997), LAW (1994), PICKERING (1992b; 1995), SERRES (1995) und STENGERS (1997) sowie Kontroversen mit sozialkonstruktivistisch argumentierenden Autoren (z. B. COLLINS und YEARLEY 1992; CALLON und LATOUR 1992; BLOOR 1999a; 1999b; LATOUR 1999b). In Hinblick auf eine theoretische Konzeptionalisierung akademischer Mobilität ist Latours Werk *Science in Action* für die Arbeit zentral (vgl. 2.2).

Die Akteursnetzwerktheorie kann als Resultat wissenschaftssoziologischer Debatten im 20. Jahrhundert bezeichnet werden und stellt im wesentlichen eine Reaktion auf realistische und sozialkonstruktivistische Forschungsansätze dar. Der folgende Überblick zu den wichtigsten konzeptionellen Entwicklungen im Bereich der Wissenschaftssoziologie ist somit nicht nur für die geographische Wissenschaftsforschung, sondern auch für die allgemeine Theoriediskussion in der Geographie von Bedeutung (vgl. für den deutschsprachigen Raum MEUSBURGER 1999a; für den englischsprachigen Raum vgl. 1.3.1). Die folgenden Ausführungen spannen den theoretischen Rahmen der Arbeit auf, welcher im zweiten Kapitel detailliert erläutert wird, und bereiten die Entwicklung einer eigenen Kritik an der Akteursnetzwerkperspektive vor (Kapitel 2.4). Aufgrund dieser wichtigen Bedeutung für die nachfolgenden Ausführungen fällt die Betrachtung der wissenschaftssoziologischen Forschungskonzepte etwas ausführlicher aus als die der anderen relevanten Forschungsfelder.

Zur Einordnung der wesentlichen Entwicklungslinien kategorisiert Abbildung 3 ausgewählte wissenschaftssoziologische Ansätze nach deren primärem Erkenntnisinteresse und dem jeweils vorausgesetzten Verhältnis von Wissenschaft und Gesellschaft. Dieser Kategorisierung wurden der Übersichtlichkeit wegen, jedoch im vollen Bewußtsein größerer Komplexität, die von BLUME (1977b) in einem Überblick zum Stand der Forschung verwendeten Unterscheidungen zwischen interner Wissenschaft und externer Gesellschaft sowie innerhalb der Kategorie Wissenschaft zwischen sozialen und inhaltlichen Aspekten zugrundegelegt. Auf

---

[30] Zwischen 1971 und 1974 wurde in London das Periodikum *Science studies: research in the social and historical dimensions of science and technology* herausgegeben. Dessen Umbenennung in *Social studies of science: SSS; an international review of research in the social dimensions of science and technology* im Jahr 1975 ist als Ausdruck einer sozialkonstruktivistischen Wende im Fachgebiet zu werten (vgl. 1.3.2.5).

[31] Einen thematisch und alphabetisch sortierten Überblick zu akteursnetzwerkbezogenen Arbeiten bietet die kommentierte Internetbibliographie der Arbeitsgruppe um John Law (vgl. *Actor Network Resource: An Annotated Bibliography. Department of Sociology and Centre for Science Studies, Lancaster University, UK. Internet Document: http://www.lancaster.ac.uk/sociology/antres.html. Version 2.1*).

1.3 Forschungskontexte und Begrifflichkeiten

diese Kategorien rekurriert auch LATOUR (1992; 1993; 1999b) zur Verdeutlichung und Abgrenzung immer wieder, wobei sein Ziel deren Überwindung durch transparente Konstruktionsbedingungen darstellt.

Abb. 3: Ausgewählte Ansätze der Wissenschaftssoziologie

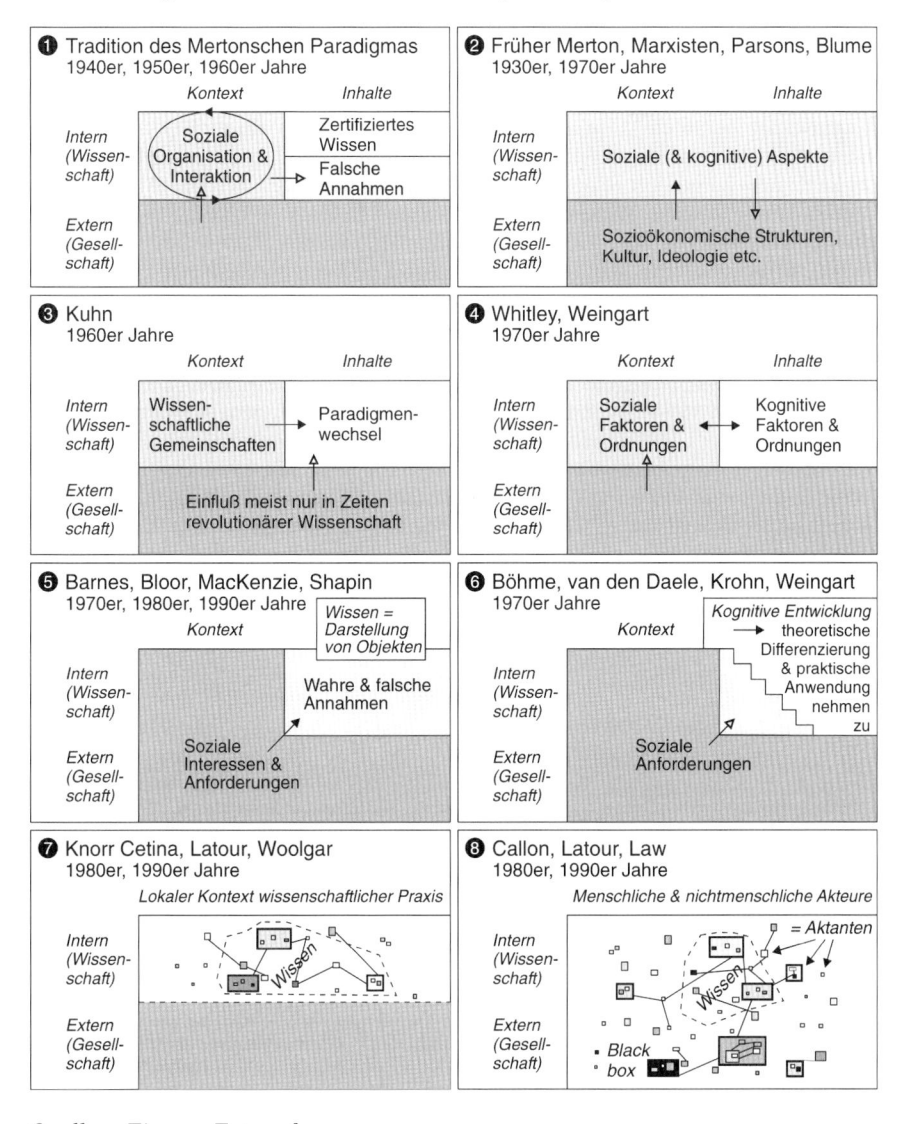

❶ Tradition des Mertonschen Paradigmas 1940er, 1950er, 1960er Jahre	❷ Früher Merton, Marxisten, Parsons, Blume 1930er, 1970er Jahre
Intern (Wissenschaft): Soziale Organisation & Interaktion → Zertifiziertes Wissen / Falsche Annahmen (Kontext / Inhalte)	Intern (Wissenschaft): Soziale (& kognitive) Aspekte ↕ Extern (Gesellschaft): Sozioökonomische Strukturen, Kultur, Ideologie etc.
❸ Kuhn 1960er Jahre	❹ Whitley, Weingart 1970er Jahre
Intern: Wissenschaftliche Gemeinschaften → Paradigmenwechsel; Extern: Einfluß meist nur in Zeiten revolutionärer Wissenschaft	Intern: Soziale Faktoren & Ordnungen ↔ Kognitive Faktoren & Ordnungen
❺ Barnes, Bloor, MacKenzie, Shapin 1970er, 1980er, 1990er Jahre	❻ Böhme, van den Daele, Krohn, Weingart 1970er Jahre
Wissen = Darstellung von Objekten; Wahre & falsche Annahmen; Extern: Soziale Interessen & Anforderungen	Kognitive Entwicklung → theoretische Differenzierung & praktische Anwendung nehmen zu; Extern: Soziale Anforderungen
❼ Knorr Cetina, Latour, Woolgar 1980er, 1990er Jahre	❽ Callon, Latour, Law 1980er, 1990er Jahre
Lokaler Kontext wissenschaftlicher Praxis (Wissen)	Menschliche & nichtmenschliche Akteure = Aktanten; Black box

Quelle: Eigener Entwurf.

1.3.2.1 Mertons funktionalistisches Paradigma

Die Konzeptionalisierung und Institutionalisierung der Wissenschaftssoziologie ist eng mit Robert K. Merton verbunden, dessen funktionalistisches Forschungsparadigma die wissenschaftssoziologische Diskussion in den 1950er und 1960er Jahren bestimmte (STORER 1973, xi; STATERA 1987, 61; HASSE 1996, 26).[32] In seiner Zeit als Graduierter an der Harvard University wurde Mertons Denken von verschiedenen Personen und zeitgenössischen Publikationen der 1930er Jahre beeinflußt, die sich mit Wissenschaftsgeschichte und zunehmend auch mit sozialen Fragen von Wissenschaft befaßten.[33] Im Jahr 1935 beendete Merton seine 1933 begonnene Dissertation zum Thema *Science, Technology and Society in Seventeenth-Century England*, die – zumindest in den USA – eine der ersten systematischen Analysen des sozialen Kontextes von Wissenschaft darstellte (STATERA 1987, 63).[34] Gleichzeitig befaßte sich Merton mit jüngeren Arbeiten zur Wissenssoziologie, die in den 1920er Jahren in Deutschland von Max Scheler und Karl Mannheim als Disziplin begründet worden war und sich mit den Entstehungsbedingungen des Wissens aus der Realität sowie den Auswirkungen von Wissen auf menschliches Handeln auseinandersetzte (vgl. STORER 1973, xiv f.; zur Entwicklung der Wissenssoziologie als wichtiges Forschungsfeld für die Entstehung der Wissenschaftssoziologie vgl. STEHR und MEJA 1984). Während Merton im Jahr 1945 mit dem Aufsatz *Paradigm for the Sociology of Knowledge* einen weiteren, relativ kritischen Beitrag zur Wissenssoziologie publizierte,[35] hatte sich sein Interesse seit 1937 (*Science and the Social Order*) zunehmend auf die Strukturen und Dynamik der wissenschaftlichen Gemeinschaft fokussiert (STORER 1973, xvi). Als Resultat dieser Entwicklung formulierte Merton in den Jahren 1942 (*The Normative Structure of Science*), 1952 (*The Neglect of the Sociology of Science*) und 1957 (*Priorities in Scientific Discovery*) die wesentlichen Aspekte des nach ihm benannten Paradigmas zur Struktur und Dynamik der wissenschaftlichen Gemeinschaft (diese Aufsätze sind nachgedruckt in MERTON 1973).

---

[32] Robert K. Merton erhielt 1994 die *National Medal of Science* als höchste wissenschaftliche Auszeichnung der USA unter anderem für die Begründung der Wissenschaftssoziologie (Merton Awarded Nation's Highest Science Honor. In: Columbia University Record 20 (2), September 16, 1994).

[33] Zu den wichtigsten beeinflussenden Personen in Harvard gehörten die Wissenschaftshistoriker George Sarton und Pitirim A. Sorokin (dessen Student Merton war), der Wissenschaftsphilosoph Alfred North Whitehead und der Soziologe Talcott Parsons (STORER 1973, xiii f.). Talcott Parsons Strukturfunktionalismus bildete nach HASSE (1996, 27) den sozialtheoretischen Ausgangspunkt des funktionalistischen Ansatzes Mertons.

[34] HASSE (1996, 26) weist darauf hin, daß Mertons wissenschaftssoziologisches Programm im zeitgeschichtlichen Kontext einer erbitterten Kontroverse um wissenschaftliche Ziel- und Prioritätensetzungen zwischen *scientific humanists* und der *Society for Freedom in Science* entstanden ist. Während erstere eine gesellschaftliche Bestimmung wissenschaftlicher Arbeit forderten, „lehnten die anderen diese Forderung nach einer politischen Steuerung der Wissenschaft mit dem Argument vehement ab, diese Vorgehensweise behindere die wissenschaftliche Entwicklung und führe somit dazu, wissenschaftliche Innovationspotentiale zu reduzieren" (HASSE 1996, 26).

[35] In diesem Aufsatz kritisierte Merton vor allem eine enge Fokussierung der Wissenssoziologie auf den Zusammenhang zwischen Wissen und Realität.

1.3 Forschungskontexte und Begrifflichkeiten

Mertons Paradigma stellte bis Anfang der 1960er Jahre den dominierenden und einzig elaborierten Forschungsansatz für soziologische Analysen der Wissenschaften dar (vgl. BARNES 1972, 9-10; BLUME 1977b, 2). Es verstand Wissenschaft als weitgehend autonome soziale Institution mit charakteristischem Ethos, die durch ein institutionell forciertes Streben nach fachlicher Anerkennung angetrieben wurde (MERTON 1942; 1957). Als bestimmende Normen des wissenschaftlichen Ethos identifizierte MERTON (1942) die vier Aspekte Offenheit *(universalism)*, Gemeinschaftssinn *(communism)*, Uneigennützigkeit *(disinterestedness)* und Skeptizismus *(organized skepticism)*. Deren Akzeptanz durch die Wissenschaftler sei durch ein *reward system* sichergestellt, welches auf dem Erhalt von Anerkennung für den Vorrang wissenschaftlicher Erkenntnis beruhe und im Falle bedeutender Arbeiten bis zur besonders erstrebenswerten Verbindung zwischen der wissenschaftlichen Entdeckung und dem Namen des Entdeckers führen könne *(eponymy)* (MERTON 1957). Das wesentliche Erkenntnisinteresse von Mertons Paradigma bezog sich somit auf die Frage, wie Wissenschaft als soziale Institution organisiert ist, um zertifiziertes Wissen zu produzieren. Es galt vor allem zu untersuchen, unter welchen Bedingungen die verschiedenen Normen und das *reward system of science* als wissenschaftsinterne sozialstrukturelle Bedingungen die Generierung gesicherten wissenschaftlichen Wissens ermöglichen und damit die so definierte Funktions- und Leistungsfähigkeit der Wissenschaften garantieren (vgl. auch HASSE 1996, 27). Mertons Paradigma wurde in den 1950er und 1960er Jahren unter anderem von Bernard Barber, Stephen and Jonathan Cole, Diana Crane, Warren O. Hagstrom, Norman W. Storer, Harriet Zuckerman und ihm selber ausgearbeitet (STORER 1973). Anwendung fand es im wesentlichen in Arbeiten zur institutionellen Organisation der *scientific community*, zu Werten in der Wissenschaft, zu Beziehungen zwischen Wissenschaftlern (vgl. 1.3.5) und zu den sozialen Bedingungen der Entstehung, Anerkennung und Etablierung neuer Fachgebiete (STORER 1973, xxvi; STATERA 1987, 65; HASSE 1996, 28).[36]

Als Norman W. Storer im Vorwort einer umfangreichen Anthologie mit wichtigen Aufsätzen Robert K. Mertons (MERTON 1973) wesentliche Entwicklungslinien und Probleme der Wissenschaftssoziologie aus der Sicht des Jahres 1973 zusammenfaßte und in diesem Zusammenhang die große Bedeutung Mertons für die Wissenschaftssoziologie betonte, waren ihm seit den 1960er Jahren erfolgende paradigmatischen Verschiebungen vermutlich genauso bewußt wie die zunehmend aufkeimende Kritik (vgl. auch STORER 1973, xxx):

> Recently there has been renewed observation that the nature and direction of scientific growth cannot be adequately understood without dealing specifically with the contents of science – its concepts, data, theories, paradigms, and methods. The idea that the development of science can be analysed at all effectively, apart from the concrete research of scientists is

---

[36] Nach STORER (1973, xii) waren zwei Entwicklungen von entscheidender Bedeutung für die Etablierung der Wissenschaftssoziologie als Spezialdisziplin sowie deren inhaltliche Ausrichtung und rasche Expansion nach 1957: die Vervollständigung des auf der normativen Struktur der Wissenschaften beruhenden Mertonschen Paradigmas durch das *reward system* als Motor der Wissenschaften und die Tatsache, daß Merton den Vortrag *Priorities in scientific discovery* (1957) als Präsident der *American Sociological Association* auf deren Jahrestreffen vortrug.

said to have proven false (vgl. [BARNES und DOLBY] 1970; [MULKAY] 1969). The study of science, after all, begins with its product, scientific knowledge, rather than simply with those individuals who occupy the social position of 'scientist' (STORER 1973, xvii).

Die Fokussierung des Erkenntnisinteresses auf makrosoziologische Strukturen von Wissenschaft und die damit verbundene explizite Trennung zwischen Struktur und Dynamik der wissenschaftlichen Gemeinschaft auf der einen Seite und dem Verhalten der Wissenschaftler sowie dem Inhalt wissenschaftlicher Forschung auf der anderen Seite wurde zum Ausgangspunkt der Kritik an der funktionalistischen Wissenschaftssoziologie, die genau dieses ablehnte:

> We are here concerned in a preliminary fashion with the cultural structure of science, that is, with one limited aspect of science as an institution. Thus, we shall consider, not the methods of science, but the mores with which they are hedged about. To be sure, methodological canons are often both technical expedients and moral compulsives, but it is solely the latter which is our concern here. This is an essay in the sociology of science, not an excursion in methodology. Similarly, we shall not deal with the substantive findings of sciences (hypotheses, uniformities, laws), except as these are pertinent to standardized social sentiments toward science. This is not an adventure in polymathy (MERTON 1942, 268).[37]

In der rationalistischen Tradition von Mertons Paradigma waren Wissenschaftler zwar sozial organisiert, aber im Rahmen der Suche nach der Wahrheit galten sie als völlig autonom.[38] Damit verbunden waren eine (häufig implizite) Annahme perfekter Rationalität bei der Generierung neuer Erkenntnisse und ein rein akkumulatives Verständnis von Wissenschaft (BARNES und DOLBY 1970; WHITLEY 1972; vgl. auch MERTON 1942, 268). Wissenschaftliches Wissen galt als selbsterklärend, so daß nur *posthum* identifizierte Abweichungen von der reinen Vernunft untersucht wurden, nicht aber alltägliches wissenschaftliches Arbeiten. Sozialen Bedingungen wurden im Rahmen der funktionalistischen Arbeiten „lediglich entdeckungsfördernde oder -behindernde Effekte zugeschrieben" (HASSE 1996, 29; vgl. auch LATOUR 1993, 92).[39]

---

[37] Storer rechtfertigte diese Vorgehensweise im Nachhinein mit einer Notwendigkeit zur Komplexitätsreduktion bei der Betätigung in einem neuen Forschungsfeld (STORER 1973, xvii).

[38] BLUME (1977b) begründet die Entstehung dieser Perspektive mit den gesellschaftlichen Rahmenbedingungen in den USA während der 1950er und 1960er Jahre und versucht dadurch zugleich ein Argument gegen das (Mertonsche) Konzept der Autonomie von Wissenschaft zu entwickeln: „The speciality in its functionalist manifestation developed very largely in the United States, focusing upon a scientific community [...] which to a greater degree than elsewhere accorded with its (non-epistemological) assumptions. [...] Today much science is carried out in societies (developing countries, culturally distinct regions of industrialized countries) in which little autonomy has been achieved" (BLUME 1977b, 5). Beiden Auffassungen von Autonomie stellte LATOUR (1987; 1999b) später die Argumentation entgegen, daß wissenschaftliche Autonomie um so größer werde, je stärker Wissenschaftler mit außerwissenschaftlichen Institutionen und Interessen verknüpft sind. Ohne eine starke Verknüpfung und wissenschaftliche Arbeiten im Interesse Dritter sei 'freie' Forschung kaum möglich. Der Frage nach wissenschaftlicher Autonomie wird somit nicht mehr im Rahmen einer dichotomischen und sich ausschließenden Ja/Nein Argumentation nachgegangen, sondern durch eine Untersuchung von Ausmaß und Art der Verknüpfungen zu begegnen versucht (vgl. 1.3.2.7; 2.2).

[39] Dies trifft in erster Linie für Arbeiten im Rahmen von Mertons Paradigma, aber nicht in gleicher Weise für frühe Arbeiten Mertons zu (vgl. Fußnote 40). Nach HASSE (1996, 26) beruht die gesellschaftspoliti-

1.3.2.2 Kuhns Relativismus

Der Wissenschaftshistoriker Thomas S. Kuhn begegnete der traditionellen Konzeption wissenschaftssoziologischer Forschung Anfang der 1960er Jahre, indem er *Veränderungen* gültiger wissenschaftlicher Standards und Kriterien durch soziale Prozesse zu erklären versuchte. In seinem einflußreichen Buch *The Structure of Scientific Revolutions* betonte KUHN (1962; 1997) die Konditionierung des Wissenschaftlers in Hinblick auf die Wahl seiner Forschungsthemen, theoretischen Modelle und Methoden durch die wissenschaftliche Gemeinschaft, welche auf der Grundlage interner öffentlicher Aushandlungsprozesse Sanktionen, Anerkennung, Konsens, Ächtung und Marginalisierung steuere. Darauf aufbauend entwickelte KUHN (1962) sein Konzept der wissenschaftlichen Revolutionen, das auf der Unterscheidung zwischen Zeiten normaler und revolutionärer Wissenschaft beruht. Zeiten normaler Wissenschaft kennzeichnet die im wesentlichen unproblematische Akzeptanz einer wissenschaftlichen Basiskonzeption (Paradigma), welche die zentralen Elemente des Wissens einer Disziplin umreißt, so daß Fragestellungen, Forschungsziele und Methoden weitgehend stabil und anerkannt sind (z. B. Physik Newtons zwischen 1700 und 1900; vgl. STORER 1973, xxviii). Wenn jedoch das forschungsleitende Paradigma angesichts neuer Erkenntnisse und Problemstellungen nicht mehr konsistent erscheint, bilden diese den Ausgangspunkt für die Formulierung einer neuen Theorie, der zunehmend mehr Anerkennung und Glaubwürdigkeit zuteil wird. Dies führt schließlich zu einer wissenschaftlichen Revolution, in der das alte Paradigma durch ein neues, konsistenter erscheinendes Denkmuster ersetzt wird.

In KUHNS (1962) Konzept sind Wissenschaftler keineswegs auf Personen reduzierbar, deren Arbeit durch internalisierte 'gute und richtige' Normen (MERTON 1942, 270) geleitet wird. Vielmehr zeigt er auf, daß Wissenschaftler im Rahmen ihrer Tätigkeit verschiedensten Einflüssen ausgesetzt sind – von prestigereichen Kollegen über wissenschaftliche Moden und Karrieremöglichkeiten bis zur Attraktivität fachlichen, politischen oder wirtschaftlichen Prestiges. Darüber hinaus erführen Wissenschaftler alle sozialen, politischen und wirtschaftlichen Frustrationen, welche die Arbeit für private oder öffentliche Institutionen mit sich bringt (vgl. STATERA 1987, 68). Gelegentlich, besonders in revolutionären Zeiten wissenschaftlicher Arbeit, seien die Ansichten der wissenschaftlichen Gemeinschaften auch offen für allgemeine kulturelle und institutionelle Einflüsse (KUHN 1962).

Als Verdienste Kuhns für die Wissenschaftssoziologie gelten vor allem die Lenkung der Aufmerksamkeit auf soziale Beziehungen in der Wissenschaft, die Dekonstruktion des epistemologischen Mythos der Objektivität bei gleichzeitiger Betonung des Nutzens verschiedener Konzepte zur Lösung eines Problems und die damit einhergehende Pluralisierung der *scientific community* in *scientific communities* (vgl. STATERA 1987; STENGERS 1997 und vermutlich jede andere Arbeit post-

---

sche und erkenntnistheoretische Neutralität der funktionalistischen Wissenschaftssoziologie Mertons „auf den zur damaligen Zeit verbindlichen positivistischen bzw. kritisch-rationalistischen Ansprüchen" und auf einer ebenso verbindlichen unkritischen Übernahme der von seiten der Wissenschaftsphilosophie vorgeschriebenen Kriterien und Standards von Wissenschaftlichkeit.

Kuhnianischer Wissenschaftsforschung). Kuhn eröffnete nach Ansicht nachfolgender, vor allem soziologisch interessierter Wissenschaftsforscher mit seinem Konzept der Annahme, Anzweiflung, Ablehnung und Substituierung wissenschaftlicher Paradigmen gegenüber der epistemologischen oder vorrangig normativen Perspektive die Möglichkeit einer wirklich *soziologischen* Analyse von Wissenschaft.[40] Ein wichtiger Unterschied zwischen Kuhns Perspektive als Wissenschaftshistoriker und späteren soziologischen Betrachtungsweisen von Wissenschaft besteht jedoch darin, daß die Unterscheidung zwischen Zeiten normaler und revolutionärer Wissenschaft nur in größeren Zeitperioden sinnvoll erscheint. Das Argument, daß sich bei einer detaillierten Betrachtung von Zeiten normaler Wissenschaft neue Differenzierungsmöglichkeiten ergeben würden, stellte folglich einen Ansatzpunkt für die am Ende der 1970er Jahre zunehmend erhobene Forderung nach einer soziologischen Untersuchung alltäglicher wissenschaftlicher Arbeit dar (siehe Ausführungen zu den Laborstudien in Abschnitt 1.3.2.6).

1.3.2.3 Renaissance externalistischer Ansätze

Die Autonomie der Wissenschaftler im Rahmen ihrer Arbeit war zwar von Kuhn in Frage gestellt worden. In seiner relativistischen Argumentation[41] führte er aber vor allem wissenschaftliche Gemeinschaften als verantwortliche Instanz inhaltlicher Veränderungen ins Feld und blieb somit in erster Linie einer internen Erklärung von Wissenschaft verpflichtet. Nach BLUME (1977b, 4) ermöglichte die Entkräftung der Behauptung von Autonomie aber auch eine Wissenschaftssoziologie, die sich bewußt mit Interaktionen zwischen den Wissenschaften und anderen Gebieten sozialer Aktion befassen würde. Dieser externalistischer Ansatz geht davon aus, daß Wissenschaft ganz oder zum größten Teil durch die Berücksichtigung des Einflusses sozialer, kultureller, wirtschaftlicher, politischer und anderer wissenschaftsexterner Faktoren zu verstehen ist (vgl. BLUME 1977b). Werte, Vorurteile, Loyalitäten und Verbindlichkeiten der umgebenden Gesellschaft seien auch für die sozialen Prozesse wissenschaftlicher Praxis relevant (Prinzip der Durchlässigkeit

---

[40] LATOUR und WOOLGAR (1986, 275) verweisen in diesem Zusammenhang auf Ausführungen Kuhns, die Anlaß zur Vermutung geben, daß seine Vorbereitung einer Konzeption des sozialen Charakters von Wissenschaft vermutlich unbeabsichtigt war.
    Interessanterweise finden sich auch schon in der Dissertation MERTONS (1938, 193, 199 f.) folgende Elemente: interne soziale Einflüsse auf wissenschaftliche Interessen wie interne Konflikte, eine – im Sinne Kuhns als wissenschaftliche Moden interpretierbare – Orientierung der Wissenschaftler an als bedeutend angesehenen Publikationen und eine von der Suche nach Prestige geleitete gelegentliche Vermeidung von Themen, die zuvor über lange Zeit intensiv von herausragenden Persönlichkeiten behandelt wurden. Merton kommt dabei zu dem Schluß, daß solche sozialen Beziehungen höchstens langfristige inhaltliche Entwicklungen beeinflussen. Kurzfristige Veränderungen wissenschaftlicher Interessen würden nur von den wissenschaftlichen Erkenntnissen selber bestimmt werden und seien daher soziologisch nicht relevant (MERTON 1938, 200).

[41] KUHNS (1962) Ausführungen zu wissenschaftlichen Paradigmenwechseln gingen von einem extremen Relativismus aus, da seiner Ansicht nach keine Grundlage für den Vergleich aufeinanderfolgender Paradigmen existierte (unterschiedliche Terminologie etc.).

nach BLUME 1977b, 6).[42] Da Arbeiten zu Einflüssen außerwissenschaftlicher sozialer Strukturen und Werte auf wissenschaftliche Inhalte aber bereits in den 1930er und 1940er Jahren relativ zahlreich waren – neben frühen Arbeiten von Merton[43] handelte es sich vor allem um Arbeiten marxistischer Wissenschaftshistoriker (BLUME 1977b, 5) –, diese in der wissenschaftssoziologischen Literatur der 1960er Jahre aber kaum zu finden waren, läßt sich BLUMES (1974) Plädoyer für eine externalistische Wissenschaftssoziologie als Renaissance von Pionierkonzepten der Wissenschaftssoziologie interpretieren (zur Anwendung des externalistischen Ansatzes vgl. verschiedene Fallstudien in BLUME 1977b). In diesen Zusammenhang ordnet sich auch Joseph BEN-DAVIDS (1971) Buch *The Scientist's Role in Society* ein, das sich aus einer historischen und komparativen (d. h. geographischen) Perspektive mit den Auswirkungen verschiedener gesellschaftlicher Rahmenbedingungen auf die Organisation und Entwicklung wissenschaftlicher Gemeinschaften befaßt. Ben-David diskutiert deren Rolle in den modernen Gesellschaften Englands, Frankreichs, Deutschlands und den USA und setzt sich mit dem Wandel wissenschaftlicher Zentren auf Nationenebene auseinander (vgl. 3.2.3.4).

1.3.2.4 Kognitive Ansätze

Eine weitaus folgenreichere Reaktion gegen Mertons Paradigma als die Renaissance externalistischer Ansätze stellten in den 1970er Jahren verschiedene Ausprägungen kognitiver Ansätze dar, die, basierend auf Kuhns Relativismus, als Alternative zur positivistischen Epistemologie der (klassischen) funktionalen Wissenschaftssoziologie eine wissenssoziologische Betrachtungsweise zu entwickeln versuchten. Bei dieser Reaktion handelte es sich um Auswirkungen philosophischer Grundsatzdebatten sowie zeitgenössischer Strömungen, die *Bedeutung, Wissen und Erkenntnis* in das Zentrum soziologischer Analysen rückten (BLUME 1977b, 9). Hinzu kamen veränderte zeitgeschichtliche Rahmenbedingungen, die mit einer

---

[42] BLUME (1977b, 5) ging bei der Diskussion um den Einfluß externer gesellschaftlicher Faktoren von sozialen und kognitiven Aspekten der Wissenschaften aus, bezog sich im folgenden aber eigentlich nur auf soziale Faktoren wissenschaftlichen Arbeitens, so daß die Betrachtung gesellschaftlicher Einflüsse auf wissenschaftliche Inhalte ein möglicher Ansatzpunkt der Kritik blieb.

[43] Merton setzte sich in seiner Dissertation mit Beziehungen zwischen Wissenschaft und Gesellschaft auseinander und war sich dort auch einer gewissen Vielfalt interner und externer Einflüsse auf wissenschaftliche Inhalte bewußt (MERTON 1938, 203). Im Vorwort zur Neuauflage der 1938 publizierten Dissertation betonte Merton die Wichtigkeit der Wechselbeziehungen zwischen Wissenschaft und Gesellschaft für das Verständnis der Wissenschaften: „By inquiring into the *reciprocal* relations between science, as an ongoing intellectual activity, and the environing social and cultural structure, the monograph managed to bypass the then current tendency – one still marked today in some quarters of historical and sociological scholarship – of giving uneven attention to the distinct directions of that reciprocity, with the impact of science (and of science-based technology) upon society eliciting much attention, and the impact of society upon science very little" (MERTON 1970, 176). Dies bedeutet einerseits, daß Mertons Argumentation differenzierter ist als kritische Darstellungen seines funktionalistischen Ansatzes häufig wiedergeben (vgl. auch Fußnote 50). Andererseits wird aber die unhinterfragte Voraussetzung separater Kategorien deutlich (Gesellschaft – Wissenschaft, wissenschaftlicher Inhalt – wissenschaftlicher Kontext). Diese wurden später als problematisch erkannt und gemeinsam mit der jeweils postulierten Art der Beziehung zwischen zwei Kategorien nacheinander in Frage gestellt (Abb. 3).

öffentlichen Diskussion über nachteilige Nebenfolgen und Risikopotentiale wissenschaftlicher Forschung einhergingen:

> Während zuvor [...] der gesellschaftliche Nutzen der Wissenschaft unhinterfragt vorausgesetzt wurde, finden sich nun [in den 1970er Jahren] verstärkt grundsätzlich wissenschaftskritische Positionen [...] Zweitens verlieren in der erkenntnistheoretischen Diskussion positivistisch-rationalistische Positionen, wie sie insbesondere von Popper (1973) und Lakatos (1970) entwickelt wurden, ihre Vormachtstellung zugunsten historischer und relativistischer Ansätze (Kuhn 1976; Feyerabend 1975). Drittens mündet die kritische Auseinandersetzung mit der Theorie des Strukturfunktionalismus in der allgemeinen Soziologie, wie sie insbesondere von Gouldner (1974) formuliert wurde, in eine Renaissance interaktionistischer und wissenssoziologischer Positionen (HASSE 1996, 32).

An die Stelle einer mit Max Weber und Talcott Parsons verbundenen handlungstheoretischen und strukturfunktionalistischen Tradition der Soziologie traten als Ausgangspunkt wissenschaftssoziologischer Forschung wissenssoziologische Positionen von Karl Mannheim, Max Scheler und Emile Durkheim, auf deren Grundlage „eine originär sozialwissenschaftliche Erklärung der Generierung und Durchsetzung wissenschaftlichen Wissens geleistet werden" sollte (HASSE 1996, 32 f.; vgl. auch BLOOR 1976, 2 ff.).[44] MULKAY (1969) und BARNES und DOLBY (1970) wiesen darauf hin, daß Mertons Arbeiten ein lineares und kumulatives Verständnis intellektueller Entwicklungen zugrunde liege. Dieses beruhe auf verläßlicher und unproblematischer Beobachtung und blende damit zu unrecht die Bedeutung wissenschaftlicher Inhalte für das Verständnis der Wissenschaften aus. Das Verhalten von Wissenschaftlern werde jedoch weniger durch die von Merton postulierten Normen sozialen Verhaltens (Universalismus etc.) beeinflußt als durch kognitive Strukturen und methodisch-konzeptionelle Inhalte, die es in Wissenschaftsstudien zu integrieren gelte (MULKAY 1969).

In ähnlicher Weise erhoben WHITLEY (1972) und WEINGART (1974) die Forderung nach einer Wissenschaftssoziologie, die danach strebt, intellektuelle Veränderungen in den Wissenschaften als Folge interagierender sozial-struktureller und intellektuell-kognitiver Faktoren zu erklären. Richard WHITLEY (1972) kritisierte, daß trotz offensichtlicher Unterschiede Mertons und Kuhns Konzeptionen beide Wissenschaft als eine Black box betrachten würden. Wissenschaft sei aber weder auf Grundlage der organisatorischen Entwicklung noch auf Grundlage der Entwicklung der Erkenntnisse zu verstehen, ohne deren dynamische Wechselwirkungen in Betracht zu ziehen (vgl. WHITLEY 1972; 1974; WEINGART 1974). Wissenschaft müsse eine lichtdurchlässige Box werden, in der Veränderung durch unvollkommene Rationalität charakterisiert sei (WHITLEY 1972, 66, 86). Darüber hinaus demonstrierte WHITLEY (1977) in einer Fallstudie, wie die unterschiedlichen Forschungs*objekte* verschiedener Disziplinen deren Organisation in Hinblick auf Arbeitsteilung, Konsens über Forschungsprioritäten, Wettbewerb, Hierarchisierung der Autorität oder Art der Graduiertenausbildung beeinflussen können. Er bereitet

---

[44] Die neue Wissenschaftssoziologie war bestrebt, Mannheims Annahme einer Seinsbedingtheit des Denkens und Durkheims Theorie des Zusammenhangs von kognitiven und sozialen Strukturen für den Bereich wissenschaftlichen Wissens nachzuweisen (vgl. HASSE 1996, 33).

1.3 Forschungskontexte und Begrifflichkeiten

damit das wichtige Prinzip der Akteursnetzwerktheorie vor, Forschungs*objekten* Wirkung zuzuschreiben.[45]

Andere soziologische Wissenschaftsstudien versuchten eine Verbindung kognitiv-intellektueller, interner struktureller sowie externer Faktoren wissenschaftlicher Praxis vorzunehmen (BLUME, 1977b, 14). So besagt die Finalisierungsthese von BÖHME, VAN DEN DAELE und KROHN (1973), daß die theoretische Ausdifferenzierung einer wissenschaftlichen Spezialdisziplin in deren Reifestadium zunehmend externem Einfluß ausgesetzt sei. Im Reifestadium durch eine grundlegende Theorie gekennzeichnet, führe eine nachfolgende theoretische Ausdifferenzierung zu spezielleren Theorien, die so lange einer weiteren Verfeinerung unterliegen bis das interne Potential theoretischer Entwicklung erschöpft sei (Finalisierung). In diesem Stadium würden externe Anforderungen die weitere Entwicklung wissenschaftlichen Wissens im jeweiligen Forschungsbereich determinieren. Mit der Finalisierungsthese wurde versucht, die Bedingungen, unter denen wissenschaftliches Wissen von außen beeinflußt wird, anhand der theoretischen Strukturen der betreffenden Disziplin zu systematisieren. Dabei wurde weiterhin in den bekannten Kategorien gedacht und mit diesen operiert (vgl. Abb. 3; BLUME 1977b, 13).

Während externalistische Ansätze Aspekte der Institutionalisierung sowie soziale Beziehungen und Funktionen der Wissenschaften innerhalb verschiedener Gesellschaften untersuchten und die Bedeutung politischer, wirtschaftlicher und sozialer Faktoren für das System der Wissenschaften betrachteten (Wissenschaft versus Gesellschaft), richtete sich das primäre Interesse kognitiver Ansätze auf das Verständnis wissenschaftlichen Wandels durch die Interaktion kognitiv-intellektueller und (meist interner) sozial-struktureller Faktoren (soziale Wissenschaftsstrukturen versus wissenschaftliche Inhalte) (BLUME 1977b, 12). Damit hatte es seit den 1960er Jahren mehrere Verlagerungen des Erkenntnisinteresses zwischen verschiedenen unhinterfragt vorausgesetzten Untersuchungskategorien gegeben. Zudem war eine Verschiebung der Foki empirischer Studien von der Makroebene auf die Mikroebene erfolgt – ohne daß bis dahin die Generierung wissenschaftlicher Forschungsergebnisse selber untersucht worden sei (vgl. dazu WHITLEY 1977, 25 ff. mit seinem Plädoyer für eine *sociology of scientific work*). Letzteres erfolgte ab Ende der 1970er Jahre systematisch im Rahmen zweier Forschungsrichtungen, mit denen sich die sozialkonstruktivistische Wende in der Wissenschaftssoziologie manifestierte. Als diskursbestimmende Konzeptionen der 1980er Jahre waren sie unmittelbarer Ausgangspunkt für die Entwicklung der Akteursnetzwerktheorie: das *strong programme* der *Edinburgh School* des sozialen Konstruktivismus und konstruktivistisch-ethnographische Laborstudien.

---

[45] LATOUR und WOOLGAR (1986, 24) zitieren WHITLEY (1972) in Hinblick auf seinen Hinweis, daß der Einbezug wissenschaftlicher Artefakte in die Untersuchung von Wissenschaft unabdingbar für deren Verständnis sei. STATERA (1987, 72) bemerkt, daß das Innovationspotential in Whitleys Ansatz insgesamt nicht angemessen beachtet wurde. In der Tat scheinen die in den 1970er Jahren begonnenen Laborstudien und die daraus hervorgegangene Akteursnetzwerktheorie auch den Vorschlägen WHITLEYS (1972; 1977) zu mehr Transparenz, zu einem Mittelweg zwischen absoluter Irrationalität (absolutem Relativismus) und absoluter Rationalität (Absolutismus) und zu einer Aufhebung apriorisch gesetzter Kategorien gefolgt zu sein. Der Begriff *'blackboxism'*, in der wissenschaftssoziologischen Literatur bei Whitley erstmals an prominenter Stelle zu finden, avancierte zu einem Kernbegriff der Akteursnetzwerktheorie (vgl. 2.2).

1.3.2.5 Sozialer Konstruktivismus der *Edinburgh School*

David BLOOR (1976) systematisierte Überlegungen zur Auseinandersetzung mit Inhalt und Art wissenschaftlichen Wissens im sogenannten *strong programme*, das er auf Grundlage von Ausführungen seines Kollegen Barry BARNES (1974) und wissenschaftssoziologischen Arbeiten von Emile Durkheim, Karl Mannheim und Florian Znaniecki formulierte (BLOOR 1976, 5). Wissenschafts*interne und externe* soziale Prozesse wurden gemeinsam zum *explanans* wissenschaftssoziologischer Untersuchungen, während das produzierte wissenschaftliche Wissen den Status des *explanandum* erhielt. BLOOR (1976, 4 f.) legte seinem Ansatz vier Leitsätze zugrunde: Dem Prinzip der *Kausalität* zufolge sollten die Bedingungen der Generierung geteilter Ansichten *(beliefs)* Gegenstand wissens(chafts)soziologischer Untersuchung sein. Dafür, so der zweite Grundsatz, sei das Prinzip der *Unvoreingenommenheit* gegenüber den Kategorien Wahrheit und Unwahrheit, Rationalität und Irrationalität, Erfolg und Mißerfolg von essentieller Bedeutung, da jeweils beide Seiten dieser Dichotomien eine Erklärung erfordern würden. Drittens sollte der Stil der Erklärung *symmetrisch* sein. Wahre und falsche Ansichten, rationale und irrationale Ideen, müßten, sofern es sich nicht um individuelle, sondern um überindividuell geteilte Ansichten handele, mit gleichartigen Ursachen erklärt werden. Viertens folgt der Ansatz dem Prinzip der *Reflexivität*, welches besagt, daß für naturwissenschaftliche Phänomene herangezogene Erklärungsmuster auch für die Soziologie selber anwendbar sein müßten.

Mit dem Symmetrieprinzip, das den Kern des *strong programms* ausmacht, wandte sich Bloor gegen vorausgegangene, seiner Ansicht nach asymmetrische Positionen, die, wie die funktionalistische Wissenschaftssoziologie Mertons, auf Grundlage der positivistischen Annahme einer objektiven Naturerkenntnis Logik, Rationalität und Wahrheit als selbsterklärend ansahen und nur die Untersuchung der Ursachen von Abweichung und Unwahrheit als soziologisch zu bearbeitendes Thema erachteten (BLOOR 1976, 6). Solchen empiristischen Ansätzen, denen zufolge Wahrheit auf ungetrübter Sinneswahrnehmung und Unwahrheit auf intervenierenden sozialen Einflüssen beruht (BLOOR 1976, 10), begegnete BLOOR (1976, 12) mit einem Konzept von Wissen als kollektive Visionen von Realität, welche aus individuellen (Sinnes-)erfahrungen und sozial vermittelten Ansichten entstanden sind.

> Knowledge then, is better equated with Culture than Experience. [...] The same two ingredients occur in true and false beliefs and so the way is open for symmetrical styles of explanation which invoke the same types of cause (BLOOR 1976, 12).

Im Rahmen der Edinburgh Schule des sozialen Konstruktivismus (vor allem Barry Barnes, David Bloor, David O. Edge, Donald A. MacKenzie, Steven Shapin) wurden die Ausführungen zu einer Soziologie wissenschaftlichen Wissens ausgearbeitet und vor allem in historischen Untersuchungen zu Kontroversen der Wissenschaftsgeschichte angewandt. Herausragendes Beispiel ist die umfangreiche Studie von Steven SHAPIN und Simon SCHAFFER (1985) zu einer Kontoverse zwischen Robert Boyle (1627-1691) und Thomas Hobbes (1588-1679) über den Wert experimenteller Arbeit für die Produktion wissenschaftlichen Wissens. Diese detaillierte, im Sinne des sozialkonstruktivistischen Forschungsparadigmas entstandene historische Wissenschaftsstudie liefert so viel detailliertes Material zum Ablauf der Kontroverse, daß sie sogar Raum für Interpretationen im Sinne der den Sozialkonstruktivismus stark kritisierenden Akteursnetzwerkperspektive bot (LATOUR 1995). Sie wird ansatzübergreifend als eine der besten Arbeiten über die Beziehungen von Wissenschaft und Gesellschaft bezeichnet (z. B. von Bruno Latour im Interview mit CRAWFORD 1993, 249). Letzteres entwickelte sich zu einem Stein des Anstoßes in der Kontroverse um Sozialkonstruktivismus und Akteursnetzwerktheorie, da David BLOOR (1999a, 107) Bruno Latour eine ungerechtfertigte Vereinnahmung von SHAPIN und SCHAFFER (1985) durch Fehlinterpretation vorwarf. Eine der Edinburgh Schule ähnliche, ebenfalls relativistische Auffassung von Wissenschaftssoziologie findet sich bei Harry Collins und Trevor Pinch (*Bath school*; vgl. z. B. COLLINS 1983; COLLINS und YEARLEY 1992), die jedoch mehr Aufmerksamkeit Entdeckungen und den Bedingungen der Akzeptanz von Entdeckungen entgegen bringen. Verschiedene Auffassungen sozialkonstruktivistischer Wissenschaftsstudien finden sich in einem Sammelband von KNORR CETINA und MULKAY (1983) und in der 1971 gegründeten Zeitschrift *Science Studies,* die 1974 als Ausdruck der sozialkonstruktivistischen Wende in *Social Studies of Science* umbenannt wurde.[46] Eine jüngere zusammenhängende Darstellung ihrer Konzeption einer soziologischen Wissenschaftsforschung, die im wesentlichen auf der Interpretation historischer Fallbeispiele beruht, stammt von BARNES, BLOOR und HENRY (1996).

1.3.2.6 Laborkonstruktivismus

Neben kritischen Kommentaren der Verfechter rationalistischer Wissenschaftsauffassungen (vgl. die Kontroverse zwischen LAUDAN 1981 und BLOOR 1981) kam am Ende der 1970er Jahre die Kritik auf, daß sich bisherige sozialkonstruktivistische Studien auf außergewöhnliche Ereignisse und Kontroversen konzentriert und dabei alltägliches wissenschaftliches Arbeiten vernachlässigt hätten.[47] Zudem seien historische Fallstudien aufgrund ihrer prinzipiell begrenzten Reichhaltigkeit an empirischer Information auf Dauer ungeeignet, „den Mechanismus der gesellschaftlichen Konstruktion wissenschaftlicher Wirklichkeiten en detail zu rekonstruieren" (HASSE 1996, 34; vgl. auch LATOUR und WOOLGAR 1986, 28). Die Einbeziehung empirischer Phänomene in das Verständnis wissenschaftlicher Praxis erfolgte daraufhin unter anderem durch Karin KNORR CETINA (1979; 1984) sowie Bruno LATOUR und Steve WOOLGAR (1979) im Rahmen mikrosoziologisch-ethnographischer Laborstudien, die sich in einen *anthropological turn* der Humanwissen-

---

[46] Die ersten Herausgeber waren Roy M. MacLeod von der University of Sussex und David O. Edge von der University of Edinburgh. Letzterer gab das Journal auch noch am Ende der 1990er Jahre heraus.

[47] LATOUR und WOOLGAR (1986, 31 f.) weisen darauf hin, daß in besonderen Situationen wissenschaftlichen Arbeitens (z. B. Kontroversen, Geheimhaltung von Forschungsergebnissen angesichts starken Wettbewerbs) soziale Einflüsse auf wissenschaftliche Inhalte (häufig in Form von Skandalen) offensichtlicher erscheinen als in alltäglicher Laborarbeit.

schaften während der 1970er Jahre einordnen (vgl. MENDELSOHN und ELKANA 1981, darin vor allem ANDERSON 1981; LEPENIES 1981):[48]

> Partly as a result of our dissatisfaction [with traditional approaches to science], and in an effort both to penetrate the mystique of science and to provide a reflexive understanding of the detailed activities of working scientists, we decided to construct an account based on the experiences of close daily contact with laboratory scientists over a period of two years (LATOUR und WOOLGAR 1986, 18).[49]

Die Durchführung von Laborstudien war schon von Robert K. MERTON (1952, 220) angeregt worden,[50] hatte aber bis in die zweite Hälfte der 1970er Jahre kaum empirische Resonanz erhalten.[51] LATOUR und WOOLGAR (1979) dienten die Aufzeichnungen Bruno Latours aus zwei Jahren (1975-77) teilnehmender Beobachtung in einem biowissenschaftlichen Forschungslabor der USA dazu, den Prozeß der Entstehung wissenschaftlicher Fakten anhand der alltäglichen Arbeit einer Gruppe von Wissenschaftlern detailliert zu beschreiben. Die gewählte anthropologische Perspektive schrieb vor, die von den Wissenschaftlern verwendeten Konzepte und Terminologien kritisch zu hinterfragen und selber keine Hypothesen oder Kategorien über wissenschaftliches Arbeiten aufzustellen:

> [T]he fact that scientists often change the manner and content of their statements when talking to outsiders causes problems both for outsiders' reconstruction of scientific events and for an appreciation of how science is done. It is therefore necessary to retrieve some of the craft character of scientific activity through in situ observations of scientific practice. [...] We have not chosen consciously to focus predominantly on any of the technological, historical, or psychological aspects of what is observed. No attempt was made to delimit the area of competence prior to our discussion, and there was no prior hypothesis about a concept (or set of concepts) which might best explain what was to be encountered in the field (LATOUR und WOOLGAR 1986, 28-29).

---

[48] Die Idee zu einer ethnographischen Studie wissenschaftlicher Praxis entwickelte sich nach LATOUR und WOOLGAR (1986, 273 f.) im Rahmen eines Forschungsaufenthalts Latours an der Elfenbeinküste, der zur Untersuchung von Anpassungsschwierigkeiten der Einwohner an ein modernes industrielles Leben diente. Da scheinbar jede Vorgängeruntersuchung die Unterscheidung zwischen wissenschaftlichen und vorwissenschaftlichen Argumentationsmustern vornahm, sei die Frage entstanden, was mit dieser Differenzierung passieren würde, wenn die gleichen Methoden, die an der Elfenbeinküste der Untersuchung von Bauern dienten, auf führende Wissenschaftler angewendet werden würden. Latours Bekanntschaft mit Professor Roger Guillemin begünstigte daraufhin die Ausarbeitung eines entsprechenden Forschungsprojektes, da dieser ihn bereits zwei Jahre zuvor zu einer Untersuchung seines Forschungslabors eingeladen hatte. Die Studie LATOURS und WOOLGARS (1979) reagierte somit nicht allein auf das Forschungsdefizit innerhalb der Wissenschaftssoziologie, sondern war auch aus einer anderen Richtung inspiriert worden (vgl. dazu vor allem LATOUR und WOOLGAR 1986, 273).

[49] Im folgenden wird auf die zweite Auflage des Buches *Laboratory Life* von LATOUR und WOOLGAR (1986) verwiesen. Wichtige Unterschiede zur ersten Auflage werden weiter unten im Text diskutiert.

[50] „It is at least possible that if social scientists were to begin observations in the laboratories and field stations of physical and biological scientists, more might be learned, in a comparatively few years, about the psychology and sociology of science than in all the years that have gone before" (MERTON 1952, 220).

[51] LATOUR und WOOLGAR (1986, 274) berichten von ihrer ursprünglichen 'Überraschung', mit *Laboratory Life* den ersten Versuch einer detaillierten Studie zu den alltäglichen Aktivitäten von Wissenschaftlern in ihrer normalen Arbeitsumgebung vorgelegt zu haben. Allerdings führte Robert S. Anderson bereits in der ersten Hälfte der 1970er Jahre anthropologische Untersuchungen in Laboratorien der Hochenergiephysik in Chicago und Indien durch (1975 publiziert; vgl. MENDELSOHN und ELKANA 1981, xv).

1.3 Forschungskontexte und Begrifflichkeiten

Aufbauend auf dem sozialkonstruktivistischen Ansatz der Edinburgher Schule (vgl. LATOUR und WOOLGAR 1986, 105-107) wurden sowohl soziale als auch intellektuelle Faktoren in die Untersuchung wissenschaftlichen Wissens einbezogen und sämtliche wissenschaftliche Behauptungen symmetrisch analysiert. Zudem wurde der Studie ein gewisser Grad an Reflexivität in Hinblick auf die verwendeten und beobachteten Methoden zugrunde gelegt (LATOUR und WOOLGAR 1986, 23, 27, 30). Ein interessanter und folgenreicher Unterschied bestand dagegen in dem Interesse der Autoren, die Bedeutung der von den Wissenschaftlern verwendeten Kategorien 'technisch' und 'sozial' durch die Beobachtung wissenschaftlicher Arbeit verstehen zu wollen anstatt sie vorauszusetzen. LATOUR und WOOLGAR (1986, 27, 32) sahen diese Kategorien als *Ressource* wissenschaftlicher Arbeit an, so daß es deren Verwendung zu erklären galt. Das Prinzip kausaler Beziehungen zwischen technischen und sozialen Erscheinungen wurde damit hinfällig (LATOUR und WOOLGAR 1986, 25), doch erst in späteren Arbeiten zur Akteursnetzwerktheorie wurde explizit ein alternatives Konzept zur Kausalität des *strong programme* formuliert, und zwar das der reversiblen Transformationsketten (vgl. 2.1; LATOUR 1999b). Der Fokus Latours und Woolgars lag indes auf der Frage, warum sich wissenschaftliche Fakten scheinbar einer soziologischen Betrachtung entziehen:

> [R]ecently, sociologists of science have convincingly argued the case for the social fabrication of science [...] But despite these arguments, facts refuse to become sociologised. They seem able to return to their state of being „out there" and thus to pass beyond the grasp of sociological analysis. In a similar way, our demonstration of the microprocessing of facts is likely to be a source of only temporary persuasion that facts are constructed. Readers, especially practising scientists, are unlikely to adopt this perspective for very long before returning to the notion that facts exist, and that it is their existence that requires skillfull revelation (LATOUR und WOOLGAR 1986, 175).

Zur Ergründung dieses Phänomens verfolgten LATOUR und WOOLGAR (1986, 175) den Prozeß der Stabilisierung wissenschaftlicher Fakten von den ersten Vermutungen und Experimenten bis zu dem Punkt, an dem sich eine gefestigte Aussage von ihren räumlichen und zeitlichen Bestimmungsfaktoren sowie von jeglicher Referenz zu Produzenten und Produktionsprozeß löst. In dem Beispiel der beiden Autoren, wartete das *Tyrotropin Releasing Factor Hormone* [TRF(H)] nicht darauf, im Jahr 1969 von den für die Isolierung dieses und anderer Peptidhormone aus dem Hypothalamus mit dem Nobelpreis (1977) ausgezeichneten Wissenschaftlern Roger Guillemin und Andrew Schally *entdeckt* – im Sinne von aufgedeckt – zu werden; LATOUR und WOOLGAR (1986, 175 f.) argumentieren statt dessen, daß durch das kreative aufeinander Abstimmen experimenteller Anordnungen, die kontinuierlich erweitert, in Teilen verworfen oder leicht verändert wurden, sowie durch das Experimentieren mit verschiedenen Interpretationsmöglichkeiten der Versuchsergebnisse genau die Rahmenbedingungen gesucht wurden, in denen TRF immer wieder die gleichen Eigenschaften aufwies. Zu Beginn einer Untersuchung erscheint das untersuchte Objekt als virtuelles Bild einer Aussage über dieses Objekt, aber im Verlauf des Forschungsprozesses wird durch experimentelle und interpretatorische Modifizierungen immer mehr Realität dem Objekt und weniger dem Statement über das Objekt zugeschrieben. Bis zu einem bestimmten Punkt werden die Konstruktionsbedingungen zur Unterstützung der Aussage über das Objekt benötigt; an diesem Punkt der Stabilisierung angekommen, erfolgt jedoch ein interessanter Umkehreffekt: von nun an untergräbt jeglicher Verweis auf lokale Konstruktionsbedingungen die Autorität der Aussage als wissenschaftliches Faktum und wird das Objekt selber zur Ursache der formulierten Aussage:

> [T]he past becomes inverted. TRF has been there all along, just waiting to be revealed for all to see. The history of its construction is turned into the pursuit of a single path which led inevitably to the „actual" structure. Only through the skills and efforts of „great" scientists could the setbacks of red herrings and blind alleys be overcome and the real structure be revealed for what it was. [...] The further temptation for the observer, once faced with one set of statements and one reality to which these statements correspond, is to marvel at the perfect match between the scientist's statement and the external reality (LATOUR und WOOLGAR 1986, 177).

Durch diese Beobachtungen zur Konstruktion wissenschaftlicher Fakten wird das Mysterium der Übereinstimmung zwischen Objekten und Aussagen über diese Objekte, welches die Wahrnehmung der Wissenschaft in der übrigen Gesellschaft bestimmt und die wissenstheoretische Diskussion prägt, durch die Feststellung der gemeinsamen Entstehung aufgelöst. Die Abtrennung der Aussage vom lokalen Kontext des Labors und ihre Umkehrung von einer konstruktionsbedingten Vermutung zu einem Spiegel der Realität lassen wissenschaftliche Fakten *posthum* als naturgegebene und unveränderliche Tatsachen erscheinen, die es mit Geschick aufzudecken gelte. Diese Argumentation bedeutet nicht, daß es keine Fakten oder keine Realität gibt, sondern daß Realität die Konsequenz wissenschaftlicher Arbeit im Sinne eines Stabilisierungsprozesses ist – nicht deren Grund (LATOUR und WOOLGAR 1986, 181 f.). Aus dieser Perspektive wird die Isolierung einer stabilen Interpretation wissenschaftlicher Daten aus einer scheinbar unendlichen Menge möglicher Alternativen zum zentralen Charakteristikum wissenschaftlicher Praxis. Wissenschaft mag zwar im Nachhinein und von einer Außenperspektive her als organisierte, durch und durch logische und kohärente Aktivität erscheinen, ist aber, wie die Laborstudien zeigen, in Wirklichkeit eine kreative, auch von Zufällen geprägte, experimentelle Aktivität, in deren Rahmen versucht wird, auf der Grundlage möglichst nachvollziehbarer, schlüssiger Methoden und möglichst ungehindertem Einfallsreichtum aus einer Reihe ungeordneter Beobachtungen und Ideen, die einstweilen auch zu Zeiten völliger Konfusion führen können, eine zumindest vorübergehend stabilisierte Ordnung zu produzieren (LATOUR und WOOLGAR 1986, 36).[52] Wissenschaftliche Objektivität kann daher als Konsequenz wissenschaftlicher Konstruktionsprozesse angesehen werden, die wiederum den ignorierten Effekt einer in alltägliche Praktiken eingelassenen Interpretations- und Transformationsmaschinerie darstellen (AMANN und KNORR CETINA 1995, 421).

---

[52] Dieses Wissenschaftsverständnis betont Gemeinsamkeiten zwischen Natur- und Geisteswissenschaften: „Consequently, the practising scientist is likely to be as much involved with the task of producing ordered and plausible accounts out of a mass of disordered observations as is the outside observer" (LATOUR und WOOLGAR 1986, 36; vgl. auch 2.4.7.2)

1.3.2.7 Akteursnetzwerktheoretische Konzeptionen

Die Betrachtung der konkreten Bedingungen vor Ort führte schließlich dazu, sämtliche relevante Aspekte in die Untersuchung wissenschaftlichen Arbeitens einzubeziehen. Ausgehend von dem Bestreben, wissenschaftliches Arbeiten, die Konstitution wissenschaftlichen Wissens und die Besonderheit der gesellschaftlichen Bereiche Wissenschaft und Technologie zu verstehen, wandte sich die Arbeitsgruppe um Michel Callon und Bruno Latour am *Centre de Sociologie de l'Innovation at Ecole Nationale Supérieure des Mines de Paris* zusammen mit dem britischen Wissenschaftssoziologen John Law in den 1980er Jahren der Rolle von Gegenständen, Instrumenten und Objekten im Bereich der Wissenschafts- und Technikentwicklung zu (CALLON, LAW und RIP 1986; LAW 1986a). Zu den klassischen Pionierstudien der aus diesen Arbeiten entstandenen Akteursnetzwerktheorie gehört Michel CALLONS (1986) Studie über den Transfer eines Konzepts zur Züchtung von Kammuscheln aus Japan nach Frankreich. Callon rekonstruiert den Prozeß der Übertragung dieser Art von Kultivierung als einen Übersetzungsprozeß zwischen den beteiligten Entitäten, die sich in multilateralen Verhandlungsprozessen gegenseitig dazu bringen, sich in einer aufeinander abgestimmten Weise zu verhalten: drei französische Forscher zurück aus Japan, deren Forscherkollegen, die Kammuscheln und die Fischer in der überfischten Bucht von St. Brieuc. Auf den Ergebnissen dieser Untersuchung aufbauend, formulierte CALLON (1986, 200 f.) das sogenannte 'allgemeine Symmetrieprinzip', welches sich explizit gegen das sozialkonstruktivistische Symmetrieprinzip Bloors wendet und besagt, daß Wissenschafts- und Technikentwicklung nur durch die symmetrische Untersuchung der beteiligten menschlichen und nichtmenschlichen Wesen zu verstehen sei. Kammuscheln, Parasiten, Meeresströmungen, Forscher und Fischer seien alle zugleich Resultat und Mediatoren wechselseitiger Relationierungen. Sie besäßen daher jeweils eine eigene Geschichte, eigene Identität und auch eigene Handlungsverantwortung, deren Ausprägungen – durch den Aufbau und den Wegfall von Beziehungen zu anderen Entitäten – einer von der Stabilität des jeweiligen Beziehungsgefüges abhängigen Veränderung unterliegt und die es in der Praxis mit Unparteilichkeit gegenüber ontologischen Kategorien und Kompetenzzuschreibungen aufzudecken oder nachträglich zu rekonstruieren gelte.

Das allgemeine Symmetrieprinzip richtete die Aufmerksamkeit auf die zuvor vernachlässigte Bedeutung des Einbezugs von Materie in soziale Beziehungen der menschlichen Gemeinschaft. So argumentiert die Akteursnetzwerktheorie, daß die Sozialisation von Materie zur Entstehung von soziomateriellen Hybriden in Form von Texten, Symbolen und technischen Artefakten führt, die essentiell für die Stabilisierung sozialer Beziehungen sind (STRUM und LATOUR 1987) und Kommunikation und Machtausübung über weite Distanzen erst ermöglichen (LAW 1986b; LATOUR 1987; zum Konzept der soziomateriellen Hybridität vgl. 2.1). Die Ablehnung der Idee einer rein menschenbedingten Konstruktion von Fakten, Artefakten und Gesellschaft fand in der Streichung des Adjektivs *'social'* im Titel der zweiten Auflage von *Laboratory Life: The Social Construction of Scientific Facts* anschaulichen Ausdruck:

"Social" retained meaning when used by Mertonians to define a realm of study which excluded consideration of "scientific" content. It also had meaning in the Edinburgh school's attempts to explain the technical content of science (by contrast with internalist explanations of technical content). [...] But how useful is it once we accept that *all* interactions are social? [...] Not a lot. By demonstrating its pervasive applicability, the social study of science has rendered "social" devoid of any meaning [...] Although this was also our original intention, it was not clear until now that we could simply ditch the term: our new subtitle now denotes our interest in "the construction of scientific facts" (LATOUR und WOOLGAR 1986, 281).

Neben der Rolle der Objekte fand in akteursnetzwerktheoretischen Studien der 1980er Jahre auch der weitere gesellschaftliche Kontext wissenschaftlicher Arbeit zunehmend Berücksichtigung.[53] Beispielsweise zeigte LATOUR (1987) in dem Buch *Science in Action* anhand verschiedener Beispiele aus der Wissenschaftsgeschichte, wie spezifische Beziehungsgeflechte aus soziomateriellem Laborkontext, bestehendem Wissen sowie anderen wissenschaftlichen und außerwissenschaftlichen Verbündeten (z. B. Mitarbeiter, Sponsoren) die Generierung wissenschaftlichen Wissens an einem bestimmten Ort zu einer bestimmten Zeit ermöglichen und wie sich ein neu geschaffenes Faktum durch Bewegungen in Raum und Zeit verändert (vgl. 2.2). Dabei legt er besonderen Wert auf die Verbindung zwischen wissenschaftlichen Mikroprozessen (z. B. Laboranalysen, die Konstruktion einer Maschine, das Schreiben eines Textes) und wissenschaftlichen Makroprozessen (z. B. die Erhärtung oder Dekonstruktion wissenschaftlicher Fakten durch Diskussionen in der wissenschaftlichen Gemeinschaft). Er befaßte sich auch mit der schwierigen bis unmöglichen Abgrenzung von Wissenschaft und Gesellschaft. Eine Grundlage für Nachfolgestudien (vgl. z. B. HARRIS 1998; BRAVO 1999) stellen sieben methodische Regeln zur Erforschung der Wissenschaften dar, denen Latour ein größeres Potential zum Verständnis der Wissenschaften zuschreibt als bis dahin entwickelten Konzepten (LATOUR 1987, 17, 258). Kern dieser Regeln ist die Untersuchung wissenschaftlicher Praxis ohne wesentliche Vorannahmen über die Eigenschaften der daran beteiligten Entitäten. Mit *Science in Action* manifestierte sich die Auflösung aller apriorisch gesetzten Kategorien in der akteursnetzwerktheoretischen Wissenschaftsforschung (vgl. Abb. 3, S. 25).

Im Postskript der zweiten Auflage von *Laboratory Life* deutete sich nicht nur die Abkehr von *sozialer* Konstruktion und der Einbezug des weiteren gesellschaftlichen Kontexts, sondern auch die Notwendigkeit einer Auseinandersetzung mit den philosophischen Bezügen wissenschaftssoziologischer Studien an (LATOUR und WOOLGAR 1986). So formulierte LATOUR (1992) auf Grundlage des allgemeinen Symmetrieprinzips Michel Callons die Forderung nach einer weiteren Wende im Anschluß an den *social turn*. Diese Wende bestand in dem Schritt, Natur und Gesellschaft mit den gleichen menschlichen und nichtmenschlichen Ressourcen zu erklären und führte zu einer Kritik der Objekt-Subjekt Polarität Immanuel Kants (LATOUR 1992; 1993). In der Tradition der Kantschen Kritik der reinen Vernunft

---

[53] Kritiker der ersten Auflage von *Laboratory Life* wiesen auf zwei wichtige Auslassungen der Studie hin: Zum einen sollte das Labor, wie geschehen, nicht als isolierte Einheit analysiert werden, zum anderen sei nicht analysiert worden, wie das Labor nach der Konstruktion wissenschaftlicher Fakten zum obligatorischen Referenzpunkt für alle nachfolgenden Diskussionen wird (LATOUR und WOOLGAR 1986, 280).

1.3 Forschungskontexte und Begrifflichkeiten   41

schrieben verschiedene philosophische Schulen alle erklärenden Ressourcen mit unterschiedlichen Charakterisierungen dem Subjektpol zu, während sie den durch nichtmenschliche Entitäten gekennzeichneten Objektpol als untergeordneten Trabanten betrachteten (vgl. 2.4.2):[54]

> Paradoxically, the beautiful movement of Copernicus's Revolution was used by the Critique to describe an anthropocentric (or sociocentric or logocentric) enterprise (LATOUR 1992, 278).

Dem allgemeinen Symmetrieprinzip zufolge müßte aber der Objektpol genauso behandelt werden wie der Subjektpol. Latour kritisierte vorherige Ansätze zur Erklärung wissenschaftlichen Wissens als eindimensional, da sie sich alle zwischen zwei Extrempositionen bewegen würden: Auf der einen Seite stünden reaktionäre Ansätze der Realisten, die Wissenschaft nur als wissenschaftlich ansehen, wenn keine Spuren sozialer Intervention zu finden sind, obgleich von Zeit zu Zeit der Einfluß gesellschaftlicher Bedingungen auf die Entwicklung der Wissenschaft anerkannt werden würde. Auf der anderen Seite behaupteten Radikalisten, daß Wissenschaft vollständig sozial konstruiert sei, wobei tolerantere Positionen wiederum die Existenz einer Natur akzeptieren würden (LATOUR 1992, 276). In der Mitte befänden sich intermediäre Interpretationen, die wissenschaftliche Fakten als Mixtur zweier *reiner* Formen ansehen würden. Wie die Ergebnisse aus *Laboratory Life* zeigten, seien Objekte und Subjekte aber das Ergebnis einer experimentellen und historischen Aktivität, so daß deren Ontologie erst mit zunehmender Stabilisierung der relevanten Netzwerke deutlich werde. Folglich interpretierte Latour die Objekt-Subjekt Polarität als einen eindimensionalen Referenzrahmen, dessen horizontale Achse mit einem hohen Stabilisierungsgrad korrespondiert (LATOUR 1992, 284). Um den Netzwerkbildungsprozessen gerecht zu werden, führte er einen zweidimensionalen Referenzrahmen ein, in dem die vertikale Achse Entitäten nach ihrem Grad der Stabilisierung klassifizierte. Die damit verbundene Argumentation, daß der Realitätsgehalt und die ontologische Spezifizierung eines wissenschaftlichen Faktums mit der Stabilität des definierenden Netzwerks zunehmen, rückte die Debatte zwischen Relativisten (niedriger Stabilisierungsgrad) und Realisten (hoher Stabilisierungsgrad) in ein ganz anderes Licht (LATOUR 1992, 284 ff.):

> As soon as we consider two sets of coordinates for every single entity – its degree of naturalness or socialness on the one hand, and its degree of stabilization on the other – we become able to do justice to the variable ontology of the entities we all studied in our case studies. Boyle's air pump, Pasteur's microbes, Millikan's electrons, do not have to be defined as points in the one-dimensional diagram, but as *trajectories* in the two-dimensional one (LATOUR 1992, 286).

Die Einführung der zeitlichen Dimension, die einer sich wandelnden Historizität von Gesellschaft und Dingen Rechnung trägt, berücksichtigt die Existenz wissenschaftlicher Praktiken und Aushandlungsprozesse, die *Veränderungen* über die Zeit hinweg bewirken. Gesellschaft und Natur werden nicht mehr länger als erklärende

---

[54] LATOUR (1992, 278) bezeichnete BLOOR (1976) als *high-tide mark* dieser asymmetrischen Philosophie, da ausschließlich soziale Prozesse zur Erklärung wissenschaftlicher Entwicklung herangezogen wurden.

Ressourcen, sondern als zu erklärende Variablen behandelt, sie gelten nicht mehr als gegensätzliche Ursachen von Wissen sondern als Konsequenz wissenschaftlicher Praxis, die selber als das Resultat integrierender Aushandlungsprozesse zu charakterisieren ist. Um dem Prozeßcharakter, der Variabilität des ontologischen Status und den Mediationen der an wissenschaftlichen Netzwerkbildungsprozessen beteiligten Entitäten gerecht zu werden, führte LATOUR (1993, 51) den auf Michel Serres zurückgehenden Begriff der Quasi-Objekte ein. Als Synonyme finden die Begriffe Akteursnetzwerk (CALLON 1986; CRAWFORD 1993, 261) und Aktanten (LATOUR 1987, 84) Verwendung (vgl. 2.1), die jeweils allen an wissenschaftlicher Praxis beteiligten Elementen ontologische Aktivität zuzuschreiben und somit Dinge von passiven Intermediatoren zu aktiven Mediatoren machen.

Die philosophischen Implikationen der Erkenntnisse zur verkürzten Perspektive einer apriorischen und asymmetrischen ontologischen Trennung zwischen Subjekt und Objekt veranlaßten LATOUR (1992; 1993) zu einer vollständigen Dekonstruktion und Neuschreibung der auf Descartes und Kant beruhenden 'modernen Verfassung'. Kern seiner kopernikanischen Gegenrevolution ist der Hinweis, daß sämtliche philosophische Schulen in der Tradition der Moderne – LATOUR (1995, 77 ff.) befaßt sich unter anderem mit Dialektik, Phänomenologie, Hermeneutik, Naturalismus und Postmodernismus – vergeblich versucht haben, die Trennung zwischen Objekt und Subjekt zu überwinden, da diese das Resultat eines gemeinsamen Prozesses und keine Vorbedingung sei. Die Diskussionen um Ontologie und Kräfteverhältnis von Natur und Gesellschaft und um den privilegierten Zugang moderner Gesellschaften zur Natur würden sich mit dem neuen, zweidimensionalen Referenzrahmen auflösen und zu der Erkenntnis führen, daß die Aushandlungsprozesse zwischen Menschen und Nichtmenschen zu allen Zeiten an allen Orten vom Prinzip her gleich waren, daß sich die Resultate aber in ihrer Stabilität unterschieden, Kollektive in bestimmten raumzeitlichen Kontexten größer, bestimmte Akteursnetzwerke länger und Interaktionen komplizierter waren und sind (LATOUR 1992, 289).

Indem LATOUR (1993) Kontinuitäten zwischen der im Kontext der modernen Konstitution geschaffenen Trennung zwischen Vormoderne und Moderne aufzeigt, untermauert er seine Argumentation für Nonmodernität, das heißt für die Erkenntnis, daß die Menschen niemals modern gewesen sind (LATOUR 1992; 1993). An die Stelle der postmodernen Kritik an einer nicht vorhandenen Ordnung tritt die nichtmoderne Konstruktion von Natur, Gesellschaft und allen anderen Kategorien, die Menschen kennen und nutzen (LATOUR 1993). Aus den Ergebnissen der laborkonstruktivistischen Erkundungen der späten 1970er Jahre und den akteursnetzwerktheoretischen Argumentationen im Bereich der Wissenschaftssoziologie während der 1980er Jahre wurde somit in den 1990er Jahren ein theoretischer Entwurf, der über den Bereich der Wissenschaft hinaus gesellschaftliche Zusammenhänge als Akteursnetzwerke menschlicher und nichtmenschlicher Wesen versteht (vgl. auch LAW 1994; STENGERS 1997; LATOUR 1999b).

1.3.2.8 Schlußfolgerungen

Zusammenfassend lassen sich an dieser Stelle drei wesentliche Prozesse identifizieren, die sich gleichsam als roter Faden durch die Konzeption verschiedener wissenschaftssoziologischer Positionen im 20. Jahrhundert ziehen:
- erstens eine Verschiebung des Erkenntnisinteresses zwischen verschiedenen *a priori* gesetzten Kategorien bis hin zu deren Auflösung und Betrachtung als Resultat verschiedenster Praktiken;
- zweitens eine Verlagerung der Untersuchungen von der Makro- auf die Mikroebene bis hin zu dem Versuch einer konsistenten Verbindung zwischen beiden;
- drittens der Einbezug wissenschaftstheoretischer Überlegungen in die Konzeption wissenschaftssoziologischer Studien.

Obgleich die vorgestellten Konzepte zu Beginn des 21. Jahrhunderts nebeneinander verwendet werden, verdeutlicht Abbildung 3, daß ihre Entwicklung in Hinblick auf die genannten Punkte als eine Art Erkenntnisfortschritt durch den Wechsel und die Erweiterung der Untersuchungsperspektiven interpretiert werden kann.

In bezug auf den aktuellen Diskussionsstand in der Wissenschaftsgeographie zeigt die Rekapitulation wissenschaftssoziologischer Debatten, daß akteursnetzwerktheoretische Ideen aufgrund des gemeinsamen Entstehungszusammenhangs durchaus Gemeinsamkeiten mit sozialkonstruktivistischen Konzepten aufweisen, erstere jedoch letztlich einen radikal anderen Ansatz darstellen. Da sich die Unterschiede zwischen den Gedankengebäuden vor allem an der Begriffsverwendung entfalten, bestätigt sich die zuvor geäußerte These, daß die wissenschaftsgeographische Diskussion einer schärferen Akzentuierung der verschiedenen interdisziplinär diskutierten Forschungsansätze bedarf (vgl. 1.3.1).[55]

Die wichtigsten Kritikpunkte anderer Autoren an der Akteursnetzwerktheorie beziehen sich auf folgende Aspekte: die Negierung von Intentionalität als exklusiv für menschliche bzw. soziale Zusammenhänge reserviertes Konzept (vgl. dazu 2.4), den möglichen Eindruck, daß alles mit allem verknüpft sei (vgl. 1.4.2), die vermeintliche Vernachlässigung von Machtverhältnissen und hierarchischen Beziehungen zwischen verschiedenen Entitäten (vgl. 2.1), das Problem der Selbstreflexivität, die 'Gefahr' eines neuen *grand narrative* (vgl. 2.4) und die spezifische Beschreibungs- und Analysesprache, die mit ungewöhnlichen, teils aus der Semiotik übernommenen Begriffen operiert, LATOUR (1999c) zufolge jedoch wieder aufgehoben werden könnte, sobald Mißverständnisse ausgeschlossen sind.[56] Darüber hinaus lassen sich spezifische Kritikpunkte aus realistischer und aus sozialkonstruktivistischer Perspektive durch die Kontrastierung der verschiedenen wissenschaftssoziologischen Positionen erschließen. Diese Kritikpunkte werden zur Stabilisierung des eigenen Gedankengebäudes an verschiedenen Stellen der Arbeit thematisiert und kommentiert werden, vor allem im Rahmen der Zusammenfassung

---

[55] Mögliche Ursachen für die zögerliche Rezeption der Akteursnetzwerktheorie diskutiert Kapitel 2.4.
[56] Diese Kritikpunkte finden sich unter anderem bei AMSTERDAMSKA 1990; COLLINS und YEARLEY 1992; MURDOCH 1997a; PICKERING 1995; SCHAFFER 1991, SHAPIN 1988 und SCHULZ-SCHAEFFER 2000.

der Kernaussagen der Akteursnetzwerkperspektive (vgl. 2.1) und der Entwicklung der eigenen Kritik (vgl. 2.4), aber auch im methodischen Teil (vgl. 1.4; 1.4.2).

Eine besonders zu erwähnende kritische Debatte stellen Auseinandersetzungen mit praktizierenden Naturwissenschaftlern dar, die sich in den Kontroversen der *science studies* zu Wort gemeldet und damit die sogenannten *Science Wars* zwischen Natur- und Geisteswissenschaftlern ausgelöst haben (GROSS und LEVITT 1994; ROSS 1996; SOKAL und BRICMONT 1999).[57] Ohne auf die Argumente dieser Debatte im einzelnen eingehen zu können, soll an dieser Stelle auf einige Eindrücke aus der Lektüre von SOKAL und BRICMONT (1999) eingegangen werden, um die vielfältigen Fronten in der Auseinandersetzung um verschiedene Wissenschaftsverständnisse zu verdeutlichen.[58]

Allein aus der Beobachtung, daß die Akteursnetzwerkperspektive von SOKAL und BRICMONT (1999) unter den postmodernen Ansätzen subsumiert und zusammen mit diesen als haltlos abqualifiziert wird, geht hervor, daß sich die beiden Physiker kaum ernsthaft mit den Aussagen der einzelnen Konzepte auseinandergesetzt haben können. Zum Beispiel werden Latours methodische Regeln aus *Science in Action* im Abschnitt 'Epistemischer Relativismus in der Wissenschaftstheorie' gemeinsam mit dem Sozialkonstruktivimus der *Edinburgh School* behandelt:

> Grob gesprochen, werden wir den Ausdruck „Relativismus" zur Bezeichnung jeder Theorie verwenden, die behauptet, die Wahrheit oder Falschheit einer Aussage hänge von einer Person oder einer gesellschaftlichen Gruppe ab (SOKAL und BRICMONT 1999, 68 f.).

Obgleich die akteursnetzwerktheoretische Konzeption, wie dargelegt, erst allmählich gegenüber dem sozialkonstruktivistischen Ansatz Kontur gewann, sind die wesentlichen Unterschiede zwischen Sozialkonstruktivismus und Latours Ansatz aus *Science in Action* (und den methodischen Regeln) bereits ersichtlich. Zudem hatte Latour schon 1992 eine Kritik an der Wissenschaftssoziologie formuliert, die dem oben charakterisierten Relativismus vehement widerspricht:

---

[57] Die Extrempositionen bewegen sich zwischen der Ansicht, daß alle Wirklichkeit (auch wissenschaftliches Wissen) sozial konstruiert ist und sich somit die Epistemologie der Naturwissenschaften nicht von der anderer gesellschaftlicher Bereiche unterscheidet, und der Argumentation, daß wissenschaftliche Rationalität und Objektivität als nicht von sozialen Faktoren beeinflußte Phänomene zu begreifen sind.

[58] Einen Meilenstein in dieser Debatte stellte ein erst nachträglich als Parodie auf sozialkonstruktivistische Wissenschaftsstudien enttarnter Artikel des Physikers Alan Sokal dar, der im Frühjahr/Sommer 1996 in der kulturwissenschaftlichen Zeitschrift *Social Text*, einem *peer-reviewed journal*, unter dem (im Original englischen) Titel *Die Grenzen überschreiten: Auf dem Weg zu einer transformativen Hermeneutik der Quantengravitation* erschien. Alan Sokal ging es bei der Bloßstellung des „gegenwärtig im Trend liegenden postmodernen/poststrukturalistischen/sozialkonstruktivistischen Diskurs[es]" (SOKAL und BRICMONT 1999, 320 f.) um das politische Anliegen, „einen kleinen Beitrag zu einem Dialog zwischen linksstehenden Geistes- und Naturwissenschaftlern zu leisten – zwischen zwei „Kulturen", die sich entgegen einigen optimistischen Äußerungen (vor allem von seiten der ersten Gruppe) in ihrer Mentalität vermutlich stärker unterscheiden als zu jedem anderen Zeitpunkt in den letzten 50 Jahren" (SOKAL und BRICMONT 1999, 319). Nach Ansicht Sokals könne nur eine vereinte Linke Erfolg haben, die „Fragen wissenschaftlicher Fakten *und* ethischer Werte *und* ökonomischer Interessen ernst nimmt. Die auf dem Spiel stehenden Fragen sind zu wichtig, um sie den Kapitalisten oder den Naturwissenschaftlern – oder den Postmodernisten – zu überlassen" (SOKAL und BRICMONT 1999, 330).

1.3 Forschungskontexte und Begrifflichkeiten

> After having written three books to show the impossibility of a social explanation of science and having been praised (and more often castigated) for providing a social explanation, I am now convinced that not further progress will be made if we do not change our touchstone (LATOUR 1992, 284).

SOKALS und BRICMONTS (1999, 68-71, 113-119) Einordnung von *Science in Action* offenbart in diesem Zusammenhang eine mangelnde Kenntnis der Nuancen zwischen den verschiedenen Argumentationssträngen, die sie in anderem Zusammenhang sogar eingestehen (SOKAL und BRICMONT 1999, 69). Ihr Scharfsinn, anhand konkreter Textstellen singuläre Absurditäten aufzeigen, steht somit auf einem unsicheren Fundament. Gleichzeitig bleibt die eigene Position der Physiker „zum Wesen von Wissen und Objektivität" (SOKAL und BRICMONT 1999, 68) vergleichsweise undurchsichtig. Möglicherweise sind ihre Vorstellungen von einer unvollständigen, praktisch anwendbaren Rationalität durch experimentelle Bestätigungen („Wissenschaft als Praxis"; vgl. SOKAL und BRICMONT 1999, 74-79) nicht so weit entfernt von zentralen Aussagen der Akteursnetzwerktheorie wie von denen sozialkonstruktivistischer Wissenschaftsverständnisse.

Während sich die Geschichte der Akteursnetzwerktheorie als eine Geschichte von Kontroversen charakterisieren läßt, sind Vertreter dieser Forschungsrichtung gegen Ende der 1990er Jahre dazu übergegangen, sich mit den Fragestellungen, die sich aus der Kritik ergeben, konstruktiv auseinanderzusetzen, um mit der Tradition des gegenseitigen Attackierens und sturen Verteidigens der eigenen Position zu brechen. Auf diese Weise entwickelte sich die akteursnetzwerktheoretische Position weiter, was in dem Motto *Actor Network Theory and After* prägnant zum Ausdruck kommt (LAW und HASSARD 1999). Latour zeigt in diesem Zusammenhang Wege auf, die Potentiale des akteursnetzwerktheoretischen Gedankengebäudes (ANT) systematisch zu entwickeln:

> ANT is not a theory of the social, any more than it is a theory of the subject, or a theory of God, or a theory of nature. It is a theory of the space or fluids circulating in a non-modern situation. What type of connection can be established between those terms, other than the systematic modernist solution? This is, I think clearly the direction of what is 'after' ANT and what would begin to solve a number of the worries expressed in the contributions to this book (LATOUR 1999c, 22).

Aus zwei Gründen ist diese Aussage wegweisend für die folgenden Ausführungen. Erstens wird die von Latour aufgeworfene Frage in Kapitel 2.4. aufgegriffen und im Rahmen der Entwicklung eines modifizierten Akteursnetzwerkkonzepts diskutiert werden. Zweitens wird aus Latours Charakterisierung der Akteursnetzwerkperspektive als Theorie des Raumes und der Zirkulation ein immanenter Raumbezug deutlich, der die argumentative Basis für deren Eignung als theoretisches Fundament zur Analyse zirkulärer akademischer Mobilität bildet.

Der immanente Raumbezug und das damit verbundene relationale Raumverständnis erklären zusammen mit der überzeugenden Konzeption, die Kontroverse zwischen realistischen und sozialkonstruktivistischen (Raum-)Konzepten zu überwinden, ohne der physisch-materiellen Welt eine deterministische Bedeutung für menschliches Handeln zuzuweisen, einen Großteil des Erfolges der Akteursnetzwerktheorie in verschiedenen geographischen Forschungsrichtungen (vgl. 1.3.1; 2.2.7; 2.4.7). Nicht umsonst hat die *After-networks*-Bewegung mit einem gleichnamigen Themenheft in der Zeitschrift *Society and Space* auch in der Geographie eine Plattform gefunden (HETHERINGTON und LAW 2000a). Für die vorliegende Arbeit ergibt sich darüber hinaus die Möglichkeit, dem komplexen Wirkungsgefüge zirkulärer akademischer Mobilität durch eine schlüssige Verbindung von Wissenschaftstheorie, Methodologie und Methode besser gerecht werden zu können als auf der Grundlage anderer, zum Teil in diesem Kapitel diskutierter Ansätze (vgl. 1.4). Die vielfältigen Verbindungen zwischen Akteursnetzwerktheorie und Geographie werden im Laufe dieser Arbeit immer wieder aufgezeigt und diskutiert werden. Eine Schlüsselstellung nehmen dafür die Kapitel zur Methodik (1.4) und zum Raumverständnis (2.2.7) ein.

1.3.3 Mobilität, Wissen und Qualifikation in der Geographie

Aus dem geographischen Fachkontext sind neben der geographischen Wissenschaftsforschung im engeren Sinne im wesentlichen drei Arbeitsrichtungen für die Beschäftigung mit zirkulärer Mobilität in den Wissenschaften relevant: Arbeiten zur zeitlich befristeten Mobilität Hochqualifizierter im Rahmen geographischer Mobilitätsforschung (vgl. GOULD 1988; KOSER und SALT 1997; SALT 1997; GLEBE und WHITE 2001), Ausführungen zur räumlichen Karriereforschung und Arbeiten, die sich mit verschiedenen Arten von Wissen und Qualifikation aus geographischer Perspektive auseinandersetzen (vgl. MEUSBURGER 1980; 1998; 2000). Diesen Arbeitsrichtungen ist zumindest die Beschäftigung mit räumlichen Aspekten wissensbezogener Organisationsprozesse von Individuen und Institutionen gemeinsam. Da sie jedoch in unterschiedlichen länder- und arbeitsgruppenbezogenen Kontexten entstanden sind, weisen sie verschiedene Grundlagen, andere inhaltliche Schwerpunkte und wenige explizite Querbezüge auf. Ausgewählte Arbeiten der genannten Forschungsstränge werden im folgenden in Hinblick auf inhaltliche Bezüge zur internationalen Mobilität von Wissenschaftlern betrachtet.

Räumliche Mobilität ist traditionell ein geographisches Thema, da sie definitionsgemäß einen Positionswechsel zwischen zwei verschiedenen Orten bezeichnet und somit jeweils eine spezifische Geographie impliziert (vgl. WEBER 1982; BÄHR 1992).[59] Bei der Einordnung zirkulärer akademischer Mobilität in den geographischen Fachkontext fällt jedoch auf, daß sich dieser Mobilitätstyp kaum in die einschlägigen Klassifikationsschemata geographischer Mobilitätsforschung einordnen läßt. Als eine Art zirkulärer Mobilität mit temporärer Wohnsitzverlagerung entzieht sich dieser Mobilitätstyp der traditionellen Unterscheidung zwischen Migration (Wanderung mit Wohnsitzverlagerung) und Zirkulation (Pendelwanderung; räumliche Mobilitätsvorgänge zwischen Wohnung und Arbeits-, Versorgungs-, Freizeit-

---

[59] Ursachen und Folgen räumlicher Mobilitätsprozesse sind seit langem auch Gegenstand anderer sozial-, wirtschafts-, kulturwissenschaftlicher und historischer Disziplinen. Ohne auf diese Traditionen im einzelnen eingehen zu können, wird dies in den Folgekapiteln zumindest anhand der jüngeren historischen und sozialwissenschaftlichen Arbeiten zur internationalen Mobilität von Studierenden und Wissenschaftlern deutlich.

1.3 Forschungskontexte und Begrifflichkeiten 47

stätte oder Urlaubsort ohne Aufgabe des ursprünglichen Wohnsitzes), die den Hauptkategorien dieser Definitionsschemata zugrunde liegt (vgl. z. B. BÄHR 1992, 278; BÄHR, JENTSCH und KULS 1992, 542; FASSMANN und MEUSBURGER 1997, 170-172). Eine besondere Stellung dieses intermediären Mobilitätstyps zeigt sich auch daran, daß nach internationaler Übereinkunft einzelne Bevölkerungsgruppen, die ihren Wohnsitz für längere Zeit in ein anderes Land verlegen, darunter auch Studierende und Wissenschaftler, nicht in der Wanderungsstatistik erfaßt werden (vgl. BÄHR, JENTSCH und KULS 1992, 542). Dies ist ein Grund dafür, warum es keine Gesamtstatistik zum internationalen akademischen Personenaustausch gibt, so daß für geographische Untersuchungen, wie in dieser Arbeit, auf Datenbestände von Mittler- und Wissenschaftsorganisationen und auf eigene Erhebungen zurückgegriffen werden muß (vgl. 1.3.4; 1.4).

Die schwierige Datenlage wird in Deutschland, aber auch im angloamerikanischen Raum dazu beigetragen haben, daß geographische Untersuchungen zu den Ursachen und Folgen zeitlich befristeter Mobilität von Studierenden, Lehrenden und Forschenden sehr selten sind.[60] Allerdings wurden seit Ende der 1980er Jahre im Rahmen der primär wirtschaftlich motivierten Globalisierungsdebatte zahlreiche verwandte geographische Arbeiten verfaßt, die sich mit der internationalen Mobilität von Hochqualifizierten[61] in hochwertigen Dienstleistungsberufen auseinandersetzen (vgl. z. B. SALT 1984; BEAVERSTOCK 1996; FINDLAY 1996; FREUND 1998).[62] Schwerpunkte dieser Arbeiten sind die Bedingungen, räumlichen Interaktionsmuster sowie wirtschaftlichen und kulturellen Auswirkungen der internationalen Mobilität leitender Angestellter und Experten in Wirtschaftsunternehmen und somit von Hochqualifizierten, die außerhalb von Hochschule und Forschung tätig sind

---

[60] Die von HEFFERNAN (1994) vorgelegte Studie zu internationaler Wissenschaftlermobilität im Frankreich des 19. Jahrhunderts wurde bereits in Kapitel 1.3.1 vorgestellt. LI, FINDLAY et al. (1996) haben eine der wenigen geographischen Ausführungen zu internationaler akademischer Mobilität verfaßt, die sich jedoch auf Studierende konzentriert (vgl. auch 1.3.4).

[61] Hochqualifizierte umfassen Personen, die über einen tertiären Bildungsabschluß oder ein äquivalentes Ausbildungsniveau verfügen und/oder in einem Beruf arbeiten, der hochwertige Sachkenntnis erfordert. Das charakteristische geistige Eigentum Hochqualifizierter (z. B. Fachwissen, technisches Spezialwissen, firmenspezifische Kenntnisse) kann durch Ausbildung oder Erfahrung erworben werden, so daß die berufliche Tätigkeit – nicht allein der Bildungsabschluß – für eine Abgrenzung dieser Personengruppe heranzuziehen ist. Eine einheitliche Definition der Berufsfelder Hochqualifizierter gibt es allerdings aufgrund konzeptioneller, definitorischer und datenbezogener Probleme nicht. Statt dessen orientieren sich die meisten Definitionen an der empirischen Datenbasis (z. B. Berufsgruppen in der amtlichen Statistik, Unternehmensstatistiken). SALT (1997) unterscheidet nach der Art der beruflichen Tätigkeit ein weites Spektrum zeitgenössischer Hochqualifizierter, das neben beruflichen Qualifikationen und Erfahrungen auch persönliche Talente berücksichtigt: Unternehmer, Unternehmensberater, wirtschaftliche Führungskräfte, Trainees, Techniker, Ingenieure, Mediziner, Lehrkräfte, Wissenschaftler und Studierende, Diplomaten, Geistliche und Missionare, Entertainer, Sportler, Künstler, militärische Entscheidungsträger.

Auf andere Arbeiten zur Mobilität Hochqualifizierter, z. B. solchen, die sich mit Fragen des *brain drain*, d. h. der Abwanderung Hochqualifizierter, auseinandersetzen, kann an dieser Stelle genausowenig wie auf sonstige Mobilitätsstudien eingegangen werden (vgl. dazu VLACHÝ 1979; WEBER 1982; BÄHR, JENTSCH und KULS 1992; MEUSBURGER 1998, 383 f.).

[62] Bereits 1982 legte Erich Zielke eine Studie über japanische Manager in Düsseldorf vor. Unter Hinweis auf die vorherige Ausblendung dieses Migrationstyps zeigte es sowohl wichtige allgemeine Charakteristika der internationalen Mobilität Hochqualifizierter als auch kulturspezifische Besonderheiten des Zustandekommens und der Folgen der Manager-Mobilität von Japanern auf (ZIELKE 1982).

(vgl. KOSER und SALT 1997). Nach BEAVERSTOCK (1999, 11), der die komplexen Beziehungen zwischen Globalisierungstendenzen in der Finanzwirtschaft und der Migration von Hochqualifizierten in transnationalen Unternehmen (TNC) anhand von Fallbeispielen untersuchte, besteht die Wirkung der mobilen Wirtschaftsmanager vor allem in der „ability to perpetuate the organizational culture of TNC in locations where other 'cultures' and ways of 'doing things' pre-dominate." In Anlehnung an diese Beobachtung ist für die Deutschlandaufenthalte der US-amerikanischen Wissenschaftler zu untersuchen, inwieweit und unter welchen Bedingungen US-amerikanische Forschungspreisträger Elemente einer anderen fach-, institutions- und/oder regionsbezogenen Wissenschaftskultur nach Deutschland eingeführt bzw. nach ihrem Aufenthalt in die USA mitgenommen haben (vgl. 4.3.; 4.4).

Obgleich zirkuläre Mobilität von Studierenden und Wissenschaftlern fester Bestandteil konzeptioneller und theoretischer Überlegungen zur systematischen Erforschung der internationalen Bewegungen von Hochqualifizierten ist (vgl. z. B. GOULD 1988; FINDLAY und GOULD 1989; SALT und FINDLAY 1989; KOSER und SALT 1997; GLEBE und WHITE 2001), wird angesichts der wenigen empirischen Studien zu dieser Thematik immer wieder auf einen großen Forschungsbedarf hingewiesen (vgl. z. B. KOSER und SALT 1997, 298; siehe auch Fußnote 60). Im Unterschied zu verwandten sozialwissenschaftlichen Arbeiten (vgl. 1.3.4), die resultierende räumliche Interaktionsbeziehungen meist nur auf nationaler Ebene analysieren, beziehen geographische Arbeiten zu interkultureller Personenmobilität in der Regel auch subnationale und institutionelle Verflechtungen sowie persönliche Kontaktnetze in die Untersuchungen ein. Für die empirischen Auswertungen zum Preisträgerprogramm werden beide Aspekte eine wichtige Rolle spielen, um die Selektivität hochwertiger Wissenschaftskontakte zu veranschaulichen und ihre Bedeutung in Hinblick auf die internationalen Kontaktpotentiale verschiedener Forschungsstandorte zu eruieren (vgl. 4.3.1).

Insgesamt läßt sich zirkuläre akademische Mobilität als Bestandteil einer weltweiten Mobilität hochqualifizierter Personen charakterisieren, die zwar seit den Anfängen wissenschaftlicher Naturbeobachtung in Europa zu verfolgen ist (siehe Einleitung), im Zuge immer schnellerer und preiswerterer Transport- und Kommunikationsmittel jedoch an Dynamik gewonnen zu haben scheint (z. B. wissenschaftlicher Konferenztourismus). Angesichts eines verschärften Wettbewerbs um hochqualifizierte Wissenschaftler, technologisch relevantes Wissen, Forschungsgelder und Prestige zwischen Universitäten scheint am Beginn des 21. Jahrhunderts einer kurz- bis längerfristigen, zumindest von einer vorübergehend konstanten beruflichen Basis ausgehenden Zirkulation von Hochqualifizierten in Wirtschaft, Politik, Wissenschaft und Kultur eine Schlüsselstellung für internationale Beziehungen und gesellschaftliche Entwicklungen zuzukommen, die detaillierte Studien zu deren Hintergründen, Bedeutungen und Auswirkungen erforderlich macht.

Ebenfalls mit der Mobilität von Wissenschaftlerinnen und Wissenschaftlern, aber mit deren Karrieremobilität, haben sich eine Reihe geographischer Studien befaßt, die im Kontext einer Geographie des Bildungs- und Qualifikationswesens entstanden sind (vgl. dazu den Überblick in MEUSBURGER 1998, 385-389, 450-457). Unter Karrieremobilität ist der Wechsel der beruflichen Position zwischen

1.3 Forschungskontexte und Begrifflichkeiten

zwei Berufsetappen einer Berufslaufbahn zu verstehen, die im Sinne des Begriffes Mobilität sozial und räumlich erfolgen kann. Dadurch unterscheidet sich räumliche Karrieremobilität als eine Art der *Migration* von zirkulärer akademischer Mobilität, die in der Regel mit der Rückkehr an die während des Aufenthalts bestehenbleibende berufliche Basis verbunden ist. Allerdings kann letztere, was in der räumlichen Karriereforschung bisher kaum thematisiert wurde, auch Teil einer beruflichen Laufbahn sein.[63] Die Ergebnisse der räumlichen Karriereforschung sind für diese Arbeit wichtig, weil sie eine enge Verknüpfung von räumlicher Mobilität, Prestige, Anregungsmilieu und Kontaktpotentialen eines Standortes, von sozialen Netzwerken, Lebensalter bzw. Karrierephase und wissenschaftlichem Renommee der mobilen Person nahelegen, deren jeweilige Bedeutung für zirkuläre akademische Mobilität erst noch zu untersuchen sind (vgl. dazu 4.2.2; 4.3.1 und 4.4.1):

> Ein räumlicher Kontext von Einflußfaktoren kann [...] besondere Chancen und Anregungen bieten, aber auch Restriktionen darstellen. Der Einfluß des Umfeldes erfolgt natürlich nicht in einem deterministischen Sinne, sondern als Angebot, das bei einzelnen Akteuren je nach Begabung, Motivation und Vorwissen zu einem unterschiedlichen Handeln führen kann (FASSMANN und MEUSBURGER 1997, 139).

Sowohl für die Frage, wie sich der Status der Preisträger als international renommierte Vertreter ihrer Fachgebiete in ihren Karrierewegen ausdrückt (vgl. 4.1.3), als auch für die Konzeptionalisierung der Gastinstitutionen ausländischer Gastwissenschaftler als Knotenpunkte internationaler Wissenschaftsnetzwerke (vgl. 4.3.1) bieten die Erkenntnisse der räumlichen Karriereforschung eine wichtige argumentative Grundlage. Gleiches gilt für die Eruierung der Bedeutung der Preisträgeraufenthalte für Nachfolgekontakte deutscher Nachwuchswissenschaftler (vgl. 4.4):

> An den Stätten der frühen Berufslaufbahn können wichtige persönliche Kontakte und Netzwerke geknüpft werden, welche die spätere Karriere entscheidend beeinflussen. Solche hochwertigen persönlichen Kontakte und Netzwerke können nicht überall, sondern nur an bestimmten, prestigeträchtigen und erfolgreichen Arbeitsstätten geschlossen werden. In einem anderen, weniger günstigen Umfeld kann die Karriere eines gleich motivierten und begabten Aspiranten behindert oder gebremst werden (MEUSBURGER 1998, 388).

MEUSBURGER (1986; 1990) und WEICK (1995) untersuchten zum Beispiel, über welche Laufbahn- und Mobilitätsstationen Professorinnen und Professoren ihren Arbeitsplatz in einer bestimmten Institution oder Region erreicht haben. In diesen und anderen empirischen Studien zu beruflichen Karrieren und regionaler Mobilität von Entscheidungsträgern (vgl. z. B. KÖSTLIN 1995; ROLFES 1996; SCHMIDT 1998; für einen interkulturellen Kontext siehe TAGSCHERER 1999), zeigte sich, daß Karrieremobilität von Personen mit höherer beruflicher Qualifikation eher mit räumlicher Mobilität über größere Distanzen verbunden ist, da das Arbeitsplatzan-

---

[63] Die in dieser Arbeit untersuchten Wissenschaftler haben bereits zum Zeitpunkt ihres Preisträgeraufenthalts in Deutschland mehrheitlich die höchste berufliche Position ihrer wissenschaftlichen Karriere an einer prestigereichen US-amerikanischen Hochschule erreicht, so daß formale Karriereschritte als Resultat der Aufenthalte weniger wichtig sind als dies vermutlich bei jüngeren und weniger renommierten Wissenschaftlern der Fall wäre (vgl. 4.1.3; 4.1.4).

gebot für Hochqualifizierte auf wenige Standorte, meist in der obersten Hierarchiestufe des Siedlungssystems, konzentriert ist (vgl. MEUSBURGER 1980, 86 ff.; 1998, 378; SALT und FINDLAY 1989, 164). Räumliche Karrieremobilität implizierte meist eine aufstiegsorientierte Berufslaufbahn und stellt in bestimmten raumzeitlichen Kontexten, wie dem deutschen Hochschulsystem des ausgehenden 20. Jahrhunderts, sogar eine Voraussetzung für den Wechsel auf eine gesellschaftlich höher bewertete Berufsposition dar, was enge Bezüge zwischen sozialer und räumlicher Karrieremobilität unterstreicht. MEUSBURGER (1990, 221-223) wies zudem auf eine große Bedeutung von sozialen Netzwerken zwischen Professoren und ihren Schülern für den akademischen Arbeitsmarkt hin, indem er spezifische 'Berufungsschienen' von Universitätsprofessoren in den Karriereverläufen der Heidelberger Professoren zwischen 1850 und 1932 identifizierte (z. B. Wien-Freiburg-Heidelberg in Medizin). Für die Preisträgermobilität stellt sich analog dazu die Frage, inwieweit sich in den ersten 25 Jahren transatlantische Mobilitätsschienen zwischen verschiedenen Arbeitsgruppen entwickelt haben (vgl. 4.4.4; 4.4.5). Besondere Bedeutung für den akademischen Arbeitsmarkt besitzt schließlich die internationale Rekrutierung von Führungskräften und Wissenschaftlern, weil diese aufgrund der Zusammenführung verschiedener interkultureller Erfahrungskontexte als kreativitätsfördernd angesehen wird (FASSMANN und MEUSBURGER 1997, 41) und – wie die jüngeren Arbeiten angloamerikanischer Geographen zur internationalen Mobilität von Hochqualifizierten zeigen – innerhalb von Institutionen zur Verbesserung der internen Kommunikation und zur Verbreitung einer bestimmten institutionellen Kultur dienen können. Gerade diese Erkenntnis unterstützt die konstitutive Bedeutung von Mobilität für die Entstehung und Aufrechterhaltung wissenschaftlicher Gemeinschaften über verschiedene Grenzen hinweg (vgl. dazu Kapitel 2 und 5).

Die Erkenntnisse dieser jüngeren Arbeiten zur räumlichen Karriereforschung knüpfen an Untersuchungen des preußischen Statistikers und Nationalökonomen Franz EULENBURG (1908) an, der eine empirische Analyse zur sozialen und regionalen Herkunft sowie zur Altersstruktur der Extraordinarien und Privatdozenten an deutschen und österreichischen Universitäten im Jahr 1907 durchführte. Dabei gelangte er zu Ergebnissen, die WEICK (1995) für alle baden-württembergischen C3- und C4-Professoren im Jahr 1992 in weiten Teilen bestätigen und elaborieren konnte. Eulenburg verwendet zum Beispiel das Durchschnittsalter der Professoren zum Zeitpunkt der Berufung als eine Art Attraktivitätsindex für Hochschulen, da große Universitäten mit langer Tradition, wie sich später auch für Baden-Württemberg zeigte, meist das Ziel einer längeren Universitätskarriere darstellen. Die Berufung von Personen, die sich woanders bewährt haben, steht dabei in Wechselwirkung mit größerem Prestige und höherer Vergütung entsprechender Positionen, während jüngeren und peripheren Universitäten häufig die Bedeutung von Start- oder Bewährungspositionen zukommt (vgl. WEICK 1995, 3-6, 137 ff.).

Während Eulenburg als einer der ersten auf die räumliche Dimension sozialer Mobilitätsprozesse von Hochschullehrern hinwies (MEUSBURGER 1998, 451), wurden ähnliche Fragestellungen in Deutschland erst in den 1950er Jahren verstärkt aufgegriffen. In den 1960er und 1970er Jahren stellte die räumliche Karrieremobilität von Hochschullehrern zwar einen Schwerpunkt der angloamerikanischen Wissenschaftssoziologie dar (vgl. z. B. BEN-DAVID und ZLOCZOWER 1961; BROWN 1967; HARGENS und HAGSTROM 1967), aber dennoch konstatierte der Soziologe Ulf Herlyn zu Beginn der 1990er Jahre, daß die Verortung von Lebensläufen noch in den Kinderschuhen stecke: „[M]an [erfährt] in der Regel auch kaum etwas von räumlichen Bezügen in der soziologischen Analyse von Lebensläufen, die praktisch ohne Boden unter den Füßen in der Luft zu hängen scheinen" (HERLYN 1990, 7-8). Ein großer Forschungsbedarf in Hinblick auf die räumlichen Bezüge von Karrieremobilität und zirkulärer akademischer Mobilität, aber auch von deren Beziehungen, drückt sich zudem darin aus, daß David LIVINGSTONE (2002b) im Rahmen seiner Bemühungen, Geographie und *science studies* näher zusammenzubringen, räumliche Biographieforschung in den Wissenschaften als ein wichtiges Desideratum zukünftiger Forschung identifizierte (vgl. auch 1.3.1).

In Hinblick auf die Motive der Professoren für Karrieremobilität weist WEICK (1995, 32) darauf hin, daß klassische system- und handlungstheoretische Ansätze der räumlichen Mobilitätsforschung als Erklärung für die Wanderungsentscheidung der von ihm untersuchten baden-württembergischen Professoren nur bedingt geeignet sind, da Professoren keinerlei Einflußmöglichkeiten darauf haben, wo ein Ruf herkommt (allerdings müßte die eigene Entscheidung für eine Bewerbung ausgenommen werden). Zudem sei die Wahlmöglichkeit zur Annahme oder Ablehnung eines Rufes aus karrieretechnischen Gründen in der Regel erst beim zweiten Ruf gegeben und meist auch nur dann, wenn mehrere Rufe vorliegen. WEICK (1995) systematisierte in diesem Zusammenhang intra- und extrauniversitäre Einflußfaktoren bezüglich der räumlichen Mobilität und des Karriereverlaufs von Professoren auf der Makro-, Meso- und Mikroebene, wobei er darauf hinwies, daß die Faktoren je nach raumzeitlichem Kontext unterschiedliches Gewicht haben können.[64] Zur theoretischen Erfassung der Beweggründe für zirkuläre akademische Mobilität wird in der vorliegenden Arbeit ebenfalls darauf verzichtet, klassische makro-, meso- oder mikroanalytische Erklärungsmodelle der räumlichen Mobilitätsforschung heranzuziehen (z. B. Gravitations- und Distanzmodelle, *Push-pull*-Theorien, verhaltensorientierte Modelle, *Constraints*-Ansätze). Schließlich hat sich mehrfach gezeigt, daß deren einseitige Betonung systemischer oder subjektiver Gründe kaum befriedigende Erklärungen des Mobilitätsgeschehens liefern können (BÄHR 1992, 290). Statt dessen sollen auf Grundlage des zugrundegelegten theoretischen Ansatzes möglichst viele ereignisrelevante Faktoren, die gemeinsam für Mikrophänomene und Makrostrukturen konstitutiv sind (Aktanten), so unvoreingenommen wie möglich aus dem empirischen Material heraus generiert und mit Bezug auf bestehende Erkenntnisse und Strukturdaten interpretiert werden (vgl. dazu 1.4, 1.4.2).

---

[64] Auf der Ebene des Wirtschafts- und Gesellschaftssystems spielen historische Ereignisse, die Art der Systeme, ihre wirtschaftliche Leistungskraft und die Hochschulpolitik eine wichtige Rolle. Auf der universitären (Meso-)Ebene wirken Prestige, Expansionsgrad, Berufungszyklen, Berufungspolitik und Expansionsgrad der Universitäten sowie Altersstruktur und Fluktuation der Professorenschaft, während auf der Mikroebene Aspekte wie Geschlecht, soziale und regionale Herkunft, Ausbildungsverlauf und Karrieremobilität, räumliche Mobilität, Beruf des Partners und Prestige des Wissenschaftlers als Einflußfaktoren ausgewiesen werden (vgl. WEICK 1995, 20).

Als ein Resultat der empirischen Untersuchung räumlicher Karrieremobilität, aber auch anderer Fragestellungen einer Geographie des Bildungs- und Qualifikationswesens, entwickelte Peter MEUSBURGER (1998) einen theoretischen Ansatz zur Erklärung der räumlichen Konzentration von Arbeitsplätzen für hochqualifizierte Entscheidungsträger, der Elemente von Organisations- und Kommunikationstheorie, einer Theorie der Symbolik und Konflikttheorie miteinander verbindet (MEUSBURGER 1998; 2000). Ein wichtiger Ausgangspunkt der Argumentation lautet, daß „[d]ie organisatorische Trennung von Planung, Entwicklung und Vermarktung eines Produktes von dessen Produktion und die damit einhergehende Trennung der Kopfarbeit von der manuellen Routinearbeit [...] in der räumlichen Dimension zu einer zunehmenden Konzentration der Entscheidungsbefugnisse in den größeren Städten und einer Verstärkung der zentral-peripheren Disparitäten des Ausbildungs- und Qualifikationsniveaus des Arbeitsplatzangebotes geführt [hat]" (MEUSBURGER 1998, 45). In einer arbeitsteiligen Gesellschaft, so Meusburger, gab es und wird es aus funktionalen, symbolischen und konflikttheoretischen Gründen immer eine räumliche Konzentration der Arbeitsplätze für Hochqualifizierte und einen starken Zusammenhang zwischen der Hierarchie des Siedlungssystems und der Qualifikationsstruktur des Arbeitsplatzangebotes geben. Allerdings könnten sich innerhalb der differenzierten Hierarchie von Wissenszentren und -peripherien immer wieder Verschiebungen und Umorganisationen ergeben, wenn sich Machtbeziehungen, der Zugang zu Ressourcen oder soziale Netzwerke ändern (MEUSBURGER 2000, 357).

MEUSBURGER (2000, 356-357) weist darauf hin, daß bei der Untersuchung von Wissen in der räumlichen Dimension mindestens drei Arten des Wissens und der Information zu unterscheiden sind. Diese drei Arten, die jeweils weiter differenziert werden könnten, seien durch grundlegend unterschiedliche Verbreitungsgebiete charakterisiert und führten daher, wie im folgenden geschildert, in unterschiedlichem Ausmaß zu räumlichen Konzentrationsprozessen: Die *erste* Kategorie umfaßt *öffentliche Nachrichten*, die kein Vorwissen erfordern und daher von nahezu jeder Person verstanden werden können. Solche Informationen im engeren Sinne, deren Verbreitung auch im Interesse verschiedener Akteure liegen kann, sind hochmobil und lassen sich in Sekundenschnelle an Orte verbreiten, an denen Telekommunikationseinrichtungen verfügbar sind. Der *zweite* Typ des Wissens umfaßt *kodiertes Wissen*, für dessen Verständnis Zugang und Aufnahme allein nicht ausreichen, sondern ein bestimmtes Vorwissen beim Empfänger vorausgesetzt werden muß, das nur durch intensive Ausbildung, spezifische Fähigkeiten und/oder Erfahrung erworben werden kann. In diese Kategorie fällt nach MEUSBURGER (2000, 357) wissenschaftliches Wissen, das nur von Personen verstanden werden kann, die viel Zeit und Geld investiert haben, um das notwendige Vorwissen (z. B. Sprache, mathematische Konventionen, Methoden), aber auch spezifische Fähigkeiten, Erfahrungen und *tacit knowledge* zu erwerben. Wissenschaftliches Wissen ist durch schriftliche und virtuelle Publikationen ebenfalls überall dorthin zu verbreiten, wo Telekommunikation und die Mobilität von Personen dies erlaubt, jedoch ist der Anteil der Weltbevölkerung, der beispielsweise Erkenntnisse der Physik, Chemie und Biowissenschaften verstehen, bewerten und weiterverwerten kann, und außerdem auch ein Interesse daran hat, mit vermutlich weniger als einem Prozent verschwindend gering. Diese Art des Wissens verbreitet sich demnach in Gruppen aus Personen mit ähnlichem Vorwissen relativ rasch, weist aber aufgrund der Körperlichkeit der betreffenden Individuen räumliche Konzentrationen und ein netzwerkartiges, häufig auf Standorte der oberen Siedlungshierarchie bezogenes Verbreitungsmuster auf. Am stärksten räumlich konzentriert, zumindest für eine bestimmte Zeit, ist die *dritte* der von Meusburger unterschiedenen Wissensarten, bei der es sich um *hochwertiges Geheimwissen* handelt, das möglichst lange an einem oder an wenigen Orten unter Verschluß gehalten wird, um einen Wettbewerbsvorteil zu erhalten, sei es in wirtschaftlicher, politischer, wissenschaftlicher oder militärischer Hinsicht.

Art und Ausmaß der räumlichen Konzentration von Information und Wissen hängen nach MEUSBURGER (2000, 356) somit von einem komplexen Zusammenspiel verschiedener Faktoren ab, die sich im Spannungsfeld der Nützlichkeit des Wissens für die Ausübung von Macht und dessen Bedeutung für wirtschaftlichen Wettbewerb bewegen. Zu den beeinflussenden Faktoren gehören vor allem die Art der Institution, in der das Wissen produziert wurde, die Interessen der Wissensproduzenten, ihr Wissen zu teilen, das notwendige Vorwissen beim Empfänger, den Inhalt zu verstehen, die Neigung der Rezipienten, das Wissen anzuerkennen, und die Verfügbarkeit der erforderlichen Technologien, Wissen zu produzieren und anzuwenden. Meusburger argumentiert weiter, daß in einer Wettbewerbsgesellschaft nicht das Wissen selber, sondern ein Wissensvorsprung für den Erfolg bzw. das Überleben eines Individuums oder sozialen Systems notwendig ist. Lern- und Anpassungsfähigkeit, Kreativität, Ausbildung, Wissen und Erfahrung, die notwendig sind, um einen Wissensvorsprung zu erhalten, stellen aber teure und rare, an wenigen Orten zu erwerbende und später anzuwendende Güter dar (MEUSBURGER 2000, 359). Soziale Systeme sind daher in Abhängigkeit von den Wettbewerbsbedingungen (dynamisch bis stabil), den zu bewältigenden Aufgaben (einfach bis komplex), der Autonomie (Macht, Ressourcen), der Größe sowie den verfügbaren Medien der Kommunikation und Informationsverarbeitung immer mit der Frage konfrontiert, wie sie sich *funktional und zugleich räumlich* optimal bzw. effektiv organisieren (MEUSBURGER 2000, 359). Auf diese Weise entstehen vier organisatorische Haupttypen: zentralisierte Bürokratien (z. B. öffentliche Verwaltung) mit einer starken Konzentration von Entscheidungs- und Problemlösungskompetenzen und dezentralisierten Routinefunktionen; dezentralisierte Bürokratien (z. B. Universitäten) mit dezentralen verantwortungsvollen Positionen für Hochqualifizierte; zentralisierte organische Organisationen (z. B. Werbeagenturen) mit zentraler Koordination und direkter Überwachung; dezentrale organische Organisationen (z. B. Redaktion einer Tagungszeitung), in denen Koordination und Kontrolle durch gegenseitige Abstimmung unter Hochqualifizierten erreicht werden (vgl. auch MEUSBURGER 1998, 138-147). Dabei sind zentrale bis dezentrale Organisationsformen, die auch zwischen Teilen der Organisation variieren können, unmittelbar mit der Verortung an räumlich zentralen bis peripheren Standorten verbunden (MEUSBURGER 2000, 360).

Zur räumlichen Konzentration der Entscheidungsträger sozialer Systeme (z. B. Organisationen) kommt es vor allem dadurch, daß direkte bzw. *Face-to-face*-Kontakte bei hochwertigen Entscheidungen und Verhandlungen, die für das soziale System wichtige, zum Beispiel mit großem Risiko behaftete Konsequenzen haben, indirekten Kontakten (mittels Telekommunikation) überlegen sind. Gleiches gilt für Situationen, in denen Vertrauen, Beeinflussung und Motivation des Gesprächspartners, Koalitionsbildung oder Kennenlernen eines Fremden eine große Rolle spielen (MEUSBURGER 1998, 51). Neben diesen funktionalen Gründen tragen symbolische Bedeutungen zu räumlichen Konzentrationserscheinungen von Wissen und Qualifikationen bei (vgl. MEUSBURGER 2000, 361). So stellen verräumlichte Symbole und Zeichen Komplexitätsreduktionen dar, die unter anderem soziale Hierarchien und Statuspositionen wiedergeben. Mit zunehmender Nähe zum Zentrum der Macht oder des interessierenden Geschehens nimmt die hierarchische Stellung der dort zu einem Zeitpunkt befindlichen Individuen, Organisationen, Gebäude oder Artefakte genauso zu wie die Erwartung, sich symbolischen Handlungen zu unterwerfen. Gebäuden, Organisationen (z. B. Universitäten), Standorten und Standortregionen werden im Rahmen von alltäglichen, institutionellen und politischen Regionalisierungen (MEUSBURGER 1999b, 126-128) positive oder negative Eigenschaften bzw. mehr oder weniger Prestige zugeschrieben, was gerade im institutionell stark hierarchisch strukturierten US-Hochschulwesen große Handlungsrelevanz besitzt und somit eine wichtige Rolle für wissenschaftliches Arbeiten spielt (vgl. 4.1.3).

Das Zentrum ist in vielen verschiedenen kulturellen Kontexten mit Attributen wie Macht, Autorität, Einfluß, Erfolg, Kompetenz, Vertrauenswürdigkeit, Vorbildrolle, Definitionsmacht, hohes Prestige und Attraktivität belegt und gewährt Angehörigen des Zentrums Sicherheit, Zugang zu Ressourcen und andere Privilegien. Periphere Positionen implizieren dagegen einen Außenseiterstatus und sind häufig mit wenig Ressourcen, mit Erfolglosigkeit, Abhängigkeit, Rückwärtsgewandtheit, mit wenig Prestige und geringer Attraktivität assoziiert. Nach MEUSBURGER (1998, 175-179) zieht es unter den Bedingungen einer Wettbewerbsgesellschaft Personen mit hochwertigem Wissen und Qualifikationen aus funktionalen und symbolischen Gründen tendenziell in die Zentren, oder sie bilden selbst ein neues Zentrum. Umgekehrt umgeben sich die Inhaber der Macht (z. B. Regierung, Unternehmensleitung, Universitätsspitze) mit Hochqualifizierten, um ihre zentrale Position im Wettbewerb mit anderen zu erhalten und gegebenenfalls auszubauen.

> The centre [or network of centres] rules, controls, punishes, sets norms and standards, defines reality, rationalises decisions, dominates discourses, siphons off the profits, distributes resources and is the marketplace for the exchange of ideas (MEUSBURGER 2000, 362).

Für die Interaktion im Rahmen des Preisträgerprogramms ist eine starke Konzentration der beteiligten Personen auf wenige Standorte in Deutschland und den USA zu erwarten, da es sich bei den international renommierten Gästen wie bei den wissenschaftlichen Gastgebern angesichts der ausgewiesenen hohen Qualität ihrer wissenschaftlichen Leistungen um Angehörige von Kontaktnetzen der – in Deutschland zumindest national – obersten Hierarchieebene handelt (vgl. 4.3.1).

1.3 Forschungskontexte und Begrifflichkeiten

Die Vernetzung von Hochqualifizierten, eine weitgehende Beschränkung hochrangiger Kommunikation auf die Zentren und das 'Überspringen' der dazwischen liegenden Räume ist insgesamt als typisch für sämtliche historische wie zeitgenössische Globalisierungstendenzen zu erachten (MEUSBURGER 1998, 55). In gleicher Weise lassen die modernen Netze der Kommunikation die zwischen den großen Stadtagglomerationen und anderen strategischen Knotenpunkten liegenden Gebiete lange Zeit unbedient, weshalb man in verschiedenen gesellschaftlichen Bereichen Wissens- oder Informationskorridore vorfindet, die größere Zentren miteinander verbinden und zwischen diesen Netzwerke schaffen (vgl. MEUSBURGER 1998, 467). In Hinblick auf die zu untersuchende Mobilität stellt sich somit die Frage, wo die Knotenpunkte hochwertiger internationaler Kontaktnetze durch Humboldt-Preisträger im letzten Drittel des 20. Jahrhunderts in Deutschland und auch weltweit lagen, und welche Unterschiede sich in dieser Hinsicht zwischen verschiedenen Fachgebieten identifizieren lassen (vgl. 5.2).

Obgleich Meusburgers primäres Interesse der Verbreitung und gesellschaftlichen Rolle von Wissen, vor allem auch für soziale Evolution unter verschiedenen Wettbewerbsbedingungen gilt, und er sich nicht im einzelnen mit den Mechanismen der Produktion von Wissen durch wissenschaftliche Praxis bzw. der Rolle von zirkulärer akademischer Mobilität im Rahmen wissenschaftlicher Praxis und kulturellen Austausches befaßt, liefert das geschilderte Gedankengebäude wichtige Grundlagen für eine theoretische Konzeptionalisierung zirkulärer akademischer Mobilität (vgl. 2.3). Indem MEUSBURGER (1998) auf die Funktion von Wissen, Information und Kommunikation als Standortfaktoren für Höherqualifizierte hinweist und die Handlungsrelevanz von Vorwissen diskutiert, betont er zudem zwei Aspekte, die in der Akteursnetzwerktheorie aus dem Fokus gerückt zu sein scheinen (vgl. 2.4). Schließlich besteht eine wichtige wissenschaftspolitische Relevanz des geographischen Ansatzes zur gesellschaftlichen Rolle von Wissen und Qualifikation darin, daß die theoretische Untermauerung regionaler Disparitäten des Wissens und der Qualifikationen in einer arbeitsteiligen Gesellschaft Tendenzen zur Profilschärfung und zum verstärkten Wettbewerb zwischen deutschen Universitäten erklärt und in Verbindung mit den analysierten Daten eine theoretisch fundierte Einordnung der Preisträgerkontakte in die Netze der deutschen und internationalen Wissenschaftslandschaften ermöglicht.

1.3.4 Zirkuläre akademische Mobilität und auswärtige Kulturpolitik

Internationale Wissenschaftsbeziehungen und zirkuläre akademische Mobilität wurden in den 1990er Jahren Gegenstand einer breiten öffentlichen Diskussion um die internationale Wettbewerbsfähigkeit Deutschlands und anderer, vor allem europäischer Industrieländer, die ihre Position im Verhältnis zu einer in vielerlei Hinsicht übermächtigen USA und den sich wirtschaftlich und wissenschaftlich dynamisch entwickelnden asiatischen Staaten zunehmend kritisch reflektieren (vgl. z. B. DAAD 1995; GRIES 1997; FRITZ-VANNAHME 1997; HERZOG 1997; KARISCH 1998). Vor dem Hintergrund intensiver globaler Vernetzungen in Teilen der Wirtschaft, der Ausweitung supranationaler Staatengemeinschaften und einem wachsenden Wettbewerb um hochqualifizierte Wissenschaftler und technologisches Wissen erhielten besonders in Deutschland gezielte wissenschaftspolitische Maßnahmen für eine stärkere Internationalisierung von Studium und Forschung langfristig hohe Priorität. Ausdruck davon sind unter anderem das *Human Capital and Mobility Program* der EU (vgl. z. B. SCHNEIDER 1995), zwei Aktionsprogramme des DAAD zur weiteren Stärkung der internationalen Wettbewerbsfähigkeit des Studien- und Forschungsstandortes Deutschland (DAAD 1997; 2000a) und die im Jahr 2001 angelaufene Konzertierte Aktion 'Internationales Marketing für den Bildungs- und Forschungsstandort Deutschland'.[65]

Leitziele der Internationalisierungsmaßnahmen sind eine stärkere Einbindung von Forschung und Lehre in die internationalen Wissenschaftskontexte, ein Ausbau der interkulturellen Kompetenz des akademischen Nachwuchses und eine stärkere Betonung auswärtiger Kulturpolitik im Rahmen der Hochschulpolitik. Zentrale Bedeutung für die Verwirklichung dieser Ziele wird zirkulärer akademischer Mobilität in beide Richtungen zugeschrieben – von Deutschen ins Ausland genauso wie von ausländischen Studierenden und Wissenschaftlern nach Deutschland. Angesichts eines Anteils international immobiler Studierender in Deutschland von rund 90% (vgl. DAAD 2001, 38-39) gehört zum Beispiel zu den Kernzielen der Aktionsprogramme des DAAD eine stärkere Internationalisierung des Hochschullehrkörpers durch ausländische Gastdozenten (zum Gastdozentenprogramm des DAAD vgl. auch 3.3). Die Humboldt-Stiftung schuf im Rahmen des Zukunftsinvestitionsprogramm der Bundesregierung (ZIP) die mit bis zu 4,5 Millionen Mark je Preis weltweit höchstdotierten Wissenschaftspreise. Als Wolfgang Paul- und Sofja Kovalevskaja-Preise wurden diese 2001 erstmals an 43 junge Wissenschaftler aus dem Ausland vergeben, um den Preisträgern an deutschen Forschungsinstitutionen frei von administrativen Zwängen die Möglichkeit zu langfristiger Forschungsarbeit mit einer eigenen Arbeitsgruppe zu bieten und damit zur weiteren Internationalisierung der Forschung in Deutschland beizutragen (AvH-Pressemitteilung Nr. 38/2001, 22. Oktober 2001). In Hinblick auf einen verstärkten Qualitätswettbewerb zwischen deutschen Hochschulen gibt es Überlegungen, internationale Wissenschaftskontakte zum festen Bestandteil der Evaluierung von Forschung und Lehre zu machen, was unter anderem die Vergabe von regulären Haushaltsmitteln beeinflussen könnte (DAAD 1997; 2000a).

Dieser hohen wissenschafts- und gesellschaftspolitischen Bedeutung internationaler Wissenschaftsbeziehungen steht jedoch ein erheblicher Forschungsbedarf gegenüber, auf den Autoren verschiedener Disziplinen wiederholt hingewiesen haben (z. B. DÜWELL 1983; THOMAS 1984a, ALTBACH 1989; BITZ 1996; GOODWIN 1996; TEICHLER 1996a; WINDHAM 1996; KOSER und SALT 1997; SALT 1997; GLEBE und WHITE 2001). Große Forschungsdefizite bestehen vor allem in Hinblick auf die wissenschaftlichen, politischen, wirtschaftlichen und kulturellen Auswirkungen dieses Mobilitätstyps (z. B. GOODWIN 1996, 366; TEICHLER 1996a, 345; WINDHAM 1996, 20, 22). Gleiches gilt für die näheren Umstände *forschungs-*

---

[65] Diese Aktion begann im September 2001 und soll für drei Jahre mit 35 Millionen DM aus den UTMS-Zinsersparnissen finanziert werden (bmb+f Pressemitteilung Nr. 95/2001 vom 22.6.2001).

1.3 Forschungskontexte und Begrifflichkeiten

bezogener zirkulärer Mobilität und die Art und Weise, wie internationale Wissenschaftsbeziehungen nach Institutionstyp, Fachgebieten und akademischem Ruf der Einrichtung variieren (TEICHLER 1996a, 339, 345 ff.). Zudem erscheint eine stärker räumlich, kulturell und zeitlich differenzierende Betrachtung zirkulärer akademischer Mobilität ebenso notwendig zu sein wie die von Ulrich Teichler geforderte Verfeinerung der theoretischen Basis und Methoden:

> [R]esearch on international education and academic mobility needs a *broader thematic range* in order to take account of the context in which they occur. Also, it became obvious that improvements are much needed as regards the *theoretical* basis of analysis and the *research methods* (TEICHLER 1996a, 339).

Eine Vernachlässigung der Theorie gegenüber der Empirie (vgl. auch BREITENBACH 1984, 144; DANCKWORTT 1995, 150), drückt sich auch darin aus, daß in der zur Verfügung stehenden Literatur zu sozialwissenschaftlicher Forschung über zirkuläre akademische Mobilität keine Verbindung zu den zuvor geschilderten theoretischen Debatten der interdisziplinären Wissenschaftsforschung ausgemacht werden konnte. Dies könnte mit dem charakteristischen Spannungsfeld zwischen wissenschaftlichen Erkenntnisinteressen und praktischen Handlungsinteressen verbunden sein, das unter anderem mit kurzfristigen Alltagsanforderungen akademischer Austauschprogramme in Zusammenhang steht (z. B. Programmevaluationen). Grundsätzlich zeigt sich aber auch, daß Veröffentlichungen zu zirkulärer akademischer Mobilität in sehr verschiedenen fachlichen Forschungskontexten erstellt werden. Da für jeden fachlichen Kontext und jede inhaltliche Schwerpunktsetzung andere thematisch verwandte Arbeiten relevant sind (vgl. Abb 2, S. 17), kommt es zu einer gewissen Zersplitterung des Forschungskontextes und läßt sich eine für die Entwicklung umfassender theoretischer Konzepte notwendige Forschungskontinuität kaum verwirklichen.[66]

Als Grundlage für diese Arbeit sollen im folgenden ausgewählte Arbeiten zur zirkulären akademischen Mobilität aus drei Bereichen diskutiert werden:[67] Ausführungen der interdisziplinären Austauschforschung, andere sozialwissenschaftliche Studien zu zirkulärer akademischer Mobilität und Publikationen der für den Personenaustausch verantwortlichen Institutionen, darunter auch Beiträge zur wissen-

---

[66] Obgleich Ulrich Teichler die bestehende wissenschaftliche Literatur zu akademischer Mobilität noch im Jahr 1996 zusammenfassend als wenig systematisch und von Zufällen bestimmt charakterisierte (TEICHLER 1996a, 341), ist darauf hinzuweisen, daß zumindest innerhalb seiner Arbeitsgruppe am Wissenschaftlichen Zentrum für Berufs- und Hochschulforschung in Kassel eine langjährige Forschungskontinuität zu Fragen des Auslandsstudiums, zu studentischer Mobilität innerhalb Europas, zur internationalen Hochschulkooperation und zum internationalen Vergleich von Hochschulsystemen existiert (vgl. TEICHLER, MAIWORM und SCHOTTE-KMOCH 1999).

[67] Einen ausführlicheren Überblick zu jüngeren Publikationen im Themenbereich *Internationale Wissenschaftsbeziehungen und Auslandsstudium* bietet eine vom Institut für Auslandsbeziehungen (ifa) in Stuttgart herausgegebene kommentierte Bibliographie zum Thema *Wissenschaftsbeziehungen und Auslandsstudium* (JÖNS 1998). Diese unterscheidet sechs übergeordnete thematische Kategorien: Studienführer und Nachschlagewerke; Auslandsgermanistik und Deutsch als Fremdsprache; sonstige regionsbezogene Wissenschaftsgebiete; institutions- und organisationsbezogene Schriften; internationale Regierungsabkommen und -vereinbarungen; wissenschaftliche Studien und politische Standortbestimmungen zu internationalen Beziehungen in der Wissenschaft.

schaftspolitischen Standortdebatte in Deutschland. Von seiten der Geographie sind jüngere Überblicke zur auswärtigen Kulturpolitik (HEINRITZ und WIEST 2000) und zum Wissenschaftleraustausch (JÖNS 2002a) im Rahmen des Nationalatlasprojektes des Instituts für Länderkunde (Leipzig) entstanden. Darüber hinaus liegen vor allem thematisch verwandte geographische Arbeiten zur zeitlich befristeten Mobilität Hochqualifizierter vor (vgl. 1.3.3).

In Deutschland befaßt sich seit den 1950er Jahren die interdisziplinäre Austauschforschung mit der Erforschung der Bedingungen, Verläufe und Wirkungen zeitlich befristeter Mobilität in den Wissenschaften und damit verbundener räumlicher und institutioneller Beziehungen (vgl. THOMAS 1984b; DANCKWORTT 1995). Das übergeordnete Interesse dieser Forschungsrichtung, die in den 1960er bis 1980er Jahren besonders aktiv war, gilt verschiedenen Formen des interkulturellen Personenaustausches im Rahmen ausbildungs- und weiterbildungsorientierter sowie beruflich motivierter zeitlich befristeter Auslandsaufenthalte (z. B. von Schülern, Jugendlichen, Studierenden, Wissenschaftlern, Künstlern, Lehrlingen, Praktikanten, Entwicklungshelfern, ausländischen Arbeitnehmern, Diplomaten, Führungskräften in der Wirtschaft).[68] Betrachtet wird sowohl die Perspektive der mobilen Personen als auch die ihrer Kontaktpersonen im Gastland; im Mittelpunkt des Interesses stehen psychologische und historische Aspekte der Mobilität (vgl. BREITENBACH 1984; DANCKWORTT 1995).

Wichtige Grundlagen für die vorliegende Arbeit bilden Publikationen der Austauschforschung, die sich mit den historischen und politischen Rahmenbedingungen des internationalen Wissenschaftleraustausches in Deutschland befassen (vgl. vor allem LITTMANN 1981; 1996; VOM BROCKE 1981; DÜWELL 1983; 1984; DANCKWORTT 1984b). Eine Einordnung des Preisträgerprogramms in die bilateralen Wissenschaftsbeziehungen zwischen Deutschland und den USA ermöglicht vor allem die Monographie von Ulrich LITTMANN (1996), dem Geschäftsführenden Direktor der Fulbright-Kommission von 1963 bis 1994, zur zirkulären akademischen Mobilität zwischen Deutschland und den USA im Zeitraum 1923 bis 1993 (vgl. 3.2.3). Wie in anderen Untersuchungen bilateraler Wissenschaftsbeziehungen aus deutscher Perspektive (z. B. MEYER-KALKUS 1994; NICKEL 1989; NOETZOLD 1990; STILZ 1995) liegt der Schwerpunkt Littmanns auf institutionellen Entwicklungen sowie kultur- und austauschpolitischen Aspekten der Mobilität.

Stärker sozialwissenschaftlich orientierte Arbeiten der Austauschforschung konzentrieren sich vor allem auf das Auslandsstudium, auf die soziale und regionale Herkunft und die Situation ausländischer Studierender an deutschen Hochschulen, vor allem in Hinblick auf deren Anpassungsprobleme, Studienverlauf und Studienerfolg (z. B. DANCKWORTT 1959; PFEIFFER 1962; GERSTEIN 1974; GRÜNEBERG 1977; EHLING 1987). In gleicher Weise beziehen sich jüngere Studien zu akademischer Mobilität, die auch in Deutschland meist nur noch indirekt mit den übergeordneten Zielen der Austauschforschung verbunden sind, auf die Studienphase (vgl. z. B. BARNETT und WU 1995; GORDON und JALLADE 1996; TEICHLER

---

[68] Fragen zu freizeitorientierten interkulturellen Begegnungen durch Auslandstourismus werden seit den 1980er Jahren im Rahmen der Tourismusforschung behandelt (BREITENBACH 1984, 137).

1.3 Forschungskontexte und Begrifflichkeiten

1996b; 2002; ROSEN 1997 und TEICHLER, MAIWORM und SCHOTTE-KMOCH 1999 zum ERASMUS-Programm der EU).[69]

Zur zirkulären Mobilität von Wissenschaftlern gibt es von seiten der Sozialwissenschaften vor allem literatur- und programmbezogene Bestandsaufnahmen, die in den 1990er Jahren als Ausdruck eines international und interdisziplinär zunehmenden wissenschaftlichen und wissenschaftspolitischen Interesses entstanden sind, den Forschungsbedarf offenlegen und wissenschaftspolitische Handlungsspielräume ausloten (vgl. BITZ 1996; BLUMENTHAL et al. 1996; OECD 1996). Zum Beispiel eruierte BITZ (1996) im Auftrag eines Abgeordneten des deutschen Bundestags Stand und Entwicklung der Förderung ausländischer Eliten im Bereich der beruflichen und universitären Aus- und Weiterbildung. In Hinblick auf den Stand der Forschung zu den Themen *Ausländerstudium* und *Bildungsförderung ausländischer Eliten* kommt er zu dem verheerenden Urteil, daß der Gesamtstatus der Literatur *cum grano salis* als dürftig, veraltet, themenspezifisch verengt bezeichnet werden kann und daß die wenigen vorliegenden Studien zu heterogenen Fragestellungen und Stipendiaten aus 'bunt gemischten' Entsendeländern nicht den Validitätsstandards der empirischen Sozialforschung genügten (BITZ 1996, 13). Außerdem stellte Bitz anhand seiner Erhebungen fest, daß selbst bei einer angebots- und zielgruppendifferenzierten Betrachtung aufgrund sich stetig verschlechternder Rahmenbedingungen im Hochschul- und Forschungsbereich eine nicht geringe Gefährdung der Attraktivität des Bildungsstandortes Bundesrepublik Deutschland für ausländische Stipendiaten auszumachen ist. Finanzielle und strukturelle Restriktionen würden es in bestimmten Forschungsfeldern äußerst schwierig gestalten, den Anschluß an die international führende Forschung zu halten (BITZ 1996, 3).

BLUMENTHAL et al. (1996) faßt Ergebnisse eines internationalen Kolloquiums zum Thema *Academic Mobility in a Changing World* zusammen, in dem es vor allem darum ging, aktuelle sich verändernde Muster akademischer Mobilität aus Sicht einzelner Länder zu erfassen und den Stand der Forschung kritisch zu reflektieren (GOODWIN 1996; TEICHLER 1996a). Neben dem auf der Nationenebene räumlich differenzierenden Ansatz[70] und den bereits zitierten Erkenntnissen zum Forschungsstand ist hervorzuheben, daß die abschließende umfangreiche Bibliographie (OVER 1996) keine Publikation zu den Bedingungen, dem Verlauf und den langfristigen Auswirkungen zeitlich befristeter Mobilität in den Wissenschaften enthält. Eine weitere systematische und kritische Bestandsaufnahme enthält die Studie des OECD *Centre for Educational Research and Innovation* (CERI) zum Thema *Internationalisation of Higher Education* (OECD 1996). Darin wird beson-

---

[69] Nach TEICHLER (1996a, 339 ff.) lassen sich die Forschungsschwerpunkte zu studentischer Mobilität in vier Bereiche gliedern: psychologisch-soziologische Studien zu Einstellungen, Verhalten, Persönlichkeitsentwicklung und Erfahrungen ausländischer Studierender; Untersuchungen zu Hintergründen und Motiven, Studienverlauf, Erfahrungen und nachfolgenden Karrieren von Studierenden aus Entwicklungsländern in Industrieländern; Evaluierungen internationaler studentischer Mobilitätsprogramme; makroanalytische Studien zu internationalen studentischen Mobilitätsmustern und deren Ursachen.

[70] ROELOFFS (1996, 367) beschreibt zum Beispiel die wissenschaftliche Zusammenarbeit Deutschlands mit verschiedenen Großregionen und kommt dabei ebenfalls zu dem Schluß, daß mehr Forschung durchgeführt werden muß, die sich mit den kulturellen Einflüssen der zirkulären akademischen Mobilität befaßt.

ders die Notwendigkeit von Forschung zu einem geeigneten Rahmenkonzept betont, mit dem verschiedene Arten, Bedingungen und Konsequenzen der Internationalisierung zu erfassen sind. Als wesentlich wird dabei die Unterscheidung zwischen studentischer Mobilität und der Mobilität des Curriculums angesehen. WINDHAM (1996, 7) argumentiert, daß sich eine Internationalisierung der Hochschulen nicht allein auf die Mobilität von Studierenden und Wissenschaftlern stützen kann. Statt dessen sollte die Curriculumsentwicklung zunehmend einbezogen werden, um auch immobilen Studierenden, deren Anteil in den EU-Staaten trotz zunehmender Mobilität wegen steigender Studierendenzahlen auf einem Niveau von 90 bis 95% verharrt (WINDHAM 1996, 9), interkulturelle Kompetenzen vermitteln zu können. Diese Diskussion zur Mobilität des Curriculums unterstreicht die große Wichtigkeit ausländischer Gastwissenschaftler für die Lehre im Gastland. Inwiefern dazu auch forschungsbezogene Gastaufenthalte beitragen, kann anhand der Preisträgeraufenthalte zumindest randlich eruiert werden (vgl. 4.3).

Ein Grund für das asymmetrische Verhältnis zwischen Erkenntnissen zu *studien*bezogenen Auslandsaufenthalten einerseits und *lehr-* bzw. *forschungs*bezogenen Auslandsaufenthalten andererseits liegt vermutlich darin, daß zu studentischer Mobilität Statistiken auf internationaler Ebene vorliegen (z. B. statistische Jahrbücher der UNESCO, Publikationen von EUROSTAT und der OECD), eine vergleichbare Gesamtstatistik zum Wissenschaftleraustausch jedoch nicht existiert (vgl. 1.3.3).[71] Abgesehen davon, daß zirkuläre Mobilität in den Wissenschaften in vielfältigen, kaum systematisch zu erfassenden Formen erfolgt (z. B. spontane versus institutionalisierte Mobilität), gibt es auch in Deutschland keine Institution, die bundes- oder bundeslandweit ein Minimum an Daten zum erfaßbaren Wissenschaftleraustausch nach einheitlichen Kriterien erhebt.[72]

Etwas Abhilfe hat in dieser Situation eine Initiative vom DAAD geschaffen, in deren Rahmen die Hochschul-Informations-System GmbH (HIS) beauftragt wurde, die erste standardisierte Erhebung zum geförderten Wissenschaftleraustausch bei den zuständigen deutschen Wissenschafts- und Mittlerorganisationen durchzuführen. In Anlehnung an die vom *Institute of International Education* (IIE) in den USA herausgegebene Studie *Open Doors: Report on International Educational Exchange* entstand ein erster Datenreport, der unter dem Titel *Wissenschaft weltoffen: Internationalität von Studium und Forschung in Deutschland* veröffentlicht wurde und in regelmäßigen Abständen fortgeschrieben werden soll (DAAD 2001). Während vor allem im Bereich der Forschung erhebliche Datenlücken zu schließen sind (z. B. fehlende EDV-technische und inhaltliche Aufbereitung von Daten meh-

---

[71] In der Zeitschrift *Nature* schrieb der Soziologe Stevan Dedijer bereits 1964: „The most elementary facts about the migration of scientists are lacking. Every single country in the world knows how many cows it exports and how many mules it imports, but almost none has the data on the import and export of research workers, production engineers and practising physicians, on the quantity and quality of its trade in scientists" (DEDIJER 1964, 964). Obgleich er sich in seinem Artikel mit der zumindest längerfristigen bis langfristigen Auswanderung von Wissenschaftlern befaßt, gilt das gleiche auch noch über 30 Jahre später, vor allem für zeitlich befristete Auslandsaufenthalte von Wissenschaftlern.

[72] Internationale Mobilität von Wissenschaftlern ist im Unterschied zu studentischer Mobilität kein Bestandteil des Hochschulstatistikgesetzes. Letzteres gewährleistet die gute Datenlage zur internationalen Mobilität von Studierenden durch sanktionierte Meldepflicht (DAAD 2001, 64, 74).

1.3 Forschungskontexte und Begrifflichkeiten

rerer deutscher Organisationen; Erfassung der Förderung durch ausländische Institutionen) und weitgehend fehlende methodische Standards unvermeidbare methodische Schwächen sowie vorsichtige Interpretationsversuche im Textteil bedingen, erfüllt die Publikation das Ziel des DAAD, eine erste Orientierung zu geben. Zur Einordnung des Preisträgerprogramms der Humboldt-Stiftung in die deutsche Förderlandschaft kann zum Teil auf die HIS-Daten zurückgegriffen werden, allerdings wurden auch selber Vergleichsdaten bei den hauptverantwortlichen Förderinstitutionen erhoben, um die Gastprofessorenprogramme der DFG und der Fulbright-Kommission einzubeziehen. Solche Erhebungen (vgl. auch BITZ 1996) können jedoch wegen der erhebungstechnisch bedingten Konzentration auf institutionalisierte Mobilitätsprogramme immer nur eine gute Annäherung an das Ausmaß der Mobilität von Wissenschaftlern nach Deutschland bieten.[73]

Insgesamt ist die sozialwissenschaftliche Forschung zu akademischer Mobilität durch eine relativ starke Konzentration auf quantitative Studien gekennzeichnet, wobei das methodische Spektrum im Bereich studentischer Mobilität vielseitiger als in den wenigen empirischen Untersuchungen zur Wissenschaftlermobilität ist (vgl. JÖNS 1998, 12).[74] Bisher haben sich jedoch quantitativen Methoden und die starre Methodologie des positivistischen Forschungsparadigmas, die auch weiterhin sozialwissenschaftliche Forschung zu akademischer Mobilität im deutschen und angloamerikanischen Raum zu dominieren scheinen, als hinderlich für eine theoretisch-konzeptionelle Weiterentwicklung erwiesen (vgl. dazu BREITENBACH 1974; 1984; THOMAS 1983; 1984b; 1985; DANCKWORTT 1984a; 1995; EHLING 1987; GOODWIN 1996; TEICHLER 1996a).[75] Daher scheint der Einbezug qualitativer Studien in ein multimethodisches Vorgehen, das qualitativ gewonnene Erkenntnisse mit differenzierten statistischen Auswertungen verbindet, dringend notwendig, um der Komplexität und Dynamik des Forschungsgegenstandes akademische Mobilität besser gerecht werden zu können, die konzeptionelle Weiterentwicklung voranzutreiben und auch die seit längerem von zahlreichen Autoren geforderte Untersuchung akademischer Mobilitätsprozesse in einem breiten gesellschaftlichen Kontext vornehmen zu können (vgl. 1.4). Ein solches Vorgehen legt wiederum den Bezug auf große institutionalisierte Mobilitätsprogramme wie das Preisträgerprogramm nahe, weil nur diese über Adreßdatenbanken den Zugang zu potentiellen Probanden für

---

[73] WINDHAM (1996, 10) weist darauf hin, daß die Datenlage es sogar schwierig macht, die Einschätzungen verschiedener Interessensvertreter aus einer Region in kohärenter Weise zu präsentieren. Da nur für bestimmte Segmente akademischer Mobilität Daten vorliegen, fänden sich für die unterschiedlichsten Interessen statistisch zu verfolgende Entwicklungen und Trends. Darüber hinaus bestehe wegen der problematischen Datenlage auch kaum eine Beziehung zwischen Makroanalysen auf nationaler oder regionaler Ebene und Analysen einzelner Institutionen und Programme.

[74] Letztere umfassen meist statistische und quantitativ-typisierende Auswertungen zur laufenden Programmbeobachtung der Mittlerorganisationen, die auf begleitenden Bewerbungs- und Evaluierungsfragebögen beruht.

[75] Auf einen grundsätzlichen Unterschied zwischen Arbeiten der französischen und deutschen Austauschforschung weist THOMAS (1995, 146) hin: Erstere folgten eher einem hermeneutisch, symbolisch-interaktionistischen und ethnomethodologischen Forschungsansatz, während letztere stark angloamerikanisch beeinflußt und daher eher positivistisch-deduktiv und handlungstheoretisch orientiert seien.

umfangreichere qualitative Erhebungen gewährleisten und zugleich differenzierte statistische Auswertungen ermöglichen (vgl. auch TEICHLER 1996a, 349 f.).

Zum dritten Bereich sozialwissenschaftlicher Arbeiten über zirkuläre akademische Mobilität, auf denen diese Arbeit aufbaut, gehören Auswertungen zu Deutschlandaufenthalten ausländischer Gastwissenschaftler, die im Auftrag oder zumindest mit Unterstützung der verantwortlichen Mittlerorganisationen entstanden sind. Inhaltliche Schwerpunkte dieser Studien sind Rahmenbedingungen und unmittelbare Resultate einzelner Programme, Erfahrungen ausländischer Stipendiaten während der Gastaufenthalte und damit verbundene Deutschlandbilder (vgl. z. B. GOTH 1977; HOFFMANN 1988a; MAAß 1988; HOLL 1994; DAAD 1998; HELLMANN 2000; auf den deutsch-amerikanischen Kontext konzentriert sich HOFFMANN 1988b). Obgleich diese Arbeiten wichtige Ansatzpunkte und Vergleichsstudien für Untersuchungen internationaler Mobilität in den Wissenschaften bieten, waren sie nicht dazu konzipiert, die gewonnenen Erkenntnisse in einen weiteren wissenschafts- und gesellschaftstheoretischen Kontext einzuordnen, und fügen sich daher nahtlos in das Gesamtbild der empiriefokussierten Forschung zu akademischer Mobilität ein.

Von seiten der deutschen Wissenschaftsorganisationen und Mittlerorganisationen auswärtiger Kulturpolitik (DFG, DAAD, AvH, MPG) werden seit jeher die große Bedeutung von Deutschlandaufenthalten ausländischer Stipendiaten und von Auslandsaufenthalten deutscher Stipendiaten nicht nur für die deutschen Wissenschaften, sondern auch für die Entwicklung der Bundesrepublik Deutschland betont (vgl. z. B. MAAß 1988; BODE 1995; BERCHEM 1995; 1996; OSTEN 1995). In gleicher Weise wurde aus wissenschaftspolitischer Perspektive in der Diskussion um die Attraktivität des Wirtschafts- und Wissenschaftsstandorts Deutschland wiederholt auf bedeutende gesellschaftspolitische Auswirkungen akademischer Auslandsbeziehungen hingewiesen (vgl. z. B. DAAD 1995; 1997; 2000a; OSTEN 1996; BITZ 1996; FRITZ-VANNAHME 1997; HERZOG 1997). Neben Deutschen, die persönliche Erfahrungen im Ausland gesammelt haben, wird ausländischen Gastwissenschaftlern als Impulsgebern in Deutschland und Multiplikatoren in ihren Herkunftsländern eine wichtige wissenschafts- und gesellschaftspolitische Rolle zugeschrieben, weshalb auch beide Richtungen der Mobilität von deutscher Seite gefördert werden. Allerdings stützt sich die Betonung der vielfältigen Wichtigkeit akademischer Mobilität mehr auf Erfahrungen aus der Programmbetreuung als auf umfangreichere wissenschaftliche Studien (vgl. auch BITZ 1996, 13), so daß auch die Verantwortlichen der Mittlerorganisationen selber ein Interesse an mehr Transparenz hinsichtlich der Bedeutung grenzüberschreitender Wissenschaftlermobilität für Wirtschaft, Gesellschaft, Politik, Kultur und Wissenschaft haben (vgl. BODE 1995).

Ein weiterer Bereich von Publikationen der Wissenschafts- und Mittlerorganisationen umfaßt deren Jahresberichte, Jubiläumsschriften und Arbeiten zur eigenen Entwicklungsgeschichte, die zusammen mit den erwähnten institutionsübergreifenden Analysen eine historische und programmbezogene Kontextualisierung der betrachteten Mobilität im Preisträgerprogramm ermöglichen (z. B. AvH 1982; 1984; 1993; 1997a; ALTER 2000; HEINEMANN 2000; HELLMANN 2000; VIERHAUS und VOM BROCKE 1990).

1.3 Forschungskontexte und Begrifflichkeiten

Zusammenfassend läßt sich festhalten, daß sich die vorliegende Arbeit Aspekten zirkulärer Mobilität in den Wissenschaftem widmet, die bisher nur wenig behandelt wurden, aber sowohl an verschiedene jüngere sozialwissenschaftliche als auch wissenschaftspolitische Diskussionen und Forschungsdesiderata anknüpfen. Dies bezieht sich auf die Analyse von Forschungsaufenthalten ausländischer Gastwissenschaftler, auf Wissenschaftsbeziehungen zwischen zwei führenden Industriestaaten, auf die Kombination zwischen qualitativen Fallstudien sowie räumlich, zeitlich und nach verschiedenen inhaltlichen Kriterien differenzierenden quantitativen Auswertungen, auf die Rekonstruktion möglicher Auswirkungen zirkulärer akademischer Mobilität ohne eine apriorische Einschränkung auf Wissenschaft, Kultur, Wirtschaft oder Politik vorzunehmen und auf den Versuch, die Konzeption der Arbeit und deren Ergebnisse in einen weitgespannten wissenschafts- und gesellschaftstheoretischen Rahmen einzuordnen.

1.3.5 Kommunikation und Kooperation in den Wissenschaften

Die Verständigung über wissenschaftlich relevante Inhalte kann seit jeher durch *Face-to-face*-Kontakte erfolgen. Das Zustandekommen einer solchen direkten Kommunikationssituation ist jedoch meist an die räumliche Mobilität von Personen gebunden. Erst die Nutzung von schriftlichen und bildlichen Aufzeichnungen, die mindestens seit Erfindung der Schrift möglich ist (um 3300 v. Chr.), machte räumliche Bewegungen der Sender und Empfänger von Nachrichten nicht mehr zwingend notwendig und erweiterte somit das Spektrum der Kommunikationsmöglichkeiten. Wissenschaftlerinnen und Wissenschaftler konnten im Laufe der Zeit auf immer mehr drahtlose und kabelgebundene Telekommunikationsmedien zurückgreifen und zunehmend auch verschiedene institutionalisierte Kommunikationsangebote wie Fachzeitschriften und Kongresse für den wissenschaftlichen Austausch mit anderen nutzen.[76] Daraus resultierende internationale wissenschaftliche Kontakte und Kontaktnetze können als zentrale Elemente der Wissenschaftsproduktion und des Wissenstransfers angesehen werden (vgl. KREIBICH 1986).

Formen und Muster der Kommunikation unter Wissenschaftlern stellten in den 1960er und 1970er Jahren einen Forschungsschwerpunkt der weiteren und komplementären Traditionen des Mertonschen Paradigmas dar (für einen Überblick

---

[76] Zu diesen erweiterten Kommunikationsmöglichkeiten gehören unter anderem spezifische Institutionen für Forschung und Lehre wie Universitäten und außeruniversitäre Forschungsstätten (vgl. Fußnote 1), gedruckte wissenschaftliche Werke (erstmals 1469 in Venedig: Plinius), wissenschaftliche und technische Lehrbücher (ab 1509), Gesellschaften und Akademien (z. B. 1540 erste Akademie der Wissenschaften in Padua; 1645 erste Zusammenkünfte des *Invisible College*, dem Vorläufer der 1662 vom König anerkannten *Royal Society of London*), wissenschaftliche Zeitschriften (1665 Gründung der ersten wissenschaftlichen Zeitschriften, *Journal des scavants*, Paris, und *Philosophical Transactions*, London), wissenschaftliche Kongresse (1833 erster Wissenschaftlerkongreß in Frankreich; 1840 Kongreß der ungarischen Physiker und Naturforscher; 1860 erster internationaler Kongreß der Chemiker in Karlsruhe, es folgten internationale Kongresse in Botanik 1864, Ornithologie 1884, Physiologie 1889 und Mathematik 1897), staatlich geförderte Reisestipendien (vgl. Fußnote 2) und internationale Kooperationen sowie realzeitliche bis kurzfristige Kontakte über große räumliche Distanzen mittels Telefon, Fax, E-mail, Internet und Videokonferenzen (vgl. AUTHIER 1998, 965 ff.).

siehe STORER 1973, xxvi f.; vgl. auch NELSON und POLLOCK 1970). Merton selber identifizierte den sogenannten Matthäus-Effekt als konstitutiv für die Anerkennung und Kommunikation wissenschaftlicher Erkenntnisse. Demnach werden wissenschaftliche Erkenntnisse stärker wahrgenommen, je höher der Rang und das Prestige des Wissenschaftlers ist, der diese publiziert (MERTON 1968).[77] Auf der einen Seite kann sich der Matthäus-Effekt nachteilig für Nachwuchswissenschaftler auswirken, da deren Aussagen angesichts eines relativ geringen Bekanntheitsgrades auch im Falle hoher Qualität meist keine angemessene Beachtung finden. Auf der anderen Seite kann jedoch die Zusammenarbeit mit renommierten Wissenschaftlern die Sichtbarkeit von weniger bekannten und anerkannten Personen und ihren wissenschaftlichen Behauptungen in der wissenschaftlichen Gemeinschaft erhöhen, auch wenn die Anerkennung im Falle einer Bewährung der Erkenntnisse meist in größerem Maße den renommierteren Koautoren zugeschrieben wird. Vor diesem Hintergrund wird im Rahmen der empirischen Analysen zu den Auswirkungen der Preisträgeraufenthalte in Deutschland solchen Publikationen besondere Aufmerksamkeit zuteil werden, die von den Gastwissenschaftlern in Zusammenarbeit mit deutschen Nachwuchswissenschaftlern erstellt wurden. Diese können als Indikator für eine Forschungskooperation im engeren Sinne angesehen werden (vgl. 4.3.2; 4.4). Den deutschen Nachwuchswissenschaftlern vermitteln solche Kooperationen in der Regel neue Erfahrungen, Kenntnisse und Fähigkeiten; das Publizieren in einer renommierten Zeitschrift bietet zudem eine gute Möglichkeit, die eigenen wissenschaftlichen Leistungen bzw. die eigene Person in der wissenschaftlichen Gemeinschaft präsenter zu machen. Da die Kooperation mit weltweit führenden US-Wissenschaftlern in Deutschland weniger häufig als in den USA selber erfolgen wird, ist von dieser ein prestigegebundener, aber meist auch inhaltlich begründeter Karrierevorteil vor allem innerhalb Deutschlands, aber auch auf internationaler Ebene zu erwarten.

Als wichtigste Kommunikationswege wissenschaftlicher Ideen und Erkenntnisse innerhalb der *scientific communities* wurden in den genannten Studien zu wissenschaftlicher Kommunikation zum einen das *formale,* öffentliche Publikationswesen und zum anderen der *informelle,* häufig private Austausch zwischen einzelnen Wissenschaftlern und Wissenschaftlergruppen identifiziert. Letztere sind von Derek DE SOLLA PRICE (1963) in Anlehnung an einen Begriff aus dem siebzehnten Jahrhundert (vgl. Fußnote 76) als unsichtbare Kollegien *(invisible colleges)* bezeichnet worden und wurden unter anderem von Diana CRANE (1972) beispielhaft untersucht. Unsichtbare Kollegien (auch Forschergruppen, kollegiale Netzwerke/Zirkel oder berufliche Cliquen genannt) bezeichnen informelle Gruppen von Wissenschaftlern, deren Interaktion und Zusammenarbeit die Entwicklung eines Forschungsgebietes ganz wesentlich beeinflussen. Innerhalb solcher informellen Kommunikationsnetzwerke ist nicht nur die Geschwindigkeit der Informationsverbreitung erhöht, sondern es werden im Unterschied zum Publikationswesen auch

---

[77] Namensgebend ist die folgenden Textstelle im Evangelium nach Matthäus: „For unto every one that hath shall be given, and he shall have abundance: but from him that hath not shall be taken away even that which he hath" (vgl. MERTON 1968, 445).

1.3 Forschungskontexte und Begrifflichkeiten

weniger formale, vertraulichere Informationen zwischen den in Kontakt stehenden Wissenschaftlern ausgetauscht. Darüber hinaus ermöglichen *invisible colleges* unmittelbares *feedback*, das wichtige Bedeutung für die Entwicklung von Ideen und die Verfassung von Publikationen besitzt und zusammen mit den anderen Charakteristika informeller Kontaktnetzwerke zu einer höheren Produktivität der Netzwerkteilnehmer beiträgt (vgl. TOREN 1994, 725 f.). HARGENS und HAGSTROM (1967) betonen darüber hinaus die Bedeutung solcher informellen Kommunikationsströme und Kontaktschienen für eine beschleunigte (Be)Förderung von Nachwuchswissenschaftlern. Diese seien an renommierten Universitäten meist vielfältiger und differenzierter ausgebildet als an anderen Hochschulen.

Wissenschaftliche Kommunikationsnetze dienen folglich vor allem der sozialen Integration und Informationsverbreitung. In welcher Weise die Preisträgeraufenthalte dazu beigetragen haben, wird im empirischen Teil der Arbeit genauso zu untersuchen sein wie die Ausprägung damit verbundener Kommunikationsmuster und Kontaktschienen. Im Unterschied zu den genannten Studien, die sich in erster Linie auf die Kommunikation kognitiver Ressourcen (Ideen, wissenschaftliche Information, Methoden) durch weitgehend autonom handelnde Wissenschaftler bezogen, werden in der vorliegenden Studie im Sinne der Akteursnetzwerkperspektive alle relevanten, mit der Kommunikation verbundenen Austauschbeziehungen betrachtet, einschließlich der Forschungsobjekte und -instrumente.[78] Ein zweiter Unterschied besteht darin, daß Kommunikation in dieser Arbeit nicht allein als Mittel zum Zweck, sondern als eigenständiger Akt der Formierung und Modifikation wissenschaftlicher Erkenntnisse untersucht wird. Schließlich können sich Kommunikationssituationen im allgemeinen und *Face-to-face*-Kommunikation im besonderen in gleicher Weise auf den *Prozeß,* den *Fortschritt* und die *Inhalte* der Forschung auswirken.[79] Methodisch wird dabei vor allem auf qualitative Erhebungsmethoden zurückgegriffen, was einen weiteren Unterschied zur Mehrheit der existierenden Arbeiten über wissenschaftliche Kommunikationsnetze herstellt.

Ein Beispiel für die überwiegend quantitativen Analysen zur wissenschaftlichen Kommunikation und Kooperation gibt die Studie einer interdisziplinären und multinationalen Forschergruppe zu den Kommunikationsmustern von Professoren in Österreich, der Schweiz, Großbritannien, den Niederlanden und Israel (BUTTON et.

---

[78] Ein Beispiel problematischer Argumentationszusammenhänge gibt die jüngere Studie von Nina TOREN (1994) zu Netzwerken russischer Immigranten im israelischen Wissenschaftssystem. Anhand eines Surveys kommt die Autorin unter anderem zu dem Schluß, daß „what flows through ties of the intellectual-influence network is mainly information and ideas, while the resources transmitted via the professional-support network are much more instrumental, material and down to earth"(TOREN 1994, 741). Die Unterscheidung zwischen sogenannten Netzwerken intellektuellen Einflusses und beruflicher Unterstützung – im Zitat als Resultat der Studie präsentiert – war jedoch bereits in den Antwortkategorien des Fragebogens mit der Zuordnung von eher kognitiven bzw. eher materiellen Ressourcen vorgegeben worden (vgl. TOREN 1994, 734 f.).

[79] Griffith und Miller wiesen nahezu erstaunt darauf hin, daß ihre Daten *überraschende* Beispiele [*striking examples*] für den Einfluß von informellen Kommunikationssituationen auf die wissenschaftliche Arbeit der Beteiligten geben: „The nearly accidental discovery as to congruity of research interests among a small group having lunch together at a scientific meeting led to a continuing exchange of information and coordination of research over the following ten or fifteen years, resulting in several hundred published studies" (GRIFFITH und MILLER 1970, 126).

al. 1993; Erhebung von 820 standardisierten Interviews). Kennzeichnend ist eine starke Vorstrukturierung und Beschränkung der Erhebungskategorien, die der Komplexität des Untersuchungsgegenstandes nur unzureichend gerecht werden kann. Dazu gehört auch die Wahl eines im Paradigma des rational handelnden Akteurs verhafteten Forschungsansatzes, der von einer angestrebten Maximierung des Nutzens unter gegebenen Hindernissen ausgeht (BUTTON et. al. 1993, 28 ff.). Die Studie kommt unter anderem zu dem Schluß, daß kulturelle Unterschiede und Sprachbarrieren ebenso relevant für akademische Netzwerke sind wie das Alter und der akademische Rang der kommunizierenden Professoren, ohne allerdings die Aussagen in stärkerem Maße zu differenzieren als die Feststellung, daß *full professors* größere Kommunikationsnetzwerke als *associate professors* aufweisen (BUTTON et. al. 1993, 107-109). Das Zurücktreten der Argumentation hinter aufwendige Berechnungsmethoden unterstreicht die Tatsache, daß Kommunikationsmuster in den Wissenschaften einen Ansatz erfordern, der deren Reduktion auf das Resultat von rationalen Entscheidungen individueller Akteure vermeidet (vgl. dazu 1.4.2). Wichtig für die Unterstützung der eigenen Argumentation ist die Aussage der Studie, daß sich Telekommunikation und Reisen komplementär zueinander verhalten und somit dem Reisen im Rahmen wissenschaftlicher Praxis eine spezifische, nicht substituierbare Bedeutung zukommt (BUTTON et. al. 1993, 77).

FISCHER und RAMMER (1992) analysierten Teilaspekte des zuvor beschriebenen Projekts aus einer strukturell und räumlich differenzierenden Perspektive. Ihre Ergebnisse zu den wissenschaftlichen Kommunikationsnetzen von Wissenschaftlern der Wiener Universitäten in den Jahren 1989/90 zeigen universitäts-, fachgruppen-, statusgruppen- und altersklassenspezifische Unterschiede, eine erwartungsgemäß starke Ausrichtung auf den deutschsprachigen Raum (Schweiz und Deutschland mit dem Zentrum München) und Wiens Bedeutung als Drehscheibe des Wissenschaftstransfer mit den zum Untersuchungszeitpunkt noch sozialistischen Staaten Ostmitteleuropas (v.a. Ungarn, Tschechoslowakei). Die Studie liefert als eine der wenigen geographischen Studien zu internationalen Kontaktnetzen in den Wissenschaften (vgl. auch JÖNS 1995) wichtige Vergleichsmöglichkeiten, jedoch werden anhand der statistischen Auswertungen nur Festellungen getroffen und keine Gründe benannt. Zur Begegnung des von FISCHER und RAMMER (1992, 165) benannten Theoriedefizits scheint wiederum eine Erweiterung der Untersuchungsperspektiven und des Methodenspektrums notwendig.

Aus den genannten Arbeiten geht hervor, daß zirkuläre Mobilität als Möglichkeit der direkten interpersonellen Kommunikation indirekten Kontakten über verschiedene Telekommunikationsmedien komplementär gegenübersteht und insbesondere zu einer projektbezogenen Forschungskooperation zwischen Wissenschaftlern an verschiedenen Arbeitsorten dienen kann. Auf die Beziehungen zwischen akademischer Mobilität und Forschungskooperation wird jedoch nicht im einzelnen eingegangen (vgl. z. B. GRIFFITH und MILLER 1970; BUTTON et. al. 1993). Dies gilt auch für Studien zu verschiedenen Formen der Forschungskooperation als einem Teilaspekt wissenschaftlicher Kommunikation.

Da die Forschungskooperation zwischen deutschen und US-amerikanischen Wissenschaftlern einen Bestandteil der Preisträgeraufenthalte in Deutschland bilden

1.3 Forschungskontexte und Begrifflichkeiten

kann, sollen an dieser Stelle auch ausgewählte Studien zu Fragen der Entstehung, der Art und den Mustern wissenschaftlicher Zusammenarbeit, vor allem auf internationaler Ebene, angesprochen werden, um Ausgangspunkte und Vergleichsmöglichkeiten für die eigenen theoretischen Überlegungen und empirischen Untersuchungen zu bestimmen. Grundlegende Erkenntnisse zu wissenschaftlicher Kooperation gehen bereits aus den Kommunikationsstudien hervor. Demnach können Kooperationen arbeitsteilig oder zwischen Wissenschaftlern vergleichbarer inhaltlicher Interessen stattfinden. Wenn Kooperationen arbeitsteilig erfolgen, suchen Wissenschaftler in der Regel führende Experten auf dem anderen Gebiet aus, auch wenn sie dafür über größere Distanzen reisen müssen (HAGSTROM 1965, 122). Nach HAGSTROM (1965), einem Schüler Mertons, der von dem kontinuierlichen Streben der Wissenschaftler nach kollegialer Anerkennung ausgeht, stellt dabei der voraussichtliche Gewinn oder Verlust von Prestige einen wichtigen Faktor für die Wahl der Kooperationspartner dar. Wenn zwei oder mehr Wissenschaftler an demselben Problem arbeiten, gibt es über kurz oder lang keine andere Möglichkeit als zusammenzuarbeiten oder in Konkurrenz zueinander zu treten. Wissenschaftliche Zusammenarbeit ohne Arbeitsteilung komme vor allem zwischen Personen mit gleichwertigen Fähigkeiten zustande (HAGSTROM 1965, 115).

Für spezifische Erkenntnisse zu der Entwicklung und den Mustern wissenschaftlicher Kooperationen sind die Ausführungen von BEAVER und ROSEN (1978; 1979a; 1979b) wegbereitend. Ausgehend von einer Operationalisierung formaler wissenschaftlicher Zusammenarbeit als Koautorenschaft im Rahmen wissenschaftlicher Publikationen zeigten sie anhand entsprechender historischer bis zeitgenössischer Daten, daß die Ursprünge formaler wissenschaftlicher Kooperation im siebzehnten Jahrhundert liegen (1665 erster wissenschaftlicher Artikel mit mehr als einem Autor; vgl. BEAVER und ROSEN 1978, 73). Bis zum Anfang des neunzehnten Jahrhunderts hatte sich wissenschaftliche Zusammenarbeit jedoch nur in Frankreich substantiell entwickelt, während diese in England und Deutschland erst einige Jahrzehnte später Verbreitung fand (BEAVER und ROSEN 1978). Die Entstehung formaler wissenschaftlicher Zusammenarbeit und deren starker Bedeutungszuwachs – expansiver Anstieg ab den 1880er Jahren, zweite deutliche Zunahme der Wachstumsrate um 1920, Boom wissenschaftlicher Teamarbeit seit den 1950er Jahren – erwiesen sich als das Resultat einer zunehmenden Professionalisierung der Wissenschaften, die national unterschiedlich stark und zu verschiedenen Zeitpunkten erfolgte (für die Entwicklung formaler wissenschaftlicher Zusammenarbeit zwischen 1800 und 1960 vgl. BEAVER und ROSEN 1979b, 238). Diese Professionalisierung der Wissenschaften ging jeweils mit einer zunehmenden Organisation von Wissenschaftlern und deren Arbeit nach spezifischen Regeln, Rechten und Pflichten sowie Zertifizierungsprozeduren einher. Seit Anfang des 20. Jahrhunderts ist sie außerdem von starken inhaltlichen Spezialisierungsprozessen gekennzeichnet (BEAVER und ROSEN 1978, 66, 71). Die Änderungen der Wachstumsraten publikationsbezogener Teamarbeit waren zudem an eine mit dem Professionalisierungsprozeß verbundene Intensivierung der finanziellen Forschungsförderung gekoppelt (BEAVER und ROSEN 1979b, 239), was deren Notwendigkeit für wissenschaftliche Kooperationen unterstreicht (vgl. 3.1.2.1; 5.2).

Als individuelle Motive für wissenschaftliche Kooperationen, deren spezifische Rolle im Rahmen der zirkulären Mobilität des Preisträgerprogramms zu eruieren sein wird (vgl. 4.2.2), identifizierten BEAVER und ROSEN (1978, 70) den Zugang zu Forschungsinfrastruktur, spezifischen Fähigkeiten, einzigartigen Forschungsobjekten (z. B. chemischen Verbindungen) sowie Sichtbarkeit und Anerkennung in der wissenschaftlichen Gemeinschaft; hinzu kommen Aspekte wie eine größere Effizienz hinsichtlich der Nutzung von Zeit und Arbeitskraft, die Erhöhung der Produktivität, das Sammeln von Erfahrungen sowie die Aus- und Weiterbildung von anderen Wissenschaftlern, die Protegierung von Personen, die Vermeidung von Wettbewerb, die Überwindung intellektueller Isolation, das Akquirieren zusätzlicher Daten oder Expertisen, die Suche nach Anregungen und der Wunsch nach räumlicher Nähe. Historische Untersuchungen von Beaver und Rosen zeigten außerdem, daß wissenschaftliche Zusammenarbeit in der Regel von wissenschaftlichen Eliten praktiziert wird oder von solchen Personen, die dazu werden wollen, was die Rolle der deutschen Gastinstitutionen im Preisträgerprogramm als Knotenpunkte hochwertiger internationaler Wissenschaftsbeziehungen unterstreicht (vgl. 4.3.1). In Hinblick auf die Auswirkungen wissenschaftlicher Kooperation bestätigten die Auswertungen von BEAVER und ROSEN (1979a; 1979b) Ergebnisse der Kommunikationsstudien, die besagen, daß wissenschaftliche Zusammenarbeit häufig die wissenschaftliche Produktivität eines Forschers, dessen Sichtbarkeit und seinen Zugang zu informellen Netzwerken erhöht.

Aufbauend auf diesen Ergebnissen entstanden seit den 1970er Jahren Studien zu den Mustern formaler internationaler Kooperation am Beispiel der Koautorenschaft wissenschaftlicher Artikel. Diese stützen sich in erster Linie auf Makrodaten des *Science Citation Index* (SCI) vom *Institute for Scientific Information* (ISI) und der *Science&Engineering Indicators* von der *US National Science Foundation* (NSF; vgl. dazu FRAME und CARPENTER 1979; SCHUBERT und BRAUN 1990; LUUKKONEN, PERSSON und SIVERTSEN 1992). Zu den wichtigsten Ergebnissen, die vor allem in den Kapiteln drei und fünf Berücksichtigung finden werden (vgl. z. B. 3.2.2), gehört die Erkenntnis, daß der Anteil an internationaler Multiautorenschaft zunimmt, je kleiner die nationale Wissenschaftsgemeinschaft und je stärker grundlagenorientiert die Forschungsrichtung ist, auch wenn die fachlichen Besonderheiten eine weitaus differenziertere Betrachtung erfordern (vgl. 3.2.1). Als weitere strukturelle Einflußfaktoren auf das Kooperationsverhalten von Wissenschaftlern verschiedener Staaten wurden die geographische Lage eines Staates, Aspekte der internationalen Forschungsorganisation (z. B. Großforschungseinrichtungen), institutionell, staatlich oder supranational finanzierte Förderprogramme für Mobilität und Kooperation in den Wissenschaften sowie linguistische, kulturelle, historische (z. B. koloniale) und politische Faktoren identifiziert, die insgesamt auf eine relativ starke räumliche Strukturierung wissenschaftlicher Praxis auf internationaler Ebene hinweisen, und zwar auch noch am Anfang des 21. Jahrhunderts (vgl. dazu 5.3).

Da es sich auch bei den Kooperationsstudien in erster Linie um Analysen von Makrodaten handelt, existiert ein großer Bedarf für Mikrostudien (LUUKKONEN, PERSSON und SIVERTSEN 1992, 124). Darin gilt es die Details wissenschaftlicher Arbeit zu erfassen, die schließlich auch für Makrostrukturen konstitutiv sind (vgl.

LATOUR 1992, 273). Der größtmögliche Erkenntnisgewinn scheint folglich aus einer Kombination quantitativer und qualitativer Daten zu bestehen, wie sie in der Untersuchung von GENUTH, CHOMPALOV und SHRUM (2000) zur Konstitution multiinstitutioneller Forschungsgruppen am Beispiel von 53 Großexperimenten in Physik und verwandten Fachgebieten zu finden ist. Mittels einer Clusteranalyse haben die Autoren fünf Entstehungstypen von Forschungsverbunden identifiziert, diese jeweils kurz charakterisiert und anschließend anhand von konkreten zeitgenössischen Beispielen elaboriert. Eine ähnliche Vorgehensweise liegt den empirischen Untersuchungen zu den Forschungsaufenthalten im Preisträgerprogramm zugrunde, wobei Typisierungen auf Grundlage quantitativer und qualitativer Daten vorgenommen werden (vgl. 1.4; 4.5).

1.4 Methodische Vorgehensweise und Datengrundlagen

Für die Anwendung der Akteursnetzwerkperspektive auf die empirische Untersuchung zirkulärer Moilität in den Wissenschaften ergeben sich zwei wichtige methodologische Desiderata. So gilt es im Rahmen empirischer Arbeit möglichst unvoreingenommen gegenüber apriorischen Kategorisierungen Netzwerkbildungsprozesse zu verfolgen und dabei in Hinblick auf Menschen und Dinge symmetrisch vorzugehen (vgl. LATOUR 1987; LATOUR 1999c; vgl. auch Kapitel 2.1):

> [ANT] is a method to describe the generative path of any narration. It does not say anything about the shape of entities and actions, but only what the recording device should be that would allow entities to be described in all their details (LATOUR 1996, 374).

Im Rahmen dieser Arbeit werden die Deutschlandaufenthalte US-amerikanischer Humboldt-Forschungspreisträgerinnen und -preisträger als individuelle Netzwerkbildungsprozesse operationalisiert. Es wird versucht, aus der Perspektive der US-Wissenschaftler möglichst viele für die Preisträgermobilität relevante Entitäten zu erfassen und diese nach ihrer Ausprägung, Bedeutung und gegenseitigen Beziehung zu analysieren. Indem die Akteursnetzwerkperspektive keine *a priori* Trennung von Wissenschaft und gesellschaftlichem Kontext vornimmt, sondern von heterogenen Netzwerkbildungsprozesses ausgeht, lösen sich angenommene Grenzen zwischen Wissenschaft, Wirtschaft, Politik, Gesellschaft auf und wird es möglich, die Forschungsaufenthalte der US-Preisträger in Deutschland in einem gesamtgesellschaftlichen Rahmen zu analysieren (vgl. 2.2.5).

Eine symmetrische Betrachtung von Menschen und Dingen bedeutet, im Rahmen der empirischen Analyse möglichst wenig Annahmen über den Status und die Wirkungsweise sozialer, technischer und natürlicher Entitäten vorauszusetzen. Da solche Vorannahmen aber im umgangssprachlichen wie fachdisziplinären Vokabular immanent sind, ist – zumindest so lange Mißverständnisse entstehen können (LATOUR 1999c) – eine spezifische Beschreibungs- und Analysesprache notwendig, die zusammen mit der erkenntnis- und wissenschaftstheoretischen Position der Akteursnetzwerktheorie im zweiten Kapitel näher erläutert wird (vgl. z. B. CALLON und LATOUR 1992; AKRICH und LATOUR 1992; SCHULZ-SCHAEFFER 2000, 194 f.).

Wenige Vorannahmen und eine prinzipielle Offenheit gegenüber dem Gegenstand der Forschung legen zwei methodologische Vergleiche zwischen der Akteursnetzwerkperspektive und dem Forschungskonzept der gegenstandsnahen, in der Empirie verankerten Theoriebildung nach GLASER und STRAUSS (1967) nahe. Letztere besagt in ähnlicher Weise, daß eine Fragestellung oder Leitidee den Ausgangspunkt empirischer Forschung bilden sollte, der Forschende im weiteren Verlauf des Forschungsprozesses aber offen für Veränderungen der aus den Daten zu entwickelnden Kategorien, Hypothesen, Methoden und Interpretationen sein und sich gegebenenfalls vom Praxisfeld belehren lassen sollte (WIEDEMANN 1995, 443). Ziel eines derartigen Vorgehens ist die Generierung gegenstandsorientierter Thesen, welche fortlaufend am empirischen Material kontrolliert werden, woraus sich eine explizite Ablehnung der vom quantitativen Forschungsparadigma vorgeschriebenen Überprüfung von Hypothesen ergibt (LAMNEK 1995a, 111-114; WIEDEMANN 1995, 440). Das Konzept zur Entwicklung sogenannter datenbasierter Theorien *(grounded theories)* läßt sich im einzelnen in vier miteinander verzahnte Schritte gliedern, die mit der methodischen Vorgehensweise dieser Arbeit vergleichbar sind: Ausgehend von dem zu analysierenden empirischen Material erfolgt eine kontinuierlich zu reflektierende Bildung von *Kategorien* aus dem verfügbaren Material heraus. Damit einher geht die Ableitung möglichst vieler *Hypothesen* über die Dimensionen und Beziehungen der sich zunehmend stabilisierenden Kategorien, welche anschließend zu *gegenstandsnahen Theorien* integriert und verallgemeinert werden können. Durch vergleichende Analysen, stärkere Verallgemeinerungen und Abstraktionen mehrerer gegenstandsbezogener Theorien zu einem Themenbereich lassen sich dem Konzept der *grounded theories* zufolge schließlich umfassendere, aber weiterhin in der Empirie verankerte, sogenannte *formale Theorien* bilden (LAMNEK 1995a, 119-125). Um den Unterschied zwischen gegenstandsnahen Theorien und einer stärker abstrahierten, aber ebenfalls in der Empirie verankerten formalen Theorie hervorzuheben, soll in dieser Arbeit von der Ableitung gegenstandsnaher *Thesen* aus dem empirischen Material gesprochen werden.

Dieser erste Vergleich bezog sich auf die Akteursnetzwerktheorie als Methode zur Erforschung der Wissenschaften (LATOUR 1987; 1999c), welche mit der Methodologie der gegenstandsnahen Theoriebildung die Aspekte Fragestellung als Ausgangspunkt, Unvoreingenommenheit, Offenheit und Gegenstandsorientierung gemeinsam hat.[80] Entstehungsgeschichtlich betrachtet stellt die Akteursnetzwerktheorie jedoch eine eigene *grounded theory* dar, weil sie selber, wie Kapitel 1.3.2 zeigte, das Resultat zahlreicher empirischer Studien und einer bisher fast zwei Jahrzehnte andauernden Weiterentwicklung ist. Ausgehend von Wissenschaftsstudien wurde die Akteursnetzwerktheorie auf der Grundlage weiterer empirischer Studien sukzessive auf andere gesellschaftliche Bereiche ausgedehnt und durch zunehmende Abstraktion zu einem gesellschaftstheoretischen Entwurf ausgebaut, der seit den 1990er Jahren nicht nur wissenschaftstheoretische, sondern auch erkennt-

---

[80] Eine ähnliche Verbindung stellte Jonathan Murdoch her: „Actor-network theorists thus reject the view that social life is arranged into levels or tiers [...]; everything is kept at 'ground level' (in this sense they provide what Glaser and Strauss, 1967, once called a 'grounded theory')" (MURDOCH 1997b, 332).

1.4 Methodische Vorgehensweise und Datengrundlagen

nistheoretische Position bezieht (LATOUR 1999b; vgl. auch Kapitel 2). Die Akteursnetzwerktheorie im Sinne von LATOUR (1999b) kann somit als eine formale datenbasierte Theorie verstanden werden, die aufgrund ihrer vergleichsweise heterogenen aber integrierenden Entwicklungsgeschichte im Sinne der *grounded theory* eine besonders große Anwendbarkeit und Effektivität aufweist:

> In contrasting grounded theory with logico-deductive theory and discussing and assessing their relative merits in ability to fit and work (predict, explain, and be relevant), we have taken the position that *the adequacy of a theory for sociology today cannot be divorced from the process by which it is generated.* Thus one canon for judging the usefulness of a theory is how it was generated – and *we suggest that it is likely to be a better theory to the degree that it has been inductively developed from social research* (GLASER und STRAUSS 1967, 5).

Aufbauend auf der erkenntnistheoretischen[81] und wissenschaftstheoretischen[82] Position der Akteursnetzwerkperspektive werden in dieser Arbeit den Forschungszielen gemäß verschiedene gegenstandsbezogene Thesen aus dem empirischen Material abgeleitet werden (z. B. in Hinblick auf die Enstehung, Gestaltung und Auswirkungen der Deutschlandaufenthalte). Darüber hinaus erlaubt die akteursnetzwerktheoretische Offenheit, neue Gruppierungen und Generalisierungen der empirisch erfaßten Entitäten vorzunehmen und das Ergebnis auf der extrem hohen Abstraktionsebene des (formalen) akteursnetzwerktheoretischen Grundkonzepts von Menschen und Dingen mit diesem zu vergleichen. Wie einleitend angekündigt, wurde dieser zweite Schritt, in gewissem Maße dem Vollzug der transzendentalen Reduktion in der Phänomenologie Husserls verwandt (LAMNEK 1995a, 64-65), durch Unstimmigkeiten bei der Anwendung des akteursnetzwerktheoretischen Basiskonzepts auf die Interpretation der empirischen Befunde angeregt. Der daraus entstandene Vorschlag zur Modifizierung des akteursnetzwerktheoretischen Konzepts (vgl. 2.4) und dessen Anwendung im Rahmen der Interpretation der empirischen Resultate (vgl. 3 bis 5), lassen das Verhältnis von Theorie und Empirie im Sinne eines hermeneutischen Zirkels charakterisieren: Das anfänglich durch Literaturstudien und Gespräche vergrößerte Vorverständnis erfuhr im Laufe der Auseinandersetzung mit der wahrgenommenen Realität wiederholt Korrekturen und Erweiterungen, die wiederum ein tieferes Verständnis der empirisch erfaßten Realität ermöglichten (vgl. GADAMER 1999, 270 ff.; LAMNEK 1995a, 74-78). Wichtig ist in diesem Zusammenhang, daß die Akteursnetzwerktheorie erst nach der ersten Phase der Datenerhebung im Zuge von weiteren Literaturstudien Eingang in den Forschungsprozeß fand (vgl. auch 1.4.1).

In Hinblick auf das methodische Instrumentarium zur Erfassung von Netzwerkbildungsprozessen ist die Akteursnetzwerktheorie an keine spezifischen qualitativen oder quantitativen Datenerhebungsinstrumente und Auswertungsmethoden gebunden. Mit der Untersuchung wissenschaftlicher *Praxis* (anstatt Rückschlüsse

---

[81] Diese besagt, daß menschliche Erkenntnis durch die in verschiedenen Praktiken erfolgende Generierung von Transformationsketten aus heterogenen Entitäten möglich ist (vgl. 2.1).

[82] Aus der Akteursnetzwerkperspektive entsteht wissenschaftliche Erkenntnis durch systematische Netzwerkbildungsprozesse, welche durch die Prozesse der Mobilisierung, Stabilisierung und Erhärtung gekennzeichnet sind (vgl. 2.2).

auf wissenschaftliches Arbeiten aus der Betrachtung wissenschaftlicher Produkte zu ziehen) und der Analyse späterer *Transformationen* neuer wissenschaftlicher Behauptungen (anstatt deren Objektivität oder Subjektivität aus scheinbar inhärenten Qualitäten herzuleiten; vgl. LATOUR 1987, 258) erhalten zwar anthropologische Methoden wie Feldforschung und teilnehmende Beobachtung besondere Bedeutung (z. B. LATOUR und WOOLGAR 1979; LAW 1994; HARADA 2000; DE LAET 2000), jedoch umfaßt das meist multimethodische Repertoire akteursnetzwerktheoretischer Studien in gleichem Maße Analysen von Dokumenten, Archivmaterialien, Biographien, Erlebnisberichten, Zeitungsartikeln und Sekundärliteratur (z. B. LATOUR 1987; LATOUR 1988; STAR und GRIESEMER 1989), qualitative Interviews (z. B. CALLON 1986; HARADA 2000; LAW 2000) und verschiedene soziometrische Techniken (z. B. CALLON, LAW und RIP 1986; LATOUR, MAUGIN et al. 1992; SMITH et al. 2000; TEIL und LATOUR 1995).[83]

Für diese Arbeit kam wegen des Interesses an langfristigen Auswirkungen zirkulärer akademischer Mobilität teilnehmende Beobachtung als Methode nicht in Frage, sondern es mußte auf verschiedene rekonstruktive Datenerhebungs- und Forschungsmethoden zurückgegriffen werden. Dabei wurde versucht, möglichst viele Datenquellen zu erschließen und diese je nach Erkenntnisziel und Art der Daten mit geeigneten qualitativen und quantitativen Methoden der empirischen Sozialforschung auszuwerten. Im wesentlichen konnten drei verschiedene Datenquellen zur Preisträgermobilität herangezogen werden:

- eine schriftliche Vollerhebung zu den US-Preisträgern der Jahre 1972 bis 1996;
- personen- und aufenthaltsbezogene anonymisierte Individualdaten aus der AvH-Datenbank zu allen Nominierenden, Nominierten und Preisträgern im Betrachtungszeitraum des US-Preisträgerprogramms;
- leitfadenorientierte verstehende Interviews mit ausgewählten US-Preisträgern und deutschen Post-Docs in den USA.

Als weitere Datenquellen dienten selbst erhobene Förderdaten der großen deutschen Wissenschafts- und Mittlerorganisationen (AvH, DAAD, DFG, FulKom), Auszüge der Erhebung von DAAD und HIS zu deutschlandbezogenen Förderdaten aus dem Jahr 1999[84] (vgl. 1.3.4), *Curricula vitae* ausgewählter US-Preisträger, eine Gruppendiskussion und regelmäßige informelle Gespräche mit Mitarbeitern der

---

[83] Auch bei der Erforschung sozialer Netzwerke, dem Konzept der Kulturanthropologie, das sich ausschließlich auf soziale Relationen zwischen *Personen* bezieht, entstammen die bei der Datenerhebung und Datenauswertung angewandten Verfahren dem Standardrepertoire quantitativer und qualitativer empirischer Sozialforschung (KARDOFF 1995, 404; SCHNELL, HILL und ESSER 1999, 241). Diese Flexibilität der Methoden scheint in besonderem Maße die Erfassung, Veranschaulichung und Interpretation komplexer gesellschaftlicher Phänomene zu ermöglichen und damit zur zunehmenden Popularität von Netzwerkansätzen seit den 1980er Jahren beizutragen. Einen Überblick über verschiedene Ansätze sozialwissenschaftlicher Netzwerkforschung, einschließlich der Akteursnetzwerktheorie (SCHULZ-SCHAEFFER 2000), geben die Beiträge in WEYER (2000).

[84] Diese Daten wurden freundlicherweise von HIS aus einem unveröffentlichten Bericht für den DAAD bereitgestellt. Als Teil einer umfassenderen Studie wurde dieser Bericht im März 2001 unter dem Titel „Wissenschaft weltoffen: Internationalität von Studium und Forschung in Deutschland" veröffentlicht (vgl. DAAD 2001).

1.4 Methodische Vorgehensweise und Datengrundlagen

Humboldt-Stiftung und verschiedene veröffentlichte Statistiken wie zum Beispiel von der *National Science Foundation* (NSF) und der *Europäischen Kommission*.

Der zugrundegelegte multimethodische Ansatz ermöglicht es, die empirischen Resultate in einen größeren zeitlichen und räumlichen Zusammenhang einzuordnen und gleichzeitig breite und tiefergehende Erkenntnisse zu erhalten. Das multimethodische Vorgehen bezieht sich dabei auf Daten- und Methodentriangulation – verstanden als Kombination verschiedener Datenquellen und mit unterschiedlichen Methoden gewonnener Ergebnisse (ERZBERGER 1995; FLICK 1995; LAMNEK 1995a; vgl. auch jüngere Konzepte in der angloamerikanischen Bevölkerungsgeographie von FINDLAY und LI 1999; GRAHAM 1999; MCKENDRICK 1999 sowie 1.3.4). Es zeichnet sich durch den Versuch einer „Maximierung der Auswertungsmöglichkeiten" und „Verbreiterung des Forschungsblickes" zum Zwecke einer ganzheitlichen Erfassung des Phänomens akademischer Mobilität aus (ERZBERGER 1995, 55; für eine kritische Diskussion der Triangulation siehe LAMNEK 1995a, 251-257). Die Überwindung einer Dichotomisierung qualitativer und quantitativer Erhebungs- und Auswertungsmethoden (vgl. z. B. die Schemata in LAMNEK 1995a; 1995b) erfolgt vor dem Hintergrund, daß quantitative und qualitative Methoden als komplementär angesehen werden (ERZBERGER 1995, 39; FLICK 1995, 433; LAMNEK 1995a, 252). Zudem wird die Ansicht vertreten, daß die forschungsleitenden Fragestellungen und erschließbaren Datenquellen die zu verwendenden Untersuchungsmethoden in großem Maße vorgeben (vgl. KARDOFF 1995, 4; ROBINSON 1998, 409).

Im Sinne der Akteursnetzwerkperspektive wird in der vorliegenden Arbeit eine *hypothesengenerierende Forschungsstrategie* verfolgt.[85] Diese ermöglicht eine empiriebasierte Einordnung der multimethodisch gewonnenen Resultate in einen übergeordneten Zusammenhang und gestattet zudem die Überprüfung und Modifikation der zugrundegelegten methodisch-theoretischen Überlegungen (vgl. ERZBERGER 1995, 40; LAMNEK 1995a, 254). Eine eventuelle Erhöhung der Validität der Ergebnisse durch das multimethodische Vorgehen ist von nachgeordneter Bedeutung, da qualitativ und quantitativ gewonnene und ausgewertete Daten im Sinne der Komplementarität eher verschiedene Facetten eines Phänomens beleuchten (vgl. LAMNEK 1995a, 250 ff.). Allerdings wurde versucht, entsprechend des

---

[85] An dieser Stelle muß ein deutlicher Unterschied zwischen den erkenntnis- und wissenschaftstheoretischen Vorgaben des qualitativen und quantitativen Forschungsparadigmas und einer angemessenen und methodisch sauberen Anwendung qualitativer und quantitativer Erhebungs- und Auswertungsmethoden gemacht werden. Während beispielsweise das Wirklichkeitsverständnis der Akteursnetzwerktheorie (vgl. 2.1) den Vorstellungen beider Paradigmen widerspricht (objektiv und autonom existierende Realität versus gesellschaftlich konstruierte Wirklichkeit; vgl. LAMNEK 1995a, 259), ordnen sich, wie dargelegt, wesentliche methodologische Charakteristika in das qualitative Forschungsparadigma ein. Der angemessenen Anwendung qualitativer und quantitativer Methoden steht dies keineswegs im Wege. Einen typischen Rahmen qualitativer Forschung bildet beispielsweise der Ansatz der *grounded theory* (vgl. FLICK 1995, 150), der nach seinen Protagonisten Barney Glaser und Anselm Strauss jedoch auch quantitative Methoden einbeziehen kann: „[T]here is no fundamental clash between the purposes and capacities of qualitative and quantitative methods or data. What clash there is concerns the primacy of emphasis on verification or generation of theory – to which heated discussions on qualitative versus quantative data have been linked historically. [...] Although the emphases on qualitative data is strong in our book, most chapters also can be used by those who wish to generate theory with quantitative data, since the process of generating theory is independent of the kind of data used" (GLASER und STRAUSS 1967, 17 ff.).

zitierten hermeneutischen Zirkels, die Validität der Ergebnisse durch kontinuierliches Abstimmen von Vorverständnis und Empirie und eine möglichst große Offenheit gegenüber neuen Erfahrungen zu stärken.[86]

Ziel des empirischen Teils ist eine Verknüpfung quantitativer und qualitativer Ergebnisse, um die erkenntnisbezogenen Vor- und Nachteile statistischer Individualdaten, einer postalischen schriftlichen Befragung und leitfadenorientierter verstehender Interviews wechselseitig ergänzen und somit die Forschungsfragen angemessen eruieren zu können. Die quantitativen Auswertungen ermöglichen Einsichten in die Programmentwicklung und geben Auskunft über Verteilungen, Häufigkeiten und häufige Zusammenhänge zwischen einzelnen Aspekten der Netzwerkbildungsprozesse (z. B. zwischen Alter, Geschlecht, Fachgebieten, Institutionstypen und Aufenthaltsdauer sowie Entstehung, Gestaltung und Auswirkungen der Aufenthalte bzw. Bewertungen der US-Preisträger). Auf diese Weise konnten generalisierte Verlaufstypen identifiziert und mit den aus den qualitativen Daten gewonnenen Verlaufstypen verglichen werden (vgl. 1.4.2). Des weiteren ermöglichen die quantitativ strukturierten Daten Aussagen zu raumzeitlichen Mobilitätsmustern im Rahmen des Preisträgerprogramms, zu weltweiten Kooperationsnetzen der US-Preisträger und zur Charakterisierung der deutschen Forschungslandschaft in Form von Institutionenranglisten. Über eine offene Frage in der standardisierten Befragung konnte zudem ein Überblick über breite Meinungen zum Preisträgerprogramm gewonnen werden (vgl. Fußnote 253).

Den Erkenntnischancen der schriftlichen Befragung stehen die notwendige Vorstrukturierung und Vereinfachung der Antwortkategorien nachteilig gegenüber. Da standardisierte Fragen nicht auf fachspezifische oder institutionelle Besonderheiten geschweige denn individuelle Variationen der Relevanzsysteme eingehen können, bergen sie die Gefahr einer Behandlung nebensächlicher und Auslassung wichtiger Aspekte. Diese Mängel der schriftlichen Befragung sind aber gerade die Stärken der geführten qualitativen Interviews, in denen die Relevanzsysteme der Befragten und kontextuelle Aspekte zur Sprache gekommen sind. Die leitfadenorientierten Interviews erlaubten eine breite Rekonstruktion individuellen Netzwerkbildens und ermöglichten so eine ganzheitliche Betrachtung der Mobilitätsereignisse. Neben der Rekonstruktion spezifischer Hintergründe, Verläufe und Auswirkungen der Deutschlandaufenthalte konnten persönliche Erfahrungen mit Deutschlands Wissenschaft und Gesellschaft erfaßt werden. Die Tiefe der Einsichten war der Erhebungsmethode entsprechend auf vergleichsweise wenige und somit räumlich, zeitlich, fachlich und institutionell relativ spezifische Fälle konzentriert. Auch wenn die Durchführung von 61 Leitfadeninterviews innerhalb qualitativer Studien als große Fallzahl gilt (n zwischen 50 und 100; vgl. LAMNEK 1995a, 3), kommen gerade an dieser Stelle, bei der Frage nach der Validität qualitativ gewonnener Erkenntnisse, die Vorteile des multimethodischen Vorgehens zum Tragen (vgl. z. B. 4.2.1.6).

---

[86] KAUFMANN (1999, 40) weist in diesem Zusammenhang darauf hin, daß es im Rahmen qualitativer Forschung schwierig ist, „den Beweis für die Validität der Ergebnisse direkt zu erbringen, denn nicht der Validitätstest wird beurteilt, sondern die Zuverlässigkeit der Modelle, die aus der Beobachtung abgeleitet wurden" (vgl. auch abschließendes Zitat dieser Arbeit).

1.4 Methodische Vorgehensweise und Datengrundlagen 75

Als gemeinsames Problem qualitativer Interviews und schriftlicher Erhebungen, wurde die Gefahr publikumsgerecht aufbereiteter Selbstbeschreibungen der befragten Wissenschaftlerinnen und Wissenschaftler bei den Auswertungen ebenso versucht zu berücksichtigen wie andere mögliche verzerrende Effekte (vgl. 1.4.1 und 1.4.2).[87] Ein großer Vorteil für die gesamte Forschungsstrategie bestand darin, daß die Verbindung der drei Datenquellen zum Preisträgerprogramm über anonymisierte Identifikationsnummern gewährleistet war und somit eine Abstimmung der Erhebungsstrategien, Vergleiche der Ergebnisse und kombinierte Auswertungen ermöglichte. Im folgenden werden die durchgeführten Erhebungen und verwendeten Auswertungsmethoden detailliert vorgestellt.

1.4.1 Schriftliche Befragung und AvH-Datenbank

In Zusammenarbeit mit der Humboldt-Stiftung wurde eine postalische Befragung aller US-amerikanischer Humboldt-Forschungspreisträger (US-Preisträger) der Jahre 1972 bis 1996 ausgearbeitet und im Jahr 1997 durchgeführt. Vorrangiges Ziel der als Vollerhebung konzipierten Befragung war eine statistische Analyse grundlegender Rahmenbedingungen, Beurteilungen und Langzeitwirkungen der Deutschlandaufenthalte in den ersten 25 Jahren des Programms.[88] Die Akteursnetzwerkperspektive lag der Erhebung explizit noch nicht zugrunde, wurde aber bei der Interpretation der Ergebnisse im Rahmen dieser Arbeit angewendet. Der versendete Fragebogen umfaßte folgende Themenkomplexe:

- Deutschlandkontakte vor der Auszeichnung;
- Gestaltung des Deutschlandaufenthalts;
- wissenschaftliche Resultate des Aufenthalts;
- Entwicklung persönlicher Kontakte und Nachfolgemobilität;
- Bewertungen des Aufenthalts durch die Preisträger und ggf. ihre Familien;
- Ranglisten deutscher Forschungsinstitutionen;
- weltweite wissenschaftliche Kooperationen;
- berufliche Laufbahn der Preisträger;
- Vorschläge zum Preisträgerprogramm.

Angaben zu soziodemographischen Merkmalen, Arbeitsgebieten und Arbeitsorten der US-Preisträger sowie zu den Rahmenbedingungen ihrer Preisträgeraufenthalte sind für den gesamten Zeitraum des Preisträgerprogramms in der Datenbank der Humboldt-Stiftung dokumentiert, so daß deren Abfrage im Fragebogen nicht not-

---

[87] GILBERT und MULKAY (1985) setzten sich in einer selbstkritischen Reflexion mit den Problemen der Befragung von Wissenschaftlerinnen und Wissenschaftlern auseinander. Demnach entstehe die Gefahr publikumsgerecht aufbereiteter Selbstbeschreibung bei der Befragung von Wissenschaftlern durch eine Distanz zum Forschungsalltag im Laboratorium, weshalb diese Methode auch in gewissem Maße hinter den empirischen Ansprüchen des Laborkonstruktivismus zurückbleibt (vgl. 1.3.2.6; HASSE 1996, 35). Bei der Rekonstruktion langfristiger Entwicklungen zeitgenössischer wissenschaftlicher Interaktion scheint es aber kaum Alternativen zur Befragung zu geben (vgl. 1.4.2).

[88] Die wichtigsten Ergebnisse der schriftlichen Befragung wurden der Humboldt-Stiftung in einem vertraulichen Forschungsbericht vorgelegt (JÖNS 1999).

wendig war.⁸⁹ Folgende Datenbankinformationen konnten für die Analysen zur Grundgesamtheit der US-Preisträger herangezogen werden: Geschlecht, Geburtsjahr, Geburtsland, Fachgebiet, Basisinstitution zu Beginn des Aufenthalts, Zeitpunkt und Dauer des Aufenthalts und ggf. der Aufenthaltsabschnitte, Gastinstitutionen, Familienstand, Kinderzahl und Anzahl der begleitenden Personen. Darüber hinaus standen Basisdaten zu allen Nominierungsentscheidungen zwischen 1972 und 1996 für die Auswertungen zur Verfügung.

Zur definierten Grundgesamtheit (GG) der US-Preisträger als Basis der empirischen Untersuchungen (Datenbankabfrage, schriftliche Vollerhebung, Interviews) gehören US-amerikanische Wissenschaftler der Natur- und Ingenieurwissenschaften, die den seit 1972 vergebenen *Forschungspreis für Naturwissenschaftler in den USA* (USS) erhalten haben, sowie US-amerikanische Wissenschaftler der Geistes-, Sozial-, Rechts- und Wirtschaftswissenschaften, die im Rahmen des seit 1980 laufenden Forschungspreisprogramms für Geisteswissenschaftler (GWI) ausgezeichnet worden sind. Dabei gelten nach dem Verständnis der Humboldt-Stiftung solche Wissenschaftler als *US-amerikanisch*, die zum Zeitpunkt ihrer Nominierung mindestens zehn Jahre in den USA gelebt und gearbeitet haben und dort ihren beruflichen sowie persönlichen Lebensmittelpunkt haben. Sie müssen nicht die US-amerikanische Staatsbürgerschaft besitzen.⁹⁰

In der zeitlichen Dimension wurden diejenigen US-Preisträger berücksichtigt, bei denen die Entscheidung über den Forschungspreis bis zum 31. Dezember 1996 getroffen wurde und deren erster Aufenthalt in Deutschland vor dem 1. März 1997 begann. Diese zeitliche Abgrenzung erfaßt genau die ersten 25 Jahre des Preisträgerprogramms, da die beiden ersten Preisträger ihren Aufenthalt in Deutschland am 1. März 1972 begonnen hatten.⁹¹ Preisträger, die 1996 oder bereits früher ausgezeichnet worden sind, deren erster Deutschlandaufenthalt bis zum 1. März 1997 aber noch ausstand, wurden nicht einbezogen, da für diese zum Zeitpunkt der Erfassung über die Hälfte der erhobenen Fragen nicht beantwortbar gewesen wäre. Obgleich auch Wissenschaftler, die sich zum Zeitpunkt der Erfassung zum ersten Mal als Humboldt-Preisträger in Deutschland aufgehalten haben, noch keine Aussagen über Auswirkungen des Aufenthalts machen konnten, wurden sie dennoch in die Befragung einbezogen, da ihre Angaben zur Zeit vor und während des Aufenthalts als wichtige Vergleichsbasis für zeitliche Entwicklungen dienen konnten.⁹²

---

⁸⁹ Die Verknüpfung zwischen den anonymisierten Individualdaten der AvH-Datenbank und den ebenfalls anonymisierten Fragebogendaten wurde über die interne Humboldt-Identifikationsziffer (Humboldt-ID) sichergestellt, die auf den Fragebögen vermerkt war.

⁹⁰ Analog wird mit der Zuordnung der Preisträger anderer Nationen zur jeweiligen *Humboldt-Nation* verfahren. Wenn nicht näher erläutert, beziehen sich die Ausdrücke *Preisträger aus den USA* bzw. *US-Preisträger* auf die Humboldt-Nation der Wissenschaftler.

⁹¹ Da die erste Gruppe von Preisträgern der AvH-Datenbank zufolge am 3. März 1972 ausgewählt wurde, wird der Termin des Aufenthaltsbeginns für die ersten beiden Preisträger in Deutschland rückwirkend auf den 1. März 1972 gesetzt worden sein.

⁹² Der Anteil dieser Preisträger ist jedoch relativ gering; von 28 Preisträgern (1,8%), die ihren *ersten* Aufenthalt in Deutschland nach dem 31. Dezember 1996 beendet haben, antworteten 23 (82%). Insgesamt hatten 89 der angeschriebenen Preisträger (5,7%) ihren *letzten* Preisträgeraufenthalt in Deutschland bis zum 28. Februar 1997 noch nicht abgeschlossen, davon antworteten 71 Personen (80%).

1.4 Methodische Vorgehensweise und Datengrundlagen

Die Grundgesamtheit der Untersuchungen umfaßt somit 1.719 US-Preisträger, die bis Ende des Jahres 1996 im Rahmen der Programme USS und GWI ausgezeichnet wurden und ihren Deutschlandaufenthalt vor dem 1. März 1997 begonnen haben. Im Rahmen der schriftlichen Befragung wurden davon 1.566 Personen angeschrieben (91% der GG). Diese waren in der Datenbank der Humboldt-Stiftung als lebend und mit vollständiger Adresse verzeichnet (bereinigte Grundgesamtheit).[93]

Die Rücklaufquote der Vollerhebung erreichte nach dem ersten Versand 49% und erhöhte sich nach einer Nachfassung auf 65%.[94] Im Vergleich zu anderen Untersuchungen ist dieser Wert relativ hoch, da die Rücklaufquote schriftlicher Befragungen nach FRIEDRICHS (1990, 237) fast immer zwischen 10% und 70% liegt. Dies gilt insbesondere, wenn man bedenkt, daß die Preisträgeraufenthalte bis zu 25 Jahre zurückliegen und die befragten international renommierten US-Wissenschaftler aufgrund vielfältiger Aufgaben und Verpflichtungen zeitlich enorm in Anspruch genommen werden. Letzteres fällt angesichts der Länge des Fragebogens, der mit 25 Fragen verschiedene Interessen abzudecken suchte, besonders ins Gewicht. Einzelne Antwortbriefe und die Rücklaufquoten nach der Altersstruktur lassen zudem darauf schließen, daß manche Preisträger hohen Alters aus gesundheitlichen Gründen den Fragebogen nicht haben ausfüllen können, während andere Preisträger aufgrund von Auslandsaufenthalten nicht rechtzeitig bis zum vorgegebenen Rücksendetermin erreichbar gewesen zu sein scheinen.[95] Der Vermerk von Humboldt-ID und Adresse der US-Preisträger auf der ersten Seite des Fragebogens könnte trotz der im Begleitschreiben der Humboldt-Stiftung zugesicherten Anonymität der Auswertungen weitere Preisträger von einer Beantwortung abgehalten haben, genauso wie der Verzicht auf einen frankierten Rückumschlag. Zu der insgesamt hohen Response werden daher vermutlich um so mehr überwiegend gute persönliche Erfahrungen in Deutschland beigetragen haben (vgl. 4.3.3). Dies betrifft vor allem den häufig als sehr positiv hervorgehobenen Umgang mit der Humboldt-Stiftung, in deren Namen der Fragebogen versendet wurde. Die Ausfälle der schriftlichen Befragung gliedern sich, soweit nachvollziehbar, in 19 nichtbefragbare und 527 nicht-kooperative US-Preisträger (34% der Angeschriebenen).

Die Teilgesamtheit, die den Fragebogenauswertungen zugrunde liegt, umfaßt 1.020 US-Preisträger. Diese repräsentieren 59% der Grundgesamtheit (GG). Besonders positiv hervorzuheben ist, daß für jedes Jahr des Untersuchungszeitraumes die Antworten von über der Hälfte der Preisträger, die in dem betreffenden Jahr ihren ersten Aufenthalt in Deutschland begonnen haben, ausgewertet werden konnten. Obgleich es sich insgesamt um eine statistisch repräsentative Stichprobe handelt, können sich gegenüber der Grundgesamtheit Verzerrungen ergeben, die

---

[93] Stichtag der Adressenabfrage war der 25. März 1997. Von den nicht angeschriebenen Preisträgern waren zu diesem Zeitpunkt 120 verstorben (7,0%); für 33 Preisträger (1,9%) war keine aktuelle Adresse verfügbar oder die Preisträger hatten darum gebeten, nicht mehr angeschrieben zu werden.

[94] Die Rücklaufquote der Nachfassung betrug 31,9%.

[95] Der Anteil derjenigen, die verstorben oder verzogen sind, ohne daß es in der Humboldt-Stiftung verzeichnet wurde, ist vermutlich sehr gering (nach Auskunft der Humboldt-Stiftung liegt dieser Anteil schätzungsweise unter 2%).

eine statistische Repräsentativität der Aussagen einschränken würden, da aus den ersten zehn Jahren des Programms altersbedingt unterdurchschnittlich viele Preisträger angeschrieben wurden und die Möglichkeit besteht, daß vor allem diejenigen nicht geantwortet haben, die mit dem Aufenthalt weniger zufrieden oder unzufrieden waren (die Antworten der nachgefaßten Fragebögen fallen oft ein bis zwei Prozentpunkte weniger positiv aus).[96] Allerdings hat es sich zumindest bei den Interviewten, die nicht an der schriftlichen Befragung teilgenommen haben, nicht bestätigt, daß der Aufenthalt deutlich weniger positiv als von den anderen Interviewpartnern beurteilt wurde – in diesen Fällen spielten eher zeitliche Restriktionen und Skepsis gegenüber schriftlichen Erhebungen eine Rolle. Zudem kann davon ausgegangen werden, daß mögliche systematische Unterschiede im Ausmaß der Zufriedenheit angesichts einer über fünfzigprozentigen Ausschöpfung der Grundgesamtheit und möglicher altersbedingter Ausfälle nicht wesentlich ins Gewicht fallen würden. Bei der Untersuchung systematischer Zusammenhänge wurden jedoch der Prozeß der Programmetablierung sowie Veränderungen im deutschen Wissenschaftssystem und in der generellen Wissenschaftsentwicklung in der Weise berücksichtigt, daß die Daten zu Preisträgern der ersten zehn Jahre nicht bzw. nur zu Vergleichszwecken in die entsprechenden Analysen einbezogen wurden.

Tab. 1: Grundgesamtheit und Rücklauf der schriftlichen Vollerhebung

	Grundgesamtheit (GG)	Erster Versand			Nachfassung[97]			Teilgesamtheit (TG)
		angeschrieben (ANG)	nicht angeschrieben	geantwortet	nicht geantwortet	nachgefaßt	geantwortet	nicht geantwortet	
Anzahl	1.719	1.566	153	767	799	792	253	539	1.020
GG %	100,0	91,1	8,9	44,6	46,5	46,1	14,7	31,4	59,3
ANG %	n.a.	100,0	n.a.	49,0	51,0	50,6	16,2	34,4	65,1

Quelle: Eigene Erhebung.

Entsprechend des verfolgten hypothesengenerierenden Ansatzes wurden die quantitativen Daten auf der Grundlage von Kreuztabellen, Korrelations- und Regressionsanalysen sowie explorativen Signifikanztests mit einer starken Orientierung an der Datenbasis ausgewertet (vgl. GLASER und STRAUSS 1967, 200 ff.; BORTZ und DÖRING 1995, 348 ff.). Neben statistischen Signifikanzen konnten somit im Zuge der datenbasisorientierten Auswertung auf Grundlage situationsbezogener Leitlinien (z. B. Unterscheidung systematischer Prozentdifferenzen) auch theoretisch interessante Beziehungen unterhalb der Schwelle statistisch signifikanter Größenordnungen für die Gewinnung neuer Erkenntnisse herangezogen werden (vgl. dazu

---

[96] Nach FRIEDRICHS (1990, 242) sind diejenigen, die zuletzt antworten, den Nichtbeantwortern in der Regel ähnlicher als den Erstbeantwortern, so daß die Angaben und Bewertungen des nicht erfaßten Drittels vermutlich im Durchschnitt in ähnlicher Weise von den Antworten der nachgefaßten Preisträger abweichen würden wie diese von denen der Erstbeantworter.

[97] Die Nachfassung bezog sich auf die Preisträger, die bis zum 28. August 1997 nicht geantwortet hatten, und schloß zwei Verweigerer sowie fünf Nicht-Befragbare aus.

1.4 Methodische Vorgehensweise und Datengrundlagen

GLASER und STRAUSS 1967, 200 ff.). Umgekehrt diente exploratives Signifikanztesten dazu, die Bedeutsamkeit von Effekten statistisch zu untermauern.[98]

Die Analyse zeitlicher Entwicklungen der Preisträgeraufenthalte ist ein wichtiger Bestandteil der Auswertungen. Sie wird auf der Grundlage von Preisträgerprogrammjahren oder Fünf-Jahres-Zeiträumen vorgenommen, denen die Preisträger entsprechend der Abgrenzung der Grundgesamtheit nach dem Beginn des ersten Preisträgeraufenthalts in Deutschland zugeordnet wurden. Der Beginn des ersten Aufenthalts eignet sich für die zeitliche Einordnung der Preisträgeraufenthalte am besten, da dieses Datum ein Mindestmaß an Vergleichbarkeit gewährleistet. Erstens liegen die Auszeichnung mit dem Humboldt-Forschungspreis (Auswahldatum) und der Beginn des erstens Deutschlandaufenthalts individuell verschieden weit auseinander, zweitens kommen von den Preisträgern etwa 60% an einem Stück und 40% mehrfach nach Deutschland, drittens sind die Preisträgeraufenthalte unterschiedlich lang und viertens wird davon ausgegangen, daß der erste Preisträgeraufenthalt prägenden Einfluß besitzt.

Ein Preisträgerprogrammjahr umfaßt im folgenden Aufenthalte, die zwischen dem 1. März eines Jahres und dem 28. Februar des folgenden Jahres begonnen wurden. Diese Einteilung bot sich als Grundlage der Auswertungen an, weil die Grundgesamtheit 25 gleich lange Programmjahre umfaßt (1. März 1972 bis 28. Februar 1997). Der Einfachheit halber werden jedoch in Text und Abbildungen einfache Jahreszahlen verwendet (das Programmjahr 1996 läuft demnach vom 1. März 1996 bis zum 18. Februar 1997). Gleiches gilt für die Fünf-Jahres-Zeiträume, die im folgenden als *Preisträgergenerationen* bezeichnet werden. Dabei ist zu berücksichtigen, daß Preisträger der jüngsten Generation die Entwicklung der Nachkontakte aus einer maximal fünf Jahre langen bis nur wenige Monate kurzen Perspektive beurteilten und ihre Aufenthalte zum Teil auch noch nicht abgeschlossen waren, so daß sie in gewisser Weise eine Sonderstellung gegenüber den Preisträgern der ersten 20 Jahre einnehmen. Preisträger der ersten fünf Jahre haben wiederum eine Sonderrolle bei Fragen zur Zeit vor und während des Aufenthalts inne, da der zeitliche Abstand zu einigen der erfragten Details aus ihrer Perspektive besonders groß war.

Aus der schriftlichen Befragung sind auch zusätzliche Bemerkungen der Preisträger zu einzelnen Fragen in die Auswertungen eingeflossen. Gleiches gilt für die abschließende offene Frage zum Preisträgerprogramm, die viele für zusammenfassende Erläuterungen nutzten. Die Kommentare ermöglichten an vielen Stellen ein tiefergehendes Verständnis, machten auf interessante Details aufmerksam und vermittelten lebendige bzw. anschauliche Bilder, wie sie systematisch im Rahmen der persönlichen Interviews gewonnen wurden.

---

[98] Statistische Signifikanztests werden normalerweise für Repräsentationsschlüsse von einer Zufallsstichprobe auf eine hypothetisch unendliche Grundgesamtheit verwendet. Da die auszuwertenden Daten aber eine über fünfzigprozentige Ausschöpfung der Grundgesamtheit darstellen und somit einer Vollerhebung nahekommen, könnten die Daten auch als solche behandelt werden. Signifikanztests sind dann nicht erforderlich. Allerdings wird durch exploratives Signifikanztesten die Verallgemeinerung bestimmter Aussagen für Aufenthalte international renommierter Wissenschaftler in führenden Wissenschaftsnationen zusätzlich legitimiert.

1.4.2 Leitfadenorientierte verstehende Interviews

Aufbauend auf den Ergebnissen der schriftlichen Befragung wurden qualitative Interviews mit ausgewählten Preisträgern geführt, um die Hintergründe, Verläufe und Folgeentwicklungen ihrer Deutschlandaufenthalte als individuelle Netzwerkbildungsprozesse exemplarisch zu rekonstruieren und in Verbindung mit den Erfahrungen und Bewertungen der US-Wissenschaftler aus einer ganzheitlichen Perspektive zu untersuchen. Besonders wichtig war die Durchführung der offenen Interviews für das tiefere Verständnis der Aufenthalte, der Relevanzstrukturen und Erfahrungen von Preisträgern verschiedener Fachgebiete und Arbeitsrichtungen.

1.4.2.1 Konzeption und Durchführung

Die Bezeichnung *leitfadenorientierte verstehende Interviews* wurde in Anlehnung an KAUFMANNS (1999) Konzept des verstehenden Interviews gewählt, das er zwischen ethnologischen Leitfadeninterviews – allerdings werden Praktiken auf der Grundlage des gesprochenen Wortes analysiert – und soziologischen Leitfadeninterviews – jedoch mit weniger Handlungsanweisungen bezüglich Neutralität u. a. – situiert, was dem akteursnetzwerktheoretischen Konzept in besonderem Maße entgegen kommt.[99] Kennzeichen dieses Interviewtyps sind im wesentlichen folgende methodische Regeln (vgl. KAUFMANN 1999):

- enge Verbindung zwischen empirischer Arbeit und konkreter Theoriebildung als Ziel und Arbeitsinstrument;
- offene Interpretation von Interviewtechnik und –auswertung;
- Interviewleitfaden als Rückgrat der Interviews;
- Zusicherung der Anonymität zur Förderung der tiefsten Bekenntnisse;
- Schaffung einer Gesprächsatmosphäre ohne in ein Gespräch abzudriften;
- Empathie, Engagement, diskrete persönliche Präsenz des Forschenden, um wiederum das Sich-Einlassen des Befragten zu bewirken;
- Interpretation als entscheidendes Element der Inhaltsanalyse.

Die Auswahl der Gesprächspartner erfolgte auf Basis des *theoretical sampling*, daß heißt durch eine gezielte, an dem Gegenstandsbereich und den Erkenntniszielen orientierte Auswahl der Interviewpartner (FLICK 1995, 155). Grundgedanke war, mit einer forschungstechnisch sinnvollen und machbaren Wahl der Interviewstandorte eine möglichst große Heterogenität der Rahmenbedingungen in der Gruppe der Gesprächspartner beizubehalten (z. B. Zeitpunkt des Aufenthalts, Aufenthaltsdauer, Alter während des Aufenthalts, Fachgebiete), aber programmbezogene Entwicklungen während des 25jährigen Betrachtungszeitraumes auszuschließen (z. B. anfängliche Veränderung der Zielgruppe; vgl. 3.1.2). Folglich lag es nahe, zwei verschiedene Regionen auszuwählen, aus denen möglichst viele Preisträger zu einem Forschungsaufenthalt nach Deutschland gekommen sind und jeweils alle

---

[99] Im Gleichklang mit der Interviewtechnik sieht KAUFMANN (1999, 87) theoretische Strömungen, die einen klaren Schnitt zwischen Objektivem und Subjektivem oder Individuum und Gesellschaft ablehnen.

1.4 Methodische Vorgehensweise und Datengrundlagen 81

Preisträger der in Frage kommenden Institutionen anzuschreiben. Nach Arbeitsorten der US-Preisträger betrachtet, waren die meisten US-Preisträger in Berkeley (Kalifornien) und Cambridge (Massachusetts) tätig. Die Wahl der beiden großen konkurrierenden Forschungsregionen an der Ost- und der Westküste der USA als Interviewstandorte bot sich auch an, weil dort Erfahrungen und Kontaktnetze von Wissenschaftlern an Universitäten mit ähnlich hohem Ansehen und vergleichbaren Anforderungen und Ausstattungen verglichen werden konnten. Wegen einer großen Dichte an Forschungsinstitutionen war es zudem möglich, neben den Vertretern der drei renommierten Forschungsuniversitäten – *Massachusetts Institute of Technology* (MIT), *Harvard University*, *University of California at Berkeley* (UCB) – US-Preisträger anderer Universitäten und Forschungseinrichtungen einzubeziehen:

- Boston: *Boston University, Harvard Medical School, Northeastern University, University of Massachusetts;*
- Cambridge: *BBN System and Technology Inc., Harvard University, MIT;*
- Berkeley: *Lawrence Berkeley Laboratory, UCB, US Department of Agriculture;*
- San Francisco: *University of California at San Francisco [UCSF], University of San Francisco, San Francisco State University, Medical Veterans Administration Center;*
- San Jose: *IBM Almaden Research Center.*[100]

Die Gruppe der potentiellen Gesprächspartner setzte sich somit zusammen aus allen US-Preisträgern, die zwischen 1972 und 1996 ihren Forschungsaufenthalt in Deutschland begonnen hatten, zu diesem Zeitpunkt an einer der fünfzehn im Preisträgerprogramm vertretenen Institutionen der Regionen Boston/Cambridge und Berkeley/San Francisco/San Jose arbeiteten (186 Wissenschaftler) und dort im Jahr 1999 noch erreichbar waren (147 Wissenschaftler, 79%). Von 147 angeschriebenen Personen waren 81 Wissenschaftler (55%) in den vorgegebenen Zeiträumen (32 Tage Ostküste; 48 Tage Westküste) zu einem einstündigen Gespräch bereit.[101]

Während des insgesamt 80-tägigen USA-Aufenthalts im Herbst 1999 konnten 61 US-Preisträger persönlich interviewt werden (42% der Angeschriebenen).[102] Dies entspricht genau einem Drittel (33%) aller US-Preisträger der Jahre 1972 bis 1996 aus Boston/Cambridge (30%) und Berkeley/San Francisco/San Jose (35%) sowie 3,5% der Grundgesamtheit dieser Arbeit.[103] Vom MIT (34%) und der UCB (38%) wurden jeweils mehr als ein Drittel aller Preisträger interviewt, von der *Harvard University* etwas mehr als ein Viertel (27%). Unter den 61 Interviewpartnern befand

---

[100] In San Jose befand sich die nächst gelegene außeruniversitäre Forschungseinrichtung mit mehreren Preisträgern. Die räumlich benachbarte *Stanford University* (Palo Alto) wurde nicht einbezogen, da alle Preisträger einer Institution angeschrieben werden sollten und die Interviews in Stanford wegen der großen Zahl an US-Preisträgern (45; vgl. Tab. 4, S. 181) zeitlich nicht zu bewältigen gewesen wären.

[101] 92 Preisträger haben auf das Anschreiben reagiert (63%).

[102] Die übrigen zwanzig US-Preisträger, die sich für ein Gespräch bereit erklärt hatten, konnten aus zeitlichen Gründen nicht interviewt werden.

[103] Der Aufenthalt in der Region Boston/Cambridge (12. August bis 12. September 1999) umfaßte fast drei Wochen der vorlesungsfreien Zeit, in der viele Preisträger nicht erreichbar waren. Der Aufenthalt in Berkeley fiel vollständig in das laufende Semester (13. September bis 30. Oktober 1999).

sich keine Frau, da zwei Frauen vergeblich angeschrieben worden waren und mit der dritten Frau des Samples kein gemeinsamer Termin gefunden werden konnte. Das Antwortverhalten und die terminliche Konstellation führte auch dazu, daß alle Befragten aus den führenden wissenschaftlichen Einrichtungen der USA stammten; neben der *Harvard University* (2. Rang unter den Top 50 *National Universities* nach den *US News College Rankings 2000;* vgl. US NEWS & WORLD REPORT 1999), dem MIT (3. Rang), der UCB (20. Rang; 1. Rang unter den Top 50 *Public National Universities*) und dem LBL verteilten sich die drei übrigen Preisträger auf ein *Howard Hughes Institute* an der UCSF und die Forschungsabteilungen zweier großer Firmen und der Ost- und der Westküste der USA. Auf diese Weise erfaßten die Interviews die Kontaktnetze und Erfahrungen einer wissenschaftlichen Elite mit vielfältigen Funktionen in einflußreichen Gremien wie zum Beispiel der *National Academy of Science* der USA oder vergleichbaren Einrichtungen anderer Länder.

Tab. 2: Gesprächspartner nach Institutionen und Fachgebieten

	Boston/Cambridge								Berkeley/San Francisco/San Jose							
	23 Interviews: 37% von AN, 30% von N								38 Interviews: 45% von AN, 35% von N							
	Harvard*		MIT		Sonstige Univ.		Sonstige Inst.**		UCB		UCSF		Sonstige Univ.		Sonstige Inst.***	
	N	I	N	I	N	I	N	I	N	I	N	I	N	I	N	I
Physik, Astronomie	9	2	17	4	1				29	11					6	2
Chemie, Pharmazie	2		6	2					16	5			1		1	
Biowissenschaften	8	5	2				1		15	8	2	1	1		2	
Medizin	6	1	1	1					1		2					
Geowissenschaften	2		1	1	1				4	2						
Mathematik, Informatik	3		3	1	1				10	4						
Ingenieurwiss.	1		8	4			1	1	14	5						
Geisteswissenschaften	3	1			1				3				1			
Summe	34	9	38	13	5	0	1	1	92	35	4	1	3	0	9	2

N: Grundgesamtheit der US-Preisträger 1992-96; AN: Angeschriebene US-Preisträger 1992-96
I: Interviewte US-Preisträger
* *Harvard University, Harvard Medical School.*
** Ein Preisträger vom MIT arbeitete zum Zeitpunkt des Interviews in einer privaten Institution.
*** Acht der befragten Preisträger waren im *Lawrence Berkeley Laboratory* (LBL) und meist zugleich, jedoch in unterschiedlicher Intensität, an der UCB tätig. Bei der Aufstellung wurde der AvH-Statistik gefolgt und nur einer von diesen dem LBL als außeruniversitärer Forschungseinrichtung zugewiesen.

Quelle: AvH-Datenbank; eigene Auswertung.

Zum Zeitpunkt der Befragung waren die Preisträger im Durchschnitt 66 Jahre alt. Ein Preisträger hob sich mit 95 Jahren deutlich von den anderen ab, die alle 50 bis 80 Jahre alt waren. Der Beginn des ersten Preisträgeraufenthalts in Deutschland lag drei bis 27 Jahre zurück (Durchschnitt: 14 Jahre) und umfaßte somit die ersten 25 Jahre des Preisträgerprogramms. Von den Gesprächspartnern haben rund 15% (neun Preisträger) nicht an der schriftlichen Befragung teilgenommen, so daß die Interviews auch einen Einblick in Deutschlandaufenthalte der im Rahmen der schriftlichen Befragung nicht-kooperativ gewesenen Preisträger ermöglichten.

1.4 Methodische Vorgehensweise und Datengrundlagen

Die Interviews wurden bis auf sechs Ausnahmen am Arbeitsplatz der Befragten und somit in deren alltäglicher Arbeitsumgebung geführt.[104] Alle Befragten, auch die emeritierten Professoren, von denen nur zwei – aus terminlichen Gründen – bei sich zu Hause interviewt wurden, waren zum Zeitpunkt des Interviews wissenschaftlich aktiv, so daß eine Unterscheidung zwischen emeritierten bzw. pensionierten und offiziell aktiven Preisträgern an keiner Stelle der Auswertung sinnvoll erschien. Die Dauer der aufgezeichneten Interviews blieb im Durchschnitt im vereinbarten Rahmen von einer Stunde. Die Spannweite reichte allerdings von 35 Minuten bis zu zwei Stunden 27 Minuten.

Inhaltliche Grundlage der Interviews, von denen 55 in Englisch und sechs in Deutsch geführt wurden, war ein Interviewleitfaden mit drei thematischen Blöcken, zu denen jeweils mehrere Schlüssel- und Eventualfragen vorbereitet worden waren, die Erzählanreize zu den interessierenden Themenfeldern bieten sollten und jeweils angepaßt an die Gesprächssituation (z. B. Fachgebiet, Zeitpunkt des Aufenthalts, Antwortstil des Befragten) gestellt wurden. Einleitend erhielt jeder Gesprächspartner eine Übersicht zu den drei übergeordneten Themenkomplexen, die der gemeinsamen Orientierung diente und die Reihenfolge der Themenblöcke vorgab:

1) Kontakte und Zusammenarbeit mit Deutschland:
   - vor dem Aufenthalt,
   - während des Aufenthalts,
   - nach dem Aufenthalt;

2) Gedanken über das deutsche Hochschulsystem;

3) Sonstige wissenschaftliche Kooperationen und Kontakte im Laufe der wissenschaftlichen Laufbahn.

Den Schwerpunkt des Interviews bildete der erste Themenblock, der sich in chronologischer Reihenfolge mit der Rekonstruktion der Preisträgeraufenthalte von den ersten Deutschlandkontakten bis hin zu den Auswirkungen befaßte und daher streckenweise Züge eines narrativen Interviews im Sinne von 'Erzählungen eigenerlebter Geschichten' (Schütze) annahm. Zum Einstieg wurde der Interviewpartner an die Daten seines ersten Preisträgeraufenthalts erinnert, um von diesem Bezugspunkt aus seine Kontakte, Interaktionen und Erfahrungen aus der Zeit vor, während und nach dem Aufenthalt zu beleuchten. Entsprechend den Grundsätzen eines Leitfadeninterviews wurde dabei eine möglichst offene Gesprächsführung angestrebt, die sich je nach Mentalität des Gegenübers sowie der eigenen Routine und Verfassung mehr oder weniger gut verwirklichen ließ.[105] Das akteursnetzwerktheoretisch inspirierte Bestreben, möglichst viele heterogene Entitäten zu erfassen, die für den Aufenthalt verantwortlich waren und während oder in Zusammenhang

---

[104] Die anderen Interviews wurden bei zwei wissenschaftlich weiterhin aktiven Preisträgern zu Hause, am Wohnort der Interviewerin, bei einem Mittagessen im UCB *Faculty Club*, auf einer Bank auf dem UCB Campus und auf dem Campus der *Stanford University* geführt.

[105] Mit zunehmender Routine im Führen der Interviews auf Englisch wurde die Gesprächsführung etwas flexibler und offener. Ein systematischer Unterschied läßt sich jedoch, wenn überhaupt, nur zwischen den ersten zehn bis fünfzehn und den übrigen Interviews feststellen.

mit diesem produziert wurden, bewegte sich dabei grundsätzlich in dem Spannungsfeld, durch die Offenheit der Fragestellung eine gewisse Unsicherheit beim Befragten zu erzeugen oder durch die Erwähnung von Kategorien (wissenschaftlich, persönlich, familiär, kulturell) einzelne Aspekte des Netzwerkbildens zu betonen und somit einen gleichzeitig ein- und ausschließenden Fokus vorzugeben. Dies kommt in der folgenden Gesprächssituation prägnant zum Ausdruck:

> Q: [...] What I would like to know first is what contacts you had with Germany before coming to Germany as a Humboldt award winner in 1977?
> A: What do you mean by contacts?
> Q: It's a very general question.
> A: Do you mean academic contacts, or politically or?
> Q: Everything that seems to be important for you.
> A: Well I mean, the most important was strongly negative, namely that before I went I had great thoughts of never going there because of the Nazi history but there were two main reasons why I did go there, one, the scientific and, two, because of my wife's interest in opera and Wagner in particular [...]

Um der Gefahr einer Prädetermination zu entgehen, blieb auf die Nachfrage des Gesprächspartners nur der Verweis auf sein eigenes Relevanzsystem, was in der wiedergegebenen Situation die gewünschte Breite der Perspektive nach sich zog. Jedoch ist auch das Relevanzsystem des Befragten nicht problemlos interpretierbar, wie die bereits angesprochene Diskussion um die Eignung von Interviews für die Rekonstruktion wissenschaftlicher Praxis zeigt (vgl. Fußnote 87): Da sich das Relevanzsystem von Wissenschaftlern meist dem Prozeß der Inversion einer wissenschaftlichen Behauptung anpaßt, fällt die Argumentation bei der Darstellung wissenschaftlicher Praxis im nachhinein in der Regel anders aus als sich die Zusammenhänge bei einer realzeitlichen Verfolgung wissenschaftlicher Praxis präsentieren würden (vgl. dazu die Ausführungen zum Stabilisierungsprozeß einer Behauptung nach LATOUR und WOOLGAR (1979) in Abschnitt 1.3.2.6). Dieses Phänomen, das die teilnehmende Beobachtung durch realzeitliche Dokumentation gewissermaßen unterläuft, ist allerdings nicht nur in Zusammenhang mit Interviews, sondern auch bei der Interpretation schriftlicher Quellen zu berücksichtigen und somit als kein methodenspezifisches (Interview) sondern ein gegenstandsspezifisches Problem (Retrospektive) zu betrachten. Die Untersuchung möglicher *Langzeit*wirkungen zeitgenössischer akademischer Mobilität scheint jedenfalls kaum anders möglich als durch persönliches Befragen des zentralen, da mobilen Akteurs, obgleich in dieser Hinsicht ein großes Potential für die Suche nach neuen Methoden und deren Verfeinerungen besteht.

Aus den Erfahrungen der eigenen Interviews läßt sich in diesem Zusammenhang erstens festhalten, daß die authentischsten weil umfassendsten Rekonstruktionen heterogener Netzwerkbildungsprozesse möglich zu sein scheinen, wenn der Befragte in einem Redefluß von sich aus in möglichst viele Richtungen diffundiert und somit gewissermaßen von alleine konventionelle und sozialwissenschaftlich manifestierte gedankliche Grenzen zwischen verschiedenen lebensweltlichen Bereichen überschreitet (z. B. wissenschaftlich versus nicht-wissenschaftlich oder wissenschaftliche Inhalte versus wissenschaftliche Kontexte, vgl. Abb. 3, S. 25). Zweitens

1.4 Methodische Vorgehensweise und Datengrundlagen 85

können zusätzlich Materialien wie Lebensläufe, Publikationslisten, Herausgebergremien von Zeitschriften oder Listen der Kooperationspartner von Großforschungsprojekten herangezogen werden, um Art, Ausmaß und zeitlichen Rahmen der Interaktion mit im Interview genannten Kontaktpersonen unabhängig vom Gesagten zu analysieren (vgl. 4.4.1).

Der zweite Themenblock der Interviews war aufgrund seiner thematischen Enge relativ kurz und sehr offen. Die Ausführungen der Preisträger bewegten sich zwischen allgemeinen, fast stereotypen Urteilen und persönlichen Erfahrungen mit dem deutschen Wissenschaftssystem, was bei der inhaltlichen Interpretation berücksichtigt werden wird (vgl. 4.3.3).

Der dritte und abschließende Themenblock der Interviews war am stärksten strukturiert, um gezielte Fragen zu einem thematisch weitgefaßten Bereich in wenig verbleibender Zeit stellen zu können. Wichtiger Bestandteil war die Vervollständigung des bis dahin protokollierten weltweiten Kooperationsnetzwerkes der Befragten, um die Preisträgeraufenthalte in das individuelle Kooperationsverhalten einordnen und multinationale Zusammenhänge aufdecken zu können (vgl. 5.2).[106] Abschließend wurden jedem Gesprächspartner drei Karten übergeben: zur Herkunft der Preisträger nach US-Bundesstaaten, zu den Gastinstitutionen aller US-Preisträger und zu denen ihrer jeweiligen Fachkollegen. Daraus ergaben sich gelegentlich ergänzende Aussagen, die ebenfalls in die Auswertungen einbezogen wurden.

Der Einfluß der Interviewsituation wirkte sich individuell sehr verschieden auf die inhaltliche Entwicklung der Interviews aus. Die charakteristische Konstellation der Befragung etablierter männlicher Wissenschaftler durch eine junge, durchweg fachfremde (obgleich als Geographin natur- wie geisteswissenschaftlich ausgebildete) und als *sozial*wissenschaftlich interessiert ausgewiesene Frau bewog manche der Befragten dazu, die technischen Details außen vor zu lassen, während andere sehr offen über inhaltliche Details und zwischenmenschliche Umgangsformen im jeweiligen Fachgebiet Auskunft gaben.[107] Situationen der ersten Art implizierten, daß der Befragte entweder die interdisziplinäre Arbeitsteilung im Sinne der

---

[106] Nach den ersten acht Interviews wurde dazu übergegangen, die vom Befragten genannten Kontaktpersonen während des Interviews auf einem Blatt Papier zu dokumentieren. Im Zentrum wurde der Name des Befragten notiert, um von dort aus in der rechten oberen Ecke des Blattes die im Fokus stehenden Deutschlandkontakte zu vermerken, in der rechten unteren Ecke relevante europäische Interaktionen zu notieren, links oben Beziehungen in den USA und links unten Kontakte in übrigen Regionen der Welt aufzuschreiben. Auf diese Weise konnten Kontaktpersonen als menschliche Knotenpunkte der heterogenen Netzwerkbildungsprozesse veranschaulicht werden, auf die bei Bedarf Bezug genommen werden konnte. Diese interviewbegleitende Dokumentationsmethode wurde den Befragten zu Beginn jeweils kurz vorgestellt, das Resultat am Ende des Interviews gemeinsam geprüft.

Dieses Hilfsinstrument ist als Ausdruck der anpassungs- und entwicklungsfähigen Interviewtechnik des verstehenden Interviews zu werten: „die Werkzeugkiste ist immer offen, und methodische Innovationen sind stets gefragt" (KAUFMANN 1999, 57). Es erleichterte die Übersicht während des Interviews und schaffte einen wichtigen Ausgangspunkt für die Auswertung derselben, weil die veranschaulichten sozialen Netzwerke im Nachhinein anhand der Tondokumente gezielt durch die in Assoziation erwähnten nichtmenschlichen Entitäten ergänzt werden konnten.

[107] Einzelne Interviewerfahrungen ordnen sich in die Erkenntnisse feministischer Wissenschaftsstudien zu einer von maskulinen Diskursen dominierten Wissenschaftswelt ein (vgl. z. B. TRAWEEK 1988, HARDING 1990; HARAWAY 1997). Dabei wirkte sich die gleiche charakteristische Interviewsituation in einigen Interviews erkenntnisfördernd, in anderen erkenntnishemmend aus.

konventionellen Wissenschaftsforschung ernst nahm und somit fehlendes Interesse bei der Interviewerin postulierte (Sozialwissenschaften würden sich mit sozialen und organisatorischen Aspekten der Wissenschaften befassen; vgl. aber LATOUR und WOOLGAR 1979, 23-27) oder die Zeit für den Einstieg in inhaltliche Details angesichts fehlender Fachkenntnisse für nicht ausreichend erachtete.[108] In Situationen des zweiten Typs konnte der Eindruck entstehen, daß der Befragte sich entweder in der Rolle des Erzählenden besonders wohlfühlte oder er dem Anliegen der Interviewerin, einen möglichst detaillierten Einblick in den Lebens- und Arbeitsalltag während des Preisträgeraufenthalts zu erhalten, in besonderem Maße entgegen kommen wollte. Situationen des ersten Typs erschwerten das Ziel, heterogene Netzwerkbildungsprozesse zu verfolgen, ließen sich aber kaum verhindern, da bei wiederholtem Nachfragen der Erzählfluß Gefahr lief, stark reduziert zu werden, während in Situationen des zweiten Typs das Abdriften in anekdotisches Erzählen gelegentlich nicht zu vermeiden war. Beide Situationen waren in ihrer Extremform selten oder stellten sich nur passagenweise ein, sie zeigen aber das Spannungsfeld auf, in dem sich die Interviews bewegten.

In die Auswertungen gingen auch zwei einstündige Interviews mit deutschen Post-Docs ein, die von zwei Preisträgern, einem Biowissenschaftler in Harvard und einem Physiker in Berkeley, vermittelt worden waren. Inhaltlich stützten sich diese Interviews auf die Biographie der Post-Docs, auf verschiedene Aspekte forschungsbezogener Mobilität zwischen Deutschland und den USA und auf den Vergleich ihrer Erfahrungen aus verschiedenen Wissenschaftssystemen.

1.4.2.2 Auswertungsmethoden

Die Dokumentation der Leitfadeninterviews erfolgte durch vollständige Aufzeichnung mit einem digitalen Aufnahmegerät im Kleinformat.[109] Im Anschluß an den Forschungsaufenthalt in den USA wurden die Tondokumente mit Unterstützung einer *native speakerin* vollständig transkribiert und entsprechend der Erkenntnisziele mit zwei Methoden ausgewertet:

Die erste Auswertungsmethode zielte darauf ab, Aussagen der Wissenschaftler zum gleichen Thema miteinander zu vergleichen (Querschnittsanalyse). Ausgangspunkt waren grobe Auswertungskategorien, die sich aus dem Leitfaden und den

---

[108] Vgl. aber dazu Doreen Masseys Ausführungen zu den Möglichkeiten, komplizierte naturwissenschaftliche Inhalte transparent zu machen (FREYTAG und HOYLER, 1999, 90). Latour und Woolgar drückten das Verhältnis von fragendem Sozialwissenschaftler und befragtem Naturwissenschaftler in bezug auf teilnehmende Beobachtung wie folgt aus: „We take the apparent superiority of the members of our laboratory in technical matters to be insignificant, in the sense that we do *not* regard prior cognition (or in the case of an ex-participant, prior socialisation) as a necessary prerequisite for understanding scientists' work. This is similar to an anthropologist's refusal to bow before the knowledge of a primitive sorcerer. [...] Scientists in our laboratory constitute a tribe whose daily manipulation and production of objects is in danger of being misunderstood, if accorded the high status with which its outputs are sometimes greeted by the outside world. There are, as far as we know, no a priori reasons for supposing that scientists' practice is any more rational than that of outsiders" (LATOUR und WOOLGAR 1986, 29).

[109] Ein Gesprächspartner bat darum, das Interview nur schriftlich zu protokollieren; alle anderen Gesprächspartner hatten sich mit der Aufzeichnung des Gespräches einverstanden erklärt.

1.4 Methodische Vorgehensweise und Datengrundlagen

forschungsleitenden Fragestellungen ergaben. Im Rahmen einer manuellen Kodierung der Textpassagen wurden diese übergeordneten Themenfelder in weitere Unterkategorien aufgeschlüsselt und einzelne Kategorien neu arrangiert.[110] Anschließend wurde das Material im Textverarbeitungsprogramm Word dem stabilisierten Kategoriengefüge entsprechend geordnet und in Anlehnung an die strukturierende Inhaltsanalyse nach MAYRING (1995a; 1995b) ausgewertet. Im Sinne der inhaltlichen und der typisierenden Strukturierung (MAYRING 1995a, 83-85) wurden verschiedene Aussagen paraphrasiert und zusammengefaßt sowie extreme, fallkontrastive und theoretisch interessante Aussagen anhand charakteristischer Beispiele detailliert beschrieben. Die Interpretation der Ergebnisse erfolgte gemeinsam mit den im Rahmen der Kategorienbildung generierten Hypothesen und den kategoriespezifischen Resultaten der schriftlichen Befragung. Zur Unterstreichung typischer Aussagen und zur Illustration einer Bandbreite von Erfahrungen sind schließlich zahlreiche Gesprächsausschnitte aus den Interviews in den Text integriert worden. *Dabei war es gerade für die Verdeutlichung persönlicher Erlebnisse, den Vergleich verschiedener Fachkulturen und die Veranschaulichung der Heterogenität relevanter Entitäten notwendig, möglichst viele Gesprächsausschnitte originalgetreu wiederzugeben.* Diese ermöglichen den Leserinnen und Lesern, verschiedene Netzwerkbildungsprozesse im Detail nachzuvollziehen und einen lebendigen Eindruck des jeweiligen relationalen Gefüges zu erhalten, das die Entstehung eines Forschungsaufenthalts prägt oder in dessen Rahmen transformiert wurde.

Mit der zweiten Auswertungsmethode wurden individuelle Netzwerkbildungsprozesse unter Rückgriff auf das Konzept der heterogenen Assoziationsketten rekonstruiert (LATOUR 1987, 202-205.; LATOUR 1999a, 124 f.). Ausgangspunkt ist die Vorstellung, daß Wissenschaftler in ein Geflecht aus menschlichen und nichtmenschlichen Wesen eingebunden sind, darunter Geldgeber, Auftraggeber, Kollegen, Bücher, wissenschaftliche Ergebnisse, Methoden, Forschungsinstrumente und Forschungsobjekte (vgl. auch 2.2.5). Wer Wissenschaft betreibt, testet verschiedene Verbindungen aus, sucht Verbündete, um eine Idee durchzuführen, Behauptungen zu generieren oder Forschungsergebnisse zu verbreiten. Verbündete können andere Personen in Form von Fürsprechern sein, kann bestehende Literatur sein, können Forschungsobjekte sein. Gemeinsam helfen sie, die eigene Behauptung zu stabilisieren. Es gibt schwache und starke Verbündete, die zusammen Assoziationsketten bilden. Deren Stabilität wird durch die Konfrontation mit anderen Assoziationsketten auf die Probe gestellt, wobei letztendlich die *Kombination* von Entitäten, nicht einzelne Elemente, den Erfolg einer wissenschaftlichen Behauptung und somit auch den der involvierten Wissenschaftler als deren Erschaffer und zugleich am meisten legitimierte *Sprecher* bestimmt (vgl. 2.2). Das wichtige und neue dieser relationalen Argumentation ist, *daß die gesamte Assoziation der verbündeten Elemente die Ver-*

---

[110] Die manuelle Kodierung wurde gegenüber einer softwaregestützen Kodierung wegen einer größeren Textnähe bevorzugt, was den Umgang mit den verschiedensprachigen Interviews erleichterte. Zudem wird die Ansicht vertreten, daß sich computerbasierte Techniken der Inhaltsanalyse eher für kodifizierte Texte eignen wie Kleinanzeigen, Pressetexte, politische Diskurse und Werbung, aber nicht für offene Interviews (vgl. KAUFMANN 1999, 26).

antwortung für Geschehnisse teilt und die relevanten Entitäten keineswegs auf den engeren Bereich wissenschaftlicher Praxis beschränkt sind:

> [E]very single one of the entities aligned in Pasteur's laboratory, from the Emperor to the greyish substance, is allowed to make a difference. None of them is exactly causal. Each of them is allowed to make a difference. None of them is a mere intermediary. Each of them is a mediator (LATOUR 1999a, 124-125).

Das Protokollieren von Assoziationen heterogener, in Veränderung befindlicher sozialer, technischer und natürlicher Akteure erfolgt auf Grundlage der bereits erwähnten symmetrischen Beschreibungs- und Analysesprache mit dem Ziel, von den beobachteten Akteuren zu lernen und so gemeinsame Interpretationen zu produzieren (vgl. LATOUR 1996, 374 f.; MURDOCH 1997a, 751-752; LATOUR 1999c, 19 f.; SCHULZ-SCHAEFFER 2000, 197-199). Auf diese Weise ergeben sich aus der bloßen *Erfassung* von Akteursnetzwerken sogleich die wesentlichen *Erklärungszusammenhänge*:

> No explanation is stronger or more powerful than providing connections among unrelated elements or showing how one element holds many others. [...] [D]escribing or accounting for a network is what an explanation or an explication is and what has always been the case in the so-called hard sciences – or more exactly „progressively hardened sciences" (LATOUR 1996, 375-377).

Nach LATOUR (1987, 202) können zusammenfassend folgende Aspekte heterogener Assoziationen in den Wissenschaften untersucht werden:

- Welche Elemente sind in welcher Weise miteinander verbunden?
- Welche Größe und Stärke haben diese Verbindungen?
- Wie werden die beteiligten Elemente im Laufe der Zeit modifiziert?
- Wer sind die am meisten legitimierten Sprecher einer Assoziation?
- Wie werden im nachhinein Ursachen und Wirkungen zugeschrieben?

Auf den Forschungsgegenstand akademische Mobilität übertragen bedeutet dies, daß die Aufgabe darin besteht, zu untersuchen, welche Assoziation von menschlichen und nichtmenschlichen Entitäten für die Deutschlandaufenthalte der Preisträger verantwortlich zeichneten, welche Verbindungen die Preisträger während ihrer Aufenthalte knüpften, welche Entitäten durch die Anwesenheit der Preisträger in Netzwerkbildungsprozesse am Gastinstitut oder an anderen Institutionen integriert werden konnten, in welcher Weise die beteiligten Entitäten im Rahmen der Konfrontation der Assoziationsketten von Preisträgern und Gastgebenden verändert wurden, inwiefern neue Elemente produziert wurden und welche Stabilität einzelne Verbindungen und Assoziationen nach dem Aufenthalt hatten. Dazu wurden aus jedem Interview unter Berücksichtigung der aus den anderen Erhebungen verfügbaren Strukturdaten sowie der mitprotokollierten sozialen Netzwerke die von den Preisträgern in Zusammenhang mit dem Deutschlandaufenthalt erwähnten Entitäten und deren im Gespräch erwähnten Beziehungen herausgefiltert und in Form von Assoziationsketten für die Zeitabschnitte vorher, während und nachher ausgewertet (vgl. z. B. 4.2.2.1).

1.4 Methodische Vorgehensweise und Datengrundlagen

Der Vergleich zwischen den Assoziationsketten innerhalb der Zeitabschnitte ermöglichte die Darstellung einer großen Bandbreite von Einflußfaktoren und Ereignissen und stellte somit eine Unterstützung der ersten Auswertungsmethode dar. Die Betrachtung der Verläufe der individuellen Netzwerkbildungsprozesse (Längsschnittstudie) vermittelte dagegen einen Einblick in wichtige Zusammenhänge zwischen einzelnen Phasen der Preisträgeraufenthalte, erlaubte die Identifizierung besonders stabiler und weniger stabiler Assoziationen und bildete den Ausgangspunkt für die Gewinnung von Verlaufstypen. Wie bereits erwähnt, konnten letztere mit den aus den quantitativen Daten hervorgegangenen Typen verglichen und einer gemeinsamen Interpretation unterzogen werden (vgl. 4.5).

Die zweite Auswertungsmethode ähnelt in vieler Hinsicht einer Analyse sozialer Netzwerkbeziehungen wie sie in der Kulturanthropologie entwickelt wurde:

> In einer *relationalen* Betrachtungsweise wird das Netz als ein System von Transaktionen analysiert, in dem Ressourcen getauscht, Informationen übertragen, Einfluß und Autorität ausgeübt, Unterstützung mobilisiert, Koalitionen gebildet, Aktivitäten koordiniert, Vertrauen aufgebaut und durch Gemeinsamkeiten Sentiments gestiftet werden (Ziegler 1984, 435 zit. in KARDOFF 1995, 403).

So sind mit der akteursnetzwerktheoretischen Methode ebenso Interaktionskriterien, Interaktionsinhalte, die Rolle der Beteiligten sowie Gründe für die Entstehung, Aufrechterhaltung und Stabilisierung von Sozialbeziehungen ausgewertet worden. Der entscheidende Unterschied besteht jedoch darin, daß soziale Netzwerke allein als „Gewebe sozialer Verbindungen zwischen Personen" verstanden werden, „wobei die Personen die Kreuzungspunkte dieser Verbindungen bilden" (KARDOFF 1995, 402), während die Akteursnetzwerktheorie materielle bzw. soziomaterielle Entitäten gleichberechtigt berücksichtigt und argumentiert, daß man, ohne diese einzubeziehen, die heterogenen Netzwerke der menschlichen Gemeinschaft nicht verstehen könne (vgl. 2.1; LATOUR 1996, 369; vgl. auch die verschiedenen Konzepte zur sozialwissenschaftlichen Netzwerkforschung in WEYER 2000). In den Worten von SCHULZ-SCHAEFFER (2000, 208) ausgedrückt, liegt die wesentliche gesellschaftstheoretische Relevanz der Akteursnetzwerktheorie gerade in der „These der besonderen Bedeutung der *Mitwirkung der Dinge* an der Entstehung und Aufrechterhaltung gesellschaftlicher Zusammenhänge."

Die akteursnetzwerktheoretische Methode, so ein zentrales Argument dieser Arbeit, wird der Komplexität wissenschaftlicher Praxis, die sich durch Mobilität infolge der Konfrontation mit anderem noch erhöht, derzeit besser gerecht als andere Ansätze der Wissenschafts- und Gesellschaftsforschung. Dennoch sind auch mit dieser Methode verschiedene Probleme verbunden, von denen einige bereits in Zusammenhang mit der Erhebungssituation angesprochen wurden. Es darf auch der Hinweis nicht fehlen, daß es kaum möglich ist, alle relevanten Entitäten der untersuchten Netzwerkbildungsprozesse zu erfassen. In der spezifischen Erhebungssituation dieser Arbeit verlangte das qualitative Interview manchen Befragten die Rückerinnerung an den Verlauf der letzten 25 Jahre ab, in Hinblick auf ihren eigenen Karriereverlauf auch darüber hinaus, so daß die Erinnerung und der begrenzte Zeitrahmen des Interviews gewissermaßen als Filter funktionierten. Ein Filter, der darüber hinaus stark vom Relevanzsystem der Befragten geprägt wurde. Dennoch wird hier die Ansicht vertreten, daß die zugrundegelegte Methode unter den gegebenen Rahmenbedingungen einer rekonstruktiven Befragung aufgrund der bewußten Offenheit gegenüber der Komplexität der Zusammenhänge eine bessere Annäherung an das Verständnis von Ablauf und Zusammenwirken der beteiligten Entitäten ermöglicht als andere Methoden und Wissenschaftsverständnisse.

Ein weiteres Problem stellt der Vorwurf an die Akteursnetzwerktheorie dar, daß ihr chaostheoretisch inspiriertes Verständnis der Welt (eine Verwandtschaft zur Chaostheorie erwähnt LATOUR 1996, 370) letztendlich zu dem Schluß verleiten könnte, daß 'alles mit allem verknüpft sei' (vgl. auch SCHULZ-SCHAEFFER 2000, 208). Wie kann es aber möglich sein, die Wirkung einer Assoziation zu beurteilen, wenn diese immer nur einen Ausschnitt umfassenderer Assoziationen zeigt? Diesem Einwand soll abschließend mit zwei Hinweisen begegnet werden:

Erstens stellt sich die Frage, ob eine Assoziation von Elementen nicht grundsätzlich eine bessere Annäherung an Vergangenes ermöglicht als dies stärker prädeterminierte Auffassungen erlauben, die singuläre Faktoren und deren Beziehungen herausgreifen und damit eher bestehende Vorstellungen zementieren. Zweitens läßt sich eine Argumentation von Jonathan Murdoch anführen, die auf notwendige Komplexitätsreduktion im Sinne des Konzepts der Black boxes rekurriert:

> Sometimes the sheer complexity of the relations might be almost impossible to follow through all their twists and turns. In such instances it might be necessary somehow to reduce or simplify complexity into what I will call (after Wynne, 1992) 'first-order approximations'; that is, shorthand descriptions of the most significant relations and actions within the networks. [...] In conventional ANT terms this might be described as a process of "black boxing" [LATOUR 1987] whereby some of the processes that give rise to network effects are hidden from view, made to disappear 'behind' first-order approximations (MURDOCH 1997a, 744).

Demnach erscheinen (zeitweise) stabilisierte Netzwerke als autonome Ganzheiten (Black boxes), deren Entstehungsgeschichte und die darin versiegelten umfassenderen Verknüpfungen von sekundärer Bedeutung für die gegebene, zu erklärende Situation sind. Bei der Rekonstruktion von Assoziationen reicht folglich ein Verweis auf die gesamte Handlungs*einheit*. Auf diese Weise reduziert sich die Zahl der (primär) relevanten Entitäten erheblich und wird der Weg in die unendliche Vernetzung gekappt. Die Erinnerung der Preisträger kann diesem Verständnis zufolge als komplexitätsreduzierender Filter interpretiert werden, der tendenziell größere Handlungseinheiten produziert, je weiter der Aufenthalt zurück liegt und je geringer das Zeitbudget eines Interviews ist (wobei sich, wie oben erwähnt, Verzerrungen durch das jeweilige Relevanzsystem ergeben können).

Die von den Laborstudien geleistete Identifizierung des *blackboxing*[111] als Dreh- und Angelpunkt des Netzwerkbildens in den Natur- und Ingenieurwissenschaften führt somit zu einem Wissenschafts- und Gesellschaftsverständnis, das

---

[111] „An expression from the sociology of science that refers to the way scientific and technical work is made invisible by its own success. When a machine runs efficiently, when a matter of fact is settled, one need focus [sic] only on its inputs and outputs and not on its internal complexity. Thus, paradoxically, the more science and technology succeed, the more opaque and obscure they become" (LATOUR 1999b, 304).

auch den eigenen Forschungsprozeß transparent zu machen hilft und die darin generierten Aussagen als stabilisierte Behauptungen in Erscheinung treten läßt, auf denen als Black boxes aufgebaut werden kann. Erst bei Unstimmigkeiten in anderen Forschungskontexten sind auch diese Black boxes gegebenenfalls zu öffnen und neu zu stabilisieren (vgl. 2.4; 2.4.7.2).

1.5 Fazit zur Konzeption der Arbeit

Zusammenfassend besteht die Forschungsstrategie der vorliegenden Arbeit darin, auf Grundlage eines akteursnetzwerkbasierten Wissenschafts- und Gesellschaftsverständnisses möglichst viele Facetten der Deutschlandaufenthalte US-amerikanischer Humboldt-Forschungspreisträger im Zeitraum 1972 bis 1996 *multimethodisch* zu analysieren. Neben einer thematischen Querschnittsanalyse zu der Entstehung, der Gestaltung und den Auswirkungen der Aufenthalte sollen systematische Unterschiede eruiert und Verlaufstypen aus den qualitativen und quantitativen Erhebungen herauskristallisiert werden. Darüber hinaus wird der Versuch unternommen, aus der Gesamtheit der individuellen Erfahrungen der US-Wissenschaftler durch fortschreitende Abstraktionsarbeit und integrative Betrachtungen verschiedene gegenstandsbezogene Thesen zu internationaler Mobilität und Kooperation in den Wissenschaften abzuleiten und Erkenntnisse über die konstituierenden Basisentitäten wissenschaftlicher Netzwerkbildungsprozesse mit Blick auf deren Bedeutung für räumliche Bezüge verschiedener wissenschaftlicher Praktiken zu gewinnen. Dementsprechend repräsentierten die aufeinander aufbauenden Schritte historisch-geographische Rekonstruktion der Preisträgeraufenthalte (Kapitel 3 und 4), Formulierung gegenstandsbezogener Thesen zur Strukturierung forschungsbezogener Mobilität und Kooperation (Kapitel 5) und Entwicklung einer Ontologie geographisch relevanter Aktanten im Zuge der Anwendung und kritischen Reflexion des akteursnetzwerktheoretischen Wissenschaftsverständnisses (Kapitel 2) verschiedene Abstraktionsstufen zwischen der empirisch zu beobachtenden Welt und theoretischen Reflexionen über diese (vgl. Abb. 4).

Mit der Anknüpfung an jüngere theoretische Fachdiskussionen in der interdisziplinären Wissenschaftsforschung und der Geographie versucht die Arbeit explizit, dem in verschiedenen Forschungskontexten identifizierten, profunden Theoriedefizit zu akademischer Mobilität und internationalen Wissenschaftsbeziehungen zu begegnen. Dabei sollen Empirie und Theorie, Wissenschaftsforschung und geographische Perspektiven sowie sozialwissenschaftliche, politische und theoretische Erkenntnisinteressen zu internationaler Mobilität und Kooperation in den Wissenschaften mit dem Ziel einer gegenseitigen Bereicherung verknüpft werden.

In bezug auf die Darstellung der Forschungsergebnisse wurde allen an den empirischen Erhebungen beteiligten Personen Anonymität zugesichert. Daher sind die zitierten Gesprächsausschnitte systematisch anonymisiert und mit Nummern referenziert worden (vgl. Anhang A). An machen Stellen erscheint dies bedauerlich, weil die Interviews wertvolle Wissenschafts- und Zeitgeschichte dokumentieren, jedoch wird dadurch der sozialwissenschaftliche Charakter der Arbeit unterstrichen.

Abb. 4: Elemente und Abstraktionsstufen des Forschungsprozesses

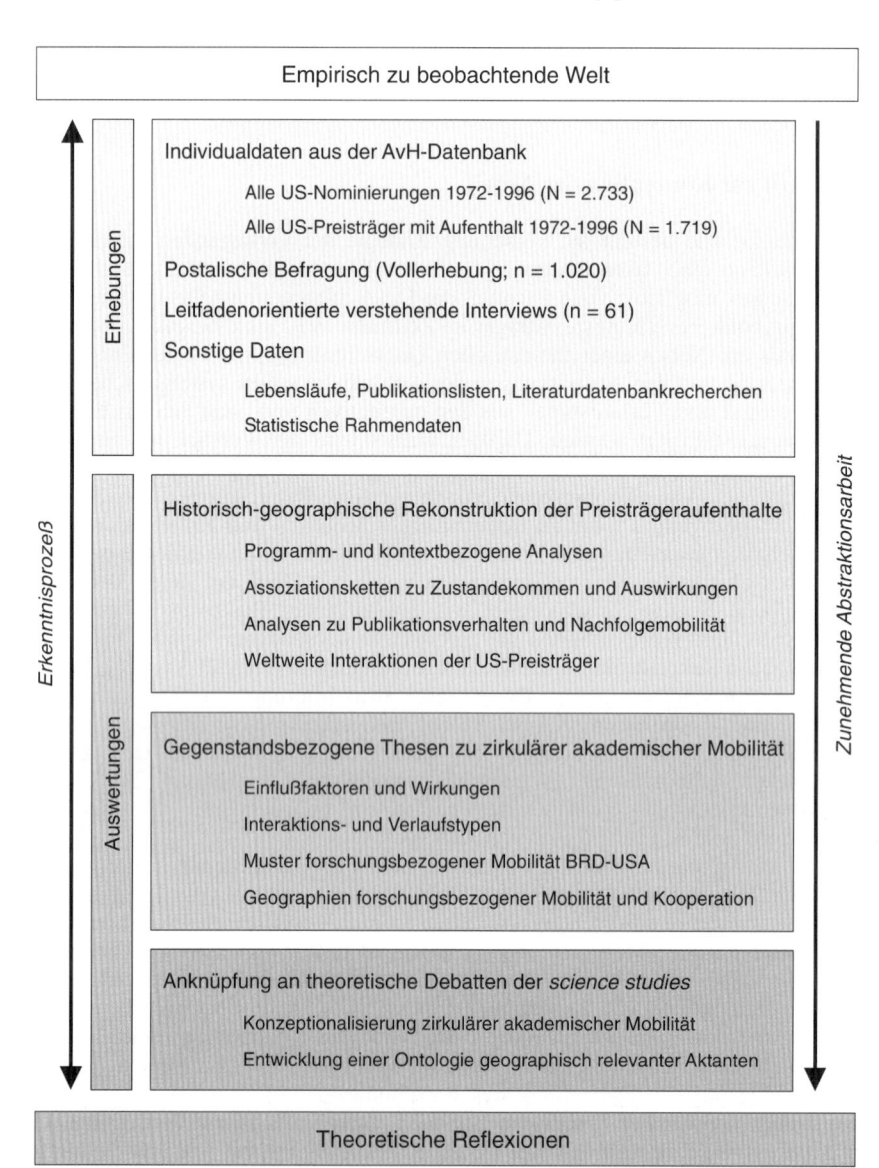

```
┌─────────────────────────────────────────────────────────────┐
│                 Empirisch zu beobachtende Welt              │
└─────────────────────────────────────────────────────────────┘
```

Erhebungen:
- Individualdaten aus der AvH-Datenbank
  - Alle US-Nominierungen 1972-1996 (N = 2.733)
  - Alle US-Preisträger mit Aufenthalt 1972-1996 (N = 1.719)
- Postalische Befragung (Vollerhebung; n = 1.020)
- Leitfadenorientierte verstehende Interviews (n = 61)
- Sonstige Daten
  - Lebensläufe, Publikationslisten, Literaturdatenbankrecherchen
  - Statistische Rahmendaten

Auswertungen:

Historisch-geographische Rekonstruktion der Preisträgeraufenthalte
- Programm- und kontextbezogene Analysen
- Assoziationsketten zu Zustandekommen und Auswirkungen
- Analysen zu Publikationsverhalten und Nachfolgemobilität
- Weltweite Interaktionen der US-Preisträger

Gegenstandsbezogene Thesen zu zirkulärer akademischer Mobilität
- Einflußfaktoren und Wirkungen
- Interaktions- und Verlaufstypen
- Muster forschungsbezogener Mobilität BRD-USA
- Geographien forschungsbezogener Mobilität und Kooperation

Anknüpfung an theoretische Debatten der *science studies*
- Konzeptionalisierung zirkulärer akademischer Mobilität
- Entwicklung einer Ontologie geographisch relevanter Aktanten

```
┌─────────────────────────────────────────────────────────────┐
│                   Theoretische Reflexionen                  │
└─────────────────────────────────────────────────────────────┘
```

(Seitenachsen: *Erkenntnisprozeß* ← | → *Zunehmende Abstraktionsarbeit*)

Quelle: Eigener Entwurf

2 Wissenschaftliche Praxis, Mobilität und Akteursnetzwerke

Ich will fähig werden – und andere dazu anregen –, in diese Geschichte einzugreifen, ohne eine Vergangenheit wiederzubeleben, in der andere moralische Mehrheiten herrschten.

Isabelle Stengers, Die Erfindung der modernen Wissenschaften, 1997, 33.

Die Untersuchung der Entstehung, Gestaltung und Auswirkungen von Forschungsaufenthalten US-amerikanischer Wissenschaftler in Deutschland erfordert eine Klärung des zugrundeliegenden Wissenschaftsverständnisses und die Spezifizierung der Rolle zirkulärer Mobilität im Rahmen wissenschaftlichen Arbeitens, um die empirischen Befunde angemessen interpretieren zu können. Das vorliegende Kapitel widmet sich dem Versuch einer solchen theoretischen Fundierung zirkulärer Mobilität in den Wissenschaften.

In seinem Werk *Science in Action* befaßt sich Bruno Latour mit der Rolle räumlicher Mobilisierungsprozesse im Rahmen wissenschaftlicher Praxis (LATOUR 1987). Das resultierende Konzept der Akkumulationszyklen in Zentren wissenschaftlicher Kalkulation bildet eine wichtige theoretische Grundlage für die Beschäftigung mit Fragen des Reisens in den Wissenschaften (SHAPIN 1995, 307) und bietet daher auch einen geeigneten Ansatzpunkt zur theoretischen Konzeptionalisierung zirkulärer akademischer Mobilität. Diese wird im folgenden anhand einer Verknüpfung der jüngeren Argumentationszusammenhänge des akteursnetzwerktheoretischen Wissenschafts- und Gesellschaftsverständnisses (vgl. Kapitel 2.1), Latours überzeugender Darstellung der konstitutiven Bedeutung räumlicher Mobilisierungsprozesse für wissenschaftliches Arbeiten (vgl. 2.2) und geographischer Konzepte zur gesellschaftlichen Bedeutung von Wissen ausgearbeitet (vgl. 2.3).

Die Frage nach der Ontologie der an wissenschaftlichen Mobilisierungs- und Netzwerkbildungsprozessen beteiligten Elemente wird anschließend den Ausgangspunkt für die Entwicklung einer Kritik am Aktantenkonzept der konventionellen Akteursnetzwerktheorie bilden (vgl. 2.4). Diese Kritik wurde zwar erst im Rahmen der empirischen Untersuchungen deutlich; sie wird jedoch der Empirie vorangestellt, um, wie einleitend angemerkt, die Interpretation der empirischen Ergebnisse auf Grundlage eines Konzepts vornehmen zu können, daß den komplexen geographischen Bezügen wissenschaftlicher Praxis besser gerecht werden kann.[112]

Im Mittelpunkt der Betrachtungen stehen als Interessensbereiche Latours die Natur- und Ingenieurwissenschaften sowie die empirischen Wirtschafts- und Sozialwissenschaften. Eine Übertragung der Aussagen auf die Geisteswissenschaften scheint möglich, doch erst vor dem Hintergrund der erweiterten Akteursnetzwerkperspektive auch schlüssig zu sein (vgl. 2.4.7.2).

---

[112] Im vierten Abschnitt dieses Kapitels wird die Argumentation auf einer so hohen Abstraktionsebene erfolgen, daß sich die vorherigen Aussagen zur theoretischen Konzeptionalisierung zirkulärer Mobilität in den Wissenschaften auch mit dem modifizierten Aktantenkonzept vereinbaren lassen.

2.1 Zentrale Aussagen und Begriffe der Akteursnetzwerktheorie

Der Einstieg in die Akteursnetzwerktheorie erscheint gewagt, da das entsprechende Gedankengebäude droht, weitverbreitete Anschauungen zu diskreditieren, und zwar insbesondere „all jene Gefühle, die als Orientierung dienen, jene, die man nicht bedrohen darf, ohne panische Starrköpfigkeit, Empörung und Mißverständnisse hervorzurufen" (STENGERS 1997, 31).[113] Dieses Risiko, das in der vorliegenden Arbeit durch die Rekonstruktion der Geschichte der Akteursnetzwerktheorie innerhalb der Wissenschaftssoziologie zu mildern versucht wurde (vgl. 1.3.2), ergibt sich aus ihren ohne Vorwissen radikal erscheinenden Konzepten. Zu diesen gehört, die Trennung von Wissenschaft und Gesellschaft und anderer apriorisch gesetzter Kategorien zur Gänze in Frage zu stellen, lang etablierte Dichotomien – wie diejenige zwischen Natur und Kultur – als unrechtmäßige Reduktionen zu entlarven, die sogenannten 'exakten' Wissenschaften zu entmystifizieren, ohne sie jedoch zu denunzieren (STENGERS 1997) und die Wirkung von Dingen in menschlicher Interaktion ernstzunehmen. Dieser Abschnitt liefert eine Zusammenfassung der wesentlichen Aussagen der Akteursnetzwerktheorie wie sie sich als gesellschaftstheoretischer Entwurf an der Wende zum 21. Jahrhundert darstellt und bildet somit den Ausgangspunkt für die anschließende Auseinandersetzung mit den Wissenschaften als heterogene Netzwerkbildungsprozesse.

Aus der Entwicklung der Akteursnetzwerkperspektive ist deutlich geworden, daß dem Gedankengebäude ein konstruktivistisches Weltverständnis zugrunde liegt (vgl. 1.3.2.7). Demzufolge sind alle Menschen im Rahmen ihrer beruflichen und alltäglichen Praktiken in multilaterale Verhandlungsprozesse mit anderen Menschen und Dingen eingebunden.[114] Innerhalb solcher Netzwerkbildungsprozesse werden kontinuierlich neue Beziehungen zwischen verschiedensten Elementen der belebten und unbelebten Natur, zwischen technischen Artefakten, sozialen Akteuren und Institutionen hergestellt. Gleichzeitig erfolgt eine gegenseitige Zuschreibung von Rollen, Eigenschaften und Kompetenzen, die meist so lange aufeinander abgestimmt werden, bis aus vielen einzelnen Elementen ein funktionierendes Ressourcengeflecht entsteht, das als einheitliches Ganzes, als eine Black box, in Erscheinung tritt. Auf diese Weise stabilisierte Netzwerke können immer wieder Gegenstand neuer Verknüpfungen, Transformationen und Interpretationen werden, wobei ihre heterogenen Konstruktionsbedingungen und konstituierenden Entitäten im routinemäßigen Umgang nicht mehr relevant sind. Sie werden erst wieder bewußt, wenn Unstimmigkeiten auftreten, die das kollektive Zusammenspiel stören.

Vor diesem Hintergrund wendet sich die Akteursnetzwerkperspektive gegen die Konzeption anderer gesellschaftstheoretischer Entwürfe, beispielsweise der Strukturationstheorie von Anthony GIDDENS (1988), die Unterscheidungen zwischen Objekt und Subjekt, Natur und Gesellschaft oder Mikroebene und Makroebene als gegeben voraussetzen und Beziehungen zwischen diesen *a priori* postulieren

---

[113] Isabelle Stengers, Schülerin und Mitarbeiterin des Chemie-Nobelpreisträgers Ilya Prigogine, lehrt Wissenschaftsphilosophie an der Freien Universität Brüssel.

[114] Vgl. das Beispiel der multilateralen Verhandlungen Frédéric Joliots in Kapitel 2.2.5.

2.1 Zentrale Aussagen und Begriffe der Akteursnetzwerktheorie

(LATOUR 1996).[115] Statt dessen wird die Welt als ein Beziehungsgeflecht heterogener Entitäten betrachtet, die in Netzwerkbildungsprozesse involviert sind. Um grundlegende Eigenschaften und Beziehungen verschiedener Entitäten sichtbar zu machen und somit gesellschaftliche Prozesse und Gegebenheiten besser verstehen zu können, wird die Aufgabe empirischer Arbeit darin gesehen, ohne wesentliche Vorannahmen über Art, Eigenschaften und Wirkungsweise relevanter Entitäten, Kategorien und Ereignisse Netzwerkbildungsprozesse zu verfolgen bzw. zu re-konstruieren. Gesellschaft und Natur werden so nicht mehr als erklärende Ressourcen (*explanans*) behandelt, sondern gelten als zu erklärende Variablen (*explanandum*; vgl. LATOUR 1992; 1993). Die ontologische Spezifizierung und der Realitätsgehalt *jeglicher* Entitäten und Kategorien werden als stabilisierte Resultate integrierender Aushandlungsprozesse durch Verknüpfungs- und Vermittlungsarbeit erachtet, die es im Rahmen empirischer Arbeit zu ergründen gilt (Abb. 5). Die Verwirklichung dieses Grundprinzips beruht im wesentlichen auf einem neuen Verständnis der Begriffe 'Handlung' (engl. *agency*) und 'Akteur' (engl. *actor*) sowie den Konzepten zur soziomateriellen Hybridität und Historizität von Dingen.

Abb. 5: Eine symmetrische Erklärung von Natur und Gesellschaft

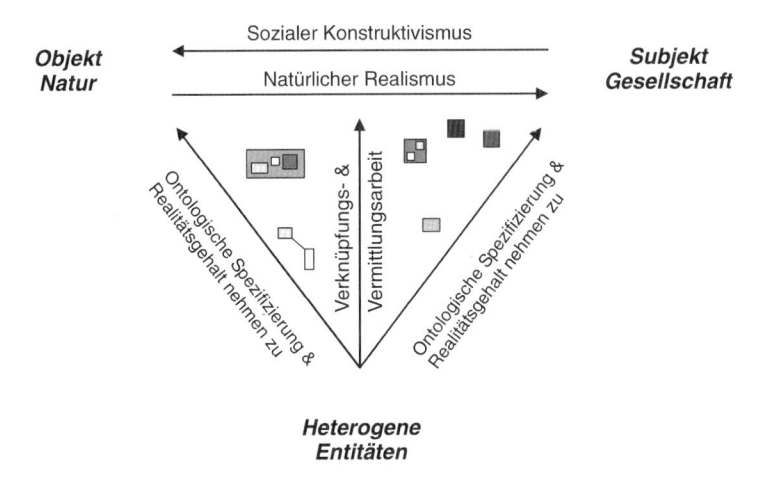

Quelle: Eigener Entwurf nach LATOUR 1992, 279 und 285.

Im Unterschied zu verschiedenen Formen des sozialen Konstruktivismus, die gesellschaftliche Realitäten primär als Resultat sozialer Aushandlungsprozesse zwischen Menschen verstehen, betont die Akteursnetzwerkperspektive die Mitwirkung

---

[115] LATOUR (1995, 77 ff.) kritisiert zahlreiche breit rezipierte moderne und postmoderne Konzeptionen von der *Kritik der reinen Vernunft* Immanuel Kants über Dialektik, Phänomenologie, Hermeneutik und Naturalismus bis hin zum Postmodernismus wegen ihrer apriorischen Annahmen über Kategorien und deren Beziehungen.

nichtmenschlicher Dinge an der Entstehung und Aufrechterhaltung gesellschaftlicher Zusammenhänge. Diese Betonung führt dazu, daß sich der Netzwerkbegriff nicht nur auf soziale Netzwerke zwischen Menschen bezieht, sondern auch auf Beziehungen zwischen Menschen und Nichtmenschen. Nichtmenschen umfassen sämtliche materielle Erscheinungen, die wir Menschen durch die Zuweisung von Bedeutungen und oft auch physische Transformationen in unsere Interaktionen einbinden und die umgekehrt unser Dasein prägen.[116] Sie bezeichnen auch so komplexe Sachverhalte wie zum Beispiel den Treibhauseffekt,

> the object-discourse-nature-society [...] whose network extends from [a] refrigerator to the Antarctic by way of chemistry, law, the State, the economy, and satellites (LATOUR 1993, 144).

Aufgrund der empirisch festgestellten wechselseitigen Relationierungen im Netzwerk werden Menschen und Nichtmenschen als konzeptionell gleichberechtigte Akteure von Handlungen aufgefaßt. Dem Menschen wird auf diese Weise die alleinige Handlungsverantwortung abgesprochen. Er gilt maximal als *prime mover* von Geschehnissen. Da er aber in ein Beziehungsgeflecht verschiedenster Entitäten eingebunden ist, kann ihm auch nur ein Teil der jeweiligen Handlungsverantwortung zugeschrieben werden (vgl. LATOUR 1999b, 180-182, 281). Der Handlungsbegriff bezieht sich folglich ganz allgemein auf die Kapazität, Auswirkungen zu haben (LATOUR 1999b, 183). Selbst menschliche Intentionen werden so zu einzelnen Bestandteilen der aus vielen Elementen bestehenden heterogenen Netzwerke (LATOUR 1999b, 193), was einen wichtigen Unterschied zur subjektzentrierten Handlungstheorie herstellt, die Handlungen nach Benno WERLEN (2000, 313) primär als „menschliche Tätigkeit im Sinne eines intentionalen Aktes" begreift.

Um den postulierten Akteursstatus von Dingen zu verdeutlichen, wird der in diesem Zusammenhang wichtige Begriff des *Akteurs*, der in anderen Kontexten allein auf Menschen bezogen ist (vgl. die Diskussion des Begriffes *human agency* in GREGORY 2000), in der Akteursnetzwerktheorie durch das Konzept der *Aktanten* erweitert, das sich gleichermaßen auf Menschen und Nichtmenschen bezieht (LATOUR 1999b, 180, 303). Akteure im Sinne von Aktanten sind zugleich Resultate und Mediatoren von Netzwerkformationen, d. h. sie sind eigene Akteurs- bzw. Aktantennetzwerke[117] mit einer spezifischen Entstehungsgeschichte und sie produzieren wiederum *kollektiv* neue Aktanten (LATOUR 1999b, 212-214). Ihr tatsächlicher Beitrag zur Formierung von Akteursnetzwerken wird jedoch als ein relationaler Effekt verstanden, der auf einer spezifischen Netzwerkkonfiguration beruht (WHATMORE 1999, 28 f.). Je mehr Aktanten in Netzwerkbildungsprozesse einbezogen werden, desto länger und mächtiger werden Akteursnetzwerke:

---

[116] Nichtmenschliche Wesen, im Englischen als Gegenpol zu Menschen *non-humans* genannt, werden im Rahmen der Akteursnetzwerktheorie auch als Quasi-Objekte (LATOUR 1993, 51-55), Inskriptionen (vgl. Fußnote 127) oder *immutable mobiles* bezeichnet (vgl. z. B. LATOUR 1987, 227; BINGHAM 1996, 650), wodurch die Materialität der Nichtmenschen in den Vordergrund rückt.

[117] Die Begriffe *Aktantennetzwerk* und *Akteursnetzwerk* werden synonym verwendet, da der Begriff des Akteurs im akteursnetzwerktheoretischen Verständnis im Sinne des Aktantenkonzepts interpretiert wird.

2.1 Zentrale Aussagen und Begriffe der Akteursnetzwerktheorie 97

> Instead of opposing the individual level to the mass, or agency to structure, we simply follow how a given element becomes strategic through the number of connections it commands, and how it loses its importance when losing its connections (LATOUR 1996, 373).

Das grundlegend verschiedene Verständnis von Handlung und Akteuren führt zu dem größten Spannungsverhältnis zwischen Akteursnetzwerktheorie und anderen gesellschaftstheoretischen Positionen (vgl. AMSTERDAMSKA 1990; COLLINS und YEARLEY 1992; CALLON und LATOUR 1992; LATOUR 1999b, 303; WHATMORE 1999, 29). Daraus resultierende Auseinandersetzungen befassen sich unter anderem mit der Bedeutung von Intentionalität für menschliches Handeln und mit den Unterschieden zwischen der Wirkung menschlicher und nichtmenschlicher Entitäten bzw. menschlicher und nichtmenschlicher Handlung (vgl. PICKERING 1995, Kap. 1, besonders 17 ff.). Latours Position zur Frage der Intentionalität betont eindeutig die Notwendigkeit einer *Assoziation* menschlicher und nichtmenschlicher Wesen zur Durchsetzung bestimmter Ziele, wobei die Kennzeichnung eines bestimmten Akteurs als treibende Kraft in keinerlei Weise die Erfordernis einer Komposition der Kräfte zur Erklärung einer Handlung mindere (LATOUR 1999b, 182):

> Purposeful action and intentionality may not be properties of objects, but they are not properties of humans either. They are the properties of institutions, of apparatuses, of what Foucault called *dispositifs*. [...] Objects that exist simply as objects, detached from a collective life, are unknown, buried in the ground. [...] Real artifacts are always part of institutions, trembling in their mixed status as mediators, mobilizing faraway lands and people, ready to become people or things, not knowing if they are composed of one or many, of a black box counting for one or of a labyrinth concealing multitudes [...] Boeing 747s do not fly, airlines fly (LATOUR 1999b, 193).

Einen zweiten wichtigen Unterschied zu gesellschaftstheoretischen Positionen, die zwischen ontologisch reinen Domänen von Subjekt und Objekt oder Gesellschaft und Natur unterscheiden, stellt das Konzept der soziomateriellen Hybridität her. Es besagt, daß sämtliche Aktanten aufgrund der wechselseitigen Relationierungen zugleich materielle und soziale Eigenschaften vereinigen und somit einen ontologisch hybriden Status aufweisen können (LATOUR 1999b, 212-214). Soziomaterielle Hybridität entsteht durch die Sozialisation von Materie im Rahmen von Netzwerkbildungsprozessen. Wesentliches Charakteristikum dieser Integrationstätigkeit sind meist mehrere aufeinanderfolgende Transformationen von Materie in Zeichen, die mit der Zuweisung von Bedeutungen und oft auch physischen Veränderungen einhergehen. In Zeichen transformierte Materie kann als Teil der Dingwelt immer wieder Ausgangspunkt neuer Transformationen werden (vgl. LATOUR 1999b und die Erläuterung des Konzepts der 'zirkulierenden Referenz' in Kapitel 2.2.3). Die einzelnen Schritte der resultierenden Transformationsketten repräsentieren die Entstehungsgeschichte sogenannter soziomaterieller Hybride, wie sie zum Beispiel Bücher, technische Artefakte oder alltägliche Gebrauchsgegenstände darstellen.[118]

---

[118] Ein anschauliches Beispiel soziomaterieller Transformationen im Alltagsleben gibt die Geschichte eines hölzernen Tisches: Durch das Konzept des Baumfällens zur Holzgewinnung und der menschlichen Handlung des Sägens wird die materielle Erscheinung Baum zum soziomateriellen Hybrid Holz. Dieses kann durch weiteres Zersägen nach bestimmten Maßvorgaben zu Brettern und Stäben transformiert wer-

Soziomaterielle Hybride, zu denen auch Menschen als kulturell und technisch überformte, lebendige Körper zu zählen sind, deren Geschichte gewöhnlich als Biographie bezeichnet wird, stellen Resultate und Mediatoren heterogener Netzwerkbildungsprozessen dar und verwischen auf diese Weise postulierte Grenzen zwischen ontologisch getrennten Bereichen von Natur und Kultur oder Objekt und Subjekt (HARAWAY 1997; KNORR CETINA 1992; LATOUR 1999b).

Da Aktanten ständig in den Austausch menschlicher und nichtmenschlicher Eigenschaften im Rahmen von Netzwerkbildungsprozessen involviert sind, können sie dem akteursnetzwerktheoretischen Verständnis zufolge nur temporär in eigenständige, aber zugleich hybride menschliche und nichtmenschliche Akteure differenziert werden. Das *allgemeine Symmetrieprinzip* der Akteursnetzwerktheorie (CALLON 1986; LATOUR 1992; 1995) besagt in diesem Zusammenhang, daß beide Typen von Aktanten, sowohl Menschen als auch Dinge, bei der Analyse von Netzwerkbildungsprozessen in Hinblick auf die drei Aspekte Geschichtlichkeit, soziomaterielle Hybridität und potentielle Handlungsverantwortung symmetrisch zu behandeln sind (LATOUR 1993, 95; LATOUR 1999b, Kap. 6). Allerdings bezieht sich diese konzeptionelle Symmetrie allein auf die Vorgehensweise bei der empirischen Analyse. Sie impliziert keineswegs, wie einige kritische Stimmen artikulieren (vgl. z. B. AMSTERDAMSKA 1990; COLLINS und YEARLEY 1992), daß die Machtbeziehungen zwischen verschiedenen Aktanten generell gleich oder nicht hierarchisch strukturiert sind. Vielmehr ergeben sich die Hierarchien aus der im Rahmen empirischer Arbeit zu erkundenden Anzahl und Art der Verknüpfungen mit menschlichen und nichtmenschlichen Entitäten.[119]

Ausgehend von diesen Kernkonzepten argumentiert die Akteursnetzwerktheorie, daß die Einbindung von Materie in soziale Interaktionen und der Austausch von menschlichen und nichtmenschlichen Eigenschaften zwischen Aktanten den Menschen erst ermöglicht hat, soziale Beziehungen zu stabilisieren und Institutionen zu schaffen. So verdeutlicht das Konzept der soziomateriellen Hybride zugleich

> the impossibility of having an artifact that does not incorporate social relations as well as the impossibility of defining social structures without accounting for the large role played in them by nonhumans (LATOUR 1999b, 212).

Mit der Anerkennung stabilisierter sozialer Beziehungen durch sozialisierte nichtmenschliche Wesen ist zwar eine Ablehnung wesentlicher Argumente des sozialen Konstruktivismus verbunden (vgl. 1.3.2.5; 2.4.1), die Akteursnetzwerktheorie lehnt jedoch auch realistische Grundüberzeugungen ab.[120]

---

den, deren Kombination, wiederum auf Grundlage eines entsprechenden Konzepts, die Konstruktion eines Tisches ermöglicht. Daran wird deutlich, daß ein Tisch als soziomaterielles Objekt n-ter Ordnung verstanden werden kann, dessen Geschichte zwar hypothetisch rekonstruierbar, aber nicht reversibel ist.

[119] Eine kritische Diskussion jüngeren Datums zum Charakter der Beziehungen zwischen Aktanten findet sich bei HETHERINGTON und LAW (2000b).

[120] So argumentierten bereits LATOUR und WOOLGAR (1986, 178): „The realist position, exemplified by [Roy Bhaskar's argument for a 'realist theory of science'; vgl. BHASKAR 1978], centres on a tautological belief whereby the nature of independent objects can only be described in the terms which constitute them. Our preference is for the observation of the processes of splitting and inversion of statements which make these kinds of beliefs possible" (vgl. dazu auch 1.3.2.6).

2.1 Zentrale Aussagen und Begriffe der Akteursnetzwerktheorie

> If I begin, for instance, granting activity to the nonhumans once again, sociologists of science [COLLINS und YEARLEY 1992] begin to protest that outmoded realist positions are back, even though the new active nonhumans are utterly different from the boring inactive things-in-themselves of the realists' plot. Conversely, if I speak of a history of things, realist philosophers immediately start accusing me of denying the nonhuman reality of Nature, as if I were asking actors to play the equally tedious role of humans-among-themselves so common in the stories of the sociologists (LATOUR 1992, 283 f.).

Gemeinsam wendet Latour gegen die Vorstellungen sowohl realistischer als auch sozialkonstruktivistischer Ansätze ein, *daß gerade deshalb etwas real und autonom ist, weil es zuvor gut konstruiert wurde* (LATOUR 1999b, 275). Die gesellschaftstheoretischen Implikationen dieses Prinzips sind weitreichend, da sie in enger Beziehung zu der in Kapitel 1.3.2.7 erwähnten Kritik Latours an der Moderne stehen. Indem die Menschen der Moderne wie die von ihnen abqualifizierten 'Vormodernen' eine gemeinsame Produktion von Natur und Gesellschaft durch die Rekrutierung und Verknüpfung menschlicher und nichtmenschlicher Wesen betreiben, diesen Vermittlungs- oder Übersetzungsprozeß aber leugnen und statt dessen eine transzendente, objektive Natur und eine fabrizierte, freie Gesellschaft als getrennte Bereiche gegenüberstellen (Reinigungsarbeit), seien sie sich den von ihnen geschaffenen Hybriden nicht mehr bewußt (LATOUR 1995, 150). Nach Latour betrachten sie sich für gewöhnlich als unabhängige, rationale Wesen, welche die Dingwelt (Naturpol) nach Belieben dominieren und kontrollieren können, übersähen dabei aber die Eigendynamik und den Mediatorenstatus bzw. die neuen Realitäten, die einst konstruierte Hybride im Rahmen von Netzwerkbildungsprozessen entwickeln können. Daraus resultierende Gefahren für die Menschheit könnten aber gerade aufgrund der beschriebenen Ignoranz und Selbstüberschätzung unkontrollierbar werden (vgl. LATOUR 1995; THADDEN und SCHNABEL 2000). Beispiele von hoher Aktualität geben die Rinderseuche BSE als Folge der Kannibalisierung von Rindern durch Tiermehlverfütterung, die unabsehbaren Konsequenzen der Integration gentechnisch veränderter Pflanzen in die menschliche Nahrungskette oder die Ozonloch- und Treibhausproblematiken. Zur Überwindung dieses Dilemmas entwarf Latour eine nichtmoderne Verfassung, welche die Koproduktion der natürlichen und gesellschaftlichen Ordnung mit dem Ziel einer objektiven Natur und einer freien Gesellschaft verfolgt und sich dabei sowohl der Möglichkeiten als auch der Verantwortung einer freien, kreativen Produktion neuer Hybriden bewußt ist:

> Die vierte Garantie [der nichtmodernen Verfassung], vielleicht die wichtigste, besteht darin, die wahnsinnige Vermehrung der Hybriden zu ersetzen durch ihre geregelte und gemeinschaftlich entschiedene Produktion. Es ist vielleicht Zeit, wieder über Demokratie zu sprechen, aber über eine auf die Dinge ausgeweitete Demokratie (LATOUR 1995, 189).

Um die Verflechtungen zwischen Natur und Gesellschaft noch deutlicher herauszustellen und gleichzeitig die Ablehnung realistischer und sozialkonstruktivistischer Begriffe zu verdeutlichen, verwenden Akteursnetzwerktheoretiker für die Gesamtheit der Akteursnetzwerke auch nicht mehr den herkömmlichen Begriff der Gesellschaft im Sinne eines Gegenpols zur Natur, sondern ersetzen diesen durch den Begriff des *Kollektivs (engl. collectives, natures-cultures)*, der Hybridität und konstruierte Realitäten anerkennt (LATOUR 1999b, 193).[121] Ausgehend von den beiden Grundprinzipien der Akteursnetzwerktheorie, Netzwerkbildungsprozesse zu verfolgen und dabei in Hinblick auf Menschen und Nichtmenschen symmetrisch vorzugehen, wird aus der Dichotomie zwischen Natur und Gesellschaft eine Vielzahl von Kollektiven, die in vielerlei Hinsicht ähnlich (im Sinne des Relativismus), aber zugleich sehr unterschiedlich sein können (im Sinne des Rationalismus).[122] Dies bedeutet, daß die Vermittlungsarbeit zwischen Menschen und Nichtmenschen zu allen Zeiten an allen Orten vom Prinzip her gleich war. Bestehende Unterschiede, zum Beispiel zwischen sogenannten vormodernen bzw. 'primitiven' und 'modernen' bzw. 'hochentwickelten' Kollektiven, resultieren nach Latour primär aus der Größenordnung der Mobilisierung und Hybridisierung nichtmenschlicher Wesen und spiegeln nicht von vornherein (mentale) Niveauunterschiede wider:

> Abgesehen von ihrer Größenordnung ähneln sich alle Kollektive; sie gleichen den aufeinanderfolgenden Windungen ein und derselben Spirale. Daß in einem Kollektiv Ahnen und Fixsterne nötig sind, in einem anderen, weiter außerhalb gelegenen, Gene und Quasare, erklärt sich durch die Dimension des Kollektivs, das zusammengehalten werden muß. *Sehr viel mehr Objekte erfordern sehr viel mehr Subjekte. Sehr viel mehr Subjektivität verlangt nach sehr viel mehr Objektivität* (LATOUR 1995, 144-145).

Als Rückgrat moderner Gesellschaften multiplizierten die Wissenschaften den Umfang und die Reichweite der Rekrutierung eines bestimmten Typs nichtmenschlicher Wesen für menschliche Gemeinschaften. Indem sie immer mehr Hybriden hinzufügten, ermöglichten sie, systematisch große Netze zu bilden:

> Die Erweiterung der Netze hörte früher an einem bestimmten Punkt auf, weil sonst die Aufrechterhaltung von Territorien bedroht gewesen wäre [...] Mit der Vervielfachung der Hybridwesen – halb Objekte, halb Subjekte –, die wir Maschinen und Fakten nennen, haben die Kollektive jedoch ihre Topographie verändert (LATOUR 1995, 156).

Für die Wissenschaften bedeutet diese gesellschaftstheoretische Argumentation, daß wissenschaftliche Erkenntnisse entgegen weitverbreiteter Vorstellungen keineswegs universal gültig, sondern in ein feines Netz lokaler Praktiken, Instrumente und Institutionen eingebettet sind (vgl. 2.2; vgl. auch LATOUR 1995, 156-160).

Zusammenfassend bleibt festzuhalten, daß die beiden grundlegenden Prinzipien, im Rahmen empirischer Arbeit Netzwerkbildungsprozesse zu verfolgen oder zu rekonstruieren und dabei in Hinblick auf Menschen und Dinge symmetrisch vorzugehen, die Akteursnetzwerktheorie zu einer Methode für die Erforschung heterogener Kollektive machen. Die dafür notwendigen Annahmen über die Konstitution der Welt verleihen dem akteursnetzwerktheoretischen Gedankengebäude den Status eines gesellschaftstheoretischen Entwurfs (vgl. dazu auch LATOUR 1999c).

---

[121] Da das Wort *Kollektiv* im deutschen Sprachraum stark politisch besetzt ist, wird im folgenden bevorzugt der Begriff *Gesellschaft* verwendet. Im akteursnetzwerktheoretischen Verständnis bezeichnet er eine spezifische Gesamtheit aufeinanderbezogener nichtmenschlicher und menschlicher Wesen.

[122] Kollektive und Black boxes können in gewisser Hinsicht als Systeme verstanden werden. Daher wird der Begriff des Systems in dieser Arbeit gelegentlich in diesem Sinne verwendet werden. Ein detaillierter Vergleich der Bedeutungen dieser beiden Konzepte scheint noch auszustehen.

2.2 Wissenschaftliche Praxis als Netzwerkbildungsprozeß

> *Wenn wir die [moderne] Verfassung [in eine nichtmoderne] ändern, glauben wir weiterhin an die Wissenschaften, aber statt sie in ihrer Objektivität zu nehmen, ihrer Wahrheit, ihrer Kälte, ihrer Exterritorialität – Eigenschaften, die sie immer nur in der willkürlichen Wiederaufbereitung durch die Epistemologie besaßen –, nehmen wir sie in dem, was immer schon das Interessante an Ihnen war: ihrem Wagemut, ihrem Experimentieren, ihrer Ungewißheit, ihrer Hitze, ihrem ungebührlichen Mischen von Hybriden, ihrer wahnsinnigen Fähigkeit, das soziale Band neu zu knüpfen.*
>
> *Bruno Latour, Wir sind nie modern gewesen, 1995, 190.*

Wissenschaftliches Arbeiten kann als eine spezifische Art des Netzwerkbildens verstanden werden. Dessen nähere Eigenschaften werden im folgenden näher erkundet, um anschließend eine Konzeptionalisierung akademischer Mobilität vornehmen zu können. Die Ausführungen basieren im wesentlichen auf Latours Werk *Science in Action* (LATOUR 1987), sie berücksichtigen aber auch die zuvor geschilderte Weiterentwicklung des akteursnetzwerktheoretischen Gedankengebäudes.

Aus der Akteursnetzwerkperspektive betrachtet stellen Produkte wissenschaftlicher Arbeit das Resultat räumlicher Mobilisierungsprozesse heterogener Ressourcen dar, die an einem zentralen Ort systematisiert, in Beziehung zueinander gesetzt und zu einem möglichst stabilen Ressourcengeflecht aggregiert, reduziert, kombiniert und/oder transformiert werden (LATOUR 1987). Neue, durch verschiedene Ressourcen generierte wissenschaftliche Behauptungen lassen sich diesem Verständnis nach zu wissenschaftlichen Fakten erhärten, wenn es gelingt, immer mehr nichtmenschliche Entitäten, Artikel, Laboratorien, Interessengruppen und Professionen mit den neuen Erkenntnissen in stimmiger Weise zu verknüpfen. Demnach existiert wissenschaftliche Realität, zumindest vorübergehend, sofern das entsprechende Ressourcengeflecht – durch gegenseitiges Kontrollieren der aufeinander abgestimmten Elemente – als einheitliches Ganzes in Erscheinung tritt und sämtlichen zu einem bestimmten Zeitpunkt möglichen bzw. erfolgenden Modifikationen widersteht (*trials of strength*). Der Status eines wissenschaftlichen Faktums ähnelt letztlich dem einer Black box, da dessen heterogene, durch das Austesten starker und schwacher Verbindungen gekennzeichnete Entstehungsbedingungen im routinemäßigen Umgang nicht mehr relevant erscheinen (LATOUR 1987, 2 f., 131).[123]

---

[123] Unter dem Begriff *Fakten* werden im folgenden alle möglichen Ergebnisse der betrachteten Fachbereiche subsumiert (z. B. Theorien, Objekte, Mechanismen, Maschinen). Latour zeigte in diesem Zusammenhang auf, daß wissenschaftliche Fakten und technische Artefakte durch ähnliche Prozesse konstituiert werden: „Yet, despite this impossibility of distinguishing between science and technics, it is still possible to detect, in the process of enrolling allies and controlling their behaviour, two moments that will allow the reader to remain closer to common sense by retaining some difference between 'science' and 'technology'. The first moment is when new and unexpected allies are recruited – and this is most often visible in laboratories, in scientific and technical literature, in heated discussions; the second moment is when all the gathered resources are made to act as one unbreakable whole – and this is more often visible in engines, machines and pieces of hardware" (LATOUR 1987, 131 f.).

Ohne die Konstruktionsgeschichte im einzelnen nachvollziehen zu müssen, können nachfolgende Forschungen auf Black boxes als Ganzheiten aufbauen. Black boxes werden dadurch zu Mediatoren neuer Netzwerkbildungsprozesse und treten als eigenständige Aktanten in Erscheinung. Aus der Tatsache, daß mehrere Black boxes zu einem neuen Akteursnetzwerk stabilisiert werden können, das wiederum zu einer Black box transformiert wird, erklärt sich der kumulative Charakter der Wissenschaften, der im Rahmen von Mertons Paradigma noch als das gleichsam metaphysische Resultat verläßlicher und unproblematischer Beobachtung durch perfekte Rationalität betrachtet wurde (vgl. Kapitel 1.3.2.1). Durch den Fortschritt von Methoden und Erkenntnissen ist es allerdings immer wieder notwendig, einzelne, auch mehrere Generationen von Black boxes in Frage zu stellen bzw. zu öffnen, um durch eine Veränderung der konstituierenden Elemente und Verbindungen stabilere Akteursnetzwerke suchen zu können.[124]

Die Produktion wissenschaftlicher Fakten erscheint vor dem Hintergrund der Mobilisierung und integrierenden Verknüpfung einer großen Zahl von Ressourcen genauso wie jeder Versuch einer Widerlegung wissenschaftlicher Fakten – das Öffnen von Black boxes – als kostspieliges Unterfangen, weil je nach Fachgebiet hochqualifizierte Mitarbeiter, Forschungsinfrastruktur und Arbeitszeiten in unterschiedlicher Gewichtung verfügbar gemacht und finanziert werden müssen. Latour zieht daraus die Schlußfolgerung, daß Realität zu formen nicht eines jeden Angelegenheit sein kann und es zu räumlicher Konzentration wissenschaftlicher Praxis kommt:

> Since the proof race is so expensive that only a few people, nations, institutions or professions are able to sustain it, this means that the production of facts and artefacts will not occur everywhere and for free, but will occur only at restricted places at particular times (LATOUR 1987, 179).

Wissenschaft ist demnach vergleichbar mit einem Netzwerk, das aus einzelnen, miteinander in Verbindung stehenden Knotenpunkten besteht, in denen unverhältnismäßig viele heterogene Ressourcen konzentriert, verarbeitet und hin- und hertransferiert werden (LATOUR 1987, 180).

2.2.1 Rationalistisch versus relativistisch

Der Unterschied zwischen Behauptungen, die innerhalb wissenschaftlicher Netzwerke über die Welt generiert werden, und solchen, die außerhalb entstehen, ist nach LATOUR (1987, 201) keineswegs zwingend auf essentielle Unterschiede in Vernunft, Logik oder Argumentationsweise von Personen oder Personengruppen zurückzuführen, wie Vertreter rationalistischer Wissenschaftsauffassungen betonen würden, sondern auf die Zahl der verbündeten Elemente einer Behauptung und die

---

[124] LATOUR (1987, 1-17) gibt drei Beispiele für die Erschaffung, die Öffnung und den Umgang mit Black boxes in den Wissenschaften, in dem er die Entstehungsgeschichte des von Jim Watson und Francis Crick aufgestellten Modells zur Struktur der DNA, eines spezifischen Computertyps sowie eines Computerprogramms zum Vergleich dreidimensionaler Modelle der DNA Doppelhelix mit anderen Nukleinsäuresequenzen in Beziehung zueinander setzt.

2.2 Wissenschaftliche Praxis als Netzwerkbildungsproze ß

Stabilität des gesamten Ressourcengeflechts. Dies bedeutet wiederum, daß auch nicht alle Behauptungen als gleichwertig anzusehen sind, wie es relativistische Auffassungen postulieren würden, jedoch sei die Erkenntnis der Relativisten, daß Rationalität und Irrationalität standpunktabhängig sind, zur Überwindung der rationalistischen Sichtweise unabdingbar (LATOUR 1987, 195).

Relativistische Wissenschafts- und Gesellschaftsbetrachtungen zeigten, daß Behauptungen, die innerhalb einer Gemeinschaft oder aus der Perspektive eines einzelnen Individuums konsistent erscheinen, gleichzeitig im Widerspruch zu den konstituierenden Regeln und Argumentationszusammenhängen, d. h. den Assoziationsketten (LATOUR 1987, 201), einer anderen Gemeinschaft oder eines anderen Individuums stehen können (und *vice versa*). Beispiele sind unterschiedliche Bewertungen von Behauptungen in zeitlich und räumlich differierenden Glaubensgemeinschaften, Sprachräumen, Wirtschafts-, Rechts- oder Wissenschaftssystemen (z. B. verschiedene Ausprägungen des Christentums, Sozialismus versus Kapitalismus, Newtonsche versus Einsteinsche Physik).[125] Diese relativistische Sichtweise wird von Latour durch verschiedene wissenschaftliche und alltägliche Fallbeispiele unterstützt, um der rationalistischen Auffassung von einer überlegenen universellen wissenschaftlichen Logik zu begegnen und anschließend sein Konzept zur Besonderheit sogenannter *harter* Fakten gegenüber sogenannten *weichen* Glaubensbekenntnissen mit beiden Wissenschaftsauffassungen zu kontrastieren.

Latours Fallbeispiele verdeutlichen, daß Behauptungen, die aus einer bestimmten historisch-geographischen und thematischen Außenperspektive als irrational bezeichnet werden würden, aus der Innenperspektive betrachtet durchaus auf logischen bzw. rationalen Schlüssen basieren können. So kann ein mit dem Vorwurf der Irrationalität konfrontiertes Individuum oder Gemeinwesen *andere* ihm bekannten Elemente in einer von der Außenperspektive des Andersdenkenden ungewöhnlich erscheinenden, aber innerhalb der jeweiligen Assoziationsketten logischen und konsistenten Weise zueinander in Beziehung gesetzt haben (LATOUR 1987, 198-205). In diesem Fall würden allein unterschiedliche Inhalte zugrundeliegender Assoziationsketten für Vorwürfe der Irrationalität verantwortlich sein. Wenn aber den Inhalten der Begründungszusammenhänge eine gemeinsame Grundlage fehlt, werden Kategorisierungen zwischen rationalen und irrationalen Behauptungen sowohl für Vergleiche zwischen Aussagen der Kontrahenten einer wissenschaftlichen Kontroverse als auch für Vergleiche zwischen Behauptungen von Wissenschaftlern und Nichtwissenschaftlern bedeutungslos.[126]

Daraus ergibt sich, daß innerhalb der eigenen Assoziationsketten viele Aussagen über die Welt richtig, wahr und stimmig erscheinen. Erst die Konfrontation mit Andersdenkenden deckt bestehende Unterschiede zwischen den Inhalten verschiedener Assoziationsketten auf und bietet den Anlaß, zwischen Sprachen, Kulturen, wissenschaftlichen Paradigmen oder Individuen zu differenzieren (LATOUR 1987,

---

[125] Dem Subjektivismus zufolge sind solche Variationen in der Evaluation von Behauptungen bis auf die Ebene der Individuen nachvollziehbar (vgl. BARNES 2000, 692).

[126] Das Konzept der Rationalität ist auch in anderen Forschungskontexten problematisiert worden, wenn es beispielsweise um das Entscheidungsverhalten von Akteuren geht (vgl. in der Geographie z. B. MEUSBURGER 1999b, 100).

205 f.). Dennoch ist nach LATOUR (1987, 195 ff.) neben den rationalistischen Dichotomisierungen zwischen unterschiedlichen mentalen Fähigkeiten auch die relativistische Auffassung einer Gleichberechtigung aller Behauptungen über die Welt abzulehnen. Aus seiner Akteursnetzwerkperspektive heraus werden im Falle einer Konfrontation zweier Behauptungen zum gleichen Thema Unterschiede in deren Beständigkeit und Durchsetzungskraft durch die Zahl der verbündeten Elemente und die relative Stabilität der Verbindungen des jeweiligen Ressourcengeflechts (Akteursnetzwerk) hervorgerufen. Relativistische Wissenschaftsauffassungen übersähen in ihrer Konzeption die enorme Arbeit der Wissenschaftler, ihre Behauptungen durch Mobilisierung (vgl. 2.2.2), Stabilisierung (vgl. 2.2.3) und Erhärtung (vgl. 2.2.4) heterogener Ressourcen (vgl. 2.2.5) stabiler und somit glaubwürdiger als die anderer Personen zu machen (LATOUR 1987, 196).

2.2.2 Mobilisierung

Wissenschaftler nutzen Begegnungen mit anderen und anderem systematisch, um neue Ressourcen zur Generierung und Unterstützung ihrer Argumentationen zu gewinnen (LATOUR 1987). Diese Vorgehensweise ist Bestandteil einer umfassenden Mobilisierung von Forschungsobjekten, Forschungsinfrastruktur und Forschungspersonal, die entweder durch eigene Reisen der Wissenschaftler oder durch die Mobilität menschlicher und nichtmenschlicher Ressourcen über Dritte erfolgen kann. Je nach Fachgebiet werden zum Beispiel schriftliche und vertonte Dokumente, Bücher, Archivmaterialien, Daten, Meßinstrumente, Maschinen, Methoden, Experten, Gesteine, Pflanzen, Tiere, Proben, Fragebögen, Tagebücher, Beobachtungen, Karten und Zeichnungen zur Generierung, Unterstützung und Legitimierung der eigenen Aussagen mobilisiert. Als gemeinsame Eigenschaften müssen diese ansonsten heterogenen Ressourcen *räumlich mobil sein können*, um gegebenenfalls transportiert zu werden, sie müssen für den Weg des Transportes und oft auch darüber hinaus eine *gewisse Stabilität aufweisen*, um – gewissermaßen als Beweis – möglichst unverändert präsentiert und verarbeitet werden zu können, und sie müssen *kombinierbar sein*, um gegebenenfalls, zur Erzielung eines zusätzlichen Erkenntnisgewinns, aggregiert, transformiert oder mit anderen Elementen verbunden werden zu können (LATOUR 1987, 223). Als Oberbegriffe für die von Wissenschaftlern mobilisierten nichtmenschlichen Ressourcen etablierten sich daher die Bezeichnungen *immutable and combinable mobiles* und *Inskriptionen*[127] (vgl. LATOUR 1987, 64-70 und 227).

Im Laufe der Wissenschaftsgeschichte wurden zum einen immer wieder neue Erfindungen getätigt, um die Mobilität, Stabilität und Kombinierbarkeit von Inskrip-

---

[127] Der Begriff *Inskription* bezeichnet materielle Entitäten, die zu Zeichen, Dokumenten, Archiven oder Spuren transformiert wurden und daher einen vom Menschen geschaffenen Informationsgehalt aufweisen. Beispiele für Inskriptionen sind Texte und Artefakte, aber auch wissenschaftlich untersuchte Pflanzen und Tiere, die einem bestimmten Ort zu einer bestimmten Zeit zugeordnet werden und so die Funktion eines repräsentativen Zeichens besitzen. Inskriptionen sind mobil und durch weitere Transformationen kombinierbar. Mehrere aufeinander bezogene und transformierte Inskriptionen können Wissen produzieren (vgl. LATOUR 1999b, 306 f.).

tionen zu erhöhen. Dazu gehören vereinheitlichte Zeit-, Längen- und Gewichtsmaße, ein weltweites Koordinatensystem aus Längen- und Breitengraden, Kartenprojektionen, vereinheitlichte Taxonomien, Periodensysteme, Meßinstrumente, Formelsammlungen und in jüngerer Zeit zahlreiche Computerprogramme. Von essentieller Bedeutung für den kumulativen Charakter der Wissenschaften waren zum anderen *zyklische* Mobilisierungsprozesse von Inskriptionen *an einem Ort bzw. an einzelnen Orten*. Dies veranschaulicht Latour anhand der Entdeckungsreisen, die seit dem 15. Jahrhundert wesentliche Impulse zur Entwicklung der modernen europäischen Wissenschaften gaben und Europa zugleich zum Zentrum des imperialen Zeitalters machten. So waren Entdeckungsreisende von einer zunehmend großen Zahl spezialisierter Beobachter begleitet, darunter Kartographen, Astronomen, Mineralogen, Botaniker, Biologen, Ethnologen und Künstler, um so viel Material wie möglich über bisher unbekannte Gebiete zu sammeln, dieses nach Europa zurückzubringen und damit entfernte Regionen anhand des gesammelten Materials vor Ort bekannt, in gewissem Maße aus der Ferne erfahrbar und dadurch kontrollierbar zu machen. Während einzelne Experten auf diese Weise schon früh begannen, die Welt zu dominieren, die zuvor sie selber dominiert hatte, konstituierte sich durch zahlreiche systematische Akkumulationszyklen das weltweite Wissenschaftszentrum Europa, das im Zeitalter des Imperialismus weitgehend konkurrenzlos die meisten Regionen der Erde kontrollieren sollte (LATOUR 1987, 224).

Abb. 6: Zyklen der Akkumulation in Zentren der Kalkulation

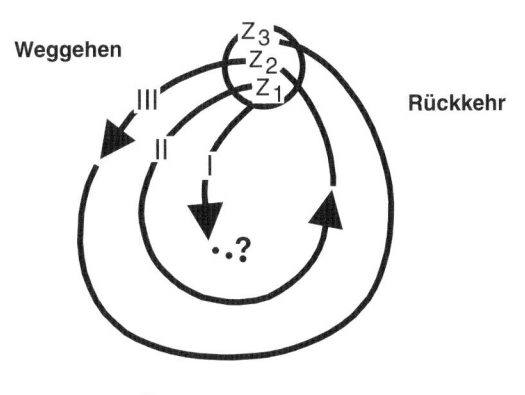

Quelle: Nach LATOUR 1987, 220.

Der Erfolg von Expeditionen hing einzig und allein davon ab, inwieweit verwertbare Informationen zurück zum Ausgangspunkt der Reise gelangten (vgl. LATOUR 1987, 219). Erfahrungen von Expeditionen, die ohne Rückmeldung, Rückkehr oder verwertbare Inskriptionen endeten, waren daher bedeutungslos für den jeweiligen Ausgangsort. Nur vollständige Akkumulationszyklen trugen zur Vermehrung des

Wissens bei und erlaubten anderen Personen und nachfolgenden Forschungsreisen, auf den Erkenntnissen der ersten Expeditionen aufzubauen und somit rasch darüber hinausgehendes, neues Wissen zu schaffen (vgl. Abb. 6).

Allgemein läßt sich daraus ableiten, daß sich bei der ersten Begegnung mit unbekannten Ereignissen, Orten, Dingen oder Lebewesen diese in der Regel als überlegen erweisen. Erst bei der zweiten Begegnung verändert sich das Kräfteverhältnis zugunsten derjenigen, die sich mit dem vermeintlich Neuen bereits im Vorhinein vertraut gemacht haben.[128]

> At every run of this accumulation cycle, more elements are gathered in the centre [...] at every run the asymmetry [...] between the foreigners and the natives grows, ending today in something that indeed looks like a Great Divide, or at least like a disproportionate relation between those equipped with satellites who localise the 'locals' on their computer maps without even leaving their air-conditioned room in Houston, and the helpless natives who do not even see the satellites passing over their heads (LATOUR 1987, 221).

Wissen impliziert eine Vertrautheit mit räumlich und zeitlich Entferntem, der nicht primär Unterschiede in Verstand und Logik, sondern zyklische Mobilisierungsprozesse zugrunde liegen (LATOUR 1987, 220, 228). Jüngere Beispiele aus den Wissenschaften reichen von schriftlichen Befragungen, in deren Rahmen Daten zu mehreren Millionen Menschen mobilisiert werden können, über die planmäßige Gewinnung von Proben durch Bohrungen, Weltraummissionen oder medizinische Operationen bis hin zur Erhebungen von Meßdaten durch technische Instrumente innerhalb und außerhalb wissenschaftlicher Laboratorien. Solche Akkumulationsprozesse führen zu Zentrenbildung gegenüber Kollektiven bzw. Individuen, die keine Wissenschaft betreiben. Zusammen mit den Prozessen, die in den Kalkulationszentren erfolgen, sind sie auch für qualitative Differenzierungen zwischen verschiedenen Knotenpunkten der Wissenschaftsnetze verantwortlich (vgl. 5.2).

2.2.3 Stabilisierung

Die Ausgangs- und Zielorte zyklischer Akkumulationsprozesse bezeichnet LATOUR (1987) als Zentren wissenschaftlicher Kalkulation. Dort werden die gesammelten Materialien und Informationen systematisiert, transformiert und in Beziehung zueinander gesetzt. Ziel ist es, durch Vergleiche und Verknüpfungen, Reduktions- und Abstraktionsarbeit stabile Ressourcengeflechte zu schaffen, die in Form von Gleichungen, Tabellen, Listen, Graphiken, 3-D-Modellen und Text eine überschaubare und leicht kommunizierbare Auskunft über weitaus komplexere Phänomene

---

[128] Ein historisches Beispiel gibt die Erforschung des Pazifiks, für die eine von Lapérouse im Auftrag von Louis XVI. ab 1785 geleitete Reise wesentlich war: „On 17 July 1787, Lapérouse is *weaker* than his informants [the natives]; he does not know the shape of the land, does not know where to go; he is at the merci of his guides. Ten years later, on 5 November 1797 the English ship *Neptune* on landing again at the same bay will be much stronger than the natives since they will have on board maps, descriptions, log books, nautical instructions – which to begin with will allow them to know that this is the 'same' bay. For the new navigator entering the bay, the most important features of the land will all be seen for the second time – the first time was when reading in London Lapérouse's notebooks and considering the maps engraves from the bearings De Lesseps brought back to Versailles" (LATOUR 1987, 217).

2.2 Wissenschaftliche Praxis als Netzwerkbildungsprozeß 107

geben können, darunter unendlich große, unendlich kleine, räumlich und zeitlich weit entfernte oder verstreute Sachverhalte. Um solche handhabbaren Inskriptionen zu erstellen, die gleichzeitig für eine große Zahl mobilisierter Ressourcen sprechen können (LATOUR 1987, 234-235),[129] versuchen Wissenschaftler, aus der Masse der mobilisierten Ressourcen eine zumindest vorübergehend stabilisierte Ordnung zu produzieren, deren (qualitativer) Erkenntnisgewinn den (quantitativen) Erkenntnisverlust mindestens kompensiert. Dazu werden auf der Grundlage kreativen Experimentierens so lange Beziehungen zwischen Entitäten hergestellt oder verändert, neue Entitäten rekrutiert, andere modifiziert oder weggelassen und immer wieder einzelne Teile des Ressourcengeflechts *re*-repräsentiert bis sich die relevanten Elemente in einer aufeinander abgestimmten Weise verhalten und als eine schlüssige und nachvollziehbare wissenschaftliche Argumentation in Erscheinung treten.

> If these conditions are met, then a small provincial town, or an obscure laboratory, or a puny little company in a garage, that were at first as weak as any other place will become centes dominating at a distance many other places (LATOUR 1987, 223).

Latour betont, daß sich die Arbeit in den Kalkulationszentren prinzipiell nicht von der Mobilisierung als dem ersten beschriebenen Schritt des wissenschaftlichen Netzwerkbildens unterscheidet, da alle Maßnahmen, wie die Vermessung eines Gebietes, die Gewinnung von Proben oder die Bildung von Summen, Indikatoren, Funktionen oder Durchschnitten, letztendlich auf eine Erhöhung von Mobilität, Stabilität und Kombinierbarkeit der Untersuchungsgegenstände abzielen würden (LATOUR 1987, 233-241). Mobilisierung und Stabilisierung sind als gleichberechtigte und ineinander übergehende Bestandteile integrierender Aushandlungsprozesse zwischen heterogenen Entitäten zu betrachten, welche im seltenen Idealfall in einer wissenschaftlichen Black box münden.[130]

---

[129] Als Paradebeispiel führt LATOUR (1987, 240) Gleichungen an, da diese als Summe aller Mobilisierungen, Verknüpfungen und Evaluierungen der Wissenschaftler anzeigen, welche Entitäten in welcher Weise in Beziehung zueinander stehen und meist auch wo die Grenzen der Stabilität des jeweiligen Ressourcengeflechts liegen. In wissenschaftliche Texte werden meist mehrere Ressourcengeflechte n-ter Ordnung wie Abbildungen und Literaturverweise als interne Referenten zur Unterstützung der Aussagen integriert (LATOUR 1987, Teil 1; LATOUR 1999b, Kapitel 2).

[130] Hinter der Betonung der Kontinuität des Netzwerkbildens zwischen Mobilisierung und Verarbeitung steht das kontinuierliche Bestreben Latours, das rationalistische Weltbild zu widerlegen, demzufolge Wissenschaftler *per se* rationaler, intelligenter oder ideenreicher als andere Personen agieren bzw. nur durch überlegene geistige Qualitäten und 'abstraktes' Denken (vgl. Fußnote 131) zu herausragenden wissenschaftlichen Ergebnissen gelangen. Latour argumentiert in diesem Zusammenhang wie folgt: „[W]hen there is a gain, it is not supernatural power brought to the scientists by an angel sent straight from Heaven. The gain is *on* the paper form itself. For instance, the supplement offered by the map is *on* the flat surface of paper which is easily dominated by the eyes and on which many different elements can be painted, drawn, superimposed and inscribed. [...] Similarly, the empty boxes in Mendeleev's table are offered to him *by* the geometrical pattern of rows and columns. To be sure, his success in anticipating unknown elements to fill in the boxes is an impressive one. What is also extraordinary is how chemical reactions taking place in gallipots and stills all over Europe have been brought to bear on a simple pattern of rows and columns through a long cascade of translations. In other words, the *logistics* of immutable mobiles is what we have to admire and study, not the seemingly miraculous supplement of force gained by scientists thinking hard in their offices" (LATOUR 1987, 236 f.).

Den Kern der Mobilisierungs- und Stabilisierungsarbeit in den Naturwissenschaften bilden nach LATOUR (1999b) aufeinanderfolgende Transformationen materieller Gegebenheiten in die Welt der Zeichen, die mit der Zuschreibung von Bedeutungen und meist auch mit physischen Veränderungen einhergehen. Die einzelnen Transformationsschritte oder – allgemeiner formuliert – Mediationen bilden hypothetisch zurückverfolgbare Transformationsketten (vgl. Abb. 10, S. 137) zwischen einer analogen Welt in Richtung des einen Extrems (z. B. Boden einer tropischen Savanne) und einem Punkt höchster Abstraktion im Bereich des anderen Extrems (z. B. Diagramm zu einem typischen Bodenprofil in der untersuchten Savanne; für das Beispiel siehe LATOUR 1999b, Kap. 2). Zwischenprodukte sind verschiedene soziomaterielle Hybride der Transformationsstufen erster bis n-ter Ordnung, die immer wieder Ausgangspunkt neuer Transformationen und Abstraktionen werden können; im Falle des Bodenprofils einer Savanne sind dies z. B. das eingemessene Untersuchungsgebiet, Bohrungen mit einem Standardgerät (Pürckhauer), systematisch verortete Erdklumpen in einem Pedokomparator, auf Grundlage einer anerkannten Farbschablone (Munsell Code) gewonnene Angaben zur Bodenfarbe, gezeichnete Diagramme und textliche Ausführungen. Transformationsketten beschreiben folglich wissenschaftliche Abstraktionsarbeit, bei der in jedem Schritt spezifische Elemente aus dem vorherigen Stadium extrahiert werden, um so viele Sachverhalte wie möglich auf einmal repräsentieren zu können (LATOUR 1987, 241).[131] Das lückenlose Vor- und Zurückverfolgen einer Transformationskette, die sogenannte 'zirkulierende Referenz' (LATOUR 1999b), gewährleistet Wissen, das sowohl über die Beschaffenheit eines bestimmten Phänomens als auch über seinen Konstruktionsprozeß Auskunft gibt. Es ermöglicht den einen, für das spezifische Phänomen zu sprechen, und bietet den anderen einen Weg, sich von der Art der Verknüpfungen zwischen Repräsentation und Repräsentiertem im Nachhinein zu überzeugen (LATOUR 1999b; vgl. auch 2.4.3).

Wissenschaftler, die innerhalb wissenschaftlicher Kalkulationszentren Inskriptionen n-ter Ordnung, also bereits abstrakte Produkte, weiter kombinieren und somit nach Zusammenhängen zwischen Zeichen bzw. Theorien suchen, nehmen aufgrund der universellen Applikation ihrer abstrakten Resultate zwar eine besonders strategische Position ein, dennoch ist nach Latour auch der von ihnen betriebene Formalismus untrennbar mit den beschriebenen Mobilisierungs- und Verarbeitungsprozessen des wissenschaftlichen Netzwerkbildens verbunden (LATOUR 1987, 245-247; vgl. auch 2.4.7.2). Die besondere Stellung und Anerkennung von Theorien im Rahmen wissenschaftlicher Arbeit rühre daher, daß zwischen diesen, auch wenn sie in verschiedenen Bereichen generiert wurden, aufgrund des sehr hohen Abstraktionsniveaus neue transversale Verbindungen hergestellt werden können, die zu obligatorischen Verbindungspunkten werden:

> Once every trace has been not only written on paper, but rewritten in geometrical form, and re-written in equation form, then it is no wonder that those who control geometry and mathematics will be able to intervene almost everywhere (LATOUR 1987, 245).

---

[131] Latour legt in diesem Zusammenhang Wert darauf, daß Abstraktion als Prozeß und Produkt nicht mit einer Art zu denken verwechselt wird (vgl. auch Fußnote 130).

2.2 Wissenschaftliche Praxis als Netzwerkbildungsprozeß   109

Theorien können somit als Kreuzungspunkte verstanden werden, die es wissenschaftlichen Zentren erlauben, unendlich viele Elemente zu mobilisieren, zu modifizieren und in Beziehung zueinander zu setzen. Ihr Konstruktionsprozeß gleicht jedoch dem anderer Inskriptionen n-ter Ordnung (LATOUR 1987, 242).

> As soon as a divide is made between theories and what they are theories *of*, the tip of technoscience is immediately shrouded in fog. Theories, now made abstract and autonomous objects, float like flying saucers above the rest of science, which by contrast becomes 'experimental' or 'empirical' (LATOUR 1987, 242).

Zusammenfassend ausgedrückt, ist die *Generierung* wissenschaftlicher Behauptungen als Netzwerkbildungsprozeß zu verstehen, der durch die Kombination von räumlichen Mobilisierungsprozessen und integrierenden, auf eine erkenntnisorientierte Balance zwischen Abstraktion und Fülle ausgerichteten Aushandlungsprozessen zwischen heterogenen Ressourcen in Zentren wissenschaftlicher Kalkulation gekennzeichnet ist. Auf Basis einer besonderen Beharrlichkeit im Austesten stärkerer und schwächerer Assoziationen und der Möglichkeit zur Schaffung komplexer soziomaterieller Hybride führen die Netzwerkbildungsprozesse in den Wissenschaften im allgemeinen zu längeren und häufig stabileren Assoziations- und Argumentationsketten und damit zu 'härteren', weniger veränderbaren und weniger an lokale Kontexte anpassungsfähigen Aussagen als sie in anderen Netzwerken zu finden sind (LATOUR 1987, 208 f.; 1995, 156 f.). Die zunehmende Komplexität der aus Black boxes bestehenden Wissenschaftsnetze läßt darüber hinaus bestimmte wissenschaftliche Praktiken und Resultate dem Alltag sehr weit entrückt erscheinen:

> Beginning with a few cheap elements borrowed from common practice, laboratories end up after several cycles of contest with costly and enormously complex set-ups very remote from common practice (LATOUR 1987, 93).

2.2.4 Erhärtung

Mit der Mobilisierung und Stabilisierung heterogener Ressourcen zu einem stabilen Geflecht ist der wissenschaftliche Netzwerkbildungsprozeß keineswegs abgeschlossen. Eine aufgestellte Behauptung muß sich erst außerhalb ihres Entstehungskontextes bewähren, um zu einem anerkannten und weitverbreiteten Faktum werden zu können (LATOUR 1987). Im folgenden geht es daher um die Betrachtung der Mobilität einer stabilisierten Behauptung aus dem gestaltgebenden Kalkulationszentrum heraus. Dieser Aspekt des wissenschaftlichen Netzwerkbildungsprozesses umfaßt zunächst die Erhärtung wissenschaftlicher Behauptungen zu allgemein anerkannten Fakten und dann ihre Verbreitung und Erhaltung in Raum und Zeit (vgl. 2.2.6). Er überschneidet sich in vielerlei Hinsicht mit den Prozessen der Mobilisierung und Abstraktionsarbeit, muß im Unterschied zu diesen jedoch nicht zwangsläufig stattfinden, sofern das Bestreben besteht, stabilisiertes Wissen unter höchster Geheimhaltung zu verwenden. Obgleich sich LATOUR (1987) nicht explizit mit längerfristigem Geheimwissen befaßt, sondern primär den universitären Wissenschaftsbetrieb im Blickfeld hat, soll an dieser Stelle darauf hingewiesen werden, daß die meisten der im folgenden geschilderten Prinzipien auch für Geheimwissen gelten könnten (vgl. Arten des Wissens nach MEUSBURGER 1998 in Kapitel 1.3.3), da die Bewährung einer wissenschaftlichen Behauptung an der Realität ('Erhärtung') vor allem eine unproblematische Verknüpfung mit nichtmenschlichen Entitäten bedeutet, aber nicht unbedingt eine große Zahl von Menschen erfordern muß. Mit anderen Worten ausgedrückt könnte sich geheimes Wissen durchaus an einem oder an wenigen Orten bewähren, sofern die Aufrechterhaltung des Wissenschaftsbetriebes auf anderem Wege als über positive Rückkopplungseffekte durch die Anerkennung der *peer group* gewährleistet ist (z. B. durch finanzkräftige Auftraggeber). Nur für die Verbreitung in Zeit und Raum und die Zirkulation als anerkanntes wissenschaftliches Faktum wäre die Integration in andere Kontexte unabdingbar.[132]

Im Kern geht es beim Prozeß der Erhärtung wissenschaftlicher Fakten um die prinzipielle Feststellung Latours, daß das Schicksal und somit die Qualität lokal konstruierter wissenschaftlicher Behauptungen von den nachfolgenden Handlungen *anderer* abhängig ist. Forschungsergebnisse werden erst wissenschaftlich, wenn sie von anderen menschlichen und nichtmenschlichen Akteuren akzeptiert werden, so daß die Konstruktion wissenschaftlicher Fakten letztendlich ein kollektiver Prozeß ist (LATOUR 1987, 29, 108, 259). Dies läßt sich anhand von vier Entwicklungsmöglichkeiten wissenschaftlicher Behauptungen verdeutlichen:

1) Wird eine Behauptung nicht aufgegriffen, ist es, als hätte das entsprechende Ressourcengeflecht – sei es noch so stabil – nie existiert.
2) Wird eine Behauptung aufgegriffen, aber bis ins Unkenntliche verändert, so waren die Bemühungen des Urhebers ebenfalls vergeblich.
3) Wird die Behauptung aufgegriffen, aber stark kritisiert, ergibt sich möglicherweise eine Kontroverse. Diese könnte die Rekrutierung weiterer Ressourcen erfordern, um die eigene Behauptung zu erhärten. Im Falle eines Mißerfolgs hätte die Behauptung zwar kurzfristig Aufmerksamkeit erregt, der Schaden durch vergebliche Investitionen könnte aber unverhältnismäßig groß sein.
4) Nur eine erfolgreiche Erhärtung der eigenen Behauptung durch eine unproblematische Integration in andere Forschungskontexte würde den wünschenswerten Effekt erzielen, daß die eigene Leistung mit dem geformten Faktum verbunden wird und somit positive Rückkopplungseffekte für weitere Netzwerkbildungsprozesse zu erwarten sind.

Die unproblematische Übernahme der eigenen wissenschaftlichen Behauptung durch andere (vierte Möglichkeit) ist die erstrebenswerteste Variante zur Aufrechterhaltung und Prosperität des eigenen Wissenschaftsbetriebs. Dazu müssen andere Personen und Interessensgruppen an den eigenen Ergebnissen interessiert und die Ergebnisse mit möglichst vielen bestehenden Erkenntnissen, Mechanismen, Objekten und Theorien in Einklang gebracht werden. Nur ein über das Kalkulationszentrum hinaus erweitertes Netzwerk aus aufeinander abgestimmten menschlichen

---

[132] Die Auseinandersetzung mit der Entstehung, Verwendung und weiteren Entwicklung von Geheimwissen gehört zu den offenen Forschungsfragen einer Geographie des Wissens und der Qualifikationen wie sie von MEUSBURGER (1998) konzipiert wurde (vgl. auch 1.3.3).

2.2 Wissenschaftliche Praxis als Netzwerkbildungsprozeß

und nichtmenschlichen Ressourcen gewährleistet die Existenz eines stabilisierten Ressourcengeflechts als anerkanntes Faktum, ermöglicht dessen Verbreitung durch neue Verknüpfungen und wichtige positive Rückkopplungseffekte für diejenigen, welche die konstituierenden Verbündeten rekrutiert, zu einer wissenschaftlichen Behauptungen stabilisiert und damit zuerst artikuliert haben.

Die eigene Behauptung sollte sich aber in den Händen der anderen bewähren, ohne stark verändert werden zu müssen, um aus den zuvor genannten Gründen eine eindeutige Urheberschaft zu gewährleisten (LATOUR 1987, 108, 121). Menschliche und nichtmenschliche Wesen müssen daher in den Netzwerkbildungsprozeß eingebunden, aber zugleich in ihren Handlungsmöglichkeiten kontrolliert werden. Dies geschieht durch mühsame Verhandlungen und Übersetzungen zwischen verschiedenen Interessen, Zielen, Funktionen, Kompetenzen und Rollen menschlicher und nichtmenschlicher Aktanten (LATOUR 1987, 108-121; LATOUR 1999b, 178-193). Im Idealfall können bei der Abstimmung verschiedener Aktanten mehrere explizite Interessen befriedigt werden. In den meisten Fällen ist jedoch eine der folgenden Strategien notwendig, um aus Behauptungen wissenschaftliche Fakten oder funktionierende technische Artefakte zu machen:

1) eine Veränderungen der Ziele, z. B. durch Übersetzung verschiedener Ziele zu einem neuen Ziel;
2) die Akzeptanz von Umwegen;
3) die Suche nach Kompromissen und neuen Aktanten, welche zum ursprünglichen Ziel verhelfen;
4) die Definition neuer Ziele, Kompetenzen und Interessensgruppen;
5) eine neue Problemfindung.

Für die Stabilität eines Ressourcengeflechts spielt es wiederum keine Rolle, ob sich die angewandte Strategie auf menschliche oder nichtmenschliche Entitäten bezieht. Die einzige Frage sollte lauten, ob die neue Assoziation stärker oder schwächer als die alte ist (LATOUR 1987, 127).

2.2.5 Grenzenlose Assoziationen

Zwei Beispiele sollen die Heterogenität der Konstruktionsbedingungen wissenschaftlicher Fakten und Artefakte verdeutlichen und zeigen, wie im Prozeß wissenschaftlichen Arbeitens ständig konventionelle Grenzen zwischen verschiedenen gesellschaftlichen Bereichen, aber auch zwischen Natur und Gesellschaft überschritten werden. Das erste Beispiel ist der Entstehungsprozeß des Dieselmotors im ausgehenden 19. Jahrhundert (vgl. LATOUR 1987, 105 ff.). Für dessen Grundprinzip in Form einer Verbrennungskraftmaschine mit hohem Wirkungsgrad, die auf der Selbstzündung des Treibstoffs in stark verdichteter und dadurch hoch erhitzter Luft beruht, erhielt Rudolf Diesel 1892 das Patent. Mit der Maschinenfabrik Augsburg-Nürnberg (MAN) und Krupp fand Diesel zwei Interessenten, den Bau eines Prototypen zu unterstützen, da sie auf eine effiziente und vielseitige Alternative zur Dampfmaschine hofften. Diesel mußte jedoch versuchen, das Schicksal seines patentierten Konzepts mit so viel relevanten Elementen wie möglich zu verbinden, um den Bau des Prototypen zu ermöglichen und gleichzeitig sicherzustellen, daß das Resultat über jeden Widerspruch und jede Kritik erhaben sein würde:

> Diesel has to invent an injection pump that holds air and kerosene together, allows the high pressure to ignite the mixture, makes the engine run, and thus keeps MAN in line. But if the kerosene, the air, and MAN are kept in line, this is not the case for the vast market anticipated by Diesel. This has to be given up [because the selected alliance means a large and costly engine]. [...] Diesel has to choose alliances. He has to decide what he *most* wishes to keep in line. There is at first no engine that can ally itself to air, to any fuel and to everyone's needs. *Something has to give way*: a fuel, the kerosene, solid injection, Carnot's principles [of thermodynamics], the mass market, Diesel's stamina, MAN's patience, rights to patents ... Something (LATOUR 1987, 123).

Der Patentinhaber schaffte es selber nicht, die konstituierenden Elemente des Prototyps so aufeinander zu beziehen, daß diese ein funktionierendes Ressourcengeflecht ergaben, welches außerhalb der eigenen Werkstatt zu einem unproblematischen Gebrauchsgegenstand werden konnte. Während jedoch genügend menschliche Akteure bereit waren, den fertigen Prototyp auszuprobieren, verweigerten nichtmenschliche Akteure die Kooperation und gerieten außer Kontrolle:

> In June 1897 the engine is solemnly presented to the public. The worries of a black box builder now take on a new dimension. Diesel needs others to take up his engine and to turn it into a black box that runs smoothly in thousands of copies all over the world [...] In Diesel's hands the engine is a closed black box [...], simply waiting to be borrowed by later scientific articles [...] However, this was not the opinion of the firm that had bought the prototypes. [...] [T]he engine kept faltering, stalling, breaking apart. Instead of remaining closed, the black box fell open, and had to be overhauled every day by puzzled mechanics and engineers arguing with one another [...] One after the other, the licensees returned the prototypes to Diesel and asked for their money back. Diesel went bankrupt and had a nervous breakdown (LATOUR 1987, 105-106).

Das Ziel Diesels, durch Übersetzungen und Verhandlungen eine stabile Konfiguration aus einer maximalen Anzahl an Verbündeten zu schaffen, die zu einer unentbehrlichen Black box für die Durchsetzung der Ziele anderer wird (effizienter Verbrennungsmotor), wurde erst im ersten Jahrzehnt des 20. Jahrhunderts nach langjährigen Modifikationen verschiedener Prototypen durch zahlreiche Ingenieure von MAN erreicht (LATOUR 1987, 106). Ab etwa 1914, dem Jahr nach Diesels mutmaßlichem Selbstmord bei einer Überquerung des Ärmelkanals, konnten Kopien des nach ihm benannten Motors als Black box verkauft werden. Der Dieselmotor[133] war

---

[133] Die Benennung des Motors nach Diesel war nicht unproblematisch, da sich das Endprodukt nach Ansicht verschiedenster Akteure stark von dem Modell Diesels entfernt hatte (LATOUR 1987, 106). Die übliche nachträgliche Zuschreibung einer Idee zu einer Person (*eponymy*; vgl. 1.3.2.1) hat vermutlich dazu beigetragen, daß die mühsamen Netzwerkbildungsprozesse lange Zeit von der Wissenschaftsforschung ausgeblendet und durch verkürzte Perspektiven wie besondere kognitive Kapazitäten 'großer Erfinder' oder das Konzept der unproblematischen Beobachtung durch perfekte Rationalität ersetzt wurden. Tatsächlich darf aber, wie Latours Beispiele zeigen, das Prinzip der *nachträglichen* Zuschreibung der Hauptverantwortung für die Konstruktion eines Faktums zu *einer* Person, Arbeitsgruppe oder Kooperationsgemeinschaft nicht mit dem kollektiven Konstruktionsprozeß wissenschaftlicher Fakten verwechselt werden (LATOUR 1987, 118 f.).

2.2 Wissenschaftliche Praxis als Netzwerkbildungsprozeß

Teil eines stabilen Systems schlüssig aufeinander bezogener Aktanten geworden, die ihr Verhalten gegenseitig kontrollierten. Schon bald avancierte er zu einem routinemäßig gebrauchten, unentbehrlichen Equipment für verschiedenste Industrien. Die komplizierten, von scheinbar endlosen Versuchen geprägten Entstehungsbedingungen wurden irrelevant und gerieten allmählich in Vergessenheit.

Das zweite Beispiel zur Verdeutlichung der Heterogenität multilateraler Aushandlungsprozesse in den Wissenschaften beruht auf ausgewählten Aktivitäten des französischen Kernphysikers Frédéric Joliot (1900-58) im Jahr 1939 (vgl. im folgenden LATOUR 1998b; 1999b, Kap. 3). Im Mai 1939 war Frédéric Joliot zusammen mit seinen engsten Mitarbeitern am *Collège de France* in Paris auf der Suche nach der ersten künstlichen Kernreaktion. Es sollte die theoretisch abgesicherte Möglichkeit verwirklicht werden, daß ein mit Neutronen bombardiertes Uranatom zerbricht und dabei zwei bis drei andere Neutronen freisetzt, die ihrerseits Uranatome bombardieren und somit eine Kettenreaktion in Gang setzen, in deren Rahmen unbegrenzte Mengen von Energie produziert werden können. Dieses Projekt besaß große Bedeutung für die Konstruktion der Atombombe und die Energiegewinnung aus Atomreaktoren, weshalb zur gleichen Zeit, von insgesamt etwa zehn anderen Forscherteams, auch an anderen Orten der Welt nach Möglichkeiten einer künstlichen Kernreaktion gesucht wurde.[134] Joliots Hauptproblem bestand darin, in der Versuchsanordnung die Geschwindigkeit der Neutronen, welche bei den ersten Kernspaltungen emittiert wurden, zu verlangsamen, da diese bei zu hoher Geschwindigkeit keine neue Reaktion auslösten. Um das Projekt erfolgreich zu gestalten, mußte Joliot folglich mit den Neutronen, die in Form einer bestimmten Geschwindigkeit gewissermaßen ihre eigenen Interessen verfolgten und somit als eigene Aktanten in Erscheinung traten, in Verhandlung treten. Mit seinen beiden wichtigsten Mitarbeitern, Hans Halban und Leo Kowarski, suchte er nach einem geeigneten Moderator, der die Neutronen verlangsamen konnte, ohne diese zu absorbieren oder abprallen zu lassen. Im engsten Sinne des Wortes sollte dieser Moderator zwischen Joliots Team und den Neutronen vermitteln. Nach verschiedenen unbefriedigenden Versuchen mit Paraffin und Graphit wies Halban aufgrund vorheriger Versuchserfahrungen in Kopenhagen darauf hin, daß schweres Wasser (Wasserstoffmoleküle des Wasserstoffisotops Deuterium) den idealen Moderator darstellen würde. Schweres Wasser hatte jedoch gewichtige Nachteile. Erstens kostete seine Produktion ein Vermögen, zweitens wurde es damals nur in einer einzigen Fabrik in der Welt produziert. Diese Fabrik gehörte zu einer norwegischen Firma, aber Europa befand sich im Krieg.

Um mitten im Krieg schweres Wasser zu erhalten, mußte Joliot auch mit dem französischen Rüstungsminister in Verhandlungen treten. Als Gegenleistung für das erforderliche Medium versprach er, einen Versuchsreaktor für zivile Nutzung zu bauen – mit der Aussicht, daß sich aus diesem Projekt eventuell die Konstruktion eines neuen Waffentyps ergeben könnte. Der Rüstungsminister, bestrebt die Autarkie Frankreichs in der Energieversorgung zu sichern und die militärische Abwehr-

---

[134] Der Vollständigkeit halber sei darauf hingewiesen, daß die erste atomare Kettenreaktion am 2. Dezember 1942 von Enrico Fermis Arbeitsgruppe in Chicago ausgelöst wurde.

kraft des Landes zu stärken, unterstützte das Projekt. Er verhandelte seinerseits mit den norwegischen Behörden um etwa sechsundzwanzig von Physikern in Deutschland, England, Frankreich und Norwegen begehrte Container mit schwerem Wasser und erreichte schließlich, daß Joliot diese erhielt.

Frédéric Joliot benötigte demnach für sein Ziel, die erste künstliche Kettenreaktion zu erzeugen, in gleicher Weise die Kooperation der Neutronen wie die des Ministers. Er mußte gleichzeitig verstehen, was mit den Neutronen passiert, einen Reaktor zum Laufen bringen, das Militär, Politiker und Industrielle an dem Projekt interessieren und seine Kollegen von der Erfolgsaussicht des Projekts überzeugen, da das Militär, die Politiker und die Industriellen nicht allein auf eine Stimme vertrauen würden. Außerdem mußte er der Öffentlichkeit ein positives Bild seiner Aktivitäten vermitteln, um öffentlichen Protest zu vermeiden, der die Unterstützung der verschiedenen Interessensgruppen in Gefahr hätte bringen können.[135]

Diese Auflistung zeigt, daß jede der genannten Aktivitäten gleichberechtigt nebeneinander stand und Joliots wissenschaftliche Arbeit im wesentlichen darin bestand, alle Fäden zusammenzuhalten: ohne Verbündete kein schweres Wasser und mithin kein Reaktor; ohne Kollegen keine günstige Meinung des Rüstungsministers über Joliot und folglich kein schweres Wasser; ohne ein Mittel, die Reproduktionsrate der Neutronen zu berechnen, keine Bewertung des Projekts, also kein Beweis und auch keine überzeugten Kollegen etc. (LATOUR 1998b, 888). Daher ist aus der Akteursnetzwerkperspektive eine Erklärung wissenschaftlicher Inhalte nur durch die Identifikation möglichst vieler solcher heterogener Assoziationen verantwortlicher Entitäten, Ereignisse und Beziehungen möglich. Diese können allein für analytische Zwecke als sozial, kulturell, wirtschaftlich, politisch, militärisch oder wissenschaftlich klassifiziert werden (LATOUR 1999b, Kap. 3), weil sämtliche Grenzziehungen zwischen etwaigen systemischen Bereichen der menschlichen Gemeinschaft zur Komplexitätsreduktion und zur eigenen Orientierung dienen und daher nicht als erklärungsrelevante Kategorien herangezogen werden können (vgl. John Laws *modes of ordering* in LAW 1994).[136]

Anstatt somit weitere *Kausalbeziehungen* zwischen einem Kern *wissenschaftlicher Inhalte* und einem *außerwissenschaftlichen Kontext* zu postulieren, wie es sowohl realistische als auch sozialkonstruktivistische Ansätze mit ihren internalisti-

---

[135] Die Lieferung des für die Versuche erforderlichen Urans war von Joliot – mit Unterstützung einer Reihe anderer Personen – bereits zu Beginn des Projektes durch eine Reihe ausgeklügelter juristischer Verträge mit einer belgischen Bergwerksgesellschaft sichergestellt worden.

[136] Latour wies bereits bei seinen Reflexionen über neuzeitliche Entdeckungsreisen auf die heterogenen Bedingungen der verbundenen Wissensproduktion hin, da diese beispielsweise Könige, Finanziers, Expeditionsleiter, Matrosen, verschiedene administrative Büros und die Bereiche Schiffsbau, Gewürzhandel und Kartographie vereinten (LATOUR 1987, 222 f.). Im Rahmen der Untersuchung einer Kontroverse zwischen Louis Pasteur und Félix Pouchet über die spontane Entstehung von Lebewesen aus unbelebter Materie rekonstruierte Latour die jeweiligen heterogenen Assoziationsketten der Kontrahenten und kam zu dem Schluß, daß es keine endliche Liste von Faktoren zur Erklärung der Geschichte gibt, weder der Wissenschaftsgeschichte, noch der Geschichte überhaupt (LATOUR 1998a, 787): „Der (n+1)te Verbündete [von Pasteur als Sieger der Kontroverse; Anm. der Autorin] ist die Ungewißheit, die nichts von der Wahl eines Faktors hat, den man aus einem endlichen Repertoire von Ursachen berechnen könnte" (LATOUR 1998a, 783).

2.2 Wissenschaftliche Praxis als Netzwerkbildungsprozeß

schen bzw. externalistischen Erklärungsmustern von Wissenschaft versuchten (vgl. 1.3.2), entwickelte LATOUR (1999b) vor dem Hintergrund der akteursnetzwerktheoretischen Wissenschaftsstudien das Konzept eines *zirkulären Systems wissenschaftlicher Fakten* (vgl. Abb. 7). Demzufolge ist es möglich, im Rahmen der Mobilisierung menschlicher und nichtmenschlicher Verbündeter fünf Kernbereiche von Mediatoren zu differenzieren, mit denen ein Wissenschaftler in multilateralen Aushandlungsprozessen meist zugleich befaßt sein muß, um Behauptungen und Fakten ins Leben zu rufen und lebendig zu erhalten.

> Wenn es auch *per definitionem* unmöglich ist, ein und für allemal die heterogenen und unvorhersehbaren Verbindungen im allgemeinen zu beschreiben, welche die Bildung eines bestimmten technischen Inhalts erklären, kann man doch in groben Strichen skizzieren, worum sich jeder Forscher kümmern, welche Dimensionen er gleichzeitig im Kopf haben muß (LATOUR 1998b, 887 f.).

Diese fünf Kernbereiche lassen sich mit den Stichworten Forschungsinfrastruktur, Interessensgruppen, Kollegen, Öffentlichkeit und Forschungsobjekte kennzeichnen. Sie sind gleich wichtig, untereinander rückgekoppelt und liefern prinzipiell – meist nicht im historischen Einzelfall – einen großen Spielraum für die Kombination und Substitution verschiedener konstituierender Elemente wissenschaftlicher Praxis und Produkte. Die konzeptionelle bzw. inhaltliche Dimension der Wissenschaften wird aus der Perspektive des zirkulären Systems wissenschaftlicher Praxis zu den Knotenpunkten der im Prozeß wissenschaftlicher Arbeit verknüpften heterogenen menschlichen und nichtmenschlichen Ressourcen (vgl. Abb. 7-a).

Abb. 7: Latours zirkuläres System wissenschaftlicher Praxis

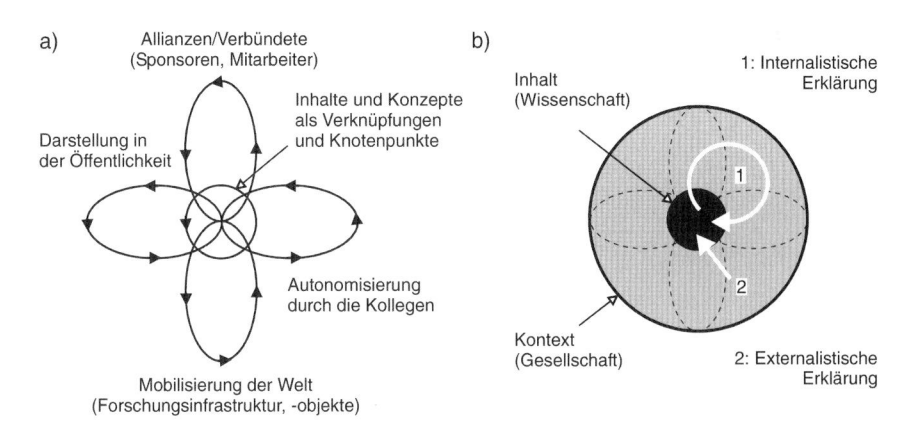

Quelle: Nach LATOUR 1999b, 92, 100, 110.

LATOUR (1999b, 99) argumentiert, daß Wissenschaftsstudien alle fünf Typen von Aktivitäten beschreiben müssen, wenn sie dazu beitragen möchten, das Phänomen Wissenschaft auf eine realistische Art und Weise verstehen zu können.[137] Durch die Rekonstruktion von Assoziationsketten auf Grundlage eines zirkulatorischen Verständnisses von Wissenschaft und Gesellschaft gelte es, das reduktionistische Inhalt/Kontext- bzw. Ideen/Menschen-Modell zu ersetzen, das ursprünglich durch Auskernen der wissenschaftlichen Disziplinen aus ihrer kollektiven Existenz entstanden ist und scheinbar unüberwindbare Grenzen zwischen einem Kern wissenschaftlicher Inhalte – dem objektiven, reinen Wissen – und einem sozialen, politischen, wirtschaftlichen und kulturellen Kontext etablierte (vgl. Abb. 7-b).[138]

Die Methode der Rekonstruktion heterogener Assoziationsketten, in der die akteursnetzwerktheoretische Auflösung apriorisch gesetzter Kategorien zum Ausdruck kommt (vgl. 1.3.2.7 und Abb. 3), wird im vierten Kapitel dieser Arbeit herangezogen, um das Zustandekommen, den Verlauf und die Auswirkungen der Aufenthalte US-amerikanischer Humboldt-Forschungspreisträger in Deutschland als Teil eines internationalen Netzes menschlicher und nichtmenschlicher Aktanten zu analysieren (vgl. auch 1.4.2.2).

2.2.6 Verbreitung und Erhaltung

Von der Mobilisierung der ersten Ressourcen bis zur Erhärtung wissenschaftlicher Fakten muß die Hauptarbeit im wissenschaftlichen Netzwerkbildungsprozeß meist an einem Ort von wenigen zentralen Akteuren geleistet werden. Anschließend, im Rahmen der Verbreitung der Fakten in Raum und Zeit, geht diese Aufgabe auf andere Personen über, die ihrerseits mobilisieren, bitten, Kompromisse eingehen und verhandeln müssen, um mit der jeweiligen Black box ihre eigenen Ziele zu erreichen (LATOUR 1987, 120). Analog zum Schicksal einer wissenschaftlichen Behauptung würde die Existenz eines Faktums ohne die Handlungen anderer abrupt aufhören, gleichgültig wie lange dies zuvor unentbehrlich gewesen ist (LATOUR 1987, 137). In gleicher Weise müssen die Meß-, Interpretations- und Versorgungsnetze, welche ebenfalls die Existenz eines wissenschaftlichen Faktums oder technischen Artefakts gewährleisten, lokal vorhanden sein. Dies erfordert eine Ausdehnung der konstituierenden wissenschaftlichen Netzwerke in der Weise, daß so viele Punkte der Außenwelt wie möglich entsprechend der gestaltgebenden Assoziationsketten transformiert werden (LATOUR 1987, 53; vgl. auch LATOUR 1987, 248).

---

[137] Dem Anspruch eines gesellschaftstheoretischen Entwurfs entsprechend gilt Latours Ansicht nach das gleiche auch für andere historische, sozial- und wirtschaftswissenschaftliche Studien, wobei auf analoge Weise der jeweilige thematische Fokus (z. B. Militär, Wirtschaft, Politik, Technologie, Recht, Administration, Sozialwesen, Kultur) als Knotenpunkt verschiedener mediatorischer Kern- und Randbereiche zu konzeptionalisieren wäre (LATOUR 1999b, 110 ff.).

[138] Die internalistische Erklärung der Epistemologen würde behaupten, daß natürliche Realität selbsterklärend ist, während nur Irrtum durch soziale Einflüsse zu erklären wäre. Aus dieser Perspektive kann das soziale Umfeld wissenschaftlicher Forschung nur behindern. Soziale Konstruktivisten würden dagegen externalistisch argumentieren, daß beide, wahre und unwahre Ideen, die überindividuell geteilt werden, durch die Gesellschaft erklärt werden sollten (vgl. LATOUR 1999b, 91 f.).

2.2 Wissenschaftliche Praxis als Netzwerkbildungsproceß

Vielgerühmte Eigenschaften der Wissenschaften wie Universalität oder Vorhersagbarkeit von Ereignissen hängen somit von der Fähigkeit ab, Orte der Wissenskonsumption so zu transformieren, daß bestehende Restvariationen keinen wesentlichen Unterschied für den Umgang mit einem wissenschaftlichen Faktum oder technischen Artefakt zur Folge haben (vgl. LATOUR 1987, 249; Latour 1995, 156 ff.). Da aufgrund der raumzeitlichen Spezifizität an zwei Orten oder an einem Ort zu zwei Zeitpunkten nie die exakt gleiche Raumzeit nachgebildet werden kann, kommt es in der Praxis immer wieder zu Komplikationen in wissenschaftlich-technologischen Netzwerken durch das Versagen menschlicher und nichtmenschlicher Aktanten oder das Eindringen zusätzlicher Elemente (z. B. im Falle von Bakterien in Operationswunden oder – wie im Jahr 2000 geschehen – wenn die Metall-Lamelle einer DC10 auf dem Pariser Rollfeld zum Absturz einer Concorde führt).

Die Abhängigkeit der Erhaltung einer Black box in Raum und Zeit von einer großen Zahl Verbündeter läßt sich wiederum anhand des Dieselmotors verdeutlichen. Dieser muß über ein Vertriebsnetzwerk verkauft, von den Kunden durch regelmäßiges Tanken und Kontrollieren des Ölstandes in Gang gehalten, von Experten gewartet und gegebenenfalls repariert sowie gelegentlich mit – erst noch zu beschaffenden – Ersatzteilen versehen werden. Zu Beginn des wissenschaftlichen Netzwerkbildungsprozesses versuchen wenige Personen ein neues Ressourcengeflecht zu stabilisieren; im Falle erfolgreicher Verknüpfungsstrategien werden viele Kopien einheitlich in Erscheinung tretender, stabilisierter Ressourcengeflechte von zahlreichen Personen verwendet und aufrechterhalten (LATOUR 1987, 140).[139]

2.2.7 Relationale Räume

To be everywhere in space or always in time, work has to be done, connections made, retrofitting accepted.

Bruno Latour, Pandora's Hope, 1999b, 173.

Die Konzeption wissenschaftlicher Praxis als Netzwerkbildungsproceß enthält zahlreiche Raumbezüge, die ein relationales Raumverständnis implizieren. So wird zum einen die konstitutive Bedeutung lokaler Besonderheiten für Produktion wissenschaftlichen Wissens in verschiedenen Argumentationszusammenhängen der *science studies* seit längerem thematisiert. Grundlegend dafür ist neben den geschilderten Überlegungen vor allem Donna HARAWAYS (1988) Konzept des situierten Wissens, das sich als Teil einer feministischen Wissenschaftskritik versteht. Es besagt, daß alles Wissen in physisch begrenzte Körper und Artefakte eingebettet ist, die jeweils nur unvollständige, da aus einer spezifischen Perspektive gewonnene Erkenntnisse erlauben. Anstelle des Blicks von überall und nirgendwo tritt die

---

[139] An jedem Punkt des wissenschaftlichen Netzwerkbildungsprozesses läßt sich eine spezifische Assoziation menschlicher und nichtmenschlicher Wesen beobachten, deren Eigenschaften und Kompetenzen im weiteren Verlauf ausgetauscht und wechselseitig substituiert werden können. Das wissenschaftliche Faktum oder technische Artefakt und dessen Erfinderin sind die koproduzierten, objektivierten Resultate eines heterogenen Netzwerkbildungsprozesses, hinter denen die gleiche komplexe, aber in Form einer Black box versiegelte Entstehungsgeschichte steht (vgl. LATOUR 1999b).

Betrachtung von irgendwo. Zugleich werden die Vorstellung einer von lokalen Bedingungen abgekoppelten, neutralen wissenschaftlichen Objektivität und der Glauben an eine einzige, endgültige und makellose Wahrheit verworfen (HARAWAY 1988, 176-182). Zum anderen wird die Zirkulation lokal konstruierter wissenschaftlicher Fakten und Artefakte in Zeit und Raum sowohl von Latour als auch von Haraway auf Aktivitäten zurückgeführt, die über den lokalen Standort hinausgehen. LATOUR (1987, 253) spricht in diesem Zusammenhang von der Notwendigkeit, durch die Rekonstruktion der konstituierenden lokalen Bedingungen vergleichbare Raumzeiten an anderen Orten zu schaffen, um dort die wesentlichen Existenzbedingungen wissenschaftlicher Fakten und Artefakte zu gewährleisten (vgl. LATOUR 1987, 248 ff.).

> [Facts and machines] can go everywhere as long as the track along which they travel is not interrupted in the slightest. This dependence and fragility is not felt by the observer of science because 'universality' offers them the possibility of applying laws of physics, of biology, or of mathematics everywhere *in principle*. It is quite different *in practice* (LATOUR 1987, 250).

Komplementär dazu betont HARAWAY (1988) die Bedeutung des Netzwerkbildens in Raum und Zeit zur Überwindung der Unvollständigkeit des eigenen, lokal konstruierten oder erworbenen Wissens. Ziel sei die Gewinnung einer sogenannten *erreichbaren* Objektivität durch Kommunikation über den eigenen Standort hinaus.

Das Knüpfen von Verbindungen zwischen verschiedenen Elementen – sei es an einem physisch definierten Ort oder über große Distanzen hinweg zwischen Elementen verschiedener lokaler Kontexte – läßt *relationale Räume* entstehen, die sich mit der Konfiguration der definierenden, heterogenen Elemente ändern. Konzepte wie räumliche Distanz und Nähe oder verschiedene Maßstabsebenen werden aus relationaler Perspektive nicht als essentialistische Kategorien aufgefaßt, sondern als Typen von Verknüpfungen im Netzwerk betrachtet, deren Bedeutungen und Identitäten wie die anderer relevanter Entitäten von der jeweiligen Netzwerkkonfiguration abhängig sind. Latour führt schließlich aus, daß sich die Vorstellung von Netzwerken im Sinne von Beziehungsgeflechten weder auf soziale noch auf 'reale' Räume bezieht, sondern heterogene Assoziationen meint und somit die 'Tyrannei der Geographen, den Raum zu definieren' hinfällig macht (LATOUR 1996, 371-372).

Innerhalb geographischer Theoriediskussionen erfuhren diese Vorstellungen der interdisziplinären Wissenschaftsforschung in Überschneidung mit ähnlichen Diskursen der Nachbardisziplinen (z. B. DELEUZE und GUATTARI 1992) in den Plädoyers verschiedener Autoren zu assoziationalen bzw. relationalen Geographien Resonanz (vgl. z. B. MURDOCH 1997b; ZIERHOFER 1997; MASSEY 1999a; THRIFT 1999). Das in dieser Arbeit vertretene relationale Raumverständnis baut auf diesen Konzeptionen auf, wobei Doreen Masseys Theoretisierung von Raum wegen der eingängigen Klarheit in besonderer Weise grundlegend ist.

Nach Massey ist der Raum auf dreierlei Weise zu begreifen: erstens als *Produkt von Interrelationen*, zweitens als *Sphäre der Möglichkeit der Existenz von Vielfalt* und drittens als ein *ständig im Prozeß des Werdens* befindliches Phänomen

2.2 Wissenschaftliche Praxis als Netzwerkbildungsprozeß

(MASSEY 1999b, 28-30). Ausgehend von einem anti-essentialistischen Verständnis von Raum und Zeit führt Massey aus, daß beide nur in wechselseitiger Abhängigkeit konzeptionalisiert werden können, und sie legt anschließend mit Bezug auf verschiedene philosophische Diskurse überzeugend dar, auf welche Weise Raum und Zeit miteinander verbunden sind. Aufbauend auf Henri Bergsons Konzept von Zeit als Vehikel von Veränderung argumentiert MASSEY (1999b, 32-33), daß Veränderung (*change*) nur durch Interaktion erfolgen kann und somit Zeit, deren Konzeptionalisierung in philosophischen Diskursen immer wieder über den Raum priorisiert wurde, auf Interaktion beruht. Die Möglichkeit von Interaktion sei jedoch abhängig von einer vorausgehenden Existenz von Vielfalt (*multiplicity*), die wiederum an die Existenz von Raum gebunden sei:

> [T]he possibility of interaction is dependent upon the prior existence of multiplicity (there must be more than one entity in order for interaction to be possible; the pure form of the argument is of course that the interaction itself is integral to the production of the entities). In other words:
> * for there to be time there must be interaction
> * for there to be interaction there must be multiplicity
> * for there to be multiplicity there must be space (MASSEY 1999b, 33).

Die Entitäten, die im Sinne von Doreen Massey an der Koproduktion von Raum und Zeit beteiligt sind, können dem dieser Arbeit zugrundegelegten akteursnetzwerktheoretischen Verständnis zufolge in allgemeinster Form als konzeptionell gleichberechtigte Menschen und Nichtmenschen angesprochen werden. Wie einleitend angekündigt hat sich jedoch diese Unterscheidung im Rahmen der empirischen Untersuchungen zu akademischer Mobilität (vgl. Kapitel 4) wegen der Verschneidung verschiedener Ebenen von Fähigkeiten und Verantwortlichkeit nicht bewährt, so daß im Anschluß an die Konzeptionalisierung akademischer Mobilität als wichtiger Bestandteil wissenschaftlichen Netzwerkbildens eine kritische Auseinandersetzung mit der Ontologie akteursnetzwerktheoretischer Aktanten und ihrer Implikationen für das Verständnis relationaler Räume erfolgen wird (vgl. 2.4.7; 2.5).

Nach Bruno LATOUR (1999c, 22) kann die Akteursnetzwerktheorie am besten als eine Theorie des Raumes oder der Zirkulation in einer nichtmodernen Situation charakterisiert werden, worin die wichtige Bedeutung geographischer Perspektiven für das bessere Verständnis wissenschaftlicher Praxis und Interaktion klar zum Ausdruck kommt. Ein wesentliches Argument dieser Arbeit lautet jedoch, daß räumliche Perspektiven bei der Untersuchung wissenschaftlicher Praxis bisher nicht ausreichend berücksichtigt wurden. Gleiches gilt für die Frage, was eigentlich zirkuliert und welche elementaren Typen von Entitäten letztendlich wissenschaftliche Netzwerke und deren Räume konstituieren und konstruieren. Der Aufgriff dieser Frage unter Einbezug der räumlichen Dimension wissenschaftlichen Arbeitens fügt der interdisziplinären Wissenschaftsforschung nicht nur eine weitere Untersuchungsperspektive hinzu (vgl. 1.3.2), sondern wird darüber hinaus im weiteren Verlauf der Arbeit die konzeptionellen Unterschiede zwischen sozialkonstruktivistischen und akteursnetzwerktheoretischen Wissenschaftsverständnissen in einem neuen Licht erscheinen lassen (vgl. 2.4).

2.3 Räumliche Mobilität im Prozeß des Netzwerkbildens

The whole academic world seems to be on the move.

David Lodge, Small World, 1984, 231.

Welche Rolle spielt zirkuläre Mobilität von Wissenschaftlern im Prozeß wissenschaftlichen Arbeitens? Diese Frage soll nun aufbauend auf den vorherigen Ausführungen eruiert werden. Ziel des Kapitels ist es, eine konzeptionelle Grundlage für empirische Untersuchungen zu forschungsbezogener zirkulärer Mobilität zu schaffen, mit der Gemeinsamkeiten, Unterschiede und Besonderheiten verschiedener Mobilitätsereignisse vor dem Hintergrund eines schlüssigen Interpretationsrahmens untersucht werden können (vgl. Kapitel 3 bis 5).

Die Argumentation wird sich auf einer überfachlichen Ebene bewegen, da in den vorherigen Kapiteln deutlich geworden ist, daß das Prinzip des Netzwerkbildens gleichermaßen für Natur-, Ingenieur- und Sozialwissenschaften wie auch für experimentelle und theoretische sowie grundlagenorientierte und angewandte Forschungsrichtungen zutrifft. Die nachfolgenden Ausführungen sind zudem so allgemein gehalten, daß sie unter Berücksichtigung des fachspezifischen Gegenstandsbereiches auch auf die Geisteswissenschaften angewendet werden können, die von den *science studies* bisher vernachlässigt wurden (vgl. Fußnote 159). Allerdings scheint das dafür notwendige Konzept in den Ausführungen Latours und anderer Akteursnetzwerktheoretiker nicht explizit zu sein, so daß an dieser Stelle bewußt auf den Einbezug aller Wissenschaftsgebiete in die folgenden Überlegungen hingewiesen werden soll. Erst mit der im nächsten Kapitel formulierten Kritik und Erweiterung des akteursnetzwerktheoretischen Wissenschafts- und Gesellschaftsverständnisses scheint es möglich, auch die Geisteswissenschaften in stimmiger Weise als Netzwerkbildungsprozesse zu verstehen (vgl. 2.4.7.2).

2.3.1 Zirkulation

Als konstitutives Element wissenschaftlicher Praxis erwies sich im Rahmen akteursnetzwerktheoretischer Wissenschaftsforschung die lokale Konzentration heterogener Ressourcen durch räumliche Mobilisierungsprozesse (vgl. Abb. 6, S. 105). Heterogene Ressourcen umfassen dabei alle Elemente, die an der Konstruktion einer wissenschaftlichen Aussage beteiligt sind, von Forschungsobjekten über bestehende Erkenntnisse, Theorien und Methoden, Forschungsinfrastruktur und Finanzressourcen bis zu Mitarbeitern, Kooperationspartnern und einer positiv gesinnten Öffentlichkeit (vgl. 2.2.5).

Zu Beginn des 21. Jahrhunderts können wissenschaftliche Mobilisierungsprozesse auf verschiedene Art und Weise durchgeführt werden. Seit Anwendung drahtloser und kabelgebundener Telekommunikationsmedien gibt es die Möglichkeit, Ideen, bestehendes Wissen, Text- und Bildinformationen in zunehmender Qualität, Quantität, Komplexität und Geschwindigkeit von einem außerhalb der mensch-

2.3 Räumliche Mobilität im Prozeß des Netzwerkbildens 121

lichen Sicht- und Hörweite liegenden Ort zu übertragen, ohne daß der eigene Arbeitsort verlassen oder eine vermittelnde Person dazwischen geschaltet werden muß.[140] Auch im Falle materieller Ressourcen (z. B. Proben der Marsoberfläche) sind inzwischen – in wenigen Situationen – Menschen als Mittler weder zu deren gezielter Gewinnung noch zu deren Transport über weite räumliche Distanzen zwingend notwendig, da Roboter diese Funktion übernehmen können (z. B. als Teil von Weltraumsonden).[141]

Wissenschaftlerinnen und Wissenschaftlern bieten sich somit zur Mobilisierung der für die Konstruktion ihrer wissenschaftlichen Argumente erforderlichen Ressourcen zahlreiche Möglichkeiten. Sie können vor Ort zur Verfügung stehende Telekommunikationsmedien selber nutzen, nichtmenschliche Mittler bzw. Inskriptionen einsetzen (je nach Kontext z. B. Fragebögen, Computer, Roboter, Tiere), andere Personen mit der Beschaffung von Ressourcen beauftragen – gegebenenfalls über deren eigene Mobilität, über weitere Kommunikationsmedien oder dritte Personen – und sie können – und dies steht im Zentrum des Interesses dieser Arbeit – selber räumlich mobil werden. Die verschiedenen Varianten zur Durchführung eines Akkumulationsprozesses in wissenschaftlichen Kalkulationszentren besitzen je nach Gegenstandsbereich, Zeit und Ort bestimmte logistische wie auch inhaltliche Vor- und Nachteile (siehe 1.4 für einen Vergleich der Informationsbeschaffung über schriftliche Befragungen und persönliche Interviews). Gemeinsam ist diesen Varianten jedoch ihr Beitrag zur Formierung von Geographien der Wissenschaften, die sich unter anderem in räumlichen Konzentrationen von Wissenschaftseinrichtungen, in länder- und standortbezogenen Unterschieden des wissenschaftlichen In- und Outputs sowie in unterschiedlich starken Kooperationsbeziehungen zwischen verschiedenen Personen, deren Arbeitsorten und arbeitgebenden Staaten äußern (vgl. z. B. 3.2.1; 4.1.4; 4.3.1; 5.2).

Zirkuläre akademische Mobilität stellt somit *eine von mehreren Möglichkeiten zur Mobilisierung wissenschaftlicher Ressourcen* dar. Sie zeichnet sich durch einen unmittelbaren, kontextbezogenen Zugang zur Welt aus und scheint daher mit einer größeren Bandbreite möglicher forschungsbezogener Effekte verbunden zu sein als Mobilisierungsprozesse, die mit Unterstützung technischer und menschlicher Mittler erfolgen. Reisende Wissenschaftler können auf ihrem Weg nicht nur neue, sondern vor allem *unerwartete* Ressourcen für die Generierung oder Stabilisierung der eigenen wissenschaftlichen Behauptungen gewinnen (LATOUR 1987, 210). Sie erhalten die Gelegenheit, zusätzliche Verbündete zu rekrutieren, die von Mittlern unter Umständen nicht als nützlich erkannt werden würden und somit ohne entsprechende Erfahrungen vor Ort nicht zugänglich wären. Darüber hinaus werden im Rahmen direkter *(Face-to-face-)* Kommunikation sowohl verbal geäußerte Informationen als auch nicht verbale Äußerungen in Form von Gestik, Mimik, Tonlage und

---

[140] Drahtlose und kabelgebundene Telekommunikationsmedien bedienen sich der Fernübertragung optischer und elektrischer Signale (von prähistorischen Lichtzeichen bis zum Satellitenfunk) unter Verwendung verschiedener Übertragungsmedien (bisher Atmosphäre, Metall- und Glasfaserkabel).

[141] In anderen Kontexten wissenschaftlicher Arbeit gilt dies – auch schon vor der Erfindung von Robotern – in gleicher Weise für nicht-menschliche Organismen (vgl. dazu das Konzept der 'dynamischen Hybride' in Kapitel 2.4.6)

Blickkontakten aufgenommen, was die wichtige Bedeutung direkter Kommunikation nicht nur für ökonomisch oder politisch wichtige Entscheidungen (MEUSBURGER 1998, 52), sondern auch für kreative Tätigkeiten unterstreicht (vgl. 1.3.3). Mit der zentralen Kontaktperson eines anderen Forschungskontextes werden oft auch vertraulichere Informationen ausgetauscht als mit vermittelnden dritten Personen und angesichts der größeren Notwendigkeit von Komplexitätsreduktion scheint auch die Verständigung über technische Mittler, selbst unter Beteiligung der zentralen Kontaktpersonen, prinzipiell weniger ertragreich und flexible zu sein als *Face-to-face*-Kommunikation durch eigene räumliche Mobilität.

Wenn es mobilen Wissenschaftlerinnen und Wissenschaftlern auf ihrer Reise gelingt, Kontaktpersonen an bereits stabilisierten Behauptungen zu interessieren oder diese Erkenntnisse mit anderen Ergebnissen oder Objekten sinnvoll zu verknüpfen, können sie zweitens zur Transformation einer eigenen – noch relativ schwachen, da noch nicht in anderen Kontexten bewährten – Behauptung in ein wissenschaftliches Faktum beitragen. Die eigenen Behauptungen würden in den neuen Kontexten verschiedenen *trials of strength* (LATOUR 1987, 74 ff.) ausgesetzt, welche die Stabilität des Argumentationszusammenhanges auf die Probe stellen und somit in gleichem Maße einen Einfluß auf die zukünftige Existenz und Entwicklung der Behauptung und ihrer Sprecher (Einzelperson, Arbeitsgruppe) ausüben (z. B. direkt über das Verhalten von Sponsoren oder indirekt über die für eine zukünftige Finanzierung erforderliche Anerkennung der *peer group*).

Drittens können reisende Wissenschaftler bereits anerkannte Fakten in Raum und Zeit verbreiten, indem sie anderen Personen ermöglichen, diese in ihre Forschungsarbeit zu integrieren. Für die gastgebende Seite bzw. Kontaktpersonen reisender Wissenschaftler wird zirkuläre akademische Mobilität somit zu einer Möglichkeit der Mobilisierung wissenschaftlicher Ressourcen über Dritte.

Zirkuläre Mobilität von Wissenschaftlern ermöglicht die Zirkulation wissenschaftlich relevanter Sachverhalte in Raum und Zeit und somit *das Aufeinandertreffen räumlich disparater Entitäten bzw. Akteursnetzwerke aus unterschiedlichen Forschungskontexten an einem Ort*. Daraus können sich zum einen neue – beabsichtigte, erhoffte und unerwartete – Verbindungen zwischen Forschenden, Förderern, Geräten, Forschungsobjekten, Forschungsansätzen, Arbeitsmethoden, vorhandenem Wissen, Ideen und Ahnungen sowie dem Prestige der beteiligten Personen und Orte ergeben. Zum anderen ist es möglich, daß durch gegenseitiges Interessieren, Übersetzen und Experimentieren wiederum neue Interaktionspartner, Erkenntnisse, Instrumente, Methoden, gemeinsame Ziele oder Projekte entstehen. Netzwerkbilden durch zirkuläre akademische Mobilität wird in gewisser Weise zu *soziomaterieller* Evolution im Sinne einer (nicht gerichteten) Weiterentwicklung der beteiligten wissenschaftlichen Aktanten und deren Aktantensysteme, in die sie eingebunden sind (z. B. Arbeitsgruppe, Basisinstitution, US-amerikanisches bzw. deutsches Wissenschaftssystem, aber auch Meßinstrumente, Klassifikationsschemata, Periodensystem oder ähnliches; zum Konzept der *sozialen* Evolution vgl. MEUSBURGER 1998, 117-122).

Die Vielfalt möglicher Auswirkungen für die Produktion und Verbreitung wissenschaftlichen Wissens ist prinzipiell auf beiden Seiten der durch zirkuläre akade mische Mobilität verbundenen Forschungskontexte groß. Jedoch ist eigene Mobilität prinzipiell mit einer größeren Heterogenität der Eindrücke, einer höheren Flexibilität und Intensität der Kommunikation mit mehreren Akteuren des besuchten Forschungskontextes und mit einer potentiellen Gleichzeitigkeit von Auswirkungen für verschiedene Forschungsprojekte in unterschiedlichen Stadien der Mobilisierung, Stabilisierung, Erhärtung, Verbreitung und Erhaltung wissenschaftlicher Fakten verbunden. Welche Prozesse diese Situation in der Praxis variieren können, wird im Anschluß an die Charakterisierung eines zweiten wichtigen Beitrags akademischer Mobilität zum Netzwerkbilden diskutiert (vgl. 2.3.3).

2.3.2 Kollektivität

In den Worten von Michel SERRES (1995) können reisende Wissenschaftler wie auch andere mobile Personen und Gegenstände als Boten angesehen werden, die sich durch Zeit und Raum bewegen und dabei unerwartete Verbindungen, Zugehörigkeiten und Allianzen zwischen scheinbar unvereinbaren Menschen, Dingen, Ideen und Ereignissen herstellen. Die Metapher des Boten betont zum einen die Unvorhersehbarkeit, Offenheit und eigenständige Bedeutung zirkulärer akademischer Mobilität für wissenschaftliches Arbeiten. Zum anderen hebt die Vorstellung des Boten die Notwendigkeit zur Kommunikation zwischen den verschiedenen Orten hervor, an denen wissenschaftliche Aussagen lokal konstruiert werden. Angesichts der Kontextabhängigkeit und Unvollständigkeit wissenschaftlicher Darstellungen sind verschiedene Formen der Kommunikation notwendig, um eine sogenannte erreichbare Objektivität wissenschaftlicher Behauptungen zu erlangen (HARAWAY 1988). Reisen ist erforderlich, um Netzwerke der Solidarität und gemeinsamer Konversationen zu knüpfen, die Abschottung verhindern und Offenheit gegenüber den unerwarteten Möglichkeiten situierten Wissens bewahren (HARAWAY 1988, 178; GREGORY 2000, 297). Ohne intensive wissenschaftliche Kommunikation wäre beispielsweise die zu Beginn des 21. Jahrhunderts in vielen Wissenschaftszweigen zu beobachtende arbeitsteilige, da ressourcenintensive Generierung wissenschaftlicher Erkenntnisse nicht möglich (z. B. in Großforschungseinrichtungen).

Zirkuläre akademische Mobilität kann in diesem Zusammenhang als ein *Beitrag zur Gewährleistung der Kommunikation zwischen verschiedenen Zentren wissenschaftlicher Kalkulation* angesehen werden. Wie bereits im vorherigen Kapitel betont, war individuelle räumliche Mobilität vor der Entwicklung unkomplizierter, schneller und leistungsfähiger Kommunikationsmedien eine von wenigen Möglichkeiten der Kommunikation mit anderen Wissenschaftlerinnen und Wissenschaftlern. Mittlerweile stehen individuelles Reisen, Zusammenkünfte auf Konferenzen und die Informationsübermittlung über dritte Personen, Bücher, Briefwechsel und verschiedene Telekommunikationsmedien wie Telefon, Fax und E-mail nebeneinander. Gemeinsam gewährleisten diese Möglichkeiten der Kommunikation die Schaffung und Aufrechterhaltung wissenschaftlicher Gemeinschaften, in denen

Anerkennung verliehen, Kooperationen durchgeführt, Konflikte ausgetragen, Novizen sozialisiert und inauguriert, Karrieren ermöglicht und letztendlich wissenschaftliche Behauptungen auf Grundlage einer gemeinsamen Sprache kollektiv produziert werden (vgl. TRAWEEK 1988).[142] *Face-to-face*-Kontakte haben allerdings den großen Vorteil, daß sie den Aufbau eines Vertrauensverhältnisses als Basis für den Austausch wertvoller Informationen in informellen Kommunikationsnetzwerken leichter induzieren können als indirekte Kontakte. Die wichtige Bedeutung des untersuchten Mobilitätstyps für die Generierung verschiedener Formen von Kollektivität steht folglich mit den besonderen Qualitäten von *Face-to-face*-Kontakten in Zusammenhang:

> Getting access to crucial information and powerful informal interest groups and networks is a matter of mutual trust. If trust does not rely on kinship, it has to be earned and maintained by frequent and spontaneous face-to-face-contacts, frequent ceremonials, symbolic acts, conditioning of moods and sentiments, affinity of interests, shared ideology, financial interdependence, and a record of mutually useful performance (MEUSBURGER 2000, 361).

Zwar kann sich die Schwelle, ab der *Face-to-face*-Kontakte gegenüber indirekten Kontakten bevorzugt werden, nach MEUSBURGER (1998, 51) durch Lernprozesse und verbesserte Telekommunikationsbedingungen verschieben, jedoch werden indirekte Kontakte in vielen Fällen direkte Kontakte nicht ersetzen können. Diese Zusammenhänge, die Meusburger allgemein für wissensintensive Unternehmungen unter Wettbewerbsbedingungen diskutiert (vgl. auch 1.3.3), scheinen insbesondere für wissenschaftliche Kooperationen als eine besonders intensive Form der Kommunikation und Kollektivität zu gelten, was anhand der empirischen Beispiele zu eruieren sein wird (vgl. 4.3.2; 5.1).

2.3.3 Grenzüberschreitende Interaktion

Bisher konnte festgestellt werden, daß die Möglichkeit, sich im Rahmen zirkulärer Mobilität selber vor Ort zu informieren und durch *Face-to-face*-Kontakte eine bessere Vertrauensbasis für einen Gedanken- und Materialaustausch schaffen zu können, prinzipiell eine größere Breite und Tiefe von Auswirkungen für die Produktion und Verbreitung eigener wissenschaftlicher Argumente nach sich ziehen kann als im Falle der Kommunikation über einen oder mehrere menschliche und nichtmenschliche Mittler. Dies bedeutet nicht nur einen Unterschied zwischen verschiedenen Kommunikationsformen, sondern auch, daß die gastgebende Seite weniger Spielraum für neue Netzwerkbildungsprozesse besitzt als der Gast mit einem direkten und kontextbezogenen Zugang zur anderen Forschungsstätte. So werden Infor-

---

[142] Der Ausdruck 'kollektive Produktion' bezieht sich im akteursnetzwerktheoretischen Sinne nicht alleine auf Menschen, sondern auch auf Dinge. Ohne überindividuell verwendete standardisierte Methoden, Definitionen oder normierende Klassifikationsschemata wäre eine gegenseitige Verständigung über wissenschaftliche Inhalte und somit die Erweiterung wissenschaftlicher Erkenntnisse, Artefakte und Interpretationen nicht möglich. Folglich machen genau diese Elemente zusammen mit mehr oder weniger normierten Verhaltensweisen in Forschung und Lehre die Wissenschaften zu einer kollektiven Unternehmung.

2.3 Räumliche Mobilität im Prozeß des Netzwerkbildens 125

mationen über die Forschungsaktivitäten des Gastes allein über seine Kommunikationsbereitschaft und -fähigkeit vermittelt, während der Gast Infrastruktur und Arbeitsabläufe auf der gastgebenden Seite direkt mit eigenen Sinnen wahrnehmen und somit selber wichtige Informationen herausfiltern kann. Inwieweit diese Asymmetrie zwischen dem potentiellen Profit der Gastgebenden und des Gastes jedoch tatsächlich gegeben ist, hängt erstens von der Zahl der Mittler ab, die auf der gastgebenden Seite den Zugang zu forschungsrelevanten Stätten moderieren, und variiert zweitens ganz entscheidend nach dem Verhältnis der aufeinandertreffenden Argumentationszusammenhänge bzw. Assoziationsketten der beteiligten Akteure.

Wie bereits im Rahmen der Relativismus/Rationalismus-Debatte ausgeführt, deckt die zirkulationsbedingte Konfrontation mit Andersdenkenden und Anderem bestehende Unterschiede zwischen den Inhalten verschiedener Assoziationsketten auf (vgl. 2.2.1). Reisende Wissenschaftler kreuzen die Wege anderer Personen, die kulturell und wissenschaftlich sehr unterschiedlich sozialisiert sein können und daher gewissermaßen in ganz anderen Welten leben. Variieren können Muttersprache, englische Sprachkenntnisse, Verhaltensweisen, Forschungsstil, inhaltliche Ausrichtung, Qualität und Aktualität der Forschung. Je nachdem, inwieweit kulturelle Aspekte, der wissenschaftliche Blickwinkel sowie Anzahl, Art und Stabilität der verbündeten Entitäten/Black boxes und ihrer Verbindungen differieren, gibt es für Gast und Gastgebende unterschiedlich viele Anknüpfungspunkte und Möglichkeiten, das eigene wissenschaftliche Argumentationsnetzwerk erfolgreich auszubauen und positive Rückkopplungseffekte für den eigenen Wissenschaftsbetrieb zu generieren.

Aufgrund unterschiedlicher wissenschaftlicher und kultureller Hintergründe jedes einzelnen Wissenschaftlers gehen die Begegnungen im Rahmen zirkulärer akademischer Mobilität immer mit mehr oder weniger zahlreichen *grenzüberschreitenden Interaktionen* einher, die sich aus sämtlichen Unterschieden zwischen individuellen Assoziationsketten ergeben (z. B. regionale Herkunft, wissenschaftliche Sozialisation nach Arbeitsgruppe, Institution und Wissenschaftssystem). Sie sind keineswegs nur auf die Überschreitung politischer Grenzen beschränkt. Daraus resultiert ein Spannungsverhältnis zwischen einem Mindestmaß an Heterogenität der Assoziationsketten, das notwendig ist, um neue, innovative Verbindungen zu fördern, und zuviel Heterogenität, die keinerlei gemeinsame Anknüpfungspunkte bietet. Unter beiden Bedingungen kann ein Informationsaustausch über die Forschungstätigkeit erfolgen. Die weitere Entwicklung der Interaktion variiert jedoch auf die im folgenden skizzierte, sich teils überlappende und im Rahmen einer spezifischen Begegnung möglicherweise auch nach Gegenstandsbereichen unterschiedlich ausgeprägten Art und Weise:

1) *Irritation*, wenn die Forschung in eine ganz andere Richtung geht;
2) *Inspiration* bei inhaltlich entfernten Forschungsgebieten, aber übertragbaren Methoden oder Konzepten;
3) *Interaktion*, wenn die Forschungsinteressen nah genug beieinander liegen, um sich gewinnbringend auszutauschen, aber diese nicht nah genug sind, um zusammen am gleichen Problem zu arbeiten;

4) *Konfrontation* im Falle konträrer Argumentationsmuster zu einem gleichen oder ähnlichen Thema;
5) *Legitimation* im Falle ähnlicher oder komplementärer Argumentationsmuster; möglich sind aber auch
6) *Konkurrenz* bei ähnlichen Inhalten der jeweiligen Assoziationsketten oder
7) *Kooperation*, besonders im Falle komplementärer Interessensgebiete.

Für einen spezifischen historisch-geographischen Kontext zirkulärer Mobilität von Wissenschaftlern stellt sich vor diesem Hintergrund zum einen die Frage, ob die Unterschiede zwischen den Assoziationsketten von Gästen und Gastgebenden in erster Linie individuell oder auch systematisch variieren und somit zum Beispiel Rückschlüsse auf fächerspezifische oder fächerübergreifende Wissenschaftskulturen gezogen werden könnten. Zum anderen gilt es empirisch zu analysieren, welche individuellen und typischen Effekte sich aus grenzüberschreitenden Interaktionen für Reisende und Gastgebende ergeben können (vgl. Kapitel 4).

Das Fazit dieser theoretischen Positionierung zirkulärer akademischer Mobilität im Rahmen wissenschaftlicher Praxis lautet mit Blick auf empirische Arbeiten, daß deren Ausformung und Bedeutung ohne die Berücksichtigung der Geschichte der beteiligten Akteure und der Bedingungen am Ausgangs- und Gastort nicht adäquat analysierbar ist. Eine angemessene Untersuchung und Beurteilung der Mobilität erfordert jeweils eine Kontextualisierung der Mobilitätsereignisse innerhalb der wichtigsten wissenschafts- und gesellschaftspolitischen Entwicklungen genauso wie auf verschiedenen makroanalytischen Ebenen (z. B. nach Alter, Fachgebieten, Typen der Gastinstitution) und auf individueller Ebene (Biographien). Obgleich nicht alle relevanten Elemente durch empirische Arbeit erfaßbar sind (vgl. 1.4.2.2), sollten zumindest so viele Elemente wie möglich durch die Einbettung in bestehende Erkenntnisse und die Kombination von quantitativen Auswertungen für makroanalytische Vergleiche und qualitativen Erhebungen für die Eruierung biographischer und verlaufsspezifischer Zusammenhänge erschlossen werden.

2.4 Kritik und Erweiterung der Akteursnetzwerkperspektive

> *In the symmetry between humans and nonhumans, I keep constant the series of competences, of properties, that agents are able to swap by overlapping with one another.*
>
> Bruno Latour, Pandora's Hope, 1999b, 182.

Aus der Konzeptionalisierung zirkulärer akademischer Mobilität auf Grundlage eines akteursnetzwerktheoretischen Wissenschafts- und Gesellschaftsverständnisses ergibt sich die Frage nach der Ontologie der Aktanten, die für diese Art von Mobilität verantwortlich zeichnen und die von den reisenden Wissenschaftlern mobilisiert werden können. Damit in Zusammenhang steht die zuvor aufgeworfenen Frage nach den elementaren Typen von Entitäten, die letztendlich Akteursnetzwerke und deren relationale Geographien konstruieren (vgl. 2.2.7).

Dem allgemeinen Symmetrieprinzip der Akteursnetzwerktheorie zufolge lassen sich mit menschlichen und nichtmenschlichen Wesen zwei Typen von Aktanten bei der Formierung von Akteursnetzwerken unterscheiden. Diese können ontologisch hybrid sein und sind höchstens temporär als Resultat von Netzwerkbildungsprozessen zu differenzieren (vgl. 2.1; Abb. 8).

Abb. 8: Das allgemeine Symmetrieprinzip der Akteursnetzwerktheorie

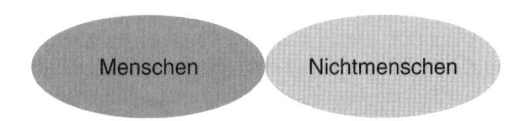

Quelle: Eigener Entwurf.

Im Rahmen der empirischen Analysen zu konkreten Bedingungen, Auswirkungen und räumlichen Bezügen forschungsbezogener zirkulärer Mobilität zwischen den USA und Deutschland, die Gegenstand des vierten Kapitels sein werden, hat sich dieses Konzept jedoch nicht bewährt. Vielmehr wurde festgestellt, daß sich die im Rahmen der Deutschlandaufenthalte von 61 US-Wissenschaftlern involvierten Entitäten der Abstraktion auf zwei Typen von Aktanten im Sinne der konventionellen Akteursnetzwerkperspektive entziehen. Auf Grundlage der Symmetrie zwischen Menschen und Nichtmenschen ist es daher nicht möglich, die mit den Aufenthalten verbundenen wissenschaftlichen Interaktionen, deren unterschiedliche räumliche Bezüge und daraus resultierende altersgruppen- und fachspezifische Mobilitäts- und Kooperationskulturen in ihrer gesamten Komplexität zu erfassen (vgl. 4.3.2.2, 5.1).

Für eine nähere Erkundung der identifizierten Unstimmigkeiten wurden die empirisch erhobenen Aktanten zunächst systematisiert, um anschließend durch eigene Abstraktionsarbeit invariante Eigenschaften herauszufiltern (vgl. 2.2.3). Auf einer mit dem Symmetrieprinzip vergleichbar hohen Abstraktionsebene stellte sich heraus, daß sich im Prozeß wissenschaftlichen Netzwerkbildens *drei* grundlegende Typen von temporär zu differenzierenden Aktanten unterscheiden lassen. Diese umfassen erstens *materielle Entitäten*, die soziomateriell überformt sein können, wie zum Beispiel Proben, Forschungsinstrumente, Bücher und Archivmaterialien, zweitens *Menschen* in Gestalt der interagierenden Wissenschaftler, ihrer Mitarbeiter, Partner, Kinder und anderer Kontaktpersonen sowie drittens *mentale Entitäten*, d. h. Gedanken jeglicher Art, von Ideen und Methoden bis zu Einstellungen, Gefühlen und Deutschlanderfahrungen der befragten Wissenschaftler. Aus den einschlägigen Ausführungen zur Akteursnetzwerktheorie geht jedoch zum einen nicht klar hervor, wie sich Gedanken in Form von Konzepten, Wissen, Vorstellungen und Ideen in das binäre Aktantenkonzept von Menschen und Nichtmenschen einordnen (vgl. 2.4.1). Zum anderen zeigte sich, daß bestimmte Technologien wie Computer und Roboter die Arbeit von Wissenschaftlern zum Teil übernehmen und gelegentlich substituieren bzw. Fähigkeiten der Wissenschaftler erheblich ergänzen und erweitern können (z. B. Großrechner, Teleskope). Die Kompetenzen bestimmter nichtmenschlicher Entitäten, darunter Computer und Roboter, aber auch Tiere, scheinen denen der Menschen näher zu sein als denen anderer Nichtmenschen, wie zum Beispiel erforschten Molekülen, Steinen oder Büchern.

Diese Beobachtungen stellen Fragen an das Akteursnetzwerkkonzept, die in Zusammenhang mit der bereits beobachteten Vernachlässigung der Akteursnetzwerktheorie in geographischer Wissenschaftsforschung (vgl. 1.3.1) und einer weitgehenden Ausblendung der Geisteswissenschaften als Gegenstand akteursnetzwerktheoretischer Untersuchungen stehen könnten (vgl. 2.4.7.2). Auf jeden Fall unterstützen sie die Vermutung, daß das akteursnetzwerktheoretische Verständnis von Aktanten einer kritischen Reflexion, vielleicht auch einer Reorganisation bedarf, um wissenschaftlichen Interaktionsbeziehungen in verschiedenen Arbeitsgebieten, der Vielfalt ihrer räumlichen Bezüge und damit verbundenen Implikationen besser gerecht werden zu können.

Vor diesem Hintergrund setzt sich dieses Kapitel kritisch mit dem akteursnetzwerktheoretischen Aktantenverständnis auseinander. Es wird argumentiert, daß ein akteursnetzwerkbasiertes Wissenschafts- und Gesellschaftsverständnis des Netzwerkbildens zwischen heterogenen Entitäten wichtig ist, um wissenschaftliche Interaktionen und deren Auswirkungen auf angemessene Weise zu untersuchen, daß dies aber nicht auf Grundlage der postulierten Symmetrie zwischen Menschen und Nichtmenschen möglich ist. Vielmehr soll gezeigt werden, daß diese Symmetrie den komplexen Beziehungen, die sich durch eine Auflösung konventioneller Grenzen zwischen Natur, Kultur, Technologie und Wissen gerade im Rahmen zeitgenössischer wissenschaftlicher Praxis entwickelt haben, nicht auf konsistente Weise gerecht werden kann, weil die Frage nach den Basisentitäten, die an gesellschaftlich relevanten Konstruktionen beteiligt sein können, bisher nicht ausreichend bearbeitet wurde, um die wichtigsten Zusammenhänge wissenschaftlicher Praxis und Interaktion, aber auch anderer Netzwerkbildungsprozesse zu verstehen. Um diesem Defizit zu begegnen, wird im Zentrum der folgenden Ausführungen eine grundsätzliche Eruierung der Gemeinsamkeiten und Unterschiede menschlicher und

2.4 Kritik und Erweiterung der Akteursnetzwerkperspektive

nichtmenschlicher Aktanten in Hinblick auf ihre Charakteristika und Kompetenzen stehen. Ausgangspunkt der Betrachtungen ist die akteursnetzwerktheoretische Annahme einer methodologischen Symmetrie zwischen Menschen und Nichtmenschen in Hinblick auf ihre Geschichtlichkeit, soziomaterielle Hybridität und potentielle Handlungsverantwortung (vgl. 2.1 und Abb. 8). Dieses allgemeine Symmetrieprinzip besitzt als konstitutives Element der Akteursnetzwerktheorie wichtige wissenschaftstheoretische Implikationen und zeichnet darüber hinaus ganz wesentlich für die thematisch breite Rezeption der Theorie in der Geographie verantwortlich (vgl. 1.3.1). Eine kritische Diskussion ist daher über den wissenschaftstheoretischen Kontext hinaus für gesellschaftstheoretische Diskussionen in der Geographie und anderen relevanten Fachkontexten von Bedeutung (vgl. 2.4.7).

Für sein Werk *Pandora's Hope* hatte Bruno Latour selber schon einmal die Abschaffung des Symmetriepostulats der Akteursnetzwerktheorie angekündigt (vgl. LATOUR 1999a, 128), was als Indiz für eine gewisse Unzufriedenheit mit dessen Aussagen gewertet werden kann. Dennoch blieb dieses Postulat auch in jenem Buch zur Realität der Wissenschaftsforschung im Zentrum des Interesses und somit ein Rückgrat des akteursnetzwerkbasierten Gedankengebäudes, das einer kritischen Reflexion standhalten sollte (siehe Eingangszitat zu 2.4). Jedes Anzeichen einer Asymmetrie würde eine Diskrepanz bedeuten, die entweder zur Abschaffung des Symmetriepostulats oder gar zu einer prinzipiellen Modifikation der Theorie führen müßte. Gleichzeitig eröffnet eine solche konstruktiv-kritische Auseinandersetzung mit dem Symmetriekonzept die Chance, der Forderung Bruno Latours nachzukommen, das große Potential der Akteursnetzwerkperspektive für ein besseres Verständnis gesellschaftlicher Zusammenhänge kollektiv weiterzuentwickeln:

> The point on which I want to conclude is somewhat different from that of John Law. In his chapter, he asks us to limit ANT and to tackle complexity and locality seriously and modestly. As with several of us, he is somewhat terrified by the monster that we have begot. But you cannot do to ideas what auto manufacturers do with badly conceived cars [...] Once launched in this unplanned and uncharted experiment in collective philosophy there is no way to retract and once again to be modest. The only solution is [...] not to abandon the creature to its fate but continue all the way in developing its strange potential (LATOUR 1999c, 24).

Vor diesem Hintergrund werden im folgenden die von der Empirie aufgeworfenen möglichen Unstimmigkeiten im akteursnetzwerktheoretischen Gedankengebäude *en detail* erkundet und in Hinblick auf Ausmaß, Art und eventuelle Gründe analysiert. Argumentationsgrundlage bilden im wesentlichen Arbeiten zur Akteursnetzwerktheorie selber, darunter vor allem konzeptionelle Abhandlungen von Bruno Latour als einem ihrer Hauptprotagonisten (vgl. LATOUR 1987; 1993; 1996; 1999a; 1999b; 1999c), verwandte Arbeiten aus der interdisziplinären Wissenschaftsforschung (z. B. HARAWAY 1997; STENGERS 1997), kritische Auseinandersetzungen mit der Akteursnetzwerktheorie aus der Perspektive des sozialen Konstruktivismus (vgl. COLLINS und YEARLEY 1992; BLOOR 1999a; 1999b), Ausführungen zur Akteursnetzwerktheorie im Kontext geographischer Fragestellungen (z. B. BARNES 1998; BINGHAM 1996; BINGHAM und THRIFT 2000; HETHERINGTON und LAW 2000a;

MURDOCH 1997a; 1997b; THRIFT 1996; 1999; WHATMORE 1999; 2002; ZIERHOFER 1999; 2000) und die im ersten Kapitel diskutierten Ansätze einer Geographie des Wissens und der Qualifikation (MEUSBURGER 1998; 2000). Aufbauend auf der kritischen Betrachtung des Symmetriepostulats wird versucht, ein Konzept zu entwickeln, das die Ontologie der Aktanten präzisiert und somit als ein konsistenter Interpretationsrahmen für die empirischen Analysen im dritten bis fünften Kapitel dienen kann. Die Rechtfertigung für dieses Unterfangen beruht unter anderem auf der zitierten Aufforderung Latours, das große Potential der Akteursnetzwerktheorie trotz *After-networks*-Bewegung weiter zu entfalten. Dies gilt insbesondere, da es sich gezeigt hat, daß andere Wissenschaftskonzepte keinen überzeugenderen Ansatzpunkt für die Fortführung der konzeptionellen Debatte bieten können (vgl. 1.3.2) und sich die Akteursnetzwerkperspektive in besonderem Maße zu einer konzeptionellen wie empirischen Auseinandersetzung mit Fragen der Mobilität und des Reisens in den Wissenschaften eignet (vgl. SHAPIN 1995, 307).

2.4.1 Geschichte einer (A)Symmetrie

Seit die Akteursnetzwerktheorie im Laufe der 1980er Jahre als dezidiert kritischer Ansatz gegenüber den Konzepten der Edinburgher Schule des sozialen Konstruktivismus Gestalt annahm, entwickelte sich eine Kontroverse zwischen diesen beiden konstruktivistischen Gedankengebäuden, die nahtlos an vorherige konzeptionelle Auseinandersetzungen in der Wissenschaftsforschung anknüpft (vgl. 1.3.2) und die wichtige Bedeutung des Symmetriepostulats für die Akteursnetzwerktheorie unterstreicht. Gegen Ende der 1990er Jahre erreichte der konzeptionelle Konflikt seinen vorläufigen Höhepunkt in einer schriftlichen Auseinandersetzung zwischen David Bloor und Bruno Latour, zwei Hauptvertretern der verschiedenen Argumentationsstränge (vgl. BLOOR 1999a; 1999b; LATOUR 1999a). Im Zentrum der Debatte steht die Frage, in welcher Weise *Natur, Gesellschaft und Wissen* verstanden werden können und wie sie in Beziehung zueinander stehen.

BLOOR (1999a) zufolge besteht das Ziel des von ihm konzipierten *strong programme* darin, geteilte Auffassungen über die Natur auf der Basis eines sogenannten *Symmetriepostulats* zu erklären:

> Both true and false, and rational and irrational ideas, in as far as they are collectively held, should all equally be the object of sociological curiosity, and should all be explained by reference to the same kinds of cause (BLOOR 1999a, 84).

Mit dieser Argumentation wendet er sich explizit gegen Wissenschaftsauffassungen, die Wahrheit mit 'natürlicher Realität' und Irrtum mit sozialen Einflüssen zu erklären versuchen (vgl. auch 1.3.2.6).[143] Doch obgleich die Überwindung des asymmetrischen Ansatzes der Epistemologen unter Vertretern konstruktivistischer Wissenschaftskonzepte als eine wichtige Errungenschaft des *strong programme* der Edin-

---

[143] Die Konzeption einer realistischen Wissenschaftstheorie findet sich beispielsweise bei BHASKAR (1978); vgl. auch die Grundzüge des funktionalistischen Paradigmas von Robert K. Merton in Kapitel 1.3.2.1.

2.4 Kritik und Erweiterung der Akteursnetzwerkperspektive

burgher Schule des sozialen Konstruktivismus gilt, begegnen Akteursnetzwerktheoretiker auch diesem Konzept mit dem Vorwurf einer Asymmetrie:

> [The strong programme] brackets off Nature and makes the 'Society' pole carry the full weight of explanation (LATOUR 1993, 94).

Aufgrund der einseitigen Betonung *gesellschaftlicher* bzw. *sozialer* Konstruktion hatte ursprünglich Michel Callon das *allgemeine Symmetrieprinzip* der Akteursnetzwerktheorie als kritischen Gegenentwurf zum sozialkonstruktivistischen Symmetrieprinzip formuliert (CALLON 1986, 200 f.; vgl. auch LATOUR 1993, 95-96). Dessen zentrale Aussagen betonen die wichtige Bedeutung zuvor vernachlässigter nichtmenschlicher Entitäten für die Schaffung und Stabilisierung sozialer Beziehungen (soziale Strukturen), sie postulieren eine konzeptionell gleichberechtigte Stellung menschlicher und nichtmenschlicher Wesen im Rahmen von Netzwerkbildungsprozessen und behaupten deren Koproduktion durch einen wechselseitigen Austausch menschlicher und nichtmenschlicher Eigenschaften in Kollektiven (*natures-cultures*). Mit dem *allgemeinen Symmetrieprinzip* ist somit die Existenz ontologisch 'unreiner' Aktanten anerkannt worden (soziomaterielle Hybridität); Historizität und potentielle Vermittlungsarbeit wurden sowohl menschlichen als auch nichtmenschlichen Akteuren zugestanden (Rekonstruktion der Geschichte und Handlungsverantwortung von Dingen), und es konnte auf schlüssige Weise konzeptionalisiert werden, wie der Einbezug von immer mehr Aktanten in Netzwerkbildungsprozesse zu längeren und mächtigeren Akteursnetzwerken führt (Macht).

Angesichts dieser überzeugenden Konzepte, die gewissermaßen Kernaussagen des symbolischen Interaktionismus mit Antworten auf dessen Kritik vereinen, indem sie die Bedeutung sozio*materieller* Entitäten für die Konstitution zwischenmenschlicher Beziehungen betonen, erscheint die nachstehend zitierte Bemerkung Bruno Latours durchaus nachvollziehbar. Sie wendet sich gegen den sozialen Konstruktivismus des *strong programme*, weil sich dieses Konzept nicht systematisch mit der Rolle von Objekten im Rahmen der Konstruktion wissenschaftlichen Wissens auseinandersetze. Zunächst wundert sich Latour, wie soziale Interessen und Anforderungen willkürlich Biologie, Chemie und die kosmische Ordnung produzieren können, und argumentiert dann wie folgt:

> [T]he Edinburgh daredevils deprived the dualists – and indeed themselves [...] of half of their resources (LATOUR 1993, 55).

Allerdings scheint auch die Akteursnetzwerktheorie mit einer asymmetrischen Konzeption zu arbeiten, da es äußerst schwierig ist, die andere Hälfte der Edinburgher Ressourcen in der Akteursnetzwerktheorie ausfindig zu machen. Dies betrifft insbesondere die Rolle überindividuell geteilten, institutionalisierten Wissens, so daß auch David Bloors Argumentation gegenüber dem Akteursnetzwerkansatz schlüssig erscheint:

> [T]hroughout the entire discussion, Latour makes no systematic distinction between nature and beliefs about, or accounts of, nature. [...] It is as if he has difficulty telling these two things apart (BLOOR 1999a, 87).

Jahre zuvor hatte Steven Shapin in eine ähnliche Richtung gewiesen, indem er Latours Charakterisierung der technischen Wissenschaften als paradox bezeichnete, weil diese eine Welt schildere,

> in which anybody can be an actant or an actor, where we may [...] speak of texts but not people as having independent interests (SHAPIN 1988, 547).

Vor diesem Hintergrund sieht es in der Tat so aus, als ob es bisher nicht gelungen ist, alle Typen von Aktanten, die für die Schaffung wissenschaftlichen Wissens und die Generierung anderer Netzwerkbildungsprozesse in der menschlichen Gemeinschaft verantwortlich sind, zu identifizieren und auf konsistente Weise in Beziehung zueinander zu setzen. In der Kontroverse zwischen dem Sozialkonstruktivismus der *Edinburgh School* und der Akteursnetzwerktheorie scheinen beide Ansätze die Auslassung des jeweils eigenen Fokus am anderen Ansatz zu kritisieren. Demnach scheinen auch beide Ansätze spezifische Aspekte wissenschaftlichen Arbeitens zumindest implizit auszuklammern.

Die Gesamtheit der zur Diskussion stehenden Entitäten und Beziehungen sind in einem Interpretationsversuch David Bloors zusammengefaßt, der die fehlende Klarheit im Rahmen der rekapitulierten Debatte prägnant zum Ausdruck bringt:

> His [Latour's] idea is that we must not try to explain nature in terms of society, or society in terms of nature, nor should we explain knowledge as a mixture: we must explain both society and nature, at once, in terms of a third thing or process. Society and nature are, as he puts it, 'co-produced' (BLOOR 1999a, 84).

Aus Bloors Perspektive sind in der Akteursnetzwerktheorie die Bereiche Natur, Gesellschaft und Wissen sowie ein für ihn nicht benennbarer dritter Aspekt oder Prozeß für die Konfiguration der menschlichen Gemeinschaft bzw. des akteursnetzwerktheoretischen Kollektivs unserer Welt relevant. Aber was bedeuten diese Aspekte im einzelnen und wie stehen sie in Beziehung zueinander? Diese Frage wird weder von Bloor noch von Latour noch von deren Mitstreiterinnen und Mitstreitern auf überzeugende Weise geklärt und soll daher als Leitfrage für weitere Nachforschungen zur (In)Konsistenz der Akteursnetzwerkperspektive dienen.

2.4.2 Kartesisches Denken

Akteursnetzwerktheoretiker lehnen apriorisch gesetzte Dichotomien konventioneller Gesellschaftstheorien wie Natur und Gesellschaft, Objekt und Subjekt und Mikro- und Makroebene ab und betrachten diese statt dessen als Resultate von Netzwerkbildungsprozessen (LATOUR 1996; vgl. 1.3.2.7 und 2.1). Interessanterweise kommen sie jedoch trotz der Auflösung apriorischer Dichotomien sowie der Einführung von Netzwerken und dem Konzept der Hybridität immer wieder auf eine altbekannte Dichotomie zurück: zwei ontologisch getrennte Zonen nichtmenschlicher (Natur) und menschlicher Wesen (Kultur) (vgl. LATOUR 1993, 11, 134). Dies erstaunt um so mehr, wenn man berücksichtigt, daß sich Latour in seinem Buch *Wir sind nie modern gewesen* wiederholt mit hybriden Erscheinungen

2.4 Kritik und Erweiterung der Akteursnetzwerkperspektive

der drei Komplexe Natur, Diskurs und Gesellschaft auseinandersetzt (z. B. LATOUR 1993, 6). In der zweiten Hälfte dieser Abhandlung wird der häufig beschworenen Dreiheit im Rahmen einer Verbindung der 'vier modernen Repertoires' sogar noch eine vierte Dimension hinzugefügt:

> Real as Nature, narrated as Discourse, collectively as Society, existential as Being: such are the quasi-objects that the moderns have caused to proliferate (LATOUR 1993, 90).

Latour zeigt auf, daß diese vier Repertoires stark miteinander verwoben sind und eine Trennung nur zu einem späten Zeitpunkt der Netzwerkrekonstruktion möglich ist (LATOUR 1993, 89). Eine Diskussion ihres Verhältnisses zueinander bleibt jedoch aus, und zudem werden die vier Domänen immer wieder auf die menschliche und nichtmenschliche Kategorie reduziert. Auf diese Weise scheint vor allem die wiederholt betonte mediatorische Rolle von Bedeutungen, Zeichen, Gedanken und Diskursen inmitten der Ausführungen zu *Wir sind nie modern gewesen* verloren gegangen zu sein. Dabei hatte Latour zuvor noch den Versuch der *linguistischen Wende* gerühmt, den Diskurs zu einem 'von der Natur wie der Gesellschaft unabhängigen Mittler' machen zu wollen. Sein einziger Kritikpunkt bezog sich auf eine zu starke Fokussierung dieser und verwandter Philosophien auf diskursive Phänomene (LATOUR 1993, 62-63). Das Verschwinden einer von materiellen Erscheinungen losgelösten Dimension könnte daher darauf beruhen, daß die verschiedenen Formen der Semiotik aus Latours Perspektive keine passende Methode für eine adäquate Untersuchung heterogener Entitäten bereitstellen:

> We have learned that the only way to escape from the parallel traps of naturalization and sociologization consists in granting language its autonomy. [...] The various forms of semiotics offer an excellent tool chest for following the mediations of language. But by avoiding the double problem of connections to the referent and connections to the context, they prevent us from following the quasi-objects to the end (LATOUR 1993, 64).

LATOUR (1993, 64) weist explizit darauf hin, daß man den Diskurs nicht losgelöst von Natur und Gesellschaft autonomisieren kann, aber statt die im Rahmen der Quasi-Objekte hergestellte Verbindung zu verdeutlichen, verliert die diskursive Dimension im Vergleich zu Natur und Gesellschaft in der Mitte von *Wir sind nie modern gewesen* (LATOUR 1993) ihre Identität und geht auf undurchsichtige Weise in der Dichotomie menschlich – nichtmenschlich auf.

Eine vergleichbare dritte Dimension menschlicher Interaktion tritt wieder an mehreren Stellen von *Pandora's Hope* in Erscheinung (LATOUR 1999b, z. B. Kap. 2, 6, 9), doch zieht auch die erneute Betonung der vermittelnden Rolle von Bedeutung, Zeichen und Diskurs keine kritische Reflexion der Typen von Mediatoren nach sich, die in Netzwerkbildungsprozesse involviert sein können. Beispielsweise führt Latour das Konzept der *factishes* für Wissen *und* Glaubensauffassungen ein. Indem er bekundet, daß beide Aspekte, Wissen und Glauben, autonom sind, sofern sie gut konstruiert wurden, erkennt Latour an, daß *factishes* Argumente und Handlungen ermöglichen und beeinflussen (LATOUR 1999b, 274). Dies bedeutet, daß er ihnen eine Kapazität zu handeln zugesteht und somit gewissermaßen ein immaterielles Pendant zu (sozio)materiellen nichtmenschlichen Wesen kreiert.[144] Offensichtlich scheinen in der Tat mehr als zwei Arten von Aktanten für Netzwerkbildungsprozesse verantwortlich zu sein, aber weder Latour noch seine Kollegen noch seine Kritiker haben zu irgendeinem Zeitpunkt die grundlegenden Typen von Mediatoren in Netzwerkbildungsprozessen neu durchdacht.

Auf der Suche nach den für Netzwerkbildungsprozesse verantwortlichen Typen von Aktanten, deren Charakteristika und Beziehungen, stößt man früher oder später auf die neuzeitliche Subjekt-Objekt-Polarität, die seit René Descartes und Immanuel Kant gesellschaftstheoretische Diskussionen prägt (LATOUR 1993, 56) und immer wieder als Kern der jüngeren Auseinandersetzung zwischen Epistemologen, sozialen Konstruktivisten und Akteursnetzwerktheoretikern in Erscheinung tritt. Überraschenderweise scheint eine grundlegende Konfusion über die Subjekt-Objekt-Polarität für das wiederholte Festhalten am dualistischen Denken im Sinne von Natur und Gesellschaft, Wahrheit und Irrtum, Objektivität und Subjektivität oder Menschliches und Nichtmenschliches verantwortlich zu sein. Während der Objektpol bei verschiedenen Autoren mit ähnlichen Begriffen wie Dinge (kleiner Maßstab), Natur (großer Maßstab) oder Welt (großer Maßstab) charakterisiert wird, sind Anzahl und Art der unter dem Subjektpol subsumierten Aspekte mehr als eindrucksvoll: Gesellschaft, Gedanken, Geist, Verstand, Sprache, Sprachspiel, Worte, Wissen, Episteme oder Kultur (vgl. LATOUR 1993, 25). Alle Entitäten, die nicht zur materiellen Welt gehören, scheinen unter dem Subjektpol subsumiert zu werden, aber *Gesellschaft* und *Wissen* stellen zum Beispiel grundsätzlich verschiedene Phänomene dar.[145]

Vor diesem Hintergrund erscheint die konzeptionelle Symmetrie der Akteursnetzwerktheorie nicht mehr konsistent. Denn das, was Akteursnetzwerktheoretiker unter Menschen verstehen, bedeutet viel mehr als das, was als nichtmenschlich gilt. Nichtmenschliche Wesen werden in den Schriften der Akteursnetzwerktheoretiker immer zumindest teilweise mit der materiellen Welt assoziiert (vgl. z. B. LATOUR 1993, 79, 138; BINGHAM 1996, 643-647). Durch die alternativ verwendeten Begriffe Quasi-Objekte, Inskriptionen oder unveränderliche Mobile (vgl. 2.2.2; Fußnote 116) rückt die materielle Komponente von Soziomaterialität zusätzlich in den Vordergrund, während die Frage, ob nichtmenschliche Wesen auch Immaterialitäten wie Gedanken einschließen, in der einschlägigen Literatur nicht explizit diskutiert wird. Beispielgebend für höchstens vage Angaben zu diesem Thema ist folgende Aussage Latours zu seinem Verständnis heterogener Assoziationsketten:

> Empiricism, Latour style: what is compared are [...] long chains of associations including psychological, ideological, cognitive, social, and material entities, many of which are non-human agents (LATOUR 1999a, 124).

---

[144] Auf diese Weise entsteht eine interessante Verbindung zur umfassenden Charakterisierung des Wissensbegriffs durch Karl Mannheim: „[F]or Mannheim this term [men's „knowledge"] often seemed to include every type of assertion and every mode of thought from folkloristic maxims to rigorous science" (STORER 1973, xx).

[145] In einem anderen Kontext wurde die problematische Natur der Subjekt-Objekt-Polarität von Henri Lefebvre wie folgt auf den Punkt gebracht: "[P]hilosophy stopped dead when it came face to face with the 'subject' and the 'object' and their relationship" (LEFEBVRE 1991, 406).

2.4 Kritik und Erweiterung der Akteursnetzwerkperspektive

Wie Latour den von ihm zumindest implizit postulierten Unterschied zwischen nichtmenschlichen und anderen Akteuren seines Beispiels definiert, geht weder aus der zitierten Aussage (*many of which*) noch aus dem umgebenden Text hervor. Gleichzeitig betonen Kritiker der Akteursnetzwerktheorie, daß Metaphern und Diskurse einen lebendigen Bestandteil wissenschaftlichen Arbeitens darstellen (vgl. DEMERITT 1996, 489, der sich auf feministische Kritiken zur Akteursnetzwerktheorie bezieht), daß aber das Repertoire der Akteursnetzwerktheorie nichts zur Rolle von Wissen für die Verbindung von Wissenschaftlern aussagt (vgl. MURDOCH 1997a, 753, der verschiedene Kritiken zusammenfaßt). Nigel THRIFT (1999, 313-316) zieht bei der Betrachtung eines weiteren gesellschaftstheoretischen Kontextes ebenfalls den Schluß, daß die Akteursnetzwerktheorie über bestimmte Phänomene nicht sprechen kann und nennt als Beispiele Emotionen, Gedächtnis und Sprache.

Anhand der einschlägigen Ausführungen zur Akteursnetzwerktheorie kann somit nicht eindeutig Auskunft zu der Frage gegeben werden, wie sich Gedanken in Form von Konzepten, Wissen, Vorstellungen und Ideen in das dualistische Aktantenkonzept von Menschen und Nichtmenschen eingliedern. Dennoch entsteht in beiden Fällen – wenn geistige Aktanten unter dem Etikett *Menschen* subsumiert werden oder wenn sie zusammen mit (sozio)materiellen Erscheinungen als nichtmenschlich gelten – ein ungleiches Verhältnis zwischen Menschen und Nichtmenschen. Auf der einen Seite besitzen *Nichtmenschen* wesentliche Charakteristika von Ganzheiten, die um den *Objektpol* konventioneller Gesellschaftstheorien zu finden sind (vgl. z. B. LATOUR 1993, 51 f.; LATOUR 1999b, 308). Unterschiede zu konventionellen Objekten resultieren im wesentlichen aus der Historizität, potentiellen Hybridität und Handlungsverantwortung der Nichtmenschen. Ihre Konzeption als Ergebnis von Netzwerkbildungsprozessen steht zudem in Kontrast zur Betrachtung konventioneller Objekte als *a priori* gesetzte Ganzheiten im Rahmen der Suche nach Kausalzusammenhängen. Auf der anderen Seite weisen *Menschen* ebenfalls alle Attribute von Nichtmenschen auf, insbesondere die (Sozio)Materialität, die sich auf anschauliche Weise im menschlichen Körper ausdrückt. Menschen vereinen aber auch zahlreiche Eigenschaften der *Subjekte* anderer gesellschaftstheoretischer Entwürfe, indem sie vor allem in der Lage sind, mit verschiedenen Arten von Gedanken und Erinnerungen als immateriellem Pendant zu materiellen nichtmenschlichen Entitäten umzugehen (z. B. Ideen, Wissen oder Latours *factishes*).

Für ein grundlegendes Verständnis von Netzwerkbildungsprozessen erscheint es daher notwendig, die Geschehnisse auf der Seite der Menschen zu entwirren. Dabei entsteht der Eindruck, daß die komplexen Attribute und Fähigkeiten, die mit Menschen assoziiert sind – Körper, Gedanken, Geist, Verstand, Sprache, Wissen oder Kultur – Kompetenzen ermöglichen, die denen materieller, soziomaterieller und gegebenenfalls auch immaterieller Nichtmenschen in der Summe immer überlegen sind. Erstens kann sich viel mehr auf der Seite der Menschen als auf der Seite der Nichtmenschen ereignen, zweitens scheint menschliche Mediation für die Sozialisierung nichtmenschlicher Entitäten unentbehrlich zu sein, und drittens erfordern gerade die aufeinanderfolgenden Transformationen von Materie in Zeichen, die LATOUR (1999b) als einen Schlüsselprozeß wissenschaftlicher Praxis identifizierte (vgl. 2.2.3), Fähigkeiten, die leicht unter Menschen, aber nicht unter den Nichtmenschen der konventionellen Akteursnetzwerktheorie zu finden sind (für eine Präzisierung dieser Aussage vgl. 2.4.6). Aus diesen Beobachtungen resultiert letztlich ein ungleiches Machtverhältnis und somit eine asymmetrische Beziehung zwischen menschlichen und nichtmenschlichen Akteuren (vgl. Abb. 9). Darüber hinaus geben die bisherigen Ausführungen zu den im Rahmen wissenschaftlicher Interaktion relevanten Typen von Aktanten, zu verschiedenen Dreiheiten in wichtigen Ausführungen über die Akteursnetzwerktheorie und zu einer allgemeinen Konfusion in bezug auf die Subjekt-Objekt-Polarität viele Anhaltspunkte für die Vermutung, daß akteursnetzwerktheoretische Konzepte weiterhin und zum ihrem Nachteil in kartesischen Dualismen gefangen sind.

Abb. 9: Die implizite Asymmetrie des allgemeinen Symmetrieprinzips

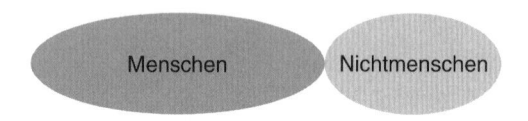

Menschen   Nichtmenschen

Quelle: Eigener Entwurf.

2.4.3 Menschliche und supramenschliche Wesen

Eine vertiefende Suche nach dem oder den fehlenden Aktanten bestätigt zwei gravierende Unstimmigkeiten in der konventionellen Akteursnetzwerktheorie: Zum einen ist das immaterielle Pendant zu (sozio)materiellen Nichtmenschen vernachlässigt worden, zum anderen wurde die Rolle der Menschen und, wie sich später zeigen wird, auch die Rolle bestimmter nichtmenschlicher Wesen wegen eines unzureichenden Hybriditätkonzepts deutlich unterschätzt. Beide Aspekte werden im folgenden mit Bezug auf Latours Ausführungen in *Pandora's Hope* näher erläutert:

Während LATOUR (1999b) den Charakter wissenschaftlichen Wissens erkundet, versucht er gleichzeitig zwei Mißerfolge moderner Gesellschaftstheorien zu enthüllen – die Unterscheidung zweier ontologischer Domänen (in diesem Fall als Sprache und Natur bezeichnet) und die Suche nach Übereinstimmungen zwischen diesen beiden – über eine große, trennende Kluft hinweg. Im Rahmen dieses Projekts, unzulässige Dichotomisierungen und Reduktionen zu entlarven, sucht Latour nach Verbindungen zwischen Worten und der Welt, wie sie durch wissenschaftliches Arbeiten etabliert werden. Dabei rekonstruiert er die bereits angesprochenen aufeinanderfolgenden Mediationen von Materie in die Welt der Zeichen, die von Wissenschaftlern im Rahmen ihrer alltäglichen Arbeit vorgenommen werden. Wie in Kapitel 2.2.3 dargelegt, bilden diese Mediationen zurückverfolgbare Transformationsketten zwischen einer analogen Welt in Richtung des einen Extrems und höchster Abstraktion im Bereich des anderen Extrems.

> At every stage we have recognized a common operator, which belongs to matter at one end, to form at the other (LATOUR 1999b, 69).

2.4 Kritik und Erweiterung der Akteursnetzwerkperspektive

Latour argumentiert, daß die beiden viel zitierten, aber eigentlich nicht existenten ontologischen Domänen des modernen Weltverständnisses und die sie trennende Kluft erst durch das Auslöschen dieser Mediationen entstanden sind, das heißt durch Ignoranz bzw. unzulässige Reduktion von zurückverfolgbaren Verbindungen zwischen dem Objekt des Wissens (Natur) und seiner Repräsentation (Sprache) (LATOUR 1999b, 73). Folglich kann die ebenso häufig beschworene Korrespondenz über die große Kluft hinweg als eine Art *short-cut version* der aus Transformationsketten aufgebauten *zirkulierenden Referenz* verstanden werden, die nach Latour den Kern wissenschaftlicher Praxis bildet (vgl. Abb. 10).

Abb. 10: Latours Konzept der zirkulierenden Referenz

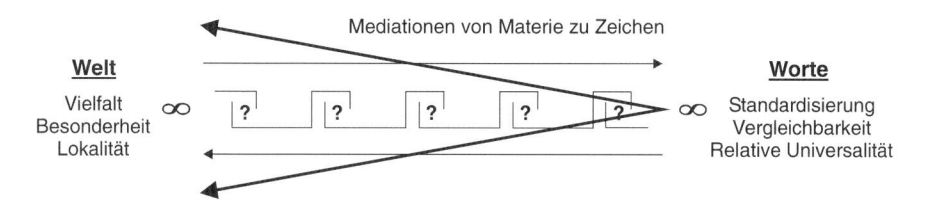

```
                    Mediationen von Materie zu Zeichen
      Welt                                                      Worte
   Vielfalt     ∞   ? | ? | ? | ? | ?   ∞    Standardisierung
   Besonderheit                                  Vergleichbarkeit
   Lokalität                                     Relative Universalität
```

Quelle: Nach LATOUR 1999, 70-73.

Latour zufolge ist zirkulierende Referenz charakterisiert durch „a complete rupture at each stage between the 'thing' part of each object and its 'sign' part" (LATOUR 1999b, 60). Den jeweiligen Bruch zwischen Materie und Form veranschaulicht er mit Fragezeichen in optisch visualisierten Lücken. Ist in unserem Weltverständnis also immer noch ein nicht zu charakterisierender Zwischenraum vorhanden? Nun zwar nicht mehr in Form *einer einzigen großen Kluft*, doch statt dessen in Gestalt *vieler kleiner Lücken*? Im Gegenteil: Es ist definitiv *kein* Zwischenraum mehr vorhanden. Die vermeintlichen Zwischenräume werden jeweils durch Handlungen und die *performance* menschlicher Akteure geschlossen. Wer sonst wäre in der Lage, zwischen Materie und Zeichen zu vermitteln als Wesen, die Elemente beider Domänen vereinen?

Transformationen von Materie in Zeichen erfordern genauso wie deren Interpretation den Gebrauch von Theorien, Konzepten oder Ideen. Ohne die Beteiligung einer bestimmten Art von Gedanken wäre die Schaffung und Erkennung von Zeichen unmöglich. Peter MEUSBURGER (1998; 2000) spricht zum Beispiel von *Vorwissen*, das „[f]ür die Wahrnehmung von Signalen, die Interpretation von Nachrichten sowie die epistemische Bewertung von Informationen [erforderlich ist]" (MEUSBURGER 1998, 70). Gleichzeitig können nichtmenschliche Entitäten im Verlauf einer Transformation physisch verändert werden, jedoch ist dies nur möglich durch die Interaktion verschiedener physisch-materieller Körper.

Latour gesteht einerseits Menschen die Fähigkeit zu, zwischen grundsätzlich verschiedenen Mediatoren in besonderer Weise vermitteln zu können (Konzept des *prime mover;* vgl. LATOUR 1999b, 182):

[I]nstead of attaching [the human] to one constitutional pole or the other, we move it closer to the middle, it becomes the mediator and even the intersection of the two. The human is not a constitutional pole to be opposed to that of the nonhuman (LATOUR 1993, 137).

Sein Konzept bleibt jedoch undurchsichtig, weil er nicht näher spezifiziert, wie er die beiden Pole interpretiert, die in seinem Gedankengebäude noch zu existieren scheinen. Gegen Ende von *Pandora's Hope* wird Latour etwas genauer, wenn er die Menschheit an der Kreuzung sozialer und nichtmenschlicher Beziehungen lokalisiert, aber, ein weiteres Mal wird die Symmetrie zwischen Menschen und Nichtmenschen nicht neu durchdacht (vgl. LATOUR 1999b, 213-214).

Ein Hauptproblem der konventionellen Akteursnetzwerkperspektive scheint in der Behandlung von Menschen als homogene Entitäten zu bestehen, ohne explizit deren Charakter als äußerst *dynamische Beziehungsgeflechte* aus materiellen und immateriellen Entitäten zu berücksichtigen. Aufgrund dieser spezifischen Qualität können Menschen soziale Beziehungen nicht nur durch den Einbezug von Materie in ihre Interaktionen dauerhaft machen, wie es die klassische Akteursnetzwerkperspektive betont, sondern auch durch die Speicherung und den Abruf von Erinnerungen als einer spezifischen Form immaterieller Entitäten (vgl. Zitat [1], S. 309f.). Erinnerungen werden genauso wie (sozio)materielle nichtmenschliche Wesen im Verlauf von Ereignissen kollektiv produziert bzw. verändert und können neue Übersetzungen und Transformationen aktiv gestalten. Ohne die Fähigkeit, Eindrücke, Informationen oder Wissen zu speichern, d. h. zu erinnern, wären Menschen auch nicht in der Lage, die Bedeutung von Soziomaterialitäten wiederzuerkennen, die sie irgendwann einmal zu Zeichen transformiert haben. Innerhalb zahlreicher Akteursnetzwerke des menschlichen Kollektivs sind mündlich vereinbarte und durch einen Handschlag besiegelte Verträge in gleicher Weise gültig wie schriftlich fixierte und unterschriebene Verträge. Während erstere durch Erinnerungen stabilisiert werden, kommen bei letzteren Nichtmenschen in Form von Schriftstücken – Inskriptionen im engeren Sinne – zum Einsatz. Die Gültigkeit mündlich verabredeter Verträge basiert dabei nicht allein auf dem Vertrauen, daß beide Parteien entsprechend ihrer Zusagen handeln werden – dies ist auch bei schriftlich fixierten Abmachungen notwendig. Entscheidend ist das trivial erscheinende aber essentiell seiende Vertrauen beider Parteien, daß die jeweils andere Person die Abmachung nicht vergessen wird. Mündliche Überlieferung geschichtlicher Ereignisse sind ein weiteres Beispiel dafür, wie Menschen soziale Beziehungen mit anderen Mitteln stabilisieren als durch die Schaffung von Inskriptionen.

Vor diesem Hintergrund schlägt der *erste konstruktive Kritikpunkt* an der akteursnetzwerktheoretischen Symmetrie zwischen Menschen und Nichtmenschen vor, geistige Entitäten als eigenständigen Typ von Aktanten anzuerkennen, um der offensichtlichen Existenz eines immateriellen Pendants zu materiellen nichtmenschlichen Aktanten Rechnung zu tragen. Um größere Klarheit über die an Netzwerkbildungsprozessen beteiligten Basisentitäten und ihre Beziehungen zu schaffen, sollen Nichtmenschen, Quasi-Objekte oder Inskriptionen, von nun an, zumindest in dem hier entwickelten Gedankengebäude, *per definitionem* mindestens teilweise zur materiellen Welt gehören, aber hybrid (soziomateriell) in Hinblick auf ihre Historizität sein können. Zugleich soll als Gegenstück zum bestehen-

2.4 Kritik und Erweiterung der Akteursnetzwerkperspektive

den Begriff der *nicht*menschlichen Akteure, der Begriff der *supra*menschlichen Akteure geprägt werden, um im folgenden alle Arten geistiger Entitäten wie gespeicherte Informationen, Wissen, Interessen, Ideen, Bilder, Vorstellungen, Gedanken und Gefühle zu bezeichnen, die menschliches Handeln stark beeinflussen und somit *eigenständige Aktanten* darstellen (zu deren Bedeutung im Rahmen verschiedener Formen nichtmenschlichen Handelns siehe 2.4.6). Im Englischen als *nonhuman(s), human(s), suprahuman(s)* bezeichnet, bilden die bisher identifizierten Typen von Aktanten allerdings ein vorläufiges, da aus einer ganz bestimmten Perspektive verfaßtes Konzept, das noch im Laufe dieser Ausführungen zu erweitern und mit einer allgemeineren Terminologie zu besetzen sein wird.

In verschiedenen Kontexten lassen sich supramenschliche Akteure als Sprache, politische Konzepte, Gesetze, Theorien, Ideologien, individuelle Erfahrungen und alle Variationen des Wissens und der Information identifizieren. Supramenschen sind in der Sphäre des *Geistes* zu finden. Sie können auf gespeicherter Information beruhen, die den Charakter von *Repräsentationen* besitzt. Durch das Rekonstruieren von Transformationsketten können diese Repräsentationen zumindest hypothetisch auf ihre heterogenen nichtmenschlichen, menschlichen und supramenschlichen Ursprünge zurückgeführt werden. Supramenschen vermitteln *Bedeutungen* und werden im *Diskurs* unter Beteiligung von Menschen und/oder Nichtmenschen kommuniziert. Sie agieren entweder innerhalb der geistigen Sphären eines menschlichen Akteurs oder in Form von Äußerungen, die von anderen Aktanten empfangen werden. Sie sind notwendig, um Materie in Zeichen zu transformieren und deren Bedeutung wiederzuerkennen, und werden selber ebenfalls im Rahmen von Netzwerkbildungsprozessen kollektiv produziert und verändert.

2.4.4 Spurensuche

Aufgrund der weitreichenden Implikationen einer Integration mentaler Entitäten als eigenständigem Typ von Aktanten in die Akteursnetzwerktheorie sollen im folgenden drei ausgewählte Argumentationen aus Arbeiten zur konventionellen Akteursnetzwerktheorie diskutiert werden, um die handlungsrelevante Bedeutung mentaler, 'supramenschlicher' bzw. immaterieller Aktanten sowie deren ereignisbezogene Koproduktion mit Menschen und Nichtmenschen zu untermauern.

Erstes Beispiel: Shirley Strum und Bruno Latour weisen Ende der 1980er Jahre darauf hin, daß Paviane zur Überzeugung und Integration anderer in ihre Definition von Gesellschaft über nicht mehr verfügen als „their bodies, their intelligence and a history of interactions built up over time" (STRUM und LATOUR 1987, 795). Während jedoch eine Geschichte der Interaktionen für das Zusammenleben von Pavianen wichtig zu sein scheint, wurde deren Wirkung im Rahmen menschlicher Interaktion von der Akteursnetzwerktheorie nicht in dem Maße diskutiert wie die Rolle soziomaterieller Dinge (dies ist ein Paradoxon).

Zweites Beispiel: John Law identifizierte Mitte der 1980er Jahre zwei Möglichkeiten, Kontrolle über weite Distanzen auszuüben; er sprach von *drilled bodies* und *inscriptions* (LAW 1986b). Da Inskriptionen auf den ersten Blick verläßlicher, einfacher zu handhaben, leichter über lange Distanzen zu mobilisieren und dauerhafter nutzbar als die von Law genannten 'geschulten Körper'[146] erscheinen können, haben sich Law und andere Akteursnetzwerktheoretiker im Rahmen ihrer nachfolgenden Untersuchungen vermutlich auf Inskriptionen konzentriert anstatt beide Arten von Kontrollmöglichkeiten im Detail zu analysieren (vgl. auch BINGHAM 1996, 646; MURDOCH 1997a, 742). Obwohl variierende Qualitäten verschiedener Mediatoren für soziale Ordnungsmechanismen immer wieder diskutiert wurden – beispielsweise in Hinblick auf Stimmen, Körper, Texte und Gebäude (LAW 1994) –, ist den Fähigkeiten der Menschen, bewußt und unbewußt Informationen und Wissen zu speichern und zu verbreiten, kaum Beachtung geschenkt worden. Gemäß Latour hatte die Vervielfältigung und Integration der Nichtmenschen enorme Maßstabseffekte und veränderte die Topographie der Kollektive. Gleichzeitig betont er jedoch, daß die Modernen einfach nur *größere* Netze durch die Einbindung eines bestimmten Typs nichtmenschlicher Wesen geschaffen haben (LATOUR 1993, 117; vgl. auch BINGHAM 1996, 649). Dies impliziert, daß die von Law etwas reduktionistisch als 'geschulte Körper' bezeichnete Kombination aus Menschen und Supramenschen nicht prinzipiell anders funktioniert als die Kombination von Nichtmenschen und Supramenschen in Form von Inskriptionen und daß somit die handlungsbeeinflussende Rolle mentaler Entitäten nicht vernachlässigt werden darf.

Drittes Beispiel: Für die Transformation von Materie zu Zeichen im Rahmen wissenschaftlicher Praxis sind mentale Entitäten genauso notwendig wie für die Wiedererkennung ihrer Bedeutungen. Des weiteren zeigen experimentelle Erfahrungen, wissenschaftliches Wissen, Stereotype oder neu geprägte Begriffe, daß mentale Entitäten gleichzeitig Resultate von Netzwerkbildungsprozessen sind, die zusammen mit nichtmenschlichen und menschlichen Wesen koproduziert werden. Supramenschliche und nichtmenschliche Akteure weisen auch zahlreiche vergleichbare Charakteristika auf, die zu einer Stabilisierung sozialer Beziehungen beitragen, darunter Mobilität, Stabilität und Kombinierfähigkeit (vgl. auch LATOUR 1987, 223-228). Supramenschliche Akteure sind in der Regel Abstraktionen komplexerer Phänomene, einige sind sehr persistent (z. B. Gerüchte, Stereotype, Gewohnheiten) und sie können auf der Basis von *Face-to-face*-Kommunikation, Telekommunikation oder Inskriptionen leicht in Raum und Zeit verbreitet werden. Die Tatsache, daß Texte, die einem Zweck dienen sollen, zur semiotisch-materiellen Welt gehören und somit Geistiges und Materielles vereinen, impliziert, daß die Erfüllung dieses Zwecks Kompetenzen auf der Seite des interpretierenden Akteurs erfordert, die vorher zumindest einmal vermittelt oder selbst erworben werden müssen.[147] Vor diesem Hintergrund wird es möglich, Materie und Bedeutung oder *Signifiant* und

---

[146] Dieser von Law verwendete Begriff ist diskussionswürdig, da Menschen, die Nachrichten übermitteln, nicht allein auf geschultes Wissen reduziert werden können. Das Beispiel Laws soll aber dennoch zur Unterstützung der Argumentation dienen, daß es zwei grundsätzliche Möglichkeiten gibt, Nachrichten zu übermitteln – erstens über das Erinnerungsvermögen von Menschen und zweitens über soziomaterielle Entitäten (Inskriptionen) –, daß aber erstere auf Kosten der Inskriptionen in der akteursnetzwerktheoretischen Diskussion vernachlässigt wurde.

[147] Auf diesem Prinzip beruhen sämtliche Schulsysteme, indem sie Ideen, Gedanken, Fähigkeiten und Konzepte, kurz supramenschliche Akteure verbreiten, um auf diese Weise soziale Beziehungen zu stabilisieren und das Zusammenleben in einer arbeitsteiligen Gesellschaft zu ermöglichen bzw. zu beeinflussen.

2.4 Kritik und Erweiterung der Akteursnetzwerkperspektive

Signifié getrennt voneinander zu denken, weil die Wirkung eines Textes auf der Assoziation *geistiger, soziomaterieller* und *menschlicher* Aktanten beruht:

> Texts order only if they are not destroyed *en route*, and there is someone at the other end who will read them and order her conduct accordingly (LAW 1994, 102).[148]

Dies bedeutet aber auch, daß mindestens drei eigenständige Typen von Aktanten zu berücksichtigen sind, um der Komplexität von Netzwerkbildungsprozessen hinreichend gerecht werden zu können: (Sozio)materielle Entitäten wie ein Text, geistige Entitäten, die das Verständnis des Textes ermöglichen, und Menschen, die zusätzlich gewillt sind, sich der erschlossenen Bedeutung entsprechend zu verhalten.

2.4.5 Historische und dynamische Hybridität

Vor diesem Hintergrund der Spurensuche ergibt sich ein erstes, zunächst schlüssig erscheinendes, aber dennoch vorläufiges Aktantenkonzept, wenn man geistige Entitäten als eigenständige Aktanten anerkennt und den Menschen ihre zentrale Vermittlerrolle zwischen geistigen und materiellen Erscheinungen zurückgibt. Aus zwei Gründen gleicht das resultierende Konzept supramenschlicher, menschlicher und nichtmenschlicher Aktanten jedoch nicht dem Kollektiv aus Sozialitäten, Soziomaterialitäten und Materialitäten, das gelegentlich in Zusammenhang mit der konventionellen Akteursnetzwerktheorie genannt wird (vgl. MURDOCH 1997b, 328). Erstens scheint dort der Begriff *socialities* Beziehungen zu bezeichnen, die durch menschliche Interaktion entstehen, während 'Supramenschen' einen dritten Typ von Aktanten repräsentieren und somit in Hinblick auf Historizität, mögliche Hybridität und potentielle Handlungsverantwortung gleiche Eigenschaften wie menschliche und nichtmenschliche Aktanten aufweisen können. Zweitens soll an dieser Stelle argumentiert werden, daß der Begriff 'Soziomaterialitäten' und das damit verbundene Konzept soziomaterieller Hybridität bisher nur in einer von *zwei* möglichen Bedeutungen verwendet wurde: Auf der einen Seite befassen wir Menschen uns mit Soziomaterialitäten. Diese werden durch zahlreiche Transformationen und Übersetzungen unter dem Einfluß verschiedener Aktanten geschaffen und können als (materielle) nichtmenschliche Wesen angesehen werden, die hybrid in ihrer Geschichtlichkeit sind und als temporär stabilisierte Ganzheiten Handlungen mitgestalten. Auf der anderen Seite stellen wir Menschen selber Soziomaterialitäten dar. Wir werden ebenfalls unter dem Einfluß menschlicher Handlung geschaffen, gleichen jedoch immer einem komplexen dynamischen Beziehungsgeflecht aus materiellen und immateriellen Bausteinen, das sich kontinuierlich verändert. Obwohl auch Latour darauf hinweist, daß Menschen als soziotechnische Tiere zu verstehen sind, bezieht er sich nur auf die erste Bedeutung der den Menschen innewohnenden Hybridität, d. h. auf *historische Hybridität* im Sinne der Geschichte des

---

[148] Edward Saids Konzept der *travelling theory*, das vor allem von Derek Gregory in geographische Diskurse integriert worden ist, argumentiert ähnlich: „[I]deas are interventions in specific situations, and as they move from place to place they need to be subjected to a critical consciousness, 'a sort of spatial sense', that keeps them open to other topographies of power and affect" (GREGORY 2000, 298).

kollektiven Konstruktionsprozesses heterogener Entitäten (LATOUR 1999b, 214). Die zweite Bedeutung von Hybridität wurde bisher nicht ausreichend gewürdigt: Es handelt es sich um *dynamische Hybridität* im Sinne einer lebendigen Verbindung von Materie und Geist, die es uns Menschen ermöglicht, Elemente aus beiden Reichen dauerhaft zu verknüpfen. Dies gilt zumindest so lange, bis der Kreislauf, der Materie und Geist verbindet und uns am Leben erhält, aufhört zu existieren, und wir dadurch von Menschen zu soziomateriellen Körpern reduziert werden.

Der *zweite konstruktive Kritikpunkt* am allgemeinen Symmetrieprinzip lautet daher, daß das Konzept soziomaterieller Hybridität in mindestens zwei möglichen Bedeutungen zu verwenden ist: historische Hybridität und dynamische Hybridität. Unterstützt wird dieses Konzept der zwei Bedeutungen von Hybridität zum Beispiel durch Henri Lefebvres Auseinandersetzung mit dem problematischen Charakter der Subjekt-Objekt-Polarität moderner Gesellschaftstheorien (vgl. auch Fußnote 145). Darin umreißt er zunächst das Konzept soziomaterieller Hybridität wie es im Rahmen der Akteursnetzwerktheorie populär gemacht wurde:

> The object, just easily as the subject, may assume a burden of ideology (of signs and meanings). By conceiving of the subject without an object (the pure thinking 'I' or *res cogitans*), and of an object without a subject (the body-as-machine or *res extensa*), philosophy created an irrevocable rift in what it was trying to define (LEFEBVRE 1991, 406).

Um die Defizite der Subjekt-Objekt-Dichotomie zu verdeutlichen, bezieht er sich anschließend auf den *living body*, der in dieser Arbeit mit dem Prinzip der dynamischen Hybridität konzeptionalisiert wurde:

> The living body, being at once 'subject' and 'object', cannot tolerate such conceptual division (LEFEBVRE 1991, 407).

Abbildung 11 identifiziert Menschen als dynamische Mediatoren zwischen (hybriden) materiellen Entitäten, den klassischen Nichtmenschen, sowie (hybriden) geistigen Entitäten, die im Sinne eines immateriellen Pendants zu (sozio)materiellen Nichtmenschen als Supramenschen bezeichnet wurden. Menschen sind so wichtig für Vermittlungs- und Verknüpfungsarbeit, daß sie buchstäblich auf beiden Seiten der Hauptachse des neuen Aktantenkonzepts zu finden sind. Dies bedeutet nicht, daß alle Menschen die gleichen Kompetenzen besitzen. Im Gegenteil: Je nach Netzwerkkonfiguration besitzen menschliche Akteure unterschiedliche immaterielle (z. B. Wissen), materielle (z. B. Werkzeuge) und dynamisch hybride Ressourcen (z. B. Computer, Kooperationspartner) für ihre individuellen Netzwerkbildungsprozesse. Menschen weisen jedoch mehr Gemeinsamkeiten als Unterschiede in Hinblick auf eine dynamische Interaktion zwischen (hybriden) materiellen und (hybriden) immateriellen Entitäten auf und bilden daher eine solide Achse für das vorläufige neue Aktantenkonzept.[149] Versteht man Menschen als Wesen, in denen materielle und immaterielle Aktanten auf dynamische Weise verknüpft sind und die ihrer-

---

[149] Unter hybriden immateriellen Aktanten sind zum Beispiel geistige Entitäten zu verstehen, die als Resultat der Vermittlungs- und Verknüpfungsarbeit einen unmittelbaren Bezug zur physischen Umwelt aufweisen (z. B. experimentell gewonnenes naturwissenschaftliches Wissen).

2.4 Kritik und Erweiterung der Akteursnetzwerkperspektive

seits aktiv andere Aktanten miteinander verbinden, so wird deutlich, daß ihre Kompetenzen wegen der kombinierten Fähigkeiten letztendlich größer sind als die geistiger Entitäten und auch die der meisten nichtmenschlichen Wesen in der konventionellen Akteursnetzwerktheorie (eine Präzisierung erfolgt in Kapitel 2.4.6).

Abb. 11: Ein neues menschenzentriertes Aktantenkonzept

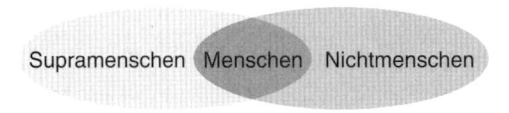

Supramenschen Menschen Nichtmenschen

Quelle: Eigener Entwurf.

Auf Grundlage des neuen, menschenzentrierten Aktantenkonzepts lassen sich auch zwei Typen von Fragezeichen, die in Abbildungen Bruno Latours zu finden sind, mit theoretisch fundierten Inhalten füllen. In Abbildung 12-a fehlt dem Betrachter offensichtlich das notwendige mentale Instrumentarium, um einen Graphen sinnhaft interpretieren zu können. Die dargestellte Professorin verfügt dagegen über ausreichend Vorwissen, um die abgebildete Kurve in einen inhaltlichen Zusammenhang zu stellen. „Die assoziative Verbindung zwischen dem Wort und Ding" (Wittgenstein 1977, 18 zit. in MEUSBURGER 1998, 70) kann, wie Meusburger hervorhebt,

> bei verschiedenen Menschen je nach ihrem Vorwissen und ihren persönlichen Erfahrungen [...] sehr unterschiedlich sein. Viele Arten von Nachrichten und Informationen werden von einem Empfänger, der nicht über das notwendige Vorwissen verfügt, in ihrer Bedeutung nicht erkannt (MEUSBURGER 1998, 70).

Während der erste Typ von Fragezeichen – in diesem Fall fehlende – mentale Akteure repräsentiert, die einen integralen Bestandteil der Konstruktion und Interpretation wissenschaftlicher Erkenntnisse bilden, ist die Bedeutung der Fragezeichen in Abbildung 12-b zuvor bereits diskutiert worden (vgl. 2.4.3). Latour zufolge symbolisieren die Fragezeichen in seinem Konzept der zirkulierenden Referenz das vollständige Mysterium, das mit den Ereignissen bei einer einzelnen Transformation von Materie in Zeichen verbunden ist. Sein empirisches Beispiel bezieht sich auf einen Pedologen, der einen Erdklumpen aus einer Bodenprobe entnimmt, um ihn in einem Setzkasten so zu plazieren, daß er eine bestimmte Position und Tiefe des untersuchten Bodens repräsentiert (LATOUR 1999b, 49ff.). An dieser Stelle kann nun argumentiert werden, daß die Antwort auf die Frage, *was* im einzelnen bei einer solchen individuellen Codierung passiert, vielleicht in der Tat ein vollständiges Mysterium ist; dagegen besteht aber kein Mysterium mehr in bezug auf die Frage, *wer* die Transformation vollzieht und somit die Kluft zwischen den Welten der Materie und der Zeichen überbrückt. Die Fragezeichen symbolisieren in dieser Hinsicht die von Menschen vorgenommene Vermittlungspraxis und somit ihre Rolle als zentrale Schnittstelle zwischen den Welten der Materie und der Zeichen:

Ausgestattet mit einer kontinuierlichen Zirkulation, die materielle und immaterielle Bausteine verbindet, erweisen sich Menschen als dynamische Hybride, d. h. als Wesen, die Materie in Zeichen transformieren und diese interpretieren können.

Abb. 12: Interpretation Latourscher Fragezeichen

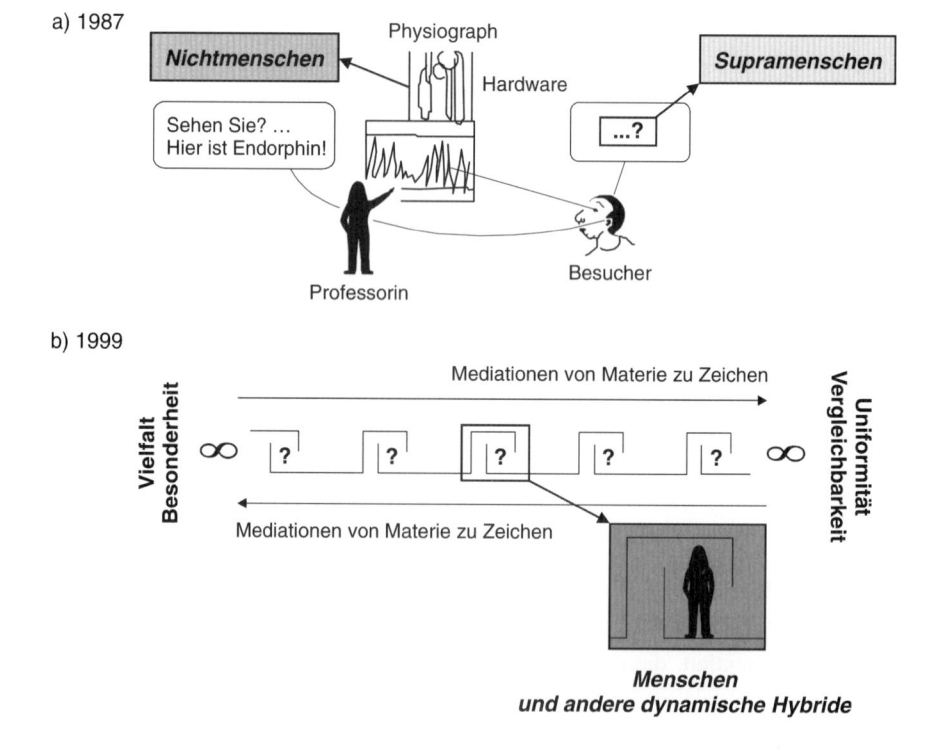

a) 1987

Nichtmenschen — Physiograph — Hardware — **Supramenschen**

Sehen Sie? ... Hier ist Endorphin!

...?

Professorin — Besucher

b) 1999

Vielfalt / Besonderheit ∞ ? ? ? ? ? ∞ Uniformität / Vergleichbarkeit

Mediationen von Materie zu Zeichen

Mediationen von Materie zu Zeichen

Menschen und andere dynamische Hybride

Quelle: a) Latour 1987, 71; b) Latour 1999b, 73; jeweils ergänzt.

Menschen sind zwar die komplexesten dynamischen Hybride in der bekannten Welt, sie sind aber bei weitem nicht die einzigen. Als integraler Bestandteil der Natur sind Menschen zum Beispiel nicht die einzigen Organismen auf der Erde, die Zeichen produzieren und interpretieren können. Jüngere anthropologische und geographische Arbeiten von Tim INGOLD (1988a), Chris PHILO und Chris WILBERT (2000), Sarah WHATMORE und Lorraine THORNE (2000), Jennifer WOLCH und Jody EMEL (1998) setzen sich zum Beispiel mit den Konstruktionen, dem Wissen und Bewußtsein nicht-menschlicher Tiere und anderer nicht-menschlicher Lebensformen auseinander und erkunden die Beziehungen zwischen Menschen und nicht-menschlichen Tieren. In der Akteursnetzwerktheorie werden allerdings andere als

2.4 Kritik und Erweiterung der Akteursnetzwerkperspektive 145

menschliche Organismen zusammen mit unbelebten Objekten unter dem Label 'nichtmenschlich' zusammengefaßt. Dies wirft die Frage auf, ob unbelebte Objekte und andere als menschliche Organismen wirklich *in jeder Hinsicht* gleichbehandelt werden können? Oder handelt es sich dabei um eine menschenzentrierte Perspektive, der die Akteursnetzwerktheorie eigentlich entkommen möchte? Wenn Menschen besondere Kompetenzen aufweisen, weil sie in der Lage sind, zur gleichen Zeit mit materiellen und geistigen Entitäten umzugehen, gilt dies dann nicht auch für andere Organismen? Ist es möglich, daß supramenschliche Wesen mentale Entitäten darstellen, die an menschliche Gehirne gebunden sind, während mentale Entitäten im weiteren Sinne auch für die Existenz anderer Lebewesen und die Formierung ihrer Kollektive eine wesentliche Rolle spielen?

Ein zweiter Aspekt, der die Notwendigkeit einer Verfeinerung des vorgeschlagenen menschenzentrierten Aktantenkonzepts unterstreicht, läßt sich anhand einer Argumentation Donna Haraways illustrieren. Demnach war die Aussage, daß nur *Organismen* Zeichen interpretieren können, vielleicht noch in den 1930er Jahren gültig. In den 1990er Jahren trifft dies jedoch nicht mehr zu, da in der Zwischenzeit Maschinen entwickelt wurden, die ebenfalls die Fähigkeit besitzen, Zeichen zu schaffen und diese zu interpretieren (HARAWAY 1997, 126-127). Zu Beginn des 21. Jahrhunderts sind somit weder Menschen noch alle Organismen gemeinsam mit ihren spezifischen Eigenschaften, die sich aus der dynamischen Verbindung materieller und geistiger Bausteine ergeben, alleine auf der Welt. Vielmehr finden sich einige ihrer Fähigkeiten auch in technischen Geräten wieder. Selbst wenn diese bisher nur einen Bruchteil menschlicher Kompetenzen substituieren und erweitern können, unterstreicht eine umfangreiche sozialwissenschaftliche Literatur zu neuen Technologien, künstlicher Intelligenz, Donna Haraways *cyborgs* und neuen Formen künstlichen Lebens eine immer wichtiger werdende Bedeutung neuer Technologien in Wissenschaft und Gesellschaft und einen zunehmenden Ausbau ihrer menschlichen Charakteristika (vgl. z. B. TURKLE 1985; 1997; HARAWAY 1991; HINCHLIFFE 1996; LIGHT 1997; CRANG, CRANG UND MAY 1999; NEGROTTI 2000).

Die Gemeinsamkeiten von Menschen, anderen Organismen und bestimmten Technologien in Hinblick auf ihre Mittlerrolle zwischen materiellen und immateriellen Entitäten werden auch in den empirischen Untersuchungen dieser Arbeit deutlich (vgl. Kapitel 4). Wenn sich zum Beispiel deutsch-amerikanische Experimente dem Kampfverhalten von Hummern widmen, um unter anderem Analogien zu menschlichen Verhaltensweisen herzustellen, oder wenn Teleskope die Wahrnehmung der Menschen um mehrere Millionen Lichtjahre und zahlreiche Wellenlängen außerhalb des sichtbaren Lichts erweitern können, liegt die Vermutung nahe, daß einige Nichtmenschen zumindest rudimentäre Kompetenzen von Menschen aufweisen und sich dadurch von anderen Nichtmenschen deutlich unterscheiden.

Angesichts dieser Beobachtungen kann die vorgeschlagene Unterscheidung von Supramenschen, Menschen und Nichtmenschen nur ein vorläufiges Konzept von Aktanten darstellen. Um einen konsistenten Untersuchungs- und Interpretationsrahmen für Netzwerkbildungsprozesse zu kreieren, bleibt zu klären, welche Arten von Aktanten auf der Seite der nichtmenschlichen Wesen in der konventionellen Akteursnetzwerkperspektive zu differenzieren sind.

2.4.6 Eine komplexe Trinität

Vor dem Hintergrund des Bestrebens Donna Haraways, die Selbstverständlichkeit der Unterscheidung zwischen lebendig und tot, Maschine und Organismus, menschlich und nichtmenschlich, dem Eigenen und dem anderen aufzulösen (HARAWAY 1997, 267), wird die stark menschenzentrierte Perspektive des bisher entwickelten Aktantenkonzepts besonders deutlich. Angesichts des Bestrebens der Akteursnetzwerkperspektive „to make agency less human-centered by ascribing this status to any entity which can link together others in networks" (MURDOCH 1997b, 747) ist diese Feststellung jedoch erläuterungsbedürftig. Schließlich opponieren Akteursnetzwerktheoretiker vehement gegen humanistische Ideen, weshalb ihnen Kritiker wiederum vorwerfen, die zentrale Rolle der Menschen in unserer Welt zu negieren.[150] Doch paradoxerweise legen weder die konventionelle (A)Symmetrie noch das neue, vorläufige Aktantenkonzept auf konsistente Weise Rechenschaft über die große Vielfalt von Entitäten ab, die wesentliche menschliche Eigenschaften aufweisen, aber definitiv nicht menschlich sind. Diese Entitäten, die im folgenden ebenfalls als 'dynamische Hybride' bezeichnet werden, umfassen Tiere und andere Organismen, aber auch bestimmte Maschinen wie laufende Computer und Roboter. Dynamische Hybride können sehr unterschiedliche Fähigkeiten besitzen, was jedoch alle in gleicher Weise kennzeichnet, ist eine kontinuierliche Zirkulation, die eine dynamische Verbindung von materiellen und immateriellen Bausteinen ermöglicht und somit einen größeren Verhandlungs- und Verknüpfungsspielraum erlaubt als ihn nicht-dynamische Aktanten aufweisen.

Der *dritte und letzte konstruktive Kritikpunkt* an der postulierten Symmetrie zwischen Menschen und Nichtmenschen lautet daher, daß nichtmenschliche dynamische Hybride und andere Nichtmenschen zu differenzieren sind, um verschiedenen Ebenen von Fähigkeiten und Verantwortlichkeiten bei der Untersuchung von Netzwerkbildungsprozessen besser gerecht werden zu können. Dies ist zum Beispiel besonders wichtig für das Verständnis der modernen Naturwissenschaften, die in hohem Maße auf hochentwickelten Technologien wie Supercomputern, Beschleunigern und Teleskopen beruhen. Denn ohne deren Mitwirkung blieben nicht nur viele physisch-materielle und intellektuell-virtuelle Räume und Regionen für uns Menschen unzugänglich, sondern wären auch arbeitsteilige Kooperationen und informelle Kommunikationsnetze über weite Distanzen weniger gut realisierbar.

Der resultierende Vorschlag einer neuen Ontologie temporär zu differenzierender Aktanten identifiziert Menschen und andere dynamische Hybride als *dynamische Mediatoren* zwischen materiellen Entitäten auf der einen und immateriellen Entitäten auf der anderen Seite, einschließlich ihrer jeweiligen historisch hybriden Varianten (Abb. 13). Materielle Entitäten repräsentieren die Welt der Materie, der Dinge, der nicht-dynamischen soziomateriellen Hybride und *Signifiés* (Bezeichner

---

[150] Zur Ablehnung des Humanismus durch die Akteursnetzwerkperspektive siehe z. B. LATOUR (1993, 136-138; 1999b, 3, 17-19). Kritische Anmerkungen dazu finden sich beispielsweise in AMSTERDAMSKA (1990), COLLINS und YEARLEY (1992) und PELS (1996). MURDOCH (1997b, 332) setzt sich mit der Rolle des Menschen in der Humangeographie auf Grundlage des akteursnetzwerktheoretischen 'Anti-Humanismus' auseinander (vgl. auch WHATMORE 1999).

2.4 Kritik und Erweiterung der Akteursnetzwerkperspektive

wie soziomaterielle Entitäten, Schriftzeichen, Bilder). Immaterielle Entitäten umfassen die Welt der Gedanken, Vorstellungen, Erinnerungen, der (geteilten) Auffassungen, Ideologien, sozialen Interessen und Konventionen, der *factishes* (ehemals differenziert in Wissen und Glauben; vgl. LATOUR 1999b, 274) und *Signifiants* (Bezeichnetes, Vorstellungsinhalte) sowie der Gefühle, Instinkte und virtuellen Realitäten.[151]

Abb. 13: Eine komplexe Trinität von Aktanten

Immaterielles — **Dynamische Hybride** — Materielles

Quelle: Eigener Entwurf.

In Anlehnung an das klassische Aktantenkonzept können auch in der erweiterten Akteursnetzwerkperspektive *alle* Typen von Aktanten eine eigene Geschichte aufweisen, hybrid sein und die Verantwortung für Geschehnisse und Handlungen teilen. Dadurch lösen sich häufig vorausgesetzte Annahmen über eine grundsätzlich unterschiedliche Wirkungsweise einzelner Elemente der zumindest temporär ontologisch zu differenzierenden Bereiche und ihrer heterogenen Akteursnetzwerke wie im klassischen Aktantenkonzept auf. Jedoch wird mit der Ausweisung von dynamischen Hybriden die Dimension des Verantwortungsspielraums hinzugefügt. Ereignisse können auch ohne die Beteiligung dynamischer Hybride stattfinden, um jedoch aktiv Materie zu sozialisieren, Gedanken zu materialisieren und neue Hybride zu schaffen sind *dynamische* Hybride erforderlich. Im Unterschied zu nicht-dynamischen Entitäten können diese je nach Entstehungsgeschichte, Fähigkeiten und Situation für ihr Tun auch zur Verantwortung gezogen werden (vgl. 2.4.7.1).

Die Unterscheidung materieller und immaterieller Entitäten, wie sie im vorgeschlagenen Konzept getätigt wurde, kann auch als logische Folge einer Beobachtung Donna Haraways betrachtet werden:

> I learned early that the imaginary and the real figure each other in concrete fact, and so I take the actual and the figural seriously as constitutive of lived material-semiotic worlds (HARAWAY 1997, 2).

Auf die in diesem Zusammenhang entscheidende Frage, wie die zumindest temporär ontologisch zu differenzierenden aber gleichzeitig von historischer Hybridität durchsetzten Domänen materieller und immaterieller Erscheinungen verknüpft sind, wurde mit der Entwicklung des Konzepts der 'dynamischen Hybride' versucht, eine

---

[151] Von Computern generierte, transportierte, veränderte und verarbeitete Informationen können genauso wie geistige Entitäten von Organismen als virtuelle Entitäten angesprochen werden. Der zuvor geprägte Begriff 'Supramenschen' bezieht sich dagegen speziell auf geistige Entitäten von Menschen (vgl. 2.4.3).

schlüssige Antwort zu offerieren. So wies Wolfgang Zierhofer bei der Diskussion verschiedener gesellschaftstheoretischer Entwürfe darauf hin, daß jedes Konzept, das mit mehr als einer Kategorie arbeitet, sich früher oder später mit der peinlichen Frage konfrontiert sieht, wie die verschiedenen Bereiche verbunden sind. In bezug auf die Drei-Welten-Theorie von Karl Popper argumentiert er zum Beispiel, daß dieses Konzept es nicht geschafft hätte, Interaktionen zwischen der mentalen, materiellen und sozialen Welt auf schlüssige Weise zu konzeptionalisieren (ZIERHOFER 1999, 3). Nach den Erkundungen zu möglichen Inkonsistenzen des akteursnetzwerktheoretischen Aktantenkonzepts gilt diese Beobachtung wohl auch für eine überzeugende Verbindung von Menschen und Nichtmenschen.

In der vorgeschlagenen Trinität von Aktanten besitzen materielle und immaterielle Entitäten jeweils eine eigene Historizität, die ontologisch 'rein' oder hybrid sein kann.[152] Je nach Perspektive sind somit gemeinsam mit den vermittelnden dynamischen Hybriden drei oder fünf Basistypen von Aktanten zu differenzieren, die Konstruktionen konstituieren. Diese Basistypen von Aktanten weisen verschiedene räumliche Bezüge auf, die zum einen für unterschiedliche Geographien wissenschaftlicher Praxis und Interaktion verantwortlich zeichnen (vgl. Kapitel 5) und zum anderen einen systematischen Einfluß auf altersgruppen- und fachspezifische Mobilitäts- und Kooperationskulturen in den Wissenschaften ausüben, die wiederum mit typischen Auswirkungen von Forschungsaufenthalten im Ausland verknüpft sind (vgl. 4.3.2.2; 4.5).

Eine weitere Untergliederung der Basistypen könnte nach verschiedenen Kriterien fortgeführt werden. Sobald man jedoch eine exakte Trennung der ausgewiesenen ontologischen Bereiche von Materialitäten, dynamischen Hybriditäten und Immaterialitäten versucht, verschwimmen angenommene Grenzen und treten graduelle Unterschiede in den Vordergrund. In dieser Einheit einer Trinität von Aktanten, *unitatem in trinitatem* (siehe Einband), besteht eine Analogie zur christlichen Trinitätslehre, die einem einzigen Gott drei Wirklichkeiten zuerkennt, und zwar in der Dreieinigkeit von Gott-Vater, Gott-Sohn und Gott-Heiliger Geist (vgl. z. B. SCHROEDER 1986; OHLIG 1999). Ohne auf Sinn und Unsinn einer solchen Analogie zwischen Gott-Vater und materiellen Welten, Gott-Heiliger Geist und immateriellen Welten sowie Gott-Sohn und zwischen beiden Sphären vermittelnden dynamischen Hybriden an dieser Stelle eingehen zu können, soll zumindest die Frage aufgeworfen werden, ob dieses und vergleichbare religiöse oder mythische Trinitätskonzepte jenseits ihrer politischen Etablierung als verbindliche Glaubenssätze für Religionsgemeinschaften nicht auch als philosophische Konzepte über konstituierende Basisentitäten interpretiert werden können, die im Unterschied zu einer wissenschaftlichen Sprache in einer metaphorischen Sprache zum Ausdruck gebracht wurden. Dies wäre zumindest eine denkbare Möglichkeit, das vorgeschlagene Aktantenkonzept vor dem Hintergrund der Frage Latours nach möglichen Verbindungen zwischen den gesellschaftstheoretisch etablierten Kategorien Natur, Gesellschaft, Subjekt und Gott zu interpretieren (vgl. auch LATOUR 1999b, 14):

---

[152] Da Aktanten ein Resultat von Netzwerkbildungsprozessen bilden, sind Aktanten ohne Historizität prinzipiell ausgeschlossen, allerdings würde eine weitere Untersuchung dieses Aspektes zwangsläufig auf das berühmte Henne-Ei Problem hinauslaufen.

2.4 Kritik und Erweiterung der Akteursnetzwerkperspektive

> What type of connection can be established between those terms, other than the systematic modernist solution? This is, I think clearly the direction of what is 'after' ANT and what would begin to solve a number of the worries expressed in the contributions to this book (LATOUR 1999c, 22).

Die Einheit der drei identifizierten Basistypen von Aktanten impliziert zweitens ein von Natur aus verkörpertes Denken und somit eine Einheit von Geist und Körper wie sie zum Beispiel von LAKOFF und JOHNSON (1999) propagiert wird. Durch das Konzept der dynamischen Hybride wird diese Einheit der ontologisch verschiedenen Domänen jedoch nicht nur auf die körperliche Realität von Menschen und anderen Organismen, sondern auch auf bestimmte Maschinen übertragen. Nach einer weiteren Überwindung konventioneller Gedankenschranken werden so der von Natur aus konstruierten Einheit die Möglichkeit eines durch den Menschen konstruierbaren Gefüges aus körperlichen und gedankenähnlichen Elementen mit allen Konsequenzen für die zukünftige Eigendynamik solcher konstruierter Wesen zur Seite gestellt.[153]

Verbunden mit dem Konzept eines verkörperten Geistes ist drittens auch eine historische und geographische Dimension des vorgeschlagenen Aktantenkonzepts im Sinne einer individuell und kollektiv in Zeit und Raum variierenden Bedeutung der identifizierten Basistypen für Netzwerkbildungsprozesse. In der zeitlichen Dimension reicht dies von einer materiellen Dominanz zum Zeitpunkt der Entstehung unseres Universums bis zu einer immer größer werdenden Bedeutung virtueller Welten in Zeiten des Internets. Lebendige Wesen und geistige Vorstellungswelten hätten sich demnach allmählich aus der Interaktion materieller Entitäten herausgebildet. Aus räumlicher Perspektive variieren Netzwerkbildungsprozesse zwischen verschiedenen Individuen, Gruppen und Kulturen, deren alltägliche Praktiken in eine durch Materialitäten dominierte, wenig transformierte Naturlandschaft eingebettet sind, und solchen, die sich am anderen Ende des möglichen Spektrums primär in künstlichen und virtuellen Erlebniswelten bewegen. In den Wissenschaften reichen zum Beispiel fachspezifische Interaktionskulturen von stark lokalisierten Praktiken in anwendungsbezogenen technischen Kontexten von Werkstätten und Großforschungsanlagen bis hin zu theoretischen und geisteswissenschaftlichen Praktiken, die in Hinblick auf ihre räumliche Einbettung vor allem an die Körperlichkeit der forschenden Personen und verschiedene intellektuelle Bezüge gebunden sind (vgl. 5.1). Mit dieser unterschiedlichen Bedeutung von Materialität und Immaterialität für wissenschaftliches Arbeiten sind nicht nur systematische Unterschiede in Hinblick auf Bedarf, Möglichkeiten und Motivationen für räumliche

---

[153] Auf diese Weise versucht das Konzept der dynamischen Hybride für langfristige Gefahren der Sozialisations- und Konstruktionsarbeit der Menschen zu sensibilisieren (z. B. Vision von einer maschinendominierten Welt). Dabei wird LATOURS (1993; 1995) Argument, daß Menschen aufgrund einer gewissen Selbstüberschätzung häufig die Eigendynamik, den Mediatorenstatus und den Realitätsgehalt einst konstruierter Hybride übersähen (vgl. 2.1), vor dem Hintergrund der Unterscheidung historischer und dynamischer Hybridität wesentlich schlagkräftiger als zuvor, weil das klassische Konzept der Nichtmenschen und Quasi-Objekte Bücher und Steine genauso einschließt wie zukünftige hochentwickelte Maschinen. LATOURS (1995, 189) Forderung nach einer auf die Dinge ausgeweiteten Demokratie wirkt jedoch mit Bezug auf erstere eher unverständlich und erhält erst in Bezug auf letztere besondere Brisanz.

Mobilität verbunden, sondern auch systematisch variierende Auswirkungen von Forschungsaufenthalten im Ausland (vgl. Kapitel 4 und 5).

Diese kurz skizzierten Implikationen der erweiterten Akteursnetzwerkperspektive müßten an anderer Stelle ausgearbeitet und mit weiteren konzeptionellen und philosophischen Diskursen verknüpft werden. Im abschließenden Abschnitt zur theoretischen Fundierung dieser Arbeit sollen die Überlegungen zu einer erweiterten Akteursnetzwerkperspektive zumindest mit geographisch relevanten Fachdiskussionen zum Verhältnis von Natur, Gesellschaft, Technologie und Wissen rückgekoppelt und anschließend für eine Konzeptionalisierung der Geisteswissenschaften im Sinne des Netzwerkbildens genutzt werden.

2.4.7 Natur – Gesellschaft – Wissen und Geographie

Die Frage, in welcher Beziehung Natur, Gesellschaft und Wissen zueinander stehen und was ihre Natur im einzelnen ausmacht, bildet seit Jahrhunderten einen Kernbestandteil gesellschaftstheoretischer Diskussionen in verschiedenen Fachkontexten (vgl. z. B. LEFEBVRE 1991, 11). Als Kern der methodologischen Auseinandersetzungen in der jüngeren Wissenschaftsforschung stand sie auch am Anfang der hier durchgeführten Erkundungen zum Symmetrieprinzip der Akteursnetzwerktheorie. Da Natur und Gesellschaft die zentralen Gegenstandsbereiche geographischer Forschung vereinen, sind die vorangegangenen Ausführungen nicht nur für Diskurse in der Wissenschaftsforschung, sondern auch für gesellschaftstheoretische Debatten in der Geographie und verwandten Themenfeldern relevant.

Zu einer Zeit, in der die Welt als primär soziales Konstrukt begriffen wurde, eröffnete das Symmetrieprinzip zwischen Menschen und Nichtmenschen einen vielversprechenden Weg, Aspekte wie Natur, Technologie, Umwelt und lokale Kontexte in die Humangeographie zu reintegrieren ohne der physisch-materiellen Welt eine deterministische Bedeutung für menschliches Handeln zuzuweisen. Andererseits wurde die Schlüsselstellung des Menschen in der Welt zur Diskussion gestellt und somit das traditionelle Verständnis einer *Human*geographie kritisch hinterfragt, weil diese meist soziale und menschliche Qualitäten heterogener Netzwerke gegenüber natürlichen und materiellen Gegebenheiten betont (MURDOCH 1997b, 332-334; vgl. auch WHATMORE 1999 und Kapitel 1.3.1).

Vor diesem Hintergrund wird im folgenden die Ausgangsfrage zum Verhältnis von Natur, Technologie, Gesellschaft und Wissen wieder aufgegriffen und auf Grundlage des vorgeschlagenen Aktantenkonzepts interpretiert werden. Zugleich werden einige Implikationen des neuen Aktantenkonzepts für geographische Diskurse angesprochen, die über die Dimension wissenschaftlichen Arbeitens hinausweisen. Ausgangspunkt ist die zu elaborierende Feststellung, daß eine Unterscheidung materieller, immaterieller, historisch hybrider und dynamischer hybrider Entitäten als konstituierende Basistypen gesellschaftlich relevanter Konstruktionen einen vielversprechenden Weg weist, die aufgrund zunehmender Grenzüberschreitungen problematisch gewordenen Kategorien Natur, Gesellschaft, Technologie und Wissen auf schlüssige Weise neu zu konzeptionalisieren.

2.4.7.1 Neue Sichtweisen

Traditionelle Naturkonzepte (vgl. z. B. GLACKEN 1976; SOPER 1995) beziehen sich häufig auf nicht-menschliche Organismen und Erscheinungen, die nicht durch geistige Entitäten der Menschen geprägt sind (z. B. Häuser, Werkzeuge), aber durch geistige Entitäten nichtmenschlicher Organismen geformt sein können (z. B. Termitenhügel, Vogelnester etc.). Zum Bereich der Technologie zählen dagegen meist soziomaterielle Entitäten, d. h. durch menschliche Konzepte geformte Gegenstände (z. B. Fahrräder, elektrische Geräte), einschließlich nicht-organischer dynamischer Hybride (z. B. Computer). Genau diese Trennung wird aber zunehmend problematisch, da es beispielsweise kaum noch vom Menschen unbeeinflußte Plätze auf der Erde gibt und die Sphären von Natur und Technologie durch wissenschaftliche Transformationen im Bereich der Biotechnologie und Gentechnik immer stärker verschmelzen.[154] Dies bedeutet, daß die Kategorien Natur und Technologie genauso wie die bereits von der Akteursnetzwerktheorie im Kollektiv aufgehobenen Kategorien Natur und Gesellschaft (vgl. 2.1) einer grundsätzlichen Umdefinition oder Neukonzeptionalisierung bedürfen, weil sie als gesellschaftstheoretische Kategorien dem hybriden Kollektiv des beginnenden 21. Jahrhunderts nicht mehr vollständig gerecht werden können.

Bestätigung findet dieses Argument zum Beispiel in den Ausführungen von Jennifer S. Light über den sich wandelnden Charakter der Natur im Zeitalter neuer Technologien (LIGHT 1997). Vor dem Hintergrund jüngerer Arbeiten in den Kultur- und Computerwissenschaften setzt sich Light mit zwei Entwicklungen auseinander, die eine Konvergenz traditioneller Konzepte von Natur, Technologie und Gesellschaft fördern. Zum einen handelt es sich um soziomaterielle Transformationen ehemals ontologisch 'reiner' biophysikalischer Umwelt. Diese Entwicklung diskutiert sie am Beispiel von simulierten und konstruierten Naturen in Nationalparks. Zum anderen erkundet Light 'das Kontinuum zwischen realem und virtuellem Raum', das sich aus computergenerierten Umwelten ergibt, welche die physische Umwelt auf die eine oder andere Weise ersetzen möchten.

Auf der Basis der erweiterten Akteursnetzwerkperspektive kann aus Lights Beobachtungen die Schlußfolgerung gezogen werden, daß beide, sozial transformierte physische Natur (z. B. Nationalparks) und physisch inspirierte virtuelle Natur (z. B. computergenerierte Landschaften, virtuelle Städte) Resultate heterogener Netzwerkbildungsprozesse darstellen und somit reale Umwelten repräsentieren, die in ihren Auswirkungen in gleichem Maße ernstzunehmen sind. Ein Unterschied ist demnach nicht zwischen 'real' und 'virtuell' zu postulieren, sondern zwischen 'physisch' und 'virtuell' als reale Interaktionsräume. Nationalparks können als sozial überformte Naturlandschaften im Sinne soziomaterieller Entitäten verstanden werden, während virtuelle Landschaften unter Beteiligung verschiedener dynamischer Hybride (Computer, Menschen) auf virtuellen Bausteinen beruhen. Dabei würde es sich um hybride virtuelle Entitäten handeln, sofern die Landschaften, im

---

[154] Jennifer S. Light argumentiert wie folgt: "[T]he end of the idea of nature is coincident with the end of nature as a physical sphere untouched by the chemicals we pour into it" (LIGHT 1997, 184).

Unterschied zu primär imaginären Konstruktionen, von einer konkreten physischen Umwelt inspiriert und durch soziomaterielle Transformationen (re-)konstruiert worden wären. Folglich spannen die drei im Rahmen der Kritik an der Akteursnetzwerktheorie identifizierten Basiskategorien und deren Untertypen einen vielversprechenden Rahmen für das Verständnis des hybriden Kollektivs der bekannten Welt auf, das kaum mit traditionellen Konzepten zu fassen sein scheint.

Wie ordnet sich nun Wissen in das neue Aktantenkonzept ein? Kann es sein, daß es sich bei Wissen, verstanden als ein spezifischer Typus mentaler Entitäten, um Beschreibungen des hybriden Kollektivs unserer Welt handelt? Im Sinne der *zirkulierenden Referenz* (Abb. 10, S. 137) würden diese Beschreibungen dann nicht dem *entsprechen*, was sie repräsentieren, sondern vielmehr über rekonstruierbare, aber nicht reversible Transformationen mit den *materiellen, immateriellen, historisch* und *dynamisch hybriden* Entitäten verbunden sein, welche diese kollektiv produzierten. Folglich könnte es sich bei dem dritten Aspekt oder Prozeß, den David BLOOR (1999a, 84) als Bestandteil der Akteursnetzwerktheorie identifizierte, aber nicht näher benennen konnte (vgl. 2.4.1), um diese, durch Transformationsketten charakterisierte zirkulierende Referenz handeln, die im allgemeinen zeigt, wie Aktanten entstanden und miteinander verbunden sind.

Die theoretischen Reflexionen zeigten, daß Transformationen zwischen Materie und Zeichen nur von Wesen vorgenommen werden können, die über Bausteine beider Sphären verfügen. Das darauf aufbauende Konzept der dynamischen Hybride rückt auch noch andere konzeptionelle Kontroversen in Wissenschaftsforschung, Geographie und Gesellschaftstheorie in ein anderes Licht. Zum Beispiel wendet sich Latours Argument, daß Gesellschaft konstruiert, jedoch nicht *sozial* konstruiert sei, eindeutig gegen den sozialen Konstruktivismus (LATOUR 1999b, 198). Wenn man jedoch die vorgeschlagene Trinität von Aktanten berücksichtigt, müßte man neu formulieren, daß Gesellschaft *nicht nur* sozial konstruiert ist, da neben Menschen und geistigen Entitäten auch die Integration soziomaterieller Erscheinungen wichtig ist. Zur Erläuterung: STRUM und LATOUR (1987) hatten soziale Konstruktion unter Rückgriff auf 'Intelligenz' und eine 'Geschichte der Interaktionen' als Charakteristikum des Zusammenlebens von Pavianen beschrieben und demgegenüber die Stabilisierung sozialer Beziehungen in der menschlichen Gesellschaft durch soziomaterielle Hybride betont (vgl. 2.4.4). Paradoxerweise wurde jedoch die Möglichkeit der Stabilisierung sozialer Beziehungen durch Erinnerungen ausgeblendet, als im Rahmen akteursnetzwerktheoretischer Arbeiten die Mitwirkung der Dinge an der Entstehung und Aufrechterhaltung gesellschaftlicher Beziehungen in der *menschlichen* Gemeinschaft erkundet wurde. Die Ausweisung geistiger Entitäten als eigenständiger Typ von Aktanten berücksichtigt soziale Konstruktion wieder in angemessener Weise und kann folglich der Gesamtheit materieller und immaterieller Konstruktionsarbeit in menschlichen Kollektiven gerecht werden.[155]

---

[155] Wenn LATOUR (1999b, 198) zufolge Menschen seit Millionen von Jahren ihre sozialen Beziehungen auf nichtmenschliche Entitäten ausgedehnt haben, impliziert dies, daß es schon immer mehr oder weniger stabile Beziehungen zwischen Menschen gab, die nicht auf der Einbindung von Artefakten, sondern auf anderen Mechanismen basieren. In dieser Arbeit wird argumentiert, daß diese sozialen Beziehungen durch mentale Entitäten und die menschliche Fähigkeit zu erinnern geschaffen werden.

2.4 Kritik und Erweiterung der Akteursnetzwerkperspektive

Die vorgeschlagene Trinität weist Menschen zusammen mit anderen organischen und technischen dynamischen Hybriden eine zentrale Mittlerposition im Kollektiv der Aktanten zu. Dennoch verläßt sich das neue Konzept keineswegs auf Ideen des sozialen Konstruktivismus. Kritisch gegenüber realistischen *und* sozialkonstruktivistischen Ansätzen folgt das neue Konzept dem Argument, *daß gerade deshalb etwas real und autonom ist, weil es zuvor gut konstruiert wurde* (LATOUR 1999b, 275). Dieses Argument ist von besonderer Bedeutung für die Erkenntnis, daß geographische Imaginationen, Ideen, Ideologien, virtuelle Realitäten, sozial geformte, vom Menschen im wahrsten Sinne des Wortes manipulierte natürliche Entitäten und verschiedene Arten von (Bio)Technologien gleichermaßen konstruierte, nicht zwangsläufig gegebene Realitäten darstellen. Die Tatsache einer menschenbedingten Konstruktionsgeschichte macht sie später aber nicht unbedingt kontrollierbar, weil sie als zunehmend reale Entitäten eine Eigendynamik entwickeln und rasch außer Kontrolle geraten können. Beispiele geben die potentielle Macht politischer und religiöser Ideologien, geklonte Organismen, die sich nach mehreren Generationen auf unvorhersehbare Weise verändern, oder BSE-Fälle als Resultat des Fütterns von Rindern mit Tiermehl. Ähnliches könnte in Zukunft für vom Menschen konstruierte, zunehmend entwickelte und eigenständige Roboter gelten (vgl. Fußnote 153).

Das vorgeschlagene Aktantenkonzept kann somit als ein Beitrag zur gesellschaftstheoretischen Debatte zwischen natürlichem Realismus, sozialem Konstruktivismus und akteursnetzwerktheoretischen Perspektiven verstanden werden. Es wirft aber auch ein weiteres Mal die Frage auf, wie sich Mensch-Umwelt-Beziehungen im konkreten Fall gestalten und in welcher Weise eine menschen- oder handlungszentrierte Perspektive bei sozialwissenschaftlichen Untersuchungen gerechtfertigt ist.[156] Während die erweiterte Akteursnetzwerkperspektive Gemeinsamkeiten dynamischer Hybride als Mittler zwischen anderen Aktanten und Motor von Netzwerkbildungsprozessen betont, liefert sie zugleich Ansatzpunkte, deren Machtbeziehungen im einzelnen zu überdenken. So wurde einerseits deutlich, daß der Gebrauch von Erinnerungen, vor allem solcher, die in wissenschaftliche Praxis involviert sind, zusammen mit einer breiten Vielfalt manueller Fähigkeiten Menschen ermöglicht, mächtigere und zumindest kurzfristig flexiblere Netzwerke zu formen als es am Beginn des 21. Jahrhunderts andere Organismen oder Maschinen tun können. Andererseits zeigte sich, daß der Begriff 'soziomateriell' stark menschenzentriert ist, weil er sich immer auf Dinge bezieht, die von Menschen geformt wurden (in Assoziation mit Gedanken). Zeichen und Artefakte, die von anderen Organismen geschaffen und verwendet werden, können dagegen mangels entsprechenden Vokabulars kaum angemessen angesprochen und gewürdigt werden. Dabei

---

[156] Zur Konzeption einer handlungszentrierten Sozialgeographie im deutschsprachigen Raum siehe WERLEN (1987, 1995, 1997, 2000) und die Diskussion von Benno Werlens Gedankengebäude in MEUSBURGER (1999). Kritische Positionen im angloamerikanischen Raum zu einer Überbetonung sozialer und menschlicher Aspekte gegenüber natürlichen und materiellen Gegebenheiten, die unter anderem von der Akteursnetzwerkperspektive inspiriert wurden, finden sich unter anderem bei MURDOCH (1997a, 1997b) und WHATMORE (1999; 2002). JÖNS (2003) betrachtet die Frage nach der Rolle des Menschen für gesellschaftliche Netzwerkbildungsprozesse im Rahmen einer wirtschaftsgeographischen Fallstudie.

stellen solche Konstruktionen, auch wenn sie im allgemeinen als Teil der natürlichen Umwelt betrachtet werden, Soziomaterialitäten innerhalb des Kollektivs der jeweiligen Spezies dar, die gleichermaßen respektiert werden sollten (vgl. auch TANNER 1988, 127-140):

> [T]he stone acquires a 'missile-quality' for the angry human who would hurl it at his adversary, or an 'anvil-quality' for the thrush which would use it to smash snail-shells. One important corollary of this view is that human beings are not alone in constructing their environments (INGOLD 1988b, 13).

Dieses Spannungsverhältnis zwischen den Fähigkeiten und Verantwortlichkeiten von Menschen, anderen Organismen und technischen dynamischen Hybriden, vor allem in Hinblick auf ihre Kapazität und Systematik, neue Aktanten sowie mächtige Netzwerke zu schaffen und andere zu zerstören, verlangt vermutlich nach einem adäquaten Vokabular für soziomaterielle Überformungen im Kontext der Kollektive nicht-menschlicher dynamischer Hybride, belebt jedoch zumindest (human-) geographische und ethische Fragen um Anthropozentrismus und Anthropomorphismus neu (vgl. auch PHILO und WILBERT 2000). [157]

Der jüngeren gesellschaftstheoretischen Diskussion in Geographie und Wissenschaftsforschung fügt das vorgeschlagene Konzept zwei neue Dimensionen hinzu: immaterielle Aktanten und dynamische Hybride. Dies führt zu einer Vergrößerung der Perspektive und einer Zunahme an Komplexität. Beides erfolgt jedoch nicht auf Kosten der erst kürzlich wiederentdeckten physischen Umwelt aus nicht-menschlichen Organismen, unbelebten natürlichen und technischen Objekten. Im Gegenteil: Die besonderen Fähigkeiten bestimmter nicht-menschlicher Entitäten, nämlich nicht-menschlicher Organismen und spezifischer Technologien, wurden mit dem Konzept der dynamischen Hybride erst betont. Durch die Ausweisung von dynamischen Hybriden wird dem klassischen Akteurskonzept der Akteursnetzwerktheorie zudem die Dimension des Verantwortungsspielraum hinzugefügt. Ereignisse können auch ohne Beteiligung dynamischer Hybride erfolgen, aber um Materie zu sozialisieren und Gedanken zu materialisieren sind dynamische Hybride erforderlich, die in den meisten Fällen für ihre Handlungsverantwortung auch zur Verantwortung gezogen werden können.

In Hinblick auf geographische Untersuchungen teilt das vorgeschlagene Aktantenkonzept ein relationales Raumverständnis (vgl. 2.2.7) und andere wichtige Konzepte der konventionellen Akteursnetzwerktheorie mit Nick Binghams *Geographies of Relations*, Jonathan Murdochs *Geographies of Heterogeneous Associations*, Wolfgang Zierhofers *Humangeographie des relationalen Weltbildes*, Sarah Whatmores *Hybrid Geographies*, Nigel Thrifts *Ecology of Place* oder Doreen Masseys

---

[157] In bezug auf mentale Entitäten von Menschen und nichtmenschlichen Organismen spricht Richard Tapper das interessante anthropologische Problem der Übersetzung an: "If, in describing behaviour in an alien *human* culture in terms derived from our own, we run the constant risk of misrepresenting or completely mistaking thoughts, emotions, meanings and motivations, how much more is this likely to be the case when describing *non-human* behaviour, when an articulated language of 'native categories' is not even accessible for translation, and the only terms available are those of human language, and indeed those of a particular human culture" (TAPPER 1988, 58-59).

2.4 Kritik und Erweiterung der Akteursnetzwerkperspektive 155

Power-geometries (vgl. BINGHAM 1996; MURDOCH 1997b; ZIERHOFER 1997; WHATMORE 1999; 2002; THRIFT 1999; MASSEY 1999a). Während es Massey zu widerstreben scheint, den Charakter der Entitäten zu spezifizieren bzw. zu formalisieren, die für die Produktion der von ihr thematisierten Beziehungen verantwortlich sind,[158] diskutiert Thrift mehrere Dimensionen, die seiner Ansicht nach von der Akteursnetzwerktheorie nicht erfaßt werden können (THRIFT 1999, 313):

> [C]ertain human competences cannot be so easily reduced to this socio-spatial agnosticism [...] These competences all rely on *embodiment* [...] which is folded into the world by virtue of the passions of the five senses and constant, concrete attunements to particular practices (THRIFT 1999, 314).

THRIFT (1999, 314-316) denkt insbesondere an die Aspekte *Emotionen*, *Gedächtnis* und *Sprache*, die eng mit den immateriellen Aktanten verbunden sind, die im Rahmen der eigenen Kritik an der Akteursnetzwerktheorie als Gegenstück zu soziomateriellen Nichtmenschen konzeptionalisiert wurden. Während die übrigen der genannten Autoren im wesentlichen auf dem Symmetrieprinzip zwischen menschlichen und nichtmenschlichen Wesen aufbauen, wurden in dieser Arbeit folgende Fragen aufgeworfen und damit begonnen, diese konstruktiv-kritisch zu kommentieren, um ein vollständigeres Verständnis von Netzwerkbildungsprozessen und vor allem von räumlichen Bezügen wissenschaftlicher Praxis und deren Implikationen zu erreichen:

- Welche Typen von Entitäten konstruieren und konstituieren Konstruktionen?
- Wie werden menschliche Interaktionen in Raum und Zeit stabilisiert?
- Welche Rolle spielen immaterielle Entitäten wie Ideen, Bilder und Wissen in der Akteursnetzwerktheorie?
- Was bedeuten die kleinen Lücken in Bruno Latours Konzept der zirkulierenden Referenz?
- Wie gestaltet sich das Verhältnis zwischen belebten und unbelebten nichtmenschlichen Entitäten in der Akteursnetzwerktheorie?
- Welche räumlichen Bezüge weisen verschiedene Typen von Aktanten auf und wie wirken sich diese auf wissenschaftliche Mobilität und Interaktion aus?

Eine wesentliche Lektion der Erkundungen zu diesen Fragen für empirische Untersuchungen scheint darin zu bestehen, daß alle Entitäten der drei Basiskategorien in Hinblick auf ihre potentiellen Effekte ernstgenommen werden müssen. Dies bedeutet auch, daß jede Entität und Assoziation erstens einen möglichen Ausgangspunkt für den empirischen Forschungsprozeß und zweitens einen Ansatzpunkt für Modifikationen, Substitutionen und Transformationen und einen damit zu induzierenden gesellschaftlichen, politischen, wirtschaftlichen, wissenschaftlichen, technischen, ökologischen oder wie auch immer zu charakterisierenden Wandel darstellen

---

[158] Doreen Massey bemerkte anläßlich ihrer Hettner-Lecture (1998), daß sie Reservationen gegenüber der Akteursnetzwerktheorie hat, weil diese sehr formalistisch werden kann. Im allgemeinen hätte sie aber sehr viel Sympathie für den akteursnetzwerktheoretischen Ansatz, und zwar mindestens in Hinblick auf das, was dieser versucht zu tun (HOYLER 1999, 58).

kann (vgl. JÖNS 2001a, vor allem 115-121). Zu den wichtigsten Fragen, die der Vorschlag einer erweiterten Akteursnetzwerkperspektive aufwirft, gehören erstens Substitutionsmöglichkeiten zwischen verschiedenen Entitäten und Assoziationen, zweitens Art und Wirkung der verschiedenen Typen von Aktanten im Rahmen gesellschaftlicher Aushandlungsprozesse, insbesondere mit Blick auf funktional wie räumlich unterschiedlich organisierte (soziomaterielle) Systeme, und drittens Gemeinsamkeiten und Unterschiede verschiedener dynamischer Hybride und daraus resultierende Fähigkeiten und Verantwortlichkeiten für wissenschaftliches Arbeiten, alltägliche Konstruktionen und politisches Handeln.

Abschließend wird der Bogen zurück zur engeren Wissenschaftsforschung geschlagen und die Frage nach einem netzwerkbasierten Verständnis der Geisteswissenschaften aufgegriffen, bevor ein Fazit die wichtigsten Aussagen der erweiterten Akteursnetzwerkperspektive als theoretischer Rahmen für die empirischen Untersuchungen im dritten bis fünften Kapitel zusammenfaßt.

2.4.7.2 Netzwerkbilden in *allen* Wissenschaften

In akteursnetzwerktheoretischen Wissenschaftsstudien wurden die Geisteswissenschaften bisher wenig berücksichtigt.[159] Gleiches gilt für theoretische Arbeitsgebiete. Die Fokussierung empirischer Fallstudien auf die sogenannten 'harten' empirischen und experimentellen Wissenschaften erklärt sich zum Teil aus der Geschichte der interdisziplinären Wissenschaftsforschung, deren Bestreben es seit den späten 1970er Jahren war, nicht nur die 'weichen' *Geistes*wissenschaften als sozial konstruiert zu charakterisieren, sondern dieses Allgemeinverständnis auf die 'harten' Natur- und Ingenieurwissenschaften zu übertragen (vgl. z. B. BLOOR 1976, der sich allerdings primär auf die Mathematik und somit eine theoretische Arbeitsrichtung konzentriert; vgl. auch 1.3.2.5). Die ersten realzeitlichen Analysen von Wissenschaft bauen auf der Tradition eines sozialkonstruktivistischen Verständnisses der Natur- und Ingenieurwissenschaften auf (vgl. LATOUR und WOOLGAR 1979), sie resultierten jedoch in der Ausarbeitung eines expliziten Gegenentwurfs, der die Mitwirkung der Dinge an der Konstruktion (natur- und ingenieur-)wissenschaftlicher Fakten betont. Dies führte dazu, daß sich akteursnetzwerktheoretische Wis-

---

[159] Die empirischen Beispiele Latours stammen wie die Fallstudien in einschlägigen Sammelbänden und Themenheften vor allem aus den experimentellen Natur- und Ingenieurwissenschaften, zum Teil auch aus den empirischen Sozial- und Wirtschaftswissenschaften (*natural, technical and social sciences*) (vgl. z. B. LATOUR 1987; 1999b; BIAGIOLI 1999). Obgleich LATOUR (1987, 241-247) den Umgang mit Theorien und abstrakten Formen als Teil einer Kaskade von Re-Repräsentationen interpretiert, mißt er diesen im akteursnetzwerktheoretischen Gedankengebäude keine eigenständige Bedeutung zu, auch nicht nach der Konzeption der *factishes* in *Pandora's Hope* (LATOUR 1999b; vgl. 2.4.2). In der kommentierten Internetbibliographie von John Law (vgl. Fußnote 31) ist auch keine Studie zu den Geisteswissenschaften im engeren Sinne erfaßt.

Im folgenden werden unter den Geisteswissenschaften dem deutschen Sprachgebrauch entsprechend Kunst- und Musikwissenschaften, Sprach- und Kulturwissenschaften, Literatur- und Sprachwissenschaften, Rechtswissenschaften sowie Wirtschafts- und Sozialwissenschaften subsumiert, auch wenn die empirischen Wirtschafts- und Sozialwissenschaften in konzeptioneller Hinsicht mehr Gemeinsamkeiten mit den empirischen Naturwissenschaften aufweisen und theoretisches Arbeiten in den Natur- und Ingenieurwissenschaften häufig stärker geisteswissenschaftlichen Praktiken gleicht (vgl. 4.3.2.2.; 5.1).

2.4 Kritik und Erweiterung der Akteursnetzwerkperspektive

senschaftsstudien weiterhin auf die experimentellen Natur- und Ingenieurwissenschaften bezogen:

> Sobald man es mit Wissenschaft und Technik zu tun hat, ist es schwierig, lange die Vorstellung aufrechtzuerhalten, daß wir ein Text sind, der sich selbst schreibt, ein Diskurs, der sich ganz allein spricht, ein Spiel von Signifikanten ohne Signifikat. Es ist schwierig, den ganzen Kosmos auf eine große Erzählung zurückzuführen, die Physik der Elementarteilchen auf einen Text, alle sozialen Strukturen auf einen Diskurs und Massenverkehrsmittel auf rhetorische Kunstgriffe (LATOUR 1995, 87).

Die weitgehende Ausblendung theoretischer Arbeitsgebiete der Natur- und Ingenieurwissenschaften als Untersuchungsgegenstand steht vermutlich auch mit einem weitverbreiteten, noch größeren Respekt vor den damit verbundenen Tätigkeiten in Zusammenhang:

> [A]lmost no one has had the courage to do a careful anthropological study of formalism. The reason for this lack of nerve is quite simple: a priori, before the study has even started, it is towards the mind and its cognitive abilities that one looks for an explanation of forms (LATOUR 1987, 246).

Latour schlug in diesem Zusammenhang vor, auch Mathematikern und Theoretikern bei ihrer Arbeit in Raum und Zeit zu folgen, um die Kaskaden ihrer Re-Repräsentationen zu untersuchen und erst dann, im Falle eines unerklärten Restes, diesen Rest kognitiven Fähigkeiten zuzuschreiben. Der daraus resultierende Vorschlag eines zehnjährigen Moratoriums kognitiver Erklärungen (LATOUR 1987, 247) kann neben der zunehmenden Opposition gegen sozialkonstruktivistische Wissenschaftsauffassungen als ein weiterer Grund dafür betrachtet werden, warum mentale Entitäten in der Akteursnetzwerkperspektive ausgeblendet wurden.

Innerhalb der (A)Symmetrie zwischen Menschen und Nichtmenschen war es in letzter Konsequenz nicht möglich, auch die Geisteswissenschaften auf schlüssige Weise als Netzwerkbildungsprozeß zu verstehen, weil die Konzeption des Begriffes der Nichtmenschen (Sozio)Materialitäten als stabilisierende Elemente gesellschaftlicher Zusammenhänge betont, diese aber in den Geisteswissenschaften eine wesentlich geringere bzw. andere Rolle spielen als in den Natur- und Ingenieurwissenschaften. Umgekehrt wurden geistige Ressourcengeflechte nicht in angemessener Weise beachtet, sondern sind, wie gezeigt wurden, auf diffuse Weise in der Dichotomie von Menschen und Nichtmenschen aufgegangen.

Erst mit der Anerkennung mentaler Entitäten als eigenständigem Typ von Aktanten scheint es möglich geworden zu sein, den vernachlässigten Aspekt sozialer Konstruktion als wichtigen Bestandteil wissenschaftlichen Netzwerkbildens zu berücksichtigen, ohne auf die Erkenntnisse zur wichtigen Bedeutung materieller und soziomaterieller Entitäten für die menschliche Gemeinschaft verzichten zu müssen. Folglich ist es auf Grundlage der erweiterten Akteursnetzwerkperspektive nun auch möglich, das Verständnis wissenschaftlichen Netzwerkbildens in konsistenter Weise auf alle Wissenschaften zu übertragen, d. h. auf experimentell, empirisch und theoretische Forschungsrichtungen in den Natur-, Ingenieur-, Sozial-, Wirtschafts- und Geisteswissenschaften.

Grundsätzlich ist die geisteswissenschaftliche Vorgehensweise bei der Stabilisierung einer wissenschaftlichen Behauptung mit der in den experimentellen und auch in den theoretischen Natur- und Ingenieurwissenschaften üblichen Praktiken vergleichbar: Verschiedene Aktanten werden mobilisiert und unter Einbezug des eigenen Vorwissens und neuer Ideen durch Abstraktions- und *Interpretations*arbeit zu einem möglichst stabilen Ressourcengeflecht n-ter Ordnung verknüpft, gruppiert, kombiniert, transformiert und abstrahiert. Allerdings umfassen die konstituierenden Aktanten der Kunst- und Musikwissenschaften, Sprach- und Kulturwissenschaften (z. B. Theologie, Philosophie, Geschichte, Psychologie, Erziehungswissenschaften), Literatur- und Sprachwissenschaften sowie Rechts-, Wirtschafts- und Sozialwissenschaften in erster Linie *Gedanken und Verhaltensweisen* in Form von Ideen, Meinungen, Einstellungen, Interpretationen, Handlungen oder sprachlichen, musikalischen und künstlerischen Kompositionen. Geisteswissenschaftliche Transformationsketten gehen häufig auf Gedankengut zurück, das durch schriftliche, tonbezogene, bildliche, plastische oder bauliche Materialisierung überliefert wurde. Dabei kann es sich um primär originäre Ideen der Autoren handeln oder um deren umweltbezogene Interpretationen, die einen unmittelbaren Bezug zu vergangenen (sozio)materiellen Gegebenheiten, Ereignissen oder Äußerungen aufweisen (ontologisch 'reine' versus hybride mentale Entitäten). Gegenstand der verschiedenen geisteswissenschaftlichen Disziplinen können auch zeitgenössische Äußerungen, Ereignisse, Artefakte und nicht vom Menschen geformte, natürliche Erscheinungen sein, jedoch bezieht sich in diesen Fällen die Mobilisierungs- und Verknüpfungsarbeit wiederum primär auf Interpretationen physischer Gegebenheiten. Ein Beispiel gibt Michel SERRES' (1995) Werk *Die Legende der Engel*, in dem der Autor Parallelen zwischen dem überlieferten Mythos der Engel, zeitgenössischen Alltagsszenen und Naturphänomenen wie Lavaströmen und der atmosphärischen Zirkulation aufzeigt und damit diese Erscheinungen philosophisch zu fassen versucht.

Die Transformationsketten des vom Prinzip her gleichen Konstruktionsprozesses natur- und ingenieurwissenschaftlicher Fakten und Artefakte beruhen dagegen ganz wesentlich auf der Mobilisierung und Verknüpfung von (Sozio)Materialitäten. Durch den Einbezug bzw. die Sozialisation materieller Gegebenheiten werden die Ressourcengeflechte der Natur- und Ingenieurwissenschaften in besonderem Maße stabilisiert und erscheinen somit als die 'härtesten' wissenschaftlichen Fakten und überzeugendsten Artefakte. Dies gilt auch für theoretische Argumentationen in den Natur- und Ingenieurwissenschaften, da diese entweder direkt auf hybriden mentalen Entitäten aufbauen (Inskriptionen n-ter Ordnung) oder später mit den konstituierenden (sozio)materiellen Erscheinungen verknüpft werden (experimenteller Nachweis; ein Beispiel für diese Rückkoppelung gibt die Verleihung des Physik-Nobelpreises 2001 an Eric A. Cornell, Wolfgang Ketterle und Karl E. Wieman für die Erzeugung der *zuvor* theoretisch bestimmten Bose-Einstein-Kondensation).

Allerdings weist theoretisches Arbeiten in den Natur- und Ingenieurwissenschaften mehr Gemeinsamkeiten mit geisteswissenschaftlichem Arbeiten im engeren Sinne als mit empirischen Untersuchungen auf, da versucht wird, stabile Zusammenhänge auf der Zeichenebene zu konstruieren (vgl. auch 2.2.3). Die empirischen Ergebnisse dieser Arbeit werden zeigen, daß sich weitere subtile Gemein-

2.4 Kritik und Erweiterung der Akteursnetzwerkperspektive

samkeiten und Unterschiede zwischen verschiedenen wissenschaftlichen Praktiken im wesentlichen entlang der drei unabhängigen Achsen Fachgebiete (z. B. Natur-, Ingenieur- und Geisteswissenschaften), Arbeitsrichtungen (z. B. theoretisch, experimentell, empirisch, argumentativ-interpretativ) und Anwendungsbezug (z. B. grundlagenorientiert, angewandt) entfalten. Sie werden auch verdeutlichen, daß die damit verbundene Variation der Bedeutung räumlicher Bezüge für verschiedene wissenschaftliche Praktiken einen wichtigen Einfluß auf den Verlauf und die Auswirkungen akademischer Mobilität besitzt und die dafür verantwortlichen Zusammenhänge mit dem erweiterten Aktantenkonzept wesentlich besser zu fassen sind als mit der Symmetrie zwischen Menschen und Nichtmenschen (vgl. 4.3.2.2; 5.1; 5.3).

Ein Brückenschlag zwischen diesen wissenschaftstheoretischen Überlegungen und dem eigenen Forschungsprozeß ergibt sich schließlich in Hinblick auf die Produktion und Verwendung wissenschaftlicher Black boxes (vgl. 2.2). Die Entwicklung der Akteursnetzwerktheorie stellt selber ein Beispiel für den Umgang mit Black boxes in den Geisteswissenschaften dar: Anhand einer chronologischen Betrachtung der Verwendung von Originalzitaten und der Länge und Inhalte von Literaturverzeichnissen zeigt sich, daß in früheren Arbeiten zur Akteursnetzwerktheorie tendenziell weitaus mehr Originalzitate aus der wissenschaftssoziologischen und wissenschaftstheoretischen Diskussion zu finden sind als in späteren Werken. Zu Beginn der Rechtfertigung und Unterstützung eigener Argumente dienend, wurden die zahlreichen Ausgangs- bzw. Anknüpfungspunkte des akteursnetzwerktheoretischen Gedankengebäudes, darunter zum Beispiel Arbeiten zur Ethnomethodologie von Harry Garfinkel und Michael Lynch, zur Chaosphilosophie von Michel Serres, zur Semiotik von Algirdas Greimas oder Arbeiten von Gilles Deleuze und Félix Guattari, Friedrich Nietzsche und Karl Marx (vgl. CRAWFORD 1993; LATOUR und WOOLGAR 1976, 263 ff., 287 ff.; LATOUR 1996, 370), mit zunehmender Stabilisierung Bestandteil einer unhinterfragten Black box, auf deren Grundlage Kernkonzepte weiterentwickelt worden sind. Zum Beispiel bauen Latours Begründungszusammenhänge in der Essaysammlung *Pandora's Hope* auf wissenschaftstheoretischen Diskussionen seit der Antike auf, ohne daß diese Black boxes, ihre Entwicklungsgeschichte und Verwendungszusammenhänge im einzelnen referenziert werden. Allerdings gibt LATOUR (1999b, vii) an, die Zahl der Literaturverweise auch bewußt reduziert zu haben, um 'Lesern ohne Vorkenntnisse im Bereich der science studies entgegenzukommen'. Statt dessen dienen ihm empirische Beispiele dazu, das eigene Gedankengebäude zu legitimieren.[160]

Auf diese Weise hat auch Latours (Akteursnetzwerk)Perspektive die eigene Konstruktionsgeschichte mit zunehmender Etablierung abgeschüttelt und ist – zum Beispiel auch in Konzeptionen hybrider Geographien, die unter anderem auf der Symmetrie zwischen Menschen und Nichtmenschen aufbauen, zu einer eigenen

---

[160] Ein besseres Verständnis der Latourschen Argumentationen und der darin enthaltenen Anspielungen auf Ausführungen anderer Personen erfordert jedoch trotz oder gerade wegen weniger Referenzen und Verankerungspunkte entsprechendes Vorwissen beim Leser. Die reduzierten Literaturverweise machen das Gedankengebäude Latours in dieser Hinsicht eher weniger angreifbar als leichter zugänglich, weshalb zur Durchdringung einiger Zusammenhänge in dieser Arbeit die Geschichte der Basiskonzepte interdisziplinärer Wissenschaftsforschung reflektiert wurde (vgl. 1.3.2).

Black box geworden. Nun kann es auch in den Geisteswissenschaften passieren, daß ein Gedankengebäude, wie so manches naturwissenschaftliche, ins Wanken gerät, wenn sich der Fokus verschiebt oder erweitert, sich der Gegenstandsbereich verändert oder Variationen im Laufe neuer Konstruktionsprozesse erkannt werden, denen man nicht allein durch Addition oder Subtraktion gerecht werden kann (vgl. dazu Abb. 3, S. 25). In einem solchen Fall ist die Öffnung der Black box zur kritischen Hinterfragung des bereits stabilisierten Aktantengefüges erforderlich. In dieser Arbeit schien dies in Hinblick auf die geistes- bzw. sozialwissenschaftliche Black box der Akteursnetzwerktheorie der ausgehenden 1990er Jahre erforderlich, um deren Aussagen anhand ihrer Entstehungsgeschichte einer kritischen Reflexion zu unterziehen. Die damit verbundene Abstraktionsarbeit schritt von einer Vielzahl empirisch belegter Aktanten bis zu einem extrem hohen, der Unterscheidung zwischen menschlichen und nichtmenschlichen Wesen ähnlichen Abstraktionsniveau fort und führte somit in gleicher Weise zu reversiblen Transformationsketten zwischen einer stärker analogen und einer stärker abstrahierten Welt, wie sie zuvor für naturwissenschaftliche Praxis beschrieben wurden (vgl. 2.2.2 und Abb. 10, S. 137).

Auf Grundlage der vorgeschlagenen Trinität materieller, immaterieller und dynamisch hybrider Aktanten kann somit nicht nur die Arbeit in den experimentellen und empirischen Natur-, Ingenieur- und Sozialwissenschaften in konsistenter Weise als heterogener Netzwerkbildungsprozeß verstanden und analysiert werden, wie von Akteursnetzwerktheoretikern eindrucksvoll dargelegt, sondern auch geisteswissenschaftliche und theoretische Forschungspraxis. Allgemein ausgedrückt können *beide*, materielle und immaterielle Entitäten, von dynamischen Wesen untereinander und miteinander verbunden und durch aufeinanderfolgende Transformationen von Materie zu Zeichen, aber auch auf der Zeichenebene *re*-repräsentiert werden. In *beiden* Fällen kann das Resultat ein starkes Ressourcengeflecht sein, das eine neue wissenschaftliche Behauptung darstellt, sobald die versammelten Verbündeten sich erfolgreich gegenseitig kontrollieren und somit als einheitliches Ganzes in Erscheinung treten.

2.5 Fazit zur erweiterten Akteursnetzwerkperspektive

Ausgehend von der Verwendung der Akteursnetzwerkperspektive als theoretischer und methodologischer Rahmen für die folgende empirische Studie zu internationaler Mobilität und Kooperation in den Wissenschaften zeigten die in diesem Kapitel erfolgten Reflexionen über das entsprechende Gedankengebäude und dessen kontroverse Diskussion in der interdisziplinären Wissenschaftsforschung, daß das akteursnetzwerktheoretische Verständnis wissenschaftlicher Praxis als Netzwerkbildungsprozeß zwischen heterogenen Aktanten einen geeigneten Ansatz bietet, um der Komplexität und Dynamik zirkulärer Mobilität in den Wissenschaften und damit einhergehenden Interaktionsbeziehungen auf angemessene Weise gerecht zu werden. Gleichzeitig wurde jedoch festgestellt, daß dies nicht auf Grundlage der akteursnetzwerktheoretischen Annahme einer konzeptionellen Symmetrie zwischen Menschen und Nichtmenschen möglich ist, weil diese nicht alle Basistypen von

2.4 Kritik und Erweiterung der Akteursnetzwerkperspektive

Aktanten, die gemeinsam wissenschaftliches Wissen produzieren und für variierende räumliche Bezüge wissenschaftlicher Praxis und Interaktion verantwortlich zeichnen, auf konsistente Weise in Beziehung zueinander setzt. Im Wechselspiel von Empirie und Theorie ergaben sich drei wesentliche Kritikpunkte am klassischen Akteursnetzwerkkonzept, deren Diskussion in den Vorschlag einer erweiterten Akteursnetzwerkperspektive mündete. Es handelt sich erstens um eine Vernachlässigung des Akteursstatus immaterieller Entitäten im Konzept der Menschen und Nichtmenschen; zweitens um ein eindimensionales Verständnis von soziomaterieller Hybridität und potentieller Handlungsverantwortung; und drittens um eine pauschale Subsumierung nichtmenschlicher dynamischer Hybride und anderer nichtmenschlicher Entitäten unter dem Begriff der Nichtmenschen.

Verschiedene Entwicklungen scheinen Akteursnetzwerktheoretiker davon abgehalten zu haben, immaterielle Entitäten als eigenständigen Typ von Aktanten zu berücksichtigen und zwei Bedeutungen von Hybridität zu unterscheiden: erstens *historische Hybridität* als die Geschichte eines heterogenen Konstruktionsprozesses und zweitens *dynamische Hybridität* im Sinne einer lebendigen Verbindung von Materie und Geist, die es Menschen, anderen Organismen und bestimmten Technologien wie laufenden Computern ermöglicht, (hybride) materielle und (hybride) immaterielle Elemente dauerhaft zu verknüpfen. Zum einen hat die Akteursnetzwerkperspektive neue erklärende Ressourcen in die wissenschafts- und gesellschaftstheoretische Diskussion eingeführt, indem sie den Fokus auf die zuvor weitgehend ausgeblendete Rolle soziomaterieller Hybriditäten für gesellschaftliche Konstruktionsprozesse richtete. Eine damit verbundene strikte Abgrenzung gegenüber sozialkonstruktivistischen Forschungsansätzen scheint jedoch mit der Vernachlässigung von deren wichtigsten erklärenden Ressourcen verbunden gewesen zu sein, darunter soziale Interessen, Ziele, Vorstellungen, Gefühle und Wissen, die genauso in wissenschaftliche Praxis investiert werden müssen wie Geld, Mitarbeiter, Forschungsobjekte und passende Forschungsinfrastruktur (vgl. SHAPIN 1988, 543f.). Zum anderen scheint die Konzentration akteursnetzwerkbasierter Wissenschaftsstudien auf Fallbeispiele in den experimentellen und empirischen Wissenschaften zu einer Unterschätzung solcher Aktanten geführt zu haben, die im Rahmen theoretischer und interpretativer Arbeit größte Bedeutung besitzen. Es handelt sich wiederum um Gedanken, Ideen und Konzepte als immaterielle Gegenstücke zu soziomateriellen Nichtmenschen, die so prominent in Latours Charakterisierung der technischen Wissenschaften sind. Schließlich wurde in der gesellschaftstheoretischen Diskussion über realistische, sozialkonstruktivistische und akteursnetzwerktheoretische Konzepte eine grundlegende Konfusion über das Verständnis der Subjekt-Objekt-Polarität ausgemacht, die für den wiederholten Rückgriff auf Dichotomien wie Natur und Gesellschaft oder Menschen und Nichtmenschen verantwortlich zu sein scheint. Als Resultat dieser Entwicklungen impliziert die konzeptionelle Symmetrie zwischen Menschen und Nichtmenschen weiterhin und zu ihrem Nachteil einen in Kartesischen Dualismen gefangenen, reduktionistischen Blickwinkel, den sie eigentlich zu überwinden beansprucht.

Um ein vollständigeres Verständnis von Netzwerkbildungsprozessen und insbesondere zeitgenössischer Wissensproduktion in verschiedenen Arbeitsgebieten zu ermöglichen, dehnt die neue Ontologie temporär zu differenzierender Aktanten den Fokus auf die Dreiheit aus immateriellen Aktanten, materiellen Gegebenheiten, deren jeweils historisch hybriden Varianten und dazwischen vermittelnden Menschen und anderen dynamischen Hybriden aus. Soziale Beziehungen können demnach nicht nur durch soziomaterielle Hybride in Zeit und Raum stabilisiert werden, wie es die klassische Akteursnetzwerkperspektive betont, sondern auch durch immaterielle Ressourcen in Form von Erinnerungen und technisch gespeicherten Daten. Der Beitrag immaterieller Entitäten zu gesellschaftlich relevanten Ereignissen, der angesichts einer Konzentration auf die Materialität und soziomaterielle Hybridität gesellschaftlicher Aushandlungsprozesse aus dem Fokus der Akteursnetzwerkperspektive gerutscht war, kann genauso groß sein wie der materieller Gegebenheiten oder der dynamischer Hybride. Um jedoch Materie zu sozialisieren und Gedanken zu materialisieren ist die Beteiligung menschlicher, organischer oder technischer dynamischer Hybride unabdingbar, so daß sich diese durch einen größeren, obgleich untereinander wiederum variierenden Vermittlungs- und Verantwortungsspielraum von anderen Aktanten unterscheiden.

Das vorgeschlagene Konzept der *dynamischen Hybride* als Knotenpunkte zwischen Materialitäten und Immaterialitäten und deren *historisch hybriden* Varianten versteht sich als ein Diskussionsbeitrag zu laufenden Diskursen über Wissenschaftsbeziehungen, Handlungsverantwortung, Hybridität und ein neues Verständnis der Konzepte Natur, Gesellschaft, Technologie und Wissen, deren inhaltliche Aussagekraft aufgrund zunehmender Grenzüberschreitungen, wie sie vor allem im Rahmen zeitgenössischer wissenschaftlicher Praxis erfolgen, zunehmend problematisch geworden ist. Es ordnet sich in den weiteren Kontext poststrukturalistischer Ansätze ein, betont jedoch über die Materialität hinaus die große Bedeutung immaterieller Komponenten für gesellschaftliche Aushandlungsprozesse und überträgt das Konzept eines verkörperten Denkens auf die körperliche Realität von Menschen, anderen Organismen und bestimmten Technologien, um für die Chancen, aber auch die langfristigen Gefahren menschlicher Sozialisations- und Konstruktionsarbeit zu sensibilisieren. Mit der Betonung grundlegender Gemeinsamkeiten menschlicher, organischer und technischer dynamischer Hybride wird zudem eine Aufhebung der menschenzentrierte Perspektive vollzogen, die paradoxerweise noch charakteristisch für die in der Regel als anti-humanistisch bezeichnete Symmetrie zwischen Menschen und Nichtmenschen ist.

In Hinblick auf konzeptionelle Kontroversen um die Akteursnetzwerktheorie in den *science studies* bietet die vorgeschlagene Trinität von Aktanten Ansatzpunkte, die Foki sozialkonstruktivistischer und akteursnetzwerkbasierter Wissenschaftsverständnisse zu integrieren. Im Kontext geographischer Fachdiskussionen wird mit dem Aufgriff der Akteursnetzwerkperspektive eine konzeptionelle Alternative zur Handlungszentrierung sozialgeographischer Untersuchungen zur Diskussion gestellt, wie sie zum Beispiel von Benno WERLEN (1987; 1995; 1997; 1999) gefordert wurde: Wenn im Rahmen einer handlungszentrierten Sozialgeographie der Handlungsbegriff über Intentionalität definiert, zugleich jedoch die Möglichkeit intendierter und nicht-intendierter Handlungsfolgen anerkannt wird, bedeutet dies, daß die Handlungsabsicht immer nur einen Teil der Geschehnisse erklären kann. Damit

2.4 Kritik und Erweiterung der Akteursnetzwerkperspektive

stellt sich die Frage, welche Akteure jeweils für die nicht-intendierten Handlungsfolgen verantwortlich zeichnen. Ein akteursnetzwerkbasiertes Handlungsverständnis im Sinne des Netzwerkbildens zwischen heterogenen Entitäten bzw. Aktanten umgeht dieses Problem, indem es mögliche Machtbeziehungen, wie zum Beispiel eine besondere Bedeutung menschlicher Intentionalität, nicht im Vorhinein postuliert. Statt dessen werden verschiedene Prozesse der Übersetzung von Interessen zwischen heterogenen Aktanten berücksichtigt (vgl. LATOUR 1999b, Kapitel 6), um auch spontanen, willkürlichen und kontingenten genauso wie bewußten und unbewußten Aktionen im Sinne der Performativität Nigel THRIFTS (2000, 2002) Rechnung zu tragen. Die erweiterte Akteursnetzwerkperspektive vertritt somit einen akteursbezogenen Ansatz, in dem der Akteursbegriff *sämtliche Elemente und Black boxes* eines Netzwerkbildungsprozesses umfaßt, die je nach historischer und dynamischer Hybridität genauso unterschiedliche Fähigkeiten und Kompetenzen besitzen können wie innerhalb dieser ontologisch zu unterscheidenden Kategorien nach den jeweiligen konstituierenden Entitäten eines individuellen Akteurs, Netzwerks oder Systems differenziert. Dabei wird die Vermittlungspraxis menschlicher, organischer und technischer dyamischer Hybride zwischen immateriellen und materiellen Entitäten und ihre darauf basierende Fähigkeit, neue heterogene Aktanten zu schaffen, trotz offenkundig bestehender Unterschiede gleichermaßen ernst genommen. Aus der erweiterten Akteursnetzwerkperspektive lassen sich intentionale Handlungen und eine bewußte Gestaltung der Umwelt zudem am besten verwirklichen, je stärker Elemente der Umwelt sozialisiert, transformiert, dadurch unter Kontrolle gebracht und in ihrem Verhalten möglichst vorhersehbar gemacht wurden und je flexibler Aktanten auf sich verändernde Umweltbedingungen reagieren können. Eine Handlungszentrierung besitzt somit in verschiedenen Kontexten unterschiedliche Relevanz und kann daher eher ein gegenstandsorientiertes als ein universelles Forschungskonzept bilden.

Ein weiterer Diskussionsbeitrag zu konzeptionellen Debatten in der Geographie ergibt sich in Hinblick auf das dieser Untersuchung zugrundeliegende Raumverständnis. Aus der erweiterten Akteursnetzwerkperspektive betrachtet tritt an die Stelle der Suche nach Kausalbeziehungen zwischen *a priori* postulierten Kategorien wie 'die soziale Welt', 'die psychische Welt' und 'die physisch-materielle Welt' bzw. 'Umwelt', 'Mensch', 'Gesellschaft' und 'Raum' ein assoziatives Verständnis des Netzwerkbildens zwischen heterogenen Entitäten und die Frage nach den elementaren Typen von Entitäten, die Akteursnetzwerke, deren relationale Geographien und – ganz allgemein formuliert – Mensch-Umwelt-Beziehungen konstruieren und konstituieren. Auf diese Weise werden analog zum klassischen Akteursnetzwerkverständnis weitverbreitete Kategorien wie Mensch, Umwelt und Raum aufgelöst, um deren Konstitution und die Einbindung der Menschen in heterogene Netzwerke besser verstehen zu können. Ausgehend von einem relationalen Raumverständnis wird die Kategorie 'der Raum' (zur Raumdiskussion vgl. z. B. die Beiträge in MEUSBURGER 1999) als verschiedene Beziehungsgeflechte materieller und immaterieller Entitäten konzeptionalisiert, die unter anderem physisch-materielle und gedanklich-virtuelle Räume konstituieren und über dynamische Hybride miteinander verknüpft sind.¹⁶¹ Konkretere Wirkungsgefüge und Raumbezüge werden aus dieser Perspektive als situationsgebunden erachtet und wären somit unter Rückgriff auf empirische Untersuchungen und theoretische Reflexionen im einzelnen zu ergründen, um zum Beispiel über Systematisierungen auf verschiedenen Abstraktionsebenen Erkenntnisse zu typischen Ausprägungen, Wirkungen und Veränderungen gesellschaftlich relevanter Netzwerkprozesse gewinnen zu können.¹⁶²

Wichtige Bedeutung erlangt die erweiterte Akteursnetzwerkperspektive für empirische Studien, weil sie durch die Integration immaterieller Aktanten erstens eine Möglichkeit schafft, wissenschaftliche Praxis nicht nur in den experimentellen und empirischen Natur-, Ingenieur- und Sozialwissenschaften, sondern auch in geisteswissenschaftlichen und theoretischen Arbeitsrichtungen auf konsistente Weise als Netzwerkbildungsprozeß zwischen heterogenen Entitäten zu konzeptionalisieren (vgl. 2.4.7.2). Zweitens bietet diese Perspektive einen Erklärungsansatz für altersgruppen- und fachspezifische Mobilitäts- und Kooperationskulturen in den Wissenschaften, weil die verschiedenen Basistypen von Aktanten jeweils unterschiedliche räumliche Bezüge und somit je nach Bedeutung für Art und Stadium der wissenschaftlichen Tätigkeit eine andere Ausprägung ortsbindender Materialität implizieren (vgl. 5.1). Mit der unterschiedlichen Bedeutung von Materialität, Immaterialität und verschiedenen Formen der Hybridität für wissenschaftliches Arbeiten sind jedoch nicht nur systematische Unterschiede in Hinblick auf Bedarf, Möglichkeiten und Motivationen für räumliche Mobilität verbunden, sondern auch systematisch variierende Auswirkungen von Forschungsaufenthalten im Ausland, die in den folgenden Kapiteln empirisch analysiert werden.

Abschließend bleibt festzuhalten, daß sich die Rechtfertigung der Formulierung einer erweiterten Akteursnetzwerkperspektive aus LATOURS (1999c, 24) Forderung ergibt, das große Potential dieses Ansatzes kollektiv weiterzuentwickeln, daß die neue Trinität von Aktanten jedoch keineswegs versucht, neue stabile Grenzen zu etablieren. Das vorgeschlagene Konzept ist vielmehr bestrebt, die im wissenschaftlichen Sprachgebrauch zirkulierenden Kategorien in Bewegung zu halten und somit das zu vermeiden, was LATOUR (2002, 21) in einem anderen Kontext als *freezeframing* bezeichnete.

---

[161] Eine geographisch relevante ontologische Differenzierung wird demnach zwischen materiellen und immateriellen Entitäten postuliert. Beide Typen von Entitäten können symbolische Bedeutung besitzen, indem sie aufgrund ihrer Historizität andere Entitäten repräsentieren, so daß auch eine Gegenüberstellung symbolischer und physisch-materieller Welten aus ontologischer Sicht inkonsistent zu sein scheint.

[162] Ein empirisches Beispiel außerhalb der Wissenschaftsforschung gibt eine Studie zu den Aktanten, die in den 1990er Jahren für die Errichtung von Bankfilialen in Ungarn verantwortlich zeichneten (vgl. JÖNS 2001).

3 Kontextualisierung geförderter Wissenschaftlermobilität

The production of scientific knowledge is inevitably influenced by social, cultural and political contexts. More specifically, it is directly and intimately affected by the systems of patronage through which it is sustained.

Michael Heffernan, A State Scholarship, 1994, 39.

Vor dem Hintergrund einer erweiterten Akteursnetzwerkperspektive befassen sich die folgenden Ausführungen mit den Bedingungen, Auswirkungen und geographischen Bezügen der forschungsbezogenen Deutschlandaufenthalte etablierter US-amerikanischer Wissenschaftlerinnen und Wissenschaftler im Rahmen des Preisträgerprogramms der Alexander von Humboldt-Stiftung (AvH). Entsprechend der theoretisch untermauerten Erkenntnis, daß die Analyse und Beurteilung zirkulärer akademischer Mobilität eine möglichst breite Kontextualisierung der Mobilitätsereignisse erfordert (vgl. Kapitel 2.3), werden in diesem dritten Kapitel programmbezogene Entwicklungen und Charakteristika (vgl. 3.1) sowie der weitere wissenschafts- und gesellschaftspolitische Kontext der geförderten Wissenschaftlermobilität aus historisch-geographischer Perspektive eruiert (vgl. 3.2 und 3.3). Die weitgehend makroanalytischen Untersuchungen bereiten Anknüpfungspunkte für die aufenthaltsbezogenen und stärker biographisch ausgerichteten Ausführungen im vierten Kapitel und bieten neben der Analyse programmspezifischer Entwicklungen auch weitergefaßte Aussagen zu deutsch-amerikanischen Wissenschaftsbeziehungen und Mustern internationaler Kooperation in den Wissenschaften.

In Anknüpfung an Michael Heffernans Feststellung, daß die Geographien des französischen internationalen Stipendienwesens im 19. Jahrhundert in gleichem Maße von der Neugier der mobilen Wissenschaftler wie von den Veränderungen der politischen Interessen des französischen Staates bestimmt waren, der diese Forschungsstipendien im Ausland finanzierte (HEFFERNAN 1994; vgl. 1.3.1), ordnet sich auch die staatlich geförderte Wissenschaftlermobilität im Preisträgerprogramm in die außenpolitische Bündnispolitik Deutschlands ein (vgl. 3.3.1). In diesem Zusammenhang geht aus den empirischen Erhebungen hervor, daß das Programm renommierte US-Wissenschaftler nach Deutschland holt, die sonst vielleicht nicht für einen längeren Aufenthalt kommen würden. Zum Beispiel besaßen rund 15% der US-Wissenschaftler vor dem Preisträgeraufenthalt keine besonderen wissenschaftlichen Kontakte in Deutschland. Für 60% bestanden diese Kontakte vor dem Preisträgeraufenthalt maximal in einem lockeren Informationsaustausch, jedoch gaben nach dem Preisträgeraufenthalt fast 75% an, daß Deutschland zu den drei Ländern gehöre, in denen sie die wichtigsten internationalen Kontakte ihrer bisherigen wissenschaftlichen Laufbahn besaßen. 46% der schriftlich befragten US-Wissenschaftler unterhielten zum Zeitpunkt der Befragung sogar die meisten internationalen Kontakte mit in Deutschland tätigen Wissenschaftlern, so daß das Programm auch zu einer Vertiefung bestehender Beziehungen beiträgt (vgl. 4.2.1.4; 4.4).

3.1 Das Preisträgerprogramm der Alexander von Humboldt-Stiftung

Die Analyse der Aufenthalte US-amerikanischer Humboldt-Forschungspreisträger in Deutschland beginnt mit einer kurzen Aufarbeitung der Programmgeschichte, anschließend werden die wichtigsten Modalitäten und programmbezogenen Entwicklungen im Zeitraum 1972 bis 1996 dargelegt. Der dritte Abschnitt widmet sich einer Analyse der Nominierungs- und Auswahlzahlen, um die beteiligten Personen, Institutionen und Fächer im Kontext der deutschen und US-amerikanischen Wissenschaftslandschaften zu positionieren.

3.1.1 Entstehungskontext und Programmgeschichte[163]

Die Entstehung des Preisträgerprogramms ist eng mit der Nachkriegsgeschichte der Bundesrepublik Deutschland und den deutsch-amerikanischen Beziehungen verbunden. Dies verdeutlichen Anlaß und Inhalt der Rede, in der das Projekt, das zum Preisträgerprogramm geworden ist, erstmals offiziell erwähnt wurde (AvH 1982). Im Rahmen einer Danksagung an die US-Amerikaner für die nach dem Zweiten Weltkrieg geleistete Marshallplanhilfe wurde diese Rede vom damaligen Kanzler der Bundesrepublik Deutschland, Willy Brandt (1913-92), am 5. Juni 1972 in der Harvard University (Cambridge, USA) gehalten. Dies war exakt an der Stelle, an der 25 Jahre zuvor, am 5. Juni 1947, George Catlett Marshall (1880-1959) als Außenminister der USA Vorschläge zur Unterstützung des Wiederaufbaus der europäischen Länder unterbreitet hatte. Seit 1948 waren Marshalls Vorschläge im Europäischen Wiederaufbauprogramm *(European Recovery Program)* verwirklicht worden, so daß Westeuropa zwischen 1948 und 1952 Hilfsleistungen aus den USA in Höhe von rund 13,9 Mrd. US-Dollar empfangen konnte. Davon entfielen 1,4 Mrd. US-Dollar auf Westdeutschland (KNAPP 1990, 45).[164]

---

[163] Die Entwicklung der ersten 25 Jahre des Preisträgerprogramms ist in den Jahresberichten der Humboldt-Stiftung und in zwei von der Stiftung herausgegebenen Broschüren dokumentiert. Letztere tragen die Titel *10 Jahre USA-Sonderprogramm: Bericht über die Förderung amerikanischer Natur- und Ingenieurwissenschaftler als Humboldt-Preisträger in den Jahren 1972-1981* (AvH 1982) sowie *Rang und Namen: 25 Jahre Humboldt-Forschungspreise* (AvH 1997a). Ergänzende Aussagen zur Geschichte des Preisträgerprogramms beruhen auf mehreren Einzelgesprächen und einem gemeinsamen Gespräch mit Dr. Wolfgang Holl, Dr. Hellmut Hanle und Dr. Gisela Janetzke in der Humboldt-Stiftung. Dr. Holl baute das Preisträgerprogramm für Geisteswissenschaftler in den ersten sechs Jahren (1980-86) auf und war in den 1990er Jahren unter anderem für Evaluationen in der Humboldt-Stiftung verantwortlich. Dr. Hanle betreute das Gesamtprogramm federführend zwischen November 1972 und Herbst 1988. Anschließend war er als Leiter der Auswahlabteilung bis Oktober 2000 eng mit dem Preisträgerprogramm verbunden. Seit der vierten Auswahlsitzung im Jahr 1972 bis zum Ende des Jahres 2000 hatte Dr. Hanle alle Auswahlsitzungen zum US-Preisträgerprogramm für Natur- und Ingenieurwissenschaftler organisiert. Dr. Janetzke leitete die 1988 geschaffene Abteilung Förderung Inland bis Ende 1999 und war somit im Betrachtungszeitraum für die Betreuung und Nachbetreuung der Humboldt-Gastwissenschaftler verantwortlich. Anfang des Jahres 2000 übernahm Dr. Janetzke die Abteilung Förderung Ausland.

[164] Das Europäische Wiederaufbauprogramm (ERP) wurde am 3. April 1948 vom Kongreß der USA verabschiedet. Es bezog sich auf Belgien-Luxemburg, die BR Deutschland, Dänemark, Frankreich, Griechenland, Großbritannien, Irland, Island, Italien, Jugoslawien, die Niederlande, Norwegen, Österreich, Portugal, Schweden, Triest und die Türkei. Die Marshallplanhilfe umfaßte Sachlieferungen in Form von Lebensmittelgeschenken und Rohstoffen sowie zum Teil nicht-rückzahlbare Kredite zum Wiederaufbau.

3.1 Das Preisträgerprogramm der Alexander von Humboldt-Stiftung 167

Im zweiten Teil seiner Dankesrede kündigte der damalige Bundeskanzler als Ausdruck tiefer Verbundenheit verschiedene Maßnahmen zur Stärkung der deutsch-amerikanischen Beziehungen an (vgl. Anhang B). Aus dem „Förderungsprogramm für den Austausch hochqualifizierter amerikanischer und deutscher Naturwissenschaftler" entwickelte sich der Humboldt-Forschungspreis, der seit 1972 international anerkannten US-amerikanischen Natur- und Ingenieurwissenschaftlern – seit 1980 auch Geisteswissenschaftlern – einen mehrmonatigen Aufenthalt an deutschen Forschungseinrichtungen ermöglicht.

Als Teil eines Maßnahmenpakets zur Stärkung der deutsch-amerikanischen Beziehungen[165] besitzt das Preisträgerprogramm eine besondere Bedeutung für die Beziehungen zu den USA. Diesem kam aber nicht nur retrospektiv als Danksagung für die Marshallplanhilfe eine wichtige historische Bedeutung zu, sondern auch als zukunftsweisender Ausdruck des Vertrauens in die atlantische Allianz und als Zeichen der Loyalität gegenüber den USA. Ein solcher Vertrauensbeweis besaß in den Zeiten der Neuen Deutschland- und Ostpolitik, die zu Beginn der 1970er Jahre in Vertragsabschlüssen mit der Sowjetunion, Polen und der DDR einen vorläufigen

---

Die Verteilung der Hilfsleistungen erfolgte auf Vorschlag der *Organisation für europäische wirtschaftliche Zusammenarbeit* (OEEC) in Paris, die Durchführung und Verwaltung lag bei der *Economic Cooperation Administration* in Washington (seit 1952 *Mutual Security Agency*). Die ersten Marshallplan-Lieferungen trafen in Westdeutschland im Mai 1948 ein (vgl. KNAPP 1990, besonders 35-36 und 43-47). Zusammen mit einigen Vorlaufprogrammen und den Nothilfe- und Unterstützungsmaßnahmen im Rahmen der *Government and Relief in Occupied Areas*-Hilfslieferungen, die zwischen 1946 und 1950 rund 1,6 Mrd. US-Dollar betrugen, erreichte die gesamte Nachkriegswirtschaftshilfe der USA für Westdeutschland bis Ende 1952 rund 3,2 Mrd. US-Dollar, von denen die Bundesrepublik etwa ein Drittel in Raten zurückzuzahlen hatte (KNAPP 1990, 46-47). Nach KNAPP (1990, 59) bestand die wirtschaftliche Bedeutung des Marshallplans in Westdeutschland im wesentlichen aus drei Aspekten: einer kurzfristigen Devisenhilfe bei der Beschaffung und Finanzierung lebenswichtiger und notwendiger Importe, einer Quelle für längerfristige Investitionsprogramme – und dadurch beschleunigter wirtschaftlicher Wiederaufbau – und einem Vehikel zur raschen Reintegration der Bundesrepublik in die Weltwirtschaft. Die politischen Wirkungsdimensionen umfaßten nach KNAPP (1990, 59) vor allem Stabilisierungseffekte für die Gründung des westdeutschen Staates, für die Grundlegung der Wirtschafts- und Sozialordnung Westdeutschlands und für die außenpolitische Orientierung und Westbindung der Bundesrepublik.

[165] Die näheren Entstehungszusammenhänge des Programms von der Idee bis in die Aufnahme in das von Brandt verkündete Maßnahmenpaket beschrieb Hans Leussink in einem Interview mit der AvH (1997a). Während er selber das Programm als damaliger Bundesminister für Bildung und Wissenschaft in den Haushalt einbrachte und von 1973 bis 1988 das Preisträgerprogramm als Auswahlausschußvorsitzender mitgestaltete (AvH 1997a, 23), schreibt er im Interview die Idee Reimar Lüst zu: „Aus meiner Zeit als Wissenschaftsrats-Vorsitzender existierte ein lockerer Kreis von wissenschaftspolitisch Interessierten – im wesentlichen vier Leute [...] Karl Gotthard Hasemann, damals Generalsekretär der Bund-Länder-Kommission für Bildungsplanung und Forschungsförderung. Der zweite hieß Hans Leussink, seinerzeit Bundesminister für Bildung und Wissenschaft. Der dritte war Reimar Lüst, seinerzeit Vorsitzender des Wissenschaftsrates, und schließlich gehörte auch der damalige Generalsekretär der Alexander von Humboldt-Stiftung dazu, Heinrich Pfeiffer. Das waren lose Zusammenkünfte, bei denen alle möglichen Fragen besprochen wurden, und da kam auch die Idee auf, zusätzlich zum German Marshall Fund eine Danksagung an die amerikanischen Wissenschaftler zu machen, die bald nach Kriegsende trotz des Fraternisierungs-Verbotes in ihren Instituten junge Deutsche aufgenommen hatten. Ich selber nicht, aber die anderen drei haben in mehr oder weniger intensiver Form davon profitiert, und ganz besonders Professor Lüst. Nach meiner Erinnerung war er es auch, der in unserem Kreis den Vorschlag machte" (AvH 1997a, 21-27). Heinrich Pfeiffer wies darauf hin, daß damals alle im Deutschen Bundestag vertretenen Parteien dem Vorschlag zum Aufbau dieses Programms zustimmten (AvH 1982, 9).

Höhepunkt erreichte, besondere Signalwirkung, die der damalige Kanzler in seiner Ansprache explizit unterstrich:[166]

> Die Bundesrepublik bemüht sich, wie man weiß, ihren eigenen konkreten Beitrag zur Verbesserung der Beziehungen und zur Festlegung des Friedens in Europa zu leisten. Aber unsere Politik des Ausgleichs und der Verständigung gegenüber dem Osten konnte keinen Augenblick bedeuten, daß Europa und die Vereinigten Staaten sich voneinander entfernten. Im Gegenteil: der Wille zur Entspannung ist ein Gemeinschaftsprogramm der Atlantischen Allianz. [...] Das Bündnis bleibt die Basis unseres Planens, unseres Handelns (BRANDT 1972, 1140).

Mit der Durchführung des neuen Mobilitätsprogramms wurde die Alexander von Humboldt-Stiftung (Bad Godesberg) beauftragt, die seit 1953 ausländische Gastwissenschaftler im Alter bis zu 40 Jahren mit längerfristigen Humboldt-Forschungsstipendien in Deutschland förderte (vgl. Abb. 14 und 15).

Abb. 14: Überblick zur Geschichte der Alexander von Humboldt-Stiftung

> Die erste Humboldt-Stiftung wurde 1860, anderthalb Jahre nach dem Tod des Forschungsreisenden Alexander von Humboldt (1769-1859), als 'Alexander von Humboldt-Stiftung für Naturforschung und Reisen' zum Andenken an den Namenspatron auf Initiative seiner Freunde gegründet und durch die 'Königlich Preußische Akademie der Wissenschaften' in Berlin verwaltet. Stiftungszweck war die finanzielle Unterstützung naturwissenschaftlicher Arbeiten und größerer Reisen talentierter deutscher Wissenschaftler. Das Stiftungsvermögen wurde vor allem vom preußischen König, von der Royal Society of London und der Petersburger Akademie der Wissenschaften gespendet. Nach dem Verlust des Stiftungskapitals während der Wirtschaftskrise im Jahr 1923 wurde die Stiftung 1925 durch das damalige Deutsche Reich wiedergegründet, um von da an ausländischen Hochschulabsolventen postgraduierte Studien in Deutschland zu ermöglichen. Mit dem Zusammenbruch des Deutschen Reiches im Jahr 1945 stellte die Stiftung ihre Tätigkeit ein.
>
> Auf Initiative ehemaliger Gastwissenschaftler wurde die Humboldt-Stiftung am 10. Dezember 1953 durch die Bundesrepublik Deutschland, vertreten durch den Bundesminister des Auswärtigen, wiedererrichtet, diesmal mit Sitz in Bonn-Bad Godesberg. Sie arbeitet seitdem als gemeinnützige Stiftung des privaten Rechts. Die Zuwendungen zur Ausführung der satzungsgemäßen Ausgaben verteilten sich in den 1990er Jahren jährlich zu etwa 60% auf das Auswärtige Amt, zu etwa 30% auf das Bundesministerium für Bildung und Forschung (BMBF; vgl. Fußnote 172), zu etwa 5% auf das Bundesministerium für wirtschaftliche Zusammenarbeit und Entwicklung (BMZ) und zu etwa 5% auf private Zuwendungen. Diese Summe erhöhte sich zeitweise durch zweckgebundene Zuweisungen der Bundesländer, die einen Anteil von 2% bis 5% erreichten. Als Präsidenten standen der dritten Humboldt-Stiftung bisher Werner Heisenberg (1953-75), Feodor Lynen (1975-79), Wolfgang Paul (1979-89), Reimar Lüst (1989-99) und Wolfgang Frühwald (seit 2000) vor.[167]

Quelle: Materialien der Humboldt-Stiftung; eigene Zusammenstellung.

---

[166] Die Öffnung Westdeutschlands nach Osten, die im Rahmen der sozial-liberalen Koalition vor allem unter Mitwirkung von Chefunterhändler Egon Bahr und Außenminister Walter Scheel erfolgte, mündete im August 1970 in dem Vertrag mit der Sowjetunion über beiderseitigen Gewaltverzicht, die Anerkennung bestehender Grenzen und gemeinsame Beziehungen. Im Dezember 1970 folgte der Vertrag mit Polen über die Anerkennung der Oder-Neiße Linie als polnischer Westgrenze, im September 1971 wurde das Viermächteabkommen über Berlin unterzeichnet, und im Dezember 1972 kam der Grundlagenvertrag mit der DDR über gegenseitige staatsrechtliche Anerkennung und die Aufnahme zwischenstaatlicher Beziehungen zum Abschluß. Während die ersten drei Verträge 1972 wirksam wurden, trat der Grundlagenvertrag im Juni 1973 in Kraft (SONTHEIMER und BLEEK 1997, 58-60 und 387 f.).

[167] Nach Auskunft der Humboldt-Stiftung war eine Monographie über die Stiftungstätigkeit im Dritten Reich im Jahr 2002 in Arbeit. Gleiches gilt für eine Geschichte der Humboldt-Stiftung nach 1953.

3.1 Das Preisträgerprogramm der Alexander von Humboldt-Stiftung 169

Das neue Programm zur Förderung der fachbezogenen Zusammenarbeit zwischen Forschungsinstituten in der Bundesrepublik Deutschland und den USA wurde unter der Bezeichnung *US Senior Fellowship Program* ausgeschrieben und begann mit der Auswahl der ersten Wissenschaftler am 3. März 1972 sowie dem Aufenthaltsbeginn der ersten beiden ausgezeichneten US-Wissenschaftler rückwirkend zum 1. März 1972.[168] In den ersten zehn Jahren bezog sich das US-Sonderprogramm auf international renommierte Natur- und Ingenieurwissenschaftler[169] (AvH 1973, 62 f.). Dies beruhte Hans Leussink als einem der Initiatoren zufolge vor allem „auf der Präponderanz von Naturwissenschaft und Technik" im Kreis der Initiatoren des Programms (vgl. Fußnote 165) und wurde von wirtschaftlichen Gesichtspunkten zusätzlich unterstützt (vgl. AvH 1997a, 21-23).

Abb. 15: Programme der Alexander von Humboldt-Stiftung

Die Humboldt-Stiftung vergibt Forschungsstipendien und Forschungspreise an hochqualifizierte promovierte ausländische Wissenschaftler für längerfristige Forschungsaufenthalte in Deutschland und Stipendien an hochqualifizierte promovierte Nachwuchswissenschaftler aus Deutschland für Forschungsaufenthalte bei ehemaligen Humboldt-Gastwissenschaftlern im Ausland. Zu den wichtigsten Grundsätzen der Stiftungsphilosophie gehören eine weltweite Förderung wissenschaftlicher Eliten ohne Länder- und Fächerquoten sowie eine langfristige und individuelle Förderung bei großer Flexibilität, Autonomie und politischer Neutralität. In den 1990er Jahren vergab die Humboldt-Stiftung in ihren Kernprogrammen die folgenden Stipendien und Preise:

- bis zu 500 Humboldt-Forschungsstipendien pro Jahr an promovierte ausländische Wissenschaftler im Alter bis zu 40 Jahren (Laufzeit: seit 1953; Förderdauer: 6 bis 12 Monate)
- bis zu 100 Humboldt-Forschungspreise an international ausgewiesene ausländische Wissenschaftler (Laufzeit: seit 1972; Förderdauer: 4 bis 12 Monate)
- bis zu 12 Max-Planck-Forschungspreise an etablierte deutsche und ausländische Wissenschaftler (Laufzeit: seit 1990; Förderdauer: bis zu 3 Jahre)
- bis zu 150 Feodor Lynen-Forschungsstipendien an promovierte deutsche Nachwuchswissenschaftler im Alter bis zu 38 Jahren (Laufzeit: seit 1979; Förderdauer: 1 bis 4 Jahre)

Zwischen 1953 und 2002 wurden mit diesen Programmen über 22.000 ausländische Wissenschaftler aller Fachrichtungen aus rund 130 Ländern in Deutschland gefördert. Rund 2.500 deutsche Post-Docs sind zwischen 1979 und 2002 als Feodor-Lynen-Stipendiaten zu ehemaligen Humboldt-Gastwissenschaftlern in 60 verschiedene Länder der Welt gegangen. Darüber hinaus verwaltete die Humboldt-Stiftung in den 1990er Jahren im Auftrag verschiedener Geldgeber etwa zehn weitere Forschungsstipendienprogramme für spezifische Zielgruppen. In deren Rahmen konnten jährlich rund 400 weitere ausländische Wissenschaftler in Deutschland gefördert werden.

Quelle: Materialien der Humboldt-Stiftung; eigene Zusammenstellung.

Zur Finanzierung des US-Sonderprogramms stellte das Bundesministerium für Bildung und Wissenschaft der Humboldt-Stiftung jährlich einen Gesamtbetrag von fünf Mio. DM zur Verfügung. Die Laufzeit des ursprünglich zeitlich befristeten

---

[168] Diese Daten zur ersten Auswahlsitzung und den ersten Aufenthalten stammen aus der AvH-Datenbank.

[169] Der Begriff *Naturwissenschaftler* umfaßt im folgenden auch Mediziner und Mathematiker. Die Ankündigung, durch Gelder des Stifterverbandes für die Deutsche Wissenschaft einen „Austausch von Vertretern der geisteswissenschaftlichen Fachrichtungen" zu ermöglichen (vgl. BRANDT 1972, 1141 und Anhang B, Punkt 5), wurde zunächst nicht verwirklicht.

Projekts wurde nach einer Zeit der Bewährung zunächst von fünf auf zehn Jahre und anschließend auf unbestimmte Zeit verlängert. Gleichzeitig wurde das US-Sonderprogramm vollständig in die allgemeine Stiftungstätigkeit integriert. Die Leitlinien der Humboldt-Stiftung für die 1980er Jahre sahen zudem eine erweiterte Vergabe von *Humboldt-Preisen*[170] an Geisteswissenschaftler und die Einbeziehung anderer Nationen vor (AvH 1981, 24 f.).

Abb. 16: Entwicklung des Preisträgerprogrammes und Grundgesamtheit

1972	1980	1982	1996	1972-96
		Humboldt-Forschungspreise		*100%*
USS: *US Distinguished Senior Scientist Award -* Natur- und Ingenieurwissenschaftler aus den USA				*79%*
		GWI: Forschungspreise für Geisteswissenschaftler (inkl. Rechts-, Wirtschafts-, Sozial-, Sprach- und Kulturwissenschaftler) aus aller Welt (Anteil ohne USA)		*5%*
		GWI aus den USA		*3%*
			Natur- und Ingenieurwissenschaftler aus aller Welt (ohne USA; oft Forschungspreise auf Basis der Gegenseitigkeit)	*13%*

Quelle: Materialien der Humboldt-Stiftung; eigener Entwurf.

Durch zusätzliche Mittel, die zunächst von der Volkswagen-Stiftung und später vom Auswärtigen Amt bereitgestellt wurden, konnten ab 1980 jährlich bis zu zehn Forschungspreise an Geisteswissenschaftler aus aller Welt verliehen werden.[171] Auf Initiative des damaligen Wissenschaftsrates der französischen Botschaft in Bonn, M. Chevillot, und des Generalsekretärs der Humboldt-Stiftung, H. Pfeiffer, wurden ein Jahr später deutsch-französische Wissenschaftspreise für renommierte Wissenschaftler aller Fachgebiete geschaffen. Während die Rahmenbedingungen weitgehend denen der anderen Forschungspreise entsprachen (vgl. 3.1.2), beruhten die deutsch-französischen Wissenschaftspreise auf dem Prinzip der Gegenseitigkeit. So wurden 1982 die ersten Preise an drei deutsche und drei französische Wissenschaftler verliehen. Auf Grundlage dieser Forschungspreise, deren Finanzierung auf deutscher Seite, wie im Falle des US-Sonderprogramms, vom damaligen BMFT übernommen wurde, entwickelte sich in den 1980er Jahren eine weltweite Vergabe von Humboldt-Forschungspreisen auch für Natur- und Ingenieurwissenschaftler. Bis 1996 wurden Vereinbarungen mit 19 Ländern über Forschungspreise auf dem Prinzip der Gegenseitigkeit getroffen (AvH 1997a, 131). Prinzipiell war das

---

[170] Die Bezeichnung *Humboldt-Forschungspreise* fand ab etwa 1980 durchgängige Verwendung (vgl. auch Kapitel 3.1.2).

[171] Im Rahmen der ersten Auswahlentscheidungen im November 1980 wurden fünf Geisteswissenschaftler ausgezeichnet: ein Philosoph, ein Literaturwissenschaftler und ein Rechtswissenschaftler aus England, eine Goetheforscherin aus den USA und ein Kunsthistoriker aus der Tschechoslowakei (AvH 1981, 93).

3.1 Das Preisträgerprogramm der Alexander von Humboldt-Stiftung

Preisträgerprogramm jedoch bereits in den 1990er Jahren für Nominierungen aus allen Fachgebieten und Ländern offen.[172]

Aufgrund der Programmgeschichte stellte das *US Senior Scientist Program* bis zum Beginn des 21. Jahrhunderts weiterhin den Kernbestandteil des Preisträgerprogramms dar. Von den jährlich rund 100 vergebenen Forschungspreisen entfielen in den 1990er Jahren rund 45% auf US-amerikanische Natur- und Ingenieurwissenschaftler, etwa 45% auf Natur- und Ingenieurwissenschaftler anderer Staaten und rund 10% auf Preisträger der Geisteswissenschaften (vgl. Tab. 3). Insgesamt kamen 82% der bis Ende 1996 ausgezeichneten Preisträger aus den USA, wobei 79% der US-Preise auf das ursprüngliche US-Sonderprogramm entfielen und 3% der US-Preise an Geisteswissenschaftler aus den USA vergeben wurden (Abb. 16). Die übrigen 18% der Humboldt-Forschungspreisträger kamen aus 40 verschiedenen Ländern nach Deutschland (AvH 1997a, 131). Die fachliche Schwerpunktsetzung ergibt sich ebenfalls vor allem aus der Programmgeschichte, aber auch aus einer unterschiedlichen Internationalität einzelner Fachgebiete, die sich beispielsweise in relativ wenigen Nominierungen in den Ingenieur- und den Geisteswissenschaften ausdrückt (vgl. 3.1.3.2, besonders Abb. 19, S. 190).

Tab. 3:   Struktur der Humboldt-Forschungspreise in den 1990er Jahren

Jahr Art der Preise	1994			1996			1998			1972-96		
	N	P	EQ	N	P	EQ	N	P	EQ	N	P	EQ
Natur-/Ingenieurwiss.	158	94	59,5	160	90	56,3	146	75	51,4	3.103	2.062	66,5
in %	*82,3*	*83,9*		*85,6*	*88,2*		*78,5*	*84,3*		*89,9*	*91,9*	
davon USA	93	57	61,3	81	52	64,2	61	37	60,7	2.615	1.763	67,4
in %	*48,4*	*50,9*		*43,3*	*51,0*		*32,8*	*41,6*		*75,8*	*78,6*	
davon andere Länder	65	37	56,9	79	48	60,8	85	38	44,7	488	299	61,3
in %	*33,9*	*33,0*		*42,2*	*47,1*		*45,7*	*42,7*		*14,1*	*13,3*	
Geisteswissenschaften	34	18	52,9	27	12	44,4	40	14	35,0	347	182	52,4
in %	*17,7*	*16,1*		*14,4*	*11,8*		*21,5*	*15,7*		*10,1*	*8,1*	
davon USA	8	5	62,5	11	5	45,5	17	8	47,1	118	69	
in %	*23,5*	*27,8*		*40,7*	*41,7*		*42,5*	*57,1*		*3,4*	*3,1*	
Anteil von USA ges.	*7,9*	*8,1*		*12,0*	*8,8*		*21,8*	*17,7*		*4,3*	*3,8*	
Insgesamt (Anzahl)	192	112	58,3	187	102	54,5	186	89	47,8	3.450	2.244	65,0
in %	*100*	*100*		*100*	*100*		*100*	*100*		*100*	*100*	
davon USA gesamt	101	62	61,4	92	57	62,0	78	45	57,7	2.733	1.832	67,0
in %	*52,6*	*55,4*		*49,2*	*55,9*		*41,9*	*50,7*		*79,2*	*81,6*	
Herkunftsländer	23	17		28	18		37	18		55	41	

N = Nominierungen (nur durch deutsche Wissenschaftler/-innen möglich)
P = Positive Entscheidungen / Preisverleihung
EQ = Erfolgsquote (P/N*100)

Quelle: AvH 1995, 55; 1997a, 131; 1997b, 43; 1999b, 41; eigene Berechnung.

---

[172] Forschungspreise für Wissenschaftler aus Ländern, mit denen keine Vereinbarung über die Gegenseitigkeit von Preisen bestehen, können ebenfalls aus den Globalmitteln des Bundesministeriums für Bildung und Forschung finanziert werden (bis 1994 Bundesministerium für Bildung und Wissenschaft [BMBW] und Bundesministerium für Forschung und Technologie [BMFT]). Daneben steht am Beginn des 21. Jahrhunderts nach wie vor die haushaltstechnisch separate Finanzierung des Preisträgerprogramms für Natur- und Ingenieurwissenschaftler aus den USA.

3.1.2 Modalitäten und Entwicklungen 1972 bis 1996

Die Ausschreibung des *US Senior Fellowship Program* im Jahr 1972 bezog sich auf „die Förderung international anerkannter amerikanischer Wissenschaftler aus dem Bereich der Naturwissenschaften einschließlich Medizin, Mathematik und Datenverarbeitung sowie Geo- und Ingenieurwissenschaften" (AvH 1973, 62 f.):

> Gefördert werden können „full professors" und „associate professors with tenure" hervorragender wissenschaftlicher Qualifikation oder gleichrangige Wissenschaftler, die die amerikanische Staatsbürgerschaft besitzen. Die „Senior Fellowship Awards" betragen 2800,- DM bis 6000,- DM netto monatlich je nach Stellung und Erfahrung des amerikanischen Gastes, nach dem Umfang seiner Tätigkeit hier, nach seinem Familienstand und nach seinen zusätzlichen Bezügen und auch Verpflichtungen in den USA. Die Raten werden für jeden Einzelfall durch den für dieses Programm eingesetzten Sonderausschuß, dem neben Vertretern der Wissenschaftsverwaltung und des Bundes anerkannte deutsche Fachprofessoren angehören, festgelegt. Anträge sollen in der Regel von dem deutschen Gastinstitut vorgelegt werden. Dadurch soll gewährleistet sein, daß von vornherein die Interessen des amerikanischen Gastes mit denen des deutschen Instituts abgestimmt werden. Die Bewilligung eines „Senior Fellowship Awards" wird dem deutschen Institut mitgeteilt, das dann die Einladung an den amerikanischen Wissenschaftler ausspricht. [...] Darüber hinaus werden diese Wissenschaftler in das übliche Betreuungsprogramm der [...] Humboldt-Stiftung einbezogen (AvH 1973, 63).

Als Grundprinzipien des Preisträgerprogramms standen von Beginn an die Zielgruppe in Form *international anerkannter* Wissenschaftler ohne Altersgrenzen, das Prinzip der Nominierung durch den oder die deutschen Gastgeber sowie das Prozedere der *Einladung* zu einem *längerfristigen Forschungs*aufenthalt in Deutschland fest. Obgleich die Staatsbürgerschaft zu Beginn der Programmausschreibung als ein Kriterium für die Nominierung genannt wurde (AvH 1973, 63), erfolgte eine regionale Zuordnung der Wissenschaftler prinzipiell immer nach dem stiftungsinternen Konzept der *Humboldt-Nation*, demzufolge für das US-Sonderprogramm nominiert werden kann, wer zum Zeitpunkt der Nominierung mindestens zehn Jahre in den USA lebte und arbeitete und dort weiterhin den beruflichen wie persönlichen Lebensmittelpunkt aufwies.

Veränderungen in der Ausschreibung und den Modalitäten des Preisträgerprogramms ergaben sich während der Anfangsjahre vor allem im Zuge einer Schärfung des Programmprofils. In den ersten drei Jahren wurde das Programm auch aus steuerrechtlichen Erwägungen in Richtung einer Preisverleihung entwickelt, da die Promotion für ein *Fellowship* nicht länger als zehn Jahre zurückliegen durfte und nur der explizite Status einer nicht-leistungsgebundenen Vergabe der Fördergelder eine steuerfreie Überführung in die USA gewährleistete. Das Prinzip des *award for past achievements* wurde daher nach drei Jahren zur Grundlage des Programms und führte 1974/75 zur Umbenennung von *US Senior Fellowship Award* in *US (Distinguished) Senior Scientist Award*. Gleichzeitig stieg die Qualität ausgezeichneter wissenschaftlicher Leistungen und damit verbundener beruflicher Positionen der Preisträger. Von den 77 Wissenschaftlern, die im ersten Programmjahr aus 105 vorgelegten Anträgen ausgewählt wurden, waren 40 Wissenschaftler als *full professor* oder in entsprechender Position tätig (52%; vgl. AvH 1973, 63). In

3.1 Das Preisträgerprogramm der Alexander von Humboldt-Stiftung

den Folgejahren erforderte eine aussichtsreiche Nominierung eine zunehmend fortgeschrittene wissenschaftliche Laufbahn, so daß die Preisträger seit den 1980er Jahren fast ausschließlich eine dem *full professor* entsprechende Position innehatten und dies auch Eingang in die Programmausschreibung fand.[173]

Die gestiegenen Ansprüche der Auswahlausschüsse[174] spiegeln sich während der ersten zehn Programmjahre in sinkendem Auswahlerfolg (1972-76: 64%; 1977-81: 59%) bei gleichzeitig überdurchschnittlich hohen und ansteigenden Erfolgsquoten der über 55jährigen nominierten US-Wissenschaftler wider (1972-76: 70%; 1977-81: 76%) und gingen mit einer deutlichen Erhöhung des Durchschnittsalters der ausgezeichneten Wissenschaftler einher (1972-76: 46 J.; 1977-81: 51 Jahre). Die Tatsache, daß auch das Durchschnittsalter der Nominierten und das der nicht ausgezeichneten Wissenschaftler kontinuierlich angestiegen ist, zeigt, daß die wachsenden Anforderungen der Auswahl auf einem entsprechend größer werdenden Potential höherqualifizierter Nominierter aufbauen konnten. Folglich ordnet sich die Veränderung der Zielgruppe des Preisträgerprogramms in einen weiteren Kontext verschiedener Entwicklungen in der US-amerikanischen Wissenschaftslandschaft und den deutsch-amerikanischen Beziehungen ein. Unter den Vollzeitbeschäftigten der großen US-amerikanischen Forschungsuniversitäten (Carnegie Klassifikation R1),[175] von denen im Betrachtungszeitraum 73% aller Preisträger stammten, läßt sich zum Beispiel ebenfalls ein deutlicher Anstieg des Durchschnittsalters verzeichnen. Im Zeitraum 1992-96 waren ein Drittel der Vollzeitbeschäftigten an R1-Universitäten über 50 Jahre alt; dies sind genau 10% mehr als im Zeitraum 1973-76 (23%). Die stärkere Steigerung des Anteils der über 50jährigen unter den Nominierten im Preisträgerprogramm, von 23% (1972-76) auf 61% (1992-96), erklärt sich vor allem durch die zunehmende Konzentration der Nominierten auf die höchste erreichbare Karrierestufe, für die jedoch keine direkten Vergleichsdaten verfügbar sind.[176]

Neben gestiegenen Anforderungen an die Nominierungen infolge einer allmählichen Profilschärfung des Preisträgerprogramms und der allgemeinen Altersentwicklung unter den Professoren der großen US-amerikanischen Forschungsuniversitäten ist zu berücksichtigen, daß sich Deutschland in den 1970er Jahren noch auf dem Weg befand, fächerübergreifend eine hochwertige Forschungsinfrastruktur und hochqualifizierte Wissenschaftler wiederzuerlangen, so daß neue attraktive Forschungskapazitäten in den USA erst bekannt werden mußten. Darüber hinaus

---

[173] Mit den ab 1980 vergebenen Forschungspreisen für Geisteswissenschaftler wurden bereits „ausschließlich 'full professoren' [sic] und gleichrangige Wissenschaftlern im Alter zwischen 45 und 65 Jahren" ausgezeichnet (AvH 1981, 93). Die Altersgrenzen fielen in der Folgezeit weg (vgl. z. B. AvH 1983, 85).

[174] Hans Leussink, Vorsitzender des Auswahlausschusses für Preisträger der Natur- und Ingenieurwissenschaften von 1973 bis 1988, bemerkte in einem Interview: „Wir sind im Laufe der ersten fünf, sechs Jahre strenger in der Auswahl geworden" (AvH 1997a, 27).

[175] Zur näheren Erläuterung vgl. Fußnote 187.

[176] Die Daten zur Altersstruktur der vollzeitbeschäftigten Natur-, Ingenieur- und Sozialwissenschaftler mit Doktortitel (*full-time doctoral S&E faculty*) an den großen Forschungsuniversitäten der USA zwischen 1973 und 1995 stammen aus der vom *National Science Board* herausgegebenen Publikation *Science & Engineering Indicators 1998* (NSF 1998, Appendix table 5-27). Sie schließen folgende Karrierestufen ein: *full professors, associate professors* und *assistant professors and instructors*.

werden auch starke Vorbehalte älterer Wissenschaftler gegenüber Deutschland infolge der NS-Zeit und des Zweiten Weltkrieges dazu beigetragen haben, daß in den 1970er Jahren signifikant jüngere US-Wissenschaftler unter den Nominierten zu finden waren als in den Folgejahren (vgl. dazu auch Kapitel 3.2.3.3; 4.2.1.7).

Die qualitative Profilschärfung des Preisträgerprogramms drückt sich in den ersten zehn Programmjahren auch in einer relativen Zunahme der Nominierungen von Wissenschaftlern der R1-Universitäten aus (1972-76: 64%; 1977-82: 80%; anschließend rund 70%). Diese Entwicklung wurde maßgeblich von einer wachsenden internationalen Attraktivität der deutschen Wissenschaftslandschaft in den 1970er und 1980er Jahren geprägt und komplettierte die Entwicklung der *Kern*zielgruppe des Preisträgerprogramms von jüngeren international anerkannten Wissenschaftlern aller Universitäten zu älteren international renommierten Wissenschaftlern der großen Forschungsuniversitäten.

Um 1980 etablierte sich für das US-Sonderprogramm und seine Erweiterungen die Bezeichnung 'Humboldt-Forschungspreise' *(Humboldt Research Awards)*. Spätestens seit dieser Zeit veränderten sich die im folgenden erläuterten Modalitäten des Programms nur noch wenig (vgl. z. B. AvH 1981; 1991; 2001).

3.1.2.1 Nominierungen und Preise

Humboldt-Forschungspreise werden zur Würdigung einer wissenschaftlichen Lebensleistung an international renommierte Wissenschaftler vergeben. Mit dem Preis ist die Einladung zu einem längerfristigen Forschungsaufenthalt in der Bundesrepublik Deutschland verbunden, der es den Preisträgerinnen und Preisträgern ermöglicht, ein selbstgewähltes Forschungsvorhaben in Kooperation mit deutschen Gastgebern durchzuführen. Dadurch soll die langfristige Zusammenarbeit zwischen ausländischen und deutschen Wissenschaftlern gefördert werden (AvH 1996a, 7). Die Forschungsaufenthalte können an deutschen Universitäten oder außeruniversitären Forschungsinstitutionen durchgeführt werden. Nominierte Wissenschaftler müssen die Position eines *full professors* innehaben oder in einer gleichrangigen Position außerhalb der Universität tätig sein.

Nominierungen für den Humboldt-Forschungspreis können nur von in Deutschland tätigen Wissenschaftlern vorgenommen werden. Diese erklären sich als potentielle Gastgeber bereit, im Falle einer Preisverleihung alle notwendigen Vorbereitungen für das Forschungsvorhaben zu treffen und die Preisträger bei der Organisation des Aufenthalts angemessen zu unterstützen (z. B. Zugang zu Forschungsinfrastruktur, Archiven und Bibliotheken, Suche nach einer Unterkunft, Behördengänge). Es ist auch möglich, daß mehrere deutsche Wissenschaftler einen ausländischen Kollegen nominieren und dieser im Falle einer Preisverleihung mehrere Gastinstitutionen besucht. Jede Nominierung setzt somit eine gewisse Aktivität und Aufgeschlossenheit auf seiten der nominierenden deutschen Gastgeber voraus. Da es den Preisträgern freigestellt ist, die mit dem Preis verbundene Einladung zu einem Forschungsaufenthalt in Deutschland wahrzunehmen, erfordert das Zustandekommen des Aufenthalts auf ihrer Seite ein gewisses Interesse an einem längeren Deutschlandaufenthalt. Die in Teilbeträgen erfolgende Auszahlung der vom Aus-

3.1 Das Preisträgerprogramm der Alexander von Humboldt-Stiftung 175

wahlausschuß verbindlich festgelegten Preissumme beginnt allerdings auch erst mit dem Beginn des ersten Forschungsaufenthalts in Deutschland.

Die Auszeichnung der Humboldt-Forschungspreisträger wird seit Beginn des Programms von programmspezifischen Auswahlausschüssen vorgenommen. Der erste Auswahlausschuß für das US-Sonderprogramm bestand zwischen 1972 und 1980 aus sieben Fachvertretern und acht nicht-fachgebundenen Mitgliedern. Anschließend erfolgte die Berufung von acht fachgebundenen und neun nicht-fachgebundenen Mitgliedern für einen Zeitraum von jeweils drei Jahren (AvH 1981, 87). Bei den nicht-fachgebundenen Mitgliedern handelt es sich um Vertreter der großen deutschen Wissenschafts- und Mittlerorganisationen (AvH, DAAD, DFG, FulKom, MPG, Stifterverband für die Deutsche Wissenschaft, Westdeutsche Rektorenkonferenz/Hochschulrektorenkonferenz) und der zuständigen Bundeseinrichtungen (Kulturabteilung des Auswärtigen Amtes, Bundesministerium für Bildung, Wissenschaft, Forschung und Technologie). Auf diese Weise wird die Grundlage für eine interinstitutionelle Kommunikation und Abstimmung innerhalb der deutschen Förderlandschaft gelegt (vgl. auch 3.3). Die Arbeit der Auswahlausschüsse war in den ersten 25 Programmjahren durch eine große Kontinuität gekennzeichnet, weil die Ausschußmitglieder häufig wiederbesetzt wurden und die Auswahlausschußvorsitzenden des natur- und ingenieurwissenschaftlichen Auswahlausschusses, Professor Dr. Hans Leussink (1973-88) und Professor Dr. Günther Wilke (1989-96), lange Amtszeiten aufwiesen. Der Auswahlausschuß für Humboldt-Forschungspreise in den Natur- und Ingenieurwissenschaften (einschließlich Mathematik und Medizin) tagte in der Anfangzeit viermal, später zwei- bis dreimal jährlich, während der 1980 konstituierte Auswahlausschuß für geisteswissenschaftliche[177] Humboldt-Forschungspreise bis zum Ende des Betrachtungszeitraumes ein bis zwei Sitzungen pro Jahr abhielt.[178]

Grundlage für die Auswahl der US-Preisträger sind eine ausführliche Stellungnahme des deutschen Antragstellers zur wissenschaftlichen Qualifikation des Nominierten, ein vom vorschlagenden deutschen Gastgeber ausgefüllter vierseitiger Fragebogen, Lebenslauf und Publikationsliste des Nominierten mit Sonderdrucken wichtiger neuerer Publikationen, eine Projektskizze zu den geplanten Forschungen, mehrere unabhängige Expertengutachten aus den USA und Deutschland[179] sowie ein Gutachten vom jeweils fachnächsten Wissenschaftler des zentralen Auswahlausschusses der Humboldt-Stiftung, der für die Vergabe der Humboldt-Forschungs*stipendien* verantwortlich ist. Festgelegte Altersgrenzen gibt es bei der Auswahl nicht. So reichte die Spannweite des Auswahlalters in den ersten 25 Jahren des Programms von 30 Jahren (1972) bis 86 Jahren (1985) und entsprach damit der Spannweite des Alters unter allen Nominierten. Das Durchschnittsalter der ausgezeichneten US-Wissenschaftler lag bei 51 Jahren, das der nicht ausgezeichneten

---

[177] Der Begriff 'Geisteswissenschaften' umfaßt in diesem Zusammenhang wiederum sämtliche Geistes-, Sozial-, Gesellschafts-, Rechts- und Wirtschaftswissenschaften (vgl. Fußnote 159).

[178] Zum Ende des Jahres 1998 wurden die beiden getrennten Auswahlausschüsse für Humboldt-Forschungspreisträger zusammengelegt. Der neue Ausschuß weist zwei Vorsitzende auf, besteht aus 25 stimmberechtigten und 6 nicht-stimmberechtigten Mitgliedern. Er tagt zweimal im Jahr (Juni und Oktober).

[179] Für die Gutachten sind mindestens ein deutscher und drei ausländische Wissenschaftler zu benennen.

Wissenschaftler bei 48 Jahren (alle Nominierten: 50 Jahre).[180] Unabhängig von der programmbezogenen Finanzierungsstruktur gibt es bei der Auswahl der Preisträger auch keine Fächerquoten. Die Entwicklung der vertretenen Fachgebiete kann somit unter Berücksichtigung ihrer jeweiligen Bedeutung in Deutschland und den USA sowie fachspezifischer Kooperationskulturen als ein Indikator für deren Internationalität interpretiert werden (vgl. 3.1.3).

Insgesamt wurden in den ersten 25 Jahren des Programms mehr als 150 Mio. DM für das Preisträgerprogramm aufgewendet (AvH 1997a, 11). Davon entfielen rund 140 Mio. DM auf Humboldt-Forschungspreise aus den USA.[181] Die individuelle Dotierung der Preise richtet sich im wesentlichen nach dem wissenschaftlichen Rang des Preisträgers und wird im Rahmen der verfügbaren Haushaltsmittel festgelegt (AvH 2000b). Seit Beginn des Programms ist die Höhe der Forschungspreise immer wieder der allgemeinen Kostenentwicklung angeglichen worden, um die Wettbewerbsfähigkeit der Preise im internationalen Kontext zu gewährleisten (vgl. AvH 1981; 1991). In den 1990er Jahren entsprach die Dotierung der Preise bis maximal 150.000 DM in etwa einem durchschnittlichen Jahresgehalt von *full professors* an den rund 100 großen Forschungsuniversitäten der USA (Carnegie Klassifikation R1; 1990-98: $76.221 pro Jahr).[182] Hinzu kommen einmalig die Reisekosten für den Preisträger und seine Familienangehörigen, sofern diese den Preisträger für länger als sechs Monate nach Deutschland begleiten. Bei Bedarf übernimmt die Humboldt-Stiftung Kosten für Kurse zum Erlernen der deutschen Sprache auch für die Partner der Preisträger und gewährt auf Antrag des Gastgebers Beihilfen zur Teilnahme an wissenschaftlichen Konferenzen in Deutschland und im europäischen Ausland. Darüber hinaus wurde den Preisträgern bis in die 1980er Jahre hinein ein BMW für die Zeit ihres Deutschlandaufenthalts kostenlos bereitgestellt.

Diese attraktiven Rahmenbedingungen des Humboldt-Forschungspreises haben die Annahme der verliehenen Preise und der damit verbundenen Einladung zur Durchführung eines *sabbatical year* in Deutschland positiv beeinflußt (vgl. 4.2.2). Für die Wahrung dieser Attraktivität wird in Zukunft, und dies gilt auch für andere Mobilitätsprogramme, die Deutschlandaufenthalte international renommierter Wissenschaftler fördern, eine der Zielgruppe angemessene Dotierung und vor allem flexible Dotierungen nach der wissenschaftlichen Stellung der Preisträger aufgrund eines intensiver werdenden internationalen Wettbewerbs um ausländische Gastwissenschaftler immer bedeutender werden. Im Falle der USA ist besonders zu berück-

---

[180] In allen fünf Auswahlgenerationen waren die ausgezeichneten Wissenschaftler durchschnittlich älter als die jeweils nicht ausgezeichneten Wissenschaftler. Der durchschnittliche Altersunterschied von drei Jahren schwankte zwischen einem Jahr in der fünften und fünf Jahren in der zweiten Auswahlgeneration.

[181] In der geschätzten Summe von 140 Mio. DM sind zusätzlich zum Kernprogramm die Ausgaben für 69 geisteswissenschaftliche Preisträger enthalten. Die Summe, die zwischen 1972 und 1981 in das US-Sonderprogramm geflossen ist, betrug 43,7 Mio. DM (AvH 1982, 13). Nach Ablauf der ersten zehn Programmjahre, in denen maximal 5 Mio. DM pro Jahr zur Verfügung standen, erhöhte sich die für Preisverleihungen an US-amerikanische Natur- und Ingenieurwissenschaftler in Anspruch genommene Summe im Zuge einer allgemeinen Angleichung der Preissummen. In den 1990er Jahren variierten die jährlichen Aufwendungen zwischen 6,5 Mio. DM (1990-91) und und 4,2 Mio. DM (1998; vgl. die jeweiligen Jahresberichte der Humboldt-Stiftung).

[182] NSF WebCASPAR Database System; eigene Berechnung.

3.1 Das Preisträgerprogramm der Alexander von Humboldt-Stiftung

sichtigen, daß sich die Gehälter US-amerikanischer Professoren seit Anfang der 1980er Jahre als Ausdruck eines verstärkten Wettbewerbs um hochqualifizierte Wissenschaftler in verschiedenen Institutionen und Institutionsgruppen sehr unterschiedlich entwickelt haben (Abb. 17). Das durchschnittliche Gehalt der *full professors* aller Universitäten betrug zum Beispiel im Jahr 1998 $70.619. An den R1-Universitäten erreichte dieser Wert bereits $87.526 (+24%), während ein *full professor* der Harvard University mit durchschnittlich $116.774 sogar 65% mehr Geld als der Durchschnitt der Professoren aller Universitäten verdiente. Dieser Vergleich der Gehälter von Professoren unterschiedlicher Hochschulen und Hochschultypen weist in Hinblick auf die Auswertungen der Interviews mit Wissenschaftlern des MIT, der Harvard University und der UCB auf deren besondere Perspektive als finanziell am besten gestellte Wissenschaftler im US-amerikanischen Hochschulsystem hin.

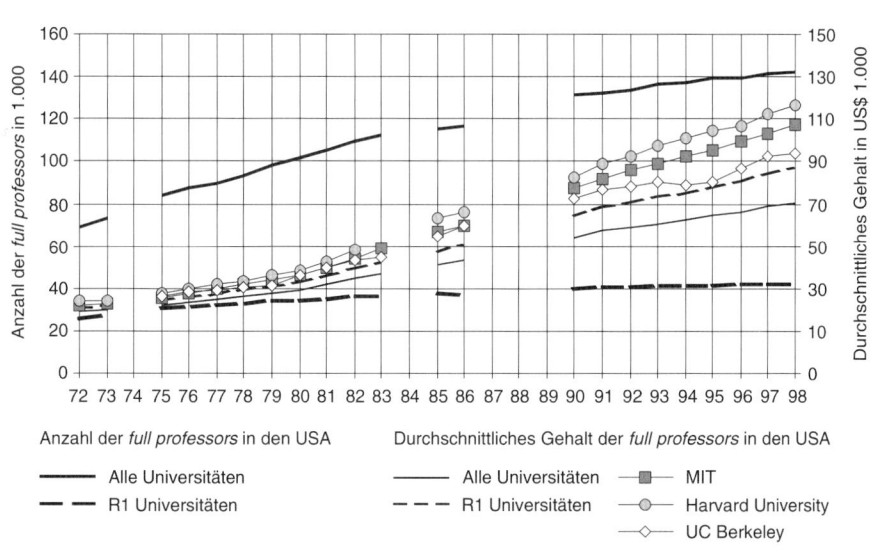

Abb. 17: Zahl und Einkommen der full professors *in den USA, 1972-98*

Quelle: NSF WebCASPAR Database System; eigene Berechnung.

3.1.2.2 Preisträgeraufenthalte

Die Preisträgeraufenthalte in Deutschland dauern in der Regel vier Monate bis zu einem Jahr und werden ganz überwiegend an den nominierenden Gastinstitutionen durchgeführt. Von der Möglichkeit, den Aufenthalt in mehrere kürzere Abschnitte aufzuteilen, machten zwischen 1972 und 1996 mehr als ein Drittel der Preisträger Gebrauch. Dabei hat sich die Flexibilität der Humboldt-Stiftung hinsichtlich einer Splittung des Preisträgeraufenthalts in zwei oder mehr Aufenthaltsabschnitte seit

Mitte der 1980er Jahre deutlich erhöht, um den Anforderungen einer durch neue Kommunikations- und Transportmedien kurzlebiger gewordenen Wissenschaftswelt besser gerecht zu werden (vgl. auch 4.3.1).

Die Vorgaben der Humboldt-Stiftung zu den Preisträgeraufenthalten sind den stiftungseigenen Förderprinzipien entsprechend sehr offen gehalten. Zudem erlaubt der Status eines Preises keinerlei Leistungsforderungen gegenüber den Preisträgern. Daher bleibt die Gestaltung der Aufenthalte letztendlich den Gastwissenschaftlern selbst überlassen, und strenggenommen ist auch jede Forschungskooperation an der Gastinstitution freiwilliger Natur. Gegen eine Betätigung der Preisträger in der Lehre bestehen von seiten der Stiftung keine Vorbehalte; begrüßt werden Begegnungen mit anderen Fachkollegen innerhalb Deutschlands, weshalb die Preisträger gegebenenfalls Beihilfen zur Teilnahme an wissenschaftlichen Konferenzen in Deutschland und im europäischen Ausland erhalten können. Zum Abschluß des Forschungsaufenthalts werden informelle Erfahrungsberichte von den Preisträgern und ihren Gastgebern erbeten. Im allgemeinen ist auch die Erwähnung in Publikationen erwünscht, die in Zusammenhang mit dem Forschungsaufenthalt stehen. Gerade diese offenen Gestaltungsmöglichkeiten der Preisträgeraufenthalte lassen die im Rahmen dieser Arbeit durchgeführte Untersuchung zu deren Verläufen und Auswirkungen in Hinblick auf die Gewinnung allgemeinerer Aussagen zum Thema internationaler akademischer Mobilität besonders geeignet erscheinen.

Als Angebot an die Preisträger in Deutschland wird seit 1973 einmal jährlich ein Symposium für Forschungspreisträger veranstaltet, an dem auch deutsche Gastgeber und andere Gäste teilnehmen. Diese Symposien, die zunächst in Rottach-Egern am Tegernsee stattfanden (1975; 1977-92) und seit 1993 in Bamberg veranstaltet werden, bestehen aus Vorträgen, Diskussionen, kulturellen Veranstaltungen und einer offiziellen Zeremonie zur Überreichung der Preisträgerurkunden. Wie die Jahrestagungen der Humboldt-Stiftung und die jährlichen Empfänge des Bundespräsidenten für alle Humboldt-Gastwissenschaftler fanden auch die Preisträgersymposien aufgrund der seltenen Gelegenheit eines internationalen und zugleich interdisziplinären Gedanken- und Erfahrungsaustausches unter den Preisträgern eine sehr positive Resonanz. Insgesamt zeigen die Reaktionen der schriftlich und persönlich befragten Preisträger, daß eine hohe individuelle Betreuungsintensität und Professionalität der Humboldt-Stiftung zu sehr guten Erfahrungen mit der Programmorganisation geführt haben (vgl. 4.3.3).

3.1.2.3 Nachkontakte und Humboldt-Vereinigungen

Seit 1965 führt die Humboldt-Stiftung eine intensive Nachkontaktearbeit für Humboldt-Gastwissenschaftler durch, die auch ehemalige Preisträger einschließt. Zu den Maßnahmen, die es der Stiftung ermöglichen, nach Abschluß des Deutschlandaufenthalts zu den meisten Preisträgern langfristigen Kontakt zu halten, gehören die Zeitschrift *Mitteilungen*, die seit Juli 2001 unter dem Titel *Humboldt Kosmos* erscheint, eine jährlich publizierte *Bibliographia Humboldtiana* mit Veröffentlichungen der Humboldt-Gastwissenschaftler, verschiedene von der Stiftung organisierte Veranstaltungen in den USA (seit 1974 auch speziell für Preisträger) und die

3.1 Das Preisträgerprogramm der Alexander von Humboldt-Stiftung

Möglichkeiten, den eigenen wissenschaftlichen Nachwuchs als Humboldt-Stipendiaten nach Deutschland zu schicken (seit Programmbeginn), Gastgeber für deutsche Post-Docs im Feodor-Lynen-Programm zu sein (seit 1979) oder im Rahmen einer Wiedereinladung selber noch einmal nach Deutschland zu gehen (seit 1980). Häufig werden auch Gutachten für Anträge im Forschungsstipendienprogramm oder für Neunominierungen im Preisträgerprogramm erbeten.

Wesentlich für die Entwicklung der umfangreichen Nachkontaktearbeit der Humboldt-Stiftung waren die stiftungsbezogenen Leitlinien für die 1980er Jahre. In diesen wurde auch für das Preisträgerprogramm ein „planmäßiger weiterer Ausbau der Nachkontakte durch Regionaltagungen, Wiedereinladungen und Vermittlung von jüngeren deutschen Wissenschaftlern als Lynen-Stipendiaten" (AvH 1981, 24) festgehalten. Bereits 1979 hatte der Vorstand der Humboldt-Stiftung aufgrund von Anregungen ehemaliger deutscher Gastgeber beschlossen, ab 1980 jährlich etwa 20 ehemalige Preisträger des US-Sonderprogramms zu einem weiteren Forschungsaufenthalt einzuladen, um dem Bedarf zum Abschluß gemeinsamer Forschungsprojekte bzw. zur Fortsetzung oder Erweiterung der Forschungskooperation entgegenzukommen (AvH 1981, 88). Solche *Wiedereinladungen* können frühestens drei Jahre nach Beendigung des Preisträgeraufenthaltes ausgesprochen werden und sind auf eine Dauer von drei Monaten begrenzt. Der Antrag auf eine Wiedereinladung kann wie im Hauptprogramm nur von in Deutschland tätigen Wissenschaftlern vorgenommen werden; die Vorschlagenden müssen jedoch nicht den ursprünglich nominierenden oder gastgebenden Personen entsprechen. In der vorliegenden Arbeit werden die Deutschlandaufenthalte ehemaliger Preisträger im Rahmen des Wiedereinladungsprogramms zusammen mit anderen Formen der Nachfolgemobilität als eine mögliche Auswirkung der Erstaufenthalte analysiert (vgl. 4.4.4).

Dem Interesse US-amerikanischer Preisträger, jüngere deutsche promovierte Wissenschaftler als Post-Docs vorübergehend bei sich aufzunehmen, ist die Humboldt-Stiftung Ende der 1970er Jahre mit dem Aufbau des *Feodor Lynen-Stipendienprogramms* entgegengekommen (AvH 1982, 10; AvH 1999a). Dieses Programm vergibt langfristige Forschungsstipendien in allen Fachgebieten an hochqualifizierte promovierte deutsche Wissenschaftler im Alter bis zu 38 Jahren für Forschungsaufenthalte an Instituten ehemaliger Humboldt-Forschungspreisträger oder Humboldt-Forschungsstipendiaten im Ausland (vgl. Abb. 15). Da der ausländische Gastgeber durchschnittlich ein Drittel der laufenden Stipendienkosten und die vollständigen Kosten der wissenschaftlichen Betreuung deckt (AvH 2000a, 81), ist auch bei der Aufnahme von Feodor-Lynen-Stipendiaten ein besonderes Interesse auf seiten der ehemaligen Preisträger vorauszusetzen, das ebenfalls im Rahmen der Nachfolgekontakte näher zu untersuchen sein wird (vgl. 4.4.4; vgl. auch 4.4.5).

Ebenso wird die Bedeutung der *Humboldt-Forschungsstipendien* im Rahmen der Nachfolgekontakte der Preisträgeraufenthalte zu eruieren sein. Seit Wiedererrichtung der Stiftung im Jahr 1953 ermöglichen die Humboldt-Stipendien hochqualifizierten promovierten ausländischen Nachwuchswissenschaftlern im Alter bis zu 40 Jahren, ein selbstgewähltes Forschungsvorhaben an einer Forschungseinrichtung in der Bundesrepublik durchzuführen. Das Programm bildet den Kern der Stiftungstätigkeit und steht Wissenschaftlern und Wissenschaftlerinnen aller Fächer und Länder offen. Das wichtigste Auswahlkriterium stellt die wissenschaftliche Qualifikation der Bewerber unter Berücksichtigung länderspezifischer Forschungsmilieus dar. So bietet dieses Programm ehemaligen US-Preisträgern die Gelegenheit, wissenschaftliche Beziehungen zu Deutschland über und für den eigenen wissenschaftlichen Nachwuchs auszubauen und zu nutzen (vgl. 4.4.4).

Veranstaltungen der Humboldt-Stiftung für ehemalige Preisträger in den USA werden seit Anfang der 1990er Jahre von einer Verbindungsstelle in Washington D.C. organisiert, die 1992 als eigenes Nordamerika-Büro der Stiftung eingerichtet wurde und seit 1995 als *Verbindungsstelle USA in der National Academy of Sciences*, zeitweilig zusammen mit dem damaligen Deutsch-Amerikanischen Konzil (DAAK), betrieben wird.[183] Die Verbindungsstelle stellt eine Kontaktadresse für ehemalige und zukünftige deutsche und US-amerikanische Humboldtianer dar und unterhält Kontakte zu wichtigen amerikanischen Partnerorganisationen, zu Zweigstellen der Mittlerorganisationen und politischen Stiftungen aus Deutschland sowie zu anderen Institutionen in den USA. Darüber hinaus bildet das Büro eine Schnittstelle zwischen der Stiftung und AvH-bezogenen Vereinigungen. So war 1994 auf Initiative ehemaliger Humboldtianer die *Alexander von Humboldt Association of America* (AvHAA) als Humboldt-Vereinigung der USA gegründet worden, um persönliche und berufliche Kontakte zwischen Humboldtianern in den USA, die wissenschaftlichen Verbindungen zu Deutschland und den Kontakt zur Humboldt-Stiftung zu pflegen.[184] Die AvHAA gliederte sich im Jahr 2001 in etwa 20 regionale Unterorganisationen (*regional chapters*) mit insgesamt rund 1.000 Mitgliedern und verfügt über einen eigenen Newsletter (*Humboldt News*). Sie unterstützt die Humboldt-Stiftung bei der Vorbereitung von Kolloquien und Tagungen, ist bestrebt, zur Informationsverbreitung über AvH-Programme in den USA beizutragen, widmet sich unter anderem über regelmäßige Treffen der regionalen Unterorganisationen einer Betreuung deutscher Feodor-Lynen- und Bundeskanzler-Stipendiaten sowie der Beratung neuer Forschungsstipendiaten, Forschungspreisträger oder Max-Planck-Preisträger aus den USA.[185]

In Hinblick auf die Analyse der Deutschlandaufenthalte von US-Preisträgern stellen sich die Fragen, inwieweit die individuelle Betreuung und umfangreiche Nachkontaktearbeit der Humboldt-Stiftung sowie die Initiativen ehemaliger Humboldtianer die Erfahrungen der Preisträger in Deutschland und die Entwicklung ihrer wissenschaftlichen Deutschlandbeziehungen nach dem Aufenthalt beeinflußt haben und in welchem Maße die genannten Einrichtungen und Veranstaltungen zur Pflege, Aufrechterhaltung und Erweiterung eines internationalen Humboldt-Netzwerks beigetragen haben (vgl. 4.4.4; 4.4.5).

---

[183] Die Verbindungsstelle organisierte zum Beispiel auch die zentrale Jubiläumsfeier zum 25jährigen Bestehen des Programms in Washington (26. bis 28. Oktober 1997; vgl. Rückseite des Einbands).

[184] Zwischen 1962 und 2001 wurden über 100 Humboldt-Clubs und Humboldt-Vereinigungen in mehr als 50 Ländern gegründet (AvH 2001; 2002).

[185] Als weitere AvH-bezogene Organisation wurde im Jahr 2000 von der Humboldt-Stiftung und der Verbindungsstelle in Washington die *American Friends of the Alexander von Humboldt Foundation* geschaffen, um steuerbegünstigt Zuwendungen zur Unterstützung der Aufgaben der Humboldt-Stiftung annehmen zu können (AvH 2001, 59).

3.1.3 Nominierte, Nominierende und Auswahl

In den ersten 25 Programmjahren wurden 2.733 US-Wissenschaftler für den Humboldt-Forschungspreis nominiert. 1.832 Personen haben den Forschungspreis erhalten (67%). Pro Jahr wurden durchschnittlich 114 Nominierungen entschieden und 74 Humboldt-Forschungspreise an US-Wissenschaftler vergeben (vgl. Abb. 18).[186] Der Auswahlerfolg erreichte im Durchschnitt 65%. Er schwankte zwischen 79% im ersten und 53% im vierten Programmjahr, das die Grundlegung des Prinzips der *past achievements* markiert. Vergleichsweise niedrige Erfolgsquoten kennzeichneten die ersten zehn Programmjahre. Dies ist als Ausdruck steigender Anforderungen an die Nominierungen zu werten, da ältere Wissenschaftler der großen US-amerikanischen Forschungsuniversitäten in diesem Zeitraum überdurchschnittlich hohen Auswahlerfolg verzeichneten. Mit abnehmenden Nominierungszahlen in den folgenden 15 Jahren gingen höhere Erfolgsquoten einher. Beide Entwicklungen können als Ausdruck einer Etablierung des US-Programms interpretiert werden: Auf beiden Seiten des Atlantiks wurde immer mehr bekannt, welcher Personenkreis gute Chancen für eine erfolgreiche Nominierung besitzt. Darüber hinaus stehen die rückläufigen Nominierungszahlen mit der beschriebenen Erhöhung des Durchschnittsalters US-amerikanischer Professoren bei gleichzeitiger Stagnation der Zahl der *full professors* an den R1-Universitäten (vgl. Abb. 17), der Öffnung des Programms für weltweite Nominierungen und einem noch zu analysierenden Rückgang der biographischen Deutschland- und Europabezüge zusammen. Diese Entwicklungen haben gemeinsam zu einer Verringerung des Nominierungs- und Preisträgerpotentials in den USA geführt (vgl. 3.1.4).

---

[186] Aufgrund von Mehrfachnominierungen und Mehrfachentscheidungen entspricht die Zahl der nominierten Personen (2.733) nicht der Zahl der Nominierungsentscheidungen (3.206). Für 412 Personen (15%) sind mehr als eine Nominierungsentscheidung in der AvH-Datenbank verzeichnet. Beispielsweise kann jemand 1973 erfolglos nominiert worden sein, aber 15 Jahre später bei einer erneuten Nominierung mit dem Forschungspreis ausgezeichnet worden sein. Unter den 3.206 in der AvH-Datenbank verzeichneten Nominierungsentscheidungen finden sich darüber hinaus auch formale Vorgehensweisen, für die zum gleichen Entscheidungsdatum entweder eine Preisverleihung oder eine nicht erfolgreiche Nominierungsentscheidung vermerkt ist (z. B. Wiedervorlage). Im Falle einer Rückgabe des Preises kann sich die doppelte Entscheidung auch auf den Zeitpunkt nach einer positiven Entscheidung beziehen (z. B. kann jemand 1985 den Preis erhalten haben und 1996 mit einer Rückgabe verzeichnet sein). Daher wurden bei den Auswertungen nur die Nominierungsentscheidungen im engeren Sinne berücksichtigt (positiv, negativ, zurückgezogen; 2.848). Diese beziehen sich weiterhin auf alle 2.733 Nominierten im Zeitraum 1972 bis 1996, von denen noch 113 Personen (4%) mehr als eine Nominierungsentscheidung aufweisen. Wenn nicht ausdrücklich erwähnt, werden im folgenden Nominierungsentscheidungen betrachtet. Die Aussage „80% der Nominierten" würde folglich die Gesamtheit der Nominierungen zu verschiedenen Zeitpunkten bezeichnen und 113 Personen zu zwei oder mehr Zeitpunkten einschließen, da Kontext und Merkmale verschiedener Nominierungen einer Person erheblich variieren können (z. B. hinsichtlich Auswahlhalter, Basisinstitution, nominierender Gastinstitution).

Diese methodischen Hinweise sind wichtig, da die absoluten Zahlen aus den genannten Gründen sowohl gegenüber den Jahresberichten der Humboldt-Stiftung als auch zwischen verschiedenen Auswertungen variieren können. Geringfügig veränderte Auswertungsgesamtheiten ergeben sich auch dann, wenn nach Merkmalen differenziert wird, die nicht für alle relevanten Personen verfügbar sind. Zum Beispiel fehlt die Angabe zum Fachgebiet für eine Person mit einer Nominierungsentscheidung, d.h. Angaben liegen vor für 2.732 Personen und 2.847 Entscheidungen; die Basisuniversitäten sind für 2.693 Personen (98,5%) und 2.736 Nominierungsentscheidungen (96%) bekannt.

182 3 Kontextualisierung geförderter Wissenschaftlermobilität

Abb. 18: Nominierungen und Humboldt-Forschungspreise, 1972-2001

a) Nominierungen für den Humboldt-Forschungspreis

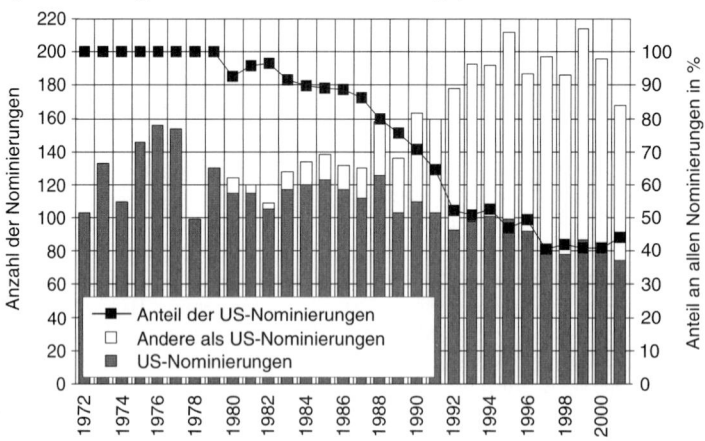

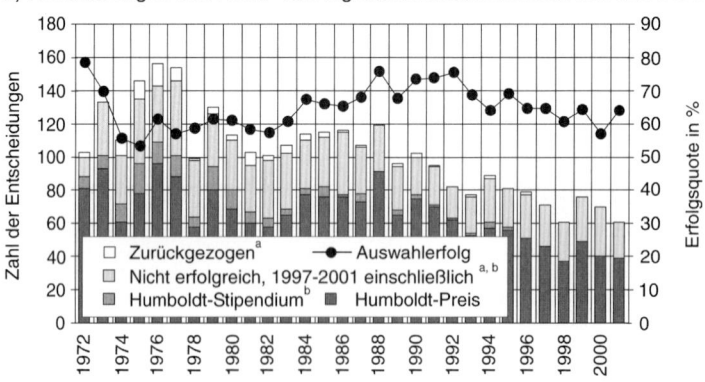

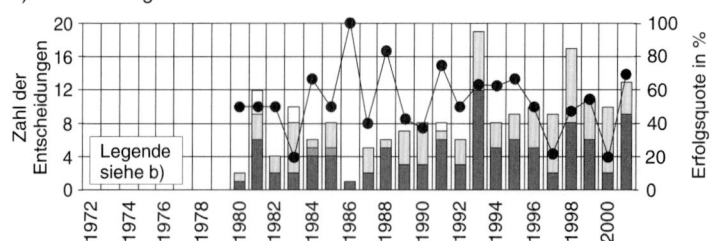

b) Nominierungen von Natur- und Ingenieurwissenschaftlern aus den USA

c) Nominierungen von Geisteswissenschaftlern aus den USA

Quelle: AvH-Datenbank; Jahresberichte AVH 1998 bis 2002; eigene Darstellung.

3.1 Das Preisträgerprogramm der Alexander von Humboldt-Stiftung   183

Nach einem Anstieg der Nominierungen für das gesamte Preisträgerprogramm im Zuge der weltweiten Ausdehnung des Programms in den 1980er Jahren, stabilisierte sich die Zahl der Nominierungen in der zweiten Hälfte der 1990er Jahre bei 190 bis 200 Nominierungen pro Jahr. Gleichzeitig ging die Zahl der Nominierungen aus den USA von rund 100 auf rund 80 zurück. Obgleich auch die Erfolgsquoten von Nominierungen aus den USA angesichts zunehmender weltweiter Konkurrenz sanken, lagen sie in der zweiten Hälfte der 1990er Jahre noch um bis zu 10% höher als bei Nominierungen aus anderen Ländern (ca. 60% versus 50%), was die Stellung der USA als weltweites Wissenschaftszentrum unterstreicht (vgl. Tab. 3, S. 171). Dennoch ordnen sich diese jüngeren Entwicklungen im Preisträgerprogramm in eine weltweite Dezentralisierung wissenschaftlicher Kooperationsbeziehungen ein, die auf den Wegfall der weltpolitischen Polarität zwischen kapitalistischem Westen und kommunistischem Osten zurückzuführen ist und weltweit neue Interaktionsmöglichkeiten geschaffen hat. Ein rückläufiges Interesse am Forschungsstandort Deutschland, wie es im Preisträgerprogramm für die USA, in anderen Programmen auch für andere Länder und insgesamt zu beobachten ist (JÖNS 2001b), läßt somit entgegen weitverbreiteter Meinungen und Praktiken in der öffentlichen Diskussion der späten 1990er Jahre (vgl. z. B. BODE 1997; GRIES 1997; FRITZ-VANNAHME 1997) keine direkten Rückschlüsse auf sinkende Qualitätsstandards in der Forschung zu (vgl. auch 3.2.2). Vielmehr erklärt sich dieser Trend in großem Maße aus programmbezogenen Besonderheiten sowie demographischen, politischen und wirtschaftlichen Entwicklungen in den Herkunfts- und Zielländern.

Im folgenden werden ausgewählte Charakteristika der nominierten und ausgezeichneten US-Wissenschaftler sowie der nominierenden deutschen Wissenschaftler im Kontext der US-amerikanischen und deutschen Wissenschaftslandschaften unter Berücksichtigung zeitlicher Veränderungen analysiert, um das Preisträgerprogramm in einen weiteren Kontext deutsch-amerikanischer Wissenschaftsbeziehungen zu stellen und die Ursachen für den deutlichen Rückgang der USA-bezogenen Nominierungen in den 1990er Jahren vertiefend diskutieren zu können.

3.1.3.1 Beteiligung in Deutschland und den USA

Die hohen Anforderungen an das wissenschaftliche Renommee potentieller Preisträger und Gastgeber bedingt eine relativ starke Konzentration auf wenige am Preisträgerprogramm beteiligte Institutionen und Personen. Insgesamt waren 2.421 in Deutschland tätige Wissenschaftler an den Nominierungen 1972 bis 1996 beteiligt, 1.758 (73%) von ihnen waren mindestens einmal erfolgreich. Zum Vergleich: Im Jahr 1998 arbeiteten allein 27.933 hauptberufliche C3- und C4-Professoren an deutschen Hochschulen; zu den Nominierungen im Zeitraum 1972-96 haben jedoch nur etwa 1.700 C3- und C4-Professoren beigetragen. Im Mittel reichten 1,6 Wissenschaftlern eine erfolgreiche Nominierung ein, so daß häufig mehrere deutsche Professoren einen US-Wissenschaftler nominierten.

Die Hälfte der erfolgreichen Nominierungen entfiel auf 23% aller Gastgeber (395 Personen). Achtzehn Wissenschaftler (1%) nominierten zwischen 1972 und 1996 jeweils mindestens zehn US-Preisträger und vereinigten somit 10% der erfolgreichen Nominierungen auf sich. Drei Wissenschaftler nominierten in diesem Zeitraum im Durchschnitt mindestens einen US-Preisträger pro Jahr erfolgreich. Diese sind im Jubiläumsheft der Humboldt-Stiftung zusammen mit zwölf weiteren Gastgebern von mehr als zehn Forschungspreisträgern aller Länder namentlich genannt (AvH 1997a, 74): Professor Walter Greiner (Theoretische Physik, Universität Frankfurt; 30 US-Preisträger), Professor Herbert Walther (Laserphysik; Universität Köln und Max-Planck-Institut für Quantenoptik, Garching; 29 US-Preisträger) und Professor Manuel Cardona (Max-Planck-Institut für Festkörperphysik, Stuttgart; 27 US-Preisträger). Prinzipiell können alle Gastgeber von US-Preisträgern als Knotenpunkte hochwertiger internationaler Kontaktnetze in den Wissenschaften angesehen werden, deren Hintergründe, Ausprägung und Entwicklung im weiteren Verlauf dieser Arbeit zu eruieren sein wird.

Auf US-amerikanischer Seite stammten zwischen 1972 und 1996 rund zwei Drittel der Nominierten (68%; 1.874 Personen) und Preisträger (73%; 1.312 Personen) von den großen Forschungsuniversitäten der USA (Carnegie Klassifikation R1).[187] Dort waren im gleichen Zeitraum durchschnittlich 35.822 *full professors* pro Jahr beschäftigt. Obgleich diese Zahlen wegen Fluktuationen im Lehrkörper nur bedingt in Beziehung zueinander zu setzen sind, würde dies bedeuten, daß 5% der *full professors* an R1-Universitäten und rund 6% der deutschen C3- und C4-Professoren an den Nominierungen zum Preisträgerprogramm der Humboldt-Stiftung beteiligt waren. Eine Konzentration auf vergleichsweise wenige Institutionen zeigt sich in den USA auch daran, daß rund 70% der Nominierten von 3% der US-amerikanischen Universitäten und Colleges stammten und darüber hinaus die wissenschaftlich produktivsten und renommiertesten der R1-Universitäten überproportional stark im Preisträgerprogramm vertreten waren: Das Verhältnis zwischen Nominierungen 1972-96 und durchschnittlicher Zahl der *full professors* 1972-96 betrug zum Beispiel an der Harvard University 5% (27 / 572), am MIT 10% (51 / 502) und an der UCB 14% (108 / 773). Letztere nimmt in Hinblick auf das Verhältnis von

---

[187] Die Abgrenzung der großen Forschungsuniversitäten der USA beruht auf der *Carnegie Classification of Institutions of Higher Education*, einer führenden Typologie US-amerikanischer Universitäten und Colleges. Sie wurde erstmals 1973 publiziert und in den Jahren 1976, 1987 und 1994 überarbeitet. In der Version von 1994 (CARNEGIE FOUNDATION FOR THE ADVANCEMENT OF TEACHING 1994) werden zehn Typen von Institutionen nach dem Angebot der Studiengänge und akademischen Grade, der Zahl der jährlich vergebenen Doktorgrade, der inhaltlichen Ausrichtung und der staatlichen finanziellen Unterstützung unterschieden (*research universities* I und II; *doctoral universities* I und II; *master`s (comprehensive) universities and colleges* I und II; *baccalaureate (liberal arts) colleges* I und II; *associate of arts colleges; professional schools and specialized institutions*). Bei den großen Forschungsuniversitäten der USA, den *research universities I* (R1), handelt es sich um 88 öffentliche und private Universitäten, die alle akademischen Grade anbieten (Bachelor bis PhD), einen Schwerpunkt auf der Graduiertenausbildung haben und eine hohe Priorität auf die Forschung legen. Sie vergeben mehr als 50 Doktortitel pro Jahr und erhalten jährlich mindestens 40 Millionen US-Dollar an staatlichen Geldern.

Die im folgenden verwendeten Daten zum Personal an US-amerikanischen Universitäten und Colleges zwischen 1972 und 1996 stammen aus dem im Internet verfügbaren *WebCASPAR Database System* der *National Science Foundation* (NSF) (http://caspar.nsf.gov/). WebCASPAR verbindet Daten aus jährlichen Surveys postsekundärer Institutionen und staatlicher Förderinstitutionen mit Statistiken des *National Center for Education* und des *National Research Council* zu Institutionen des höheren Bildungswesens. Die Online-Datenbank ermöglicht individuelle Datenabfragen, die im Rahmen der vorliegenden Arbeit eigenen Berechnungen unterzogen wurden.

3.1 Das Preisträgerprogramm der Alexander von Humboldt-Stiftung

Nominierungen und durchschnittlicher Zahl der Professoren den zweiten Rang hinter dem Caltech (16%) und vor der Stanford University (13%) ein (Tab. 4). Nur eine der 88 R1-Universitäten, die Howard University in Washington D.C., war nicht unter den Nominierungen vertreten, während die Yeshiva University in New York City trotz einer Nominierung im Betrachtungszeitraum ebenfalls keinen Preisträger aufwies. Wesentliche Einflußfaktoren für die unterschiedlich starke Präsenz der führenden Forschungsuniversitäten der USA im Preisträgerprogramm bilden das Fächerspektrum der Universitäten, ihr Renommee (*rankings*) und der Deutschlandbezug der Professorenschaft (Tab. 4; vgl. auch 3.1.3.3; 4.1.4; Karte 5).

Tab. 4: Die Top-25 Basisuniversitäten im US-Preisträgerprogramm

R1	R2	R3	Universität	Nom	Nom%	NP	PRT	PR%	PP	EQ%	Nat%	Ing%	Gw%	Eu%	D%
1	1	1	Caltech	27	*1,0*	15,5	23	*1,3*	13,2	85,2	81,5	18,5	0,0	33,3	7,4
2	2	20	UC Berkeley	108	*4,0*	14,0	94	*5,1*	12,2	87,0	80,6	14,8	4,6	29,6	11,1
3	3	6	Stanford University	59	*2,2*	13,4	50	*2,7*	11,4	84,7	72,9	15,3	11,9	28,8	8,5
4	5	32	UC San Diego	35	*1,3*	13,2	24	*1,3*	9,1	68,6	88,6	11,4	0,0	42,9	14,3
5	10	>50	SUNY at Stony Brook	30	*1,1*	10,9	21	*1,1*	7,6	70,0	83,3	10,0	6,7	40,0	13,3
6	4	4	Yale University	35	*1,3*	10,7	32	*1,7*	9,8	91,4	82,9	8,6	8,6	34,3	2,9
7	6	3	MIT	51	*1,9*	10,2	44	*2,4*	8,8	86,3	80,4	19,6	0,0	21,6	5,9
8	8	11	Cornell University, Ithaca	58	*2,1*	9,8	51	*2,8*	8,6	87,9	84,5	15,5	0,0	31,0	13,8
9	15	>50	Purdue University	49	*1,8*	9,2	34	*1,9*	6,4	69,4	69,4	28,6	2,0	26,5	8,2
10	11	13	University of Chicago	31	*1,1*	8,3	28	*1,5*	7,5	90,3	77,4	0,0	22,6	45,2	22,6
11	32	40	Penn State University	76	*2,8*	8,0	43	*2,3*	3,9	59,7	86,1	9,7	4,2	17,1	0,0
11	17	>50	University of Maryland	41	*1,5*	8,0	25	*1,4*	5,7	71,4	80,0	20,0	0,0	17,1	11,4
13	21	42	USC, Los Angeles	28	*1,0*	7,9	18	*1,0*	5,1	64,3	82,1	14,3	3,6	14,3	3,6
14	29	>50	University of Arizona	47	*1,7*	7,8	26	*1,4*	4,3	55,3	89,4	10,6	0,0	27,7	12,8
15	21	>50	University of Pittsburgh	28	*1,0*	7,5	19	*1,0*	5,1	67,9	75,0	14,3	10,7	39,3	21,4
16	16	42	UC Davis	28	*1,0*	7,3	23	*1,3*	6,0	82,1	71,4	25,0	3,6	25,0	7,1
17	24	34	University of Wisconsin	60	*2,2*	7,2	39	*2,1*	4,9	67,2	87,9	3,4	8,6	20,7	10,3
17	19	25	UC Los Angeles	50	*1,8*	7,2	36	*2,0*	5,2	72,0	84,0	14,0	2,0	26,0	8,0
19	19	44	University of Washington	53	*1,9*	6,9	40	*2,2*	5,2	75,5	84,9	7,5	5,7	45,3	18,9
20	21	34	University of Illinois***	64	*2,3*	6,8	48	*2,6*	5,1	75,0	75,0	17,2	7,8	29,7	7,8
21	30	>50	University of Colorado**	27	*1,0*	6,0	19	*1,0*	4,2	70,4	74,1	25,9	0,0	51,9	40,7
22	32	>50	University of Minnesota*	44	*1,6*	5,9	29	*1,6*	3,9	65,9	79,5	20,5	0,0	25,0	9,1
23	38	25	University of Michigan	42	*1,5*	4,8	24	*1,3*	2,8	58,5	70,7	26,8	2,4	31,7	2,4
24	28	2	Harvard University	27	*1,0*	4,7	25	*1,4*	4,4	92,6	81,5	3,7	14,8	51,9	29,6
25	39	44	University of Texas****	29	*1,1*	3,8	20	*1,1*	2,6	69,0	89,7	3,4	6,9	37,9	20,7

* *Twin Cities*; ** *Boulder*; *** *Urbana-Champaign*; **** *Austin*.

R1:	Rangfolge nach der Zahl der Nominierungen 1972-96 je 100 *full professors* (Mittel 1972-96);
R2:	Rangfolge nach der Zahl der Preisverleihungen 1972-96 je 100 *full professors* (Mittel 1972-96);
R3:	Rangfolge nach dem US News Ranking 2000;
Nom:	Zahl der Nominierungen 1972-96;
Nom%:	Anteil an allen Nominierungen 1972-96 in %;
NP:	Nominierungen 1972-96 je 100 *full professors* (Mittel 1972-96);
PRT:	Zahl der Preisverleihungen 1972-96;
PRT%	Anteil an allen Preisverleihungen 1972-96 in %;
PP:	Preisverleihungen 1972-96 je 100 *full professors* (Mittel 1972-96);
EQ%:	Erfolgsquote in %;
Nat%:	Anteil der Nominierungen in den Naturwissenschaften an allen Nominierungen 1972-96 in %;
Ing%:	Anteil der Nominierungen in den Ingenieurwissenschaften an allen Nominierungen 1972-96 in %;
Gw%:	Anteil der Nominierungen in den Geisteswissenschaften an allen Nominierungen 1972-96 in %;
Eu%:	Anteil der in Europa geborenen Nominierten an allen Nominierten 1972-96 in %;
D%:	Anteil der Deutschland geborenen Nominierten an allen Nominierten 1972-96 in %.

Quelle: AvH-Datenbank; NSF WebCASPAR Database System; eigene Berechnung.

Karte 1: *Nominierende Institutionen nach Auswahlerfolg, 1972-96*

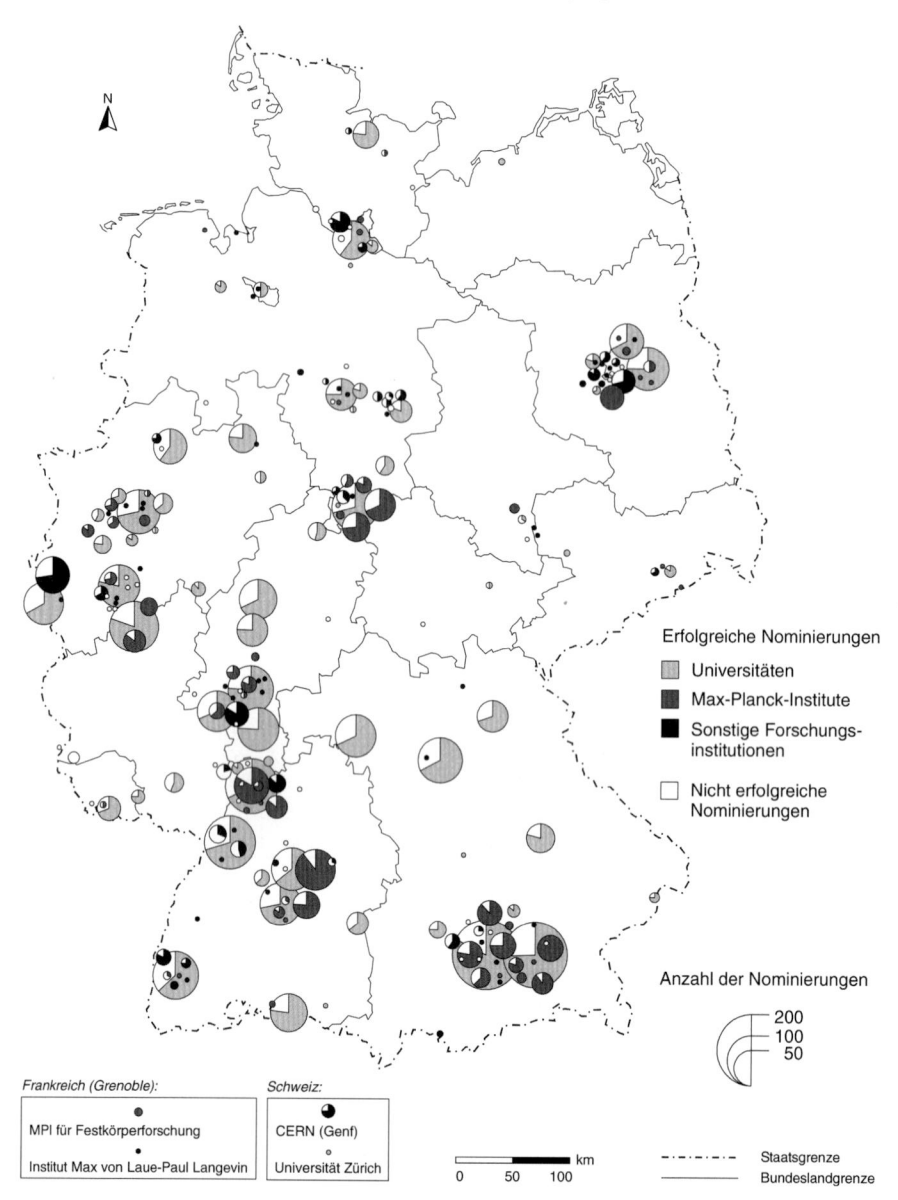

Erfolgreiche Nominierungen
- Universitäten
- Max-Planck-Institute
- Sonstige Forschungsinstitutionen
- Nicht erfolgreiche Nominierungen

Anzahl der Nominierungen
- 200
- 100
- 50

Frankreich (Grenoble):
- MPI für Festkörperforschung
- Institut Max von Laue-Paul Langevin

Schweiz:
- CERN (Genf)
- Universität Zürich

Staatsgrenze
Bundeslandgrenze

Quelle: AvH-Datenbank; eigene Auswertung und Darstellung.

3.1 Das Preisträgerprogramm der Alexander von Humboldt-Stiftung

Die meisten Nominierungen bezogen sich auf US-Wissenschaftler, die an Universitäten tätig waren (88%). Mehr als zwei Drittel der Nominierten stammten von den großen Forschungsuniversitäten der USA (Carnegie Klassifikation R1; 68%), ein Fünftel waren an anderen Hochschulen tätig, die übrigen 12% arbeiteten an außeruniversitären Forschungsinstitutionen. Abgesehen von einem leichten Rückgang des Anteils sonstiger Universitäten in den ersten drei Programmjahren haben sich diese prozentualen Anteile der verschiedenen Typen von Basisinstitutionen im Betrachtungszeitraum nicht wesentlich verändert.

Die Wissenschaftler von R1-Universitäten wiesen auch den höchsten Auswahlerfolg auf (70%; sonstige Universitäten: 49%; außeruniversitäre Forschungsinstitutionen 68%). Divergente Entwicklungen der Erfolgsquoten kennzeichneten die ersten zehn Programmjahre, da die Erfolgsquoten anderer als R1-Universitäten und außeruniversitärer Forschungseinrichtungen im Vergleich zu denen der R1-Universitäten besonders stark gesunken sind. Seit Anfang der 1990er Jahre lassen sich bei sinkenden Nominierungszahlen konvergente Entwicklungen beobachten, die wiederum als Ausdruck einer Etablierung des Programms zu werten sind. Mit einem Anteil an den Humboldt-Preisen von 73% (1992-96; sonstige Universitäten 18%; sonstige Institutionen 9%) scheint bei den Nominierungen von Wissenschaftlern der R1-Universitäten ein Limit der Ausschöpfungsquote erreicht zu sein. Die Erfolgsquoten von Wissenschaftlern außeruniversitärer Forschungseinrichtungen, in geringerem Maße auch der sonstiger Universitäten, sind tendenziell wieder gestiegen.

Der Auswahlerfolg variiert nicht nur nach dem Typ der *Basis*institution systematisch, sondern auch nach der vorschlagenden *Gast*institution. Ingesamt waren rund 250 Forschungsinstitutionen an den Nominierungen beteiligt (Karte 1). Von diesen wiesen 84% (211 Institutionen) in den ersten 25 Jahren mindestens einen Preisträger auf. Die Verteilung der Nominierungen auf verschiedene Institutionstypen blieb über den Betrachtungszeitraum relativ stabil. Den größten Anteil an den Nominierungen vereinigten wie bei den Basisinstitutionen die Universitäten auf sich (71%), gefolgt von Max-Planck-Instituten (18%) und sonstigen Institutionen (11%), darunter Helmholtz-Forschungszentren, Fraunhofer-Institute, Bundesforschungseinrichtungen, Institute der Wissenschaftsgemeinschaft Gottfried Wilhelm Leibniz e.V. (WGL-Institute; Blaue-Liste-Einrichtungen), Kliniken, Archive und Bibliotheken. Als internationales Aushängeschild der Forschung in Deutschland verzeichneten Nominierungen von Max-Planck-Instituten (MPIs) den mit Abstand höchsten Auswahlerfolg (80%). Dieser stieg zudem vom ersten bis zum fünften der betrachteten Fünfjahreszeiträume (im folgenden: Auswahlgenerationen[188]) kontinuierlich an (1972-76: 73%; 1992-96: 86%) und ordnet sich somit in die qualitative Profilierung des Preisträgerprogramms ein. In den Fächern Mathematik/Informatik und den Geisteswissenschaften erreichte der Auswahlerfolg bei Nominierungen, an denen MPIs beteiligt waren, über 90%. In den stärker vertretenen Fächern Physik und Ingenieurwissenschaften betrug der Auswahlerfolg der MPIs jeweils 84%. Der Auswahlerfolg von Nominierungen der Universitäten blieb im zeitlichen Verlauf

---

[188] Analog zu den *Preisträgergenerationen* (vgl. 1.4.1) werden die US-Preisträger in den *Auswahlgenerationen* nach dem Datum der Auswahlentscheidung in fünf Fünf-Jahres-Zeiträume klassifiziert.

weitgehend konstant (70%) und variierte auch zwischen den Fächern (Chemie: 76%; Geisteswissenschaften: 60%) weniger als bei MPIs und sonstigen außeruniversitären Forschungsinstitutionen. Letztere verzeichneten in den ersten zehn Programmjahren einen leicht zunehmenden Auswahlerfolg und fallen durch einen stark überdurchschnittlichen Auswahlerfolg in den Geowissenschaften auf (93%). Insgesamt lag die Erfolgsquote außeruniversitärer Forschungsinstitutionen jedoch leicht unter dem Durchschnitt (64%).

Die Betrachtung des Auswahlerfolgs einzelner Institutionen verdeutlicht eine weitere qualitative Differenzierung zwischen den auf internationalem Niveau aktiven Forschungsinstitutionen und eine potentielle Eigendynamik, die sich im Falle wissenschaftlichen Renommees entwickeln kann. Von den Institutionen mit den meisten Nominierten (mindestens 1%) besaßen das MPI für Festkörperforschung in Stuttgart (89%) und die TU München (82%) die höchsten Erfolgsquoten (Karte 1). Unter den Institutionen mit einem Anteil an den Nominierten von mindestens 0,5% folgten das MPI für Quantenoptik in Garching (100%), das Fritz-Haber-Institut der MPG in Berlin (100%), das MPI für Astrophysik und das MPI für extraterrestrische Physik in Garching (89% bzw. 88%), das MPI für Radioastronomie in Bonn und das MPI für medizinische Forschung in Heidelberg (je 85%), die Gesellschaft für Schwerionenforschung mbH (GSI) in Darmstadt (84%) und das Deutsches Elektronen-Synchrotron (DESY) (82%). Nach Bundesländern betrachtet stammten die meisten Nominierungen aus Baden-Württemberg (24%), gefolgt von Bayern (23%), Nordrhein-Westfalen (18%), Hessen (10%), Niedersachsen (9%) und Berlin (6%). Von diesen stark vertretenen Bundesländern wiesen Bayern (75%), Hessen und Berlin (je 73%) einen überdurchschnittlichen Auswahlerfolg auf.

Die Altersstruktur der Nominierten entsprach weitgehend der Altersstruktur der Professoren an R1-Universitäten (vgl. 3.1.2). Sie war jedoch infolge der Betonung von *past achievements* durch eine höhere Besetzung der oberen Altersklassen gekennzeichnet. Etwas weniger als die Hälfte der Nominierten war über 50 Jahre (Durchschnittsalter) alt (47%). Dies galt für 23% in der ersten und 61% in der fünften Auswahlgeneration. Nach dem deutlichen Anstieg des Durchschnittsalters in den ersten zehn Programmjahren, der nun auch in Zusammenhang mit einer Fokussierung auf die renommierten Forschungsinstitutionen zu sehen ist,[189] stabilisierte sich das Durchschnittsalter zur Mitte der 1980er Jahre. Entsprechend des Prinzips der *past achievements* war auch der Auswahlerfolg mit höherem Nominierungsalter größer (bis 45 Jahre: 56%; über 65 Jahre: 83%). Mit Ausnahme der ersten traf dies auch auf die einzelnen Auswahlgenerationen zu. In den 1990er Jahren ist eine Konvergenz altersgruppenspezifischer Erfolgsquoten zu beobachten, die in das Bild einer Etablierung des Programms paßt: In den verschiedenen Altersklassen werden die jeweils aussichtsreichsten Kandidaten nominiert.

---

[189] MEUSBURGER (1986; 1990) und WEICK (1995) zeigten für Deutschland auf, daß infolge zunehmenden Wettbewerbs um die prestigereicheren Positionen des Wissenschaftssystems die erforderlichen Forschungsleistungen und -erfahrungen und somit auch das Durchschnittsalter beim Erreichen verschiedener professoraler Karrierestufen mit höheren Positionen ansteigt. In gleicher Weise nimmt das Durchschnittsalter beim Erreichen der höchsten Karrierestufe (C4-Professur) mit unterschiedlichem Renommee der Institution zu (in Deutschland vor allem an deren Forschungstradition und Größe festzumachen).

3.1.3.2 Aktivität und Attraktivität nach Fachgebieten

Das Fachgebiet Physik (inkl. Astronomie) besitzt nicht nur unter den Gastgebern mehrerer Humboldt-Forschungspreisträger eine zentrale Bedeutung (siehe oben und AvH 1997a, 79), sondern stellt insgesamt das mit Abstand am stärksten vertretene Fachgebiet im US-Preisträgerprogramm dar (26% der Nominierungen). Es folgen die Fächer Chemie (inkl. Pharmazie) und Biowissenschaften (je 15%), Medizin (12%), Ingenieurwissenschaften (14%), Mathematik/Informatik (10%), Geowissenschaften und Geisteswissenschaften (je 4,5%). Der Auswahlerfolg ist unter anderem wegen der jahrelangen Begrenzung des Budgets auf zehn Preise pro Jahr in den Geisteswissenschaften mit Abstand am niedrigsten (54%;) und liegt bei den natur- und ingenieurwissenschaftlichen Fächern – mit Ausnahme von Physik und Chemie – zwischen 61% und 65%. Die Fächer Physik und Chemie erreichten die höchsten Erfolgsquote (68%), was in Verbindung mit ihrer großen quantitativen Bedeutung im Preisträgerprogramm als Anzeichen für eine vergleichsweise große Internationalität und einen im internationalen Vergleich hohen wissenschaftlichen Standard gewertet werden kann. Derartige Aussagen zur internationalen Aktivität und Attraktivität verschiedener Fächer in Deutschland müssen jedoch vor dem Hintergrund fachspezifischer Publikationskulturen (vgl. 3.2.2) und der jeweiligen Bedeutung der Fächer an den Hochschulen in Deutschland und den USA getroffen werden. Ein Vergleich entsprechender Rahmendaten mit den Nominierungszahlen und Auswahlerfolgen ergibt folgende Beobachtungen (vgl. Abb. 19):

In den Fächern Mathematik und Geowissenschaften entsprechen die Anteile der Nominierungen und Auszeichnungen in etwa den Anteilen potentieller Gastgeber und potentieller Nominierter. Diese beiden Fächer gehören in Deutschland, in den USA und weltweit neben der Physik und der Biomedizin zu den bei Publikationen international am stärksten kooperierenden Fächern.[190] Dementsprechend wird dem internationalen Personenaustausch in diesen Fächern eine vergleichsweise höhere Bedeutung zukommen als in anderen Fachgebieten, so daß eigentlich auch überproportionale Anteile am Preisträgerprogramm erwartet werden könnten. Dies gilt insbesondere für Mathematik, da Deutschland zwischen 1981-85 und 1991-95 in den Fächern Physik, Chemie und Mathematik zu den drei wissenschaftlich produktivsten Staaten der Welt gehörte. Allerdings sind für internationale Kooperationen in Mathematik eher kurzfristige als langfristige Aufenthalte von Bedeutung, während internationale Kooperation in den Geowissenschaften – im Latourschen Sinne der Datenakkumulation in Zentren wissenschaftlicher Kalkulation (vgl. 2.2) – eher forschungsobjektorientiert als infrastrukturabhängig ist und sich daher häufig nicht auf andere führende wissenschaftliche Zentren bezieht (vgl. auch 5.2).

---

[190] Die Angaben zu fach- und länderspezifischen Publikationskulturen sind den NSF *Science & Engineering Indicators 1998* entnommen (NSF 1998). Sie basieren auf dem *Science Citation Index* des ISI, der *Science Indicators Database* (CHI Research Inc.) und auf unpublizierten Tabellen der NSF. Erfaßt sind ausschließlich wissenschaftliche und technische Artikel in den Natur- und Ingenieurwissenschaften (für eine detaillierte Analyse vgl. 3.2.2).

190　　　　　　　　　　3 Kontextualisierung geförderter Wissenschaftlermobilität

Abb. 19: Fachspezifische Beteiligung an zirkulärer akademischer Mobilität

a) Zeitliche Entwicklung des Fächerspektrums im US-Preisträgerprogramm

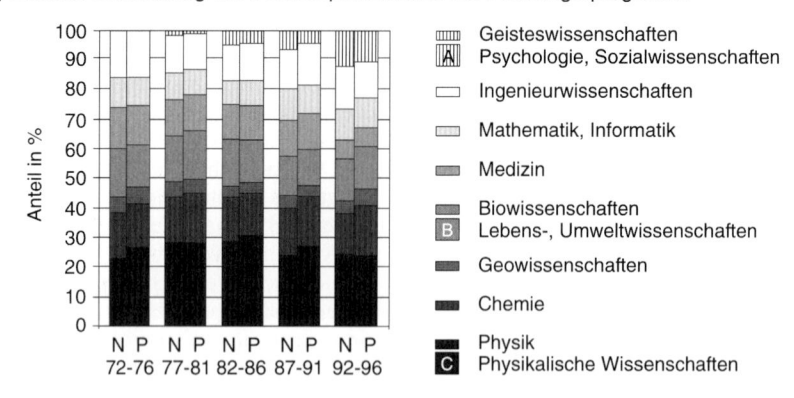

Legende:
- Geisteswissenschaften
- Psychologie, Sozialwissenschaften
- Ingenieurwissenschaften
- Mathematik, Informatik
- Medizin
- Biowissenschaften
- Lebens-, Umweltwissenschaften
- Geowissenschaften
- Chemie
- Physik
- Physikalische Wissenschaften

N = Nominierte   P = Preisträger in Deutschland

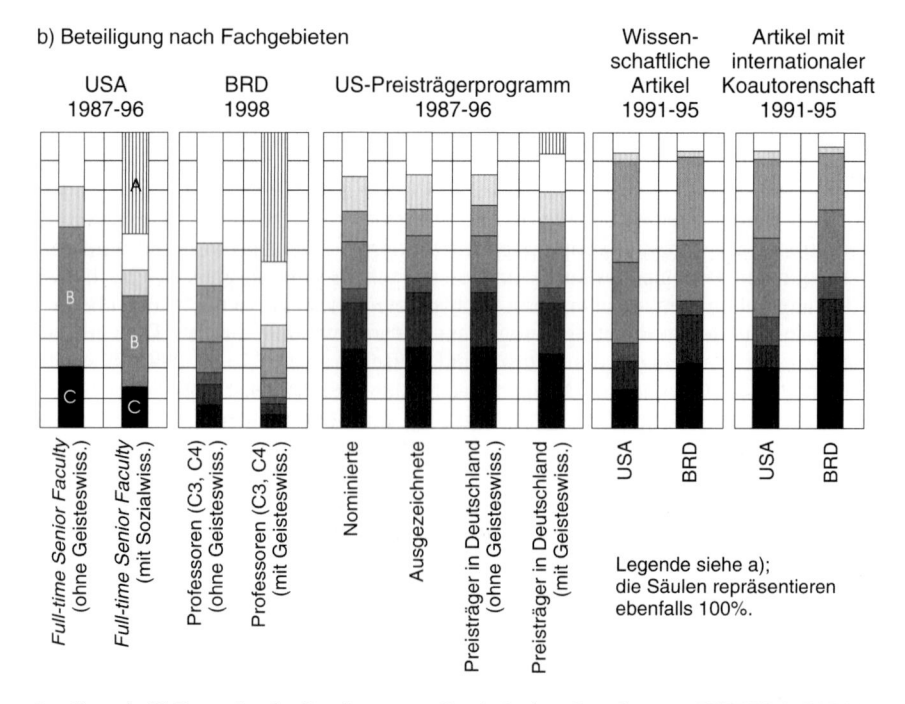

b) Beteiligung nach Fachgebieten

Kategorien:
- USA 1987-96: Full-time Senior Faculty (ohne Geisteswiss.); Full-time Senior Faculty (mit Sozialwiss.)
- BRD 1998: Professoren (C3, C4) (ohne Geisteswiss.); Professoren (C3, C4) (mit Geisteswiss.)
- US-Preisträgerprogramm 1987-96: Nominierte; Ausgezeichnete; Preisträger in Deutschland (ohne Geisteswiss.); Preisträger in Deutschland (mit Geisteswiss.)
- Wissenschaftliche Artikel 1991-95: USA; BRD
- Artikel mit internationaler Koautorenschaft 1991-95: USA; BRD

Legende siehe a);
die Säulen repräsentieren
ebenfalls 100%.

Quelle: AvH-Datenbank; Professoren: Statistisches Bundesamt, NSF WebCASPAR Database System; Wissenschaftliche Artikel: NSF 1998, Appendix table 5-53; eigene Berechnung und Darstellung.

3.1 Das Preisträgerprogramm der Alexander von Humboldt-Stiftung

Im Vergleich zum Nominierungs- und Gastgeberpotential an den Hochschulen waren die Fächer Physik und Chemie besonders stark im Preisträgerprogramm vertreten. Ebenso erreichte der Auswahlerfolg während der letzten fünfzehn Jahre des Betrachtungszeitraumes in Chemie (über 81%) und Physik (wie die Geowissenschaften rund 72%) deutlich überdurchschnittliche Werte (Durchschnitt 1987-96: 69%). Diese Situation ist, wie bereits angedeutet, auf einen international besonders hohen Standard der fachbereichsspezifischen Forschung in Deutschland zurückzuführen. In beiden Fächern weist die BRD hinter den USA und Japan die höchsten Anteile an den weltweit publizierten Artikeln auf (1991-95: Physik: 11%; Chemie: 10%), wozu vor allem auch die international bedeutenden außeruniversitären Großforschungseinrichtungen (z. B. DESY, Hamburg; GSI, Darmstadt) und die Max-Planck-Institute beitragen. So stammten zum Beispiel 29% der Nominierungen von Physikern von MPIs (Auswahlerfolg: 84%); dies sind mehr als in jedem anderen Fachgebiet. In den Fächern Chemie und Physik scheint zudem innerhalb der USA ein höherer Bedarf zu internationaler Kooperation zu bestehen als in anderen natur- und ingenieurwissenschaftlichen Fächern, da die weltweit publizierten Artikel in Chemie und Physik am wenigsten stark auf die USA konzentriert sind (vgl. 3.2.1; 3.2.2). Als das weltweit drittproduktivste Land physikalischer und chemischer Publikationen gehört Deutschland in diesen Fächern zu den besonders attraktiven Standorten für einen längerfristigen Forschungsaufenthalt im Ausland.

Die Biowissenschaften weisen im Vergleich zu ihrem Anteil an deutschen C3- und C4-Professoren zwar überdurchschnittlich viele Nominierte auf, jedoch gibt es wegen der großen Bedeutung des Fachgebietes in den USA auch ein immens großes Potential an Preisträgern. Die stark unterdurchschnittliche Präsenz der Medizin im Preisträgerprogramm relativiert sich ein wenig durch den Verweis darauf, daß internationale Kooperation im fächerübergreifenden Vergleich in Klinischer Medizin am geringsten ausgeprägt ist (vgl. auch LUUKKONEN, PERSSON und SIVERTSEN 1992, 121). Sowohl in Deutschland als auch in den USA und weltweit wurden in der Klinischen Medizin in den 1980er und 1990er Jahren jeweils die meisten Artikel, aber mit dem geringsten Anteil internationaler Koautorenschaft publiziert (BRD 1991-95: 21% gegenüber den Geo- und Weltraumwissenschaften mit 52%). Ursachen für die vergleichsweise gering ausgeprägte internationale Kooperationskultur liegen unter anderem in der Eingebundenheit der Wissenschaftler in den Klinikbetrieb begründet, der einen kurzfristigen Austausch im Rahmen von Symposien begünstigt. Darüber hinaus bieten die großen nationalen wissenschaftlichen Gemeinschaften der Klinischen Medizin zahlreiche interinstitutionelle Kooperationsmöglichkeiten im Inland (LUUKKONEN, PERSSON und SIVERTSEN 1992, 122). Vor diesem Hintergrund könnte der deutliche Rückgang von Nominierungen in Medizin zwischen der vierten und fünften Auswahlgeneration teils auf die Erweiterung der Kooperationsmöglichkeiten innerhalb Deutschlands zurückzuführen sein. Als weiterer Einfluß wird im folgenden Kapitel ein starker Rückgang der biographischen Deutschlandbezüge unter den US-amerikanischen Medizinern diskutiert. Dennoch ordnen sich die beschriebenen Entwicklungen in Medizin auch nahtlos in das Bild einer seit den 1990er Jahren abnehmenden internationalen Attraktivität der deutschen Klinischen Forschung ein (vgl. DFG 1999; vgl. auch 3.1.3.3).

Ein ähnlich stark national orientiertes Publikationswesen wie in der Medizin findet sich weltweit und in Deutschland in den Ingenieurwissenschaften, in geringerem Maße auch in den USA. Die Asymmetrie zwischen dem Anteil der potentiell nominierenden C3- und C4-Professoren (38%) und den tatsächlichen Nominierungen (15%) ist in den Ingenieurwissenschaften jedoch noch größer als in der Medizin (19% Anteil an Professoren; 11% an den Nominierungen). Die beruht im wesentlichen auf der Größe der inländischen ingenieurwissenschaftlichen Gemeinschaft und verschiedenen fachspezifischen Besonderheiten wie technischen Standards, spezifischen Anwendungsbezügen und einer großen Bedeutung von Kooperationen mit der ansässigen Industrie. Einen weiteren Einfluß könnte der im fächerübergreifenden Vergleich verschwindend geringe Anteil aus Deutschland stammender Ingenieurwissenschaftler unter den Dozenten der USA darstellen (*Science and Engineering faculty*, 1991-96: 0,02%). So werden die statistischen Auswertungen zum Preisträgerprogramm und die qualitativen Interviews mit ausgewählten US-Wissenschaftlern zeigen, daß der kulturelle Bezug zum Gastland zu den am häufigsten identifizierten Einflußfaktoren bei der Entscheidung für einen längerfristigen Forschungsaufenthalt in Deutschland gehört (vgl. 3.1.3.3; siehe auch 4.2.1.6; 4.2.2). Da in den 1990er Jahren rund 20% der US-Dozenten in den Ingenieurwissenschaften in Asien geboren waren, werden die meisten dieser Wissenschaftler, wie eigene Interviews mit US-Wissenschaftlern asiatischer Herkunft bereits andeuten, ihre *sabbaticals* bevorzugt in Asien verbingen (vgl. 5.3.7).

Die größten Nominierungspotentiale gibt es den Anteilen von Wissenschaftlern in den USA und Deutschland zufolge in den Geisteswissenschaften. Im Preisträgerprogramm nehmen die Geisteswissenschaften zwar wegen ihrer späten Integration eine Sonderstellung ein (Anteil 1992-96: 14%), jedoch ist dieser Fachbereich auch bei den Forschungsstipendien der Humboldt-Stiftung (JÖNS 2002a) oder den Mercator-Gastprofessuren der DFG (vgl. S. 228) trotz deutlich höherer Anteile (25-33%) weiterhin unterrepräsentiert. Eine quantitativ begrenzte internationale Kooperationskultur in den Geisteswissenschaften scheint vor allem mit der zentralen Rolle von Sprache sowie reichhaltigen inländischen Archiven und Bibliotheken in Zusammenhang zu stehen (vgl. z. B. Zitat [22], S. 259). Ersteres zeigt sich auch darin, daß der Anteil in Deutschland geborener und somit in der Regel muttersprachlicher Nominierter in den Geisteswissenschaften (14,5%) – genauso wie in Medizin (14%) – deutlich höher als in anderen Fachgebieten ist und zum Beispiel das Fünffache des Anteils in Europa geborener Hochschullehrer in den Sozialwissenschaften der USA ausmacht (2,9%). In der öffentlichen Diskussion um die internationale Attraktivität der deutschen Wissenschaften (vgl. 1.3.4) wird die geringe Internationalität der Geisteswissenschaften jedoch als ein über sprachliche Aspekte hinausgehendes, grundsätzliches Problem thematisiert. Gemeinsam mit regelmäßigen öffentlichen Forderungen nach einer wirtschaftlichen Nutzbarkeit wissenschaftlicher Ergebnisse führt dies dazu, daß die Situation der Humanwissenschaften in Deutschland häufig sehr negativ beurteilt wird (vgl. z. B. SPIEWAK 2000). Inwieweit dies vor dem Hintergrund der Erkenntnisse zu fachspezifischen Kooperationskulturen (vgl. 4.3.2.2; 4.4.4; 5.1) und den Erfahrungen der US-Wissenschaftler in Deutschland (vgl. 4.3.3) gerechtfertigt scheint, wird im Verlauf der Arbeit weiter diskutiert werden.

3.1 Das Preisträgerprogramm der Alexander von Humboldt-Stiftung 193

3.1.3.3 Biographisch-kulturelle Verbundenheit

Der persönliche Bezug zu Deutschland ist unter den für das Preisträgerprogramm nominierten US-Wissenschaftlern relativ groß. Dies verdeutlichen Vergleichszahlen für den Zeitraum der fünften Auswahlgeneration (1992-96), in der 7,6% der nominierten US-Wissenschaftler in Deutschland geboren waren, dies aber nur für 0,7% des Hochschulpersonals in den US-amerikanischen Natur-, Ingenieur- und Sozialwissenschaften zutraf (1993).[191] Ähnliches gilt für den Europabezug der Nominierten: Im Zeitraum 1992-96 waren rund fünfmal mehr nominierte US-Wissenschaftler in Europa gebürtig (25,8%) als in Europa geborene Wissenschaftler unter dem US-amerikanischen Hochschulpersonal vertreten (1993: 4,8%). US-Wissenschaftler, die bereits in den USA geboren wurden, waren dagegen stark unterrepräsentiert. Das Verhältnis zwischen ihrem Anteil an den Nominierungen und am US-amerikanischen Hochschulpersonal betrug 51% (1992-96) zu 80% (1993).[192]

Anhand dieser Zahlen wird deutlich, daß das Preisträgerprogramm für Wissenschaftler mit biographischen Europa- und Deutschlandbezügen besonders große Attraktivität besitzt. Allgemein läßt sich daraus ableiten, daß persönliche Beziehungen zum Gastland und seiner weiteren Region einen dortigen Forschungsaufenthalt attraktiver machen als in anderen kulturellen Kontexten. Zum einen hängt dies mit der Gelegenheit zu einem Besuch von Familienangehörigen und Freunden zusammen (vgl. 4.2.2). Zum anderen ermöglichen vor allem biographische Bezüge, von denen die stärksten emotionalen Bindungen ausgehen können, eine sozialisationsbedingte Vertrautheit mit den Gegebenheiten im Gastland, welche der fachlichen Interaktion ein breiteres Fundament an Gemeinsamkeiten bereiten kann als im Falle größerer kultureller Distanz. Dies gilt insbesondere in Hinblick auf Sprache und Verhaltensweisen, die Pierre Bourdieu zusammen mit der Gesamtheit der Orientierungen einer Person unter dem Begriff *Habitus* subsumierte (vgl. BOURDIEU 1985). In der Terminologie der erweiterten Akteursnetzwerkperspektive wäre dieses Phänomen in der Weise zu fassen, daß sich im Falle ähnlicher mentaler Aktanten bezüglich des Kommunikationsverhaltens und menschlichen Miteinanders – den Mentalitäten im engeren Sinne – eine Konfrontation der Assoziationsketten zweier Akteure tendenziell weniger radikal, unkomplizierter, in persönlicher Hinsicht ange-

---

[191] Die Daten zur regionalen Herkunft der Natur-, Ingenieur- und Sozialwissenschaftler (*S&E faculty*) im US-Hochschulwesen stammen aus der vom *National Science Board* herausgegebenen Publikation *Science & Engineering Indicators 1998* (NSF 1998; Appendix tables 2-40, 2-42.). Die Daten beziehen sich auf Wissenschaftler und Ingenieure, die eine Vollzeitstelle in der postsekundären Lehre an vierjährigen Colleges und Universitäten der USA innehaben. Nicht eingeschlossen sind Wissenschaftler und Ingenieure an zweijährigen Colleges oder *community colleges* und solche, deren Hauptbeschäftigung eine andere ist.

[192] Für die Gruppe der *full professors* an R1-Universitäten sind leider keine Vergleichszahlen verfügbar. Aufgrund der üblichen Imports hochqualifizierter Wissenschaftler aus anderen Ländern ist zu vermuten, daß die Anteile der in Deutschland, in Europa und im übrigen Ausland (vor allem in Asien) geborenen Wissenschaftler unter den *full professors* der R1-Universitäten etwas höher sind als für das gesamte natur-, ingenieur- und sozialwissenschaftliche Hochschulpersonal aller US-amerikanischen Universitäten und vierjährigen Colleges. Die große Spannweite zwischen den verglichenen Prozentwerten legt allerdings die Vermutung nahe, daß die jeweiligen Anteile unter den *full professors* der R1-Universitäten den starken Deutschland- und Europabezug der Nominierten bestätigen würden.

nehmer und gegebenenfalls wissenschaftlich effektiver gestalten würde als bei größeren Differenzen. Obgleich bis auf die Ebene einzelner Individuen nachvollziehbar (vgl. 2.2), lassen sich nach dem Prinzip des kleinsten gemeinsamen Nenners weltweit und auch zwischen Deutschland und den USA kulturell geprägte Verhaltens- und Interpretationssysteme identifizieren, die sich bis in wissenschaftliche Argumentationszusammenhänge niederschlagen können (vgl. 4.3.3). Das Verständnis sozialisationsbedingter Assoziationsketten des Gegenübers durch eine gewisse Vertrautheit mit entsprechenden Gedankenmustern würde demnach wissenschaftliche Interaktion in interkulturellem Kontext erleichtern. In diesem Zusammenhang ist zu erwarten, daß in Deutschland tätige Wissenschaftler, die potentiellen Humboldt-Gastgeber, tendenziell mehr Kontakte zu US-amerikanischen Kollegen mit biographisch-kulturellen Europa- oder Deutschlandbezügen unterhalten und daher im Wechselspiel mit deren kulturell motiviertem Interesse an einem längerfristigen Deutschlandaufenthalt auch besonders viele biographisch und kulturell mit Mitteleuropa verbundene Wissenschaftlern nominieren. Ein ähnlicher Zusammenhang läßt sich für geschlechtsspezifische Gemeinsamkeiten und Unterschiede anhand der Zahlen zum Nominierungsverhalten nachweisen: Je mehr Frauen als potentielle Gastgeberinnen US-Wissenschaftler nominieren, desto mehr Frauen werden nominiert – und interessanterweise auch ausgezeichnet (vgl. 4.1.2).

Einen weiteren bemerkenswerten Aspekt kultureller Strukturierung wissenschaftlicher Interaktion deckt die Beobachtung auf, daß in den USA geborene Wissenschaftler – obgleich immer noch die Hälfte aller Nominierten ausmachend – auch im Vergleich zu US-amerikanischen Wissenschaftlern asiatischer Herkunft im Preisträgerprogramm unterrepräsentiert sind. Der Anteil aus Asien stammender Wissenschaftler erreichte bei den Nominierungen zwischen 1992-96 16% (ohne Berücksichtigung der ehemaligen Sowjetunion: 13%; erste bis vierte Auswahlgeneration: 10-11%) und somit ebenfalls einen höheren Wert als ihr Anteil am natur-, ingenieur- und sozialwissenschaftlichen Hochschulpersonal der USA (Abb. 20). Interkulturelle Migranten scheinen somit Forschungsaufenthalten in anderen kulturellen Kontexten grundsätzlich mehr Offenheit entgegenzubringen als interkulturell immobile Personen. Auf seiten der geborenen US-Wissenschaftler könnten dazu auch geringe Erwartungen an den Nutzen längerfristiger Mobilität aufgrund der eigenen Positionierung in *dem* weltweiten Wissenschaftszentrum schlechthin eine Rolle spielen. Eine vergleichbare Haltung in der prestigereichsten Wissenschaftsregion gegenüber der Forschung in weniger zentralen Regionen war zur Zeit der wissenschaftlichen Blüte deutscher Forschungsinstitutionen am Beginn des 20. Jahrhunderts bei deutschen Professoren gegenüber den USA verbreitet (vgl. 3.2.3.1).

Die aufgezeigten Zusammenhänge zwischen biographisch-kulturellen Bezügen und internationaler akademischer Mobilität verdeutlichen eine Einbettung des Preisträgerprogramms in über wissenschaftliche Praxis hinausweisende kulturelle und historische Beziehungen. So müssen US-Wissenschaftler, die in Deutschland oder dem übrigen Europa geboren wurden, zu einem bestimmten Zeitpunkt in ihrem Leben in die USA ausgewandert sein. Nun hat sich der Anteil in Deutschland geborener Nominierter seit Programmbeginn von über zehn (1972-76; 1977-81) auf sieben bis acht Prozent (1987-91; 1992-96) reduziert. Der gleiche Trend besteht bei

3.1 Das Preisträgerprogramm der Alexander von Humboldt-Stiftung

den in Europa Geborenen (1977-81: 25%; 1992-96: 16%) und gilt auch innerhalb der meisten Fachgebiete. Die relativ starken, aber abnehmenden biographischen Deutschland- und Europabezüge der Nominierten scheinen folglich mit Auswanderungswellen während der NS-Zeit und der unmittelbaren Nachkriegszeit in Zusammenhang zu stehen: Seit den 1970er Jahren ermöglicht das Preisträgerprogramm US-Wissenschaftlern, die in nationalsozialistischer Zeit als Studierende, als etablierte Wissenschaftler oder als Kinder und Jugendliche mit ihren Familien aus Deutschland in die USA emigrierten, die Rückkehr nach Deutschland im Rahmen eines längeren Forschungsaufenthalts. Dies trifft auch für diejenigen zu, die im Rahmen eines wissenschaftlich motivierten *brain drains* im Laufe der späten 1940er und 1950er Jahre aus Deutschland und dem benachbarten Europa ausgewanderten sind (vgl. 4.2.1.2). Da diese Generationen in Mitteleuropa geborener, teils dort aufgewachsener Wissenschaftler aufgrund der spezifischen historischen Situation vorübergehend relativ hohe Anteile in den US-amerikanischen Wissenschaften ausmachten, war das Preisträgerprogramm in den ersten zehn bis fünfzehn Jahren von sehr hohen Anteilen europastämmiger Nominierter der ersten oder zweiten Familiengeneration geprägt. Am Beginn des 21. Jahrhunderts haben die meisten dieser Personen das Rentenalter bereits überschritten, so daß sich die familiären Deutschlandbezüge renommierter US-Wissenschaftler zunehmend verringern.

Abb. 20: In Deutschland geborene US-Wissenschaftler/-innen

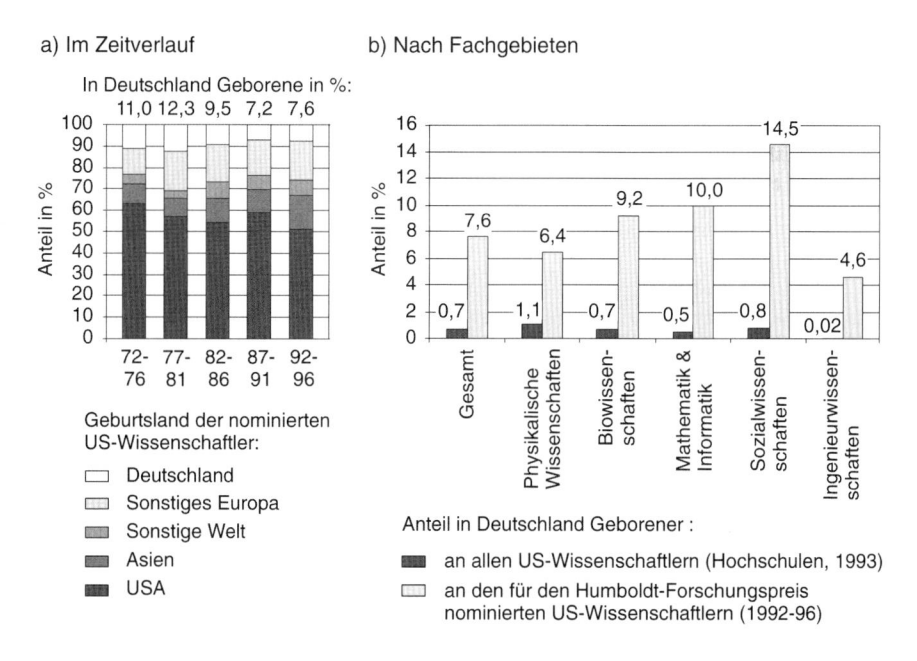

a) Im Zeitverlauf

b) Nach Fachgebieten

Geburtsland der nominierten US-Wissenschaftler:
- Deutschland
- Sonstiges Europa
- Sonstige Welt
- Asien
- USA

Anteil in Deutschland Geborener:
- an allen US-Wissenschaftlern (Hochschulen, 1993)
- an den für den Humboldt-Forschungspreis nominierten US-Wissenschaftlern (1992-96)

Quelle: AvH-Datenbank; NSF 1998, Appendix table 2-42; eigene Berechnung.

Mehr als fünfzig Jahre nach dem Ende des Zweiten Weltkriegs ist die Basis der biographisch mit Deutschland und dem benachbarten Europa verbundenen Wissenschaftler bereits deutlich geschrumpft (vgl. Abb. 21). Die Attraktivität der deutschen Wissenschaftslandschaft wird daher in Zukunft um so wichtiger für die Bereitschaft renommierter US-Wissenschaftler zu einem längerfristigen Aufenthalt in Deutschland werden. Bestätigt wird diese These durch einen Vergleich zwischen der Abnahme der Nominierungen für das Preisträgerprogramm in den 1990er Jahren und den rückläufigen Nominierungszahlen von in Deutschland und Europa geborenen Wissenschaftlern, da letztere im Vergleich zum Gesamttrend weniger stark gesunken sind. US-Wissenschaftler ohne biographische Europabezüge waren somit vom Rückgang der Nominierungen stärker betroffen als diejenigen mit solchen Verbindungen.

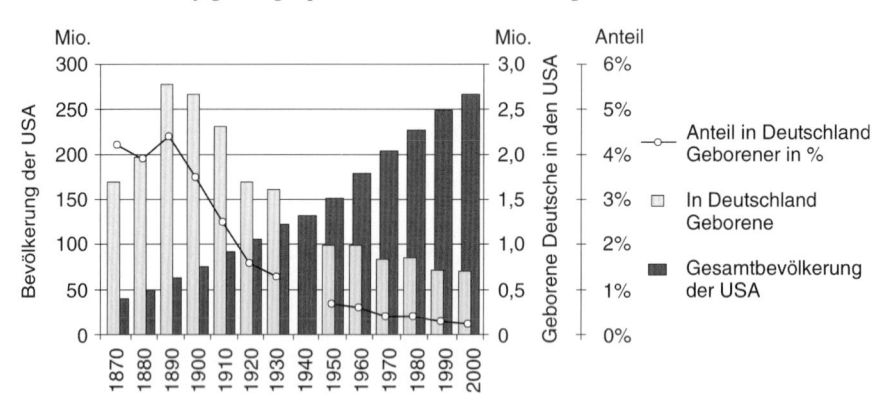

Abb. 21: Rückläufige biographische Deutschlandbezüge in den USA

Quelle: HENNING *1999, 178; Jahr 2000: www.census.gov; eigene Darstellung.*

Im Prozeß der Stabilisierung und eventuellen Ausweitung hochwertiger transatlantischer Wissenschaftsbeziehungen spielen somit nicht nur wissenschaftliche und programmbezogene Anreize eine grundlegende Rolle, sondern auch die Schaffung attraktiver kultureller Milieus in Deutschland und eine Verstärkung persönlicher Beziehungen, z. B. durch den bilateralen Schüler-, Studierenden- bis Wissenschaftleraustausch. Aus der Perspektive des Generalsekretärs des DAAD wies bereits Christian Bode darauf hin, daß eine in vielen Bereichen zu beobachtende, mangelnde Anziehungskraft Deutschlands nicht allein auf die Qualität der Hochschulen, sondern auf die Attraktivität des Landes insgesamt zurückzuführen sei (BODE 1997). Die Entwicklung auswärtiger Kultur- und Wissenschaftsbeziehungen erfordert daher eine ganzheitliche Sichtweise, die neben dem Ausbau der Wissenschaftssprache Englisch in Deutschland Aspekte wie das kulturelle Interesse an der deutschen Sprache im Ausland und die Präsenz Deutschlands in den Medien einschließt und somit über Hochschulreformen hinausgeht.

3.1 Das Preisträgerprogramm der Alexander von Humboldt-Stiftung

Die Zusammenhänge zwischen Beziehungen US-amerikanischer Wissenschaftler zu Deutschland und Europa, historischen Ereignissen und den Nominierungszahlen im Preisträgerprogramm spiegeln sich schließlich auch in der Beteiligung von Fachgebieten und Institutionen wider. Zum einen unterscheiden sich die Anteile in Deutschland geborener Nominierter nach fachspezifischen Gegenstandsbereichen, weil je nach Bedeutung geistiger und materieller Entitäten für die eigene wissenschaftliche Arbeit das Ausmaß sprachlicher Kenntnisse und kultureller Affinität als Voraussetzung für wissenschaftliche Interaktion variiert (vgl. 2.4.7.2). Dementsprechend reichen die Anteile in Deutschland geborener Nominierter von 5% in Chemie (fünfte Auswahlgeneration: 2%) bis zu 18% in den Geisteswissenschaften (zweite und dritte Auswahlgeneration: über 25%). Zum anderen weisen Fächer mit vielen deutsch- und europastämmigen Wissenschaftlern unter den Nominierten – diesbezügliche Unterschiede können wiederum als Folge von Auswanderungsverhalten, fachspezifischen wissenschaftlichen Standards und der Nachfrage entsprechender Wissenschaftler in beiden Ländern interpretiert werden – tendenziell höhere Anteile an den Nominierungen auf (vgl. Abb. 19 und 20). Auch die Präsenz der großen US-amerikanischen Forschungsinstitutionen im Preisträgerprogramm wird durch die Berücksichtigung des Ausmaßes biographischer Deutschland- und Europabezüge der Professorenschaft transparenter als wenn nur Renommee und Fächerspektrum in Betracht gezogen werden: Im Vergleich zu ihrer Größe und ihrem Renommee wiesen zwischen 1972 und 1996 überproportional stark vertretene Institutionen tendenziell überproportional hohe Anteile an europastämmigen Nominierten auf und umgekehrt (Tab. 4, S. 185).

Neben einer grundsätzlich wichtigen Bedeutung biographisch-kultureller Verbundenheit mit dem Gastland für die Durchführung eines längerfristigen Forschungsaufenthalts im Ausland läßt sich anhand der Auswertungen auch ablesen, daß sich Variationen im Ausmaß dieser Verbundenheit tendenziell komplementär zur wissenschaftlichen Aktivität und Attraktivität verhalten. Einerseits können im Zeitverlauf geringer werdende biographische Bezüge in einigen Fachgebieten kompensiert werden und in anderen nicht. In den Fächern Chemie (1972-76: 8,1% Deutschstämmige; 1992-96: 1,6%), Biowissenschaften (1982-86: 14,1%; 1992-96: 4,5%) und Ingenieurwissenschaften (1972-76: 16,5%; 1992-96: 4,6%) ging beispielsweise ein starker Rückgang des biographischen Deutschlandbezugs der Nominierten mit konstanten Nominierungszahlen einher, während sinkende Nominierungszahlen in der Medizin (1987-91: 7,4%; 1992-96: 13,8%) mit einem starken Anstieg des Anteils in Deutschland Geborener verbunden waren. Andererseits ist die biographisch-kulturelle Verbundenheit der Preisträger mit Deutschland in den Fachgebieten größerer Internationalität (Physik, Chemie) tendenziell weniger bedeutend als in anderen (vgl. Abb. 20). Im Fall der Medizin werden zum Beispiel die kritischen Stimmen zu deren Forschungssituation (vgl. 3.1.3.2) nicht nur durch die mangelnde Kompensationsfähigkeit rückläufiger Deutschlandbezüge unterstützt, sondern auch dadurch, daß die Medizin infolgedessen zwischen 1992 und 1996 fast gleichauf mit den Geisteswissenschaften (14,5%) den zweithöchsten Anteil an deutschstämmigen Nominierten aufwies (14%).

Angesichts der aufgezeigten multidimensionalen Zusammenhänge sind für Beurteilungen der internationalen Aktivität und Attraktivität von Fachgebieten, Institutionen oder Ländern deren relative Größe und Kooperationskulturen genauso in Betracht zu ziehen wie daß Ausmaß der biographisch-kulturellen Verbundenheit unter den beteiligten Wissenschaftlern. Im Rahmen der Auswertungen zu den Preisträgerinterviews wird es möglich sein, nähere Erkenntnisse zu Art, Ausmaß und Wirkung persönlicher Deutschlandbezüge zu erhalten. Die These der wichtigen Bedeutung biographisch-kultureller Verbundenheit mit dem Gastland für das Zustandekommen akademischer Mobilität, die aus der Analyse der statistischen Kennzahlen generiert wurde, wird sich dabei durch die Ergebnisse der schriftlichen Erhebung und der persönlichen Interviews weiter erhärten (vgl. 4.2.1.6; 4.2.2; 5.3.7). Forschungsdesiderata für künftige Studien stellen dagegen die Fragen dar, inwiefern das Ausmaß kultureller Verbundenheit von Gastwissenschaftlern zwischen Ländern mit unterschiedlichen Wissenschaftsstandards variiert, wie die Situation im Preisträgerprogramm aus der Perspektive Deutschlands und auch im Vergleich zu anderen Mobilitätsprogrammen nach Deutschland zu bewerten wäre und ob es Zeiten gab, in denen der Einfluß biographisch-kultureller Affinität weniger bedeutend für akademische Mobilität nach Deutschland war dar.

3.1.4 Fazit zur Programmentwicklung

Die Entwicklung der Nominierungs- und Förderzahlen in den ersten 25 Jahren des US-Preisträgerprogramms ist das Resultat verschiedener miteinander in Verbindung stehender programmbezogener, politischer, wirtschaftlicher, wissenschaftlicher und demographischer Veränderungen. Als verbindendes Element konnte in den ersten zehn Programmjahren ein Prozeß der *Etablierung des Programms* identifiziert werden. Dieser war gekennzeichnet durch steigende Qualitätsmaßstäbe der Auswahlausschüsse, die auf einem größerer werdenden Potential international renommierter US-Wissenschaftler aufbauen konnten. Grundlage dafür waren eine zunehmende Informationsverbreitung über das *US Senior Scientist Program* und die vollständige Reintegration der Bundesrepublik Deutschland in die internationale Wissenschaftsgemeinschaft. Im Zuge dieser Programmetablierung entwickelte sich die *Kern*zielgruppe des Preisträgerprogramms von jüngeren international anerkannten Wissenschaftlern aller US-amerikanischen Universitäten zu älteren international renommierten Wissenschaftlern der großen Forschungsuniversitäten der USA.

Nach der *Öffnung des Programms für weltweite Nominierungen im Jahr 1982* setzte in der zweiten Hälfte des Betrachtungszeitraumes ein Rückgang der Nominierungen von US-amerikanischen Wissenschaftlern ein, da in Deutschland tätige Wissenschaftler infolge der erweiterten Möglichkeiten zunehmend mehr Wissenschaftler aus anderen Ländern nominierten. Zusätzlich erweiterte sich der Kreis potentieller Nominierter und Preisträger zu Beginn der 1990er Jahre infolge der tiefgreifenden politischen Systemumbrüche in den Staaten des ehemaligen Ostblocks, die eine weltweite Dezentralisierung internationaler Wissenschaftsbeziehungen nach sich zogen. Als strukturbestimmender Einflußfaktor auf die das Nominierungsgeschehen konnte zudem der *Lebenszyklus des Programms* identifiziert

3.2 Wissenschaft und Forschung in Deutschland und den USA

werden. Mit zunehmender Laufzeit ist das Potential von Nominierungen in den USA angesichts *stagnierender Zahlen von Wissenschaftlern* an Hochschulen beider Länder und sich international diversifizierender Kooperationsbeziehungen immer mehr ausgeschöpft worden, zumal in beiden Ländern seit der personellen Expansion der Universitäten in den 1970er Jahren ein kollektiver *Alterungsprozeß der Professorenschaft* zu beobachten ist. Mit der im Gang befindlichen Verjüngung des Hochschulpersonals in beiden Ländern sind langfristig wieder neue Nominierungspotentiale in den USA zu erwarten.[193]

Angesichts *stark rückläufiger biographischer Deutschland- und Europabezüge* US-amerikanischer Wissenschaftler müssen jedoch auch vermehrt andere Anreize für längerfristige Aufenthalte in Deutschland geschaffen werden, um einer möglichen dauerhaften Verringerung des Interesse an Forschung und Kultur in Deutschland durch schrumpfende persönliche Bezüge entgegenzuwirken. Dies gilt nicht nur für das Preisträgerprogramm, sondern in allen Segmenten des USA-bezogenen Personenaustausches. Neben einer Bestandssicherung und Ausweitung auswärtiger Kultur- und Wissenschaftsbeziehungen durch staatliche finanzierte Mobilitätsprogramme und eine angemessene Außendarstellung (vgl. BODE 1997) erscheinen als programmbezogene Steuerungsmechanismen (flexible) Dotierungen von Stipendien und Preisen und die Einräumung eines angemessenen Spielraums bei der Gestaltung der Aufenthaltsdauer besonders wichtig zu sein (vgl. 4.3.1). Weitere Ansatzpunkte werden sich im Rahmen der Analyse zu den Erfahrungen der Preisträger in Deutschland und ihren weltweiten Kooperationsbeziehungen ergeben (vgl. besonders 4.3.3.1; 4.3.3.2).

In Hinblick auf die Auswertung der eigenen empirischen Erhebungen gilt es vor dem Hintergrund der bisher gewonnenen Erkenntnisse erstens, Entstehung, Entwicklung, Reichweite und Bedeutung der durch das Preisträgerprogramm geförderten Interaktionen zu analysieren (vgl. 4.2.1; 4.3.2; 4.4), zweitens nähere Hintergründe und Bedeutungen der identifizierten fächerbezogenen Kooperationskulturen zu eruieren (vgl. 4.3.2.2; 5.1) und drittens die These der wichtigen Bedeutung biographisch-kultureller Verbundenheit mit dem Gastland für das Zustandekommen eines Forschungsaufenthalts im Ausland zu elaborieren (vgl. 4.2.2.1; 5.3.7).

---

[193] Als erstes Anzeichen für diese Entwicklung kann die Beobachtung gelten, daß der bei den Nominierungen für das Preisträgerprogramm zwischen der vierten und fünften Auswahlgeneration zu verzeichnende leichte Rückgang des Anteils der über 60jährigen seine Entsprechung in der Entwicklung der Altersstruktur des wissenschaftlichen Personals an den großen US-amerikanischen Forschungsuniversitäten findet (vgl. Abb. 24; S. 221).

3.2 Wissenschaft und Forschung in Deutschland und den USA

Deutschland und die USA weisen viele Gemeinsamkeiten, aber auch große Unterschiede auf. Ungleich sind zunächst die Größenverhältnisse. Die USA verzeichnen fast dreieinhalbmal so viel Einwohner wie Deutschland.[194] Das gleiche Verhältnis trifft in etwa für die Zahl der Erwerbstätigen zu, während das US-amerikanische Territorium gar sechsundzwanzigmal so groß ist wie die Fläche der Bundesrepublik Deutschland seit der deutschen Einheit (STATISTISCHES BUNDESAMT 2000, 190 ff., 228 f.; vgl. Karte 2). In den USA arbeiten mehr als viermal so viele Wissenschaftler und Ingenieure in den Bereichen Forschung und Entwicklung (FuE) wie in Deutschland und das Verhältnis der FuE-Beschäftigten je 10.000 Beschäftigte liegt in den USA ebenfalls höher (1995: USA: 75; BRD: 59; vgl. NSF 1999b, Tab. B-29).

Vergleichbar ist die Zugehörigkeit beider Länder zu den führenden Industrie- und Wissenschaftsnationen der Welt, wobei je nach Indikator zum Forschungsinput und Forschungsoutput die Rangfolge zwischen den Top-Fünf-Forschungsnationen des ausgehenden 20. Jahrhunderts variiert.[195] Auf der Seite des *Forschungsinputs* rangierte bei der Zahl der FuE-Beschäftigten je 10.000 Beschäftigte im Jahr 1995 Japan (83) vor den USA (75), Frankreich (60), Deutschland (59) und Großbritannien (52), während bei den FuE-Ausgaben (*non-defense*) in Prozent des GDP (*gross domestic product*) Japan (2,7%) vor Deutschland (2,2%), den USA und Frankreich (je 2,0%) sowie Großbritannien (1,7%) lag. Auf der Seite des *Forschungsoutputs* führte bei der Zahl der wissenschaftlichen Artikel pro 1 Mrd. US$ des GDP im Jahr 1995 Großbritannien (29) vor Deutschland (21), den USA und Frankreich (je 20) sowie Japan (15).[196] Für die Zahl der Artikel je 1 Mrd. US$ FuE-Ausgaben (*non-defense*) ergibt sich eine aus deutscher Perspektive etwas ungünstigere Reihenfolge (UK: 1736, F: 992, USA: 946, D: 786, J: 506), gleiches gilt für die Zahl der Artikel je 10.000 FuE-Beschäftigte (UK: 223; F: 156; USA: 146; D: 133; J: 72). Von den im Jahr 1995 weltweit publizierten natur- und ingenieurwissenschaftlichen Artikeln stammte ein Drittel von Wissenschaftlern aus den USA. Deutschland (7,0%) stellte das wissenschaftlich viertproduktivste Land hinter Japan (9,0%) und Großbritannien (7,5%) dar und lag somit vor Frankreich (5,4%).

---

[194] Im Jahr 1999 lebten 276 Millionen Menschen in den USA und 82 Millionen Menschen in der BRD. Die EU15-Staaten verzeichneten 376 Millionen und die Eurozone 292 Millionen Einwohner (STATISTISCHES BUNDESAMT 2000, 190 ff., 228 f.).

[195] Nach der Zahl der FuE-Beschäftigten handelt es sich um die USA, Japan, Deutschland, Frankreich und Großbritannien (NSF 1999b, Tabelle B-29). Zu den großen Forschungsnationen gehören außerdem Kanada, Rußland und Italien gefolgt von einer größeren Zahl weiterer Länder mit großem Forschungsinput und -output (z. B. Australien, Niederlande, Spanien, Indien, Schweden, China, Schweiz, Israel; vgl. auch 5.2). Die in diesem Abschnitt genannten Daten stammen aus Veröffentlichungen der *National Science Foundation* (NSF) und wurden teils selber berechnet (vgl. NSF 1998, Appendix table 5-50; NSF 1999b, Appendix tables B-29, B-31). Kritische Stimmen zur Verwendung bibliometrischer Maße als Indikator für den Forschungsoutput werden in Fußnote 198 diskutiert.

[196] Wesentlich bessere Werte erreichen in dieser Hinsicht die kleineren der führenden Wissenschaftsnationen wie beispielsweise Israel (54), Schweden (41) und die Schweiz (37).

3.2 Wissenschaft und Forschung in Deutschland und den USA 201

Karte 2: Forschung und Entwicklung in Deutschland und den USA

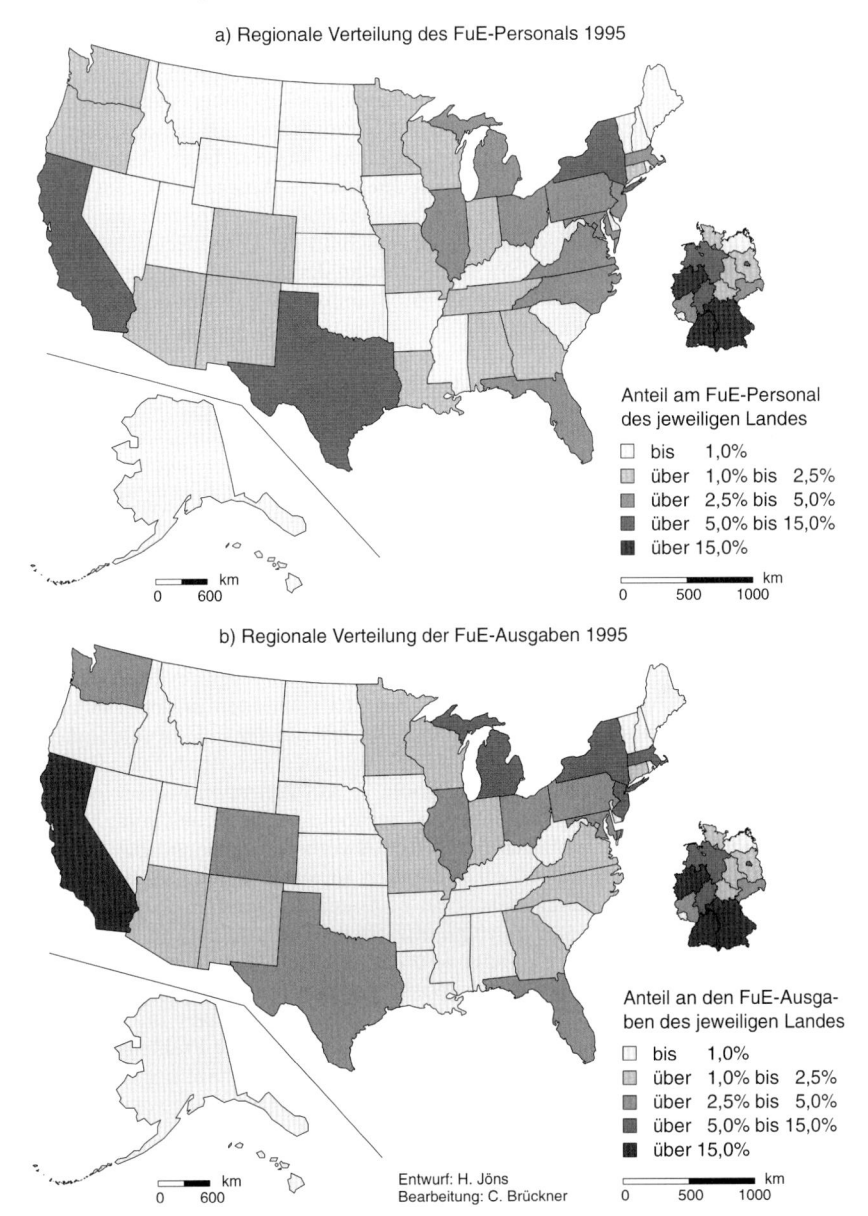

a) Regionale Verteilung des FuE-Personals 1995

Anteil am FuE-Personal des jeweiligen Landes
- ☐ bis 1,0%
- über 1,0% bis 2,5%
- über 2,5% bis 5,0%
- über 5,0% bis 15,0%
- ■ über 15,0%

b) Regionale Verteilung der FuE-Ausgaben 1995

Anteil an den FuE-Ausgaben des jeweiligen Landes
- ☐ bis 1,0%
- über 1,0% bis 2,5%
- über 2,5% bis 5,0%
- über 5,0% bis 15,0%
- ■ über 15,0%

Entwurf: H. Jöns
Bearbeitung: C. Brückner

Quelle: BRD: EUROSTAT 1999, 66, 114; USA: NSF 1999a, Tab. 25; NSF 1999b, B-8.

Diese Zahlen zeigen, daß die Mobilität im Preisträgerprogramm Kontakte zwischen Wissenschaftlern aus zwei führenden Wissenschaftsnationen ermöglicht. In Hinblick auf die Interpretation der empirischen Auswertungen sind jedoch die ungleichen Größenverhältnisse und Forschungskapazitäten beider Staaten angemessen zu berücksichtigen. Die folgenden drei Abschnitte werden daher weitere Bezugsrahmen für die Deutschlandaufenthalte der US-Preisträger aufspannen: Der erste Abschnitt befaßt sich mit dem Forschungsinput und -output in Deutschland und den USA seit Beginn des Preisträgerprogramms. Im zweiten Abschnitt werden die wissenschaftlichen Kooperationsbeziehungen beider Länder am Beispiel der Koautorenschaft analysiert, während sich der dritte Abschnitt der Wissenschaftlermobilität zwischen Deutschland und den USA im 20. Jahrhundert widmet, um die historische Dimension und Bedeutung des Preisträgerprogramms im Rahmen der transatlantischen Beziehungen zu spezifizieren.

3.2.1 Forschungsinput und Forschungsoutput

Die Qualität und die Art der vorhandenen Forschungsinfrastruktur sind zwar keine Garantie für Kreativität, Erfindungen und Forschungsleistungen, aber sie bestimmen ganz wesentlich die Attraktivität und Wettbewerbsfähigkeit einer Institution oder eines Standortes.

Peter Meusburger, Bildungsgeographie, 1998, 461.

Investitionen in wissenschaftliches Humankapital und Forschungsinfrastruktur besitzen für viele Wohlstandsgesellschaften und Industrienationen hohe Priorität. Dies zeigt sich unter anderem darin, daß Personal und Ausgaben für Forschung und Entwicklung (FuE) von den führenden Wissenschaftsnationen in den 1980er und 1990er Jahren substantiell ausgebaut wurden. Die Anteile der FuE-Beschäftigten an allen Beschäftigten und die Anteile der FuE-Ausgaben am Bruttoinlandsprodukt (BIP) haben sich dadurch kontinuierlich erhöht.[197] Mit den Investitionen in Grundlagenforschung, angewandte Forschung und technologische Entwicklung wird im allgemeinen versucht, die wirtschaftliche Wettbewerbsfähigkeit und das Entwicklungspotential einer Region bzw. eines Landes zu stärken (MEUSBURGER 1998, 461 f.). Im Kontext zirkulärer akademischer Mobilität können Forschungsinput und Forschungsoutput in Form von hochqualifizierten Wissenschaftlern, verfügbarer Forschungsinfrastruktur und zirkulierendem zertifizierten Wissen wichtige Attraktivitätsfaktoren darstellen, wenn es für Wissenschaftlerinnen und Wissenschaftler darum geht zu entscheiden, wo es sich lohnt, ein Forschungsjahr im Ausland zu verbringen (vgl. Kapitel 4.2.2). Trotz zahlreicher methodischer Probleme in bezug auf die verfügbaren Daten zum Forschungsinput und -output einzelner Länder (vgl. dazu MEUSBURGER 1998, 461-480 und Fußnote 198) sollen im folgenden deren

---

[197] Die Angaben zu FuE-Ausgaben beziehen sich im folgenden ausschließlich auf Mittel, die außerhalb der Landesverteidigung investiert wurden (*non-defense*). Die Daten stammen von der *National Science Foundation* (NSF 1999b, Table B-31) und beruhen im wesentlichen auf der *Main Science and Technology Indicators Database* der OECD. Die Angaben zu den FuE-Beschäftigten verschiedener Staaten sind der gleichen Quelle entnommen und beruhen ebenfalls auf OECD Daten (NSF 1999b, Table B-29).

3.2 Wissenschaft und Forschung in Deutschland und den USA

wesentlichen Merkmale als Annäherung an mögliche Rangfolgen und Kräfteverhältnisse diskutiert werden.

In Hinblick auf den gesamten Forschungsoutput an natur- und ingenieurwissenschaftlichen Artikeln stellte Westdeutschland in den 1980er Jahren nach Großbritannien das zweitproduktivste Land außerhalb der USA dar, in dem man abgesehen von einer möglichen Sprachbarriere im Alltag problemlos ein *sabbatical* durchführen konnte. Die damalige UDSSR war als weltweit drittproduktivstes Land aus politischen Gründen nur in Ausnahmefällen für US-Wissenschaftler zugänglich und als Hauptopponent der USA in Zeiten des Kalten Krieges für einen längeren Forschungsaufenthalt auch nicht sehr attraktiv. Im Fachbereich Mathematik stellte Westdeutschland in den 1980er Jahren sogar direkt nach den USA das zweitproduktivste Wissenschaftszentrum der Welt dar. In Physik und Chemie war Westdeutschland nach den USA, der UDSSR und Japan der wissenschaftlich produktivste europäische Staat, während die BRD in Klinischer Medizin und Biomedizin hinter den USA und Großbritannien rangierte. In den Ingenieurwissenschaften (USA, UK, UDSSR, BRD), der Biologie (USA, UK, Kanada, Japan, BRD) und den Geo- und Raumwissenschaften (USA, UDSSR, UK, Kanada, BRD) lag die BRD hinsichtlich der publizierten Artikel in den Natur- und Ingenieurwissenschaften jeweils hinter Großbritannien und mehreren außereuropäischen Ländern.[198]

Im Vergleich mit den führenden Wissenschaftsnationen USA, Kanada, Japan, Großbritannien, Frankreich und Italien ging die große wissenschaftliche Produktivität in Westdeutschland tätiger Wissenschaftler in den 1980er Jahren mit dem höchsten Anteil der FuE-Ausgaben am BIP einher. Auch in den 1990er Jahren waren die FuE-Ausgaben der BRD noch fast doppelt so hoch wie in Großbritannien oder Frankreich. In Europa wies seit Mitte der 1980er Jahre auch nicht mehr Großbritannien, sondern die BRD die meisten Wissenschaftler und den höchsten Anteil der FuE-Beschäftigten an allen Beschäftigten auf. Letzterer wurde allerdings 1995 von Frankreich geringfügig übertroffen. Nach einer im Vergleich zu Japan und den USA moderat expansiven Phase im FuE-Personal- und Ausgabenbereich während der zweiten Hälfte der 1980er Jahre führte die deutsche Einheit zu einer weiteren Erhöhung von FuE-Beschäftigten und deren Anteil an allen Beschäftigten. Seit

---

[198] Die Daten zu den weltweit publizierten natur- und ingenieurwissenschaftlichen Artikeln nach Fachgebieten, ausgewählten Staaten und Jahren zwischen 1981 und 1995 stammen aus den *Science & Engineering Indicators 1998* (NSF 1998, Appendix table 5-49) der *National Science Foundation* (NSF). Sie beruhen auf dem *Science Citation Index* vom *Institute for Scientific Information*, der *Science Indicators Database* der CHI Research Inc. und auf unpublizierten Daten der NSF.

Eine Diskussion zur Aussagekraft und Brauchbarkeit verschiedener Indikatoren zum Forschungsinput und -output findet sich zum Beispiel in VAN RAAN, NEDERHOF und MOED (1989) und MEUSBURGER (1998, 461-480). CARPENTER und NARIN (1981) weisen darauf hin, daß der *Science Citation Index* für die wissenschaftliche Publikationstätigkeit der meisten Länder und Fachgebiete repräsentativ ist und daher die zentrale Datenbasis für internationale Vergleiche darstellt. Allerdings sind nichtenglischsprachige Zeitschriften weniger abgedeckt als US-amerikanische und britische Zeitschriften, so daß es zu sprachlich bedingten Verzerrungen kommt. Vor allem die internationale Aktivität der UDSSR scheint dadurch etwas unterrepräsentiert zu sein, besonders in Klinischer Medizin und Biologie. Gleiches gilt für Fächer mit einer großen Zahl kleinerer Zeitschriften, die vor allem lokal interessierende Themenfelder abdecken, wie zum Beispiel in den Geo- und Raumwissenschaften, den Ingenieurwissenschaften und der Biologie, dort vor allem in der Landwirtschaft. Außerdem schlägt sich auch die Industrieforschung nicht immer in Publikationen nieder (MEUSBURGER 1998, 479).

1990 ist jedoch sowohl bei der Personalentwicklung als auch bei den Ausgaben im FuE-Bereich eine Stagnation zu beobachten, die auf andere Prioritäten bei der Realisierung der staatlichen Einheit hinweisen. Erst im Zuge der öffentlichen Standortdiskussion haben die FuE-Ausgaben seit 1998 wieder angezogen.

Abb. 22: Forschungsinput im internationalen Vergleich

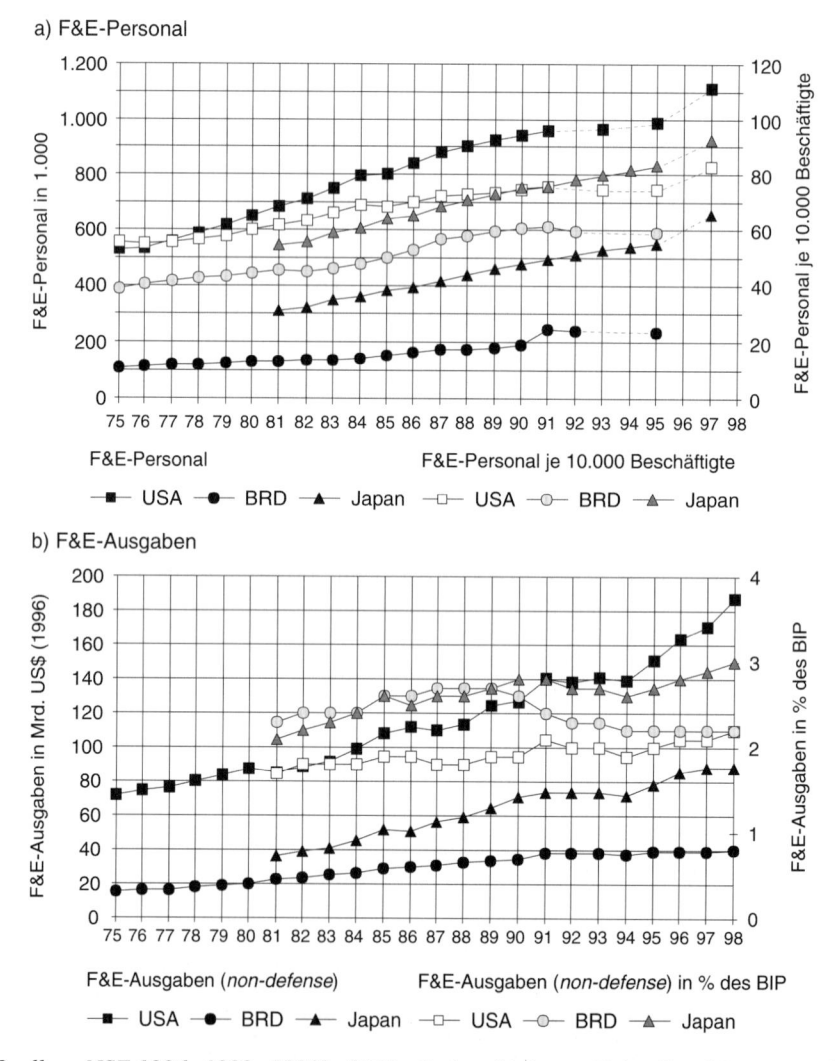

Quelle: NSF 1996; 1998; 1999b; 2000; die kombinierten Zeitreihen bauen jeweils auf der gleichen Datenbasis auf; eigene Auswertung und Darstellung.

3.2 Wissenschaft und Forschung in Deutschland und den USA

Nach einer Dekade der Stagnation bei den deutschen Investitionen im FuE-Bereich haben sich vor allem zwischen Deutschland sowie den USA und Japan bestehende Kapazitätsunterschiede leicht vergrößert. Dies gilt vor allem in Hinblick auf finanzielle Investitionen, die in den USA und nachgeordnet auch in Japan seit 1994 stark expandiert haben. Während Deutschland von den führenden Wissenschaftsnationen in den 1980er Jahren den höchsten Anteil an FuE-Ausgaben am BIP aufwies (außerhalb der Landesverteidigung), verzeichnet Japan seit 1990 einen höheren Wert, und zwar mit steigender Tendenz. Die USA sind 1998 mit Deutschland gleichgezogen (vgl. Abb. 22). Japans Mobilisierung von FuE-Ressourcen haben auch dazu geführt, daß das Land seit 1992 den höchsten Anteil an FuE-Beschäftigten aufweist und im Zeitraum 1981-85 bis 1991-95 vom weltweit fünftproduktivsten Staat im wissenschaftlichen Publikationswesen zum zweitproduktivsten hinter den USA aufgestiegen ist.

Die wissenschaftliche Produktivität in Deutschland tätiger Wissenschaftler ist vom staatlichen Einigungsprozeß aufgrund zunehmender Kapazitäten positiv beeinflußt worden. Zwar ist der Anstieg der in Deutschland erstellten Publikationen zwischen 1981 und 1995 mit einem Zuwachs von 14% hinter der weltweiten Dynamik (+19%) zurückgeblieben, aber die relative Produktivitätsstagnation fiel in die 1980er Jahre: Zwischen 1981 und 1989 betrug der Zuwachs an Publikationen in der BRD nur 2% gegenüber 10% im weltweiten Mittel, während der Produktivitätszuwachs zwischen 1989 und 1995 über dem weltweiten Durchschnitt lag (BRD: +12%; Welt: +9%). Ohne die deutsche Einheit wäre es Deutschland vermutlich wie den USA und Großbritannien ergangen, deren Zuwachsraten zwischen 1981 und 1995 (8% bzw. 7%) aufgrund der bereits stark ausgeschöpften Möglichkeiten deutlich unter dem weltweiten Durchschnitt lagen (19%). Trotz einer allgemeinen Dezentralisierung der wissenschaftlichen Produktivität auf Staatenebene nach dem Ende des Kalten Krieges und einer wissenschaftlichen Mobilisierung in vielen Staaten Ost- und Südostasiens stammten auch im Jahr 1995 drei Viertel der natur- und ingenieurwissenschaftlichen Artikel aus nur neun Staaten (vgl. Tab. 5).[199]

Deutschland nahm auch 1995 den vierten Platz in Hinblick auf die Produktion natur- und ingenieurwissenschaftlicher Artikel ein, und zwar diesmal hinter den USA, dem aufstrebenden Japan und Großbritannien. Nach Fachbereichen differenziert variierte die Entwicklung der wissenschaftlichen Produktivität zwischen 1981 und 1995 jedoch relativ stark. In Mathematik (-52%) und Biologie (-22%) ist die Zahl der in Deutschland erstellten Artikel einem weltweiten Trend folgend rückläufig gewesen. Da der Rückgang jedoch jeweils mehr als doppelt so groß wie im

---

[199] Infolge wirtschaftlicher Schwierigkeiten und politischer Unsicherheit im Zuge der Systemtransformation und Staatengründungen ging die wissenschaftliche Produktivität auf dem Gebiet der ehemaligen UDSSR zwischen 1989 und 1995 um mehr als ein Viertel zurück (1981-89: +1,3%; 1989-95: -27,5%). In Indien wurden zwischen 1981 und 1995, vermutlich wegen wirtschaftlicher Probleme, genau ein Drittel weniger Publikationen verfaßt (1981-89: -28%; 1989-95: -7%). Zugelegt haben von den führenden Wissenschaftsnationen vor allem Japan (+57%; 1981-89: +31%; 1989-95: +20%) und Frankreich (+28%; 1981-89: 6%; 1989-95: 21%), aber auch Italien (+81%), die Niederlande (+54%) und Spanien (+273%). Den stärksten Zuwachs an jährlichen Artikeln in den Natur- und Ingenieurwissenschaften (1981-95) verzeichneten ost- und südostasiatische Staaten wie China (+464%), Taiwan (+961%), Südkorea (+1664%) und Singapur (+619%) sowie die Mittelmeerstaaten Türkei (+441%) und Portugal (+315%).

weltweiten Durchschnitt war, gab Deutschland in Mathematik die zweite Position hinter den USA an Frankreich ab. In Biologie konnte die fünfte Position in der Rangfolge der Staaten mit den meisten Artikeln gehalten werden, da in diesem Fach mit Ausnahme von Japan (wie in Mathematik mit Ausnahme von Frankreich) auch die anderen führenden Staaten deutlich weniger publizierten. Auch in den deutschen Ingenieurwissenschaften hat sich das Publikationswesen bei weltweiter Stagnation stark unterdurchschnittlich entwickelt (-20%). Abgesehen von Japan (2. Platz) traf dies aber wiederum auch auf die in der Rangfolge benachbarten Staaten zu (1. USA, 3. UK, 5. UDSSR). In Klinischer Medizin und Biomedizin verzeichnete Deutschland allerdings als einzige der bedeutenden Wissenschaftsnationen einen nur halb so großen Zuwachs an Publikationen wie im weltweiten Durchschnitt, was in Klinischer Medizin durch das Überholen von Japan mit dem Verlust eines Rangplatzes verbunden war (4. Platz wie auch in Biomedizin) und zudem eine mögliche Krise dieser Forschungsrichtung in Deutschland unterstreicht (vgl. 3.1.3.2). Über dem weltweiten Durchschnitt lag in der BRD der Zuwachs an publizierten Artikeln in den Geo- und Raumwissenschaften (+42%; Durchschnitt +37%; 5. Platz), in Chemie (+20%; Durchschnitt 13%; 3. Platz) und vor allem in Physik (+86%; Durchschnitt +63%; 3. Platz). Dabei steht das auch weltweit am stärksten erhöhte jährliche Publikationsaufkommen in der Physik mit immer mehr Großexperimenten in Großforschungseinrichtungen in Zusammenhang, die multinationale Kooperationen fördern.

Tab. 5: Veröffentlichte wissenschaftliche Artikel nach Staaten und ausgewählten Jahren zwischen 1981 und 1995*

Staat	Anzahl publizierter Artikel in den Natur- und Ingenieurwissenschaften				Anteil an allen publizierten Artikeln in den Natur- und Ingenieurwissenschaften			
	1981	1985	1992	1995	1981	1985	1992	1995
Welt	368.934	389.846	425.346	438.767	100,0	100,0	100,0	100,0
USA	132.278	137.771	143.174	142.792	35,9	35,3	33,7	32,5
Japan	25.088	29.618	37.402	39.498	6,8	7,6	8,8	9,0
Großbritannien	30.794	32.256	31.806	32.980	8,3	8,3	7,5	7,5
BRD	26.837	27.310	29.169	30.654	7,3	7,0	6,9	7,0
Frankreich	18.567	18.422	21.548	23.811	5,0	4,7	5,1	5,4
UDSSR (ehem.)	29.610	30.293	28.282	21.749	8,0	7,8	6,6	5,0
Rußland	0	0	0	17.180	0,0	0,0	0,0	3,9
Kanada	14.440	16.656	17.958	17.359	3,9	4,3	4,2	4,0
Italien	7.803	9.377	12.351	14.117	2,1	2,4	2,9	3,2
Australien	8.138	8.247	8.712	9.747	2,2	2,1	2,0	2,2
Niederlande	5.993	7.079	8.492	9.239	1,6	1,8	2,0	2,1
Spanien	2.362	4.016	7.578	8.811	0,6	1,0	1,8	2,0
Indien	11.725	9.586	8.448	7.851	3,2	2,5	2,0	1,8

* *Die genannten Staaten wiesen mindestens in einem Betrachtungsjahr einen Anteil von 3% an den weltweit publizierten Artikeln auf. Zuordnungskriterium ist die institutionelle Affiliation der Autoren.*

Quelle: NSF 1998, Appendix table 5-49.

Während die USA erwartungsgemäß in allen natur- und ingenieurwissenschaftlichen Fachgebieten und allen Betrachtungsjahren das wissenschaftlich produktivste

3.2 Wissenschaft und Forschung in Deutschland und den USA

Land der Welt darstellte, war Deutschland in den 1980er und 1990er Jahren in Physik und Chemie Europas produktivstes Zentrum. In diesen beiden Fachbereichen ist auch die Konzentration des wissenschaftlichen Outputs in Form von Artikeln am wenigsten stark auf die USA konzentriert (jeweils ca. 20% gegenüber durchschnittlich 33%), weshalb der Anreiz für einen Forschungsaufenthalt außerhalb der USA im Fächervergleich besonders groß zu sein scheint. Ähnliches gilt für die Mathematik, in der Deutschland in den 1980er Jahren Europas attraktivstes wissenschaftliches Potential bot und 1995 nach den USA und Frankreich den dritten Platz einnahm.[200] Insgesamt gehörte Deutschland den wissenschaftlichen Aggregatdaten zum Forschungsinput und -output zufolge in den 1980er und 1990er Jahren zusammen mit Japan und Frankreich zu den zweitattraktivsten Wissenschaftsnationen für US-Wissenschaftler nach Großbritannien, das aus US-amerikanischer Perspektive neben größerer wissenschaftlicher Produktivität als weiteren Vorteil keine Sprachbarriere aufweist. Für eine mögliche Krise des Forschungsstandortes Deutschland in den 1990er Jahren (vgl. 1.3.4) gibt es somit zumindest in Hinblick auf die wissenschaftliche Produktivität keine Anzeichen.

3.2.2 Kooperationskulturen im Publikationswesen

Die bedeutende Stellung Deutschlands beim Forschungsinput und Forschungsoutput spiegelt sich in den internationalen Kooperationsbeziehungen im Publikationswesen wider.[201] Im Zeitraum 1991-95 war Deutschland aus der Perspektive der USA zusammen mit den beiden englischsprachigen Ländern Kanada und Großbritannien das wichtigste Herkunftsland internationaler Koautoren (je 10%). Dabei hatte sich Deutschlands Position gegenüber Kanada und Großbritannien seit 1981-85 noch verbessert (UK: 13%; Kanada: 12%; BRD: 11%). Aus deutscher Perspektive stammte etwa jeder fünfte internationale Koautor natur- und ingenieurwissenschaftlicher Artikel aus den USA (1991-95: 22%; 1981-85: 25%).

Da sich die absolute Zahl der gemeinsamen Artikel von deutschen und US-amerikanischen Wissenschaftlern zwischen 1981-85 (ca. 5.800 Artikel) und 1991-95 (ca. 11.500 Artikel) fast verdoppelte, ist der leichte relative Bedeutungsrückgang der USA als Kooperationsland für deutsche Wissenschaftler auf die allgemeine Diversifizierung der internationalen Kooperationsbeziehungen zurückzuführen.

---

[200] In den übrigen Fächern ist Großbritannien bisher produktiver als Deutschland gewesen. Mit 60% mehr FuE-Beschäftigten in Deutschland als in Großbritannien und doppelt so vielen Investitionen ist an dieser Stelle – neben möglichen Unschärfen in der Datenerhebung – darauf hinzuweisen, daß zu einer genaueren Beurteilung der wissenschaftlichen *Effektivität* mehrere Indikatoren des Forschungsoutputs herangezogen werden müßten (vgl. MEUSBURGER 1998, 470 ff.). Bei den US Patenten beispielsweise, die europäischen Erfindern gewährt wurden, wies Deutschland 1980 mehr als doppelt so viele Einträge wie Großbritannien auf, 1993 sogar dreimal so viele (BRD: 6.890; UK: 2.294; F: 2.908). 1993 war Deutschland für 63% aller US Patente verantwortlich, die Personen aus der EU gewährt wurden (NSF 1996, Appendix table 15). Bei den Europäischen Patentanmeldungen kamen 1993 42% der EU-15 Anmeldungen aus Deutschland (1998: 43%). Dabei verzeichnete die BRD wiederum dreimal mehr Patentanmeldungen als Großbritannien und mehr als doppelt so viele Patentanmeldungen wie Frankreich (dieses Verhältnis bestand auch 1998; vgl. EUROSTAT 1999, 149).

[201] Für die Quellenangabe zu den im folgenden präsentierten Daten siehe Fußnote 190.

Zunehmende Internationalisierungstendenzen zeigen sich darin, daß sich die Gesamtzahl natur- und ingenieurwissenschaftlicher Artikel mit internationaler Koautorenschaft zwischen 1981-85 und 1991-95 in Deutschland (+124%), in den USA (+110%) und weltweit (+125%) mehr als verdoppelte (Abb. 23).

Gestiegen sind auch die Gesamtzahl der Artikel (weltweit: +13%; USA: +11%; BRD: +20%) und die Häufigkeit von Multiautorenschaft (weltweit: +53%; USA: +38%; BRD: +78%), während die Zahl der Artikel in Einzelautorenschaft zwischen 1981-85 und 1991-95 weltweit (-8,5%), in den USA (-11%) und in Deutschland (-10%) rückläufig war. Diese Entwicklungen sind als Ausdruck einer größeren Notwendigkeit zu nationaler und vor allem internationaler Kooperation zu werten, die sich durch immer spezialisiertere und infrastrukturintensivere Forschungsthemen ergibt. Aus akteursnetzwerktheoretischer Perspektive wird die Zahl der Black boxes, auf denen gegenwärtige natur- und ingenieurwissenschaftliche Forschungen aufbauen, immer größer, und ihre innere Struktur wird immer komplizierter (vgl. 2.2). Folglich ist auch die Konstruktion und Unterhaltung solcher Black boxes bereits so kostspielig, wissensintensiv und in logistischem Sinne aufwendig, daß bestimmte Forschungsfragen experimentell nur an wenigen Orten und auch nur durch eine arbeitsteilige Vorgehensweise zwischen diesen Orten bearbeitet werden können (z. B. Bau eines Teilchendetektors am CERN). Internationale Kooperationen haben für Wissenschaftler allerdings nicht nur den Vorteil, daß aufwendige Forschungsinfrastruktur gemeinsam gekauft, konstruiert und erhalten werden kann, sondern sie führen meist auch zu einer erhöhten Produktivität. LUUKKONEN, PERSSON UND SIVERTSEN (1992) wiesen in diesem Zusammenhang darauf hin, daß ein zunehmender Publikationsdruck – solange dieser nicht kritisch hinterfragt wird – ein wichtiger Motor hinter zunehmender Kooperation sein wird. Da internationale europäische Artikel häufiger zitiert werden als nationale, erhöht sich auch der politische Druck zu mehr internationaler Zusammenarbeit (NARIN und WHITLOW 1990). Gleichzeitig ist zu berücksichtigen, daß zunehmend intensivere internationale Kooperationsbeziehungen in den Wissenschaften seit den 1980er Jahren durch häufige, schnelle und preisgünstige Flugverbindungen sowie unkomplizierte und preiswerte Telekommunikationsverbindungen (Telefon, Fax, E-mail) gefördert werden. Daher wird in Zukunft vermutlich auch die Nachfrage nach Mobilitätsprogrammen in spezifischen Segmenten akademischer Mobilität weiter steigen.

Das Ausmaß internationaler Koautorenschaft nach Ländern hängt von dem Zusammenspiel verschiedener Aspekte ab. Dazu gehören im wesentlichen die politische Situation und der damit zusammenhängende Grad der internationalen Einbindung eines Landes (vgl. UDSSR 1981-85: 3%), die Größe der nationalen Wissenschaftsgemeinschaft und das Ausmaß der im eigenen Land verfügbaren Forschungskapazitäten (z. B. Finanzmittel, Informationen und Geräte; vgl. USA 1991-95: 16%; Luxemburg 1991-95: 67%), eventuelle fachliche Spezialisierungen und vorhandene Großforschungseinrichtungen (vgl. Schweiz mit dem CERN: 45%), die wirtschaftliche Situation des Landes, das Angebot wissenschaftspolitischer Förderprogramme (z. B. EU-Projekte), kulturspezifische Besonderheiten (z. B. Bedeutung der Wissenschaftssprache Englisch, Mentalitäten), die räumliche Lage im Vergleich zu möglichen Kooperationspartnern sowie historische, politische und kulturelle

3.2 Wissenschaft und Forschung in Deutschland und den USA

Beziehungen zwischen verschiedenen Staaten (vgl. LUUKKONEN, PERSSON UND SIVERTSEN 1992). Diese Einflußfaktoren bedingen mehr oder weniger stark ausgeprägte nationale Publikationskulturen und internationale Kooperationsmuster, die sich trotz der Existenz staatenübergreifender fachspezifischer Publikations- und Kooperationskulturen auch in der Publikationskultur einzelner Fächer eines Landes niederschlagen (Abb. 23).

Abb. 23: Internationale Koautorenschaft nach Fachgebieten

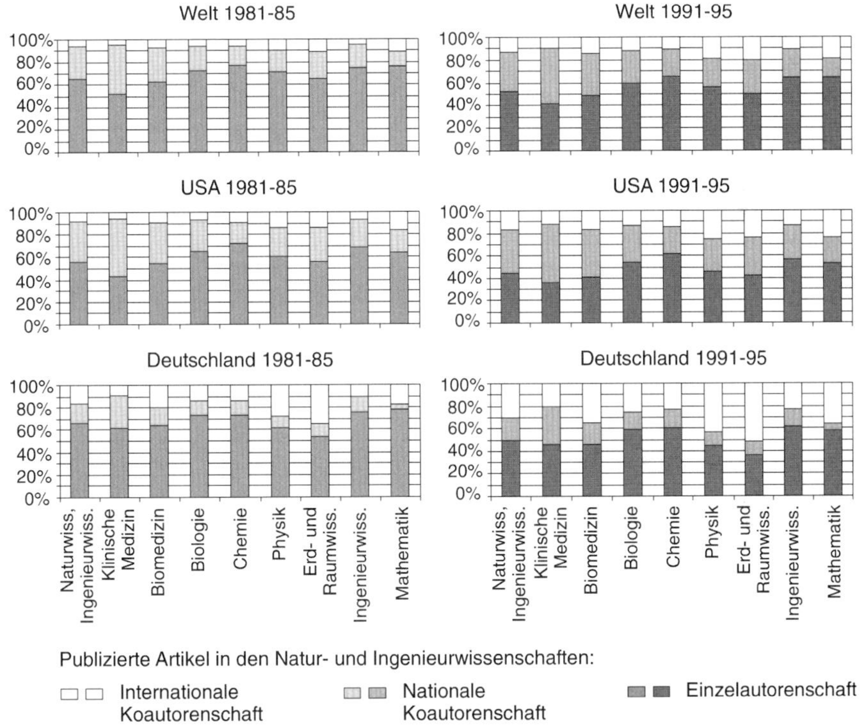

Quelle: NSF 1998, Appendix table 5-53; eigener Entwurf.

Für Deutschland und die USA läßt sich in diesem Zusammenhang festhalten, daß internationale Zusammenarbeit in der kleineren nationalen Wissenschaftsgemeinschaft Deutschlands ausgeprägter ist (1991-95: 30% gegenüber 16%), dafür aber auch Einzelautorenschaft eine größere Bedeutung als in den USA besitzt (1991-95: 50% bzw. 44%). Von den führenden Wissenschaftsnationen wiesen 1991-95 nur noch Indien und Rußland einen geringeren Anteil an Artikeln mit mehr als einem Autor auf (je 33%). Da die Multiautorenschaft auch in den meisten Fächern in

Deutschland weniger bedeutend ist als in den USA, könnte dies als Hinweis auf eine stärker ausgeprägte Tendenz zum wissenschaftlichen Einzelkämpfertum hinweisen, das von mehreren Preisträgern als charakteristisch für die deutsche Wissenschaftskultur angesehen wird (vgl. 4.3.3.2). Multiautorenschaft ist allerdings auch ambivalent zu beurteilen, wenn Wissenschaftler in leitenden Funktionen grundsätzlich als Mitautoren auf Artikeln vermerkt werden. Ohne darauf näher eingehen zu können, bleibt für die deutsche Situation festzuhalten, daß der Anteil der Multiautorenschaft in den international bedeutendsten Fachgebieten Physik und Chemie und auch in den Geo- und Raumwissenschaften wesentlich größer als in den anderen Fachgebieten ist und zwar sogar geringfügig größer als in den USA.

Die infrastrukturintensiven Fächer Physik (z. B. multinationale Teilchenbeschleuniger) und Geo- und Raumwissenschaften (Teleskope, Observatorien, Forschungsstationen) weisen in Deutschland zudem die mit Abstand höchsten Anteile internationaler Koautorenschaft auf. Überdurchschnittlich hoch sind diese Anteile auch in den Fächern Biomedizin und Mathematik (1991-95). Da dies in allen vier Fächern jeweils auch weltweit und für die USA gilt, nur in geringerem Maße, wäre für diese grundsätzlich eine größere Bedeutung internationaler zirkulärer Mobilität zu erwarten als in den anderen Fachgebieten (vgl. dazu 3.1.3.2). In den infrastrukturintensiven Fächern forcieren koordinatorische und finanzielle Gründe internationale Kooperationen, während in der Mathematik die relativ kleine Zahl an Mathematikern mit hochspezialisierten Forschungsgebieten für häufigere internationale Kooperationen verantwortlich zeichnen. Die Biomedizin stellt dagegen ein hochkompetitives Fach dar, in dem einerseits ein arbeitsteiliger Austausch von Daten und Fähigkeiten erforderlich ist und andererseits Kooperation in besonderem Maße als Möglichkeit gesehen wird, den eigenen wissenschaftlichen Output zu maximieren (vgl. LUUKKONEN, PERSSON und SIVERTSEN 1992).

Vergleichsweise stark national ausgerichtete Publikationskulturen weisen die Fächer Klinische Medizin und Ingenieurwissenschaften auf. In der Klinischen Medizin wurden in den 1980er und 1990er Jahre sowohl in Deutschland als auch in den USA und weltweit jeweils die meisten Artikel mit dem größten bzw. in Deutschland dem zweitgrößten Anteil an interinstitutioneller Kooperation publiziert, gleichzeitig aber mit dem geringsten Anteil internationaler Koautorenschaft (BRD 1991-95: 21% gegenüber den Geo- und Weltraumwissenschaften mit 52%). Aufgrund der großen nationalen wissenschaftlichen Gemeinschaften in Klinischer Medizin und in den Ingenieurwissenschaften können leicht Kooperationspartner im eigenen Land für einen Austausch über kurze Wege gefunden werden (LUUKKONEN, PERSSON und SIVERTSEN 1992, 122). Außerdem tragen fachspezifische Besonderheiten wie eine starke Eingebundenheit der Mediziner in den Klinikbetrieb oder eine große Bedeutung von Industriekooperationen und spezifischen Anwendungsbezügen in den Ingenieurwissenschaften zu vergleichsweise wenig internationalen Kooperationen im Publikationswesen dieser Fächer bei. Nach FRAME und CARPENTER (1979) nimmt internationale Kooperation tendenziell ab, je stärker der Anwendungsbezug und je größer die nationale Fachgemeinschaft ist.

Fachspezifische und nationale Besonderheiten von Kooperationskulturen sind für die Interpretation empirischer Daten zu zirkulärer akademischer Mobilität wichtig, weil durch den Verweis auf einen weiteren Kontext manches Ergebnis in einem anderen Licht erscheint (vgl. 3.1.3.2). Zum Beispiel ist bei einer Analyse der Zahl der Publikationen, die als Resultat der Preisträgeraufenthalte US-amerikanischer Wissenschaftler in Deutschland entstanden sind, ein Fächervergleich wenig aussagekräftig, sofern nicht berücksichtigt wird, daß in Deutschland und den USA in den Fächern Ingenieurwissenschaften, Chemie, Biologie und Mathematik etwa 60% aller Publikationen von Einzelautoren erstellt werden und daß neben verschiedenen Kooperationskulturen auch variierende räumliche Bezüge wissenschaftlicher Praxis und Interaktion das Ausmaß resultierender Publikationen beeinflussen.

3.2.3 Historischer Abriß bilateraler Wissenschaftsbeziehungen

Das Preisträgerprogramm der Humboldt-Stiftung ordnet sich in eine Tradition der institutionalisierten Professorenmobilität zwischen Deutschland und den USA ein, die bis ins erste Jahrzehnt des 20. Jahrhunderts zurückreicht. Bis zur Gründung des Deutschen Reiches im Jahr 1871 waren wissenschaftliche Kontakte, der Transfer von Wissen und Technologie sowie der kulturelle Austausch zwischen deutschen und US-amerikanischen Universitäten im wesentlichen auf der Basis privater Initiativen und informeller Kontakte erfolgt (vgl. z. B. DÜWELL 1983, 102 ff.). Seit Mitte des 19. Jahrhunderts hatten sich diese bilateralen Wissenschaftsbeziehungen intensiviert, da immer mehr Amerikaner an deutschen Universitäten studierten. Letztere stellten bis in die 1870er Jahre hinein weltweit die einzigen Institutionen dar, an denen man speziell für die natur- und geisteswissenschaftliche *Forschung* ausgebildet werden konnte (BEN-DAVID 1992, 22).[202] Folglich wurden in dieser Zeit auch relativ viele deutsche Wissenschaftler an bestehende und vor allem an die zahlreichen neugegründeten US-amerikanischen Universitäten berufen. Im späten 19. Jahrhundert existierten relativ enge private und berufliche Kontakten zwischen Wissenschaftlern deutscher und US-amerikanischer Hochschulen, die wiederum zu Auslandsstudien, Vortragsreisen und Gastprofessuren im jeweils anderen Land führten. Als weltweites Wissenschaftszentrum in der zweiten Hälfte des 19. Jahrhunderts besaß Deutschland damals eine größere Anziehungskraft und wissenschaftliche Bedeutung als die USA (VOM BROCKE 1981; BEN-DAVID 1971).

Zusätzlich zu den privat organisierten Kontakten wurden seit Gründung des Deutschen Reiches im Bereich von Bildung und Wissenschaft immer mehr auslandspolitische Aktivitäten von seiten des deutschen Staates in Angriff genommen.[203] Nach VOM BROCKE (1981, 128) erhielten diese, „noch überwiegend von

---

[202] Die Gründung der Berliner Universität im Jahr 1809 (seit 1828 Friedrich-Wilhelms-Universität, später Humboldt-Universität) markiert die Entstehung der modernen Forschungsuniversität, da diese dem Konzept des Gründers Wilhelm von Humboldt zufolge unter anderem die Einheit von Forschung und Lehre erstmals verwirklichte (MÜLLER 1990, 71 f.).

[203] DÜWELL (1983, 104 f.) weist in diesem Zusammenhang daraufhin, daß die Weltausstellungen in Philadelphia (1876), Chicago (1893) und St. Louis (1904) eine wichtige Bedeutung gerade für den wechselseitigen Austausch wissenschaftlicher Erkenntnisse und Informationen zwischen Deutschland und den USA besaßen. Dabei wurde bereits in Chicago auf amerikanischen Wunsch hin vom preußischen Kultusministerium ein Informationsstand über das deutsche Hochschulwesen eingerichtet, der große Resonanz erfuhr (DÜWELL 1983, 105).

wissenschaftsimmanenten Motiven bestimmt, gegen Ende des 19. Jahrhunderts entscheidende Impulse einmal durch die Intensivierung der internationalen Wissenschaftsbeziehungen, zum anderen durch den politischen, geistigen und vor allem wirtschaftlichen Konkurrenzkampf der Staaten."[204]

3.2.3.1 Die Institutionalisierung der Kontakte

Als Ausdruck eines zunehmenden Engagements des Deutschen Reichs in auswärtigen kulturellen Beziehungen erfolgte Anfang des 20. Jahrhunderts die amtliche Institutionalisierung des Schüleraustausches (1903), des Lehrer- und Studentenaustausches (1905) und des Professorenaustausches mit den USA (1905) (VOM BROCKE 1981, 131). Der deutsch-amerikanische Professorenaustausch, der das erste kulturelle Abkommen dieser Art zwischen Industriestaaten darstellte (DÜWELL 1983, 106), begann erstens vor dem Hintergrund eines deutschen Interesses, die politischen Beziehungen zu den USA mittels Kulturpolitik zu stärken, da dieses Land nach dem Krieg gegen Spanien (1898) weltpolitische Bedeutung erlangt hatte. Für Kaiser Wilhelm II. und das Auswärtige Amt war dabei die Idee der Völkerverständigung eng mit dem Streben nach einer Vergrößerung des deutschen Einflusses in den USA verbunden. Es sollte „die Wissenschaftspolitik mit anti-englischer Spitze der 'Großen Politik' dienstbar [gemacht werden]" (VOM BROCKE 1981, 163 f.). Einer der Hauptinitiatoren der ersten bilateralen Austauschprogramme, der preußische Ministerialdirektor Friedrich Althoff, war im Unterschied dazu vielmehr bestrebt, die Wissenschaftspolitik mit dem Ziel der Friedenssicherung und der Völkerverständigung in den Dienst des wissenschaftlichen Fortschritts zu stellen (VOM BROCKE 1981, 164). Zweitens war die Zahl der US-amerikanischen Studierenden seit Mitte der 1890er Jahre stark rückläufig gewesen, so daß man auf deutscher Seite bereits damals, vor hundert Jahren, versuchte, einer schwindenden Anziehungskraft der deutschen Universitäten entgegenzuwirken (VOM BROCKE 1981, 135). Drittens hatten die an amerikanischen Universitäten tätigen deutschen Professoren ein großes Interesse daran, den Kontakt mit dem Heimatland aufrechtzuerhalten und gelegentlich für ein Jahr dorthin zurückzukehren. Für einige der deutschstämmigen Professoren stellte der bilaterale Professorenaustausch darüber hinaus eine Möglichkeit dar, das 'deutsche Element' in den USA zu stärken, während die amerikanische Seite den akademischen Wert betonte und die Wichtigkeit von freundschaftlichem Umgang und der Entdeckung eines gemeinsamen Interesses an der Wissenschaft für die Vermeidung gefährlicher Mißverständnisse hervorhob (VOM BROCKE 1981, 165).

---

[204] Der Begriff 'auswärtige Kulturpolitik' wurde vermutlich zuerst im Juli 1908 vom Leipziger Kultur- und Wirtschaftshistoriker Karl Lamprecht gebraucht (VOM BROCKE 1981, 129). Vom Brocke weist darauf hin, daß der durch diesen Begriff gekennzeichnete Sachverhalt jedoch älter ist. Er bestehe „seitdem sich Staaten bewußt der Kultur und Wissenschaft als Mittel für Machtzwecke bedienen" (VOM BROCKE 1981, 129). Für die verstärkte Internationalisierung der Wissenschaftsbeziehungen um die Jahrhundertwende waren die Weltausstellungen und vor allem die 'Weltgelehrtenkonferenz' in St. Louis (1904) verantwortlich (vgl. dazu DÜWELL 1983, 104-106).

Der Professorenaustausch mit den USA begann mit Vereinbarungen zwischen der preußischen Regierung in Berlin und der Harvard Universität (Cambridge) sowie der Columbia Universität (New York).[205] Gegenstand dieser ersten Übereinkünfte war ein gegenseitiger Austausch von Professoren aller Wissensgebiete. Es wurde vereinbart, daß in jedem Wintersemester ein Vertreter der Harvard Universität in Berlin und ein Angehöriger der Berliner oder einer anderen deutschen Universität in Harvard für jeweils mindestens drei Monate in der jeweiligen Muttersprache dozieren sollte. Die Gastprofessoren sollten weiterhin ihr Gehalt von der Heimatuniversität beziehen und zusätzlich eine Aufwandsentschädigung erhalten (VOM BROCKE 1981, 135, 140). Die Vereinbarung zwischen der Columbia Universität und Berlin sah den Aufenthalt von Professoren einer beliebigen deutschen bzw. US-amerikanischen Universität an der Columbia Universität (Kaiser Wilhelm-Professur) bzw. an der Berliner Universität (Theodore Roosevelt-Professur) vor. Der Gast sollte idealerweise die erste Hälfte eines akademischen Jahres an der Berliner bzw. der Columbia Universität verbringen und in der zweiten Hälfte an einer anderen deutschen bzw. amerikanischen Universität lehren. Die Vorlesungen der Kaiser Wilhelm- und Roosevelt-Professoren mußten in der jeweiligen Landessprache gehalten werden, wobei neben fachspezifischen Inhalten auch allgemeine Ausführungen zur Geschichte, zu den Institutionen und zu wirtschaftlichen, sozialen, rechtlichen und kulturellen Besonderheiten des Heimatlandes zur Sprache kommen sollten (VOM BROCKE 1981, 135, 143). Ernannt wurden die Austauschprofessoren jeweils mit Zustimmung der Partnerseite von der preußischen Regierung bzw. den beiden US-amerikanischen Universitäten, so daß bereits damals ein wesentlicher Unterschied in der Zuständigkeit für akademische Mobilitätsprogramme zwischen den USA (eher hochschulgebunden und privat finanziert) und Deutschland (eher unter Einbezug staatlicher Förderung hochschulübergreifend organisiert) bestand, der sich in seinen Grundzügen, allerdings unter Einbezug der unabhängigen deutschen Mittlerorganisationen auswärtiger Kulturpolitik, bis heute erhalten hat (vgl. LITTMANN 1996, z. B. 59).

Die Austauschprogramme begannen in den Wintersemestern 1905/06 (Harvard) und 1906/07 (Columbia), wobei Kaiser Wilhelm II., der zusammen mit Theodore Roosevelt unmittelbar am Zustandekommen des Austausches beteiligt war, den Antrittsvorlesungen der beiden Amerikaner in der Berliner Universität beiwohnte. Dies unterstrich die politische Bedeutung des Austauschprogramms und rückte Vorbehalte von Skeptikern in den Hintergrund. Schließlich waren zahlreiche Berliner Professoren gegen die Vereinbarungen, weil sie die „darin zum Ausdruck kommende Gleichstellung mit den amerikanischen Universitäten ablehnten" (VOM BROCKE 1981, 140 f.; vgl. auch 4.3.3.2 zum heutigen Verhältnis).

Zwischen 1905/06 und 1913/14 waren insgesamt neun Professoren aus Harvard in Berlin und acht Professoren aus Deutschland in Harvard (einer zweimal; vgl. VOM BROCKE 1981, 142). Weitere acht US-amerikanische Professoren hatten zwi-

---

[205] Ein erster Impuls zur Institutionalisierung des Austausches mit der Harvard Universität ging von der Initiative eines deutschen Harvard-Professors aus, mit finanzieller Unterstützung des Deutschen Reiches ein Museum für deutsche Kunst und Kultur in Cambridge aufzubauen und dort jährliche Vortragszyklen deutscher Gelehrter abzuhalten (heutiges Busch-Reisinger-Museum; vgl. VOM BROCKE 1981, 138 ff.).

schen 1906/07 und 1913/14 die Kaiser Wilhelm-Professur in Berlin inne, während ebenfalls acht deutsche Professoren die Roosevelt-Professur in Columbia besetzten (VOM BROCKE 1981, 145). Kulturelle Beziehungen zum Gastland, deren wichtige Bedeutung für einen längerfristigen Auslandsaufenthalt anhand der Nominierungszahlen für das Preisträgerprogramm deutlich wurde (vgl. 3.1.3.3), spielten auch damals eine Rolle, da acht von neun Roosevelt-Professoren und mindestens vier von neun Professoren aus Harvard in Deutschland studiert hatten (VOM BROCKE 1981, 145). Gleichzeitig kommt darin die weltweit führende Stellung der deutschen Wissenschaften in der zweiten Hälfte des 19. Jahrhunderts zum Ausdruck.

Die von den Mitinitiatoren des Austausches angestrebte 'geistige Verschmelzung der beiden Völker' durch einen regelmäßigen Gedankenaustausch, der Wissenschaftler im gesamten Gebiet beider Länder einschließen sollte (VOM BROCKE 1981, 141), wurde ab dem Wintersemester 1914/15 vom Ausbruch des Ersten Weltkriegs unterbrochen. Auf beiden Seiten des Atlantiks sagten die bereits ernannten Professoren ihre Teilnahme an den Programmen ab, und auch die anderen transatlantischen Wissenschaftsbeziehungen, die in Form von Gastvorträgen, Gastprofessuren und Vortragszyklen neben dem institutionalisierten Professorenaustausch Bestand hatten, kamen durch den Beginn des Ersten Weltkrieges zum Erliegen.

3.2.3.2 Anknüpfungspunkte in der Zwischenkriegszeit

Nach der kriegsbedingten Zäsur durch den Ersten Weltkrieg, in dem sich Deutschland und die USA als Kriegsgegner gegenüberstanden, sind die transatlantischen Wissenschaftsbeziehungen nur allmählich wieder aufgenommen worden (DÜWELL 1983, 106). Wesentlich verantwortlich dafür war eine Entfremdung zwischen Deutschen und Amerikanern, die Ende der 1880er Jahre im Zuge außenpolitischer Interessenskonflikte und imperialistischer Konkurrenz begann und im Ersten Weltkrieg ihren Höhepunkt erreichte (CHRISTOF 1975, 1-28). Obgleich die amtlichen Beziehungen zwischen der deutschen und der amerikanischen Regierung sowohl unter Theodore Roosevelt (1901-09) und vor allem in der Amtszeit von William Howard Taft (1909-13) fast freundschaftlichen Charakter hatten (CHRISTOF 1975, 15), kam in der öffentlichen Meinung in den USA ein zunehmendes Mißtrauen gegenüber den militärischen Interessen Deutschlands auf, das sich vor dem Hintergrund einer deutsch-englischen Flottenrivalität und enger werdender Beziehungen zwischen England und Amerika verschärfte (CHRISTOF 1975, 19). Das starke Mißtrauen gegenüber Deutschland in den USA wurde nach CHRISTOF (1975, 21) maßgeblich von der Art der englischen Nachrichtenvermittlung bei gleichzeitigem Fehlen eines deutschen Nachrichten- und Pressedienstes in den USA geschürt und ging von deutscher Seite her mit einer völligen Vernachlässigung publizistischer Auslandswerbung einher. Darüber hinaus war der kulturelle Einfluß Deutschlands auf die politischen Entscheidungsträger und die öffentlichen Wortführer in Ermangelung von Sprachkenntnissen sehr beschränkt. Zum Beispiel war auch die Zahl der Amerikaner mit Studienerfahrung in Deutschland, wie bereits angemerkt, seit den 1890er Jahren stark rückläufig. Die Entfremdung gipfelte nach dem Kriegseintritt der USA in massiven anti-deutschen Kampagnen, die unter anderem dazu führten,

3.2 Wissenschaft und Forschung in Deutschland und den USA

daß der Schulunterricht in deutscher Sprache in 22 Staaten vorübergehend verboten wurde und damit der Anteil der Deutsch lernenden Schüler von einem Viertel vor dem Krieg auf unter ein Prozent nach dem Krieg sank (KAMPHOEFNER 1983, 173).

Trotz dieser Entfremdung wurden wissenschaftliche Kontakte in die USA eher wieder aufgenommen als zu den anderen Kriegsgegnern (LITTMANN 1996, 22). Viele Initiativen zur Wiederbelebung gingen in den 1920er Jahren von der finanzkräftigeren amerikanischen Seite aus, weil dort das Stiftungskapital nicht wie in Deutschland durch die Inflation verlorengegangen war (VOM BROCKE 1981, 160). Allerdings waren deutsche Administratoren und Wissenschaftler an der Neukonzeption fast immer unmittelbar beteiligt. Zum Beispiel wurde 1922 eine Gruppe von Studierenden aus Heidelberg von US-amerikanischen Studierenden, die sich der europäischen Jugendbewegung verbunden fühlten, in die USA eingeladen. Dieser erste Kontakt gilt als Keimzelle des organisierten internationalen Studentenaustausches, weil sich daraus der *American German Student Exchange* (1923) und die Staatswissenschaftliche Austauschstelle beim Institut für Sozial- und Staatswissenschaften der Universität Heidelberg (1924) entwickelten, aus denen 1925 der Akademische Austauschdienst e.V. (AAD) hervorging. Dieser siedelte im gleichen Jahr von Heidelberg nach Berlin über und wurde 1931 zum ersten DAAD (vgl. HEINEMANN 2000, 172; LITTMANN 1996, 22-23). Obgleich das Hauptaugenmerk des AAD auf dem Austausch von Studierenden lag, sah die Organisation in Kooperation mit dem *Institute of International Education* (IIE, New York) von Anfang an auch finanzielle Hilfen für den Professorenaustausch vor (LITTMANN 1996, 23).[206]

Ab 1923 stellte die amerikanische *Rockefeller Foundation* der Notgemeinschaft der deutschen Wissenschaft Stipendien für den medizinischen Nachwuchs zur Verfügung. Diese wurden 1927 durch eigene Auslandsstipendien der Notgemeinschaft ergänzt, um Wissenschaftlern aller Fachgebiete Studien- und Forschungsaufenthalte in Nordamerika zu ermöglichen (LITTMANN 1996, 35 f.). Auch in Hinblick auf den ehemals institutionalisierten deutsch-amerikanischen Professorenaustausch wurden die Kontakte – wiederum unter Beteiligung deutscher Administratoren und Wissenschaftler – ab 1927 von US-amerikanischer Seite wiederbelebt (VOM BROCKE 1981, 160). In Anknüpfung an den Harvard-Berlin-Austausch entstand an der Harvard University, in Verbindung mit dem dortigen Germanischen Museum, ein *Kuno Francke Professorship of German Art and Culture*, dessen erster Inhaber der Berliner Kunstgeschichtler Adolph Goldschmidt war (1927/28 sowie 1929 bis 1932; vgl. VOM BROCKE 1981, 161). Von der Columbia Universität aus sind zwischen 1931/32 und 1934/35 drei Roosevelt-Professoren nach Berlin entsandt und ab 1931 – nach dem Wegfall der Kaiser Wilhelm-Professuren – Gastprofesso-

---

[206] In der 1919 gegründeten Kulturabteilung im Auswärtigen Amt wurde in den 1920er Jahren erstmals das Konzept staatlich unterstützter, jedoch unabhängig von kurzfristigen politischen Zielen operierender Mittlerorganisationen entwickelt, das jedoch schon 1917 bei der Gründung des Deutschen Auslands-Instituts in Stuttgart angewendet worden war (DÜWELL 1984, 246). Vor diesem Hintergrund wurde auch die Alexander von Humboldt-Stiftung im Jahr 1925 durch das damalige Deutsche Reich gegründet (vgl. Abb. 14, S. 164), 1932 folgte die Gründung des Goethe-Instituts zur Pflege der deutschen Sprache und Kultur im Ausland (DÜWELL 1984, 246). Die 1920er Jahre bedeuteten somit eine Phase der Etablierung von staatlich geförderten, aber möglichst autonomen Mittlerorganisationen der auswärtigen Kulturpolitik, die für eine gezielte Förderung akademischer Mobilität zuständig waren.

ren der deutschen Sprache und Literatur eingeladen worden. Allerdings sah sich die amerikanische Seite nach der Machtergreifung Hitlers durch Entwicklungen wie die Einschränkung der Lehrfreiheit an deutschen Universitäten, die Bedrohung kritischer Professoren und ein 'rüpelhaftes' Verhalten deutscher Studierender veranlaßt, die wissenschaftlichen Austauschbeziehungen im Jahr 1935 auszusetzen und diese nach den Ereignissen der Reichskristallnacht vom November 1938 endgültig abzubrechen (VOM BROCKE 1981, 161). In gleicher Weise zogen sich amerikanische Stiftungen wie die *Rockefeller Foundation* allmählich aus der Förderung transatlantischer Wissenschaftsbeziehungen mit dem Deutschen Reich zurück (vgl. LITTMANN 1996, 36 f.).

3.2.3.3 Flucht und Vertreibung in der NS-Zeit

Im Zuge der Gewaltherrschaft der Nationalsozialisten haben die Wissenschaften im deutschsprachigen Raum nach 1933 rund ein Drittel ihres Personals verloren (KROHN et al. 1998, 681). Dies entsprach ungefähr 3.000 Wissenschaftlern, von denen etwa zwei Drittel auswanderten, andere kamen in Konzentrationslagern ums Leben.[207] Grundlage der Entlassung aller 'nichtarischen' und politisch unbequemen Wissenschaftler aus dem Staatsdienst war das am 7. April 1933 erlassene 'Gesetz zur Wiederherstellung des Berufsbeamtentums' (KROHN et al. 1998, 681). Es setzte eine Auswanderungswelle von deutschen und vor allem deutsch-jüdischen Wissenschaftlern in Gang, die durch politischen Protest, durch zunehmende öffentliche Demütigungen von Personen jüdischer Herkunft und deren Furcht vor Schlimmerem zusätzlich verstärkt wurde. Die Auswanderung geschah oft auf Anraten wissenschaftlicher Kollegen und Freunde aus dem In- und Ausland oder in Reaktion auf die konkrete Aufforderung inländischer Kollegen, und sie war bei bekannteren Persönlichkeiten meist mit einer Einladung oder einem Stellenangebot aus dem Ausland verbunden (vgl. die Beiträge in HASSLER und WERTHEIMER 1997; siehe auch LITTMANN 1996, 45 ff.).

Zur wissenschaftlichen Elite, die das nationalsozialistische Regime durch seine Gesetze und Taten vertrieb oder zur Flucht veranlaßte, gehörten Albert Einstein (Auswanderung 1933), der Anfang der 1920er Jahre vom deutschen Botschafter in London noch als ein deutscher Kulturfaktor ersten Ranges bezeichnet worden war (HERMANN 1997, 26), Lise Meitner (1941), die trotz des Exils Otto Hahn über fortgesetzten Kontakt vermutlich maßgeblich bei seiner nobelpreiswürdigen Durchführung der Kernspaltung unterstützte (KRAFFT 1997, 34), und viele andere wie Max Born, Fritz Haber, Hans A. Krebs, Paul F. Lazarsfeld, Kurt Lewin, Otto Stern (alle 1933), Felix Bloch, Erich Fromm, Erwin Panofsky (alle 1934), Walter Friedlaender,

---

[207] KROHN et al. 1998, 681; vgl. auch AUTHIER 1998, 1026; HERMANN 1997, 19. Zu berücksichtigen ist, daß die Zahl der entlassenen Wissenschaftler je nach betrachteter Berufsgruppe variieren kann. Nach MÜLLER (1990, 96) ist bis 1939 schätzungsweise die Hälfte des gesamten Lehrkörpers an den deutschen Hochschulen entlassen bzw. pensioniert und durch parteikonforme Lehrkräfte ersetzt worden. In mehreren Fachgebieten wurden mehr als die Hälfte der Wissenschaftler entlassen; Spezialgebiete wie die Wissenschaftstheorie des Logischen Empirismus ('Wiener Kreis') oder die Judaistik hörten in Deutschland vollständig auf zu existieren (KROHN et al. 1998, 682).

3.2 Wissenschaft und Forschung in Deutschland und den USA

Richard Krautheimer (beide 1935), Arnold Bergstraesser, Heinz Fraenkel-Conrat (beide 1936), Ernst Bloch (1938), Hannah Arendt, Ernst Cassirer, Fritz Lippmann (alle 1941) und das Frankfurter Institut für Sozialforschung mit Max Horkheimer (1934), Herbert Marcuse (1934) und Theodor W. Adorno (1938) (vgl. GLASER 1985, 140 ff.; HASSLER und WERTHEIMER 1997). Deutschland verlor durch die 'geistige Enthauptung' auch 24 bereits ausgezeichnete und spätere Nobelpreisträger an das Ausland (MÜLLER 1990, 96). Für viele der emigrierten Wissenschaftler, Künstler und Intellektuellen stellten die USA eine neue, dauerhafte Heimat dar. Einige von ihnen, wie zum Beispiel der Biochemiker Heinz Fraenkel-Conrat (1910-99), kehrten später als Humboldt-Forschungspreisträger für einen längeren Gastaufenthalt an deutsche Forschungsinstitutionen zurück (vgl. 4.2.1.7).

Obgleich die Zeit nach 1933 von einem in der neueren Geschichte beispiellosen Exodus der Wissenschaften bestimmt war, hatten noch bis zum Kriegsbeginn verschiedene institutionalisierte Formen der deutsch-amerikanischen Wissenschaftsbeziehungen Bestand. Der DAAD förderte weiterhin rund 20% der Deutschlandaufenthalte US-amerikanischer Studierender; die übrigen kamen mit finanzieller Unterstützung US-amerikanischer Stiftungen und privater Quellen für ein bis zwei Semester nach Deutschland. Allerdings sank ihre Zahl von 800 im Studienjahr 1932/33 auf rund 250 in den Jahren nach der Machtergreifung der Nationalsozialisten ab (LITTMANN 1996, 61). Gleichzeitig vergab der DAAD USA-Stipendien für deutsche Studierende. Als Ausdruck der Gleichschaltung des akademischen Austausches mit der Ideologie des Dritten Reiches mußten die Stipendiaten jedoch die Kriterien der 'arischen Abstammung', einer eindeutig-bejahenden Haltung zum nationalsozialistischen Staat und eines abgeleisteten Arbeits- oder Wehrdienstes erfüllen (LITTMANN 1996, 64). In ähnlicher Weise wurden nach 1933 einzelne Beziehungen zwischen deutschen und amerikanischen Hochschulen fortgesetzt und liefen verschiedene US-amerikanische Finanzhilfen für deutsche Forschungsprojekte weiter, obwohl sich zur gleichen Zeit bereits viele US-amerikanische Universitäten (z. B. *Columbia, Harvard, University of Chicago, New York University, University of California*) und Stiftungen (z. B. *Rockefeller Foundation*) im eigenen Land intensiv um die Unterstützung aus Deutschland vertriebener Wissenschaftler kümmerten (KROHN et al. 1998, 683ff.; LITTMANN 1996, 62).[208] Erst mit dem Ausbruch des Zweiten Weltkrieges kamen die traditionellen deutsch-amerikanischen Wissenschaftsbeziehungen vollständig zum Erliegen (LITTMANN 1996, 74).

In der Zeit des Nationalsozialismus gingen von rund einer halben Million Vertriebener aus dem nationalsozialistischen Herrschaftsbereich mehr als ein Viertel in die USA (KROHN 1998, 446).[209] Nur wenige von ihnen kehrten nach dem Krieg dauerhaft nach Deutschland zurück (vgl. auch 4.2.1.2; 4.2.1.7):[210]

---

[208] Diese Bemühungen komplementierten die Integrationsmaßnahmen zahlreicher Organisationen wie dem bereits ab Mai 1933 operierenden *Emergency Commitee in Aid of German Displaced Scholars*, die sich unter der Dachorganisation des *National Coordinating Committee for Aid to Refugees and Emigrants Coming from Germany* zusammenfanden (LITTMANN 1996, 48-50).

[209] In den Jahren bis 1945 waren jeweils rund 90% der deutsch-österreichischen Einwanderer in die USA in der Rubrik *Jewish* erfaßt. Rund ein Drittel besaß einen Universitätsabschluß (LITTMANN 1996, 43).

[210] Unter allen emigrierten Wissenschaftlern traf dies nach KROHN et al. (1998, 683) für knapp 10% zu.

From 1933 on the American universities profited from the arrival of many of Europe's greatest scholars and scientists as well as a number of clever intellectuals of a sophistication beyond that known to their American counterparts. They were, for the most part, heirs of the German university tradition, which [...] was the greatest expression of the publicly supported and approved version of the theoretical life (Allan Bloom zit. in LITTMANN 1996, 40-41; vgl. auch LITTMANN 1996, 47).

3.2.3.4 Vom Wandel der Zentren

Mit dem Exodus der deutschen Wissenschaften manifestierte sich die Verlagerung des weltweiten nationalen Wissenschaftszentrums von Deutschland in die USA. Diese hatte sich allerdings durch die Reform und den kontinuierlichen Ausbau des US-amerikanischen Wissenschaftssystems bereits seit Beginn des 20. Jahrhunderts angebahnt und wurde durch die Zäsuren der beiden Weltkriege, einschließlich der Beeinträchtigungen der deutschen Hochschulforschung durch die nationalsozialistische Ideologie und der intellektuellen Reparationen Deutschlands an die Siegermächte vielleicht nur beschleunigt (vgl. BEN-DAVID 1971, 137 f.).

Während sich die Bevölkerungszahl der USA zwischen 1870 und 1930 verdoppelte (HENNING 1999, 178; vgl. auch Abb. 21, S. 196), führte der kontinuierliche Aufbau des US-amerikanischen Wissenschaftssystems zwischen 1903 und 1933 zu mehr als einer Verfünffachung der Zahl der Wissenschaftler von 4.000 auf 22.000 (vgl. DE SOLLA PRICE 1974, 48). Deutschland besaß 1933 etwa 8.000 Wissenschaftler (vgl. Fußnote 207). In den 1920er Jahren verzeichneten die USA auch erstmals den weltweit höchsten Wert an finanziellen Aufwendungen für Forschung und Entwicklung (BEN-DAVID 1971, 187).

Die grundlegende Reform des US-amerikanischen Hochschulwesens, die im letzten Drittel des 19. Jahrhunderts nach deutschem Vorbild erfolgt war, hatte dazu geführt, daß ein Studium in Deutschland von diesem Zeitpunkt an für eine Wissenschaftlerkarriere nicht mehr zwingend notwendig war. Gleichzeitig waren in Frankreich und England die universitären Eingangsprüfungen erleichtert worden, so daß diese Länder aus Sicht einiger ausländischer Studierender zunehmend attraktive Ziele für einen Studienaufenthalt in Europa darstellten. Der deutliche Rückgang US-amerikanischer Studierender an deutschen Universitäten zwischen 1880 und 1912 um rund zwei Drittel (VOM BROCKE 1981, 137) war somit zum einen Ausdruck einer Dezentralisierung wissenschaftlicher Kapazitäten, die zwangsläufig auf Kosten der vorherigen Monopolstellung der deutschen Universitäten erfolgen mußte. Zum anderen wird die zuvor beschriebene Entfremdung zwischen Deutschland und den USA zu einem Rückgang des Interesses an einem Studienaufenthalt in Deutschland beigetragen haben (vgl. 3.2.3.2).

Trotz dieser Entwicklungen, die in Deutschland selber von zunehmend unflexiblen und langfristig innovationshemmenden Organisationsstrukturen an den Universitäten begleitet wurden, hatte die wissenschaftliche Überlegenheit der deutschen Universitäten auch in den 1920er Jahren Bestand (vgl. BEN-DAVID 1971, Kap. 7). Wesentlichen Anteil daran besaß die große Zahl herausragender Forscherpersönlichkeiten, von denen, wie zuvor geschildert, ab 1933 viele aus dem Land

3.2 Wissenschaft und Forschung in Deutschland und den USA

gejagt wurde. Bis zur Entfaltung der nationalsozialistischen Gewaltherrschaft jedenfalls fungierten Deutschlands Universitäten als weltweit beliebtester Ausbildungsort und Treffpunkt ausländischer Studierender und Gastwissenschaftler: [211]

> Uninvolved in the political tensions and occupational uncertainties of their hosts, the visiting scientists saw the German university in the light of its ideal self: as a seat of the purest learning for its own sake and an unequalled center of overall excellence. Under these conditions it was easy to maintain German scientific supremacy by judicious governmental intervention in the affairs of science. This, situation, however, could last only as long as there was a government interested in the maintenance of such supremacy (BEN-DAVID 1971, 138).

Welche großen Zäsuren die beiden Weltkriege für die deutschen Wissenschaften bedeuteten, läßt sich zum einen am Beispiel der in den *Chemical Abstracts* zwischen 1920 und 1960 erfaßten Aufsätze verdeutlichen: 1910 produzierte Deutschland noch 45% aller in den *Chemical Abstracts* erfaßten Artikel. Im Jahr 1919 betrug dieser Anteil rund 15%, 1930 wiederum 30%, im Jahr 1948 nur noch knapp 3% und 1960 etwa 9%. Dabei wurden die großen kriegsbedingten Publikationsausfälle in Deutschland im wesentlichen in den USA absorbiert. Der US-amerikanische Anteil an den Artikeln in den *Chemical Abstracts* steigerte sich zwischen 1910 und 1960 kontinuierlich von 20% auf rund 26% und wies sogar kriegsbedingte Spitzen von 45% (um 1920) und 42% (1948) auf (DE SOLLA PRICE 1974, 107). Gleichzeitig expandierten auch die Anteile von Japan und der Sowjetunion von 3% bzw. 4% auf 9% bzw. 20%.

Ein zweites Beispiel für die kriegsbedingt beschleunigte Verlagerung des internationalen Wissenschaftszentrums bieten die nach Deutschland und in die USA vergebenen Nobelpreise der Naturwissenschaften. Bis zum Beginn des Ersten Weltkrieges (1901-13) sind von 39 vergebenen Nobelpreisen in den Fächern Physik, Chemie und Medizin 13 an Wissenschaftler aus Deutschland (33%) und einer an einen Wissenschaftler aus den USA verliehen worden (3%). Im Jahr 1933 betrug dieses Verhältnis 28 (D: 33%) zu 6 (USA: 7%), während zwischen 1901 und 1998 von insgesamt 271 Nobelpreisen in den drei Fächern Physik, Chemie und Medizin 53 (20%) an mindestens einen deutschen und 119 (44%) an mindestens einen US-amerikanischen Wissenschaftler gingen (HARENBERG LEXIKON VERLAG 1998, 682-689; eigene Berechnung).[212]

Wesentlichen Anteil an der Stärkung der US-amerikanischen Wissenschaft sowie industriellen und militärischen Forschung hatten auch die intellektuellen Reparationsleistungen Deutschlands nach dem Zweiten Weltkrieg, in deren Rahmen unter anderem geheimgehaltene Dokumente, darunter Patentinformationen,

---

[211] BEN-DAVID (1971) analysiert die näheren Hintergründe der Verlagerung der weltweit führenden Wissenschaftsnation seit dem Beginn der modernen Wissenschaften in Europa: von Italien nach England um 1650, von dort nach Frankreich um 1750, von dort nach Deutschland um 1850 und schließlich in die USA seit den späten 1930er Jahren.

[212] Nach der Zahl der Nobelpreisträger fällt das Verhältnis weniger günstig für Deutschland aus, da die naturwissenschaftlichen Nobelpreise seit dem Zweiten Weltkrieg fast immer zwischen mehreren Personen geteilt wurden. So stammten zwischen 1901 und 1998 11% aller Nobelpreisträger der Fächer Physik, Chemie und Medizin aus Deutschland (72) und 37% aus den USA (250).

Pläne und Forschungsergebnisse, von etwa 20.000 deutschen Industrieunternehmen auf Mikrofilm aufgezeichnet, in die USA transferiert und ab 1947 interessierten amerikanischen Unternehmen zur Verfügung gestellt wurden (vgl. GIMBEL 1990; MEUSBURGER 1998, 170-174). Diese O*peration Paperclip* war Teil einer umfassenden Mobilisierungskampagne, die das Ziel verfolgte, möglichst alle technischen und wissenschaftlichen Informationen der Deutschen durch die Aufzeichnung von Labordokumenten und die Befragung von Wissenschaftlern und Ingenieuren verfügbar zu machen. Dazu wurden nicht nur die hochwertigsten Dokumente und Maschinen, sondern auch die wichtigsten Wissenschaftler und Ingenieure in die USA gebracht, um die abgeschöpften Informationen auf Grundlage ihres Detailwissens effektiver ausbeuten und die Expertise dieser Wissenschaftler dauerhaft nutzen zu können. Bekanntestes Beispiel ist vermutlich die *Operation Overcast*, die 350 Raketentechniker um Wernher von Braun in die USA brachte (vgl. MEUSBURGER 1998, 173; Fußnote 234). Im Rahmen der intellektuellen Reparationen Deutschlands, um die Russen, Briten, Franzosen und US-Amerikaner konkurrierten, wurden allein von US-Behörden etwa fünf Millionen Seiten Text über wissenschaftliche Erkenntnisse, Technologien und Patente in die USA transferiert und zwischen 1945 und 1955 765 hochrangige Wissenschaftler und Ingenieure aus Deutschland in die USA gebracht (MEUSBURGER 1998, 172-173).

3.2.3.5 Die zweite Hälfte des 20. Jahrhunderts

Nachdem sich Deutschland und die USA zwischen 1941 und 1945 zum zweiten Mal im 20. Jahrhundert als Kriegsgegner gegenübergestanden hatten, waren die USA als eine der vier Sieger- und Besatzungsmächte nicht nur an massiven Reparationsleistungen und verschiedenen Maßnahmen zur Kontrolle der Forschung interessiert, die in Westdeutschland teilweise bis 1955 existierten (WEINGART 1998, 724; MEUSBURGER 1998, 174-175),[213] sondern auch ganz wesentlich am Wiederaufbau Deutschlands beteiligt (vgl. 3.1.1 zur Marshallplanhilfe).[214] Die alliierten Besatzungsmächte hatten in diesem Zusammenhang schon früh erkannt, daß grenzüberschreitende Austauschprogramme und Auslandskontakte für die Veränderung politischer Einstellungen und die Übertragung neuer Ideen und demokratischer Leitbilder wichtig sein können. Bereits 1946 war von amerikanischer Seite empfohlen worden, das gerade verabschiedete Fulbright-Programm auch auf Deutschland anzuwenden sowie die *Reeducation* Deutschlands durch den Import neuer Ideen und Methoden über den Austausch von Texten, Lehrern, Studierenden und führenden Persönlichkeiten verschiedener Berufssparten zu unterstützen (vgl. LITTMANN 1996, 77-79). Während in der unmittelbaren Nachkriegszeit die *Reeducation* breiter Bevölkerungsschichten im Mittelpunkt stand, nahmen 1947/48 die ersten 214 deutschen Studierenden am Austauschprogramm der amerikanischen

---

[213] 1955 wurden mit den Pariser Verträgen die Beschränkungen der Kernenergieentwicklung durch die Alliierten aufgehoben, was der Förderung der Kernforschung den Weg bereitete (WEINGART 1998, 725).

[214] Zur Entwicklung der deutsch-amerikanischen Beziehungen seit 1945 vgl. JUNKER 2001a; 2001b; RIEß und BORTFELD 1994.

Besatzungsbehörde OMGUS *(Office of Military Government US)* teil (LITTMANN 1996, 75-82). Insgesamt sind zwischen 1945 und 1955 mehr als 12.000 Deutsche im Rahmen staatlicher 'Umerziehungs-' und Austauschprogramme in die USA gegangen (BREITENBACH 1984, 138).

Nach LITTMANN (1996, 84) waren „offenbar auch die ersten Wissenschaftler nicht unter fachlichem Siegel, sondern wegen ihrer Funktion in Gemeinden und Organisationen eingeladen" worden, weshalb die ersten richtigen transatlantischen Wissenschaftsbeziehungen nach dem Zweiten Weltkrieg im wesentlichen durch private Initiativen auf der Basis alter Bekanntschaften und Freundschaften, vor allem unter Beteiligung emigrierter Wissenschaftler erfolgten. Diese waren in der Regel mit einer finanziellen Unterstützung durch die amerikanische Seite verbunden (z. B. Ford und Rockefeller Foundation; vgl. AVH 1993, 51-57; LITTMANN 1996, 102-104).

Erst mit Gründung der Bundesrepublik Deutschland im Jahr 1949 wurde die Basis für eine neue, umfassende Institutionalisierung transatlantischer Wissenschaftsbeziehungen gelegt; zum einen durch die Wieder- und Neugründung der selbständigen, nicht-staatlichen, aber staatlich unterstützten Mittler- und Wissenschaftsorganisationen mit internationalen Aufgaben, darunter der Deutsche Forschungsrat und die Notgemeinschaft der deutschen Wissenschaft (beide 1949), die 1951 zur Deutschen Forschungsgemeinschaft (DFG) vereinigt wurden (Gastprofessorenprogramm ab 1956; vgl. Fußnote 219), ferner der Deutsche Akademische Austauschdienst (DAAD, 1950), die Max-Planck-Gesellschaft (MPG, 1951; Nachfolgerin der Kaiser-Wilhelm-Gesellschaft), das Goethe-Institut (1952) und die Alexander von Humboldt-Stiftung (AvH, 1953); zum anderen wurde die Bundesrepublik im Rahmen des deutsch-amerikanischen Kulturabkommens von 1952 auch in das Fulbright-Programm einbezogen. Indem der deutsch-amerikanische Fulbright-Austausch von Professoren, Lehrern und Studierenden ab 1953 explizit den wissenschaftlichen Fortschritt, das gegenseitige Verständnis und die internationale Integration der deutschen Wissenschaften förderte, markierte er nach LITTMANN (1996, 111) die endgültige Ablösung der *Reeducation/Reorientation*-Periode im akademischen Personenaustausch.[215] Seit 1954 entstanden auch wieder Hochschulpartnerschaften zwischen deutschen und amerikanischen Universitäten. Den Anfang machte ein Kooperationsabkommen zwischen der Universität Bonn und der *University of Wisconsin* in Madison, ein Jahr später folgten Partnerschaften zwischen der Universität Köln und der *University of California* in Berkeley sowie der Freien Universität Berlin und der *University of Minnesota*. Bis Ende der 1990er Jahre wurden auf diese Weise über 500 deutsch-amerikanische Hochschulpartnerschaften vereinbart (BINDENAGEL 1997, 2).

---

[215] Zwischen 1953 und 1960 unterstützte das bis 1964 ausschließlich aus amerikanischen Mitteln finanzierte Fulbright-Programm jährlich etwa 30 bis 40 habilitierte deutsche Wissenschaftler, 170 bis 200 deutsche Studierende sowie 35 bis 50 US-amerikanische Wissenschaftler und 240 bis 300 Studierende aus den USA (AvH 1982, 7; LITTMANN 1996, 116). Im Humboldt-Forschungsstipendienprogramm erreichten die Förderzahlen rund fünf US-Wissenschaftler pro Jahr (1953-63 wurden insgesamt 47 US-Wissenschaftler gefördert; vgl. AvH 1993, 290).

Mit dem NATO-Beitritt Westdeutschlands am 6. Mai 1955 manifestierte sich die Westbindung der einen Tag zuvor als souveräner Staat anerkannten Bundesrepublik, was sich langfristig in einer Westorientierung der internationalen Wissenschaftsbeziehungen ausdrückte. Anhand der Bewerbungen und Förderzahlen im Humboldt-Forschungsstipendienprogramm als dem zahlenmäßg bedeutendsten Förderprogramm für langfristige Forschungsaufenthalte ausländischer Wissenschaftler in Deutschland zeigt sich, daß zwischen 1953 und 2002 die absolute und relative Bedeutung der Gastwissenschaftler aus den USA über die ersten drei Dekaden hinweg kontinuierlich angestiegen ist, während Beziehungen zu Rußland erst in den 1970er Jahren und zu China erst 1979 begannen (JÖNS 2002a).

In den 1950er Jahren war die deutsche Wissenschaftslandschaft von dem Bestreben geprägt, das Vertrauen in deutsche Institutionen und Personen wiederherzustellen, vertriebene Wissenschaftler zurückzuberufen, die Forschungsinfrastruktur wiederaufzubauen und an internationale Wissenschaftsbeziehungen anzuknüpfen. Das Wiederaufleben der akademischen Auslandsbeziehungen wurde jedoch bis in die 1960er Jahre hinein von einer zweiten Welle des *brain drain* in die USA überlagert. Im Rahmen dieser zweiten wissenschaftlichen Emigrationswelle des 20. Jahrhunderts gingen zwischen 1949 und 1968 noch einmal etwa 1.800 Naturwissenschaftler und 5.000 Techniker aus der Bundesrepublik in die USA, weil sie in Deutschland keine Chance für einen wissenschaftlichen Neubeginn sahen und zudem attraktive Angebote in den USA wahrnehmen konnten (GLASER 1985, 209; für Beispiele emigrierter US-Preisträger vgl. 4.2.1.2).

Anfang der 1960er Jahre waren die Austauschbeziehungen der deutschen Wissenschaften nach LITTMANN (1981, 208) „in den Strukturen wiedergewonnen, die traditionell die Zusammenarbeit mit anderen Ländern bestimmten." Allerdings überstieg die Förderung ausländischer Studierender und Wissenschaftler durch staatliche Mittel das zuvor bekannte Ausmaß. Diese Entwicklung setzte sich weiter fort, wobei im Zuge der Bildungsexpansion hohe Investitionen in Wissenschaft und Forschung dafür sorgten, daß Deutschland in den 1970er Jahren durchgängig ein international hohes wissenschaftliches Niveau wiedererlangte und somit als Gastland für ausländische Studierende und Wissenschaftler, auch in den Natur- und Ingenieurwissenschaften, wieder zunehmend attraktiv wurde. Vor diesem Hintergrund bot die Konzeption des Humboldt-Preisträgerprogramm die Möglichkeit, den Amerikanern einerseits für die Wiederaufbauhilfe nach dem Zweiten Weltkrieg zu danken und andererseits einen Forschungsaufenthalt in Deutschland auch für führende US-Wissenschaftler attraktiv zu machen. Seit 1972, dem Jahr des Programmbeginns, konnte so allmählich auch die oberste Hierarchieebene der Wissenschaften systematisch in die internationalen Reintegrationsbestrebungen Deutschlands einbezogen werden, wobei gleichzeitig ein neues Bindeglied der forschungsorientierten deutsch-amerikanischen Wissenschaftsbeziehungen entstand. Eine wesentliche Neuerung stellte dabei das Auswahlverfahren für die Humboldt-Forschungspreise dar, weil es nicht wie bei anderen Mobilitätsprogrammen auf Eigenbewerbungen beruht, sondern Nominierungen durch in Deutschland tätige Wissenschaftler – die potentiellen Gastgeber – zur Grundlage hat (vgl. 3.1.2).

3.2 Wissenschaft und Forschung in Deutschland und den USA

Insgesamt wurden die Formen des transatlantischen akademischen Austausches in den 1970er und 1980er Jahren sowohl in quantitativer als auch in qualitativer Hinsicht facettenreicher (vgl. dazu LITTMANN 1996). Im Preisträgerprogramm zeigte sich dies an einem kontinuierlichen Anstieg der Nominierungszahlen und an der Erweiterung des Programms auf alle Länder und alle Fächer (vgl. 3.1.1). Außerdem nahmen vor allem kurzfristige Besuche im deutsch-amerikanischen Wissenschaftleraustausch zu (LITTMANN 1996, 232; vgl. 4.3.1). Eine Entwicklung, die unter anderem mit einer immer schnelleblger werdenden Wissenschaftswelt durch erhöhten Wettbewerbsdruck und zunehmend preiswertere und kurzfristigere Telekommunikations- und Transportmedien in Zusammenhang steht. Andere jüngere Entwicklungen der transatlantischen Wissenschaftsbeziehungen zwischen Deutschland und den USA sind bereits anhand der Auswertungen zu den Nominierungen und der Auswahl im Preisträgerprogramm deutlich geworden (vgl. 3.1.3). Weitere werden folgen, da die Preisträgermobilität erstens einen wichtigen Bestandteil der deutsch-amerikanischen Wissenschaftsbeziehungen darstellt und zweitens auch im folgenden versucht werden wird, die Mobilität der US-Preisträger immer wieder in einem weiteren Kontext zu betrachten.

Zu den historischen Wissenschaftsbeziehungen zwischen Deutschland und den USA bleibt zusammenfassend festzuhalten, daß es sich um Beziehungen zwischen zwei führenden Wissenschaftsnationen des 20. Jahrhunderts handelt, die seit Jahrhundertbeginn auch in institutionalisierten Formen erfolgten, aber durch zwei Weltkriege für kurze Zeit vollständig unterbrochen wurden. Der Exodus der deutschen Wissenschaften während der NS-Zeit und die kriegsbedingten Zerstörungen in Deutschland haben zur Verlagerung der weltweit führenden Wissenschaftsnation von Deutschland in die USA beigetragen, allerdings deutete sich diese Entwicklung durch hohe Investitionen der um ein Vielfaches größeren USA in das eigene, im Entstehen begriffene Wissenschaftssystem bereits im ersten Drittel des 20. Jahrhunderts an. Nach dem Wandel der USA vom Kriegsgegner Deutschlands im Zweiten Weltkrieg über eine Besatzungsmacht und einen wichtigen Wiederaufbauhelfer in der unmittelbaren Nachkriegszeit bis zum engen NATO-Bündnispartner im letzten Drittel des 20. Jahrhunderts stellten die USA während der gesamten Laufzeit des Preisträgerprogramms in vielerlei Hinsicht das wichtigste Partnerland der deutschen Wissenschaften dar; dies gilt für den Studierenden- und Wissenschaftleraustausch (vgl. DAAD 2001) in gleicher Weise wie für die Hochschulpartnerschaften (vgl. BODE 1995) oder internationale Koautorenschaft in den Natur- und Ingenieurwissenschaften (vgl. 3.2.2).

3.3 Mobilitätsprogramme in der deutschen Förderlandschaft

Lehr- und Forschungsaufenthalte ausländischer Gastwissenschaftler in Deutschland werden von deutscher Seite her im wesentlichen von fünf großen Institutionen finanziell und organisatorisch gefördert.[216] Diese umfassen die beiden großen Mittlerorganisationen deutscher auswärtiger Kulturpolitik, den Deutschen Akademischen Austauschdienst (DAAD) und die Alexander von Humboldt-Stiftung (AvH), die beiden großen deutschen Wissenschaftsorganisationen Max-Planck-Gesellschaft (MPG) und Deutsche Forschungsgemeinschaft (DFG) und die deutsch-amerikanische Fulbright-Kommission (FulKom). Daneben betätigen sich im Rahmen der Förderung von Gastwissenschaftlern in Deutschland nur noch wenige andere Stiftungen, die zudem stärker spezialisiertere Programme und geringere Förderzahlen aufweisen (z. B. KAAD – Katholischer Akademischer Ausländerdienst, politische Stiftungen). Zwischen den fünf großen Förderinstitutionen und ihren Programmen besteht in gewissem Maße eine Arbeitsteilung in Hinblick auf Förderart, Zielgruppen, beteiligte Gastinstitutionen, Schwerpunktsetzung in Forschung und Lehre und Dauer der geförderten Aufenthalte (vgl. Abb. 24; Tab. 6 und 7). Allein die Ausschreibung für Wissenschaftler/-innen aller Länder und Fachgebiete ist mit Ausnahme des Fulbright-Programms (USA, alle Fächer) den Kernprogrammen der großen Fördereinrichtungen gemein.

---

[216] Als ausländische Gastwissenschaftler werden in diesem Kapitel Personen angesehen, die mit der Promotion die formale Ausbildungsphase abgeschlossen haben, oder ohne Doktorgrad eine wissenschaftliche Tätigkeit außerhalb der formalen Hochschulausbildung durchführen. Diese Abgrenzung entspricht der Zielgruppe der *Gastwissenschaftler* im Sinne der Humboldt-Programme, die sich ausschließlich auf Post-Doktoranden beziehen, und folgt zudem der Systematik der DAAD-Jahresberichte, die einerseits Programme für Studierende und Graduierte und andererseits Programme für Wissenschaftler dokumentieren (DAAD 2000b, z. B. 35, 89 ff.). Doktoranden bzw. Graduierte werden somit nicht unter dem Begriff 'Gastwissenschaftler' subsumiert. Zur Verdeutlichung der unterschiedlichen Förderschwerpunkte der Mittler- und Wissenschaftsorganisationen wird dennoch auf die Unterscheidung von Graduierten (vor allem Doktoranden), Post-Doktoranden (Post-Docs) und erfahrenen Wissenschaftlern zurückgegriffen. Diese Kategorien wurden in der ersten HIS-Studie zu akademischer Mobilität aus deutscher Perspektive alle unter dem Terminus Gastwissenschaftler zusammengefaßt (DAAD 2001; vgl. 1.3.4), was aufgrund der großen Heterogenität der jeweiligen Karrierephasen aus der Perspektive dieser Arbeit zu kritisieren ist (vgl. 4.3.1 und Karte 6, S. 297, zu den Standortmustern der verschiedenen Zielgruppen).
  Die Abgrenzung zwischen Post-Docs und erfahrenen Wissenschaftlern findet sich zwar gelegentlich in der HIS-Studie wieder, sie wird jedoch in den Erläuterungen nicht spezifiziert: „Erhoben werden Informationen über die Zahl der Geförderten [...], über deren Zugehörigkeit zu definierten Gefördertengruppen (...)" (DAAD 2001, 75). Da die Humboldt-Forschungsstipendiaten, die als wichtige Bedingung für ein Stipendium einen Doktorgrad aufweisen müssen, aber gleichzeitig bis zu 40 Jahre alt sein dürfen, in der HIS-Statistik auf die Kategorien Post-Docs und erfahrene Wissenschaftler verteilt sind, ist davon auszugehen, daß formale Positionen im Wissenschaftssystem, in diesem Fall der Besitz einer Professorenstelle oder gleichwertigen Position, als Unterscheidungskriterium dienen. Diese Definition wurde zumindest den Ausführungen der vorliegenden Arbeit zugrundegelegt. Dementsprechend wird anstelle Bezeichnung 'erfahren' der Terminus 'etabliert' verwendet, da auch Post-Doktoranden bereits erfahrene Wissenschaftler sein können, auch wenn sie sich einer – als an Positionen gebunden verstandenen – Etablierung im Wissenschaftssystem entziehen.
  Inwiefern die formale Differenzierung zwischen Post-Docs und etablierten Wissenschaftlern in der HIS-Studie für programmübergreifende Daten verwirklicht werden konnte, bleibt an dieser Stelle offen. Wichtig ist, daß die HIS-Daten, die im Falle der MPG in Abb. 24 Eingang gefunden haben, genauso wie die selbst erhobenen Daten immer nur als eine Annäherung an tatsächliche Förderzahlen betrachtet werden können (zur Problematik der Statistik zu internationaler akademischer Mobilität vgl. 1.3.4).

3.3 Mobilitätsprogramme in der deutschen Förderlandschaft

Abb. 24: *Förderung ausländischer Gastwissenschaftler in Deutschland durch die größten Förderorganisationen mit deutscher Beteiligung, 1998*

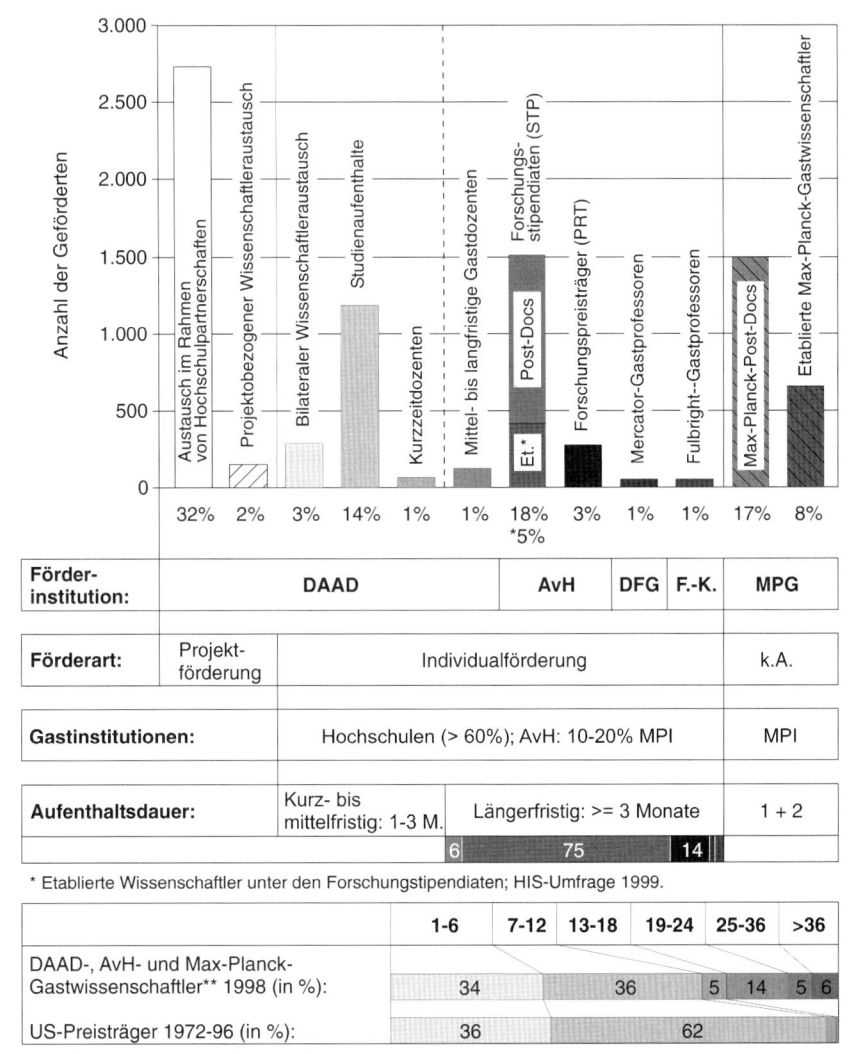

	32%	2%	3%	14%	1%	1%	18% *5%	3%	1%	17%	8%
Förderinstitution:	DAAD						AvH		DFG	F.-K.	MPG
Förderart:	Projektförderung	Individualförderung									k.A.
Gastinstitutionen:	Hochschulen (> 60%); AvH: 10-20% MPI										MPI
Aufenthaltsdauer:	Kurz- bis mittelfristig: 1-3 M.	Längerfristig: >= 3 Monate									1 + 2
		6				75				14	

* Etablierte Wissenschaftler unter den Forschungsstipendiaten; HIS-Umfrage 1999.

	1-6	7-12	13-18	19-24	25-36	>36
DAAD-, AvH- und Max-Planck-Gastwissenschaftler** 1998 (in %):	34		36		5	14	5	6
US-Preisträger 1972-96 (in %):	36		62			

**Graduierte, Post-Docs und etablierte Wissenschaftler; HIS-Umfrage 1999.

Quelle: *Eigene Zusammenstellung und Berechnung aus DAAD 2000b; AvH 1999b; eigene Erhebung bei der DFG; schriftliche Mitteilung von FulKom und HIS (MPG-Daten), vgl. auch DAAD 2001, 50.*

In Hinblick auf akademische Mobilität nach Deutschland liegt der Förderschwerpunkt des DAAD auf kurz- bis langfristigen Aufenthalten ausländischer Studierender und Graduierter. Dennoch engagiert sich die Institution auch im Segment der Wissenschaftlermobilität nach Deutschland in nicht unerheblichem Maße, und zwar sowohl in der Individual- als auch in der Projektförderung. Letztere ist jedoch qualitativ kaum mit der an dieser Stelle interessierenden Individualförderung vergleichbar, weil die entsprechenden Fördermaßnahmen nicht auf individueller Bewerbung oder Nominierung beruhen. Vielmehr handelt es sich bei der Projektförderung im wesentlichen um eine pauschale Zuweisung von Geldern für Reisekostenzuschüsse und andere projektbezogene Maßnahmen, über deren Vergabe dezentral von den jeweiligen Projektleitern entschieden wird.[217] Im Bereich der Individualförderung fördert der DAAD in erster Linie kurz- bis mittelfristige Deutschlandaufenthalte etablierter Wissenschaftler an Hochschulen. Darüber hinaus ist im Zuge des ersten DAAD-Aktionsprogramms zur Stärkung des Studien- und Forschungsstandorts Deutschland (DAAD 1997) die Förderung von Kurzzeitdozenturen mit einer Dauer von bis zu drei Monaten und von Gastdozenturen mit einer Laufzeit von mehr als drei Monaten verstärkt worden (Gastdozentenprogramm im Hochschulsonderprogramm III, seit 1997).

Die Programme der Humboldt-Stiftung umfassen ausschließlich langfristige Forschungsaufenthalte. Diese richten sich zum einen an hochqualifizierte, promovierte ausländische Wissenschaftler im Alter bis zu 40 Jahren (Forschungsstipendien) und zum anderen an etablierte, international renommierte Wissenschaftler (Forschungspreise). Die Aufenthalte können an Hochschulen oder außeruniversitären Forschungseinrichtungen durchgeführt werden. Der quantitative Schwerpunkt der Humboldt-Förderung liegt bei den Geförderten auf Post-Docs und bei den Gastinstitutionen auf Hochschuleinrichtungen, allerdings mit einem substantiellen Anteil von Max-Planck-Instituten (MPI: 10-20%). Darüber hinaus wird von der Humboldt-Stiftung die Eliteförderung im Rahmen ihrer Programme stärker betont als von den anderen Institutionen, was im Preisträgerprogramm besonderen Ausdruck findet.[218]

Die Max-Planck-Gesellschaft fördert kurz- bis langfristige forschungsbezogene Aufenthalte an den gesellschaftseigenen Instituten. Der Schwerpunkt liegt ebenfalls bei der Förderung ausländischer Post-Docs, gefolgt von etablierten Wissenschaftlern und Graduierten. Dagegen konzentrieren sich die zahlenmäßig kleinen Pro-

---

[217] Der zahlenmäßig stark ins Gewicht fallende bilaterale Wissenschaftleraustausch umfaßt z. B. ein auf Gegenseitigkeit angelegtes Programm, bei dem jede Seite die Kosten für den Aufenthalt der Gäste und die Reisekosten für die eigenen Teilnehmer übernimmt. Die Aufenthalte sind bis zu drei Monate lang und schließen Vortragsreisen, Forschungs- und Lehraufenthalte ein (HEINEMANN 2000, 152).

[218] Die Qualitätsmaßstäbe des Preisträgerprogramms werden von seiten der Stiftung immer wieder anhand international bedeutender Auszeichnungen und akademischer Funktionen der Preisträger betont. Zum Beispiel war nach den ersten 25 Jahren des Programms rund ein Zehntel der Mitglieder der *National Academy of Sciences* als Humboldt-Forschungspreisträger in Deutschland zu Gast (AvH 1997a, 7). Zwischen 1972 und 1996 fanden sich zudem 19 Nobelpreisträger unter den Ausgezeichneten (17 US-Preisträger), von denen zehn (neun US-Preisträger) den Nobelpreis nach dem Humboldt-Forschungspreis erhielten (AvH 1997a, 77-89).

3.3 Mobilitätsprogramme in der deutschen Förderlandschaft

gramme der DFG (seit 1956)[219] und der FulKom (seit 1953; vgl. LITTMANN 1996, 116) auf die Förderung längerfristiger Aufenthalte international renommierter Wissenschaftler an deutschen Hochschulen. Sie sind somit von der Konzeption her am ehesten mit dem Preisträgerprogramm der Humboldt-Stiftung vergleichbar. Bei allen drei Programmen handelt es sich um Exzellenzprogramme für längerfristige Deutschlandaufenthalte etablierter Wissenschaftlerinnen und Wissenschaftler, die der Qualität der Zielgruppe entsprechend durch vergleichsweise geringe Förderzahlen charakterisiert sind. Die Humboldt-Forschungspreise unterscheiden sich dennoch in zwei Punkten ganz wesentlich von den Fulbright-Gastprofessuren und den Mercator-Gastprofessuren der DFG. Zum einen betrifft dies die Ehrung für ein Lebenswerk, wodurch dem Preisträgerprogramm das höchste Prestige zukommt und weshalb auch formal pensionierte Wissenschaftler ausgezeichnet werden können. Zum anderen stellt der preisgebundene Modus einer Einladung zu einem frei zu gestaltenden Forschungsaufenthalt einen wichtigen Unterschied dar. Die Programme von DFG und FulKom beziehen sich fast ausschließlich auf Hochschulen[220] und explizit auch auf die Einbindung der Wissenschaftler in die Lehre. Zum Beispiel betont die DFG in ihrer Ausschreibung explizit einen erwarteten Nutzen der Mercator-Gastprofessuren für die Forschung und forschungsorientierte Lehre in Deutschland, vor allem im Sinne einer forschungsbezogenen Ausbildung des wissenschaftlichen Nachwuchses.

---

[219] Für das Jahr 1956 stellte der Stifterverband für die Deutsche Wissenschaft der DFG erstmals einen Betrag von 100.000 DM zur Finanzierung der Aufenthalte von Gastprofessoren in Deutschland zur Verfügung (u. a. Förderung von zwei ganzjährigen Richard-Merton-Gastprofessuren, benannt nach dem ehemaligen Vorsitzenden des Stifterverbandes). Von Beginn an stand das Programm Wissenschaftlern aus allen Fachgebieten und Ländern offen.
Zum Ende des Jahres 1962 wurde mit dem DAAD eine Vereinbarung über die zukünftigen Förderschwerpunkte getroffen, um Überschneidungen der Zuständigkeiten zu vermeiden. Die DFG konzentriert sich seitdem auf längerfristige Gastprofessuren, deren Aufenthaltsdauer mindestens drei Monate beträgt und die im besonderem Interesse für Forschung und Lehre in Deutschland liegen. Kürzere Aufenthalte und solche, die eher dem Informations-, Ausbildungs- oder Fortbildungsbedürfnis der Gastwissenschaftler dienen, übernahm der DAAD (DFG 1964, 85). Der Aufenthaltszeitraum der Richard-Merton-Gastprofessoren erstreckte sich in den 1960er und 1970er Jahren zu zwei Dritteln über zwei Semester und zu einem Drittel über maximal ein Semester (DFG 1970, 125). In den 1980er Jahren erfolgte eine Verschiebung zugunsten kürzerer mehrmonatiger Aufenthalte, die einem allgemeinen Trend in der Wissenschaftsentwicklung folgte (DFG 1979, 159).
Ab 1978 übernahm die Deutsche Forschungsgemeinschaft (DFG) die Finanzierung der Gastprofessoren (1978: 1,9 Mio. DM). Mit der vollständigen Integration in das Normalverfahren der DFG wurde die Bezeichnung *Richard-Merton-Gastprofessoren* aufgegeben und statt dessen allgemein von 'DFG-Gastprofessoren' gesprochen. Um einem Rückgang der Antragszahlen in den 1990er Jahren zu begegnen und folglich das Gastprofessorenprogramm wieder attraktiver zu gestalten, wurde es im Laufe des Jahres 1998 modifiziert. Als wesentliche Änderungen wurden ein neuer identitätsstiftender Name in Form von 'Mercator-Gastprofessuren' etabliert und neben der Stelle (C3- oder C4-Gehalt) und den Reisekosten zusätzliche Mittel für Reisekosten mitreisender Familienangehöriger, die Bezahlung von Hilfskräften (bis zu 25.000 DM) und Kontakt- bzw. Tagungsbesuche innerhalb Deutschlands (bis zu 3.000 DM) bereitgestellt. Die Modifizierungen des DFG-Gastprofessorenprogramms führten bereits in den Jahren 1999 und 2000 zu einem erneuten Anstieg der Antrags- und Förderzahlen. Die Bewilligungsquote lag in der zweiten Hälfte der 1990er Jahre bei rund 80%.

[220] Im Jahr 1997/98 waren zum Beispiel zwei Fulbright-Gastwissenschaftler an außeruniversitären Forschungseinrichtungen zu Gast.

Die beiden Gastprofessorenprogramme weisen eine ausgeglichenere Fächerstruktur als das stark naturwissenschaftlich ausgerichtete Preisträgerprogramm auf und kommen somit vor allem dem großen Bedarf zur Internationalisierung geisteswissenschaftlicher Fachgebiete entgegen (Mercator-Gastprofessuren 1991-99: 49% Naturwissenschaften; 19% Ingenieurwissenschaften; 33% Geisteswissenschaften; für das Preisträgerprogramm vgl. Abb. 19, S. 190). Anders als das Fulbright-Programm, welches nur US-amerikanischen Wissenschaftlern offen steht, richtet sich das DFG-Programm – wie auch das Preisträgerprogramm seit 1982 – an etablierte Wissenschaftler aller Länder. Der Anteil an US-Amerikanern unter den DFG-Gastprofessoren betrug im Zeitraum 1991-99 rund 26%, während die anderen 74% aus 48 weiteren Staaten stammten. Von allen Geförderten der drei großen Exzellenzprogramme kommt jährlich etwa die Hälfte aus den USA, was den Status des Landes als weltweites Wissenschaftszentrum unterstreicht (1998: 49%; PRT: 43%; DFG: 28%; Fulbright: 100%).

Tab. 6: Gastwissenschaftler in Deutschland nach Förderinstitution und Gefördertengruppe, 1998

Institution Gefördertengruppe	DAAD	AvH	MPG	DFG	FulKom	Insgesamt
Graduierte (Anzahl)	5.721	-	452	k.A.	k.A.	6.173
Institution (%)	*83,8*	*0*	*17,4*			*54,6*
Gefördertengruppe (%)	*92,7*	*0*	*7,3*			*100*
Post-Docs (Anzahl)	113	1.087	1.492	k.A.	k.A.	2.692
Institution (%)	*1,7*	*60,8*	*57,5*			*23,8*
Gefördertengruppe (%)	*4,2*	*40,4*	*55,4*			*100*
Etablierte Wissenschaftler	994	701	653	46	52	2.446
Institution (%)	*14,6*	*39,2*	*25,1*	*100*	*100*	*21,6*
Gefördertengruppe (%)	*40,6*	*28,7*	*26,7*	*1,9*	*2,1*	*100*
Insgesamt (Anzahl)	6.828	1.788	2.597	46	52	11.311
Institution (%)	*100*	*100*	*100*	*100*	*100*	*100*
Gefördertengruppen (%)	*60,4*	*15,8*	*23,0*	*0,4*	*0,5*	*100*
Post-Docs und Etablierte (%)	*21,5*	*34,8*	*41,8*	*0,9*	*1,0*	*100*

Quelle: DAAD 2001, 50; schriftliche Mitteilungen von DFG und FulKom; eigene Zusammenstellung und Berechnung.

Im Rahmen der interinstitutionellen Arbeitsteilung bedienen die beschriebenen Förderprogramme sehr verschiedene Segmente zirkulärer akademischer Mobilität. Mit der Betrachtung der zahlenmäßig bedeutendsten Segmente des von deutscher Seite her geförderten Wissenschaftleraustausches sind aber nicht alle Segmente der Wissenschaftlermobilität nach Deutschland dokumentiert worden. Angaben zu kleineren Programmen anderer Institutionen mit deutscher Beteiligung (z. B. auch der EU), zu organisierter Mobilität ohne Unterstützung deutscher Förderinstitutionen und zur freien akademischen Mobilität ausländischer Wissenschaftler nach Deutschland[221] würden das Bild vervollständigen. Dies scheint jedoch aus erhe-

---

[221] Freie akademische Mobilität umfaßt Reisende, die ihre Aufenthalte mit Mitteln von Hochschulen und außeruniversitären Forschungseinrichtungen oder aus privaten Eigenmitteln finanzieren.

3.3 Mobilitätsprogramme in der deutschen Förderlandschaft

bungstechnischen Gründen gegenwärtig nicht realisierbar zu sein (vgl. 1.3.4 und DAAD 2001, 73 ff.). Im Kontext der großen, von deutscher Seite unterstützten Mobilitätsprogramme stellt sich die Bedeutung des Preisträgerprogramms schließlich wie folgt dar:

1) Das Preisträgerprogramm bildet eine wesentliche Stütze der Förderung längerfristiger Aufenthalte etablierter ausländischer Wissenschaftler in Deutschland. Dies gilt vor allem für Gastaufenthalte älterer etablierter Wissenschaftler/-innen und solche an deutschen Hochschulen, da ein Großteil der in diesem Segment Geförderten von der Max-Planck-Gesellschaft an deren eigenen Instituten unterstützt wird (ca. 40%). Der Förderanteil des Preisträgerprogramms beträgt rund 18%; hinzu kommen etablierte Wissenschaftler im Alter bis zu 40 Jahren unter den Humboldt-Stipendiaten (ca. 25%), DAAD-Gastdozenten (10%), DFG-Gastprofessoren (4%) und Fulbright-Gastprofessoren (3%) (Tab. 6 und 7).[222]

2) Als das bei weitem größte von drei bedeutenden Exzellenzprogrammen für etablierte ausländische Wissenschaftlerinnen und Wissenschaftler in der deutschen Förderlandschaft (Humboldt-Preisträger, Mercator- und Fulbright-Gastprofessoren) deckt das Preisträgerprogramm vor allem die Nachfrage nach Deutschlandaufenthalten hochrangiger etablierter Wissenschaftler in den Natur- und Ingenieurwissenschaften ab. Dagegen sind die Fachbereiche Sprach- und Kulturwissenschaften sowie Rechts- Wirtschafts- und Sozialwissenschaften, unter anderem aus Gründen der Programmentwicklung, deutlich unterrepräsentiert. Dies gilt zum einen im Vergleich zur gesamten Förderung etablierter ausländischer Wissenschaftler/-innen durch Humboldt-Stiftung, DAAD und MPG, bei der diese Fachbereiche mit rund 19% bzw. 8% an zweiter Stelle nach den Naturwissenschaften (55%) stehen (DAAD 2001, 51). Zum anderen trifft dies auch im Vergleich zu den Exzellenzprogrammen von DFG und FulKom zu.

3) Ebenfalls aus der Programmgeschichte, aber auch aus der fachlichen Ausrichtung auf die Naturwissenschaften, erklärt sich ein besonders hoher Anteil an US-Amerikanern im Preisträgerprogramm (rund 50% der Geförderten). In dieser Situation spiegelt sich jedoch auch die weiterhin in vielen Fachbereichen international führende Stellung US-amerikanischer Forschung wieder. Ein rückläufiger Anteil würde voraussetzen, daß das Interesse renommierter Professoren von R1-Universitäten an einem längerfristigen Aufenthalt im Ausland oder speziell in Deutschland substantiell nach ließe, daß das Potential an US-Preisträgern, zum Beispiel aus Altersgründen oder durch abnehmende kulturelle Bezüge, die mit wissenschaftlichen Anreizen nicht zu kompensieren wären, zurückgehen würde oder daß sich deutsche Professoren verstärkt Kooperationspartnern in anderen Ländern zuwenden würden (vgl. 3.1.4).

---

[222] Wie zuvor erläutert wurde, ist der Vergleich der genannten Förderprogramme unter dem Gesichtspunkt der Förderung etablierter Gastwissenschaftler nur bedingt möglich, da sie sich letztlich auf verschiedene Untersegmente spezialisiert haben. Beispielsweise gibt es bei den Humboldt-Stipendien eine Altersgrenze, während sich das Gastdozentenprogramm des DAAD im Vergleich zu den Humboldt-Preisen auf eine wesentlich breitere Basis von ausländischen Gastwissenschaftlern wendet, sich ausschließlich auf Hochschulen bezieht und eine Betätigung in der Lehre betont.

Nach der vom DAAD in Auftrag gegebenen HIS-Studie stehen bei den Herkunftsländern aller ausländischen Gastwissenschaftler (in diesem Fall Graduierte, Post-Docs und Etablierte), die sich mit Förderung deutscher Mittlerorganisationen in Deutschland aufhalten, die USA mit einem Anteil von ca. 10% an der Spitze (vgl. DAAD 2001, 55). Für die drei Exzellenzprogramme konnte dagegen ein Anteil von rund 50% an den Geförderten festgestellt werden. Demnach erhöht sich mit zunehmendem wissenschaftlichen Renommee der Zielgruppe der Anteil der USA als Herkunftsland, was zugleich als Ausdruck und Beitrag zu einer räumlichen Konzentration der Herkunftsorte bei steigenden Anforderungen an das wissenschaftliche Niveau der mobilen Wissenschaftler zu werten ist (vgl. auch 1.3.3 und 5.2).

Im zeitlichen Vergleich fällt auf, daß als Resultat der öffentlichen Diskussion um die Attraktivität Deutschlands für ausländische Gastwissenschaftler zum Ende der 1990er Jahre verschiedene Initiativen zur Verbesserung und Erhöhung des Förderangebotes begonnen haben (vgl. Tab. 7). Dazu gehören der Ausbau der DAAD-Gastdozentenprogramms, eine Profilschärfung des Gastdozentenprogramms der DFG und die von der Humboldt-Stiftung im Rahmen des Zukunftsinvestitionsprogramms der Bundesregierung (ZIP) geschaffenen Wolfgang Paul- und Sofja Kovalevskaja-Preise, die 2001 erstmals an 43 junge Wissenschaftler aus dem Ausland vergeben wurden (vgl. 1.3.4). Die 2001 angelaufene Konzertierte Aktion „Internationales Marketing für den Bildungs- und Forschungsstandort Deutschland" soll schließlich institutionenübergreifend dafür sorgen, im Ausland das Interesse an Studien- und Forschungsaufenthalten in Deutschland zu erhöhen.

Tab. 7: Gastwissenschaftler in Deutschland nach Förderprogrammen, 1995-99

Institution Jahr	1995	1996	1997	1998	1999	Mittel 1998-99
Programm (Förderdauer in Monaten)*	Anzahl	Anzahl	Anzahl	Anzahl	Anzahl	Anzahl (%)
DAAD						
Studienaufenthalte (1-3 M.)**	1.339	1.576	1.388	1.175	1.269	1.222 (22,5)
Kurzzeitdozenten (1-3 M.)	0	0	9	61	53	57 (1,1)
Gastdozenten (> 3 M.)	71	11	48	127	190	159 (2,9)
AvH						
Forschungsstipendiaten (6-12 M.)	1.349	1.427	1.546	1.502	1.519	1.511 (27,9)
Forschungspreisträger (4-12 M.)	304	313	291	274	301	288 (5,3)
davon: US-Preisträger	173	176	161	118	121	120 (2,2)
DFG						
Mercator-Gastprofessoren (3-12 M.)	60	59	56	46	72	59 (1,1)
FulKom						
Fulbright-Gastprofessoren (3-12 M.)	43	43	47	52	47	50 (0,9)
MPG						
Post-Docs (k.A.)				1.492	1.532	1.512 (27,9)
Etablierte (k.A.)				653	475	564 (10,4)
Insgesamt (ohne MPG)	3.166	3.429	3.385	3.237	3.451	3.346 (61,7)
mit MPG				5.382	5.458	5.491 (100,0)

* Ausgeschriebene Dauer. ** Einschließlich Wiedereinladungen.

Quelle: AvH 1996b; 1997b; 1998; 1999b; 2000a; DAAD 2000b; schriftliche Mitteilungen von DFG und FulKom; DAAD 2001; eigene Zusammenstellung und Berechnung.

4 US-Wissenschaftler als Humboldt-Preisträger in Deutschland

Where you are is less important than where you are going.

US-Preisträger aus Berkeley

Als integraler Bestandteil wissenschaftlicher Praxis besitzt zirkuläre akademische Mobilität eine gleichermaßen wichtige Bedeutung für die Erweiterung des Wissens- und Erfahrungsschatzes mobiler Wissenschaftler und ihrer Kontaktpersonen, für die Konstruktion und Verbreitung wissenschaftlicher Fakten und für die Schaffung und Aufrechterhaltung wissenschaftlicher Gemeinschaften. Dies zeigte die theoretische Konzeptionalisierung zirkulärer Mobilität in den Wissenschaften vor dem Hintergrund eines akteursnetzwerkbasierten Wissenschaftsverständnisses (Kapitel 2.3). Darüber hinaus unterstrichen die theoretischen Überlegungen, daß grenzüberschreitende *Face-to-face*-Kontakte in den Wissenschaften, verstanden als Interaktion verschiedener Netzwerkbildungsprozesse, weit über die Dimension der wissenschaftlichen Akteure und Praktiken hinausweisen können. In diesem Kapitel wird nun die Frage nach Bedingungen, Art und Reichweite konkreter mobilitätsbedingter Netzwerkbildungsprozesse in den Wissenschaften in einem spezifischen historisch-geographischen Kontext eruiert. Gegenstand der Betrachtung sind die Deutschlandaufenthalte US-amerikanischer Wissenschaftler im Rahmen der ersten 25 Jahre des Preisträgerprogramms der Humboldt-Stiftung.

Wer sind die Preisträgerinnen und Preisträger? Wie sind ihre Aufenthalte als Humboldt-Forschungspreisträger in Deutschland zustandegekommen? In welcher Weise haben die US-Wissenschaftler ihre Preisträgeraufenthalte gestaltet und welche Bedeutung und Ausprägung besaß dabei forschungsbezogene Kooperation mit in Deutschland tätigen Wissenschaftlern? In welchem Ausmaß war die wissenschaftliche Arbeit der Preisträger in den Kontext der Gastinstitution eingebettet? Welche Personen, Dinge, Ideen, Erfahrungen und Ereignisse wurden im Zuge der Aufenthalte verknüpft, verändert oder neu konstruiert und in welcher Weise war dies für wen oder was relevant? Wie entwickelten sich schließlich die Beziehungen zwischen den beteiligten Akteuren an den Ausgangs- und Gastorten der akademischen Mobilität nach dem Deutschlandaufenthalt?

Diese bewußt offen formulierten Leitfragen werden im folgenden aus einer räumlich und zeitlich differenzierenden Perspektive anhand von Häufigkeiten und Fallbeispielen der deutsch-amerikanischen Wissenschaftsbeziehungen in möglichst großer empirischer Komplexität analysiert und in Hinblick auf Aussagen zum Wirkungsgefüge und zu den räumlichen Bezügen internationaler forschungsbezogener Mobilität und Kooperation interpretiert. Den Abschluß des Kapitels bildet der Versuch einer Typisierung der Preisträgeraufenthalte nach verschiedenen, aus dem empirischen Material generierten Kritierien. Dabei wird eine Identifizierung typischer Geographien der Preisträgeraufenthalte den Brückenschlag zu der im zweiten Kapitel entwickelten Kritik an der Akteursnetzwerkperspektive vollziehen.

4.1 Ausgewählte Charakteristika der US-Wissenschaftler

Seit Beginn des Preisträgerprogramms im Jahr 1972 bis zum Ende des Jahres 1996 sind 1.832 US-Wissenschaftlerinnen und Wissenschaftler mit dem Humboldt-Forschungspreis ausgezeichnet worden. 1.719 US-Preisträger haben ihren ersten Preisträgeraufenthalt vor dem 1. März 1997 begonnen und sich somit innerhalb der ersten 25 Jahres des Programms als Humboldt-Forschungspreisträger in Deutschland aufgehalten (94% der ausgezeichneten Wissenschaftler). Diese US-Wissenschaftler sind Gegenstand der nachstehenden Ausführungen (vgl. auch 1.4.1). Von ihnen erhielten 1.654 (96%) den seit 1972 vergebenen *Forschungspreis für Naturwissenschaftler in den USA* (USS), während 65 (4%) mit dem 1979 ausgeschriebenen und seit 1980 vergebenen *Forschungspreis für Geisteswissenschaftler* (GWI) ausgezeichnet wurden.[223]

Pro Jahr des Betrachtungszeitraums wurde der Humboldt-Forschungspreis an durchschnittlich 74 US-Wissenschaftler vergeben. 69 US-Preisträger pro Jahr haben im Durchschnitt ihren Aufenthalt in Deutschland begonnen. Gemeinsam ist diesen Wissenschaftlerinnen und Wissenschaftlern ein hohes internationales Renommee und ein in den USA gelegener Arbeitsort. Darüber hinaus repräsentieren sie eine relativ heterogene Gruppe bedeutender Persönlichkeiten unterschiedlichen Alters mit sehr verschiedenen wissenschaftlichen, privaten und kulturellen Hintergründen. Während letztere vor allem in den Folgekapiteln deutlich werden, untersucht dieser Abschnitt ausgewählte soziodemographische und fachliche Charakteristika der Preisträger in ihrer zeitlichen Entwicklung. Mit Blick auf die weiteren Analysen wird dadurch die Möglichkeit geschaffen, Zustandekommen, Gestaltung und Auswirkungen der Deutschlandaufenthalte in Abhängigkeit von typischen Merkmalen der US-amerikanischen Gastwissenschaftler zu analysieren. Die Auswertungen knüpfen an die in Kapitel 3.1.3 gewonnen Erkenntnisse zu den Nominierten und Ausgezeichneten an, indem sie Ergebnisse und Interpretationen, die auch für die tatsächlich dagewesenen Preisträger gelten, unter Hinweis auf die vorherigen Ausführungen zusammenfassen.

4.1.1 Altersstruktur

Die Entwicklung der Altersstruktur der US-Preisträger zwischen 1972 und 1996 gibt Aufschluß über die Zielgruppe des Humboldt-Forschungspreises und spiegelt die bereits angesprochene Schärfung des Programmprofils während der Anfangsjahre wider (vgl. 3.1.2). Im Durchschnitt waren die US-Preisträger zu Beginn des Forschungsaufenthalts in Deutschland 52 Jahre alt (Median und arithmetisches Mittel).[224] Die Altersdifferenz zwischen Preisverleihung (Durchschnittsalter: 51 Jahre) und Beginn des Deutschlandaufenthalts betrug im Mittel 0,8 Jahre und hat

---

[223] Vgl. auch Abb. 16 (S. 166), die sich jedoch auf die Zahl der ausgezeichneten Wissenschaftler bezieht.
[224] Angaben zum Durchschnittsalter entsprechen im folgenden immer dem arithmetischen Mittel. Entsprechend der zeitlichen Einordnung der Preisträgeraufenthalte wird für die Auswertungen zur Altersstruktur der Preisträger das Alter zu Beginn ihres ersten Preisträgeraufenthalts in Deutschland herangezogen (im folgenden: Antrittsalter; zur methodischen Begründung vgl. 1.4.1).

4.1 Ausgewählte Charakteristika der US-Wissenschaftler

sich seit der zweiten Auswahlgeneration nicht mehr signifikant[225] verändert. Während die Spannweite des Antrittsalters 31 bis 83 Jahre erreichte, war der größte Anteil der Preisträger zu Beginn des Forschungsaufenthalts zwischen 46 und 55 Jahre alt (41%): Jeweils rund ein Viertel war jünger als 45 Jahre bzw. zwischen 56 und 65 Jahre alt und rund 8% der US-Preisträger hatten ihr 65. Lebensjahr bereits überschritten.[226] Aufgrund des Auswahlkriteriums der *past achievements* sind unter den Preisträgerinnen und Preisträgern somit auch Wissenschaftler zu finden, die nominell bereits pensioniert sind. Ebenso machen die unter 45jährigen einen substantiellen Anteil aus, so daß Deutschlandaufenthalte von Wissenschaftlern ganz unterschiedlicher Karrierephasen verglichen werden können (vgl. 4.5).

In den ersten fünf Jahren des Programms waren die nach Deutschland kommenden US-Preisträger mit durchschnittlich 46 Jahren vergleichsweise jung. Erst in der zweiten Preisträgergeneration[227] stieg das Antrittsalter stark an, um sich nach einer weiteren leichten Erhöhung in den letzten drei Generationen bei rund 54 Jahren zu stabilisieren. Dabei verlief die zeitliche Entwicklung des Antrittsalters analog zur Entwicklung des Verleihungsalters, des Alters aller Nominierten und des Alters der nicht ausgezeichneten Wissenschaftler (Abb. 24): Die erste Preisträgergeneration war jeweils hoch signifikant jünger als die zweite Generation, diese war wiederum signifikant jünger als die dritte Generation und zwischen den Ausgezeichneten der dritten bis fünften Preisträgergeneration gab es jeweils keine statistisch signifikanten Altersunterschiede mehr. Zusammenfassend ist die Altersentwicklung im Preisträgerprogramm im wesentlichen auf das Zusammenspiel von fünf Prozessen zurückzuführen:

- kontinuierlich gestiegene Anforderungen an die internationale Bedeutung der *past achievements* von US-Preisträgern im Rahmen einer allgemeinen Profilschärfung des Programms (vgl. 3.1.2);
- zunehmende Informationsverbreitung über die attraktiven Rahmenbedingungen des Programms in Deutschland und den USA;

---

[225] Wie in Kapitel 1.4.1 dargelegt, wurden die quantitativen Daten entsprechend des verfolgten hypothesengenerierenden Ansatzes und der über fünfzigprozentigen Ausschöpfung der Vollerhebung unter anderem auf Grundlage eines explorativen Signifikanztestens mit starker Orientierung an der Datenbasis ausgewertet (vgl. GLASER und STRAUSS 1967, 200 ff.; BORTZ und DÖRING 1995, 348 ff.).
Für die Prüfung statistischer Signifikanz wurden je nach Fragestellung folgende statistische Tests verwendet: Kolmogorov-Smirnov-Test auf Normalverteilung, Levene-Test auf Varianzhomogenität, T-Test, Chi-Quadrat-Anpassungstest, Chi-Quadrat-Unabhängigkeitstest, Mann-Whitney-U-Test (zwei unabhängige Stichproben), Kruskal-Wallis-H-Test (mehrere unabhängige Stichproben), Wilcoxon- und McNemar-Test (zwei verbundene Stichproben), Friedman-Test (mehrere verbundene Stichproben).

[226] Zwischen den Preisträgern, die ihren Deutschlandaufenthalt bis Ende 1996 noch nicht angetreten hatten (n=113) und denen, die bis zu diesem Zeitpunkt in Deutschland waren (n=1719), bestanden weder insgesamt noch in den einzelnen Auswahlgenerationen statistisch signifikante Altersunterschiede. Allerdings waren von den Preisträgern ohne bisherigen Aufenthalt – im Vergleich zu allen Ausgezeichneten – überproportional viele über 65 Jahre alt.

[227] Wie im methodischen Teil dargelegt, erfolgt die Analyse zeitlicher Entwicklungen im Preisträgerprogramm auf der Grundlage von fünf vergleichbaren Fünf-Jahres-Zeiträumen. Diese wurden entsprechend der Abgrenzung der Grundgesamtheit nach dem Beginn des ersten Preisträgeraufenthalts in Deutschland klassifiziert und werden im folgenden als *Preisträgergenerationen* bezeichnet (vgl. auch 1.4.1).

234   4 US-Wissenschaftler als Humboldt-Preisträger in Deutschland

- Wiedererlangung eines fächerübergreifend hohen Niveaus von Forschungsinfrastruktur und wissenschaftlichem Humankapital in Deutschland seit den 1970er Jahren (mehr hochwertige internationale Kontakte potentieller deutscher Gastgeber und höheres Potential an Nominierungen);
- altersbedingte Abnahme größerer Vorbehalte US-amerikanischer Wissenschaftler gegenüber Deutschland infolge der NS-Zeit und des Zweiten Weltkriegs (vgl. 4.2.1.7);
- kollektiver Alterungsprozeß unter den Professoren der großen US-amerikanischen Forschungsuniversitäten (vgl. 3.1.3.1).

Um programm- und altersbedingte Verzerrungen zu vermeiden, werden sich die meisten Auswertungen zur schriftlichen Befragung auf die Preisträger der drei jüngeren Preisträgergenerationen konzentrieren (1982-86; 1987-91; 1992-96), da zwischen diesen keine signifikanten Altersunterschiede mehr bestanden. In den verschiedenen Fachgebieten war die Altersstruktur der Preisträger sehr ähnlich, so daß bei der Differenzierung der schriftlich erhobenen Aussagen nach Altersklassen und Fachgebieten keine wechselseitige Beeinflussung erfolgt. Von den 1.020 Preisträgerinnen und Preisträgern, deren Antworten zur schriftlichen Befragung vorliegen, waren zu Beginn des Deutschlandaufenthalts allein die Geisteswissenschaftler (57 Jahre; n=50) im Durchschnitt signifikant älter als die Preisträger der Natur- und der Ingenieurwissenschaften (51 und 52 Jahre). Die Altersstruktur der Preisträger in den einzelnen naturwissenschaftlichen Fachgebieten unterschied sich nicht signifikant.

Abb. 25: Altersentwicklung im US-Preisträgerprogramm, 1972-96

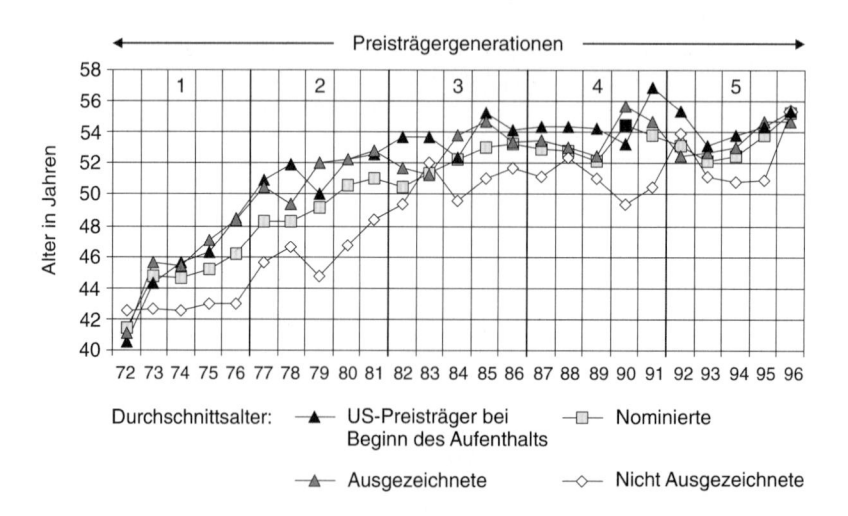

Quelle: AvH-Datenbank; eigene Auswertung.

4.1.2 Geschlechterverhältnis

Von den zwischen 1972 und 1997 ausgezeichneten US-Preisträgern waren 98% männlich und rund 2% weiblich. Die Gründe für die äußerst geringe Zahl von 29 Preisträgerinnen in den ersten 25 Programmjahren sind vielfältig. Erstens sind Frauen in den höchsten Positionen der US-amerikanischen Wissenschaft weiterhin stark unterrepräsentiert. Zwischen 1972 und 1996 erreichten die Frauen an den großen US-amerikanischen Forschungsuniversitäten (Carnegie Klassifikation R1), an denen über drei Viertel der US-Preisträger arbeiteten, auf der Ebene der *full professors* als der höchsten erreichbaren Position und der hauptsächlichen Berufsgruppe der US-Preisträger einen Anteil von rund 8%, während dies zum Beispiel an allen US-amerikanischen Universitäten und Colleges 12% waren.[228] Zweitens weisen die Natur- und Ingenieurwissenschaften als dominierende Fachbereiche des US-Preisträgerprogramms traditionell besonders geringe Frauenanteile auf.[229] Der höchste Frauenanteil war unter den US-Preisträgern erwartungsgemäß in den Geisteswissenschaften zu finden, gefolgt von den Natur- und den Ingenieurwissenschaften (Abb. 26-a). Drittens war die Erfolgsquote der Frauen (58%) im Auswahlverfahren niedriger als die der Männer (67%), und zwar nicht nur insgesamt, sondern auch in der ersten (1972-76), dritten (1982-86), vierten (1987-91) und fünften (1992-96) Auswahlgeneration. Unter den Nominierten erreichte der Frauenanteil folglich einen höheren Wert als unter den Ausgezeichneten (Abb. 26-a).

Anhand dieser Zahlen wird deutlich, daß Frauen im US-Preisträgerprogramm unterrepräsentiert sind. Dies gilt aber nicht nur für die Gäste, sondern trifft auch für die nominierenden deutschen Professoren und späteren Gastgeber zu. Während der Frauenanteil unter den deutschen Professoren etwa 7% betrug (Mittel von 1982 und 1996), waren im Preisträgerprogramm nur 1% der Nominierenden weiblich (1972-96). Dies bedeutet, daß selbst Frauen, die eine Professorenstelle innehaben, weniger häufig in hochwertige internationale Wissenschaftsnetzwerke integriert zu sein scheinen als ihre männlichen Kollegen. Im Falle der nominierenden Professorinnen scheiden unmittelbare Mobilitätshindernisse als Erklärung für die geringe Beteiligung aus, weil die potentiellen Gastgeberinnen an ihrem gewohnten Arbeitsort bleiben können. Vor dem Hintergrund der wichtigen Bedeutung persönlicher Kontakte für das Zustandekommen längerfristiger Forschungsaufenthalte im Ausland (vgl. 4.2.2.1) könnte dies jedoch als eine Folge einer grundsätzlich geringeren Beteiligung von Frauen an internationaler Mobilität interpretiert werden, deren Gründe im folgenden diskutiert werden.

Nach Geistes-, Natur- und Ingenieurwissenschaften differenziert betrachtet war der Anteil weiblicher Preisträger und Gastgeber jeweils etwa halb so groß wie ihr Anteil unter den Professoren in Deutschland. Die Unterrepräsentanz von Frauen in

---

[228] NSF WebCASPAR Database System; eigene Berechnung.

[229] Im Jahr 1995 betrug der Frauenanteil unter den vollzeitbeschäftigten *full* und *associate professors* des US-amerikanischen Hochschulsektors (*full-time senior faculty*) in den Natur-, Ingenieur- und Sozialwissenschaften 15,9%. Die Spannweite reichte von 3,3% in den Ingenieurwissenschaften über 5,6% in den Umweltwissenschaften und 6,1% in den physikalischen Wissenschaften bis zu 17,6% in Informatik, 18,9% in den Sozialwissenschaften und 30,3% in Psychologie (NSF 1998, Appendix table 5-24).

internationalen Wissenschaftsnetzwerken steht somit auch nicht mit verschiedenen fachlichen Kooperationskulturen in Zusammenhang. Vielmehr erhärtet sich der Eindruck, daß die berufliche Welt weiblicher Professorinnen prinzipiell weniger international ausgerichtet ist als die ihrer männlichen Kollegen.

Weibliche Professoren nominierten im Betrachtungszeitraum rund fünfmal häufiger Frauen (11%) als ihre männlichen Kollegen (2%), so daß mehr Frauen nominiert und ausgezeichnet werden, je mehr Frauen unter den Nominierenden in Deutschland zu finden sind. Dies legt den Schluß nahe, daß eine geschlechtsspezifische Affinität zwischen Gast und Gastgeber in ähnlicher Weise für das Zustandekommen längerfristiger Auslandsaufenthalte bedeutend sein könnte wie eine kulturelle Affinität zwischen Gast und Gastgeber bzw. Gastland (vgl. 3.1.3.3; 4.2.1.3; 5.3). Typische Muster geschlechtsspezifischer Sozialisation und Lebenserfahrungen können möglicherweise eine wichtige Basis für die gegenseitige Verständigung schaffen und somit den Weg für eine längerfristige Interaktion ebnen.

Zwischen der ältesten und der jüngsten Auswahlgeneration erhöhte sich der Frauenanteil unter den US-Preisträgern genauso wie der Frauenanteil unter den Nominierungen. Die Zunahme blieb aber stark hinter der großen Dynamik in den höchsten Positionen der US-amerikanischen Wissenschaft und auch hinter der Entwicklung in der deutschen Professorenschaft zurück (vgl. Abb. 26-b).[230] Besonders auffällig ist eine Stagnation des Frauenanteils unter den Nominierenden. Diese weist zusammen mit der unterschiedlich starken Erhöhung des Frauenanteils in der US-amerikanischen und der deutschen Professorenschaft auf ein deutschlandspezifisches Problem in bezug auf Frauen in führenden wissenschaftlichen Positionen hin. Angesichts der aufgezeigten Bedeutung einer häufigen geschlechtsspezifischen Affinität zwischen Gast und Gastgeber scheint dies eine wichtige Rolle für die schleppende Entwicklung des Frauenanteils im Preisträgerprogramm zu spielen.

Zu den wichtigsten Zwängen, die internationales Netzwerkbilden behindern können, gehören familiäre Verpflichtungen, die vor allem für Frauen mit einem längerfristigen Forschungsaufenthalt im Ausland nur schwer zu vereinbaren sind (vgl. z. B. SHAUMAN und XIE 1996). Jedoch deuten bereits Erfahrungen der ausschließlich männlichen Gesprächspartner an, daß es sich dabei keineswegs um ein geschlechtsspezifisches Phänomen im engeren Sinne handelt (vgl. Zitate [36] und [1], S. 278). Vielmehr sind entsprechende geschlechtsspezifische Asymmetrien an vorherrschende traditionelle Familienmuster gebunden, denen zufolge zentrale Aufgaben wie Kinderbetreuung, Pflege älterer Familienmitglieder oder Anpassung an die Erfordernisse der beruflichen Laufbahn des Lebenspartners primär in der Verantwortung von Frauen liegen, und zwar oft auch im Falle einer Beziehungen von Doppelkarriere-Partnern. Mit anderen Worten ausgedrückt führen traditionelle Familienmuster tendenziell dazu, daß Kinder in der Familie Männer häufig nicht von Forschungsaufenthalten im Ausland abhalten, weil ihre Frauen mit den Kindern zuhause bleiben oder sich am Gastort um sie kümmern (vgl. [15], S. 278), während dies umgekehrt weiterhin wesentlich seltener zutrifft.

---

[230] In der weiblichen Professorenschaft an den R1-Universitäten erfolgte zwischen 1982 und 1996 eine Vervierfachung der absoluten Zahlen, bei den Professorinnen in Deutschland – wie bei den US-Preisträgerinnen zwischen 1972-76 und 1992-96 – nur eine Verdopplung.

4.1 Ausgewählte Charakteristika der US-Wissenschaftler   237

Abb. 26: Frauenanteile im Rahmen zirkulärer akademischer Mobilität

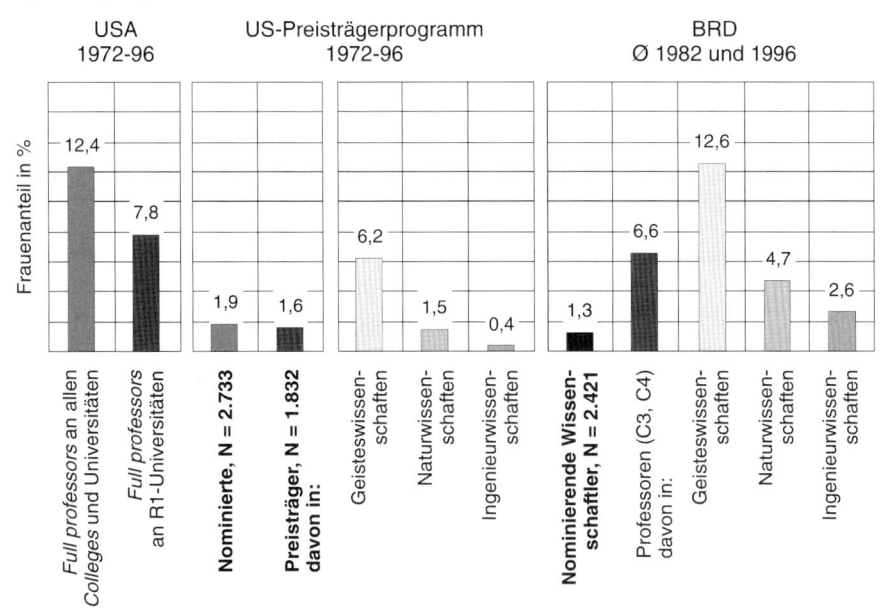

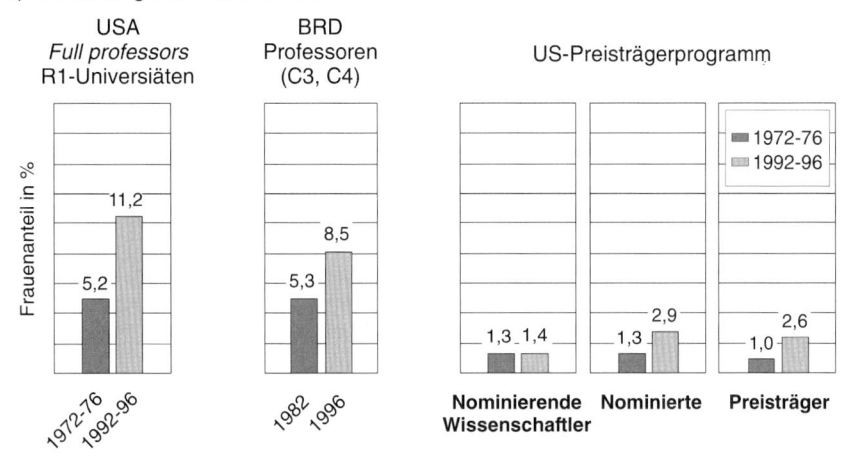

a) Beteiligung von Frauen

USA 1972-96 | US-Preisträgerprogramm 1972-96 | BRD Ø 1982 und 1996

- Full professors an allen Colleges und Universitäten: 12,4
- Full professors an R1-Universitäten: 7,8
- Nominierte, N = 2.733: 1,9
- Preisträger, N = 1.832: 1,6
- davon in: Geisteswissenschaften: 6,2; Naturwissenschaften: 1,5; Ingenieurwissenschaften: 0,4
- Nominierende Wissenschaftler, N = 2.421: 1,3
- Professoren (C3, C4): 6,6
- davon in: Geisteswissenschaften: 12,6; Naturwissenschaften: 4,7; Ingenieurwissenschaften: 2,6

b) Entwicklung des Frauenanteils

USA Full professors R1-Universiäten: 1972-76: 5,2; 1992-96: 11,2

BRD Professoren (C3, C4): 1982: 5,3; 1996: 8,5

US-Preisträgerprogramm (1972-76 / 1992-96):
- Nominierende Wissenschaftler: 1,3 / 1,4
- Nominierte: 1,3 / 2,9
- Preisträger: 1,0 / 2,6

Quelle: NSF WebCASPAR Database System; STATISTISCHES BUNDESAMT 1982; 1998; AvH-Datenbank; eigene Auswertung.

Als weiterer Grund für eine geringe Beteiligung von Frauen im Preisträgerprogramm und die vergleichsweise langsam steigende Zahl weiblicher Nominierender und Nominierter kann eine häufig schwierigere Integration von Frauen in die von Männern dominierten internationalen Netzwerke der Natur- und Ingenieurwissenschaften angesehen werden, wie sie zum Beispiel von feministischen Wissenschaftsstudien beschrieben wurde (vgl TRAWEEK 1988, 539; HARDING 1990, 269 f.; siehe auch ZUCKERMAN, COLE und BRUER 1991). Damit verbundene latente Diskriminierungen, die vor allem Frauen betreffen, sich in ähnlicher Form aber auch gegen andere Personen oder ganze Wissenschaftskontexte richten können, deuten sich im zitierten Gesprächsausschnitt darin an, wie der befragte Biowissenschaftler seine Kooperation mit einer Arbeitsgruppe in Italien wahrnimmt und interpretiert:

> A: [The collaboration with Heidelberg is] a division of labour which is very good; with Roma [...] it's a bit more unequal because Italian science, I don't know, it's very difficult.
> Q: But why do you collaborate?
> A: Because they have a specific strain of the virus which is very interesting [...] [and which] they don't know how to analyse. [...]
> Q: How did the virus come to Roma then? [...]
> A: OK the virus was discovered by a man who's got eight women in his lab.
> Q: So the women discovered the virus?
> A: Well I'm not sure who discovered the virus, but they all had permanent jobs and when I was visiting there [...] I don't know, they had the women in a play so they had to leave the meeting because they were rehearsing for a production somewhere, and the woman that basically wrote the last paper was so in love with [my] German postdoc that she couldn't really think about science for a year. And the poor guy who was the head of the lab was just saying, oh I guess we can't get this done, no, no, people are just too distracted. So I got the virus and I said ok we'll do this, and then the guy in Germany is doing quite a bit, I guess amour is not stopping him, so that's good. [29]

Im Rahmen dieser Arbeit ist eine weitere Vertiefung dieser Aspekte nicht möglich, da zum Beispiel unter den 61 persönlich befragten US-Wissenschaftlern keine einzige Frau mehr vertreten war (vgl. 1.4.2.1). Anhand des Vergleichs der verschiedenen Frauenanteile wurde jedoch deutlich, daß geschlechtsspezifische Asymmetrien im Bereich internationaler akademischer Mobilität vor allem aus deutscher Perspektive relevant sind und weitere Untersuchungen mit speziellen Forschungsdesigns erfordern. Eine Chancengleichheit von Männern und Frauen im Rahmen internationaler zirkulärer Mobilität ist in Hinblick auf mögliche Vorteile für die eigene wissenschaftliche Arbeit und berufliche Laufbahn, aber auch für die eigene Arbeitsgruppe und für die Studierenden wichtig. Die Kenntnis von Mobilitätshemmnissen eröffnet Ansatzpunkte zu deren Überwindung und somit zur Erhöhung zentrenbildender zirkulärer Mobilitätsprozesse in den Wissenschaften (vgl. 2.2.2).

4.1.3 Regionale Herkunft und Karrierestationen

Im Rahmen des internationalen Wettbewerbs um die besten Wissenschaftler gehören die USA mit ihren großen, effizient organisierten und qualitativ hochwertigen Forschungsuniversitäten zu den erfolgreichsten Importländern von hochqualifizierten Wissenschaftlern. So stammten 1993 20% des natur-, ingenieur- und sozialwis-

4.1 Ausgewählte Charakteristika der US-Wissenschaftler

senschaftlichen Personals an US-amerikanischen Hochschulen aus dem Ausland (NSF 1998, Appendix table 2-40). Der Anteil ausländischer Professoren und Dozenten am regulären Lehrkörper deutscher Hochschulen betrug zur gleichen Zeit nur etwa 6% (BODE 1995, 67). Von den US-Preisträgern der Jahre 1972 bis 1996 waren sogar 44% nicht in den USA, sondern in 69 anderen Staaten geboren. Deutschland stellte mit einem Anteil von 10% (1992-96: 8%) das zweitgrößte Geburtsland der US-Preisträger hinter den USA dar, obgleich es unter den Herkunftsländern der im Ausland geborenen Wissenschaftler an US-amerikanischen Hochschulen nur den siebten Rang einnimmt (1993: 0,7%; NSF 1998, Appendix table 2-42). Insgesamt hatten 28% der US-Preisträger ihre Wurzeln in Europa (US-Dozenten: 5%) und 11% in Asien (US-Dozenten: 9%).[231]

Diese Daten zur regionalen Herkunft der US-Preisträger verdeutlichen noch einmal, daß sich der Deutschlandbezug des Preisträgerprogramms relativ stark auf die regionale Herkunft der US-Preisträger auswirkt, und daß im Ausland geborene US-Wissenschaftler häufiger international mobil sind als geborene US-Amerikaner (vgl. 3.1.3.3). Im Zeitverlauf ging der Anteil der deutschstämmigen US-Preisträger zwischen der zweiten und fünften Preisträgergeneration um die Hälfte zurück, während der Anteil der Preisträger asiatischer Abstammung seit Anfang der 1980er Jahre entsprechend der Entwicklung im US-amerikanischen Hochschulwesen deutlich zugenommen hat (vgl. auch Abb. 20, S. 195).

Anhand einer Analyse der Auswanderungszeiträume in Deutschland geborener US-Preisträger wird eine wichtige historische Bedeutung des Preisträgerprogramms für zwei Personengruppen deutlich (Abb. 27).[232] Zum einen handelt es sich um Personen, die vor 1942/45 meist als Kinder und Studierende mit ihren Familien aus Deutschland fliehen mußten, da sie spätestens ab 1933 von diskriminierenden Gesetzen der Nationalsozialisten und nachfolgenden Demütigungen und Grausamkeiten betroffen waren (vgl. 3.2.3.3; 4.2.1.7). Aus Altergründen hatten nur wenige von diesen ihre Hochschulausbildung bereits abgeschlossen oder eine Wissenschaftlerposition in Deutschland inne.[233] Unter den interviewten Preisträgern war

---

[231] In folgenden Herkunftsländern wurden mindestens 1% der US-Preisträger geboren: USA (55,5%); Deutschland (10,1%); Großbritannien (4,2%); China (3,1%); Österreich (2,3%); Ungarn (2,2%); Indien (1,8%); Kanada (1,5%); Polen (1,4%); ehemalige Tschechoslowakei (1,3%); Japan und Niederlande (1,2%); Taiwan (1,1%); Schweiz (1,0%). Die übrigen 10,8% stammten aus sonstigen Staaten.

[232] Aus den Fragebogendaten geht nicht immer eindeutig hervor, in welchem Jahr die Auswanderung in die USA erfolgte. In diesen Fällen wurde in Abb. 27 eine Zuordnung nach dem Jahr des ersten bekannten Abschlusses (Master oder PhD) vorgenommen. In den nicht eindeutigen Kategorien kann es sich um Personen handeln, die vor 1942/45 in die USA emigrierten und deren akademische Qualifizierungsphase sich zum Beispiel infolge des Kriegsdienstes verlängert hat. Gleichzeitig können diese Kategorien auch Personen umfassen, die nach 1945 zum Studium in die USA gegangen sind.

[233] Von den US-Preisträgern, zu denen aus der schriftlichen Befragung Karrieredaten vorliegen, war etwa die Hälfte zum Zeitpunkt der Emigration vor 1942 bis 15 Jahre alt, rund zwei Fünftel waren zwischen 16 und 25 Jahre alt, ein Zehntel über 25 Jahre alt. Rund 5% hatten die Promotion in Deutschland abgeschlossen. Aus befragungstechnischen Gründen können diese Größenordnungen leichte altersbedingte Verzerrungen aufweisen. So sind die in Deutschland geborenen US-Preisträger, für die keine Karrieredaten vorliegen (73 Personen; 40%), im Schnitt vier Jahre früher geboren als die erfolgreich befragten Preisträger. Von diesen sind 68 Personen vor 1942 geboren und können somit vor 1942 ausgewandert sein. Rund 70% von ihnen waren bei der möglichen Emigration vor 1942 Schüler oder Studierende.

zum Beispiel nur ein promovierter Wissenschaftler vertreten, der im Jahr 1932 von der Berliner Universität, wo er seit 1926 eine dem *assistant professor* vergleichbare Stelle innehatte, als Forschungskoordinator an das *American Museum of Natural History* in New York wechselte. Von dort aus ging er 1953 als *full professor* an die Harvard University. Zum Zeitpunkt seines sechsmonatigen Preisträgeraufenthalts in Deutschland (1977) hatte er bereits sein 73. Lebensjahr vollendet und gehörte somit zu den mit Abstand ältesten Preisträgern der ersten Preisträgergeneration.

Abb. 27: Auswanderungszeiträume in Deutschland geborener US-Preisträger

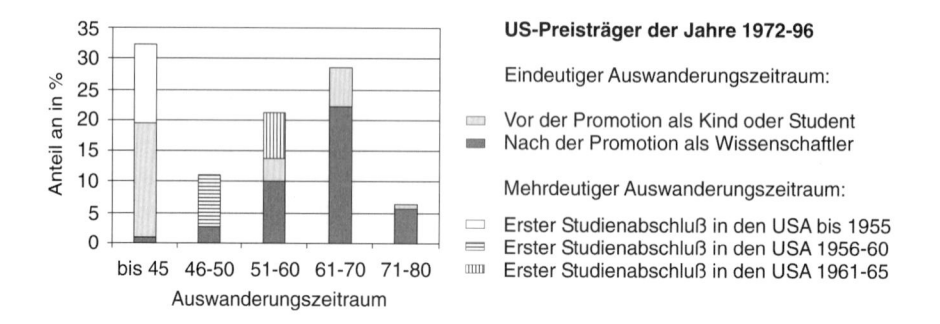

US-Preisträger der Jahre 1972-96

Eindeutiger Auswanderungszeitraum:
- Vor der Promotion als Kind oder Student
- Nach der Promotion als Wissenschaftler

Mehrdeutiger Auswanderungszeitraum:
- Erster Studienabschluß in den USA bis 1955
- Erster Studienabschluß in den USA 1956-60
- Erster Studienabschluß in den USA 1961-65

Quelle: Eigene postalische Erhebung (n = 108).

Die andere größere Gruppe umfaßt Personen, die seit der unmittelbaren Nachkriegszeit, aber vor allem in den 1960er Jahren mit abgeschlossener Hochschulausbildung und Promotion in die USA ausgewandert sind, um dort unter besseren Forschungsbedingungen als *assistant* oder *associate professor* an US-amerikanischen Hochschulen oder als *research staff* in US-amerikanischen Großforschungslaboratorien wie den Bell Laboratories (Murray Hill, New York), dem National Institute of Health (Bethsuda, Maryland), dem National Bureau of Standards (Washington D.C.) oder in anderen staatlich und privat finanzierten außeruniversitären Forschungseinrichtungen tätig zu werden. Das Fächerspektrum der aus Deutschland ausgewanderten US-Preisträger unterschied sich ein wenig von denen aller Preisträger. Deutlich unterrepräsentiert war das Fach Chemie, gefolgt von Mathematik; deutlich überrepräsentiert waren die Geisteswissenschaften und die Biowissenschaften. Unter den nach 1950 Ausgewanderten verstärkte sich die starke Unterrepräsentanz der Chemiker genauso wie die starke Überrepräsentanz der Biowissenschaftler. Zusätzlich waren die Mediziner und Physiker bei den Ausgewanderten der Nachkriegszeit über- und die Ingenieurwissenschaftler unterrepräsentiert. Die näheren Umstände der Emigration in verschiedenen Zeiträumen und deren Bedeutung und Folgen für die beteiligten Akteure und Forschungsprozesse werden in den

4.1 Ausgewählte Charakteristika der US-Wissenschaftler 241

Kapiteln 4.2.1.2 und 4.2.1.7 anhand der Lebensläufe der interviewten Preisträger beispielhaft analysiert.²³⁴

Der Anteil in Deutschland geborener US-Preisträger, die eine Lebensverlaufsstation in Deutschland absolviert haben, hat mit zunehmender beruflicher Karrierestufe abgenommen. Gleiches trifft in der zeitlichen Dimension für die einzelnen Dekaden seit 1920 zu. Die zeitliche Entwicklung ist im wesentlichen auf die geschilderten historischen Ereignisse der NS-Zeit und der Nachkriegszeit zurückzuführen, weil sie zu einem hohen Anteil von Auswanderern zwischen Geburt und der Erlangung des Mastergrades in den 1930er Jahren beigetragen haben. Ersteres hängt dagegen vor allem mit dem hauptsächlichen Rekrutierungszeitpunkt von ausländischen Wissenschaftlern in den USA zusammen. So erhöhte sich mit jeder Lebensverlaufsstation der Anteil der US-Preisträger, die diese in den USA absolviert haben: von 58% bei der Geburt, über 72% bei Erhalt des Mastergrades, 78% bei der Promotion, 91% bei Erhalt des ersten *assistant professorship* und 95% bei Erhalt des ersten *associate professorship* bis auf 97% beim Erhalt des ersten *full professorship*. Somit sind die meisten US-Preisträger in jungen Jahren, unmittelbar nach ihrer Promotion als Post-Doc oder als *assistant professor* in die USA gegangen und anschließend dort geblieben (Tab. 8). Etablierte Wissenschaftler in Ländern mit sehr guten Forschungsbedingungen haben meist keinen Anreiz, das gewohnte Umfeld zu einem späteren Zeitraum der wissenschaftlichen Laufbahn durch die Annahme einer Dauerstelle im Ausland zu verlassen. Umgekehrt verringert sich mit fortgeschrittener Karrierephase die Chance, im US-amerikanischen Wissenschaftssystem Fuß zu fassen.

Eine vergleichsweise starke Konzentration der Rekrutierungsgebiete der US-Preisträger auf weltweit wenige Herkunftsländer verdeutlicht, daß man nur an vergleichsweise wenigen Orten auf der Welt die erforderliche Forschungsinfrastruktur vorfindet, eine adäquate Ausbildung erhalten kann und über die notwendigen finanziellen Ressourcen verfügt, um für eine Karriere als international renommierter Wissenschaftler in den USA gerüstet zu sein (Karte 3). Die weitere Reduzierung der Herkunftsländer renommierter US-Wissenschaftler seit der ersten Professur hängt ebenfalls damit zusammen, daß Wissenschaftler, die in den USA eine Stelle an einer der großen Forschungsuniversitäten angeboten bekommen, für ihre Qualifizierung im Herkunftsland besonders gute Forschungsbedingungen vorgefunden

---

²³⁴ Ein erstes Beispiel soll bereits an dieser Stelle illustrieren, wie sehr die individuellen Preisträgerbiographien mit Ereignissen verknüpft sein können, die über die deutsch-amerikanischen Wissenschaftsbeziehungen während der Laufzeit des Preisträgerprogramms hinausweisen. So arbeitete einer der emigrierten US-Preisträger zwischen 1943 und 1945 als Ingenieur an der Heeresanstalt in Peenemünde, der Raketenschmiede des Dritten Reiches. Zusammen mit Wernher von Braun und anderen des Peenemünder Teams wurde er am Ende des Zweiten Weltkriegs in die USA gebracht, um dort ab 1946 zunächst in Fort Bliss, am *US Army Air Defense Center* (Texas), für die US Armee tätig zu sein. Später trug er am *NASA Marshall Space Flight Center* in Huntsville (Alabama) entscheidend zur Entwicklung des US-amerikanischen Raumfahrtprogramms bei. Der Physiker lehrte und forschte nach seiner Pensionierung bei NASA (1976), an der University of Alabama (Huntsville) und verbrachte zwei Jahre später (1978) ein halbes Jahr als Humboldt-Forschungspreisträger an der TU München. 1983 war er im Rahmen einer dreimonatigen Wiedereinladung am MPI für Kernphysik in Heidelberg zu Gast.

haben müssen, diese jedoch nur an wenigen Orten anzutreffen oder zu verwirklichen sind (vgl. Südostasien, Japan und Europa in Karte 3; vgl. auch 5.2).[235]

> Nicht jeder räumliche Kontext bietet dieselben Vorbilder, dieselben Chancen zur Qualifizierung, denselben Wettbewerbsdruck, denselben Anpassungszwang, dasselbe kreative Milieu, dasselbe Kontaktpotential mit hochrangigen Spezialisten, dieselben Chancen, in hochwertige Netzwerke integriert zu werden, Macht und Einfluß auszuüben oder früh Zugang zu wichtigen Innovationen zu erhalten. Andererseits signalisieren unterschiedliche Standorte von Arbeitsstätten auch ein unterschiedliches Prestige, das dann auf das einzelne Individuum übertragen wird (FASSMANN und MEUSBURGER 1997, 139).

Im Vergleich zu anderen Ländern ist das Ausmaß der Rekrutierung von US-Wissenschaftlern aus dem Ausland in den niedrigeren Ausbildungs- und Karrierephasen als relativ groß zu bezeichnen. Dies wurde eingangs des Kapitels anhand der unterschiedlichen Anteile im Ausland geborener Dozenten in den USA (20%) und in der BRD (ca. 6%) deutlich und wird zum Beispiel von der Streuung der mittelbaren Rekrutierungsgebiete der späteren US-Preisträger auf rund 70 Staaten zum Zeitpunkt der Geburt unterstrichen. Darin zum Ausdruck kommen die enormen Kapazitäten und eine vergleichsweise große Offenheit des US-amerikanischen Wissenschafts- und Gesellschaftssytems, vor allem für Hochqualifizierte, sowie die weltweit hohe Attraktivität der finanziell, personell und infrastrukturell sehr gut ausgestatteten Forschungsstätten der USA. Ihre zentrale Stellung wird auch dadurch unterstrichen, daß 95% der in den USA geborenen Preisträger alle der erhobenen Lebensverlaufsstationen in den USA absolvierten (Tab. 8). Insgesamt nahmen 72% der US-Preisträger die formalen Positionen ihrer wissenschaftlichen Laufbahn spätestens ab dem Master- oder Promotionsstudiengang in den USA wahr, während 28% einen Master- oder einen Doktorgrad außerhalb der USA erwarben und/oder mindestens einmal als festangestellte Professoren oder in vergleichbarer Position im Ausland tätig waren.

Nach Diane CRANE (1965) sind Wissenschaftler, die früh Kontakt zur wissenschaftlichen Elite hatten, tendenziell produktiver, häufiger in Kooperationen aktiv und insgesamt stärker in hochwertige wissenschaftliche Netzwerke integriert als andere. Die Institution, an der sie ausgebildet wurden, besitzt dabei aufgrund von Anregungsmilieu, erlerntem Arbeitsstil und Konkurrenzsituation häufig mehr Bedeutung für die spätere wissenschaftliche Produktivität und Anerkennung als die

---

[235] In Karte 3 fällt auf, daß für US-Preisträger, die aus anderen Regionen als Europa in die USA emigrierten, das Absolvieren des Doktorgrades in den USA wichtiger war als für Europäer und somit der Übergang in das US-amerikanische Wissenschaftssystem zu einem früheren Zeitpunkt erfolgte. Darüber hinaus weisen verschiedene Anteile aus dem Ausland rekrutierter US-Wissenschaftler nach Fachgebieten auf fachgebietsspezifisch unterschiedliche Voraussetzungen für eine qualitativ hochwertige wissenschaftliche Ausbildung außerhalb der USA, aber auch auf unterschiedlich gute Jobbedingungen im Ausland hin (vgl. auch 3.1.3.2 und 3.2.2). Von den vier erhobenen Karrierestationen zwischen Master und *full professor* haben 28% der US-Wissenschaftler mindestens eine im Ausland absolviert. Unter den Mathematikern waren dies mit einem Drittel die meisten, unter den Geowissenschaftlern mit 21% die wenigsten. In den Ingenieurwissenschaften sind auch die meisten im Ausland geboren (58%), gefolgt von Mathematik (53%) und den Geisteswissenschaften. Am wenigsten im Ausland Geborene weisen Chemie (33%), Biowissenschaften (39%) und Medizin (40%) auf. Erklärungsansätze für fachspezifische Zusammenhänge internationaler Wissenschaftsbeziehungen bieten Kapitel 5.1 und 5.3).

4.1 Ausgewählte Charakteristika der US-Wissenschaftler

Institution, an der sie später arbeiten. Im Zuge einer Identifikation mit der Hochschule des Promotionsstudiums paßt sich nach CRANE (1965) die eigene Produktivität dem Prestige der Institution an, so daß der Promotionsort als ein Maß für die wissenschaftliche Qualität eines Post-Docs herangezogen werden kann. Dementsprechend läßt sich bei den Karriereverlaufsmustern der US-Preisträger auch innerhalb der USA eine starke räumliche Konzentration der Lebensverlaufsstationen auf wenige Standorte beobachten, was die zentrale Stellung der Preisträger innerhalb der US-amerikanischen Wissenschaftslandschaft betont. Zur Promotion war diese Konzentration ausgeprägter als beim Erhalt des ersten *full professorship*: 85% der in den USA examinierten Preisträger erwarben ihren Master an einer von 59 großen Forschungsinstitutionen (R1-Universitäten; 100% an 101 Institutionen); 93% der Preisträger, die in den USA promovierten, schrieben ihre Doktorarbeit an 61 R1-Universitäten (100% an 91 Institutionen), während wiederum 85% ihr erstes *full professorship* in den USA an 88 R1-Universitäten erhielten (176 Institutionen insgesamt). US-Preisträger, die in den USA promoviert wurden, nahmen ihr erstes *full professorship* an 149 Institutionen wahr (85% an 81 R1-Institutionen), so daß die Expansion der arbeitgebenden Institutionen nicht auf die aus dem Ausland rekrutierten Personen zurückzuführen ist.

Tab. 8: Karrierewege der US-Preisträger 1972-96

Karrieremuster	An-zahl	Anteil in %	Karrieremuster	An-zahl	Anteil in %
1) Geborene US-Amerikaner	578	57	4) Personen mit Karrierestation in D*	13	1,3
a) Alle Karrierestationen in USA	550	55	a) Geborene US-Amerikaner**	3	0,3
b) Master/Promotion im Ausland	20	2	b) Außerhalb D/USA Geborene	10	1
c) Nach der Promotion im Ausland	7	0,7	Master/Promotion***	8	0,8
d) Sonstige Lebensverläufe	1	0,1	Professor oder andere Position	2	0,2
2) Im Ausland Geborene	430	43	5) Geborene Deutsche	110	11
a) Alle Karrierestationen in USA	174	17	a) Alle Karrierestationen in USA	51	5
mit Master	118	12	mit Master	33	3
ohne Master	56	6	ohne Master	16	2
sonstige			sonstige	2	0,2
b) Ausbildung im Ausland	162	16	b) Ausbildung in D	39	4
nach Master in die USA	39	4	nach Master in die USA	8	0,8
nach Promotion in die USA	123	12	nach Promotion in die USA	31	3
c) Ausbildung und Beruf im Ausland, danach USA	67	7	c) Ausbildung und Beruf in Deutschland, danach USA	12	1
bis *assistant professor*	32	3	bis *assistant professor*	6	0,6
bis *associate professor*	16	2	bis *associate professor*	3	0,3
bis *full professor*	19	2	bis *full professor*	3	0,3
d) Wechsel zwischen Ausland und USA	21	2	d) über Drittländer spätestens nach Master/Promotion in die USA	6	0,6
e) Sonstige Karrieremuster	6	1	e) Sonstige Karrieremuster	3	0,3
3) Erhobene Karrieremuster	1.008	100	5) Biographischer Deutschlandbezug	123	12
Anteil an allen US-Preisträgern		59			

* *Ohne geborene Deutsche; D: Deutschland.* ** *Promotion: zwei Personen; assistant professor: eine Person.*
*** *Master: vier Personen; Promotion: sechs Personen; davon zwei Personen mit beiden Abschlüssen in D.*

Quelle: Eigene postalische Erhebung (n = 1.008).

244   4 US-Wissenschaftler als Humboldt-Preisträger in Deutschland

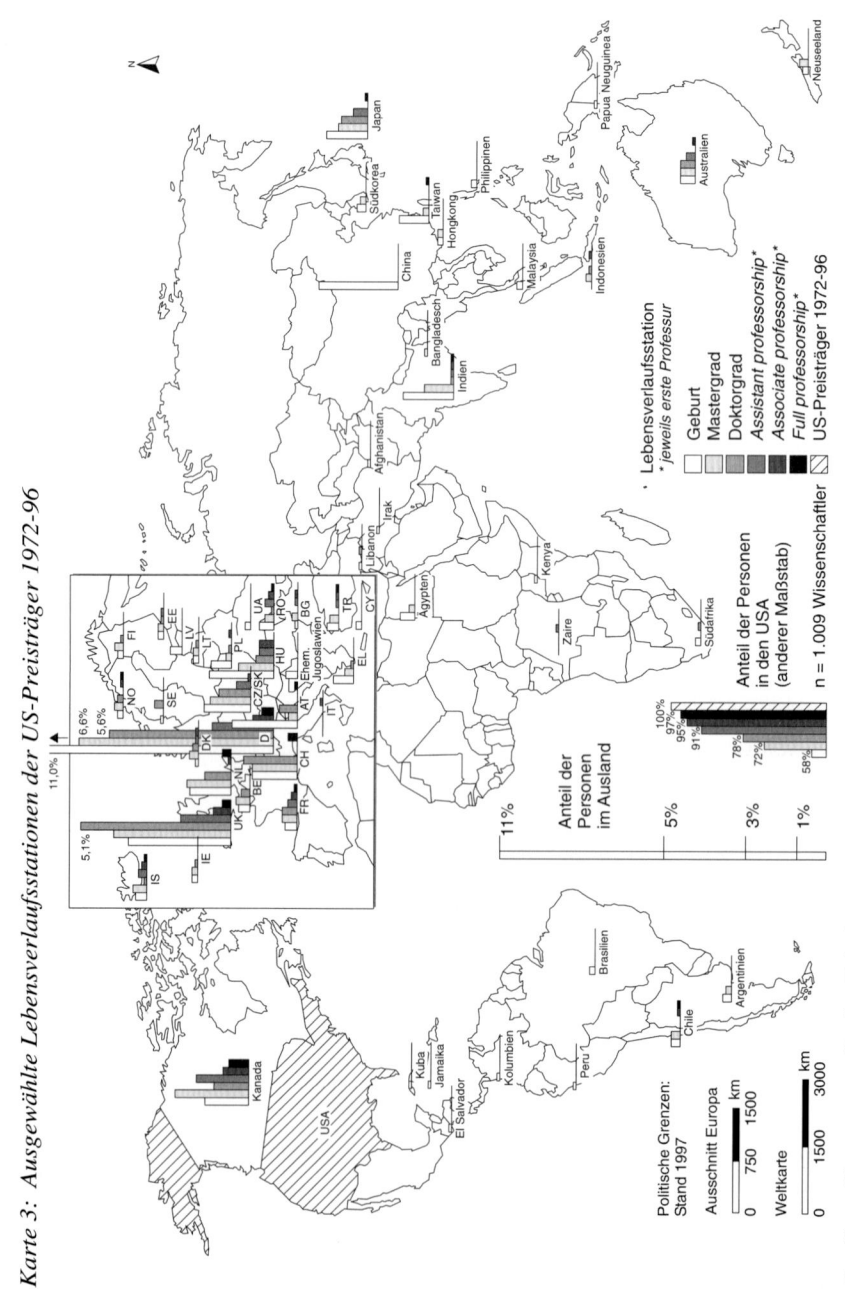

Karte 3: Ausgewählte Lebensverlaufsstationen der US-Preisträger 1972-96

Quelle: Eigene postalische Erhebung; eigener Entwurf.

Bei den Karriereverläufen der interviewten Preisträger fällt zudem auf, daß mehrere Preisträger zu einem frühen Zeitpunkt der wissenschaftlichen Laufbahn bei einem oder mehreren Nobelpreisträgern gelernt und gearbeitet hatten und daß sich die Ausbildungs- und Berufsorte der in Harvard, am MIT und der UCB tätigen Wissenschaftler auffällig stark auf die zehn bis zwanzig führenden R1-Universitäten konzentrieren, unter denen gewissermaßen ein gegenseitiger Austausch der besten promovierten Mitarbeiter erfolgt.[236] Auch wenn diese Beobachtungen nicht allein auf ein großes Anregungsmilieu in Hinblick auf das Erlernen von Inhalten und Methoden, auf die Konfrontation mit komplexen Fragestellungen, innovativen Forschungsthemen und -ansätzen und auf eigene Erfahrungen mit effizienter Forschungsorganisation zurückzuführen sind, sondern auch auf enge informelle persönliche Netzwerke auf einem weltweit hohen wissenschaftlichen Niveau hinweisen, unterstreichen sie erstens die wichtige Bedeutung von *networking* für eine erfolgreiche wissenschaftliche Laufbahn und zweitens die Tatsache, daß sich die US-Preisträger bereits anhand der Stationen ihrer wissenschaftlichen Laufbahn als Knotenpunkte hochwertiger Wissenschaftsnetze charakterisieren lassen. Die Aufenthalte der US-Preisträger in Deutschland bieten folglich Studierenden und Wissenschaftlern deutscher Forschungsinstitutionen die Gelegenheit, an solche Kontaktnetze auf der obersten Ebene der hierarchisch strukturierten Wissenschaftswelt anzuknüpfen oder bestehende Verbindungen auszubauen.

4.1.4 Basisinstitutionen und Fachgebiete

Entsprechend ihrer bedeutenden Stellung im Wissenschaftssystem konzentrieren sich die US-Preisträger auf vergleichsweise wenige prestigereiche Basisinstitutionen. Zwischen 1972 und 1996 kam die Hälfte der US-Preisträger von 29 verschiedenen US-amerikanischen Institutionen nach Deutschland. Diese repräsentieren jedoch nur 10% der 282 im Preisträgerprogramm vertretenen Basisinstitutionen. Fast drei Viertel der US-Preisträger arbeiteten zum Zeitpunkt des Aufenthalts an den großen Forschungsuniversitäten (Carnegie R1; 74%). Zu etwa gleichen Anteilen verteilten sich die übrigen Wissenschaftler auf sonstige Universitäten (14%) und außeruniversitäre Forschungseinrichtungen (12%). Die große Mehrheit der Arbeitsstätten der US-Preisträger befindet sich in einer der drei zentralen Wissenschaftsregionen der USA: in Kalifornien, im Nordosten der USA oder im Mittleren Westen, in den Bundesstaaten entlang der Großen Seen (vgl. Karte 4).

---

[236] Die wichtige Bedeutung von sozialen Netzwerken zwischen Professoren und ihren Schülern für den akademischen Arbeitsmarkt wurde zum Beispiel von MEUSBURGER (1990, 221-223) betont, nachdem er spezifische 'Berufungsschienen' von Universitätsprofessoren in den Karriereverläufen der Heidelberger Professoren zwischen 1850 und 1932 identifiziert hatte. Um die Jahrhundertwende war beispielsweise in der Medizin die Schiene Wien-Freiburg-Heidelberg sehr bedeutend: Schüler der renommierten Mediziner dieser Einrichtungen wurden häufig an die anderen beiden Universitäten berufen und wieder zurückberufen (vgl. auch 1.3.3). Ähnliche Mechanismen scheinen die Netzwerke der Wissenschaftler an den großen Forschungsinstitutionen der USA zu bestimmen (vgl. dazu 4.4.5).

4 US-Wissenschaftler als Humboldt-Preisträger in Deutschland

Karte 4: Basisinstitutionen der US-Preisträger 1972-96

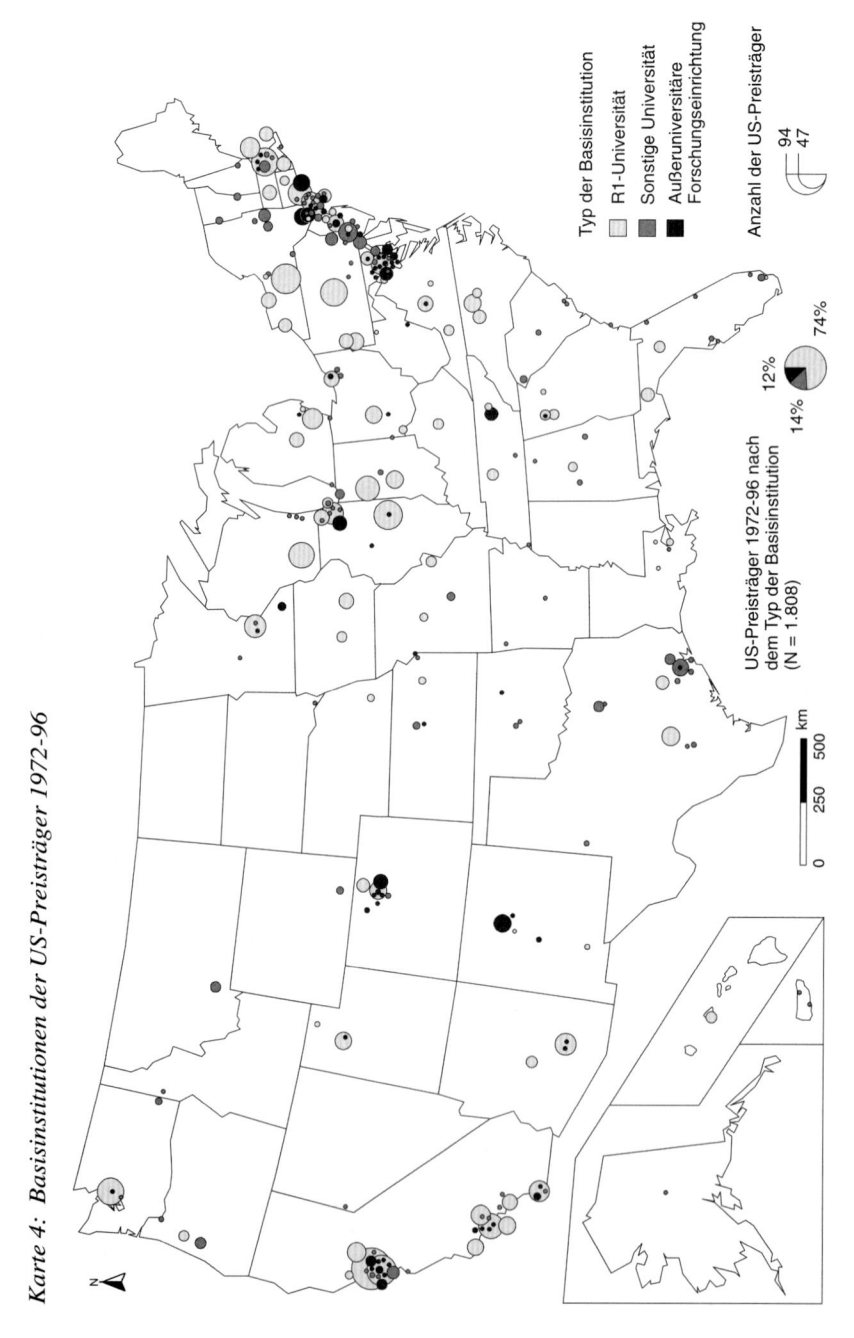

Quelle: AvH-Datenbank; eigene Auswertung und Darstellung.

4.1 Ausgewählte Charakteristika der US-Wissenschaftler

Am häufigsten vertreten unter den Basisinstitutionen der US-Preisträger war im Zeitraum 1972 bis 1996 die *University of California at Berkeley* (5,4% aller US-Preisträger). Setzt man die Zahl der Preisträger 1972-96 in Beziehung zur durchschnittlichen Zahl der *full professors* 1972-96, so sind etwa 12% der *full professors* der UCB als Humboldt-Preisträger in Deutschland gewesen (92 / 773). Nur halb so viele Preisträger wie von der UCB arbeiteten an der zweitplazierten *Cornell University* in Ithaca (2,7%). In gradueller Abstufung folgten *Stanford University* und *University of Illinois at Urbana-Champaign* (je 2,6%), *Pennsylvania State University* (2,4%), *University of Wisconsin at Madison* (2,3%), MIT und *University of Washington at Seattle* (je 2,2%), *Purdue University* und die UCLA (je 2,0%). Die Rangfolge der großen Forschungsuniversitäten nach der Zahl der US-Preisträger wird wie bei den Nominierungen im wesentlichen durch deren Fächerspektrum, das wissenschaftliche Renommee (*rankings*) und den Deutschlandbezug der Professorenschaft beeinflußt (vgl. auch 3.1.3.1; Tab. 5). Bei den tatsächlich in Deutschland gewesenen Preisträgern kommt als Filter außerdem das Auswahlverfahren hinzu, in dem Universitäten mit größerem wissenschaftlichen Renommee tendenziell besser abschneiden als andere (vgl. 3.1.3.1; Karte 5).

Unter den außeruniversitären Basisinstitutionen waren zwischen 1972 und 1996 das *Brookhaven National Laboratory* (Upton, NY) und das *Los Alamos National Laboratory* (Los Alamos, NM) am häufigsten vertreten (je 16 Preisträgerm; 0,9%). Mindestens zehn Preisträger kamen auch von den folgenden außeruniversitären Einrichtungen nach Deutschland: *IBM T.J. Watson Research Center* (Yorktown Heights, NY) und *National Institute of Standards & Technology* (Gaithersburg, MD) (je 0,8%), *Argonne National Laboratory* (Argonne, IL) und *Oak Ridge National Laboratory* (Oak Ridge, TN) (je 0,7%), *AT & T Bell Laboratories* (Murray Hill, NJ) und *National Institute of Health* (Bethesda, MD) (je 0,6%).

Im Zeitverlauf fällt eine charakteristische Entwicklung der Nominierungs- und Preisträgerzahlen an mehreren führenden Universitäten auf (z. B. UCB, Caltech, University of Illinois, M.I.T): die Zahl der Nominierungen und Preisträger stieg kontinuierlich an, erreichte zwischen 1982 und 1986 ihr bisheriges Maximum und ist seitdem rückläufig. Dieses Verlaufsmuster, das auch für die zentralen Wissenschaftsregionen Kalifornien und Massachusetts zutrifft (Anhang D), kann als Ausdruck des Programmzyklus gewertet werden. Demnach führte die Überlagerung einer zunehmenden Profilschärfung und Informationsverbreitung, der Altersentwicklung unter den nominierenden und potentiell zu nominierenden Professoren und einer sehr attraktiven deutschen Wissenschaftslandschaft in den 1980er Jahren dazu, daß das Potential an Humboldt-Preisträgern von den renommiertesten Universitäten Mitte der 1980er Jahren bis Anfang der 1990er Jahre stark ausgeschöpft wurde und sich neue Potentiale seit diesem Boom eher gleichmäßig erneuert haben.

Da das Preisträgerprogramm zwischen 1972 und 1980 ausschließlich zur Auszeichnung führender US-amerikanischer Natur- und Ingenieurwissenschaftler diente und erst seit 1980 Geisteswissenschaftler[237] einschließt, dominieren Natur-

---
[237] Der Terminus *Geisteswissenschaftler* subsumiert in Anlehnung an die Terminologie der Humboldt-Stiftung sämtliche nicht natur- oder ingenieurwissenschaftlichen Fächer, d. h. neben den Geisteswissenschaften im engeren Sinne auch die Rechts-, Wirtschafts- und Sozialwissenschaften.

wissenschaftler (83%) und Ingenieurwissenschaftler (14%) das Fächerspektrum der Preisträger aus den USA. Aus den Geisteswissenschaften stammten bis Ende 1996 nur 4% der US-Preisträger (für einen Vergleich mit anderen Mobilitätsprogrammen siehe 3.3). Bei den Auswertungen wird zwischen den folgenden naturwissenschaftlichen Fächern differenziert: Physik (inklusive Astronomie; 27%), Chemie (inklusive Pharmazie; 16%), Biowissenschaften (14%), Medizin (11%), Mathematik und Informatik (9%) und Geowissenschaften (5%). Der Umgang mit diesen Kategorien erfolgt in dem Bewußtsein, daß angesichts von Gebieten wie *Chemical Physics* und *Physical Chemistry* die Zuordnung der Preisträger nicht immer eindeutig ist, zumal die Fächergrenzen in den USA häufig fließender als in Deutschland sind. Außerdem wird sich später zeigen, daß sich viele Gemeinsamkeiten fächerübergreifend entlang der Unterscheidung von experimentellen und theoretischen Arbeitsrichtungen entfalten (vgl. 4.3.2.2).

Zur Stellung der verschiedenen Fachgebiete im Kontext der deutsch-amerikanischen Wissenschaftsbeziehungen ist bisher deutlich geworden, daß von den im Preisträgerprogramm betrachteten Fächern Physik und Chemie die international attraktivsten Fachgebiete in Deutschland darstellen, wobei das Fach Physik gemeinsam mit den Geowissenschaften von vornherein die am stärksten international ausgerichtete Kooperationskultur besitzt. Demgegenüber sind die Fächer Klinische Medizin, Ingenieur- und Geisteswissenschaften durch stärker national ausgerichtete Kooperationskulturen und die größten Nominierungspotentiale gekennzeichnet (vgl. 3.1.3.2). Zumindest in der Klinischen Medizin ist letzteres auch auf eine vergleichsweise geringere internationale Attraktivität der Forschung zurückzuführen, die sich im US-amerikanischen Teil des Preisträgerprogramms in einem absoluten und relativen Rückgang der Preisträgerzahlen zwischen der vierten (46 PRT; 12%) und fünften Preisträgergeneration (18 PRT; 6%) ausdrückt. Dieser Rückgang des Anteils der Medizin hat in gewisser Weise die Verdoppelung der Geisteswissenschaftler von 15 (4%) auf 33 (11%) Preisträger absorbiert, während die Anteile der übrigen Fachgebiete über den gesamten Betrachtungszeitraum hinweg nur leichten Schwankungen unterlagen. Auffällig ist allerdings die Entwicklung des Anteils der Physik mit dem Maximum in der dritten Preisträgergeneration (31% gegenüber 26% in der ersten und 24% in der fünften Preisträgergeneration), da sich diese mit den zuvor beschriebenen Verläufen der Preisträgerzahlen an mehreren der führenden R1-Universitäten sowie in den Bundesstaaten Kalifornien und Massachussetts deckt. Ein Zusammenhang besteht darin, daß die Preisträger von den entsprechenden Institutionen (UCB, Caltech, University of Arizona, MIT, Harvard, University of Illinois, University of Pittsburgh, Cornell) zu etwa einem Drittel Physiker bzw. zur Hälfte Physiker und Chemiker sind und daß für diese in den 1980er Jahren viele prestigereiche deutsche und europäische Großprojekte, vor allem in der Kern- und Weltraumforschung, genauso attraktiv waren wie für die Gastgeber die Möglichkeit, diese Projekte durch die Expertise der renommierten US-Wissenschaftler zu bereichern (vgl. 4.2.2.1; z. B. Zitat [26]).

4.1 Ausgewählte Charakteristika der US-Wissenschaftler

Karte 5: Nominierte, Preisträger und Gesprächspartner an R1-Universitäten

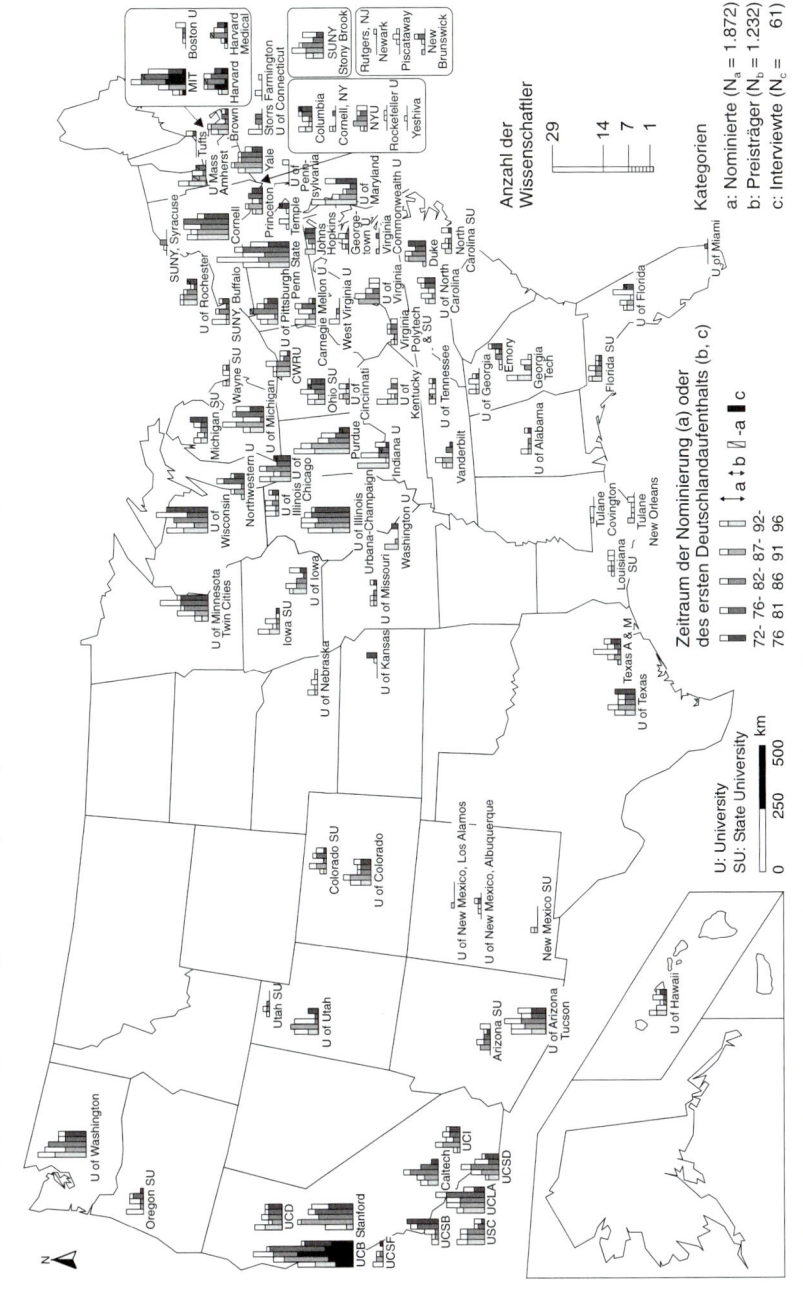

Quelle: AvH-Datenbank; eigene Auswertung und Darstellung.

4.1.5 Postalisch und persönlich befragte Preisträger im Vergleich

Einen Vergleich wesentlicher Charakteristika der für diese Arbeit relevanten Gesamtheiten von Wissenschaftlern ermöglicht Abbildung 28. Gegenübergestellt sind die zwischen 1972 und 1996 für den Humboldt-Forschungspreis nominierten US-Wissenschaftler, die ausgezeichneten Personen, die sich im gleichen Zeitraum mindestens einmal als Humboldt-Preisträger in Deutschland aufhielten, und die Untergruppen der schriftlich und der persönlich Befragten. Auffällige Unterschiede finden sich bei der Besetzung der Auswahl- bzw. Preisträgergenerationen. In der schriftlichen Befragung sind die ersten beiden Preisträgergenerationen aus Altersgründen gegenüber der Grundgesamtheit unterrepräsentiert, weshalb sich die meisten Auswertungen zur schriftlichen Befragung auch auf die letzten drei Preisträgergenerationen konzentrieren werden (vgl. 4.1.1). In Hinblick auf die übrigen Basisdaten stellt die Teilgesamtheit der schriftlichen Befragung eine repräsentative Stichprobe der Grundgesamtheit dar (vgl. 1.4.1).

Abb. 28: Nominierte, Preisträger und Gesprächspartner im Vergleich

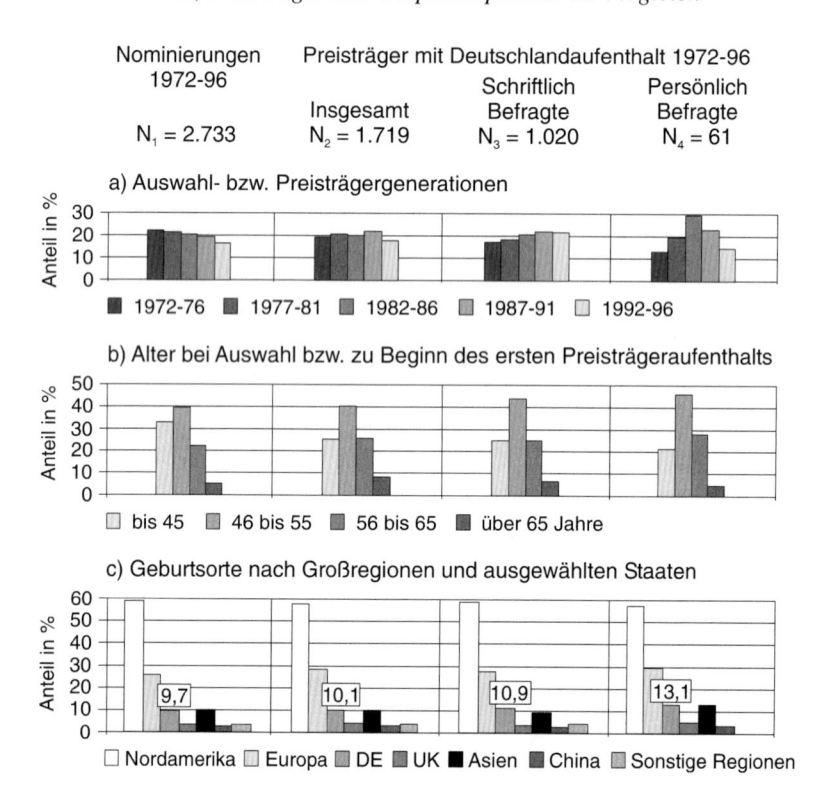

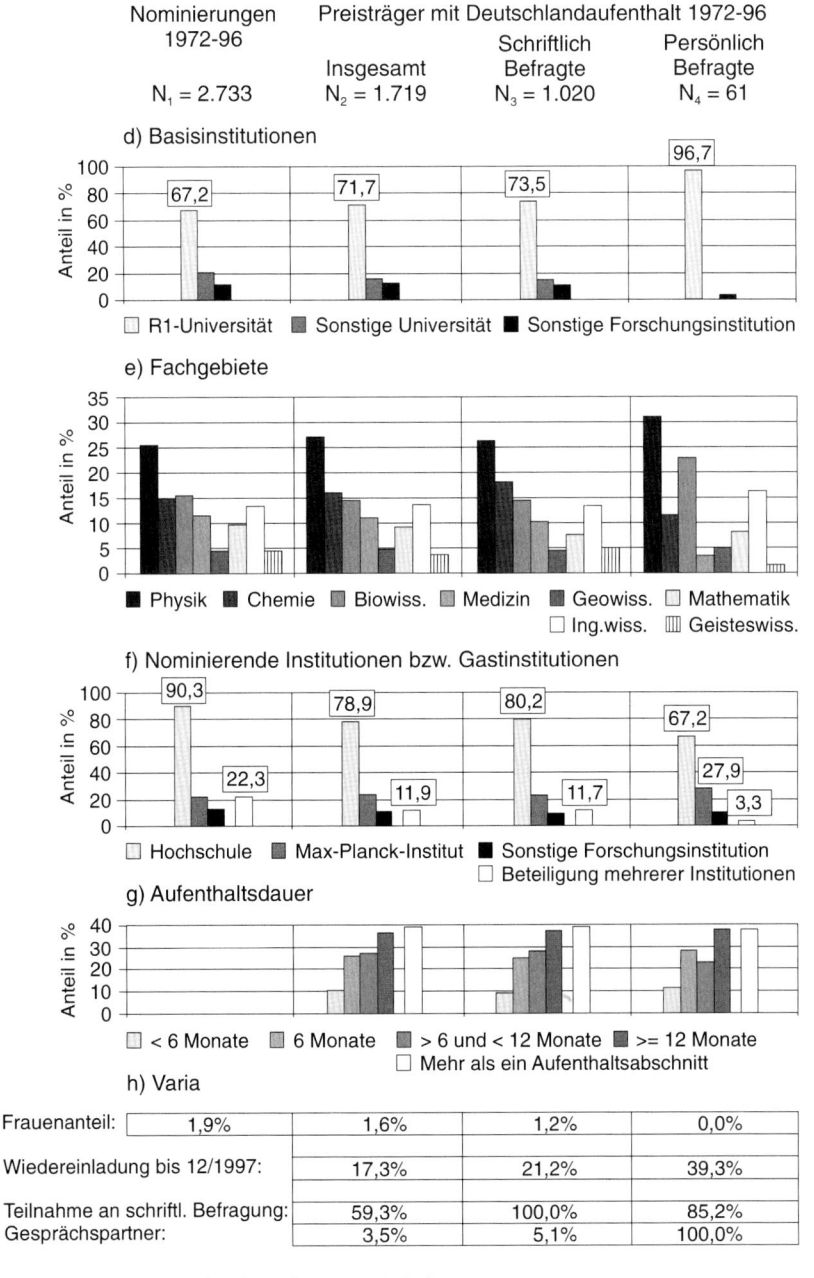

4.1 Ausgewählte Charakteristika der US-Wissenschaftler

	Nominierungen 1972-96	Preisträger mit Deutschlandaufenthalt 1972-96		
		Insgesamt	Schriftlich Befragte	Persönlich Befragte
	$N_1 = 2.733$	$N_2 = 1.719$	$N_3 = 1.020$	$N_4 = 61$

d) Basisinstitutionen

R1-Universität: 67,2 / 71,7 / 73,5 / 96,7
☐ R1-Universität ■ Sonstige Universität ■ Sonstige Forschungsinstitution

e) Fachgebiete

■ Physik ■ Chemie ■ Biowiss. ■ Medizin ■ Geowiss. ☐ Mathematik
☐ Ing.wiss. ▥ Geisteswiss.

f) Nominierende Institutionen bzw. Gastinstitutionen

90,3 / 22,3 — 78,9 / 11,9 — 80,2 / 11,7 — 67,2 / 27,9 / 3,3
☐ Hochschule ■ Max-Planck-Institut ■ Sonstige Forschungsinstitution
☐ Beteiligung mehrerer Institutionen

g) Aufenthaltsdauer

☐ < 6 Monate ■ 6 Monate ■ > 6 und < 12 Monate ■ >= 12 Monate
☐ Mehr als ein Aufenthaltsabschnitt

h) Varia

Frauenanteil:	1,9%	1,6%	1,2%	0,0%
Wiedereinladung bis 12/1997:		17,3%	21,2%	39,3%
Teilnahme an schriftl. Befragung:		59,3%	100,0%	85,2%
Gesprächspartner:		3,5%	5,1%	100,0%

Quelle: AvH-Datenbank und eigene Erhebungen.

Die Verteilung der Interviewten auf die Preisträgergenerationen zeigt das für mehrere führende R1-Universitäten charakteristische Muster einer Normalverteilung um die dritte Preisträgergeneration und repräsentiert somit diesen Universitätstyp (Karte 5; vgl. auch 27-d). Damit verbunden ist eine leicht unterproportionale Besetzung der jüngsten Altersgruppe zugunsten der mittleren Altersgruppen. Zudem sind von den persönlichen Gesprächspartnern etwas mehr außerhalb Nordamerikas geboren. Die Fächerstruktur von MIT, Harvard und Berkeley bedingt im Interviewsample auch eine deutliche Überrepräsentation der Biowissenschaftler, Physiker und Ingenieure, während die Geisteswissenschaftler, Mediziner und Chemiker in gleichem Maße unterrepräsentiert sind. Fächerstruktur und Renommee der Basisinstitutionen der Interviewten sind gemeinsam dafür verantwortlich, daß sich überproportional viele von ihnen an Max-Planck-Instituten als den internationalen Aushängeschildern der deutschen Forschung aufhielten (vgl. 4.3.1). Aus der Tatsache, daß im Vergleich zur Grundgesamtheit doppelt so viele Gesprächspartner bis 1997 im Rahmen von mindestens einer Wiedereinladung nach Deutschland zurückgekehrt sind (39%), geht hervor, daß es sich bei diesen um überproportional viele Preisträger mit guten und engen Deutschlandkontakten handelt. Da sich die Häufigkeit der Wiedereinladungen nach den verschiedenen Typen von Basisinstitutionen nicht signfikant unterscheidet (R1: 18%; andere Hochschulen: 17%; sonstige Institutionen: 16%) und diese Werte für alle Preisträger an den Basisinstitutionen der Gesprächspartner wesentlich weniger deutlich über dem Durchschnitt liegen (*Harvard University*: 25%; MIT: 21%; UCB: 20%), wird dies damit zusammenhängen, daß die Bereitschaft zu einem einstündigen Interview oft eine gewisse Zufriedenheit mit dem Aufenthalt voraussetzt. Ähnliches gilt für die schriftliche Befragung (Abb. 28-h), so daß die Auswertungen insgesamt ein geringfügig positiveres Bild der Mobilitätsereignisse vermitteln könnten (vgl. 4.3.3).

4.2 Entwicklungen vor dem ersten Preisträgeraufenthalt

Entsprechend der Beobachtung, daß Deutschland neben den USA, der ehemaligen UDSSR, Japan und Großbritannien zu den fünf führenden Wissenschaftsnationen des ausgehenden 20. Jahrhunderts gehört und die deutsch-amerikanischen Wissenschaftsbeziehungen traditionell als relativ eng zu charakterisieren sind (vgl. Kapitel 3.2), hatten fast alle US-Preisträger vor ihrer Nominierung für den Humboldt-Forschungspreis schon einmal Kontakt zu deutschen Universitäten und Forschungseinrichtungen (94%). Darüber hinaus kannten 90% der US-Preisträger ihren wissenschaftlichen Gastgeber vor der Nominierung persönlich, was die Bedeutung direkter Kontakte zwischen Einladenden und potentiellen Gastwissenschaftlern als wichtige Vorbedingungen für die gemeinsame Planung eines längerfristigen Forschungsaufenthalts unterstreicht. Im folgenden werden Entwicklung und Art der Deutschlandkontakte der US-amerikanischen Humboldt-Preisträger vor ihrem ersten Preisträgeraufenthalt analysiert und anschließend ihre Motivationen, als Humboldt-Preisträger mehrere Monate in Deutschland zu verbringen, diskutiert.

4.2.1 Beziehungen zu Deutschland

Der Anteil der US-Preisträger, die vor der Nominierung für den Humboldt-Forschungspreis Kontakte zu deutschen Forschungsinstitutionen besaßen, nahm zwischen der ältesten und der jüngsten Preisträgergeneration von rund 89% auf 99% zu. Im gleichen Zeitraum stieg auch der Anteil der Preisträger mit vorherigen persönlichen Kontakten zum Humboldt-Gastgeber von 86% auf 95%. Diese Entwicklung ging Hand in Hand mit der Anhebung des Durchschnittsalters durch eine kontinuierliche Verschärfung des wissenschaftlichen Auswahlverfahrens, da ältere und international renommiertere Wissenschaftler aufgrund ihrer längeren Tätigkeit und größeren Bekanntheit tendenziell größere Kontaktfelder aufweisen als andere (vgl. 4.2.1.4). Außerdem drückt sich in diesen Zahlen eine zunehmende Internationalisierung der Forschung seit den 1970er Jahren aus (vgl. 3.2.2).

4.2.1.1 Entstehung wissenschaftlicher Kontakte

Die Konzeption des Preisträgerprogramms als Forschungspreis für ein wissenschaftliches Lebenswerk bedingt, daß die ausgezeichneten US-Wissenschaftler über die einschlägige Fachliteratur zumindest in ihrem Spezialgebiet international bekannt sind. Als Autoren grundlegender Artikel, Herausgeber wichtiger Fachzeitschriften und Organisatoren internationaler Konferenzen gehören US-Preisträger zu den jeweiligen *gatekeepers* des Fachs, welche die Produktion und Verbreitung von Forschungsergebnissen maßgeblich moderieren. Aufgrund dieser starken internationalen Sichtbarkeit haben sich persönliche wissenschaftliche Kontakte mit in Deutschland tätigen Wissenschaftlern bei der Mehrheit der US-Preisträger im Laufe ihrer wissenschaftlichen Laufbahn gewissermaßen von alleine über internationale Konferenzen ergeben (ca. 60%). Dies gilt auch für den Kontakt zum späteren Humboldt-Gastgeber, der bei etwa einem Fünftel der interviewten Preisträger den primären Deutschlandkontakt darstellte (vgl. 4.2.1.3).

> My contacts in Germany started with a conference I attended in 1963, and I have been at several meetings since then. The first contact with my host in Munich came at a Gordon Conference in this country, probably in the early nineteen eighties. We had actually been doing research on the same project without ever having met and so we developed a common research interest on that basis. [54]

> I actually had very little contact. My host was in fact my first contact in Germany. We met at conferences, you know, we are in the same research area so we knew each other from conferences. It's hard to remember [who took the initiative for the collaboration] but I think it arose just casually in one of our conversations. [49]

Besonders häufig wurden Kontakte auf den Gordon Research Conferences in Neuengland geknüpft, die ein internationales Forum für die Präsentation und Diskussion neuester Forschungserkenntnisse in Physik, Chemie, den Biowissenschaften und verwandten technischen Disziplinen geben:

> [...] that is a great mixing bowl these summer conferences in New England, in fact I met a number of people first that way and later in Germany. [35]

In den Forschungszentren wie Harvard, MIT und Berkeley entwickelten sich die ersten persönlichen Kontakte mit deutschen Wissenschaftlern auch relativ häufig über längerfristige Aufenthalte deutscher Wissenschaftler in den USA, sei es als Post-Doc oder als Professor, für den Besuch einer Konferenz, für die Zeit eines Forschungsfreisemesters oder als festangestelltes Mitglied der Fakultät (ca. 20%).

> At international meetings I had met quite a few German scientists over the years, but I didn't have any very regular contacts. The only other person was BH from Würzburg and he at the time was at Harvard so I knew him through Harvard. [5]

> Scientifically, my contacts came through people who came to this laboratory, people I've met at CERN and other places. So I had known a number of people at MPI, Munich, that I had met in the course of my scientific career. [...] [W]e had a German postdoc who came and worked in our group for two years. [...] [H]e's now the director of DESY, so he worked very closely with us and we had a very, very good time together and we are still very good friends. [57]

Die persönlichen wissenschaftlichen Kontakte durch mobile Deutsche in den USA fanden meist zu einem frühen Zeitpunkt der Karriere statt. Sie differenzierten sich auf Konferenzen weiter aus und führten im Unterschied zu den eher lockeren Konferenzkontakten auch häufig schon vor dem Preisträgeraufenthalt zu verschiedenen Besuchen und längeren Aufenthalten in Deutschland.

> The first time I went to Germany was 1964/65, around that time. I spent one semester there in Mainz where I have a very close friend [PK]. I met him during my stay at the Institute for Advanced Study at Princeton in 1956 to 1958; for two years we were members of the institute at the same time [postdocs]. So when I got some sort of fellowship from this country I spent one semester there and that was my first trip to Germany, at least for a long stay, I took a shorter trip before that. So then next I went to the university of Bonn, where PK had moved to, and I also visited the Max-Planck Institute several times, never so long, just maybe two or three weeks sometimes one month, and then I also visited Berlin before I got this Humboldt award, where RS [Humboldt host] was my host always. [24]

> I actually started my contacts in Germany with CJ, and at the time he was here at the Air Force Cambridge Research Lab. He was sort of one of the advisors on my thesis, way, way back in 1960. And he had a very nice book on atmospheric chemistry which he wrote partly when he was here and then finished it when he went back to the University of Mainz, and so he was sort of one of my original mentors in the field. [...] CJ invited me to visit Germany in my previous sabbatical in 1970, and so my wife and children and I we all went for I think three months on sabbatical there. [...] I probably met my Humboldt host [KM] in the trace constituent meeting in Holland, Utrecht, 1963 or 62. I gave a paper there and he gave a paper there in fact we all gave papers there, CJ gave a paper as well. So I met KM then in 1963 and we were aware of each others work but we weren't close, not as close as I was say to CJ, because CJ had been one of my big advisors, but he said that later on, well you know, it would be nice if you'd come and spend a year here. [15]

4.2 Entwicklungen vor dem ersten Preisträgeraufenthalt

Als dritte Möglichkeit der Entwicklung persönlicher Kontakte mit deutschen Wissenschaftlern lassen sich Post-Doc-Aufenthalte und *sabbaticals*[238] der US-Wissenschaftler in Deutschland identifizieren, die über Mentoren vermittelt oder in Eigeninitiative arrangiert wurden. Aufgrund der asymmetrischen Größenordnung und Attraktivitätspotentiale der US-amerikanischen und deutschen Wissenschaftslandschaft im ausgehenden 20. Jahrhundert (vgl. 3.2) war diese Variante der Kontaktaufnahme jedoch weniger häufig ausgeprägt als die Mobilität von Deutschland in die USA (ca. 8%).

> Well, previous to that my academic contacts with Germany were that I was on a postdoc in 1959/60 in Paris and at that time my thesis advisor, essentially I had followed him to Paris for the year, suggested that I spend the summer semester in Bonn. [...] I was in Bonn for perhaps six weeks, two months. [25]

> I was also a Humboldt Fellow in Göttingen in 1981. So the very first sabbatical that I took from Berkeley I spent six months in Göttingen. [...] I had a specification, a requirement for my sabbatical, which was my own personal requirement that it be in a non-English speaking country, and if one wants to do good science that narrows it down, very much so, to France or Germany or Japan or some of the other European countries. Germany struck me as the most interesting, there was a scientist in Göttingen whose work I knew that was a little bit related to what I was interested in at the time, so I wrote to him and proposed I spend sabbatical with him. [36]

Die ersten persönlichen wissenschaftlichen Deutschlandkontakte der interviewten US-Preisträger entstanden somit in rund drei Fünftel der Fälle durch Begegnungen auf internationalen Konferenzen und zu etwa einem Fünftel durch Deutsche in den USA. Das übrige Fünftel umfaßte selbstinitiierte Deutschlandaufenthalte als Post-Doc oder junge Gastprofessoren (8%) und diejenigen, die in Deutschland ihren Diplom- und Doktorgrad erworben und somit die ersten persönlichen wissenschaftlichen Kontakte während ihrer akademischen Sozialisation in Deutschland geknüpft haben (12%).

4.2.1.2 Wissenschaftlich motivierte Emigration

Von den persönlichen Gesprächspartnern, die in Deutschland akademisch sozialisiert wurden, sind alle aus primär inhaltlichen Gründen in die USA gegangen. Ein Wissenschaftler emigrierte im Jahr 1932 und somit vor der Machtergreifung der Nationalsozialisten, die übrigen im Zuge des wissenschaftlichen *brain drain*s der Nachkriegszeit (zur anders motivierter Emigration in der NS-Zeit vgl. 4.2.1.7).

---

[238] Das *sabbatical* ist ein akademisches Forschungjahr, das Professoren in den USA in der Regel alle sieben Jahre nehmen können. Während dieses Jahres besitzen sie keine Lehrverpflichtungen oder andere offizielle Aufgaben an der Basisuniversität außer der laufenden Betreuung der eigenen Arbeitsgruppe, so daß sie die Gelegenheit für einen längeren Forschungsaufenthalt im In- oder Ausland nutzen können. Am MIT kann man beispielsweise alle sieben Jahre ein halbes Jahr bei vollem Gehalt und ein ganzes Jahr mit Bezug des halben jährlichen Gehalts freinehmen.

Beispiel 1: Wissenschaftlich motivierte Emigration in den 1930er Jahren

I got my PhD in Germany in 1926 at the age of twenty-one in Berlin. Fortunately, I have made contact with Professor XS in Berlin at the national history museum. He was responsible for the fact that I shifted from medicine, which I studied originally, to zoology, and he also made the connections for me to go on expeditions. The most important connection was with Lord Rothschild in England and he sent me out to New Guinea [...] and when it became sufficiently well known that the American museum of national history in New York needed an expedition person, they picked me. [...] [T]hat connection with the American museum of course became very important, because later on this was where I was working for twenty-three and a half years in New York. [...] My original employment was supposedly temporary, on very soft money, and I was fully expecting to go back to Germany [after one year], [but] they were so satisfied with the amount of output I had made that they gave me a second year. And then the American Museum bought Lord Rothschild's whole museum in England and they needed a curator and so all of a sudden I was the first assistant curator of that collection.

[...] When I was in the United States I kept up connections with Germany. For instance there was a young assistant working on bees [ML], and I was very much impressed with his work and so I arranged that he was invited to Harvard for a lecture series, and then he wrote a book about that and that started his whole career. Later on he got his professorship in Würzburg, and he was there until he retired. [...] Now the Humboldt thing came because Professor ML whom I had helped that way [...] was very anxious to have me as sort of like an exchange professor to visit Würzburg. So I was asked to come to Würzburg to provide inspiration and stimulation and ideas to the people in Würzburg. [14]

Beispiel 2: Emigration in den 1950er Jahren

Ich bin in Deutschland geboren, habe am Krieg teilgenommen als deutscher Soldat, wurde danach in Göttingen 1952 promoviert und war Assistent dort bei PR. Dann starb PR an einem Gehirntumor und ich mußte von Göttingen auswandern. Ich hatte verschiedene Möglichkeiten, bin aber am Ende, weil viele meiner Freunde in die USA gingen, versuchsweise nach USA gegangen. Der Zufall wollte es, daß ich ein *assistant professorship* erwischte, während alle anderen das nicht hatten. Damit bekam ich ein Einwanderungsvisum, fast ohne es zu wollen, während fast alle anderen wieder zurückgingen. Ich hatte aber auch Feuer gefangen wegen der Unkompliziertheit des Systems. Diese deutschen komplizierten Sachen waren damals nicht hier. Jetzt sind sie mir vielleicht gefolgt zum Teil. [...] Damals reizte mich die Ferne und ich kam hier nach draußen in die Freiheit. Es war ein ganz anderes Klima, auch wissenschaftlich. Ich habe auch erst hier angefangen, mit anderen zusammenzuarbeiten. [...] Und so habe ich mich hier doch sehr wohl gefühlt und bin hier geblieben, obwohl ich Rufe nach Göttingen (1965) und auch nach Heidelberg (1972) gehabt habe. Aber Berkeley hatte ein schönes Klima und auch ein schönes Institut, Klima zumindest damals hatten wir das. Und deshalb bin ich hiergeblieben. Aber meine Verbindungen in Deutschland sind niemals abgebrochen. Da waren eigentlich sehr viele. Diese Humboldt-Sache, die kam durch eine Zusammenarbeit mit Professor JF. [...] Er war hier mal, und dann hab ich ihn hier eingeladen. Er war dann mehrfach hier. Und dann kam diese Humboldt-Sache auf mich zu, und das hat mich dann auch gefreut. Ich war vorher schon ein Jahr in Schweden und auch zwei Jahre in Hamburg, aber mit nur sehr losen Kontakten zur Universität dort. Ich habe einen Humboldt-Stipendiaten mitgenommen und habe dann in Hamburg gelebt für zwei Jahre, aber fast ohne Kontakt zu den Wissenschaftlern dort. Das waren persönliche Umstände, die mit meiner Frau und ihren Eltern zusammenhingen. [38]

4.2 Entwicklungen vor dem ersten Preisträgeraufenthalt 257

Beispiel 3: Emigration in den 1960er Jahren

Ich war einer der wenigen Studenten der 50er Jahre, die nur ein Bestreben hatten: nichts wie raus aus Deutschland. Nicht, weil es mir in Deutschland nicht gefallen hat, sondern weil ich keinerlei Unterstützung hatte. Wenn man ein Stipendium hatte, dann hat man mehr Geld. Ich fing 1949 in Regensburg an. Damals war Regensburg eine Außenstelle der Universität München, weil Anfang der 50er Jahre noch sehr viel kaputt war. Dort hatte ich drei Semester studiert. Dann bin ich nach München zu PJ, der Spezialist für Heuschrecken war. Bei ihm war ich ein Jahr, und ich habe mich fürs Lehramt vorbereitet, aber mein Hauptpunkt war die Zoologie. Dann fragte er mich eines Tages, ob ich nach Frankreich möchte, was ich bejahte. Das war ein viermonatiger Aufenthalt in einem der Toplaboratorien in der Nähe von Paris. 1953 bin ich zunächst für vier Monate dort hingegangen, die ganze Geschichte hat dann allerdings zweieinhalb Jahre gedauert. Ich war einer der Ersten, den der DAAD für ein Jahr unterstützt hat. Nach dem Aufenthalt in Frankreich, wo ich meine Dissertation gemacht habe, bin ich nach München zurück und habe dort 1955 promoviert. Danach ging ich für drei Jahre nach England an das *Anti-Locust-Research-Center*, weil man mir dort eine Stelle als *Senior Research Fellow* anbot. Die lernten mich bereits während meines Frankreich-Aufenthalts kennen. Ich hielt einen Vortrag auf einem Symposium, und da waren englische, französische und deutsche Teilnehmer. Anscheinend fanden Sie Gefallen daran. Ich hätte schon in Deutschland weitermachen können auf mein Doktorat. Aber ich war nach meinem Frankreichaufenthalt für neun Monate in Tübingen, und in Tübingen hat es mir aus unerklärlichen Gründen überhaupt nicht gefallen. Dann habe ich noch mal an der Universität London mit einer Arbeit über Wüstenheuschrecken promoviert und bin dann wieder nach Tübingen zurückgekehrt. [...] In Tübingen war ich neun Jahre und habe mich dort habilitiert. Wiederum kam dieser Drang nach außen und nach einer Habilitation war man ziemlich ausgebrannt, hatte keine Ferien. [...] Dann kam ein Massenbrief an alle *Entomologen*, die sich mit Insektenverhalten und ihrem physiologischen Mechanismen befassen. Ich bekam diesen Brief, weil ich durch meine französischen und englischen Kontakte und durch meine Publikationen auch bereits in den USA bekannt war. Ich bewarb mich und bekam den Job. Seit 1967, da war ich 38, bin ich hier in Berkeley. Ich kam hierher als *associate professor* und seit 1970 bin ich *full professor*. [...] Meine Kontakte in Deutschland habe ich weiter gepflegt. Einer dieser Hauptkontakte ist ein guter Freund von mir, ein Max-Planck-Direktor. Er hat sich habilitiert in Tübingen. Wir waren damals schon Kollegen, er war Dozent, ich war *assistant professor*. Dann ging er nach Köln, und von dort aus wurde er ans MPI berufen. Er hat vorgeschlagen, daß ich ein Forschungsjahr bei ihm verbringe. Wir hatten vorher schon zusammengearbeitet. [...] Einen sehr guten Kontakt habe ich noch mit meinem ersten Doktoranden in Tübingen. Der ist jetzt Professor in Freiburg. Mit dem habe ich auch publiziert. Das sind lauter persönliche Kontakte und Verbindungen, die man dann in wissenschaftlicher Hinsicht ausbaut. [45]

Beispiel 4: Emigration in den 1980er Jahren

Ich habe habilitiert in Deutschland, 1983, promoviert hatte ich ja 1976, und als ich so dann in Richtung Habilitation kam, war schon klar, daß die Stellensituation im Wissenschaftsmarkt sehr knapp war. Am schlimmsten war das 1982, als die Nordrhein-Westfälische Landesregierung beschloß, die Physik um 30% zu kürzen, weil eben die Studienanfängerzahl nicht da war. Ich war da noch in Düsseldorf gewesen, ich hatte mich richtig politisch engagiert. Wir haben Eingaben gemacht, weil wir es verrückt fanden, daß ein High-Tech-Land ausgerechnet die Physik abschneiden möchte. Und dann war ich 1982/83 in Schweden in Lund zum Forschungsaufenthalt, als die Anfrage aus Berkeley kam, daß die Kandidaten suchten, und da habe ich meine Sachen hingeschickt. Ich persönlich hatte mir, ehrlich gesagt, keine große Hoffnung gemacht, und als ich dann eingeladen wurde rüberzukommen, da habe ich mir immer noch gedacht, es wäre unwahrscheinlich hierherzukommen, aber wenn Du den Flug umsonst kriegst, ich meine, es lohnt sich ja. Aber dann ergab es sich im Prinzip aus der Kombination meiner Vorkenntnisse, daß ich für die hier der geeignete, der beste Mann war. Das kann ich sogar ein bißchen erklären. Ich komme ja selber aus der Physik, in Deutschland gibt es ja keine *Material Science*, jedenfalls nicht in unserem Sinne, aber innerhalb der Physik habe ich in Deutschland schon praktisch, was wir hier Materialwissenschaften nennen, gemacht. Und das heißt, im Prinzip kam ich hierher als ein Physiker, der aber durchaus in der Lage war, über diese sogenannten Versetzungen, Kristalldefekte, alles das, was normale Materialwissenschaftler hier tun, zu sprechen. Und so dachten die, aha, sie kriegen zwar den Physiker, den sie im Prinzip haben wollen für die Stelle, aber es ist jemand, der auch noch weiter ihre Sprache sprechen kann. Und so paßte ich einfach unter diesen 107 Bewerbern auf das Profil am besten. Als mir dann die Stelle angeboten war, habe ich nicht mehr gezögert. Also, so ein herrliches Gefühl. Ich habe noch meine Antrittsvorlesung in Köln gegeben und hatte mein Ticket in die USA schon in der Tasche. [...] Meine besten Kontakte hatte ich natürlich zu meiner alten Gruppe in Köln, und so habe ich im Laufe der Zeit fast alle die Leute, die jemals auf meinem Stuhl saßen, hierher gebracht. Das kleine Photo da zeigt fünf Deutsche außer mir selber, und die sind alle praktisch aus diesem Labor in Köln. [30]

Diese Beispiele für primär wissenschaftlich motivierte Emigration haben gemeinsam, daß der endgültige Weggang aus Deutschland jeweils durch das Interesse von außen bestimmt war. Besonders deutlich kommt dies auch bei einem zweiten Fallbeispiel zur Emigration am Ende der 1960er Jahre zum Ausdruck:

Ich bin jetzt praktisch 30 Jahre in Nordamerika und 25 Jahre in Harvard. Meine Emigration war eine Verkettung von, würde ich sagen, Zufällen. Der eigentliche Aufhänger war Folgendes: Auf dem Höhepunkt des Vietnamkrieges, 68, verpflichtete sich die kanadische Regierung gegenüber der US Regierung, keine jungen amerikanischen Professoren anzustellen, weil sehr viele Wehrdienstflüchtlinge aus Amerika nach Kanada entschwanden. So mußten sich die Kanadier um andere Ressourcen kümmern. Und ich bekam dann einen Anruf, das ging ganz schnell, ich wußte den Hintergrund nicht, im August 68, ob ich Lust hätte, mal für ein Jahr nach Toronto zu gehen. Das habe ich dann gleich als Gelegenheit ergriffen, und dann bin ich hingegangen, obwohl das überhaupt nicht geplant war. Zur gleichen Zeit erschien meine Dissertation als Buch im Druck und erhielt gleich eine sehr ausführliche Besprechung in einer größeren amerikanischen Fachzeitschrift. Das hat mir eine Reihe von Einladungen verschafft. So kam ich zur Columbia University, war dann fast sechs Jahre in New York, und dann anschließend hier. [22]

Wissenschaftsspezifische Faktoren wie Forschungsmentalitäten und Wissenschaftsorganisation, in den 1980er Jahren auch der Stellenmangel im deutschen Hochschulwesen, haben die Emigranten jedoch in ihrer Entscheidung für die Auswanderung bestärkt und scheinen zudem eine Rückkehr trotz zahlreicher Angebote mit verhindert zu haben. Allerdings gab es in sehr kleinen Wissenschaftsgebieten auch nicht immer eine adäquate Stelle in Deutschland:

There wasn't really a position for me in Germany, and in fact, everybody says, if I had remained in Germany it would have lead to – tensions is the mildest word I can find, between my teacher and myself, because we were working with the same ideas and so forth. [14]

Da die Emigranten weiterhin relativ enge Wissenschaftsbeziehungen nach Deutschland pflegten, leisteten sie einen nicht unwesentlichen Beitrag zur stärkeren internationalen Einbindung der deutschen Wissenschaften. Die Ausführungen eines

4.2 Entwicklungen vor dem ersten Preisträgeraufenthalt

emigrierten Musikwissenschaftlers, der zusammen mit einem ostdeutschen Kollegen seit 1975 das Bach-Jahrbuch editiert und über den Humboldt-Aufenthalt die gemeinsame Projektarbeit mit diesem fortsetzen konnte, betonen ganz besonders eine inhaltliche Bereicherung seines Faches in Deutschland als Resultat seiner distanzierteren und zugleich umfassenderen internationalen Perspektive; schließlich konnte er diesen Blickwinkel über die Herausgeberschaft und seine weiterbestehenden wissenschaftlichen Kontakte in die deutsche Musikwissenschaft einbringen:

> Es ist natürlich so, daß hier in den USA auch eine Menge an Quellenmaterial liegt. Das hat sich ergeben, auch durch die Geschichte, Ankäufe im 19. Jahrhundert. Große Sammlungen sind hier. Insofern habe ich letztlich davon sehr profitiert, daß ich Zugang zu beiden Dingen hatte, was normalerweise für einen europäischen oder deutschen Kollegen nicht so ohne weiteres möglich ist. Wenn ein deutscher Kollege Quellen zur Musikgeschichte des 18. Jahrhunderts vor der Nase liegen hat in München oder in Berlin oder Leipzig, wo immer, dann fällt es einem normalerweise nicht ein zu berücksichtigen, daß große Komplexe im 19. Jahrhundert abgewandert sind. Zum Beispiel dadurch, daß hier in den USA Institutionen gegründet wurden. [...] Durch die Immigrationsbewegungen im 18./19. Jahrhundert sind die kulturgeschichtlichen Verbindungen ja sehr eng, und es befinden sich eben auch eine ganze Reihe von Primärquellen in diesem Land. [...]
> Eine andere Sache, die für mich als Erfahrung wichtig war, ist, daß Deutschland speziell von hier aus sehr viel kleiner ist. [...] Und das ist für die Musikgeschichte, glaube ich, ein ganz wesentlicher Lernprozeß, der mir sozusagen in den Schoß gefallen ist, den man sich so ohne weiteres nicht aneignen kann, wenn man in Deutschland ist und bleibt. Daß das europäische Kulturleben auch im 16., sagen wir von der Reformationszeit an, ausgesprochen paneuropäisch war mit verschiedenen italienischen, französischen, aber auch östlichen und von den Niederlanden her kommenden Strukturen und Stile und so. Das paßt alles sehr viel besser zusammen, wenn man von hier aus sieht, wie klein das alles ist. Das war für mich persönlich auch wissenschaftlich eine Erfahrung, die ich keinesfalls so in Europa gemacht hätte. Und ich muß sagen, es geht allen so, ich meine, hier an der Uni ist man sehr international orientiert. Ich komme mit Kollegen zusammen, die, sagen wir aus Polen stammen oder aus Spanien oder aus Italien oder, oder Schottland, was immer. Die haben alle dieselbe Erfahrung gemacht. Aus der Distanz sieht die Gegend, mit der man sich historisch und kulturell beschäftigt, anders aus, als wenn man da drin sitzt. Das ist ganz entscheidend. [22]

Im Einzelfall erscheint somit das primär mit negativen Konnotationen verbundene Phänomen des *brain drains* in die USA als ein wesentlich vielschichtigerer Sachverhalt. Dies gilt insbesondere, wenn akademische Mobilitätsprogramme die Möglichkeit der Aufrechterhaltung einer engeren Zusammenarbeit gewährleisten und zugleich die Qualität der wissenschaftlichen Arbeitsbedingungen eine Fortsetzung der Kontakte von seiten der Emigrierten wünschenswert erscheinen läßt. Emigrierte Deutsche holen nicht nur verstärkt deutsche Nachwuchswissenschaftler für längere Forschungsaufenthalte in die USA, sondern vermitteln als Multiplikatoren deutsch-amerikanischer Wissenschaftsbeziehungen gelegentlich auch Deutschlandkontakte an US-amerikanische Kollegen:

> We had lots of Germans in our department, and PD told me that he had just come back from Munich and there was this great guy named WZ [Humboldt host] who was a real hippie as opposed to all those other stuffy professors and I should go and give a seminar there. So I went there in August 71. [53; der Preisträgeraufenthalt folgte 1973]

4.2.1.3 Kontakte zum Gastgeber

Direkte persönliche Kontakte zum wissenschaftlichen Humboldt-Gastgeber entwickelten sich bei den meisten US-Preisträgern wiederum über internationale Konferenzen (ca. 33%). Eine ähnlich große Bedeutung für das Zusammentreffen mit dem Gastgeber kommen jedoch auch USA-Aufenthalten des Gastgebers, seiner Post-Docs und anderer vermittelnder Personen aus Deutschland zu (ca. 30%). Die Gastgeber selber haben meist als Post-Docs und somit zu einem frühen Zeitpunkt ihrer Karriere nachhaltige Kontakte in den USA knüpfen können.

> My host was a postdoctoral visitor at the University of Chicago, and at Argon National Laboratory. He did research there that was related to things that one of my students had done here in Berkeley, and so that sort of the first close contact that we had was in connection with that common research interest. [54]

> My host [HT] was a postdoctoral fellow in the Calvin laboratory in the late sixties, the early seventies, and with one of my graduate students we did experiments together. HT visited here a number of times and I think that I saw him at a sabbatical in France, as a Guggenheim fellow in 76/77, since I visited Germany once or twice during that year. Then he spent a sabbatical at Stanford in the early eighties, and on one or two visits to Berkeley we talked and he suggested, well you should come to Germany, and so somehow it was arranged. [60]

> I already knew my host at GSI, because he had been here and I had interacted with him when he was working here. [...] I had had a number of German postdocs [...] because in the early days, in the 60s, our synchrotron was a very important new kind of accelerator, so we had a lot of European visitors and quite a few from Germany. [28]

Diese Art der Kontaktaufnahme über mobile Deutsche in den USA (Gastgeber als Post-Doc: ca. 8%; als Besucher: ca. 6%; sonstige deutsche Post-Docs: ca. 8%; andere Personen: ca. 8%) betont die wichtige Bedeutung der finanziellen Förderung von Reisen deutscher Wissenschaftler und besonders deutscher Nachwuchswissenschaftler ins Wissenschaftszentrum USA für die Induzierung nachhaltiger transatlantischer Wissenschaftsbeziehungen. Vor dem Hintergrund der Erkenntnisse zu Konferenzbesuchen als wichtigstem Ausgangspunkt internationaler Kontakte gilt dies gleichermaßen für kurzfristige Konferenzaufenthalte wie für längerfristige Post-Doc Positionen, deren wichtige Bedeutung von der häufigen Variante der Kontaktvermittlung zwischen Humboldt-Preisträger und Gastgeber über deutsche Post-Docs zusätzlich unterstrichen wird.

> I didn't know my host [IU], however I did know JG who worked with him and who spent a year of postdoctoral work with me earlier. He applied for a postdoctoral position around 1970, and had a productive year here. [...] After he left Berkeley he returned to Munich. [...] He started computer work here at Berkeley and continued it with IU and has become quite an expert in computer chemistry [...] In fact, he's an example of how life can really be changed around for people depending on where they go, because I was one of the few organic chemists at that time doing computational work, and when JG came here then he came from a totally synthetic organic background, and in coming to Berkeley he did experimental work but he saw the opportunity to do work with computers, and that got him started in computers and his whole life then changed as a consequence [...] I forgot whether it was IU himself who asked if I would be interested in a Humboldt, but I'm sure that was JG's doing. [48]

4.2 Entwicklungen vor dem ersten Preisträgeraufenthalt 261

Die dem Preisträgeraufenthalt häufig vorgeschaltete Mobilität von Deutschen in die USA verdeutlicht zudem, daß ähnliche Hintergründe und Erfahrungen bzw. möglichst viele vergleichbare Elemente in den persönlichen Assoziationsketten von Gastgebern und Gästen bereits für das Zustandekommen eines längerfristigen Forschungsaufenthalts wichtig sind (vgl. 2.3.3; 3.1.3.3). So zeichnen sich die ehemals mobilen Deutschen am Gastinstitut aufgrund ihrer USA-Aufenthalte durch ein hohes Maß an Eigeninitiative, durch einen eigenen Erfahrungsschatz im Bereich internationaler Mobilität und eine besondere Vertrautheit mit den Inhalten und dem Wissenschaftsstil der US-amerikanischen Gäste aus.

Als dritthäufigste Variante der Entwicklung des direkten Kontakts zwischen späterem Humboldt-Gastgeber und Preisträger lassen sich analog zur allgemeinen Entwicklung wissenschaftlicher Deutschlandkontakte Begegnungen während vorheriger Deutschlandaufenthalte der Preisträger identifizieren (ca. 12%). Dabei handelt es sich wiederum um das gesamte Spektrum von kurzen Vortragsreisen über mittelfristige Besuche bis zu längeren Aufenthalten mit verschiedenen Finanzierungen wie Guggenheim-, NATO-, Fulbright- oder Humboldt-Stipendium.

> I was in Germany for a lecture and a meeting, the lecture after the meeting, and HW [Humboldt host] suggested that one of his students would be a good person to come to my laboratories as a postdoc and learn some of the techniques, and after he had worked in my laboratories we decided that I could come to Stuttgart as a Humboldt Awardee, so HW was the one who put the application through and so forth. [33]

> In my very first sabbatical in 1968/69, I competed for and won a so-called NATO fellowship, and I tenured that at Munich at the Technische Hochschule. I made a lot of associations then which have continued, people who were just finishing their doctorate, I was a young fellow then and they were also young and they moved up to pretty influential positions in Germany. [...] In my third sabbatical in 1982 I competed for and won a Fulbright professorship which was a very nice affair and I tenured that again at the Munich location although the place had changed quite a bit [...] [in fact] my most recent [Humboldt] host at the TU in Berlin [1994] was someone I had met at Munich during that time [he got his PhD from the TU Munich in 1983]. [42]

Weitere Wege der Kontaktentwicklung zwischen Gastgeber und Preisträger umfassen die gezielte Kontaktierung des künftigen Gastgebers durch den US-Wissenschaftler (ca. 10%), Kontakte aus einer gemeinsamen Zeit als Doktoranden oder Kollegen in Deutschland oder den USA (ca. 10%) und sonstige, eher seltene Varianten wie regelmäßigen schriftlichen Kontakt mit anschließenden gegenseitigen Besuchen oder die Verbindung über eine Art akademischer Stammbaum, wenn der Doktorvater enge Deutschlandkontakte unterhielt (zusammen ca. 5%).[239]

---

[239] In einem Fall [1] war der Doktorvater des US-Preisträgers der Schüler des in Deutschland tätigen Doktorvaters vom späteren Humboldt-Gastgeber, was unter der Voraussetzung einer zunehmenden akademischen und karrierebezogenen Mobilität zwischen Deutschland und den USA zukünftig häufiger vorkommen könnte. Aus dem gleichen Grund, d. h. der Möglichkeit der Verschiedenheit von Herkunftsland und arbeitgebendem Land eines Wissenschaftlers, war in zwei Fällen der Humboldt-Gastgeber in Deutschland US-Amerikaner.

Anhand der direkten Kontaktaufnahme der Preisträger zum späteren Gastgeber kommt ein sehr großes Interesse an der Forschung des Gastgebers zum Ausdruck. Dies war in der Regel bei jüngeren etablierten US-Wissenschaftlern der Fall, die sich zwecks inhaltlichem Austausch gezielt an ältere etablierte Wissenschaftler in Deutschland wandten, darunter z. B. Nobelpreisträger. In einem Fall stellte der Preisträger den ersten Kontakt zu einem jüngeren späteren deutschen Gastgeber selber her und lud ihn zunächst nach Harvard ein, weil er von dessen Arbeit in besonderem Maße angetan war. Beide Varianten zeigen, daß überzeugende Inhalte einen Ansatzpunkt darstellen, die weitgehend größenordnungsbedingte asymmetrische Kommunikations- und Mobilitätsbeziehungen zwischen Deutschland und den USA im Einzelfall umkehren können, auch wenn bei der Hälfte der entsprechenden Fallbeispiele zusätzlich andere Einflußfaktoren im Spiel waren (z. B. Deutschstämmigkeit; kulturelles Interesse an Deutschland; Finanzierungsmöglichkeiten eines wissenschaftlichen Großprojektes; vgl dazu 4.2.2).

Wenn die Kontakte zwischen Humboldt-Gastgeber und Preisträger bereits in der Zeit als Doktoranden oder zu einem frühen Zeitpunkt der wissenschaftlichen Laufbahn begannen, war der Preisträgeraufenthalt meist Teil einer engen wissenschaftlichen Interaktionsbeziehung und Freundschaft, die von regelmäßigen gegenseitigen Besuchen und Kooperationsbeziehungen geprägt war:

> I originally got in touch with my host [WK] in 1965. As a graduate student [PhD in 1966], I was working on motor pattern generation, and in particular I was working on how neurones generate cricket songs, and to study this, I was recording from muscles while the crickets sing, and WK was working on a similar PhD project with FH in Cologne. And while we were both working on this project a third guy published a paper on this problem we were both working on, and he got it wrong, we thought. WK and I knew about each other and so we published a joint paper about our view of how this system worked, which I still think was the right view. At that time I was working in Ann Arbor, Michigan, at the University of Michigan, and he was working with FH who later moved to the Max-Planck at Seewiesen. So when I finished at Michigan then I went to Cologne for a year, to work with FH. He had a very strong group of students in his lab, most of whom, many of whom later became professors in Germany [including WK]. So I had strong ties with this group that I maintained for the next decade before I went back to Germany, on this Humboldt award, in 1974. So by that time WK had moved down to Konstanz, and was a professor there. [34]

> I met my two hosts in 1955 at a conference in Oxford when we were both having just finished our PhD's. A senior person in my field decided to have a meeting of young people in this field, so he invited maybe a dozen plus people in England, his own students from all over the world, from Japan, from Poland, in 1955 that was very unusual, and some from America, Germany, Switzerland, but they had to be young, within one or two years of their PhD, and we all gathered there, and he did a wonderful job because essentially everyone who was there became world famous. I mean he picked all the right people, and we became very good friends right at the start. We've been talking mathematics for almost forty-five years now, and you know, have gotten ideas from each other. [19]

Auch bei weniger engen Beziehungen zum Gastgeber läßt sich die gleiche Wissenschaftsgeneration von Gastgeber und Preisträger als wichtige gemeinsame Basis vieler Preisträgeraufenthalte und als häufigster Ausgangspunkt langjähriger wissenschaftlicher Freundschaften identifizieren, vor allem, wenn sich der Preisträgerauf-

4.2 Entwicklungen vor dem ersten Preisträgeraufenthalt

enthalt aus regelmäßigen Kontakten auf Konferenzen entwickelte. Gelegentlich sind die Deutschlandkontakte auch direkt von der Doktorvatergeneration auf die Schülergeneration übertragen worden:

> I came to graduate school here in Berkeley and I became one of professor Seaborg's students here. I was a graduate student when he got his Nobel prize [in 1951] [...] In 1954 or 1955 there was an international conference in Stanford, about sizes of nuclei and so on, and I drove down to Stanford. I think I was the driver that drove professor J.H.D. Jensen from Heidelberg down there. He hadn't yet won his Nobel Prize [1963], but he and Maria Goeppert-Mayer in Chicago during the first year of my graduate work in 1949, announced the discovery of the shell model that gave us the quantum characteristics of nuclei. So we went down with Jensen and he was very interested when I told him about our alpha details and so on, and he said he had a very good student of his in Heidelberg and that it would be wonderful if he could spend a year or so out with us in Berkeley. So I talked to Seaborg. He decided that we'd got the room for him, and so we brought HGM [the future Humboldt host] over from Heidelberg to be a postdoc in Berkeley. [...] The work with HGM was the beginning of putting on a much firmer bases, [some] theories I'd started in Stockholm after hearing the Bohr lectures. HGM had quite superior theoretical, mathematical skills than mine, so we complemented each other very well. [...] Then I went to Copenhagen for a year in 61 and 62, on sabbatical, and [...] we continued our collaboration. [...] At the time of the Humboldt stay I had visited him a number of times, and I had worked with these people in my own laboratory. We had, sort of, continuing collaborations so it was easy to work together. [27]

Der schriftlichen Befragung zufolge besaßen mehr als zwei Fünftel der Preisträger vor der Auszeichnung mit dem Humboldt-Forschungspreis relativ enge persönliche Kontakte zu ihren späteren Gastgebern (43%). Sie hatten mindestens schon einmal gemeinsame Forschungsprojekte mit dem Gastgeber durchgeführt (21%), sich länger als eine Woche am Institut des Gastgebers aufgehalten (20%) oder gemeinsam publiziert (19%). Mehr als zwei Drittel der Preisträger hatten vorher bereits auf Tagungen persönlichen Kontakt mit ihrem Humboldt-Gastgeber (69%), während nahezu ein Drittel den späteren Humboldt-Gastgeber vor der Auszeichnung *nur* von Tagungen oder anderen Veranstaltungen persönlich kannte (29%).

> I was at a conference in Durham, England, probably in 1982, where I met my hosts, and they asked me, why don't you come to Germany for a while. And I said, if you could arrange some funding I would be happy to consider it. And about a year or two later I got this statement that I had been put up for a Humboldt Prize. And it was surprizing at the time and I had not planned beforehand that I would go to Germany for nine months, but it was fortunate enough that I had won the prize and I was very happy to go. That was the main thing. It was basically meeting these two individuals who had just about finished their doctoral degree and starting their career and were very enthusiastic and thought that maybe I would have some things to help them with research. I did not know their work before the conference. I knew they were at the conference and I was impressed with their work and that was a big difference. But I had not seen any of their work before. They were so young, so I think there was not so much published at the time. And I had a third contact who I had met at Berkeley, and he was at Karlsruhe. And I think those where the three people in Germany that put my name up. [52]

Die übrigen Preisträger hatten sonstige persönlichen Kontakte mit dem Humboldt-Gastgeber vor der Auszeichnung (18%), wozu vor allem Aufenthalte des Gastgebers am Institut des Preisträgers und Kontakte an anderen Orten außerhalb von

Tagungen zählen, oder aber sie kannten den Humboldt-Gastgeber noch nicht persönlich über *Face-to-face*-Kontakte (10%). Letzteres war beispielsweise der Fall, wenn der Kontakt über einen Post-Doc oder eine andere dritte Person vermittelt wurde (vgl. [48], S. 260). Im Unterschied zu den Humboldt-Stipendiaten (HOLL 1994, 20) waren die US-Preisträger, die ihren Gastgeber vor Erhalt des Humboldt-Forschungspreises nicht persönlich kannten, vermutlich aufgrund der Möglichkeit solcher indirekten vorherigen Kontakte auch nicht signifikant unzufriedener mit ihrem Aufenthalt und den daraus resultierenden Ergebnissen als die anderen Preisträger. Allerdings trifft dies in manchen Bereichen für die US-Preisträger zu, die vor dem Aufenthalt überhaupt keine Kontakte zu deutschen Universitäten und Forschungseinrichtungen besaßen (vgl. 4.3.3).

4.2.1.4 Ausmaß und Art wissenschaftlicher Kontakte

Insgesamt hatte ungefähr die Hälfte der US-Preisträger vor dem Preisträgeraufenthalt bereits gemeinsame Forschungsprojekte mit in Deutschland tätigen Wissenschaftlern durchgeführt oder gemeinsame Publikationen erstellt (47%). Ebenfalls fast die Hälfte besaß sonstige Deutschlandkontakte durch Tagungsbesuche, sonstige Aufenthalte bis zu einem Monat, familiäre und freundschaftliche Beziehungen (46%). Rund zwei Fünftel der US-Wissenschaftler waren an ihrem Arbeitsort schon einmal Gastgeber für deutsche Studierende oder Wissenschaftler. Etwas mehr als ein Viertel forschte vor dem Preisträgeraufenthalt schon einmal länger als einen Monat lang in Deutschland (28%) und immerhin 12% der Preisträger hatten im Laufe ihrer akademischen Ausbildung in Deutschland studiert. 6% der US-Preisträger hatten keine vorherigen Kontakte zu deutschen Universitäten und Forschungseinrichtungen und für weitere 7% bestand der Kontakt einzig in der Gastgeberfunktion für deutsche Studierende oder Wissenschaftler in den USA. Dagegen pflegten 17% sehr enge Beziehungen, weil sie bereits einen längeren Forschungsaufenthalt in Deutschland verbracht und zugleich gemeinsam mit deutschen Wissenschaftlern an Projekten und Publikationen gearbeitet hatten.

Anhand der Interviews lassen sich Ausmaß und Art der Deutschlandbeziehungen der US-Preisträger vor dem ersten Preisträgeraufenthalt weiter präzisieren und in vier Kategorien einteilen. In rund einem Fünftel der Fallbeispiele waren die vorherigen Deutschlandkontakte relativ eng. Sie bestanden aus konkreter projektbezogener Zusammenarbeit oder mindestens einem längerfristigen Post-Doc- oder *sabbatical*-Aufenthalt des Preisträgers in Deutschland. Diese engen Kontakte verteilten sich etwa gleichmäßig auf Personen mit und ohne biographische Deutschlandbezüge, und sie waren meist von einer Abfolge verschiedener Kontaktarten und einer breiten Kontaktbasis vor dem Preisträgeraufenthalt geprägt.

> Ich habe besonders einen Kollegen in Karlsruhe, mit dem ich schriftlich in Verbindung war. Wir haben ähnliche Interessen und er war hier zu Besuch als *visiting professor*, das war ungefähr 1971. Wir haben uns auf diese Weise gut kennengelernt und er sagte, ob ich nicht mal nach Karlsruhe längere Zeit kommen möchte, und das wurde dann zwei Jahre später möglich. Diese Gastprofessur habe ich gerne angenommen. Ich habe ein paar Vorträge gehalten, habe mich dort über die Forschung gut informieren können und habe weitere Kollegen kennenge-

4.2 Entwicklungen vor dem ersten Preisträgeraufenthalt 265

lernt. 1973 habe ich auch eine Reise nach Berlin gemacht und dabei meinen späteren Humboldt-Gastgeber kennengelernt [HK]. Wir beide machen sehr ähnliche Sachen und wir hatten schon vorher per Post Kontakt. Ich habe ihn dann besucht, und wir haben eine enge Freundschaft angefangen. Wir kennen uns sehr gut und sehen uns fast jedes Jahr irgendwo. Auch unsere Frauen sind befreundet. Also das war ein großes Plus. Und dann sagte HK zu mir: Komm' doch mal nach Berlin auf längere Zeit und so hat er das eingeleitet mit dem Humboldt-Preis. 1976 war ich dann in Berlin und 1981 noch mal am gleichen Institut. [31]

When I was finishing my degree I felt like I wanted to do a postdoc abroad just because at that time in the sixties getting jobs was really pretty easy, nobody was worried about getting a position. So I said I want a little life experience before I get an academic job and have to get down to all these obligations, and so I asked one of the Harvard faculty, DH, he's actually since then won a Noble Prize in chemistry, very prominent, and I asked him, do you know anybody in Germany where I could go postdoc. I had gotten a NATO postdoc for a fellowship so I had my own fellowship and was going to be free wherever I went. So that was not a problem, and he said well there's my good friend CS in Freiburg. I'm sure he'd be happy to have you. [...] Actually, I had met someone from this group before. DH had a postdoc from Germany who subsequently went back to Freiburg and did his Habilitation there in Freiburg. [...] So I said that sounds fine to me, I'd been to Freiburg in 64 [on a private trip], and so I went and spent the year there. One of the things I did appreciate so much is that a lot of the people I got to know then, the younger assistants then went out and became professors in lots of other places, so as I grew up academically they were growing up and so I knew lots of people, several went to Bielefeld and some went to Heidelberg, Munich and Göttingen and so forth. So I began to know people that became professors and that's of course been the linkage why I've known maybe fifteen German postdocs over the years that have come. [41]

I'm a so-called naturalised US citizen, originally I come from Warsaw, Poland. I came here as a full professor and I got a full professorship with tenure in 1982, my area of research was collision protection of cars, and I had been working before at Volvo in Sweden. So after two or three years when I settled down at MIT I started to develop a large research project which relates to car-safety, and as a preparation for this project I planned four weeks visit to the major European car manufacturers [...] So I rented a car in Marseilles and together with my son, he was twelve, we went to criss-cross France, Germany, Sweden and back. During that visit I was able to see four automotive companies in Germany which were Daimler Benz, BMW, Audi and Volkswagen [...] People knew me from literature, some of them had made already personal contacts. So I was welcomed and at each company I had a shorter or longer presentation of my ideas [...] and as a result of this trip I wrote a proposal that I sent out to the international automotive industry in order to secure funding. [...] I was successful since fourteen companies subscribed to the project which were the entire European automotive industry, the entire American automotive industry, and one Japanese. [...] So that was the groundwork for being engaged in more research. During that five year project we produced nine volumes, manuals of crash worthiness engineering, and we also established better contacts with some groups within each of those companies [...] Subsequently to that, maybe two years after, the group leader at BMW who got his master degree at Washington State University – he's fluent in English, very dynamic, and he had some brilliant ideas which were somehow similar to mine – he invited me for a one-day brainstorming session in his group to see how my ideas could be better used by the automotive industry, and he made two suggestions for which I am very grateful to him. First of all that I will come for a longer time into the Munich area to work with BMW, and secondly that I will use the sabbatical leave and that I will develop on the basis of theory developed at MIT a preparatory software for automotive applications. [...] He said, why don't we apply for the senior US scientist award, and organized everything. [23]

Weitere 20% der US-Preisträger unterhielt vor dem ersten Preisträgeraufenthalt gute Deutschlandkontakte. Diese waren durch regelmäßige Interaktion und gegenseitige Besuche gekennzeichnet und umfaßten gelegentlich auch eine vorherige Zusammenarbeit mit einzelnen deutschen Wissenschaftlern. Gute vorherige Deutschlandkontakte bestanden vor allem in sehr spezialisierten Arbeitsgebieten, in denen sich die aktivsten Wissenschaftler meist alle persönlich kennen, sowie bei freundschaftlichen Beziehungen und familiären Verbindungen nach Deutschland:

> I've visited in Germany before my Humboldt stay and I would say that perhaps my main connection in research that bares on research in Germany was probably with the theorists in Jülich in the laboratory there. [...] My host actually was at Jülich originally before he went to Tübingen. So this for my area tended to be a very natural connection and then the Mainz laboratory especially because they were doing experimental work. [...] In this field experimentally there are a very small number of laboratories around the world [...] so we're actually a fairly tight community in the sense that we know each other very well from conferences and people from all of these institutions have all visited all of the other ones over the years, and so it's hard actually, I'm not sure when I made the first scientific visit to Germany it was probably in the seventies, and every so often I would visit for one reason or another, so the contacts were extremely natural in this sense. [10]

> We did not collaborate in the usual sense of a collaboration for an experimental scientist, you know, they may sort of work together on something, some problem together, but in mathematics most of the time people sort of work by themselves usually, but when you listen to other people talk or when you give a talk and someone makes a comment and then sometimes it starts some kind of collaboration, but I never went to Germany with some particular programme in mind to work with, but sometimes I ended up writing, not very often, but writing joint papers. [24]

Am häufigsten fand vor dem Preisträgeraufenthalt ein lockerer informeller Informationsaustausch auf Konferenzen, über gegenseitige Besuche und Vortragsreisen statt (*'Previously I had never stayed, I'd only visited.'* [16]). Diese Art der Interaktion umfaßte keine direkte Zusammenarbeit im engeren Sinne, konnte aber mit dem Aufenthalt von deutschen Post-Docs beim Preisträger in den USA verbunden sein (ca. 45%). Relativ häufig schloß sich beispielsweise der Preisträgeraufenthalt an einen erfolgreichen Post-Doc Besuch in der Arbeitsgruppe des späteren US-Preisträgers an (vgl. dazu [48], S. 260, und [33], S. 261).

> My first trip to Germany occurred for a chemical meeting in Munich in 1965, that was a relatively short visit and without much contact with people other than the normal sort of contacts one has at a chemical meeting. The next significant meeting was in 1969 on my first sabbatical leave abroad where I spent a month in Basel and then took a trip that included visits to Heidelberg and Munich. The next significant trip then was in 1972, when there was a meeting in Switzerland, and after the meeting my wife and I took a trip through parts of Germany and including again stops at various places. I remember that was my first and only visit so far to Freiburg, and where I knew one of the chemists working there. I gave a lecture as usual, and there were a couple of visits of that sort, but those were all short-range visits discussing chemistry on a less intensive type of interaction, but those are the only interactions I had before the Humboldt visit in 1976. [48]

4.2 Entwicklungen vor dem ersten Preisträgeraufenthalt

> I had contacts in many parts of Germany, in Stuttgart in Göttingen and Aachen, Hamburg and Freiburg and so on, so it was a good relationship but not very firm. It was a kind of where we would meet in international conferences and exchange information somewhat on an informal basis. To the best of my recollection there was not a direct collaboration of any sort where we wrote something together. [1]

Die übrigen 15% der Preisträger gaben an, keine besonderen Deutschlandkontakte vor dem Preisträgeraufenthalt gehabt zu haben. In diesen Fällen gab das Preisträgerprogramm den Anstoß für neue Wissenschaftsbeziehungen zwischen Deutschland und den USA (13% gemäß schriftlicher Befragung). Von den interviewten Preisträgern betraf dies ausschließlich jüngere Preisträger bis 50 Jahre, die in ihrer vergleichsweise kürzeren Karriere noch nicht so viele internationale Kontakte wie ältere US-Wissenschaftler entwickelt hatten. Sie waren bisher vor allem mit dem Aufbau und der Etablierung ihrer Arbeitsgruppe befaßt und besaßen meist auch noch keinen Grund zu internationaler Zusammenarbeit.

> There was no reason to collaborate. I collaborated with quite a few people but it has to meet certain, you know criteria in terms of interest and crossing of interest. [32]

Der schriftlichen Befragung zufolge besaß rund jeder achte der bis 45jährigen US-Preisträger vor der Nominierung für den Humboldt-Forschungspreis noch keine Kontakte zu deutschen Universitäten und Forschungseinrichtungen, während dies bei den 46 bis 65jährigen jeder zwanzigste und bei den über 65jährigen nur noch jeder fünfzigste war. Je älter die Preisträger waren, desto mehr von ihnen kannten auch ihren Gastgeber im Vorhinein persönlich (bis 45 J.: 87%; über 65 J.: 94%).

Nach Fachgebieten differenziert gab es keine statistisch signifikanten Unterschiede bezüglich der vorherigen Kontakte zu Institutionen und Gastgebern, allerdings wiesen in den Fachgebieten Mathematik/Informatik und Medizin (8-9%) deutlich mehr Preisträger keine vorherigen Kontakte zu deutschen Forschungsinstitutionen auf als in Physik (4%) oder den Geisteswissenschaften (2%). In bezug auf die Gastgeber verfügten die Physiker über die meisten Kontakte vor der Auszeichnung (97%), worin die starke internationale Ausrichtung der Physik deutlich wird, die primär aus Großprojekten als ein wichtiges Charakteristikum der physikalischen Forschungslandschaft resultiert. Die Preisträger der Chemie (je 83%) besaßen die wenigsten Kontakte zum Gastgeber vor ihrer Auszeichnung, was eine Folge davon sein könnte, daß es in Deutschland im Fach Chemie mehrere international bekannte Arbeitsgruppen gibt, an deren Arbeit etablierte US-Wissenschaftler so interessiert gewesen sein könnten, daß sie häufiger den Gastgeber von sich aus mit dem Ziel kontaktieren, dort ein *sabbatical* zu verbringen, als Wissenschaftler anderer Fachbereiche. An Max-Planck-Instituten (96%) war der Anteil der Preisträger, die ihren Gastgeber vor dem Deutschlandaufenthalt persönlich kannten, signifikant höher als an an Universitäten (88%) oder sonstigen außeruniversitären Forschungseinrichtungen (86%), was wiederum auf eine starke internationale Ausrichtung der Forschung an den MPIs hinweist.[240]

---

[240] Das Ausmaß der allgemeinen vorherigen Deutschlandkontakte der Preisträger unterscheidet sich zwischen den drei verschiedenen Typen von Gastinstitutionen nicht signifikant.

4.2.1.5 Begegnung mit der Humboldt-Stiftung

Die Humboldt-Stiftung als verantwortliche Förderinstitution für die Preisträgeraufenthalte lernten mehr als ein Viertel der Preisträger erst zum Zeitpunkt ihrer Nominierung kennen (29%). Dieser Anteil hat sich jedoch seit der ersten Preisträgergeneration kontinuierlich reduziert (von 42% auf 15%). Gleichzeitig halbierte sich die Bedeutung des Gastgebers als erstes Bindeglied zwischen Preisträger und Humboldt-Stiftung (von 34% auf 15%), während der Anteil der Preisträger, deren erster Kontakt über einen anderen Preisträger erfolgte, zwischen 1972-77 und 1992-96 um das Fünffache anstieg (von 5% auf 27%). Mit zunehmender Dauer des Programms und steigenden Preisträgerzahlen ist die Informationsverbreitung über die Humboldt-Stiftung und das Preisträgerprogramm immer mehr ein sich selbst steuernder Prozeß geworden; allerdings bestehen in dieser Hinsicht noch relativ große fachspezifische Unterschiede. Einen besonders hohen Bekanntheitsgrad erreichte die Humboldt-Stiftung in den drei jüngsten Preisträgergenerationen (1982-96) in den Geowissenschaften – 86% der US-Preisträger dieses Faches kannten die Humboldt-Stiftung bereits vor ihrer Nominierung – sowie erwartungsgemäß in den drei am stärksten im Preisträgerprogramm vertretenen Fachbereichen Chemie (83%), Biowissenschaften (81%) und Physik (78%). In den Geisteswissenschaften (68%), in den Ingenieurwissenschaften (68%) und im Fach Medizin (69%) war die Humboldt-Stiftung dagegen vergleichsweise wenig bekannt.

Argumente für eine regelmäßige Öffentlichkeitsarbeit liefern zum einen Bemerkungen mehrerer Preisträger, die den 'Schneeballeffekt' alleine als zu wenig wirkungsvoll ansehen. Zum anderen zeigen die Auswertungen, daß vorhandene Informationen über mögliche Finanzierungsquellen die Entscheidung eines renommierten US-Wissenschaftlers für einen Forschungsaufenthalt in Deutschland stark positiv beeinflussen können (vgl. z. B. [52], S. 263, und 4.1.2). Die bereits gewonnenen Erkenntnisse über Post-Doc-Mobilität als häufiger Ansatzpunkt der Preisträgermobilität verdeutlicht, daß auch diese Art der Humboldt-Förderung über Feodor-Lynen-Stipendien (in die USA) und Humboldt-Stipendien (nach Deutschland) einen breiten Bekanntheitsgrad besitzen sollte. Feodor-Lynen-Stipendien stellen nicht nur ein wichtiges Bindeglied der transatlantischen Wissenschaftsbeziehungen dar, sondern eröffnen über die Verknüpfung mit dem Preisträgerprogramm einer Zusammenarbeit zwischen zwei Arbeitsgruppen noch langfristigere Perspektiven als die Programme selber. Gezielte Werbung für einen forschungs- oder auch studienbezogenen Deutschlandaufenthalt erhält auch vor dem Hintergrund große Bedeutung, daß seit den 1990er Jahren biographische Deutschlandbezüge in den USA und vermutlich auch in anderen Ländern stark rückläufig sind (vgl. 3.1.3.3). Falls die gegenwärtige Position im internationalen akademischen Austausch trotz dieser Entwicklung gehalten werden soll, müßten langfristig verschiedene Strategien entwickelt werden, die helfen, das Interesse an Deutschland im Ausland zu fördern und wachzuhalten. Werbemaßnahmen und dauerhaft attraktive Forschungsbedingungen durch neue Forschungsinfrastruktur und ein gutes Arbeitsklima bilden in diesem Zusammenhang wichtige Ansatzpunkte (vgl. 1.3.4; 4.2.2.1).

4.2.1.6 Biographische und familiäre Bezüge

> In meinem speziellen Fall ist es ja so, daß ich meine gesamte Ausbildung in Deutschland bekommen habe, und in dem Moment, als ich fertig ausgebildet war, hier in die USA verschwunden bin. Und es ist mir nicht ganz unklar, welche enormen Kosten meine Ausbildung in Deutschland gekostet hat. Und deswegen hab ich doch irgendwo diese Verpflichtung, was für Deutschland zu tun. Deswegen bin ich sicher aktiver in meinen Verbindungen zu Deutschland, als es der gewöhnliche amerikanische Wissenschaftler sein würde. Obwohl Sie wahrscheinlich merken, daß eine große Anzahl dieser Humboldt-Leute irgendwie mit Deutschland verbunden ist. Wenn wir hier auf den Humboldt-Treffen sind, mit vielen kann man sich auf Deutsch unterhalten, teilweise noch Emigranten aus der Nazizeit. Aber irgendwie hängt das schon zusammen, daß Leute, die sich mit Deutschland verbunden fühlen, sich darum kümmern, welche Möglichkeiten gibt es, nach Deutschland zu kommen. [30]

Die Beobachtung, daß überproportional viele der US-Preisträger in Deutschland geboren wurden (10%), bot den Anlaß zur Formulierung der These, daß biographisch-kulturelle Verbundenheit mit dem Gastland eine wichtige Bedeutung für das Zustandekommen eines längerfristigen Forschungsaufenthalts im Ausland besitzt (vgl. 3.1.3.3). Anhand der Interviews erhärtet sich diese These, da entsprechend der Eindrücke des zitierten Preisträgers [30] bei einem nur unwesentlich höheren Anteil in Deutschland Geborener (13%) insgesamt *fast jeder zweite* der persönlichen Gesprächspartner biographische oder familiäre Bezüge zu Deutschland aufwies. Dazu zählen weder besondere kulturelle bzw. sprachliche Interessen noch vorherige wissenschaftlich motivierte Deutschlandaufenthalte oder biographische Verbindungen zu den angrenzenden Nachbarländern, die den Anteil derjenigen mit besonderen Bezügen zur weiteren Region des Gastlandes weiter erhöhen würden.

Die Bandbreite der biographischen Verbundenheit mit Deutschland reicht von deutschen Vorfahren, die zum Beispiel mit den Auswanderungswellen seit 1848 und besonders nach 1880 in die USA gegangen sind (mindestens 8%), über deutsche Eltern, die vor dem Zweiten Weltkrieg in die USA emigrierten (ca. 4%), bis zur eigenen Emigration, entweder mit der Familie oder mit Teilen der Familie im Kindes- und Jugendlichenalter (ca. 4%; vgl. 4.1.1.6) oder nach Abschluß der akademischen Ausbildung in Deutschland (ca. 12%; vgl. 4.1.1.2). Hinzu kommen persönliche Deutschlandbezüge über längere privat motivierte Aufenthalte in Deutschland vor dem Studium (z. B. Vater Professor in München; ca. 4%) und familiäre Verbindungen über eine deutschstämmige Ehefrau oder in Deutschland lebende Verwandte (ca. 8%).

> One of my ancestors came from Leimen, so about twenty five years ago we went there and found the church which had his records and I found thirty or forty more ancestors going back. In fact it's quite interesting because the names that were my ancestors, those names are still very common in Leimen, I see them everywhere. [19]

> I've had some experience with [living in Germany] because my parents were German, they'd immigrated before the war, but after the war I spent a number of summers visiting relatives in Germany, as a teenager I had worked for a summer in Germany and I'd spent a year at the ETH in Zurich. [6]

> I also have a wife whose family lives very close to Munich [...] [W]e had visited [Munich before 1976], we would go typically once every year, maybe once every two years. I would go for three weeks, my wife might stay for six weeks, something like that. Usually, it was done in conjunction with some physics meeting someplace, or who knows what. [57]

Inwieweit die verschiedenen persönlichen Verbindungen mit Deutschland das Zustandekommen der Preisträgeraufenthalte tatsächlich beeinflußt haben und welche Rolle sie für die Aktivitäten und insbesondere den Umgang mit anderen Personen während der Aufenthalte spielten, wird in den folgenden Kapiteln eruiert werden. Zuvor bleibt jedoch noch eine letzte aus den Interviews generierte Kategorie persönlicher Deutschlandbezüge zu betrachten. Diese kam im Interviewsample zusammen mit anderen Kategorien am zweithäufigsten vor (mindestens 8%). Sie wurde darüber hinaus auch von nicht direkt Betroffenen thematisiert und bedingt in hohem Maße eine besondere historische Bedeutung des Preisträgerprogramms: Es handelt sich um persönliche Traumata aus der Zeit des Nationalsozialismus.

4.2.1.7 Schatten der Vergangenheit

> *In Vernichtungslagern wie Auschwitz und Treblinka [...] wurden mehr als sechs Millionen Juden ermordet, Männer und Frauen, Kinder und Greise.*
>
> *Hartmut Boockmann et al., Mitten in Europa, 1987, 468.*
>
> *Before I went I had great thoughts of never going there because of the Nazi history.*
>
> *US-Preisträger aus Berkeley*

Der zitierte Preisträger, der aufgrund der Ereignisse in nationalsozialistischer Zeit Deutschland eigentlich nie besuchen wollte, ist 1977 schließlich doch gekommen, für ein ganzes Jahr. Sein wissenschaftliches Interesse und das kulturelle Interesse seiner Frau an Kunst, an der Oper und an Wagner im besonderen haben die großen Vorbehalte gegen einen Deutschlandaufenthalt in den Hintergrund gerückt. Allerdings bezog sich sein wissenschaftliches Interesse allein auf seinen Gastgeber, einen mittlerweile in Deutschland tätigen, langjährigen Studienfreund aus den USA.

> I had never even heard of the Max-Planck Institute or the Humboldt until he raised the issue of my coming there, and there was a confluence in that my wife had developed a huge interest in opera and Wagner in particular, and so these were the main set of reasons to go, and also the third reason was that we thought it worthwhile to take our family out of Berkeley for a while [because our eldest daughter was on the way to essentially becoming a bicycle chick], so this is why I went. [32]

Die wissenschaftlichen Kontakte des Theoretikers blieben weitgehend auf den amerikanischen Freund und einzelne Vorträge beschränkt, und auch die privaten Kontakte konzentrierten sich im wesentlichen auf den Gastgeber und dessen Frau. Einzig seine Kinder waren über die Schule stärker in die Gesellschaft integriert.

4.2 Entwicklungen vor dem ersten Preisträgeraufenthalt

> We were family friends, and so that allowed for the living there. [...] One of the reasons [for not being integrated into the social life] as I told you was historical, I wanted to minimise all contacts with Germans, with all due respect that's changed obviously, especially people that were over fifty and only with that in mind could I actually go to Germany. But it's a very interesting thing, we lived in a house and to reduce the rent, the mid-twenty year old daughter of the owner stayed in the house with us, and we got to be very friendly with her, and her grandparents lived next door and her brother and sister also lived in Munich, and we became somewhat friendly with them, and so in that sense that was the real exception to the rule. Our children, our youngest daughter went into the Volksschule knowing no German practically and she became totally fluent and integrated into a German society. Our older daughters went to the Gymnasium and everyone wanted to speak English, but they did have friends, so therefore they were much more friendly than my wife and I with German society. [32]

Für den Preisträger reichten als soziale Kontakte die teils ausgedehnten Diskussionen über verschiedene Aspekte der NS-Zeit mit der Tochter der Vermieter und der Umgang mit den US-amerikanischen Freunden vollkommen aus. Letztere lebten seit den 1970er Jahren in Deutschland, obwohl die Familie der Frau des Gastgebers vor den Nationalsozialisten geflohen war. In Hinblick auf seine sozialen Kontakte betonte der Preisträger, daß seine Frau und er vor allem in der Oper lebten, und in der Alten Pinakothek.

Dieses Beispiel veranschaulicht die Möglichkeit der Existenz ausgeprägter negativer Deutschlandbezüge bei US-Wissenschaftlern. Während der bisherigen Laufzeit des Preisträgerprogramms werden viele US-Wissenschaftler, vor allem aus derselben und der vorherigen Generation des zitierten Preisträgers (geboren 1936), aus den gleichen historischen Gründen nicht zu einem forschungsbezogenen Deutschlandaufenthalt bereit gewesen sein. Ein Aspekt, der zuvor schon einmal als möglicher Einflußfaktor auf die Entwicklung der Altersstruktur im Preisträgerprogramm angesprochen wurde (vgl. 3.1.2; 4.1.1). Negative Deutschlandbezüge besitzen in gleichem Maße eine kontaktreduzierende bis kontaktverhindernde Wirkung wie die zuvor diskutierten, eher positiven persönlichen Deutschlandbezüge kontaktfördernde Effekte erzielen können. Wie das Beispiel weiterhin anschaulich zeigt, kann ihre Wirkung in einer Assoziation verschiedener Faktoren in der Weise ausgeglichen werden, daß sogar ein einjähriger Forschungsaufenthalt in Deutschland zustandekommt. Kulturpolitisch interessant ist dabei die Tatsache, daß im Fallbeispiel der kulturelle Reichtum Deutschlands und Europas wichtiger Bestandteil des Neutralisierungsprozesses der negativen historischen Erfahrungen war. Wissenschaftspolitisch aufschlußreich ist die trotz großer Vorbehalte erfolgte Herstellung wissenschaftlicher Deutschlandbeziehungen über einen in Deutschland arbeitenden US-Amerikaner. Obgleich die wissenschaftliche Interaktion des zitierten Preisträgers während des Preisträgeraufenthalts allein auf den Gastgeber konzentriert war, entstanden daraus Folgewirkungen, die für die beiden Wissenschaftler, für das Fach und langfristig auch für andere Wissenschaftler in Deutschland äußerst gewinnbringend waren.

> Do I recall any particular scientific benefit I would not have had if I had not gone there? Yes, absolutely, because new aspects of elementary particle physics were coming out and through discussions with my host we realised that they had consequences, or possible consequences, in terms of molecular physics, which is the field I work in. So this was a joining of two dispa-

rate fields and that probably never ever would have happened elsewhere, so it was very, very important. I would say that without any hesitation that my stay there and working with my host and thinking about these things was a major influence on my future scientific life. [32]

Im Anschluß an den Aufenthalt wurde die enge problembezogene Zusammenarbeit vier Jahre lang fortgesetzt, und schließlich kehrte der Preisträger 16 und 20 Jahre später im Rahmen einer Wiedereinladung für insgesamt drei Monate nach Deutschland zurück. Während dieser späteren Aufenthalte hielt er Vorträge an verschiedenen Institutionen und hatte somit auch andere Kontakte in Deutschland.

> In the returns, I travelled around in Germany and gave more talks and I did meet some people that I was interested in, but it was totally distinct work from what I did with my host, that is they were interested in work that I had done as opposed to doing new work, even though we talked some. [32]

Ausgehend von der Assoziation *Freundschaft mit dem US-amerikanischen Gastgeber in Deutschland – kulturelles Interesse der Frau – Distanz von der alltäglichen Umgebung für die Familie* trugen die verschiedenen Preisträgeraufenthalte somit zu einer Annäherung zwischen dem Preisträger und der Wissenschaft in Deutschland bei. Wichtig für diesen Annäherungsprozeß waren sicherlich auch die positiven Erfahrungen der Familienmitglieder während des ersten Aufenthalts. So war die Frau mit dem ersten Aufenthalt äußerst zufrieden, weil sie mit ihrem Mann in zwölf Monaten rund 70 Opern sehen konnte. Das Leben der ältesten Tochter änderte sich entscheidend, da sie sich im Laufe des Aufenthalts zu einer ernsthaften Schülerin entwickelte und angesichts der vorherigen Gefahr, mit Drogen in Kontakt zu kommen, durch den Beginn eines regelmäßigen Lauftrainings zudem eine gesunde Neugestaltung ihrer Freizeitgestaltung vornahm ('she may not have done that if she had stayed here'). Für die jüngste Tochter war der erste Aufenthalt eine positive Erfahrung, weil sie Sprache und Kultur sehr gut kennenlernte und ein eigenes Interesse an Oper und Tanz entwickelte.

> So she was more integrated into the culture than any of the rest of us in a way, because she was just nine, and I think she was not old enough to be shy. [32]

Starke Vorbehalte gegenüber Deutschland aufgrund der NS-Zeit sind selbst am Beginn des 21. Jahrhunderts bei vielen, selbst jüngeren US-Amerikanern durch die eigene Familiengeschichte, durch Erzählungen, Lektüre und Medien sehr ausgeprägt und dadurch interpretations- und handlungsrelevant; auch wenn von der NS-Zeit nicht persönlich betroffene Preisträger der jüngeren Generation gelegentlich schon sehr viel Abstand zum Zweiten Weltkrieg haben:

> What I found interesting was the attitude of the Germans towards the war, because, you know for people of my generation the war for us was Vietnam or for people slightly older than me the war was Korea, and of course we know about the Second World War and we understand what a significant event it was but it didn't impact the lives of those of us my age. So it was interesting to see even Germans of my age for whom the war was a big thing and to recognise the impact that it had on them. [36]

4.2 Entwicklungen vor dem ersten Preisträgeraufenthalt 273

Im Unterschied zu diesem jüngeren, 1948 geborenen US-Preisträger konnte die 40jährige Lebensgefährtin eines anderen US-Wissenschaftlers auch im Jahr 1999 noch nicht nachvollziehen, warum dieser den Humboldt-Forschungspreis und die damit verbundene Einladung nach Deutschland angenommen hatte. In ähnlicher Weise fragten sich andere Freunde des gebürtigen Niederländers, warum er durch den Humboldt-Aufenthalt die deutsche Wissenschaft unterstützt habe, obwohl er aus seiner Kindheit traumatische Erinnerungen mit sich trägt.

> My dad was Jewish. He was hiding during the war and survived. His parents, my grandparents, were murdered in Ausschwitz on Nov 19, 1942. My dad's sister was murdered in Bergen-Belsen, his brother in law was murdered in another KZ. In addition, 28 closest Jewish friends were murdered. The shadow that this has cast on my family cannot be expressed in words. I prefer not to talk about this too much. It still (after 60 years) gives me nightmares. [3]

Auf die Frage hin, warum er dennoch seit über 20 Jahren relativ enge Beziehungen mit deutschen Wissenschaftlern pflegt und zudem den Humboldt-Preis angenommen hat, verwies er auf eine langjährige Freundschaft mit dem Humboldt-Gastgeber, die sich seit 1972 über Konferenzen und *sabbaticals* in Europa entwickelt hatte und dessen erster Höhepunkt der einjährige Preisträgeraufenthalt am Institut des befreundeten Gastgebers darstellte ('He was my friend and not responsible for the crimes committed by the Nazis.'). Abgesehen von den Wissenschaftskontakten, die seine Mitarbeit an verschiedenen in Deutschland organisierten Großprojekten einschließt, würde der Preisträger trotzdem weiterhin kein deutsches Auto kaufen oder auf andere Weise die deutsche Wirtschaft direkt unterstützen wollen.

Ein anderer aus den Niederlanden in die USA emigrierter Preisträger betonte, daß sein Preisträgeraufenthalt in hohem Maße zur Korrektur seines persistenten negativen Deutschlandbildes und somit zur Normalisierung seiner Deutschlandbeziehungen beigetragen habe:

> I did my final oral examination during the war just two weeks before the German authorities closed all the universities, in March or April 1943, and then I was lucky because all the students had to either sign a declaration of loyalty to the Germans or else they were transported for forced labour into Germany, of course if you were Jewish you were exterminated in the concentration camps, but the non-Jewish students they had to either disappear or else sign a declaration of loyalty which only 10% did, the rest were forced labour in Germany for as long as the war lasted. But since I passed my final exam all I had to do was do thesis research, to write a thesis, I was officially not a student anymore, I had passed all the examinations and then I stayed on as part of the fire brigade of the university and I had some freedom for a year and a half. Now in the last winter 1944/45, then I had to hide too because they picked every man between fifteen and fifty-five. So I had always wanted to do research somewhere else, not just stay at the university in Utrecht and so after the war there were very few places I could go to, and then, in 1945, my older brother suggested that I write to some American universities to do research. [...] I wrote to three places which I had chosen on the basis of the Physical Review, the last issues we had available were 1939, and so I said, well Harvard University looks pretty good and the University of Chicago and the University of California in Berkeley. I just wrote, I didn't know anybody there, [...] and Harvard University admitted me as a graduate student, so that was why I came here and why I stayed. [...]
> At Harvard University you have the institution of sabbatical leave and I had already spent previous sabbatical leaves abroad in places like India, my native country of the Neth-

erlands and in Paris, and why was I so anxious to go to Germany? Apart from that I enjoyed my interactions with PW and he was kind enough to invite me, I had another very special reason. I had noted that my attitude towards Germany was emotionally fixed in the years 1945/46, at the end of World War II. [...] I didn't want to have too much to do with Germany and therefore I never interacted very much, but in the mid-seventies it was getting ridiculous. I still had emotionally anti-German sentiments and I noticed that my friends and my brothers and sisters in Holland were very relaxed after so many years and had frequent contacts with Germany, they all stayed there and they've travelled to Germany, and so I wanted to find out for myself what my true feelings for Germany would be if I paid a visit there. And during my Humboldt stay it was very interesting to see how my emotions that had been fixed in those horrible years of 1944/45/46, were just unfounded and not valid any more in 1980, so that was a very important social point. [18]

In ähnlicher Weise beeinflußte der Preisträgeraufenthalt das Deutschlandbild geborener US-Amerikaner aus der Generation, die im Zweiten Weltkrieg in der US Armee diente:

Well I'll tell you what impressed me, is the democratic spirit and revisionist view of young German people relative to what happened in the war, you see I'm of the other generation, and I had served in the United States Naval Reserve. I was in the navy during the war, I taught radar and sonar, and then, in fact that was interesting because my host was in the Wehrmacht and we exchanged jokes. [35]

Eine Sensibilisierung gegenüber Verhaltensmustern in Deutschland, mit denen vor allem bei Vorbelasteten Erinnerungen an die nationalsozialistische Zeit assoziiert werden, war bei betroffenen Preisträgern und ihrer Begleitung auch im Falle einer grundlegenden Korrektur ihres Deutschlandbildes meist weiterhin vorhanden. Genannt wurde in diesem Zusammenhang zum Beispiel aggressives Autofahren, eine lautstarke Zurechtweisung nach dem Überqueren einer unbefahrenen Nebenstraße bei roter Ampel und eine vollkommene Zurückhaltung von Studierenden gegenüber dem 'Herrn Professor' in Seminaren (vgl. dazu auch 4.3.3.1). Vergleichbare Assoziationen wurde wiederholt auch von US-Wissenschaftlern geäußert, die von der NS-Zeit nicht persönlich betroffen waren. Am besten faßte diese Situation ein Wissenschaftler zusammen, der 1937 im Alter von zehn Jahren mit seiner Familie rechtzeitig in die USA emigrieren konnte und somit zu den rund 60% der deutschen Juden gehörte, die der Vernichtung durch Auswanderung in die USA oder nach Palästina entkamen (vgl. dazu TREPP 1996, 271, 285).

As you might imagine [my attitude towards Germany] is a mixed bag, because you can imagine my family left because of Hitler and the Nazi regime, and we were lucky to get out, and so we were not terribly fond of that kind of German attitude, but I was a relatively small child. I mean it affected me, I'm sure, but not to the extent it affected my parents, they probably had much more traumatic experiences than I did and suffered much more under this, but I was young, I went to school, I became a physicist, and I began working with colleagues from all over the world, including German colleagues. I accepted them and they accepted me as physicists, and as people, and pretty soon you say, well this is a different generation, nevertheless you're sensitive to certain things, you know, there are certain traits that we sometimes call Germanic [...] both in the good sense and in the bad sense, because there are good parts of it also, and so if you've had kind of in the beginning a bad experience then your antennas are out, you're looking for things, a little more than perhaps somebody who hasn't been through this, but on the whole my experiences have been very positive. [57]

4.2 Entwicklungen vor dem ersten Preisträgeraufenthalt   275

Dieser Preisträger betont, daß sich seine wissenschaftlichen Kontakte trotz der erzwungenen Emigration von Anfang an auch nach Deutschland relativ zwanglos entwickelt haben. Zum einen weil er zum Zeitpunkt der Emigration noch sehr jung war, zum anderen weil die deutschen Wissenschaftler, mit denen er zu tun hatte, einer neuen Generation entstammten.[241] Auf Grundlage des Generationenkonzepts war es selbst für Wissenschaftler, die Verluste in der Elterngeneration miterleben mußten, möglich, den Humboldt-Preis und die damit verbundene Einladung anzunehmen, auch wenn diese Fälle, wie in Zusammenhang mit der Entwicklung der Altersstruktur im Preisträgerprogramm bereits angedeutet, aufgrund der noch stärkeren emotionalen Traumatisierung sehr selten gewesen sein dürften:

> I came to the US actually in 1940 which was already after the start of the war, although the United States hadn't entered the war yet until in fact April 1940. [...] I'm Jewish and so it's clear that I came here because in fact I had to. We waited that long because I came from a family that was very heavily involved in the Austrian army. My Grandfather was a General Officer in the Austrian army, my father and all of my uncles had served in the First World War in the Austrian army. In fact, my father was wounded twice, and so it was very difficult for my father, unfortunately, to realise how urgent it was to leave. Many of our friends and relatives left immediately in 1938 but we didn't. There was another unfortunate circumstance, my grandfather for a while was stationed in Poland, Poland was part of Austria but it was actually administered by the military. My father was born during that period in Poland, he had four sisters all of them born in Vienna, but he was the oldest and happened to be born in Poland during my grandfathers service. This had very severe effects on obtaining a visa into the United States because there were quotas, so many visas per quota and the quotas were by place of birth not nationality, and the Polish quota was very small. So even though my mother and I and my two grandmothers already had American visas, my father just couldn't get one and we just waited and waited, and then in the spring of 1940 it was clear that something had to happen. Since my father had served in what was then Yugoslavia, during the First World War, he decided to escape through Yugoslavia, and in fact lead a number of people across the border. He spoke the language of Serb-Croatian, and he new the geography, and made it successfully and because of his language skills he began to work for the Red Cross there. Then the German army marched through Yugoslavia that summer, I mean he escaped in April of 1940 and in June 1940 the Germans invaded Yugoslavia, and so he was caught again. We still heard from him until the middle of 1941, mostly through cards sent by the Red Cross, because he was still working for the Red Cross, and that was the last we heard of him. [51]

Die Mutter dieses Preisträgers sprach nach dem Verlust ihres Mannes nie wieder deutsch, der Preisträger selber hat sich primär aus dem gleichen Grund nach Abschluß der High School freiwillig für die US Army gemeldet. Zwischen November 1944 und May 1945 war er in Südfrankreich im Gefecht und versuchte nebenbei seinen Vater ausfindig zu machen, was ihm aber nicht gelang.

Aus drei Gründen, an deren erster Stelle das Generationenkonzept steht, hat er trotz allem später relativ enge wissenschaftliche Kontakte nach Deutschland ge-

---

[241] Vor dem Hintergrund des Konzepts der heterogenen Assoziationsketten ist jedoch auch darauf hinzuweisen, daß zur positiven Entwicklung seiner Deutschlandkontakte, die nach dem Preisträgeraufenthalt 1976 mit zwei weiteren längeren Aufenthalten in Deutschland verbunden war (1979 und 1995), nicht nur die Möglichkeit der Beteiligung an attraktiven Großforschungsprojekten, sondern auch der Umstand beigetragen hatte, daß die Familie seiner deutschen Frau in München lebt und das Paar auch schon vor dem Preisträgeraufenthalt fast jährlich für einige Wochen nach Deutschland reiste.

pflegt und dort in den 1980er Jahren auch ein ganzes Jahr als Humboldt-Preisträger verbracht. Erstens habe er immer nach dem Prinzip gelebt, 'Schuld' und 'Verantwortung' voneinander zu trennen. Die gegenwärtige Generation von Deutschen und auch die Nachkriegsgeneration treffe keine Schuld, aber dies entbinde sie nicht von der Verantwortung sicherzustellen, daß das Grauen der NS-Zeit bewußt bleibt und sich nicht wiederholt. Zweitens habe sich Deutschland im Unterschied zu Österreich und Frankreich ernsthaft mit seiner Vergangenheit auseinandergesetzt, was einer normalen Interaktion den Weg bereitete, und drittens sei die Humboldt-Stiftung mit ihrer Förderung des Wissenschaftsaustauschs ein 'perfektes Vehikel' für die Verbreitung und Festigung des Gedankens, daß „wir alle auf diesem Planeten leben und daher gut daran tun, miteinander auszukommen" (vgl. auch FAZ, 7.11.1997, 16).

Die Würdigung der Arbeit der Humboldt-Stiftung hat sogar dazu geführt, daß sich dieser Preisträger für die Gründung der amerikanischen *Humboldt Association of America* einsetzte und sich für diese stark engagierte. Dabei wird die Tatsache, daß die US-amerikanische Humboldt-Vereinigung erst 41 Jahre nach der Wiederaufnahme der deutsch-amerikanischen Wissenschaftsbeziehungen durch die Humboldt-Stiftung gegründet wurde und den USA in dieser Zeit 71 Nationen zuvorgekommen sind, neben einer häufigen arbeitsmäßigen Überlastung hochqualifizierter Wissenschaftler vermutlich auch mit den beschriebenen 'Schatten der Vergangenheit' in Zusammenhang stehen.

Die Fallbeispiele aus diesem Abschnitt verdeutlichen, daß die deutsch-amerikanischen Wissenschaftsbeziehungen während der ersten 25 Jahre des Preisträgerprogramms vor allem für persönlich Betroffene weiterhin von den Geschehenissen der NS-Zeit überschattet waren. Daraus ergibt sich der historisch wichtige Beitrag des Preisträgerprogramms, diesen Wissenschaftlern über einen längeren Aufenthalt in Deutschland die Aufarbeitung oder zumindest eine weitere Verarbeitung traumatischer Erfahrungen ermöglicht, gegebenenfalls zu einer positiven Veränderung des Deutschlandbildes beigetragen und neuen Wissenschaftsbeziehungen den Weg bereitet zu haben. Die Beispiele zeigen auch, daß solche negativen Deutschlandbezüge mit größerem zeitlichen Abstand tendenziell abgenommen und sich durch Interaktion häufig verringert haben. Dennoch sind sie für viele Personen weiterhin relevant und ist eine Sensibilisierung gegenüber negativ besetzten stereotypen Verhaltensmustern auch noch am Beginn des 21. Jahrhunderts relativ weit verbreitet. Da an den Beispielen schließlich deutlich wurde, daß kontaktbehindernde Faktoren wie traumatische Erinnerungen an die NS-Zeit durch Aspekte wie Freundschaft, gute familiäre Verbindungen, attraktive Wissenschaft (z. B. Großprojekte; innovative Gastgeber) und kultureller Reichtum in ihrer kontakthemmenden Wirkung ausgeglichen werden können, schließt sich als nächstes die Frage an, was die Preisträger insgesamt motivierte, als Humboldt-Preisträger für längere Zeit nach Deutschland zu gehen.

4.2.2 Motivationen und Erwartungen

Eine wichtige Motivation für die Durchführung eines Forschungsfreisemesters oder eines ganzen Forschungsjahres, in Angloamerika *sabbatical* genannt, besteht in der Regel darin, frei von alltäglichen Verpflichtungen die eigene Zeit selber einteilen und Dinge tun zu können, für die im Arbeitsalltag vergleichsweise wenig Zeit zur Verfügung steht. Wissenschaftler können sich im *sabbatical* intensiv der Forschung, dem Verfassen wissenschaftlicher Publikationen, der Aufarbeitung liegengebliebener Arbeiten und der Konzeption neuer Forschungsprojekte widmen, da sie von Wissenschaftsadministration, Lehre sowie kurzfristigen Anfragen von Studierenden, Doktoranden, Mitarbeitern, Kollegen und anderen Personen entlastet sind. Letzteres trifft allerdings nur zu, wenn man sein *sabbatical* nicht primär an der arbeitgebenden Basisinstitution verbringt und somit nicht wie üblich erreichbar ist. Reisen und Aufenthalte an anderen Orten scheinen auch deshalb besonders lohnend für die eigene Forschungsarbeit zu sein, weil man in anderen kulturellen und wissenschaftlichen Kontexten zusätzlich zur weitgehenden Autonomie über die eigene Zeit neue Erfahrungen und Anregungen sammeln kann und sich die Möglichkeit bietet, eigene Erkenntnisse in anderen Forschungskontexten auf die Probe zu stellen und zu verbreiten (vgl. 2.3).

> Every seven years the university allows us to take a sabbatical, and I take those sabbaticals very seriously because I always try to do something different when I go on a sabbatical. I either want to learn about a new branch of physics, or new techniques, or get myself involved in something that I hadn't done before, and thereby you kind of pick up some new ideas and you get into new fields. [57]

Mit der Einladung zu einem bis zu zwölf Monate langen Forschungsaufenthalt in Deutschland eröffnet der Humboldt-Forschungspreis die Gelegenheit, ein *sabbatical* im europäischen Ausland zu verbringen. Diese Gelegenheit wird von den US-Preisträgern gerne wahrgenommen, um in einer historisch und kulturell reichen Umgebung andere Forschungskontexte näher kennenzulernen und die Interaktion mit langjährigen Bekannten von wissenschaftlichen Konferenzen, Herausgebergremien internationaler Zeitschriften und Organisationskomitees internationaler Konferenzen auf einer alltäglichen Basis fortzuführen.

> It's always wonderful to go away. We loved being in Europe, my wife is Irish and has lived in London, we had a wonderful year in France, and a wonderful year in New York, so we're always happy to go someplace new, and this was just a great opportunity. We had good friends in Berlin coming from the scientific collaborations from before, scientific friendships if you like, people who had been here. [60]

Wann und wo jedoch ein *sabbatical* tatsächlich verbracht wird, hängt sehr stark von der individuellen Karriere- und Familienphase und der eigenen Stellung im Forschungsgebiet ab. Ein längerfristiger Auslandsaufenthalt ist zum Beispiel relativ gut durchzuführen, wenn die mobile Person in privater Hinsicht ungebunden ist, eine Beziehungen ohne Kinder führt, bereits erwachsene Kinder hat oder mit Kindern im Kindergartenalter zusammenlebt; wenn der Lebenspartner seinen oder ihren Job für längere Zeit ins Ausland verlegen oder unterbrechen kann (z. B. Haushaltsführung, EDV-Branche, Forschung); wenn der eigene Wissenschaftsbetrieb so klein oder so routinisiert ist, daß dieser eine Zeitlang aus der Ferne betreut werden kann und wenn ein Aufenthalt im Ausland wissenschaftlich so attraktiv ist, daß der Aufwand einer temporären Verlegung des Lebensmittelpunktes dem Forschenden lohnend erscheint. Umgekehrt können verschiedene familiäre Restriktionen wie der Beruf des Partners, mehrere Kinder in der *High School*, zu betreuende Verwandte oder unwillige Familienmitglieder, die nicht für längere Zeit aus den USA weg oder zum Beispiel nach Deutschland gehen wollen, der Durchführung eines *sabbaticals* im Ausland entgegenstehen. Gleiches gilt für wissenschaftliche Gegebenheiten, zum Beispiel mangelnde Anreize aufgrund einer weltweit führende Stellung der eigenen Arbeitsgruppe oder äußerst wichtige Forschungsprojekte, und für verschiedene administrative Verpflichtungen der Wissenschaftler. Die folgenden Fallbeispiele veranschaulichen mögliche Restriktionen in einem weitverzweigten Geflecht persönlicher Bindungen sowie beruflicher Verpflichtungen und Interessen. Sie zeigen auch, wie diese jeweils durch Kompromisse überwunden werden können, im Laufe der Zeit wegfallen oder durch attraktive Einflußfaktoren substituiert werden können. Welche Einflüsse und Entitäten im Sinne von Aktanten für längerfristige Forschungsaufenthalte von US-Wissenschaftlern in Deutschland im einzelnen verantwortlich zeichneten, wird anschließend anhand der Fallbeispiele der interviewten US-Wissenschaftler systematisch eruiert.

Beispiele 1-3: Familiäre Restriktionen

> It turned out that I could never really get a year off, I mean I could have done but I had four children here and my wife didn't want to come to Germany again, not that she had anything against Germany, she learned German and did a lot of things, but she didn't want the trouble of fighting with the children about coming out the country. In the first trip my oldest daughter was in High School, and then they are two to three years apart my four children, and so it's a little difficult, and so anyway she said well you go and I'll stay here and look after the children, so I said OK that's fine, so that worked out all right. [15]

> I've only had those two sabbaticals abroad [both in Germany]. I had a third sabbatical but I wasted it by staying here, and then since then I've postponed my sabbaticals each year, because now I'm married so it's not like I can just go wherever I want. My wife has a very important job here. She works in a bio-tech company, and she can't just pull up and go somewhere for six months. So I probably will take a sabbatical next year and we've been thinking about where I'm going to go on my sabbatical. We have no idea, so whether it's some place in the States so it's not too far away from here, or whether it's across the bay. [36]

> My host was asking me why don't you come over, and I said well, I would really love to but there were certain family constraints, we could not go, my mother in law was living with us, she had a heart condition and we could not leave her alone. She died in 1988, and then that impediment was removed, so my host then arranged for this Humboldt award. [1]

Beispiel 4: Berufliche Verpflichtungen

> My host was interested in establishing this technique in his laboratory and he'd been talking to me from time to time about the possibility of my visiting there, but I'd been telling him for

4.2 Entwicklungen vor dem ersten Preisträgeraufenthalt

several years, well, I really couldn't take time off to do that kind of thing [at the time he was head of a division at Laurence Berkeley Lab]. But then he sent a student over and the student worked with us for about a year, and went back and started putting together the apparatus in Darmstadt and [...] in the meantime I had decided I had had enough of the administration and I was ready for a break and so I was happy to have the Humboldt. [47]

Beispiel 5: Fehlende inhaltliche Anreize

The Humboldt is the only sabbatical I went to, and I could go again but I prefer to stay here, unless there is a compelling reason for me to go, to learn something. At that time as I mentioned to you I tried to crystallise what I had in mind and fortunately my Humboldt host was asking me whether I was interested, and all these factors meant the time was right. [46]

4.2.2.1 Gemeinsamkeiten heterogener Assoziationsketten

Die Motivation der befragten US-Wissenschaftler zu einem längerfristigen Forschungsaufenthalt in Deutschland läßt sich am besten in Form individueller Assoziationsketten aus mobilitätsfördernden und -hemmenden Einflußfaktoren veranschaulichen (Abb. 29). Diese wurden im Rahmen der persönlichen Gespräche erfragt und in der Reihenfolge der Nennung protokolliert (vgl. 1.4.2; 2.2.5). Eine möglichst offene Fragestellung diente dazu, die persönlichen Motivationen ohne wesentliche Vorstrukturierung zu erfassen. Da die seit dem Aufenthalt verstrichene Zeit und der begrenzte Zeitrahmen der Interviews als Filter gewirkt haben können, sind die rekonstruierten Assoziationsketten als Annäherung an die Motivationen der US-Wissenschaftler über subjektiv nach wie vor wichtige Faktoren zu betrachten.[242]

Fast alle Preisträger nannten mehr als einen motivierenden Faktor (95%); rund jeder zehnte Wissenschaftler beschrieb ein Zusammenspiel von mindestens fünf unterschiedlichen Aspekten. Die Bandbreite der genannten Motivationen reicht von der persönlichen und beruflichen Situation der Preisträger, über ihre persönlichen und kulturellen Bezüge zu Deutschland bis hin zu wissenschaftlichen Netzwerken und Forschungsinteressen (vgl. Abb. 29; Tab. 9). Am häufigsten wurden gute Kontakte und langjährige Kooperationsbeziehungen als Ausgangspunkt für den Preisträgeraufenthalt bezeichnet (50%), und zwar vor allem mit dem Gastgeber, was die wichtige Bedeutung persönlicher Kontakte und gegenseitiger Kenntnis voneinander für das Zustandekommen längerfristiger Forschungsaufenthalte unterstreicht (vgl. 3.1.3.3). In mehreren Fällen wurden die US-Wissenschaftler auch durch ehemalige Post-Docs motiviert, nach Deutschland zu kommen (vgl. [48], S. 260). In der Bedeutung folgen biographische Bezüge und in Deutschland lebende Verwandte, die immerhin von fast jedem dritten Preisträger als direkt motivierender Faktor genannt wurden. In mehr als einem Viertel der Fallbeispiele existierte von seiten der Preisträger ein spezifisches wissenschaftliches Interesse. Dies bezog sich entweder auf

---

[242] Dargestellt wurden in Abbildung 29 etwas mehr als die Hälfte der rekonstruierten Assoziationsketten. Dazu wurden jeweils typische Konstellationen für die vier Kategorien keine besonderen und lockere vorherige wissenschaftliche Deutschlandkontakte sowie enge und gute vorherige wissenschaftliche Kontakte ausgewählt und zwischen den möglichen Extremen primär wissenschaftlicher und primär kulturell-familiärer Assoziationen von oben nach unten angeordnet.

280   4 US-Wissenschaftler als Humboldt-Preisträger in Deutschland

Abb. 29: Assoziationsketten zur Realisierung der Preisträgeraufenthalte

	a) Enge Kontakte durch Kooperationen und Aufenthalte (20%)			b) Gute Kontakte durch regelmäßige Interaktion und Besuche (20%)		
Laufende Kooperation	CERN; GSI		Anwendung & Verbreitung eigener Erkenntnisse			
Historische Quellen		Konkretes Projekt	Folgeprojekt (Softwareentwicklung)	Großeltern in Auschwitz ermordet	GG (längere wissenschaftl. Freundschaft)	Gastobservationen mit EXOSAT	Nähe zu Kooperationspartnern in den Niederlanden
	GG (Langjähriger Kooperationspartner)		Sämtliche Verwandte in D		Gemeinsame Forschungsinteressen	GG (einer der besten auf der Welt)	Frau ist Deutsche
Biographische Verbundenheit mit Landshut	GG (Langjährige wissenschaftl. Freundschaft)	Spezifisches Gerät (Laufkompensator)	Verschiedene Kooperationsvorhaben		Verbreitung eigener Erkenntnisse	Guter Kontakt zum wesentlich jüngeren GG	Würzburg (ein Wohnort vor der Emigration)	Langjährige Interaktionen & Freundschaften
Anhaltendes Unwohlsein wegen Nazizeit	Neueste Erkenntnisse in *complex variable theory*		GG (Nobelpreisträger)	Gute Erfahrungen als Humboldt-Stipendiat	**d) Keine besonderen Kontakte (15%)**		
Führende Wissenschaftler im Fach	*Gutes Labor*	Gute Kontakte von früherem *sabbatical* in D	Meßdaten	*Großes Interesse an Vorfahren (nahe Gastort)*	Lernen eines spezifischen Verfahrens	Distanz von alltäglicher Umgebung	Verbreitung von Forschungsergebnissen
Erfolgreiches PD-Jahr in D	GG (langjährige Interaktion)	Zeit zum Forschen	D damaliges Zentrum für Neurobiologie		Exzellentes Institut / Labor	Interessante Projekte	München	Ehemaliger Post-Doc
Sabbatical in Europa (Erlebnis für die Töchter)	München	gute Kontakte seit PD Jahr in Deutschland	Interessante Kollegen	Zeit für andere Dinge	Vorbehalte wegen Nazizeit	Enthusiasmus der jungen GG	Erfahrung im Ausland zu leben	*Biographische Bezüge (Eltern emigrierten)*
Kulturelle Verbundenheit (auch der Frau)	Berlin	Freundschaft mit GG seit früheren D-Aufenthalten			Einladung des Humboldt-Gastgebers	GG US-amerikanischer Studienfreund	Interesse der Frau an Oper, Wagner, Kunst	Andere Umgebung für die älteste Tochter	Suche nach geeigneten Studierenden
						Einladung zu Forschungsaufenthalt in Oslo	Frau spricht kein Deutsch, aber Norwegisch	Gastgeber in Norwegen ist früherer Student	Gastinstitut in Norwegen ist weltweit führend

4.2 Entwicklungen vor dem ersten Preisträgeraufenthalt

c) Sporadische Kontakte mit lockerem informellen Informationsaustausch (45%)

Einflußfaktor	Beschreibung	Zusatz	Wirkung
Große Tradition, GG ein Pionier des Faches	Gute Arbeitsmöglichkeiten mit besonderer Apparatur für die Frau	Oper & klassische Musik in München	Information über die Nazizeit
Konkretes Projekt mit komplementären Meth.	Konkretes Projekt zu neuer Molekülstruktur	München	Prestigereicher Preis / Beteiligung an dt. Weltraumexperiment
Unpublizierte Daten zu neuer Molekülstruktur			
GG möchte Verfahren von PRT etablieren	PRT hat genug von administrativen Funktionen vom GG	Expertise des PRT gegen Samples	Veränderte familiäre Situation / GG (Forschung, Arbeitsweise, Einstellung)
Buch schreiben	Projektmaterial in Europa sammeln	GG (langjähriger Kontakt seit Promotion in D)	Fortsetzung der wiss. Interaktion auf alltägl. Basis
Einladung des GG	Interagiert gerne mit den Kollegen aus D	Wahre Gefühle gegenüber D herausfinden	Gute Gelegenheit das Laserzentrum kennenzulernen / Einladung der Kollegen
Information über Projekte am Gastinstitut	Verbreitung eigener Erkenntnisse	Frau ist Deutsche, (längerer Aufenthalt bei Familie)	Reist gerne (nie auf sabbatical verzichtet)
Umorganisation an der Basisuniversität	Wenig Forschungsgelder	Komplementäre Kompetenzen von GG & PRT	Berlin (1989-Wendezeit)
Zeit zum Denken & Arbeiten	Musik & Kunst in München	Gemeinsame Forschungsinteressen	Schwester der Frau in München (seit 1974) / Ehemaliger Post-Doc

Einflußfaktoren: mobilitätshemmend / mobilitätsfördernd: wissenschaftlich motiviert / auch privat motiviert / vorkommende Alternativen / privat motiviert

e) Thematische Ausrichtung der Assoziationsketten

1) Nach dem Antrittsalter (%)

	Gesamt (n = 50)	bis 55 Jahre	über 50 Jahre
Wissenschaft	46	46	47
und Familie	26	29	20
und Kultur	18	11	33
und Familie & Kultur	5	9	0
Freunde & Kultur	4	6	0
Summe	100	100	100

2) Nach den vorherigen wissenschaftlichen Kontakten (%)

	Gesamt (n = 50)	wenige (c, d)	viele (a, b)
Wissenschaft	46	39	55
und Familie	26	25	27
und Kultur	18	21	14
und Familie und Kultur	5	11	0
Freunde und Kultur	4	4	5
Summe	100	100	100

3) Nach Preisträgergenerationen (%)

	Gesamt (n = 50)	1972-1981	1982-1991	1992-1996
Wissenschaft	46	37	59	33
und Familie	26	26	14	56
und Kultur	18	16	23	11
und Familie und Kultur	5	11	5	0
Freunde und Kultur	4	11	0	0
Summe	100	100	100	100
Durchschnittsalter (Jahre)	52	48	53	57
Vorherige wiss. Kontakte				
Wenige wiss. Kontakte (c, d)	56	68	55	33
Viele Kontakte (a, b)	44	32	45	67
Summe	100	100	100	100

Quelle: Eigene Interviews.

ein Forschungsgebiet oder -projekt, eine Theorie oder Methode, ein Experiment oder Gerät oder auf Forschungsobjekte, Daten und Personen am Gastinstitut. In der Regel bedeutete dies zugleich, daß auch die gastgebende Seite in Hinblick auf die Konzeption neuer Forschungsvorhaben, den Aufbau von spezifischen Experimenten oder die Durchführung laufender Arbeiten an der Expertise der Preisträger interessiert war.

> [I]n my case there was a real parallel because the new accelerator being built at GSI owes a lot of it's research to work at Berkeley at the BEVELAC, and since I was head of the division I knew a lot of what was happening at the BEVELAC, too, because the BEVELAC was in our division, so I had all kinds of things that took me to GSI. My expectations were to learn how this accelerator at Darmstadt went up, and to work with the two groups I knew. [...] Then I have an online mass separator here at Berkeley, where we can make radioactive nuclei and then separate them and ER's group had one there, and so I wanted to learn how they did their experiments. [28]

Wichtige Attraktivitätsfaktoren der deutschen Wissenschaftslandschaft bilden seit Ende der 1970er Jahre vor allem physikalisch-chemische Großprojekte am DESY (Hamburg) und am GSI (Darmstadt), verschiedene europäische und deutsche Weltraummissionen (z. B. Halley Mission, EXOSAT, später ROSAT), die personell wie finanziell sehr gut ausgestatteten Max-Planck-Institute und einzelne international renommierte Persönlichkeiten, vor allem in Physik, Chemie und den Biowissenschaften, zu denen unter anderem verschiedene Nobelpreisträger und die bereits genannten häufigsten Gastgeber im Preisträgerprogramm gehören (vgl. 3.1.3.1).

Die Bedeutung der identifizierten Einflußfaktoren für das Zustandekommen der Preisträgeraufenthalte variiert zum Teil deutlich nach dem Alter bzw. der Karrierephase der Preisträger, nach der Art ihrer vorherigen wissenschaftlichen Deutschlandkontakte und der Preisträgergeneration. Darin spiegelt sich zum einen der Anstieg des Auswahl- und Antrittsalters der Preisträger wider, der in der Regel verzweigtere und intensivere internationale Netzwerke bedeutete. Zum Beispiel sind gute Kontakte und langjährige Kooperationsbeziehungen mit deutschen Wissenschaftlern in den Assoziationsketten der über 55jährigen Wissenschaftler fast viermal häufiger vertreten als in denen der unter 55jährigen (87% versus 23%). Da sich zwischen 1972-81 und 1992-96 das Antrittsalter der Interviewten von 48 auf 57 Jahre erhöhte und sich das Verhältnis der Preisträger mit wenigen (2/3) und vielen vorherigen wissenschaftlichen Kontakten (1/3) umkehrte, stieg auch die Bedeutung persönlicher Netzwerke in diesem Zeitraum deutlich an (von 47% auf 56%).

Die jüngeren Preisträger haben den Preisträgeraufenthalt in stärkerem Maße mit konkreten Forschungsinteressen verbunden als ältere, an die eher konkrete Anliegen der Gastgeber herangetragen wurden (z. B. Inspiration am Gastinstitut; Etablierung einer Methode des Preisträgers im eigenen Labor; vgl. Tab. 9, 1-a, 4-b, 4-c). Die Vereinbarung einer konkreten Projektarbeit hing jedoch weniger vom Alter bzw. der Karrierephase als von der Intensität vorheriger wissenschaftlicher Kontakte ab und somit von der gegenseitigen Kenntnis der jeweiligen Kompetenzen und Möglichkeiten. Während jeder fünfte Preisträger plante, ein konkretes Projekt während des Aufenthalts durchzuführen, waren dies 14% derjenigen ohne regelmä-

4.2 Entwicklungen vor dem ersten Preisträgeraufenthalt

ßige vorherige Kontakte und 27% derer mit regelmäßigen bis engen vorherigen Wissenschaftskontakten. In diesem Zusammenhang fällt auch auf, daß für die Preisträgergenerationen der 1980er Jahre wissenschaftliche Motivationen besonders wichtig waren. Im Vergleich zu den früheren und späteren Preisträgergenerationen wurden biographische und kulturelle Bezüge von diesen jeweils weniger als halb so häufig erwähnt (vgl. Tab. 9, 3-a; Abb. 29-3). Einerseits erlebte die westdeutsche Wissenschaft in den 1980er Jahren einen finanziellen Boom, so daß die BRD für Forschungsaufenthalte sehr attraktiv war. Dementsprechend fallen in diesen Zeitraum fast alle Fallbeispiele der Mitarbeit von US-Preisträgern an prestigereichen Großprojekten; die damals günstige Finanzlage im Wissenschaftsbereich zeigt sich auch daran, daß den Preisträgern während des Deutschlandaufenthalts ein kostenloser BMW zur Verfügung gestellt werden konnte. Andererseits stand in den 1980er Jahren eine neue Generation etablierter deutscher Wissenschaftler mit eigener Auslandserfahrung und guten Auslandskontakten als potentielle Gastgeber bereit. Diese nominierten für das strenger in der Auswahl gewordene Preisträgerprogramm bevorzugt die bekanntesten gleichaltrige Kollegen aus den USA, mit denen sie seit Post-Doc-Zeiten auf internationalen Tagungen gewissermaßen gemeinsam groß geworden sind. Folglich wurde in dieser Boomphase das Potential von Humboldt-Preisträgern an den führenden US-Universitäten stark ausgeschöpft. Dies trifft vor allem für die Hochschulen der Gesprächspartner in Massachusetts und Kalifornien zu (Karte 5). Anschließend pendelten sich die Nominierungs- und Preisträgerzahlen im Zuge einer gleichmäßigen Erneuerung bis Stagnation des Potentials an neuen Gastgebern und US-Preisträgern auf einem niedrigeren Niveau ein (vgl. 4.1.4).

Weitgehend unabhängig von der Preisträgergeneration, dem Antrittsalter und den vorherigen Kontakten wurden von den Preisträgern die motivierenden Komplexe *sabbatical* in Europa und das Sammeln von Auslandserfahrung, prestigereicher und gut dotierter Preis, gutes Gastinstitut bzw. Gastlabor – auch zusammen mit führenden Wissenschaftlern im Fach bzw. interessanten Kollegen und Projekten – und Verbreitung von Forschungsergebnissen genannt. Obgleich diese Aspekte vergleichsweise selten angeführt wurden, können sie als wichtige Grundlage von Forschungsaufenthalten im Ausland angesehen werden. Aufgrund ihres allgemeingültigen Charakters, der von verschiedenen Preisträgern auch betont wurde, sind sie im Gespräch meist gegenüber persönlichen Besonderheiten zurückgetreten. In besonderem Maße gilt dies für den Attraktivitätsfaktor Humboldt-Forschungspreis, der eine prestigereiche Auszeichnung darstellt. In den Lebensläufen und Kurzbiographien der renommierten US-Wissenschaftler steht der Humboldt-Forschungspreis neben wissenschaftlichen Ehrungen wie dem Nobelpreis (Physik, Chemie, Medizin, Ökonomie), der *Fields Medal* (Mathematik) und anderen Wissenschaftspreisen, aber auch Ehrendoktorwürden und Mitgliedschaften in wissenschaftlichen Akademien, sowie prestigereichen Gastprofessuren und Stipendien, darunter *Guggenheim, Ford, Fulbright* oder *Sloan Fellowships*. Als Forschungspreis mit Einladung zu einem längerem Forschungsaufenthalt ist der Humboldt-Forschungspreis jedoch relativ einmalig in der Konzeption. Während die genannten Stipendien meist die freie Wahl des Aufenthaltsortes in verschiedenen Staaten ermöglichen, lenkt der Humboldt-Forschungspreis die Aufmerksamkeit im Netz der internationalen Wissenschaftsbeziehungen explizit auf Deutschland. Der Humboldt-Preis wird zum einen für Deutschlandaufenthalte im Rahmen von *sabbaticals* genutzt, in denen die meisten US-Wissenschaftler ihr Gehalt weiterbeziehen, so daß sie durch das Preisgeld über zusätzliche Forschungsmittel verfügen (vgl. Fußnote 238). Zum anderen wird er für zusätzliche *leaves of absent* verwendet, da das Preisgeld die Finanzierung einer längeren Abwesenheit außerhalb der normalen Abfolge von *sabbaticals* und somit ohne weiterlaufendes Gehalt ermöglicht. In dieser Flexibilität liegt ein großer Attraktivitätsfaktor des Humboldt-Preises begründet, wobei letzteres für laufende Forschungskooperationen besonders wichtig ist:

> Über den Atlantik irgendwas Gemeinsames zu machen, erfährt doch letztlich keine Förderung von den üblichen Forschungsförderungsorganisationen. Auf dem ganzen wissenschaftlichen Gebiet ist dies nicht so ohne weiteres in den Förderungsprogrammen drin. Die Volkswagenstiftung fördert individuelle Wissenschaftler, die dann mal reisen können oder so, aber eine wirkliche Kollaboration wird meines Wissens auch in unserem Gebiet nur von der Humboldt-Stiftung gefördert. Insofern war die Kooperation über den Humboldt-Preis eine ganz natürliche Sache. [22]

Tab. 9: Motivationen der US-Wissenschaftler für den Preisträgeraufenthalt

Aus individuellen Assoziationsketten generierte Kategorien Alle Angaben in % der Wissenschaftler einer Kategorie	Ge- samt	Preisträger- generation			Vorherige Kontakte		Antrittsalter in Jahren	
		72- 81	82- 91	92- 96	we- nige	viele	≤ 55	> 55
1 Situation der Wissenschaftler								
a Zeit zum Forschen und Publizieren	16	37	0	11	14	18	20	7
b Distanz von alltäglicher Umgebung	6	11	5	0	11	0	9	0
c Inspiration nach Wissenschaftsadministration	4	5	5	0	7	0	3	7
d Mangel an Forschungsgeldern	4	5	5	0	7	0	6	0
2 Rahmenbedingungen des Deutschlandaufenthalts								
a Sabbatical in Europa / Reisen / Auslandserfahrung	12	11	18	0	11	14	11	13
b Prestigereicher und gut dotierter Preis	8	5	9	11	7	9	6	13
c Gutes Gastinstitut / Labor	16	21	9	22	18	18	20	13
d Führende Wissenschaftler im Fach	16	5	23	22	4	27	6	33
e Gute Kollegen u. Projekte, Informationsaustausch	24	21	27	11	32	5	20	20
3 Persönliche & kulturelle Bezüge zum Gastland								
a Biographische Bezüge / Verwandte in Deutschland	32	42	18	44	39	23	37	20
b Kulturelles Interesse an Deutschland	8	16	5	11	14	0	9	7
c Attraktivität des Gastortes (z. B. München)	14	21	14	0	14	14	17	7
d Gute Erfahrungen von vorherigen Aufenthalten	6	5	5	11	0	14	6	7
4 Wissenschaftliche Netzwerke u. Forschungsinteressen								
a Gute Kontakte / langjährige Kooperationen	50	47	41	56	29	59	23	87
davon mit dem Gastgeber	36	32	41	33	18	59	29	53
davon mit einem (sonstigen) früheren Post-Doc	14	16	5	22	18	5	11	13
b Spezifisches wissenschaftl. Interesse des Preisträgers	28	26	32	33	32	36	34	13
c Spezifisches wissenschaftl. Interesse des Gastgebers	18	16	23	33	21	14	11	33
d Gemeinsame Interessen / komplementäre Ansätze	18	11	23	22	18	14	17	13
e Gemeinsame Projektarbeit	20	11	27	22	14	27	20	20
f Verbreitung eigener Forschungsergebnisse	8	11	9	0	7	9	9	7
Anteil an den ausgewerteten Interviews	100	38	44	18	56	44	70	30

Quelle: Eigene Interviews (n = 50).

4.2 Entwicklungen vor dem ersten Preisträgeraufenthalt

Als Teil des *reward system of science*, das von MERTON (1957) als ein Motor der Wissenschaften beschrieben wurde (vgl. 1.2.2.1), trägt der Humboldt-Preis zwar dazu bei, Personen nach Deutschland zu holen, die vielleicht sonst nicht kommen würden (vgl. 5.2). Die Assoziationsketten zeigen jedoch, daß er nicht Anreiz genug für das Zustandekommen eines längerfristigen Forschungsaufenthalts in Deutschland ist, sondern daß für das Zustandekommen längerfristiger Forschungsaufenthalte in der Regel mehrere Faktoren in Beruf und Privatleben zusammenkommen müssen. Besonders deutlich wird dies an dem Beispiel des Preisträgers, der wegen der NS-Zeit eigentlich nie nach Deutschland reisen wollte, aber schließlich doch ein Jahr als Humboldt-Preisträger in Deutschland verbrachte – wegen der Einladung seines wissenschaftlichen Gastgebers, einem langjährigen Studienfreund aus den USA, dem Interesse seiner Frau an Oper und Kunst und dem passenden Zeitpunkt, einen Ortwechsel für die älteste Tochter herbeizuführen (vgl. 4.2.1.7). Umgekehrt resultierte im Falle eines anderen Preisträgers das gleichzeitige Angebot zu einem Forschungsaufenthalt in einem für ihn und seine Frau attraktiveren Milieu in Norwegen darin, daß dieser Preisträger nur für einen Monat von Norwegen aus als Humboldt-Preisträger nach Deutschland kam (vgl. Abb. 29-d).

Die Realisierung des Preisträgeraufenthalts geht in über der Hälfte der Fallbeispiele auf eine Koinzidenz verschiedener wissenschaftlicher, biographischer, familiärer, kultureller oder historischer Sachverhalte zurück (Abb. 29). Dabei haben die biographischen Beziehungen zu Deutschland, die zuvor identifiziert wurden (vgl. 4.2.1.6), bei den meisten Preisträgern den Entscheidungsprozeß für den längeren Deutschlandaufenthalt tatsächlich aktiv beeinflußt (Abb. 29-1). Auf die Frage nach der Motivation, nach Deutschland zu gehen, wurde die Suche nach Spuren der Vorfahren in der Nähe des Gastortes von manchen genauso selbstverständlich erwähnt wie der gute Kontakt zum Gastgeber über Konferenzen oder eine Art Pflichtgefühl, nach abgeschlossener Ausbildung in Deutschland etwas für dieses Land zu tun (vgl. [30], S. 269). In den Fällen, in denen sich der Preisträgeraufenthalt nahtlos in alljährliche Verwandtenbesuche mit der ganzen Familie einreiht, treten wissenschaftliche Gegebenheiten vor Ort gegenüber familiären Bindungen sogar in den Hintergrund. Dies zeigt zum einen, daß eine grundsätzliche Hierarchisierung zwischen 'wichtigen' und 'unwichtigen' Einflußfaktoren nicht möglich und auch nicht sinnvoll erscheint. Zum anderen geht daraus hervor, daß das Zustandekommen von Forschungsaufenthalten im Ausland weniger gut mit der Suche nach Kausalbeziehungen oder gar der Konzentration auf 'wissenschaftliche' Gründe zu begreifen ist als vielmehr mit einem assoziativen Verständnis im Sinne der Koproduktion der Mobilitätsereignisse durch heterogene Aktanten (vgl. [33], S. 302; 1.4.2.2; 2.2.5).

Da dem akteursnetzwerktheoretischen Wissenschafts- und Gesellschaftsverständnis nach jedes Element der heterogenen Assoziationsketten in gleicher Weise konstitutiv für die Durchführung eines längeren Forschungsaufenthalts in Deutschland ist, wird anhand der untersuchten Fallbeispiele deutlich, wie stark wissenschaftliches Arbeiten – über Ausmaß und Art der wissenschaftlichen Kontakte bzw. die Tatsache, *wo* jemand ein *sabbatical* verbringt und somit Inspiration vermitteln und selber Anregungen aufgreifen kann – von biographischen Zusammenhängen und kulturellen Interessen bestimmt wird. Das dritte der nachstehend aufgeführten

Fallbeispiele zur Überschneidung verschiedener Interessen beim Zustandekommen der Preisträgeraufenthalte veranschaulicht zudem exemplarisch, daß auch wissenschaftliche Kooperationen auf internationaler Ebene bevorzugt in etablierten persönlichen Kontaktnetzwerken ausgehandelt werden (vgl. Beispiel 3: „aber die Leute kenne ich nicht").

Beispiele 1-2: Wissenschaft und Familie

> Wenn ich ein Physiker bin und irgendwie einen Elektronenbeschleuniger habe, habe ich unter Umständen bessere Geräte hier. Aber für einen Geisteswissenschaftler, der ein Gebiet betreibt, das von den Quellen und Dokumenten her wesentlich europäisch angesiedelt ist, ist der Europakontakt einfach essentiell. [...] Wir haben angefangen, einen wissenschaftlichen Katalog der Quellen zur Musik der Bach-Familie zu entwerfen. Das ist also sozusagen ein Projekt, das wegen der Streuung der Materialien weltweite Kontakte erfordert, aber da das von den USA und von Leipzig aus, von uns beiden, samt unseren Verbindungen darüber hinaus, ganz gut gemacht werden kann, ergab sich das als ganz natürliche Sache. [...] Ich habe auch meine Frau mitgenommen, die auch Deutsche ist, und wir haben natürlich aus familiären Gründen regelmäßige Aufenthalte. Die Kinder sprechen deutsch, die haben zu Hause eigentlich immer deutsch gesprochen. Und dadurch, daß wir eben hier überhaupt keine Familie haben, waren Deutschlandverbindungen allein auf diesem Gebiet wichtig. Ich habe dann immer versucht, das Familiäre mit dem Beruflichen zu verbinden. [22]

> I knew an eminent scientist in Munich, and so I knew a number of other people and I thought it might be interesting, just as a sidelight. I also have a wife whose family lives very close to Munich, so that was an additional incentive of going there, and she was very keen on having me go so she could be with her family some of the time, and since the physics was interesting this kind of naturally came together, and then I involved myself in a project building up a big experiment called CELLO [at DESY, Hamburg]. [...] CELLO was one of several experiments that were built up to use the DESY accelerators [at Hamburg], and to study collisions between electrons and positrons which was unique to DESY at least, not unique but they had a big programme. [...] [T]here were a number of experiments and Munich was one of the important institutes in the collaboration. [57]

Beispiel 3: Wissenschaft und Freundschaft

> Mein Gastgeber ist ein Neurobiologe, der sich über die nervöse Regelung des Insektenverhaltens Gedanken macht. Ich dagegen mache mir Gedanken über die hormonale Regelung von Verhaltensweisen, zufällig bei den gleichen Tieren wie mein Gastgeber. Wir haben ja schon in Tübingen zusammen gearbeitet, aber unsere Verbindung geht noch weiter zurück. Wir waren Schüler des gleichen Professors in München. Es ist eine lebenslange Freundschaft, die nicht nur auf Wissenschaft aufgebaut ist. Da wir von zwei verschiedenen Aspekten das gleiche Ziel ansteuerten, nämlich das Insektenverhalten zu verstehen – ich von der hormonalen Seite her, mein Gastgeber von der nervösen Seite – gab es natürlich genug Probleme, die ich an seinem Institut bearbeiten konnte und die ihm in seiner Wissenschaft auch nutzten. [...] Ich wusste, was mein Gastgeber in seiner Abteilung hatte, denn ich hatte ihn ja vorher schon öfters besucht und habe gedacht, das ist ideal. Diese Arbeit mit dem Laufkompensator hätte ich hier in Amerika nicht machen können. Jetzt mittlerweile gibt es einige, aber die Leute kenne ich nicht. [45]

4.2 Entwicklungen vor dem ersten Preisträgeraufenthalt

Beispiele 4-5: Wissenschaft und Kultur

> There was a piece of apparatus that I was very interested in trying and my host had at that point a senior collaborator who I had met, again, only at meetings, and he expressed a lot of interest in my work. So my expectation was that basically we try to do something, it would be important for the work I was doing, but also for the work that they were doing, so it would have been important for both of us. [...] My wife is a biblical scholar and was working at that time on her PhD, and she had two very good colleagues in the universities at Munich and Dresden. They helped her with getting access to the libraries, and they even offered her to participate in courses, so we were looking forward to that. We are both interested in opera and classical music, and since we knew relatively little about Bavaria, and German history, I wanted to see if there was any way if I could learn how the Nazi's could have, you know, come from such a place, because we always heard that Bavaria was this wonderful part of the country and that the people were so relaxed, so I was more curious than anything else whether you could see anything. We were very much looking forward to the stay in Germany, to the scientific project that I wanted to work on and to the possibilities for my wife and then for us to have many interesting things to do in Germany. [5]

> Beruflich war es nicht so attraktiv, aber kulturell. Und dank meiner deutschen Abstammung, meine Frau hat auch deutsche Abstammung, wir sind beide ursprünglich aus Deutschland, haben wir es sehr gerne gesehen, daß wir mal da leben konnten, und sehen wie man in Deutschland wohnt und deutsche Zeitungen liest, deutsches Fernsehen sieht und so weiter, deutsche Theater, Musik. Berlin ist ja eine tolle Stadt. Also für uns war es hauptsächlich das kulturelle, was für uns anziehend war. [31]

Insgesamt unterstreichen die Ergebnisse dieses Abschnittes die beiden Thesen zur kulturellen Strukturierung wissenschaftlicher Interaktion, die aus der Interpretation der statistischen Kennzahlen hergeleitet werden konnten (vgl. 3.1.3.3). Erstens sind biographische Bezüge und kulturelle Affinität häufig wichtige Begleiterscheinungen akademischer Mobilität, weil eine Vertrautheit mit den Gegebenheiten im Gastland Verhaltenssicherheit gibt. Je mehr vergleichbare Entitäten darüber hinaus in den Assoziationsketten der interagierenden Wissenschaftler zu finden sind, desto weniger problematische Interaktionsbereiche mit großen Konfrontationswinkeln gibt es, desto mehr gegenseitiges Verständnis ist möglich und desto größer können die Erwartungen an eine reibungslose wissenschaftliche Zusammenarbeit sein. Da eine gemeinsame Basis an Einstellungen und Verhaltensweisen sowie die Anpassungsfähigkeit an den spezifischen kulturellen Kontext vor allem durch ähnliche und vor allem auch durch gemeinsame Erfahrungen entstehen, spielen neben der kulturellen Vertrautheit auch vorherige persönliche Kontakte und gegenseitige Besuche bis hin zu wissenschaftlichen Freundschaften eine so wichtige Rolle für das Zustandekommen längerfristiger Forschungsaufenthalte im Ausland.

Zweitens bestätigt sich die These der Komplementarität wissenschaftlicher und kultureller Attraktivitätsfaktoren. Das fünfte der zitierten Beispiele [31] veranschaulicht in diesem Zusammenhang besonders gut, wie je nach wissenschaftlicher Situation von Gast und Gastgebern fehlende wissenschaftliche Bezüge und inhaltliche Überschneidungen als Ansatzpunkte für das Zustandekommen des Aufenthalts durch biographische Verbindungen und kulturelles Interesse substituiert werden können. Auch wenn die Arbeitsgruppe des Preisträgers auf ihrem Gebiet weltweit führend ist, kann Deutschland aufgrund seiner langen bedeutenden Geschichte, seiner abwechslungsreichen Landschaften und seines intensiven kulturellen Lebens, vor allem in München und Berlin, als Ziel eines *sabbaticals* attraktiv sein.

> When you go on sabbatical, I mean Berkeley is such a centre, I wasn't looking to go to a place to get something scientifically that I didn't have, really you're just kind of looking to go where you do have some first class colleagues, just for general discussion, and then it's just kind of a get away time, get away and to do something different. [...] In 1981 my daughters were about ten and twelve and I thought that either Germany or someplace in Europe would really be quite exciting and academic matters were not too serious at that stage, before high school. So I thought a year in Germany, both my wife we'd been in Germany and we decided Munich would be a great wonderful place to go. [41]

Das Substitutionsprinzip gilt auch umgekehrt, wenn beispielsweise Traumata aus nationalsozialistischer Zeit wegen guter wissenschaftlicher Kontakte, attraktiver Projekte und neuester Forschungserkenntnisse überwunden werden ("I am still a little bit nervous sometimes with Germans who are older than me"; vgl. Abb. 29-a). Vor diesem Hitnergrund läßt sich die Tatsache, daß im Zeitraum 1992 bis 1996 immerhin zwei Drittel der US-Preisträger auch aus familiären und kulturellen Gründen nach Deutschland gekommen sind, nicht nur mit programm- und personalzyklusbedingten Entwicklungen, sondern auch mit den in der Standortdiskussion thematisierten Anzeichen einer leicht rückläufigen Attraktivität des Wissenschaftsstandortes Deutschlands in Einklang bringen (vgl. Abb. 29-3; vgl. auch 3.2.1). Allerdings kann die Frage, welcher Anteil von Gastwissenschaftlern mit biographisch-kulturellen Bezügen zu Deutschland als normal gelten kann und welcher Anteil unter welchen Bedingungen als ein Hinweis auf eine rückläufige Attraktivität des Forschungsstandortes in einzelnen Fachgebieten gewertet werden kann, nur auf der Grundlage von Vergleichsstudien geklärt werden. Daher bleibt an dieser Stelle nur der Verweis auf ein entsprechendes Forschungsdesideratum und die abschließende Feststellung, daß grundlegende Anreize für Karrieremobilität in gleicher Weise für zirkuläre Mobilität in den Wissenschaften gelten:

> Ein international renommierter Wissenschaftler geht [...] nicht an jede Universität, sondern läßt sich nur durch ein attraktives Angebot gewinnen, das wiederum nur finanziell und personell sehr gut ausgestattete Universitäten machen können (MEUSBURGER 1998, 454).

4.2.2.2 Erwartungen an die wissenschaftliche Interaktion

Von der fachlich motivierten Interaktion während des Aufenthalts erhofften sich zwei Fünftel der US-Preisträger gegenseitige Bereicherung durch einen Informationsaustausch auf alltäglicher Basis.

> I knew a number of people there, WK, for example, worked in an area called optimisation which had been an area I had worked in a lot twenty five, thirty years ago. It's optimum control theory really, and so we knew of each other's work, and it was one reason he invited me and another why I was happy to go there. So my expectations were primarily really to not necessarily to do collaborative work but to continue this kind of conversation more easily, directly and on a daily basis and that's really how it turned out. [51]

4.2 Entwicklungen vor dem ersten Preisträgeraufenthalt 289

> I had good expectations. I knew this was an excellent lab, I knew some of the projects that were going on there, I knew there was an overlap with some of the projects I was doing here. So it was a good opportunity to, I think not so much to do one specific project but to interact with a number of students and talk to them about what I was doing here and learn from their response to that. [6]

> I thought that we can mutually benefit from the visit, and in particular I can learn a little bit more about what they have been doing at my host institution. At the same time maybe they can learn a little bit more from what I have been doing, this was the purpose of the collaborations, and that's what the expectations were. [46]

Einige dieser Preisträger waren sich allerdings nicht ganz sicher, ob sie selber wissenschaftlich in gleicher Weise von dem Austausch profitieren würden wie das Gastinstitut. Die darin zum Ausdruck kommende Asymmetrie zwischen dem Forschungsstand und dem Ausstattungsgrad mancher Fächer in den USA und in Deutschland war in der Anfangsphase des Programms am größten, da die infrastrukturintensiven Natur- und Ingenieurwissenschaften in den 1970er Jahren noch dabei waren, breiten Anschluß an die international führende Forschung wiederzuerlangen, wie es einer der ersten Preisträger aus dem Jahr 1972 beschreibt:

> Scientifically, I didn't really expect to accomplish a lot of new research, in fact, I had a lot of it going on here in my lab and where my former postdoc was, they were not set up yet to do things quite as effectively. So I didn't really expect to get a lot of new research done, but it was partly a pleasure to see my old friends, and they also wanted me to give some lectures which I did because I wanted to lecture about this general field and I wanted to keep track on what my fomer postdoc was doing. [11]

Rund jeder zehnte der Preisträger erwarteten explizit keinen Input für die eigene Forschung, sondern sah sich selber ausschließlich in der Rolle des Inspirators. Obgleich diese Art der einseitigen Erwartungen seit den 1980er Jahren weniger wurde, überrascht es angesichts des auf Forschungsleistungen begründeten hohen Renommees der US-Preisträger nicht, daß es auch weiterhin Situationen gibt, in denen sich Preisträger vor dem Aufenthalt als primär Gebende sehen.

> Well, I did not expect to really have a great deal of intellectual new input because I was way ahead in my thinking over the various German where I could be. Now Würzburg is an university town where by accidental chance I had lived as a youngster for six years, and so it was like coming home to some extent. [14]

> My main idea is to find intelligent students to work in this area, because this is not an easy area. It's my creation and so I don't have much to learn from others but this is a hard area so I look for places where I can count on very bright students and bright PhDs, and this is my main motivation. And I've found them, they were all over. I have very good contacts with people in Stuttgart and also in Tübingen. [49]

Die andere Hälfte der Preisträger, die im Durchschnitt sechs Jahre jünger als die erste Hälfte war (49 versus 55 Jahre), erwartete neben einem fruchtbaren Informationsaustausch relativ konkrete Fortschritte für die eigene Forschung. Jeder fünfte dieser Preisträger stellte viel Zeit zum Forschen in den Vordergrund der Erwartungen. Dies waren vorwiegend theoretisch arbeitende Personen, aber auch einzelne experimentell bzw. empirisch arbeitende Wissenschaftler, die das Gastinstitut entweder aufgrund vorheriger Aufenthalte gut kannten oder ohnehin während ihres *sabbaticals* primär Lesen und Schreiben wollten. Etwa die Hälfte dieser Wissenschaftler war bestrebt, in ruhiger Atmosphäre ein Buchprojekt voranzubringen oder zu beenden; die anderen betonten ihr eigenes Interesse an einem bestimmten Verfahren, an neuesten theoretischen Kenntnissen oder einer bestimmten Arbeitsrichtung (je 10% von allen). Letzteres ging häufig mit einer Phase der wissenschaftlichen Umorientierung nach mehreren Jahren der Wissenschaftsadministration einher (z. B. als *department chair, dean, vice chancellor*). Die übrigen US-Wissenschaftler planten ein gemeinsames Projekt mit Kollegen an der Gastinstitution. Davon hatte etwa die Hälfte vor dem Aufenthalt lockere Kontakte zu deutschen Wissenschaftlern unterhalten, so daß der Preisträgeraufenthalt eine erste engere Kooperation ermöglichte, während sich die übrigen Fälle der geplanten Projektzusammenarbeit aus laufenden Forschungskooperationen heraus entwickelten. Die Preisträger, die ein gemeinsames Projekt planten, waren zu Beginn des Aufenthalts maximal 60 Jahre alt (70% bis 55 Jahre alt); die Hälfte der Projektarbeit fand erwartungsgemäß in Physik als dem Fachgebiet mit der am stärksten international ausgeprägten Kooperationskultur statt (z. B CELLO am DESY; Halley Komet Mission der ESA; WA80 am CERN, EXOSAT; vgl. dazu auch 3.2.2).

> We have a common interest in photo-synthetic pigments, and we do spectroscopic studies that try to learn information about the molecular environment of these molecules and the role that they play in photosynthesis. So we in a sense use complementary techniques and we use materials that are relatively difficult to prepare. Now my host is much more skilled at that than I am, so one of my objectives in going to his laboratory was to learn more about these techniques, to work with materials that he and his students were preparing and to make investigations where I had some contribution to make so that we could do this jointly. [...] The reason that we chose that [project] is because the structure of that molecule had just been determined and it was done in a laboratory just outside Munich. This had been [partly] published within a year of when I went, and this was very exciting because it gave us structural information that we could use as a basis for theoretical analysis of the spectroscopic components. So we had a combination of techniques and the time was just right to do it because the structure was brand-new, and both of us had been independently studying the spectroscopic properties and here was a chance to interpret them in terms of the structure that had just become available, and all of this was in Munich so it made it a very attractive place to go. [54].

> I was the first scientific director of the BEVELAC, and the in house collaborator for the German group. The Germans sent quite a few people here for many years that stayed here, and then we decided to move the equipment, actually the experiment to CERN when they converted their synchrotron to accelerate heavy ion. [...]In 1986, the experiment was starting up there, we had moved our equipment from here to CERN, and I wanted to be there for the start of the experiment, so I thought the best thing was to spend a whole year there, and I was nominated for this Humboldt award [by my long-time collaborators] and used it. [39]

Die wissenschaftlichen Erwartungen an den Aufenthalt von seiten der Preisträger orientierten sich schließlich auch an der vereinbarten Aufenthaltsdauer und *vice versa*. Diejenigen, die eine konkrete Projektarbeit planten, kamen zu 80% ein ganzes Jahr und zu 20% ein halbes Jahr nach Deutschland, während Preisträger, die entweder ein spezifisches Interesse an bestimmten Methoden und Arbeitsgebieten hatten oder sich primär in der Rolle der Gebenden sahen, fast ausschließlich für ein halbes Jahr nach Deutschland kamen. Von denjenigen, die Zeit zum Forschen erhofften, blieb die Hälfte ein ganzes Jahr, während Preisträger, die einen Informationsaustausch auf alltäglicher Basis in den Vordergrund der Erwartungen stellten, am wenigsten häufig ein ganzes Jahr in Deutschland verbrachten (26%).

4.3 Die Zeit in Deutschland

Der Verlauf der Preisträgeraufenthalte in Deutschland ist zum einen aus wissenschaftshistorischer und wissenschaftspolitisch-evaluierender Perspektive interessant und eignet sich zum anderen besonders gut zur Identifizierung fachbezogener und geographischer Zusammenhänge forschungsbezogener internationaler Mobilität und Kooperation, weil für den Humboldt-Preis und die damit ausgesprochene Einladung keinerlei Tätigkeit von den US-Wissenschaftlern erwartet werden darf und diese somit frei in der Gestaltung ihrer Aufenthalte sind (vgl. 3.1.2.2). Im Vordergrund der geographischen Erkenntnisinteressen steht dabei die Frage, welche Bedeutung der unterschiedliche Kontext an der Gastinstitution im Vergleich zur gewohnten Arbeitsumgebung für die wissenschaftliche Arbeit und Interaktion der Gastwissenschaftler besitzt.

Dementsprechend widmet sich dieser Abschnitt unter den drei Gesichtspunkten Programmgeschichte, Bedeutung der Preisträgermobilität und typische Gestaltung forschungsbezogener Mobilität in verschiedenen Arbeitsgebieten zunächst den Rahmenbedingungen und dann den Aktivitäten und Erfahrungen der US-Wissenschaftler während ihrer Zeit als Humboldt-Forschungspreisträger in Deutschland.

4.3.1 Aufenthaltsdauer und Gastinstitutionen

Die US-Preisträger hielten sich zwischen 1972 und 1996 im Durchschnitt neun Monate in Deutschland auf. Rund 90% waren mindestens sechs Monate in Deutschland und mehr als ein Drittel der Preisträger verweilten insgesamt ein ganzes Jahr (37%).[243] Die längerfristige Konzeption der Preisträgeraufenthalte wird auch daran deutlich, daß die Mehrheit der US-Wissenschaftler an einem Stück nach Deutschland kam (61%). Genau ein Viertel verbrachte ein klassisches Forschungsjahr an der Gastinstitution. Die übrigen nutzten die Möglichkeit, den Preisträgeraufenthalt in mehrere kürzere Aufenthalte aufzuteilen.

Seit Programmbeginn sind die US-Preisträger zunehmend häufiger und in kürzeren Abschnitten nach Deutschland gekommen (Abb. 30).[244] Dies liegt zum einen

---

[243] Eine Gesamtdauer der Aufenthalte von mindestens sechs Monaten ist seit Beginn des Preisträgerprogramms vorgeschrieben und wurde nur in Ausnahmefällen reduziert. Wenige Ausnahmen waren auch länger als ein Jahr in Deutschland, davon die meisten in den ersten fünf Programmjahren.

[244] Seit Ende der 1970er Jahre kann der Preisträgeraufenthalt in mehreren Abschnitten erfolgen. Preisträger der ältesten Generation teilten ihren Aufenthalt im Mittel in 1,2 Abschnitte, die der jüngsten Generation waren im Durchschnitt zweimal in Deutschland. Die durchschnittliche Dauer der Aufenthaltsabschnitte sank von 8 Monate (1972-76) auf 4 Monate (1992-96) (Durchschnitt: 5 Monate).

an der Erhöhung des durchschnittlichen Alters der Preisträger infolge der programmbezogenen Profilschärfung, da mit einem fortgeschrittenen Karrierestadium häufig immer mehr Verpflichtungen und akademische Funktionen, aber auch familiäre Bindungen verbunden sind, die längere Auslandsaufenthalte erschweren. Die Auswertungen zeigen in diesem Zusammenhang, daß mit zunehmendem Alter der Gastwissenschaftler die Zahl der Aufenthaltsabschnitte größer wird, deren Dauer abnimmt und sich auch die Gesamtdauer des Preisträgeraufenthalts verkürzt. Von den bis 55jährigen Preisträgern haben zum Beispiel 29% ein klassisches Forschungsjahr in Deutschland verbracht (1982-96: 19%); bei den über 55jährigen waren dies nur 17% (1982-96: 14%).

Abb. 30: Aufenthaltsdauer der US-Preisträger in Deutschland, 1972-96

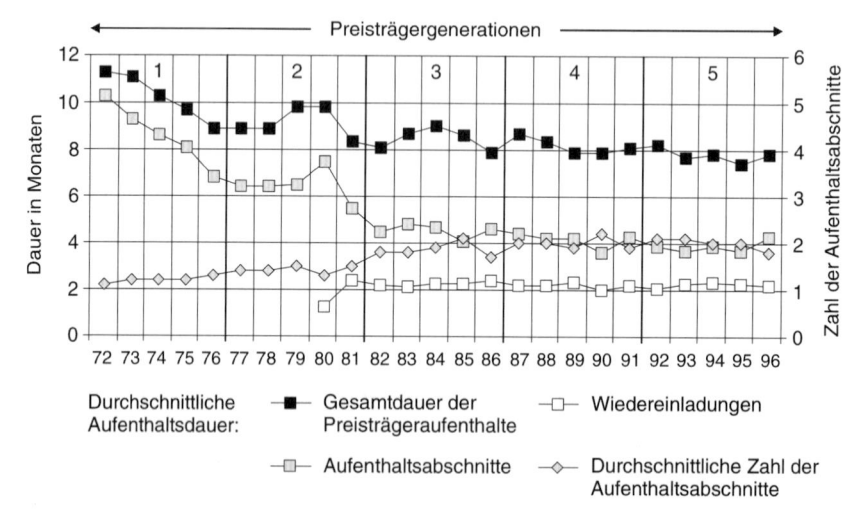

Quelle: AvH-Datenbank; eigene Auswertung und Darstellung.

Ein zweiter Einfluß ist jedoch altersübergreifend wirksam, da über die Generationen hinweg in allen Altersgruppen der Trend zu immer kürzeren Aufenthaltsabschnitten festzustellen ist.[245] Die erhöhten Anforderungen bei der Auswahl könnten dazu geführt haben, daß die US-Preisträger aller Altersgruppen aufgrund ihrer größeren Sichtbarkeit stärker in den USA gebunden und daher weniger abkömmlich sind. Gleichzeitig berichteten die Preisträger von einem allgemein größer gewordenen Druck, Forschungsgelder einzuwerben und Ergebnisse zu veröffentlichen, so

---

[245] In der Altersgruppe bis 45 Jahre ging die durchschnittliche Dauer der Aufenthaltsabschnitte kontinuierlich von 9,0 Monaten (1972-76) auf 3,6 Monate (1992-96) zurück. In der Altersgruppe über 65 Jahre sank die durchschnittliche Dauer der Aufenthaltsabschnitte von 5,0 bzw. 5,4 Monaten (1972-76 und 1977-81) auf 3,4 Monate (1992-96).

4.3 Die Zeit in Deutschland

daß Auslandsaufenthalte von mehr als einem halben Jahr gerade bei großen produktiven Arbeitsgruppen in den experimentellen Laborwissenschaften selten realisierbar sind (vgl. auch 3.2.2; 4.3.2.1). Gewisse systematische Unterschiede bestehen in dieser Hinsicht zwischen den Fachgebieten. Insbesondere in Chemie und Mathematik sind mehrere kürzere Aufenthalte typisch, während in den Geo- und den Biowissenschaften bevorzugt weniger und längere Aufenthalte durchgeführt werden.[246] Diese Unterschiede sind zum Teil auf verschiedene Fachkulturen zurückzuführen, die in hohem Maße von Forschungsinfrastruktur und Forschungsobjekten bestimmt werden. Allerdings sind in den aggregierten Fachdaten verschiedene Arbeitsrichtungen wie experimentell und theoretisch subsumiert, so daß ausreichend differenzierte Erklärungen der komplexen Beziehungsgeflechte nur aus den Interviewauswertungen deutlich werden (vgl. 4.3.2). In allen Fachgebieten haben schließlich schnellere und preisgünstigere Telekommunikations- und Transportmittel seit den 1980er Jahren zu einer Veränderung der Kooperations- und Interaktionskulturen auf internationaler Ebene in dem Sinne beigetragen, daß häufig kürzere Besuche bevorzugt werden und darüber hinaus sehr viel über verschiedene Medien wie Fax und E-mail kommuniziert wird. Besonders typisch war dies schon immer für das Fach Mathematik, während nach Aussage der interviewten Preisträger in den meisten ingenieurwissenschaftlichen Gebieten selbst zwölfmonatige Aufenthalte nicht ausreichen würden, um ein konkretes Projekt in Zusammenarbeit durchzuführen, so daß in diesem Fach von vornherein Informationsbesuche und Unterstützung der laufenden Forschung am Gastinstitut durch Hilfestellung, Ratschläge und Anregungen im Vordergrund stehen (vgl. auch 4.3.2.2).

Viele Wissenschaftler hoben die Möglichkeit zur Splittung des Deutschlandaufenthalts explizit als sehr positiv hervor und betonten die Notwendigkeit einer möglichst großen Flexibilität, da die Abwesenheit für ein volles Jahr trotz moderner Kommunikationsmittel Nachteile für die Arbeitsgruppe und vor allem für die Doktoranden mit sich bringen kann. Vor dem Hintergrund einer schnellebiger werdenden Wissenschaftswelt wird demnach der hohe Wert der Konzeption längerfristiger Preisträgeraufenthalte als Gegengewicht zum hektischen Arbeitsalltag besonders deutlich, da die Einladung nach Deutschland zumindest die Möglichkeit zu einer möglichst langen Zeit streßfreier Forschung in anregender interkultureller Umgebung ermöglicht. Obgleich eine zu starke Verkürzung und Zerstückelung der Preisträgeraufenthalte vermieden werden sollte, da diese nicht dem Grundgedanken des Programms entspricht, scheint eine möglichst flexible Anpassung an strukturelle Rahmenbedingungen und persönliche Situationen sinnvoll, um die Zielgruppe der führenden US-Wissenschaftler weiterhin für Deutschlandaufenthalte motivieren zu können (vgl. Beispiele 1-3, S. 278).

---

[246] Zwischen 1982 und 1996 sind überproportional viele Preisträger in den Geowissenschaften (48%), den Biowissenschaften (39%), der Medizin (36%) und der Physik (31%) an einem Stück für mehr als sechs Monate in Deutschland gewesen, während in den Geisteswissenschaften (18%), der Chemie (19%), den Ingenieurwissenschaften (22%) und der Mathematik (27%) solche langen Aufenthalte vergleichsweise weniger häufiger vorkommen (Durchschnitt: 29%).

Ihren Aufenthalt verbrachten fast 90% der Preisträger an einer einzigen Gastinstitution, während sich jeder zehnte an zwei und nur 21 Preisträger (1%) an drei bis vier verschiedenen Gastinstitutionen aufhielten.[247] Im zeitlichen Verlauf besteht analog zur Entwicklung der Aufenthaltsabschnitte die Tendenz, daß zunehmend mehr US-Preisträger zwei Gastinstitutionen zu verschiedenen Zeitpunkten besuchen (1972-76: 4,5%; 1992-96: 17,0%). Diese Entwicklung ist zugleich Ausdruck und Beitrag zu einer stärker vernetzten Forschung und weist auf eine breiter werdende Basis deutscher Gastgeber bzw. deutscher Wissenschaftler mit hochrangigen internationalen Kontakten hin. Allerdings handelt es sich auch um einen Effekt der kontinuierlichen Erhöhung des Durchschnittsalters der Preisträger, da ältere Wissenschaftler in der Regel größer internationale Kontaktnetze aufweisen als jüngere Kollegen (vgl. auch BUTTON et. al. 1993, 107-109). Sie sind aufgrund eines längeren Aktivitätszeitraumes auch meist sichtbarer in der Fachgemeinde und haben im Falle der Preisträgeraufenthalte weniger häufig konkrete Forschungsinteressen an den Gastinstitutionen verfolgt (vgl. 4.2.2), was Aufenthalten an mehreren Institutionen den Weg bereitet. Vor dem Hintergrund, daß sich die Erwartungen der meisten Preisträger an den Preisträgeraufenthalt auf einen gegenseitigen Informationsaustausch auf alltäglicher Basis bezogen und nur rund 20% der Preisträger konkrete Projektarbeit planten (vgl. 4.2.2.2), ist die Verknüpfung mit mehreren Gastinstitutionen positiv zu bewerten, da über eine stärkere interinstitutionelle Mobilität ein größerer Personenkreis in den Austausch mit den Gastwissenschaftlern eingebunden werden kann und die US-Wissenschaftler selber ein differenzierteres Bild von Wissenschaft und Alltag in Deutschland erhalten können.

Die meisten US-Preisträger waren an Universitäten und Hochschulen zu Gast (71%), so daß sich für eine relativ breite Basis von Studierenden, Diplomanden und Doktoranden bis hin zu Post-Docs und Professoren die Möglichkeit bietet, von Kontakten mit den US-Wissenschaftlern in der einen oder anderen Weise zu profitieren (vgl. 4.4). Rund ein Fünftel der US-Preisträger hielt sich an Max-Planck-Instituten (MPI) auf (23%), und jeder Zehnte besuchte mindestens eine sonstige Forschungsinstitution (11%).[248] 5% der Preisträger waren an verschiedenen Institu-

---

[247] In diesem Abschnitt werden die offiziellen Gastinstitutionen betrachtet. In welchem Ausmaß darüber hinaus Institutionen für Vorträge, Informationsaustausch oder ähnliches von den Preisträgern besucht wurden, behandelt Abschnitt 4.3.2.

[248] Sonstige Forschungsinstitutionen umfassen Institutionen der Hermann von Helmholtz-Gemeinschaft Deutscher Forschungszentren, Fraunhofer-Institute, Bundesforschungseinrichtungen, Institute der Wissenschaftsgemeinschaft Gottfried Wilhelm Leibniz e.V. (WGL-Institute), Kliniken, Archive und Bibliotheken. Die Helmholtz-Gesellschaft ist 1995 aus der 1970 gründeten Arbeitsgemeinschaft der Großforschungseinrichtungen hervorgegangen. Es gibt 15 Helmholtz-Forschungszentren in Deutschland, die sich auf naturwissenschaftliche und medizinische Forschung konzentrieren. Unter dem Dach der Fraunhofer-Gesellschaft widmen sich in Deutschland 56 Institute der Vertragsforschung in allen ingenieurwissenschaftlichen Forschungsrichtungen. Die Leibniz-Gemeinschaft stellt einen Zusammenschluss von 78 wissenschaftlich, rechtlich und wirtschaftlich eigenständigen Forschungsinstituten und wissenschaftlichen Serviceeinrichtungen in Deutschland dar, die nach dem Modell der *Blauen Liste* von Bund und Ländern gemeinsam finanziert werden. Von der Gemeinschaft werden gemeinsame Interessen der Mitgliedseinrichtungen koordiniert und in der Öffentlichkeit vertreten. Sie entwickelt auch gemeinsame Instrumente zur Qualitätssicherung und Effizienzsteigerung der Mitgliedseinrichtungen (Stand 01/2002; vgl. auch BODE 1996).

4.3 Die Zeit in Deutschland

tionstypen zu Gast.[249] Insgesamt waren 60 Hochschulen (im Durchschnitt mit je 23 US-Preisträgern), 50 Max-Planck-Institute (im Durchschnitt mit je acht Preisträgern) und 58 sonstige außeruniversitäre Forschungsinstitutionen (im Durchschnitt mit je drei Preisträgern) zwischen 1972 und 1996 Gastgeber US-amerikanischer Humboldt-Forschungspreisträger.[250] Die Verteilung der US-Preisträger auf die einzelnen Gastinstitutionen wird wesentlich von der Aktivität der gastgebenden Wissenschaftler sowie ihren persönlichen Kontaktnetzen und forschungsbezogenen Akteursnetzwerken bestimmt, aber auch vom Prestige des betreffenden Instituts und der jeweiligen Forschungseinrichtung beinflußt. Darüber hinaus spielt die fachliche Ausrichtung der Institutionen hinein, weil das Preisträgerprogramm von naturwissenschaftlichen Forschungsgebieten dominiert wird. Die räumliche Verteilung der Preisträger orientiert sich zudem am Standortmuster der Großforschungseinrichtungen (Karte 1, S. 186; Karte 6, S. 297).

Der größte Anteil der US-Preisträger besuchte den Großraum München mit den beiden großen Universitäten (LMU; TU) und zahlreichen Max-Planck-Instituten in München (9,8%), Garching (8,0%) und der näheren Umgebung im Südwesten der Landeshauptstadt (z. B. Biotechnologiestandort Planegg-Martinsried). In der Münchener Region („this is a huge powerhouse" [61]) hielten sich doppelt so viele Preisträger wie in den nächst kleineren Zentren auf: Heidelberg (7,3%), Berlin (6,7%), Stuttgart (6,1%), Göttingen (5,6%), Bonn (4,9%) und Karlsruhe (4,0%). Allerdings erreichte die Region Darmstadt-Heidelberg-Karlsruhe-Mannheim (16%) einen ähnlich hohen Anteil an Preisträgern wie der Großraum München (20%), gefolgt von der Region Köln-Bonn-Aachen (12%). Die meisten US-Preisträger waren dementsprechend in Bayern (28%) und Baden-Württemberg (27%) zu Gast. Mit großem Abstand folgten als gastgebende Regionen der Westen und die Mitte der Bundesrepublik: Nordrhein-Westfalen (20%), Hessen (11%) und Niedersachsen (10%). Berlin erreichte noch einen Anteil an den US-Preisträgern von 7%, die übrigen Bundesländer verzeichneten maximal 3% (Anhang E).

Die Verteilung der US-Preisträger auf die Bundesländer entspricht weitgehend deren Rangfolge nach Forschungskapazitäten und Forschungsleistungen (Karte 2, S. 201; Anhang E). Eine besonders große wissenschaftliche Aktivität und Attraktivität des süddeutschen Raumes zeigt sich zum Beispiel darin, daß in Bayern, aber auch in Baden-Württemberg und Hessen die Zahl der US-Preisträger je 100 C3- und C4-Professoren deutlich über dem Durchschnitt liegt. In Bayern sind dafür im wesentlichen die beiden großen Münchener Universitäten als die mit Abstand wichtigsten Knotenpunkte hochwertiger internationaler Wissenschaftskontakte durch US-Preisträger verantwortlich, während sich in den beiden anderen Bundesländern

---

[249] 3% der Preisträger besuchten mindestens eine Hochschule und mindestens ein MPI; jeweils rund 1% kombinierte Universitäten und sonstige Forschungsinstitutionen oder MPI und sonstige Institutionen. Nur zwei Preisträger (0,1%) hielten sich an allen drei Typen von Gastinstitutionen auf (Abb. 28-f, S. 247 bezieht sich auf die Aufenthalte nach Institutionen und nicht auf die Aufenthalte nach Institutionstypen).

[250] In Deutschland gab es in der zweiten Hälfte der 1990er Jahre 80 Universitäten und Technische Hochschulen (BODE 1996, 9). Die Max-Planck-Gesellschaft unterhielt im gleichen Zeitraum rund 70 Max-Planck-Institute und Forschungsstellen sowie 27 Arbeitsgruppen an Universitäten (BODE 1996, 27). Für außeruniversitäre Forschungseinrichtungen vgl. Fußnote 248.

die Preisträger gleichmäßiger auf mehrere Gasthochschulen verteilen. In Hinblick auf das Verhältnis der US-Preisträger im Zeitraum 1972-96 zur Zahl der C3- und C4-Professoren (1992) führt die TU München (41 US-Preisträger je 100 Professoren) mit großem Abstand vor den Universitäten Konstanz (28), Karlsruhe (27), Darmstadt (TU; 24), Köln (20), Bayreuth, München, Stuttgart (je 19), Heidelberg (18), Bonn, Frankfurt, Würzburg (je 16), Freiburg (15) sowie Göttingen, Marburg und Erlangen-Nürnberg (je 14). Diese Rangfolge der ersten 15 Hochschulen bezieht sich auf auf ein hochwertiges, aber kleines Segment des internationalen akademischen Personenaustausches (vgl. 3.3), das stark durch die naturwissenschaftlich ausgerichtete Fächerstruktur im Preisträgerprogramm geprägt ist (vgl. Anhang C). Qualitative Erhebungen geben einen Einblick in die hinter diesen Beziehung stehenden informellen Kontaktnetzwerke (vgl. 4.4.5).

Im Zeitverlauf zeigt sich, daß Berlin als Folge von deutscher Einheit und Wiederherstellung der Hauptstadtfunktion seinen Anteil an den Preisträgern zwischen der vierten und der fünften Preisträgergeneration deutlich steigern konnte. Es ist zu erwarten, daß sich dieser Trend weiter fortsetzt und langfristig zu einer stärkeren Betonung der Forschungsregionen München und Berlin führen wird, zumal diese beiden Großstadtregionen auch kulturell von den Preisträgern als sehr attraktiv erachtet werden (vgl. 4.2.2.1). In den neuen Bundesländern haben sich seit 1993 intensivere Kontakte zu renommierten US-amerikanischen Wissenschaftlern über das Preisträgerprogramm entwickelt. Bis Ende des Jahres 1996 hatten sich dort zwölf US-Preisträger an sechs verschiedenen Institutionen aufgehalten; an den Hochschulstandorten Rostock, Leipzig, Halle-Wittenberg und Illmenau waren zu diesem Zeitpunkt weitere US-Wissenschaftler erfolgreich für den Humboldt-Forschungspreis nominiert worden (Anhang C; Karte 6).

> Meine Haupt-Humboldt-Zeit war 1994. Da war ich ein halbes Jahr. [...] Im Prinzip kannte ich dieses Institut schon aus DDR-Zeiten. Das war ein Akademieinstitut für Elektronenmikroskopie, und das war in ganz Osteuropa das führende Institut. Es gab z. B. 1983 eine neue Generation von Elektronenmikroskopen aus Japan, und die hatten die höchste Auflösung damals in der ganzen Welt und das erste Mikroskop in Europa war in Halle, nicht in Westdeutschland, nicht in Stuttgart, oder wo die anderen Zentren waren. Also das zeigt wirklich, das war ein führendes Institut. Und aus Halle hatte ich schon einen Lynen-Fellow hier in Berkeley, das war 1991, da war ich ja noch kein Humboldt-Preisträger und da haben wir das Verfahren angewendet, wogegen die Humboldt-Stiftung ja auch nichts hat: Mein Kollege war ein Humboldt-Preisträger, und der hat ihn eingeladen, und der arbeitete dann mit mir. Und aus dem Kontakt ergab sich dann, daß er seinen Chef in Halle überzeugte, daß es doch nett wäre, mich einzuladen und daraus kam der Kontakt. Und als ich dann 94 in Halle ankam, stellte sich heraus, daß ich der erste Preisträger war, der überhaupt in diese neuen Bundesländer gegangen ist, weil für einen Humboldt-Preisträger ja immer noch Orte wie Göttingen oder Tübingen am attraktivsten sind. [...] In dem Institut in Halle war dann nicht nur der erste Humboldt-Preisträger in der früheren DDR, sondern auch der zweite, dritte und vierte. Denn dadurch, daß die dann das Verfahren kannten, haben die natürlich weitere Wissenschaftler nominiert. Da war dann ein Kollege vom MIT, und es kamen weitere von anderen Universitäten. Im Prinzip hab ich während des halben Jahres viele Vorträge in diesen neuen Bundesländern gehalten und auch für die Idee geworben. Das dauert lange, bis die Leute erkennen, was für eine wunderbare Strategie das ist, um international renommierte Wissenschaftler anzuziehen. [30]

4.3 Die Zeit in Deutschland   297

Karte 6: Geförderte Gastwissenschaftler/-innen 1998

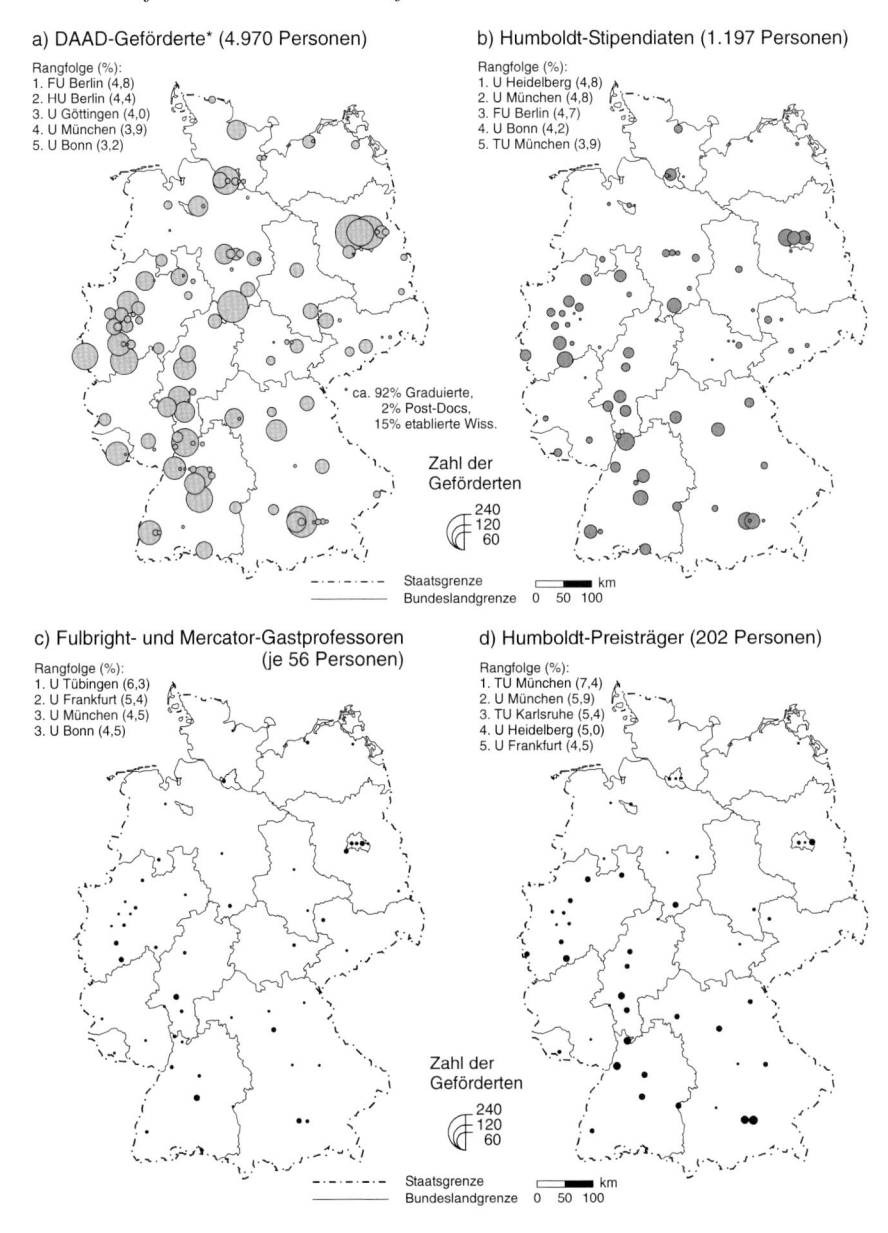

a) DAAD-Geförderte* (4.970 Personen)

Rangfolge (%):
1. FU Berlin (4,8)
2. HU Berlin (4,4)
3. U Göttingen (4,0)
4. U München (3,9)
5. U Bonn (3,2)

ca. 92% Graduierte,
2% Post-Docs,
15% etablierte Wiss.

Zahl der
Geförderten
240
120
60

Staatsgrenze
Bundeslandgrenze   0 50 100 km

b) Humboldt-Stipendiaten (1.197 Personen)

Rangfolge (%):
1. U Heidelberg (4,8)
2. U München (4,8)
3. FU Berlin (4,7)
4. U Bonn (4,2)
5. TU München (3,9)

c) Fulbright- und Mercator-Gastprofessoren
(je 56 Personen)

Rangfolge (%):
1. U Tübingen (6,3)
2. U Frankfurt (5,4)
3. U München (4,5)
3. U Bonn (4,5)

Zahl der
Geförderten
240
120
60

Staatsgrenze
Bundeslandgrenze   0 50 100 km

d) Humboldt-Preisträger (202 Personen)

Rangfolge (%):
1. TU München (7,4)
2. U München (5,9)
3. TU Karlsruhe (5,4)
4. U Heidelberg (5,0)
5. U Frankfurt (4,5)

Quelle: DAAD 2001; AvH999b; Mitteilung von DFG, FulKom; eigener Entwurf.

Nach Fachgebieten differenziert ergeben sich sowohl im Hochschulvergleich als auch insgesamt verschiedene fachliche Interaktionszentren der US-Preisträger (Anhang C; Karte 1, S. 186). Abgesehen vom Fach Physik weisen diese fachspezifischen Kontaktmuster geringe Konzentrationsgrade an einzelnen Institutionen auf, was vor allem auf eine relativ dezentrale Struktur fachlicher Interaktionszentren als wichtiges Kennzeichen der deutschen Wissenschaftslandschaft zurückzuführen ist. Diese basiert wiederum auf einer weniger stark institutionell hierarchisierten Hochschullandschaft als sie beispielsweise in den USA zu finden ist und auf dem dezentralen Standortmuster fachlich spezialisierter außeruniversitärer Forschungseinrichtungen. Allerdings handelt es sich auch um einen Effekt der kleineren Wissenschaftsgemeinschaft, weil an deutschen Universitäten prinzipiell weniger Professoren in einem Fachgebiet arbeiten als den großen Forschungsuniversitäten der USA. Die wissenschaftliche Zentrenbildung an deutschen Hochschulen ist folglich stärker von individuellen Arbeitsgruppen abhängig und somit auch im Zeitverlauf variabler, weil sie auf wenigen Berufungsentscheidungen beruht.

Im Vergleich zu anderen Förderprogrammen für ausländische Gastwissenschaftler ist das räumliche Kontaktmuster der Humboldt-Preisträger jedoch durch eine vergleichsweise starke Konzentration der Geförderten auf wenige Gastinstitutionen gekennzeichnet, die zudem mit einem ausgeprägten Nord-Süd-Gefälle einhergeht (Karte 6). Dies ist im Rahmen der dezentral organisierten deutschen Wissenschaftslandschaft als Ausdruck einer qualitativ bedingten Selektivität hochwertiger Wissenschaftskontakte zu werten und trifft auch für die Kontaktmuster der anderen beiden Exzellenzprogramme in der deutschen Förderlandschaft zu (Karte 6-c und 6-d). Den geringsten Konzentrationsgrad und das dezentralste Erscheinungsbild mit der regional ausgeglichensten Verteilung auf die deutschen Hochschulen weist in diesem Vergleich das Kontaktmuster der DAAD-Geförderten auf, bei denen es sich vor allem um Graduierte (92%) und nur wenige Post-Docs (2%) und etablierte Wissenschaftler (15%) handelt (Karte 6-a). Ein Vergleich der räumlichen Kontaktmuster verschiedener Mobilitätsprogramme ergibt somit für jede Zielgruppe ein anderes Bild internationaler Kontaktzentren nach Hochschulen und Regionen und veranschaulicht auf diese Weise eine hochgradige Stratifizierung internationaler Wissenschaftsbeziehungen nach Karrierephasen und wissenschaftlichem Renommee der mobilen Personen (vgl. 5.2). Beides ist im Rahmen einer Beurteilung internationaler Wissenschaftskontakte, die sich im Hochschulbereich bis auf die Verteilung von Forschungsmitteln auswirken kann (vgl. 1.3.4), genauso zu berücksichtigen wie bei der Evaluierung institutionalisierter Mobilitätsprogramme.

Auf Grundlage der bisherigen Erkenntnisse zur Preisträgermobilität weisen die Aufenthaltsorte der US-Preisträger in Deutschland auf aktive Wissenschaftler hin, die an einem Gedankenaustausch mit international führenden Fachkollegen interessiert sind, meist auch Knotenpunkte entsprechender informeller Kontaktnetzwerke darstellen und oft so attraktive wissenschaftliche Arbeiten durchführen, daß diese Bestandteil der Motivation der US-Wissenschaftler zur Annahme der Einladung nach Deutschland sein können (vgl. 4.2.2.1). Die Frage, inwieweit aus den Kontaktpotentialen durch die Preisträgeraufenthalte wichtige Impulse für Forschung und Lehre der Beteiligten ausgehen, wird mit dem folgenden Abschnitt aufgegriffen.

4.3.2 Gestaltung und Verlauf der Aufenthalte

> *Every day I drove to the MPI to do the research. I rented a small BMW which is a wonderful car, and I drove twenty or twenty-five minutes to work. There was a piece of apparatus that I was very interested in trying and my host's senior collaborator expressed a lot of interest in my work, so basically we were trying a new method that would be important for both of our work. I stayed at the laboratory till six or seven o'clock, five, six, seven, whenever we would finish, then I came home. My wife and I always took a long walk every evening and we would just stop some place in the next village and have an ice cream or something like that, and during the day she would go into Munich to do some work in the libraries, that's how most of the days were made out.*
>
> *Weekends we went out into the countryside with our friends [from the TU Munich and the MPI], and hiked and stopped at beer gardens. And a fair number of evenings we would try and go into Munich to hear music or things like that, and that pretty much is how we filled our time. We also filled our time trying to get to stores on time, because in those days [1992] nothing was open after we would get home from work and Saturdays and Sundays all the stores were closed, so that was something that took some getting used to, because [...] we had to change our schedule in that way. [...] I also was invited to give a number of talks, I don't remember how many. I think I even went to a meeting in Hamburg while I was there, and I went and gave three or four seminars at various other institutions in Germany. [...] When my son visited [...] we drove to Prague from Munich and then there was a second Humboldt meeting in Berlin so we visited East Berlin, we stayed in East Berlin actually, the meeting was at the Humboldt University there, and we did many trips down to the Alps. [5]*
>
> US-Preisträger von 1992, persönliches Gespräch

Zu den wesentlichen Aktivitäten der US-Wissenschaftler während ihrer Preisträgeraufenthalte gehören die alltägliche Interaktion mit Personen an der Gastinstitution sowie das Halten von Vorträgen und der Ausbau persönlicher wissenschaftlicher Kontakte am Gastort, an anderen Institutionen in Deutschland und häufig auch in den europäischen Nachbarländern. Der schriftlichen Befragung zufolge gaben zwei Drittel der US-Wissenschaftler ihr Wissen im Rahmen von Vorträgen, Vorlesungen, Kolloquien oder Seminaren in Deutschland weiter. Bei einem Viertel konzentrierten sich diese Veranstaltungen auf die Gastinstitution, während 40% auch außerhalb aktiv waren (2% nur außerhalb). Fast alle Preisträger nutzten den Aufenthalt, um außerhalb der Gastinstitution bestehende Kontakte zu pflegen (88%) oder neue zu knüpfen (85%); mehr als zwei Drittel taten beides (77%). Dabei konnten sie in der Regel auf einer breiten Basis bestehender Kontakte aufbauen. Fast drei Fünftel der etablierten US-Wissenschaftler vertieften bestehende Kontakte an mehr als zwei Institutionen außerhalb der Gastinstitution; ein Fünftel pflegte bestehende Kontakte sogar an mehr als vier anderen Institutionen. Nur drei Prozent der US-Wissenschaftler gaben an, außerhalb der Gastinstitution weder bestehende Kontakte vertieft oder aufgefrischt noch neue Kontakte geknüpft zu haben.

Auch aus der Ferne widmen sich die meisten Preisträger einer möglichst regelmäßigen Betreuung der eigenen Arbeitsgruppe in den USA und nehmen Verpflichtungen wahr, die über das Alltagsgeschäft an der Basisinstitution hinausgehen, wie zum Beispiel Herausgeberschaft, Gutachtertätigkeit oder Korrekturlesen wissenschaftlicher Arbeiten. Etwa die Hälfte der persönliche Gesprächspartner beteiligte sich an laufenden Forschungsprojekten oder arbeitete für die Zeit des Preisträgeraufenthalts gemeinsam mit Angehörigen der gastgebenden Institution an einem spezifischen wissenschaftlichen Problem oder Projekt. Die andere Hälfte der Gastwissenschaftler nutzte die Zeit für Vortrags- und Kontaktkreisen, Informationsbesuche und die eigene Forschungsarbeit (vgl. 4.3.2.1). Im Falle einer *konkreten themenbezogenen Zusammenarbeit* an der Gastinstitution (vgl. Interaktionstypen vier bis sechs in 4.3.2.1) kooperierten die Preisträger etwa gleich häufig mit einzelnen Mitarbeitern des Gastgebers (Post-Docs oder Forschungspersonal), mit dem Gastgeber selber und mit mehreren Personen der gastgebenden Arbeitsgruppe, manchmal auch in verschiedenen Konstellationen zugleich (vgl. auch 4.3.3.1). Gelegentlich bezog sich eine Zusammenarbeit auf einen Kollegen des Gastgebers bzw. dessen Gruppe, wenn sich beispielsweise herausstellte, daß die entsprechenden Forschungsinteressen den eigenen näher sind. Gleiches gilt auch für eine eher lockere, aber regelmäßige Interaktion über wissenschaftliche Inhalte, die im allgemeinen eine breite Basis an Interaktionspartnern an der Gastinstitution bedeutete und deren Grenzen zu einer Zusammenarbeit häufig fließend waren (vgl. Interaktionstypen in 4.3.2.1).

> I interacted with my host more informally, but during that time a new institute was created in my area, and Professor KA was appointed. I interacted with his group quite a bit. My host and KA are very close friends, so I began to know KA very well, and actually in professor KA's institute and in my group we did similar research, and both became quite well known. So at the start it was my host and then I got into professor KA's area, because his area is close to mine, my new interests, my host was close to my old interest. [55]

Bei experimentell ausgerichteten Kooperationen wird bisweilen auch die Arbeitsgruppe des Preisträgers in den USA eingebunden, während die Preisträger nur relativ selten von eigenen wissenschaftlichen Mitarbeitern aus den USA nach Deutschland begleitet oder von diesen an der Gastinstitution für kurze Zeit besucht werden (ca. 6%). Über 80% der US-Wissenschaftler kommen jedoch in Begleitung der Familie (43%) oder des Lebenspartners (40%) nach Deutschland. Mit dieser vorübergehenden Verlagerung des Lebensmittelpunktes der Familie oder Partnerschaft von den USA nach Deutschland sind meist mehrere Hürden verbunden, deren Überwindung eine besondere Flexibilität und Aufgeschlossenheit der beteiligten Personen voraussetzt und zugleich passende Rahmenbedingungen erfordert (z. B. bürokratischer Aufwand um Aufenthaltsgenehmigung, Jobbedingungen des Partners, geeignete Schulen). Angesichts zahlreicher Gegebenheiten, die in einem weitverzweigten Geflecht persönlicher und beruflicher Beziehungen zusammenpassen müssen (vgl. 4.2.2), erscheint das Zustandekommen eines längerfristigen Forschungsaufenthalts im Ausland als ein besonderes und keineswegs selbstverständliches Ereignis. Als Wegbereiter spielen biographische Deutschlandbezüge der US-Wissenschaftler und ihrer Lebenspartner aus deshalb eine so wichtige Rolle, da ein eigenständiges Interesse der Frau an einem Besuch von Verwandten, Sprachkompetenzen auf seiten der Begleitpersonen oder die einfache Tatsache, daß zweisprachig erzogene Kinder auf jede deutsche Schule gehen können, manche Hürde klei-

4.3 Die Zeit in Deutschland

ner erscheinen lassen. Jeder zehnte Preisträger kommt ohne den Partner oder die Familie nach Deutschland, weil sich für die Angehörigen ein längerfristiger Deutschlandaufenthalt nicht realisieren läßt (vgl. [15], S. 278). Im Falle konkreter Forschungskooperationen wird dies von den Gastwissenschaftlern jedoch nicht zwangsläufig negativ bewertet:

> Meine Frau und mein Sohn haben mich nach München begleitet. Die sind allerdings nur vier Monate geblieben, da sie in Berkeley genug zu tun hatten. Das war mir einerseits nicht recht, aber andererseits sehr willkommen, denn dann konnte ich 16 Stunden arbeiten, was ich sonst nicht gekonnt hätte. [45]

An einzelnen Abenden und Wochenenden nehmen sich gerade Preisträger in Begleitung häufig mehr Zeit als zu Hause für kulturelle Veranstaltungen wie Konzerte und Museumsbesuche, und an Gastorten in landschaftlich reizvoller Umgebung wird das Wochenende gerne für Freiluftunternehmungen wie Spazierengehen, Wandern und Skifahren oder für Besichtigungen genutzt. Preisträger und Gastgeber, die inhaltlich kooperieren, verbringen auffällig oft viel Freizeit gemeinsam, was die wichtige Bedeutung von Freundschaft und gutem Miteinanderauskommen als Voraussetzung für wissenschaftliche Zusammenarbeit unterstreicht. Eher selten tritt der umgekehrte Fall ein, in dem vor allem persönliche Mißverständnisse die Entstehung gemeinsamer Arbeiten verhindern.

Die Verschmelzung wissenschaftlicher und kultureller Aktivitäten und Anregungen gestaltet längere Auslandsaufenthalte für Wissenschaftler persönlich und beruflich meist äußerst ertragreich. Dies gilt vor allem auch für Vortragsreisen von der Gastinstitution aus, bei denen sich das Interesse der einladenden Wissenschaftler am Kontakt zum Preisträger mit der Möglichkeit für diesen verbindet, sich im Sinne Latourscher Mobilisierungszyklen wissenschaftlicher Ressourcen persönlich über andere Forschungskontexte zu informieren, Kontakte zu knüpfen und zu vertiefen, neue Ressourcen und Anregungen zu erhalten, aber auch eigene Argumentationen in anderen Forschungskontexten auf die Probe zu stellen sowie gesicherte Erkenntnisse der Arbeitsgruppe zu verbreiten (vgl. 2.3). Auf diese Weise kann das eigene wissenschaftliche Ressourcengeflecht erweitert und stabilisiert werden, weshalb die US-Wissenschaftler häufig auch selber Kontakt zu langjährigen Bekannten an verschiedenen Forschungsinstitutionen aufnehmen, um diese während ihres Deutschlandaufenthalts zu besuchen. Manche nehmen aus gleichem Grund nur dort Vortragseinladungen an, wo sie selber einen Gewinn für ihre Arbeit erwarten. Darüber hinaus werden Vortragsreisen von der Gastinstitution aus häufig mit kulturellen Interessen an Geschichte, Bauwerken, Lebensweisen, Kunst und Musik verknüpft und mit dem Besuch von Freunden und Verwandten verbunden. In diesen Fällen sprechen die fachlich motivierten Kurztrips genauso wie vergleichbare Aktivitäten am Gastort nicht nur das wissenschaftliche Bewußtsein, sondern auch die Welt der Emotionen, der Gefühle, der gesellschaftlichen und geschichtlichen Besonderheiten an und können damit in besonderem Maße zu Entspannung und wissenschaftlicher Kreativität beitragen (vgl. HARDING 1990, 267).

> I have been a traveller, this is one of the nice things about it, an academic career. I've never turned down a sabbatical. I enjoy seeing the different organisations and I have worked hard at my sabbaticals. In France I lectured in bad French, in Mexico I lectured in bad Spanish, in Russia I lectured in, maybe somewhat better, but still not perfect, Russian, und ich habe Deutsch in der Schule gelernt, so I have some command of German, and so I enjoyed it very much. [7]
>
> We travelled around a lot in Germany, particularly on the weekends, so we got to know the area around Darmstadt very well, and my wife's an architectural historian, so we were very interested in Jugendstil. We saw it in Darmstadt obviously, but we also went to Nancy, and we went to Paris, there's a great collection of it in the D'Orsay museum. So we did that and we travelled a fair amount in Germany and in Italy, and Switzerland where we visited the big lab at CERN. I had scientific contacts in a number of places so we visited CERN. I talked to people and I'm sure I gave a seminar there. [28]
>
> I would say that it was one of my best years of my career. [...] It was a combination of many things, I like music and art and of course Munich is a wonderful place for that. I like science and a number of people in or near my area of research, quite a number, were in Germany, so that was stimulating. Another reason was family, if I was to spend a sabbatical, for my wife it would be nice to be near her sister, and so that was also a consideration, so all these things put together, you know. [33]

Die Preisträgeraufenthalte werden wie jedes *sabbatical* in Europa gerne dazu genutzt, auch andere wissenschaftliche Kooperationspartner auf dem Kontinent und in Großbritannien zu besuchen. In dieser Möglichkeit zu europaweiter Interaktion sah ein Preisträger explizit das Anliegen des Namenspatrons von Programm und Stiftung verwirklicht, Wissenschaft supranational zu betreiben. Bis Ende der 1980er Jahre bestand aufgrund der politischen Blockbildung in West und Ost auch ein besonderer Reiz darin, nach Ostberlin, in die übrige DDR oder andere ostmittel- europäische Nachbarstaaten zu reisen, und zwar nicht nur, um ein touristisches Interesse zu befriedigen, sondern auch, um dortige wissenschaftliche Interaktions- partner zu besuchen. Seit der Wendezeit fokussiert sich dieses besondere Interesse an einem Standort oder einer Region auf die neue Bundeshauptstadt Berlin.

> My former postdoc was going off in a slightly different direction and I wanted to learn about that, and I wanted to visit other places in Europe and Germany in particular and this was a good opportunity to do that because being in Heidelberg the word spread that I was around and so I got invitations to go to various places to Holland, to England, to East Germany, to France and so forth and so it was a nice centre for operations. I got to know a lot of new people there of course, so that was quite nice, that was the first time I visited East Germany, which was in those days quite a curious affair. [11]

Die Bedeutung des Reisens innerhalb Deutschlands und Europas variiert genauso wie die Freizeitgestaltung je nach Persönlichkeit, kulturellen Bezügen sowie wis- senschaftlicher und familiärer Situation der Gastwissenschaftler zum Teil erheblich. Einige haben aufgrund eines konkreten Projektes kaum Zeit, Einladungen von anderen Institutionen anzunehmen, andere kommen diesen externen Wünschen soweit entgegen, daß sie die meiste Zeit mit Vortragsreisen und auf Konferenzen verbringen. Im folgenden sollen Art und Ausmaß der wissenschaftlichen Interak-

4.3 Die Zeit in Deutschland

tion im Rahmen der Preisträgeraufenthalte anhand von Typen wissenschaftlich motivierter Interaktion systematisiert und in Beziehung zu den bisher gewonnenen Erkenntnissen über zirkuläre Mobilität von Wissenschaftlern gesetzt werden. Ein wichtiges Ziel der Typisierung besteht darin, allgemeinere Erkenntnisse zur Gestaltung und zu den räumlichen Bezügen bzw. den Geographien forschungsbezogener Auslandsaufenthalte etablierter Wissenschaftlerinnen und Wissenschaftler zu erhalten (vgl. 4.3.2.2).

4.3.2.1 Typen wissenschaftlich motivierter Interaktion

Der erste von sechs identifizierten Interaktionstypen umfaßt den klassischen gegenseitigen Informationsaustausch über laufende Forschungsarbeit, geplante Projekte und Entwicklungen im Fachgebiet. Aufenthalte dieser Art sind durch eine lockere Interaktion an der Gastinstitution gekennzeichnet und mit vielen Vortragsreisen und Informationsbesuchen an anderen deutschen und europäischen Forschungseinrichtungen verbunden. Die Preisträger gehen häufig mit der gastgebenden Arbeitsgruppe zum Mittagessen, nehmen an Seminaren des Gastgebers teil und geben gelegentlich eigene Seminare an der Gastinstitution. Meist findet auch eine Beratung von Doktoranden und Post-Docs an den besuchten Institutionen und vor allem am Gastinstitut statt.

> I didn't really collaborate with any research to speak of, well I would speak informally with people and they would tell me what they were doing and I would tell them what I was interested in and we'd have little exchanges but nothing like a, what you would call a collaboration, nothing where we worked on a problem and published it or anything of that kind, it was much more informal. [...] We're all people working in more or less the same field interested in the same problems and we would stimulate one another, when we got together I'd talk about what I didn't understand and they'd talk about what they didn't understand and there was a lot of cross-stimulation, but never really collaboration. [11]

> My interaction was really much more on that level of daily interaction rather than working on a specific problem, you know they would say what kind of theory would be applicable here and what do you know about this area, that kind of thing, rather than, you know, this is a problem we're solving, except for that one student who wrote his dissertation. [...] I gave a number of seminars, that kind of thing, but I didn't teach a course or anything. I visited probably twenty or thirty places during this year. [...] I gave lectures at probably fifteen or twenty places, including for example the Universität Bundeswehr in Hamburg, but at all those places I gave at least one or two talks. [51]

Diese Aufenthalte sind unter anderem typisch für Preisträger, die sich an einem späten Zeitpunkt ihrer wissenschaftlichen Karriere befinden. Mit ihrer langjährigen bedeutenden Forschungsarbeit geht ein großer Bekanntheitsgrad einher, der viele Vortragseinladungen und somit primär die Weitergabe von Kenntnissen bedingt. Informelles *networking*, daß heißt das Knüpfen und die Pflege persönlicher Kontakte wie zum Beispiel die Herstellung von Kontakten zwischen verschiedenen Arbeitsgruppen oder das Aushandeln und Besetzen beruflicher Positionen besitzt zu diesem Zeitpunkt der Karriere generell eine größere Bedeutung als die Bearbeitung konkreter wissenschaftlicher Probleme in Kooperation mit anderen Arbeitsgruppen.

In den 1970er Jahren waren es meist einzelne herausragende Vertreter des Faches, die nach Deutschland eingeladen wurden, in jüngerer Zeit bettete sich der Preisträgeraufenthalt dieser älteren Preisträger häufiger in eine langjährige Interaktion mit deutschen Kollegen ein. Jüngere Preisträger, deren Aufenthalt sich als Informationsaustausch charakterisieren läßt, waren meist wegen längerfristiger administrativer oder wissenschaftlicher Verpflichtungen für mehrere zwei- bis dreimonatige Aufenthalte in Deutschland, so daß die Zeit für eine Zusammenarbeit zu kurz war, oder sie nutzten den Aufenthalt dafür, sich gezielt über ein mögliches neues Arbeitsgebiet zu informieren. Die Aufenthalte dieses ersten Interaktionstyps sind besonders häufig kürzer als sechs Monate (ca. 36%) oder genau ein halbes Jahr lang (ca. 36%). In Chemie verbringen überdurchschnittlich viele Preisträger solche Kontakt-, Informations- und Präsentationsbesuche, da in diesem Fach Professoren mit experimentellem Schwerpunkt weniger häufig auch mal selber im Labor arbeiten als es beispielsweise in den US-amerikanischen Biowissenschaften der Fall ist (vgl. 4.3.2.2). Projektbezogene Kooperation über die Mobilität etablierter Wissenschaftler ist daher von vornherein seltener und kam im Interviewsample auch gar nicht vor. Eine letzte größere Gruppe von Preisträgern, die diesem ersten Interaktionstyp zuzuordnen ist war in ihrer Forschung den wissenschaftlichen Tätigkeiten der deutschen Interaktionspartner so weit voraus, daß sie primär die Rolle der Präsentierenden und Gebenden einnahmen. Ihre Interaktion am Gastinstitut bezog sich meist auf Hilfestellungen für Doktoranden, während sie verstärkt aktuelle Forschungsergebnisse und Forschungsansätze referierten und wie die anderen ihre Kontakte in Deutschland und Europa pflegten. Solche Asymmetrien in der wissenschaftlichen Arbeit waren in den 1970er bis frühen 1980er Jahren und generell in den Ingenieurwissenschaften besonders häufig (vgl. dazu 4.3.2.2) und kamen in allen Karrierephasen vor.

> Zu dieser Zeit, heute ist es wohl nicht mehr so, also zu dieser Zeit war die Technik an der TU Berlin noch sehr zurück. Also wir waren weit voraus. Und das wußte mein Gastgeber auch. Ich meine, er hat das wohl eingesehen. Und darum war er sehr bedacht darauf, daß ich längere Zeit mal hinkomme, um die Studenten und ihn auch auf das theoretische Niveau zu bringen. Das habe ich sehr gerne gemacht, und das ist mir auch gelungen. [...] Ich bin auch viel herumgereist, war bei Tagungen und anderen Universitäten, also ich weiß gar nicht mehr wie viele, ich schätze fünf oder sechs, und habe dort Vorträge gehalten. [31]

Der zweite Interaktionstyp läßt sich mit der Kombination von Arbeit und Austausch charakterisieren. Er unterscheidet sich vom ersten durch etwas weniger Reisen und eine stärkere Betonung der eigenen Forschungsarbeit. Diese Zeit zum Forschen wird meist zum Lesen und Schreiben genutzt, häufig wird beispielsweise ein Buchprojekt während des Aufenthalts weit vorangetrieben oder fertiggestellt.

> Ich war im späten Alter, 52 oder so. Das war für mich eine Zeit im Leben, wo man Teile seines Lebens aufschreibt. [38]

Die Gastwissenschaftler akquirieren gezielt Daten für verschiedene laufende Projekte oder arbeiten für sich an spezifischen Problemen. Gelegentlich werden einzelne Probleme mit den Interaktionspartnern an der Gastinstitution aufgegriffen,

4.3 Die Zeit in Deutschland

ohne daß daraus jedoch eine konkrete Zusammenarbeit hervorgeht. Die Interaktion mit den Personen an der Gastinstitution ist locker und meist regelmäßig, wobei wie beim ersten Interaktionstyp oft auch zwei Institutionen die Aktionszentren der Preisträger bilden. Dies ist bevorzugt in Regionen mit kurzen Wegen zwischen mehreren für das Fach zentralen Forschungseinrichtungen und Arbeitsgruppen der Fall, wie zum Beispiel in den Großstadtregionen Berlin und München oder im südwestdeutschen Raum (z. B. Karlsruhe – Heidelberg – Darmstadt – Mainz – Frankfurt). Für eine konkrete Zusammenarbeit mit dem Gastgeber und seiner Arbeitsgruppe fehlt eine ausreichend große Überschneidung der Forschungsinteressen, gelegentlich auch das Interesse oder einfach die Gelegenheit. Manche Interaktionspartner kannten sich zuvor noch nicht gut genug, um eine konkrete Zusammenarbeit zu planen, und eher selten kommt es vor, daß persönliche Mißverständnisse zwischen Gastgeber und Preisträger während des Aufenthalts einer Kooperation oder engeren Interaktion entgegenstehen.

Das Gros dieser Gruppe von Preisträgern besteht aus Mathematikern, bei denen die Kommunikation über die eigene Arbeit aufgrund des spezifischen Operationsbereiches in mentalen Sphären in größerem Maße als in anderen natur- und ingenieurwissenschaftlichen Fächern bereits dem Verknüpfungsprozeß im Rahmen wissenschaftlicher Praxis gleicht (vgl. 4.3.2.2). Aus diesem Grund arbeiten Mathematiker auch primär für sich und können außerdem ihren Arbeitsort leichter an andere Orte verlagern als experimentell bzw. empirisch arbeitende Wissenschaftler. Des weiteren handelt es sich bei den Preisträgern des zweiten Interaktionstyps um Koryphäen höheren Alters, die sich noch intensiv der Forschung widmen, um (experimentelle) Wissenschaftler, die sich während des Aufenthalts auf theoretische Probleme oder Datenakquise konzentrieren, sowie um jüngere Wissenschaftler mit mehreren kurzen Deutschlandaufenthalten und/oder vergleichsweise wenigen vorherigen Kontakten zu deutschen Forschungseinrichtungen. Gerade für infrastrukturintensive Arbeitsrichtungen ist unter solchen Rahmenbedingungen eine lockere bis regelmäßige Interaktion mit Doktoranden und Post-Docs charakteristisch.

> I was working full time when I was there, so everyday I went to the university and the laboratory. I spent time talking with the students in the laboratory. I didn't spend a lot of time working myself in the laboratory because students do all, they know how everything works better than I do so, but I was in the laboratory and could watch experiments, talk about things, discuss them. I had to do some work keeping up with my students here, but then I gave seminars to the students in the group there about what we were doing here, so even at the TU München there was an exchange of sort of what I was doing, what my group was doing here and learning from what they were doing there. I made a number of visits to other German universities. [6]

> I worked there in the library and I worked well. I did not collaborate with students or postdocs. Nobody was there who was a student in my sort of general area, you see Germany, you can ask people, Germany had dreadfully neglected evolution for something like fifty years, and the reason why my host invited me [to Würzburg] was so that I would represent evolution and lecture about it and talk about it and so forth which I did, but the main benefit for me was that it gave me a chance to live once more in Germany, that's really what it was. I did some travelling but of course I spent also some time, longish times lecturing in Tübingen. [14]

> I was working on a theory, some theoretical work, so I can work very well by myself. A lot of my time was spent doing that, and so I interacted with people when I went out and I lectured, and when I talked with them in the institute, places like that but we didn't do any joint research per se, my area of science was sufficiently different than my host's that we really just interacted socially as well as scientifically just like a collegial basis, but not on a formal basis where we started to do a research project with the students, there was too much of a difference in our research. [33]

> I did not set up to do experiments there so I travelled around and gave talks. I travelled all of Europe and sort of generated ideas on what to do. It turned out unexpected I had to do a lot of paper writing because I had a lot of papers and considerations, so I had to revise them for publications. I spent a lot of time on the computer writing papers and calling editors and stuff like that, but the rest of the time was actually spent going to their meetings and talking to different investigators there. [29]

Der dritte Interaktionstyp weist große Überschneidungen mit dem zweiten auf, weil sich die Preisträger ebenfalls auf eigene Forschung konzentrieren. Allerdings bringen sie im Unterschied zu den anderen ihr eigenes Projekt mit. Sie arbeiten zwar auch nicht im engeren Sinne mit der Arbeitsgruppe am Gastinstitut zusammen, interagieren jedoch täglich mit den Mitarbeitern, bekommen meist Unterstützung durch Laborassistenten und nutzen zudem die Forschungsinfrastruktur. Dies ist nur möglich, wenn sich Gastgeber und Preisträger gut kennen und die Forschungsmöglichkeiten an der Gastinstitution bekannt sind. Dementsprechend hatten die Wissenschaftler der passenden Fallbeispiele aus dem Interviewsample vor dem Preisträgeraufenthalt bereits ein Post-Doc Jahr bzw. ein *sabbatical* in Deutschland verbracht. Eine engere Zusammenarbeit entsteht bei diesem Interaktionstyp trotz eines gemeinsamen Interesses an ähnlichen wissenschaftlichen Themen nicht, weil die mitgebrachten Projekte meist einen anderen Fokus als die Arbeiten der gastgebenden Arbeitsgruppe haben. Als weitere Gemeinsamkeit der Fallbeispiele handelt es sich um Biowissenschaftler, für die der Transfer eines Projekts bei gut ausgestattetem Gastlabor relativ unproblematisch ist. Zudem werden *sabbaticals* von Biowissenschaftlern tendenziell häufiger als beispielsweise von Chemikern dazu genutzt, Forschung *at the bench* zu betreiben. Obgleich in dieser Hinsicht auch innerhalb der Biowissenschaften verschiedene Differenzierungen bestehen (vgl. [5] in 4.3.2.2), trifft dieser Zusammenhang im Interviewsample für junge etablierte Biowissenschaftler (34 bzw. 40 Jahre alt) genauso wie für ältere US-Preisträger zu und kann somit als Merkmal einer biowissenschaftlich-experimentellen Fachkultur gewertet werden.

Das im folgenden zitierte Fallbeispiel veranschaulicht, daß für die Intensität der Forschung am Gastinstitut auch die Familienphase eine wichtige Rolle spielen kann. So kommentierte der zitierte Preisträger die Schilderung seiner Aktivitäten in Deutschland damit, daß er wegen zwei kleiner Kinder weniger in Europa gereist sei als acht Jahre zuvor im Rahmen seines Post-Doc-Aufenthalts. Dennoch sei er im Laufe des Humboldt-Jahres mit seiner Familie nach England, Ostdeutschland und Berlin gefahren. An den Wochenenden unternahm die Familie jedoch bevorzugt Ausflüge in die Alpen und die übrige nähere Umgebung von Konstanz.

4.3 Die Zeit in Deutschland   307

> While I was in Konstanz I had a little lab and I had a lab assistant, and I spent most of the time just doing my own research, so I did not actually work with my host. I worked on that project the whole time I was there, and that's what I spent most of my time doing, so I would say ninety percent of the time I spent working in the lab, pretty much by myself. I was working on some cricket mutants, and so I took that project with me over there. [...] We had lots of interaction, I mean we lunched together every day, we did things together, had parties together, and went to dinner together, so a sort of a daily interaction kind of thing, although like I say we weren't actually collaborating on a joint research project [the host was working on locust flights at the time]. I also went around and gave several talks, at various different places around Germany, and I also gave a few lectures in, and a course for undergraduates at Konstanz, but that was, let's say five percent of my time, made up of teaching, going around and giving talks. [34]

Die Beteiligung an einem laufenden Forschungsprojekt, die den vierten Interaktionstyp bildet, konkretisiert sich nach vorherigen lockeren Kontakten zum Gastgeber meist in der unmittelbaren Planungsphase des Aufenthalts – zum Beispiel im Rahmen eines vorbereitenden Besuchs durch einen Post-Doc oder Studierenden der Gastinstitution – oder erst direkt vor Ort. Typisch ist die Beteiligung an einem laufenden Forschungsprojekt für experimentelle Forschungsrichtungen, in denen auch etablierte Wissenschaftler aktiver Bestandteil kooperativer wissenschaftlicher Praxis sind (z. B. in Physik und den Biowissenschaften). Für das Zustandekommen einer Projektbeteiligung ist das Interesse des Preisträgers an dem Projekt genauso Voraussetzung wie der entsprechende Wunsch bzw. die Offenheit des Gastgebers gegenüber dieser Mitarbeit. Meist handelt es sich um Arbeitsrichtungen, in denen auch ein halbes bis ganzes Jahr zu kurz ist, um ein gemeinsames Projekt zu starten und vollständig durchzuführen (z. B. in den Ingenieurwissenschaften, in Laserphysik). Allerdings kann auch der Wunsch des Preisträgers eine Rolle spielen, sich an der Gastinstitution im Sinne einer möglichst großen Heterogenität von Eindrücken zur Maximierung potentieller neuer Impulse mit anderen Themen zu befassen als an der Basisinstitution. Grundlage einer Projektbeteiligung sind in der Regel komplementäre Perspektiven und Forschungsinteressen. Bei physikalischen Großprojekten kann es vorkommen, daß sich die Preisträger im Falle sehr ähnlicher Fragestellungen auf Wunsch des Gastgebers mit einem eigenen Experiment an einem laufenden Projekt beteiligen anstatt direkt an laufenden Experimenten mitzuarbeiten. Das vom Preisträger konzipierte Experiment wird ebenfalls in Kooperation durchgeführt, besitzt jedoch den Vorteil für die gastgebende Arbeitsgruppe, daß diese zusätzlich von der Expertise des Preisträgers profitieren kann, während das eigene Arbeitsgebiet abgegrenzt bleibt.

> I actually thought in Germany that I would join an ongoing programme with R's group – with A's group I knew I wouldn't because it was focused on heavy elements – but in R's case they really wanted me to, they worked with me but they wanted me to propose my own experiments rather than join in anything they were doing, which was OK. So I did that and I got it approved and they did the experiments, you know, for me. [28]

Die Interaktion mit der gastgebenden Arbeitsgruppe ist bei diesem Interaktionstyp intensiv; für Vorträge außerhalb der Gastinstitution bleibt vergleichsweise weniger Zeit als bei den zuvor besprochenen Interaktionstypen. Im Unterschied zu diesen werden jedoch in der Regel gemeinsame Publikationen in Zusammenhang mit dem Aufenthalt erstellt.

> My stay helped both of us to achieve what we liked to achieve. So it was a mutual coincidence, there was no plan whatsoever, but during the time shortly before the stay, because one of his people came to use our microscope, it became crystallised, what I want to do in Germany, before that I had no idea. I tried to learn as much as I could on this large, large compact, very important protein that my host had discovered. He is at the forefront in this field, actually that what he's very famous for, so it was his project of course, and I was just a guest [...] but it would be unfair not to mention about the difficulty that the project at that time still had. [...] In fact I was at the bench seven days a week over there, I still do it here too but not as much because I have to run my lab here to the best capacity. So I didn't have time to give talks. I was invited to the University of Freiburg, but I didn't go there. At that time I was invited to a number of places in Europe to give a talk, in meetings, not at universities, but I did only give one talk in Switzerland at the time. [46]

Bei einer weiteren Gruppe von Wissenschaftlern geht der Forschungsaufenthalt mit der gemeinsamen Bearbeitung eines spezifischen Problems bzw. Projektes einher. Dieser fünfte Interaktionstyp ist wiederum durch eine intensive Interaktion zwischen Preisträgern und Personen am gastgebenden Institut gekennzeichnet und fast immer mit mindestens einer gemeinsamen Veröffentlichung verbunden. Die Möglichkeit der Kooperation wird entweder direkt mit der Planung des Preisträgeraufenthalts vereinbart oder entsteht aus der Interaktion vor Ort. Mischformen sind möglich, wenn sich zum Beispiel aus dem gezielten Interesse des Gastgebers an der Etablierung eines Verfahrens des Preisträgers im eigenen Labor konkrete Kooperationen ergeben, die in gemeinsame Publikationen münden.

> I would sort of look over the shoulders of the graduate students who were making the measurements and make suggestions as to what they were doing wrong and how to fix it and I was also involved in writing some of the publications. [47]

Das gleiche gilt auch umgekehrt, wenn den Preisträger ein bestimmtes Verfahren oder Gerät im Labor des Gastgebers interessiert. Eine Kooperation für die Zeit des Aufenthalts liegt besonders nahe, wenn sich die Interessen der Gastwissenschaftler und ihrer Interaktionspartner wechselseitig ergänzen (vgl. [5], S. 299).

Sofern das gemeinsam zu lösende Problem unmittelbar aus der Interaktion während des Aufenthalts hervorgeht, repräsentiert der fünfte Interaktionstyp auf anschauliche Weise den kontingenten Charakter zirkulärer akademischer Mobilität. Durch das mobilitätsbedingte Zusammentreffen verschiedener Akteure, Objekte und Ereignisse an einem spezifischen Ort können sich unerwartete Verbindungen ergeben, die sonst so nicht entstehen würden (vgl. auch [32], S. 271-72).

> We collaborated with him while I was there rather strongly on a certain subject of fracture in materials that both he and I were very interested in. He had done a great deal of very precise experimental research which had opened up a new window of understanding of this process, and that stimulated certain models of these kinds of development and when I was there we collaborated on that but we also collaborated on some other matter relating to, about strain hardening in metals, which has been for a very long time since 1934 when people started thinking about mechanisms of crystal plasticity, had been a contentious problem. Many peo-

4.3 Die Zeit in Deutschland   309

> ple developed theories on it and more experiments were done to compare with the theory and the subject is still not quite fully understood. *When I was there he needled me that we should write something on a certain subject called stage four work-hardening, and I had very little interest in it but he begged me and so then we did a collaboration.* [...] Now that bit of research was published a year later, and it has stimulated a good deal of agitation in the field as many things in this field produce agitation on people, and it's still going on. People are still discussing that back and forth and some say it's wrong, some say it's wonderful, and I'm just listening from the side to see what is happening in the field. [1]

Anhand der empirisch erfaßten Fallbeispiele wird somit deutlich, was im zweiten Kapitel aus der theoretischen Konzeptionalisierung zirkulärer Mobilität in den Wissenschaften hergeleitet wurde: erstens, daß zirkuläre akademische Mobilität für die Generierung neuer Fragestellungen und wissenschaftlicher Erkenntnisse unmittelbar verantwortlich sein kann, und zweitens, daß der kopräsente lokale Kontext konstitutive Bedeutung für die Schaffung wissenschaftlichen Wissens besitzt (vgl. 2.3).

Während sich in den experimentellen Wissenschaften die gemeinsame Bearbeitung eines Projekts im Laufe des Preisträgeraufenthalts meist kurz vor oder zu Beginn des Aufenthalts konkretisiert, weil eine solche Kooperation stark an die verfügbare Forschungsinfrastruktur gebunden ist, kommt die interaktionsbedingte Koproduktion eines gemeinsamen Forschungsthemas vor allem in Mathematik und bei theoretischen Fragestellungen in Physik, Chemie und den Ingenieurwissenschaften vor. In persönlichen Gesprächen über Argumentationsnetzwerke, die primär aus mentalen Entitäten bestehen, können sich besonders viele Anknüpfungspunkte offenbaren, deren Wert, Bedeutung und Folgen sofort, ohne viel zusätzlichen Aufwand an hochqualifizierten Mitarbeitern und passender Forschungsinfrastruktur näher ergründet werden können. Eine zentrale Rolle spielen dabei die Wissenshorizonte der interagierenden Personen in Hinblick auf bestehende Erkenntnisse und Zusammenhänge im weiteren Kontext der Fragestellung. Diese dürfen nicht zu weit entfernt und auch nicht zu ähnlich sein, weil das Problem dann von jedem selber und aufgrund der unmittelbar verfügbaren Ressourcen vielleicht effektiver gelöst werden könnte. Die Abrufbarkeit und der Austausch von kooperationsgenerierendem und kooperationsrelevantem Wissen ist darüber hinaus von wichtiger wissenschaftstheoretischer Bedeutung, weil beides im Rahmen von *Face-to-face*-Kontakten auf dem Mechanismus der Erinnerung beruht, der im theoretischen Teil dieser Arbeit als Alternative zur Stabilisierung sozialer Beziehungen und wissenschaftlicher Argumentationsnetzwerke durch soziomaterielle Hybride identifiziert wurde (vgl. 2.4.3). Demnach können Erinnerungen (mentale Entitäten) und nicht-dynamische soziomaterielle Hybride (hybride materielle Entitäten) gleichermaßen als Ressourcen für wissenschaftliches Netzwerkbilden bzw. die Generierung und Stabilisierung einer wissenschaftlichen Behauptung dienen. Dieser Sachverhalt, der maßgeblich zur Formulierung der erweiterten Akteursnetzwerkperspektive beitrug, kommt in der folgenden Kooperation prägnant zum Ausdruck:

> Mostly I did all the reading and so on, but my host I discovered had a tremendous knowledge of having read things and he was a person who had a phenomenal memory, so we would meet in my office there in the institute frequently and he would recollect earlier writings of various people, and I would doubt them, usually I would say well maybe he didn't remember them all

that well, and then I went and read the papers and he had remembered them very well. So his collaboration somewhat less engaged because he was the director of the institute, but in the shaping of the study which we did I think his input was extremely valuable. [1]

Für US-Wissenschaftler, die vor dem Preisträgeraufenthalt kaum vorherige Kontakte nach Deutschland hatten, beginnt dieser meist mit einer längeren Phase der Eingewöhnung und des gegenseitigen Kennenlernens. Wenn die Preisträgeraufenthalte in solchen Fällen in mehrere Abschnitte unterteilt sind und sich eine gemeinsam zu bearbeitende Fragestellung erst in einem späteren Aufenthaltsabschnitt herauskristallisiert, lassen sich die einzelnen Aufenthaltsabschnitte unterschiedlichen Interaktionstypen zuordnen. Wichtig ist in diesem Zusammenhang, daß sich gemeinsame Forschungsinteressen entsprechend der Kontingenz zirkulärer räumlicher Mobilität in den Wissenschaften zu allen Zeitpunkten des Aufenthalts ergeben und sich – wie Kapitel 4.4 zeigen wird – auch an den Aufenthalt anschließen können, daß aber gerade im interkulturellen Kontext neben der inhaltlichen Gelegenheit auch eine gewisse Routine im Umgang mit den potentiellen Kooperationspartnern und der alltäglichen Umwelt Voraussetzung für Kooperationen sind (vgl. 2.3.3).

> The first three months I think we spent about – I was there with my family – one month getting settled, meeting the research people there at Passau. And doing a little bit of preliminary research. And by that time I had a lot of invitations to visit other German universities, and we spent another six weeks travelling around visiting the different universities. Actually, I was not only at Passau. I was at Passau, where my first host was, at Aachen, where my second host was, and at Karlsruhe, where my third host was. And we went to Bonn, there was a Humboldt meeting at Bonn. And I went to Amsterdam for a short time to visit colleagues there. Basically, a lot of the time was spent travelling around. And then I was back for another four weeks. Getting to know Passau, getting to know the culture, spending a lot of time walking around, thinking about possible research. And that was the first three months. The second three months we spent at Karlsruhe. Less touring around, more time in Karlsruhe, interacting with my host there. The third period was spent back in Passau. And there was more scientific emphasis. I started a research project with my host which we ended up writing a joint paper together. And there was an international conference that we attended and where we presented some of our results. [52]

Wenn sich Preisträger zuvor schon einmal in Deutschland aufgehalten und verschiedene kulturelle Eigenarten des Alltags kennengelernt haben, fällt die Eingewöhnungsphase meist kürzer aus und die Interaktion an jedem Institut rasch sehr leicht. Dies gilt vor allem für Fachrichtungen, in denen internationale Arbeitsgruppen typisch sind und sehr viele Elemente der Arbeitsumgebung mit anderen erlebten Situationen vergleichbar sind. Im Rahmen zirkulärer akademischer Mobilität bewegen sich die US-Wissenschaftler dann gewissermaßen zwischen standardisierten Knotenpunkten wissenschaftlicher Interaktion, die zusammen den spezifischen intellektuell-materiellen Diskurs der Arbeitsrichtung ausmachen. Zwischen solchen Arbeitsgruppen, die in den gleichen Zeitschriften, Anthologien und Konferenzen vertreten sind, fällt der Wechsel besonders leicht, weil sie auf einem gemeinsamen Fundament von Traditionen, Verhaltensweisen, Ansätzen und Präsentationsstilen aufbauen, die ein Resultat der von TRAWEEK (1988) detailliert beschriebenen Initiationsrituale seit Studienzeiten darstellen. Je internationaler die Fachkultur, desto

4.3 Die Zeit in Deutschland

unproblematischer die Interaktion und desto weniger wichtig sind persönliche Beziehungen zu Gastgeber oder Gastland (vgl. auch 2.3.3).

> I didn't really know what the institute would be like but it was familiar in a way. International groups of this sort tend to be very similar, it had many visitors, there were students, postdocs, the flow of information, working with people was all very positive, very good. [10]

Der sechste der identifizierten Interaktionstypen umfaßt längerfristige Projektkooperationen, die entweder mit dem Aufenthalt beginnen (62% im Sample) oder sich in eine laufende Forschungskooperation zwischen Preisträger und Gastgeber einordnen (38%). Zusammen mit dem fünften Interaktionstyp handelt es sich um die engste Interaktion zwischen den Gastwissenschaftlern und den Angehörigen des Gastinstituts. Projektkooperationen finden in der Regel im Rahmen von einjährigen Forschungsaufenthalten und in den experimentellen Wissenschaften statt. Typisch sind sie besonders für die geräteintensiven Fachrichtungen Astrophysik und Hochenergiephysik, in denen die US-Wissenschaftler häufig an internationalen Großprojekten mitarbeiten, die in Europa organisiert und durchgeführt werden (z. B. EXOSAT; ROSAT; Halley Komet Mission der ESA; CELLO am DESY; WA80 am CERN). Im Sample kommen längere Projektkooperationen allerdings auch in den Biowissenschaften und in den Geisteswissenschaften vor. In den Biowissenschaften stellte zum Beispiel eine brandneue Molekülstruktur die Verknüpfung zwischen Preisträger und Gastgeber her, in den Geisteswissenschaften waren dies historische Quellen über die Bach-Familie.

Die Preisträger sind zu Beginn des Aufenthalts etwa 50 bis 55 Jahre alt und befinden sich in Hinblick auf die Größe der Arbeitsgruppe und deren Produktivität meist auf dem Zenit ihrer wissenschaftlichen Laufbahn (vgl. 4.5). Gelegentlich bringen sie im Rahmen der Kooperation Mitarbeiterinnen oder Mitarbeiter mit nach Deutschland oder beziehen ihre Arbeitsgruppe in den USA mit ein. Im Falle einer Projektbeteiligung anderer Personen an der Basis- und/oder der Gastinstitution haben die Preisträger vergleichsweise mehr Zeit für Tagungsbesuche, Vorträge sowie Kontakt- und Informationsreisen während des Aufenthalts.

> I took over some things with me that I wouldn't have been able to do here and there was a lot of planning in Germany with German scientists, there were joint projects like one of them would have been the Halley Comet Mission, which was a European space agency mission. We were very definitely interested in the European mission to Halley's comet and we knew that we had to have European collaborators. We knew that Max-Planck was building up very excellent laboratories, they had the capability for building space experiments, and we had capabilities that complimented theirs so it worked very nicely to design and build the experiment together. We collaborated with two German scientists at Max-Planck to build an instrument for that comet encounter. And then there were other missions that our people here were involved with Germans. It was clear at the time that I decided to go there, that there was a great deal of activity we could share with the Max-Planck at Lindau, not only Max-Planck Lindau but also Garching, one of our people, my next door scientist here has worked a lot at Garching, so I've had contacts down there as well. And also we had a co-operation going with a French laboratory in Toulouse, so we were doing all of these things, so it made sense for me to be in Europe for a while to meet people and talk about the projects we were doing and make plans for future collaborations. [40]

Als wichtige Basis der gegenseitigen Verständigung verfügen die Humboldt-Gastgeber des sechsten Interaktionstyps meist über eigene Forschungserfahrung in den USA oder sie pflegen schon lange intensive Kontakte zu den Preisträgern. Gleichzeitig sind die meisten der kooperierenden US-Wissenschaftler auch schon vor dem Aufenthalt mit den Forschungs- und Lebensbedingungen in Deutschland vertraut, weil sie seit längerem überwiegend enge Kontakte zu Wissenschaftlern deutscher Forschungsinstitutionen unterhalten. Attraktive Forschungsbedingungen substituieren fehlende biographische Bezügen als Einflußfaktoren für das Zustandekommen der Preisträgeraufenthalte, da letztere unter den längerfristig Kooperierenden eher selten sind. Dies unterstützt wiederum die These der Komplementarität wissenschaftlicher und kultureller Attraktivitätsfaktoren (vgl. 3.1.3.3). In das Bild primär wissenschaftlich motivierter und in enge Kontaktnetze eingebetteter Projektkooperationen reiht sich schließlich auch die Beobachtung ein, daß sich die Mehrheit der involvierten Preisträger an MPIs oder sonstigen außeruniversitären Forschungseinrichtungen aufhielt und in den anderen Fällen dieses Interaktionstyps MPIs ebenfalls wesentlichen Anteil an der erfolgreichen Entwicklung der Kooperation hatten.

Das abschließend zitierte Fallbeispiel stammt aus der experimentellen Teilchenphysik und steht stellvertretend für erfolgreiche Projektkooperationen. Die Schilderung des Preisträgers unterstreicht zum einen den kollektiven Charakter einer solchen experimentellen Zusammenarbeit und verdeutlicht zum anderen die Existenz unterschiedlicher Wissenschaftsstile an der Basis- und der Gastinstitution, die sich bei der Interaktion offenbarten.

> I interacted most with a colleague by the name of HO. I shared an office with him, he was a physicist who had spent some time at Berkeley, and I knew him but I had never worked with him directly, and we had a very fruitful and very pleasant interaction, designing, building this huge detector. I mean this is a detector the size of several rooms [...] [I]t was a huge device and we had the responsibility for one important part of this device which was being built at MPI Munich, so I worked mostly with HO, but I also worked with people like my host, who had invited me. [...] The thing that was a little bit unusual is that I spent quite a bit of time with the technical staff, actually putting things together, so I wasn't only sitting behind a computer screen, but I would be in the shop with the technicians or in the workshop, and so I worked quite a bit with the head of the workshop discussing how to do things, and that was a little bit unusual in the sense that physicists usually work in one place and the people building the stuff within another place, and I was just used to that way of operating at Berkeley, so this is a slightly different style and it was noticed somehow. [...]
>
> I like to understand an experiment, I like to understand the equipment, I like to understand the physics and so it was a very natural way to go. [...] [T]he thing that we sometimes overlook is that physicists don't do these experiments, we need an awful lot of help from very talented people who help build the equipment, who design the equipment, who have a lot of influence on what is actually done, and who are often responsible for the success of these experiments. [O]ne of the things that is very important when you work together with people, is to make sure that we understand each other, they should understand why I am doing what I am doing, what's it all about, and I have to understand why the impossible tasks I set for them are actually impossible, you know, so it's a two way street you have to understand each other. I thought that that was one of the parts of the stay that I enjoyed most, because when we were up at Hamburg in 79, because I came back for a short time, you know, we would be there together, the technicians and physicists and actually getting our hands dirty getting all this stuff in place, and we would be actually working very closely together. [57]

4.3 Die Zeit in Deutschland

4.3.2.2 Fachspezifische Netzwerkbildungsprozesse

Eine Betrachtung der sechs identifizierten Interaktionstypen nach verschiedenen Merkmalen der Preisträger verdeutlicht typische Zusammenhänge hinsichtlich der Gestaltung und des Verlaufs der forschungsbezogenen Deutschlandaufenthalte (Abb. 31). Demnach arbeiten jüngere US-Wissenschaftler im Alter bis zu 55 Jahren häufiger mit Angehörigen der Gastinstitution zusammen als ältere (51% versus 34%), während die Aufenthalte der über 55jährigen um so häufiger als lockerer Informationsaustausch zu charakterisieren waren (vgl. 4.5). Im Zeitverlauf änderte sich kaum etwas, allerdings ordnen sich überproportional viele Kooperationen an der Gastinstitution zwischen 1982 und 1996 in einen Boom der deutschen Wissenschaftslandschaft und vor allem physikalischer Großprojekte während der 1980er Jahre ein. Sie weisen auf eine größer gewordene inhaltliche Basis für wissenschaftliche Kooperationen hin, die in vielen Fachgebieten mit dem Wiedererlangen eines international hohen Wissenschaftsniveaus verbunden war.

Das Zustandekommen einer Kooperation während des Aufenthalts war weniger von der Intensität der vorherigen Deutschlandkontakte als von inhaltlichen Anknüpfungspunkten und dem persönlichen Kontakt zu potentiellen Kooperationspartnern abhängig. Besonders wichtig waren gute persönliche Kontakte für problem- und projektbezogene Kooperationen und für die Konzentration auf die eigene Forschung, da vor allem die Durchführung eigener Experimente im Gastlabor die Kenntnis der Forschungsbedingungen am Gastinstitut erfordert und einen flexiblen Umgang mit dem Gastgeber voraussetzt. So betonte auch der in Heidelberg tätige Physiker zu Putlitz aus der Perspektive eines häufigen Gastgebers die Notwendigkeit einer gewissen Einbettung der mitgebrachten Projekte in die vorhandenen Arbeiten und apparativen Möglichkeiten des Gastinstituts (AvH 1997a, 67).

In Hinblick auf die wichtigsten motivierenden Faktoren für die Annahme der Einladung zum Preisträgeraufenthalt zeigt sich, daß Projektkooperationen öfter rein wissenschaftlich motiviert und weniger auch von familiären und kulturellen Interessen beeinflußt waren, während Aufenthalte, die auch familiären Interessen entgegenkommen, etwas häufiger als Informationsaustausch zu charakterisieren waren. Auf diese Weise wird erneut die These der Komplementarität wissenschaftlicher, familiärer und kultureller Einflußfaktoren beim Zustandekommen längerfristiger forschungsbezogener Aufenthalte im Ausland unterstrichen (vgl. 3.1.3.3; 4.2.2.1).

Ein Vergleich der wissenschaftlichen Erwartungen an den Deutschlandaufenthalt mit dem späteren Verlauf der Interaktion verdeutlicht schließlich den kontingenten Charakter zirkulärer Mobilität in den Wissenschaften. Für ein Fünftel der US-Wissenschaftler, die einen Informationsaustausch erwarteten, ergab sich durch die Interaktion vor Ort eine Beteiligung an einem laufenden Forschungsprojekt. Ein weiteres Viertel der US-Wissenschaftler, die sich auf einen Informationsaustausch eingestellt hatten, bearbeitete schließlich gemeinsam mit Angehörigen der Gastinstitution ein spezifisches Problem. Auch von denjenigen, die sich vor dem Aufenthalt primär Zeit zum Forschen mit Blick auf eigene Projekte gewünscht hatten, arbeiteten später etwas mehr als ein Fünftel gemeinsam mit Angehörigen der Gastinstitution an einer durch die Interaktion koproduzierten Fragestellung.

Abb. 31: Typen wissenschaftlicher Arbeit und Interaktion an der Gastinstitution

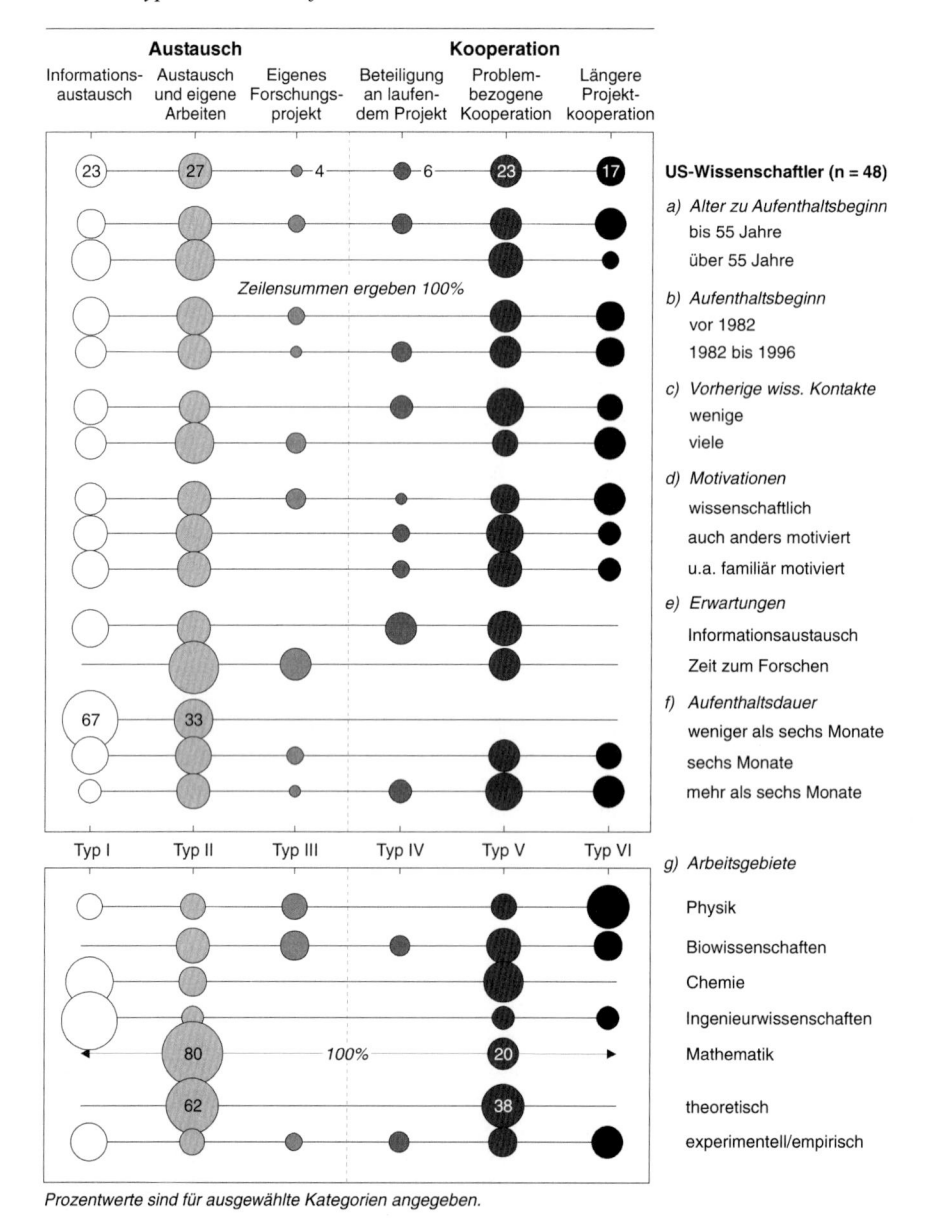

US-Wissenschaftler (n = 48)

a) Alter zu Aufenthaltsbeginn
   bis 55 Jahre
   über 55 Jahre

b) Aufenthaltsbeginn
   vor 1982
   1982 bis 1996

c) Vorherige wiss. Kontakte
   wenige
   viele

d) Motivationen
   wissenschaftlich
   auch anders motiviert
   u.a. familiär motiviert

e) Erwartungen
   Informationsaustausch
   Zeit zum Forschen

f) Aufenthaltsdauer
   weniger als sechs Monate
   sechs Monate
   mehr als sechs Monate

g) Arbeitsgebiete
   Physik
   Biowissenschaften
   Chemie
   Ingenieurwissenschaften
   Mathematik
   theoretisch
   experimentell/empirisch

Spalten (Typ I–Typ VI):
- **Austausch**: Informationsaustausch (Typ I), Austausch und eigene Arbeiten (Typ II), Eigenes Forschungsprojekt (Typ III)
- **Kooperation**: Beteiligung an laufendem Projekt (Typ IV), Problembezogene Kooperation (Typ V), Längere Projektkooperation (Typ VI)

Zeilensummen ergeben 100%

Erste Zeile (Gesamtverteilung): 23 – 27 – 4 – 6 – 23 – 17

Prozentwerte sind für ausgewählte Kategorien angegeben.

Quelle: Eigene Interviews (n = 48).

4.3 Die Zeit in Deutschland

Ausgeprägte Unterschiede in der Häufigkeitsverteilung ergeben sich nach der Dauer der Aufenthalte in Deutschland. Erwartungsgemäß handelt es sich bei der Interaktion im Rahmen von Aufenthalten mit weniger als sechs Monaten Gesamtlänge ausschließlich um klassischen Informationsaustausch, der meist mit einer intensiven Kontaktpflege in Europa, mit der Beratung von Doktoranden und Post-Docs am Gastinstitut, mit der Aufarbeitung liegengebliebener Arbeiten und gelegentlich mit einer Vertiefung in eigene Fragestellungen verbunden ist. Aufenthalte, die länger als ein halbes Jahr dauerten, wiesen dagegen überproportional viele Kooperationen mit in Deutschland tätigen Wissenschaftlern auf. Dies unterstreicht den besonderen Wert der längerfristigen Konzeption der Preisträgeraufenthalte, weil sie Zeitfenster in einer hektischen Wissenschaftswelt eröffnen, die für eine Art der Zusammenarbeit genutzt werden können, für die im normalen Arbeitsalltag keine Zeit bleibt (vgl. [57], S. 312).

Die deutlichsten Zusammenhänge zwischen Aufenthaltsgestaltung und gemeinsamen Merkmalen der Preisträger entfalten sich in Abhängigkeit von fachlichen Gegenstandsbereichen und wissenschaftlicher Arbeitsweise der mobilen Personen. Letztere ist für analytische Zwecke mit experimentell bzw. empirisch und theoretisch dichotomisiert worden, obgleich die Übergänge gelegentlich fließend sind, da wissenschaftliche Praxis auf einem hohen Abstraktionsniveau trotz verschiedener Ausgangspunkte (Experiment, Theorie) sehr ähnlich sein kann (vgl. 2.2.3; 2.4.7.2). Um diese systematischen Unterschiede ausreichend erklären zu können, ist der Rückgriff auf die erweiterte Akteursnetzwerkperspektive notwendig, da die Variationen im wesentlichen vom Raumbezug der konstituierenden Entitäten in den Argumentationsnetzwerken der Wissenschaftler beeinflußt werden. Wie im zweiten Kapitel dargelegt, wird jedoch die für verschiedene räumliche Bezüge ontologisch grundlegende Differenzierung zwischen materiellen und mentalen Entitäten, deren jeweiligen hybriden Variationen und dazwischen vermittelnden dynamischen Hybriden in der klassischen akteursnetzwerktheoretischen Dichotomie von Menschen und Nichtmenschen weder angemessen noch auf konsistente Weise berücksichtigt (vgl. 2.4; 5.1).

Wissenschaftlerinnen und Wissenschaftler operieren im Rahmen ihrer beruflichen Netzwerkbildungsprozesse zugleich in physischen und mentalen Welten und stellen dabei in unterschiedlichem Ausmaß Verknüpfungen zwischen Entitäten einer oder beider Sphären und anderen dynamischen Hybriden her. Je stärker sie in ihrer Arbeit mit physisch verorteten und immobilen Geräten, Objekten, Erscheinungen, Ereignissen, Lebewesen, Personen oder Personengruppen befaßt sind, desto größer ist auch die Einbettung ihrer alltäglichen wissenschaftlichen Praktiken in einen konkreten lokalen Kontext und desto schwieriger wird deren Fortsetzung im Rahmen zirkulärer räumlicher Mobilität. Nun verlassen sich beispielsweise etablierte Wissenschaftler in den experimentellen Wissenschaften in hohem Maße auf Versuche und Datenerhebungen ihrer Mitarbeiterinnen und Mitarbeiter und beschäftigen sich selber vor allem mit konzeptionellen Arbeiten und mit der Auswertung und Interpretation experimentell gewonnener Daten (vgl. dazu 4.5). Dies bedeutet, daß ihre Verknüpfungsprozesse primär auf Repräsentationen physischer Interpretationskontexte beruhen und somit ebenfalls weniger ortsgebunden sind als die Praktiken der Personen, die direkt zwischen materieller und mentaler Welt vermitteln, in dem sie Geräte konstruieren, Messungen vornehmen, die Struktur von Molekülen bestimmen oder Tiere für Versuche präparieren. Da experimentell gewonnene Repräsentationen im Stadium der Generierung wissenschaftlicher Fakten und Artefakte jedoch untrennbar mit den physischen Erscheinungen verknüpft sind (LATOUR und WOOLGAR 1979; vgl. 1.2.2.6), müssen im Falle einer Kooperation zwischen experimentell arbeitenden US-Wissenschaftlern und Angehörigen der Gastinstitution genauso wie für die Bearbeitung eigener experimenteller Fragestellung während des Gastaufenthalts in Deutschland die passenden physischen Kontexte am Interaktionsort vorhanden sein. In geräteintensiven Arbeitsgebieten, deren Fragestellungen und Infrastrukturanforderungen im Unterschied zur Großforschung noch von einzelnen Arbeitsgruppen zu bewältigen sind, deren Forschungsobjekte jedoch raumgreifende, selbst konstruierte bzw. zu konstruierende Instrumente bilden, wie beispielsweise in Laserphysik und in vielen ingenieurwissenschaftlichen Arbeitsgebieten, ist dies nicht immer möglich. Der Aufwand der zu leistenden Konstruktionsarbeit wäre in diesen Fällen selbst für einen einjährigen Forschungsaufenthalt zu groß, um am Gastort ein eigenes oder gemeinsames Projekt im üblichen Sinne durchführen zu können, und der Transport entsprechender Forschungsinfrastruktur wäre zu aufwendig und zu teuer.

> Visits in my field of that length, you know, three, four, five months are really much too short to work on something specific unless you already worked together before or something like that. [...] It really takes a lot of time [to set up research infrastructure], you know with ER [Feodor Lynen Fellow], he was here a little bit more than two years, that's just about right to start something with long range collaborative roots, and this is why we are still working together. [51]

In den Fallbeispielen zu den entsprechenden Arbeitsgebieten bezieht sich daher eine konkrete Zusammenarbeit entweder auf stärker theoretisch ausgerichtete Fragestellungen, die mit dem Wissen der Kooperationspartner und der vor Ort verfügbaren Literatur zu bearbeiten sind (vgl. [1], S. 308-9 und S. 309-10), oder auf weniger geräteintensive Arbeiten (z. B. Softwareentwicklung), deren Anwendungsbezüge zudem am Gastort selber lokalisiert sind, beispielsweise in einer bestimmten Firma.

> There was a confrontation over what university, what the theory can do, and what are the needs for the practical car design. And those gaps still exist, even though it's ten years and so many people have been working on it. So my main experience is that I could see what are the daily problems that the engineers have to struggle with, and the way that they have to give an answer, whether there is a theory or there isn't any theory, they have to give an answer and the way to give an answer is with testing, so that's what you do, but if there is a theoretical background it's even better. I went as far as I could with the theory and they tried to absorb it. [23]

Gleichzeitig wäre eine Beteiligung an laufenden ingenieurwissenschaftlichen Projekten denkbar, die im Interviewsample jedoch nicht vorgekommen ist. Ein gewichtiger Grund dafür sind unterschiedliche Wissenschaftskulturen in den US-amerikanischen und den deutschen Ingenieurwissenschaften, die von mehreren US-Wissenschaftlern betont wurden. Demnach ist die US-amerikanische Perspektive

4.3 Die Zeit in Deutschland

stärker grundlagenorientiert, während in Deutschland industrielle Anwendungsbezüge im Vordergrund vieler ingenieurwissenschaftlicher Arbeiten stehen. Darüber hinaus besitzt Praxiserfahrung auch als Qualifikationsmerkmal für eine Professur einen ganz anderen Stellenwert in Deutschland als in den USA, weil diese Stellen in den USA wie in anderen Fächern meist im Zuge der Beförderung innerhalb des Hochschulsystems vergeben werden, in Deutschland dafür aber fast ausschließlich Personen aus der Industrie in Frage kommen.

> The importance of university and academic research is in exploring essentials of new ideas from as much theoretical viewpoints as can be gained, whereas I do find in Germany and especially where they have an association with these Fraunhofer Institutes, they take on what are very practical problems and they take them all the way till whoever is paying them can perhaps go into production with it, and what that does is it absorbs an awful lot of time from say the doctoral students. They get paid better but then again they are actually functioning more as industrial employees than our students who are paid miserably by industrial standards, and I think the view in the United States on your time as a graduate student is that you're really an apprentice and you shouldn't assume you're a junior engineer yet, you are trying to prepare yourself for some kind of creative work and we don't want to make it too well-paid because you don't want to settle in and get cosy with this kind of an occupation, because the biological clock keeps running and you get older and you should be on and elsewhere, you know, by the time people get into their thirties or so they should be moving out. [...] It turns out that you can invest an awful lot of time [in examining what industry should or should not do] without much scientific gain, without coming out with publishable results, or exercising theory in mathematics and all of the things you try to do in the academic world, and it doesn't mean that either thing is more important, it's just the view here. [...] Certainly, American industry would be very, very happy to have us set up a little part where we try to incubate ideas into products, but here mostly when that happens it happens by venture capital funding of some smart young student, typically after that student has finished his doctorate. [42]

> Also in meinem Gebiet findet sich in Deutschland eine der am besten organisierten wissenschaftlichen Planung, und auch die Verwendung von den wissenschaftlichen Ergebnissen in der Industrie ist am besten gewährleistet. Es hat auch einen sehr großen wirtschaftlichen Nutzen, wenn man diese Vorschriften und Empfehlungen, die erstmals in Deutschland ausgearbeitet werden, als internationale Normen übernimmt, weil die deutschen Industrien dann schon Jahre im voraus wissen, was gefordert wird, und ihre Produkte schon entsprechend vorbereitet haben. Die anderen müssen ihre Produkte ändern. [2]

Die Unterschiede im wissenschaftlichen Ansatz, die im ersten Fallbeispiel zudem inhaltliche Ursachen für grundlegende Charakteristika der deutschen Wissenschaftslandschaft offenlegen, wie zum Beispiel im internationalen Vergleich überdurchschnittlich alte Doktoranden, überlagern sich in den Erfahrungen der Preisträger mit einer vergleichsweise starken inhaltlichen Spezialisierung und gegenseitigen Abschottung deutscher Arbeitsgruppen. In den Ingenieurwissenschaften kann dies zum Teil auf die industriellen Anwendungsbezüge zurückgeführt werden, die zur Geheimhaltung wissenschaftlicher Ergebnisse verpflichten können und meist auch sehr spezifische Probleme mit sich bringen. Interessanterweise wurde eine stärkere gegenseitige Abgrenzung von Arbeitsgruppen in Deutschland aber auch in anderen Fächern beobachtet und häufig als charakteristisch für eine deutsche Wissenschaftskultur angesehen (vgl. 4.3.3.2). Das Resultat dieser kulturellen Unterschiede für die Interaktion zwischen deutschen und US-amerikanischen Wissenschaftlern ist unabhängig von einer Bewertung, wie sie der folgende Gesprächspartner vornimmt, eine Verringerung inhaltlicher Anknüpfungspunkte in den hochschulbasierten Ingenieurwissenschaften und die Bevorzugung von Informationsreisen während der Gastaufenthalte in Deutschland.

> I would say that maybe one third of the time when I was in Germany I was on travel, and I found that very valuable because, again coming back to the German science system, being very deep but narrow, is that it would permit me to go and talk with people at universities and Max-Planck Institutes to find out what they were doing and it would take me a day or maybe a day and a half to really penetrate into what they had done in that particular field. I often found them not terribly interested in other fields, but that for me was very useful because I could probe the German science system rather in depth, and in every visit I was, with one exception in a Max-Planck Institute in Mainz, where my host, very curiously, he thought there wouldn't be anything of interest for me at his institute, he was completely wrong because I had very nice interactions with some people who were working for him, and I had to conclude then that he was not informed about what these people were doing, but all of the visits, I think, were very cordial and very engaging and to me they were very useful. [1]

In experimentellen Fachbereichen, die entweder von vornherein durch internationale Projekte an multinational finanzierten Großforschungseinrichtungen gekennzeichnet sind (z. B. Astrophysik, Kernphysik) oder in denen notwendige Forschungsinfrastruktur und Forschungsobjekte (z. B. Grillen, Heuschrecken, Hummer, chemische Verbindungen) gut transportierbar bzw. am Gastort verfügbar sind, kam die gemeinsame Bearbeitung eines konkreten Projektes relativ häufig vor (vgl. Physik und Biowissenschaften in Abb. 31). Dabei wurde auch der Transport von Forschungsobjekten aus den USA nach Deutschland gelegentlich durch rechtliche Gegebenheiten, die an politische Grenzen gebunden sind, verkompliziert. Im Fallbeispiel bestand die Motivation für den Transfer von Hummern nach Deutschland in der Gelegenheit, ein vor Ort verfügbares Gerät in Zusammenarbeit mit einem Mitarbeiter am Gastinstitut zu testen, der sich mit diesem Apparat auskennt. Die Schwierigkeiten entstanden beim Import aufgrund eines anderen Stellenwerts von Hummern in Deutschland als in den USA.

> Getting lobsters into the country was extremely difficult. That was one of the hardest things we had to do because we had lobsters flown from my laboratory to Germany to work with. In Germany, lobsters are very expensive, incredibly expensive. It was cheaper for us to buy the lobsters here, pack them in a way that would keep them alive and ship them to Germany and pay whatever customs wanted to charge us than it was to buy them in Germany. So that was a problem, and I had to have a German colleague with me every time the lobsters came to the airport, it took sometimes an hour or two hours of talking to customs officials because they were sure we were going to sell the lobsters. Lobsters are a delicacy in Germany and they're very expensive, and they couldn't believe we were going to use them in experiments, so that was another difficulty we had but we enjoyed that difficulty. [5]

Während des Deutschlandsaufenthalt variierte die Ortsgebundenheit der experimentell kooperierenden US-Wissenschaftler entsprechend ihrer wissenschaftlichen Motivation, ihrer zeitlichen Möglichkeiten und ihrer Begeisterung, sich selber an

4.3 Die Zeit in Deutschland

der Konstruktion von Detektoren, der Präparierung von Molekülen, Bakterien oder Versuchstieren und an verschiedenen Meßungen physisch zu beteiligen oder sich von vornherein primär auf Auswertungen der an der Gastinstitution und gelegentlich auch an der Basisinstitution gewonnenen Projektdaten zu konzentrieren. Verschiedene Fachkulturen bezüglich der Betätigung von Professoren im Labor zogen dabei weitere systematische Unterschiede in der Gestaltung der Aufenthalte und der Bindung der kooperierenden Wissenschaftler an den jeweiligen physisch-experimentellen Kontext der Zusammenarbeit nach sich (vgl. 5.1). Fallbeispiele zu inhaltlichen Kooperationen im Fach Chemie bezogen sich zum Beispiel trotz ähnlicher Arbeitsbedingungen wie in den Biowissenschaften von vornherein ausschließlich auf theoretische Fragestellungen. Dies ist vor allem darauf zurückzuführen, daß Chemieprofessoren tendenziell weniger häufig selber im Labor als Physiker und Biowissenschaftler arbeiten, selbst wenn sie Zeit dazu hätten, so daß sie im Rahmen zirkulärer Mobilität selten den Träger einer *hands on collaboration* bilden. Auch in den USA läßt sich dieses Merkmal einer europäischen Fachtradition bei Chemieprofessoren ausmachen, während in anderen Arbeitsgebieten regionale Unterschiede zwischen Arbeitsstilen von Wissenschaftlern in Deutschland und den USA größere Bedeutung besitzen. Letztere orientieren sich an nationalen Wissenschaftssystemen und spiegeln zum Teil unterschiedliche europäische und amerikanische Wissenschaftstraditionen wider. In den Neurowissenschaften arbeiten US-Professoren zum Beispiel häufiger selber im Labor, während dies für deutsche Professoren fächerübergreifend seltener zu sein scheint (vgl. auch [57], S. 312):

> The thing I like most about science is being in the laboratory. So I do try to get in the laboratory as much as I can, this whole summer I haven't been in the laboratory, but in the fall I was in the laboratory and in the spring I was in the laboratory, so I try as much as possible. In Germany it's very rare that a professor gets into the laboratory. So that's a difference between most German professors and American professors, particularly in a place like this [Harvard Medical School], it depends on the field, in neuroscience professors tend to stay in the laboratory, in chemistry they don't, molecular biology is mixed but mostly they don't, so it kind of depends on the field, and here many senior neuroscientists will be people working in the laboratory. [5]

Im Rahmen ihrer Arbeit am wenigsten an physische Kontexte gebunden sind die meisten Mathematiker und auch viele theoretisch arbeitende Natur-, Ingenieur- und Geisteswissenschaftler. Es handelt sich hierbei um Personen, deren wissenschaftliche Netzwerkbildungsprozesse im wesentlichen auf einer Verknüpfung mentaler Entitäten und Repräsentationen n-ter Ordnung beruhen. Sie können bereits auf Grundlage ihres eigenen Wissens und ihrer Ideen Fragestellungen bearbeiten, neue mentale Räume, die sich im Sinne eines relationalen Raumverständnisses durch neue Verknüpfungen zwischen mentalen Entitäten ergeben, erschließen und dadurch zu neuen Erkenntnissen gelangen. Meistens kommt die Lektüre bestehender Literatur hinzu, um das eigene Gedankengebäude immer wieder in einem weiteren Diskurs zu verankern und von den Arbeiten anderer in Form von Verbündeten, Anregungen und Abgrenzungsmöglichkeiten zu profitieren. Die räumliche Situierung mathematischer und theoretischer wissenschaftlicher Praxis ist in diesen Fällen allein an die Körperlichkeit des Forschenden, der Literatur und eines geeigneten

Mediums zur Speicherung der gewonnen Erkenntnisse gebunden wie sie zum Beispiel Schreibutensilien oder ein Computer darstellen. Für eine Kooperation ist darüber hinaus die Körperlichkeit und Verortung eines Interaktionspartners von Bedeutung. Dies gilt zumindest für das persönliche Kennenlernen, den Aufbau von Vertrauen, die Entdeckung gemeinsamer Anknüpfungspunkte oder die Koproduktion einer gemeinsamen Fragestellung, da diese Voraussetzungen für eine Zusammenarbeit am besten über ungefilterte Kommunikation bei körperlicher Kopräsenz geschaffen werden (vgl. 2.3.2). Im *Verlauf* einer Kooperation über mathematische oder theoretische Inhalte können jedoch moderne Telekommunikationsmedien physische Kopräsenz zu einem früheren Zeitpunkt des wissenschaftlichen Netzwerkbildens und in wesentlich größerem Ausmaß substituieren als in anderen Arbeitgebieten, weil die konstituierenden Entitäten der Argumentationsnetzwerke über diese Medien weitgehend untransformiert transportiert werden können. Die virtuellen Welten des Computers können ontologisch soweit als kompatibel mit der menschlichen Gedankenwelt angesehen werden, daß ein Großrechner, dessen Rechenkapazitäten zur Gewinnung neuer Erkenntnisse genutzt werden, im Sinne des Konzepts der dynamischen Hybride als Kooperationspartner anzusprechen wäre (vgl. 2.4.6).

Andere Mathematiker und theoretisch arbeitende Wissenschaftler tauschen sich gelegentlich mit experimentellen Arbeitsgruppen aus, um ihre Ideen über empirisch zu beobachtende (z. B. Universum) oder zu konstruierende Welten (z. B. Teilchenkollisionen) rückzukoppeln. Ihr Arbeitsort orientiert sich dann an Großforschungseinrichtungen oder an den institutionellen Affiliationen der entsprechenden Arbeitsgruppen. Zusammen mit allen anderen Wissenschaftlern sind Theoretiker zudem in den Kontext der menschlichen Gesellschaft eingebettet. Gesellschaftliche Mechanismen und deren physische und gedankliche Strukturen führen wie in anderen Wissenschaftszweigen auch zu einer Konzentration möglicher Arbeitsplätze auf weltweit vergleichsweise wenige Standorte und Regionen,[251] jedoch sind die Wissenschaftsnetze der Theoretiker aufgrund der geringen Bedeutung physischer Gegebenheiten für die konkrete wissenschaftliche Praxis in Relation zur Zahl der Kollegen von allen Wissenschaftsgebieten am dezentralsten organisiert (vgl. 5.2).

> Mathematics is much more an individual person's thing than especially laboratory science and even some more than theoretical physics, but where laboratory science someone comes to Germany in biology or something they have to have a lab. They have to have people to work with, they have to have graduate students to help them in their lab and so on. So there's probably a closer co-operation on a day-to-day basis than there would be in mathematics. That doesn't mean that it isn't good, I mean going abroad and visiting places is very useful because I would give seminar lectures every time I've gone and listened to what other Germans or other visitors are saying also in that seminar. So there is a collaboration but it's not, I mean I have written no joint papers with anyone who is in Germany during this period.

---

[251] Dies bezieht sich auf die Struktur der Wissenschaftsnetze, da einzelne Wissenschaftler über (finanzielle) Ressourcen für den Lebens- und Arbeitsalltag verfügen können, die eine Bindung an arbeitgebende Institutionen oder zumindest an deren Standort und an bestehende Versorgungs- und Kommunikationsinfrastruktur substituieren würden. Einzelne Theoretiker könnten demnach auch langfristig auf einer einsamen Südseeinsel arbeiten und von dort aus den Austausch mit den Kollegen pflegen. In den experimentellen Wissenschaften ist diese Flexibiliät der Standortwahl jedoch durch das Angewiesensein auf wesentlich mehr Infrastrukturen, Finanz- und Humankapital stärker eingeschränkt (vgl. 5.2).

4.3 Die Zeit in Deutschland 321

> I've talked to a lot of people and told them what I was doing and listened to what their comments on that are but not actually doing joint work. I know many of the Germans whom I talked to were interested in what I was talking about, so we had joint ideas but we didn't have actual joint papers. [19]

Die große Individualität mathematischer und theoretischer wissenschaftlicher Praxis trägt schließlich auch dazu bei, daß formelle Projektkooperationen unüblich sind und statt dessen gemeinsame Probleme bearbeitet werden, sobald sich zu einer passenden Gelegenheit gegenseitige Anknüpfungspunkte offenbaren. Eine Kooperation in bezug auf theoretische Fragestellungen gestaltet sich generell flexibler und informeller als experimentelle oder auch empirische Gemeinschaftsarbeit, weil häufig zu keinem Zeitpunkt der Zusammenarbeit weitere Ressourcen als zu kommunizierende Inhalte, Schreibutensilien und/oder Computer benötigt werden.

> We did joint research and ended up publishing a paper, with himself, I and one of my students. We both had mutual interest in stochastic scheduling problems. We had talked about a problem there and each of us solved parts of the problem. *And in interacting and talking we solved more.* [52]

Da sich in allen Wissenschaftszweigen durch Gespräche und Diskussionen mögliche Anknüpfungspunkte, Korrekturen, erhärtende Faktoren und neue Ideen für die eigenen Argumentationen ergeben können, weisen die Begegnungen im Rahmen zirkulärer Mobilität grundsätzlich ein großes Potential an erkenntnisgenerierenden Folgewirkungen auf. Allerdings müssen solche mentalen Transformationen in theoretisch, experimentell, empirisch oder interpretativ-argumentativ arbeitenden Fachrichtungen in unterschiedlichem Maße mit physisch-materiellen und speziell soziomateriellen Gegebenheiten, aber auch mit bestehenden Gedankengerüsten als Ausgangspunkten der Transformationsketten verglichen und verknüpft werden, woraus die beschriebene variierende Bedeutung des räumlichen Kontextes für verschiedene wissenschaftliche Praktiken resultiert (Abb. 31). In anderen Worten ausgedrückt, bestätigen die Ergebnisse in Anknüpfungen an wissenschaftsgeographische Ausführungen von LIVINGSTONE (2000; 2001) und anderen, daß der räumliche Kontext eine wichtige Rolle im Rahmen wissenschaftlicher Praxis und somit für die Generierung wissenschaftlichen Wissens spielt. Die Erkenntnisse zu zirkulärer Mobilität von Wissenschaftlern in verschiedenen Fachgebieten und Arbeitsrichtungen verdeutlichen jedoch, daß die Untersuchung der Beziehung zwischen wissenschaftlicher Praxis und spezifischen räumlichen Kontexten eine *Pluralisierung* wissenschaftlichen Wissens erfordert, weil diese Beziehung je nach Gegenstandsbereich (z. B. Moleküle, Sterne, Tiere, Menschen, Gedanken, Texte, Formeln), nach Arbeitsweise (z. B. experimentell, technisch-konstruktiv, empirisch, interpretativ-argumentativ, theoretisch), nach Anwendungsbezug, nach Fachtradition und nach regionalen Wissenschaftskulturen erheblich variieren kann. In Abhängigkeit des Raumbezugs der Entitäten, die wissenschaftliches Wissen kollektiv produzieren, begegnen uns verschiedene *Geographien der Wissenschaften,* die wiederum einen wichtigen Einfluß auf die Gestaltung, den Verlauf und die Auswirkungen forschungsbezogener Auslandsaufenthalte und internationaler Kooperationen besitzen (vgl. auch 4.4). Um diese Geographien *verschiedener* wissenschaftlicher Praktiken theoretisch fassen zu können, ist die in dieser Arbeit entwickelte erweiterte Akteursnetzwerkperspektive der Symmetrie zwischen Menschen und Nichtmenschen vorzuziehen, weil sie mit (hybriden) materiellen, (hybriden) mentalen und zwischen diesen vermittelnden Menschen und anderen dynamischen Hybriden den komplexen Beziehungsgeflechten zeitgenössischer wissenschaftlicher Praxis besser gerecht werden kann. Dieses Argument wird im Rahmen der resümierenden Ausführungen zu zeitgenössischen Wissenschaftswelten im fünften Kapitel elaboriert und systematisiert werden, um den Brückenschlag zur Erweiterung der Akteursnetzwerkperspektive zu vollziehen und die empirischen Ergebnisse in einen weiteren Kontext räumlicher Bezüge wissenschaftlicher Praxis zu stellen (vgl. 5.1).

4.3.3 Erfahrungen und Bewertungen

Whenever senior scientists move between countries, it is important that the research and living arrangements be made as smoothly as possible in order to make the most effective use of time and effort. My sense is the host institutions and the Foundation do well in this challenging matter.

US-Preisträger von 1995, schriftliche Befragung

Die US-Preisträger haben in Deutschland überwiegend gute bis sehr gute Erfahrungen gemacht. Dies zeigt sich unter anderem darin, daß jeweils über 85% der schriftlich Befragten die wissenschaftliche, persönliche und kulturelle Bedeutung des Aufenthalts für sich selber als groß bis sehr groß einschätzten.[252] Einen wichtigen Beitrag zu dieser großen Zufriedenheit leistet die offene Konzeption des Preisträgerprogramms, da mit der Einladung keinerlei Erwartungen verbunden sind und die Preisträger somit ein *sabbatical year* oder *leave of absent* weitgehend nach ihren Vorstellungen gestalten können.[253]

---

[252] Grundlage der Erhebung zu den Bewertungen war jeweils eine fünfstufige Skala mit folgenden Antwortmöglichkeiten: 1 = eher negative, 2 = geringe, 3 = mittelmäßige, 4 = große, 5 = sehr große Bedeutung. Mögliche Zusammenhänge zwischen der großen Zufriedenheit und der Erhebungssituation werden in Abschnitt 1.4.1 diskutiert.

[253] Zur abschließenden offenen Frage der schriftlichen Befragung nach Verbesserungsvorschlägen zum Preisträgerprogramm äußerte sich etwas mehr als die Hälfte der Preisträger (56%; 568 Personen), konkrete Vorschläge lieferten jedoch nur 19%. Zwei Fünftel der Preisträger nutzten die letzte Frage für positive Bemerkungen zum Programm, 12% hatten explizit *keine Vorschläge*, ebenfalls 12% machten sonstige Anmerkungen zum Deutschlandaufenthalt und nur 1% (12 Personen) berichtete von negativen Erfahrungen in Deutschland. Die Vorschläge der Befragten bezogen sich auf die folgenden Themenblöcke, wobei seit der Erhebung und den ersten Auswertungen (JÖNS 1999) verschiedene Maßnahmen von der Humboldt-Stiftung durchgeführt wurden, die einigen der Vorschläge entgegenkommen:

- Arbeitserlaubnis für Familienmitglieder erleichtern, um deren Begleitung zu unterstützen;
- Interdisziplinarität, Geisteswissenschaftler und Frauen fördern;
- verstärkte Öffentlichkeitsarbeit der Humboldt-Stiftung in ausgewählten Fachgebieten und Regionen;
- Nominierungen aus dem Ausland zulassen;
- Flexibilität hinsichtlich Anzahl und Dauer der Deutschlandaufenthalte erhalten bzw. weiter erhöhen;
- Interesse und notwendige Forschungsinfrastruktur an der Gastinstitution sicherstellen und den Weg für weitere institutionelle Kontakte innerhalb Deutschlands bereiten;

4.3 Die Zeit in Deutschland

It gets one away from all the duties one is doing of other types so you're relieved from a lot of day-to-day bureaucracy and this kind of thing, and it was so open-ended. I did really admire this arrangement was without pre-condition, it was basically just do whatever you want and that's all we care about, I think that's really good that it be that way. I think many people find they get worn down and it's very nice to get away and not have things all very regimented, but in a sense to be able to just think about things a little bit, so that was a very, very good aspect of it. [10]

First of all I learned a lot about several new research topics that were related to what I do. So I think that that was an excellent learning experience and it did give me new ideas and input for my research here, and I think the same was true the other way around that I gave them some things. I mean I still know and I'm still in contact with the students who were in the laboratory at that time. I knew assistants who were there, who are now professors elsewhere in Germany, that I have good contact with, and still see regularly. So just from a personal scientific point of view it was good and for the sort of professional contact, and I think that's an important point for the continuing contacts. So the learning and the technical exchange has been ongoing, and I've also had postdocs come over here as a result that have been funded by Humboldt. [6]

Systematische Unterschiede in der Bewertung der Aufenthalte gibt es nach Publikationsverhalten, Preisträgergeneration, Alter zu Beginn des Deutschlandaufenthalts und nach dessen Dauer.[254] Preisträger, die Publikationen als Resultat des Aufenthalts erstellten, schätzten die wissenschaftliche, persönliche und kulturelle Bedeutung des Aufenthalts für sich selber jeweils signifikant höher ein als diejenigen, die nicht publizierten.[255] Dies ist im wesentlichen auf die zentrale Stellung von Publikationen im Wissenschaftsbetrieb zurückzuführen. Als greifbares Resultat wissenschaftlicher Praxis und bedeutendster Kommunikationsweg wissenschaftlicher Ideen und Erkenntnisse erhöhen besonders solche Publikationen, deren Aussagen über Begutachtungsverfahren in renommierten internationalen Zeitschriften legitimiert wurden, Sichtbarkeit und Prestige der Wissenschaftler und festigen somit die Position der eigenen Person und Arbeitsgruppe in der Fachgemeinschaft. Im Rahmen von Evaluierungen und Begutachtungsverfahren ermöglichen Publikationen wichtige positive Rückkopplungseffekte für zukünftige Forschungsvorhaben und sind daher gerade im wettbewerbsorientierten US-Wissenschaftssystem eine wesentliche Grundlage für die Prosperität der eigenen Arbeitsgruppe.

- Information der Preisträger zum Auftakt ihres Deutschlandaufenthalts ausweiten, vor allem in Hinblick auf kulturelle Aspekte und Informationen über Möglichkeiten zur Fortführung der Kooperation nach dem Preisträgeraufenthalt (insbesondere auch der Wiedereinladungen);
- Sprachtraining für Preisträger in gleichem Umfang wie für Stipendiaten anbieten und auf dessen große Nützlichkeit hinweisen;
- Besuche des Gastgebers am Institut des Preisträgers finanzieren;
- stärkere Betonung und Ausbau des Feodor-Lynen-Programms;
- Namensliste der Preisträger im Internet bekannt geben; Diskussionsforum über E-mail einrichten.

[254] Die im folgenden genannten Unterschiede in der Bewertung sind mindestens auf dem 5%-Niveau statistisch signifikant. Sie beziehen sich auf die Preisträger der Jahre 1982 bis 1996. Die wesentlichen Einflußfaktoren sind in der Reihenfolge ihrer Bedeutung genannt.
[255] In Hinblick auf die wissenschaftliche und die persönliche Bedeutung sind diese Unterschiede sogar hoch signifikant.

Je kürzer der Beginn des Aufenthalts zurücklag, desto besser war die Beurteilung seiner Bedeutung für die eigene wissenschaftliche Arbeit. Vor dem Hintergrund, daß dieser Zusammenhang nur zwischen den drei jüngsten Preisträgergenerationen besteht und die Beurteilungen von Preisträgern der ersten beiden Generationen im Mittel denen der jüngsten Generation entsprechen, lassen sich verschiedene verantwortliche Prozesse identifizieren. Zum einen handelt es sich um einen Effekt der leicht veränderten Zielgruppe von US-Wissenschaftlern, da die im Durchschnitt deutlich jüngeren Preisträger der ersten zehn Jahre in ihrer frühen Karrierephase tendenziell stärker selber forschend tätig waren und auch noch nicht in gleichem Maße große etablierte Forschungslaboratorien leiteten wie die Preisträger der folgenden Generationen (vgl. 4.5). In der dritten Preisträgergeneration kamen verstärkt etablierte *full professors* der US-amerikanischen Eliteinstitutionen nach Deutschland (vgl. 3.1.3.1), deren Erwartungshorizont in Hinblick auf Forschungsinfrastruktur und qualifizierte Interaktionspartner so hoch war, daß sie persönliche und kulturelle Bereicherungen durch den Deutschlandaufenthalt im Mittel stärker betonten als wissenschaftliche. Gleichzeitig ist das Niveau der deutschen Wissenschaft in den 1980er Jahren weiter gestiegen, so daß die Preisträger der folgenden Generationen von den Aufenthalten zunehmend wissenschaftlich profitieren konnten.[256] Allerdings wurde zum Beispiel in einer Befragung ehemaliger ERASMUS-Studierender festgestellt, „daß die Wertschätzung des Auslandsstudiums im Laufe der Jahre sinkt" (TEICHLER, MAIWORM, SCHOTTE-KMOCH 1999, 91). Ein übergeordneter Zusammenhang könnte somit darin bestehen, daß mit größerem zeitlichen Abstand von einem studien- oder forschungsbezogenen Auslandsaufenthalt weitere wichtige Erfahrungen gesammelt werden, die einen relativierenden Einfluß auf die Beurteilung der Bedeutung des früheren Aufenthalts besitzen.

Je älter die Preisträger zu Beginn des Aufenthalts waren, desto zurückhaltender schätzten sie die wissenschaftliche und persönliche Bedeutung des Aufenthalts ein. Ersteres ist vor allem darauf zurückzuführen, daß sie sich im Vergleich zu ihren jüngeren Kollegen stärker auf Vortrags- und Informationsreisen konzentrierten als auf konkrete Forschungsarbeit (vgl. 4.3.2.1); letzteres kann zusätzlich mit einem größeren Erfahrungsschatz in bezug auf Auslandsaufenthalte begründet werden. Je länger schließlich der gesamte Preisträgeraufenthalt und die einzelnen Aufenthaltsabschnitte dauerten, desto höher fiel der Profit im persönlichen und kulturellen Bereich aus. Die Bewertung der wissenschaftlichen Bedeutung stieg zwar ebenfalls über die vier Klassen der Gesamtdauer hinweg an, jedoch waren die resultierenden Unterschiede statistisch nicht signifikant. Anknüpfungspunkte für wissenschaftliche Diskussionen und Kooperationen scheinen daher entweder zu bestehen oder nicht und weniger gut durch einen längeren Aufenthalt geschaffen werden zu können als positive Erfahrungen im persönlichen und kulturellen Bereich.[257]

---

[256] Die kulturelle Bedeutung wurde in allen Preisträgergenerationen gleich hoch bewertet; die persönliche Bedeutung wurde in der vierten und fünften Generation signifikant höher eingeschätzt als in der dritten.

[257] *Keinen statistisch nachweisbaren Einfluß* auf die wissenschaftliche, die persönliche und die kulturelle Bedeutung des Deutschlandaufenthalts für die Preisträger üben die folgenden Rahmenbedingungen aus: Anzahl der Aufenthaltsabschnitte, Fachgebiet, Art der familiären Begleitung nach Deutschland, Typ der Gastinstitution, vorherige Deutschlandkontakte, vorherige Kontakte zum wissenschaftlichen Gastgeber.

4.3 Die Zeit in Deutschland

Im Vergleich der drei zu beurteilenden Kategorien wurde nach Ansicht der Preisträger die positivste Bedeutung im persönlichen Bereich erzielt, gefolgt vom kulturellen und wissenschaftlichen Bereich.[258] Dies steht einerseits in Einklang mit der wichtigen Rolle kultureller Aktivitäten und Anregungen im Rahmen forschungsbezogener Auslandsaufenthalte (vgl. 4.3.2). Andererseits schätzten Preisträger, die als Resultat des Aufenthalts Publikationen mit Angehörigen der Gastinstitution und anderen deutschen Wissenschaftlern erstellten, die wissenschaftliche Bedeutung des Aufenthalts höher als die kulturelle ein, so daß eine wechselseitige Beziehung zwischen der Betonung wissenschaftlicher und kultureller Bereicherungen zu bestehen scheint (vgl. auch TEICHLER, MAIWORM, SCHOTTE-KMOCH 1999, 91 zu vergleichbaren Bewertungen von ERASMUS-Studierenden verschiedener Länder). Um besser beurteilen zu können, ob eine Betonung kultureller Effekte Rückschlüsse auf wissenschaftlich weniger ertragreiche Auslandsaufenthalte zuläßt und wie zum Beispiel unterschiedliche Erwartungen an zirkuläre akademische Mobilität in verschiedenen Karrierephasen (vgl. 4.5) und zwischen verschiedenen Ländern mit typischen Bewertungen verknüpft sind, wären Vergleichsstudien zu *sabbaticals* von US-Wissenschaftlern in anderen Staaten (z. B. Japan, Großbritannien, Frankreich, Niederlanden) oder zu Aufenhalten von Wissenschaftlern anderer Länder in Deutschland notwendig. Der folgende Überblick zu verschiedenen Gruppen von US-Wissenschaftlern, die ihrem Deutschlandaufenthalt eine signifikant größere persönliche und/oder kulturelle als wissenschaftliche Bedeutung zumaßen, liefert in dieser Hinsicht erste Ansatzpunkte für Vergleiche. Er untermauert bisher gewonnene Erkenntnisse zur Preisträgermobilität und umfaßt folgende Merkmalsgruppen:

- *US-Wissenschaftler der dritten Preisträgergeneration*, die verstärkt von den großen Forschungsuniversitäten der USA stammten und daher vom Anspruchsniveau selbst unter den Preisträgern eine Sonderstellung einnehmen;
- *über 55jährige US-Wissenschaftler*, die im Mittel mehr ihr Wissen in Deutschland und Europa verbreitet und Kontakte gepflegt als eigene Forschungsarbeit an der Gastinstitution betrieben haben;
- *US-Wissenschaftler, die mindestens ein halbes Jahr in Deutschland verweilten*, da sich die wissenschaftliche Bereicherung im Unterschied zur kulturellen und persönlichen mit längerer Aufenthaltszeit nicht signifikant erhöht; allerdings liefert die Tatsache, daß Preisträger mit den kürzesten (unter sechs Monate; Bewertung als Zwischenergebnis eines in der Regel noch nicht vollständig absolvierten Aufenthalts) und den längsten (ein Jahr) Deutschlandaufenthalten signifikant zufriedener mit ihren Forschungsergebnissen waren als Preisträger mit Aufenthalten zwischen sechs und zwölf Monaten Länge, ein wichtiges Argument für die forschungsbezogenen Vorteile eines einjährigen Forschungsaufenthalts (vgl. auch 4.4.4 zur Entwicklung der Nachfolgekontakte);

---

[258] Die Bedeutung des Aufenthalts für die wissenschaftliche Arbeit der US-Preisträger steht in einem mittleren positiven Zusammenhang mit der persönlichen Bedeutung des Aufenthalts, während zum kulturellen Bereich eine schwache positive Korrelation existiert. Besonders stark positiv miteinander verknüpft sind die persönliche und die kulturelle Bedeutung des Aufenthalts. Berechnet wurde dabei der Korrelationskoeffizient nach Spearman r_s. Die Korrelationen sind alle auf dem Niveau von 0,01 (2-seitig) signifikant.

- *US-Wissenschaftler in Begleitung*, da für diese kulturelle Erlebnisse höchste Priorität besitzen und somit zu mehr Freizeit- und Wochenendaktivitäten animieren;
- *US-Wissenschaftler, die an Universitäten zu Gast waren*, woraus ein Aufholbedarf der Universitäten in Hinblick auf das Niveau der Forschung an MPIs und anderen außeruniversitären Forschungseinrichtungen deutlich wird; *für diejenigen, die MPIs besuchten, war der Aufenthalt im Durchschnitt sogar wissenschaftlich bedeutender als kulturell;*
- *Chemiker, Biowissenschaftler, Mediziner und Ingenieure*, wofür vor allem fachspezifische Besonderheiten verantwortlich zeichnen, die aus verschiedenen Gründen eher Informations-, Präsentations- und Kontaktaufenthalte nach sich ziehen (vgl. 4.3.2.2); gelegentlich kann es auch dazu kommen, daß Kooperationen im Sinne der Kontingenz wissenschaftlicher Arbeit einmal nicht das gewünschte Ergebnis erzielen (vgl. [5], S. 330) und somit inhaltliche Gegebenheiten eine etwas zurückhaltendere Beurteilung hervorrufen.

Aus den im folgenden diskutierten, häufigsten Erfahrungen der US-amerikanischen Gastwissenschaftler zu ihrem Arbeitsumfeld, zur deutschen Wissenschaftslandschaft und zum Ausmaß ihrer sozialen Integration in Deutschland geht hervor, daß auch im persönlichen Gespräch kulturelle Erlebnisse in Deutschland überwiegend positiv beurteilt wurden. In Hinblick auf die Erfahrungen und Meinungen der renommierten US-Wissenschaftler zu ihrem Arbeitsumfeld und zur deutschen Wissenschaftslandschaft läßt sich dagegen ein großer Unterschied identifizieren zwischen positiven persönlichen Erfahrungen im Umgang mit den wichtigsten Interaktionspartnern und einer extrem kritischen Wahrnehmung der deutschen Wissenschaftsorganisation sowie verschiedener Einstellungen und Verhaltensweisen, die als typisch für eine deutsche und teils europäische Wissenschaftskultur erachtet werden. Unabhängig von deren Ursachen, möglichen Bewertungen und potentiellen politischen Schlußfolgerungen veranschaulichen die Ansichten der renommierten Gastwissenschaftler aus den USA, daß im Rahmen zirkulärer Mobilität nach Deutschland nicht nur politische Grenzen, sondern auch multiple Grenzen von Wissenschaftssystemen und verschiedenen nationalen, institutionellen bis hin zu persönlichen Wissenschaftskulturen überschritten werden, die im Vergleich zu einem Austausch mit ähnlich wissenschaftlich und kulturell sozialisierten Personen zumindest Unterschiede, aber auch Komplikationen hervorrufen können und dadurch profunde Geographien der auf Standardisierung abzielenden Produktion wissenschaftlichen Wissens implizieren (vgl. 5.1.; 5.3).

4.3.3.1 Arbeitsumfeld

> *Das MPI hat alle Mittel zur Verfügung und die sind auf die ausländischen Mitarbeiter direkt zugegangen, und ich war ja einer, und haben gefragt „Was brauchst du?". Es wurde nie gefragt, was es kostet. In kurzer Zeit hatte ich alles was ich brauchte. Jeder unterstützte mich, die Werkstätten bauten für mich Apparate etc. Ich kann nicht genug sagen über die Hilfsbereitschaft, es war wirklich phantastisch. [45]*

4.3 Die Zeit in Deutschland 327

> *Well, there's always a certain level of frustration, but it would not be the kind where you would point your finger at somebody and say you really did a bad job. There was nothing like that. It would be some misunderstanding about what a notation meant, for example, but that kind of thing would get cleared up. There certainly weren't any major things. The proof is that the two instruments that were built in Germany and flew to Halley's Comet worked superbly well.* [40]

Eine kreative Situation hängt für Wissenschaftler in hohem Maße von der kommunikativen Situation und möglichst vielen inhaltlichen Anknüpfungspunkten mit den Interaktionspartnern und Interaktionskontexten ab. Dahinter verbergen sich unter anderem die wissenschaftlichen Interessen und das intellektuelle Niveau der Diskussionspartner sowie das Ausmaß intellektueller Freiheit, kritisch-konstruktiver Diskurse, gegenseitigen Vertrauens und der Offenheit von Gesprächssituationen (MEUSBURGER 1998, 482). Ein zweiter wichtiger Komplex umfaßt die Qualität der Forschungsinfrastruktur (Bibliotheken, Archive, Hard- und Software, Laboreinrichtungen etc.), die vor allem von der Höhe der eingeworbenen Forschungsmittel beeinflußt wird, und einen möglichst ungefilterten Zugang zu den entsprechenden Geräten und Einrichtungen. Drittens können ein hohes interdisziplinäres Kontaktpotential und allgemein akzeptierte kulturelle Normen als kulturelle Rahmenbedingungen einen fruchtbaren inhaltlichen Austausch und kreative wissenschaftliche Milieus fördern (vgl. MEUSBURGER 1998, 486; vgl. dazu auch 4.5). In diesem Zusammenhang wurden die US-Preisträger in der schriftlichen Befragung nach dem Ausmaß der Erfüllung ihrer Erwartungen an das Arbeitsumfeld gefragt, die vor der Anreise aus den USA bestanden. In Hinblick auf die erhobenen Bereiche Zusammenarbeit mit dem wissenschaftlichen Gastgeber, Forschungsinfrastruktur am Gastinstitut (EDV, Labor, Bibliothek etc.) und Ergebnisse der Forschung waren diese vorherigen Erwartungen bei über der Hälfte der US-Preisträger jeweils vollständig erfüllt (57%). Ein weiteres Viertel der Preisträger war mit zwei der Kategorien vollständig und mit der dritten teilweise zufrieden. Nur zwei Preisträger gaben an, daß ihre Erwartungen in keiner der drei Kategorien erfüllt wurden (0,2%). Vor dem Hintergrund der aus den qualitativen Interviews generierten Interaktionstypen (4.3.2.1) ist zu berücksichtigen, daß sich hinter den drei Kategorien der schriftlichen Befragung sehr unterschiedliche Sachverhalte verbergen können. Bei der Zusammenarbeit mit dem Gastgeber reichen sie zum Beispiel von informellen Kontakten bis zu konkreter Forschungskooperation; in Hinblick auf die Forschungsergebnisse umfassen sie das Überarbeiten eigener Artikel genauso wie die gemeinsame Generierung neuer wissenschaftlicher Erkenntnisse (vgl. 4.3.2.1).

Die größte Zufriedenheit herrschte in Hinblick auf die Zusammenarbeit mit dem Gastgeber. Sie war im Durchschnitt in allen Preisträgergenerationen signifikant größer als die Zufriedenheit mit der Forschungsinfrastruktur und den Ergebnissen der Forschungsarbeit. US-Wissenschaftler, die vor dem Aufenthalt Kontakte zu deutschen Forschungseinrichtungen besaßen, waren zudem signifikant zufriedener mit der Zusammenarbeit und auch mit den Forschungsergebnissen als andere. Gute bis freundschaftliche persönliche Kontakte zwischen Preisträgern und Gastgebern oder anderen Wissenschaftlern in Deutschland ebnen somit nicht nur den Weg für das Zustandekommen der Preisträgermobilität (4.2.1.3; 4.2.2.1), sondern tragen darüber hinaus zu einer größeren Zufriedenheit mit dem Verlauf der Aufenthalte bei, weil in diesen Fällen persönliche Erfahrungen vorliegen, die den Umgang miteinander erleichtern und an denen sich die Erwartungen orientieren können.[259]

Dennoch hätte es der schriftlichen Befragung zufolge bei jedem sechsten US-Preisträger Verbesserungen in Hinblick auf die Zusammenarbeit mit dem Gastgeber geben können.[260] In den Interviews betonte jeder vierte Preisträger, daß er seinen Gastgeber nicht so häufig traf wie gewünscht, weil dieser als Institutsdirektor einer Hochschule oder eines außeruniversitären Forschungsinstituts mit administrativen Aufgaben eingedeckt war. Dementsprechend kooperierte auch etwa die Hälfte der Gastwissenschaftler, die an einem laufenden Projekt beteiligt waren oder ein gemeinsames Problem oder Projekt mit Angehörigen der Gastinstitution bearbeiteten, primär mit den Doktoranden, Post-Docs und/oder technischen Mitarbeitern des Gastgebers oder der Gastgeberin. Ähnliches gilt auch für die alltägliche Interaktion an der Gastinstitution, wenn keine gemeinsamen Forschungsinteressen verfolgt wurden. Da viele deutsche Professoren die Zeit, welche ihre US-amerikanischen Kollegen mit dem Schreiben von Forschungsanträgen zur Aufrechterhaltung der eigenen Arbeitsgruppe verbringen, zu einem großen Teil auf Gremienarbeit und Selbstverwaltung verwenden müssen (z. B. Institutsleitung, Eingaben der Ministerien), kommt es nach dem Eindruck der Gesprächspartner häufig dazu, daß ihre Interaktionspartner einen größeren Abstand zu konkreten wissenschaftlichen Inhalten haben als sie selber in der gleichen Karrierephase:

> I think my closest collaborator was CS as my host tends to be the boss, and he frankly I don't think does a great deal other than manage the system. So generally in a circumstance like this you're working with the people who are really doing something. [10]

> There is a very great difference between lets say one of the students in the institution and the person who runs the operation, and I at times found that this made it peculiar as a visitor because you would always wonder if you were talking to the right person. I mean it's a very funny thing in a sense it would go both ways, you'd be talking to a student and you'd realise you were getting a straight story, the student was doing the research, and if you talked to a more senior person you'd sometimes get a very strange version of what was going on with the research, and as a visitor it was constantly a little bit tricky as should I talk to the student or should I first talk to the advisor before I talk to the student. It was never a problem but it was something that was maybe a little different for me. [10]

Diese Erfahrungen reichen so weit, daß mehrere Preisträger die inhaltliche Betreuung der Doktoranden als unzureichend bezeichneten.

> My host is a very busy man, he has many, many things going and I think maybe he's not the right person to supervise a graduate student that way. He just had too much going on. [60]

---

[259] Damit bestätigt sich ein Zusammenhang, der in ähnlicher Weise – nur bezogen auf die vorherigen Kontakte zum Gastgeber – für die Humboldt-Forschungsstipendiaten festgestellt wurde (vgl. HOLL 1994).

[260] Angaben zum Ausmaß der Erfüllung von Erwartungen nach verschiedenen Charakteristika der Preisträger und ihrer Deutschlandaufenthalte beziehen sich auf die US-Preisträger der Jahre 1982 bis 1996, um Verzerrungen durch zeitliche Entwicklungen auszuschließen.

4.3 Die Zeit in Deutschland   329

> I just feel sorry for the students. Strangely enough, they are very good students even though they are left alone they swim in uncharted waters. Often the theses are good but not always, there are a lot of misses, theses that students did without someone who will correct him or show his experience, they could have been better and more useful, a lot of the theses really are misses and therefore you see quite a spread of intellectual ability and knowledge amongst the crowd of engineers in companies. [23]

Eine tendenzielle Überlast deutscher C4-Professoren an Aufgaben in Administration, Lehre und der Betreuung einer großen Zahl von Diplomanden und Doktoranden läßt sich im Vergleich zu den US-Wissenschaftlern über persönliche Variationen hinweg in allen Fachgebieten und Arbeitsrichtungen beobachten.

> My host had a lot of postdocs and graduate students, but I'm just trying to think, I think it was just he and I and he had a sort of a super senior technician, a Yugoslav guy he used to work with, but I think that it was just the three of us, and I brought my technician with me too, so we had four of us working the problem over. [...] He liked to work at the bench and his secretary would come in and say, oh, you have all these things piling up at the office that have to be dealt with, and he would just ignore her. [53]

> When I got there I discovered that [my host] was actively involved in teaching as I am, he spends quite a bit of time teaching, he also spends a lot of time with his research group, with the individual students, they meet every day, he gets reports from his students every day on research, more than I do with my group, as far as administration is concerned he may be more involved in administration than I am, although that differs, I have been Vice Chair of our department and also an Associate Dean for a short period and during that time I was more heavily involved in the administration. [54]

Hauptursache sind unterschiedliche Aufgabenbereiche US-amerikanischer und deutscher Professoren in ähnlichen Karrierephasen als Funktion tendenziell größerer Arbeitsgruppen in Deutschland, die den Betreuungsaufwand erhöhen, verschiedener Modi in der Besetzung akademischer Funktionen, die in Deutschland mit langfristigen verantwortlichen Positionen in der Wissenschaftsadministration einhergehen, einer schlechteren Ausstattung deutscher Universitäten mit nichtwissenschaftlichem Personal und einer ungünstigeren Betreuungsrelation hinsichtlich der Zahl der Studierenden pro Professor an deutschen Universitäten im Vergleich zu den großen US-amerikanischen Forschungsuniversitäten (für eine theoretische Erklärung der Zusammenhänge vgl. 4.5). Professoren der R1-Universitäten können sich zudem ihre Studierenden selbst aussuchen und und durchschnittlich höheres Niveau schaffen als es an den deutschen Universitäten der Fall ist, die dafür wesentlich weniger interinstitutionelle Unterschiede bezüglich der Ausstattung und Qualität von Forschung und Lehre aufweisen als sie im US-amerikanischen Wissenschaftssystem anzutreffen sind (vgl. Abb. 17, S. 177, zu den großen Gehaltsunterschieden zwischen Professoren verschiedener Universitätstypen in den USA).

Die Forschungsergebnisse hätten bei jedem vierten Forschungspreisträger besser sein können. Dies ist zum einen darauf zurückzuführen, daß die Deutschlandaufenthalte von vielen primär für Vortrags- und Informationsreisen genutzt wurden. So sahen Preisträger, die Veranstaltungen außerhalb der Gastinstitution durchführten, ihre Erwartungen an die Ergebnisse der Forschung signifikant weniger erfüllt als diejenigen, die das nicht taten. Zum anderen spielen für diesen Zusammenhang auch individuelle Entwicklungen eine wichtige Rolle; beispielsweise wurden Erwartungen nicht vollständig erfüllt, wenn eine gemeinsam erprobte Methode nicht funktionierte oder ein Experiment die erhofften Erkenntnisse nicht lieferte. Dies ist jedoch für wissenschaftliche Praxis im Sinne eines kreativen Prozesses charakteristisch und kommt schließlich auch in der Bezeichnung *Versuch* anschaulich zum Ausdruck (vgl. 2.2).

> Well the method it turned out didn't work, but we did test it adequately to convince ourselves that it didn't work. So on that score it was fulfilled. [5]

In Hinblick auf die Forschungsinfrastruktur hätte es ebenfalls bei jedem vierten Preisträger Verbesserungen geben können. Da die Erwartungen an die Forschungsinfrastruktur am häufigsten in der jüngsten Preisträgergeneration gar nicht oder nur teilweise erfüllt waren, kann die Sicherstellung einer international wettbewerbsfähigen Infrastruktur als wichtiges Desideratum deutscher Wissenschaftspolitik bezeichnet werden, zumal diese als ein wichtiger Attraktivitätsfaktor für internationale Mobilität und Kooperation in den Wissenschaften identifiziert wurde (vgl. 4.2.2.1). Aus der schriftlichen Befragung geht vor allem ein Aufholbedarf der Universitäten bei der Forschungsinfrastruktur hervor, da die entsprechenden Erwartungen an Universitäten signifikant weniger erfüllt wurden als an MPIs und sonstigen Forschungseinrichtungen. Als ein wichtiger Ansatzpunkt für Verbesserungen der Forschungsinfrastruktur lassen sich der Ausbau und die effektivere Organisation der Bibliotheken identifizieren (Buch- und Zeitschriftenbestand, Erschließungssystem, Betreuung, Öffnungszeiten). Obgleich es sich explizit um ein fächerübergreifendes Problem handelt, waren diesem Ergebnis entsprechend die Erwartungen an die Forschungsinfrastruktur bei den Geisteswissenschaftlern – als besonders häufige Bibliotheksbenutzer – am wenigsten erfüllt. Neben einer Zersplitterung in Universitäts- und Institutsbibliotheken, deren Profile selten klar abgegrenzt und aufeinander abgestimmt sind, fehlen gelegentlich selbst klassische Werke eines Fachgebietes, so daß zum Beispiel Kopien aus den USA angefordert werden mußten, um die Arbeit an Publikationen in Deutschland fortsetzen zu können.

> I found the libraries frustrating. No way to browse the stacks at any of the eight universities I visited! [US-Preisträger von 1992, schriftliche Befragung]

> Also the library system was kind of strange to me. There is a central mathematics library but in addition I think what they call the Hahn Bibliothek, and there are, for each group has such a small library, a small room, and so if you go to the geometry group library you find many of course geometry books, and so sometimes when I go to the central library I don't find the book I'm looking for, and I look at the catalogue and then on the catalogue I can't see that so I ask the librarian, and the librarian says that's somewhere else. But these little libraries don't have librarians. The professors have a key and each group has its own secretary and the secretary has a key, and so every time I want to find those books belonging to the other group I go to the secretary and ask her to open that library, so it's kind of time consuming. [24]

> I found the division in the libraries in Berlin very frustrating. I like to say that the physics library at the FU had all of physics and the journal of chemical physics, and the chemistry

4.3 Die Zeit in Deutschland 331

> library had all of chemistry and the journal of chemical physics, and I had to go someplace totally different to find any biology, and in fact there is a physiology department at the FU and I never did get into the library I just always went to one of the Max-Planck Institutes to use their library. [60]

Im Unterschied zu den Universitäten wird den Max-Planck-Instituten durchweg eine sehr gute apparative und personelle Ausstattung bescheinigt. Sie stellen die herausragenden Forschungszentren der deutschen Wissenschaftslandschaft dar und sind auch am stärksten durch eine internationale Atmosphäre gekennzeichnet.

> German science is on an equal footing, to some extend and in some areas ahead of the US because of national institutions such as Max-Planck and Fraunhofer. [US-Preisträger von 1977, schriftliche Befragung]

> Die MPIs sind auch sehr viel mehr amerikanisch organisiert, weil Initiative von den einzelnen Mitarbeitern erwartet und auch honoriert wird, und das bringt etwas ganz anderes. Und hier, wir haben ja gar keine MPIs, brauchen wir auch nicht. Unser Institut für Molekularbiologie kann es mit jedem Max-Planck-Institut aufnehmen. Das gleiche gilt von [den] Künsten oder von jedem Fach. [MPIs] brauchen wir nicht, weil die Forschungseinrichtungen an der Universität einfach so konstruiert sind, wie die freien Forschungsinstitute in Europa. [22]

4.3.3.2 Wissenschaftslandschaft

Ein wichtiger Teil der qualitativen Interviews mit US-amerikanischen Humboldt-Forschungspreisträgern an der *Harvard University*, am *MIT* und an der *University of California at Berkeley* bezog sich auf die von ihnen wahrgenommenen Unterschiede zwischen dem deutschen und dem US-amerikanischen Wissenschaftssystem (vgl. 1.4.2). Die damit verbundenen Erfahrungen, Meinungen und Repräsentationen der renommierten Wissenschaftler entwerfen ein relativ kritisches Bild zur deutschen Wissenschaftslandschaft, das sehr viele Aspekte der Diskussion um die internationale Attraktivität des Studien- und Forschungsstandorts Deutschland aufgreift, die Ende der 1990er Jahre den Anstoß zu der im Gang befindlichen Reform des deutschen Hochschulwesens gab (vgl. 1.3.4).

Im folgenden werden ausgewählte Aspekte als Schlaglichter präsentiert, um einen Eindruck von den als handlungsrelevant zu betrachteten Repräsentationen zu geben, die in den Antworten der US-Wissenschaftler gelegentlich einen fast schon stereotypen Charakter hatten, und zwar sowohl bei Preisträgern aus frühen als auch aus späteren Jahren, bei deutschstämmigen Wissenschaftlern und bei deutschen Post-Docs, die zur Zeit der Interviews in den USA arbeiteten. Die Mehrheit der Gesprächspartner betrachtete die von ihnen wahrgenommenen Unterschiede als charakteristisch für Deutschland und oft auch Europa, und sie beurteilten diese im Vergleich zu ihrer eigenen Situation sehr kritisch. Selbst Preisträger, die individuelle Variationen und persönliche Beziehungen als wichtigstes Kriterium der Interaktion in interkulturellem Kontext erachteten, griffen immer wieder auf Verallgemeinerungen zurück. Mehrere Preisträger wiesen darauf hin, daß sich in den 1990er Jahren viele der von ihnen zu einem früheren Zeitpunkt beobachteten Unterschiede zwischen der US-amerikanischen und der deutschen Wissenschaftslandschaft unter anderem wegen eines zunehmenden Austauschs von Personen und speziell wegen immer mehr USA-Erfahrungen unter deutschen Wissenschaftlern verringert hätten. Es gab auch einzelne Stimmen, die keine auffälligen Differenzen in Arbeitsstil, Einstellungen und Verhaltensweisen ausmachen konnten (etwa 5%).

Insgesamt ist zu berücksichtigen, daß die Äußerungen von Wissenschaftlern stammen, welche die höchsten Positionen im derzeit weltweit führenden Wissenschaftssystem einnehmen und dementsprechend auch über die meisten forschungsbezogenen Ressourcen verfügen. Ihre Vergleiche zwischen Deutschland und den USA reflektieren kaum die großen Disparitäten in der Ausstattung, in der Qualität und im Prestige verschiedener US-amerikanischer Universitäten (vgl. z. B. US NEWS & WORLD REPORT 1999; Abb. 17, S. 177), weil sich ihre Interaktionskreise, wie Fragen zu den wissenschaftlichen Kooperationen der Preisträger innerhalb der USA und zum Verbleib ihrer *graduate students* im abschließenden Teil der qualitativen Interviews zeigten, weitgehend auf die führenden 20 bis 30 großen Forschungsuniversitäten konzentrieren. Interessant wäre es daher, ihre Ansichten mit denen US-amerikanischer Wissenschaftler von weniger renommierten Hochschulen zu vergleichen und die Ursachen für mögliche Unterschiede zu untersuchen. Gleiches gilt für die Meinungen in Deutschland tätiger Professoren unterschiedlichen internationalen Renommees zum deutschen und zum US-amerikanischen Wissenschaftssystem. Zu vermuten ist in diesem Zusammenhang, daß die resultierenden Bilder extrem stark von der eigenen Position im jeweiligen nationalen Wissenschaftssystem bestimmt werden. In einem ähnlichen Zusammenhang ist dies zum Beispiel auch das Ergebnis der Begleitforschung zum ERASMUS-Programm:

> Die begleitenden Analysen unterstreichen auch, daß die Wahrnehmungen der Situation mit den jeweiligen Rollen der Beteiligten zusammenhängen und eine *Konfrontation unterschiedlicher Sichtweisen* hilfreich sein mag. Die ERASMUS-Studierenden beobachteten zum Beispiel einen mehr als doppelt so großen Abstand der Realität von dem Ideal der völligen Anerkennung der Studienleistungen nach der Rückkehr als diejenigen, die in Lehre und Organisation an den Anerkennungsprozessen beteiligt waren (TEICHLER, MAIWORM, SCHOTTE-KMOCH 1999, 126).

Eine Konfrontation verschiedener Perspektiven kann im Rahmen dieser Arbeit nicht geleistet werden; es soll jedoch auch nicht darauf verzichtet werden, die aus einer ganz bestimmten Perspektive formulierten und einen spezifischen Diskurs repräsentierenden, erfahrungsbasierten Eindrücke der renommierten US-Wissenschaftler zur deutschen Wissenschaftslandschaft zusammenzufassen, um zumindest die Existenz verschiedener Wissenschaftskulturen zwischen den führenden US-amerikanischen Universitäten und den deutschen Hochschulen zu verdeutlichen, die sich im Zuge einer wissenschaftlichen Sozialisation in verschiedenen Wissenschaftssystemen, Sprach- und Interaktionsräumen herausgebildet haben und weiterhin reproduzieren. Außerdem lassen auf diese Weise wichtige räumliche Bezüge wissenschaftlicher Praxis sowohl in den Geistes- als auch in den Natur- und Ingenieurwissenschaften veranschaulichen.

4.3 Die Zeit in Deutschland 333

Am häufigsten berichteten die US-Preisträger von einer aus ihrer Sicht starken Segmentierung und Aufsplitterung der deutschen Wissenschaftslandschaft in Teilgebiete, Institute und Arbeitsgruppen bis hin zu einzelnen Personen. Damit verbunden seien ihren Erfahrungen zufolge vergleichsweise wenig Kommunikation, gegenseitige Abstimmung und Teamarbeit in Forschung und Lehre. Nach ihren Vortrags- und Informationsreisen fühlten sich die Preisträger zum Beispiel häufig besser über die Arbeit der Kollegen an anderen Instituten informiert als ihre Gastgeber; gleichzeitig berichteten sie über gelegentliches Unverständnis an den besuchten Instituten, wenn sie sich für Arbeitsgebiete interessierten, die auf den ersten Blick nicht viel mit ihren gegenwärtigen Arbeitsschwerpunkten zu tun hatten (vgl. [1], S. 318). In dieses Bild einer gegenseitigen Abschottung und eines häufig zu beobachtenden Desinteresses an benachbarten Forschungsrichtungen fügt sich auch ein Ergebnis der schriftlichen Befragung ein, demzufolge das Interesse und Engagement deutscher Wissenschaftler, sich mit den US-Preisträgern auseinanderzusetzen und vom Know-How gegenseitig zu profitieren, in einigen Fachbereichen noch intensiviert werden könnte. Vor dem Hintergrund der bereits gewonnenen Erkenntnisse zur starken institutionellen Hierarchisierung der US-amerikanischen Wissenschaftslandschaft (vgl. 4.1.3; Abb. 17, S. 177) wirft die im folgenden Zitat angesprochene 'Amerikanisierung' deutscher Professoren die Frage auf, ob eine gewisse Abschottung in den USA nicht ebenfalls zu finden ist, diese aber entlang anderer Kategorisierungen verläuft, wie zum Beispiel den Hochschulen am oberen und unteren Ende der jährlich veröffentlichten Hochschul*rankings* (vgl. auch 4.1.3).

> There were people on both sides of my host's lab that I became acquainted with and we chatted but I was never invited to come really and visit their laboratories. It seemed very, very private, each group was his own and they didn't interact a lot. [...] I think it's some tradition, we mind our own business. I think that there's much greater interaction between the faculty members here than I felt there. [60]

> Also in der ganzen Zeit als ich in Berlin war, habe ich nie die Kollegen in der Technischen Chemie kennengelernt. Die waren eben woanders. Die waren, was weiß ich, 200 Meter entfernt. Und da war überhaupt kein Kontakt. Also da war das Verfahrenstechnische Institut, da war das Technisch-Chemische Institut und das waren vollkommen andere Welten. [...] Ich hätte die Initiative haben müssen, daß ich mal rübergehe. Da hätte ich sicherlich was lernen können. Doch leider habe ich es nicht gemacht. [...] Aber heute ist das viel besser. Es hat sich sehr geändert, es hat sich amerikanisiert, weil die Professoren, die jetzt im Amt sind, meistens eine längere Zeit in Amerika verbracht haben. [...] Es wird dadurch leichter. [31]

> You know, I only know Bonn and Berlin, and so I don't know what's going on in some other German universities, but Bonn was very much like American universities, while the TU is kind of, at least in the mathematics department, it was very different to me, in the sense of, how should I say, each professor is just like a king of one castle. So for instance there are the people in algebra, geometry, analysis and so on, several groups, and there isn't much interaction between these groups. In seminars, for instance, other people from other groups almost never come, and vice versa, and since I was interested in some other area of mathematics I also went to other seminars too, and that seemed to be kind of unusual to the Germans. [24]

In dem von internationaler Kooperation geprägten Arbeitsgebiet der Physik kam es in den 1990er Jahren dazu, daß ein Preisträger seinem in Deutschland forschenden Doktoranden empfahl, so schnell wie möglich wieder in die USA zurückzukehren, weil nach dessen Eindruck auch am MPI jeder isoliert vor sich hin arbeitete und der Gast daher jegliche Integration in eine Arbeits*gruppe* vermißte. Zusammengearbeitet wird nach dem Eindruck eines anderen Preisträgers meist nur, wenn es an die Erneuerung und Evaluierung eines gemeinsamen Forschungsprojektes geht (z. B. DFG-Schwerpunktprogramm, SFB); anschließend gingen die beteiligten Wissenschaftler wieder ihre eigenen Wege. Angesichts des gescheiterten Versuchs, zwei deutsche Kollegen zu einem gemeinsamen Experiment am CERN zu bewegen, entstand bei zwei weiteren US-Preisträgern aus den Fächern Physik und Ingenieurwissenschaften der Eindruck, daß Kooperationen unter anderem dadurch verhindert werden würden, daß in Deutschland tendenziell jeder der Boss sein möchte. Auch bezüglich der Abstimmung des Curriculums wurde ein großer Unterschied zwischen intensiver Teamarbeit in den USA und weitgehend fehlender Abstimmung zwischen deutschen Kollegen postuliert.

> In Germany, I could sit there as the professor on the top of the institute and I would offer my own curriculum and maybe talk a little to someone who has another institute, but that style is not the way it goes here and especially when it comes at academic instruction we all get together and we tug and pull and discuss. I think there is just a lot more team activity, and from what I've able to tell even speaking to some of the students who've gone through the German system is that they do feel that there's a fair amount of overlap in courses that professor X gives and Y gives because they're doing them almost independently and then there's the chance for gaps too, so both ways, you could say, well he's probably got that there but maybe he doesn't unless you really go through the course, so obviously I'm telling you that I see a difference and I prefer what we have, I think it's better. [42]

> Was eigentlich mir die Lust genommen hatte, in Deutschland diese Stelle zu übernehmen, war, daß ich gesehen hatte, daß die Mitarbeiter eigentlich sehr wenig zusammenarbeiteten. Jeder hatte seine eigenen Sachen und ich hatte das Gefühl, wenn ich diese Aufgabe übernehme, die meiste Zeit damit zu verbringen, zu vermeiden, daß sie sich gegenseitig Schaden antun und nicht mehr soviel technische Arbeit machen. Das ist ein sehr großer Unterschied. Vielleicht kommt es daher, daß ein kleines Land weniger Möglichkeiten hat und der Wettbewerb so groß ist. [2]

Im allgemeinen vermißten die Gastwissenschaftler ihre aus den USA gewöhnte Gemeinschaft von Lehrenden und Lernenden, die ausgeprägte *corporate identity* von Angehörigen und Alumni einer Universität, der in Form von regelmäßigen Treffen und Absolventenfeiern genauso wie mit Aufklebern, Mützen, T-Shirts und anderen Souvenirs mit Uniemblem auf anschauliche Weise Ausdruck verliehen wird.

> Also in Deutschland leben die Studenten unter sich, die haben eine tolle Zeit, und die Professoren unter sich haben auch eine tolle Zeit, aber das Gemeinsame kommt zu kurz. [22]

Damit in Zusammenhang stehend, fanden die US-Preisträger statt selbstbewußt geführter Hochschulen, deren Mitglieder sich als Gemeinschaft begreifen und die zudem flexibel auf Neuerungen und aktuelle wissenschaftliche Entwicklungen mit

4.3 Die Zeit in Deutschland

Stellen(ab)schaffung und -umwidmung reagieren können, Institutionen vor, die von einer Ministerialbürokratie abhängig sind; ein Phänomen, das nach Ansicht des im folgenden zitierten Emigranten Flexibilität hemmen und auch die Stimmung an den Hochschulen negativ beeinflußen würde. Im Zuge der deutschen Hochschulreform gegen Ende der 1990er Jahre als Problem erkannt, soll diese Situation durch mehr Hochschulautonomie zunehmend aufgeweicht werden (vgl. 1.3.4).

> Wissen Sie, ich stamme aus einer akademischen Familie. Mein Vater war Professor und ich habe das alles mitgekriegt als Kind. [...] Es hat sich viel verändert, aber nichts Prinzipielles, meine ich. Und das liegt daran, daß die Universitäten als staatliche Organisationen unter einer Ministerialbürokratie stehen, die ich für sehr unglücklich halte. Und das hat sich eben im Prinzip überhaupt nicht geändert. Die reformieren an gewissen Strukturen herum, aber die Inhalte verändern sich nicht. Was das Wichtige ist, daß die Universität sich als *community* versteht, wo Studenten und Professoren gemeinsam arbeiten und auch aufeinander angewiesen sind und das Beste daraus machen. Wenn wir hier entscheiden, wir wollen nicht mehr Studenten als wir jetzt haben, wir wollen keine größere Universität werden, dann werden wir selektiver. Das können wir entscheiden, das kann uns kein Ministerium von oben diktieren. Gut, dann gibt es andere Universitäten, *Boston University*, die gehen auf Masse, weil die sagen, also wir wollen das machen. Da kann jede Universität sich ihr Profil geben. Und jeder macht es wieder anders. Ich meine, die Vielfalt der Hochschullandschaft ist für Amerika etwas ganz Besonderes und auch etwas Gesundes, weil man ja sich ständig miteinander vergleicht. Und die Studenten haben dann auch die Möglichkeit, sich dort anzusiedeln, wo sie meinen am besten bedient zu werden, man hat die Wahl. [...] Und ich meine, das merken die Ministerien nicht und wollen es auch nicht wissen, und von daher ist die Situation in der Wissenschaft insgesamt sehr beschwerlich. [...] Und dann fühlt man sich einfach doch oftmals sehr bedrückt, weil das dann auch oft die Stimmung in der Zusammenarbeit beeinflußt, weil man nämlich ungern sich nur Klagelieder anhört. Da kann man nämlich vor lauter Klagen und Heulen und Zähneklappern nicht mehr kollaborieren. [...] Ich merke das, wenn ich mit deutschen Kollegen telefoniere oder, ganz egal auf welchem Gebiet, ich habe als Dekan jetzt viel auch mit anderen Dingen zu tun, dann kommt als erstes mal ein Klagelied. Und das ist schrecklich, weil man doch irgendwie die Wissenschaft vorantreiben will und man Ideen hat, aber nein, also hier geht gar nichts, und so weiter. Und das ist schlimm. [...] Ich bedaure sehr, daß die Kooperation mit deutschen Kollegen oftmals jetzt darunter leidet, daß die Verhältnisse alles andere als optimal sind. Und das erschwert die Zusammenarbeit [22]

Gemeinsam mit der mehrheitlich wahrgenommenen, vergleichsweise großen organisatorischen und arbeitstechnischen Segmentation und Zersplitterung wiesen viele US-Wissenschaftler darauf hin, daß in ihren natur- und ingenieurwissenschaftlichen Fachbereichen – geisteswissenschaftliche Fächer waren kaum vertreten – eine vergleichsweise starke inhaltliche Spezialisierung der Studierenden und Wissenschaftler existieren würde. Vor allem in den Ingenieurwissenschaften, in Chemie und Physik beobachteten sie mit Blick auf die wissenschaftliche Ausbildung und Arbeitsweise häufig mehr inhaltliche Tiefe und weniger inhaltliche Breite als an ihren Arbeitsstätten in den USA. Vor dem Hintergrund durchschnittlich kleinerer Universitäten und Fakultäten in Deutschland (aber größerer Arbeitsgruppen; vgl. 4.5) als an den großen US-amerikanischen Forschungsuniversitäten dienen daher Informations- und Vortragsreisen der Preisträger innerhalb Deutschlands in besonderem Maße dazu, die Breite der Forschung in Deutschland im wahrsten Sinne des Wortes zu er*fahren* (vgl. [1], S. 318).

> There are many, many similarities and parallels of course, in particular though I thought that the students in my host's group and the other group that was very closely associated with, that they were more narrow in subjects that they exposed themselves than our students here, in that we encourage our students to go to many seminars covering a broad range of topics, and if our students are doing photosynthesis and they're using x-rays or magnetic resonance, fine, they should go to those talks, but they should go to much more general talks. So our students generally go to two or three outside seminars each week, they go to structural biology, they go to the physical chemistry, they go to the inorganic chemistry, they may also go to a physics talk. I found in those groups in Berlin that if the professor went to a talk the students would go, but rarely otherwise, and I think I said that specifically to them in my bye-bye party, and be broader, you know. [60]

Es wurden jedoch auch Beispiele genannt, in denen das deutsche Hochschulsystem für interdisziplinäre Arbeitsgruppen mit zumindest fachlich breiten Perspektiven (nicht zwangsläufig auch breiten Inhalten) besser geeignet sei als in den USA. Darin kommt einmal mehr die Wechselwirkung von Wissenschaftsorganisation und wissenschaftlichen Inhalten zum Ausdruck, die von WHITLEY (1974), WEINGART (1974) und anderen systematisch untersucht wurde (vgl. 1.3.2.4) und im Rahmen der zirkulären Mobilität nach Deutschland eine internationale Dimension erhält.

> The main difference between the US and other places: our basic unit in the university is a department, and there it's an institute, the institute is very narrow, ours is very broad. That's the main difference, here, and I think our system is better because we are very flexible, we can discontinue any field which is out of date, we can add new fields very easily, so in our department electrical engineering, computer science, it's very, very broad, we have eighty something professors, full professor, associate professor, assistant professor, and they are treated the same way. [55]

In Hinblick auf die Ausbildung von Studierenden und Post-Docs berichteten die US-Wissenschaftler, daß in Deutschland in vielen Fächern experimentelle Fähigkeiten und praktische Komponenten stärker betont würden als theoretische Grundlagen. Während das Studium in Deutschland aufgrund von weniger Strukturierung, Betreuung und Prüfungen, aber auch weniger Flexibilität im Wechseln des Studienganges, von ihnen als wenig effizient bezeichnet wurde, bescheinigten die US-Wissenschaftler deutschen Post-Docs eine sehr solide Ausbildung, weshalb sie diese auch gerne als Post-Docs in der eigenen Arbeitsgruppe beschäftigen. Deutsche Post-Docs seien zwar relativ alt, hätten aber aufgrund einer häufig weniger strukturierten Promotionszeit gerade in den Laborwissenschaften mehr Erfahrung und Selbständigkeit als US-Amerikaner in der gleichen Karrierephase. Daraus geht hervor, daß die von vielen Preisträgern als Nachteil erachtete Überalterung deutscher Nachwuchswissenschaftler paradoxerweise positive Effekte für die ausgeprägte Post-Doc-Kultur der USA besitzt (vgl. 4.4.4). Für deutsche Post-Docs in den USA ist vor allem der enorme Druck gewöhnungsbedürftig, Forschungsgelder einzuwerben und zu publizieren, da beides im weniger wettbewerbsorientierten deutschen System geringere Bedeutung besitzt.

> Ich kam letztes Jahr im Januar als Post-Doc nach Abschluß meiner Arbeit in Bayreuth hierhin. Nach fast 2 Jahren liegt für mich der größte Unterschied zwischen den beiden Systemen in der Forschungsorganisation/Finanzierung. Wenn man nicht den *Grant* einbringt, kann man

4.3 Die Zeit in Deutschland

nicht arbeiten, kann man nicht existieren. Deshalb ist man gezwungen, sich sehr gut zu überlegen, was man tut, wie man es verkauft. Man muß gute *Proposals* schreiben, um ein *Funding* zu bekommen und man muß sich sehr gut überlegen, wie man seine Ausgaben aufteilt, weil die Konkurrenz sehr groß ist (viele Bundesstaaten, viele Unis und private Institutionen). Man steht in gewissem Sinne unter permanentem Erfolgszwang, man muß produktiv sein, produktiver als in Deutschland. In Deutschland bekommt jeder Lehrstuhlinhaber ein Minimum an einem jährlichen Budget von der Uni. Das hat in den USA keiner. Insofern ist man in Deutschland etwas relaxter, drückt nicht so auf die Tube, schaut nicht so auf Resultate und diese Erfahrung mache nicht nur ich, sondern auch meine Frau, die ist auch Post-Doc. [62]

Wenn man in den USA kein Forschungsgeld hat, dann ist man erledigt. [31]

Dieser größere Druck, kontinuierlich Forschungsgelder einzuwerben, um Doktoranden, Post-Docs, eine eigene Sekretärin, Telefonkosten, Tagungsreisen, das eigene Sommergehalt (oft drei Monate der vorlesungsfreien Zeit) und Forschungsinfrastruktur vom Bleistift bis zum Computer finanzieren zu können, wurde von vielen Preisträgern als positiv und erkenntnisfördernd betrachtet. Kritische Stimmen stammten tendenziell von emeritierten Wissenschaftlern, die in der Regel betonten, froh zu sein, das immer noch wettbewerbsorientierter werdende US-amerikanische Wissenschaftssystem verlassen zu haben. Trotz der breiten Zustimmung zum eigenen System hoben jedoch auch mehrere jüngere US-Wissenschaftler mit Blick auf die Situation ihrer deutschen Kollegen hervor, daß deren vergleichsweise große berufliche Sicherheit, ihr jährlich garantiertes Budget, eine solide Grundausstattung und je nach Fachgebiet mehrere technische und wissenschaftliche Mitarbeiter große forschungsbezogene Vorteile gegenüber der ständigen finanziellen Unsicherheit von Wissenschaftlern in den USA besäßen. Einige Natur- und Ingenieurwissenschaftler blickten sogar mit etwas Neid auf die Möglichkeiten der von mächtigen Institutsdirektoren geleiteten Unternehmungen an deutschen Hochschulen.

I think probably twenty or thirty years ago it was all here and German laboratories were just still growing, but in the last, I'd say already in the last close to twenty years, and in 1986 I could say that American laboratories were still ahead of the German laboratories, not Munich because my host was at the top, but now I go to Germany and I'm jealous, they have more money, more facilities because we've had some troubles with funding in this country, it goes up and down. [6]

Aufgrund der Größe der Arbeitsgruppe, der Art der Organisation und tendenziell mehr Ressourcen infolge der Kombinationsmöglichkeit von Grundausstattung und eingeworbenen Drittmitteln können C4-Professoren häufig eine größere Forschungskontinuität und längerfristige Perspektiven verwirklichen als US-amerikanische Professoren vergleichbaren Rangs.

There are two aspects to the US system which I think in some ways are the strength of the German system. Sometimes research has to be short-term in the US, competition for money, resources and so forth, so there's a shorter term view of research in the United States, whereas when you have a system of Max-Planck Institutes or a C4-professor, he only can assume having the whole area of science in Germany. There'll only be one doing that kind of work and so there is no internal competition and so forth, and that allows for a longer term view of the science which is good. So the benefit of the German system is to provide a long range view of science, whereas the United States system tends to foster a short range, at least a shorter range view, so that changes the way in which research is done. I think the United States is in many ways more innovative, many of the new areas grow out of the young assistant professors and so forth, they're very innovative, whereas the German system doesn't produce, doesn't have that character to it, at least I haven't seen that much. [33]

Für meine Sachen brauche ich eine ziemlich gut ausgerüstete Analytik, die ich z. T. hier noch nicht habe. Zumal mein Dasein hier auch für das Labor eine neue Richtung darstellt. Aber was nicht eine Klage sein soll, wir arbeiten daran. Aber Großgeräte zu bekommen ist nun mal nicht einfach, auch in Deutschland nicht. So ein Gerät kostet 50.000,00 USD und das kann man auf keinen *Grant* setzen, dann geht der Grant schon gar nicht durch. Man muß halt rumfragen, wer hat so ein Ding, gibt es irgendwo Routinelabors, die so etwas machen. In Bayreuth war unsere Analytik etwas besser, aber die ganz generellen allgemeinen Arbeitsbedingungen finde ich hier besser. [62]

Um die Vorteile des deutschen Systems nutzen zu können („I think that neither of the systems is the best, it's too much pressure here, there's not enough pressure there" [23]), wurden beispielsweise in den USA seit Ende der 1980er Jahre auf dem Gebiet der zellbiologischen und medizinischen Forschung vom *Howard Hughes Medical Institute* (Chevy Chase, MD) großzügig finanzierte *Howard Hughes* Professuren an verschiedenen, auch weniger renommierten Universitäten eingerichtet. Auf diese Weise soll vielversprechenden Nachwuchswissenschaftlern die Möglichkeit gegeben werden, in einem großen Labor mit rund 30 Mitarbeitern und der damit verbundenen breiten Expertise, mit viel Platz und einem jährlichen Millionenbudget für die Forschung wegweisende Projekte mit großer Intensität und Forschungskontinuität bearbeiten zu können und gleichzeitig eine breite solide Ausbildung für Studierende an verschiedenen Universitäten und Universitätstypen zu gewährleisten.

Now in molecular biology you sort of have to have people in the lab who are experts at many different techniques, in order to make progress. So protein chemists, DNA sequencers, cell biologist, microscopists, you have to have all these things to really put together a complete story, and it works best, naturally, if all these people are in the same lab. So there's an argument for it, and certainly those labs make a really disproportionate contribution, I mean they get most of the money, and they're doing most of the research, and it's much harder. So now an assistant professor starts out, and that assistant professor is now at a huge disadvantage in competition with these big labs. Assistant professors have to try to do good work and become chosen, to become one of these Howard Hughes professors, and if they do then they're on an equal footing to compete. [34]

Neben der Gefahr einer Splittung in ein Zweiklassensystem zwischen Howard Hughes und anderen Professoren wurden von einem Preisträger wiederum mögliche negative Langzeiteffekte thematisiert, die er mit der Situation mancher großer Arbeitsgruppen im deutschen Hochschulsystem und an den Max-Planck-Institute verglich: diese Gruppen würden angesichts eines garantierten Budgets auch bei abnehmender wissenschaftlicher Produktivität tendenziell gleich groß bleiben (vgl. dazu auch 4.5).

4.3 Die Zeit in Deutschland

> Originally they said they were only going to appoint these Howard Hughes Professors for five years because everybody understood this problem, and at the time many people said, well, now you say five years but when those five years are up those people will now be very powerful and will change and will be reappointed, which is exactly what has happened, so there's been almost nobody that did not get reappointed after the five years, and again after the next five years, so they've turned into kind of lifetime appointments so far. These people are the most successful scientists, they're doing the best work, and it doesn't seem to make sense to say, ok, now we're taking your money away, plus of course those people are the people who are on the granting agencies and decide about where the money is going, so I think it's inevitable that it's very hard to make such a system really a terminal appointment, and it isn't clear what the solution is, it's always been a problem. I guess with the Max-Plancks too, I mean ending an institute is really hard, and all these people are becoming out of work. [...] I think it's true of any of them, you know the professor retires or dies, then you know you have this big operation and the next person who comes in will not want to employ the same people usually, so it's really difficult. [...] There is a big advantage to having an expert in everything in the same lab, and if you're trying to understand a new gene, or a new protein, I mean it's really important to have biochemists and protein specialists, and structural specialists, and geneticists, cell biologists, since the bar for understanding has really risen, to say you have understood something at a satisfactory level means you have to explore it from so many approaches now that it's much harder for small labs to do it. So I don't know whether the small lab system is the best system now or not, I mean maybe the best system is as always a compromise, you know, maybe a certain percentage of labs should be these big labs, and another percentage should be these small labs. [34]

Untrennbar verbunden mit einer relativ starken Segmentierung ihrer wissenschaftlichen Interaktionskreise in Deutschland sind nach Ansicht der interviewten US-Wissenschaftler stärker formalisierte Arbeitsabläufe und Sozialbeziehungen, die zum einen an wahrgenommenen hierarchischen Beziehungen zwischen Studierenden, Assistenten, C3- und C4-Professoren festgemacht werden:

> Die Formalität ist immer noch in Deutschland ziemlich groß. Also wenn ich hier Besuch habe von Diplomanden oder Post-Docs, die ankommen aus Deutschland, die sind immer groß überrascht, daß sie jederzeit hier reinkommen können, daß meine Tür also praktisch offen ist und daß ich zugänglich bin. Das kennen die nicht, weil in Deutschland muß man erst zur Sekretärin, sich anmelden. Das gibt es ja hier nicht, das ist hier also sehr informell. [...] Und wenn ich in Deutschland bin und irgend jemanden kennenlerne, dann weiß ich sofort, ohne direkt zu fragen, dann weiß ich innerhalb von fünf Minuten, ob der Betreffende längere Zeit in Amerika war. Das Verhalten ist ganz anders. Wenn er nur in Deutschland gelebt hat, dann ist er wirklich steif. [31]

> German students are afraid to speak up and ask questions, they're trained, maybe I think from their family tradition not to ask questions of a professor for fear of criticising him, here we get criticised, and when Germans come here, I know DS was shocked when the students were rude to me, you know, they would almost insult you, according to DS, then he got used to it, but here the students they will attack you if they think you're wrong, not necessarily viciously but they have no inhibitions whereas in Germany they're too inhibited, and you're not able to figure out if they understand what you've been saying. [35]

Auf der Ebene konkreter Forschungskooperationen am Gastinstitut wurden fest abgegrenzte Aufgabenbereiche des technischen Personals beobachtet, die, in Kombination mit wenig Bereitschaft zu Flexibilität, die Arbeitsweise in Deutschland genauer, aber auch formaler, komplizierter und zeitaufwendiger als zu Hause in den USA erscheinen ließen:

> I should say it was different to work in Germany than to work in the United States. So one thing was although there was very good equipment, there was no problem with that, but we wanted to have something built when I first got there [...] Now I asked my colleague whether he had these little pieces that I needed to put this together, and he said no he didn't have them but he would bring the technician in, and he brought in the machine shop technician, and explained to him in German exactly what we wanted, and then three days later the piece of machinery came that was the Cadillac of machines, it was the Mercedes of machines, it was a beautiful piece of apparatus. What was surprising to me was that it took us three days to get it and he had the little pieces in his laboratory. I would have put it together in a half hour, it wouldn't have been as elegant as what we finally ended up with, but it was explained to me, and I saw this a number of times, the work of the researcher and the work of the technician is very sharply divided in Germany, and a researcher is not supposed to do the technicians work. The technician is there to do it in a very professional way, they're trained in a very professional way, so there was a sharp division [...] and I remember the technician, there also was a chemical technician, she was responsible for making all the solutions and one day, towards the end of the day, I needed some solution and I looked for her and I couldn't find her, so I just made it up myself, and she was very upset that I had made my own solution. Now we worked it out very well so that, you know, with time it worked out just fine, but that was something that took a little getting used to that there are sharply divided responsibilities around the research that I don't think exist quite as sharp here. It just took me some time to get used to that, sometimes it's a tremendous help but sometimes it slowed things down. [5]

Unter dem Stichwort einer vergleichsweise großen Formalität ist auch die vom angloamerikanischen System abweichende Besonderheit der Habilitation als Voraussetzung zur Durchführung einer wissenschaftlichen Laufbahn in Deutschland häufig angesprochen worden, weil sie nach der Promotion einen weiteren Nachweis wissenschaftlicher Eignung in Form einer großen Publikation (Monographie, kumulative Habilitation) erfordert und damit die nominelle Abhängigkeit der Nachwuchswissenschaftler von vorgesetzten Professoren aus US-amerikanischer Perspektive verlängere und die internationale Kompatibilität von Positionen und Ansprüchen an die Post-Docs erschwere. Im Rahmen der seit Ende der 1990er Jahre im Gang befindlichen Reform der deutschen Hochschulen wird aus diesen Gründen versucht, einer habilitationsbedingten Verlängerung der Qualifizierungsphase des wissenschaftlichen Nachwuchs durch die Einführung von Juniorprofessuren und die Begrenzung der Qualifizierungsphase auf sechs Jahre vor und sechs Jahre nach der Promotion (je nach Fachgebiet auch etwas länger) entgegenzuwirken und damit dem amerikanischen Vorbild einer früheren Eigenständigkeit zu folgen.

> I think the American system is better for young people, the German system is better for old people, so it's like other aspects of the society it's more stable, secure, and here there is more uncertainty but at the same time sometimes more opportunity. [6]

Ein weiterer Aspekt der von den Preisträgern wahrgenommenen stärkeren Formalisierung sozialer Beziehungen bezog sich schließlich auf Erfahrungen mit der Organisation des deutschen Institutssystems, das trotz der eigenen Hierarchie von *assistant*, *associate* und *full professors* und deren diversen Zwischenstufen als wesent-

4.3 Die Zeit in Deutschland

lich hierarchischer bezeichnet wurde: In vergleichsweise größeren Arbeitsgruppen tragen Lehrstuhlinhaber in Deutschland in manchen Fachgebieten die Verantwortung für zahlreiche wissenschaftliche Hilfskräfte, mehrere technische Angestellte und mehrere feste Assistentenstellen, auf denen Mitarbeiter habilitieren oder promovieren. Sie können auf diese Weise die Forschungsaktivitäten mehrerer Personen langfristig bestimmen, während die US-Wissenschaftler ihre Stellen über neu eingeworbene Forschungsgelder sichern und somit ihre Position an der Hochschule in gewisser Weise immer wieder neu behaupten und die Arbeitsgruppe regelmäßig neu organisieren müssen. Die Habilitanden würden in einer sorgfältig definierten Hierarchie der Sozialbeziehungen meist einzelne Doktoranden betreuen, die sich wiederum um mehrere Diplomanden kümmerten. An manchen Instituten seien zudem die Arbeitsgruppen verschiedener C3-Professoren in der einen oder anderen Weise den Lehrstühlen zugeordnet. C3- und C4-Professoren sind in der Regel auf Lebenszeit verbeamtet und unterlägen dadurch einem geringeren Druck zur Produktion neuer wissenschaftlicher Erkenntnisse, allerdings könnten diese ihre Situation an der Hochschule in der Regel auch nur im Rahmen von Berufungen an andere Universitäten verbessern, während US-amerikanischen Professoren eine leistungsbezogene Beförderung am Ort ohne die Bedingung einer Bleibeverhandlung offenstehe.

> Well, you know there is the situation where a man has a position in one university gets a call to another because he can't be promoted in the university where he has been, so he gets a call for another place and hopefully only stays a few years there commuting back and forth to his family at weekends until he is able to get the call back to his first university. Well, it's a terrible situation but it's a unique one to Germany. [48]

Auf der Grundlage regelmäßiger Evaluationen von Lehreffektivität, Forschungsproduktivität und Dienstleistungsaktivitäten ist es den US-amerikanischen Wissenschaftlern möglich, weitere Beförderungen und Gehaltserhöhungen am Ort relativ flexibel auszuhandeln, jedoch sind in dem stärker wettbewerbsorientierten Hochschulsystem auch Rückstufungen oder vor dem Erhalt einer Dauerstellung *(tenure)* Entlassungen möglich. Alle Professoren sind nominell unabhängig voneinander, können somit ihre eigene Gruppe aufbauen und eigene Forschungsinteressen verfolgen, jedoch haben *full professors* infolge ihrer langjährigen Erfahrung und Etablierung meist die größten Arbeitsgruppen mit mehreren Post-Docs und Doktoranden (vgl. dazu 4.5). Ein wichtiger Unterschied besteht schließlich darin, daß administrative Führungspositionen wie der Fachbereichsvorsitz *(department chair)* und der Dekan *(dean)* zwischen den US-amerikanischen *(full)* Professoren wechseln. Sie werden durch Wahlen für begrenzte Zeiträume besetzt, anschließend ist der jeweilige Professor wieder gleichwertiges Mitglied des Kollegiums, so daß eine kontinuierliche Priorität administrativer Aufgaben, wie unter deutschen C4-Professoren verbreitet, und somit mögliche Abhängigkeitsbeziehungen unter Professoren nach Ansicht der befragten US-Wissenschaftler nicht zwangsläufig gegeben sind.

> Every chair knows that he or she will be back in the herd some time. And this makes the difference. [44]

Weitere Besonderheiten und Unterschiede, die von den US-Preisträgern in ihrem Arbeitsumfeld in Deutschland beobachtet wurden, beziehen sich unter anderem auf eine verbreitete Tendenz zu häufigen Beschwerden, zu Unzufriedenheit, pessimistischen Grundhaltungen und fehlender Offenheit gegenüber guten Leistungen anderer Personen, was forschungsbezogene Kommunikation und die allgemeine Stimmung und Motivation in allen Fachgebieten beeinträchtigen kann und sich somit in das Bild der fragmentierten deutschen Wissenschaftslandschaft einordnet.

> There are some characteristics of German science, maybe it's all Germany, I don't know, and it's not true of everyone but it's true of a lot of people, that you don't stick your neck out too far, because if you do maybe somebody will complain, you know, and if you're wrong they certainly, but even if you're right, all the time, well, they'll complain. [61]

> Also, was mir eigentlich weh getan hat, daß kaum jemand gesagt hatte über einen von den Kollegen, daß er gute Arbeit macht oder es sehr gut ist. Aber kleinste Fehler wurden gleich aufgeführt oder [es wurde gesagt] 'darüber hat er schon dreimal vorgelesen' oder 'einen Vortrag gehalten'. Hier ist dies nicht der Fall. Zusammenarbeit ist viel einfacher und vielmehr unterstützend. Es gibt auch hier Leute mit großen Ambitionen, aber die versuchen nicht, über andere etwas Schlechtes zu sagen, um damit etwas weiterzukommen, sondern durch Einsatz. Der Einsatz war auch da von vielen Leuten, aber dadurch, daß Sie nicht zusammengearbeitet haben, waren es mehr so isolierte einzelne Ideen und dies ist eigentlich nicht gut. Hier zum Beispiel, das ist phantastisch, daß so viele gute Leute da sind. Wenn ich irgendwann einmal nicht weiterkomme und ein paar Tage schon darüber nachgedacht habe und nichts kommt, erzähle ich das Problem einem Kollegen von mir, vielleicht kann er sofort etwas helfen oder, wenn ich ihm etwas erzähle, kommt mir schon die Lösung des Problems. Aber wenn man alleine sitzt, dann hat man das nicht. [2]

In der bereits zitierten Begleitforschung zum ERASMUS-Programm wurde in diesem Zusammenhang betont, daß es nicht mehr von der Hand zu weisen sei,

> daß die ERASMUS-Studierenden an den deutschen Hochschulen oft eine Atmosphäre freundlicher und hilfreicher Kommunikation sowie des Kümmerns um Alltagsprobleme vermissen (TEICHLER, MAIWORM, SCHOTTE-KMOCH 1999, 126).

Vergleichbare Sorgen beiderseits des Atlantiks gibt es – mit fachbezogenen Variationen – in Hinblick auf eine äußerst angespannte Jobsituation im Hochschulwesen („Hier gibt es für einen *assistant professorship* immer noch mehrere Hundert Kandidaten" [38]). Gleichzeitig bestehe in beiden Ländern die Tendenz, daß einige der besten Absolventen einen Arbeitsplatz in der gut bezahlten und planungssicheren Wirtschaft und Computerbranche einer Wissenschaftlerkarriere vorziehen, was unter anderem mit rückläufigen Forschungsgeldern und zunehmender Konkurrenz um diese durch Einsparungen in Zusammenhang steht, und zwar in den USA seit Ende des Kalten Krieges und in Deutschland speziell seit der Realisierung der deutschen Einheit (vgl. Abb. 22, S. 204). Außerdem werde Grundlagenforschung angesichts einer Priorität kurzfristiger wirtschaftlicher Interessen beiderseits des Atlantiks zunehmend schwieriger. Besonders dramatisch scheint nach Aussage eines Gesprächspartners die finanzielle Situation in den deutschen Geisteswissenschaften zu sein. Dies gilt gerade im Vergleich zu den großen Forschungsinstitutionen der USA und belaste internationale Kooperationen zusätzlich:

4.3 Die Zeit in Deutschland

> Ich meine gut, wir arbeiten gut zusammen als Kollegen, aber die Einschränkungen, die man drüben doch ja akzeptieren muß, die sind sehr schmerzlich. Das macht einfach die Kollaboration mühsam. Und da, da ist man hier einfach sehr viel besser dran. [22]

Insgesamt bleibt festzuhalten, daß die deutsche Wissenschaftslandschaft des ausgehenden 20. Jahrhunderts bezüglich ihrer Organisation sowie häufig wahrgenommener Einstellungen und Verhaltensweisen von den befragten US-Wissenschaftlern relativ kritisch beurteilt wurde, diese aber dennoch einen der international am attraktivsten wissenschaftlichen Interaktionsräume für sie darstellt. So beurteilten die US-Wissenschaftler andere europäische Wissenschaftssysteme und vor allem solche in Ländern mit größerer kultureller Distanz mindestens genauso kritisch, wenn nicht kritischer.

> Anyway, I mean nevertheless, I think that science in Germany is better than in any other European country except maybe Britain. [...] So I mean it's much worse in France, much, much worse in Italy, hopeless in some eastern European countries. [29]

Verbesserungswürdig sind nach Ansicht der renommierten US-Wissenschaftler neben leistungsbezogenen Bewertungen und flexibleren Karriereverläufen von Post-Doktoranden bis zu renommierten Wissenschaftlern die allgemeinen Arbeits- und Kooperationsbedingungen durch mehr Offenheit gegenüber anderen Personen und Forschungskontexten und einen intensiveren arbeitsgruppenübergreifenden inhaltlichen Austausch, weil sie mit diesen Eigenschaften des US-amerikanischen Wissenschaftssystems an den großen Forschungsuniversitäten sehr gute Erfahrungen gemacht haben. In ihrer Position als besonders erfolgreiche Mitglieder des US-amerikanischen Wissenschaftssystem könnten die Gesprächspartner dieses besonders unkritisch betrachten, so daß es, wie zu Beginn des Abschnitts betont, in Hinblick auf die Reform der deutschen Hochschulen und auf weitere Erkenntnisse zu internationaler akademischer Zirkulation interessant wäre, auch andere Stimmen in den USA und in Deutschland zum Vergleich des US-amerikanischen und des deutschen Wissenschaftssystem zu hören. Dies wäre besonders wichtig, wenn man zum Beispiel amerikanische Vorbilder übernehmen möchte, denn dann sollte man sorgfältig über verschiedene Perspektiven und mögliche Implikationen reflektieren, um gravierende Nachteile zu vermeiden, die Bedingungen der Vorbilder an die eigenen Beziehungsgeflechte erfolgreich anzupassen und somit anstatt einer schlechten Kopie eine Optimierung der Vorbilder vornehmen zu können.

Viele der wahrgenommenen Unterschiede zwischen dem US-amerikanischen und dem deutschen Arbeitsumfeld der US-Preisträger erklären sich aus verschiedenen Anforderungsprofilen an Wissenschaftler gleicher Karrierephasen. Diese beruhen auf unterschiedlichen regionalen Organisationsstrukturen und werden im abschließenden Kapitel zur Preisträgermobilität zusammenfassend diskutiert (vgl. 4.5). Im Kontext der Preisträgermobilität üben sie einen systematischen Einfluß auf die Bedingungen und Nachfolgekontakte der Deutschlandaufenthalte aus und führen zu verschiedenen Systemen internationaler akademischer Zirkulation in Deutschland und den USA (vgl. 4.4.4).

4.3.3.3 Soziale Integration und privates Umfeld

Die sozialen Beziehungen der US-Preisträger konzentrierten sich während ihrer Deutschlandaufenthalte primär auf die wissenschaftlichen Kollegen sowie einzelne Studierende, Doktoranden und andere Mitarbeiter an den besuchten Institutionen. Wichtigste Integrationsfigur und zentraler Mittler persönlicher Kontaktnetzwerke war der Gastgeber, alternativ auch ein ehemaliger Post-Doc. Gemeinsame Unternehmungen von Gastgebern und Preisträgern außerhalb der Gastinstitution kamen um so häufiger vor, je ähnlicher persönliche Einstellungen und die familiäre Situation waren und je ausgeprägter die Freundschaft zwischen beiden war.

> My host always insisted that we had to have sports trips and everybody in the lab was sort of expected to go and they didn't all go, but in the winter we used to go out cross country skiing and my host was always the fastest, and then we'd go down hill skiing and I was faster than he was, and PP was faster than I was, so we were always trying to catch up. We used to go skating on the Ammersee, and then in the spring we would start kayaking. He had kids that were teenagers then and so he had to find something for them to do every weekend. [53]

Je besser Gastgeber und Preisträger sich verstanden, desto häufiger fanden eine intensive inhaltliche Kooperation, ein fruchtbarer wissenschaftlicher Austausch am Gastinstitut und regelmäßig fortgesetzte, teils intensive Nachfolgekontakte statt (vgl. 4.4.3). Das gegenseitige Vertrauen, das im Falle einer Freundschaft existiert, stellte vor allem deshalb eine wichtige Voraussetzung für wissenschaftliche Kreativität dar, weil es ein größtes Maß an intellektueller Freiheit und damit ein freies Spiel mit mentalen und materiellen Bausteinen zur Konstruktion eines neuen und stabilen Argumentationsnetzwerkes ermöglichte (vgl. auch 2.3.3). Folglich bereitete eine gute Integration in die Arbeitsgruppe am Gastinstitut die Basis für einen fruchtbaren inhaltlichen Austausch.

US-Wissenschaftler mit wenigen vorherigen Kontakten zum Gastinstitut hoben Einführungsfeiern zu Beginn ihres Deutschlandaufenthalts als besonders integrationsfördernd hervor. Allerdings waren in vielen Fällen die meisten Einladungen erst gegen Ende des Aufenthalts eingegangen, was gerade für ausländische Wissenschaftler, die in internationalen Gästehäusern wohnten, eine gewisse Isolationsgefahr barg. Die Gastwissenschaftler blieben die meiste Zeit des Deutschlandaufenthalts weitgehend unter sich, sie fühlten sich nur wenig integriert und erhielten selten authentische Eindrücke von kulturellen Gepflogenheiten außerhalb der Gastinstitution. Gemeinsame Kaffee- und Mittagspausen, regelmäßige Mitarbeitertreffen sowie gelegentliche Restaurant- oder Kneipenbesuche am Abend stellten dagegen oft enge soziale Kontakte her und fungierten als eine Art Marktplatz der Ideen, auf dem die eine oder andere Kooperationsmöglichkeit koproduziert und anschließend verwirklicht wurde.

> At Darmstadt they put you, it was really mixed to be honest, but they do put you up in this big house where all the foreigners are, so you get to know them. There were a number of parties that GSI or Darmstadt Technical Hochschule would have for the people there, so those were social events. Some of the other social events were more limited, and actually most of the things we were invited to were at the very end, interestingly enough, rather than

4.3 Die Zeit in Deutschland

> at the start, but it was fine because you could interact with the other people living in the guest house. I should say we actually, correcting one thing, we did meet through the woman who was running the parties at the guest house, we did meet some other faculty at the Technical University, and so we did go out with them a number of times, that was really, he was a physicist who had spent some time at Kansas, I think in the mid-west and then had gone back to Germany, and so we got to be good friends with them. [28]

Private Einladungen bei Angehörigen des Gastinstituts stellten eine wichtige Möglichkeit dar, Personen anderer Berufsgruppen oder wissenschaftlicher Arbeitsgebiete kennenzulernen. Bei jedem zehnten Gesprächspartner ergaben sich aus solchen Kontakten langjährige Freundschaften. Diese zogen oft gegenseitige Besuche nach sich und trugen somit dazu bei, den Kontakt zu Deutschland zu halten. Durch die häufige Verbindung privater und beruflicher Interessen förderten sie auch eine Fortsetzung bzw. Intensivierung des wissenschaftlichen Austauschs.

Eine relativ intensive Integration in das alltägliche Leben außerhalb der besuchten Institutionen erfolgte bei rund einem Drittel der Preisträger über familiäre Beziehungen. Gelegentlich führten auch Kontakte zu Nachbarn, über Kinder im Kindergarten- und Schulalter und über kulturelle Institutionen (z. B. Goethe-Institut, Kirche) zu Erfahrungen mit verschiedenen Lebensstilen und Lebensalltagen in Deutschland. Ein Fallbeispiel in Kapitel 4.2.1.7 veranschaulichte bereits, wie regelmäßige soziale Kontakte zu Nachbarn und über die Kinder dazu beitragen konnten, das Verhältnis zu Deutschland von US-Wissenschaftlern mit großen Vorbehalten wegen der NS-Zeit zu verbessern (vgl. [32], S. 271ff.).

> Through the children we met some families, we met our neighbors. It was never anything close. The main ties were with my wife's family. And these have been maintained over the years. I had no disappointment about the few people outside the family that we met. They were very gracious, and both of us felt very relaxed about it. [44]

> [The social life] was a very important part of it, probably more so than most visitors because I had good friends before I went there, scientifically, but also my *Schwager*, my brother in law, my wife's sisters husband, who's dead now, [...] he knew many people in the arts, so we got to meet people in American music through my sister in law, so the experience in Munich was a very rich experience for us. [33]

> I got to know a lot of people in the cultural side while I was there as well, through the church. Through these connections I had a friend in the Mannheim ballet, they've got a nice theatre there, so I used to get free tickets for the front row of the ballet and the theatres and all that stuff. [15]

Bei den meisten Gastwissenschaftlern beschränkten sich breitere soziale Kontakte außerhalb der wissenschaftlichen Interaktionszentren jedoch auf Begegnungen mit Humboldtianern und Gästen der Humboldt-Stiftung im Rahmen von Veranstaltungen und Rundreisen der Stiftung (z. B. Preisträgersymposium in Rottach-Egern oder Bamberg und Jahrestreffen in Bonn oder Berlin für alle Humboldtianer).

> For us it was a very successful trip, we weren't there very long but we happened to be there at the time of the annual meeting of the Humboldt thing in Bonn, and of course they set up a fascinating meeting for three or four days, they included a trip along the Rhine in a big boat,

plenty of beer and excellent food and stimulating lectures, not too heavy a dose of those, and very nice evening performances, that was lovely. [7]

Wichtiges Kriterium für die Intensität der sozialen Kontakte und die Integration der Gastwissenschaftlern in Deutschland ist die Sprachkompetenz auf beiden Seiten der jeweiligen Interaktionspartner. In dieser Hinsicht fällt auf, daß eine Sprachbarriere für diejenigen, die kein Deutsch sprachen, im Rahmen der wissenschaftlich motivierten Interaktion weitgehend unbedeutend war, weil ihre deutschen Interaktionspartner generell ganz gut Englisch sprachen und an vielen außeruniversitären Forschungseinrichtungen, zum Teil auch an den Hochschulen, internationale Gäste und Arbeitsgruppen eine Kommunikation in Englisch voraussetzten. Zudem wurde von den Angehörigen der Gastinstitution Englisch oft auch dann zur Verständigung bevorzugt, wenn die Gäste Deutsch sprachen, um die eigene Sprachkompetenz zu verbessern. Als Englisch in den deutschen Natur- und Ingenieurwissenschaften noch nicht so weit verbreitet war wie in den 1990er Jahren, kam den profunden Deutschkenntnissen der deutschstämmigen US-Wissenschaftler eine besonders wichtige Bedeutung für die inhaltliche Auseinandersetzung zu. Gleiches gilt bis heute für Fachgebiete, in denen Sprache weniger standardisiert und zugleich Ressource wissenschaftlichen Netzwerkbildens ist, also vor allem in den Geisteswissenschaften.

Es war enorm wichtig und daß ich Deutsch sprechen konnte hat auch eine große Rolle gespielt. Die jungen Leute dort, die Doktoranden sagten, Sie könnten natürlich alle ganz gut Englisch, aber wenn man mit Ihnen Deutsch spricht, dann ist es doch anders. [31]

Just for a simple short period or when I was looking for a hotel, that kind of thing is OK, but also when I listened to mathematical talks, you know in mathematics people write most of the things on the blackboard, and also if it is my field I can more or less follow, at least I learned how to read German when I was in high school so. [24]

Im Alltag war die Sprachbarriere für nicht Deutsch sprechende Personen häufiger relevant. Sie konnte den Lebensalltag vor allem im Umgang mit bürokratischen Vorgängen wesentlich erschweren und führte in stärkerem Maße zu inselartigen Interaktionsbeziehungen mit englischsprechenden Personen. Umgekehrt ließen sich bereits mit wenigen Kenntnissen Sympathien gewinnen und alltägliche Probleme gut meistern.

I was not integrated very much, my German is very bad and therefore it doesn't help any and so I saw other scientists who I already new socially they would invite me to dinner and that sort of thing, but that's really about it. I didn't really merge with the Deutsche Volk, so I always regretted that my German was never very good. My French got to be fairly good for a while and my Russian was good but German I always found difficult., I don't know why. Originally I thought it must be because it's such a highly inflected language but then I learned Russian which is much worse and found that much easier so I don't know why. [11]

Language, yes it was the hardest and the most difficult. We did do a little bit of language training beforehand, and we had a private tutor that we hired who worked with my wife and myself, and my wife, I must say, got much more out of it than I did, because I was just too busy to spend a lot of time working on the German. When we first got there we had to deal

4.3 Die Zeit in Deutschland

> with a lot of forms and we basically had to have someone from the institute with us to do that, in every government or bank or doctors office or wherever we had to go, no one spoke English, so that was hard and our level of German knowledge was fine to go to a grocery store and buy groceries but it was not good enough to communicate when there was an official form to deal with and fill out. [5]

> People were surprised and pleased that we could say anything in German, and I think it always facilitates your contacts even if you can't use the language in a really serious way. I remember one occasion, we had gone into Frankfurt for the evening, I've forgot, it was some kind of play or something, maybe it was opera, but anyway we had a hard time getting back to the train on time, the train for Darmstadt, so we dashed for the train without tickets and we got onto the car and didn't know whether we could buy tickets on the train or not, and I started to try to discuss with the conductor whether we could purchase tickets on the train and to my amazement my wife took over and did a better job than I could, but at any rate it was a case in which we were able to make ourselves understood, it was useful and I think the conductor on the train was pleased because he could hear these stupid Americans who he didn't expect to speak German but who were able to make their way. [47]

Insgesamt scheint der Sprachbarriere im betrachteten Segment der Wissenschaftlermobilität aus den USA zumindest in den dominierenden Natur- und Ingenieurwissenschaften eine geringere Bedeutung zuzukommen als beispielsweise im Rahmen internationaler studentischer Mobilität nach Deutschland (vgl. z. B. BODE 1997; TEICHLER 1996b). Dies liegt zum einen an der weiten Verbreitung der Wissenschaftssprache Englisch in der natur- und ingenieurwissenschaftlichen Forschung (Sprache als Methode) und zum anderen daran, daß selbst die US-Preisträger der Jahre 1972 bis 1996, die keine biographischen Deutschlandbezügen aufwiesen, in der Schule und meist auch an der Universität grundlegende Deutschkenntnisse erworben hatten. Zum Zeitpunkt ihrer schulischen und wissenschaftlichen Ausbildung, die in Einzelfällen bis in die Vorkriegszeit zurückreicht, war Deutsch die Wissenschaftssprache, mit der sich die Grundlagen des Faches auf vielen Arbeitsgebieten am besten erschlossen (z. B. in Chemie; vgl. auch 3.2.3.4). Angesichts eines rapiden Bedeutungsrückgangs von Deutsch als Wissenschaftssprache zur Mitte des 20. Jahrhunderts sind schrumpfende sprachliche Bezüge zu Deutschland auch unter den US-Amerikanern ohne familiäre Verbindungen zu vermuten. Daher wäre es interessant, an anderer Stelle zu untersuchen, wie sich diese Entwicklung bis heute gestaltete und ob sie einen ähnlichen Einfluß auf das Interesse von Wissenschaftlern an Deutschland ausübte bzw. ausübt wie die rückläufigen biographisch-kulturellen Verbindungen mit Deutschland in den USA (vgl. 3.1.3.3).

> I studied German in high school and in college for some time, and when I did my doctor thesis, probably half of the reference material that was using at that time in German. And, so back there, 50 years ago, I at least had quite a useful reading capability. [17]

> I had three years of German in college, and I never had any trouble with the TV news, or the group meetings, but there wasn't much of anybody to speak German with, I was in Germany and they mostly spoke English. I remember once I had to go down town and buy a kayak, and I was for twenty minutes in a cab with a guy who only spoke German, and then I spoke German. When we went for lunch, I came in early once and there was only the Turkish dish washer there and she spoke Turkish and German, and I didn't speak Turkish, so I spoke German twice in my life for a total of thirty minutes! [53]

Ein Hindernis zur Verwirklichung des Deutschlandaufenthalts bildete die Sprache am ehesten noch in Hinblick auf die Begleitpersonen der Gastwissenschaftler. In einem Fall stellten zum Beispiel fehlende deutsche, aber vorhandene norwegische Sprachkenntnisse bei der Ehefrau die Weichen dafür, daß ein *sabbatical year* hauptsächlich in Norwegen verbracht wurde und der US-Wissenschaftler von dort aus mehrere Stippvisiten als Humboldt-Preisträger nach Deutschland unternahm.

> It was clear, it was gonna be too hard on my wife. It was a situation where she had no facility in the language. While I was gonna be involved with the university she would be on her own most of the time. [...] Before we went to Norway, my wife and I both studied Norwegian and she was happy with this because she learned that it's not true that everyone in Oslo and Norway speaks English. It's also not true that everyone in Germany speaks English and so she would have dealt with German too. [...] Knowing the language is really quite important. My wife would say, otherwise it's just like being deaf. [17]

Der Versuch, Deutsch während des Preisträgeraufenthalts zu lernen, wurde von vielen Begleitpersonen unternommen. Sie stellten häufig das Sprachrohr der forschenden Partner im Alltag dar, weil diese meist zu beschäftigt waren, um einen Sprachkurs durchzuführen, auch wenn sie dies im Nachhinein oft bedauerten. Nur die kulturell besonders interessierten US-Preisträger nahmen selber die Möglichkeit zum Besuch eines Sprachkurses wahr.

> It means very much to me to be able to immerse myself immediately into a culture, including the language.[16]

> If it's not available, I would say reinstate the Goethe Institute for visitors to come and take a crash course, because it's the one thing that I regret not doing. [33]

> The hardest part was really the bureaucracy around getting started, once we got passed that, my wife was pretty good at communicating in German and I actually understood German better than I was able to communicate, so between the two of us we were able to kind of get along in German. I think if we had had a little more time, or had devoted a little more time to really learning German properly it would have helped us a lot, so that's really the only difficult thing we had. [5]

Über zusätzliche kulturelle Veranstaltungen trug besonders der Kontakt zum Goethe-Institut zu vermehrten sozialen Kontakten der Begleitpersonen bei, weshalb diese und vergleichbare Einrichtungen genauso wie die von der Humboldt-Stiftung unterstützten Sprachkurse von den Gesprächspartnern sehr positiv beurteilt wurden und eine über das Erlernen der Sprache hinausweisende Bedeutung besaßen.

> My wife was born in Greece and left there at the time of the Second World War and so before and after she was able to go and visit her relatives in Greece, she has a sister in Belgium too, she was quite happy to have the European experience, she speaks Greek and then fluent French and then some German that she learnt at the Goethe Institute. I went down to the Goethe Institute for their Christmas programme, and they had a wonderful singer singing the Schubert Winterreise. [40]

4.3 Die Zeit in Deutschland

Gerade für begleitende Personen, die in Deutschland keiner eigenen Tätigkeit nachgingen, waren Kontakte über kulturelle Einrichtungen und private Initiativen besonders wichtig, um positive Eindrücke vom Deutschlandaufenthalt mit nach Hause zu nehmen. Immerhin schätzten die Preisträger in der schriftlichen Befragung ihre eigene kulturelle Bereicherung um so größer ein, je besser sie die persönliche und die kulturelle Bedeutung des Aufenthalts für ihre Begleitpersonen bewerteten.[261]

> I think my wife also had a very enjoyable time, and there was a sociable group of people and I thought that was excellent, they had a regular coffee meeting sort of thing, and for foreigners visiting that was very nice. I think she really enjoyed that, it was just a nice way to contact other people. [...] My host's wife actually was the organiser and it was very nice, I would strongly encourage that, we try to do the reverse sometimes here with people visiting. [10]

> Meine Frau und mein Sohn sind Deutsche. Wir wohnten auf dem Land, landschaftlich wunderbar, aber weit ab vom Schuß. Es hat meiner Frau weniger gefallen als mir, da sie nichts zu tun hatte. [45]

Insgesamt wurde die Bedeutung des Aufenthalts für die Begleitpersonen von den Preisträgern etwas geringer als für sich selber eingestuft (auf einer fünfstufigen Skala im Durchschnitt als mittelmäßig bis groß; vgl. Fußnote 252). Am höchsten wurde die kulturelle Bedeutung bewertet, gefolgt von der persönlichen und der beruflichen Bedeutung. Obgleich mehr als ein Drittel der Preisträger die berufliche Bedeutung des Aufenthalts für die Familie oder Lebenspartner als gering einstufte, wurde dem Aufenthalt im Durchschnitt noch immer eine mittelmäßige Bedeutung für die berufliche Entwicklung der Begleitpersonen zugeschrieben. Angesichts der bekannten Schwierigkeiten für nicht EU-Angehörige, in Deutschland zu arbeiten, erscheint dies erstaunlich hoch, allerdings könnte diese Bewertung auch maßgeblich von dem 'beruflichen' Profit der Kinder in der Schule und der häufig hervorgehobenen Verbesserung der Sprachkompetenz in der gesamten Familie beeinflußt worden sein. In der schriftlichen Befragung wie im persönlichen Gespräch betonten mehrere US-Wissenschaftler berufliche Schwierigkeiten, die sich für ihre Lebenspartner und/oder ihre Kinder in Hinblick auf eine Begleitung nach Deutschland ergaben, woraus ein Handlungsbedarf deutlich wird, der auch schon in der Standortdiskussion thematisiert wurde (vgl. 1.3.4).

> The two-career family has changed the situation from the days in which sabbatical year/academic exchanges were commonplace. The Humboldt Foundation has an excellent record of allowing awardees great flexibility in planning their visits. Please try to keep it that way – and seek new ways to make possible significant exchanges within the constraint of the two-career reality. [US-Preisträger von 1986, schriftliche Befragung]

---

[261] Während der kulturelle Profit der US-Preisträger sehr stark mit dem persönlichen und kulturellen Profit des Partners oder der Familie korreliert, steht der persönliche Profit der Preisträger noch in einem mittleren Zusammenhang mit der persönlichen Bedeutung des Aufenthalts für den Partner oder die Familie. Die Bewertung des Aufenthalts für die wissenschaftliche Arbeit der Preisträger erfolgte dagegen weitgehend unabhängig von der Bedeutung des Aufenthalts für die Begleitung (vgl. auch Fußnote 252).

I can't really visit anywhere for more than two months because my wife can't really come with me, she works in a small company where they would simply have to replace her if she was away for more than two weeks and it's an area of computer science where they're aren't very many job opportunities so she would probably essentially become unemployed at that point, she's just not going to do that. [...] So she came with me to Germany a couple of times for a week or two. [er selber war zwei und drei Monate da] [25]

The only problem was that my wife who is also professor [...] could not find any significant work to do (even unpaid work) in her field, even in Göttingen. [...] Professional women, especially, have difficulties finding meaningful work. [US-Preisträger von 1994, schriftliche Befragung]

My wife is a professor at Harvard University, and she established a contact with a group at the Bundeswehr Universität in Munich, and since then she has an open door, she has a room at this campus and every time we come for the summer they are waiting with open arms, and she's engaged in active research, since, it's continuing, so it's a clear case that both husband and wife have contacts in the same place. I do a little [speak German], she doesn't, she understands some. [23]

Die allgemeinen Erfahrungen der US-Wissenschaftler zum Lebensalltag in Deutschland spiegeln viele Merkmale wider, die zuvor bereits in Hinblick auf die Wahrnehmung des Arbeitsumfeldes in der deutschen Wissenschaftslandschaft beschrieben wurden. Dazu gehören ein vergleichsweise hohes Ausmaß an Formalität, Bürokratie, Ordentlichkeit und Genauigkeit, das meist auch mit Unflexibilität verbunden ist und zum Beispiel in strenger geregelten Ladenöffnungszeiten als augenfälligstem Unterschied im Alltagsleben oder an feiertags geschlossenen Museen anschaulichen Ausdruck findet (vgl. auch Anhang F, Zitat [41]). Hinsichtlich sozialer Kontakte im Alltagsleben wurde von einem deutschstämmigen Preisträger aus Berkeley im Vergleich zu seinen Erfahrungen mit einer eher oberflächlichen Freundlichkeit in Amerika mehr Herzlichkeit und Wärme in den menschlichen Kontakten am Gastort Berlin beobachtet und dies als Vorzug europäischer Gesellschaften hervorgehoben (Anhang F, [31]), während sich andere wiederum mit einer ungewohnten Direktheit konfrontiert sahen, die auch negative Sachverhalte und Kritik unverblümt zur Sprache bringt (Anhang F, [46]). Besonders negative Erfahrungen bezogen sich ausschließlich auf die persönliche Situation, zum Beispiel im Falle einer Scheidung,[262] oder auf ausländerfeindliche Äußerungen und Handlungen, von denen zwei der 61 interviewten US-Preisträger berichteten (Anhang F, [25] und [57]).

---

[262] My impressions were coloured somewhat by the fact that I was doing a divorce at the time I was there and my wife left and went to England and my kids were with me in Heidelberg and I was trying to look after them, so there were pleasant and unpleasant parts of my stay but on the whole it was good. [11]

4.4 Resultierende Sachverhalte und Beziehungen

> *In the end, each actor in this little story has been pushed out of its usual way and made to be different because of the new alliances it has been forced to enter.*
>
> *Bruno Latour, Science in Action, 1987, 126.*

Vor dem Hintergrund, daß Humboldt-Forschungspreisträger während ihres Deutschlandaufenthalts Forschungen eigener Wahl durchführen können und keinerlei Leistungen von ihnen gefordert werden dürfen, sind Ausmaß und Art der resultierenden wissenschaftlichen Ergebnisse, langfristigen Kooperationen und informellen Kontaktnetze besonders interessant, weil sie aufgrund der Freiwilligkeit allgemeinere Aussagen zu Auswirkungen forschungsbezogener Auslandsaufenthalte erlauben. Das multimethodische Vorgehen besitzt für die Rekonstruktion dieser Auswirkungen besondere Vorteile. Einerseits ist es auf Grundlage der schriftlichen Erhebung möglich, greifbare wissenschaftliche Resultate wie Publikationen und Folgeprojekte oder verschiedene Arten der nachfolgenden Mobilität nach Fachgebieten und Karrierephasen systematisch zu analysieren (vgl. 4.4.2; 4.4.4; 4.5). Andererseits können über die qualitativen Interviews Effekte erfaßt werden, die sich einer Quantifizierung entziehen (vgl. 4.4.1; 4.4.5). Basierend auf der großen Fallzahl qualitativer Interviews kann zudem untersucht werden, welche Nachfolgekontakte typischerweise mit den zuvor identifizierten Typen wissenschaftlicher Interaktion während der Deutschlandaufenthalte verbunden sind (vgl. 4.4.3).

4.4.1 Verzweigungen heterogener Assoziationsketten

> *The key point here is that although my co-workers in Germany (Munich) and I did not publish together, we exchanged ideas and interacted strongly for many years. Also, several students at Munich at the time used my ideas in their work in later years. Many of these students and post-docs are now Professors in Germany and I visit with them.*
>
> *US-Preisträger von 1974, schriftliche Befragung.*

Die wissenschaftlich motivierte Interaktion der US-Wissenschaftler in Deutschland ging in der Regel mit einer subtilen bis direkten wechselseitigen Beeinflussung der beteiligten Akteure und der durch sie verbundenen Forschungskontexte einher. Wie die in Tabelle 10 systematisierten Auswirkungen der im folgenden diskutierten Fallbeispiele zeigen, traf dies für verschiedene Formen der informellen Interaktion (Interaktionstypen I-III) genauso zu wie für die gemeinsame Bearbeitung konkreter wissenschaftlicher Fragestellungen (Interaktionstypen IV-VI; vgl. dazu Abb. 31, S. 314).[263] Auf der einen Seite erfolgte ein Transfer von Kontakten, Prestige, For-

---

[263] Tabelle 10 systematisiert die in den persönlichen Interviews zum Ausdruck gekommenen vielfältigen Verzweigungen heterogener Assoziationsketten (Abb. 32), die im Rahmen der Interaktion der US-Wissenschaftler in Deutschland erfolgten und von den Gesprächspartnern genannt wurden.

schungsobjekten (z. B. Kristalle) sowie Forschungsergebnissen, Ideen, Theorien, Methoden und Verfahren nach Deutschland (z. B. Meßmethode zur Bestimmung spezifischer Wärme, Software für die Automobilindustrie, Arbeitsgebiete nichtlineare Schaltungsanalyse und neue Ansätze der Evolutionsbiologie). Auf der anderen Seite sammelten die US-Wissenschaftler in Deutschland neue Erfahrungen und neues Wissen und mobilisierten darüber hinaus auch andere wissenschaftliche Ressourcen für ihre eigene Arbeit, darunter Forschungsobjekte, die sie nach ihrer Rückkehr in den Forschungskontext der Basisinstitution integrierten (z. B. Enzyme, Mutanten, Proteinstrukturen, chemische Verbindungen, Daten), neue Kontakte, Kooperationspartner, Forschungsgelder (z. B. von Siemens und BMW), den Zugang zu besonderer Forschungsinfrastruktur sowie Diplomanden, Doktoranden und vor allem Post-Docs, die später in ihrer Arbeitsgruppe in den USA arbeiteten (vgl. 4.4.4). Im Verlauf der Deutschlandaufenthalte wurden Personen, Theorien, Infrastrukturen und Forschungsobjekte durch die Interaktionen transformiert oder neu miteinander verknüpft, wie zum Beispiel die zuvor unverbundenen Arbeitsgebiete Molekular- und Teilchenphysik (vgl. [32], S. 271f.) oder ein Laufkompensator am MPI für Verhaltensphysiologie in Seewiesen mit Grillen, den Forschungsobjekten des Gastwissenschaftlers aus den USA (vgl. [45], S. 286). Schließlich generierten die US-Wissenschaftler in Deutschland neue Erkenntnisse, Konzepte, Forschungsobjekte und –geräte und knüpften auch im privaten Bereich neue Verbindungen, die im Zuge der alltäglichen Interaktionen koproduziert wurden.

Ausgehend von der Beobachtung, daß die befragten Gastwissenschaftler der Jahre 1982-91 überproportional häufig den Transfer von Forschungsergebnissen, Konzepten, Ideen und Methoden durch sie selber nach Deutschland sowie personenbezogene Transformationen, Stabilisierungen eigener Forschungsergebnisse und eigene Mobilisierungsprozesse in Richtung USA nannten, scheinen die Auswirkungen der Deutschlandaufenthalte für beide Seiten in den 1980er Jahren besonders intensiv gewesen zu sein. Dies unterstreicht vorherige Ergebnisse, die in den 1980er Jahren eine besondere Attraktivität der deutschen Wissenschaftslandschaft und das bisher größte Interesse an einem Deutschlandaufenthalt unter den Wissenschaftlern der prestigereichsten US-Universitäten identifizierten (vgl. 3.1.4; 4.1.4).

Bei den älteren Gastwissenschaftlern über 55 Jahre gehörte der Transfer nach Deutschland, vor allem von Erfahrungen, Ideen und Konzepten, zu den wichtigsten Auswirkungen; gleiches gilt in Hinblick auf die Integration neuer Forschungsobjekte, Methoden, Verfahren und Arbeitstechniken in den Kontext der Gastinstitution. Für jüngere Gastwissenschaftler bedeutete der Deutschlandaufenthalt wegen ihrer stärkeren Einbindung in konkrete Forschungsarbeit (vgl. 4.5) wesentlich häufiger Veränderungen für sie selber, die Produktion neuer Erkenntnisse und Forschungsinfrastruktur, eine Stabilisierung eigener Forschungsergebnisse, den Zugang zu besonderer Infrastruktur und die Mobilisierung von Post-Docs, Forschungsobjekten, Methoden, Verfahren und Arbeitstechniken in die USA.

Typische Auswirkungen eines lockeren Informationsaustauschs während des Aufenthalts umfaßten die Verbreitung von Forschungsergebnissen durch Vorträge und Seminare, die Einführung neuer Forschungsthemen und theoretischer Perspektiven an der Gastinstitution, dementsprechend auch wichtige Einflüsse auf deren

4.4 Resultierende Sachverhalte und Beziehungen 353

Angehörige, die Organisation von Seminaren und Konferenzen und eine Pflege wissenschaftlicher Kontakte in Deutschland und an anderen Orten Europas. Entsprechend der Art der Interaktion waren die meisten Auswirkungen somit eher informeller und immaterieller Art (Abb. 32). Weitere Beispiele für solche Auswirkungen, die auch bei den anderen Interaktionstypen eintreten konnten, geben die Betreuung von Doktorarbeiten an der Gastinstitution; die Einwerbung von Forschungsgeldern aus der Industrie für die eigene Arbeitsgruppe; die Organisation der Aufnahme deutscher Gastgeber in Herausgeberkollegien internationaler Zeitschriften oder zum Beispiel in die *American Academy of Arts and Sciences (AAAS)*; in umgekehrter Richtung die Mitarbeit der US-Wissenschaftler in der *Alexander von Humboldt Association of America* oder die Nutzung ihrer Expertise für wissenschaftliche Beiräte von deutschen Forschungsinstitutionen oder von Zeitschriften und Buchreihen, die in Deutschland herausgegeben werden; gegenseitige Gutachtertätigkeiten; eine spätere Funktion der US-Wissenschaftler als Humboldt-Kontaktpersonen an der arbeitgebenden Institution, aber auch als Kontaktpersonen für die Betreuung anderer Gäste oder zum Beispiel für die Unterstützung der Vorbereitung von USA-Exkursionen, und eine Verleihung von Ehrendoktorwürden auf beiden Seiten des Atlantiks.

> I think the main result that came out of my visit was really that one of [my host's] doctoral students did his dissertation on some of the work I had done using it for an application, and so I served on the examination committee later on, this was maybe in 84/85. After I had been in Darmstadt for my visit, I came back for the examination, so interestingly enough I never did any publishable work with either WK or PH. So we had a lot of contact, we had a lot of discussions, but the only actually concrete work that came out of this other than of course what gets reflected, and what one does, was really that student's doctoral dissertation. [...]
>
> [I]t's a little bit hard to pin down exactly what you pick up, it's much more somebody saying something and you're thinking about it afterwards, it was really much more on that level, it's much easier to answer your question when you have somebody who worked on a very specific problem with one particular person or in somebody's laboratory, I didn't do that, and it may have been because maybe I was a little bit more established already than perhaps a lot of the Preisträger are, so maybe that made me a little bit less flexible. [51]

Die potentiell große Reichweite des Informationsaustauschs veranschaulicht ein Fallbeispiel, in dem ein Wissenschaftler der *UC Berkeley* kurz vor seinem Deutschlandaufenthalt aus einem neuen Halbleitermaterial gefertigte blaue Leuchtdioden kennenlernte, als diese von drei Wissenschaftlern aus Japan an der Westküste der USA vorgestellt wurden. Eine der Leuchtdioden bekam er geschenkt, so daß er diese Neuheit mit nach Deutschland nehmen und sie in mehreren Vorträgen an verschiedenen Institutionen vorstellen konnte. Dieser konkrete Wissens- und Materialtransfer führte schließlich zur völligen Neukonzeptionalisierung eines in der Formierung begriffenen DFG-Schwerpunktprogramms, das sich eigentlich auf ein älteres Halbleitermaterial konzentrieren wollte. Auf diese Weise beeinflusste die Interaktion des US-Wissenschaftlers ganz maßgeblich die Inhalte der Forschung in einem Teilgebiet der Werkstoffwissenschaften in Deutschland.

Tab. 10: Resultierende Sachverhalte aus Sicht der US-Wissenschaftler

Aus individuellen Assoziationsketten generierte Kategorien Alle Angaben in % der Wissenschaftler einer Kategorie		Ge-samt	Preisträger-generation			Alter in Jahren		Typ wiss. Interaktion	
			72-81	82-91	92-96	≤ 55	> 55	I-III	IV-VI
1	Transfer nach Deutschland	85	89	90	69	81	94	93	74
a	Forschungsergebnisse durch Vorträge und Seminare	67	72	81	38	69	63	83	48
b	Erfahrungen, Ideen, Konzepte, Theorien	23	11	14	54	14	44	28	17
c	Problembezogene Expertise	21	17	33	8	22	19	14	30
d	Beratung von Studierenden	13	6	19	15	11	19	7	22
e	Methoden, Verfahren und Arbeitstechniken	6	5	8	0	6	6	3	9
f	Forschungsobjekte	6	0	5	15	6	6	3	9
g	Zugang zu besonderer Forschungsinfrastruktur	6	6	10	0	8	0	3	9
h	Neues Arbeitsgebiet	4	5	4	0	3	6	7	0
i	Internationale wissenschaftliche Kontakte	4	5	0	11	6	0	7	0
j	Prestige	2	0	0	11	3	0	3	0
2	Transformation	35	37	42	11	33	38	41	26
a	US-Wissenschaftler selbst	15	26	13	0	22	0	17	13
b	Angehörige der Gastinstitution	15	5	25	11	8	31	21	9
c	Private Begleitpersonen	6	11	4	0	8	0	7	4
3	Koproduktion und Verknüpfung	75	58	79	100	78	69	62	91
a	Publikationen	44	32	50	56	42	50	31	61
b	Wissenschaftliche Kontakte	25	16	38	11	28	19	31	17
c	Seminare und andere Veranstaltungen	15	16	17	11	17	13	24	4
d	Forschungsobjekte	15	5	17	33	11	25	7	26
e	Neue Erkenntnisse	12	11	17	0	14	6	3	22
f	Methoden, Verfahren und Arbeitstechniken	10	5	13	11	6	19	3	17
g	Wissenschaftliche Kooperation, neue Projekte	10	11	8	11	11	6	10	9
h	Forschungsinfrastruktur	8	5	8	11	11	0	3	13
i	Private Kontakte	8	0	17	0	11	0	7	9
4	Stabilisierung der eigenen Forschungsergebnisse	37	32	46	22	42	25	0	83
5	Mobilisierung in die USA	88	74	100	89	92	81	93	83
a	Post-Docs	73	74	71	78	86	44	83	61
b	Kooperationspartner	23	21	25	22	22	25	21	26
c	Zugang zu besonderer Forschungsinfrastruktur	17	22	19	5	22	6	7	30
d	Neues gelernt (spezifisch)	15	11	25	0	19	6	10	22
e	Forschungsobjekte	13	32	4	0	17	6	10	17
f	Methoden, Verfahren und Arbeitstechniken	10	16	8	0	11	6	3	17
g	Erfahrungen, Ideen, Konzepte, Theorien	8	11	8	0	8	6	3	13
h	Forschungsgelder	4	5	4	0	6	0	3	4
i	Ehrendoktorwürden	2	0	4	0	3	0	3	0
Anteil an den ausgewerteten Interviews		100	37	46	17	69	31	56	44

Quelle: Eigene Interviews (n = 52).

Zu den typischen Auswirkungen des informellen Informationsaustauschs, aber auch aller anderen Formen wissenschaftlicher Arbeit und Interaktion in Deutschland, gehören schließlich nachfolgende Mobilitätsbeziehungen zwischen Deutschland und den USA. Dieser Austausch von Personen erfolgte vor allem in Form einer direkten und indirekten Rekrutierung deutscher Post-Docs für die eigene Arbeitsgruppe und erneuter Deutschlandaufenthalte der US-Wissenschaftler selbst (vgl.

4.4 Resultierende Sachverhalte und Beziehungen 355

4.4.4). Im Zuge der nachfolgenden Post-Doc-Mobilität haben sich langfristig über den Preisträgeraufenthalt hinaus wichtige Auswirkungen für die Generierung konkreter Forschungsergebnisse ergeben, die ohne die vorausgegangene Interaktion der US-Wissenschaftler in Deutschland vermutlich nicht in dieser Weise entstanden wären. Die Zeitspanne solcher indirekten Auswirkungen kann sehr groß sein, wie das Beispiel des zuvor zitierten Ingenieurwissenschaftlers zeigt [51], der rund acht Jahre nach seinem Preisträgeraufenthalt einen deutschen Post-Doc als Feodor-Lynen-Stipendiaten zu Gast hatte, mit dem er ein Patent erarbeitete und über mehrere Jahre hinweg jährlich gemeinsam publizierte (vgl. Abb. 34-e, S. 366).

US-Wissenschaftler, die sich in Ergänzung zum Informationsaustausch auf konkrete eigene Arbeiten konzentrierten, stellten in Deutschland häufig ein Buchprojekt fertig oder brachten dieses wesentlich voran (vgl. 4.4.2). Während einer der persönlich befragten US-Wissenschaftler darauf bestand, daß seine Forschung und sein Denken in keinerlei Weise von dem Aufenthalt beeinflußt worden seien und er vielmehr einseitig für Stimulation und Inspiration am Gastinstitut gesorgt hatte, charakterisierte die Mehrheit der Wissenschaftler, deren Tätigkeit sich mit den Schlagworten Austausch und Arbeit beschreiben läßt, ihren Aufenthalt als wichtige Lernerfahrung für sich selber. Sie hoben hervor, aktuelle Entwicklungen im Fach (z. B. im Bereich der Theorie komplexer Variablen) und die deutschlandspezifische Fachszene kennengelernt sowie im Zuge der Interaktion neue Perspektiven mit Blick auf die eigene Arbeit gewonnen zu haben (z. B. eine wichtige Bedeutung der Interaktion komplexer Moleküle mit Licht). Sie erhielten auch konkrete Denkanstöße und Impulse für ihre Arbeit (z. B. Schreiben eines Buches über tropisches Klima) und entwickelten durch die Interaktion in Deutschland neue Ideen.

> The technical obstacles always give way eventually, for instance last spring in Bochum I suddenly realised how to complete a calculation on which I'd been stuck in 1960, because I saw somebody in [my host's] group doing something which I realised if I modified it in a certain way would be applicable to the other problem on which I had been stuck. [25]

Zu den direkten Einflüssen auf die eigene Arbeit zählen auch Situationen, in denen die US-Wissenschaftler – anders als im nachstehend zitierten Fallbeispiel – ein für sie neues Gebiet, das sie in Deutschland näher kennenlernen wollten, nicht aufgegriffen haben, weil sie merkten, daß dieses Gebiet ihren Interessen letztendlich doch nicht ganz entspricht.

> I think that the direction of my research after Germany changed as a result of the interactions. [...] This is especially true, not with my first host so much, [but] with AL and WZ and WK. WK was in Munich, and his research was similar to mine, AL was working with him, and so I think interacting with a group of people really pushed me in a different direction that I wouldn't have gone had I not have been there in Germany. So it was very good for my research, but it wasn't like we sat down and said lets solve this problem, it was rather trying to understand what each person was doing and understanding in detail what another person was doing rather than just, you know, reading in journals about it. [...] When I went after the Humboldt award I was kind of in a field and sort of finishing a field, and I was invited to go to Germany to be a Humboldt senior scientist because of the work I had done maybe three or four years before, but I was just in the midst of changing and the area I changed into was an area that Germany was very strong in, so that's why I say these people like WK and AL and

Abb. 32: Individuelle Resultate der Deutschlandaufenthalte aus Sicht der US-Wissenschaftler

a) Informationsbesuche (23%)

Kontakte in Europa gepflegt		Von NS-Zeit geprägtes D-Bild aktualisiert	PD rekrutiert	PWE			Humboldt-Kontaktperson am MIT	Besuch von Kollegen aus D	Teilnahme an Seminaren in D	Aufnahme eines Kollegen aus D in AAAS
Neues Gebiet in D unterrichtet	Kooperationspartner gewonnen	Doktoranden und PDs rekrutiert	Ehrendoktorwürde in D erhalten		Siemens an Arbeitsgebiet interessiert	Forschungsgelder von Siemens	Besuche von Wissenschaftlern aus D	Kollege von GG verbesserte PRT-Software	PWE
PRTs Theorien in Gastlabor etabliert	Betreuer einer Dissertation in D	Ein Patent mit D-PD	Beide GG als UCB-Gastprofs eingeladen	D-PD an UCB-Kollegen vermittelt	Austauschprogramm für Studierende	Freundschaft mit Kollegin aus anderem Fach	Mitarbeit in AvHAA	PWE	
Blaue Leuchtdioden in D vorgestellt	Nutzung von Rasterelektronenmikroskop in D	PDs rekrutiert	Mitarbeit in AvHAA			Aktuelle Theorien in D etabliert	Arbeitsstil amerikanisiert	Diplomanden und Doktoranden rekrutiert	PWE

b) Austausch und Arbeit (27%)

Neue Konzepte zur Evolution nach D gebracht am GI gesorgt	Für Inspiration und Stimulation	D-PD in Wissenschaftsgeschichte kam zu PRT	Keine inhaltliche Bedeutung für eigene Arbeit	Anstoß zu Buch über tropisches Klima erhalten	Daten für verschiedene Projekte gesammelt	Über GG Kontakte geknüpft	Persönliche Freundschaften		
Kontakte nach D vermittelt	Kooperation mit Rom durch D-Kontakte	Fortgesetzte Kooperation mit 2 Gruppen in D	Buch fertiggestellt	Schwerpunkt auf neues Gebiet verlagert	Persönliche Differenzen mit GG	Konferenz mit neuem GG organisiert	Neuen Kooperationspartner getroffen	Artikel mit Schüler eines Kontakts in D	
Aktuelle Entwicklungen in Theorie gelernt	Neuer Blickwinkel auf spezifisches Problem	Publikationen mit GG	Excellent learning experience	Mitglied in wiss. Beirat eines Forschungsinstituts	PDs rekrutiert	PWE (2)	D-Kontakte auf nächste Generation übertragen	jährliches Oktoberfest für Arbeitsgruppe	
Richtung der Forschung änderte sich	US-PD nach München vermittelt	Kollegin wurde enge Familienfreundin u. Patin	Entwicklung einer Idee	Gemeinsame Publikationen	Austausch von Verbindungen und Modellen	Viele PDs rekrutiert	Netzwerk mit internationaler Arbeitsteilung		

4.4 Resultierende Sachverhalte und Beziehungen

c) Gemeinsames Problem bearbeitet (29%)

Ausgangszeile	Ereignisse / Auswirkungen (von links nach rechts)
Mitglied in wiss. Beirat eines Forschungsinstituts	Frau betreut ausländische Gastwissenschaftler — — — — — — — — PDs rekrutiert — Enge Freundschaften für die Töchter
Neue inhaltliche Perspektiven vermittelt	Doktorand in D wandte Verfahren von PRT an — Projekt an GI auf Erfolgskurs gebracht — Verfahren des GG angewendet — Wichtige Publikation in *Science* (Landmark finding) — Zukünftige Arbeit geplant (Verfahren gelernt) — Deutsche nutzen Geräte des PRT regelmäßig (Expertise gegeben) — Regelmäßig fortgesetzter Kontakt (Freundschaft mit GG)
Verknüpfung zuvor unverbundener Gebiete	Gemeinsame Projektarbeit — Teilnahme an DFG-Schwerpunktprogramm — Gemeinsame Artikel — — Tochter hat ihr Leben völlig verändert — GG als Mit-Hg. int. Zeitschrift gewonnen — Gemeinsamer Vortrag und Artikel — Gemeinsame Organisation int. Konferenz — Beratung von Studierenden u. Doktoranden — Regelmäßige Interaktion
Verfahren der PRT im Gastlabor etabliert	Doktorand in D optimierte Verfahren — PWE — PWE — Enge Kooperation mit Mitarbeiter von GG — PWE — — Freundschaft mit GG
Nutzung der Geräte am Gastinstitut	Gemeinsame Artikel — Kompetente und befreundete Koop.-Partner — Regelmäßig fortgesetzter Kontakt — Buch geschrieben — Neues Verfahren an GI gelernt — Wissenschaftliche Sackgasse überwunden — Wiederholte Messungen am Gastinstitut

d) Gemeinsame Projektarbeit (17%)

Ausgangszeile	Ereignisse / Auswirkungen
Gemeinsamer Artikel	Arbeit mit ROSAT- und EXOSAT-Daten — NASA-Forschungsanträge mit GG — Freundschaft mit GG — PDs rekrutiert — PWE — Mitgebrachter US-Doktorand später PD an GI — Katalog zur Bach-Familie — Lehrstuhlvertretung in München
Zugang zu unpublizierten Erkenntnissen	Komplementäre Messungen — Fünf bis sechs gemeinsame Artikel — GG in USA eingeladen — PDs rekrutiert — PWE — Aufbau des CELLO-Experiments — — PDs rekrutiert
Instrumente für Halley-Komet-Mission geplant	Mathematische Verifikation gelehrt — Nachwuchswiss. Schreiben von Anträgen gelehrt — Direktorenposten abgegeben — PDs rekrutiert — — — 2 Instrumente für Weltraummission in D

Art der Auswirkungen:
- wissenschaftlich
- auch privat
- privat
- eher negativ
- vorkommende Alternativen

Quelle: Eigene Interviews.

> WZ was another person, they played a very important role indirectly in letting me formulate my ideas, because then I went very much into this other area [liquids research], I still am, and there is a series of international conferences we, the Germans have been organisers, I've been organising. [...] So I would say that it was a transition. It's easy to look back on. I didn't know it at the time, when I look back at it I can definitely see the influence. [33]

Weitere positive Auswirkungen für die US-Wissenschaftler bestanden zum Beispiel darin, daß sie gelegentlich Kooperationen mit anderen Wissenschaftlern in Europa *durch die deutschen Interaktionspartner* vermittelt bekamen und sie selber Daten für verschiedene Projekte in ganz Europa sammeln konnten. In einem Fall lasen Gastgeber und Preisträger mathematische Doktorarbeiten der eigenen Schüler nach dem Aufenthalt gegenseitig Korrektur, was als Beitrag zu einer internationalen Objektivierung dieser Arbeiten betrachtet werden kann (vgl. 2.3). Des weiteren trugen die Deutschlandaufenthalte mehrerer US-Wissenschaftler über den nachfolgenden Austausch von Personen, chemischen Modellen und Verbindungen zur Festigung eines wissenschaftlichen Netzwerkes mit internationaler Arbeitsteilung bei (vgl. 4.4.5). Im Vergleich zu denjenigen, die sich auf den Informationsaustausch konzentrierten, spielte im Falle des Interaktionstyps Austausch und Arbeit die spätere Vermittlung von Studierenden und Post-Docs aus den USA nach Deutschland eine wesentlich wichtigere Rolle.

Gemeinsame Publikationen deutscher und US-amerikanischer Wissenschaftler sind typisch für die Interaktionstypen, in denen eine Forschungskooperation am Gastinstitut über die Beteiligung an einem laufendem Projekt, eine problembezogene Zusammenarbeit oder eine längere Projektkooperation erfolgte. Gleiches gilt für die Verknüpfung und Produktion neuer Erkenntnisse, Forschungsobjekte und -infrastruktur, die Etablierung neuer Methoden, Verfahren und Arbeitstechniken an der Gastinstitution sowie die Stabilisierung eigener Forschungserkenntnisse. Konkrete Forschungskooperationen waren für die US-Wissenschaftler oft mit einem spezifischen Interesse an besonderer Forschungsinfrastruktur verbunden, so daß sie diese nach dem Aufenthalt häufig noch einmal selbst oder über Studierende, Doktoranden und Post-Docs zu nutzen. Im Falle eines US-Wissenschaftlers, der nicht von den renommierten großen Forschungsinstitutionen stammte, war die Infrastrukturausstattung am Gastinstitut wesentlich besser als an der Basisinstitution, so daß der US-Wissenschaftler nach seinem Deutschlandaufenthalt regelmäßig an das Gastinstitut zurückkehrte, um Messungen an den dortigen Geräten durchzuführen. Aufgrund ihrer stärkeren Einbindung in konkrete Forschungspraxis nahmen die wissenschaftlich kooperierenden US-Wissenschaftler auch am häufigsten neue Methoden, Verfahren und Arbeitstechniken sowie Erfahrungen, Ideen und Konzepte mit zurück in die USA. Darin kommt eine Gegenseitigkeit positiver Effekte zum Ausdruck, die immaterielle und materielle Gegebenheiten gleichermaßen einschließt. Sie war typischerweise mit dem Gewinn kompetenter und befreundeter Gesprächspartner, regelmäßig fortgesetzten Kontakten und fast immer mit anschließenden Besuchen deutscher Post-Docs in der Arbeitsgruppe des US-Wissenschaftlers verbunden, auch wenn sich diese häufig in eine laufende Post-Doc-Mobilität aus Deutschland einordnete (vgl. 4.4.4).

4.4 Resultierende Sachverhalte und Beziehungen 359

Zu den benennbaren, wichtigen wissenschaftlichen Resultaten und gelegentlichen *landmark findings* deutsch-amerikanischer Forschungskooperation im Rahmen der Preisträgermobilität gehören zum Beispiel die Verknüpfung der zuvor unverbundenen Gebiete Teilchen- und Molekularphysik (vgl. [32], S. 271f.), die Grundlagen eines Katalogs zur Bach-Familie (vgl. [22], S. 286), ein wichtiger Beitrag zum Aufbau des CELLO-Experiments am DESY in Hamburg (vgl. [57] in 5.1), zwei Instrumente für eine deutsche Weltraummission, zwei weitere Instrumente für die europäische Halley-Komet-Mission (vgl. [40], S. 311 und S. 327) oder eine gemeinsame Publikation von Gastgeber und Preisträger zum Thema *stage four work-hardening*, die großes Echo im Fach auslöste und deren Ergebnisse nach rund acht Jahren weiterhin umstritten waren (vgl. [1], S. 309-10).[264] Gelegentlich trugen Doktoranden und Post-Docs in Deutschland dazu bei, von den US-Wissenschaftlern entwickelte Verfahren im Rahmen ihrer Arbeit zu optimieren. Einem anderen US-Wissenschaftler gefiel die konkrete Forschungsarbeit während des Deutschlandaufenthalts so gut, daß er sich entschied, seinen Direktorenposten an der Basisinstitution aufzugeben, um auch nach seiner Rückkehr mehr Zeit für die Forschung zu haben. Einzelne Wissenschaftler aus den USA nahmen nach ihrem Preisträgeraufenthalt eine Position in Deutschland an. Angesichts der fortgeschrittenen Karrierephase der US-Preisträger war dies aber eher selten und bezog sich meist auf prestigereiche Direktorenposten.

> Mein Forschungsaufenthalt resultierte über meine dabei gewonnenen Kontakte mit dem BMFT zur Berufung als Leiter des Fh-Instituts für angewandte Festkörperphysik in Freiburg in 1985. [US-Preisträger von 1973, schriftliche Befragung]

> On October 1, 1992, I became Ordinarius Professor and chair of the Institut für Kerntechnik und Reaktorsicherheit at the Universität Karlsruhe and, simultaneously, Director of the Institut für Reaktorsicherheit at the (Kern-) Forschungszentrum Karlsruhe. [US-Preisträger von 1991, schriftliche Befragung]

Private Auswirkungen für die Gastwissenschaftler, die sich nicht selten auch auf ihre wissenschaftlichen Verbindungen auswirkten, umfaßten so heterogene Aspekte wie die Korrektur eines in der NS-Zeit fixierten Deutschlandbildes (vgl. dazu [18], S. 273f.) oder die Entstehung langjähriger persönlicher Freundschaften mit dem Gastgeber und dessen Mitarbeitern, mit anderen Kollegen, mit Nachbarn oder sonstigen Interaktionspartnern (vgl. dazu auch 4.3.3.3). In einem Fallbeispiel wurde eine Kollegin nicht nur zur engen Freundin der Familie, sondern auch Patenkind der Tochter des Gastwissenschaftlers und seiner Frau. Wenn die Familie mit nach Deutschland kam, übertrugen sich die Deutschlandkontakte des Gastwissenschaftlers oft auch auf die nächste Familiengeneration. Ein US-Wissenschaftler, für den dies zutrifft, der allerdings auch deutschstämmige Eltern hat, führt zudem seit seiner Rückkehr vom ersten Preisträgeraufenthalt in München einmal jährlich ein

---

[264] Kommentare zur schriftlichen Befragung weisen ebenfalls auf wichtige wissenschaftliche Resultate: „Observations on iron oxides made during my research stay led to concept of iron oxyhydrixides as a phosphate binder for kidney dialysis patients; idea patented." (US-Preisträger von 1980, schriftliche Befragung); „Entire new discipline" (US-Preisträger von 1986, schriftliche Befragung).

Oktoberfest für seine Arbeitsgruppe am MIT durch. Positive Erfahrungen mit der Organisation der Betreuung nicht-berufstätiger Lebenspartner von Gastwissenschaftlern veranlaßten die Partnerin eines anderen US-Wissenschaftlers, eine ähnliche Betreuung im Arbeitsbereich ihres Mannes einzuführen (vgl. [10], S. 349).

In den persönlichen Interviews konnten bei mehr als 80% der Gesprächspartner mehr als zwei konkrete Auswirkungen ihrer Deutschlandaufenthalte identifiziert werden. Als übergeordnete Beobachtung zur vorgenommenen Systematisierung dieser Verzweigungen heterogener Assoziationsketten läßt sich festhalten, daß die Interaktion im Rahmen der Preisträgermobilität trotz asymmetrischer Machtbeziehungen zwischen der US-amerikanischen und der deutschen Wissenschaftslandschaft im ausgehenden 20. Jahrhundert (vgl. 3.2) in der Summe als ein klassischer Austausch zu charakterisieren ist, auch wenn im Einzelfall alle möglichen Machtbeziehungen vorkommen können. Schließlich erfolgte ein Transfer von neuen Erkenntnissen, Impulsen und Materialien nach Deutschland ebenso häufig wie die Mobilisierung von Personen, Ideen, Methoden, Geräten und Forschungsobjekten für die eigene Arbeit in den USA. Aus quantitativer Sicht sind zwar jeweils andere Aspekte beim Transfer am bedeutendsten – Ergebnisse, Konzepte und Ideen in Richtung Deutschland, Post-Docs in Richtung USA –, eine qualitative Hierarchisierung dieser Auswirkungen erscheint jedoch aufgrund der Breite und Intensität möglicher Folgewirkungen nicht möglich und sinnvoll. Vielmehr werden im folgenden einzelne Bereiche möglicher Auswirkungen herausgegriffen und in Hinblick auf systematische Unterschiede untersucht, um dazu beizutragen, wichtige Prozesse internationaler Wissenschaftsbeziehungen besser verstehen zu lernen. Diskutiert werden erstens Publikationen, Veranstaltungen und Folgeprojekte, zweitens verschiedene Typen fortgesetzter wissenschaftlicher Interaktion und drittens Ausmaß und Art der Nachfolgekontakte mit Blick auf ihren Beitrag zur weiteren Entwicklung der deutsch-amerikanischen Wissenschaftsbeziehungen.

4.4.2 Publikationen, Veranstaltungen und Folgeprojekte

Die Bandbreite der greifbaren wissenschaftlichen Resultate der Aufenthalte US-amerikanischer Humboldt-Forschungspreisträger in Deutschland ist sowohl in qualitativer als auch in quantitativer Sicht sehr groß. Der schriftlichen Befragung zufolge erstellten mehr als zwei Drittel der US-Wissenschaftler gemeinsame Publikationen mit Mitgliedern der gastgebenden Arbeitsgruppe. Etwas mehr als jeder dritte US-Wissenschaftler publizierte zusammen mit in Deutschland tätigen Wissenschaftlern außerhalb der Gastinstitution, jeder vierte kooperierte mit in Deutschland tätigen Wissenschaftler sowohl an der Gastinstitution als auch außerhalb dieser und jeder fünfte publizierte zusätzlich auch noch als Einzelautor.[265] Zieht man diejenigen, die nur alleine publizierten (16%) und diejenigen, die gar nicht bzw.

---

[265] In der schriftlichen Erhebung wurden drei Kategorien resultierender wissenschaftlicher Publikationen erhoben: erstens Publikationen als Einzelautor (74%), zweitens Publikationen mit dem wissenschaftlichen Gastgeber und/oder seinen Mitarbeitern (72%) und drittens Publikationen mit anderen in Deutschland tätigen Wissenschaftlern außerhalb der Gastinstitution (37%). Fast alle US-Wissenschaftler publizierten als Resultat des Preisträgeraufenthalts in einer dieser Kategorien (94%).

4.4 Resultierende Sachverhalte und Beziehungen

zum Zeitpunkt der Befragung noch nicht publiziert hatten (6%), von allen US-Wissenschaftlern des Samples ab, so haben fast 80% der Gastwissenschaftler aus den USA zusammen mit deutschen Wissenschaftlern ihre Forschungsergebnisse erarbeitet bzw. verarbeitet.[266] Darin kommt zum einen der wichtige Beitrag geförderter Wissenschaftlermobilität für die internationale Verbreitung, den Austausch und die Objektivierung wissenschaftlichen Wissens zum Ausdruck. Zum anderen zeigt dies, wie die Förderung ausländischer Gastwissenschaftler zur internationalen Integration in Deutschland arbeitender Wissenschaftler beiträgt. Für die Gastwissenschaftler selber stellten Publikationen als materialisierte Resultate ihrer Tätigkeit einen besonderen Gewinn dar, weshalb sie häufig auch den großen Wert der Zeit zu eigener Forschungsarbeit betonten:

> The most important result of my Humboldt year was that I wrote a book describing a new technique during that time. [US-Preisträger von 1990, schriftliche Befragung]

> The setting at München allowed me to get a good start at my book [...] that will soon be published by Cambridge Press. That it took 7 more years to complete at my own institution attests to the fact that this work would never have existed without the Humboldt year. Many topics in this book were the results of my German collaborations. [US-Preisträger von 1988, schriftliche Befragung]

> I would like to mention that during the year in Germany, I have received an invitation from Springer Verlag for writing a book for them [...]. Their stimulating suggestion was supported by my host [...] and I started working on the volume already during my visit. The resulting publication [...] was quite well received, both in Germany and the USA and elsewhere, as were two more books, on related topics, one of them with my wife as co-author. There three volumes, published by Springer, appeared in second editions as well. A fourth book, written in collaboration with Professor N.N. [...] completed the series of contribution for which the stimulus came during my Humboldt year in Germany. When, at the age of 82, I am looking back on my scientific output, it seems that these books constitute a significant part of my life's work. [US-Preisträger von 1980, schriftliche Befragung]

Während die Publikationstätigkeit der Gastwissenschaftler im zeitlichen Verlauf relativ konstant war und zum Beispiel auch nicht nach dem Typ der besuchten Gastinstitution statistisch signifikant oder auf andere Weise auffällig variierte, nahm sie erwartungsgemäß mit zunehmender Aufenthaltsdauer zu, vor allem in Kooperation mit der gastgebenden Arbeitsgruppe.[267] Die Anzahl der Aufenthalts-

---

[266] Fast alle US-Wissenschaftler erstellten Publikationen in Englisch (98%); 11% gaben an, in deutscher Sprache publiziert zu haben, und 1% der befragten US-Wissenschaftler nannten insgesamt sechs weitere Sprachen (Französisch, Spanisch, Japanisch, Russisch, Chinesisch und Arabisch). In der Zusammenarbeit mit in Deutschland tätigen Wissenschaftlern erreichte Deutsch nur einen ganz leichten Bedeutungsgewinn gegenüber dem Englischen, was die Dominanz der Wissenschaftssprache Englisch in den Natur- und Ingenieurwissenschaften unterstreicht (7% nannten als Einzelautor Deutsch, 8% bei Kooperationen mit der gastgebenden Arbeitsgruppe und 11% bei Kooperationen mit anderen in Deutschland).

[267] Der Anteil der US-Wissenschaftler, die infolge des Preisträgeraufenthalts Publikationen erstellten, steigt von denen, die kürzer als ein halbes Jahr in Deutschland waren (84%), bis zu denen, die mindestens ein Jahr blieben (98%), kontinuierlich an. Bezüglich der Zusammenarbeit mit den gastgebenden Wissenschaftlern ist diese Beziehung – wie sonst nur noch zwischen verschiedenen Altersgruppen – statistisch hochsignifikant (kürzer als ein halbes Jahr: 51%, mindestens ein Jahr: 80%).

abschnitte hatte dabei keinen Einfluß auf die Publikationstätigkeit der US-Wissenschaftler, was ein wichtiges Argument für flexible Rahmenbedingungen in der Gestaltung der Aufenthalte darstellt (vgl. 3.1.2.2). Deutlich Unterschiede in der Publikationstätigkeit gab es zwischen verschiedenen Altergruppen. Diese erklären sich durch ein variierendes Aufgabenspektrum im Laufe einer wissenschaftlichen Karriere und werden im abschließenden Abschnitt zu diesem Kapitel detailliert diskutiert (vgl. 4.5 und Anhang G).[268]

Im Fächervergleich spiegeln sich in der Publikationstätigkeit fachspezifische Kooperations- und Publikationskulturen wider. Auch wenn die in Abbildung 33-a dargestellten Unterschiede statistisch nicht signifikant sind, so werden vor dem Hintergrund nationaler fachbezogener Kooperationsmuster (vgl. Abb. 23, S. 209) und den noch zu diskutierenden variierenden Raumbezügen verschiedener wissenschaftlicher Praktiken (vgl. 5.1) folgende Zusamenhänge deutlich, die als Thesen zur Diskussion gestellt werden:

In den Geisteswissenschaften, der Mathematik, in den Geo- und den Ingenieurwissenschaften besitzt Einzelautorenschaft größere Bedeutung als die Kooperation mit Wissenschaftlern in Deutschland. In den Geistes- und den Ingenieurwissenschaften ist dies auf kontextspezifische Forschungsthemen bzw. sehr spezialisierte Netzwerkbildungsprozesse zurückzuführen, die eine Kooperation mit Dritten schwieriger machen als in anderen Arbeitsgebieten. Daher entstanden in beiden Fachbereichen auch am wenigsten häufig Folgeprojekte mit deutschen Kollegen.[269] In den Geisteswissenschaften werden meist spezifische Gedankengerüste aus einer individuellen Interpretationsleistung heraus geschaffen, so daß Zusammenarbeit eine besonders große Zahl gemeinsamer Anknüpfungspunkte bei den Interaktionspartnern voraussetzt. Ingenieurwissenschaftler befassen sich oft mir der Konstruktion soziomaterieller Technologien, die sehr sperrig und im Falle von Industriekooperationen an ganz bestimmte angewandte Kontexte gebunden sein können. Daher ist es für Dritte weniger gut möglich, in mehreren Monaten bis zu einem Jahr ein eigenes experimentelles Projekt durchzuführen oder sich an einem laufenden Projekt intensiv zu beteiligen (vgl. [51], S. 316). Auf diese Weise erklärt sich auch die geringe Bedeutung internationaler Koautorenschaft in den Ingenieurwissenschaften (vgl. Abb. 23, S. 209). Da es neben den geräteintensiven Zweigen auch theoretische oder zum Beispiel softwareorientierte Arbeitsbereiche gibt, in denen Kooperationen vergleichsweise leichter zu verwirklichen sind, ist die Differenz zwischen Einzelautorenschaft und Kooperation mit anderen noch vergleichsweise gering.

---

[268] Der Anteil der Preisträger, die Publikationen infolge des Preisträgeraufenthalts erstellt haben, nimmt von der jüngsten Altersgruppe (bis 45 Jahre) zur ältesten (über 65 Jahre) kontinuierlich von 97% auf 85% ab. Statistisch hochsignifikant ist dieser Zusammenhang bei der Kooperation mit den Gastgebenden (bis 45: 80%, 46 bis 55: 71%, 56 bis 65: 64%, über 65: 53%). Der Anteil derjenigen, die als Einzelautoren publizierten, betrug in allen Altersgruppen etwa 70%, so in den beiden jüngeren Altersgruppen der größere Anteil an US-Wissenschaftlern Veröffentlichungen zusammen mit den gastgebenden Wissenschaftlern erstellte, während in den beiden älteren Altersgruppen mehr alleine publizieren. Der Anteil derjenigen, die mit in Deutschland tätigen Wissenschaftlern außerhalb der Gastinstitution publizierten, war bei den bis 45-Jährigen am höchsten (40%) und in der ältesten Altersgruppe am niedrigsten (15%).

[269] Eine Kooperation, die weiter unten näher zu charakterisieren sein wird, wurde allerdings immer noch in rund zwei Dritteln der Fälle fortgesetzt (Abb. 33).

4.4 Resultierende Sachverhalte und Beziehungen

Abb. 33: Ausgewählte wissenschaftliche Resultate nach Fachgebieten

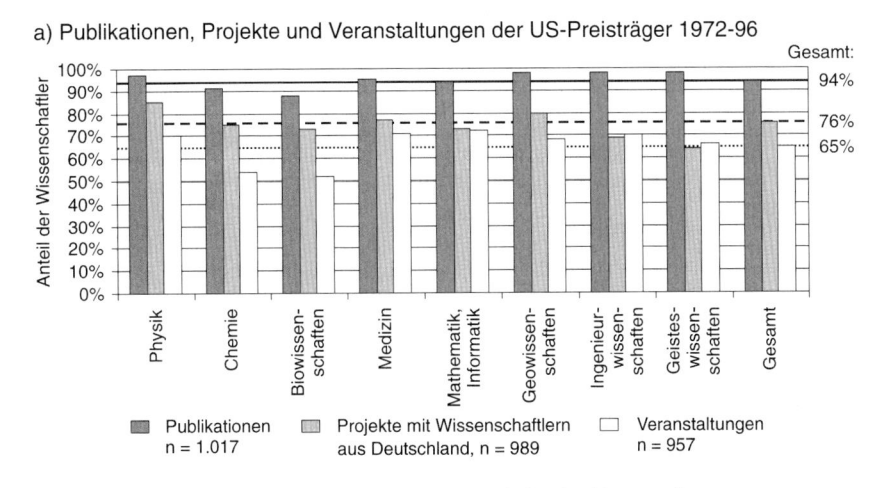

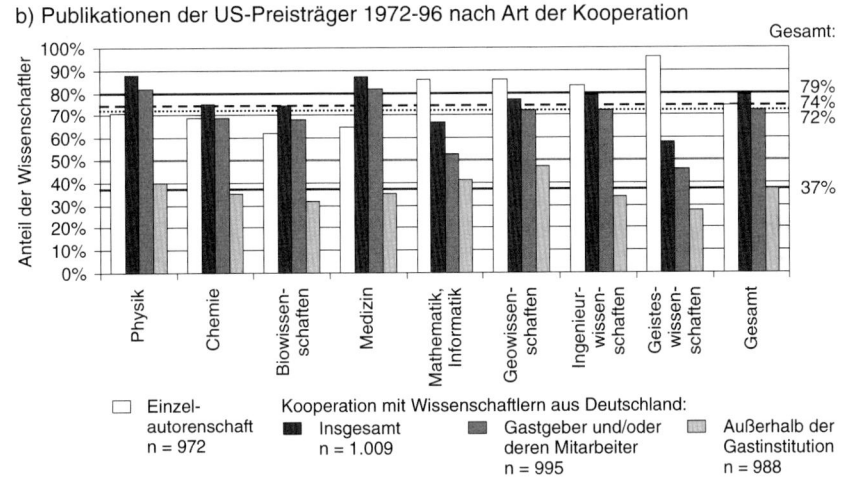

a) Publikationen, Projekte und Veranstaltungen der US-Preisträger 1972-96

Gesamt:
94%
76%
65%

Publikationen n = 1.017
Projekte mit Wissenschaftlern aus Deutschland, n = 989
Veranstaltungen n = 957

b) Publikationen der US-Preisträger 1972-96 nach Art der Kooperation

Gesamt:
79%
74%
72%
37%

Einzelautorenschaft n = 972

Kooperation mit Wissenschaftlern aus Deutschland:
Insgesamt n = 1.009
Gastgeber und/oder deren Mitarbeiter n = 995
Außerhalb der Gastinstitution n = 988

Quelle: Eigene schriftliche Befragung (n = 1.020).

In Mathematik werden wie in den Geisteswissenschaften primär Immaterialitäten zu stabilen Argumentationsmustern verknüpft, weshalb wissenschaftliche Fragestellungen ebenfalls sehr gut alleine bearbeitet werden können. Da Mathematiker in ihrer Arbeit jedoch weniger stark an verortete Ressourcen, wie zum Beispiel Archivmaterialien in den Geisteswissenschaften, gebunden sind, können sie im Laufe ihres Forschungsaufenthalts mobiler sein. Dies erhöht die Möglichkeit, daß sich in den stärker standardisierten gedanklichen Räumen gemeinsame Anknüpfungspunkte offenbaren, die eine Kooperation sinnvoll erscheinen lassen. Auf diese Weise erklärt sich die Beobachtung, daß Mathematiker im Fächervergleich trotz des hohen Anteils an Einzelautorenschaft nach den Geowissenschaftlern am häufigsten außerhalb der Gastinstitution kooperierten.

In den Geowissenschaften, die grundsätzlich sehr verschiedene Arbeitsbereiche subsumieren, ist die Publikationskultur in den USA wesentlich stärker auf Einzelautorenschaft und nationale Kooperation ausgerichtet als in Deutschland, während Geowissenschaftler in Deutschland extrem viel auf internationaler Ebene kooperieren (vgl. Abb. 23, S. 209). So könnten sich die hohen Anteile der Geowissenschaftler, die alleine publizierten und die mit Wissenschaftlern außerhalb der Gastinstitution kooperierten, aus der Überlagerung dieser Einflüsse, einschließlich des Spannungsverhältnisses zwischen sehr speziellen ortsgebundenen Forschungsthemen und geräteintensiven, multinationalen Kooperationen für die Behandlung übergeordneter Fragestellungen (z. B. Klimaveränderungen) erklären. In den Geowissenschaften wurden nach der Physik auch die meisten Folgeprojekte in Kooperation mit Deutschen initiiert und überdurchschnittlich viele Veranstaltungen organisiert.

In den experimentellen Arbeitsrichtungen der anderen naturwissenschaftlichen Fächer ist die Arbeit der Gastwissenschaftler tendenziell stärker an spezifische instrumentelle, aber im Vergleich zu den Ingenieur- und Geowissenschaften stärker standardisierte Forschungskontexte gebunden, so daß wissenschaftliche Fragestellungen häufiger gemeinsam mit Mitgliedern der gastgebenden Arbeitsgruppe und anderen in Deutschland tätigen Wissenschaftlern erarbeitet und publiziert werden als alleine. Auffällig ist die große Bedeutung von Kooperationen in Medizin und Physik, in der sich vermutlich vor allem eine wichtige Bedeutung von Multiautorenschaft widerspiegelt (vgl. Abb. 23, S. 209). Die häufige Koautorenschaft von US-Medizinern mit Ihren deutschen Interaktionspartnern steht Beobachtungen zu einer geringeren Attraktivität der medizinischen Forschung in gewissem Maße entgegen (vgl. 3.1.3.2). Zumindest läßt sich an dieser Stelle festhalten, daß US-Wissenschaftler mit deutschen Wissenschaftlern gemeinsam publizieren, wenn sie einmal vor Ort sind (vgl. 3.2.2). Im Fächervergleich führten zudem überdurchschnittlich viele US-Mediziner Veranstaltungen und Folgeprojekte mit deutschen Interaktionspartnern als Resultat der Forschungsaufenthalte durch. Die international große Aktivität, Attraktivität und Einbindung physikalischer Forschung in Deutschland spiegelt sich in den höchsten Werten in fast allen Kategorien wieder.

Vergleichsweise wenig Publikationstätigkeit in allen betrachteten Kategorien fand in den Fächern Chemie und Biowissenschaften statt. Gleiches gilt für resultierende Veranstaltungen und bedingt auch für Folgeprojekte. Es handelt sich um zwei Fächer, in denen sowohl in Deutschland als auch in den USA Einzelautorenschaft ebenso wichtig ist wie in den Ingenieurwissenschaften und in Mathematik und in denen zudem am wenigsten international kooperiert wird. Im Fach Chemie, das in Deutschland eine international bedeutende Rolle einnimmt, kann diese relative Zurückhaltung bei Veröffentlichungen auch mit der Beobachtung in Verbindung gebracht werden, daß sich US-Professoren in Chemie wegen einer stark europäisch geprägten Fachtradition und damit einhergehenden größeren Arbeitsgruppen tendenziell stärker auf Managmentaufgaben konzentrieren als ihre Kollegen in anderen

4.4 Resultierende Sachverhalte und Beziehungen 365

Fächern, so daß sie seltener den Träger einer konkreten internationalen Forschungskooperation bilden (vgl. 4.3.2.2). Eine im Vergleich zu Publikationen wesentlich wichtigere Auswirkung der Preisträgeraufenthalte von Chemikern besteht in der Rekrutierung von Post-Docs für ihre Labors (vgl. 4.4.4), aber auch in der Durchführung gemeinsamer transatlantischer Forschungsprojekte durch die Einbindung der eigenen Arbeitsgruppe.

In vielen Bereichen der Biowissenschaften kam zum Ausdruck, daß besonders viele US-Wissenschaftler die Rolle des Lehrers, Beraters und Ideengebers einnahmen, weil ihre Forschung in den USA biowissenschaftlichen Diskursen in Deutschland gerade in den 1970er und 1980er Jahren oft voraus war (vgl. z. B. [14], S. 435). Im Fach Biologie spielt Deutschland im Vergleich zu anderen Fächern auch eine geringfügig weniger bedeutende Rolle bei der Veröffentlichung von Forschungsergebnissen in internationalen Zeitschriften (vgl. 3.2.2). Die Möglichkeit von vergleichsweise weniger inhaltlichen Anhaltspunkten für eine gleichwertige Kooperation zeigt eine Tendenz auf, die jedoch keineswegs pauschal gelten kann, da die US-Wissenschaftler wichtige Zentren biowissenschaftlicher Forschung in Deutschland nannten und einzelne Biowissenschaftler auch Teil des transnationalen Kooperationsnetzwerkes sind, das in Abschnitt 4.4.5 diskutiert wird.

Neben diesen fachspezifischen Besonderheiten des Publikations- und Kooperationsverhaltens tragen große Variationen hinsichtlich der Zahl, der Art (z. B. Abstract, Artikel, Anthologie, Buch), der Originalität (z. B. neuer Artikel versus verschiedene Versionen des gleichen Artikels) und der Wirkung einer Publikation (z. B. große positive Rezeption, große negative Rezeption, keine Rezeption oder Resonanz) zu einer eingeschränkten Aussagekraft der Publikationstätigkeit in Hinblick auf den Erfolg von Forschungsaufenthalten im Ausland bei. Hinzu kommt die Möglichkeit einer nachhaltigen, aber subtilen Beeinflussung der eigenen Arbeit durch Kommunikation mit anderen, wie sie im vorherigen Abschnitt eingehend diskutiert wurde und am besten über offene Fragen und Gespräche erfaßt werden kann.

> A textbook was written during my stay and my host and other colleagues in the host institution were very helpful in critizing it. [US-Preisträger von 1978, schriftliche Befragung]

Qualitativ-evaluierende Aussagen auf Grundlage quantitativer Messungen der Publikationstätigkeit nach Häufigkeit und Art der Kooperation wären daher, wenn überhaupt, nur innerhalb einzelner Fachkulturen oder mit Blick auf den Vergleich der Resultate anderer Mobilitätsprogramme möglich.

> In some types of research, it is not advisable to try to write a joint research paper. I believe that as a result of my Humboldt award, I was able to write one long research paper [...] and later at least two others (all published in German math. Journals). Without the ideas and help that I received in Germany I would not have been able to do this. Whether someone publishes joint work with colleagues in Germany should not be the ultimate yardstick by which to measure the success or failure of Humboldt Fellowship grants. [US-Preisträger von 1972, schriftliche Befragung]

366 4 US-Wissenschaftler als Humboldt-Preisträger in Deutschland

Abb. 34: Publikationsverhalten ausgewählter US-Wissenschaftler

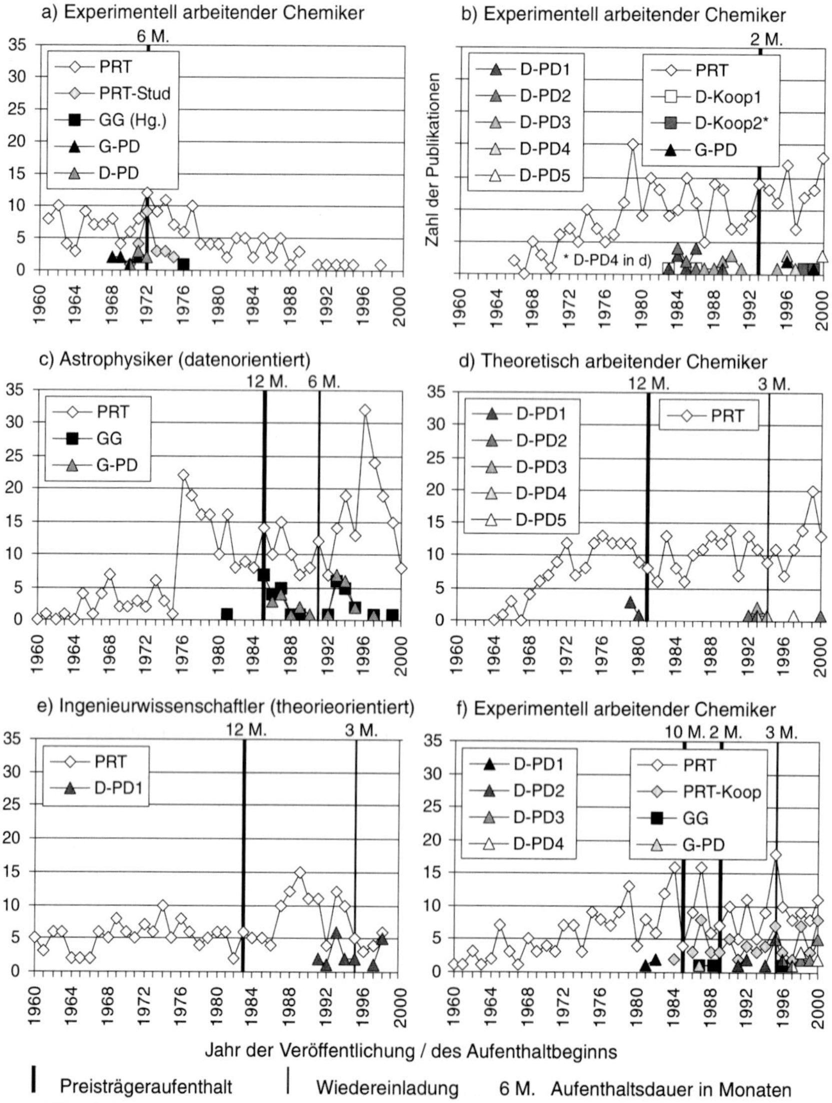

Jahr der Veröffentlichung / des Aufenthaltsbeginns

| Preisträgeraufenthalt | Wiedereinladung 6 M. Aufenthaltsdauer in Monaten
PRT: US-Preisträger; -Stud: Student, später selbst Preisträger; GG: Gastgeber in Deutschland;
-Koop: Kooperationspartner, selbst Preisträger (PRT) oder in Deutschland tätig (D);
PD: Post-Doc, G- des Gastgebers, z.T. in den USA gewesen, D- aus Deutschland in den USA.

Quelle: *Curricula Vitae und Datenbank SciFinder Scholar; eigene Erhebung.*

4.4 Resultierende Sachverhalte und Beziehungen

Neben statistischen Daten zur Publikationstätigkeit können Publikationsanalysen auf Grundlage individueller Publikationslisten einen Einblick in Häufigkeit, Zeitpunkt und Dauer einer mit dem Forschungsaufenthalt in Verbindung stehenden Publikationstätigkeit und die Art der Kooperationspartner geben. Abbildung 34 stellt in diesem Zusammenhang für sechs US-Wissenschaftler die Zahl ihrer gesamten Publikationen im Zeitraum 1960 bis 2000 dar und vergleicht in Relation dazu den Zeitpunkt ihrer längeren Deutschlandaufenthalte mit der Zahl der Publikationen, die mit wichtigen, von den US-Wissenschaftlern im persönlichen Gespräch genannten Kooperationspartnern aus Deutschland erstellt wurden.[270]

Als übergeordnete Beobachtung wird anhand der Fallbeispiele deutlich, daß das Publikationsverhalten auch innerhalb einzelner Fachgebiete stark variieren kann, und daß die jährliche Zahl der Publikationen fächerübergreifend systematischen Veränderungen nach der Karrierephase unterliegt: In einer ersten Karrierephase steigert sich die Publikationstätigkeit allmählich und kann im Falle einer besonderen wissenschaftlichen Leistung auch einen deutlichen Sprung innerhalb weniger Jahre aufweisen. Dieser Sprung ist in der Regel mit dem Aufbau einer Arbeitsgruppe und der Etablierung als *full professor* verbunden (vgl. 34-b, c, d). Anschließend bleibt die Publikationstätigkeit über ein bis zwei Jahrzehnte vergleichsweise stabil, kann aber Schwankungen unterliegen, die von einer variierenden Zahl von Mitarbeitern, der Übernahme akademischer Funktionen sowie persönlichen Entwicklungen beeinflußt werden. In einer späten Karrierephase kann es gerade bei international renommierten Wissenschaftlern noch einmal zu verstärkter Publikationstätigkeit kommen, wenn diese als Autor, Mitautor und Herausgeber in verschiedene Projekte zahlreicher Schüler und Kollegen einbezogen werden (vgl. Abb. 34-c, d, e). Aus Altersgründen verringert sich anschließend häufig die eigene Produktivität und reduziert sich die Größe der Arbeitsgruppe auf die eigene Arbeitskraft, so daß immer weniger Publikationen pro Jahr erstellt werden. Zeitpunkt und Dauer dieses Rückbaus des eigenen Wissenschaftsbetriebs können aber wiederum erheblich variieren (vgl. 34-a: dieser Wissenschaftler war 1999 70 Jahre alt; 34-e: 74 Jahre; 34-f: 68 Jahre). Vor dem Hintergrund solcher zyklischen Veränderungen der Publikationstätigkeit hängt die Beurteilung konkreter wissenschaftlicher Resultate eines Forschungsaufenthalts natürlich auch davon ab, in welcher Karrierephase der Aufenthalt stattfindet (vgl. 4.5).

Anhand der dargestellten Publikationsmuster lassen sich sechs verschiedene Typen individuellen Publikations- und Kooperationsverhaltens beschreiben, die sich als Ausgangspunkt einer erweiterbaren Systematik verstehen. Das erste Fallbeispiel (34-a) ist typisch für frühe Preisträgeraufenthalte renommierter US-Wissen-

---

[270] Die Publikationsanalysen erfolgten auf der Grundlage von Lebensläufen der US-Wissenschaftler (34-b bis e) und der im Internet verfügbaren Datenbank SciFinder Scholar (34-a und f; vgl. http://www.ub.uni-heidelberg.de/epub/fach/chemphys.html). Diese elektronische Datenbank entspricht der gedruckten Version der Chemical Abstracts und gilt als die weltweit umfangreichste Chemiedatenbank. Sie deckt die Gebiete Chemie, Biochemie, chemische Verfahrenstechnik und verwandte Wissenschaften seit 1907 ab und beruht auf der Auswertung von etwa 9.000 Zeitschriften, Patenten, Forschungsberichten, Monographien, Konferenzberichten und Dissertationen. Ein Vergleich der SciFinder Scholar Analyse mit den Angaben im persönlich übergebenen Lebenslauf ergab bei den Beispielen 34-b und 34-d eine relativ gute bis genaue Übereinstimmung in der Gesamtsumme und den einzelnen Jahren.

schaftler zur Zeit der Blüte ihrer Arbeitsgruppe (vgl. [11], S. 399f.). Es handelt sich um einen klassischen Fall von Nachfolgemobilität, da zunächst ein Post-Doc des späteren Humboldt-Gastgebers und anschließend ein weiterer deutscher Post-Doc in den USA zu Gast waren. Mit diesen publizierte der US-Wissenschaftler vor Ort über einen Zeitraum von drei bis vier Jahren. Der Deutschlandaufenthalt diente unter anderem dazu, Informationen über die aktuelle Arbeit des ersten der erwähnten Post-Docs einzuholen (vgl. [11], S. 289). Da sich die Forschungsinfrastruktur für die vom Post-Doc aus den USA mitgebrachten Fragestellungen noch im Aufbau befand, nahm der Gast aus den USA die Rolle des Ideengebers ein. Nach dem Aufenthalt gab er eine Anthologie gemeinsam mit dem Humboldt-Gastgeber heraus. Weitere inhaltliche Anknüpfungspunkte gab es für diesen US-Wissenschaftler aber nicht. Zur Zeit seines Deutschlandaufenthalts hatte er fast alle Publikationen zusammen mit seinem Doktoranden in den USA erstellt, der später selber US-Preisträger in Deutschland wurde (PRT-Stud).

Der Aufenthalt im zweiten Fallbeispiel (34-b) ordnet sich in eine laufende Post-Doc-Mobilität von Deutschen in das Labor des US-Preisträgers ein, deren Aufrechterhaltung zu den wichtigsten Auswirkungen der Interaktion gehörte.

> I've had quite a lot of German postdoctoral fellows, especially after my Humboldt because I've had a few Feodor Lynen Fellows. Berkeley is a popular place for Germans for a variety of reasons I think, and so I've been very pleased to have several fellows. [59]

Ausgangspunkt dieser langjährigen Kooperation bildete ein *sabbatical* des US-Wissenschaftlers in Straßburg. Bei einem Besuch der Universität Tübingen wurde der Post-Doc-Strom aus dem Institut des dortigen Interaktionspartners in Gang gesetzt.

> Back in the eighties I had a sabbatical leave in Strasburg, and I was a guest of JML, that was at a time when my research was becoming more involved more synthetic organic chemistry. My interest and JML's interest overlapped in some areas and I come from a background of more co-ordination chemistry, metal co-ordination chemistry, but of course being in Strasburg I spent quite a bit of time also in Germany and I got to know professors [D-Koop1] and B at the University of Tübingen, both of whom are micro-biologists. One of my research interest is the iron co-ordination chemistry of bacteria and other microbes, and so out of that interaction, two postdoctoral fellows came from Tübingen [D-PD1] and [D-PD2]. [D-PD1] is now head of the Mössbauer Centre at the University of Lübeck Medical Centre, [D-PD2] went out to a more biological direction, and she now works for a company in Germany. [59]

Vor dem Forschungsaufenthalt in Deutschland publizierte der US-Wissenschaftler unter Einbezug des Tübinger Kollegen mit dessen Post-Docs vor Ort in den USA. Aus dem Aufenthalt selber resultieren keine gemeinsamen Publikationen, auch wenn der US-Wissenschaftler seinen Gastgeber, den er schon lange von Konferenzen kannte, zu einem der besten des Fachs zählt. Aus persönlichen und beruflichen Gründen konnte der Deutschlandaufenthalt nur zwei Monate dauern und diente somit im wesentlichen der Kontakpflege und der Präsentation wissenschaftlicher Ergebnisse, wie es für Kurzaufenthalte und solche von Leitern großer Labors typisch ist.

4.4 Resultierende Sachverhalte und Beziehungen 369

> At the time that I received my award I had planned on coming to Germany for a series of shorter trips, but shortly after that [...] I was appointed chair of this department. And so for the following three years I was really not able to leave Berkeley for any lengthy period of time. [..] So I now plan on having a sabbatical leave. [...] My wife is German and my children are bilingual although my children are, the last one is almost out of the house and so it's a little easier now for me to plan on trips to Europe. [59]

Teil der aktiven Interaktion dieses US-Wissenschaftlers mit deutschen Wissenschaftlern, die sich über Kontakte auf Konferenzen, durch die Post-Docs und eigene Aufenthalte kontinuierlich ausdehnte, ist auch ein NSF-DFG-Austauschprogramm für Mitarbeiter aus seinem Labor und dem eines weiteren deutschen Partners, der zuvor Post-Doc bei einem theoretisch arbeitenden Kollegen in Berkeley war (34-d).

Das dritte Fallbeispiel ist typisch für aufenthaltsgebundene Kooperationen, die im Anschluß an den Aufenthalt über E-mail und anderen Kommunikationsmedien aus der Ferne fortgesetzt werden und zu gemeinsamen Publikationen über einen Zeitraum von fünf bis zehn Jahren nach dem Aufenthalt führen; eine zweite Welle von Kooperationen kann durch einen neuen Aufenthalt ausgelöst werden. Die hohe Produktivität des US-Wissenschaftlers und eine etwa gleich häufige Beteiligung des Gastgebers und seines Post-Docs ist typisch für datenorientierte Auswertungen in Astrophysik, die oft von großen internationalen Teams erarbeitet und publiziert werden. Den ursprünglichen Kontakt hatte im Fallbeispiel der Humboldt-Gastgeber auf einer Konferenz hergestellt. Es folgte eine regelmäßige Interaktion, aus der vor dem Aufenthalt eine gemeinsame Publikation hervorging, die von insgesamt sieben Koautoren erstellt wurde. Der Preisträgeraufenthalt kam aus Anlaß eines vom Gastgeber in Deutschland organisierten Großprojekts zustande. Die intensive Publikationstätigkeit mit dem Gastgebe und dessen Post-Doc, an denen auch weitere Kooperationspartner im In- und Ausland beteiligt waren, basierte auf der gemeinsamen Konstruktion und Interpretation neuester Satellitendaten an der Gastinstitution. Nachdem der persönliche Kontakt durch den Aufenthalt intensiviert worden war, gab es in der Folgezeit genügend Anknüpfungspunkte, um über E-mail gemeinsame Forschungsanträge zu stellen, Daten auszutauschen und über Jahre hinweg weitere Veröffentlichungen zu schreiben. Dieses Beispiel steht auch stellvertretend für Interaktionen, in denen der erste Preisträgeraufenthalt eine jahrzehntelange Kooperation und Freundschaft zwischen Gast und Gastgeber bzw. Mitgliedern der gastgebenden Arbeitsgruppe nach sich zog bzw. festigte.

Im vierten Fallbeispiel stellen sowohl der Preisträgeraufenthalt als auch die 14 Jahre später erfolgte Wiedereinladung eine Art Nachfolgemobilität zu Aufenthalten deutscher Post-Docs in den USA dar. Mit dem Post-Doc, der unmittelbar vor der Wiedereinladung in Berkeley zu Gast war, kooperierte nicht nur der gastgebende US-amerikanische Theoretiker, sondern vier Jahre später auch der experimentell arbeitende Chemiker des zweiten Fallbeispiels, worin eine enge internationale und interdisziplinäre Vernetzung der befragten US-Wissenschaftler zum Ausdruck kommt (vgl. 4.4.5). Im Unterschied zu vielen experimentell arbeitenden Kollegen unterhält der Theoretiker keine aktiven Kooperationen aus der Ferne, so daß gemeinsame Publikationen mit deutschen Wissenschaftlern im Unterschied zum vorherigen Fallbeispiel immer aufenthaltsgebunden waren.

Das fünfte Fallbeispiel (34-e) verdeutlicht, daß sich konkrete wissenschaftliche Auswirkungen in Form von Publikationen trotz andauernder Interaktion nicht unmittelbar in Zusammenhang mit einem Forschungsaufenthalt einstellen müssen. Vielmehr ging der lockere Informationsaustausch des US-Wissenschaftlers in Deutschland mit der Etablierung eigener Theorien und der Betreuung einer Doktorarbeit an der Gastinstitution einher, es folgte die Einladung der beiden Gastgeber als Gastprofessoren, die Etablierung eines Austauschprogramms für Studierende und die Mitarbeit des US-Wissenschaftlers in der AvHAA. Eine konkrete wissenschaftliche Kooperation entstand über die Deutschlandkontakte des US-Wissenschaftlers erst acht Jahre nach dem Aufenthalt, mit dem Besuch eines deutschen Post-Docs. Diese dauerte zum Zeitpunkt des Interviews fast zehn Jahre an und führte zu einem von zwei Patenten des US-Wissenschaftlers.

> My first real contact and collaborative work which is still going on was really with a Lynen fellow, who is now a professor in Hannover [D-PD1]. He was my Lynen stipendiate in 1989, 90, I believe he was here for two years with me, and we have worked together ever since. [...] After he left here, he went to work for industry actually, which I guess is the way to do it in Germany in engineering, if you want to become a professor, and he worked in industry for four and a half years and then about three or four years ago he went to Hannover as head of the Institute. A very large institute and very prestigious, and in fact I just visited him a few weeks ago, and we've worked together on a number of things over the last ten years now and have probably published a dozen papers, we just edited a book together. [...]
>
> He had heard about me actually from his professor, and also the professor of mathematics, numerical mathematics in Munich, [...] who was actually his thesis professor. [His Professor], who for some reason thinks highly of me, recommended in fact that he come and work with me, both of them, so there is a network going, if that's what you are trying to establish, there definitely is a network, even though I never work directly with these people they were aware of my work and we had of course corresponded on various occasions but never really did anything that could be called collaborative, and lead to any kind of publication or anything like that, so there are a lot of contacts with people that are not collaborative in the normal sense but in the larger sense. [51]

Das sechste Fallbeispiel visualisiert eine extrem enge Kooperation zwischen zwei Arbeitsgruppen in Berkeley (PRT und PRT-Koop) und verschiedenen Arbeitsgruppen in Deutschland. Diese schließt sowohl Professoren als auch deren Mitarbeiter und mehrere andere deutsche Post-Docs ein und führte über einen Zeitraum von 20 Jahren hinweg zur Formierung eines transnationalen und transdisziplinären Kollegiums, dessen deutsch-amerikanische Dimension in Abschnitt 4.4.5 eingehend betrachtet wird.

> We continued to collaborate. I went back twice more after that and my host has been here for a one month period as a visiting Miller Fellow in our department, and so we have worked together a number of times. [...]
> Yes, and the collaboration has enlarged as we've gone on to look at different systems. We are also both collaborating with RK at the University of Glasgow in England, and he's been here to Berkeley, he's been to Munich many times. It's at least a triangle, and in 1995 when I spent the three months in Munich, I had just come from spending two months in Glasgow, so that was all part of a five month trip. [...]

4.4 Resultierende Sachverhalte und Beziehungen 371

> It was a different system that we were looking at but we were using similar approaches. In this case the complex had been crystallised by RK in Glasgow, so I went there to gain information about the structure and applied even more sophisticated methods of a theoretical approach that had been developed during the intervening ten years, and so there were three of us who were involved together plus students from both of those laboratories. [...]
>
> Just this summer he came to a conference that I attended in New Hampshire and we were discussing a question and he said, oh I have a compound that's just what you need and I'll send it to you, and now we are investigating that compound, so, you know, it's continuing, [...] and I had five or six postdocs from Germany I would say, altogether. [54]

Nach ihrem Forschungsaufenthalt führten etwa zwei Drittel der Gastwissenschaftler mindestens eine *Veranstaltung* durch, die in direktem Zusammenhang mit diesem stand. Die drei wichtigsten Nachfolgeveranstaltungen haben in etwa gleichhäufig in Deutschland, in den USA sowie in 46 anderen Ländern stattgefunden. Drei Regionen waren in der weltumspannenden, aber nicht weltumfassenden Wissenschaftslandschaft der befragten US-Wissenschaftler gar nicht vertreten bzw. stark unterrepräsentiert: der afrikanische Kontinent mit Ausnahme Südafrikas und Ägyptens, Mittelamerika und der Nahe Osten einschließlich der angrenzenden südlichen Nachfolgestaaten der Sowjetunion (vgl. 5.2).

Drei Viertel der US-Wissenschaftler gaben an, als Resultat des Deutschlandaufenthalts *neue Forschungsprojekte* mit in Deutschland tätigen Wissenschaftlern initiiert zu haben (Abb. 33, S. 363). Damit unterhielten nach dem Aufenthalt fast doppelt so viele US-Wissenschaftler engere Kontakte in Deutschland wie vor dem Preisträgeraufenthalt (vgl. 4.2.1.4). Die Zusammenarbeit bezog sich bei zwei Dritteln der US-Wissenschaftler auf ihren Gastgeber und/oder dessen Mitarbeiter (68%); fast jeder zweite kooperierte später mit Wissenschaftlern außerhalb der Gastinstitution (45%). Rund ein Drittel der US-Wissenschaftler arbeitete nach dem Deutschlandaufenthalt sowohl mit Mitgliedern der gastgebenden Arbeitsgruppe als auch mit anderen deutschen Wissenschaftlern zusammen (36%).[271] Gründe für eine ausgebliebene Fortsetzung formeller, aber auch infomeller Kontakte schließen neben fehlenden inhaltlichen Anknüpfungspunkten, persönlichen Differenzen und engen Kooperationen mit Wissenschaftlern anderer Ländern auch Ereignisse wie die Pensionierung oder den Tod des wichtigsten Interaktionspartners oder die Schließung des Gastinstituts ein.

Eine Fortsetzung der Zusammenarbeit erfolgte auf Grundlage verschiedener Finanzierungsquellen. Nach Angaben der Preisträger sind dabei US-Mittel (z. B. NSF, NIH, NASA, *Department of Energy*, Industrie, private Stiftungen), deutsche Mittel (z. B. Institutsmittel, DFG, DLR, BMBF, MPG, AvH, DAAD, Volkswagen-Stiftung, Industrie) und eine Kombination aus beiden etwa gleich häufig verteilt. Rund ein Zehntel der Mittel stammt zudem von internationalen Organisationen (z. B. NATO, EU, UNESCO, CERN) und von Einrichtungen dritter Länder. Dies

---

[271] Die geschlossene Frage der postalischen Befragung lautete wie folgt: *Sind aus Ihrem Forschungsaufenthalt als Humboldt-Preisträger in Deutschland neue Forschungsprojekte in Zusammenarbeit mit Wissenschaftlern deutscher Forschungseinrichtungen hervorgegangen? Und wenn ja, wie viele Projekte?* Die Ergebnisse der qualitativen Interviews geben in diesem Zusammenhang Anlaß zu der Vermutung, daß der Spielraum beim Verständnis des Begriffs *Zusammenarbeit* (engl. *cooperation*) sehr groß war.

zeigt, daß *sabbaticals*, die zum Beispiel von kanadischen, taiwanesischen, japanischen oder schwedischen Stiftungen finanziert wurden, genauso zu Besuchen deutscher Interaktionspartner genutzt werden wie die Preisträgeraufenthalte für Reisen in Europa. Aus deutscher Perspektive stellen die Preisträgeraufenthalte für deutsche Wissenschaftler somit eine Möglichkeit zur Erschließung neuer Forschungsmittel über die fortgesetzte Kooperation dar.

Über Art und Dauer der fortgesetzten Zusammenarbeit geben im Detail die persönlichen Gespräche Aufschluß (vgl. 4.4.3). Grundsätzlich wurde anhand der Interviews deutlich, daß eine Fortführung der Zusammenarbeit mit in Deutschland tätigen Wissenschaftlern häufig mit dem Austausch von Personen verbunden war und dabei der Begriff der projektbezogenen Zusammenarbeit aus Sicht der befragten Wissenschaftler das gesamte Spektrum von einem lockeren Informationsaustausch bis hin zu formalen Projektkooperationen umfaßte. Beispielsweise haben von den persönlichen Gesprächspartnern mehr als zwei Drittel in der schriftlichen Befragung angegeben, daß aus ihrem Forschungsaufenthalt als Humboldt-Preisträger in Deutschland neue Forschungsprojekte in Zusammenarbeit mit Wissenschaftlern deutscher Forschungseinrichtungen hervorgegangen sind (70%). Im Gespräch berichteten zwei Fünftel von ihnen von einem konkreten Forschungsprojekt (40%), während sich die Interaktion in den übrigen Fallbeispielen auf informelle Kontakte konzentrierte, die jedoch ebenfalls breite und intensive Auswirkungen nach sich ziehen konnten (vgl. 4.4.1, 4.4.3).

Vor diesem Hintergrund wäre das weite Spektrum möglicher Interaktionen, das aus den Typen fortgesetzter wissenschaftlicher Interaktion hervorgeht (vgl. 4.4.3), bei künftigen schriftlichen Erhebungen in angemessener Weise zu berücksichtigen, wenn differenzierte Aussagen über Auswirkungen von forschungsbezogenen Deutschlandaufenthalten auch anhand von Massendaten getroffen werden sollen. Aus methodologischer Perspektive bedeutet dies, daß die Kategorien, die im Rahmen dieser Arbeit auf Grundlage der qualitativen Interviews aus dem empirischen Material heraus und somit gegenstandsnah generiert wurden, in Hinblick auf künftige Studien für eine gegenstandorientierte Verbesserung der in der schriftlichen Befragung *a priori* gesetzten, auf Erfahrungswerten aus der Literatur und der Praxis der Mittlerorganisationen beruhenden Kategorien dienen könnten (vgl. auch Abb. 4, S. 92). In Hinblick auf evaluatorische Gesichtspunkte wird an dieser Stelle noch einmal deutlich, daß eine Bewertung wissenschaftlicher Resultate forschungsbezogener Auslandsaufenthalte auf der Grundlage standardisierter Erhebungen allein kaum möglich ist, da sich zum Beispiel intellektuelle Stimulation im Rahmen informeller Gespräche und die Vielfalt möglicher Auswirkungen einer Quantifizierung entziehen. Statt dessen können aber häufige Situationen und typische Entwicklungen aus Massendaten herausgefiltert und vor dem Hintergrund von Fallbeispielen und deren Typisierung sinnhaft interpretiert werden. Im folgenden werden zunächst sechs komplexe Typen nachfolgender Kontakte diskutiert, die aus den Interviews hervorgehen. Anschließend gilt es, typische Muster der Nachfolgemobilität anhand der durchgeführten Erhebungen zu analysieren.

4.4.3 Typen fortgesetzter wissenschaftlicher Interaktion

Vor dem Hintergrund, daß nach dem Preisträgeraufenthalt fast doppelt so viele US-Wissenschaftler engere wissenschaftliche Kontakte in Deutschland unterhielten wie vor dem Preisträgeraufenthalt, werden in diesem Abschnitt sechs verschiedene Typen fortgesetzter wissenschaftlicher Interaktion diskutiert. Diese wurden aus den persönlichen Gesprächen gewonnen und sollen einen tieferen Einblick in Art und Dauer der fortgesetzten Interaktion geben als es auf Grundlage der statistischen Daten möglich ist (vgl. 4.4.2). Grundlage dieser Typisierung waren neben Art, Zeitpunkt, Dauer und Häufigkeit der primär wissenschaftlich motivierten Kommunikation zwischen den renommierten US-Wissenschaftlern und ihren in Deutschland tätigen Interaktionspartnern zum einen erneute Aufenthalte der US-Wissenschaftler in Deutschland und zum anderen Aufenthalte deutscher Post-Docs bei den Preisträgern in den USA. Aufenthalte von Mitarbeitern der US-Wissenschaftler in Deutschland oder der Humboldt-Gastgeber an den Basisinstitutionen der Preisträger in den USA wurden ebenfalls in Betracht gezogen. Für die Fortführung der wissenschaftlichen Kontakte spielten diese Formen der Nachfolgemobilität jedoch eine wesentlich geringere Rolle (vgl. 4.4.4).

Die resultierenden Typen fortgesetzter wissenschaftlicher Interaktion werden im folgenden nach der zunehmenden Intensität der Nachfolgekontakte beschrieben, so daß bestimmte, nicht eigens erwähnte Merkmale des vorherigen Typs meist auch für den folgenden Typ gelten (Abb. 35).[272] Für eine Beurteilung der Häufigkeit der skizzierten Typen ist zu berücksichtigen, daß sich besonders viele Personen für ein Interview bereiterklärten, die nach ihrem Preisträgeraufenthalt engere Kontakte zu Deutschland pflegen. So hatte im zugundeliegenden Interviewsample jeder zweite US-Wissenschaftler zum Zeitpunkt des persönlichen Interviews mindestens eine Wiedereinladung der Humboldt-Stiftung wahrgenommen, während dies im gesamten Programm bis Ende 1999 für etwa jeden fünften US-Preisträger der Jahre 1972 bis 1996 zutraf. Auch wenn sich die meisten Gesprächspartner in einer späten Karrierephase befanden, in der ein weiterer längerer Deutschlandaufenthalt oder neue internationale Kooperationen weniger wahrscheinlich sind, könnte sich die Zuordnung einzelner Wissenschaftler, deren erster Preisträgeraufenthalt noch nicht so lange zurücklag wie bei anderen, im weiteren Verlauf ihrer Karriere noch verändern, so daß Abbildung 35 ungefähre Größenordnungen skizziert.

Der erste Typ fortgesetzter wissenschaftlicher Interaktion umfaßt die geringste Intensität an Nachfolgekontakten im Sinne eines sporadischen lockeren Informationsaustauschs (16% im Sample). Die Deutschlandkontakte der US-Wissenschaftler können bei Bedarf aktiviert werden, Kooperationen im engeren Sinne erfolgen aber höchstens indirekt über einzelne Post-Docs in den USA und die Preisträger selber kehren maximal zu Kurzbesuchen nach Deutschland zurück. Dieser erste Typ fortgesetzter wissenschaftlicher Interaktion kam vor allem bei älteren Wissenschaftlern vor, die vor dem Aufenthalt relativ wenige Kontakte zu Deutschland besaßen und auch keine besonderen Beziehungen zum Gastgeber oder familiäre Bindungen in

---

[272] Eine umfassende Auswertung dieser Fragestellung war bei 50 der 61 geführten Interviews möglich.

374 4 US-Wissenschaftler als Humboldt-Preisträger in Deutschland

Abb. 35: Typen fortgesetzter wissenschaftlicher Interaktion

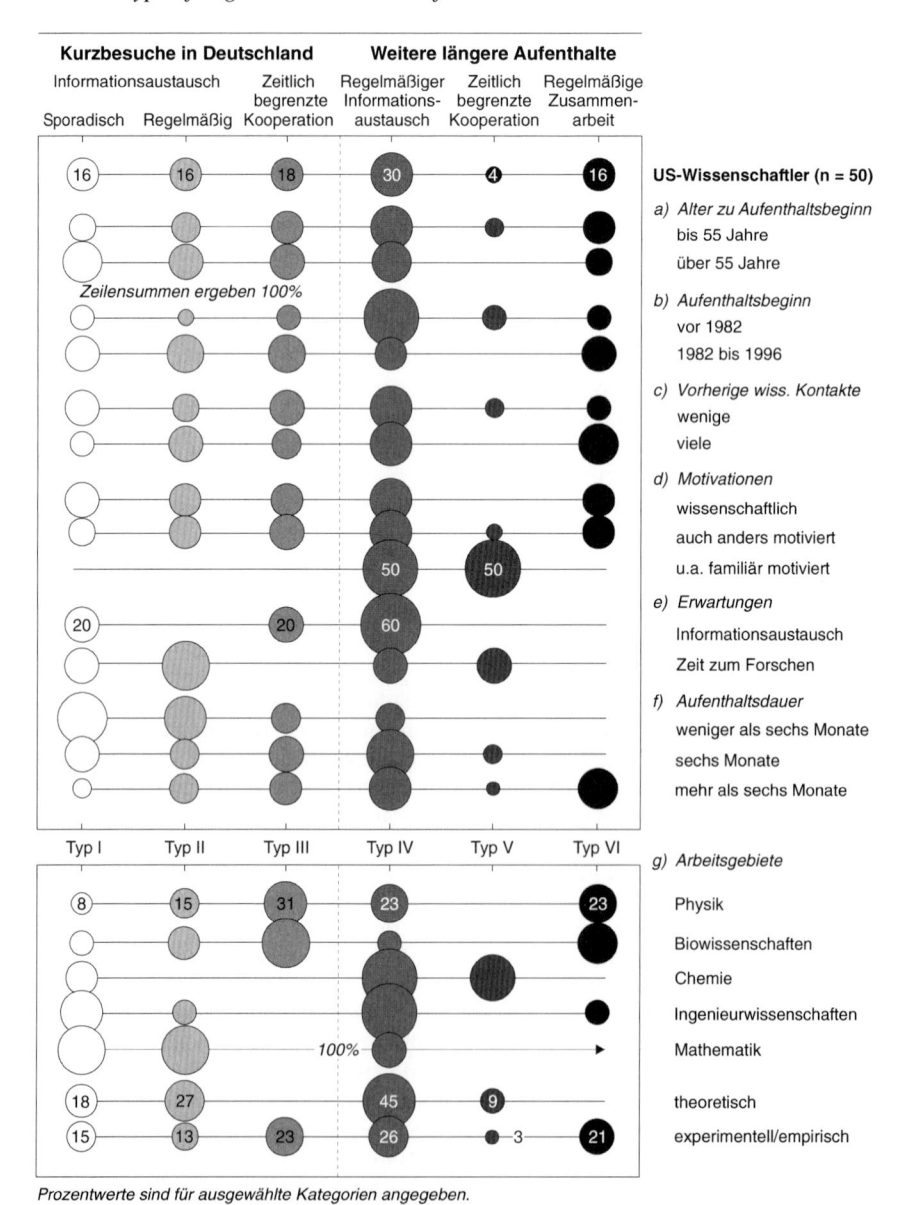

Kurzbesuche in Deutschland			Weitere längere Aufenthalte		
Informationsaustausch		Zeitlich begrenzte	Regelmäßiger Informations-	Zeitlich begrenzte	Regelmäßige Zusammen-
Sporadisch	Regelmäßig	Kooperation	austausch	Kooperation	arbeit

US-Wissenschaftler (n = 50)

a) *Alter zu Aufenthaltsbeginn*
   bis 55 Jahre
   über 55 Jahre

b) *Aufenthaltsbeginn*
   vor 1982
   1982 bis 1996

c) *Vorherige wiss. Kontakte*
   wenige
   viele

d) *Motivationen*
   wissenschaftlich
   auch anders motiviert
   u.a. familiär motiviert

e) *Erwartungen*
   Informationsaustausch
   Zeit zum Forschen

f) *Aufenthaltsdauer*
   weniger als sechs Monate
   sechs Monate
   mehr als sechs Monate

Typ I   Typ II   Typ III   Typ IV   Typ V   Typ VI

g) *Arbeitsgebiete*
   Physik
   Biowissenschaften
   Chemie
   Ingenieurwissenschaften
   Mathematik

   theoretisch
   experimentell/empirisch

Prozentwerte sind für ausgewählte Kategorien angegeben.

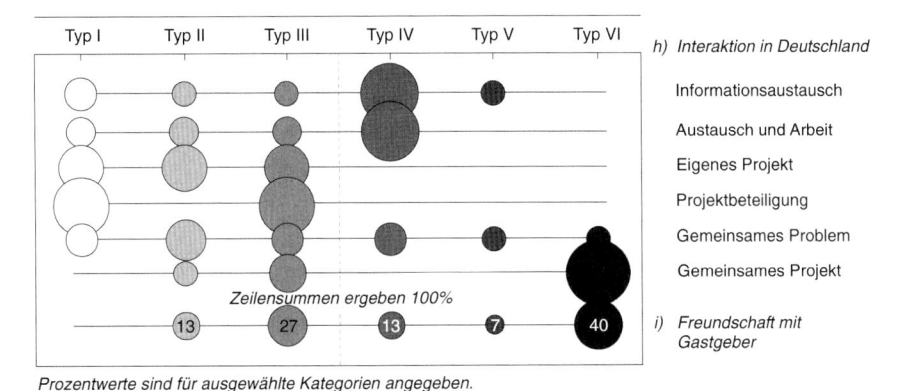

4.4 Resultierende Sachverhalte und Beziehungen 375

	Typ I	Typ II	Typ III	Typ IV	Typ V	Typ VI	
							h) *Interaktion in Deutschland*
							Informationsaustausch
							Austausch und Arbeit
							Eigenes Projekt
							Projektbeteiligung
							Gemeinsames Problem
							Gemeinsames Projekt
		Zeilensummen ergeben 100%					
		13	27	13	7	40	i) *Freundschaft mit Gastgeber*

Prozentwerte sind für ausgewählte Kategorien angegeben.

Quelle: Eigene Interviews (n = 50).

Deutschland aufweisen. Die Dauer der Aufenthalte war oft kürzer als sechs Monate, Mathematiker und Ingenieurwissenschaftler sind besonders häufig vertreten. Während des Aufenthalts haben sich die US-Wissenschaftler relativ häufig an laufenden Projekten beteiligt.

Der zweite Typ bezieht sich auf regelmäßig fortgesetzte Kontakte in Form eines Austauschs von Publikationen und Informationen über Projekte und Entwicklungen im Fach, der auch im Rahmen offzieller Funktionen wie der gemeinsamen Organisation wissenschaftlicher Tagungen oder der Mitgliedschaft im Herausgebergremium einer wissenschaftlichen Zeitschrift erfolgen kann (16%). Erneute Besuche der US-Wissenschaftler in Deutschland dauern ebenfalls nur wenige Tage bis wenige Wochen, gelegentlich kommt der Humboldt-Gastgeber zu Kurzbesuchen in die USA und je nach Fachgebiet arbeiten einzelne oder auch mehrere deutsche Post-Docs nach dem Preisträgeraufenthalt in der Arbeitsgruppe des US-Wissenschaftlers. Typisch sind solche Nachfolgekontakte für Preisträger, die seit 1982 in Deutschland waren und bei denen vielleicht noch Wiedereinladungen oder andere längerfristige Deutschlandaufenthalte folgen könnten. Viele von ihnen unterhielten vor dem Aufenthalt gute bis enge Kontakte nach Deutschland, blieben aber häufig weniger als sechs Monate in Deutschland, was wiederum typisch für Mathematiker ist (vgl. 4.3.2.2).

Der vierte Typ ähnelt wiederum dem zweiten Interaktionstyp im Sinne eines fortgesetzten regelmäßigen Kontakts ohne konkrete Zusammenarbeit. Er schließt jedoch einen erneuten, bis zu drei Monate langen Aufenthalt in Deutschland ein, der sich am besten als lockerer Informationsaustausch charakterisieren läßt, aber auch eigene Messungen an der Gastinstitution oder das besondere Interesse an spezifischen wissenschaftlichen Ressourcen einschließen kann (30% im Sample). Am häufigsten trifft diese Art der Nachfolgekontakte auf Preisträger mit lange zurückliegenden Aufenthalten zu, die sich über jüngere wissenschaftliche Entwicklungen in Deutschland informieren möchten, und auf solche mit engen familiären Bindungen nach Deutschland. Letztere führen Aufenthalte meist auch aus privaten Gründen und Mitteln regelmäßig durch und versuchen diese mit wissenschaftlicher Interaktion zu verbinden (Konferenz, Vorträge etc.). Inhaltlich sind sie ihren Interaktionspartnern häufig voraus oder es gibt keine direkten Überschneidungspunkte der Arbeitsgebiete mit den deutschen Interaktionspartnern. Falls keine biographischen Deutschlandbeziehungen existieren, ist der Kontakt zum Gastgeber freundschaftlich oder es existiert ein spezifisches Interesse an Industriekontakten, Archiven, Sammlungen oder bestimmter Forschungsinfrastruktur. Die Wiedereinladung erfolgt oft über zehn Jahre nach dem Erstaufenthalt. Manchmal findet die erste auch nach drei bis vier Jahren und eine zweite dann nach über zehn Jahren statt. Bei einigen US-Wissenschaftlern verteilen sich die Deutschlandaufenthalte in Abschnitten von einem bis zu drei Monaten über einen Zeitraum von zehn bis 15 Jahren, worin eine große Kontinuität ihrer Deutschlandkontakte zum Ausdruck kommt, die im Mittel ebenso häufig wissenschaftlich wie auch familiär motiviert ist.

Der fünfte Typ umfaßt jeweils eine Phase intensiver wissenschaftlicher Zusammenarbeit im Anschluß an den Aufenthalt. Diese dauert meist drei bis vier Jahre und dient dazu, theoretische Fragestellungen genauso wie empirisch-experimentelle Projekte oder Probleme weiterzubearbeiten und zu Ende zu führen (4% im Sample). Die US-Wissenschaftler und ihre deutschen Interaktionspartner besuchen sich dazu gegenseitig. Später werden gelegentlich Studierende und Post-Docs für verschieden lange Zeiträume ausgetauscht, um Geräte zu nutzen oder Methoden zu erlernen. Dabei überwiegt wiederum der Strom deutscher Post-Docs in die USA. In einem größeren Zeitabstand folgen eine oder mehrere Wiedereinladungen, in denen jedoch keine problembezogene Zusammenarbeit mehr erfolgt. Dies hängt wie beim vorherigen Typ mit der weiter fortgeschrittenen Karrierephase der Interaktionspartner zusammen (vgl. 4.5), läßt sich aber auch damit begründen, daß sich im Sinne der Kontingenz akademischer Zirkulation bei einem zweiten Aufenthalt keine konkrete Gelegenheit mehr zur Bearbeitung eines gemeinsamen Problems ergeben kann.

Der sechste Typ von Nachfolgekontakten bedeutet schließlich die engste Zusammenarbeit mit in Deutschland tätigen Wissenschaftlern (16%). Diese erfolgt sowohl während des Preisträgeraufenthalts als auch unmittelbar im Anschluß daran und setzt sich auch im Rahmen weiterer längerer Deutschlandaufenthalte fort (Wiedereinladungen und andere *leaves of absent* oder *sabbaticals*). Preisträger und Gastgeber unterhalten meist eine langjährige, immer wieder aktivierte Kooperationsbeziehung, in die sich der erste Preisträgeraufenthalt nahtlos einordnet. Zwischendurch werden gelegentlich Doktoranden und Post-Docs ausgetauscht, manchmal nimmt der Humboldt-Gastgeber nach dem Preisträgeraufenthalt auf Einladung des Preisträgers eine Gastprofessur in den USA wahr. Es handelt sich um überwiegend jüngere Preisträger, meist Physiker oder Biowissenschaftler sowie experimentell oder empirisch arbeitende Personen. Im Sample fiel die produktivste Zeit als etablierte Wissenschaftler bei vielen dieser Preisträger mit der finanziellen Boomphase der 1980er Jahre und entsprechend vielen Forschungsprojekten und attraktiven Infrastrukturbedingungen in Deutschland zusammen. Fast alle US-Wissenschaftler dieses Typs von Nachfolgekontakten kannten ihre Gastgeber seit Post-Doc-Zeiten von Konferenzen und sind mit ihnen freundschaftlich verbunden. In die 1990er Jahre fällt im Sample auch ein geisteswissenschaftliches Projekt.

4.4 Resultierende Sachverhalte und Beziehungen

Insgesamt zeigt sich, daß der Aspekt des Wohlfühlens in Deutschland extrem wichtig für fortgesetzte Zusammenarbeit und weitere längere Besuche und Kooperationen ist. Dies hängt jedoch nicht immer nur vom persönlichen Kontakt zum Gastgeber ab, sondern wird auch von familären Beziehungen, Deutschstämmigkeit und einem attraktiven kulturellen Milieu, zum Beispiel in München, Berlin und Heidelberg, beeinflusst und daher meist von einer Assoziation dieser Faktoren bestimmt. Nach Interaktionstypen betrachtet fällt auf, daß die Interaktion während des ersten Preisträgeraufenthalts in hohem Maße die Art der Nachfolgekontakte bestimmte. Zusammen mit anderen Erkenntnissen zum Kooperationsverhalten der renommierten US-Wissenschaftler zeigt dies, daß physische Kopräsenz im untersuchten Zeitraum weiterhin ganz wesentlich für den Anstoß und die Fortführung internationaler Kooperation in den Wissenschaften war. Aus informellen Kontakten entwickelte sich in keinem Fallbeispiel eine engere Kooperation, ohne daß ein längerfristiger Forschungsaufenthalt am Institut des Interaktionspartners involviert war. Gleichzeitig zeigen die Ergebnisse der schriftlichen Befragung, daß um so mehr Preisträger für weitere längere Forschungsaufenthalte in Deutschland waren, je länger der Preisträgeraufenthalt insgesamt dauerte. Von denjenigen, die für weniger als sechs Monate nach Deutschland kamen, kehrte rund jeder fünfte US-Wissenschaftler für einen weiteren längeren Deutschlandaufenthalt zurück (19%), bei denen, die ein Jahr blieben, traf dies auf jeden zweiten zu (49%; statistisch signifikanter Zusammenhang). Welche Personengruppen in welchem Ausmaß nach dem Preisträgeraufenthalt den Atlantik querten und welche Schlußfolgerungen sich daraus für die deutsch-amerikanischen Wissenschaftsbeziehungen ergeben, analysiert der folgende Abschnitt.

4.4.4 Nachfolgemobilität zwischen Deutschland und den USA

> There is this three months follow up programme. You have to wait three years, and I waited fourteen years, or thirteen years, I went to Munich. [...] I wanted to find out what they were doing, you know, more specifically. In the three months again I visited a number of other places. It was more like two months, there is really nothing you can do to solve this specific problem, but you acquaint yourself with what they're doing and I gave a lecture there, and you know, you can again sort of inform yourself of the state of the art. It's more readily done if you can do it interactively, you know, you can do it of course by reading people's papers, but usually that's a year later and you can't really ask questions readily and so on, and so these visits can be either to work on a specific problem or just continue the more general. For me it was more an educational trip, and I gave lectures. I went to Clausthal Zellerfeld to give a lecture and it turns out that the person who invited me there was a student of OB, who I mentioned before, and who was here two or three times, including a whole semester at San Diego University in California. So these things sort of work in circles, and during my follow up visit I think I gave lectures in about six or seven places. [51]

Vor dem Preisträgeraufenthalt hielt sich rund jeder vierte US-Wissenschaftler schon einmal länger als einen Monat im Rahmen wissenschaftlicher Interaktion in Deutschland auf (28%). Nach dem Preisträgeraufenthalt war bis zum Zeitpunkt der schriftlichen Befragung fast jeder zweite US-Preisträger ein weiteres Mal für länger als einen Monat zu Forschungszwecken in Deutschland zu Gast (44%), woraus unmittelbar eine Intensivierung der wissenschaftlichen Kontakte durch die Preisträgeraufenthalte hervorgeht. Mehr als ein Drittel der US-Wissenschaftler kehrte für länger als einen Monat an die Gastinstitution zurück (37%), ein Siebtel ging für einen weiteren Aufenthalt an andere Institutionen (14%) und jeweils 8% von diesen besuchten sowohl die Gastinstitution als auch andere Institutionen im Rahmen weiterer Aufenthalte. Finanziert wurden die nachfolgenden Aufenthalte an der Gastinstitution in zwei Dritteln der Fälle durch das Wiedereinladungsprogramm der Humboldt-Stiftung (68%), wobei davon in 22% der Fälle auch andere Mittel beteiligt waren. Das übrige Drittel der erneuten Aufenthalte wurde ausschließlich aus sonstigen Mitteln finanziert (32%). Aus diesem Verhältnis geht hervor, daß das Wiedereinladungsprogramm eine wichtige Rolle für die Fortsetzung deutsch-amerikanischer Wissenschaftsbeziehungen besitzt. Der zusätzliche Rückgriff auf andere Mittel weist auf einen programmunabhängigen Bedarf an finanzieller Unterstützung längerfristiger Deutschlandaufenthalte renommierter US-Wissenschaftler hin.

Abb. 36: Muster nachfolgender Mobilitätsbeziehungen

a) Insgesamt

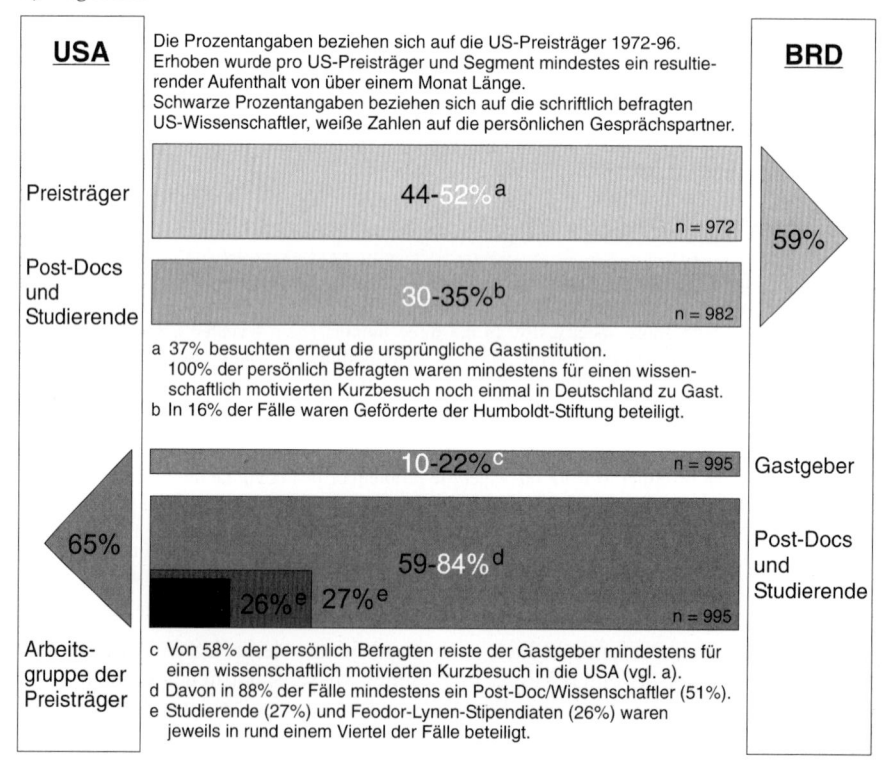

USA

Die Prozentangaben beziehen sich auf die US-Preisträger 1972-96. Erhoben wurde pro US-Preisträger und Segment mindestes ein resultierender Aufenthalt von über einem Monat Länge.
Schwarze Prozentangaben beziehen sich auf die schriftlich befragten US-Wissenschaftler, weiße Zahlen auf die persönlichen Gesprächspartner.

BRD

Preisträger   44-52% a   n = 972   59%

Post-Docs und Studierende   30-35% b   n = 982

a 37% besuchten erneut die ursprüngliche Gastinstitution.
100% der persönlich Befragten waren mindestens für einen wissenschaftlich motivierten Kurzbesuch noch einmal in Deutschland zu Gast.
b In 16% der Fälle waren Geförderte der Humboldt-Stiftung beteiligt.

10-22% c   n = 995   Gastgeber

65%   59-84% d   Post-Docs und Studierende

26% e   27% e   n = 995

Arbeitsgruppe der Preisträger

c Von 58% der persönlich Befragten reiste der Gastgeber mindestens für einen wissenschaftlich motivierten Kurzbesuch in die USA (vgl. a).
d Davon in 88% der Fälle mindestens ein Post-Doc/Wissenschaftler (51%).
e Studierende (27%) und Feodor-Lynen-Stipendiaten (26%) waren jeweils in rund einem Viertel der Fälle beteiligt.

4.4 Resultierende Sachverhalte und Beziehungen

b) Nach Fachgebieten

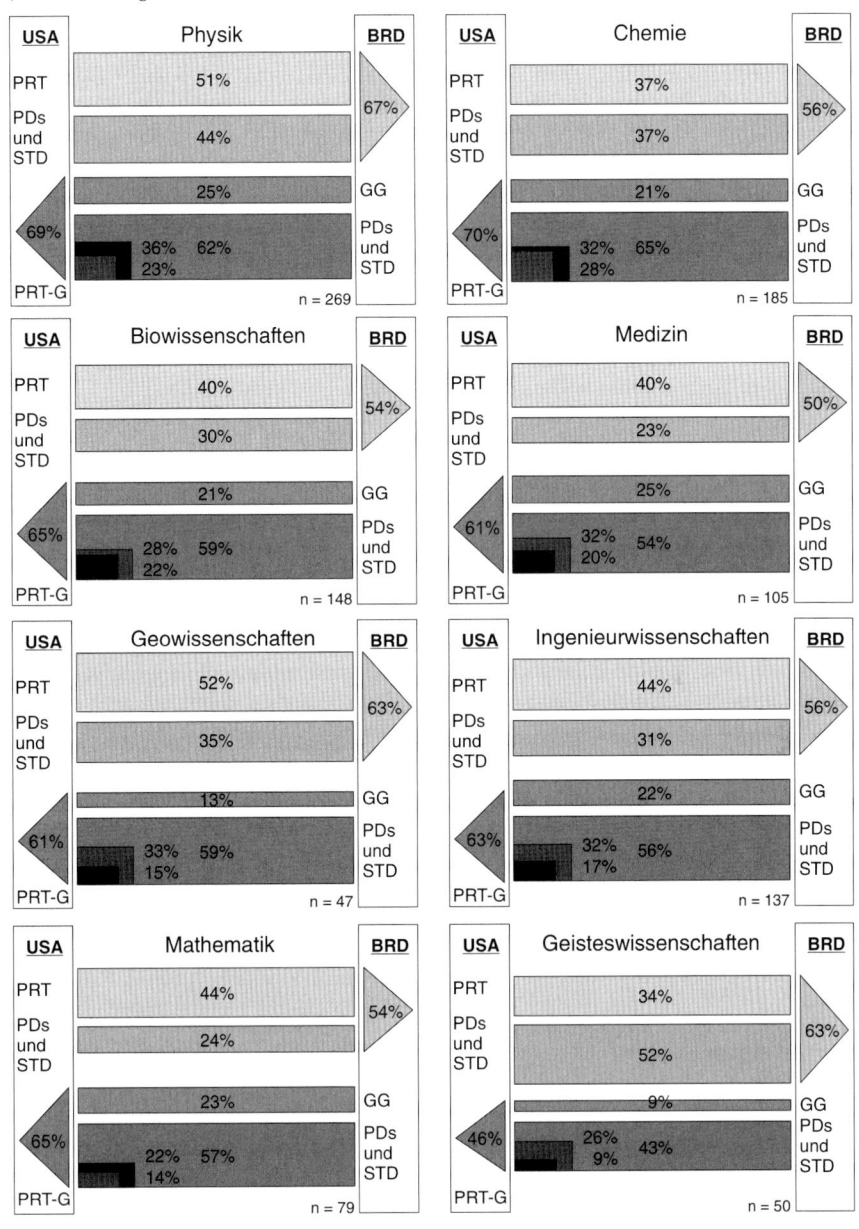

Physik (n = 269)
USA		BRD
PRT	51%	67%
PDs und STD	44%	
	25%	GG
69% PRT-G	36% 62% / 23%	PDs und STD

Chemie (n = 185)
USA		BRD
PRT	37%	56%
PDs und STD	37%	
	21%	GG
70% PRT-G	32% 65% / 28%	PDs und STD

Biowissenschaften (n = 148)
USA		BRD
PRT	40%	54%
PDs und STD	30%	
	21%	GG
65% PRT-G	28% 59% / 22%	PDs und STD

Medizin (n = 105)
USA		BRD
PRT	40%	50%
PDs und STD	23%	
	25%	GG
61% PRT-G	32% 54% / 20%	PDs und STD

Geowissenschaften (n = 47)
USA		BRD
PRT	52%	63%
PDs und STD	35%	
	13%	GG
61% PRT-G	33% 59% / 15%	PDs und STD

Ingenieurwissenschaften (n = 137)
USA		BRD
PRT	44%	56%
PDs und STD	31%	
	22%	GG
63% PRT-G	32% 56% / 17%	PDs und STD

Mathematik (n = 79)
USA		BRD
PRT	44%	54%
PDs und STD	24%	
	23%	GG
65% PRT-G	22% 57% / 14%	PDs und STD

Geisteswissenschaften (n = 50)
USA		BRD
PRT	34%	63%
PDs und STD	52%	
	9%	GG
46% PRT-G	26% 43% / 9%	PDs und STD

Quelle: Eigene postalische Erhebung (n = 1.020); a) auch Interviews (n = 50).

Die erneuten Aufenthalte der US-Wissenschaftler in Deutschland stellen ein Segment der Nachfolgemobilität zu den Preisträgeraufenthalten in Deutschland dar, deren Bedeutung im folgenden diskutiert werden soll (Abb. 36). Unter dem Begriff der Nachfolgemobilität werden sämtliche Mobilitätsereignisse mit einer Dauer von mehr als einem Monat verstanden, die nach dem Preisträgeraufenthalt zwischen der Arbeitsgruppe des US-Wissenschaftlers und dessen deutschen Interaktionspartnern erfolgten. Insgesamt generierten die Aufenthalte mehr Nachfolgemobilität von in Deutschland tätigen Wissenschaftlern in die USA (in ca. 65% der Fälle) als von US-Wissenschaftlern nach Deutschland (in ca. 59% der Fälle). Vor dem Hintergrund einer weltweit führenden Stellung US-amerikanischer Forschungseinrichtungen im ausgehenden 20. Jahrhundert war dies in gewisser Weise zu erwarten (vgl. 3.2.3.5), allerdings fällt diese Asymmetrie in der Häufigkeit nachfolgender Mobilität noch relativ gering aus, weil Abbildung 33 nicht die *Zahl* der mobilen Personen, sondern den *Anteil* der Fälle wiedergibt, in denen ein Preisträgeraufenthalt in einem bestimmten Segment mindestens ein Mobilitätsereignis generierte.

Am häufigsten waren US-amerikanische Humboldt-Forschungspreisträger nach ihrem Deutschlandaufenthalt Gastgeber für deutsche Wissenschaftler und Studierende in den USA (65%; in 57% der Fälle war mindestens ein Wissenschaftler beteiligt). Zurückzuführen ist dies vor allem auf die in den Naturwissenschaften weitverbreitete ein- bis vierjährige Qualifizierungsphase für deutsche Post-Docs in den USA. Von den persönlichen Gesprächspartnern hatten mehr als vier Fünftel nach dem Preisträgeraufenthalt mindestens einen, aber meist mehrere deutsche Post-Docs in ihrer Arbeitsgruppe zu Gast (84%). Viele dieser Post-Doc-Aufenthalte waren ein direktes Resultat der Kontakte, die während des Preisträgeraufenthalts entstanden sind, andere haben sich über Mundpropaganda und Empfehlungen der betreuenden Professoren ergeben, die zumindest die Arbeit der Preisträger kannten oder diese auch selber in Deutschland getroffen hatten.

> I had another postdoc [...] and he came in 1983. I didn't meet him in 1981, but I think the word in Germany got around to send some more people here. [18]

Ein klassisches Beispiel für diese Art von Nachfolgemobilität gibt der im folgenden zitierte Post-Doc der Biowissenschaften an der *Harvard University*. Hartnäckige Bewerbungen und das 'richtige' Fachgebiet ermöglichten auch seiner Frau, eine Post-Doc-Stelle in Cambridge anzunehmen:

> Ich kam letztes Jahr im Januar als Post-Doc nach Abschluss meiner Arbeit in Bayreuth bei Professor SZ, der Max-Planck-Forschungspreisträger war, hierhin. Bei meiner Promotion habe ich untersucht, wie Stickstoff *Depositionen* in Europa den Kohlenstoff- und Stickstoffkreislauf und das Wachstum von Wäldern beeinflussen und zwar entlang eines Nord-Süd-Sektors durch Europa. Ich hatte Standorte von Italien bis hoch nach Nordschweden. Es kam mir gut zupaß, daß in der Zeit, als ich meine Publikation geschrieben habe und meine Arbeit fertiggestellt habe, mein jetziger Chef bei uns zu Besuch war. Er hat sehr viel von mir Korrektur gelesen und fand das äußerst interessant. [Publikation war auf Englisch, Doktorarbeit auf Deutsch]. Er fragte mich, was ich nach der Promotion mache. Ich sagte, daß ich so langsam anfange, nach einer Post-Doc-Stelle zu suchen. Und [er] fragte mich, wohin ich denn möchte. Ich antwortete ihm, daß es mir egal sei und ich auch nach Australien gehen würde. Ob ich mir vorstellen könnte, in USA etwas zu tun, denn er hätte ein Projekt, was damit im Zusam-

4.4 Resultierende Sachverhalte und Beziehungen

menhang steht, wo er aber niemanden hat, der die Expertise hat, die ich in meiner Arbeit hatte. Insofern war ich mit Glück gesegnet und so ergab sich das. Das war ein großer glücklicher Zufall.
Q: Du sagtest, Deine Frau ist auch hier. Ist sie direkt mitgekommen?
Nein, sie hat etwas länger gebraucht. Sie hat in Göttingen promoviert. Ich war ein halbes Jahr früher hier. Sie hat ihre Stelle über's Internet bekommen. Sie hat sich auf mehrere Stellen in Boston beworben. Ich ging im Januar in die USA, sie kam im März für zwei Wochen zu Besuch und dann haben wir nur *Applications* für sie fertig gemacht und es hat geklappt am MIT Wobei uns gesagt wurde, daß gerade deutsche Doktoranden aus der Biochemie oder Chemie gerne genommen werden, weil allgemein angenommen wird, daß deren Ausbildung sehr gut ist. [62]

Die längerfristigen Forschungsaufenthalte deutscher Post-Docs in den USA ordnen sich in eine laufende Rekrutierung und große Fluktuation ausländischer Post-Docs in den US-amerikanischen Hochschullaboratorien ein. US-Wissenschaftler profitieren von hochmotivierten und hochqualifizierten ausländischen Nachwuchswissenschaftlern, die zwei bis vier ihrer wissenschaftlich produktivsten Jahre in den USA verbringen und mit der Veröffentlichung wissenschaftlicher Artikel zur Generierung positiver Rückkopplungseffekte für die Arbeitsgruppe des Gastgebers und der arbeitgebenden Institution beitragen:

They read, they think and they discuss things with you which is wonderful because they think about things they read, it's a very good education system. [29]

I would say most of the postdoctoral fellows who have come with DFG or Humboldt support in my experience have worked hard and have been very productive in my laboratory. Sometimes the European postdocs have had a reputation with some of my colleagues of coming to the United States for a vacation, especially California. [...] So the fact that they come with their own support is very important, particularly for places, I mean Berkeley is a popular place, I have the luxury of having a number of people who like to be here. I think it would be less important if it was some other location.

Q: In which way do you benefit from postdocs? A: Well, first I benefit from their hard work and good activity. We publish together, and in chemistry you are literally what you publish, that defines who you are as a practising scientist, right, what you publish, I think that's true in any scholarly field, you are what you publish, and so if you don't publish it you might as well never have done it. And usually my name goes last, because I like to think I had some contribution to it, but I take authorship seriously so the first author will be the person whose work, either physical work or intellectual contribution, was the major contribution. Occasionally I have put my name earlier on the list if I feel I made a more significant contribution to the paper, and for most of our review articles I put my name first because I think that in terms of the big picture of what was going on I [had the best overview]. [59]

Umgekehrt haben ausländische Post-Docs in den Arbeitsgruppen der international renommierten Wissenschaftler die Gelegenheit, aktuelle Fragestellungen, neue Inhalte und Forschunginfrastrukturen kennenzulernen, Argumentations- und Arbeitsstile der wissenschaftlichen Elite zu verinnerlichen und den sicheren Umgang mit der international dominierenden Wissenschaftssprache Englisch zu optimieren. Sie können durch den Aufenthalt in einer international renommierten Arbeitsgruppe und vor allem durch Veröffentlichungen mit den US-Wissenschaftlern symbolisches Kapital anhäufen, das für weitere Karriereschritte und die Konstruktion von Glaubwürdigkeit und Anerkennung sehr wichtig ist und somit dazu beitragen kann, den eigenen Status in der Wissenschaftsgemeinschaft des Herkunftslandes erheblich zu verbessern. Die potentielle Fähigkeit, auf Grundlage der US-Erfahrungen qualitativ hochwertige Forschung durchführen zu können, eröffnet zusammen mit den in den USA geknüpften Kontakten zudem eine Möglichkeit zur stärkeren Einbindung der eigenen Person und späteren Arbeitsgruppe in international dominierende Wissenschaftsdiskurse. Auf diese Weise kann die Rückkehr der Post-Docs nach Deutschland auch zu einer erhöhten internationalen Attraktivität der deutschen Forschungslandschaft beitragen. Zum Beispiel wurde zuvor festgestellt, daß viele US-Preisträger ihre ehemaligen Post-Docs in Deutschland besucht haben, um sich über den Fortgang ihrer Arbeit zu informieren (vgl. 4.2.2). Manche späteren Professoren sind auf Grundlage ihrer Post-Doc-Erfahrung zu wissenschaftlichen Konkurrenten der US-Wissenschaftler geworden, weil sie seit ihrer Rückkehr nach Deutschland ähnliche Fragestellungen bearbeiteten (vgl. [54], S. 403). In den Natur- und Ingenieurwissenschaften können aus der Arbeit der ehemaligen Post-Docs wirtschaftlich ertragreiche Forschungserkenntnisse und -projekte hervorgehen, die ohne eine Qualifizierung in den USA unter Umständen nicht möglich gewesen wären, so daß die Post-Doc-Mobilität langfristig wichtige volkswirtschaftliche Effekte nach sich ziehen kann. Insgesamt vollziehen die mobilen deutschen Post-Docs im Rahmen ihrer USA-Aufenthalte einen Mobilisierungszyklus, der sie selber und somit auch ihren späteren Arbeitsort zu Zentren wissenschaftlicher Kalkulation macht (vgl. 2.2.2).

> German postdocs in the US learn the whole different thinking, you know actually I think it's not even the science necessarily but it's the thinking about how the whole thing is conducted [...] Europe is still a bit secular, but you know here you start thinking more in terms of, well maybe it's good for everybody, maybe, so the thinking is very, very different and I think that that's basically what they should take back, in that everything is sort of possible, or that everything, you know, there and do it, and be able to contact whoever you need to get it done. I mean not wonder about six months whether you're good enough to do it or not, just do it. So the psychology is the thing that I think basically is the problem, the mindset, and I think the postdocs who come here and see how it's done and see how papers get published and see how competitive the whole thing is and how the whole process works I think is the thing that needs to be exposed. So I actually think that it's absolutely essential that they go abroad. [29]

> Also, ich fühlte mich auch verpflichtet gegenüber der Humboldt-Stiftung, was die für mich gemacht hat, so daß ich diesen jungen Mann eingeladen habe und ihm geholfen habe bei einem *proposal*, also einen Plan zu schreiben, was er arbeiten soll mit mir und wird haben die Endergebnisse auch publiziert. Er sammelte hier genügende Erfahrungen, experimentelle und auch sonstige, daß er gleich eine Professur bekommen hat.
> Ein anderer, der kurz hier war, wurde auch Professor. Ein anderer, der aus der Schweiz hier war, wurde Professor an der ETH in Zürich, als er zurückgegangen ist. Und wieder ein anderer hat sofort die Leitung für die deutsche NASA-Akustikabteilung gekriegt, nachdem er hier war. Also, für die Leute, die hierher gekommen sind war es sehr lohnend. [...] Es sind einige, die vier, fünf Jahre lang hiergeblieben sind und nachher, als ihre Kinder ins Gymnasium gehen sollten, haben sie dann eine Entscheidung machen müssen, ob sie eine deutsche Ausbildung oder eine amerikanische Ausbildung haben sollten und dann sind mehrere, die überlegt hatten, zurückgegangen. Oder ein Kollege von mir, der Sohn entwickelte so eine

4.4 Resultierende Sachverhalte und Beziehungen 383

> Allergie gegenüber Pflanzen hier, die man sehr oft hat, die mußten unbedingt weggehen, das wäre lebensgefährlich [gewesen], hier zu bleiben. Aber die meisten Leute haben das als ein professionelles Sprungbrett betrachtet. [2]

An den Post-Docs aus Deutschland schätzen viele US-Wissenschaftler eine solide Ausbildung, große experimentelle Erfahrung und die Fähigkeit zum selbständigen Arbeiten, die im sehr verschulten amerikanischen System zu Beginn der Post-Doc-Zeit vergleichsweise weniger gut ausgeprägt zu sein scheint. Hinzu kommen günstige Finanzierungsmöglichkeiten ausländischer Post-Docs, da diese häufig ihr eigenes Geld mitbringen oder, wie im Feodor-Lynen-Programm der Humboldt-Stiftung (vgl. 3.1.2.3), zumindest teilfinanziert werden.

> I think of all European countries I prefer German postdocs. They are very well trained usually, and they're very hard working and they write English, and I think that they're quite organised and disciplined so this. I mean I have French, Italian, a number of Chinese postdocs, and I actually think that Germans are probably among the best. A very good school system and they know they have to do well to get a job in Germany, and so they're very dedicated and right. [29]

> I wouldn't say there's any great distinction although the German students usually have very solid mathematics and a very strong background, but that's not been I wouldn't say a great difference, I mean one nice thing is that they don't cost very much.[An American postdoc costs me] about 30,000 dollars for the stipend and then there's some fringe benefits on top of that, and for the Lynen fellows, so we pay about 2 to 3,000 dollars, well maybe 3,000 dollars a month support. I usually support maybe two postdocs from my own research budget, the Lynen Fellows I think we pay about 1,000 a month, so we pay about quarter or a third of their support. The DFG used to be, they totally supported postdocs, but they have also decided in recent years to try and leverage there, so they expect some contribution from the host, that's fair. Usually with foreign postdocs I don't use my own research funds. I have probably seven or eight postdocs right now, usually I have about three or four, two that I pay for and then maybe two visiting postdocs. Some are paid fully by their home country, and I think maybe it's only the German postdocs that are trying to leverage their funding, and of course the Humboldt did it right from the beginning with the Lynen fellows and then I think the DFG thought that, gee, why don't we do that, too. [41]

> Obviously the main thing that you need is money, you know, that's where the bottom line is. This is one area where I know Von Humboldt is trying to spread their money out as far as they can, but they only pay three quarters of the stipend the first year, half the stipend the second year, and if you go into a third year they only pay a quarter of the stipend and they expect the other institution to pick up the rest. Well, we don't necessarily have money available to do that, we can't put foreign postdoctoral scholars on our United States training grants, it's not legal to do that, so you have to put people on your research grants, and if you don't have an open slot on the research grant it makes it very difficult so that's been a struggle for me, and it's also why people usually will only stay two years, and not stay a third year, because I don't have a full stipend to pick up for someone in the last year. [5]

> I would say that their strengths tend to be different just because of their educational experience in something of the research environment in which they were cultured, but it's hard to generalise about that. I've been fortunate in having very talented postdocs who've come to work with me and also from England and from Sweden and from other countries as well, the Netherlands and Belgium. [...] I've never had any, well, until actually three years ago, I've

never had any visitors from South America, or central America or Canada, now three years ago I had a visitor who came from Brazil, and she came for two years and she's now back in Brazil, this exchange is much more across the oceans than it is within the western hemisphere. [54]

Vor dem Hintergrund der Kritik der US-Preisträger am deutschen Wissenschaftssystem (vgl. 4.3.3.2) stellt sich für zukünftige Studien zum einen die Frage, inwieweit die Organisation deutscher Hochschulen und deren Forschungstraditionen (vgl. 4.5) die Umsetzung der USA-Erfahrungen von Post-Docs nach ihrer Rückkehr fördern oder eher behindern. Zum anderen eröffnet sich der interessante Vergleich, daß die Arbeit, die in Deutschland oft mehr als zehn Jahre lang von einem oder mehreren Assistenten eines Lehrstuhlinhabers gemacht wird, in den USA durch verschiedene, meist ausländische Post-Docs ausgeführt wird, so daß zum Beispiel in zehn Jahren fünf Personen jeweils zwei Jahre lang bleiben. Da US-amerikanische Post-Doktoranden nach ein bis zwei Jahren häufig auf ein *assistant professorship* berufen werden und im Vergleich zur deutschen Situation sehr früh am unteren Ende der professoralen Karrierestufen mit dem Aufbau der eigenen Arbeitsgruppe beginnen können, ist der Bedarf an Nachschub von Post-Doktoranden aus dem Ausland sehr groß. Dies bedeutet, daß die US-Wissenschaftler zum Beispiel von der habilitationsbedingt verlängerten Qualifizierungsphase nach der Promotion, an der sie in Deutschland so heftige Kritik übten (vgl. 4.3.3.2), eigentlich stark profitieren, weil diese zusammen mit den relativ sicheren Assistentenstellen einen zwei- bis vierjährigen USA-Aufenthalt der deutschen Nachwuchswissenschaftler zu gewährleisten scheint. Allerdings bezieht sich die Kritik der US-Wissenschaftler auch darauf, daß die Nachwuchswissenschaftler häufig selbst noch nach ihrem Post-Doc-Aufenthalt Mitglied der Arbeitsgruppe einer anderen Person sind, und zwar nicht nur bis sie eine Stelle finden, sondern bis sie habilitiert sind, um dann eine Stelle zu finden.

Den Eindrücken der befragten US-Wissenschaftler zufolge kehrten die meisten ihrer deutschen und anderen europäischen Post-Docs nach ihrem Aufenthalt wieder in ihre Herkunftsländer zurück, so daß sie langfristig keinen zusätzlichen Druck auf den akademischen Arbeitsmarkt ausüben würden. Für dieses Phänomen können wiederum verschiedene Gründe genannt werden: Während zum Beispiel besonders viele hochqualifizierte Nachwuchswissenschaftler aus Ländern mit wesentlich schlechteren wissenschaftlichen Arbeitsbedingungen oder politischen Spannungen versuchen, in den USA eine wissenschaftliche Dauerstelle zu erhalten, gehen die anderen zumeist aus kulturellen Gründen wieder zurück. Dabei bezieht sich die kulturelle Komponente nicht nur auf Sprache, Umgangsformen und alltägliche Praktiken, sondern auch auf verschiedene wissenschaftliche Arbeitsstile bzw. regional variierende Fachkulturen. Nach Aussage eines US-Wissenschaftlers ist es zum Beispiel für viele deutsche Post-Docs oft schwierig, sich in der hochkompetitiven Umgebung der großen US-amerikanischen Forschungsuniversitäten an den harten und effizienten Arbeitsstil ihrer US-Kollegen zu gewöhnen, der diesen spätestens seit ihrer Zeit als *graduate students* antrainiert wird und wichtige Wettbewerbsvorteile bei der Vergabe von Stellen schaffen kann (vgl. TRAWEEK 1988). In welcher Weise mögliche geringere Chancen auf dem akademischen Arbeitsmarkt der USA

4.4 Resultierende Sachverhalte und Beziehungen385

infolge der Sozialisation in einer anderen Wissenschaftskultur und kulturelle Bindungen zur Herkunftsregion die Entscheidung zur Rückkehr im einzelnen beeinflussen, kann an dieser Stelle nicht geklärt werden. Beides weist jedoch auf profunde kulturelle und regionale Strukturierungen wissenschaftlicher Aktivität im ausgehenden 20. Jahrhundert hin (vgl. 5.3).

> Also Christian ist im Prinzip happy mit seiner Stelle hier in Berkeley. Aber wenn es eine gute Stelle in Deutschland gäbe, ist er nach wie vor interessiert, das ist sicher klar. Und Petra, seine Frau, die wird sicher nicht ganz so unabhängig von ihm agieren wollen. Und Joachim, der bewirbt sich wirklich in den USA und in Deutschland, Schwerpunkt vielleicht doch USA, weil es hier einfach leichter ist, wenn man hier ist. Aber der ist offen, ob er zurückgeht. Ich meine, man muss mal ganz klar sagen, die USA ist einfach größer als Deutschland, und wenn man jetzt ein spezialisierter Wissenschaftler ist, dann ist natürlich die Wahrscheinlichkeit, daß es etwas Passendes gibt, hier größer. Und dann kommt natürlich auch der Unterschied in der wissenschaftlichen Freiheit hinzu. [...] Wenn man hier einmal *faculty member* ist [...] kann man sein Gebiet ändern, seine Arbeitsrichtung, oder sowas. Einige von uns werden ziemlich esoterisch, besonders hier in Berkeley. Solange man seine Verpflichtungen erfüllt, Vorlesungen hält usw., kann keiner hier reinreden. Wir sagen immer, unser einziger Boss ist unser Gouverneur in Kalifornien, sonst kann uns keiner was tun. Und die Situation von Professoren in Deutschland ist halt doch entschieden anders, und ich kenne sie recht gut. [30]

> I had five or six postdocs from Germany I would say, altogether [...] None of them expressed much interest or did much searching in the US. Many of them were married and had family ties back in Germany which the wives often were more interested in returning to Germany than the husbands perhaps, but beyond that I think that a number of them had good situations or good prospects back in Germany, others were not so confident about what kind of positions they would end up in, but went ahead anyway, they sort of took a chance, and in general it's worked out pretty well, two of the people do not have secure positions at the present time, and so, you know that still remains to be determined whether that, what direction their careers will go. [54]

> I think most people want to stay in there, you know, Europe is a much more cultural continent, you come to the US only when you have no job there, and I think that's true, who wants to come to the States when you have much more interesting things to do in Europe, and they would come here when they couldn't find a job, at least these people that I knew they all have good jobs, you know, Mercedes Benz, and some big company with a lot of money, you know they get good offers, so why should they come here. [49]

> Yes, they would have a chance to get a job in the US, but I think it's a little bit gentler in Germany, here it's pretty tough. In Germany there's usually a mentor or something, there's a lot more, the funding is, I mean it's a bit easier to start because your salary is taken care of; your position is permanent so you don't have to worry about it, you know, I think if you can get a job in Germany it's a lot more secure than here, and it's easier to start. [29]

Der schriftlichen Befragung zufolge förderte die Humboldt-Stiftung genauso wie im Falle der zirkulären Mobilität deutscher Post-Docs in die USA rund die Hälfte der Aufenthalte von Mitarbeitern der US-Preisträger in Deutschland. Neben den Post-Docs sind in bestimmten Fachgebieten aber auch Diplomanden und Doktoranden im Rahmen ihrer Arbeit in die USA gegangen. In den Ingenieurwissenschaften hielten sich sogar eher deutsche Diplomanden als Post-Docs zu Forschungszwecken in den USA auf, da in beiden Ländern das relativ große Angebot an Arbeitsstellen in der Industrie zu einer Substitution bzw. zum Überspringen der Post-Doc-Phase beiträgt. Von den US-Wissenschaftlern werden auch die Besuche von Diplomanden und Doktoranden als Bereicherung für die eigene Gruppe sehr geschätzt. Der zitierte Geisteswissenschaftler [22] beschreibt den aymmetrischen Charakter studentischer Mobilität und kritisiert in diesem Zusammenhang auch eine relativ geringe internationale Anbindung in seinem Fachgebiet.

> Als ich Dresden besuchte, traf ich einen Professor, der sehr daran interessiert war, seine Studenten nach Amerika zu verschicken. Im Laufe der Zeit hatte ich vier Studenten aus Dresden, bezahlt von irgendwelchen Geldgebern aus Deutschland, die für ein Jahr hier in Berkeley die Forschung für ihre Diplomarbeit hier machten. Die waren zum Teil enorm erfolgreich. Ich habe noch Kontakt zu zweien. Der eine ist gerade Post-Doc in Stanford. Er hat später am MPI in Deutschland promoviert und ist kam dann nach Stanford. Der Zweite arbeitet im Prinzip in Dresden als Mitarbeiter einer amerikanischen Firma, ist aber in der ganzen Welt unterwegs. Er kommt alle paar Monate hier vorbei und sagt Hallo; er hat den Aufenthalt in Amerika wirklich als optimales Sprungbrett in die High-Tech-Industrie nutzen können. [30]

> Wir haben ständig Besuch aus Deutschland, von Leuten, mit denen ich gearbeitet habe. Und was für alle sehr vorteilhaft ist, wir haben hier ständig Diplomarbeiten mit deutschen Studenten. Typisch sind zwei pro Jahr. Und die kommen von überall. Also wir haben hier jetzt einen von München, TU München und wir haben einen anderen von TU Kaiserslautern, wir haben mehrere gehabt von Dortmund und Karlsruhe, von Hamburg. Also wir haben ständig Leute hier aus Deutschland. [...] Durch meinen Besuch an den verschiedenen Universitäten und Tagungen habe ich die Kollegen da kennengelernt und die haben das dann weitergeführt und haben ihren Studenten empfohlen, sie sollen mal vielleicht hierher kommen auf sechs Monate. Aber inzwischen hat sich das natürlich rumgesprochen. Also wenn jemand hier ist und seine Diplomarbeit hier macht, dann geht er zurück und erzählt den anderen: „Ach, das ist eigentlich ganz nett da in Berkeley" und so weiter. Und dann kommt also der Nächste. [...] Ich glaube, das ist ein großer Vorteil für alle. Weil, wir haben diese jungen Leute hier sehr gerne, es sind meistens sehr gute Forschungsarbeiter. Also wir haben sie, wir freuen uns, wenn sie kommen und in Deutschland ist das sicher ein Vorteil. [31]

> Es ist erfreulich, daß die Zahl von Studenten aus Deutschland, die sich außerhalb Deutschlands orientieren, gewachsen ist, gerade auch nach USA. [...] Die amerikanischen Studenten, die nach Deutschland gehen, die gehen aus anderen Gründen, nicht weil sie an gute Institute wollen, das kommt praktisch nicht vor, sondern weil sie darauf angewiesen sind, sagen wir in den Geistes- oder Geschichtswissenschaften mit Quellen für Dissertationen. Sie haben die Kontakte durch Professoren. Also wenn ich einen Dissertanten habe, der irgendwo, sagen wir über ein italienisches Thema arbeitet, dann weiß ich, wo er hingehen soll und stelle die Verbindung her. Das ist umgekehrt nicht der Fall, daß Dissertanten so ohne weiteres von ihren Professoren mit ausländischen Kollegen verbunden werden. Das gilt auch für Europa. [...] Die internationale Ausrichtung ist an den deutschen Universitäten nicht gegeben. [22]

Gelegentlich wurden als Resultat der Preisträgeraufenthalte auch studentische Austauschprogramme zwischen der Basisinstitution und der Gastinstitution arrangiert. Indem diese Programme Anreize für US-amerikanische Studierende boten, für längere Zeit nach Deutschland zu gehen, trugen sie auf der Ebene einzelner Arbeitsgruppen dazu bei, die Asymmetrie zwischen einer großen Attraktivität der USA für deutsche Studierende und einer aus US-amerikanischer Perspektive weniger zentralen Bedeutung Deutschlands in der internationalen Wissenschaftsland-

4.4 Resultierende Sachverhalte und Beziehungen

schaft auszugleichen. Die Vereinigten Staaten gehören in vielen Fachbereichen zu den attraktivsten Wissenschaftsnationen für den deutschen akademischen Nachwuchs, während in umgekehrter Richtung Deutschland für US-Amerikaner meist nur eine Alternative unter vielen ist und in den USA oft auch wenig Notwendigkeit zu einem Auslandsaufenthalt gesehen wird:

> Coming out of this visit of mine to Darmstadt we actually entered into an exchange programme agreement with Darmstadt. Those are very rare, we very rarely do this because it usually turns out to be a one way street, we get the students coming here and almost none of our students go there. There are a number of reasons [for this], and it isn't just language because, you know, almost everybody speaks English now so that's really not a problem. I think that the students here, in a certain sense work a lot harder than they do in Europe, I mean they're much more loaded so they have the pressure on them to stay and finish, and it takes longer here than in Europe to get a doctorate. The average time in engineering for example is five to six years, so that the pressure not to be diverted and maybe add another year to this process by going away is really something that keeps people from going somewhere else. [51]

> I have a series of collaborations in Europe or at least active interaction. [...].I have an active exchange with RS at the University of Erlangen. RS and I have two exchange grants, one from NATO, now expired, and one that's a bilateral programme between The National Science Foundation of the United States and the Deutsche Forschungsgemeinschaft, for student exchanges, so we have exchanged students and postdoctoral fellows in both directions. In fact I have one of his people in my laboratory right now. This is a programme for shorter visits, but they are real research visits. [...] I knew of RS during my time when I was first in Germany in the nineties, but it was about in the early nineties. I met RS at a conference on stereo chemistry in Switzerland, and we had read one anothers papers but had not really met until then and we had some overlapping research interests and so we developed a collaboration on a joint project. He and I have different approaches to something that is pretty similar. We are making super molecular clusters, making very large cluster molecules [...] and so we've now co-authored I think at least two papers maybe three. [...] I think it is very good for our students to go back and forth, like this NSF-DFG programme provides travel funds for the co-workers, not for the principal investigators, so this of course is popular with the students, and I think it's also if I can act philosophical here for a moment, I think it's especially important from the American side because twenty years ago it was very common for PhD students from the United States to go to Europe for a postdoctoral appointment after their PhD and before going out to find a job. It's becoming less and less common that they do that for a variety of reasons one of them being that there's not much money for this in the United States, so I have more European postdoctoral fellows in my laboratory than my students going to Europe which I think is not a healthy situation. [...] A total of three of my graduate students went to Germany so far, and two more will go this next year. They will stay in Germany for a couple of weeks to maybe a couple of months, typically. [59]

Da Englisch internationale Wissenschaftssprache ist und US-Amerikaner selten eine andere Sprache sprechen, sind Ausbildung und Arbeit außerhalb des angloamerikanischen Raumes insgesamt selten und kommen meistens nur für diejenigen in Frage, die zweisprachig aufgewachsen sind, die andere biographisch-kulturelle Bezüge zum Gastland haben oder die von ihrem Betreuer im Rahmen von Austauschprogrammen oder informellen persönlichen Beziehungen ins Ausland geschickt werden, um spezifische Verfahren zu lernen oder Archive und Sammlungen vor Ort zu analysieren. Die Preisträgeraufenthalte tragen in dieser Hinsicht zur Verstärkung sowohl formeller als auch informeller Wissenschaftsbeziehungen zwischen Deutschland und den USA bei:

> Some of [my] students went to Germany in order to work with the computer facilities in Erlangen, and some of the students in Erlangen came to the UCB, and so was it really an equal exchange or, because it's not very common that American graduate students or postdocs go to a foreign country. [...] There were the graduate students who went over and spent several weeks in Erlangen and that was reciprocal, and pretty much equal, now in addition I've had several Humboldt postdoctoral fellows, and that was totally different, that had nothing to do with these collaborations, now it happened that one of them got his PhD with [my host], and then he was the most recent one, and spent a year with me as a Humboldt postdoctoral fellow before returning to Germany. [48]

> Yes, MH who has a German background, but he's purely American, he went over and he worked in the Daimler Benz research laboratory in Munich, not directly in the university. He's back here now, he's finishing a doctorate with me, so he was over there and then he came back. He's working on a possibility for correcting optical mirrors in telescopes with these micro structures. He's still a doctoral student, he hasn't finished it yet. [42]

> Actually, I sent one undergraduate to learn the technique this summer, so far not because I have not graduated too many students in this crash worthiness area, it's only now that I have one that was already grabbed by GM and three others will probably be taken very quickly by the automotive industry. [23]

> A former student spent a year at the Free University in Berlin. It was because of the work on Mesozoic mammals, because of the collection. And I knew WK. So I was able to introduce him. Also the current professor BK is a friend. [44]

Weitere wichtige Einflußfaktoren auf eine im Vergleich zur anderen Richtung vergleichsweise geringe Beteiligung US-amerikanischer Post-Docs an der deutschamerikanischen Nachfolgemobilität zu den Preisträgeraufenthalten lassen sich auf Grundlage der Interviews wie folgt zusammenfassen: In vielen Fächern ist es nicht üblich, ein Post-Doc-Jahr außerhalb der USA zu verbringen. Erstens wird nicht die Notwendigkeit gesehen, die USA zu verlassen, um wissenschaftlich mehr zu profitieren; zweitens gibt es genug prestigereiche Positionen im eigenen Land; drittens besteht ein großer Prestigeunterschied zwischen den führenden US-amerikanischen Universitäten und deutschen Hochschulen, unter denen zum Beispiel keine vergleichbar bekannten *centres of excellence* herausragen wie in den USA das MIT, das Caltech oder die Universitäten Harvard, Yale und Stanford, sondern meist international renommierte Arbeitsgruppen und Professoren auf verschiedene Universitäten verteilt sind. Viertens könnte durch einen längeren Auslandsaufenthalt die eigene Position und Sichtbarkeit auf dem von starker Konkurrenz geprägten US-amerikanischen Hochschulmarkt geschwächt werden, da aus der Ferne zum Beispiel kaum die Teilnahme am laufenden Bewerbungskarussell möglich ist. Post-Docs sind zudem die Stützen der US-amerikanischen Hochschullabors oder bewerben sich gleich nach der Promotion auf ein *assistant professorship*. Daher gehen junge US-amerikanische Wissenschaftler, wenn überhaupt, meist erst im Rahmen ihres ersten *sabbaticals* für längere Zeit ins Ausland, wenn sie im Besitz einer Dau-

4.4 Resultierende Sachverhalte und Beziehungen

erstelle sind und somit die Etablierungsphase als Professor erfolgreich überstanden haben. Darüber hinaus wäre es hochinteressant an anderer Stelle zu untersuchen, inwieweit die Mobilität von US-Post-Docs nach Deutschland zusätzlich zu den genannten Einflüssen von rückläufigen biographischen Deutschlandbezügen in den USA beeinflußt wird (vgl. 3.1.3.3).

> *Q: Did one of your graduate students or postdocs go to Germany for a long research stay after your Humboldt stay, I mean except AP he* – A: Yes, well, he's been everywhere, he goes everywhere. No, I don't think so. Now you mention it I'm a little surprised but maybe I'm not remembering correctly, but I can remember ones who went to France and England – no, not off hand. [11]

> Usually I mean you get a PhD and the first thing you look for is where can I get a permanent position and it's not often that you get them but my students have in fact been extremely successful in getting permanent positions, right away some of them. However you then look for where is a place I can get a postdocship where I can do a lot in a hurry, and which has the potential for getting me ahead, and there are just more opportunities for the students that I have to get ahead here because there are more space things being launched in the United States. You can go and work on the data, and students of mine long ago have gone over to Germany and stayed there, you know, to work on that data, but it is after they have got a permanent position here in the US. [61]

> Now there are two reasons, and in engineering it's probably the main reason, it is the feeling, and it's probably partly misplaced that this is the best place in the world to do engineering, so unless there is somebody very specific who is outstanding in his field or her field, and those people exist, they do get students from here, but there are very few what we call centres of excellence in Germany. This is really jumping ahead now, but people will only go either if there is an outstanding department, you know, world renowned, or an outstanding person, and it's really the person that's more interesting than, you know, somebody who's working on something which is really at the cutting edge, where they feel they could take a year or so out of their life and really learn something new and maybe have a very large benefit to their dissertation research, and postdocs the same thing. [51]

> It is a little different in my field. The majority of the students I have had have not done postdocs. Fortunally for us it is still possible after a PhD to go directly to getting a job. It is uncommon for our students to do a postdoc. People can directly apply for an assistant professorships. [52]

Post-Doc-Mobilität aus den USA nach Deutschland fand statt, wenn Projekte der physikalischen Großforschung nach dem Preisträgeraufenthalt zu Ende oder weitergeführt wurden (vgl. 4.4.3), wenn die gastgebende Arbeitsgruppe (oder ein Interaktionspartner) weltweit führend war oder wenn diese besonders international ausgerichtet war. Im Interviewsample traf dies bis auf eine Ausnahme ausschließlich auf Max-Planck-Institute zu.

> Several of them have visited and went over because of the connection and visited the lab and talked to people, and I did have one student who went for a postdoc in Germany but not to my host's group, but it was to someone that I had met and known from that trip, so he became a postdoc at the Max Planck in Stuttgart. [6]

> At least two of my former students right after they finished their PhD's here went to Bonn, not to the University of Bonn but to the Max Planck Institute in Bonn. Both of them stayed for one year at the Max Planck, and it was a very, very good, productive period for them, too. Let's see, one of them is back in Korea, Seoul National University, he is a probably an assistant professor, and another one is a professor in Japan. [24]

In Fachrichtungen, in denen Aufenthalte US-amerikanischer Post-Docs im Ausland häufig sind, war trotz attraktiver Forschung an den deutschen Universitäten nicht immer die neueste Fachrichtung in Deutschland vertreten, so daß im Falle internationaler Post-Doc-Mobilität aus den USA heraus neben wissenschaftlicher Qualität auch die fachliche Spezialisierung einen wichtigen Einfluß auf die Wahl des Gastlandes besitzt:

> It's fairly common [to spent some time abroad], but I don't think that any of my students did do that, partly because during this period I was changing fields. I had originally worked in what's called integrated neuroscience, which is how cells interact in a system to do something, to analyse sensory information or make a motor pattern, that kind of thing, and I gradually shifted into developmental neurobiology, which I've been working on now for twenty years I guess, and the issues we were looking at there were how nerve cells grow to the right target, and what the information is that guides them, and also how they actually move, I mean how the fibre actually is able to grow. All my German friends were in this other field, which I had now left, so at the time I was having a lot of students in the lab and in the late seventies and eighties those students were really in a field that was not the field that I had German contacts in. [34]

Auf der Ebene der etablierten Professoren besteht in der Nachfolgemobilität zu den Preisträgeraufenthalten ebenfalls eine Asymmetrie, aber diesmal in umgekehrter Richtung. Im Interviewsample sind alle US-Preisträger nach dem Deutschlandaufenthalt zumindest für Kurzbesuche nach Deutschland zurückgekehrt. Die Hälfte der US-Wissenschaftler kam sogar mindestens noch einmal für längere Zeit nach Deutschland (schriftliche Befragung: 44%; Interviews: 52%). Dieser Anteil ist angesichts der Tatsache, daß die Preisträgeraufenthalte tendenziell zu einem späten Zeitpunkt der wissenschaftlichen Laufbahn erfolgen, sehr hoch. Dabei wurden diese Aufenthalte in rund zwei Dritteln der Fälle im Rahmen des Wiedereinladungsprogramms der Humboldt-Stiftung gefördert (vgl. [51], S. 377). Von den deutschen Humboldt-Gastgebern haben den Interviews zufolge drei Fünftel ihre Preisträger nach dem Aufenthalt zumindest für kurze Zeit in den USA besucht (58%). Jedoch hielten sich die Professoren aus Deutschland in nur 10% der Fälle für längere Zeit in den USA auf (schriftliche Befragung: 22%). Die aus den Interviews generierte Größenordnung schließt auch längerfristige Aufenthalte deutscher Professoren an anderen Institutionen in den USA ein, von denen die US-Preisträger berichteten, und sie relativiert sich zudem dadurch, daß auffällig viele der wenigen Gastprofessoren aus Deutschland US-amerikanischer Herkunft waren.

> Q: Did your hosts visit you here at MIT? A: Yes, not as often as I visited them, but actually Frau D. is an historian of mathematics and last November she was here and gave a lecture at MIT, and they both came here. I mean she was the main one who was coming and so we also invited him to give a talk here too. [19]

4.4 Resultierende Sachverhalte und Beziehungen

> We continued to collaborate, I went back twice more after that and HS has been here for a one month period as a visiting Miller Fellow in our department, and so we have worked together a number of times. [54]

> A number of the people that I was involved with in Germany at that time were subsequently invited by me to come here. For example, my hosts, both were invited. We have a visiting professorship called the Springer professorship, he's the sponsor, and both of them have been Springer professors here at my invitation. [51]

> [My host] visited the Advanced Science Research Institute for a couple of months, while he was here we continued our joint work at that time. [...] He originally comes from Indiana, he was on a Humboldt postdoc of some sort with PR in Münster, and at that time a professorship opened up in Bochum, I don't know how much you know about Bochum but it's not quite the standard traditional German university set-up. [25]

Im Rahmen der Nachfolgemobilität zu den Preisträgeraufenthalten gehen somit von den vier im wesentlichen betrachteten Segmenten der Wissenschaftlermobilität (Post-Docs beider Länder, US-Preisträger und deutsche Gastgeber) am wenigsten häufig deutsche Professoren für längere Forschungsaufenthalte in die USA. Diese geringere Beteiligung deutscher Professoren an längerfristiger zirkulärer Mobilität im Vergleich zu ihren US-amerikanischen Kollegen kann zum Teil mit ihrem unterschiedlichen Tätigkeitsspektrum erklärt werden, das eher mit kurzfristigen Besuchen in Einklang zu bringen ist (vgl. 4.5).

> I don't think my host tends to spend very much time in one place. He manages such a big operation that he's on the move, as far as I can see he's on the move all the time, and in the case of AZ, the other proposer in my case, the connections experimentally in his area are not so close to what MIT does with physics with neutrinos, so it's less natural probably that these two would visit for extended times. [10]

> My host used to come, but he hasn't been here now for many years but there was a period he went, and I think he was a little bit more involved probably with administration, also I think he wants to have some sort of exchange programme with us and so I work with the Deans here and he works with the Deans there and I think they signed some sort of agreement. There is an exchange now, but at the faculty there were a few people who have sort of been there and they have been to us, but I don't think it's very active. [24]

Anhand der vom DAAD in Auftrag gegebenen HIS-Studie, die Daten zu Förderprogrammen der großen Mittlerorganisation erhoben hat (vgl. 1.3.4), zeigt sich jedoch auch, daß es kaum institutionalisierte Angebote für längerfristige Forschungsaufenthalte deutscher Professoren im Ausland gibt. Der Anteil von etablierten Wissenschaftlern an allen im Ausland geförderten deutschen Wissenschaftlern beträgt in ihrer Statistik nur 3% (DAAD 2001, 49). Da die Hochschulgesetze der Länder Professorinnen und Professoren nach einer Lehrtätigkeit von mindestens acht Semestern für die Dauer eines Semesters von ihren Aufgaben in der Lehre und der Verwaltung zugunsten der Dienstaufgaben in der Forschung freistellen können, wenn die ordnungsgemäße Vertretung des Faches in der Lehre während dieser Zeit gewährleistet ist,[273] stellt sich die Frage, warum ein Freisemester von deutschen Professoren nicht häufiger für Auslandsaufenthalte genutzt wird und ob dies mit der Angebotsstruktur der Förderprogramme in Zusammenhang steht.

> Let`s see, professors, well, my first host came only for days at a time, my second host for about a week or two. Germans don't have sabbatical leaves in the way we do [vgl. aber Fußnote 273], so it's not as feasible for them to come to other countries, that's one aspect of their system that could be changed. Other countries have sabbatical leave visitors who can stay here longer. I have a professor from Mexico for example who is spending a whole academic year with me on sabbatical leave, but you never see that with a German, or, well, from France and Italy we have sabbatical leave visitors who have been here for a semester, not so much from Switzerland, well [...] there are examples of that but it's not as common. [48]

> I think it's less easy for German scientists to visit. For example, we do not have foundations as generous as the von Humboldt. And I think German scientists don't have the opportunity to do sabbaticals. So, like here, for example, every seventh year they would push us out of the door and send us away. And our sabbatical system is very generous. [...] It's generally easy from like Guggenheim or whatever to get additional funds. [50]

> Neither professor, it seems to be difficult for them to get away for a year in the same way we can. [42]

Gerade vor dem Hintergrund, daß die Humboldt-Stiftung in den übrigen drei betrachteten Segmenten der Nachfolgemobilität für jeweils mehr als die Hälfte der Förderung verantwortlich zeichnete – dies betrifft erneute Aufenthalte von US-Preisträgern in Deutschland genauso wie Aufenthalte von Post-Docs aus den USA in Deutschland und von Post-Docs aus Deutschland in den USA –, es aber kein vergleichbares Förderprogramm für längerfristige Forschungsaufenthalte deutscher Professoren im Ausland gibt, erhält die Schaffung eines guten und prestigereichen Förderangebots große Bedeutung für die Induzierung zirkulärer Mobilität in diesem unterrepräsentierten Segment der Wissenschaftlermobiliät und der damit verbundenen zentrenbildenden Wirkung weiterer systematischer Mobilisierungsprozesse (vgl. 2.2.2). Eine ausgewogene Förderung verschiedener Segmente der Wissenschaftlermobilität erscheint auch angesichts einer in Deutschland relativ stark ausgeprägten Arbeitsteilung im wissenschaftlichen Netzwerkbildungsprozeß besonders wichtig (vgl. 4.5), um neue Ressourcen und positive Rückkopplungseffekte für alle Stadien wissenschaftlichen Netzwerkbildens mobilisieren zu können, zumal Personen mit verschiedenen Erfahrungshorizonten und Machtpositionen jeweils andere Effekte im Rahmen der Interaktion in anderen Forschungskontexten erzielen können (vgl. 2.3). Nicht zuletzt läßt sich aus den bisherigen Ausführungen ableiten, daß eine mobilitätsbedingte Vertrautheit mit räumlich und zeitlich Entferntem auch auf der Ebene etablierter Professoren bestehende Kräfteverhältnisse zugunsten der mobilen Personen und der von ihnen repräsentierten Forschungskontexte verändern kann (vgl. 2.2.2):

---

[273] §51 Gesetz über die Hochschulen des Landes Nordrhein-Westfalen, 14. März 2000, *http://fab2.fb02.uni-essen.de/taff/hg/hg_0.htm*, Abfragedatum 8.2.2002.

4.4 Resultierende Sachverhalte und Beziehungen 393

> At least in science and technology, the more you know about what's going on in as many different places the better, because you have to try to stay ahead and be aware of what's being done. So connect with as many people as possible but maintain contacts with people that you've had personal relationships with because then you trust each other you can tell each other more. [6]

Die Muster der Nachfolgemobilität zu den Deutschlandaufenthalten US-amerikanischer Humboldt-Forschungspreisträger weisen gleichermaßen auf ein Forschungsdesideratum zu Ausmaß und Art zirkulärer Mobilität deutscher Professoren wie auf ein wichtiges wissenschaftspolitisches Handlungsfeld hin. Sie verdeutlichen aber auch einen wesentlichen Unterschied der Wissenschaftsorganisation in Deutschland und den USA, der vor allem mit einer anderen Art der Arbeitsteilung innerhalb verschieden großer Arbeitsgruppen einhergeht (vgl. 4.5): *Im Unterschied zu den großen Forschungsuniversitäten der USA, an denen etablierte Wissenschaftler über längerfristige Forschungsaufenthalte an anderen Institutionen in den USA oder im Ausland neue Ressourcen mobilisieren und Post-Docs eher für bestimmte Zeit an einem Ort bleiben, um diese Ressourcen zu verarbeiten, fällt die Mobilisierung im Rahmen längerfristiger Forschungsaufenthalte im Ausland an deutschen Hochschulen vor allem Post-Docs zu, während Professoren tendenziell weniger an zirkulärer Mobilität beteiligt sind und häufig auch nur Kurzbesuche im Ausland durchführen.* Die in Abbildung 33 dargestellten Mobilitätsmuster scheinen sich ausgehend von den verschiedenen Arten der Wissenschaftsorganisation (vgl. 4.5) aufgrund der Macht- und Größenverhältnisse zwischen US-amerikanischer und deutscher Wissenschaftslandschaft in der zweiten Hälfte des 20. Jahrhunderts eingespielt zu haben. Eine Verallgemeinerung der dargestellten Muster der Nachfolgemobilität auf übergeordnete wissenschaftlich motivierte Mobilitätsmuster zwischen Deutschland und den USA scheint zwar prinzipiell möglich, weil die Preisträgermobilität häufig selber eine Art von Nachfolgemobilität darstellt (vgl. 4.4.5), die Zulässigkeit dieses Schritts wäre jedoch mit weiteren Studien im Detail zu überprüfen. In jedem Fall verdeutlichen die identifizierten Mobilitätsmuster, daß eine Bewertung einzelner Mobilitätsströme immer im Kontext anderer Segmente der Wissenschaftlermobilität erfolgen sollte, um deren Ursachen und Folgen besser verstehen zu können. Mit anderen Worten ausgedrückt erhalten die jeweiligen Mobilitätsströme ihre Bedeutung erst *als Bestandteil eines relationalen Gesamtgefüges wissenschaftlicher Netzwerkbildungsprozesse in einem spezifischen historisch-geographischen Kontext.*

Systematische Unterschiede hinsichtlich der Generierung von Nachfolgemobilität bestanden nach Altersgruppen und Karrierephasen, nach der Aufenthaltsdauer, nach dem Ausmaß, in dem die Erwartungen an den Aufenthalt erfüllt wurden, und nach Fachgebieten. In den drei Preisträgergenerationen 1982-96 sind zum Beispiel folgende statistisch signifikante Zusammenhänge erkennbar: Je jünger die US-Wissenschaftler zu Beginn des Aufenthalts waren, desto mehr von ihnen gaben an, daß nach dem Aufenthalt Mitarbeiterinnen und Mitarbeiter von ihnen eigene längere Forschungsaufenthalte in Deutschland verbrachten (bis 45 Jahre: 39%; über 65 Jahre: 22%). Ebenfalls mehr jüngere US-Wissenschaftler waren nach dem Aufenthalt Gastgeber für deutsche Studierende oder Wissenschaftler in den USA (bis 45

Jahre: 72%; über 65 Jahre: 38%), speziell auch für Feodor-Lynen-Stipendiaten (bis 45 Jahre: 40%; über 65 Jahre: 16%.). Dies kann darauf zurückgeführt werden, daß jüngere etablierte Wissenschaftler während des Aufenthalts oft stärker in konkrete Forschungsarbeit eingebunden waren als ihre älteren Kollegen und dadurch intensivere Kontakte zu Mitgliedern der gastgebenden Arbeitsgruppe hatten, an die spätere wissenschaftliche Kooperationen anknüpfen konnten. Bei weiteren Forschungsaufenthalten der US-Preisträger in Deutschland gab es dagegen keine statistisch signifikanten Unterschiede zwischen den Altergruppen, weil auch viele ältere etablierte Wissenschaftler ihre wissenschaftlich motivierte Interaktion mit deutschen Kollegen fortsetzten; allerdings waren diese Kontakte meist informeller Art und konzentrieren sich daher auf die Person des Preisträgers (vgl. 4.5).

Erneute Besuche der US-Wissenschaftler in Deutschland kamen jedoch umso häufiger vor, je länger ihr Preisträgeraufenthalt dauerte (weniger als sechs Monate: 19%; ein Jahr: 49%) und je stärker die Erwartungen an die Zusammenarbeit mit dem Gastgeber und an die Ergebnisse des Forschungsaufenthalts in Deutschland erfüllt waren. Letzteres trifft für fast alle Segmente der betrachteten Nachfolgemobilität zu, da von den US-Wissenschaftlern, die nach dem Aufenthalt ihren Humboldt-Gastgeber in die USA einluden, ebenfalls signifikant mehr ihre Erwartungen an die Zusammenarbeit mit diesem und an die Ergebnisse ihres Forschungsaufenthalts in Deutschland erfüllt sahen. US-Wissenschaftler, von denen Mitarbeiter zu einem längeren Forschungsaufenthalt nach Deutschland gegangen sind, waren ebenfalls signifikant zufriedener mit der Zusammenarbeit als die anderen. Sie schätzten zudem die wissenschaftliche Bedeutung des eigenen Deutschlandaufenthalts signifikant höher ein als diejenigen, von denen kein Mitarbeiter nach dem Preisträgeraufenthalt in Deutschland war, worin die Rolle inhaltlicher Anknüpfungspunkte für eine längere, personenübergreifende Zusammenarbeit besonders gut zum Ausdruck kommt. Je stärker die Erwartungen an die Zusammenarbeit mit dem Gastgeber erfüllt waren, desto eher waren die US-Wissenschaftler später auch Gastgeber für Wissenschaftler oder Studierende deutscher Forschungseinrichtungen, was wiederum die wichtige Bedeutung eines guten Kontakts zwischen Gast und Gastgeber für positive Rückkopplungseffekte der wissenschaftlich motivierten Interaktion unterstreicht. Zwischen dem Ausmaß erfüllter Erwartungen und der späteren Gastgebertätigkeit für Feodor-Lynen-Stipendiaten bestanden vermutlich deshalb keine statistisch signifikanten Zusammenhänge, weil ausländische Post-Docs an den großen Forschungsuniversitäten der USA in vielen Fachgebieten eine so wichtige Stütze des Wissenschaftsbetrieb bilden, daß sich diese Art der Mobilität weitgehend unabhängig vom Verlauf der Preisträgeraufenthalte entwickelt. Je größer die Zufriedenheit mit der Zusammenarbeit und den Ergebnissen des Forschungsprojektes war, desto eher unterhielten die US-Preisträger nach dem Aufenthalt auch regelmäßige Kontakte zu anderen Humboldtianern.

Die skizzierten Mobilitätsmuster variieren schließlich auch nach Fachgebieten systematisch (Abb. 36, S. 378), wofür vor allem unterschiedliche räumliche Bezüge der konstituierenden Elemente verschiedener wissenschaftlicher Praktiken verantwortlich zeichnen (vgl. 4.5; 5.1). Daraus resultierende Notwendigkeiten, Möglichkeiten und Motivationen zu zirkulärer Mobilität werden zusätzlich durch regionale

4.4 Resultierende Sachverhalte und Beziehungen

Unterschiede in der Wissenschaftsorganisation und durch das variierende Prestige von Hochschulen, Arbeitsgruppen und einzelnen Wissenschaftlern strukturiert.

Das auffälligste Beispiel für ein vom Mittel abweichendes Mobilitätsmuster bieten die Geisteswissenschaften, in denen weitaus öfter Nachfolgemobilität aus den USA nach Deutschland (in 63% der Fälle) als aus Deutschland in die USA stattfand (46%). Diese nach Deutschland gerichtete Mobilität US-amerikanischer Doktoranden, Post-Docs und etablierter Wissenschaftler ist meist an ortsgebundene Primärquellen gebunden, deren Auswertung physische Kopräsenz erfordert (vgl. [22], S. 386). Darüber hinaus können inhaltliche Schwerpunkte, die meist nur an wenigen spezialisierten Instituten weltweit bearbeitet werden, einen Aufenthalt in Deutschland nahelegen. Dementsprechend besteht in den Geisteswissenschaften für deutsche Professoren und ihre Mitarbeiter angesichts der häufigen Spezialisierung auf deutschland- und europabezogene Forschungsthemen weniger Anlaß und Notwendigkeit dazu, Forschungsaufenthalte in den USA zu verbringen. Vor dem Hintergrund dieser geisteswissenschaftlichen Mobilitäts- und Kooperationskultur läßt sich folglich aus den geringsten Anteilen entsprechender Nachfolgemobilität deutscher Professoren und Nachwuchswissenschaftler in die USA kein Vorwurf geringer Internationalität formulieren (vgl. dazu 3.3.1.2 und z. B. SPIEWAK 2000). Im Gegenteil: Der Fächervergleich zeigt, daß in den Geisteswissenschaften mit Abstand am häufigsten Mitarbeiter von US-Preisträgern für längere Forschungsaufenthalte nach Deutschland gekommen sind. Ihre Zahl pro US-Wissenschaftler wird zwar vermutlich unter denen der Physiker und Chemiker liegen, aber dies wäre als ein Effekt unterschiedlicher Kapazitäten an wissenschaftlichem Nachwuchs, fachspezifischer Arbeitsstile und Jobmöglichkeiten zu werten. Um nähere Aussagen zu den Einflüssen internationaler Attraktivität verschiedener Fachgebiete sowie fachspezifischer Mobilitäts- und Kooperationskulturen auf fachbezogene Mobilitätsmuster treffen zu können, sind unbedingt Untersuchungen im Kontext anderer Mobilitätsbeziehungen erforderlich, um langfristig Vergleichsmöglichkeiten innerhalb verschiedener Fächer zu schaffen.

In den Geowissenschaften führen ähnliche Zusammenhänge wie in den Geisteswissenschaften (z. B. Sammlungen, Geländearbeit, spezialisierte Institute) ebenfalls zu einer häufigeren Nachfolgemobilität aus den USA nach Deutschland (in 63% der Fälle) als umgekehrt (61%). Gleichzeitig handelt es sich wie im Fach Physik, das sich in Deutschland durch eine besondere internationale Attraktivität auszeichnet, um die gleichmäßigste Austauschbilanz im Rahmen der Nachfolgemobilität zu den Preisträgeraufenthalten. In Physik fand nicht nur insgesamt am meisten Nachfolgemobilität statt; im Fächervergleich kamen in Physik auch die meisten US-Preisträger und – nach den Geisteswissenschaften – am zweithäufigsten auch deren Mitarbeiter für einen längeren Forschungsaufenthalt nach Deutschland. Die in diesem Fach zu beobachtende große Häufigkeit der Mobilität deutscher Post-Docs der Physik in die USA wird nur noch in Chemie übertroffen. Als Resultat der Preisträgeraufenthalte US-amerikanischer Chemiker in Deutschland wurde insgesamt am meisten Nachfolgemobilität aus Deutschland in die USA generiert und bestand zugleich die größte Asymmetrie in den deutsch-amerikanischen Mobilitätsbeziehungen im Sinne einer primär in die USA gerichteten zirkulären Mobilität. Besonders auffällig ist im Vergleich zur Physik die wesentlich geringere Bedeutung etablierter US-amerikanischer Chemiker als Träger fortgesetzter internationaler Kontakte. Dieser Zusammenhang offenbarte sich zuvor bereits anhand der wissenschaftlichen Interaktion während der Aufenthalte (Abb. 31, S. 314) genauso wie anhand der Typen fortgesetzter wissenschaftlicher Interaktion (Abb. 35, S. 374) und scheint mit einer stark europäisch geprägten Fachtradition in Verbindung zu stehen. Demnach weisen US-Professoren der großen Forschungsuniversitäten im Fach Chemie ähnlich große Arbeitsgruppen und Arbeitsstile wie ihre deutschen Kollegen auf und sind somit tendenziell in größerem Maße mit Managmentaufgaben als mit konkreter Forschungsarbeit befaßt, während letztere vor allem von mehreren Post-Docs durchgeführt wird (vgl. dazu auch 4.5). Folglich besteht eine der wichtigsten, wenn nicht die wichtigste Auswirkung der Preisträgeraufenthalte für Chemiker in der Rekrutierung von Post-Docs für ihre Labors.

Untereinander vergleichbare Mobilitätsmuster mit einer wesentlich größeren Nachfolgemobilität in die USA als nach Deutschland weisen die Fächer Mathematik, Biowissenschaften und Medizin auf. Vor dem Hintergrund anderer Ergebnisse dieser Arbeit scheint in allen drei Fachgebieten neben fachspezifischen Besonderheiten der Einfluß einer aus Perspektive der US-Wissenschaftler tendenziell etwas geringeren internationalen Attraktivität dieser Fächer in Deutschland besonders ausgeprägt zu sein (vgl. z. B. 3.1.3.2; 3.2.2; 5.2).

Fachspezifische Variationen zirkulärer Mobilität in den Wissenschaften, wie sie in diesem Abschnitt diskutiert wurden, waren auch schon Gegenstand der Analysen zu den fachspezifischen Interaktionstypen während und nach der Zeit der US-Wissenschaftler in Deutschland und bilden somit eine wichtige Grundlage zum Verständnis internationaler Wissenschaftsbeziehungen (vgl. 4.3.2.2; 4.4.3). Im fünften Kapitel werden sie erneut aufgegriffen, um eine theoretische Begründung auf Grundlage der erweiterten Akteursnetzwerkperspektive vorzunehmen (vgl. 5.1). Anhand der weltweiten Interaktionsmuster der US-Wissenschaftler werden sie anschließend auch noch einmal empirisch nachzuvollziehen sein (vgl. 5.2).

4.4.5 Informelle Netzwerke und transatlantische Mobilitätsschienen

Die Preisträgeraufenthalte und die dadurch generierte Nachfolgemobilität stellen ein wichtiges Bindeglied im Rahmen der Formierung und Aufrechterhaltung informeller Netzwerke auf internationaler Ebene dar. Gerade über die längerfristige Konzeption tragen sie dazu bei, daß viele Kontakte geknüpft und das notwendige Vertrauen geschaffen werden kann, um Konzepte und Modelle, neueste, noch unpublizierte Erkenntnisse, Forschungsmaterialien, Arbeitstechniken und Instrumente auszutauschen, hin- und herzutransferieren und auch ohne einen formellen Projektrahmen für gemeinsame Forschungsarbeit zu nutzen. Während sich derartige Austauschbeziehungen und Verknüpfungsprozesse einer Quantifizierung entziehen, erlauben die persönlichen Netzwerke der interviewten US-Wissenschaftler einen Einblick in das komplexe Geflecht solcher internationalen und interdisziplinären *invisible colleges* (CRANE 1972; vgl. 1.3.5) aus deutsch-amerikanischer Perspektive, die durch deren längere Deutschlandaufenthalte maßgeblich geprägt wurden.

4.4 Resultierende Sachverhalte und Beziehungen

Das in Karte 7 visualisierte Beziehungsgeflecht stellt in diesem Zusammenhang persönliche Netzwerke von 21 der 61 interviewten Preisträger dar, die über einzelne oder mehrere Akteure miteinander verknüpft sind. Abgebildet wurden Mobilitäts- und Kooperationsbeziehungen zwischen Deutschland und den USA, die von den Preisträgern in unmittelbarem Zusammenhang mit ihren Deutschlandaufenthalten erwähnt wurden. Erst bei der Auswertung der Interviews stellte sich heraus, daß die Netzwerke jedes dritten Gesprächspartners miteinander verbunden sind und zusammen ein weitläufiges informelles Kollegium bilden, das staatliche, institutionelle und fachliche Grenzen überschreitet. Zentrale Knotenpunkte der relevanten Interaktionsbeziehungen in den Fachrichtungen Laserphysik, Optische und Magnetische Resonanzspektroskopie, Chemische Physik, Physikalische Chemie, Organische und Anorganische Chemie, Theoretische Chemie, Biochemie, Biophysikalische Chemie, Biophysik, Neurobiologie und Verhaltensphysiologie sind verschiedene Meßinstrumente und Meßmethoden moderner Spektroskopie (z. B. magnetische Resonanzspektroskopie), chemische Verbindungen, Moleküle, Proteine, pflanzliche, tierische und menschliche Lebewesen sowie theoretische Modelle. Sie verbinden die Entwicklung technischer Geräte mit dem Verständnis biologischer und chemischer Prozesse sowie verschiedenen physikalischen, chemischen, biologischen und medizinischen Anwendungsgebieten moderner Spektroskopie.

> Well, my field has become, has got so mature that it's now applied, the innovations are rare and few, there are lots of applications in thousands of papers that sell magnetic resonance and imaging for medical applications, chemical analysis, in that sense it is out of bounds to me now. I grew up in an era where the field was pioneering and many phenomena that were new. Now all these phenomena have been worked out, there are one or two little fringes left but everything's now application so in that sense the applications, the field is everywhere, it's in chemistry, it's in medicine it's in industry, and it's got in biology. [35] / (2)[274]

Das resultierende Beziehungsgeflecht menschlicher, nichtmenschlicher und supramenschlicher Akteure führte im Untersuchungszeitraum zu den engsten interinstitutionellen Interaktionsbeziehungen im Preisträgerprogramm (Tab. 11). Wichtige Ausgangspunkte waren einzelne renommierte deutsche Wissenschaftler, die ganz wesentlich am Wiederaufbau der deutschen Wissenschaftslandschaft in den 1950er Jahren beteiligt waren. Im Laufe von Forschungsaufenthalten in den USA hatten sie Kontakte zu führenden Wissenschaftlern auf dem Gebiet der Magnetischen Resonanzspektroskopie geknüpft, die sie zu Beginn des Preisträgerprogramms in den frühen 1970er Jahren aktivierten, um ihre US-amerikanischen Interaktionspartner als erste Preisträger und Inspiratoren erfolgreich nach Deutschland einzuladen.

> Ok, how it began, well, to tell you the truth it was with my host [GA-1]. He came to the States after the war and he was at Chicago for a while, and he came to Berkeley and I met him here, and developed an acquaintance. He was interested in the use of light to create substances that would interact magnetically with light, and then I think he brought it back and stimulated a lot of people that way [...]

---

[274] Die Zitatverweise in runden Klammern beziehen sich auf die Numerierung der Preisträger in Karte 7.

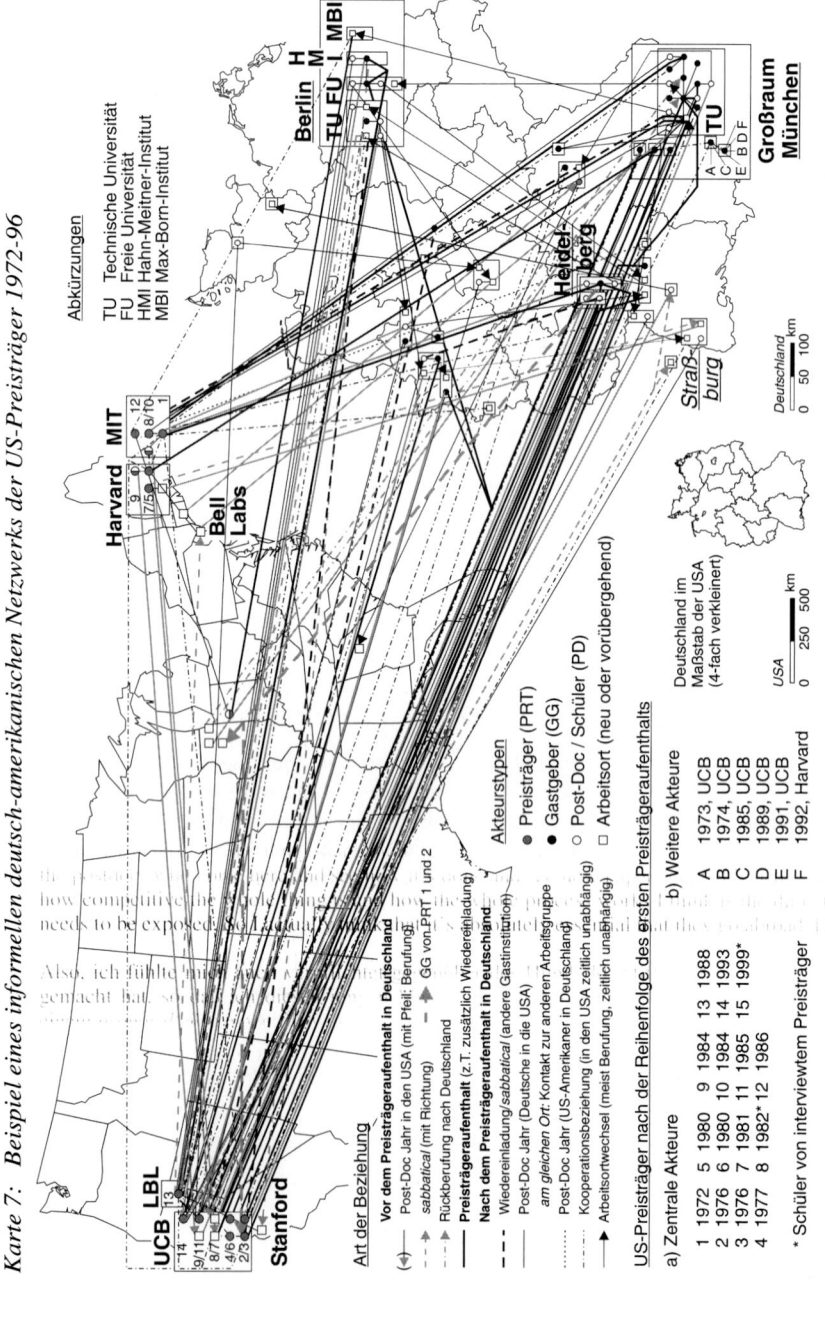

398   4 US-Wissenschaftler als Humboldt-Preisträger in Deutschland

Karte 7: Beispiel eines informellen deutsch-amerikanischen Netzwerks der US-Preisträger 1972-96

Quelle: Eigene Interviews (n = 21 vernetzte US-Wissenschaftler von 61 Gesprächspartnern).

He was the first person in Germany to stimulate an interest in magnetic resonance and he was a great help to the German scene because scientific personnel was in bad shape after the war, there weren't any people, they all escaped, the ones that were doing anything, and my host had the patience and the altruism to build up groups of young people who did magnetic resonance, and connected also with optics. He invited me eventually to come to Germany, and I remember the first time he made connections for me to give a colloquia at various universities on the Rhine, and also in Heidelberg and I met various people there and I gave talks concerning my, some of my discoveries concerning magnetic resonance. [...]

It was very slow in Germany after the war because of the reconstruction, that's where my host I think made a very big contribution. [...] I met a number of people who left Germany because they couldn't stand the hardship of reconstruction, and they came to the States. GA-1 faced this problem, so in that sense he's responsible for a lot of these young people now. [...] GA-1 himself didn't make any grand discoveries, he just did lots of little things, here and there [...] but he was administratively a very, very considerate man; unique among all the administrators he worried about his underlings and promoted their careers. He wasn't selfish about it at all [...] I really think he deserves a kind of recognition. [35] / (2)

Tab. 11: Interinstitutionelle Beziehungen im Preisträgerprogramm

Gastinstitution	Basisinstitution	Preisträgeraufenthalte 1972-96	
		Anzahl der Preisträger*	Anteil der Preisträger (%)
TU München	UC Berkeley	9	0,53
	MIT	8	0,47
	Purdue University	8	0,47
	University of Illinois, Urbana	8	0,47
	Northwestern University, Evanston	6	0,35
Universität München	UC Berkeley	6	0,35
	Stanford University	6	0,35
GSI, Darmstadt	UC Berkeley	6	0,35
Universität Frankfurt	UC Berkeley	6	0,35
TU Berlin	UC Berkeley	6	0,35
MPI für Biochemie, Martinsried	UC Berkeley	5	0,29
MPI für Festkörperforschung, Stuttgart	IBM T.J. Watson Research Center, Yorktown Heights	5	0,29
USA	Deutschland	1.926	100

* *Mehrfachzählung im Falle mehrerer Gastinstitutionen; angegeben sind die zwölf häufigsten Beziehungen.*

Quelle: AvH-Datenbank; eigene Auswertung.

Von Anfang an war das Preisträgerprogramm selber in Nachfolgemobilität eingebettet, da nicht nur der im vorherigen Zitat erwähnte Gastgeber [GA-1] in jungen Jahren in den USA gewesen war, sondern zum Beispiel auch dessen Post-Doc, der als ehemaliges Mitglied der Arbeitsgruppe von (1) eine wichtige Anlaufstelle für weitere US-Wissenschaftler in Heidelberg darstellte.

We made some rather interesting discoveries in the middle sixties, which aroused a certain amount of international interest, so I started getting people wanting to come and visit the lab and one of the first of these was PD-1, who had just finished his PhD. He came here as a very bright fellow and we did some very interesting work which aroused even more interest, and when it was time for him to go back, my host, whom I'd known for years invited him to come and join his laboratory at the Max Planck Institute. So PD-1 went back there and spent the rest of his career there, in fact next week I have to go to Heidelberg for his retirement party, that'll be fun. So I'd known my host for a long time and he got PD-1 to go back there and then three or four years later my host invited me to come for the Humboldt thing, probably because of his interest in that work and the fact that PD-1 was there and was still doing that sort of research. So I went. [11] / (1)

Für den ersten Preisträger des hier untersuchten, in der Formierung begriffenen *invisible college* war die Asymmetrie des Forschungsstands zwischen seiner Arbeitsgruppe und der Heidelberger Gastinstitution noch relativ groß. Bis zum Zeitpunkt des Interviews ist er auch nicht wieder an die Gastinstitution zurückgekehrt. Allerdings betonte der Chemiker, daß seine internationalen Kontakte generell eher informeller Natur waren; als einer der Pioniere des geräteintensiven Fachgebiets hat er während seiner gesamten wissenschaftlichen Laufbahn keine formalen Kooperationen auf internationaler Ebene durchgeführt. In seinem Labor war jedoch ein weiterer Post-Doc aus Deutschland vor dem Preisträgeraufenthalt zu Gast, und zwar direkt im Anschluß an den Aufenthalt von PD-1. Beide Post-Docs nannte er im späteren Verlauf des Interviews als zwei von fünfzehn weltweit führenden Personen der Forschungsrichtung.

I never had formal collaborations. We're all people working in more or less the same field interested in the same problems and we would stimulate one another, when we got together I'd talk about what I didn't understand and they'd talk about what they didn't understand and there was a lot of cross-stimulation, but never really collaboration and that's been going on ever since. I still know many of those people we still encounter one another at meetings and still correspond by E-mail. [...] In my particular field [German science] was becoming very good, it hadn't been but it was becoming very good, partly thanks to people like PD-1 and PD-2, who had come here and had been indoctrinated with [our ideas]. [...]
There are lots of people but they're, I'll emphasise it again, they're not ever really collaborators, it's very rare that I've written a paper with somebody from another institution, but that's happened once or twice but most of it is just a mutual stimulation business. In the field I am or was in was during a period of seven years very active, making a lot of advances and there was a number of very smart people around the world working at it from different angles and I got to know many of them and I still have lots of correspondence with them and lots of conversations with them at scientific meetings and so forth, and PD-1 was one and PD-2 was another and AJ at Brussels, and (2) in Berkeley and (8) in Berkeley, who was my student actually, has he had a Humboldt, and (2) has had one of course in Heidelberg, and (13) in Berkeley is always known as the [major] stimulus, (5) at Harvard, well, from the very early days Purcell at Harvard, who was one of the co-inventors of magnetic resonance, AS in Illinois, AG from Saclay, and AB from Saclay. [...] AP from Moscow was another important one, AL from Estonia, AK from Georgia, it's really an international crowd, so these are relationships I've maintained for years and years, they're very important. [11] / (1)

Jeder dritte der aus Sicht dieses US-Wissenschaftlers die Entwicklungen im Fach zumindest zeitweise bestimmenden Wissenschaftler war bis zur Mitte der 1990er Jahre als Humboldt-Preisträger in Deutschland. Dabei wurden die beiden Post-Docs des Preisträgerpioniers zu Humboldt-Gastgebern. Den zweiten renommierten US-Wissenschaftler des Fachs lud aber noch der Gastgeber des ersten Heidelberger

4.4 Resultierende Sachverhalte und Beziehungen 401

Preisträgers ein. Später folgte am gleichen Institut auch noch der Preisträgeraufenthalt eines in Berkeley tätigen Schülers (15) des ersten Preisträgers (1).

> I expected to have time to do my own research and theory, which I did, the people I
> interacted with were young students, mostly, PD-1 was the most expert of all of them I think,
> still then, and there were other people in other chemical lines which were of interest, and
> there were speakers who came in and out, you know sabbaticals are sort of a situation where
> you relax and let your mind wander and think of new things, and sometimes you want to be
> alone and that aspect of it I gained appreciation of, and I did collaborate and suggest a
> problem that DB and my host [GA-1] worked on, and they published an experiment that I
> advised on, I didn't spend time, afterwards I left they continued the experiment and published
> it, so in that sense there was a collaboration, and I had free time to get acquainted with the
> German scene as well, and that inclined me to go back again because I had a, GA-1 sent a
> student to me named PD-3, and he spent a postdoc year with me. [...] He is a professor at Free
> University [...] and then I always had contacts with PD-3. He came back to Berkeley several
> times and interacted with (13) and with the chemistry department more than with me because
> his interests are more orientated towards chemistry than physics, well the optical aspects of
> chemical interactions which I wasn't interested in. Nevertheless we always made connections
> and saw each other and then he invited me to Berlin. [35] / (2)

Als unmittelbares Resultat des Aufenthalts von (2) verbrachte PD-3 ein Jahr in
Berkeley. Die daraus hervorgegangenen Kontakte (zwei weitere *sabbaticals* in
Berkeley) umfaßten unter anderem eine langjährige Kooperationsbeziehung mit
(13), den (1) als den bedeutendsten Inspirator auf dem Gebiet der Magnetischen
Resonanzspektroskopie bezeichnet hatte. Dieser am Lawrence Berkeley Laboratory
in Berkeley arbeitende Biophysiker stellte einen zentralen Knotenpunkt zwischen
verschiedensten Forschungsgebieten mit unterschiedlichen Anwendungsgebieten
dar und nahm daher auch in den untersuchten persönlichen Kontaktnetzwerken die
zentralste Mittlerrolle für deutsch-amerikanische Wissenschaftsbeziehungen ein
(Karte 7). Sein späterer Gastgeber in Berlin war ebenfalls Ende der sechziger Jahre
Post-Doc in Berkeley gewesen und hatte dort bereits gemeinsame Experimente mit
(13) durchgeführt. Dadurch, daß (13) über Besuche deutscher Post-Docs in Berkeley gute Kontakte zu produktiven Arbeitsgruppen auf dem Gebiet der Photosyn-
these-Forschung in Berlin unterhielt und Ende der 1980er Jahre in Deutschland
wichtige Entwicklungen im Fach stattfanden, hatte dieser Preisträger 1988 ein
wesentlich größeres wissenschaftliches Interesse an dem Deutschlandaufenthalt als
seine beiden Kollegen zum Beginn der 1970er Jahre. Gleiches gilt auch für seinen
wichtigsten Kooperationspartner in Berkeley, der bereits 1985 als Preisträger sechs
Monate an der Universität München und weitere sechs Monate in Mühlheim und
Berlin war. Der Aufenthalt dieses US-Wissenschaftlers wird im Rahmen der abschließenden Diskussion zu verschiedenen räumlichen Bezügen wissenschaftlich
motivierter Mobilität und Interaktion detailliert diskutiert werden (vgl. [54] in 5.1).

> I call myself a bio-physicist, but we use the tool of physics to do biological problems. In par-
> ticular for twenty five years I've been working on one aspect of photosynthesis which has to
> do with how green plants make oxygen out of the water. All the oxygen we breath and burn
> comes from that, and if we can learn to do it how nature does it then we would have a great
> supply of fuel, to separate the oxygen from the hydrogen, and this is a large activity in many
> laboratories. In particular the man who first suggested that I come to Germany worked on that

when he was a graduate student, and came to our laboratory because of Melvin Calvin who won a Noble Prize for his work in photosynthesis and has gone on to have a very successful career doing many, many things but energy is one of them. [...]
I think that that trio of groups in Berlin surely were world leaders in again one aspect of photosynthesis work without question it's a wonderful, productive, innovative group. [...] The Germans have been very, very strong in photosynthesis research for a long time, the single most memorable piece of work, of course, was the work of Michel and Deisenhofer, who in 1988 or so published the crystal structure of the photosynthetic reaction centre of the Purpurbakterium *Rhodopseudomonas viridis* the first true membrane protein system to have been crystallised for which they got the Nobel Prize. [...]
By the time of my Humboldt stay I knew a large number of Germans and we had some active collaborations with some German chemists, in particular GA-14 at one of the organic institutes at the University of Bochum. [...] Our work concentrates on a cluster of manganese atoms that seem to be the site where all of this water splitting, oxygen evolution is catalysed, and synthetic chemists who do synthesis make models that they hope will be something like the natural systems, and so GA-14 is one such person and he had some very interesting models which we use to compare the properties of the models with the property of the natural system, and so we had published one or two papers before that time together. [60] / (13)

Ein großes Vertrauen in die Kompetenz des Biophysikers vom LBL, eine hohe Wertschätzung seiner Expertise und seine strategisch günstige Positionierung in der Photosyntheseforschung hatten zur Folge, daß dieser nach dem Aufenthalt sehr offene Austauschbeziehungen mit verschiedenen, untereinander zum Teil konkurrierenden deutschen Arbeitsgruppen unterhielt und dabei wichtige Ressourcen für seine eigene Arbeit in einer Art *Metakalkulationszentrum* mobilisieren konnte:

I mean, they among themselves do some collaboration but they're also competitors and we're in a position where we can collaborate with all of them without interfering, so it could be a very nice open arrangement that we can collaborate with GA-14 and a number of his competitors, and it's very good, it's very open. We use all of their models to help us understand the unknown system, and so we have friends in France and people in India have sent us compounds to work with. [60] / (13)

Darüber hinaus macht Karte 7 deutlich, daß die Arbeitsgruppe von (13) im Anschluß an den Preisträgeraufenthalt zu einer Qualifizierungsschiene für deutsche Post-Docs geworden ist. Diese Qualifizierung ist dabei nicht so einseitig zu sehen wie der Begriff impliziert, da eine Weiterbildung deutscher Post-Docs in den USA in der Regel im gegenseitigen Austausch von symbolischem Kapital, hochwertigem Wissen, wertvollen Kontakten und Erfahrungen mit anderen Arbeitsstilen für die Post-Docs gegen engagierte Mitarbeit, hohe wissenschaftliche Neugier und Produktivität, solide experimentelle Erfahrung sowie inhaltliche Stimulation durch andere sozialisations- und fokusbedingte Perspektiven der Post-Docs für die US-Wissenschaftler und deren Arbeitsgruppe erfolgt (vgl. 4.4.1). In anderen Worten ausgedrückt, nehmen deutsche Post-Docs aus den USA Prestige, Know-How und Kontaktnetze mit, während die US-amerikanischen Gastgeber ganz wesentlich von einer hohen wissenschaftlichen Produktivität der Nachwuchswissenschaftler profitieren. Da die US-Wissenschaftler unter einer großen Zahl ausländischer Post-Docs wählen können, sind die persönliche Beziehungen zwischen deutschen Wissenschaftlern und ihren US-amerikanischen Kollegen, die über die Preisträgeraufent-

4.4 Resultierende Sachverhalte und Beziehungen 403

halte entstehen oder vertieft werden, sehr wichtig, um einzelne Personen empfehlen und gezielt unterbringen zu können.

Auch in den stärker auf chemische Forschungsinteressen ausgerichteten Wissenschaftsbeziehungen zwischen US-Preisträgern und Wissenschaftlern der TU München kommt eine relativ große Bedeutung der Preisträgeraufenthalte für die Generierung von Nachfolgemobilität und –kooperation zum Ausdruck. Jedoch hatten die deutschen Humboldt-Gastgeber auch in diesen Fällen zu Beginn ihrer wissenschaftlichen Laufbahn und somit vor den Preisträgeraufenthalten fast alle für bestimmte Zeit in den USA geforscht. Nachdem zwei Theoretiker an der TU München aus den USA zurückberufen worden waren, stellten sie die wesentlichen Knotenpunkten der Preisträgerinteraktion in München dar.

> All the top scientists I know in Germany, you know those who are very successful, they all have spent time or even a short period or a long period in the United States. I mean just talk about the three or four directors at the MPI of quantum electronics, all the directors spent some time in the United States. [...] I think the benefit is actually both ways. I think in the scientific community probably many people all realise that German science benefits a lot by having these people training in the United States for two years or so and then go back. [56] / (9)

Nach ihrer Rückkehr aus den USA wurden deutsche Post-Docs gelegentlich zu Konkurrenten der US-Wissenschaftler, wenn sie in Deutschland erfolgreich an Projekten weiterarbeiteten, die sie in den USA begonnen hatten.

> In the area that I'm working on with (13) for example we have competitors at Michigan State University and we have competitors at the University of Marburg, a former postdoc of mine is now a competitor in Berlin, competitors in the sense that we're investigating the same questions. We have different points of view, we interact, it's a friendly competition by and large, that's not true in every field, in many fields you have this kind of competition and fortunately we don't have much of that, I like that. [54] / (11)

Durch räumliche Karrieremobilität der Studierenden und Post-Docs, mit denen die US-Wissenschaftler an der Gastinstitution interagierten, kam es vor allem in expandierenden Fachrichtungen häufig zu einer Ausdifferenzierung der Kontaktnetze ehemaliger US-Preisträger in Deutschland. So besuchten die US-Wissenschaftler im Rahmen von Wiedereinladungen gelegentlich die Schüler ihres Humboldt-Gastgebers an einer neuen Institution (12). Besonders charakteristisch ist eine solche Verbreiterung der Kontaktbasis durch räumliche Karrieremobilität der Interaktionspartner für fachliche Zentren in Deutschland, da die dort sozialisierten Nachwuchswissenschaftler am häufigsten die frei werdenden Professuren im Land besetzen (für diesen Mechanismus in den USA vgl. 4.1.3). Eine Ausdifferenzierung der Kontakte erfolgte zudem durch die Vermittlung von Interaktionspartnern innerhalb der Basis- und Gastinstitutionen. Häufig kam es dabei zu einer Übertragung der Deutschlandkontakte auf die nächste Wissenschaftlergeneration [vgl. (8) und (15) in Karte 7]; ähnliches gilt für die Übertragung der Deutschlandkontakte auf die nächste Familiengeneration [vgl. (12)].

Then there was the course and through the course I met these twenty-four German students. A young woman who was a *teaching assistant* in the course became a very close friend, personal friend, so she is now finishing her PhD. So there have been that kind of personal friendships that have developed, she's a neuroscientist. One of the students in the course came and spent a year and three months in my laboratory on a Feodor Lynen Fellowship [MH]. I first met him through the contact with KS [at the host institution]. That tie is being maintained, we're actually starting a joint project with Göttingen, but that lead to a long tie with MH and he came to my lab for a year and three months. Then he came the second time to Woodshole to work with me for a period time, and he came a third time for a short visit when I was out in Bodaga Bay. So the tie with MH has become a very close one. [...] Through MH I met RH [auch aus Göttingen] who also came to my lab with a Von Humboldt Fellowship, and RH also was a student in the course, so there was the double tie of the student in the course and the Göttingen tie, and I know his mentor NE because he's a very close friend of my host, so there's a little connection there that turns out to be fairly close as well. There was a summer symposium in Bodaga Bay, a German-American exchange, there's something called the GAAC, German American Academic Council, and I was invited to that and I actually spent the whole week there, and some of the same students from the MPI [host institution] were at that course, also some other German students via that route, including some of whom I've written letters of recommendation for jobs and positions, and I've written letters of recommendation for people who were students in the course as well. [5] / (5)

I just arranged, a few months ago, for a Lynen fellow to find a place here, from Ulm. And it was a perfect match. I mean he just wanted to go somewhere in the United States and I found someone, a senior person here. In fact the director of the laboratory who works exactly in that field [...] here in Berkeley. [...] I met him in Bamberg. In fact he came to Bamberg to meet me back in March from Ulm. [...] His professor who was in fact professor EH, wrote to me and said, you know, do you know somebody in the United States. This is the best doctoral student I ever had, and I looked around and I said not only in the United States, but I'll find [something]. It has to be a Humboldt person, somebody that had either a fellowship or an award, I mean the Lynen fellows have to work with somebody and it turned out that this man had had an Humboldt award about five or six years ago. I mean it's a perfect match, and then we have to find funding, and one of the younger faculty members in fact was also interested, and he had research funding, so it's a matching funding programme. It worked out perfectly, this is just judging from his work, his thesis, his publications, he will be an outstanding researcher and I think it will be mutually very beneficial. [51]

Well, it's certainly grown as I said, the students and the assistants in that lab have been, most of them successful German scientist and researchers and so I'm still in contact with them. I have visited them in their laboratories, one of them has in fact invited me back this past summer for two months, because he now has my host's professorship in Munich. OK, and I'm a big fan of the Humboldt Foundation, in fact one of my former students is a professor at Purdue University and he's just arrived in Berlin, the Max Born Institute to spend a year there. [...] I think it was a great experience for my family, and both boys got interested in Germany and came back and learned German subsequently in school, and have been back again to visit. [6] / (12)

Im Vergleich zu einer Studie von Tim FREYTAG (2001) zu den Mobilitätsmustern in Karriereverläufen von Professoren der University of New Mexico in Alburquerque (UNM), welche die Art der Visualisierung der erhobenen persönlichen Netzwerke in Karte 7 inspirierte, zeigt sich eine ähnliche Einbettung der führenden R1-Universitäten an der West- und Ostküste der USA in die Karriereverläufe deutscher Wissenschaftler wie in die der Professoren an der UNM. Obgleich den Universitä-

4.4 Resultierende Sachverhalte und Beziehungen

ten an der Ostküste der USA im Falle der UNM-Professoren eine wesentlich größere Bedeutung als Zwischenstation ihrer wissenschaftlichen Laufbahn zukommt als für die deutschen Post-Docs im Rahmen des hier diskutierten *invisible college* im Überschneidungsgebiet von Physik, Chemie, Biowissenschaften und Medizin, werden an beiden Erhebungen vergleichbare Mechanismen einer auf den Erwerb von symbolischem und wissensbezogenem Kapital ausgerichteten Karrieremobilität in einem national wie international hochstratifizierten Wissenschaftssystem deutlich. Diese Mechanismen sind auf einen großen Bedarf an motivierten Doktoranden und Post-Docs in den hochkompetitiven Wissenschaftszentren an der Ost- und Westküste der USA abgestimmt und orientieren sich daher unter bestimmten Bedingungen (z. B. hochentwickelte Industrieländer) nicht an staatlichen Grenzen, sondern schaffen über diese hinweg enge interinstitutionelle Beziehungsmuster.

Anhand der Preisträgermobilität und der resultierenden Nachfolgekontakte zeigt sich aber auch, daß verschiedene, an politische Grenzen gebundene Wissenschaftssysteme die Art internationaler Wissenschaftsbeziehungen weiterhin stark prägen. So verdeutlichen die bisherigen Ausführungen immer wieder, daß die Interaktionsbeziehungen zwischen renommierten Wissenschaftlern in Deutschland und den USA aufgrund der extrem unterschiedlich großen Wissenschaftsgemeinschaften, aufgrund verschiedener Sprach- und Kulturräume, unterschiedlicher Konzepte in der Forschungs- und Hochschulpolitik und damit verbundener typischer Muster wissenschaftlicher Arbeitsorganisation und Arbeitsteilung in der Summe asymmetrische Züge tragen. Diese unterstreichen im Sinne der Mobilisierung von Ressourcen in Zentren wissenschaftlicher Kalkulation (Post-Docs, Ideen, Materialien etc.) tendenziell die zentrale Stellung von Wissenschaftlern an den großen Forschungsuniversitäten der USA, auch wenn die damit verbundenen vorherrschenden Machtbeziehungen in Einzelfällen, meist unter dem enormen Einsatz verschiedenster menschlicher, nicht- und supramenschlicher Ressourcen, ausgeglichen oder umgekehrt werden können.

Gleichwertige Beziehungen zwischen Deutschland und den USA gibt es vor allem innerhalb der diskutierten interdisziplinären informellen Kontaktnetzwerke auf internationaler Ebene, in denen je nach Ausmaß des gegenseitigen Vertrauens ein relativ reibungsloser Austausch von Informationen, Personen und Materialien erfolgt, der nach einer längeren Phase alltäglicher direkter Interaktion, zum Beispiel im Rahmen der Preisträgeraufenthalte, meist nur noch über kurzzeitige *Face-to-face*-Kontakte verhandelt wird:

> There are probably five or six papers now in which my host and I are both authors, that involve various projects that we have been working on. Just this summer he came to a conference that I attended in New Hampshire and we were discussing a question and he said, oh I have a compound that's just what you need and I'll send it to you, and now we are investigating that compound, so, you know, it's continuing. [54] / (11)

Informelle Kontakte, wie sie zum Beispiel aus den Preisträgeraufenthalten resultieren, können bei Gelegenheit aktiviert werden. Sie ebnen den Weg für den Zugang zu unpublizierten Erkenntnissen, zu neuen Kontakten und neuen finanziellen Ressourcen oder für das gegenseitige Korrekturlesen von Doktorarbeiten und Artikelmanuskripten und somit deren stärkere Objektivierung in Raum und Zeit. Darüber hinaus sind informelle Kontaktnetze häufig mit dem Austausch von symbolischem Kapital (Ehrendoktorwürden, Mitgliedschaften in nationalen wissenschaftlichen Akademien etc.), verantwortungsvollen ehrenamtlichen Tätigkeiten und akademischen Funktionen verbunden (z. B. internationale Besetzung von Herausgeber- und Beratungsgremien), und sie gestalten den Umgang und Austausch mit Kollegen generell flexibler und offener.

> I'm on the scientific advisory board of the Max Born Institute, so I go there every year, and the director of the Max Born Institute is a former student of my Humboldt host, not from 1986 but from 1991 when I was there. [...] Since I've been there and had that contact they're more likely to contact me about things, it's a complicated process but it's very far-reaching I think. [6] / (12)

> I'm interested in using Mössbauer Spectroscopy for iron transport problems, and BM is a real expert on Mössbauer Spectroscopy. In the past he was a postdoc in my group and we have also collaborated, if someday in the near future I have a problem that involves Mössbauer Spectroscopy, who will I call up? [59]

> The first one who is teaching at the University of Zurich has also his students now and sometimes I was asked to check his students thesis, and vice versa I asked him to look at my students thesis to make sure that everything is OK, and we sort of exchange papers, and sometimes he also visits, he visits more often this mathematical research institute over here. [24]

> Und auch die anderen, die hier waren, waren sehr tüchtig, sie haben alle einen sehr guten Ruf hinterlassen. Nicht nur das, sie sind, und ich persönlich bin mit jedem in Verbindung, wir sind Freunde und wir treffen uns immer und haben so ein *Gentlemen-agreement* miteinander. Wenn die etwas brauchen, Informationen, dann lasse ich alles aus der Hand fallen und gebe sie ihnen und die tun das auch, wenn ich das mache. Und das hilft unheimlich viel. Zum Beispiel, wenn man anfängt, an einem Problem zu arbeiten, wenn man weiß, es sind keine Publikationen da, dann ruft man die Leute an und fragt, ob jemand schon an diesem arbeitet, in Schweden, in England oder Deutschland oder in Holland oder so. Manchmal stellt sich heraus, daß die schon an Sachen arbeiten oder schon Publikationen da sind, aber nicht in Englisch, und die findet man dann nicht so schnell. [2]

Da bestimmte Aspekte einer solchen informellen Interaktion und Vermittlung um so häufiger vorkommen, je mehr Glaubwürdigkeit und Anerkennung einer Person auf Grundlage vorheriger wissenschaftlicher Leistungen zugeschrieben wird und je mehr Erfahrungen und Kontakte diese Person besitzt, spielen ältere etablierte Wissenschaftler generell eine wesentlich zentralere Rolle für die Aushandlungsprozesse im Rahmen informeller Kollegien als jüngere Wissenschaftler (vgl. auch GRIFFITH und MILLER 1970, 134; TOREN 1994, 135). Zum einen erklären sich dadurch die unterschiedlichen Auswirkungen der Forschungsaufenthalte nach Altersgruppen und Karrierephasen (vgl. 4.5), zum anderen macht dies deutlich, daß internationale Mobilität in allen Karrierephasen gleichermaßen gefördert werden sollte, um individuell, institutionell und standortbezogen von möglichst vielen Folgewirkungen profitieren zu können.

Das gegenseitige Vertrauen, das für eine Mitgliedschaft in informellen Kollegien notwendig ist, basiert im wesentlichen auf persönlichen Erfahrungen und

4.4 Resultierende Sachverhalte und Beziehungen

somit auf spezifischen geistigen Entitäten, die in der Regel nur durch physische Kopräsenz koproduziert werden können (vgl. 5.1). Wie die Entwicklung des in Karte 7 visualisierten Beziehungsgeflechts veranschaulicht, ist daher die Förderung von Auslandsaufenthalten in verschiedenen Segmenten zirkulärer akademischer Mobilität für die Formierung, Aufrechterhaltung und Ausdifferenzierung internationaler informeller Kollegien in den Wissenschaften ganz zentral. Im Kontext der hier untersuchten deutsch-amerikanischen Wissenschaftsbeziehungen war die Formierung eines solchen interdisziplinären informellen Kollegiums an die Ausbildung regelrechter transatlantischer Mobilitätsschienen gebunden, in denen die Preisträgeraufenthalte gleichermaßen Nachfolgemobilität darstellen wie diese generieren.

> Having once gone, been through the Humboldt system, I did act as a sort of home base man for young Germans. These were German graduate students who were working here at MIT, and I acted as sort of a father for him, introduce him into the system and so forth. He worked in something to do with economics, a completely different field, but he touched base with me a couple of times and I sent back a report that he was doing all right. [7]

> So, coming out of the Munich years, several of the colleagues came here and visited for a while, more social than scientific. With the Bonn group, I helped host a field trip. The geological institute takes a group – about 20 students – on field trips into different areas. So I helped them with their visit here in the US. One of the students is just completing a postdoc with me and actually going back to Germany a week from today. [44]

Abschließend stellt sich die Frage nach aufenthaltsübergreifenden Zusammenhängen der Preisträgermobilität und daraus hervorgehenden wissenschaftspolitischen und wissenschaftstheoretischen Schlußfolgerungen.

4.5 Aufenthaltsübergreifende Typisierung nach Karrierephasen

Als wichtigstes aufenthaltsübergreifendes Merkmal besitzt das Alter der US-Wissenschaftler zum Zeitpunkt ihrer Forschungsaufenthalte in Deutschland einen systematischen Einfluß auf deren Bedingungen und Folgeentwicklungen und die damit verbundenen Impulse für die deutsche Wissenschaftslandschaft. Dies zeigen die statistischen Auswertungen der schriftlichen Befragung genauso wie die Ergebnisse der qualitativen Interviews. Allerdings ließen sich beide erst in der Kombination zu dem stabilisierten Gesamtbild verdichten, das in diesem Abschnitt vorgestellt und interpretiert werden soll. Die typischen Bedingungen, und Auswirkungen der Deutschlandaufenthalte jüngerer und älterer US-Wissenschaftler lassen sich relativ gut mit den Altersgruppen bis 45 Jahre, 46 bis 55 Jahre, 56 bis 65 Jahre und über 65 Jahre beschreiben und können zusammenfassend wie folgt charakterisiert werden (vgl. im Detail Anhang G):[275]

---

[275] Die im folgenden skizzierten Zusammenhänge beziehen sich auf den Durchschnitt der Preisträgergenerationen 1982-91 und 1992-96, um Verzerrungen durch die Profilschärfung des Programms in den ersten zehn Programmjahren zu vermeiden (vgl. 3.1.2). Die Zusammenhänge sind entweder statistisch signifikant oder gehen aus systematischen Prozentdifferenzen unterhalb der Schwelle statistisch signifikanter Größenordnungen hervor (vgl. 1.4.1; siehe dazu auch GLASER und STRAUSS 1967, 200 ff.).

Ältere US-Wissenschaftler kommen häufiger und in kürzeren Aufenthaltsabschnitten nach Deutschland als jüngere US-Wissenschaftler.[276] Sie werden meist von einem Partner und weniger häufig von Partner und Kindern begleitet, da die Kinder, sofern vorhanden, bereits erwachsen sind. Vor dem Preisträgeraufenthalt besitzen fast alle älteren US-Wissenschaftler wissenschaftliche Kontakte in Deutschland, und sie kennen ihren Humboldt-Gastgeber vorher auch fast immer persönlich. Im Einklang mit ihrer breiten Basis an Kontakten besuchen die älteren US-Wissenschaftler während der Aufenthalte meist mehrere Gastinstitutionen und halten auch außerhalb der Gastinstitutionen viele Vorträge. Dabei frischen sie tendenziell mehr wissenschaftliche Kontakte auf als sie neue knüpfen.

Die wissenschaftliche Interaktion der älteren US-Wissenschaftler läßt sich am häufigsten als ein lockerer Informationsaustausch im Rahmen von Informations-, Vortrags- und Kontaktreisen charakterisieren. Im Vergleich zu ihren jüngeren Kollegen verbinden sie ihre Aufenthalte seltener mit konkreten Forschungsinteressen. Aus diesem Grund sind auch die resultierenden Entwicklungen eher informeller Natur. Sie äußern sich weniger oft in gemeinsamen Publikationen und der konkreten Beteiligung an Nachfolgemobilität als vielmehr in der Vermittlung von Methoden und Forschungsergebnissen, von Ämtern, Funktionen und Ehrungen und von Kontakten zwischen deutschen und US-amerikanischen Wissenschaftlern.

Jüngere US-Wissenschaftler verbringen häufiger ein klassisches Forschungsjahr in Deutschland als ihre älteren Kollegen und werden dazu meist von ihrer Familie begleitet (Partner mit Kindern). Sie arbeiten auch häufiger mit Angehörigen der Gastinstitution an konkreten Projekten und Problemen zusammen, so daß ihnen während ihrer durchschnittlich länger dauernden Aufenthalte tendenziell weniger Zeit für Vortragsreisen bleibt. Allerdings hält noch über die Hälfte der jüngeren US-Wissenschaftler Vorträge außerhalb der Gastinstitution. Mehr als zwei Fünftel der bis zu 45jährigen Preisträger erstellten als Resultat des Aufenthalts Publikationen mit Wissenschaftlern anderer Institutionen, während dies unter den über 65jährigen nur knapp jeder sechste tat, so daß die jüngeren Wissenschaftler auch außerhalb der Gastinstitution stärker in die Forschung integriert sind.

Da die jüngeren Wissenschaftler im Vergleich zu ihren älteren Kollegen in ihrer vergleichsweise kürzeren Karriere meist noch nicht so viele internationale Kontakte entwickelt haben, besitzen sie vor dem Preisträgeraufenthalt weniger wissenschaftliche Kontakte in Deutschland und knüpfen dementsprechend mehr neue Kontakte außerhalb der Gastinstitution als sie bestehende auffrischen. Als konkrete wissenschaftliche Resultate der Aufenthalte erstellen jüngere Preisträger häufiger Publikationen als ältere Preisträger. Dies gilt sowohl insgesamt als auch in Hinblick auf gemeinsame Publikationen mit den Gastgebern und sonstigen Wissenschaftlern außerhalb der Gastinstitution. Infolge ihrer stärkeren Einbindung in konkrete Forschungskooperationen initiieren sie im Anschluß an den Aufenthalt auch öfters neue Forschungsprojekte, die durch Erfahrungen in Deutschland angeregt wurden.

---

[276] Die Auswertungen zeigen in diesem Zusammenhang, daß mit zunehmendem Alter der Gastwissenschaftler zu Beginn des Deutschlandaufenthalts die Zahl der Aufenthaltsabschnitte größer wird, deren Dauer abnimmt und sich auch die Gesamtdauer des Gastaufenthalts verkürzt (vgl. auch 4.3.1).

4.5 Aufenthaltsübergreifende Typisierung nach Karrierephasen

Sie sind zudem stärker in verschiedene Formen der Nachfolgemobilität integriert als ihre älteren Kollegen: Wesentlich mehr jüngere US-Preisträger sind nach dem Aufenthalt Gastgeber für deutsche Studierende und Post-Docs, für ihren Humboldt-Gastgeber und für sonstige Wissenschaftler aus Deutschland. Gleichzeitig verbringen mehr jüngere Preisträger einen weiteren Forschungsaufenthalt in Deutschland, und es gehen zu diesem Zweck auch mehr ihrer Mitarbeiter für längere Zeit nach Deutschland. Je jünger die Preisträger sind, desto positiver schätzen sie schließlich die Bedeutung des Deutschlandaufenthalts für ihre eigene wissenschaftliche Arbeit und für sich persönlich ein, was in engem Zusammenhang mit der stärkeren Konzentration auf konkrete forschungsbezogene Zusammenarbeit und greifbare wissenschaftliche Resultate steht. Umgekehrt waren die ältesten Preisträger am meisten mit der Zusammenarbeit mit dem Gastgeber und mit der Forschungsinfrastruktur an der Gastinstitution zufrieden und am wenigsten mit den Forschungsergebnissen, was angesichts der beschriebenen typischen Aufenthaltsgestaltung darauf zurückgeführt werden kann, daß forschungsbezogene Kooperation, die Nutzung der Infrastruktur an der Gastinstitution und eine gezielte Generierung konkreter Forschungsergebnisse eine andere Bedeutung für die über 65jährigen Wissenschaftler besitzen.

Verantwortlich für die unterschiedlichen Bedingungen, Verläufe und Auswirkungen der Deutschlandaufenthalte nach Altersgruppen sind verschiedene Karrierephasen, in denen sich die jüngeren und älteren US-Wissenschaftler zum Zeitpunkt ihres Deutschlandaufenthalts befinden. Obgleich alle Humboldt-Preisträger aufgrund des Auswahlkriteriums der *past achievements* ein hohes internationales Renommee aufweisen, variieren ihre Aufgaben und Tätigkeiten weitgehend unabhängig von ihren qualitativ hochwertigen Forschungsleistungen und von verschiedenen fachlichen Besonderheiten mit den von LATOUR (1987, 159-162) beschriebenen wissenschaftlichen Karrierezyklen (Abb. 37):

Zu Beginn einer wissenschaftlichen Laufbahn besitzt ein Wissenschaftler vergleichsweise wenig Ressourcen in Form von Geld, Mitarbeitern, Instrumenten, Forschungsobjekten, wissenschaftlichen Argumenten und Innovationen. Der Nachwuchswissenschaftler führt alle Transformationsschritte eines wissenschaftlichen Netzwerkbildungsprozesses selber, in den Worten Bruno LATOURS (1987, 160) und Sandra HARDINGS (1990, 271) mit den eigenen Händen und Augen, dem eigenen Hirn und Herz durch. Instrumente werden selbst gebaut und ausgetauscht, Daten selber erhoben und Literatur selber kopiert. Wissenschaftliche Argumente müssen erst noch generiert werden. Die ersten neuen Erkenntnisse werden oft noch nicht professionell genug formuliert und sind aus Sicht der *gatekeeper* renommierter Fachzeitschriften häufig noch zu schwach mit empirisch-experimentellen Ergebnissen oder ausgewiesener wissenschaftlicher Expertise verknüpft, um im ersten Anlauf publiziert zu werden. Nachwuchswissenschaftler sind in diesem Stadium meist nur mit Hilfe von wissenschaftlich als Experten erachteten Mentoren in der Lage, andere von ihren Argumenten oder Prototypen zu überzeugen (vgl. auch Abschnitt 1.3.5 zu Robert Mertons Matthäus-Effekt). Schließlich gibt es außer den formalen Qualifizierungsanforderungen für eine wissenschaftliche Laufbahn noch keine früheren wissenschaftlichen Leistungen, auf denen Glaubwürdigkeit begründet und positive Rückkopplungseffekte generiert werden können.

4 US-Wissenschaftler als Humboldt-Preisträger in Deutschland

Abb. 37: Altersgruppenspezifische Verlaufstypen und Karrierezyklen

a) **Verlaufstypen der Deutschlandaufenthalte nach Altersgruppen**

Charakteristika	US-Preisträger bis 55 Jahre	US-Preisträger über 55 Jahre
Aufenthaltszeiten	weniger häufig, länger	häufiger und kürzer
Begleitung	eher mit Familie	eher mit Partner
Vorherige Kontakte	sehr viele	extrem viele
Kontaktverhalten	weniger bestehende, mehr neue	mehr bestehende, weniger neue
Veranstaltungen	viele	sehr viele
Bewertung	äußerst positiv	positiv
Publikationen & Projekte	sehr produktiv	weniger produktiv
Nachfolgemobilität	mittlere Beteiligung	geringe Beteiligung
Fazit	**eher aktiv forschende Partner**	**eher Diskussionspartner**

b) **Idealtypische Karrierezyklen in den Wissenschaften**

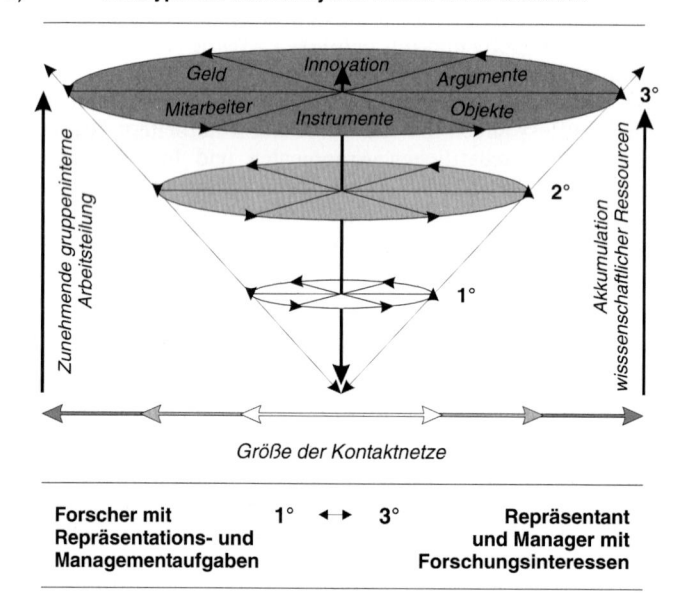

Forscher mit Repräsentations- und Managementaufgaben	1° ↔ 3°	Repräsentant und Manager mit Forschungsinteressen

Quelle: a) *Eigene postalische Erhebung (n = 1.020); b) Nach* LATOUR *1987, 160.*

4.5 Aufenthaltsübergreifende Typisierung nach Karrierephasen

Auf Grundlage von Vorträgen, Publikationen, Diskussionen und zunehmend mehr Kontakten in der Fachgemeinschaft kann es jedoch gelingen, die eigene Person mit immer mehr materiellen, immateriellen, menschlichen und anderen dynamisch hybriden Ressourcen zu verknüpfen. In einem subtilen Geflecht positiver Rückkopplungseffekte kann die eigene wissenschaftliche Arbeit dadurch bekannter, zunehmend anerkannt, publiziert und zitiert, finanziert und protegiert werden. Nach dieser Phase der erfolgreichen Etablierung des eigenen Wissenschaftsbetriebs wird es einfacher, Forschungsgelder, Räumlichkeiten, Forschungsinfrastruktur, aktive Unterstützung und sonstige Ressourcen für die eigenen Forschungsvorhaben zu akquirieren. Es besteht zudem die Möglichkeit, qualifizierte wissenschaftliche Mitarbeiter zu rekrutieren, um mehrere Fragestellungen gleichzeitig bearbeiten zu können und dabei die eigenen Forschungserkenntnisse elaborieren und somit weiter etablieren zu können.

Je stärker eine Arbeitsgruppe wächst, desto größer und weitreichender ist der zugrundeliegende Mobilisierungsprozeß materieller, immaterieller, historisch und dynamisch hybrider Elemente, für die ein Wissenschaftler spricht (LATOUR 1987, 162). An die Person des Wissenschaftlers wird im Zuge eines fortschreitenden wissenschaftlichen Netzwerkbildens das Schicksal von immer mehr Personen, Institutionen, zum Teil ganzen Industriezweigen, von Fakten, Objekten und Methoden geknüpft. Mit einer fortgeschrittenen Karrierephase ist daher auch oft ein größerer Bekanntheitsgrad und ein größeres Prestige verbunden, weshalb die älteren Preisträger zum Beispiel zu mehr Veranstaltungen außerhalb der Gastinstitution eingeladen werden als die jüngeren. Was als unsichere Behauptung begann (Zyklus 1 in Abb. 37), kann sich zu einem etablierten Gedankengebäude entwickeln (Zyklus 3); was im lokalen Kontext eines Labors, Büros oder privaten Zimmers generiert wurde, kann später einmal in langen Netzwerken durch die ganze Welt zirkulieren; aus einem isolierten Ort der Wissensproduktion kann dadurch das werden, was Latour als *obligatory passage point* bezeichnete (LATOUR 1987, 161). Aus dem publizierenden Nachwuchswissenschaftler (Zyklus 1) wird auf diese Weise ein gefragter Vortragsredner und Berater, der Leiter eines Labors, eines Instituts oder einer Universität, der Gutachter und Herausgeber wissenschaftlicher Zeitschriften, der Verfasser von Lehrbüchern und der Begründer neuer Zeitschriften, Veranstaltungen und Verbände, d. h. ein Wissenschaftler, der im wesentlichen Impulse gibt, Erkenntnisse verbreitet, Entscheidungen trifft, Kooperationen koordiniert und Geld akquiriert (Zyklus 3).

Das Wachstum des eigenen Wissenschaftsbetriebs ist jedoch zwangsläufig an Arbeitsteilung gekoppelt, da die Betreuung von Studierenden und Doktoranden genauso wie das Schreiben von Forschungsanträgen zum Akquirieren von Forschungsmitteln Zeit kostet, die nicht mehr der eigenen Forschungsarbeit zur Verfügung steht. Mit zunehmendem Umfang der Arbeitsgruppe eines Wissenschaftlers und seiner auswärtigen Verpflichtungen werden somit immer mehr Schritte wissenschaftlicher Transformationsketten von Mitarbeitern geleistet, die sich weitgehend auf die Forschung konzentrieren können. Latour argumentiert in diesem Zusammenhang, daß der Leiter einer Arbeitsgruppe keineswegs weiter von der Forschung entfernt sei als seine Mitarbeiter im Labor, im Gelände oder in der Bibliothek, weil diese ohne die Aktivitäten des Chefs auch nicht über die zum Forschen notwendigen Ressourcen verfügen würden: Je größer ein Wissenschaftsbetrieb ist, desto größer ist auch der Unterschied zwischen denjenigen, die primär forschen und denjenigen, die Gelder und andere Ressourcen akquirieren, um die Arbeit im Labor, im Gelände, im Büro oder im Archiv möglich zu machen (LATOUR 1987, 159).

> To sum up, she is able to be deeply involved in her bench work because the boss is constantly outside bringing in new resources and supports. The more she wants to do 'just science', the costlier and the longer are her experiments, the more the boss has to wheel around the world explaining to everyone that the most important thing on earth is her work (LATOUR 1987, 156) [...]
> However, [...] they were both doing science since the resources diverted by the boss were then activated by the collaborator; conversely, each new object squeezed from the lab by the collaborator was immediately converted into resources by the boss, so as to secure newer and fresher sources of support (LATOUR 1987, 159).

Hinter dieser Argumentation steht unter anderem Latours Bestreben, eine weitverbreitete Trennung von wissenschaftlichen Inhalten als Kern der Wissenschaften und gesellschaftlichen Kontexten als äußeren Einflußfaktoren *ad absurdum* zu führen und statt dessen Wissenschaft, wie im zweiten Kapitel dieser Arbeit ausführlich beschrieben und wie es anhand der Auswertungen zur Preisträgermobilität ebenfalls deutlich wurde, als eine heterogene, da konventionelle Grenzen überschreitende Unternehmung zu porträtieren (vgl. LATOUR 1987, 159-162; vgl. 2.2.5).

> [T]he bigger, the harder, the purer science is inside, *the further outside other scientists have to go*. (LATOUR 1987, 156)
> [W]hen we glance at [Abb. 37] we do not see either the boss's story or the story of the enlisted elements; we see the story of all of them *when they get together and share a common fate*. Those who are really doing science are not all at the bench because many more are doing the science elsewhere. (LATOUR 1987, 162)

Im Kontext der Preisträgermobilität erklärt diese Beziehung zwischen wissenschaftlichem Wachstum und zunehmender Arbeitsteilung innerhalb einer Arbeitsgruppe, warum jüngere Preisträger die Aufenthalte tendenziell stärker mit konkreten Forschungsinteressen und -kooperationen verbinden als ältere Wissenschaftler und sie sich dementsprechend länger an einem Stück in Deutschland aufhalten. Jüngere Wissenschaftler haben tendenziell kleinere Arbeitsgruppen, die weniger Logistik und Organisation erfordern als größere Arbeitsgruppen, so daß mehr Zeit für ein eigenes Engagement in der konkreten Forschung bleibt. Jüngere internationale renommierte Wissenschaftler haben auch noch nicht das Alter erreicht, in dem von außen verstärkt ehrenamtliche Tätigkeiten und verantwortungsvolle akademische Funktionen an sie herangetragen werden, die weitere Zeit in Anspruch nehmen und weniger Zeit für längere Auslandsaufenthalte bereitstellen. Der Arbeitsalltag älterer Kollegen ist daher besonders im Falle größerer Arbeitsgruppen von viel mehr Verpflichtungen geprägt, die nicht als wissenschaftliche Praxis im engeren Sinne zu bezeichnen wären (vgl. 2.2.5). Damit in Zusammenhang steht auch die Beobachtung, daß sich Leiter großer Arbeitsgruppen tendenziell auf abstraktere Stufen wissenschaftlichen Netzwerkbildens konzentrieren, wie sie zum Beispiel die

4.5 Aufenthaltsübergreifende Typisierung nach Karrierephasen

Revision von Artikeln oder das Organisieren und Schreiben von Anthologien und Monographien darstellen. Diese Tätigkeiten werden am besten ihrem fachlichen Überblick und ihrer wissenschaftlichen Erfahrung gerecht, und sie machen ältere Wissenschaftler flexibler in ihrer Arbeitsorganisation. Gleichzeitig ist damit aber eine andere Art wissenschaftlicher Interaktion verbunden als sie der Terminus forschungsbezogene Kooperation impliziert, der wesentlich häufiger für die Interaktion jüngerer US-Wissenschaftler zutrifft (vgl. dazu 4.3.2.2). Hinzu kommt, daß sich eine hohe wissenschaftliche Produktivität und Innovationskraft gerade in den experimentellen Wissenschaften aus Altersgründen nur eine bestimmte Zeit durchhalten läßt.

> Around the 1960's and 70's there were many visitors from Japan, and also some other countries too of course, and during that period also, I was writing more papers. I was young and so I was more productive than I am now. So during that period I wrote quite a few joint papers with visiting members from Japan. [24]

> [A]s you get older you are more likely to be more administrative and less technical, and so that certainly has changed, but that's sort of internal to a lot of people. [28]

LATOUR (1987, 159) weist schließlich auch darauf hin, daß sich im Laufe einer wissenschaftlichen Karriere Phasen des wissenschaftlichen Wachstums mit Phasen der Schrumpfung abwechseln können und es somit zu einer Wiedervereinigung der Funktionen des Chefs und der seiner Mitarbeiter in einer Person kommen kann. Diese möglichen Veränderungen erklären weitere der beobachteten Unterschiede zwischen den Preisträgeraufenthalten jüngerer und älterer US-Wissenschaftler, da sich ihre wissenschaftlichen Karrieren trotz individueller Variationen als chronologische Abfolge von drei übergeordneten Karrierephasen beschreiben lassen: Nach dem Aufbau und Ausbau der eigenen Arbeitsgruppe (Phase I.) erreicht diese in einer Phase der wissenschaftlichen Blüte ihre maximale Größe und Ressourcenintensität. Diese zweite Phase kann je nach Fachgebiet und Arbeitsrichtung, nach Persönlichkeit des wissenschaftlichen Leiters und nach dem jeweiligen beruflichen und privaten Umfeld zehn bis zwanzig Jahre dauern, sie wird jedoch irgendwann mit Blick auf die Emeritierung und/oder aus Altersgründen von einer dritten Phase des Rückbaus abgelöst, in der sich die Arbeitsgruppe zunächst auf wenige Doktoranden und später auf die eigene Arbeitskraft reduziert.

Im Laufe einer wissenschaftlichen Karriere kann sich somit die Rolle eines Wissenschaftlers vom Forscher mit Repräsentations- und Managementaufgaben zum Repräsentanten und Manager eines Forschungsbetriebs entwickeln, aber später auch wieder zurück (Abb. 37). Je mehr menschliche, nichtmenschliche und supramenschliche Entitäten in diesen Prozeß eingebunden sind, desto größer ist in der Regel der Unterschied zwischen Startphase, Höhepunkt der Aktivitäten und Ausklangphase einer wissenschaftlichen Laufbahn. In den Geisteswissenschaften und in theoretischen Arbeitsrichtungen, in denen sich der geistige Netzwerkbildungsprozeß bei guter Gesundheit kumulativ fortsetzt, ohne daß viele zusätzliche Ressourcen benötigt werden, läßt sich die Ausklangphase gegebenenfalls nur an der Abgabe offizieller Positionen, nicht unbedingt an einem Produktivitätsrückgang festmachen, so daß auch dieses Konzept der Karrierephasen nach dem Gegenstandsbereich, aber auch nach der Qualität der geleisteten wissenschaftlichen Arbeit variieren kann.

> Well, there's a danger that you can too early get into the society aspects of all of these meetings, as opposed to the real hard work of doing the research, and I guess most of us change over, we start in the beginning doing nothing but research and then more and more we start interacting with the rest of the world and you become an organiser of meetings rather than a contributor, and if that happens early in your life, well, then you might have done some useful work. [7]

> A few years ago I had several graduate students, but I have not been accepting any more because it takes six years to finish and I'm expected to retire in two years, so I'm letting them finish up and go along. [34]

Vor dem Hintergrund der Chronologie des Auf- und Ausbaus, der Blütezeit und des Rückbaus der eigenen Arbeitsgruppe, die je nach Fachgebiet, Arbeitsrichtung und persönlichen Zielen in der Ausprägung variieren kann, erfolgen die Preisträgeraufenthalte überwiegend in der reifen Blütezeit einer wissenschaftlichen Laufbahn. Bei einer Spannweite des Alters der US-Preisträger zu Beginn ihrer Deutschlandaufenthalte von 33 bis 80 Jahren (1982-96) umfassen die Preisträgeraufenthalte aber auch Wissenschaftler mit expandierenden Arbeitsgruppen und solche, die sich in der Verkleinerungsphase befinden oder denen an ihrer Basisinstitution nach der Emeritierung bereits ein kleineres Büro zugewiesen wurde, um die freiwerdenden Ressourcen jüngeren und produktiveren Wissenschaftlern zur Verfügung zu stellen. Daher erscheint es auch sehr plausibel, daß Wissenschaftler mit expandierenden oder mit höchster Ressourcenintensität arbeitenden Gruppen stärker an der Mobilisierung qualifizierter Post-Docs und anderer wissenschaftlicher Ressourcen interessiert sind als Kollegen, die sich aus Altersgründen allmählich aus der Betreuung und Finanzierung großer Arbeitsgruppen zurückziehen. Allerdings sind diese älteren international renommierten Wissenschaftler, wie die Ergebnisse zu den Auswirkungen der Preisträgeraufenthalte zeigen, verstärkt als Gutachter und Herausgeber, in (inter)disziplinär wichtigen Gremien oder als Vorstände von Firmen und anderen Institutionen aktiv und fungieren somit meist als zentrale Knotenpunkte informeller Kollegien (vgl. 4.4.5). Darüber hinaus verfügen sie sowohl zeitlich aufgrund ihrer langen Karriere als auch räumlich infolge zahlreicher Informations-, Vortrags- und Kontaktkreisen sowie verschiedener zentraler Gutachterfunktionen über den fundiertesten Überblick im Fach.

Je nach Zeitpunkt des Aufenthalts sind somit *andere* Verläufe und Auswirkungen wahrscheinlich und lassen sich unterschiedliche Rollen der Gastwissenschaftler identifizieren: *Ältere US-Wissenschaftler nehmen in Deutschland eher die Rolle des Diskussionspartners und die des „Gebenden" ein. Die jüngeren US-Wissenschaftler sind während des Deutschlandaufenthalts eher gleichberechtigte und aktiv forschende Partner, die zudem ein großes Interesse an der Mobilisierung neuer Ressourcen für eigene wissenschaftliche Netzwerkbildungsprozesse haben.* Diese Unterschiede lassen sich auch an einzelnen Personen festmachen, die ihren Erstaufenthalt in relativ jungen Jahren und eine dreimonatige Wiedereinladung in

4.5 Aufenthaltsübergreifende Typisierung nach Karrierephasen

einer fortgeschrittenen Karrierephase in Deutschland verbrachten. Im ersten Beispiel war der Preisträger nach über 17 Jahren für zwei weitere mehrmonatige Aufenthalte in Deutschland zu Gast. Es handelt sich zudem um einen Theoretiker, der über keine Arbeitsgruppe im eigentlichen Sinne verfügte, sondern zu einem bestimmten Zeitpunkt jeweils nur zwei bis drei Doktoranden betreute („I've only had a few students at any given time. I like to work with them in detail and not in general." [32]) Durch langjährige wichtige Forschungsbeiträge war seine Sichtbarkeit im Laufe der Zeit in Deutschland gestiegen und somit auch das Interesse an seinen Forschungsleistungen bei den Wiedereinladungen wesentlich größer als beim eigentlichen Preisträgeraufenthalt. Für das Konzept der Karrierezyklen bedeutet dies, daß die zuvor diskutierten Phasen auch ohne den Einfluß einer sich verändernden Arbeitsgruppe wirksam sind:

> In the returns I travelled around in Germany and gave more talks and I did meet some people that I was interested in. But it was totally distinct work from what I did with my host, that is they were interested in work that I had done as opposed to doing new work, even though we talked some. [32]

> They were shorter visits but otherwise very similar, like now my last visit with E-mail and connections with the States that maybe has kept it from being quite as complete an experience, you don't get away so much. And I'm older too, so I'm maybe more of a senior advisor to students unless in the laboratory they let me see how the experiments work. I still have to go into the laboratory to see things. I have to go into the laboratory and watch, but I watch what my students do and make sure they're doing it right. [6]

Zwischen den beiden grob skizzierten Haupttypen jüngerer und älterer Gastwissenschaftler stehen Personen, die als Sprecher großer Arbeitsgruppen auch in jüngeren Jahren schon vergleichsweise mehr Repräsentations- und Managementfunktionen innehaben als Kollegen in der gleichen Karrierephase.[277] Dabei darf der Hinweis nicht fehlen, daß die Ausprägung der verschiedenen Typen der Aufenthaltsgestaltung nach Altersgruppen der Gastwissenschaftler in gewissem Maße auch von der Karrierephase und dem wissenschaftlichen Renommee der jeweiligen Gastgeber abhängt, diese Beziehung allerdings an anderer Stelle einer Vertiefung bedarf.

Die altersgruppenorientierten Verlaufstypen von Forschungsaufenthalten können schließlich auch nach regionalen Unterschieden der Wissenschaftsorganisation variieren. In diesem Zusammenhang erhellt das Konzept der arbeitsgruppeninternen Arbeitsteilung ein weiteres Phänomen, das die Auswertungen zur Preisträgermobilität zu Tage gefördert haben. Es handelt sich um die von vielen Preisträgern wahrgenommenen Unterschiede im Tätigkeitsspektrum US-amerikanischer und deutscher Professoren (vgl. 4.3.3.1; 4.3.3.2). Vor dem Hintergrund, daß Arbeitsgruppen von C4-Professoren in Deutschland im Vergleich zu denen der *full professors* an den großen Forschungsuniversitäten der USA tendenziell größer sind, weil diese über eine solide Grundausstattung mit finanziellen Ressourcen, Assistentenstellen und Räumlichkeiten verfügen, ist der Betreuungsaufwand der eigenen Mitarbeiter

---

[277] Am Beispiel der fachspezifischen Netzwerkbildungsprozesse wurde deutlich, daß dies in den USA häufig im Fach Chemie der Fall ist (vgl. 4.3.2.2).

und Infrastruktur für C4-Professoren in Deutschland tendenziell höher. Dies gilt vor allem dann, wenn für die Bearbeitung national bis international konkurrenzfähiger Projekte für jeden einzelnen Mitarbeiter auch noch zusätzliche Ressourcen in Form von Ergänzungsausstattung akquiriert werden müssen. Hinzu kommen in Deutschland ungünstigere Betreuungsrelationen von Studierenden pro Professor und weniger Dauerstellen für administrative Aufgaben, die – wie in den USA üblich – Verwaltungsarbeiten mehrerer Professoren effizient bündeln könnten, so daß deutsche Professoren grundsätzlich ein anderes Aufgabenspektrum aufweisen als ihre US-amerikanischen Kollegen.

Die Tätigkeiten von C4-Professoren mögen daher den US-amerikanischen Kollegen konkreter wissenschaftlicher Praxis zurecht entrückt erscheinen, aber im Sinne von Latours Konzepts der Karrierezyklen wäre eine Konzentration des Chefs auf administrative Tätigkeiten zumindest in gewisser Weise notwendig, um einem großen Mitarbeiterstab die Konzentration auf die Forschung zu ermöglichen. Dementsprechend würden auch die stärker administrativ ausgerichteten Tätigkeiten eines Lehrstuhlinhabers oder Institutsvorstands zu den Kernbereichen wissenschaftlichen Arbeitens zählen, weil der Wissenschaftsbetrieb sonst gar nicht funktionieren würde (vgl. Abb. 7, S. 115). Eine andere Art der arbeitsgruppeninternen Arbeitsteilung in Deutschland und den USA ermöglicht somit eine Erklärung des scheinbaren Widerspruchs zwischen überaus positiven wissenschaftlichen Erfahrungen der US-Wissenschaftler in Deutschland (vgl. 4.3.3) und ihren gleichzeitig überaus kritischen Stimmen zur deutschen Wissenschaftsorganisation (vgl. 4.3.3.2), weil qualitativ hochwertige wissenschaftliche Arbeiten zwar von vergleichsweise weniger professoralen Kollegen, dafür aber im Zuge der beschriebenen stärkeren Arbeitsteilung von den Mitarbeitern großer deutscher Laboratorien und Institute unter Anleitung der Professoren geleistet werden.

Die Auswertungen zur Nachfolgemobilität haben in diesem Zusammenhang gezeigt, daß diese Situation abgesehen von größenordnungsbezogenen Effekten in den USA gar nicht viel anders ist, weil dort ein enormer Durchsatz an ausländischen Post-Docs und gelegentlich auch Diplomanden und Doktoranden existiert, die gemeinsam eine wesentliche Stütze der Forschung darstellen.

> I have the advantage that my students and postdocs don't travel, they're working so if I have to go somewhere to try and find something out or to tell about our work so maybe we get some money to do it and give talks at conferences so it all helps our work, but that's because they're working in the laboratory. [...]
> We always have international graduate students and postdocs here because it's good for American students to get to know them socially and work with them, and they also get to learn these guys, you know, they've had a better education than we've had in certain areas and we know a little more than they do so, I think [the Humboldt stay] has just helped me bring European contact to my laboratory. [...]
> I also have Japanese visiting scientists, postdocs and so on, so probably [my most important international collaborations are with scientists in] Germany and then Japan and France, a couple in France, Italy, because a lot of these collaborators are now scientists who have spent time in my laboratory and have worked here. [6]

Die Arbeitsgruppen US-amerikanischer Wissenschaftler sind jedoch im Vergleich zu denen ihrer C4-Kollegen in Deutschland tendenziell kleiner und der Wechsel der Mitarbeiter erfolgt meist in Zeitabschnitten von zwei bis vier Jahren. Mit anderen Worten ausgedrückt kann die Arbeit, die in Deutschland häufig über sechs bis zehn Jahre hinweg von einem einzigen Assistenten geleistet wird, in den USA von verschiedenen Post-Docs durchgeführt werden, weil der Nachschub an Post-Docs aus dem Ausland an den großen Forschungsuniversitäten der USA bis auf weiteres gewährleistet zu sein scheint. Vom Prinzip her ist die Wissenschaftsorganisation in Deutschland und den USA daher ähnlich. Wesentliche Unterschiede resultieren jedoch in der Praxis aus der Art der Mitarbeiter (wenige Assistenten versus viele Post-Docs aus dem In- und Ausland) und dem Aufgabenspektrum der Professoren als Funktion unterschiedlich großer Arbeitsgruppen bei geringerer Entlastung deutscher Wissenschaftler von administrativen Aufgaben sowie ungünstigeren Betreuungsrelationen.

Ein weiterer wichtiger Unterschied besteht darin, daß es in den USA zumindest bei den interviewten Wissenschaftlern zu einer vorübergehenden Verkleinerung der Arbeitsgruppe kommt, wenn jemand hochrangige administrative Funktionen übernimmt, da diese eine Fortsetzung der intensiven Akquirierung von Forschungsgeldern für begrenzte Zeit verhindern und es somit zwangsläufig zu einer vorübergehenden Verringerung der verfügbaren Ressourcen kommt. In Deutschland bleiben in einer solchen Situation die Stellen der Grundausstattung erhalten, so daß sich die Größe der Arbeitsgruppe nicht notwendigerweise verändert. Diese Situation ist zwar für die Mitarbeiter sozialverträglicher und kann forschungstechnisch als nachhaltiger angesehen werden, für den Gruppenleiter bedeutet dies jedoch eine deutliche Vermehrung der Aufgaben pro Zeiteinheit. Angesichts des gleichbleibenden Betreuungsaufwands und oft auch weiterlaufenden Lehrverpflichtungen kommt es daher häufig zu einer Überlastung des Chefs und einer Verteilung administrativer und lehrbezogener Aufgaben auf einzelne Mitarbeiter. Wenn sich nun Mitarbeiter aus den USA und Deutschland begegnen, die beide an ihrer Doktorarbeit arbeiten, kann es auch auf dieser Ebene zu großen Mißverständnissen kommen, weil beide aufgrund der unterschiedlichen Wissenschaftsorganisation ein ganz anderes Aufgaben- und Erfahrungsspektrum aufweisen. Der Versuch, von einem in das andere Wissenschaftssystem zu wechseln, kann dabei gerade für deutsche Nachwuchswissenschaftler mit erheblichen Nachteilen verbunden sein, wenn auf der anderen Seite das Verständnis für ihre langjährigen administrativen Tätigkeiten und die dadurch unter Umständen hervorgerufenen, deutlich längeren Qualifizierungsphasen fehlt.

Inwieweit abgesehen von diesen Unterschieden der Wissenschaftsorganisation und den Folgen historischer Entwicklungen wie zum Beispiel den Berufungswellen in den 1970er Jahren, in denen die Nachfrage nach Professoren das Angebot an ausreichend qualifizierten und einsatzbereiten Personen zeitweise überstieg (vgl. z. B. WEICK 1995), dennoch eine von den US-Wissenschaftlern wahrgenommene unterschiedliche Arbeitseinstellungen als Element einer für Deutschland typischen Wissenschaftskultur auf der Ebene der Professoren existiert (vgl. 4.3.3.1), wäre in einer gesonderten Untersuchung zu eruieren.

Aus *wissenschaftspolitischer* Perspektive liefern die altersgruppenspezifischen Verläufe der Preisträgeraufenthalte Erkenntnisse über verschiedene Segmente internationaler zirkulärer Mobilität in den Wissenschaften, die bei der Konstruktion aussagekräftiger und angemessener Indikatoren für Evaluationen im Hochschulbereich genauso dringend zu berücksichtigen sind wie für eine Evaluierung institutionalisierter Mobilitätsprogramme. Verschiedene Segmente der Wissenschaftlermobilität, die sich in Verlauf und Auswirkungen der Forschungsaufenthalte systematisch unterscheiden, so daß im übergeordneten Vergleich keine direkten Rückschlüsse auf die wissenschaftliche Leistungsfähigkeit einzelner Personen, Fächer oder Standorte gezogen werden können, gilt es jedoch nicht nur in bezug auf die Karrierephase und das wissenschaftliche Renommee der mobilen Wissenschaftlerinnen und Wissenschaftler zu berücksichtigen (vgl. auch Karte 6, S. 297), sondern auch in Hinblick auf verschiedene Fachgebiete (vgl. 4.3.2.2; 4.4.2; 4.4.3) und Herkunftsländer (vgl. 5.4).

Aus *wissenschaftstheoretischer* Perspektive stellt sich die Frage, ob die verschiedene Gestaltung der Aufenthalte von jüngeren und älteren US-Wissenschaftlern unterschiedliche räumliche Bezüge der damit verbundenen wissenschaftlichen Tätigkeiten impliziert und wie sich diese gegebenenfalls zu der bereits beschriebenen variierenden Bedeutung des räumlichen Kontextes für verschiedene fachspezifische Praktiken und Interaktionen verhalten (vgl. 4.3.2.2). Aufbauend auf MEUSBURGERS (1998) Überlegungen zu variierenden Raumbezügen unterschiedlicher Wissensarten, aber auch zu verschiedenen Praktiken im Rahmen einer arbeitsteilig organisierten Gesellschaft (vgl. 1.3.3), und dem jüngeren interdisziplinären Interesse an der Bedeutung räumlicher Bezüge für die Produktion wissenschaftlichen Wissens (vgl. 1.3.1) soll daher im abschließenden Kapitel aus der Perspektive der netzwerkbildenden US-Wissenschaftler eruiert werden, unter welchen Bedingungen wissenschaftliche Interaktion in welcher Weise räumlich organisiert und in lokale Kontexte eingebettet ist, um das Verständnis für alters- und fachspezifische Mobilitäts- und Kooperationskulturen in den Wissenschaften zu erhöhen.

5 Wissenschaftswelten im ausgehenden 20. Jahrhundert

We are still struggling to live in different worlds.

Bruno Latour, Science in Action, 1987, 198.

Wichtige Einsichten zur räumlichen Bedingtheit der Produktion und Verbreitung wissenschaftlichen Wissens sind in den Gebieten interdisziplinäre Wissenschaftsforschung und Geographie spätestens seit Donna HARAWAYS (1988) Ausführungen über situiertes Wissen und Bruno LATOURS (1987) Konzept der Zyklen wissenschaftlicher Akkumulation in Zentren der Kalkulation generiert worden (vgl. Kapitel 1.3). Daraus und aus seinen eigenen historisch-geographischen Wissenschaftsstudien hervorgehende Erkenntnisse und Fragestellungen systematisierte David LIVINGSTONE (1995; 2002) in dem Entwurf einer Wissenschaftsgeographie als eigenständiges Interessensgebiet interdisziplinärer Wissenschaftsforschung (vgl. 1.3.1). Parallel zu diesen Entwicklungen konzeptionalisierte Peter MEUSBURGER (1980; 1998; 2000) seit Anfang der 1980er Jahre Zusammenhänge zwischen Wissen und Raum für verschiedene Arten des Wissens mit Blick auf die räumliche Organisation von Arbeitsplätzen und sozialen Systemen (vgl. 1.3.3). Auf Grundlage dieser Arbeiten kann ein Zusammenhang zwischen der Produktion, Verbreitung und Verarbeitung wissenschaftlichen Wissens sowie spezifischen räumlichen Kontexten als gesichert gelten.

Um jedoch die Art dieses Zusammenhangs weiter zu erhellen und die Preisträgermobilität in einen weiteren Kontext räumlicher Bezüge zeitgenössischer wissenschaftlicher Praxis zu stellen, werden in diesem fünften und abschließenden Kapitel gegenstandsorientierte Thesen zu zwei Gesichtspunkten des Verhältnisses zwischen Geographie und Wissenschaft formuliert. Zum einen handelt es sich um die Bedeutung räumlicher Bezüge im Rahmen *verschiedener* wissenschaftlicher Praktiken zur Generierung *unterschiedlicher* Arten wissenschaftlichen Wissens. Die damit verbundene theoretische Konzeptionalisierung typischer Geographien wissenschaftlichen Arbeitens geht aus den fachspezifischen Netzwerkbildungsprozessen der US-Preisträger in Deutschland hervor und wird den Brückenschlag zu der im zweiten Kapitel entwickelten Erweiterung der Akteursnetzwerkperspektive vollziehen. Zum anderen sollen abschließend verschiedene Aspekte der Strukturierung zirkulärer Mobilität und Kooperation in den Wissenschaften zusammengefaßt werden, die sich aus der Preisträgermobilität (Kapitel 4) und deren Kontextualisierung im Rahmen historischer (Kapitel 3) und weltweiter Wissenschaftsbeziehungen (Kapitel 5.2) ableiten lassen. Die vielfältigen Formen der Strukturierung stehen der pauschalisierenden Vorstellung einer freien, objektiven, universellen und globalen Wissenschaft entgegen und betonen statt dessen den zentralen Beitrag akademischer Zirkulation für jede noch so kleine Annäherung an das dahinter stehende raum- und zeitlose Ideal eines standardisierten und weltumspannenden wissenschaftlichen Diskurses.

5.1 Räumliche Bezüge wissenschaftlicher Praxis und Interaktion

Die empirischen Ergebnisse zu den Deutschlandaufenthalten US-amerikanischer Humboldt-Forschungspreisträger haben gezeigt, daß das akteursnetzwerktheoretische Wissenschaftsverständnis des Netzwerkbildens zwischen heterogenen Entitäten ganz wesentlich ist, um Entstehung, Verlauf und Auswirkungen der Forschungsaufenthalte genauso wie die damit verbundene Produktion wissenschaftlicher Geographien besser verstehen zu können. Sie haben aber auch verdeutlicht, daß dies nicht auf Grundlage der akteursnetzwerktheoretischen Symmetrie zwischen Menschen und Nichtmenschen möglich ist. Vielmehr ist dazu auf die im zweiten Kapitel entwickelte Ontologie von Aktanten zurückzugreifen, weil die konventionelle Akteursnetzwerkperspektive den im Rahmen verschiedener wissenschaftlicher Praktiken involvierten und unterschiedliche räumliche Bezüge implizierenden Entitäten nicht auf schlüssige Weise gerecht wird. Die Konzentration akteursnetzwerktheoretischer Wissenschaftsstudien auf empirische Fallstudien in den experimentellen und empirischen Wissenschaften scheint zusammen mit dem profunden Widerstand gegen sozialkonstruktivistische Wissenschaftskonzeptionen (vgl. 2.4.1) vor allem zu einer Vernachlässigung geistiger Aktanten in der akteursnetzwerktheoretischen Symmetrie zwischen Menschen und Nichtmenschen beigetragen zu haben. Geistige Aktanten sind jedoch von zentraler Bedeutung für theoretisches Arbeiten und für ein umfassendes Verständnis der Vermittlungsarbeit zwischen materiellen und immateriellen Welten, die allein von den in dieser Arbeit konzeptionalisierten dynamischen Hybriden aufgrund ihres Charakters als lebendige Schnittstellen zwischen deren heterogenen Bausteinen vorgenommen werden kann (vgl. 2.4.5).

Anhand von drei Beispielen zeitgenössischer wissenschaftlicher Praktiken, die im Rahmen der Preisträgeraufenthalte erfolgten, soll daher im folgenden verglichen werden, in welchem Ausmaß die wissenschaftliche Arbeit und Interaktion von Wissenschaftlern verschiedener Fachgebiete und Arbeitsrichtungen in den Kontext der jeweiligen Gastinstitution eingebettet war und welche Rolle die andere Umgebung im Vergleich zum gewohnten Arbeitsumfeld für die Gestaltung ihrer Aufenthalte spielte. Ziel dieses gedanklichen Experiments ist es, bereits gewonnene Erkenntnisse zu fachspezifischen Mobilitäts- und Kooperationskulturen auf Grundlage der erweiterten Akteursnetzwerkperspektive zu systematisieren und zusammenfassend zu theoretisieren. Das erste Fallbeispiel bezieht sich auf den Aufbau eines gemeinsamen Experiments, das zweite auf fortgeschrittene Abstraktionsarbeit im Rahmen experimenteller Kooperation und das dritte auf individuelle theoretische Arbeit.

Der Wissenschaftler des ersten Fallbeispiels arbeitet als experimenteller Teilchenphysiker an der University of California in Berkeley. Im Jahr 1976 verbrachte er sein zweites *sabbatical* am MPI für Physik in München. Dort beteiligte er sich am Design und Aufbau eines neuen Experiments am DESY in Hamburg. Dieses Experiment mit dem Namen CELLO zielte darauf ab, Teilchenkollisionen zwischen Elektronen und Positronen auf einem neuen Energieniveaus zu untersuchen, um neue Daten und Erkenntnisse über die fundamentalen Bausteine von Materie zu erhalten. Das MPI für Physik in München war eines der bedeutenderen Institute in dieser multinationalen Kooperation und verantwortlich für den Bau eines wichtigen

5.1 Räumliche Bezüge wissenschaftlicher Praxis und Interaktion 421

Bestandteils des großen Teilchendetektors, der später die Daten des CELLO-Experiments generieren sollte.

Für einen renommierten Wissenschaftler verbrachte der Humboldt-Preisträger ungewöhnlich viel Zeit mit dem technischen Personal der Münchener Gastinstitution, da er bei der Konstruktion des Instruments direkt und eng mit den verantwortlichen Technikern zusammenarbeitete (vgl. [57], S. 312). Der US-Wissenschaftler wollte die Zeit des Forschungsjahres dazu nutzen, das Experiment von Grund auf zu verstehen, so daß er sich im physischen Kontext der technischen Werkstatt persönlich an den ersten Transformationen zwischen materiellen und mentalen Entitäten beteiligte. Indem er selber zwischen den Mitarbeitern, dem sich entwickelnden Konzept des Teilchendetektors und dessen konstituierenden, meist soziomateriellen Bausteinen verhandelte, konnte er von Anfang an jeden wesentlichen Verknüpfungsschritt ohne reduzierenden oder verfälschenden Filter miterleben, die näheren Zusammenhänge folglich Schritt für Schritt nachvollziehen und somit Möglichkeiten, Restriktionen und potentielle Fehlfunktionen der späteren Black box besser abschätzen. Allerdings war der Physiker durch diese Vorgehensweise, die der Einheit von Hand, Hirn und Herz entspricht, die Sandra HARDING (1986, 248) als grundlegend für das Verstehen von Zusammenhängen betrachtet, welche aber eine physische Kopräsenz am Orte des Geschehens erfordert, stärker an den experimentellen Kontext der Gastinstitution gebunden als wenn er sich im Sinne seiner Position als zentraler Bestandteil eines wissenschaftlichen Kalkulationszentrums, in dem alle Fäden zusammenlaufen und Abstraktionen n-ter Ordnung erstellt werden, auf konzeptionelle Beiträge oder Auswertungen experimentell gewonnener Daten konzentriert hätte.

Einer seiner Kollegen, ein Biochemiker aus Berkeley, arbeitete 1985 während seines einjährigen Preisträgeraufenthalts in München ebenfalls mit Angehörigen der Gastinstitution an einem gemeinsamen Experiment zusammen. Das Ziel dieses Projekts bestand in der Untersuchung der spektroskopischen Eigenschaften des Proteins *C-phycocyanin*, um dessen Rolle in der Photosynthese von Pflanzen besser verstehen zu können (vgl. [54], S. 290). Der US-Wissenschaftler und sein Gastgeber hatten unabhängig voneinander Messungen an diesem Protein mit komplementären Methoden durchgeführt, und da die Struktur des Moleküls kurz vor dem Aufenthalt in einem anderen Labor in der Nähe von München bestimmt worden war, eröffnete sich nun die Gelegenheit, weitere Erkenntnisse und Anerkennung durch eine Interpretation dieser Messungen auf Grundlage der neuen strukturellen Informationen zu erlangen. Da die detaillierten Koordinaten zu diesem Zeitpunkt noch nicht publiziert waren, konnte der US-Wissenschaftler nur über gegenseitige Interaktion und Unterstützung in dem spezifischen Laborkontext der Gastinstitution Zugang zu dem neuen Wissen erlangen, so daß er die erste Hälfte seines Preisträgeraufenthalts im Gastlabor verbrachte. Diese Phase der alltäglichen Interaktion mit dem Gastgeber und dessen Studierenden ging mit der Konzeption des gemeinsamen Experiments und dem Aufbau gegenseitigen Vertrauens durch wechselseitige Unterstützung und Information einher; ein Vertrauen, das für einen offenen Austausch von Ideen, Wissen und Materialien und somit für eine fruchtbare wissenschaftliche Zusammenarbeit unbedingt notwendig erscheint.

Indem sich der Biochemiker von vornherein abstrakteren Stadien des wissenschaftlichen Konstruktionsprozesses in Form von Datenauswertungen widmete, wie es für etablierte Professoren in seinem Fachgebiet typisch ist, und er damit ebenfalls wie gewöhnlich auf die Qualität der von anderen Personen in München und Berkeley generierten Black boxes vertraute, konnte er diese Zusammenarbeit auch in der zweiten Phase des Aufenthalts fortsetzen, obgleich er noch zwei andere Gastinstitute in Deutschland besuchte. Die dafür notwendigen Ressourcen wie Daten und Wissen nahm er in Form von Notizen und Erinnerungen mittels soziomaterieller Datenträger und des eigenen Gedächtnisses auf die Weiterreise mit. Gegenseitiges Feedback und neue Daten von den experimentellen Stätten waren auf Grundlage des aufgebauten gegenseitigen Vertrauens relativ leicht über verschiedene Telekommunikationsmedien austauschbar. Im Zuge der Weiterverarbeitung hochabstrakter Repräsentationen experimenteller Praxis und Produkte n-ter Ordnung war die Mitarbeit des US-Wissenschaftlers somit trotz geräteintensiver Projektkooperation weniger ortsgebunden als im vorherigen Fallbeispiel, so daß der kooperierende Biochemiker zu einem *mobilen Kalkulationszentrum* werden konnte. Seine fortgesetzte räumliche Mobilität beruhte im wesentlichen auf dem für etablierte Wissenschaftler üblichen Vertrauen in die experimentelle Arbeit ihrer Mitarbeiterinnen und Mitarbeiter. Im Falle der beteiligten Personen an der Gastinstitution hatte dieses Vertrauen zuvor erst durch direkte Kontakte aufgebaut werden müssen (vgl. auch 1.3.3 und MEUSBURGER 1998, 51).

> I spent about five months there, it was nearly half the time, and I was in the laboratory. I had a desk in the laboratory where I worked. *I was not doing experimental work but more calculations*, and I interacted with him and with his students and with people in other research groups in the Munich area. I went to the libraries to read the journals and I gave seminars and colloquia while I was there. [...] [The collaboration] involved mainly me but to some extent also my group because we did some additional spectroscopic measurements here in Berkeley to complement some of the studies that were being done in Germany, and my students who were here during that time were carrying out some of it, but mainly it was between me and the people in Germany. [...] I spent about two and half months in Mülheim and about the same amount of time in Berlin, and there I spent a lot of time continuing the project that I started in Munich because it was quite interesting and it turned out to be quite productive. [...] It was one of those situations where everything was prepared to solve this problem, *the best place to do it was in Germany because of the access to the [unpublished] information and also because of the very valuable discussions that I had with people there who were actively thinking about this problem*, and that really was a great benefit, I wouldn't have been able to do the same thing here. [54]

Die geringste Ausprägung ortsbindender Materialiät wissenschaftlicher Praxis ist in den Bereichen der Mathematik oder verschiedener theoretischer Arbeitsrichtungen zu finden, in denen die konstituierenden Bausteine neuer wissenschaftlicher Argumente überwiegend der Zeichenwelt angehören und nicht unbedingt mit experimentellen oder empirischen Kontexten rückgekoppelt werden müssen. Schließlich weisen geistige Beziehungsgeflechte wie Wissen, Methoden und Theorien nicht notwendigerweise eine andere physische Manifestierung als die Körperlichkeit von Menschen, Computern, Papier oder anderen Medien auf. *Sie sind daher im Prinzip genauso mobil wie es ihre physischen Träger erlauben* (vgl. [33] und [29], S. 306).

5.1 Räumliche Bezüge wissenschaftlicher Praxis und Interaktion 423

Auf welche Weise geistige Entitäten dennoch zu relativ starken Bindungen an einen spezifischen lokalen Kontext beitragen können, zeigt das dritte Fallbeispiel. Protagonist ist ein Mathematiker, der in den Sommern 1991 bis 1993 als Humboldt-Forschungspreisträger vom MIT an der Universität Heidelberg zu Gast war. Angesichts der Spezialgebiete geometrische und algebraische Topologie benötigt dieser US-Wissenschaftler hauptsächlich ein Klemmbrett, einen Stift und Papier zum Arbeiten. Da sich die meisten Aktanten, die für seine Arbeit wichtig sind, in seinem Gehirn befinden, dort produziert und weiterverarbeitet werden, konnte er seine Arbeit nur wenige Stunden nach der Ankunft in Heidelberg fortsetzen. Dem Prinzip der Preisträgeraufenthalte entsprechend besaß der Mathematiker keinerlei Verpflichtungen an der Gastinstitution, und da die Interessen seiner Gastgeber für die Bearbeitung eines konkreten Problems nicht nah genug waren, arbeitete er während seines Aufenthalts auch mit niemandem zusammen. Deshalb hätte er durchaus dem Beispiel anderer US-Preisträger folgen können, die viele Reisen durch Deutschland und Europa unternehmen (vgl. 4.3.2). Daß er dies jedoch nicht tat, hängt damit zusammen, daß die Hauptaktivität in seinem Arbeitsgebiet zu dieser Zeit in Heidelberg lokalisiert war:

> For this period of time there was more activity in my field there than anywhere else, so I wouldn't have thought about other universities very much. [19]

Der vergleichsweise große Reichtum an Ideen, der sich in der alltäglichen Interaktion an der Gastinstitution manifestierte, hatte durch die Körperlichkeit der Interaktionspartner folglich eine ähnliche ortsbindende Wirkung wie die technische Infrastruktur im ersten und die Kombination von neuen Erkenntnissen, neuen Materialen und komplementären Verfahren im zweiten Fallbeispiel.

Die wissenschaftliche Praktiken der drei Fallbeispiele lassen sich jeweils an unterschiedlichen Stufen der von Bruno Latour konzeptionalisierten reversiblen Transformationsketten zwischen einer analogen Welt auf der einen Seite und einem Punkt vollständiger Abstraktion auf der anderen verorten (vgl. Abb. 10, S. 137). Latour hebt hervor, daß jeder der Transformationsschritte von Materie zu Zeichen, die gemeinsam zur Generierung leicht verständlicher und gut kommunizierbarer wissenschaftlicher Aussagen über sehr komplexe Sachverhalte dienen, einen Handel zwischen dem Verlust von Vielfalt, Besonderheit und Lokalität auf der einen Seite und dem Gewinn von Standardisierung, Vergleichbarkeit und relativer Universalität auf der anderen Seite bedeutet (LATOUR 1999b, 71; vgl. auch LATOUR 1987, 241-247). *Demzufolge impliziert jede Stufe eines wissenschaftlichen Netzwerkbildungsprozesses unterschiedliche Geographien, die von stark kontextualisierten Praktiken zu flexibleren und weniger stark in spezifische Kontexte eingebetteten Arbeitsweisen reichen.* Im Falle des ersten Beispiels umfassen die wesentlichen Schritte einer solchen Kaskade die Konstruktion des Teilchendetektors am MPI in München und an wenigen anderen Orten, die zentrale Datengewinnung am DESY in Hamburg und die Datenanalyse sowie das Verfassen wissenschaftlicher Artikel an allen teilnehmenden Institutionen der multinationalen Kooperation.

[T]hat's a property of high energy work. People work all over the world, wherever the accelerator is, and these collaborations are hundreds of people from dozens of institutions that all go to where the accelerator is for the experiment. They analyse the data back home, which is what I'm doing here right now. [39]

Vor diesem Hintergrund sich wandelnder räumlicher Bezüge mit fortschreitendem wissenschaftlichen Abstraktionsprozeß erscheinen auch die systematischen Unterschiede der Aufenthaltsgestaltung von jüngeren und älteren US-Wissenschaftlern verständlicher (vgl. 4.5). Demnach waren die Wissenschaftler verschiedener Altersgruppen unterschiedlich stark an den Kontext der Gastinstitution gebunden, weil sie sich während der Aufenthalte mit verschiedenen Aufgaben im arbeitsteilig organisierten wissenschaftlichen Netzwerkbildungsprozeß befaßten. Während die jüngeren Wissenschaftler häufiger *at the bench* arbeiteten und daher weniger Vortrags- und Informationsreisen durchführen konnten oder wollten, konzentrierten sich die älteren Wissenschaftler stärker auf das Schreiben und Überarbeiten von Artikeln sowie das Verbreiten von Erkenntnissen und überließen im Falle experimentell-empirischer oder technisch-konstruktiver Detailarbeit diese eher ihren Mitarbeitern oder Kooperationspartnern. Das in Abschnitt 4.5 vorgestellte Konzept der Karrierezyklen besitzt somit eine inhärente räumliche Komponente (vgl. Abb. 37, S. 410): In kleinen Arbeitsgruppen mit wenig Arbeitsteilung ist die Arbeit der einzelnen Mitglieder relativ stark an einen spezifischen lokalen Kontext gebunden. Mit zunehmender arbeitsteiliger Organisation des Forschungsprozesses in einer wachsenden Arbeitsgruppe nimmt diese Art der Kontextgebundenheit für einen Teil der Mitglieder zwar zu, gleichzeitig wird sie aber für einen oder einige wenige Außenposten deutlich geringer.

LATOUR (1999b) entwickelte sein Konzept der zirkulierenden Referenz zwischen der Welt und den Worten, nachdem er Geowissenschaftlern und Biologen ins Gelände gefolgt war. Wie im theoretischen Teil der Arbeit festgestellt wurde, läßt sich das Konzept jedoch auch auf theoretische Arbeit anwenden, weil Gedanken und Theorien in gleicher Weise zu neuen Zeichen überlagert, kombiniert und transformiert werden können wie (sozio)materielle Gegebenheiten (vgl. 2.4.3; auch LATOUR 1987, 243-247). Beispielsweise beginnt die Bearbeitung eines spezifischen Problems für den Mathematiker des dritten Fallbeispiels immer mit ganz verschiedenen Ideen und zahlreichen möglichen Beziehungen zwischen einer großen Zahl unterschiedlicher Zeichen, während das Resultat in der Regel eine übersichtliche Menge von Gleichungen darstellt, in denen nur noch wenige Elemente und sorgfältig definierte Beziehungen übrig geblieben sind.

Die große Vielfalt empirisch-experimenteller und interpretativ-argumentativer Netzwerkbildungsprozesse zeitgenössischer wissenschaftlicher Praktiken weist jedoch ontologisch verschiedene Ausgangspunkte und konstituierende Entitäten auf, *die jeweils unterschiedliche räumliche Bezüge implizieren*. Dadurch eröffnet sich eine *zweite Dimension* in der Bedeutung räumlicher Bezüge für verschiedene wissenschaftliche Praktiken (Abb. 38): Jede wissenschaftliche Behauptung, gleichgültig, ob sie auf Papier gebannt oder im Gedächtnis verankert ist, kann zumindest theoretisch im Sinne der zirkulierenden Referenz zu ihren materiellen, immateriellen, historisch und dynamisch hybriden Ausgangspunkten und Black boxes zurück-

5.1 Räumliche Bezüge wissenschaftlicher Praxis und Interaktion

geführt werden, und die Fallbeispiele zeigen, daß der primäre Umgang mit materiellen Entitäten im Unterschied zur Arbeit mit immateriellen Entitäten oder der Kooperation mit dynamischen Hybriden in Form von Menschen oder Computern, Tieren oder Pflanzen, eine unterschiedliche Qualität in Hinblick auf Ausmaß und Art der räumlichen Bezüge wissenschaftlicher Praxis besitzt: *Geistige Entitäten sind im Prinzip genauso mobil wie es ihre physischen Träger erlauben, materielle Entitäten können Wissenschaftler aufgrund ihrer eigenen Körperlichkeit an einen spezifischen physisch-materiellen Kontext binden.*

In allen Phasen wissenschaftlichen Netzwerkbildens können Theoretiker, die wissenschaftliche Argumente primär mit geistigen Bausteinen kreieren, ihren Arbeitsplatz wesentlich leichter verlagern als experimentell oder empirisch arbeitende Wissenschaftler, weil sie vergleichsweise weniger physisch verortete Ressourcen benötigen. Ihre alltägliche Arbeit ist jedoch zumindest in gesellschaftliche Zusammenhänge eingebettet (Finanzierung des Lebensunterhaltes, Nahrungsaufnahme, Möglichkeit der öffentlichen Äußerung von Gedanken, Fachkollegen, Publikationsorgane etc.). Darüber hinaus ist der lokale Kontext in den frühen Stadien der Formierung eines neuen theoretischen Arguments besonders bedeutend; zum Beispiel, wenn neue geistige Ressourcen durch Lektüre oder Kommunikation mit anderen erworben werden oder wenn als Basis für eine Zusammenarbeit das Vertrauen anderer Individuen auf direktem Wege durch *face-to-face* Kontakte gewonnen werden muß (vgl. das zweite Fallbeispiel). Die theoretischen Reflexionen und empirischen Auswertungen dieser Arbeit haben auch gezeigt, daß eigene Mobilität in allen Arbeitsrichtungen für einen kontextbezogenen Zugang zu anderen wissenschaftlich relevanten Orten essentiell ist, um neue und vor allem unerwartete Ressourcen für die eigene Arbeit gewinnen zu können, die von Mittlern unter Umständen übersehen werden würden.

Im Verlauf einer Zusammenarbeit über theoretische Inhalte kann Kopräsenz häufig wesentlich früher und leichter durch Telekommunikation substituiert werden als im Rahmen experimenteller und empirischer Arbeit, weil geistige Bausteine eines Argumentationsnetzwerks ontologisch kompatibel mit diesen Medien sind und daher über E-mail, Fax und Telefon ausgetauscht werden können ohne grundlegend verändert zu werden. Die Zusammenführung der einzelnen Teile einer gemeinsam bearbeiteten Fragestellung kann jedoch erneut ein freies Spiel der Assoziationen erfordern, das wiederum am besten ohne zusätzliche Mittler, im Rahmen physischer Kopräsenz erfolgt (vgl. auch [51], S. 316).

> The face-to-face is important, it's done, you do things differently, but I think of fantastically high importance is E-mail. It is just, we just can't survive without E-mail nowadays. It's where one is constantly in contact with people. Doing what I do in theory, as I said, where we tend to do some project that is largely mathematics but can be computer simulation of something also and then write a paper, a great deal of that is done electronically. And where we have ideas we meet face-to-face, we discuss what we're going to do and then somebody works on one part or another part and we pull pieces together. But in doing this we generally are exchanging results, figures, graphs of, you know the results that we've obtained in some project, that's all done by E-mail electronically. [10]

Abb. 38: Geographien verschiedener wissenschaftlicher Praktiken

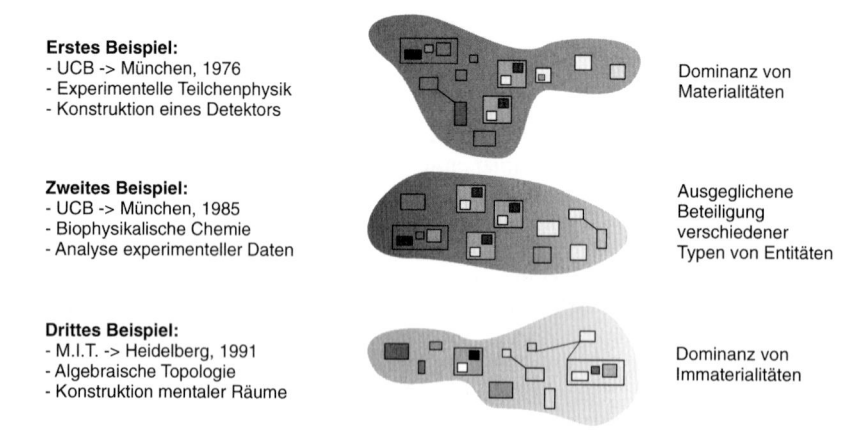

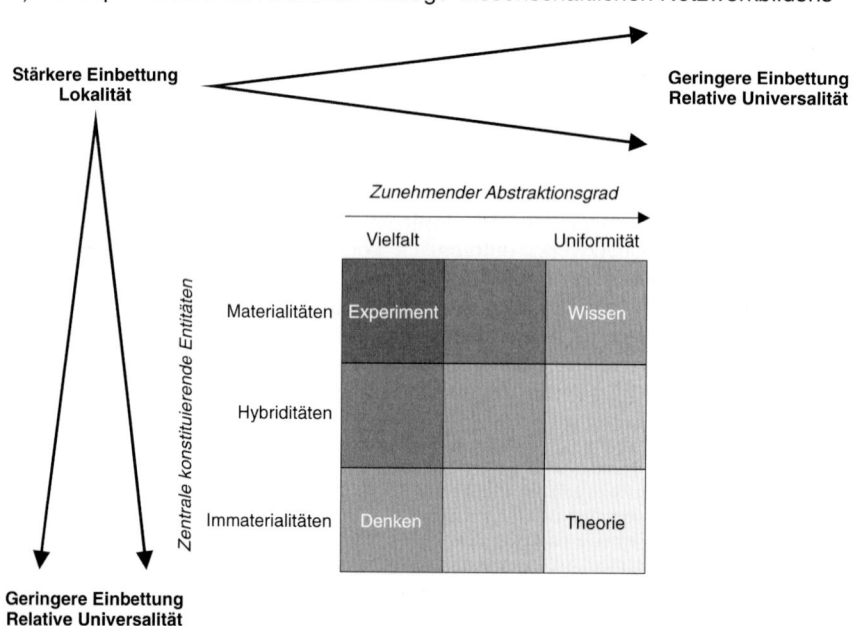

a) Fallbeispiele: Konstituierende Entitäten wissenschaftlichen Netzwerkbildens

Erstes Beispiel:
- UCB -> München, 1976
- Experimentelle Teilchenphysik
- Konstruktion eines Detektors

Dominanz von Materialitäten

Zweites Beispiel:
- UCB -> München, 1985
- Biophysikalische Chemie
- Analyse experimenteller Daten

Ausgeglichene Beteiligung verschiedener Typen von Entitäten

Drittes Beispiel:
- M.I.T. -> Heidelberg, 1991
- Algebraische Topologie
- Konstruktion mentaler Räume

Dominanz von Immaterialitäten

b) Konzept: Variierende räumliche Bezüge wissenschaftlichen Netzwerkbildens

Stärkere Einbettung
Lokalität

Geringere Einbettung
Relative Universalität

Zunehmender Abstraktionsgrad

Vielfalt — Uniformität

Zentrale konstituierende Entitäten

	Vielfalt	Uniformität
Materialitäten	Experiment	Wissen
Hybriditäten		
Immaterialitäten	Denken	Theorie

Geringere Einbettung
Relative Universalität

Quelle: Eigener Entwurf.

5.1 Räumliche Bezüge wissenschaftlicher Praxis und Interaktion 427

Unterschiedliche Geographien wissenschaftlicher Praxis und Interaktion ergeben sich zum Beispiel auch, wenn jemand alleine oder in Kooperation arbeitet, wenn die Forschungsgegenstände problemlos von einem zum anderen Laborkontext transferiert werden können (z. B. chemische Verbindungen), wenn diese in einem bestimmten Anwendungskontext konstruiert werden sollen oder wenn sie zumindest einmal besucht werden müssen (z. B. geologischer Aufschluß, Gesprächspartner, Archivmaterialien). Als konkretes Beispiel für eine Bearbeitung soziomaterieller Hybride, die in hohem Maße an deren verortete Materialität gebunden ist, soll der bereits zitierte Bericht des US-Wissenschaftlers dienen, der sich mit Musikgeschichte im 18. Jahrhundert befaßt (vgl. [22], S. 286). Seine Arbeit orientiert sich an Archivbeständen, die seit seiner Emigration aus Deutschland die Basis fortgesetzter enger wissenschaftlicher Kontakte nach Europa bilden. Er weist zudem darauf hin, daß große Teile der Primärquellen durch Ankäufe und Immigrationsbewegungen im 18./19. Jahrhundert in die USA verlagert wurden. Würden diese Bestände an anderen Orten nicht in Betracht gezogen, zöge dies ebenfalls konkrete inhaltliche Konsequenzen nach sich:

> Wenn ein deutscher Kollege, sagen wir in meinem Gebiet arbeitet und Quellen zur Musikgeschichte des 18. Jahrhunderts vor der Nase liegen hat in München oder in Berlin oder Leipzig, wo immer, dann fällt es einem normalerweise nicht ein, zu berücksichtigen, daß große Komplexe im 19. Jahrhundert abgewandert sind. [...] Kommt normalerweise niemand drauf, von der dortigen Perspektive. [...] Also, wenn man in Deutschland aufgewachsen ist und auch Geographie und Geschichte studiert hat im Gymnasium, dann bezieht man das auf ein Koordinatennetz, was sozusagen mit der Heimat verbunden ist [...] das braucht man zur Orientierung. Nun bin ich eben seit 30 Jahren weg und habe das eigentlich sehr schnell gespürt [...] Aus der Distanz sieht die Gegend, mit der man sich historisch und kulturell beschäftigt, anders aus, als wenn man da drin sitzt. [...] Und das ist für die Musikgeschichte, glaube ich, ein ganz wesentlicher Lernprozeß, der mir sozusagen in den Schoß gefallen ist, den man sich so ohne weiteres nicht aneignen kann, wenn man in Deutschland ist und bleibt. [22]

An anderer Stelle berichtet der Musikwissenschaftler über mühsame Arbeitsbedingungen in deutschen Archiven, wenn diese zum Beispiel aufgrund von Ressourcenknappheit nicht über Scanner verfügen, die Inhalte in ein per E-mail verschickbares Format transformieren können. Schließlich bedeutet dies für ihn selber eine größere Notwendigkeit zu physischer Präsenz im Archiv oder den Rückgriff auf kosten- und zeitaufwendige Kopien.

Als Fazit zu der Ausgangsfrage nach den räumlichen Bezügen verschiedener wissenschaftlicher Praktiken und deren Bedeutung für den Verlauf zirkulärer Mobilität in den Wissenschaften läßt sich mit Blick auf die diskutierten Fallbeispiele festhalten, *daß räumliche Bezüge und spezifische lokale Kontexte für alle Formen wissenschaftlicher Praxis relevant und konstitutiv sind, daß aber deren Bedeutung ganz wesentlich nach dem Raumbezug der konstituierenden Elemente und dem Stadium wissenschaftlichen Netzwerkbildens variiert.* Mit anderen Worten ausgedrückt spielt das Ausmaß der Materialität und Immaterialität wissenschaftlicher Praxis und Interaktion eine wesentliche Rolle für den jeweiligen Bedarf, die Möglichkeiten und Motivationen von Wissenschaftlern, einen Ort der Wissensproduktion zu verlassen, um zu kommunizieren, zu interagieren und an anderen Orten neue Ressourcen für die eigene Arbeit zu mobilisieren (vgl. [6], S. 416]. Alters- und fachspezifische Mobilitäts- und Kooperationskulturen erklären sich somit vor allem durch die Ontologien der konstituierenden Entitäten verschiedener wissenschaftlicher Praktiken, auch wenn sie durch regionale, institutionelle und individuelle Unterschiede der Wissenschafts- und Arbeitsorganisation und zahlreiche andere Einflüsse auf verschiedene Weise variiert werden können (vgl. 5.3).

Die in Abb. 38 vorgeschlagene Matrix versteht sich daher keineswegs als ein allumfassendes Konzept zur Erklärung sämtlicher für zirkuläre Mobiliät relevanter Beziehungsgeflechte. Vielmehr konzentriert sich das Konzept auf die Erklärung systematischer Unterschiede räumlicher Bezüge, die in der Ontologie der konstituierenden Entitäten verschiedener wissenschaftlicher Praktiken impliziert sind, ohne damit mögliche Einflüsse anderer Aktanten auf die Bedingungen und Auswirkungen zirkulärer Mobilität oder Überlegungen zur Kontingenz wissenschaftlichen Netzwerkbildens zurückzuweisen. Aufbauend auf David Livingstones Elaboration der Feststellung, *daß* Geographie eine wichtige Rolle für wissenschaftliche Unternehmungen besitzt (LIVINGSTONE 2002), wird vielmehr der Vorschlag unterbreitet, daß die in Abb. 38 konzeptionalisierte Matrix für Erkundungen zu der Frage, *wie* unterschiedliche geographische Kontexte wissenschaftliches Arbeiten beeinflußen, einen hilfreichen Ausgangspunkt bilden könnte.

Um mit der vorgeschlagenen Matrix der großen Vielfalt räumlicher Bezüge verschiedener wissenschaftlicher Praktiken und Produkte konzeptionell möglichst gut gerecht werden zu können, war der Rückgriff auf die zuvor in dieser Arbeit entwickelte erweiterte Akteursnetzwerkperspektive mit der Trinität aus (hybriden) materiellen sowie (hybriden) immateriellen Entitäten und dazwischen vermittelnden dynamischen Hybriden unbedingt notwendig. Dies kann damit begründet werden, daß in der klassischen Symmetrie zwischen menschlichen und nichtmenschlichen Akteuren mentale Entitäten als wichtige immaterielle Bestandteile geisteswissenschaftlicher und theoretischer Arbeitsrichtungen fast vollständig vernachlässigt werden (vgl. 2.4.3; 2.4.7.2) und auch die besonderen Eigenschaften dynamischer Hybride unberücksichtigt bleiben (vgl. 2.4.5), aber gerade historische und dynamisch hybride Erscheinungen genauso wie immaterielle und materielle Entitäten den empirischen Untersuchungen und theoretischen Reflexionen zufolge jeweils mehr Unterschiede als Gemeinsamkeiten in ihrer ortsbindenden Materialität und räumlichen Einbettung aufzuweisen scheinen. In letzter Konsequenz hätte das klassische Aktantenkonzept somit weniger Komplexität, Flexibilität und Schlüssigkeit bei der Erklärung der räumlichen Bezüge verschiedener wissenschaftlicher Praktiken und deren Bedeutung für zirkuläre Mobilität erlaubt.

5.2 Weltweite Interaktionen renommierter US-Wissenschaftler

Zuvor auf der Mikroebene einzelner wissenschaftlicher Akteurs beschriebene Zusammenhänge lassen sich auch in der Zusammenschau weltweiter Interaktionsbeziehungen von fast eintausend US-Wissenschaftler identifizieren. Dies zeigt Karte 8, die auf einer Frage nach bis zu drei Ländern basiert, mit deren Wissenschaftlern die schriftlich befragten US-Preisträger im Laufe ihrer wissenschaftlichen Karriere die intensivsten Kooperationen außerhalb der USA durchgeführt haben. 95% der US-Wissenschaftler gaben mindestens ein Land an, 90% mindestens zwei Länder und 77% führten drei Länder an. Genannt wurden 56 von 192 Staaten der Welt (Stand 1998).

Die starke Konzentration der Beziehungen auf Europa, Japan, Kanada und Australien verdeutlicht zunächst, daß qualitativ hochwertige Wissenschaft aufgrund des notwendigen Finanzkapitals und der erforderlichen, ebenfalls teuren und mit großem logistischen Aufwand verbundenen Ausbildung qualifizierter Wissenschaftler nur an wenigen Standorten durchgeführt werden kann. Afrika spielt zum Beispiel in den internationalen Wissenschaftsbeziehungen der renommierten Natur- und Ingenieurwissenschaftler an den großen Forschungsinstitutionen der USA fast keine Rolle und wenn, dann vor allem in den Geowissenschaften, in denen Forschungsobjekte vor Ort große Anziehungskraft besitzen.

Wegen des besonderen Bezugs der befragten US-Wissenschaftler zu Deutschland infolge ihres längerfristigen Forschungsaufenthalts dominiert die BRD als wichtigstes Kooperationsland in allen Fachgebieten. 46% der Befragten nannten Deutschland als wichtigstes Kooperationsland im Laufe ihrer Karriere. Dies entspricht dem Anteil, der vor dem Aufenthalt schon Projekte mit deutschen Wissenschaftlern durchgeführt oder gemeinsame Publikationen erstellt hatte (vgl. 4.2.1.4), aber solche Kooperationen sind zu einem großen Teil im Rahmen des Besuchs von deutschen Post-Docs in den USA erfolgt. Vor dem Preisträgeraufenthalt waren nur etwas mehr als ein Viertel der Preisträger länger als einen Monat aus wissenschaftlichen Gründen in Deutschland. Rund ein Fünftel der US-Wissenschaftler pflegte vorher relativ enge wissenschaftliche Deutschlandbeziehungen; für rund drei Fünftel bestanden die wissenschaftlichen Deutschlandkontakte vor dem Aufenthalt im wesentlichen in einem lockeren Informationsaustausch mit in Deutschland tätigen Wissenschaftlern auf Konferenzen und im Rahmen kurzer Besuche und Vortragsreisen. Zum Zeitpunkt der schriftlichen Befragung gaben jedoch fast drei Viertel der renommierten US-Wissenschaftler an, daß Deutschland zu den drei wichtigsten Ländern ihrer internationalen wissenschaftlichen Kontakte gehört. Ein prägnantes Beispiel für die Entwicklung, Vertiefung und Weitervermittlung der Deutschlandkontakte durch die Preisträgeraufenthalte und für deren Einbettung in andere Kooperationsbeziehungen gibt die im folgenden zitierte Schilderung eines Physikers, dessen deutsche Eltern vor dem Krieg in die USA emigrierten, der aber vor dem Preisträgeraufenthalt keine besonderen wissenschaftlichen Kontakte in Deutschland besaß und daher auch selber seinen späteren Gastgeber in München wegen der Möglichkeit eines *sabbaticals* an dessen Institution kontaktierte:

My most important collaborators are in my own university, [...] because if we need new materials we collaborate with someone at MIT who has those materials; then my next important collaborators are with two large research labs in the United States that I know well. One is in New Jersey which is Bell Laboratories, and the other is Lincoln Laboratories which is owned by MIT. And then after that I think it's almost equal after that, and it changes with time. I've had collaborations in Germany of course, and I probably know more people in more universities that I'm in contact with in Germany than any other country. I've had a number of collaborations with the Japanese, because I spent several months in Japan. It was 1994, but I also have Japanese visiting scientists, postdocs and so on, so probably Germany and then Japan and France, a couple in France, Italy, because a lot of these collaborators are now scientists who have spent time in my laboratory and have worked here. [...] Well, some of them came because I was over there and I invited them, actually probably my strongest collaboration at the moment is with a professor in Karlsruhe who was here eight years ago as a Feodor Lynen fellow of the Humboldt Foundation. So the Humboldt Foundation has fostered a lot of good, a lot of good. [...] My stay in Japan was in a company laboratory, NTT, so it was a telecommunications laboratory they were doing research on that. We were there for two months, it was very interesting from a technology point of view, it was not a university setting and so it was company employees not quite the same as getting to know students who would later become senior people in the field.

I've spent two months in Vienna at the Technical University in Vienna, and that was good too, and I've spent two months in the National Laboratory in France, outside of Paris, where I also have good connections and good friends, but my German experience is bigger and more multifaceted because I've spent more time there, you see each one of those places it was only two months, in Germany I've been nine months and two months and two months OK, and I'm a big fan of the Humboldt Foundation, in fact one of my former students is a professor in Purdue University and he's just arrived in Berlin, the Max Born Institute to spend a year there [on a Humboldt], so he must have thought it was a worthwhile thing. [6]

In den internationalen Wissenschaftsbeziehungen der US-Preisträger folgen nach Deutschland in der Bedeutung Großbritannien, Frankreich und Japan und mit größerem Abstand die Schweiz, Italien, Kanada, Australien, Schweden und die ehemalige Sowjetunion. Allerdings zeigen sich nach Fachgebieten differenziert deutliche Unterschiede. Am stärksten ist die Konzentration der internationalen Wissenschaftskontakte der US-Preisträger auf Deutschland in Chemie, gefolgt von Physik und den Geisteswissenschaften. In diesen Fächern stellte Deutschland im Durchschnitt das zweitwichtigste Land dar, in dem die intensivsten internationalen Wissenschaftskontakte unterhalten wurden. Darin bestätigt sich wiederum eine starke internationale Ausrichtung und Attraktivität der Fächer Chemie und Physik in Deutschland. In den Geisteswissenschaften ist der Gegenstandsbereich häufig kultur- oder regionsgebunden, so daß einerseits die Sprachbindung, die auch für besonders viele Deutschstämmige unter den geisteswissenschaftlichen Preisträgern verantwortlich ist, aber andererseits auch stark spezialisierte Forschungsinstitute zu einer Häufung der Kooperationen in einzelnen Ländern beitragen (z. B. Deutschland, Italien, Spanien). Gleichzeitig führt jedoch die Regionsbindung vieler geisteswissenschaftlicher Forschungsgegenstände dazu, daß die Zahl der Länder, in denen insgesamt kooperiert wird, besonders groß ist und es sich dabei überwiegend um Länder handelt, die in anderen Wissenschaftszweigen kaum Bedeutung für renommierte US-Wissenschaftler besitzen (z. B. Mexico, Ukraine, Norwegen).

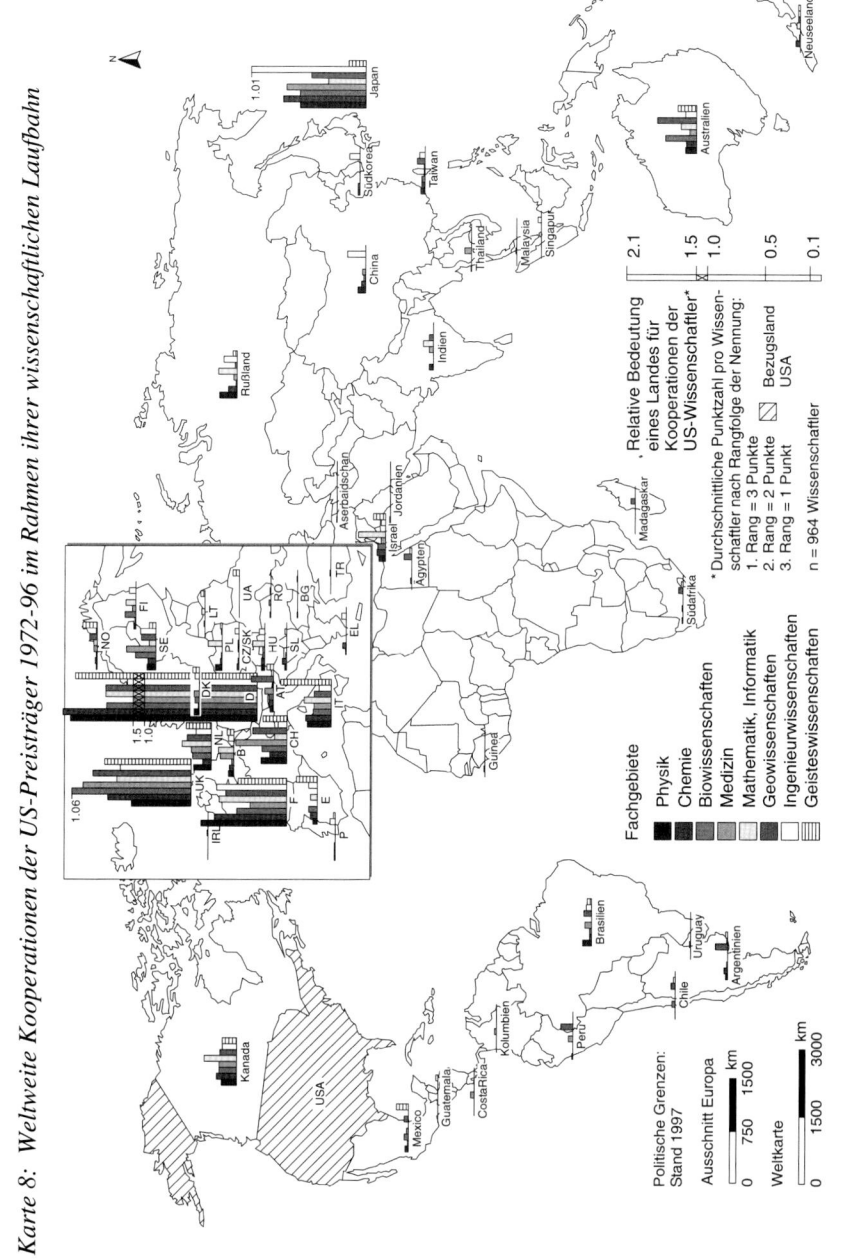

5.2 Weltweite Interaktionen renommierter US-Wissenschaftler 431

Karte 8: Weltweite Kooperationen der US-Preisträger 1972-96 im Rahmen ihrer wissenschaftlichen Laufbahn

Quelle: Eigene postalische Erhebung; eigener Entwurf.

Die relativ geringe Bedeutung Deutschlands für internationale Kooperationen US-amerikanischer Mediziner und Ingenieurwissenschaftler kann zunächst mit den großen nationalen Fachgemeinschaften in Deutschland in Verbindung gebracht werden, die weniger Notwendigkeit für internationale Kooperationen bedeuten. Außerdem könnten die überwiegend angewandten Forschungsperspektiven der beiden Fächer, vor allem in den deutschen Ingenieurwissenschaften (vgl. 4.3.2.1), mit dafür verantwortlich sein, daß im Fächer- und Ländervergleich deutlich weniger Anknüpfungspunkte für Kooperationen mit renommierten US-Wissenschaftlern bestehen. Inwieweit die relativ geringe Bedeutung des Fachs Medizin vorherige Ergebnisse unterstreicht, denen zufolge die internationale Attraktivität medizinischer Forschung in Deutschland in jüngerer Zeit abgenommen hat (vgl. 3.1.3.2 und DFG 1999), kann an dieser Stelle aufgrund der diskutierten fachspezifischen Kooperationskulturen nicht entschieden werden. In beiden Fächern stellte Deutschland im Durchschnitt immer noch für jeden zweiten der befragten US-Wissenschaftler das zweitwichtigste und für die andere Hälfte das drittwichtigste internationale Kooperationsland dar.

Der Fächervergleich ist auch in Zusammenhang mit Abbildung 23 (S. 209) interessant, da beispielsweise die Fächer Klinische Medizin, Chemie und Ingenieurwissenschaften sowohl in den USA als auch in Deutschland die geringsten Anteile internationaler Koautorenschaft aufweisen, ihre Bedeutung für Kooperationen der US-Preisträger mit in Deutschland tätigen Wissenschaftler aber stark variiert. Als Ursachen dafür lassen sich unterschiedliche Arten der Kooperation vermuten, die auch in den fachspezifischen Interaktionskulturen zum Ausdruck kamen (vgl. 4.3.2.2). Ohne auf fächerbezogene Unterschiede in anderen Ländern im Detail eingehen zu können, soll an dieser Stelle noch auf die wichtigsten Merkmale der internationalen Beziehungsmuster hingewiesen werden, um sie mit dem vorgestellten Konzept der Variation räumlicher Bezüge nach fachlichen Gegenstandsbereichen zu vergleichen (vgl. Abb. 38, S. 426):

Vergleichsweise dezentrale Interaktionsmuster, in denen sich die Kooperationen der US-Wissenschaftler auf viele verschiedene Länder verteilen, finden sich in den Geisteswissenschaften (sechs Länder pro zehn Befragte), in den Geowissenschaften (fünf Länder pro zehn Befragte) und in Mathematik (vier Länder pro zehn Befragte). In den ersten beiden Fächern sind diese Kontaktmuster der US-Wissenschaftler in Einklang mit attraktiven, immobilen Forschungsobjekten vor Ort zu bringen. Beispiele geben Bodenschätze, Tektonik, Geologie und Geomorphologie in Südamerika, Ägypten, Südafrika, auf Madagaskar, in Australien, Österreich und der Schweiz oder historische Bauten und Artefakte in Mexico, Italien, Spanien und Deutschland. Das Vorhandensein attraktiver Forschungsobjekte verbindet sich dabei oft mit langen und qualitativ hochwertigen europäischen Forschungstraditionen vor Ort. In den meisten Arbeitsrichtungen der Mathematik sind die überwiegend verarbeiteten und produzierten Gedankengerüste prinzipiell weniger ortsbindend als sie die Materialität der Forschungsinfrastruktur und Forschungsobjekte in anderen Fächer mit sich bringt. Das Ausbleiben eines deutlichen Abstands von allen anderen Fächern in Hinblick auf eine besonders dezentrale Struktur der internationalen Wissenschaftsbeziehungen kann jedoch neben der generellen Einbettung

5.2 Weltweite Interaktionen renommierter US-Wissenschaftler 433

von Mathematikern in gesellschaftliche Zusammenhänge als Indiz für eine relativ starke Kontextgebundenheit hochspezialisierter mentaler Aktanten gewertet werden. Schließlich handelt es sich bei mathematischem Wissen um den klassischen Typ kodierten Wissens, für dessen Verständnis ein bestimmtes Vorwissen erforderlich ist, das nur durch intensive Ausbildung, spezifische Fähigkeiten und viel Erfahrung erworben werden kann (MEUSBURGER 2000, 357). Die Möglichkeiten des Erwerbs dieses Wissens, der Fähigkeiten und Erfahrungen, die für eine Beteiligung an entsprechenden Diskursen essentiell sind, sind jedoch aufgrund der starken Spezialisierung räumlich entsprechend konzentrierter. Zwischen den Knotenpunkten mathematischer Wissensproduktion können sich neue Erkenntnisse dagegen tendenziell rascher verbreiten und etablieren als in solchen Arbeitsgebieten, in denen zum Verständnis, zur Anwendung oder Weiterverarbeitung zusätzlich experimentelle Kontexte (re)konstruiert oder Geländesituationen aufgesucht werden müssen (vgl. 5.1). Die entsprechenden Wissenschaftler sind in bezug auf die Wahl ihrer Arbeitsorte auch wesentlich flexibler, besonders wenn sie alleine arbeiten, weil ihre Tätigkeit durch vergleichsweise wenig Materialiät gekennzeichnet ist.

Besonders auffällig ist eine besonders große Bedeutung mathematischer Kooperationen der US-Wissenschaftler mit Kollegen in Kanada, Israel, Rußland, Polen, Ungarn, Indien, den Niederlanden, Belgien und Italien, während die Ingenieurwissenschaften entsprechend industrieller und staatlicher Schwerpunktsetzungen erwartungsgemäß in Japan, China und Südkorea die attraktivsten Kooperationspartner für US-Wissenschaftler bieten. In Physik (ein Land pro 10 Personen) führen die hohen finanziellen und technischen Anforderungen an Infrastrukturen der Großforschung zu multinationalen Forschungsverbünden an wenigen Standorten der reichsten Industrieländer. Dies wird zum Beispiel an den – dennoch als globalen Forschungsverbünden angepriesenen – Experimenten am RHIC in Brookhaven (NY) deutlich[278] und zeigt sich auch dran, daß in der Weltraumforschung kaum noch ein Projekt ohne Zusammenarbeit zwischen Europäern und Amerikanern und in gewissem Ausmaß auch mit Japanern zu finden ist („but their programme is so small" [40]).

> That's really the name of the game now, you need to put research groups together, [...] that's the way of sharing the wealth for one thing, these are expensive opportunities, you know an experiment in space costs a lot of money and I think NASA, which supports essentially all of the space activity, likes to see several groups co-operating particularly when each group has something to offer, it means that you can do more complex experiments, definitive experiments, because you draw on resources from several different research laboratories, you put that all together and you can do a better experiment, so there's a lot of that happening. [40]

Internationale Wissenschaftsbeziehungen werden diesen Ergebnissen zufolge auch auf der Makroebene in hohem Maße von verschiedenen Raumbezügen der Forschungsobjekte und anderer konstituierender Elemente des wissenschaftlichen Netzwerkbildungsprozesses bestimmt, wozu vor allem verfügbare Forschungsinfra-

---

[278] Die Karte auf der Internetseite der Forschungskollaboration plaziert die Fahnen der Länder weltweit, obgleich sich die beteiligten Institutionen auf die USA, Europa, Indien und Südostasien konzentrieren; vgl. *http://www.bnl.gov/RHIC/community.htm* (Abfragedatum 8.2.2002).

struktur, zirkulierendes zertifiziertes Wissen und *tacit knowledge* sowie vorhandenes Humankapital gehören ("I would go to particular places when there's a technology or a tool or a new method or something that you can go to the experts and learn how to do it." [5]).[279] Hinzu kommen symbolische Bedeutungen verschiedener Forschungskontexte, die im Kontext des ausgehenden 20. Jahrhunderts zu starken Konzentrationserscheinungen von Mobilitätsströmen auf die USA als weltweit führendes Wissenschaftszentrum führen (vgl. MEUSBURGER 1998; 1.3.3; 4.4.4).[280] Derek GREGORY (1998, 57) spricht in diesem Zusammenhang von einer

> hierarchy of *spaces of knowledge production* in which some sites are valorized as more central than others. Within the dominant intellectual formation of Anglo-American geography, for example, these sites would include the academy (which marginalizes the production of corporate, lay and popular geographies), the universities, journals, societies and meetings that compose Anglo-American geography itself (which marginalizes other geographical discourses), and a rotating grid of other disciplines and intellectual formations (once political economy; then sociology and social theory; now cultural studies and 'French theory'). Other disciplines require other maps, though I would be surprised if they were radically incommensurable with this one; so too do those discourses which advertise their occupation of an interdisciplinary space, since they do not escape the situatedness of knowledge either (GREGORY 1998, 57 f.).

In ein subtiles Netz solcher Hierarchien der Wissensproduktion ist Deutschland auch innerhalb Europas eingebunden, wie das folgende Beispiel wissenschaftlicher Beziehungen in raumordnungsrelevanten Forschungsfragen zeigt:

> Während z. B. in Mittel- und Osteuropa kulturelle und institutionelle Verflechtungen vorherrschen, die sich u. a. am Zeitschriftenaustausch festmachen lassen, bestehen mit dem Westen und vor allem mit Großbritannien überwiegend kommerzielle Kontakte. Dabei zeigt sich bei den Beziehungen zu Großbritannien eine große Diskrepanz zwischen dem relativ geringen Interesse der Briten an deutschen Raumordnungsfragen und der starken Nachfrage britischer Konzepte von deutscher Seite her (vgl. Seminarteilnehmer, Zeitschriften). Die Ursachen dafür liegen in der internationalen Ausrichtung und dem Renommee der britischen Wissenschaftler und Zeitschriften begründet, da diese über die englische Sprache ein wesentlich größeres Verbreitungsgebiet erreichen als dies z. B. in deutscher Sprache möglich ist (JÖNS 1995, 20).

Welche physisch-materiell, gesellschaftlich, wirtschaftlich, kulturell, geistig oder sozial zu verortenden Gegebenheiten den in dieser Arbeit gewonnenen empirischen Ergebnissen zufolge internationale zirkuläre Mobilität und Kooperation in den Wissenschaften maßgeblich beeinflussen und dadurch zu ganz unterschiedlichen *Geo*biographien von Wissenschaftlern führen (vgl. LIVINGSTONE 2002), faßt der letzte Abschnitt dieser Arbeit thesenhaft zusammen.

---

[279] Die Vergleichswerte der anderen Fächer liegen zwischen den bisher genannten (Chemie: zwei Länder je 10 Personen; Medizin, Bio- und Ingenieurwissenschaften: jeweils drei Länder je 10 Personen).

[280] Zur Zeit der wissenschaftlichen Blüte deutscher Forschungsinstitutionen im ausgehenden 19. Jahrhundert wurden diese verherrlicht und andere Forschungskontexte marginalisiert, zum Beispiel in den USA (vgl. 3.2.3.1).

5.3 Strukturierung grenzüberschreitender Mobilität und Kooperation

Anfang der 1960er Jahre wies Thomas KUHN (1962) in Abgrenzung zu wissenschaftstheoretischen Positionen, die sich mit universellen logischen Regeln zur Beurteilung der Gültigkeit wissenschaftlicher Behauptungen befaßten, darauf hin, daß wissenschaftliche Methoden, theoretische Konzepte sowie Kriterien zur Beurteilung von Problemen und der Anerkennung von Lösungen keineswegs universell gültig sind, sondern über die Zeit hinweg variieren. Damit ordnete er das Verhältnis von Wissenschaftsgeschichte und Wissenschaftstheorie neu (BLUME 1977, 10; vgl. auch 1.3.2.2). Über zwanzig Jahre später betonte Donna HARAWAY (1988) den *zeitlich und räumlich situierten* Charakter wissenschaftlicher Praxis und Ideen. Die von Kuhn genannten Aspekte variieren somit nicht nur über die Zeit hinweg, sondern auch zwischen verschiedenen räumlichen Kontexten zu einer bestimmten Zeit.

Deutlich geworden sind solche Variationen im Rahmen der untersuchten deutsch-amerikanischen Wissenschaftsbeziehungen zum Beispiel anhand der Erfahrungen der US-Wissenschaftler während ihrer Deutschlandaufenthalte mit anderen Arbeitsstilen, wissenschaftlichen Schwerpunktsetzungen, theoretischen Konzepten, Forschungsinfrastrukturen und -materialien. Auf der Seite des einen Extrems lösten die durch internationale Mobilität erfahrenen Differenzen Abgrenzungen aus:

> I did not expect to really have a great deal of intellectual new input because I was way ahead in my thinking over the various Germans where I could be. [14]

Auf der Seite des anderen Extrems wurden sie dazu genutzt, über Kooperation neue Ressourcen für die eigenen Argumentationsnetzwerke zu mobilisieren:

> Subsequently we have fortunately very open collaborations with several people. [60]

Von den persönlichen Gesprächspartnern selbst sind die wahrgenommenen Differenzen in Inhalt und Stil sehr verschieden reflektiert worden. Eine Gruppe reduziert sie auf kulturelle und persönliche Variationen, von denen die eigentliche Wissenschaft unberührt bliebe. Für sie gab es oft auch keine Unterschiede zwischen wissenschaftlicher Kooperation auf nationaler oder internationaler Ebene:

> I think chemists are chemists the world around, there isn't a great deal of cultural difference, although culture can come in in some ways. The relationships between professor and student are much different in Germany than here, at least it was much more formal. It's less so now but in California in particular it's very informal, but the chemistry, the science part, that aspect, that science culture is pretty much universal. [48]

> I'm German, and yet I've got some very good friends in Israel, and I've been there and I've lived in a Kibbutz and nobody was causing any difficulties. I think it's all a matter of personalities, some people are good at interacting with people and have no troubles and other people have a great deal of trouble. [14]

> There is really no distinction [between collaborations on the national and the international level], of course you see Americans a little more often because they're closer but except for that there's really no difference at all. [11]

Eine andere Gruppe betonte, daß es anders war, in Deutschland zu arbeiten, daß internationale Zusammenarbeit aus der Ferne mühsam sei, viel Geld koste und durch kulturelle Unterschiede auch inhaltlich erheblich variieren kann:

> I think it is still true that the German system in chemistry has a more rigorous practical laboratory component to it. So I find the students are very well trained in the laboratory – also in general terms. [...] I think the postdocs are comparable, I think there tends to be a little more emphasis on theory in the United States compared to practical which has advantages and disadvantages. [59]

> *Q: Does it make a difference if your collaborators are located within the US, or outside the US? A: Only in how much money it costs to do the experiments.* [60]

> I mean actually I think with the Italian group we have to repeat everything ourselves because it's not reliable. I don't know what's wrong with Italy, I have no idea, but you take an Italian out of Italy they do great, you put an Italian back into Italy and it's a disaster, so, God save Europe, I mean it has to be something with the system or the culture, it must. [29]

> Ich meine, wenn Sie nach MIT kommen oder Harvard oder Yale, Princeton, Berkeley, dann haben Sie ein breites Spektrum von Nationalitäten innerhalb der Universität. Und das ist so wie in der mittelalterlichen Universität. Ich meine, wer da an die Universität Paris kam, von Italien, von England, von, von Rußland, von überall her. Ich meine Latein war die, war die akademische Sprache bis ins 18. Jahrhundert und heute ist es gebrochenes Englisch, aber wenigstens hat man hier eine Situation, wo die Wissenschaft keine Grenzen kennt, eigentlich ganz anders beheimatet ist, als in Europa, wo die nationale Brille sehr stark ist. [22]

Vor diesem Hintergrund ist der Eindruck entstanden, daß die erste Gruppe von Wissenschaftlern im Rahmen ihrer Laufbahn über ausreichend intellektuelle, finanzielle, symbolische und andere Ressourcen verfügte, um mögliche Hindernisse grenzüberschreitender Interaktion in Zeit und Raum weitgehend mühelos zu überwinden. Allerdings sind zum Beispiel auch *ihre* Interaktionsnetze in Karte 8 dargestellt und ordnen sich somit in das auf weltweit wenige Standorte konzentrierte Interaktionsmuster ein. Die zweite Gruppe verfügt aufgrund ihres vergleichbaren Status als international renommierte Wissenschaftler ebenfalls über genügend Ressourcen für weitläufige internationale Kontakte, jedoch scheinen diese Wissenschaftler in ihren Kooperationen mit Personen aus anderen räumlichen und kulturellen Kontexten Komplikationen erfahren zu haben, die sie für regionale Unterschiede wissenschaftlicher Praxis sensibilisierten.

> The ability to actually be writing a paper and exchange it in minutes basically, have people writing parts, changing them and so having a very close real-time collaboration anywhere, I mean totally international, I mean I haven't listed other places but I've had collaborators in Brazil and I've written papers with Brazilians. It's just anywhere in the world, there's just no barrier to exchanging information. [10; Beispiel für die erste Position]

> Ich hatte auch einen Jugoslawen, dem es nicht gut gegangen ist. Der ist jetzt auch wieder zurückgegangen und sitzt jetzt drüben als Dozent, aber in Belgrad. Ich habe auch vor kurzem wieder Kontakt mit ihm aufgenommen. Ist aber auch wieder abgerissen. Die e-mail funktioniert da nicht und dergleichen. [38; Beispiel für die zweite Position]

5.3 Strukturierung grenzüberschreitender Mobilität und Kooperation

Anhand der Untersuchungen zur zirkulären Wissenschaftlermobiliät zwischen den USA und Deutschland lassen sich verschiedene Sachverhalte identifizieren, die ganz wesentlich zu einer hochgradigen Stratifizierung internationaler Wissenschaftsbeziehungen und somit der Produktion und Verbreitung wissenschaftlichen Wissens beitragen. In Abhängigkeit von der jeweiligen Situierung eines Wissenschaftlers innerhalb entsprechender Beziehungsgeflechte menschlicher, nichtmenschlicher und supramenschlicher Ressourcen und deren jeweiligen zeitlichen und räumlichen Bezügen variieren die Möglichkeiten und Motivationen eines jeden Individuums, an bestimmten Segmenten kollektiver wissenschaftlicher Netzwerkbildungsprozesse teilzuhaben, auf der Grundlage räumlicher Mobilisierungsprozesse positive Rückkopplungseffekte für das eigene wissenschaftliche Kalkulationszentrum zu generieren und von der Begegnung mit anderen Personen, Objekten und Ideen im Sinne wissenschaftlichen Netzwerkbildens zu profitieren. Die abschließenden Betrachtungen zeigen entsprechende Zusammenhänge zeitgenössischer Beziehungsgeflechte auf und stellen somit die Erkenntnisse zur Preisträgermobilität in einen weiteren Kontext grenzüberschreitender Mobilität und Kooperation in den Wissenschaften. Sie verstehen sich als offene Thesen zur Konstitution heterogener Assoziationsketten, in denen bereits ein fehlendes oder wegfallendes Element zirkuläre Mobilität verhindern kann, aber umgekehrt auch hinzukommende Elemente Mobilität fördern und Mobilitätshemmnisse überwinden helfen können.

5.3.1 Gesellschaftssysteme

Politische Grenzen sind je nach Verhältnis von Herkunfts- und Gastland für Wissenschaftler unterschiedlich leicht zu überwinden. Klassisches Beispiel sind Wissenschaftsbeziehungen zwischen den USA und der Sowjetunion in Zeiten des Kalten Krieges, in denen zwar gegenseitige Besuche hochrangiger Wissenschaftler üblich waren, zum einen diese aber nur einer kleinen Elite von Wissenschaftlern vorbehalten waren und zum anderen sich der inhaltliche Austausch primär auf theoretische Fragestellungen konzentrierte. Der Rang eines Wissenschaftlers in der jeweiligen nationalen Wissenschaftsgemeinschaft stellte eine wichtige Ressource dar, um die damaligen Mobilitätsschranken zu überwinden:

> As far as the Russians are concerned that was a difficult problem before the collapse of Communism, they didn't encourage visits to their labs and we didn't encourage their visits here, so there wasn't really anything going, but the Russian scientists were very eager to know what was going on in space research, so there were the Leningrad Seminars in the 60's and early 70's and groups of American scientists would go over for a Leningrad seminar, we would see what they were doing, I mean they were doing a lot of theoretical work that they could talk about, it was really not easy at all to propose joint missions. And now they don't have any money. [40]

> Well, back in the cold war days it was really very tricky to arrange trips to the Soviet Union, that was really pretty tricky, and there I guess we didn't really collaborate. You have to have a little bit firmer bases although I have some good friends in the Soviet Union, and some who have emigrated to this country I have collaborated with. But while they were in there during the cold war stage it was just too difficult, too many obstacles in the way. [7]

> In the early fifties there were visa difficulties. I had trouble getting back into the United States, although I had a tenure academic position here at Harvard I had trouble getting back into the United States because of the McCarthy period. But by that time I had already enough high placed friends and a person on the atomic energy commission personally visited the State Department and got the permission for my visa. Conversely, difficulties the other way, no, I even had some Russian postdocs here. In 1962, and I visited Moscow, I mean I visited Russia, I visited the Soviet Union in 67 and 71, by that time I was already a member of the National Academy of Sciences and they had an official exchange programme with the Soviet Academy of Sciences, and that was very nice. [18]

China kann als weiteres klassisches Beispiel für ein hohes Maß an Moderation internationaler Wissenschaftlermobilität durch politische Gegebenheiten dienen:

> I had a postdoctoral student who came from China, he did his graduate work in this country, at Washington University, then he came to work with me fully intending to go back to China but he never did, he got a job in this country and he stayed in this country, and there were undoubtedly political reasons for that, I mean it would have been awkward for him to go back to China if not dangerous, because he was politically involved at the time of Tieanaman Square, so that was an awkward situation. [54]

Die untersuchte Preisträgermobilität basiert auf einem expliziten staatlichen Interesse an der Verstärkung der bilateralen Beziehungen zwischen zwei Partnerländern im NATO-Bündnis und erfolgte dementsprechend vergleichsweise reibungslos. Unterschiede zwischen den beteiligten politischen Systemen waren aber dennoch gelegentlich relevant, zum Beispiel zu Beginn des Programms, als es darum ging, das Preisgeld steuerfrei in die USA zu überführen. Die unvorteilhafte Gesetzeslage gab schließlich den Anlaß dazu, das Programm in den ersten drei Jahren in Richtung einer Preisverleihung weiterzuentwickeln, um ein mögliches Hindernis für die zirkuläre Mobilität aus dem Weg zu räumen. In einem der Fallbeispiele verkomplizierten Zollgesetze den Import von Hummern als Forschungsobjekte für ein gemeinsames Projekt, wobei es immer noch preiswerter war, die Tiere aus den USA zu importieren als in Deutschland neue zu kaufen. Häufig war die Überschreitung der politischen Grenzen auch mit relativ viel bürokratischem Aufwand verbunden; auf jeden Fall bedeutete sie mehr Zeitaufwand und größere Bereitschaft zu Flexibilität als ein *sabbatical* innerhalb der USA.

> Getting lobsters into the country was extremely difficult. That was one of the hardest things we had to do because we had lobsters flown from my laboratory to Germany to work with. In Germany, lobsters are very expensive, incredibly expensive. It was cheaper for us to buy the lobsters here, pack them in a way that would keep them alive and ship them to Germany and pay whatever customs wanted to charge us than it was to buy them in Germany. So that was a problem, and I had to have a German colleague with me every time the lobsters came to the airport. It took sometimes an hour or two hours of talking to customs officials because they were sure we were going to sell the lobsters. Lobsters are a delicacy in Germany and they're very expensive, and they couldn't believe we were going to use them in experiments, so that was another difficulty we had but we enjoyed that difficulty. [5]

Gesetze können zudem den Rahmen festlegen, in dem Forschung in einer spezifischen Region erfolgen kann und auf diese Weise Forschungstraditionen bestimmen. Diese müssen jedoch nicht unbedingt an nationale Grenzen gebunden sein:

5.3 Strukturierung grenzüberschreitender Mobilität und Kooperation 439

> Yes, so the micro-biologists are doing much better in Germany, actually I'm starting to work with plant genetics now and of course we're doing much better than the Germans in plant genetics because of the Green Party. [...] There's one Star company called Icon genetics, and I think their main base is in Germany but they have some fields in the Ukraine, the Green Party doesn't come to the Ukraine and labour is cheap. [53]

> Kansas is the same state which many years ago, maybe they've changed it, many years ago they passed a law that, pie is twenty two sevenths, you know what pie is, the ratio of a circumference, the diameter of a circle, 3.14159, saying no, it's twenty two sevenths because that's easier. [...] Politicians can be strange people, but no matter what they do usually you can get around it. Unless they start passing laws about that you must post the ten commandments in your classroom, have you heard about that one? [11]

Weltpolitische Veränderungen haben im letzten Jahrzehnt des 20. Jahrhunderts zu einer Dezentralisierung der internationalen Wissenschaftsbeziehungen geführt und somit zuvor relativ stark abgeschottete Räume der Wissenschaften einander zugänglich gemacht. Im Rahmen des Preisträgerprogramms kommen unter anderem deswegen zunehmend mehr Wissenschaftler aus anderen Regionen als den USA nach Deutschland (vgl. Abb. 18, S. 182). Darüber hinaus ging die politische Annäherung zwischen dem politischen Westen und Osten in vielen Forschungsgebieten in den USA und durch die staatliche Vereinigung auch in Deutschland mit einem zumindest vorübergehenden Rückgang der Forschungsgelder einher, was den Wettbewerb um finanzielle Ressourcen, Forschungsbedingungen und Kooperationsanreize nachhaltig verändert hat. Neben politischen Verhältnissen und rechtlichen Gegebenheiten besitzen aber auch andere Merkmale verschiedener Gesellschaftssysteme einen prägenden Einfluß auf zirkuläre akademische Mobilität, in dem sie die Verfügbarkeit und den individuellen Zugang zu international relevanten persönlichen Ressourcen moderieren, zum Beispiel über die wirtschaftliche Lage eines Landes oder das Bildungssystem.

5.3.2 Persönliche Ressourcen

Zu persönlichen Ressourcen von Wissenschaftlern gehören so heterogene Aspekte wie anerkannte Forschungsleistungen, Publikationen, Wissen, neue Argumente, Glaubwürdigkeit, Vertrauen der Fachkollegen, Prestige, statushohe berufliche Positionen, Forschungsgelder, Mitarbeiter, Instrumente, Forschungsobjekte, die Fähigkeit zur Formulierung erfolgreicher Forschungsanträge und wissenschaftlicher Artikel, informelle Kontaktnetze, Ehrungen und verantwortliche akademische Funktionen. Je mehr von diesen Ressourcen akkumuliert und aufeinander abgestimmt werden können, desto autonomer wird ein Wissenschaftler (LATOUR 1987; 1999). Mit zunehmender Autonomie wächst tendenziell die Flexibilität in der räumlichen Organisation (MEUSBURGER 1980; 1998; 2000), so daß ein Mehr an persönlichen Ressourcen (z. B. internationales Renommee) größere potentielle Interaktionsräume impliziert und weniger mentale und materielle Grenzen sowie physische und geistige Distanzen relevant erscheinen läßt. Weitere persönliche Ressourcen umfassen Sprachkompetenzen, die zusätzliche Interaktionskontexte eröffnen, ausreichend Zeit für Mobilität und Kooperation und immer wieder neue Forschungsgelder.

Last week we had a symposium on Mesozoic ecosystems and strong contingents from South Africa, Brazil and Argentina and Australia. Actually a delegation from China, too. [...] We hoped we would have a strong presence from Russia. There was supposed to be five or six Russian colleagues coming from Moscow and a couple from Siberia to this meeting. But they had to pull out last minute because of the lack of fund. Yes, there is a lot of interesting paleontology going on in the old USSR, but how that is going to survive is a big question. [44]

Q: So does the funding situation influence your decision where to go? A: Well it's good to have support, but in England they don't pay as well as in Germany, the Humboldt Foundation pays very well, and in Japan too they have the Science Society, at the time I got that money too. I went to Japan on sabbatical twice, and they came here, and I also make sure I visit, two weeks from now I'm going to visit NEC and give a talk there, so I have very close ties. [...] Well Japan, the NEC still supports my research so I won't say collaborate but they know what I'm doing. They have an interest in my research. That's why I'm visiting them and I give a talk there, that's good, I am officially retired since 1992 so I have not to teach. [55]

Now what happens if we have European collaborators, they can get money for their experiment and so the Germans might get in on this mission, the Japanese, and so they bring in money and now we are doing the experiments we really want to do, we're doing the highest quality experiment, the one that will get the most definitive solutions to a particular space problem. So that's been important in my mind that bringing in foreign collaborators it's added not only to the science, but it's added to the monetary support of these space programmes and permitting us to fly the most powerful instruments possible. [40]

5.3.3 Institutionalisierte Förderangebote

In einem subtilen Geflecht positiver Rückkopplungseffekte entscheiden Ausmaß und Art persönlicher Ressourcen über die Gewinnung weiterer Ressourcen für wissenschaftliches Netzwerkbilden. Klassisches Beispiel sind die Stipendien und Preise der Mittlerorganisationen auswärtiger Kulturpolitik, die auf der Beurteilung individueller Leistungen beruhen. Fördergelder sind in der Wissenschaft häufig zweckgebunden, so daß das Förderangebot im Bereich internationaler Wissenschaftsbeziehungen und die jeweiligen Zugangsbedingungen einen wichtigen moderierenden Einfluß auf internationale Interaktionsmuster von Wissenschaftlern besitzen (für studentische Mobilität vgl. GORDON und JALLADE 1996). Im Kontext des Preisträgerprogramms könnte der hohe Anteil von Wiedereinladungen an weiteren längeren Deutschlandaufenthalten der US-Preisträger und die geringe Beteiligung deutscher Professoren an längerfristiger Nachfolgemobilität durch die Angebotsstruktur der Förderprogramme mitbedingt sein (vgl. 4.4.4). Im Rahmen der Post-Doc-Mobilität in die USA spielen individuelle Finanzierungsmöglichkeiten eine wichtige Rolle für die Aufnahme in eine renommierte Arbeitsgruppe.

It certainly influences it in the sense that because postdocs coming from Germany or from France or often from England have funding, but postdocs from China don't. There's much less opportunity for applicants from China in general, it's not just in my laboratory but in general in this country. There are many, many more who want to come, I've gotten three E-mailed requests this week from China from people who want to come, that's not an average but, you know, there's a large number. [54]

5.3 Strukturierung grenzüberschreitender Mobilität und Kooperation   441

I funded some of them totally, some of them partially and many of them had their own funding, which was very nice for me of course, so for example with the Humboldt ones the funding is sort of fifty fifty. In some of my cases very often the better ones were self funded, and the ones I funded were not that. For example, I've had a number of Chinese postdocs, well you have to fund them totally because the amount of money they get from home won't pay for the food, so it really also very often depends on, is that country rich enough, or does it have a policy on funding people to go abroad. The French ones I had were all self funded, so you know it varies. [51]

5.3.4 Karriere- und Familienzyklus

Systematische Variationen persönlicher Ressourcen und damit verbundener Möglichkeiten zur Beantragung, zum Erhalt und zur Wahrnehmung institutioneller Förderangebote im Bereich internationaler zirkulärer Mobilität, aber auch anders finanzierter Auslandsaufenthalte, bestehen in Hinblick auf verschiedene Karrierephasen der Wissenschaftler (vgl. 4.5). Mit fortschreitender wissenschaftlicher Laufbahn können durch positive Rückkopplungseffekte zunehmend mehr Ressourcen generiert werden, so daß Autonomie und Reichweite der Kontakte prinzipiell ansteigen. Ältere Wissenschaftler weisen demzufolge tendenziell größere potentielle Interaktionsräume auf als jüngere Wissenschaftler, die noch am Beginn des wissenschaftlichen Karrierezyklus stehen (vgl. FISCHER und RAMMER 1992 und 1.3.5). In ähnlicher Weise kann die Wahrnehmung möglicher Hindernisse für internationale Zusammenarbeit, wie sie zum Beispiel durch ein Mehr an erforderlichen finanziellen Ressourcen entstehen, im Laufe der wissenschaftlichen Karriere variieren. Solche Hindernisse werden zum Beispiel seltener als handlungsrelevant wahrgenommen, wenn für jede Flugreise problemlos interne oder externe Ressourcen mobilisiert werden können. Da auch jüngere etablierte Wissenschaftler bereits beträchtliche wissenschaftliche Ressourcen aufweisen können und ältere etablierte Wissenschaftler gelegentlich Zeiten der Ressourcenknappheit verzeichnen, handelt es sich keineswegs um einen zwingend linearen Zusammenhang zwischen dem Alter bzw. der Karrierephase und dem Ressourcenreichtum eines Wissenschaftlers. Jedoch waren solche systematischen altersspezifischen Unterschiede bei dem Vergleich renommierter US-Wissenschaftler verschiedener Fachgebiete und Altersgruppen besonders auffällig.

Mit wachsendem wissenschaftlichen Ressourcengeflecht ändern sich auch die typischen Aufgabenspektren von Wissenschaftlern in einem zunehmend arbeitsteilig organisierten Netzwerkbildungsprozeß, was wiederum bestimmte Konsequenzen für die Rahmenbedingungen, den Verlauf und die Auswirkungen ihrer Auslandsaufenthalte bedeutet. In den USA verbringen zum Beispiel experimentell arbeitende Naturwissenschaftler ihre *sabbaticals* besonders häufig nach der Etablierungsphase als Professor (*tenure track*) im Ausland. Weitere solcher Auslandsaufenthalte folgen dann meist erst wieder in einer späteren Karrierephase, wenn die Arbeitsgruppe ihren produktiven Höhepunkt überschritten hat, eine gewisse Routine eingekehrt ist, eine längere Phase mit hochrangigen administrativen Funktionen abgeschlossen wurde oder wenn sich die Arbeitsgruppe in der Verkleinerungsphase befindet. In

Deutschland sind dagegen vor allem Post-Docs international mobil, während Professoren kaum für längere Forschungsaufenthalte ins Ausland gehen (vgl. 4.4.4).

Das beschriebene US-amerikanische Muster akademischer Zirkulation steht weitgehend in Einklang mit einem weiteren zyklischen Prozeß, der im Falle einer Familie mit Kindern wichtig ist: Im Verlauf des Familienzyklus, der sich idealtypischerweise mit den Phasen Partnersuche und Heirat, erste Ehejahre, Familie mit Kleinkindern, Familie mit Schulkindern, Familie mit Jugendlichen im Prozess der Ablösung und Familie ohne abhängige Kinder beschreiben läßt, ändern sich ebenfalls die Rahmenbedingungen für Auslandsaufenthalte systematisch. Falls keine substituierenden Faktoren wie im Gastland relevante Sprachkenntnisse der Kinder oder internationale Schulen am Gastort existieren, erfolgt seltener ein längerfristiger Aufenthalt in den Phasen 'Familie mit älteren Schulkindern' bis zu 'Familie mit Jugendlichen im Prozeß der Ablösung', weil der logistische Aufwand zu groß wäre und die älteren Kinder gelegentlich einem Ortwechsel sehr kritisch gegenüber stehen (vgl. auch [15], S. 278).

> Part of [the decision where to spent the next sabbatical] is practical in that you want some financial support for it and both were attractive places to be, and I've also spent some short sabbaticals here in residence to my wife's disappointment, but I like working in Berkeley and I can do my research best here but as my research group grew and as my children were older it became more difficult to go on longer visits and so I tended to make shorter sabbatical leaves. Instead of having major sabbatical leaves I've had a series of shorter ones, rather than taking one full year I would take one semester of sabbatical leave, so they've been more frequent but shorter, and three years ago I was a visiting professor at the University of Christchurch in New Zealand so that was a sabbatical leave, a short one, so I've had a series of shorter visits around the world. [59]

> During my first sabbatical leave I was for half a year in Paris with PG, another Nobel Laureate [...] For the next sabbatical in 1964, I didn't go abroad because my children were all of critical school age. So we spent a whole year in Berkeley, California, and there I was both a professor and you know, just one place or another. [...] And then in 72 I went to, well we first travelled around the world, to see the world, then I settled down in my native country of the Netherlands. I wanted to see what it was like to work there, I went back to my supervisor in Leiden. [...] It was very interesting to see both academia and industrial organisation in my native country. And economically too, to earn a living, you know I'd been a student there but I never really earned a living in my native country. And then the fourth sabbatical was in Munich, at least half of it, the first part of it I spent in India, in Bangalore, I also saw a former postdoc there in India. I visited him, I mostly went to the Raoul Institute, and then six months in Munich and then my fifth and last sabbatical in 87 I went to Munich again. [18]

> I have not travelled that much in the 90s, more in the 80s; the 90s I pretty much stayed at Berkeley. The main reason is that my children have reached an age where it is difficult to take them away from school for an extended period of time. [52]

5.3.5 Materielle und immaterielle Welten

Wissenschaftler agieren in Abhängigkeit von Fachgebieten und Arbeitsrichtungen in verschiedenen materiellen und immateriellen Welten, um aus deren Bausteinen und komplexen Beziehungsgeflechten wissenschaftliche Argumente zu konstruieren und zu stabilisieren. Diese Praktiken sind aufgrund der eigenen Körperlichkeit der Wissenschaftler und der anderer dynamischer Hybride, die unterstützend zwischen Materialitäten und Immaterialitäten sowie deren historisch hybriden Variationen vermittelnd tätig sein können, immer in spezifische physisch-materielle Kontexte eingebettet; sie lassen sich anhand der jeweils untersuchten Fragestellung und der verwendeten Konzepte und Methoden aber immer auch innerhalb spezifischer gedanklicher Kontexte verorten. Räumliche Gegebenheiten sind daher für alle Arten wissenschaftlicher Praxis nicht nur relevant, sondern auch konstitutiv; ihre jeweilige Bedeutung für die Prozesse der Mobilisierung, Stabilisierung, Erhärtung, Verbreitung und Erhaltung wissenschaftlicher Fakten und Artefakte variiert jedoch ganz wesentlich nach dem Raumbezug der konstituierenden Entitäten und somit nach den Gegenstandsbereichen wissenschaftlicher Praxis und Interaktion (z. B. Moleküle, Sterne, Tiere, Menschen, Theorien, Gedanken, Texte).

Da im Zuge wissenschaftlichen Netzwerkbildens Vielfalt zunehmend standardisiert und abstrahiert wird, um leicht verständliche und gut kommunizierbare Aussagen über wesentlich komplexere Sachverhalte zu ermöglichen, werden unabhängig von den Gegenstandsbereichen mit fortschreitendem Netzwerkbilden sowohl materiell als auch geistig stark kontextualisierte Praktiken von weniger stark in spezifische räumliche Kontexte eingebetteten Arbeitsweisen abgelöst. Verschiedene Stufen eines wissenschaftlichen Netzwerkbildungsprozesses implizieren daher ebenfalls unterschiedliche Geographien wissenschaftlicher Praxis und Interaktion, so daß sich die Beziehung zwischen verschiedenen räumlichen Kontexten und unterschiedlichen wissenschaftlichen Transformationsketten in einer Matrix mit zwei grundlegenden Dimensionen beschreiben läßt, die verschiedene Grade der Materialität, Immaterialität sowie historischen und dynamischen Hybridität wissenschaftlicher Praxis und Interaktion systematisiert (Abb. 38, S. 426).

> I started life as an experimental physicist but I became a theoretician when I realised it's much easier to be a theoretician. Well most experiments that are done are not very good experiments, it's extremely difficult to design and carry out a really superb experiment. You have to know the theory well and you have to be a really good experimentalist. In theoretical research you have the advantage of that you can make assumptions, in real life nature constrains you. You can make assumptions but you won't get anywhere. In theory you can say, well, if this is true then that is true, ok, but in the laboratory this is true but you can't say this is true, you know. So it is really much more difficult to do a good experiment than to do good or acceptable theory. [51]

Diese Zusammenhänge spiegeln sich in fachspezifischen Netzwerkbildungsprozessen wieder (vgl. 4.3.2.2), die in bezug auf internationale zirkuläre Mobilität und Kooperation wiederum mit typischen Motivationen, Bedürfnissen, Bedingungen, Interaktionsmustern und Auswirkungen verbunden sind.

My work there was not experimental, although here in the United States a great deal of my work is experimental. Experimental research is difficult to conduct because if you are not in your own laboratory, you can't do that, and also my style of research is somewhat different from other research. I don't keep in my laboratory very powerful equipment because then I become a slave to the equipment and whenever we have acquired powerful equipment I have always made sure that they go into the laboratory of my colleague not in my laboratory so I won't have to look after it. [2]

I also collaborate a lot within the US. It's easier here, I collaborate with people at Berkeley and Stanford, and also industries, it's easier. [Because of the distance, less money for these things.] Plus the science is a very high level here. [29]

It's not always practical to try to develop [special] techniques within your own laboratory and so often what drives a collaboration is you ask who's the best at doing this. Once you've put your compound in the mail it really doesn't matter whether it's going to New York or to Lausanne. And when you write the paper you do it all by E-mail, it doesn't matter whether it's Lausanne or New York, right? [59]

Real research, publications and stuff, have only come from my extended stays over there or people who have come and visited me here, not by mail back and forth and doing something, that hasn't happened. There have been other places, I've also mentioned Davis, that's also recent, and I have a couple of papers with a faculty member there. I'm trying to remember whether we published anything, I think I have one or two things that went on with Stanford, people over there, again you see relatively close. [...] So there's that, there are some with various other universities, but that's lesser, it's just harder to do, to work with people that are far away. [42]

Jüngere Entwicklungen in der Computertechnik lassen verstärkter Interaktion in mentalen bzw. virtuellen bzw. immateriellen Welten in allen Fachbereichen größere Bedeutung zukommen. Die Ergebnisse zur Preisträgermobilität zeigen jedoch, daß physische Kopräsenz wegen dessen wichtiger Bedeutung für den Aufbau von Vertrauen und Sympathie als Voraussetzung für einen möglichst offenen und kreativen wissenschaftlichen Diskurs auch in solchen Arbeitsgebieten langfristig nicht zu ersetzen sein wird, in denen die konstituierenden Entitäten mit den virtuellen Welten ontologisch kompatibel sind. E-mail hat zum Beispiel in den letzten Jahrzehnten die Zusammenarbeit auf internationaler Ebene revolutioniert, aber die Notwendigkeit persönlicher Kontakte wurde durch das Mehr an Kooperation eher noch erhöht.

The use of computers for computation also has opened some parts of our field that previously was just too difficult to calculate some things and now computers are able to handle all these things, it still takes good ideas and unfortunately the use of computers is something that has plus and minus attached to it. It's very easy to generate nonsense with a very powerful computer. In our work we always have to evaluate what we're doing, I mean the ideas are crucial, so a computer is important but it's not the critical driving thing. In some other areas it's essential, I would say for my experimental colleagues it's completely critical. These very large experiments done at the modern laboratories are just, you could not do the experiment without computation, it has so much information to be handled that it requires state of the art computing to able to handle it. [10]

Jetzt ist es so einfach mit E-mail. Man kann innerhalb von ein paar Sekunden eine ganze Zeichnung eines Automobils, wo jede Einzelheit dran ist, schicken. Dokumente, die sonst so

5.3 Strukturierung grenzüberschreitender Mobilität und Kooperation 445

voluminös wären, daß man sie nicht schicken würde, kann man innerhalb von ein paar Sekunden senden. Wenn man die persönlichen Kontakte schon hat, wenn die Leute einem gut gesinnt sind und vertrauen, dann sind diese technischen Änderungen sehr gut. Aber sie ersetzen nicht die persönlichen Kontakte. Diese müssen da sein, wenn man von ihnen Gebrauch machen möchte und die neuen Technologien die Kommunikation erleichtern. Es kostet ja fast nichts per E-mail oder Internet etwas zu schicken. [2]

[We collaborate] mostly of course within the US or within local regions so that you will be able to talk frequently. I mean you can collaborate with other institutions, but usually it's more on the, you know, exchange samples or particular cases, maybe we do some measurements and they do some other measurements and we combine the results. [56]

Über den Aufbau von Vertrauen für ein möglichst freies Spiel der Assoziationen hinaus ist physische Kopräsenz weiterhin wichtig, um einen kontextbezogenen, möglichst ungefilterten Zugang zu anderen Forschungskontexten zu erhalten, so daß zum einen neue und unerwartete Ressourcen mobilisiert werden können, die von Mittlern unter Umständen nicht als nützlich erkannt werden würden. Zum anderen besteht die Möglichkeit, im Rahmen direkter Kommunikation und Interaktion neben verbal geäußerten auch andere Informationen aufzunehmen und mit Blick auf wichtige positive Rückkopplungseffekte ein Interesse für die eigenen wissenschaftlichen Argumente an anderen Orten zu wecken. Vor diesem Hintergrund scheint wiederum ein Ausbau der bisher von Förderprogrammen vernachlässigten längerfristigen zirkulären Mobilität deutscher Professoren einen vielversprechenden Beitrag zur Stabilisierung, vielleicht auch zu der von Stimmen in der öffentlichen Diskussion geforderten Erhöhung der internationalen Attraktivität Deutschlands für ausländische Studierende und Wissenschaftler leisten zu können. Eine ausgewogenere Präsenz von in Deutschland tätigen Wissenschaftlern verschiedener Karrierephasen im Ausland könnte auch zu einer positiveren Wahrnehmung der wissenschaftlichen Arbeitsorganisation in Deutschland führen. Schließlich müßte diese im Vorhinein durch eine grundlegende Entlastung des wissenschaftlichen Personals von administrativen Aufgaben so verändert werden, daß Zeitfenster für verstärkte Mobilisierungszyklen durch die Professoren entstehen (vgl. 4.5).

5.3.6 Wissenschaftskulturen und deren Hierarchisierung

In Hinblick auf wissenschaftliche Interaktion in interkulturellem Kontext findet eine gemeinsame Generierung neuer Erkenntnisse am häufigsten auf der Grundlage ähnlicher wissenschaftlicher Sozialisationserfahrung statt (vgl. Post-Doc-Aufenthalte der Humboldt-Gastgeber in den USA), da in diesen Fällen unmittelbare inhaltliche Anknüpfungspunkte bestehen, während bei sehr unterschiedlichen wissenschaftlichen Sozialisationserfahrungen meist zu große Distanzen zwischen den mentalen, materiellen und hybriden Bausteinen der jeweiligen Argumentationskontexte existieren (vgl. [31], S. 304). Typische Merkmale wissenschaftlicher Sozialisation resultieren vor allem aus verschiedenen, in Europa meist an politische Grenzen gebundenen Bildungs- und Wissenschaftssystemen, die in Organisation und Inhalten von Forschung und Lehre erheblich variieren können. Zum Beispiel werden Fachtraditionen stark von den Prioritäten einer national ausgerichteten Wissenschaftsförderung beeinflußt; sie können zudem durch unterschiedliche Sprachräume relativ stark voneinander abgegrenzt sein. Durch alltägliche Interaktion und Kommunikation an den Hochschulen und Forschungseinrichtungen werden solche regional geprägten Arbeitsstile zusammen mit spezifischen Wissensinhalte und Verhaltensweisen kontinuierlich reproduziert.

Verschiedene Wissenschaftskulturen lassen sich im Zuge verschiedener Komplexitätsreduktionen auf der Ebene von Großregionen (z. B. Europa und USA) genauso wie auf nationaler Ebene (z. B. Großbritannien, Deutschland, Frankreich, Italien) und zwischen Institutionen (z. B. R1-Universitäten und andere Hochschulen in den USA oder Universitäten und Max-Planck-Instituten in Deutschland) bis hin zu wissenschaftlichen Schulen, einzelnen Arbeitsgruppen und individuellen Wissenschaftlern identifizieren. Im Rahmen der Preisträgermobilität ist in diesem Zusammenhang aufgefallen, daß die Preisträger häufig von typisch deutschen Verhaltensweisen sprachen, ihre Gastgeber jedoch davon meist ausnahmen, weil diese durch einen USA-Aufenthalt „amerikanisiert" worden seien. Erkenntnisse zu den in dieser Arbeit rekonstruierten transatlantischen informellen Netzwerken zwischen einzelnen Arbeitsgruppen in den USA und Deutschland (vgl. 4.4.5) werfen in diesem Zusammenhang die Frage auf, unter welchen Bedingungen und in welchem Ausmaß Merkmale einer Wissenschaftskultur regionalisiert werden können und in welchem Verhältnis interinstitutionelle und interpersonelle Netzwerke dazu stehen, die auf der Grundlage ähnlicher Wissenschaftsstile und –kulturen eng kooperieren. Im Rahmen der Preisträgermobilität zeigte sich, daß mit zunehmender Internationalität einer Fachkultur persönliche Beziehungen der mobilen Personen zum Gastland (nicht unbedingt zum Gastgeber) weniger wichtig werden, weil die wissenschaftliche Interaktion in immer stärker standardisierten Kontexten erfolgt.

> Well, there may have been restrictions but you weren't aware of it, the Russians were much more free in discussing theories, they were maybe more restricted in visiting labs but they had no hesitation to talk about theoretical ideas, anyway. So in 67 I visited the Soviet Union and I must say they treated me better than the United States or any other country I'd been to by that time. I had more reputation in the Soviet Union than anywhere else at that time, they are very aware of the published papers. [18]

> I came here as a full professor, I got my habilitation thesis, and before my PhD or the degrees, I was forty when I came here and so I went through the Polish educational system which was not inferior to the American in any way, I mean I can compete with my colleagues in regard the background. I had my strong theoretical background in physics and maths, much stronger than MIT students get, we had five semesters of calculus and they have only two semesters of calculus, and I think that advantage still is with me, that's why I got this position of a full professor, because I was a little better. [23]

> No [I did not collaborate with students or postdocs], nobody was there who was a student in my sort of general area, you see Germany, you can ask people, Germany had dreadfully neglected evolution for something like fifty years, and the reason why professor Lindauer invited me was so that I would represent evolution and lecture about it and talk about it and so forth which I did, but the main benefit for me was that it gave me a chance to live once more in Germany, that's really what it was. [14]

5.3 Strukturierung grenzüberschreitender Mobilität und Kooperation 447

> Wir betonen viel mehr Physikalische Chemie als in Deutschland. Also die Studenten in Deutschland sind meistens sehr gute Ingenieure. [...] Über alle möglichen Geräte wissen sie sehr gut Bescheid. Aber Physikalische Chemie ist meistens schwach. Und das wird hier sehr stark betont. Also da ist wirklich ein Unterschied. Und mit Physikalische Chemie schließe ich auch die Biophysikalische Chemie ein. [31]
>
> I think I have profited greatly from the time I spent in Germany and England just trying to get an idea of what my colleagues in the two countries were doing, the level, directions of development of our science in the two different areas. The earth sciences have different national flavors. It is not to say anything about quality. But because of the nature of the tradition, the nature of in my case paleontological collections. My colleagues emphasize different areas. I found it very valuable to see how our fields changes through slightly different eyes. That was a major benefit. [44]

Internationale akademische Zirkulation und Kooperation trägt vor diesem Hintergrund zu einer Verknüpfung und Durchmischung verschiedener regionaler Wissenschaftskulturen bei und fördert somit im Sinne Donna HARAWAYS (1988) die Objektivierung wissenschaftlicher Behauptungen in Raum und Zeit (vgl. 2.3.2). Wo diese Objektivierung allerdings tatsächlich stattfinden kann ist wiederum in hohem Maße durch *mind-sets* strukturiert, in deren Rahmen bestimmten Wissenschaftskulturen und Forschungskontexten größere symbolische Bedeutung zugemessen wird als anderen. Es kommt somit zu einer Hierarchisierung regionalisierter Forschungskontexte, die bestehende Unterschiede in der wissenschaftlichen Produktivität und Anerkennung durch prestigeorientierte zirkuläre Mobilität akzentuiert. Zu Beginn des 21. Jahrhunderts bedingt dies in den meisten Fachgebieten eine weltweite Dominanz angloamerikanischer Wissenschaftsdiskurse, zu Beginn des 20. Jahrhunderts traf dies für deutschsprachige Wissenschaftsdiskurse zu (vgl. 3.2.3).

5.3.7 Biographische Bezüge und kulturelle Affinität

Im Sinne einer bevorzugten wissenschaftlichen Interaktion in möglichst vergleichbaren oder verknüpfbaren Gedanken- und Verhaltenswelten wie sie zum Beispiel durch gemeinsame wissenschaftliche Sozialisationserfahrungen entstehen, sind besonders viele Personen an zirkulärer Mobilität in interkulturellem Kontext beteiligt, die biographische Verbindungen oder eine kulturelle Affinität zur Zielregion aufweisen (vgl. 3.1.3.3; 4.2.1.6). Biographische und kulturelle Bezüge zum Gastland ermöglichen eine sozialisationsbedingte Vertrautheit mit den dortigen Gegebenheiten, die der fachlichen Interaktion ein breiteres Fundament an Gemeinsamkeiten bereiten können als im Falle größerer kultureller Distanz. Darüber hinaus wurde anhand der empirischen Auswertungen die These der Komplementarität wissenschaftlicher und kultureller Attraktivitätsfaktoren aufgestellt, die besagt, daß fehlende wissenschaftliche Bezüge und inhaltliche Überschneidungen mit dem Gastgeber oder der gastgebenden Arbeitsgruppe als Ansatzpunkte für das Zustandekommen eines Auslandaufenthalts durch biographische Verbindungen und kulturelles Interesse substituiert werden können und umgekehrt (vgl. 4.2.2.1).

> Zum Beispiel haben wir ein Angebot für ein Operahouse in Ankara abgegeben und ein Professor, ein Freund von mir, aus Kopenhagen hat eine wichtige Rolle da gespielt. [Kontakte dieser Art zu haben] ist sehr wichtig. Und die Amerikaner haben nicht so viele Kontakte. Dadurch, daß ich auch mit den Leuten in Deutschland in ihrer Muttersprache sprechen kann – ich kenne die deutsche Literatur und Philosophie und Lebensweise und weiß, was sich schickt, zu machen – kann ich viel besser Kontakte auf die Beine bringen und auch erhalten. Und davon haben auch meine Kollegen profitiert, also nicht nur ich, sondern auch meine Kollegen. Aber auch die Deutschen können durch diese Kontakte von mir profitieren, von 50 oder 60 anderen Leuten, die hier an akustischen Problemen arbeiten. [...]
> Amerikaner, die Deutsch sprechen, haben nicht nur die Möglichkeit technisch etwas zu erreichen, sondern auch kulturell. Sie können ins politische Kabarett gehen, eine Faustvorstellung sehen, aber wenn man die Sprache nicht beherrscht, dann ist es natürlich besser nach England zu gehen, wo man das auch mitkriegen kann. Aber wissenschaftlich würde ich auf jeden Fall Deutschland sagen, in meinem Gebiet, in anderen Gebieten weiß ich das nicht. [2]

Diese Zusammenhänge bestätigen sich auch über den deutsch-amerikanischen Kontext hinaus, da die außerhalb der USA geborenen US-Preisträger generell mindestens ein *sabbatical* in ihrem Geburtsland absolviert haben und enge wissenschaftliche Kontakte zu ihrem Herkunftsland pflegen. Von den persönlichen Gesprächspartnern wurde auch berichtet, daß ausländische Post-Docs in der Regel in ihre Herkunftsländer zurückgekehrt sind, sofern es dort ausreichend gute berufliche Möglichkeiten gab. Unter den relativ wenigen deutschen Humboldt-Gastgebern, die nach dem Preisträgeraufenthalt ein *sabbatical* in den USA verbracht haben (im Interviewample 10%), war die Mehrheit in den USA geboren.

> In China, I serve as an adviser to many places. I have been appointed a honorary professor in six universities in China, and I just went to Taiwan and got an honorary doctors degree there, and I'm on the Academy of Science membership in Beijing and Taipei, so I have close contact. They send us students, I have a professor from China now, a professor from Taiwan now they're here, and we collaborate [only when people go to UCB]. [55; in Peking geboren]

> Almost all, even my doctoral students who got their PhD's with me, I would say about half of them at least went back to their own countries. A lot of them wanted to do good in their own country. I've had a couple of Indian graduate students who were very much interested in helping their own country, one of them with disastrous effects because the system just couldn't take that, you know, they became critical of the way they do things there and he didn't last. One of the two Italians immediately went onto the faculty at Bologna, the other one did as well but two or three years later got a professorship in the United States. And as only could be done in Italy, he held both professorships. [51]

> I think most of the, that I can recall, most of the Europeans went back to Europe, and most of the Americans stayed here, we've had a number of Asian students and I think mostly they have stayed here, the Japanese have gone back to Japan for the most part. [60]

Einer der zitierten US-Wissenschaftler betonte, daß für ihn die relativ große kulturelle Nähe deutscher Post-Docs in Hinblick auf seine eigenen Umgangsformen und Denkmuster im Unterschied zu Post-Doktoranden aus kulturellen Kontexten mit größerer Distanz für seine Entscheidung über die Annahme eines Post-Docs wichtig ist. Dies impliziert jedoch, daß sich für außerhalb dominierender anglo-amerikani-

5.3 Strukturierung grenzüberschreitender Mobilität und Kooperation

scher Wissenschaftsdiskurse sozialisierte Wissenschaftler unterschiedliche Chancen eröffnen, wissenschaftlich im angloamerikanischen Raum Fuß zu fassen.

> If I had two applications, one from India and one from Germany, even if they looked the same on paper, I would be apt to take the German, simply because I know that culture better and I know that what's on paper is not always a good reflection of the person, and there the culture would matter, and the person writing the letter, if I know that person, that makes a big difference, but I'm sure that's true in all of science. [48]

Aus deutscher Perspektive stellt der enge Zusammenhang zwischen biographischen Bezügen zum Gastland und zirkulärer akademischer Mobilität die Diskussion um die internationale Attraktivität des Studien- und Forschungsstandortes Deutschland in ein etwas anderes Licht als sie bisher geführt wurde. Denn ein rückläufiges Interesse von Gastwissenschaftlern am einem Forschungsaufenthalt in Deutschland kann neben weltweiten Dezentralisierungstendenzen internationaler Wissenschaftsbeziehungen nach dem Ende des Kalten Kriegs vor allem darauf zurückgeführt werden, daß biographische Deutschlandverbindungen in den USA und im übrigen Ausland aus historischen Gründen stark rückläufig sind. Die Qualität von Wissenschaft und Forschung wäre daher eigentlich erst bei der Frage ins Spiel zu bringen, durch welche alternativen Anreize einer drohenden dauerhaften Verringerung des internationalen Interesses an Studium und Forschung in Deutschland durch diese historisch begründeten Entwicklungen entgegenzuwirken wäre. Zwischen 1981-85 und 1991-95 ist Deutschland für die USA neben den zuvor bedeutenderen englischsprachigen Ländern Kanada und Großbritannien zum wichtigsten Herkunftsland internationaler Koautoren aufgestiegen (vgl. 3.2.2), so daß weder auf Grundlage der statistischen Daten noch auf Basis der Eindrücke aus den persönlichen Gesprächen von einem pauschalen Qualitätsverlust des Forschungsstandorts Deutschland in den 1990er Jahren gesprochen werden kann.

Die Erkundung des Verhältnisses kultureller und wissenschaftlicher Zusammenhänge akademischer Zirkulation wurde schon von TEICHLER, MAIWORM und SCHOTTE-KMOCH (1999, 125 f.) auf Grundlage ihrer Erkenntnisse zur Mobilität von ERASMUS-Studierenden in Europa als ein wichtiges Forschungsdesideratum für künftige Studien zu zirkulärer Mobilität und deren Ursachen bezeichnet. Während die empirische Ergebnisse der vorliegenden Arbeit eine enge Beziehung zwischen den beiden Aspekten erhärten und für den deutsch-amerikanischen Kontext elaborieren (vgl. 3.1.3.3; 4.2.1.6), besteht ein wichtiges Forschungsdesideratum weiterhin in der Bedeutung biographischer Verbundenheit mit dem Gastland für zirkuläre Mobilität deutscher Wissenschaftler ins Ausland und ausländischer Gastwissenschaftler aus anderen Ländern als den USA nach Deutschland.

5.3.8 Mobile Wissenschaftler(-~~innen~~)

Ein vergleichbares Forschungsdesideratum wie zur biographisch-kulturellen Strukturierung internationaler akademischer Zirkulation besteht den Ergebnissen dieser Arbeit zufolge in Hinblick auf geschlechtsspezifische Unterschiede bezüglich des Bedarfs, der Möglichkeiten und der Motivationen zu zirkulärer Mobilität. Die Welt der weiblichen Natur- und Ingenieurwissenschaftler scheint oft weniger international zu sein als die ihrer männlichen Kollegen, und zwar auch oder gerade unter den international renommierten Wissenschaftlern, denen sich angesichts der renomeebedingten größeren Verfügbarkeit finanzieller Ressourcen und internationaler Kontakte eigentlich die internationalsten Forschungsmöglichkeiten bieten sollten.

An den großen Forschungsinstitutionen der USA, von denen rund 70% der Nominierten für das Preisträgerprogramm stammten, lag der Frauenanteil in den 1990er Jahren bei rund 8%, bei den Nominierten aber bei nur 2%. Die starke Unterrepräsentanz der Frauen in dem wichtigsten Exzellenzprogramm der deutschen Förderlandschaft war proportional auch in allen Fachgebieten zu finden. Diese geschlechtsspezifischen Asymmetrien internationaler Wissenschaftsbeziehungen deuten auf eine schwierigere Integration von Frauen in die von Männern dominierten internationalen Netzwerke der Natur- und Ingenieurwissenschaften, wie sie unter anderem von Sharon TRAWEEK (1988) oder Sandra HARDING (1990) beschrieben wurde. Sie können aber vor allem auch mit familiären Verpflichtungen in Verbindung gebracht werden, die angesichts vorherrschender traditioneller Familiemuster internationale Zirkulation besonders für Frauen erschweren. Als prinzipiell geschlechtsübergreifendes Problem weisen die damit verbundenen Mobilitätshindernisse jedoch weit über direkte Beziehungen zwischen Männern und Frauen hinaus (vgl. 4.1.2).

Eine weitere Beobachtung, die näher zu untersuchen wäre, bezieht sich auf die Bedeutung geschlechtsspezifischer Affinitäten zwischen Gast und Gastgeber für internationale akademische Mobilität. Da nominierende Frauen fünfmal so viele US-Wissenschaftlerinnen für den Humboldt-Forschungspreis nominierten wie ihre männlichen Kollegen, scheint eine solche geschlechtsspezifische Affinität in ähnlicher Weise für Vertrauen und Sympathie und somit für die Beteiligung an internationaler akademischer Mobilität bedeutend zu sein wie eine kulturelle Affinität zwischen Gast und Gastland. Gerade im persönlichen Gespräch kam die wichtige Bedeutung von Sympathie und Vertrauen für die Entwicklung wissenschaftlich konstruktiver Gedanken im gemeinsamen Diskurs in der engen Wechselbeziehung zwischen wissenschaftlichen Kooperationen und Freundschaften zum Ausdruck, die sich mit dem Prinzip „Wissen schafft Freund" – „Freund schafft Wissen" schlagwortartig charakterisieren ließe. Im Interviewsample war dies jedoch ausschließlich zwischen Männern der Fall, so daß zu klären wäre, ob und gegebenfalls warum solche wissenschaftlichen Freundschaften zwischen Frauen vielleicht noch eher selten sind.

5.4 Abschließendes Fazit und Ausblick

Aufbauend auf den empirischen Erkenntnissen zu den Forschungsaufenthalten renommierter US-Wissenschaftler in Deutschland und ihren weltweiten Interaktionsbeziehungen konnten im abschließenden fünften Kapitel vor dem Hintergrund einer erweiterten Akteursnetzwerkperspektive verschiedene Aspekte der Strukturierung internationaler zirkulärer Mobilität und Kooperation in den Wissenschaften skizziert werden, die wissenschaftliche Praxis und Interaktion als hochgradig segmentierte, stratifizierte und hierarchisierte Aktivitäten ausweisen. Die Förderung internationaler Wissenschaftlermobilität kommt daher keineswegs einer oft vermuteten, inhärenten „Internationalität" der Wissenschaften entgegen, sondern *schafft diese erst*, indem sie Beziehungen zwischen entfernten Orten, Menschen, Geräten, Ereignissen und Ideen ermöglicht. Gleichzeitig bedeutet dies, daß wissenschaftliche Kommunikation auf verschiedenen Maßstabsebenen, von der internationalen bis zur individuellen, immer mit grenzüberschreitenden Interaktionen einhergeht, die verschiedene materielle und ideelle Räume in Beziehung zueinander setzen und dabei Verbindungen ermöglichen, aber auch erhebliche Mißverständnisse hervorrufen und Unstimmigkeiten aufdecken können.

Erkundungen zu der Frage, wie solche Geographien heterogener Beziehungsgeflechte die Produktion wissenschaftlichen Wissens beeinflussen, bestätigten, daß Wissenschaftler über ihre eigene Körperlichkeit und die von ihnen behandelten Fragestellungen immer in spezifischen physisch-materiellen und gedanklich-ideellen Räumen verortet werden können. Sie machten aber darüber hinaus deutlich, daß die jeweilige Bedeutung räumlicher Bezüge für verschiedene wissenschaftliche Praktiken systematisch nach den konstituierenden Entitäten und dem Stadium wissenschaftlichen Netzwerkbildens variiert, weil damit jeweils verschiedene Ausprägungen von Materialität, Immaterialität sowie historischer und dynamischer Hybridität verbunden sind. Zusätzlich zu diesen räumlichen Bezügen verschiedener wissenschaftlicher Praktiken, die gewissermaßen in ihrer Natur impliziert sind, wurde anhand der Auswertungen deutlich, daß Interaktionen von Wissenschaftlern durch zahlreiche weitere Aspekten strukturiert werden, darunter zum Beispiel politische Systeme, wirtschaftliche Ressourcen, Gesetze, fachliche und regionale Wissenschaftskulturen, symbolische Hierarchien von Wissenschaftszentren, berufliche und private Netzwerke, Karrierephasen, Merkmale akademischer Sozialisation, Sprachkompetenzen, biographische Verbindungen und kulturelle Affinitäten. Je nach Art der Positionierung eines Wissenschaftlers innerhalb solcher Netzwerke heterogener Ressourcen variieren nicht nur der individuelle Bedarf, sondern auch die jeweiligen Möglichkeiten und Motivationen zur Beteiligung an internationaler Zirkulation und der damit verbundenen Generierung potentieller positiver Rückkopplungseffekte für die eigene Arbeit und Karriere.

Die Interaktionsmuster der renommierten US-Wissenschaftler in Deutschland wurden besonders stark von den Raumbezügen der konstituierenden Entitäten ihrer jeweiligen Argumentationsnetzwerke geprägt, weil andere mögliche Mobilitätshindernisse im Kontext der deutsch-amerikanischen Beziehungen des späten 20. Jahrhunderts entweder nicht relevant waren oder die Wissenschaftler verschiedene

Mobilitätshindernisse durch Ressourcenreichtum substituieren konnten. Daher wäre es mit Blick auf zukünftige Studien interessant, die Perspektive von Personen einzubeziehen, die über weniger heterogene materielle, immaterielle und hybride Ressourcen verfügen als die international renommierten Humboldt-Preisträger aus den Wissenschaftszentren der USA. Mit anderen Worten ausgedrückt erfordern angemessene Beurteilungen der Entwicklungen im internationalen Wissenschaftleraustausch – die sich bis auf die Verteilung von Forschungsmitteln auswirken können – und dessen möglichst effiziente Durchführung auch Erkenntnisse zu der Frage, wie die Anwesenheit von Gastwissenschaftlern aus anderen Herkunftsländern als den USA zu bewerten ist, das heißt in welcher Weise Entstehung, Gestaltung und Auswirkungen der Deutschlandaufenthalte von Gastwissenschaftlern aus verschiedenen Herkunftsländern nach Fachgebieten, Karrierephasen und internationalem Renommee variieren und wie eventuelle typische Muster zu interpretieren sind. Daher müßten auch andere institutionalisierte Mobilitätsprogramme systematisch untersucht werden, um die hochgradige Stratifizierung internationaler Wissenschaftsbeziehungen noch besser verstehen zu können und die Möglichkeit zu schaffen, weitere Lücken im Angebot von Förderprogrammen aufzudecken, zielgruppenspezifische Bedürfnisse anzupassen und im Rahmen von Standortdiskussionen differenzierter argumentieren zu können als im Zuge der öffentlichen Diskussionen im ausgehenden 20. Jahrhundert.

Aus dieser wissenschaftspolitischen Perspektive betrachtet, helfen die in dieser Arbeit gewonnen Ergebnisse zur Strukturierung grenzüberschreitender Mobilität und Kooperation, Daten zu internationalen Wissenschaftsbeziehungen in bezug auf verschiedene Fachgebiete und Karrierephasen angemessen interpretieren zu können. Aus wissenschaftstheoretischer Perspektive zeigt sich, daß die Interpretation der Geographien verschiedener wissenschaftlicher Praktiken vor dem Hintergrund der Akteursnetzwerktheorie eine kritische Diskussion ihres Symmetrieprinzips zwischen Menschen und Nichtmenschen anregte, die erstens eine Vernachlässigung immaterieller Entitäten im Prozeß des Netzwerkbildens und zweitens eine zu kurz greifende Interpretation der Rolle von Menschen und bestimmter Nichtmenschen als Resultat eines unzureichend Konzepts von Hybridität offenbarte. Die klassische akteursnetzwerktheoretische Symmetrie scheint weiterhin in Kartesischen Dualismen gefangen und daher nicht geeignet zu sein, die komplexen räumlichen Bezüge verschiedener wissenschaftlicher Praktiken auf schlüssige Weise theoretisch fassen zu können. Aufbauend auf der Konzeption wissenschaftlichen Arbeitens als Netzwerkbildungsprozeß konnte jedoch im Zusammenspiel von Empirie und Theorie eine Trinität geographisch relevanter materieller, immaterieller sowie historisch und dynamisch hybrider Aktanten entwickelt werden, die es ermöglicht, alters- und fachspezifische Mobilitäts- und Kooperationskulturen in den Wissenschaften auf konsistente Weise zu erklären und somit besser verstehen und würdigen zu können. In Hinblick auf jüngere konzeptionelle Auseinandersetzungen in den *science studies* scheint das Kernkonzept der dynamischen Hybride auf die entscheidenden Knotenpunkte zwischen materiellen und immateriellen Räumen zu weisen und vielleicht auch eine Möglichkeit zu bieten, verschiedene Foki sozialkonstruktivistischer und akteursnetzwerktheoretischer Wissenschaftsverständnisse zu integrieren.

Zusammenfassung

Diese Arbeit untersucht Entstehungszusammenhänge, Bedingungen, Auswirkungen und räumliche Bezüge zirkulärer Mobilität in den Wissenschaften vor dem Hintergrund eines akteursnetzwerkbasierten Wissenschafts- und Gesellschaftsverständnisses. Gegenstand der empirischen Untersuchungen sind staatlich geförderte, längerfristige Deutschlandaufenthalte international renommierter Wissenschaftlerinnen und Wissenschaftler aus den USA, die im Rahmen der ersten 25 Jahre des Preisträgerprogramms der Alexander von Humboldt-Stiftung (AvH) erfolgten. Ausgehend von diesen Mobilitätsereignissen werden verschiedene Fragestellungen zu einem wichtigen Segment deutsch-amerikanischer Wissenschaftsbeziehungen, zu Einflußfaktoren und Wirkungen forschungsbezogener Mobilität, zur Außenwahrnehmung der deutschen Wissenschaftslandschaft und zu räumlichen Bezügen wissenschaftlichen Arbeitens in ihrem historisch-geographischen Kontext entfaltet und unter Einbezug wissenschaftstheoretischer und -politischer Erkenntnisinteressen untersucht. Maßgeblich dafür sind multimethodisch erhobene und ausgewertete Befunde zur Perspektive der US-Preisträger als etablierte Wissenschaftler verschiedener Fachrichtungen. Diese umfassen im einzelnen anonymisierte Humboldt-Daten zu allen US-Preisträgern der Jahre 1972-96 (N = 1.719), eine postalische Vollerhebung (Rücklaufquote 65%, d. h. 1.020 Fragebögen) und 61 persönlich geführte Leitfadeninterviews mit Preisträgern der Regionen Boston und San Francisco.

Aus einem geographischen Fachkontext heraus konzipiert, verbindet die Arbeit vier sehr verschiedene und in sich komplexe Forschungskontexte, die sich in ihren Perspektiven wechselseitig ergänzen. Es handelt sich um die Bereiche interdisziplinäre Wissenschaftsforschung (*science studies*), Mobilität, Wissen und Qualifikation in der Geographie, zirkuläre akademische Mobilität und auswärtige Kulturpolitik sowie Kommunikation und Kooperation in den Wissenschaften (Kapitel 1). Mit dem Aufgriff der Akteursnetzwerktheorie knüpft die Arbeit an jüngere Diskussionen in der interdisziplinären Wissenschaftsforschung und der Geographie an (Kapitel 2). Die empirischen Untersuchungen und theoretischen Reflexionen gaben jedoch den Anlaß, das akteursnetzwerktheoretische Wissenschaftsverständnis kritisch zu hinterfragen und den Anforderungen der Empirie entsprechend zu modifizieren. Das Resultat ist eine erweiterte Akteursnetzwerkperspektive, die bereits im zweiten Kapitel entwickelt wird, um die empirischen Ergebnisse auf Grundlage eines theoretischen Konzepts interpretieren zu können, das der Produktion und Konfiguration zeitgenössischer Interaktionsbeziehungen in verschiedenen Fachrichtungen besser gerecht werden kann. Untermauert wird der Vorschlag des neuen Konzepts durch eine kritische Reflexion der jüngeren Kontroverse zwischen sozialkonstruktivistischen und akteursnetzwerktheoretischen Forschungsansätzen zum Verständnis der Konzepte Natur, Gesellschaft, Technologie und Wissen. Auf diese Weise wird die erweiterte Akteursnetzwerkperspektive über die Wissenschaftsforschung hinaus für gesellschaftstheoretische Fragestellungen relevant. Sie scheint zudem besonders geeignet, neue Bewegung in Diskussionen um das erkenntnistheoretische Dilemma zwischen sozialer Konstruktion und natürlichem Realismus zu bringen, das geographische Theoriediskussionen in den 1990er Jahren prägte.

Das dritte Kapitel widmet sich einer ausführlichen Kontextualisierung der geförderten Wissenschaftlermobilität im Preisträgerprogramm und bereitet damit die anschließende Rekonstruktion der forschungsbezogenen Deutschlandaufenthalte renommierter US-Wissenschaftler vor (Kapitel 4). Darauf aufbauend werden im abschließenden fünften Kapitel gegenstandsbezogene Thesen zu den Geographien wissenschaftlicher Praxis und Interaktion generiert, die einen Brückenschlag zwischen Empirie und Theorie vollziehen und die empirischen Ergebnisse zu den deutsch-amerikanischen Wissenschaftsbeziehungen in einen weiteren Kontext räumlicher Bezüge wissenschaftlicher Praxis stellen.

Die Arbeit widmet sich Aspekten zirkulärer Mobilität in den Wissenschaften, die bisher nur wenig behandelt wurden, aber sowohl an jüngere sozialwissenschaftliche als auch wissenschaftstheoretische und wissenschaftspolitische Diskussionen und Forschungsdesiderata anknüpfen. Dies bezieht sich auf die Analyse von Forschungsaufenthalten ausländischer Gastwissenschaftler in Deutschland, auf Wissenschaftsbeziehungen zwischen zwei hochentwickelten Industriestaaten, auf die Kombination qualitativer Fallstudien mit räumlich, zeitlich und nach anderen Kriterien differenzierbaren quantitativen Auswertungen, auf die Rekonstruktion möglicher Auswirkungen zirkulärer akademischer Mobilität ohne eine apriorische Einschränkung auf wissenschaftliche Inhalte oder Kontexte bzw. die Kategorien Wissenschaft, Kultur, Wirtschaft, Politik oder Soziales vorzunehmen und auf den Versuch, die Konzeption der Arbeit und deren Ergebnisse in einen weitgespannten wissenschafts- und gesellschaftstheoretischen Rahmen einzuordnen. Die wichtigsten empirischen und theoretischen Ergebnisse werden im folgenden in acht Punkten zusammengefaßt:

1) Räumliche Bezüge wissenschaftlicher Praxis und Interaktion
2) Erweiterung der Akteursnetzwerkperspektive und deren Implikationen
3) Charakteristika des US-Preisträgerprogramms
4) Motivationen für einen längerfristigen Deutschlandaufenthalt
5) Fach- und altersgruppenspezifische Mobilitäts- und Kooperationskulturen
6) Auswirkungen der Deutschlandaufenthalte renommierter US-Wissenschaftler
7) Implikationen grundlegender Unterschiede in der Wissenschaftsorganisation
8) Fazit und Ausblick

1) Räumliche Bezüge wissenschaftlicher Praxis und Interaktion

Wichtige Einsichten zur räumlichen Bedingtheit der Produktion und Verbreitung wissenschaftlichen Wissens sind in der interdisziplinären Wissenschaftsforschung spätestens seit Donna HARAWAYS (1988) Ausführungen über situiertes Wissen und Bruno LATOURS (1987) Konzept der Zyklen wissenschaftlicher Akkumulation in Zentren der Kalkulation generiert worden. Daraus und aus seinen eigenen historisch-geographischen Wissenschaftsstudien hervorgehende Erkenntnisse und Fragestellungen systematisierte David LIVINGSTONE (1995; 2002) in dem Entwurf einer *geography of scientific knowledge* als eigenständiges Interessensgebiet der interdisziplinären Wissenschaftsforschung. Parallel zu diesen Entwicklungen konzeptionalisierte Peter MEUSBURGER (1980; 1998; 2000) seit Anfang der 1980er Jahre Zusammenhänge zwischen Wissen und Raum für verschiedene Arten des Wissens mit Blick auf die räumliche Organisation von Arbeitsplätzen und sozialen Systemen. Auf Grundlage dieser Arbeiten kann ein Zusammenhang zwischen der Produktion, Verbreitung und Verarbeitung wissenschaftlichen Wissens sowie spezifischen räumlichen Kontexten als gesichert gelten. Im Rahmen der empirischen Untersuchungen zu den Deutschlandaufenthalten renommierter US-Wissenschaftler konnten darauf aufbauend weitere Erkenntnisse zur Art der Beziehung zwischen Wissenschaft und Geographie gewonnen werden. Ausgangspunkt war die Frage, welche Bedeutung der unterschiedliche Kontext an der Gastinstitution im Vergleich zur Basisinstitution für die wissenschaftliche Arbeit und Interaktion der Gastwissenschaftler besitzt. Wichtigstes Resultat ist ein Erklärungsansatz für altersgruppen- und fachspezifische Mobilitäts- und Kooperationskulturen in den Wissenschaften (siehe auch Punkt 5):

Räumliche Gegebenheiten sind demnach für alle Formen wissenschaftlicher Praxis relevant, deren jeweilige Bedeutung variiert jedoch ganz erheblich nach dem Raumbezug der konstituierenden Elemente und dem Stadium wissenschaftlichen Arbeitens. Konzeptionell können diese Beziehungen in einer Matrix mit zwei grundlegenden Dimensionen beschrieben werden, die verschiedene Grade der Materialität, Immaterialität sowie historischen und dynamischen Hybridität wissenschaftlicher Praxis und Interaktion systematisiert (Abb. 38, S. 426). Mit der variierenden Bedeutung von Materialität und Immaterialität für wissenschaftliches Arbeiten sind nicht nur systematische Unterschiede hinsichtlich des Bedarfs, der Möglichkeiten und Motivation von Wissenschaftlern zu zirkulärer Mobilität und der damit verbundenen Möglichkeit zur Generierung positiver Rückkopplungseffekte für die eigene Arbeit und Karriere verbunden, sondern auch nach Fächern und Karrierephasen systematisch variierende Auswirkungen von Forschungsaufenthalten im Ausland.

Aus wissenschaftspolitischer Sicht hilft dieses Verständnis, Daten zu internationaler akademischer Mobilität und Zusammenarbeit entlang der Kategorien verschiedener Fächer (z. B. Natur-, Ingenieur- und Geisteswissenschaften), Arbeitsrichtungen (z. B. theoretisch, experimentell, empirisch, argumentativ-interpretativ) und Anwendungsbezüge (z. B. grundlagenorientiert, angewandt) auf angemessene Weise interpretieren und evaluieren zu können. Aus wissenschaftstheoretischer Perspektive zeigte sich, daß ein akteursnetzwerktheoretisches Wissenschaftsverständnis des Netzwerkbildens zwischen heterogenen Entitäten wesentlich ist, um die identifizierten Zusammenhänge auf konsistente Weise konzeptionalisieren zu können. Gleichzeitig wurde aber deutlich, daß dies nicht auf Grundlage der akteursnetzwerktheoretischen Symmetrie zwischen Menschen und Nichtmenschen erfolgen kann, weil diese erstens die Rolle immaterieller Entitäten im Prozeß des Netzwerkbildens vernachlässigt und zweitens den Beitrag von Menschen und bestimmten Nichtmenschen als Resultat eines unzureichend Konzepts von Hybridität unterschätzt. Wissenschaftler verschiedener Arbeitsrichtungen operieren in unterschiedlicher Intensität mit materiellen und immateriellen Entitäten, die jeweils verschiedene Ausprägungen ortsbindender Materialität und intellektuell-virtueller Bezüge implizieren. Darüber hinaus wird bei der Erschließung neuer intellektueller und physischer Territorien häufig auf die Hilfe anderer Organismen und Technologien zurückgegriffen, weil diese aufgrund ähnlicher ontologischer Eigenschaften menschliche Sinne und Fähigkeiten erweitern und somit ebenfalls die Räume der Wissenschaften formen können. Um der damit verbundenen Vielfalt der Interaktionsmuster verschiedener wissenschaftlicher Praktiken theoretisch zumindest annähernd gerecht werden zu können, ist die in dieser Arbeit entwickelte erweiterte Akteursnetzwerkperspektive mit der Trinität aus Materialitäten, Immaterialitäten und dynamischen Hybriditäten aufgrund ihrer größeren Komplexität und Schlüssigkeit der Symmetrie zwischen Menschen und Nichtmenschen vorzuziehen.

2) Erweiterung der Akteursnetzwerkperspektive und deren Implikationen

Die Akteursnetzwerktheorie wurde in den 1980er Jahren von Pariser Wissenschaftssoziologen um Michel Callon und Bruno Latour konzipiert (CALLON 1986; CALLON, LAW, RIP 1986; LAW 1986a; LATOUR 1987) und ist seitdem im Rahmen interdisziplinärer Wissenschaftsstudien, vor allem unter Einbezug anthropologischer und philosophischer Einflüsse (z. B. SERRES 1995; STENGERS 1997), weiterentwickelt worden (LAW 1994; LATOUR 1993; 1999b). Für die vorliegende Arbeit bot sie einen geeigneten Ausgangspunkt, weil sie eine überzeugende Alternative zu bestehenden Wissenschafts- und Gesellschaftsverständnissen offeriert (vgl. 1.3.2; 2.1; 2.2), gleichzeitig eine Methode zur Erforschung der Wissenschaften darstellt (vgl. 1.4; 1.4.2) und als ein besonders geeignetes Konzept zur Beschäftigung mit Fragen des Reisens in den Wissenschaften viele Möglichkeiten bietet, sich mit räumlichen Bezügen wissenschaftlichen Arbeitens intensiv auseinanderzusetzen (vgl. 2.3). Der große Erfolg der Akteursnetzwerkperspektive in verschiedenen geographischen Forschungsrichtungen, der im Rahmen einer intensiven Rezeption seit Mitte der 1990er Jahre zum Ausdruck kommt, erklärt sich vor allem aus dem zugrundeliegenden relationalen Raumverständnis und dem Versuch, die Materialität alltäglicher gesellschaftlicher Konstruktionen zu betonen, ohne der physisch-materiellen Welt eine deterministische Bedeutung für menschliches Handeln zuzuweisen (vgl. 1.3.1; 2.2.7; 2.4.7).

Ausgangspunkt der eigenen Kritik an der konventionellen Akteursnetzwerkperspektive war die Frage nach der Ontologie der Aktanten, die für zirkuläre Mobilität von Wissenschaftlern verantwortlich zeichnen und die von den reisenden Wissenschaftlern mobilisiert werden können. Allgemeiner formuliert entspricht dies der Frage nach den elementaren Typen von Entitäten, die Akteursnetzwerke und deren relationale Geographien konstruieren, und somit nach den Basisentitäten, die an Konstruktionen jeglicher Art beteiligt sein können (vgl. 2.2.7). Das klassische Symmetrieprinzip der Akteursnetzwerktheorie besagt in diesem Zusammenhang, daß menschliche und nichtmenschliche Entitäten bei der Analyse von Netzwerkbildungsprozessen in Hinblick auf ihre Geschichtlichkeit, ihren ontologischen Status und ihre potentielle Handlungsverantwortung gleichberechtigt zu behandeln sind. Menschen und Nichtmenschen seien höchstens temporär, als Resultat des Netzwerkbildens zu differenzieren und können beide ontologisch hybrid sein (vgl. 2.1).

Zusammenfassung

Bei der Anwendung auf die konkreten Bedingungen und Auswirkungen forschungsbezogener zirkulärer Mobilität zwischen den USA und Deutschland hat sich dieses Konzept jedoch nicht bewährt. Vielmehr ergaben sich drei wesentliche Kritikpunkte, die in den Vorschlag einer erweiterten Akteursnetzwerkperspektive mündeten: Erstens konnte eine Vernachlässigung des Akteursstatus von Gedanken und anderer immaterieller Entitäten in der Symmetrie zwischen Menschen und Nichtmenschen identifiziert werden. Zweitens wurde festgestellt, daß ein eindimensionales Verständnis von soziomaterieller Hybridität und potentieller Handlungsverantwortung zu einer systematischen Unterschätzung der Rolle von Menschen und bestimmter Nichtmenschen im Rahmen von Netzwerkbildungsprozessen führt. Drittens folgt daraus eine zu kurz greifende, da pauschale Subsumierung dynamischer und nicht-dynamischer nichtmenschlicher Entitäten unter dem Begriff der Nichtmenschen.

Verschiedene Entwicklungen scheinen Akteursnetzwerktheoretiker davon abgehalten haben, Materialitäten und Immaterialitäten in gleicher Weise als Aktanten anzusprechen und zwei Bedeutungen von Hybridität zu unterscheiden: erstens *historische Hybridität* als die Geschichte eines heterogenen Konstruktionsprozesses und zweitens *dynamische Hybridität* im Sinne einer lebendigen Verbindung von Materie und Geist, die es Menschen, anderen Organismen und bestimmten Technologien wie laufenden Computern ermöglicht, Elemente aus beiden Bereichen dauerhaft zu verknüpfen. Zu den wichtigsten Gründen gehört zum einen die strikte Ablehnung sozialkonstruktivistischer Forschungsansätze, weil dies zu einer Konzentration auf die zuvor vernachlässigte Rolle von Materialität und soziomaterieller Hybridität im Rahmen gesellschaftlicher Konstruktionsprozesse führte. Menschliche und geistige Entitäten wurden als Elemente der sozialen Welt unter dem Schlagwort *Menschen* subsumiert und in Teilen des nichtmenschlichen Kollektivs übersehen. Zum anderen scheint die Konzentration akteursnetzwerkbasierter Wissenschaftsstudien auf Fallbeispiele in den experimentellen und empirischen Wissenschaften zu einer Unterschätzung immaterieller Aktanten geführt zu haben, die im Rahmen theoretischer und interpretativer Arbeit größte Bedeutung besitzen. Schließlich konnte in der gesellschaftstheoretischen Diskussion über realistische, sozialkonstruktivistische und akteursnetzwerktheoretische Konzepte eine grundlegende Konfusion über das Verständnis der Subjekt-Objekt-Polarität ausgemacht werden, die für den wiederholten Rückgriff auf Dichotomien wie Natur und Gesellschaft oder Menschen und Nichtmenschen verantwortlich zu sein scheint (vgl. 2.4.2). Als Resultat dieser Entwicklungen impliziert die klassische akteursnetzwerktheoretische Symmetrie zwischen Menschen und Nichtmenschen weiterhin und zu ihrem Nachteil einen in Kartesischen Dualismen gefangenen, reduktionistischen Blickwinkel, den sie eigentlich zu überwinden beansprucht.

Um ein vollständigeres Verständnis von Netzwerkbildungsprozessen und insbesondere zeitgenössischer Wissensproduktion in verschiedenen Arbeitsgebieten zu ermöglichen, wurde die konventionelle Akteursnetzwerkperspektive in dieser Arbeit um immaterielle Entitäten als einen dritten Typ von Aktanten erweitert und durch die Einführung des Konzepts der dynamischen Hybride grundlegend modifiziert. Die vorgeschlagene Trinität temporär zu differenzierender Aktanten lenkt den

Blick auf die Dreiheit aus (historisch hybriden) materiellen, (historisch hybriden) immateriellen und dynamisch hybriden Aktanten: Soziale Beziehungen können demnach nicht nur durch materielle Entitäten in Zeit und Raum stabilisiert werden, wie es die klassische Akteursnetzwerkperspektive betont, sondern auch durch immaterielle Ressourcen in Form von Erinnerungen oder technisch gespeicherten Daten. Der Beitrag immaterieller Entitäten zu gesellschaftlich relevanten Ereignissen kann genauso groß sein wie der materieller Gegebenheiten oder der dynamischer Hybride. Um jedoch Materie zu sozialisieren oder Gedanken zu materialisieren ist die Beteiligung menschlicher, organischer oder technischer dynamischer Hybride unabdingbar. Allein in der dynamischen Hybridität von Körper und Geist und dem damit verbundenen größeren, obgleich untereinander wiederum variierenden Vermittlungs- und Verantwortungsspielraum unterscheiden sich dynamische Hybride von anderen Aktanten, während alle Aktanten weiterhin eine hybride Historizität haben und gleichmaßen konsitutiv für Geschehnisse sind.

Die Rechtfertigung der Formulierung einer erweiterten Akteursnetzwerkperspektive ergibt sich aus LATOURS (1999c, 24) Forderung, das große Potential dieses Ansatzes kollektiv weiterzuentwickeln. Dabei ist die vorgeschlagene Trinität von Aktanten keineswegs bestrebt, neue stabile Grenzen zu etablieren. Das vorgeschlagene Konzept versucht vielmehr, die im wissenschaftlichen Sprachgebrauch zirkulierenden Kategorien in Bewegung zu halten und somit das zu vermeiden, was LATOUR (2002, 21) in einem anderen Kontext als *freeze-framing* bezeichnete.

Das vorgeschlagene Konzept der *dynamischen Hybride* als Knotenpunkte zwischen Materialitäten und Immaterialitäten und deren *historisch hybriden* Varianten versteht sich als ein Diskussionsbeitrag zu laufenden Diskursen über Wissenschaftsbeziehungen, Handlungsverantwortung, Hybridität und ein neues Verständnis der Konzepte Natur, Gesellschaft, Technologie und Wissen, deren inhaltliche Aussagekraft aufgrund zunehmender Grenzüberschreitungen, wie sie vor allem im Rahmen zeitgenössischer wissenschaftlicher Praxis erfolgen, zunehmend problematisch geworden ist. Es ordnet sich in den weiteren Kontext poststrukturalistischer Ansätze ein, betont jedoch über die Materialität hinaus die große Bedeutung immaterieller Komponenten für gesellschaftliche Aushandlungsprozesse und überträgt das Konzept eines verkörperten Denkens auf die körperliche Realität von Menschen, anderen Organismen und bestimmten Technologien, um für die Chancen, aber auch die langfristigen Gefahren menschlicher Sozialisations- und Konstruktionsarbeit zu sensibilisieren. Mit der Betonung grundlegender Gemeinsamkeiten menschlicher, organischer und technischer dynamischer Hybride wird zudem eine Aufhebung der menschenzentrierte Perspektive vollzogen, die paradoxerweise noch charakteristisch für die in der Regel als anti-humanistisch bezeichnete Symmetrie zwischen Menschen und Nichtmenschen ist. Für empirische Untersuchungen bedeutet dies, daß alle Entitäten der drei Basiskategorien in Hinblick auf ihre potentiellen Effekte ernstzunehmen sind, weil sie als gut konstuierte, zunehmend reale Entitäten eine Eigendynamik entwickeln und rasch außer Kontrolle geraten können. Zugleich kann jede Entität und Assoziation erstens einen möglichen Ausgangspunkt für den empirischen Forschungsprozeß und zweitens einen Ansatzpunkt für Modifikationen und einen damit zu induzierenden gesellschaftlichen, politischen, wirtschaftlichen, wissenschaftlichen, technischen, ökologischen Wandel darstellen.

In Hinblick auf konzeptionelle Kontroversen um die Akteursnetzwerktheorie in den *science studies* bietet die vorgeschlagene Trinität von Aktanten Ansatzpunkte, die Foki sozialkonstruktivistischer und akteursnetzwerkbasierter Wissenschaftsverständnisse zu integrieren. Im Kontext geographischer Fachdiskussionen wird mit dem Aufgriff der Akteursnetzwerkperspektive eine konzeptionelle Alternative zur Handlungszentrierung sozialgeographischer Untersuchungen zur Diskussion gestellt. Gleichzeitig werden analog zum klassischen Akteursnetzwerkverständnis weitverbreitete Kategorien wie Mensch, Umwelt und Raum aufgelöst, um deren Konstitution und die Einbindung der Menschen in heterogene Netzwerke besser verstehen zu können. Ausgehend von einem relationalen Raumverständnis wird zum Beispiel die Kategorie 'der Raum' im Sinne verschiedener Beziehungsgeflechte materieller und immaterieller Entitäten konzeptionalisiert, die unter anderem physisch-materielle und gedanklich-virtuelle Räume konstituieren und über dynamische Hybride miteinander verknüpft sind. Konkretere Wirkungsgefüge und Raumbezüge werden aus dieser Perspektive als situationsgebunden erachtet und sind daher im einzelnen empirisch zu ergründen.

Im Rahmen empirischer Wissenschaftsstudien ermöglicht die erweiterte Akteursnetzwerkperspektive zum einen, wissenschaftliche Praxis nicht nur in den experimentellen und empirischen Natur-, Ingenieur- und Sozialwissenschaften, sondern auch in geisteswissenschaftlichen und theoretischen Arbeitsrichtungen auf konsistente Weise als Netzwerkbildungsprozeß zwischen heterogenen Entitäten zu konzeptionalisieren (vgl. 2.4.7.2). Zum anderen bietet sie einen Erklärungsansatz für altersgruppen- und fachspezifische Mobilitäts- und Kooperationskulturen in den Wissenschaften, weil die verschiedenen Basistypen von Aktanten jeweils unterschiedliche räumliche Bezüge implizieren, die wiederum systematische Unterschiede hinsichtlich des Bedarfs, der Möglichkeiten und Motivationen für räumliche Mobilität bedingen und systematisch variierende Auswirkungen von Forschungsaufenthalten im Ausland nach sich ziehen (vgl. 4.3.2.2; 4.5; 5.1). Als Ergebnis und Grundlage einer empirischen Wissenschaftsstudie liegen die Vorteile der erweiterten Akteursnetzwerkperspektive für konkrete wissenschaftspolitische Schlußfolgerungen in einem besseren Verständnis der Spezifika und Bedürfnisse im Rahmen forschungsbezogener Mobilität von Wissenschaftlern verschiedener Fachgebiete, Karrierephasen und Herkunftsländer.

3) Charakteristika des US-Preisträgerprogramms

Gegenstand der empirischen Untersuchungen zu zirkulärer Mobilität in den Wissenschaften ist die Wissenschaftlermobilität im Rahmen des Preisträgerprogramms der Alexander von Humboldt-Stiftung (AvH). Humboldt-Forschungspreise werden ausschließlich auf Vorschlag deutscher Wissenschaftler für ein wissenschaftliches Lebenswerk vergeben und sind mit der Einladung zu einem maximal einjährigen Forschungsaufenthalt in Deutschland verbunden. Da die eingeladenen Wissenschaftler Forschungen eigener Wahl in Deutschland durchführen können und keinerlei Leistungen von ihnen gefordert werden, ist die Untersuchung resultierender Kooperationen, Ergebnisse und Kontaktnetze besonders geeignet, um Erkenntnisse über typische Bedingungen und Auswirkungen forschungsbezogener Auslandsaufenthalte nach Fachgebieten, Karrierephasen, Aufenthaltsdauer, beteiligten Institutionen oder Geschlecht zu gewinnen.

Das Preisträgerprogramm bezog sich ab 1972 rund zehn Jahre lang auf international renommierte US-amerikanische Natur- und Ingenieurwissenschaftler, bevor es Anfang der 1980er Jahre auf Wissenschaftler aller Fächer und Länder ausgedehnt wurde. Für die Beziehungen zu den USA, aus denen Ende der 1990er Jahre weiterhin rund zwei Fünftel der ausgezeichneten Preisträger stammten, besitzt das Programm aus mehreren Gründen eine besondere historische Bedeutung. Es wurde im Rahmen einer Danksagung der Bundesrepublik für die Marshallplanhilfe aus Anlaß des 25. Jahrestags ihrer Bekanntmachung eingerichtet und setzte als Teil eines Maßnahmenpakets zur Stärkung der deutsch-amerikanischen Beziehungen in der Zeit der Neuen Ostpolitik ein wichtiges Zeichen der Loyalität gegenüber den USA. Darüber hinaus ermöglichte das Programm Wissenschaftlern, die Mitteleuropa im Dritten Reich verlassen mußten oder Kinder von Emigranten waren, einen längeren Aufenthalt, der bei vielen zur positiven Veränderung ihres Deutschlandbildes und zur Verarbeitung ihrer Erlebnisse bzw. der ihrer Eltern beitrug.

In den ersten 25 Jahren des Programms (1972-96) kamen 1.719 US-Wissenschaftler als Humboldt-Preisträger nach Deutschland. Da das Preisträgerprogramm erst seit 1980 Geisteswissenschaftler einschließt, dominieren Natur- und Ingenieurwissenschaftler das Fächerspektrum. Anhand der Stationen ihrer wissenschaftlichen Laufbahn lassen sich die US-Preisträger als Knotenpunkte hochwertiger Wissenschaftsnetze charakterisieren: Von denen, die in den USA promovierten, schrieben fast alle ihre Doktorarbeit an den großen Forschungsuniversitäten (Carnegie R1). Drei Viertel der US-Preisträger arbeiteten dort vor ihrem Deutschlandaufenthalt. Eine starke, zeitlich persistente Unterrepräsentanz von Frauen unter den US-Preisträgern und den nominierenden deutschen Gastgebern deutet auf eine sehr geringe Beteiligung von Frauen an internationaler Mobilität und internationalen Wissenschaftsnetzwerken hin, die an anderer Stelle näher zu untersuchen wäre (vgl. 4.1.2).

Die US-Wissenschaftler waren zu Beginn ihres Preisträgeraufenthalts im Durchschnitt 51 Jahre alt. Im Zuge einer Profilschärfung des Programms, größer gewordenen Nominierungspotentialen durch die Wiedererlangung eines fächerübergreifend hohen Niveaus der deutschen Forschung in den 1970er Jahren und eines kollektiven Alterungsprozesses der Professoren auf beiden Seiten des Atlantiks stieg das Durchschnittsalter in den ersten 15 Jahren deutlich an. Die US-Preisträger hielten sich im Mittel neun Monate lang in Deutschland auf. Mehr als ein Drittel verweilten ein ganzes Jahr. Zu Gast waren die meisten US-Preisträger an Hochschulen, gefolgt von Max-Planck-Instituten als den internationalen Aushängeschildern der deutschen Forschung und sonstige Forschungsinstitutionen. Zwischen den Hochschulen variieren die Kontakt- und Anregungspotentiale durch Humboldt-Preisträger erheblich. Dafür verantwortlich zeichnen verschiedene Fächerspektren, verfügbare Forschungsinfrastruktur, die wissenschaftliche Aktivität der Gastgeber und langjährige persönliche Netzwerke ins Ausland (vgl. 3.1.3.1; 4.3.1). Im Zeitraum 1972-96 wurden die Universitäten München (LMU und TU), Heidelberg und Karlsruhe am häufigsten besucht. Nach Bundesländern betrachtet hielten sich die meisten in Bayern, Baden-Württemberg und Nordrhein-Westfalen auf.

In den Nominierungs- und Förderzahlen des US-Preisträgerprogramms spiegelt sich ein Prozeß der Programmetablierung wieder, der zehn bis fünfzehn Jahre dauerte und in dessen Verlauf sich die Kernzielgruppe von jüngeren international anerkannten Wissenschaftlern aller US-amerikanischen Universitäten zu älteren international renommierten Wissenschaftlern der großen Forschungsuniversitäten der USA entwickelte. Seit der Öffnung des Programms für weltweite Nominierungen im Jahr 1982 sind Nominierungen von US-amerikanischen Wissenschaftlern rückläufig, da in Deutschland tätige Wissenschaftler infolge der erweiterten Möglichkeiten zunehmend mehr Wissenschaftler aus anderen Ländern nominieren. Weitere Einflußfaktoren erlauben ebenfalls keine direkten Rückschlüsse auf die internationale Attraktivität der deutschen Forschungslandschaft, weil sie primär von weltweiten und US-spezifischen Entwicklungen bestimmt werden (vgl. 3.1.4).

4) Motivationen für einen längerfristigen Deutschlandaufenthalt

Das Zustandekommen der Preisträgeraufenthalte wurde am häufigsten durch enge persönliche Kontakte zum Gastgeber und durch biographische Bezüge nach Mitteleuropa beeinflußt. Erst danach folgten konkrete wissenschaftliche Anreize wie attraktive Forschungsinfrastruktur, herausragende Forscherpersönlichkeiten, ausreichend Zeit für eigene Forschungsvorhaben und Publikationsprojekte sowie internationale Großprojekte, von denen es in den 1980er Jahren, vor der deutschen Einheit und der damit verbundenen Verschiebung wissenschaftspolitischer Prioritäten (Aufbau Ost), besonders viele und prestigereiche in Deutschland gab.

Die wichtige Bedeutung biographisch-kultureller Verbundenheit mit Deutschland für das Zustandekommen der längerfristigen Deutschlandaufenthalte renommierter US-Wissenschaftler konnte durch den multimethodischen Ansatz in besonderer Weise untermauert werden: Während aus den statistischen Daten hervorgeht, daß zehnmal mehr US-Preisträger in Deutschland geboren waren als Wissenschaftler an US-Hochschulen, zeigten die persönlichen Interviews, daß *fast jeder zweite* der interviewten Preisträger in der einen oder anderen Weise mit Deutschland biographisch verbunden war: zum Beispiel über deutschen Vorfahren, über deutsche Eltern, die vor dem Zweiten Weltkrieg in die USA emigrierten, über einen deutschstämmige Partner oder in Deutschland lebende Verwandte. Weiter erhöht wird der Anteil von Wissenschaftlern mit besonderen Bezügen zur weiteren Region des Gastlandes durch biographische Verbindungen zu angrenzenden Nachbarländern.

Die empirischen Ergebnisse zeigen, wie stark wissenschaftliches Arbeiten, zum Beispiel durch die Tatsache, *wo* jemand ein *sabbatical* verbringt und somit Inspiration vermitteln und selber Anregungen aufgreifen kann, von biographischen Zusammenhängen und kulturellen Interessen bestimmt wird. Sie gaben daher Anlaß zur Formulierung zweier Thesen zur kulturellen Strukturierung wissenschaftlicher Interaktion, die in anderen Kontexten weiter zu elaborieren sein werden (vgl. 3.1.3.3; 4.2.1.6; 4.2.2.1): Zum einen spielen biographische Bezüge und kulturelle

Affinität eine wichtige Rolle für das Zustandekommen zirkulärer akademischer Mobilität, weil eine Vertrautheit mit den Gegebenheiten im Gastland Verhaltenssicherheit gibt. Zum anderen können sich wissenschaftliche, familiäre und kultureller Einflußfaktoren beim Zustandekommen längerfristiger forschungsbezogener Aufenthalte im Ausland komplementär zueinander verhalten. Eine dritte Feststellung bezieht sich darauf, daß vor dem Hintergrund der wichtigen Bedeutung biographisch-kultureller Verbindungen für internationale Wissenschaftsbeziehungen das primär mit negativen Konnotationen verbundene Phänomen des *brain drains* im Einzelfall als ein wesentlich vielschichtigerer Sachverhalt erscheint. Wenn über akademische Mobilitätsprogramme die Möglichkeit zu einer fortgesetzten Zusammenarbeit mit Wissenschaftlern des Herkunftslands besteht und zugleich die Qualität der dortigen Arbeitsbedingungen eine Fortsetzung der Kontakte von seiten der Emigranten wünschenswert erscheinen läßt, können die Emigranten, wie im Falle aus Deutschland ausgewanderter, späterer US-Preisträger, zu einer engen internationalen Einbindung von Wissenschaftlern und Arbeitsgruppen des Herkunftslands beitragen (vgl. 4.2.1.2). Forschungsdesiderata für künftige Studien stellen die Fragen dar, inwiefern das Ausmaß kultureller Verbundenheit von Gastwissenschaftlern zwischen Ländern mit unterschiedlichen Wissenschaftsstandards variiert, wie die Situation im Preisträgerprogramm im Vergleich zu anderen Mobilitätsprogrammen zu bewerten ist und ob es Zeiten gab, in denen der Einfluß biographisch-kultureller Affinität weniger bedeutend für akademische Mobilität nach Deutschland war.

Die aufgezeigten Zusammenhänge zwischen biographisch-kultureller Verbundenheit mit dem Gastland und internationaler akademischer Mobilität verdeutlichen schließlich eine Einbettung des Preisträgerprogramms in über wissenschaftliche Praxis und wissenschaftliche Organisation hinausweisende kulturelle und historische Beziehungen. Da die Zahl der biographisch mit Deutschland und dem benachbarten Europa verbundenen ausländischen Wissenschaftler am Beginn des 21. Jahrhunderts aus historischen Gründen stark rückläufig ist, wird die Attraktivität der deutschen Wissenschaftslandschaft in Zukunft immer wichtiger werden, um Wissenschaftler aus den USA, aber auch aus anderen Ländern mit vergleichbaren Deutschlandbeziehungen, für längere Zeit nach Deutschland zu holen. Die wichtige Bedeutung der kulturellen Affinität zum Gastland, die sich über die Preisträgermobilität hinaus bei der Analyse der weltweiten Interaktionen der US-Wissenschaftler bestätigte, bedeutet aber auch, daß im Prozeß der Stabilisierung und eventuellen Ausweitung hochwertiger internationaler Wissenschaftsbeziehungen nicht nur wissenschaftliche und programmbezogene Anreize eine grundlegende Rolle spielen müssen, sondern auch die Schaffung attraktiver kultureller Milieus in Deutschland und die Verstärkung persönlicher Beziehungen, z. B. durch den bilateralen Schüler-, Studierenden- und Wissenschaftleraustausch oder durch spezifische internationale Veranstaltungen für Doktoranden und Post-Docs. Die Entwicklung auswärtiger Kultur- und Wissenschaftsbeziehungen erfordert eine ganzheitliche Sichtweise, die so unterschiedliche Aspekte wie den Ausbau der Wissenschaftssprache Englisch in Deutschland (Sprache als Methode), die Förderung der deutschen Sprache im Ausland (Sprache als Kultur und persönliche Kompetenz) und die Präsenz Deutschlands in den Medien einschließt und somit über Hochschulreformen hinausgeht.

Zusammenfassung 463

5) Fach- und altersgruppenspezifische Mobilitäts- und Kooperationskulturen

Systematische Unterschiede in Hinblick auf die Entstehung, Gestaltung und Auswirkungen längerfristiger Forschungsaufenthalte in Deutschland existierten zwischen Wissenschaftlern verschiedener Fächer und Arbeitsrichtungen (vgl. 3.1.3.2; 4.3.2.2; 4.4.2; 4.4.3; 5.1): Je stärker Wissenschaftler in ihrer Arbeit mit physisch verorteten Geräten, Objekten, Ereignissen, Lebewesen, Personen oder Personengruppen befaßt sind und je angewandter und spezialisierter die bearbeiteten Fragestellungen sind, desto größer ist die Einbettung der Wissenschaftler in einen spezifischen lokalen Kontext und desto schwieriger wird die Fortsetzung ihrer Arbeit im Rahmen räumlicher Mobilität. In geräteintensiven Arbeitsgebieten, in denen die Infrastrukturanforderungen von einzelnen Arbeitsgruppen zu bewältigen sind, ist ein einjähriger Auslandsaufenthalt oft zu kurz, um ein gemeinsames Projekt im üblichen Sinne durchzuführen (z. B. Ingenieurwissenschaften, Laserphysik). Gastwissenschaftler dieser Fächer konzentrierten sich in Deutschland meist auf theoretisch ausgerichtete Fragestellungen oder weniger geräteintensive Arbeiten (z. B. Softwareentwicklung). In experimentellen Gebieten, die durch multinational finanzierte Großprojekte gekennzeichnet sind oder in denen Forschungsobjekte und -infrastruktur gut transportiert werden können bzw. am Gastort verfügbar sind, kam die gemeinsame Bearbeitung eines Projekts wesentlich häufiger vor (z. B. Astrophysik, Kernphysik, Biowissenschaften). Da US-Professoren in Chemie wegen einer stark europäisch geprägten Fachtradition oft weniger häufig selber im Labor arbeiten als in Physik oder den Biowissenschaften, selbst wenn sie Zeit dazu hätten, bilden sie selten den Träger einer konkreten internationalen Kooperation. Wenn dennoch kooperiert wurde, so bezogen sich die Fallbeispiele auf theoretische Fragestellungen; ansonsten konzentrierten sich Chemiker vor allem auf die Pflege von Kontakten in Europa, die Verbreitung von Forschungsergebnissen und die Organisation gemeinsamer Projekte unter Einbezug der Arbeitsgruppe in den USA. Eine große Individualität mathematischer und theoretischer Forschung trägt dazu bei, daß formelle Projektkooperationen eher unüblich sind. Gemeinsame Probleme werden bearbeitet, wenn sich zu passender Gelegenheit gegenseitige Anknüpfungspunkte ergeben. In den Geisteswissenschaften tragen individuelle Interpretationsleistungen, kontextspezifische Forschungsthemen und stark spezialisierte Netzwerkbildungsprozesse dazu bei, daß Forschungsaufenthalte im Ausland und Kooperationen mit Dritten viel mehr Voraussetzungen und gemeinsame Anknüpfungspunkte erfordern als in anderen Arbeitsgebieten (z. B. Fremdsprachenkenntnisse, ortsgebundene Primärquellen) und daher grundsätzlich seltener vorkommen.

Diese fachspezifischen Mobilitäts- und Kooperationskulturen erklären sich aus einer variierenden Bedeutung räumlicher Bezüge für verschiedene wissenschaftliche Praktiken und sind jeweils mit typischen Auswirkungen von Forschungsaufenthalten im Ausland verbunden. Beides kann mit der erweiterten Akteursnetzwerkperspektive in einen konsistenten theoretischen Zusammenhang gebracht werden (vgl. 5.1) und ist bei Evaluationen internationaler Wissenschaftskontakte dringend zu berücksichtigen (vgl. 3.1.3.2; 3.2.2; 4.4.2).

Als wichtigstes Merkmal besitzt das Alter der Gastwissenschaftler einen systematischen Einfluß auf den Verlauf ihrer Deutschlandaufenthalte und damit verbundene Impulse (vgl. 4.5). Ältere US-Wissenschaftler nehmen in Deutschland eher die Rolle des Diskussionspartners, Beraters und Vermittlers internationaler Kontakte ein. Jüngere Wissenschaftler sind meist forschende Partner, deren Aufenthalte tendenziell mehr meßbare Resultate in Form von Publikationen und Nachfolgemobilität hervorbringen. Ursachen dafür sind veränderte Aufgabenbereiche und Tätigkeitsspektren im Rahmen unterschiedlicher Karrierephasen, die bei der Konstruktion aussagekräftiger Indikatoren für Evaluationen im Bereich von Forschung und Lehre genauso einzubeziehen sind wie die Fachgebiete und Arbeitsrichtungen der Gastwissenschaftlerinnen und Gastwissenschaftler.

6) Auswirkungen der Deutschlandaufenthalte renommierter US-Wissenschaftler

Die wissenschaftlich motivierte Interaktion der US-Wissenschaftler in Deutschland ging in der Regel mit einer subtilen bis direkten wechselseitigen Beeinflussung der beteiligten Akteure und der durch sie verbundenen Forschungskontexte einher. Dies traf für verschiedene Formen der informellen Interaktion während des Aufenthaltes genauso zu wie für die gemeinsame Bearbeitung konkreter wissenschaftlicher Fragestellungen (vgl. 4.3.2.1; 4.4.1). Die vielfältigen Interaktionen während der Preisträgeraufenthalte leisteten einen wichtigen Beitrag zum internationalen Transfer von Kontakten, Kooperationspartnern, Prestige, Forschungsgeldern, Forschungsmaterialien, Konzepten und Wissen, zur Generierung neuer wissenschaftlicher Erkenntnisse und Infrastrukturen, zur Verbreitung, Stabilisierung und Objektivierung eigener Erkenntnisse, zur Ausbildung des akademischen Nachwuchses sowie zur internationalen Mobilität von Diplomanden, Doktoranden und vor allem Post-Docs. Für die Gastwissenschaftler selber gestaltete eine Verschmelzung wissenschaftlicher, kultureller und privater Aktivitäten die längeren Auslandsaufenthalte persönlich und beruflich meist besonders ertragreich.

Trotz asymmetrischer Machtbeziehungen zwischen der US-amerikanischen und der deutschen Wissenschaftslandschaft im ausgehenden 20. Jahrhundert (vgl. 3.2), der Tatsache, daß sich die viele der schriftlich und persönlich befragten US-Wissenschaftler, vor allem in den 1970er und 980er Jahren, primär in der Rolle der Ideengeber sahen, und des Ergebnisses, daß im Einzelfall alle möglichen Machtbeziehungen zwischen Gast und Gastgeber vorkamen, sind die Interaktionen im Rahmen der Preisträgermobilität in der Summe als ein klassischer Austausch zu charakterisieren. Schließlich erfolgte ein Transfer von neuen Erkenntnissen, Impulsen und Materialien nach Deutschland ebenso häufig wie die Mobilisierung von Personen, Ideen, Methoden, Geräten und Forschungsobjekten für die eigene Arbeit in den USA. Aus quantitativer Sicht sind zwar jeweils andere Aspekte bei diesen Transfers am bedeutendsten – Ergebnisse, Konzepte und Ideen in Richtung Deutschland, Post-Docs in Richtung USA –, eine qualitative Hierarchisierung dieser Auswirkungen erscheint jedoch aufgrund der Breite und Intensität möglicher Folgewirkungen nicht möglich und sinnvoll (vgl. 4.4.1). Gleichwertige Beziehungen zwischen Deutschland und den USA gab es vor allem innerhalb interdisziplinärer informeller Kontaktnetzwerke auf internationaler Ebene, in denen je nach Ausmaß des gegenseitigen Vertrauens ein relativ reibungsloser Austausch von Informationen, Personen und Materialien erfolgte, der nach einer längeren Phase alltäglicher direkter Interaktion, in der das notwendige Vertrauen aufgebaut oder gefestigt wurde, meist nur noch über kurzzeitige *Face-to-face*-Kontakte verhandelt wurde (vgl. 4.4.5). Der fächerübergreifend wichtige Beitrag der Preisträgeraufenthalte zur Formierung und Erhaltung informeller Forschungsverbünde über Länder-, Sprach- und Fächergrenzen hinweg kann als besonders nachhaltig bezeichnet werden, da gerade die längerfristige Konzeption der Aufenthalte dazu beiträgt, daß viele Kontakte geknüpft und das notwendige Vertrauen geschaffen werden kann, um anschließend Konzepte und Modelle, neueste, noch unpublizierte Erkenntnisse, Forschungsmaterialien, Arbeitstechniken und Instrumente auszutauschen, hin- und herzutransferieren und auch ohne einen formellen Projektrahmen für gemeinsame Forschungsarbeit zu nutzen.

Die alltäglichen *Face-to-face*-Kontakte im Rahmen der zirkulären Mobilität US-amerikanischer Wissenschaftler nach Deutschland ermöglichten überraschende Erkenntnisse und vertrauensvolle Kooperationen, die auch im Zeitalter des Internets sonst nicht zustande kämen. Physische Kopräsenz durch zirkuläre Mobilität erwies sich somit weiterhin als zentral für den Anstoß und die Fortführung internationaler Kooperation in den Wissenschaften. Zugleich zeigte sich, daß der jeweilige lokale Kontext über die durch Kopräsenz ermöglichten Verknüpfungen konstitutive Bedeutung für die Schaffung wissenschaftlichen Wissens besitzt (vgl. 2.3). Über den Aufbau von Vertrauen für ein möglichst freies Spiel der Assoziationen hinaus ist physische Kopräsenz wichtig, um einen kontextbezogenen, möglichst ungefilterten Zugang zu anderen Forschungskontexten zu erhalten, so daß zum einen neue und unerwartete Ressourcen mobilisiert werden können, die von Mittlern unter Umständen nicht als nützlich erkannt werden würden. Zum anderen besteht die Möglichkeit, im Rahmen direkter Kommunikation und Interaktion neben verbal geäußerten auch andere Informationen aufzunehmen und mit Blick auf positive Rückkopplungseffekte ein Interesse für die eigenen wissenschaftlichen Argumente an anderen Orten zu wecken.

Die Förderung internationaler Mobilität von Wissenschaftlern kommt daher keineswegs einer oft vermuteten, inhärenten 'Internationalität' der Wissenschaften entgegen, sondern *schafft diese erst*: Wissenschaftliche Erkenntnisse erhalten ihren internationalen, objektiven und universellen Charakter erst durch die Zirkulation von einem Ort zum anderen, durch die Rekrutierung unterstützender Ressourcen an *anderen* Orten und durch ihre Bewährung und Akzeptanz in *neuen* Kontexten. Die Möglichkeit zu grenzüberschreitender Interaktion in den Wissenschaften gehört daher zu den wichtigsten Auswirkungen des Preisträgerprogramms. Hinzu kommen persönliche Deutschlandbindungen, die langfristig wissenschaftliche Kooperationen, aber auch politische, wirtschaftliche und kulturelle Beziehungen Deutschlands in der Welt prägen.

Nach dem Aufenthalt unterhielten drei Viertel der US-Preisträger engere wissenschaftliche Kontakte in Deutschland; dies sind fast doppelt so viele wie zuvor. Die Bandbreite der Nachfolgekontakte läßt sich anhand der Interviews mit sechs

Typen charakterisieren, die von einem lockeren Informationsaustausch bis zu langjährigen Kooperationsbeziehungen reichen (vgl. 4.4.3). Dabei steht die Art der Nachfolgekontakte in engem Zusammenhang mit der ähnlich breit zu charakterisierenden Art der wissenschaftlichen Interaktion während der Preisträgeraufenthalte und den fachspezifischen Kooperationskulturen, die im Rahmen der Analysen zur wissenschaftlichen Interaktion der US-Wissenschaftler in Deutschland identifiziert wurden (vgl. 4.3.2).

Im Rahmen der Nachfolgekontakte kam fast jeder zweite US-Wissenschaftler für einen weiteren längeren Aufenthalt nach Deutschland zurück (häufig im Rahmen einer Wiedereinladung). Rund ein Drittel der US-Wissenschaftler vermittelte Aufenthalte US-amerikanischer Post-Docs und Doktoranden in Deutschland (u. a. Humboldt-Stipendiaten). Am häufigsten wurde der persönliche Kontakt durch deutsche Post-Docs in den USA fortgesetzt (66% der Fälle, oft Feodor-Lynen-Stipendiaten). Als wichtiges wissenschaftspolitisches Handlungsfeld erweisen sich längere USA-Aufenthalte etablierter deutscher Professoren (z. B. Humboldt-Gastgeber). Wegen grundlegender Unterschiede in der Wissenschaftsorganisation und einem Defizit in der Angebotstruktur von Förderprogrammen erfolgte diese Art der weiteren Kooperation nur sehr selten (10% der Fälle). Vor dem Hintergrund, daß die Humboldt-Stiftung in den übrigen drei betrachteten Segmenten der Nachfolgemobilität für jeweils mehr als die Hälfte der Förderung verantwortlich zeichnete, es aber kein vergleichbares Förderprogramm für längerfristige Forschungsaufenthalte deutscher Professoren im Ausland gibt, erhält die Schaffung eines guten und prestigereichen Förderangebots große Bedeutung für die Induzierung zirkulärer Mobilität in diesem unterrepräsentierten Segment der Wissenschaftlermobiliät und der damit verbundenen zentrenbildenden Wirkung weiterer systematischer Mobilisierungsprozesse (vgl. 2.2.2). Eine ausgewogene Förderung internationaler zirkulärer Mobilität in allen Karrierephasen scheint auch angesichts einer in Deutschland relativ stark ausgeprägten gruppeninternen wissenschaftlichen Arbeitsteilung besonders wichtig zu sein (vgl. 4.5), um individuell, institutionell und standortbezogen von möglichst vielen Folgewirkungen in allen Stadien wissenschaftlichen Netzwerkbildens profitieren zu können, zumal Personen mit verschiedenen Erfahrungshorizonten und Machtpositionen jeweils andere Effekte im Rahmen der Interaktion in anderen Forschungskontexten erzielen können (vgl. 2.3).

7) Implikationen grundlegender Unterschiede in der Wissenschaftsorganisation

Die unterschiedlichen Muster internationaler Mobilität US-amerikanischer und deutscher Wissenschaftler, die im Rahmen der Nachfolgekontakte identifiziert wurden, resultieren vor allem aus verschiedenen Aufgabenbereichen in vergleichbaren Karrierephasen. Diese lassen sich als Funktion tendenziell größerer Arbeitsgruppen in Deutschland, verschiedener Modi bei der Besetzung akademischer Funktionen, einer schlechteren Ausstattung deutscher Universitäten mit nichtwissenschaftlichem Personal und einer ungünstigeren Betreuungsrelation hinsichtlich der Zahl der Studierenden pro Professor an deutschen Universitäten im Vergleich zu den großen US-amerikanischen Forschungsuniversitäten beschreiben. Damit verbundene Unterschiede im Ausmaß der arbeitsteiligen Organisation des Forschungsprozesses innerhalb einer Arbeitsgruppe, die sich mit der Konzentration auf konkrete Forschungsarbeit versus primäre Managementaufgaben polarisieren läßt, sind mit dafür verantwortlich, daß auf deutscher Seite Post-Docs die wichtigsten Träger forschungsbezogener Kooperation bilden und deren Aufenthalte in den USA – auch aufgrund von Prestigeunterschieden deutscher und US-amerikanischer Hochschulen – den häufigsten Typus der Nachfolgemobilität bilden.

Durch diese grundlegenden Unterschiede in der Wissenschaftsorganisation erklärt sich auch der scheinbare Widerspruch zwischen sehr positiven wissenschaftlichen Erfahrungen der US-Wissenschaftler in Deutschland und ihren überaus kritischen Stimmen zur deutschen Wissenschaftsorganisation (vgl. 4.3.3): Im Zuge einer stärkeren gruppeninternen Arbeitsteilung sind deutsche Professoren oft weniger stark in konkrete Forschungsarbeit involviert als die Gastprofessoren aus den USA. Post-Docs und Doktoranden bilden häufig die wichtigsten Interaktionspartner der US-Wissenschaftler in Deutschland, während demgegenüber die Tätigkeiten ihrer Gastgeber, die im wesentlichen einer Aufrechterhaltung der Universität, der Fakultät, des Instituts und der Arbeitsgruppe dienen, konkreter wissenschaftlicher Praxis entrückt erscheinen. Wegen unterschiedlicher Verpflichtungen in Administration und Lehre kann es im internationalen Austausch auch schon auf der Ebene von Doktoranden und Post-Docs zu erheblichen Mißverständnissen kommen (vgl. 4.5). In Diskussionen über eine stärkere Internationalisierung von Forschung und Lehre ist daher zu berücksichtigen, daß grundlegenden Unterschiede in der Wissenschaftsorganisation, die zu verschiedenen Aufgabenspektren in der gleichen Karrierephase führen, einen Wechsel zwischen verschiedenen Wissenschaftssystemen sehr schwierig gestalten können; zum Beispiel, wenn auf der einen Seite das Verständnis für langjährige Tätigkeiten in Administration und Lehre in einer frühen Karrierephase und damit verbundene *andere* Karrierewege fehlt.

Die langen Ausbildungs- und Bewährungszeiten des wissenschaftlichen Nachwuchses in Deutschland werden von den US-Wissenschaftlern einerseits stark kritisiert. Andererseits tragen diese aber ganz wesentlich dazu bei, den Strom ausländischer Post-Docs in die Labors der großen US-amerikanischen Forschungsuniversitäten aufrechtzuerhalten (vgl. 4.3.3): Die Arbeit, die in Deutschland oft mehr als zehn Jahre lang von einem oder mehreren Assistenten eines Lehrstuhlinhabers geleistet wird, führen an den prestigereichen Institutionen der USA im gleichen Zeitraum vier bis fünf verschiedene, meist ausländische Post-Docs durch, die jeweils zwei bis vier Jahre lang bleiben. Da US-amerikanische Post-Docs nach ein bis zwei Jahren häufig auf ein *Assistant Professorship* berufen werden und im Vergleich zur deutschen Situation sehr früh am unteren Ende der professoralen Karrierestufen mit dem Aufbau der eigenen Arbeitsgruppe beginnen können, ist der Bedarf an Nachschub von Post-Docs aus dem Ausland sehr groß. Dies bedeutet, daß die US-Wissenschaftler von einer habilitationsbedingt verlängerten Qualifizierungsphase nach der Promotion, an der sie so heftige Kritik übten, in gewisser Weise stark profitieren, weil diese zusammen mit relativ sicheren Assistentenstellen gute Voraussetzungen für zwei- bis vierjährige Post-Doc-Aufenthalte in den USA schafft. Allerdings bezieht sich die Kritik der US-Wissenschaftler auch darauf, daß die Nachwuchswissenschaftler häufig selbst noch nach ihrem Post-Doc-Aufenthalt Mitglied der Arbeitsgruppe einer anderen Person sind, und zwar nicht nur bis sie eine Stelle finden, sondern bis sie habilitiert sind, um dann eine Stelle zu finden.

Vor dem Hintergrund, daß Deutschland in den 1980er und 1990er Jahren in Physik und Chemie das wissenschaftlich produktivste Land Europas darstellte, im Zeitraum 1991-95 zusammen mit den beiden englischsprachigen Ländern Kanada und Großbritannien das wichtigste Herkunftsland internationaler Koautoren in den USA war und auch den Daten zum Forschungsinput und -output zufolge im ausgehenden 20. Jahrhundert zusammen mit Japan und Frankreich zu den zweitattraktivsten Wissenschaftsnationen für US-Wissenschaftler nach Großbritannien gehörte (vgl. 3.2.1; 3.2.2), kann das deutsche Wissenschaftssystem pauschal nicht schlecht sein. Dennoch ergeben sich aus den Ergebnissen zu den Erfahrungen der US-Wissenschaftler in Deutschland Ansatzpunkte zu einer Steigerung der Effizienz und internationalen Wettbewerbsfähigkeit, ohne auf die Vorzüge des bestehenden Systems verzichten zu müssen (z. B. Möglichkeit zu mehr Forschungskontinuität durch eine Kombination von Grundausstattung und eingeworbenen Drittmitteln). Zu den wichtigsten Diskussionsvorschlägen gehören in diesem Zusammenhang eine grundlegende Entlastung des wissenschaftlichen Personals und vor allem der Professoren von administrativen Aufgaben, zum Beispiel durch darauf spezialisiertes Personal und weniger Gremienarbeit, eine Flexibilisierung der Arbeitsgruppengröße durch mehr wissenschaftlichen Wettbewerb bei gleichzeitigem Erhalt einer soliden Grundausstattung mit Finanzmitteln und Mitarbeiterstellen (vgl. 4.3.3.2; 4.5), eine Verknüpfung regelmäßiger Evaluationen der Lehreffektivität, Forschungsproduktivität und Dienstleistungsaktivitäten mit leistungsbezogenen Bewertungen und flexibleren Karrierewegen (z. B. Gehaltserhöhungen und Beförderungen am Ort), die Einführung eines prestigereichen Mobilitätsprogramms zur Förderung längerfristiger Auslandsaufenthalte deutscher Professoren (vgl. 4.4.4) und ein grundlegender Mentalitätswandel zur Verbesserung der allgemeinen Arbeits- und Kooperationsbedingungen. Letzterer sollte vor allem auf mehr Kommunikation, gegenseitige Abstimmung und Teamarbeit in Forschung und Lehre abzielen, eine größere Offenheit gegenüber anderen Personen, Forschungskontexten und benachbarten Forschungsgebieten herbeiführen, einen intensiveren arbeitsgruppenübergreifenden inhaltlichen Austausch induzieren und den oft beobachteten Hang zu Unzufriedenheit, pessimistischer Grundhaltung und Neid gegenüber guten Leistungen anderer Personen reduzieren (vgl. 4.3.3.1; 4.3.3.2).

8) Fazit und Ausblick

Internationale Wissenschaftsbeziehungen werden den empirischen Ergebnissen zufolge in hohem Maße vom Raumbezug der konstituierenden Elemente des wissenschaftlichen Konstruktionsprozesses bestimmt, wozu vor allem die Forschungsgegenstände, verfügbare Forschungsinfrastruktur, zirkulierendes zertifiziertes Wissen und *tacit knowledge* sowie besonders qualifizierte Wissenschaftler gehören. Hinzu kommen symbolische Bedeutungen verschiedener Forschungskontexte, die am beginnenden 21. Jahrhundert zum Beispiel zu starken Konzentrationserscheinungen von Mobilitätsströmen auf die USA beitragen. Weitere räumlich, gesellschaftlich, kulturell, geistig oder sozial zu verortende Gegebenheiten, die internationale zirkuläre Mobilität und Kooperation in den Wissenschaften maßgeblich beeinflussen, umfassen so heterogene Aspekte wie die angesprochenen biographisch-kulturellen Verbindungen und altersgruppenspezifischen Karrierephasen, aber auch geschlechtsspezifische Differenzen, unterschiedliche Sprachkompetenzen, politische Gegebenheiten, sozialisationsbedingte Wissenschaftsstile und die Verfügbarkeit finanzieller Ressourcen. Je nach Situierung eines Wissenschaftlers innerhalb entsprechender Beziehungsgeflechte heterogener Ressourcen und deren jeweiligen zeitlichen und räumlichen Bezügen variieren Bedarf, Möglichkeiten und Motivationen, an bestimmten Segmenten kollektiver wissenschaftlicher Netzwerkbildungsprozesse teilzuhaben, auf der Grundlage räumlicher Mobilisierungsprozesse positive Rückkopplungseffekte für das eigene wissenschaftliche Kalkulationszentrum zu generieren und von der Begegnung mit anderen Personen, Objekten und Ideen im Sinne wissenschaftlichen Netzwerkbildens zu profitieren. Die Wissenschaftler der großen US-amerikanischen Forschungsuniversitäten repräsentieren in diesem Zusammenhang eine wissenschaftliche Elite, deren räumliche Interaktionsmuster besonders stark von der Ontologie der konstituierenden Elemente ihrer Argumentationsnetzwerke bestimmt werden, da sie potentielle Mobilitätshindernisse durch Ressourcenreichtum substituieren können. Daraus ergibt sich als ein wichtiges Forschungsdesideratum für weitere Studien die Untersuchung von Ausmaß und Art zirkulärer akademischer Mobilität von Personen anderer Karrierephasen, Herkunftsländer und Wissenschaftssysteme, um weitere Erkenntnisse über die hochgradige Stratifizierung internationaler Wissenschaftsbeziehungen zu gewinnen, Methoden für angemessene Beurteilungen entwickeln und Möglichkeiten zu deren situationsgebundener Überwindung im Sinne der Wahrung von Chancengleichheiten finden zu können. Auf dieser Grundlage könnten schließlich weitere Erkenntnisse über Lücken in der Angebotsstruktur von Förderprogrammen generiert, zielgruppenspezifische Bedürfnisse angepaßt und weitere differenzierte Argumente für laufende Standortdiskussionen formuliert werden.

Zu den wichtigsten Fragen, die das vorgeschlagene Konzept der erweiterten Akteursnetzwerkperspektive aufwirft, gehören erstens Substitutionsmöglichkeiten zwischen verschiedenen Entitäten und Assoziationen, zweitens Art und Wirkung der verschiedenen Typen von Aktanten im Rahmen gesellschaftlicher Aushandlungsprozesse, insbesondere mit Blick auf funktional wie räumlich unterschiedlich organisierte (soziomaterielle) Systeme, und drittens Gemeinsamkeiten und Unterschiede verschiedener dynamischer Hybride und daraus resultierender Fähigkeiten und Verantwortlichkeiten für wissenschaftliches Arbeiten und politisches Handeln.

Es gibt hier keine andere 'Objektivität' als die Bewährung, die eine Vormeinung durch ihre Ausarbeitung findet.

Gadamer, Grundzüge einer Theorie der hermeneutischen Erfahrung, 1999, 272.

Summary

Since 1972 more than 2,000 academics from the USA have been granted Humboldt research awards by the Germany-based Alexander von Humboldt Foundation. What motivates the internationally-renowned researchers to accept the related invitation to spend a longer period of time researching in Germany? What do they do during their stay and what are the most important consequences? What conclusions can be drawn for the role of travel and collaboration in different scientific fields, and for Germany's attractiveness as a place to pursue science and research?

Taking up these questions, this book examines the nature, outcome and geographies of state-sponsored academic mobility in the late 20th century, by applying a multi-methodic and actor-network based approach. Based on anonymously-given data on all US award-winners in the period 1972-96 (n=1,719), a complete postal survey (return rate: 65%, i.e., 1,020 questionnaires), and 61 semi-structured interviews conducted by the author with US senior scientists from the Boston and San Francisco areas, the research stays are reconstructed from the perspective of the travelling scientists. The results are analysed with respect to systematic differences and common features regarding age, gender, biography and different fields of work. Particular emphasis is on the following questions: How did the different geographical context at the host compared to the home institution matter in the researchers' work and interaction during their visits? What were their experiences in Germany? How did the follow-up contacts between Germany and the US develop?

The book combines different research contexts in linking selected historical and geographical, political, and theoretical research interests to international academic relations, which are reviewed in the first chapter, followed by an outline of the research methodology. Drawing upon actor-network theory, in particular, which is widely known as a well-developed framework for engaging with issues of travel in science (SHAPIN 1995), the study links up with recent discussions in science studies and geography. The empirical results, however, point to an inconsistency regarding some of the theory's main arguments. Supported by a critical reflection on recent controversies between social constructivist and actor-network based approaches to science and their contested history within science studies, an extended actor-network perspective is developed in the second chapter and finally applied to the empirical case studies. The third chapter contextualises the state-sponsored academic mobility of US senior scientists to Germany within a broader historical perspective as well as within patterns of contemporary international academic mobility and collaboration. This all provides the background for the analysis of the nature and outcome of these research stays in the fourth chapter. The fifth and final chapter discusses the relation between scientific practice and different geographical contexts more generally by identifying several ways in which international scientific interaction is structured, thus forging a link between empirical research and theory as well as bringing the empirical results of German-American scientific relations in a broader context of geographies of scientific practice. The following four points summarise the book's most important theoretical and empirical results and main lines of argument.

1) A constructive critique of actor-network theory (ANT) and its implications

The main conceptual argument resulting from both critical reflections on recent debates within science studies and the empirical work is that an ANT-based conceptualisation of science as a network-building process between heterogeneous entities is crucial for understanding the productions and configurations of scientific interaction in different fields, but that this is not possible by drawing upon ANT's conceptual symmetry between humans and nonhumans. Adding the perspective of geography and different scientific practices to actor-network theory, reveals first, a suppression of the immaterial counterpoint to (socio)material nonhumans, second, a kind of 'under'interpretation in the role of humans and certain nonhumans as a result of an insufficient concept of hybridity, and third, following from this, the tendency to lump together dynamically and historically hybrid non-human entities under the term 'nonhumans' (e.g. animals and stones, computers and books). ANT's strong rejection of social constructivism seem to have led to a concentration on the previously ignored role of materiality and sociomaterial hybridity for scientific network-building, while immaterialities such as thoughts, ideas, knowledge and feelings were mainly 'blackboxed' under the label 'human' and
also overlooked in parts of the nonhuman realm. Another influence may have been the concentration on theorising case studies in experimental and empirical research because this contributed to an under-evaluation of those immaterial, mental and virtual actants that are most prominent in theoretical as well as in interpretative research. Finally, an overall confusion about the subject-object polarity in social theory can be identified that seems to be responsible for the repeatedly sticking to dichotomies such as natural and social or human and nonhuman. As a result, ANT's symmetry claim appears to be still trapped by Cartesian dualism which it originally strived to overcome.

In order to consistently account for all types of entities or 'actants' responsible for producing the complex interactions encountered within contemporary scientific practices, a consistent concept of actants is proposed. This concept takes into consideration immaterialities a third type of actant and introduces the concept of 'dynamic hybrids' as nodes between physical and virtual spaces. The resulting concept of a trinity of actants identifies human beings alongside other organisms and certain technologies as dynamic mediators between materialities on the one hand and immaterialities on the other hand, including their historically hybrid variations (see book cover). All three types of actants can still share the responsibility for action and incorporate a hybrid historicity. Nevertheless, the involvement of humans or other dynamic hybrids is indispensable for socialising materialities and materialising immaterialities. They are the agents that keep scientific network-building going, thus producing knowledge as well as scientific histories, geographies and biographies.

The justification for suggesting an extended actor-network perspective is based on Bruno LATOURS (1999c, 24) call for continuing to develop the theory's strange potential in a collective endeavour. As a result, the proposed concept combines poststructuralist thinking with the role of immaterialities for network-building processes and extends the notion of an embodied mind to the corporeality of humans, other organisms and certain technologies. By stressing common features of dynamic hybrids, the trinity of actants also offers a way to remove ANT's strong human-centred perspective that is, paradoxically, still characteristic for the symmetry between humans and nonhumans. The main lesson for empirical analysis seems to be that entities of all three basic categories have to be taken seriously in regard to their potential effects. This also means that they can serve as possible starting points for empirical analysis as much as for modifications and related political, socio-economic, organisational, technical or environmental change.

Regarding ANT's controversies within science studies, the proposed trinity of actants offers a possibility to integrate the foci of social constructivist and actor-network based understandings of science. In the context of empirical science studies, the extended actor-network perspective provides the means for extending the notion of scientific practice as a network-building process between heterogeneous entities from technoscience to theoretical work and the humanities. Finally, it enables the development of a concept for explaining age- and discipline-related travel cultures and collaborative patterns that are closely linked to the geographies of different scientific practices.

2) Geographies of different scientific practices

How does geography matter in the pursuit of science? This question is analysed by looking specifically at the research stays of US scientists in Germany. The results reveal that due to the corporeality of scientists and other dynamic hybrids scientific practices are always embedded within specific places. The scientists' needs, however, and possibilities to reach out from a place of knowledge production in order to communicate, to interact and to mobilise new resources in different places vary systematically according to the constitutive entities and the stage of their work. This is because scientists are dealing to a different extent with material and immaterial entities which imply different geographies respectively. Furthermore, they are often charting new intellectual and physical territory with the help of other organisms and sophisticated technologies that help to extend their senses and skills, enable close collaboration at a distance and thus shape the spaces of science themselves.

The underlying patterns can be best described by a two-dimensional matrix that systematises different degrees of materiality, immateriality, historic and dynamic hybridity of scientific work and interaction on the basis of the newly introduced trinity of actants (figure 38, page 426). These patterns not only shape the subject-related travel cultures and collaborative patterns identified in this book, but also relate to systematically varying results of research stays abroad. In terms of science policy, this understanding helps to make sense of statistics on international academic mobility and collaboration along the lines of different subjects (e.g. natural sciences, engineering, humanities), types of work (e.g. theoretical, experimental and interpretative research) and areas of work (e.g. basic and applied work); a matter of fact which is of particular importance to recent evaluation efforts regarding international contacts in higher education and research.

3) Nature and outcome of research stays abroad

Looking at the motivations of US senior scientists to spend a research stay in Germany unveils that close personal contacts to the academic host and biographical connections to Central Europe influence whether a research stay abroad comes about more than other aspects. This finding, which illustrates how much scientific work and interaction is shaped by cultural and historical relations, is particularly underlined by the multi-methodic approach: While the statistics show that ten times more Humboldt Awardees from the US were born in Germany than among the faculty of US universities, the personal interviews exposed that almost every second interviewee was biographically connected to Germany in one way or the other, including German ancestors, parents who emigrated in the Nazi period, a partner of German origin or relatives living in Germany. The number of researchers who have biographical bonds to Germany or neighbouring countries are declining significantly for historical reasons. Thus, in the future, other incentives (scientific, programme-related, cultural) and the strengthening of personal relationships through exchange programmes will become more important to motivate researchers to spend a sabbatical year in this country. Other important motivations for a research stay in Germany were academic incentives such as an attractive research infrastructure, highly-qualified researchers, sufficient time for one's own research, including thinking, reading and writing, as well as multinational collaborations, which were most frequent in the Eighties, before the German unification brought about a temporary shift in regard to scientific political priorities (e.g. restructuring East German higher education).

Systematic differences in the nature and outcome of the US scientists research stays in Germany can not only be seen between researchers from differing areas of work, but also between visiting scholars in different stages of their careers. Older US scientists, for example, tend to adopt the role of a discussion partner, advisor, and intermediary for international contacts. Younger US scientists are frequently research partners, whose visits are likely to produce more gaugeable results (publications, subsequent mobility). The reasons for this are changing areas of responsibility in different phases of their careers, which are just as important to consider in evaluations of international scientific contacts and institutionalised mobility programmes as the researchers' field and type of work.

Amongst the most important consequences of the researchers' stay is the contribution it makes to forming and maintaining long-term, informal research links across disciplines and national boundaries. Particularly face-to-face contacts on a daily basis lead to surprising scientific results and collaborations which, even in the age of the Internet, would not otherwise come about. This means that sponsorship of international academic mobility does not complement what is assumed to be the inherent *internationality* of science; on the contrary, *it is what creates it in the first place.* Academic findings only attain an international, objective, universal character by moving from one place to another, by recruiting supportive resources in *other* places, and by proving themselves and being accepted in *new* contexts. Thus, the creation of opportunities for cross-border interaction in the sciences and humanities is one of the most important effects of sponsorship. For US scholars who had been forced to leave Central Europe during the Third Reich or whose parents had been emigrants, the Humboldt Award made it possible to spend a longer period of time in Germany. In many cases, this led to a positive change in their attitude towards Germany and contributed to coming to terms with their own experiences or those of their parents.

After their stay, twice as many researchers had closer scientific contacts in Germany than they had before (75%). Almost every second US senior scientist came back to Germany for a further longer-term stay. About a third of the Humboldt award-winners arranged visits by US postdocs and doctoral students to Germany. In two thirds of all cases and thus most frequently of all, personal contact was continued by German postdocs in the USA. An important field for action in higher-educational policy are longer-term visits to the USA by established German professors. Because of the fundamental differences in the organisation of science and research and due to the lack of programmes on offer, this kind of extended co-operation did not occur very often. Those ten percent of German professors who spent a sabbatical in the US after the Humboldt stay were almost all of US origin.

The variation in international mobility patterns of US and German researchers in similar phases of their careers mainly results from other responsibilities and tasks in different systems of higher education and research. These are related to differences concerning the organisation of the research process within a research group (e.g. concentration on research versus management functions) and influenced by the size of the research group, which tends to be larger in Germany, different modes in the allocation of academic functions, less administration support staff at universities and an unfavourable ratio of students per professor at German universities compared to prestigious US research universities. The differences in scientific organisation also account for the contradictory findings of the US senior scientists' generally positive experiences in Germany and their harsh criticism of the German academic system: Due to a greater division of labour within their research group, German professors tend to be less involved into research at the bench than the US senior scientists themselves. This is why postdocs and graduate students are often the US scientists' most important contact persons in daily scientific exchange, while the work of their hosts, which mainly aims at maintaining the university, the department, the institute and the own research group, appears to them to be far removed from scientific practice.

4) Border-crossings

According to the empirical results, international academic relations are to a great extent influenced by the spatial ontology of the constitutive elements of scientific network-building, including, above all, the research objects and the research infrastructure available, circulating certified and tacit knowledge as well as highly-qualified researchers. Other features that influence international academic mobility and collaboration comprise of such heterogeneous aspects as cultural bonds to the host country, the stage of an academic career, the family situation, academic functions, gender-specific differences, the researchers' academic socialisation, language skills, personal contacts, past achievements and current economic resources, but also political systems, laws, funds, scholarships as well as regional scientific cultures and symbolic hierarchies between different research contexts. Depending on the researcher's individual position in such networks of heterogeneous resources, her or his needs, possibilities and motivations for participating in circular mobility and benefiting from related feedback-effects underlie further variations.

In this context, the US senior scientists working at the large US research universities represent a scientific elite whose interaction is strongly influenced by the ontology of the constitutive elements of their scientific work. This is because they are often able to make up for potential constraints of mobility and interaction by the use of their rich resources. Therefore, it is an important desideratum to look at the mobility and collaboration habits of researchers in other phases of their careers and from other countries of origin in order to gain further insights into the highly structured and stratified character of international academic relations.

Among the main questions raised by the proposition of an extended actor-network perspective are first, possibilities of substituting the different types of actants and their associations, second, their role and effects in different network-building processes, and third, the common features and differences of dynamic hybrids and their resulting abilities and responsibilities for scientific work and political action.

Literatur- und Quellenverzeichnis

AKRICH, M.; LATOUR, B. (1992): A Summary of a Convenient Vocabulary for the Semiotics of Human and Nonhuman Assemblies. In: BIJKER, W.; LAW, J. (Hg.): Shaping Technology, Building Society: Studies in Sociotechnical Change. Cambridge. S. 259-264.

ALTBACH, P. G. (1989): The New Internationalism: Foreign Students and Scholars. In: Studies in Higher Education 14 (2). S. 125-136.

ALTER, P. (Hg.) (2000): Der DAAD in der Zeit: Geschichte, Gegenwart und zukünftige Aufgaben: Vierzehn Essays. (= Spuren in die Zukunft: Der Deutsche Akademische Austauschdienst 1925-2000; Band 1). Bonn.

AMANN, K.; KNORR CETINA, K. (1995): Qualitative Wissenschaftssoziologie. In: FLICK, U.; KARDOFF, E. v.; KEUPP, H.; ROSENSTIEL, L. v.; WOLFF, S. (Hg.): Handbuch qualitative Sozialforschung: Grundlagen, Konzepte, Methoden und Anwendungen. 2. Auflage. Weinheim. S. 419-423.

AMSTERDAMSKA, O. (1990): Surely You Are Joking, Monsieur Latour! In: Science, Technology and Human Values 15. S. 495-504.

ANDERSON, R. S. (1981): The Necessity of Field Methods in the Study of Scientific Research. In: MENDELSOHN, E.; ELKANA, Y. (Hg.) (1981): Sciences and Cultures: Anthropological and Historical Studies of the Sciences. Dordrecht, Boston, London. S. 213-244.

AUTHIER, M. (1998): Zeittafel. In: SERRES, M. (Hg.): Elemente einer Geschichte der Wissenschaften. Französische Originalausgabe aus dem Jahr 1989 übersetzt von Horst Brühmann. Frankfurt am Main. S. 946-1030.

AvH (Hg.) (1973): Alexander von Humboldt-Stiftung: Jahresbericht 1972. Bonn.

AvH (Hg.) (1981): Alexander von Humboldt-Stiftung: Jahresbericht 1980. Bonn.

AvH (Hg.) (1982): 10 Jahre USA-Sonderprogramm: Bericht über die Förderung amerikanischer Natur- und Ingenieurwissenschaftler als Humboldt-Preisträger in den Jahren 1972-1981. Bonn.

AvH (Hg.) (1983): Alexander von Humboldt-Stiftung: Jahresbericht 1982. Bonn.

AvH (Hg.) (1984): Alexander von Humboldt-Stiftung 1953-1983. Bonn.

AvH (Hg.) (1991): Alexander von Humboldt-Stiftung: Jahresbericht 1990. Bonn.

AvH (Hg.) (1993): Alexander von Humboldt-Stiftung 1953-1993: 40 Jahre im Dienst von Wissenschaft und Forschung. Bonn.

AvH (Hg.) (1995): Alexander von Humboldt-Stiftung: Jahresbericht 1994. Bonn.

AvH (Hg.) (1996a): Humboldt-Forschungspreise. Bonn.

AvH (Hg.) (1996b): Alexander von Humboldt-Stiftung: Jahresbericht 1995. Bonn.

AvH (Hg.) (1997a): Rang und Namen: 25 Jahre Humboldt-Forschungspreise. Bonn.

AvH (Hg.) (1997b): Alexander von Humboldt-Stiftung: Jahresbericht 1996. Bonn.

AvH (Hg.) (1998): Alexander von Humboldt-Stiftung: Jahresbericht 1997. Bonn.

AvH (Hg.) (1999a): Grenzenlose Wissenschaft: Deutsche Post-Docs im Ausland: 20 Jahre Feodor Lynen-Programm. Bonn.

AvH (Hg.) (1999b): Alexander von Humboldt-Stiftung: Jahresbericht 1998. Bonn.

AvH (Hg.) (2000a): Alexander von Humboldt-Stiftung: Jahresbericht 1999. Bonn.

AvH (Hg.) (2000b): Humboldt-Forschungspreise 2000/2001. Bonn.

AvH (Hg.) (2001): Alexander von Humboldt-Stiftung: Jahresbericht 2000. Bonn.

AvH (Hg.) (2002): Alexander von Humboldt-Stiftung: Jahresbericht 2001. Bonn.

BÄHR, J. (1992): Bevölkerungsgeographie. 2., völlig neu bearbeitete Auflage. Stuttgart. (= UTB für Wissenschaft; Uni Tschenbücher 1249).

BÄHR, J.; JENTSCH, C.; KULS, W. (1992): Bevölkerungsgeographie. Berlin.

BARBER, B. (1952): Science and the Social Order. New York.

BARNES, B. (1974): Scientific Knowledge and Sociological Theory. London.

BARNES, B. (Hg.) (1972): Sociology of Science: Selected Readings. London, Baltimore.

BARNES, B.; BLOOR, D.; HENRY, J. (1996): Scientific Knowledge: A Sociological Analysis. Chicago.

BARNES, S. B.; DOLBY, R. G. A. (1970): The Scientific Ethos: A Deviant Viewpoint. In: European Journal of Sociology 11. S. 3-25.

BARNES, T. J. (1998): A History of Regression: Actors, Networks, Machines, and Numbers. In: Environment and Planning A 30 (2). S. 203-224.

BARNES, T. J. B. (2000): Relativism. In: JOHNSTON, R. J.; GREGORY, D.; PRATT, G.; Watts, M. (2000): The Dictionary of Human Geography. 4. Auflage. Oxford. S. 692-694.

BARNES, T. J. B. (2001): Lives Lived and Lives Told: Biographies of Geography's Quantitative Revolution. In: Environment and Planning D: Society and Space 19 (4). S. 409-429.

BARNETT, G. A.; WU, R. Y. (1995): The International Student Exchange Network: 1970 and 1989. In: Higher Education (30). S. 353-368.

BASSET, K. (1999): Is there Progress in Human Geography? The Problem of Progress in the Light of Recent Work in the Philosophy and Sociology of Science. In: Progress in Human Geography 23 (1). S. 27-47.

BEAVER, D. deB.; ROSEN, R. (1978): Studies in Scientific Collaboration: Part I: The Professional Origins of Scientific Co-authorship. In: Scientometrics 1 (1). S. 65-84.

BEAVER, D. deB.; ROSEN, R. (1979a): Studies in Scientific Collaboration: Part II: Scientific Co-authorship, Research Productivity and Visibility in the French Scientific Elite, 1799-1830. In: Scientometrics 1 (2). S. 133-149.

BEAVER, D. deB.; ROSEN, R. (1979b): Studies in Scientific Collaboration: Part III: Professionalization and the Natural History of Modern Scientific Co-authorship. In: Scientometrics 1 (3). S. 231-245.

BEAVERSTOCK, J. V. (1996): Migration, Knowledge and Social Interaction: Expatriate Labour within Investment Banks. In: Area 28. S. 459-470.

BEAVERSTOCK, J. V. (1999): Negotiating, Globalization, Transnational Corporations and Global City Financial Centres in Transient Migration Studies. Paper Presented to the International Symposium, Knowledge, Education and Space, University of Heidelberg, 21-25 September 1999.

BECHER, T. (1989): Academic Tribes and Territories: Intellectual Enquiry and the Cultures of Disciplines. Milton Keynes.

BEN-DAVID, J. (1970): Introduction. In: International Social Science Journal 22 (1). S. 7-27.

BEN-DAVID, J. (1971): The Scientist's Role in Society: A Comparative Study. Englewood Cliffs.

BEN-DAVID, J. (1992): Centres of Learning: Britain, France, Germany, United States. With a New Introduction by Philip G. Altbach. New Brunswick, London.

BEN-DAVID, J.; ZLOCZOWER, A. (1961): The Idea of the University and the Academic Market Place. In: Archives Européennes de Sociologie (1). S. 303-314.

BERCHEM, T. (1995): Bildung oder Ausbildung? Die unterschiedlichen Aufgaben der Universität. In: DAAD (Hg.): Aus gegebenem Anlaß – Standpunkte zu Wissenschaft und Politik: Reden und Vorträge für den Deutschen Akademischen Austauschdienst. Bonn. (= DAAD-Forum Studien, Berichte, Materialien 17). S. 9-18.

BERCHEM, T. (1996): Internationalität als Herausforderung und Chance: Zur Bedeutung des gegenseitigen Verständnisses der Kulturen. In: Forschung und Lehre (2). S. 61-64.

BHASKAR, R. (1978): A Realist Theory of Science. Atlantic Highlands, N.J.

BIAGIOLI, M. (Hg.) (1999): The Science Studies Reader. New York, London.

BINDENAGEL, J. D. (1997): Die Bedeutung der Forschungskooperation für die deutsch-amerikanischen Beziehungen. In: Amerika Dienst 10 (28. Mai 1997). S. 1-3.

BINGHAM, N. (1996): Object-ions: From Technological Determinism towards Geographies of Relations. In: Environment and Planning D: Society and Space 14. S. 635-657.

BINGHAM, N.; THRIFT, N. (2000): Some New Instructions for Travellers: The Geography of Bruno Latour and Michel Serres. In: CRANG, M.; THRIFT, N. (Hg.): Thinking Space. London. S. 281-301.

BITZ, F. (1996): Aus- und Weiterbildungsverhalten ausländischer Stipendiaten in Deutschland. Bonn. (= Wissenschaftliche Dienste des Deutschen Bundestages, Serie Materialien 126).

BLOOR, D. (1976): Knowledge and Social Imagery. London.

BLOOR, D. (1981): The Strengths of the Strong Programme. In: Philosophy of the Social Sciences 11 (2). S. 199-213.

BLOOR, D. (1999a): Anti-Latour. In: Studies in History and Philosophy of Science 30 (1). S. 81-112.

BLOOR, D. (1999b): Reply to Bruno Latour. In: Studies in History and Philosophy of Science 30 (1). S. 131-136.

BLUME, S. S. (1974): Toward a Political Sociology of Science. New York.

BLUME, S. S. (Hg.) (1977a): Perspectives in the Sociology of Science. Chichester u. a.

BLUME, S. S. (1977b): Introduction: Sociology of Sciences and Sociologies of Science. In: BLUME, S. S. (Hg.): Perspectives in the Sociology of Science. Chichester u. a. S. 1-20.

BLUMENTHAL, P.; GOODWIN, C. D.; SMITH, A.; TEICHLER, U. (Hg.) (1996): Academic Mobility in a Changing World: Regional and Global Trends. London, Bristol. (= Higher Education Policy 29).

BODE, C. (1995): „Goethe in Italien – Humboldt in Paris – und ich?" Über den Wert des Wanderns in der Wissenschaft und wie man solches fördert. In: DAAD (Hg.): Aus gegebenem Anlaß: Standpunkte zu Wissenschaft und Politik: Reden und Vorträge für den Deutschen Akademischen Austauschdienst. Bonn. (= DAAD-Forum: Studien, Berichte, Materialien 17). S. 57-77.

BODE, C. (1997): Der gute Ruf bröckelt: Hochschulstandort Deutschland. In: ZfK 47 (4). S. 24-27.

BÖHME, G.; VAN DEN DAELE, W.; KROHN, W. (1973): Finalisierung der Wissenschaft. In: Zeitschrift für Soziologie 2. S. 128-144.

BOOCKMANN, H.; SCHILLING, H.; SCHULZE, H.; STÜRMER, M. (1987): Mitten in Europa: Deutsche Geschichte. Berlin.

BORTZ, J.; DÖRING, N. (1995): Forschungsmethoden und Evaluation. 2., vollständig überarbeitete und aktualisierte Auflage. Berlin, Heidelberg.

BOURDIEU, P. (1985): The Genesis of the Concepts of Habitus and of Field. In: Sociocriticism (2). S. 487-511.

BRANDT, W. (1972): Dank an Amerika: Ansprache des Bundeskanzlers in der Harvard Universität in Boston. In: Bulletin 83 (7. Juni 1972). S. 1137-1142.

BRAVO, M. T. (1999): Ethnographic Navigation and the Geographical Gift. In: LIVINGSTONE, D. N.; WITHERS, C. W. J. (Hg.): Geography and Enlightenment. Chicago. S. 199-235.

BREITENBACH, D. (1974): Auslandsausbildung als Gegenstand sozialwissenschaftlicher Forschung. Saarbrücken, Fort Lauderdale. (= ssip bulletin 20).

BREITENBACH, D. (1984): Entwicklung der Austauschforschung in der Bundesrepublik Deutschland. In: THOMAS, A. (Hg.): Interkultureller Personenaustausch in Forschung und Praxis. Saarbrücken, Fort Lauderdale. (= ssip bulletin 54). S. 137-151.

BROWN, D. G. (1967): The Mobile Professors. Washington.

BUTTON, K.; BROWN, P.; FISCHER, M.; MAGGI, R.; OUWERSLOOT, H.; RAMMER, C.; RIETVELD, P.; SALOMON, I. (1993): Academic Links and Communications. Aldershot u. a.

CALLON, M. (1986): Some Elements of a Sociology of Translation: Domestication of the Scallops and the Fishermen of Saint Brieuc Bay. In: LAW, J. (Hg.): Power, Action and Belief: A New Sociology of Knowledge? Sociological Review Monograph 32: S. 196-233.

CALLON, M.; LATOUR, B. (1992): Don't Throw the Baby out with the Bath School! A Reply to Collins and Yearley. In: PICKERING, A. (Hg.): Science as Practice and Culture. Chicago, London. S. 343-368.

CALLON, M.; LAW, J.; RIP, A. (Hg.) (1986): Mapping the Dynamics of Science and Technology: Sociology of Science in the Real World. Houndsmills, Basingstoke, London.

CARNEGIE FOUNDATION FOR THE ADVANCEMENT OF TEACHING (Hg.) (1994): A Classification of Institutions of Higher Education. Princeton.

CARPENTER, M. P.; NARIN, F. (1981): The Adequacy of the Scientific Citation Index (SCI) as an Indicator for International Scientific Activity. In: Journal of the American Society for Information Science 32 (November). S. 430-439.

CASTREE, N. (1995): The Nature of Produced Nature: Materiality and Knowledge Construction in Marxism. In: Antipode 27. S. 12-48.

CHRISTOF, H. (1975): Deutsch-amerikanische Entfremdung: Studien zu den deutsch-amerikanischen Beziehungen von 1913 bis zum Mai 1916. Univ. Dissertation. Würzburg.

COLLINS, H. M. (1983): The Sociology of Scientific Knowledge: Studies of Contemporary Science. In: Annual Review of Sociology 9. S. 265-285.

COLLINS, H. M.; YEARLEY, S. (1992): Epistemological Chicken. In: PICKERING, A. (Hg.): Science as Practice and Culture. Chicago, London. S. 301-326.

CRANE, D. (1965): Scientists at Major and Minor Universities: A Study of Productivity and Recognition. In: American Sociological Review 30. S. 699-714.

CRANE, D. (1972): Invisible Colleges: The Diffusion of Knowledge in Scientific Communities. Chicago.

CRANG, M.; CRANG, P.; MAY, J. (Hg.) (1999): Virtual Geographies: Bodies, Space and Relations. London. (Studies in Culture and Communication).

CRAWFORD, E.; SHINN, T. und SÖRLIN, S. (Hg.) (1993): Denationalizing Science: The Contexts of International Scientific Practice. Dordrecht, Boston, London.

CRAWFORD, T. H. (1993): An Interview with Bruno Latour. In: Configurations 1 (2). S. 247-268.

DAAD (Hg.) (1995): Aus gegebenem Anlaß: Standpunkte zu Wissenschaft und Politik: Reden und Vorträge für den Deutschen Akademischen Austauschdienst. Bonn. (= DAAD-Forum: Studien, Berichte, Materialien 17).

DAAD (Hg.) (1997): Aktionsprogramm des DAAD zur Förderung des Studiums von Ausländern an deutschen Hochschulen. Manuskript, Januar 1997.

DAAD (Hg.) (1998): Mein Deutschlandbild: Ausländische Preisträger und Preisträgerinnen des DAAD erzählen von ihren Erfahrungen in Deutschland. Bonn.

DAAD (Hg.) (2000a): Zweites Aktionsprogramm zur Stärkung der internationalen Wettbewerbsfähigkeit des Studien- und Wissenschaftsstandorts Deutschland. Bonn.

DAAD (Hg.) (2000b): Jahresbericht 1999/2000. Bonn.

DAAD (Hg.) (2001): Wissenschaft weltoffen: Internationalität von Studium und Forschung in Deutschland. Bielefeld.

DANCKWORTT, D. (1959): Probleme der Anpassung an eine fremde Kultur: eine sozialpsychologische Analyse der Auslandsausbildung. Köln.

DANCKWORTT, D. (1984a): Theorie und Praxis des interkulturellen Personenaustausches in der Bundesrepublik Deutschland: Die Beiträge einzelner wissenschaftlicher Disziplinen. In: THOMAS, A. (Hg.): Interkultureller Personenaustausch in Forschung und Praxis. Saarbrücken, Fort Lauderdale. (= ssip bulletin 54). S. 11-20.

DANCKWORTT, D. (1984b): Wissenschaftlich unbearbeitete Felder des internationalen Personenaustausches dargestellt am Beispiel des Auslandsstudiums und seiner Analyse in der Bundesrepublik Deutschland von 1957-1983. In: THOMAS, A. (Hg.): Interkultureller Personenaustausch in Forschung und Praxis. Saarbrücken, Fort Lauderdale. (= ssip bulletin 54). S. 251-262.

DANCKWORTT, D. (1995): Bericht über die Austauschforschung in Deutschland 1950-1990. In: THOMAS, A.; ABDALLAH-PRETCEILLE, M. (Hg.): Interkultureller Austausch: Deutsche und Französische Forschungen zum interkulturellen Lernen. Baden-Baden. S. 149-156.

DE LAET, M. (2000): Patents, Travel, Space: Ethnographic Encounters with Objects in Transit. In: Environment and Planning D: Society and Space 18 (2). S. 149-169.

DE RIDDER-SYMOENS, H. (Hg.) (1992a): A History of the University in Europe: Volume I: Universities in the Middle Ages. Cambridge, New York u. a.

DE RIDDER-SYMOENS, H. (1992b): Mobility. In: DE RIDDER-SYMOENS, H. (Hg.): A History of the University in Europe: Volume I: Universities in the Middle Ages. Cambridge, New York u. a. S. 280-304.

DE RIDDER-SYMOENS, H. (Hg.) (1996a): A History of the University in Europe: Volume II: Universities in Early Modern Europe. Cambridge, New York u. a.

DE RIDDER-SYMOENS, H. (1996b): Mobility. In: DE RIDDER-SYMOENS, H. (Hg.): A History of the University in Europe: Volume II: Universities in Early Modern Europe. Cambridge, New York u. a. S. 417-448.

DE SOLLA PRICE, D. J. (1961): Science Since Babylon. New Haven.

DE SOLLA PRICE, D. J. (1963): Little Science, Big Science. New York.

DE SOLLA PRICE, D. J. (1974): Little Science, Big Science: Von der Studierstube zur Großforschung. Übersetzung der Originalausgabe aus dem Jahr 1963 von Wolfgang Ebenhöh und Helmut Neunhöffer. Frankfurt am Main.

DEDIJER, S. (1964): Migration of Scientists: A World-wide Phenomenon and Problem. In: Nature 201 (March 7, 1964). S. 964-967.

DELEUZE, G.; GUATTARI, F. (1992): Tausend Plateaus: Kapitalismus und Schizophrenie. Französische Originalausgabe von 1980 übersetzt von Gabriele Ricke und Ronald Voullié. Berlin.

DEMERITT, D. (1996): Social Theory and the Reconstruction of Science and Geography. In: Transactions, Institute of British Geographers 21. S. 483-504.

DFG (Hg.) (1999): Klinische Forschung: Denkschrift. Bonn.

DÜWELL, K. (1983): Historische und politische Rahmenbedingungen des internationalen Austausches. In: THOMAS, A. (Hg.): Erforschung interkultureller Beziehungen: Forschungsansätze und Perspektiven. Saarbrücken, Fort Lauderdale. S. 99-111.

DÜWELL, K. (1984): Autonomieprobleme der Mittlerorganisationen: Eine historische Skizze zum interkulturellen Personenaustausch. In: THOMAS, A. (Hg.): Interkultureller Personenaustausch in Forschung und Praxis. Saarbrücken, Fort Lauderdale. (= ssip bulletin 54). S. 239-250.

EHLING, M. (1987): Als Ausländer an deutschen Hochschulen: Das Studium von Ausländern in der Bundesrepublik Deutschland: Historische, theoretische und soziale Aspekte. Darmstadt. (Bildung, Repression, Befreiung).

ELKANA, Y. (1981): A Programmatic Attempt at an Anthropology of Knowledge. In: MENDELSOHN, E.; ELKANA, Y. (Hg.) (1981): Sciences and Cultures: Anthropological and Historical Studies of the Sciences. Dordrecht, Boston, London. S. 1-76.

ERICHSEN, H. U. (1997): Hochschulen in Deutschland – besser als ihr Ruf: Jahresbericht des Präsidenten Professor Dr. Hans Uwe Erichsen. In: HRK (Hg.): Arbeitsbericht 1996. Bonn. S. 11-38.

ERZBERGER, C. (1995): Die Kombination von qualitativen und quantitativen Daten: Methodologie und Forschungspraxis von Verknüpfungsstrategien. In: ZUMA-Nachrichten 36. S. 35-60.

EULENBURG, F. (1908): Der „akademische Nachwuchs". Eine Untersuchung über die Lage und die Aufgaben der Extraordinarien und Privatdozenten. Berlin.

EUROSTAT (Hg.) (1999): Forschung und Entwicklung: Jährliche Statistiken Daten 1988-1998. Luxemburg.

FASSMANN, H.; MEUSBURGER, P. (1997): Arbeitsmarktgeographie. Stuttgart. (Teubner Studenbücher der Geographie).

FINDLAY, A. (1996): Skilled Transients: The Invisible Phenomenon. In: COHEN, R. (Hg.): Cambridge Survey of World Migration. Cambridge.

FINDLAY, A. M.; LI, F. L. N. (1999): Methodological Issues in Researching Migration. In: Professional Geographer 51 (1). S. 50-59.

FINDLAY, A.; GOULD, W. T. S. (1989): Skilled International Migration: A Research Agenda. In: Area 21 (3). S. 11.

FISCHER, M. M.; RAMMER, C. (1992): Kommunikationsnetze von Wissenschaftlern: Ergebnisse einer Fallstudie an Wiener Universitäten. In: Mitteilungen der Österreichischen Geographischen Gesellschaft 134. S. 159-176.

FLICK, U. (1995): Stationen des qualitativen Forschungsprozesses. In: FLICK, U.; KARDOFF, E. v.; KEUPP, H.; ROSENSTIEL, L. v.; WOLFF, S. (Hg.): Handbuch qualitative Sozialforschung: Grundlagen, Konzepte, Methoden und Anwendungen. 2. Auflage. Weinheim. S. 147-176.

FRAME, J. D.; CARPENTER, M. P. (1979): International Research Collaboration. In: Social Studies of Science 9. S. 481-497.

FREUND, B. (1998): Frankfurt am Main und der Frankfurter Raum als Ziel qualifizierter Migranten. In: Zeitschrift für Wirtschaftsgeographie 42. S. 57-81.

FREYTAG, T. (2001): Ethnische Identität, Bildungswesen und Modernisierung: Eine Rekonstruktion sozialer und wirtschaftlicher Transformationsprozesse in New Mexico. Unveröffentlichtes Manuskript zu einem Vortrag am 3. Oktober 2001 in der Fachsitzung 9 des 53. Deutschen Geographentages in Leipzig.

FREYTAG, T. und HOYLER, M. (1999): 'I Feel as if I've been Able to Reinvent Myself' – a Biographical Interview with Doreen Massey. In: MASSEY, D.:

Power-geometries and the Politics of Space-time: Hettner-Lecture 1998. Heidelberg. S. 83-90.

FRIEDRICHS, J. (1990): Methoden empirischer Sozialforschung. 14. Auflage. Opladen.

FRITZ-VANNAHME, J. (1997): Holt die Welt an die Uni. Was Kanther nicht begreift: Wir brauchen mehr Studenten aus dem Ausland – sonst bleiben wir Bildungsprovinz. In: DIE ZEIT, 5. September 1997, Nr. 37, S. 1.

GADAMER, H.-G. (1999): Hermeneutik I: Wahrheit und Methode: Grundzüge einer philosophischen Hermeneutik. Taschenbuchausgabe der 6. Auflage von 1990. Tübingen (= Gesammelte Werke 1).

GENUTH, J., CHOMPALOV, I., SHRUM, W. (2000): How Experiments Begin: The Formation of Scientific Collaborations. In: Minerva 38. S. 311-348.

GERSTEIN, H. (1974): Ausländische Stipendiaten in der Bundesrepublik Deutschland: eine empirische Erhebung über Studiengang und Studienerfolg der DAAD-Jahresstipendiaten. Bad Godesberg.

GIDDENS, A. (1988): Die Konstitution der Gesellschaft: Grundzüge einer Theorie der Strukturierung. Frankfurt. New York. (= Theorie und Gesellschaft 1).

GILBERT, G. N.; MULKAY, M. J. (1984): Opening Pandora's Box: A Sociological Analysis of Scientists' Discourse. Cambridge.

GILBERT, G. N.; MULKAY, M. J. (1985): Die Rechtfertigung wissenschaftlicher Überzeugungen. In: BONß, W.; HARTMANN, H. (Hg.): Entzauberte Wissenschaft: Zur Relativität und Geltung wissenschaftlicher Forschung (= Soziale Welt, Sonderband 3). Göttingen. S. 207-228.

GIMBEL, J. (1990): Science, Technology, and Reparations. Exploitation and Plunder in Postwar Germany. Stanford.

GLACKEN, C. J. (1976): Traces on the Rhodian Shore: Nature and Culture in Western Thought from Ancient Times to the End of the Eighteenth Century. Berkeley.

GLASER, W. (1985): Deutsche und Amerikaner: Ein Lese- und Nachschlagebuch. Gräfeling bei München.

GLASER, B. G.; STRAUSS, A. L. (1967): The Discovery of Grounded Theory. Chicago.

GLEBE, G.; WHITE, P. (2001): Hoch qualifizierte Migranten im Prozess der Globalisierung. In: Geographische Rundschau 53 (2). S. 38-44.

GOODWIN, C. D. (1996): Academic Mobility in a Changing World: Concluding Reflections on the Issues at Stakes. In: BLUMENTHAL, P.; GOODWIN, C. D.; SMITH, A.; TEICHLER, U. (Hg.): Academic Mobility in a Changing World: Regional and Global Trends. London, Bristol. (= Higher Education Policy 29). S. 359-368.

GORDON, J.; JALLADE, J. P. (1996): 'Spontaneous' Student Mobility in the European Union: A Statistical Survey. In: European Journal of Education 31 (2). S. 133-151.

GOTH, B. (1977): Wie lebt man in der Bundesrepublik? Zum Deutschlandbild ausländischer Gastwissenschaftler. Bonn.

GOULD, W. T. S. (1988): Skilled International Migration: An Introduction. In: Geoforum 19. S. 381-385.

GRAHAM, E. (1999): Breaking Out: The Opportunities and Challenges of Multimethod Research in Population Geography. In: Professional Geographer 51 (1). S. 76-89.

GREGORY, D. (1998): Explorations in Critical Geography: Hettner-Lecture 1997. Heidelberg.

GREGORY, D. (2000): Cultures of Travel and Spatial Formations of Knowledge. In: Erdkunde 54 (4). S. 297-319.

GRIES, R. (1997): „Die Besten bleiben weg": Wie gefährdet ist der deutsche Wissenschaftsstandort? In: Die neue Gesellschaft 44 (7). S. 639-641.

GRIFFITH, B. C.; MILLER, A. J. (1970): Networks of Informal Communication Among Scientifically Productive Scientists. In: NELSON, C. E.; POLLOCK, D. K. (Hg.): Communication among Scientists and Engineers. Lexington. S. 125-140.

GROSS, P. R.; LEVITT, N. (1994): Higher Superstition: The Academic Left and its Quarrels with Science. Baltimore.

GRÜNEBERG, L. (1977): Die soziale Situation ausländischer Studenten in der Bundesrepublik Deutschland. Konstanz. (= Forschungsberichte des SFB 23 der Universität Konstanz 31).

HAGSTROM, W. O. (1965): The Scientific Community. New York, London.

HANSON, S. (1999): Isms and Schisms: Healing the Rift between the Nature-Society and Space-Society Traditions in Human Geography. In: Annals of the Association of American Geographers 89 (1). S. 133-143.

HARADA, T. (2000): Space, Materials, and the 'Social': In the Aftermath of a Disaster. In: Environment and Planning D: Society and Space 18 (2). S. 205-212.

HARAWAY, D. (1988): Situated Knowledges: The Science Question in Feminism and the Privilege of Partial Perspective. In: BIAGIOLI, M. (Hg.) (1999): The Science Studies Reader. New York, London. S. 172-188.

HARAWAY, D. (1991): Simians, Cyborgs and Women: The Reinvention of Nature. London.

HARAWAY, D. J. (1997): Modest-Witness@second-millennium.FemaleMan©Meets _OncoMouse TM: Feminism and Technoscience. New York.

HARDING, S. (1990): Feministische Wissenschaftstheorie: Zum Verhältnis von Wissenschaft und sozialem Geschlecht. Übersetzung der Originalfassung von 1986 aus dem Amerikanischen von Michael Haupt. Hamburg.

HARENBERG LEXIKON VERLAG (Hg.) (1998): Harenberg Lexikon der Nobelpreisträger: Alle Preisträger seit 1901: Ihre Leistungen, ihr Leben, ihre Wirkung. Dortmund.

HARGENS, L. L.; HAGSTROM, W. O. (1967): Sponsored and Contest Mobility of American Academic Scientists. In: Sociology of Education 40. S. 24-38.

HARRIS, S. J. (1998): Long-distance Corporations, Big Sciences, and the Geography of Knowledge. In: Configurations 6 (2). S. 269-304.

HASSE, R. (1996): Organisierte Forschung: Arbeitsteilung, Wettbewerb und Networking in Wissenschaft und Technik. Berlin.

HASSLER, M.; WERTHEIMER, J. (Hg.) (1997): Der Exodus aus Nazideutschland und die Folgen: Jüdische Wissenschaftler im Exil. Tübingen.

HEFFERNAN, M. J. (1994): A State Scholarship: The Political Geography of French International Science during the Nineteenth Century. In: Transactions, Institute of British-Geographers 19 (1). S. 21-45.

HEFFERNAN, M. (2000): Mars and Minerva: Centres of Geographical Calculation in an Age of Total War. In: Erdkunde 54 (4). S. 320-333.

HEFFERNAN, M. (2001): "A Dream as Frail as those of Ancient Time": The Incredible Geographies of Timbuctoo. In: Environment and Planning D: Society and Space 19. S. 203-225.

HEINEMANN, M. (Hg.) (2000): Fakten und Zahlen zum DAAD: Personen, Programme und Projekte: Ein Rundblick. (= Spuren in die Zukunft: Der Deutsche Akademische Austauschdienst 1925-2000; Band 2). Bonn.

HEINRITZ, G.; WIEST, K. (2000): Institutionen der deutschen Außenpolitik. In: Institut für Länderkunde (Hg.): Nationalatlas der Bundesrepublik Deutschland: Gesellschaft und Staat. Heidelberg, Berlin. S. 130-131.

HELLMANN, F. W. (Hg.) (2000): Mit dem DAAD in die Welt: Ausländer und Deutsche erzählen von ihren Erlebnissen: Ein Lesebuch. (= Spuren in die Zukunft: Der Deutsche Akademische Austauschdienst 1925-2000; Band 3). Bonn.

HENNING, S. (1999): Foreign-born Germans in the United States: Where are They Migrating and Why? In: Erdkunde 53 (3). S. 177-190.

HERLYN, U. (1990): Zur Aneignung von Raum im Lebensverlauf. In: BERTELS, L.; HERLYN, U. (Hg.): Lebenslauf und Raumerfahrung. Opladen, S. 7-34.

HERMANN, A. (1997): Der Papst der Physik verläßt die Alte Welt: Einsteins Emigration. In: HASSLER, M.; WERTHEIMER, J. (Hg.): Der Exodus aus Nazideutschland und die Folgen: Jüdische Wissenschaftler im Exil. Tübingen. S. 19-31.

HERZOG, R. (1997): Freiheit ist anstrengend: Fördern und Fordern. Eine neue Kultur der Selbständigkeit und Verantwortung als Gebot – Bildung für das 21. Jahrhundert. In: Frankfurter Allgemeine Zeitung, 6. November 1997, Nr. 258, S. 9.

HETHERINGTON, K. und LAW, J. (Hg.) (2000a): Theme Issue: After Networks. In: Environment and Planning D: Society and Space 18 (2). S. 127-284.

HETHERINGTON, K. und LAW, J. (2000b): Guest Editorial: After Networks. In: Environment and Planning D: Society and Space 18 (2). S. 127-132.

HINCHLIFFE, S. (1996): Technology, Power, and Space: The Means and Ends of Geographies of Technology. In: Environment and Planning D: Society and Space 14. S. 659-682.

HOFFMANN, R. (1988a): Mit den Augen der anderen: Erfahrungen ausländischer Wissenschaftler in Deutschland. Bonn.

HOFFMANN, R. (1988b): Trends in Mobility of Scientists and Engineers between the Federal Republic of Germany and the United States of America. Bonn.

HOLL, W. (1994): Alles klar – alles in Ordnung!? Beobachtungen und Erfahrungen ausländischer Wissenschaftler in Deutschland. Bonn.

HOYLER, M.. (1999): Interpreting Identities: Doreen Massey on Politics, Gender, and Space-time. In: MASSEY, D.: Power-geometries and the Politics of Spacetime: Hettner-Lecture 1998. Heidelberg. S. 47-59.

HOYLER, M.; FREYTAG, T.; JÖNS, H. (2002): Geographical Traditions, Science Studies, and Biography: A Conversation with David N. Livingstone. In: LIVINGSTONE, D. N. (2002a): Science, Space and Hermeneutics: Hettner-Lecture 2001. Heidelberg. S. 77-98.

HRK (Hg.) (1997): Gemeinschaftsinitiative für Qualifikation und Forschung: Langfristige Zukunftssicherung für den Standort Deutschland: Presseerklärung der Hochschulrektorenkonferenz: Bonn, 31. Mai 1996. In: HRK (Hg.): Arbeitsbericht 1996. Bonn. S. 69-72.

IFA (Hg.) (2001): Auswärtige Kulturpolitik – ein Stiefkind der Forschung? Beiträge zur ifa Konferenz, 27. und 28. September 2001 in Stuttgart. http://www.ifa.de/i/diakkonf.htm.

INGOLD, T. (Hg.) (1988a): What is an Animal? London.

INGOLD T. (1988b): Introduction. In: INGOLD, T. (Hg.): What is an Animal? London. S. 1-16.

JALLADE, J. P. (Hg.) (1996): Student Mobility. In: European Journal of Education 31 (2). S. 131-151.

JÖNS, H. (1995): Die Rolle der BfLR im europäischen Forschungsnetz. Bonn. (= Arbeitspapiere der Bundesforschungsanstalt für Landeskunde und Raumordnung, 13/95).

JÖNS, H. (1998): Wissenschaftsbeziehungen und Auslandsstudium: Zum Stand der Diskussion. In: IFA (Hg.): Auswärtige Kulturpolitik und internationale Kulturbeziehungen: Literaturdienst 1997: Teil 3: Wissenschaftsbeziehungen und Auslandsstudium. Stuttgart. (= Schriftenreihe des Instituts für Auslandsbeziehungen, Reihe Dokumentation 19). S. 7-18.

JÖNS, H. (1999): 25 Jahre Preisträgerprogramm der Alexander von Humboldt-Stiftung: Eine Studie zu den Deutschlandaufenthalten US-amerikanischer Humboldt-Forschungspreisträger zwischen 1972 und 1996. Vertraulicher Forschungsbericht für die Alexander von Humboldt-Stiftung. Als Manuskript vervielfältigt.

JÖNS, H. (2001a): Foreign Banks are Branching Out: Changing Geographies of Hungarian Banking, 1987-1999. In: MEUSBURGER, P.; JÖNS, H. (Hg.): Transformations in Hungary: Essays in Economy and Society. Heidelberg. S. 65-124.

JÖNS, H. (2001b): Das Forschungsdefizit in der akademischen Mobilität. (Beiträge zur ifa Konferenz 'Auswärtige Kulturpolitik – ein Stiefkind der Forschung?', 27.-28. September 2001 in Stuttgart). http://www.ifa.de/i/dakp_joens.htm

JÖNS, H. (2002a): Internationalität durch ausländische Gastwissenschaftler. In: Institut für Länderkunde (Hg.): Nationalatlas der Bundesrepublik Deutschland: Bildung und Kultur. Heidelberg, Berlin. S. 84-85.

JÖNS, H. (2002b): Grenzüberschreitende Mobilität und Kooperation in den Wissenschaften: Deutschlandaufenthalte US-amerikanischer Humboldt-Forschungspreisträger aus einer erweiterten Akteursnetzwerkperspektive. Univ. Diss. Heidelberg. http://www.ub.uni-heidelberg.de/archiv/2125

JUNKER, D. (Hg.) (2001a): Die USA und Deutschland im Zeitalter des Kalten Krieges: 1945-1968: Ein Handbuch. Band 1. Stuttgart, München.

JUNKER, D. (Hg.) (2001b): Die USA und Deutschland im Zeitalter des Kalten Krieges: 1968-1990: Ein Handbuch. Band 2. Stuttgart, München.

KAMPHOEFNER, W. D. (1983): 300 Jahre Deutsche in den USA. In: Geographische Rundschau 35 (4). S. 169-173.

KARDOFF, E. v. (1995): Soziale Netzwerke. In: FLICK, U.; KARDOFF, E. v.; KEUPP, H.; ROSENSTIEL, L. v.; WOLFF, S. (Hg.): Handbuch qualitative Sozialforschung: Grundlagen, Konzepte, Methoden und Anwendungen. 2. Auflage. Weinheim. S. 402-405.

KARISCH, K.-H. (1998): Forscher klagen über mangelnde Förderung: Max-Planck-Gesellschaft fürchtet um internationalen Ruf. In: Frankfurter Rundschau, 27. Februar 1998, S. 1, 3.

KAUFMANN, J.-C. (1999): Das verstehende Interview: Theorie und Praxis. Konstanz.

KNAPP, M. (1990): Deutschland und der Marshallplan: Zum Verhältnis zwischen politischer und ökonomischer Stabilisierung in der amerikanischen Deutschlandpolitik nach 1945. In: SCHRÖDER, H.-J. (Hg.): Marshallplan und westdeutscher Wiederaufstieg: Positionen – Kontroversen. Stuttgart.

KNORR CETINA, K. (1979): Tinkering towards Success: Prelude to a Theory of Scientific Practice. In: Theory and Society 8. S. 347-376.

KNORR CETINA, K. (1984): Die Fabrikation von Erkenntnis. Zur Anthropologie der Naturwissenschaft. Frankfurt am Main.

KNORR CETINA, K. (1992): The Couch, the Cathedral, and the Laboratory: On the Relationship between Experiment and Laboratory in Science. In: PICKERING, A. (Hg.): Science as Practice and Culture. Chicago. S. 113-138.

KNORR CETINA, K. D.; MULKAY, M. (Hg.) (1983): Science Observed: Perspectives on the Social Study of Science. London, Los Angeles.

KOSER, K.; SALT, J. (1997): The Geography of Highly Skilled International Migration. In: International Journal of Population Geography 3. S. 285-303.

KÖSTLIN, S. (1995): Führungskräfte und Hochqualifizierte in Vorarlberg: Regionale und soziale Herkunft, Ausbildungsniveau, regionale und soziale Mobilität. Univ. Dissertation. Heidelberg.

KRAFFT, F. (1997): Lisa Meitner: ein deutsches Frauenschicksal. In: HASSLER, M.; WERTHEIMER, J. (Hg.): Der Exodus aus Nazideutschland und die Folgen: Jüdische Wissenschaftler im Exil. Tübingen. S. 32-58.

KREIBICH, R. (1986): Die Wissenschaftsgesellschaft: Von Galileo bis zur High-Tech-Revolution. Frankfurt.

KROHN, C.-D. (1998): Vereinigte Staaten von Amerika. In: KROHN, C.-D.; VON ZUR MÜHLEN, P.; PAUL, G.; WINCKLER, L. (Hg.): Handbuch der deutschsprachigen Emigration 1933-45. Darmstadt.S. 446-466.

KROHN, C.-D.; VON ZUR MÜHLEN, P.; PAUL, G.; WINCKLER, L. (Hg.) (1998): Handbuch der deutschsprachigen Emigration 1933-45. Darmstadt.

KUHN, T. (1962): The Structure of Scientific Revolutions. Chicago.

KUHN, T. (1968): The History of Science. In: SILLS, D. (Hg.): International Encyclopedia of the Social Sciences. Band 14. New York. S. 74-83.

KUHN, T. (1997): Die Struktur wissenschaftlicher Revolutionen. Zweite revidierte und um das Postskriptum von 1969 ergänzte Auflage. Frankfurt am Main.

LAKOFF, G.; JOHNSON, M. (1999): Philosophy in the Flesh: The Embodied Mind and its Challenge to Western Thought. New York.

LAMNEK, S. (1995a): Qualitative Sozialforschung: Band 1: Methodologie. 3., korrigierte Auflage. Weinheim.

LAMNEK, S. (1995b): Qualitative Sozialforschung: Band 2: Methoden und Techniken. 3., korrigierte Auflage. Weinheim.

LASBY, C.G. (1971): Project Paperclip : German Scientists and the Cold War. New York.

LATOUR, B. (1987): Science in Action: How to Follow Scientists and Engineers Through Society. Cambridge.

LATOUR, B. (1988). The Pasteurization of France. Cambridge.

LATOUR, B. (1992): „One More Turn after the Social Turn....". In: MCMULLIN, E. (Hg.): The Social Dimensions of Science. Notre Dame. S. 272-292.

LATOUR, B. (1993): We Have Never Been Modern. Cambridge.

LATOUR, B. (1995) Wir sind nie modern gewesen: Versuch einer symmetrischen Anthropologie. Berlin.

LATOUR, B. (1996): On Actor-network Theory: A Few Clarifications. In: Soziale Welt 47. S. 369-381.

LATOUR, B. (1998a): Pasteur und Pouchet: Die Heterogenese der Wissenschaftsgeschichte. In: SERRES, M. (Hg.): Elemente einer Geschichte der Wissenschaften. Französische Originalausgabe aus dem Jahr 1989 übersetzt von Horst Brühmann. Frankfurt am Main. S. 749-789.

LATOUR, B. (1998b): Joliot: Geschichte der Physik im Gemenge. In: SERRES, M. (Hg.): Elemente einer Geschichte der Wissenschaften. Französische Originalausgabe aus dem Jahr 1989 übersetzt von Horst Brühmann. Frankfurt am Main. S. 869-903.

LATOUR, B. (1999a): For David Bloor... and Beyond: A Reply to David Bloor's 'Anti-Latour'. In: Studies in History and Philosophy of Science 30 (1). S. 113-129.

LATOUR, B. (1999b): Pandora's Hope: Essays on the Reality of Science Studies. Cambridge, London.

LATOUR, B. (1999c): On Recalling ANT. In: LAW, J.; HASSARD, J. (Hg.): Actor Network Theory and after. Oxford. S. 15-25.

LATOUR, B. (2002): What is Iconoclash? Or is There a World Beyond the Image Wars? In: LATOUR, B.; WEIBEL, P. (Hg.): Iconoclash: Beyond the Image Wars in Science, Religion, and Art. Cambridge. S. 14-41.

LATOUR, B.; MAUGIN, P. et al. (1992): A Note on Socio-Technical Graphs. In: Social Studies of Science 22. S. 33-57.

LATOUR, B.; WOOLGAR, S. (1979): Laboratory Life: The Social Construction of Scientific Facts. London.

LATOUR, B.; WOOLGAR, S. (1986): Laboratory Life: The Construction of Scientific Facts. 2. Auflage. London.

LAUDAN, L. (1981): The Pseudo-Science of Science? In: Philosophy of the Social Sciences 11 (2). S. 173-198.

LAW, J. (Hg.) (1986a): Power, Action, and Belief: A New Sociology of Knowledge? London.

LAW, J. (1986b): On the Method of Long-Distance Control: Vessels, Navigation, and the Portuguese Route to India. In: LAW, J. (Hg.): Power, Action and Belief: A New Sociology of Knowledge? London. S. 234-263.

LAW, J. (1994): Organizing Modernity. Cambridge.

LAW, J. (2000): Transitivities. In: Environment and Planning D: Society and Space 18 (2). S. 133-148.

LAW, J.; HASSARD, J. (Hg.) (1999): Actor Network Theory and after. Oxford.

LEFEBVRE, H. (1991): The Production of Space. Französische Originalausgabe aus dem Jahr 1974 übersetzt von Donald Nicholson-Smith. Oxford, Cambridge.

LEPENIES, W. (1981): Anthropological Perspectives in the Sociology of Science. In: MENDELSOHN, E.; ELKANA, Y. (Hg.) (1981): Sciences and Cultures: Anthropological and Historical Studies of the Sciences. Dordrecht, Boston, London. S. 245-261.

LEYSHON, A. (1997): Geographies of Money and Finance II. In: Progress in Human Geography 21 (3). S. 381-392.

LI, F. L. N.; FINDLAY, A. M.; JOWETT, A. J. und SKELDON, R. (1996): Migrating to Learn and Learning to Migrate: A Study of the Experiences and Intentions of International Student Migrants. In: International Journal of Population Geography 2. S. 51-67.

LIGHT, J. S. (1997): The Changing Nature of Nature. In: Ecumene 4. S. 181-195.

LITTMANN, U. (1981): Neue Strukturen des akademischen Austausches nach 1945. In: Zeitschrift für Kulturaustausch 31 (2). S. 207-218.

LITTMANN, U. (1996): Gute Partner – schwierige Partner: Anmerkungen zur akademischen Mobilität zwischen Deutschland und den Vereinigten Staaten von Amerika (1923-1993). Bonn.

LIVINGSTONE, D. N. (1992): The Geographical Tradition: Episodes in the History of a Contested Enterprise. Oxford and Cambridge.

LIVINGSTONE, D. N. (1995): The Spaces of Knowledge: Contributions Towards a Historical Geography of Science. In: Environment and Planning D: Society and Space 13. S. 5-34.

LIVINGSTONE, D. N. (2000): Making Space for Science. In: Erdkunde 54 (4). S. 285-296.

LIVINGSTONE, D. N. (2002a): Science, Space and Hermeneutics: Hettner-Lecture 2001. Heidelberg.

LIVINGSTONE, D. N. (2002b): Knowledge, Space and the Geographies of Science. In: LIVINGSTONE, D. N.: Science, Space and Hermeneutics: Hettner-Lecture 2001. Heidelberg. S. 7-40.

LODGE, D. (1984): Small World: An Academic Romance. London.

LUUKKONEN, T.; PERSSON, O.; SIVERTSEN, G. (1992): Understanding Patterns of International Scientific Collaboration. In: Science, Technology, & Human Values 17 (1). S. 101-126.

MAAß, K.-J. (1988): Spurensuche: Wege und Wirkungen des internationalen Wissenschaftleraustausches. Bonn.

MASSEY, D. (1999a): Power-geometries and the Politics of Space-time: Hettner-Lecture 1998. Heidelberg.

MASSEY, D. (1999b): Philosophy and Politics of Spatiality: Some Considerations. In: MASSEY, D.: Power-geometries and the Politics of Space-time: Hettner-Lecture 1998. Heidelberg. S. 27-42.

MAYRING, P. (1995a): Qualitative Inhaltsanalyse: Grundlage und Techniken. 5. Auflage. Weinheim.

MAYRING, P. (1995b): Qualitative Inhaltsanalyse. In: FLICK, U.; KARDOFF, E. v.; KEUPP, H.; ROSENSTIEL, L. v.; WOLFF, S. (Hg.): Handbuch qualitative Sozialforschung: Grundlagen, Konzepte, Methoden und Anwendungen. 2. Auflage. Weinheim. S. 209-213.

MCKENDRICK, J. H. (1999): Multi-method Research: An Introduction to its Application in Population Geography. In: Professional Geographer 51 (1). S. 40-50.

MENDELSOHN, E.; ELKANA, Y. (Hg.) (1981): Sciences and Cultures: Anthropological and Historical Studies of the Sciences. Dordrecht, Boston, London.

MERTON, R. K. (1938): Changing Foci of Interests in the Sciences and Technology. In: MERTON, R. K. (1973): The Sociology of Science: Theoretical and Empirical Investigations. Chicago, London. S. 191-203.

MERTON, R. K. (1942): The Normative Structure of Science. In: MERTON, R. K. (1973): The Sociology of Science: Theoretical and Empirical Investigations. Chicago, London. S. 267-278.

MERTON, R. K. (1952): The Neglect of the Sociology of Science. In: MERTON, R. K. (1973): The Sociology of Science: Theoretical and Empirical Investigations. Chicago, London. S. 210-220.

MERTON, R. K. (1957): Priorities in Scientific Discovery. In: MERTON, R. K. (1973): The Sociology of Science: Theoretical and Empirical Investigations. Chicago, London. S. 286-324.

MERTON, R. K. (1968): The Matthew Effect in Science. In: MERTON, R.K. (1973): The Sociology of Science: Theoretical and Empirical Investigations. Chicago, London. S. 439-459.

MERTON, R. K. (1970): Social and Cultural Contexts of Science. In: MERTON, R. K. (1973): The Sociology of Science: Theoretical and Empirical Investigations. Chicago, London. S. 173-190.

MERTON, R. K. (1973): The Sociology of Science: Theoretical and Empirical Investigations. Chicago, London.

MERTON, R. K.; ZUCKERMAN, H. (1972): Age, Ageing, and Age Structure in Science. In: MERTON, R. K. (1973): The Sociology of Science: Theoretical and Empirical Investigations. Chicago, London. S. 497-559.

MEUSBURGER, P. (1980): Beiträge zur Geographie des Bildungs- und Qualifikationswesens: Regionale und soziale Unterschiede des Ausbildungsniveaus der österreichischen Bevölkerung. Innsbruck. (= Innsbrucker Geographische Studien 7).

MEUSBURGER, P. (1986): Die Heidelberger Professoren im Jahre 1984 mit besonderer Berücksichtigung ihrer regionalen und sozialen Herkunft. In: Beiträge zur Hochschulforschung (1). S. 63-106.

MEUSBURGER, P. (1990): Die regionale und soziale Rekrutierung der Heidelberger Professoren zwischen 1850 und 1932. In: MEUSBURGER, P.; SCHMUDE, J. (Hg.): Bildungsgeographische Studien über Baden-Württemberg. Heidelberg. (= Heidelberger Geographische Arbeiten 88). S. 187-239.

MEUSBURGER, P. (1998): Bildungsgeographie: Wissen und Ausbildung in der räumlichen Dimension. Heidelberg, Berlin.

MEUSBURGER, P. (Hg.) (1999a): Handlungszentrierte Sozialgeographie: Benno Werlens Entwurf in kritischer Diskussion. Stuttgart.

MEUSBURGER, P. (1999b): Subjekt – Organisation – Region: Fragen an die subjektzentrierte Handlungstheorie. In: MEUSBURGER, P. (Hg.): Handlungszentrierte Sozialgeographie: Benno Werlens Entwurf in kritischer Diskussion. Stuttgart. S. 95-132.

MEUSBURGER, P. (2000): The Spatial Concentration of Knowledge: Some Theoretical Considerations. In: Erdkunde 54 (4). S. 352-364.

MEYER-KALKUS, R. (1994): Die akademische Mobilität zwischen Deutschland und Frankreich (1925-1996). Bonn. (= DAAD-Forum Studien, Berichte, Materialien 16).

MOL, A.; LAW, J. (1994): Regions, Networks and Fluids: Anaemia and Social Topology. In: Social Studies of Science 24. S. 641-671.

MULKAY, M. J. (1969): Some Aspects of Cultural Growth in the Natural Sciences. In: Social Research 36 (1). S. 22-52.

MÜLLER, R. A. (1990): Geschichte der Universität: Von der mittelalterlichen Universitas zur deutschen Hochschule. Lizenzausgabe 1996. München.

MURDOCH, J. (1995): Actor-networks and the Evolution of Economic Forms: Combining Description and Explanation in Theories of Regulation, Flexible Specialization, and Networks. In: Environment and Planning A 27 (5). S. 731-757.

MURDOCH, J. (1997a): Inhuman/Nonhuman/Human: Actor-network theory and the Prospects for a Nondualistic and Symmetrical Perspective on Nature and Society. In: Environment and Planning D: Society and Space 15. S. 731-756.

MURDOCH, J. (1997b): Towards a Geography of Heterogenous Associations. In: Progress in Human Geography 21 (3). S. 321-337.

NARIN, F.; WHITLOW, E. S. (1990): Measurement of Scientific Cooperation and Coauthorship in CEC-related Areas of Science. Volume 1. Brüssel.

NEGROTTI, M. (Hg.) (2000): Special Issue on The Culture of the Artificial. In: AI & Society 14 (3/4).

NELSON, C. E.; POLLOCK, D. K. (Hg.) (1970): Communication Among Scientists and Engineers. Lexington.

NICKEL, D. K. (1989): Es begann in Rehovot: Die Anfänge der wissenschaftlichen Zusammenarbeit zwischen Israel und der Bundesrepublik Deutschland. Zürich.

NOETZOLD, J. (1990): Die deutsch-sowjetischen Wissenschaftsbeziehungen. In: VIERHAUS, R. (Hg.): Forschung im Spannungsfeld von Politik und Gesellschaft: Geschichte und Struktur der Kaiser-Wilhelm-/Max-Planck-Gesellschaft. Stuttgart. S. 778-800.

NSF (Hg.) (1996): Human Resources for Science & Technology: The European Region. NSF 96-316. http://www.nsf.gov/sbe/srs/nsf96316/htmstart.htm.

NSF (Hg.) (1998): Science and Engineering Indicators: 1998. http://www.nsf.gov/sbe/srs/seind98/start.htm.

NSF (Hg.) (1999a): Characteristics of Doctoral Scientists and Engineers in the United States: 1997. NSF 00-308, Project Officer Kelly H. Kang (Arlington, VA 1999). http://www.nsf.gov/sbe/srs/nsf00308/htmstart.htm.

NSF (Hg.) (1999b): National Patterns of Research and Development Resources: 1998. NSF 99-335, by Steven Payson (Arlington, VA 1999). http://www.nsf.gov/sbe/srs/nsf99335/htmstart.htm.

NSF (Hg.) (2000): Science and Engineering Indicators: 2000. http://www.nsf.gov/sbe/srs/seind00/start.htm.

OECD (Hg.) (1996): Internationalisation of Higher Education. Paris. (OECD Documents; Centre for Educational Research and Innovation).

OHLIG, K.-H. (1999): Ein Gott in drei Personen? Vom Vater Jesu zum „Mysterium" der Trinität. Mainz, Luzern.

OSTEN, M. (1995): „Wir müssen unsere Dialogfähigkeit erhalten und steigern": Rückbesinnung auf den Stellenwert des Wissenschaftleraustausches notwendig

– Netzwerk der Humboldtianer von unschätzbarem Wert: Interview mit Manfred Osten, dem neuen Generalsekretär der Humboldt-Stiftung. In: Mitteilungen der Alexander von Humboldt-Stiftung 65. S. 47-50.

OSTEN, M. (1996): Internationaler Wissenschaftleraustausch als Investition in die Zukunft. In: Aus Politik und Zeitgeschichte 41. S. 28-31.

OVER, A. (1996): Bibliography. In: BLUMENTHAL, P.; GOODWIN, C. D.; SMITH, A.; TEICHLER, U. (Hg.) (1996): Academic Mobility in a Changing World: Regional and Global Trends. London, Bristol. (= Higher Education Policy 29). S. 369-405.

PELS, D. (1996): The Politics of Symmetry. In: Social Studies of Science 26. S. 277-304

PFEIFFER, H. (1962): Ausländische Studenten an den wissenschaftlichen Hochschulen in der Bundesrepublik und West-Berlin 1951-1961. Wiesbaden.

PHILO, C.; WILBERT, C. (Hg.) (2000): Animal Spaces, Beastly Places: New Geographies of Human-Animal Relations. London, New York.

PICKERING, A. (Hg.) (1992a): Science as Practice and Culture. Chicago, London.

PICKERING, A. (1992b): From Science as Knowledge to Science as Practice. In: PICKERING, A. (Hg.): Science as Practice and Culture. Chicago, London. S. 1-26.

PICKERING, A. (1995). The Mangle of Practice: Time, Agency and Science. Chicago, London.

RIEß, C. B.; BORTFELD, H. (1994): Die deutsch-amerikanischen Beziehungen der Nachkriegszeit (1945-1993). Melle. (= Deutschland-Report 21).

ROBINSON, G. M. (1998): Methods and Techniques in Human Geography. Chichester u. a.

ROELOFFS, K. (1996): Academic Mobility Programmes in a Regional Context: A German Viewpoint. In: BLUMENTHAL, P.; GOODWIN, C. D.; SMITH, A.; TEICHLER, U. (Hg.) (1996): Academic Mobility in a Changing World: Regional and Global Trends. London, Bristol. (= Higher Education Policy 29). S. 147-178.

ROLFES, M. (1996): Regionale Mobilität und akademischer Arbeitsmarkt. Osnabrück. (= Osnabrücker Studien zur Geographie 17).

ROSEN, R. (1997): Leben in zwei Welten: Migrantinnen und Studium. Frankfurt am Main.

ROSS, A. (Hg.) (1996): Science Wars. Durham.

RÜEGG, W. (1992): Themes. In: DE RIDDER-SYMOENS, H. (Hg.): A History of the University in Europe: Volume I: Universities in the Middle Ages. Cambridge, New York u. a. S. 3-34.

SAHR, W.-D. (1999): Der Ort der Regionalisierung im geographischen Diskurs. In: MEUSBURGER, P. (Hg.): Handlungszentrierte Sozialgeographie: Benno Werlens Entwurf in kritischer Diskussion. Stuttgart. S. 43-66.

SALT, J. (1984): High Level Manpower Movements in Northwest Europe and the Role of Careers: An Explanatory Framework. In: International Migration Review, 17, 633-652.

SALT, J. (1997): International Movements of the Highly Skilled. Paris. (= OECD Working Papers 91)

SALT, J.; FINDLAY, A. (1989): International Migration of Highly Skilled Manpower: Theoretical and Developmental Issues. In: APPLEYARD, R. (Hg.): The Impact of Migration on Developing Countries. Paris. S. 159-180.

SCHAFFER S. (1991): The Eighteenth Brumaire of Bruno Latour. In: Studies in History and Philosophy of Science 22. S. 174-192.

SCHMIDT, A. (1998): Zur Abwanderung von Hochqualifizierten aus Vorarlberg. Univ. Dissertation. Heidelberg.

SCHNEIDER, J. (Hg.) (1995): Ausbildung und Mobilität von Wissenschaftlern in Europa: Politik und Praxis: Auswertungen und Dokumentation der ersten HCM-Stipendiatenkonferenz der EU: „HCM-Stipendiaten in Deutschland". Rostock, 10-12. Oktober 1994. Bonn.

SCHNELL, R., HILL, P. B., ESSER, E. (1999): Methoden der empirischen Sozialforschung. 6. völlig überarbeitete und erweiterte Auflage. München, Wien.

SCHROEDER, H.-W. (1986): Dreieinigkeit und Dreifaltigkeit. Vom Geheimnis der Trinität. Stuttgart.

SCHUBERT, A.; BRAUN, T. (1990): International Collaboration in the Sciences, 1981-1985. In: Scientometrics 19 (1-2). S. 3-10.

SCHULZ-SCHAEFFER, I. (2000): Akteur-Netzwerk-Theorie: Zur Koevolution von Gesellschaft, Natur und Technik. In: WEYER, J. (Hg.): Soziale Netzwerke: Konzepte und Methoden der sozialwissenschaftlichen Netzwerkforschung. München, Wien. S. 187-209.

SCRIVEN, M. (1968): The Philosophy of Science. In: SILLS, D. (Hg.): International Encyclopedia of the Social Sciences. Band 14. New York. S. 83-92.

SERRES, M. (1995): Die Legende der Engel. Französische Originalausgabe aus dem Jahr 1993 übersetzt von Michael Bischoff. Frankfurt am Main und Leipzig.

SERRES, M. (Hg.) (1998a): Elemente einer Geschichte der Wissenschaften. Französische Originalausgabe aus dem Jahr 1989 übersetzt von Horst Brühmann. Frankfurt am Main.

SERRES, M. (1998b): Gnomon: Die Anfänge der Geometrie in Griechenland. In: SERRES, M. (Hg.): Elemente einer Geschichte der Wissenschaften. Französische Originalausgabe aus dem Jahr 1989 übersetzt von Horst Brühmann. Frankfurt am Main. S. 109-175.

SHAPIN, S. (1988): Following Scientists Around. In: Social Studies of Science 18. S. 533-550.

SHAPIN, S. (1995): Here and Everywhere: Sociology of Scientific Knowledge. In: Annual Review of Sociology 21. S. 289-321.

SHAPIN, S.; SCHAFFER, S. (1985): Leviathan and the Air-pump: Hobbes, Boyle, and the Experimental Life. Princeton.

SHAUMAN, K. A.; XIE, Y. (1996): Geographic Mobility of Scientists: Sex Differences and Family Constraints. In: Demography 33. S. 455-68.

SMITH, C.; AGAR, J. (Hg.) (1998): Making Space for Science: Territorial Themes in the Shaping of Knowledge. London, New York.

SMITH, L. D.; BEST, L. A.; STUBBS, D. A.; JOHNSTON, J.; BASTIANI ARCHIBALD, A. (2000): Scientific graphs and the hierarchy of the sciences: A Latourian survey of inscription practices. In: Social Studies of Science 30 (1). S. 73-94.

SOJA, E. (1985): The Spatiality of Social Life: Towards a Transformative Retheorisation. In: GREGORY, D.; URRY, J. (Hg.): Social Relations and Spatial Structures. London. S. 90-127.

SOKAL, A.; BRICMONT, J. (1999): Eleganter Unsinn: Wie die Denker der Postmoderne die Wissenschaften mißbrauchen. Ins Deutsche übertragen von Johannes Schwab und Dietmar Zimmer. München.

SONTHEIMER, K.; BLEEK, W. (1997): Grundzüge des politischen Systems der Bundesrepublik Deutschland. 9., völlig überarbeitete Auflage. München, Zürich.

SOPER, K. (1995): What is Nature? Culture, Politics and the Non-Human. Oxford.

SPIEWAK, M. (2000): Noch leben sie: Die Humanwissenschaften tun sich schwer mit der Erneuerung der Hochschulen. Aber sie geben sich auch nicht viel Mühe. In: Die Zeit 49/2000. http://www.zeit.de/2000/49/Hochschule/200049_g-krise2.html

STAR, S. L.; GRIESEMER, J. (1989): Institutional Ecology, 'Translations,' and Boundary Objects: Amateurs and Professionals in Berkeley's Museum of Vertebrate Zoology, 1907-1939. In: Social Studies of Science 19. S. 387-420.

STATERA, G. (1987): Merton and the Sociology of Science in Europe. In: MONGARDINI, C.; TABBONI, S. (Hg.) (1998): Robert K. Merton & Contemporary Sociology. New Brunswick, London. S. 61-75.

STATISTISCHES BUNDESAMT (Hg.) (2000): Statistisches Jahrbuch 2000 für das Ausland. Wiesbaden.

STEHR, N.; MEJA, V. (1984): Introduction: The Development of the Sociology of Knowledge. In: STEHR, N.; MEJA, V. (Hg.): Society and Knowledge. New Brunswick.

STENGERS, I. (1997): Die Erfindung der modernen Wissenschaften. Französische Originalausgabe aus dem Jahr 1993 übersetzt von Eva Brückner-Tuckwiller und Brigitta Restorff. Frankfurt, New York.

STIFTERVERBAND FÜR DIE DEUTSCHE WISSENSCHAFT (Hg.) (1997): Hochschulstandort Deutschland: Sind die deutschen Hochschulen international wettbewerbsfähig? Dokumentation eines wissenschaftlichen Gesprächs des Stifterverbands für die Deutsche Wissenschaft in Essen. Villa Hügel, 29. Oktober 1996. Essen.

STILZ, G. (1995): German-Australian Academic Relations since 1945: Achievements and Desiderata from a European Perspective. In: JURGENSEN, M. (Hg.) (1995): German-Australian Cultural Relations since 1945. Bern u. a. (= German-Australian Studies 9). S. 154-176.

STORER, N. W. (1973): Introduction. In: MERTON, R. K. (1973): The Sociology of Science: Theoretical and Empirical Investigations. Chicago, London. S. xi-xxxi.

STRUM, S.; LATOUR, B. (1987): The Meanings of the Social: From Baboons to Humans. In: Social Science Information 26. S. 783-802.

TAGSCHERER, U. (1999): Mobilität und Karriere in der VR China: Chinesische Führungskräfte im Transformationsprozess: Eine qualitativ-empirische Analyse chinesischer Führungskräfte in deutsch-chinesischen Joint-Ventures, 100% Tochtergesellschaften und Repräsentanzen. Heidelberg. (=Heidelberger Geographische Arbeiten 109).

TANNER, N. M. (1988): Becoming Human, our Links with our Past. In: INGOLD, T. (Hg.): What is an Animal? London. S. 127-140.

TAPPER, R. (1988): Animality, Humanity, Morality, Society. In: INGOLD, T. (Hg.): What is an Animal? London. S. 47-62.

TEICHLER, U. (1996a): Research on Academic Mobility and International Cooperation in Higher Education: An Agenda for the Future. In: BLUMENTHAL, P.; GOODWIN, C. D.; SMITH, A.; TEICHLER, U. (Hg.): Academic Mobility in a Changing World: Regional and Global Trends. London, Bristol. (= Higher Education Policy 29). S. 338-358.

TEICHLER, U. (1996b): Student Mobility in the Framework of ERASMUS: Findings of an Evaluation Study. In: European Journal of Education 31 (2). S. 153-179.

TEICHLER, U.; MAIWORM und SCHOTTE-KMOCH (1999): Das ERASMUS-Programm: Ergebnisse der Begleitforschung. Herausgegeben vom Bundesministerium für Bildung und Forschung. Bonn.

TEICHLER, U. (Hg.) (2002): ERASMUS in the SOCRATES Programme: Findings of an Evaluation Study. Bonn. (ACA Papers on International Cooperation in Education).

TEIL, G. v.; LATOUR, B. (1995): The Hume Machine: Can Association Networks Do More than Formal Rules? In: Stanford Humanities Review 4(2): Constructions of the Mind: http://shr.stanford.edu/shreview/4-2/text/teil-latour.htm.

THADDEN, E. v.; SCHNABEL, U. (2000): Die Kühe haben das Wort: Ein Gespräch mit dem Wissenschaftsforscher Bruno Latour. In: Die Zeit 49. http://www.zeit.de/2000/49/Hochschule/200049_st-latour2.html

THOMAS, A. (Hg.) (1983): Erforschung interkultureller Beziehungen: Forschungsansätze und Perspektiven. Saarbrücken, Fort Lauderdale. (= ssip bulletin 51).

THOMAS, A. (1984a): Thesen zur Entwicklung der Austauschforschung. In: THOMAS, A. (Hg.): Interkultureller Personenaustausch in Forschung und Praxis. Saarbrücken, Fort Lauderdale. (= ssip bulletin 54). S. 263-271.

THOMAS, A. (Hg.) (1984b): Interkultureller Personenaustausch in Forschung und Praxis. Saarbrücken, Fort Lauderdale. (= ssip bulletin 54).

THOMAS, A. (Hg.) (1985): Interkultureller Austausch – Interkulturelles Handeln: Theoretische Grundlagen der Austauschforschung. Saarbrücken, Fort Lauderdale. (= ssip bulletin 56).

THOMAS, A (1995): Interkultureller Austausch. In: THOMAS, A.; ABDALLAH-PRETCEILLE, M. (Hg.): Interkultureller Austausch: Deutsche und Französische Forschungen zum interkulturellen Lernen. Baden-Baden. S. 143-148.

THRIFT, N. J. (1996): Spatial Formations. London.

THRIFT, N. (1999): Steps to an Ecology of Place. In: MASSEY, D.; ALLEN, J.; SARRE, P. (Hg.): Human Geography Today. Cambridge. S. 295-322.

THRIFT, N. (2000): Afterwords. In: Environment and Planning D: Society and Space 18 (2). S. 213-255.

THRIFT, N. (2002): Summoning Life. Unveröffentlichtes Manuskript, September 2002. Siehe auch www.ggy.bris.ac.uk/staff/information/thrift_papers/summoning_life.doc

TOREN, N. (1994): Professional-support and Intellectual-influence Networks of Russian Immigrant Scientists in Israel. In: Social Studies of Science 24. S. 725-743.

TRAWEEK, S. (1988): Pilgrim's Progress: Male Tales Told During a Life in Physics. Gekürzte Version von 1998. In: BIAGIOLI, M. (Hg.) (1999): The Science Studies Reader. New York, London. S. 525-542.

TRAWEEK, S. (1992): Border Crossings: Narrative Strategies in Science Studies and Among Physicists in Tsukuba Science City, Japan. In: PICKERING, A. (Hg.): Science as Practice and Culture. Chicago, London. S. 429-465.

TREPP, L. (1996): Geschichte der deutschen Juden. Stuttgart, Berlin, Köln.

TURKLE, S. (1985): The Second Self: Computers and the Human Spirit. New York.

TURKLE, S. (1997): Life on the Screen: Identity in the Age of the Internet. New York.

US NEWS & WORLD REPORT (Hg.) (1999): America's Best Colleges: Year 2000 edition. Washington.

UNESCO (Hg.) (1997): Education at the Third Level: Foreign Students by Country of Origin, in the 50 Major Host Countries. In: UNECSO (Hg.): Statistical yearbook 1996. Paris. S. 3382-3411.

VAN RAAN, A. F. J.; NEDERHOF, A. J.; MOED, H. F. (Hg.) (1989): Science and Technology Indicators: Their Use in Science Policy and Their Role in Science Studies. Leiden.

VERGER, J. (1992): Patterns. In: DE RIDDER-SYMOENS, H. (Hg.): A History of the University in Europe: Volume I: Universities in the Middle Ages. Cambridge, New York u. a. S. 35-74.

VIERHAUS, R.; VOM BROCKE, B. (Hg.) (1990): Forschung im Spannungsfeld von Politik und Gesellschaft: Geschichte und Strukturen der Kaiser-Wilhelm-/Max-Planck-Gesellschaft. Stuttgart.

VLACHÝ, J. (1979): Mobility in Science: A Bibliography of Scientific Career Migration, Field Mobility, International Academic Circulation and Brain Drain. In: Scientometrics (1). S. 201-228.

VOM BROCKE, B. (1981): Der deutsch-amerikanische Professorenaustausch: Preußische Wissenschaftspolitik, internationale Wissenschaftsbeziehungen und die Anfänge einer deutschen auswärtigen Kulturpolitik vor dem Ersten Weltkrieg. In: Zeitschrift für Kulturaustausch 31 (2). S. 128-181.

WARDENGA, U.; HÖNSCH, I. (1995): Kontinuität und Diskontinuität der deutschen Geographie in Umbruchphasen: Studien zur Geschichte der Geographie. Münster.

WEBER, P. (1982): Geographische Mobilitätsforschung. Darmstadt. (Erträge der Forschung 179).

WEICHHART, P. (1999): Die Räume zwischen den Welten und die Welt der Räume. In: MEUSBURGER, P. (Hg.): Handlungszentrierte Sozialgeographie: Benno Werlens Entwurf in kritischer Diskussion. Stuttgart. S. 67-94.

WEICK, C. (1995): Räumliche Mobilität und Karriere: Eine individualstatistische Analyse der baden-württembergischen Universitätsprofessoren unter besonderer Berücksichtigung demographischer Strukturen. Heidelberg. (= Heidelberger Geographische Arbeiten 101).

WEINGART, P. (1974): On a Sociological Theory of Scientific Change. In: WHITLEY, R. D. (Hg.): Social Processes of Scientific Development. London.

WEINGART, P. (1998): Wissenschaft und Forschung. In: SCHÄFERS, B.; ZAPF, W. (Hg.): Handwörterbuch zur Gesellschaft Deutschlands. Opladen. S. 720-731.

WERLEN, B. (1987): Gesellschaft, Handlung und Raum. Grundlagen handlungstheoretischer Sozialgeographie. Stuttgart (= Erdkundliches Wissen 89).

WERLEN, B. (1995): Sozialgeographie alltäglicher Regionalisierungen. Band 1: Zur Ontologie von Gesellschaft und Raum. Stuttgart (= Erdkundliches Wissen 116).

WERLEN, B. (1997): Sozialgeographie alltäglicher Regionalisierungen. Band 2: Globalisierung, Region und Regionalisierung. Stuttgart (= Erdkundliches Wissen 119).

WERLEN, B. (1999): Handlungszentrierte Sozialgeographie: Replik auf die Kritiken. In: MEUSBURGER, P. (Hg.): Handlungszentrierte Sozialgeographie: Benno Werlens Entwurf in kritischer Diskussion. Stuttgart. S. 247-268.

WERLEN, B. (2000): Sozialgeographie: Eine Einführung. Bern, Stuttgart, Wien. (UTB für Wissenschaft: Uni-Taschenbücher 1911: Kleine Reihe).

WEYER, J. (Hg.) (2000): Soziale Netzwerke: Konzepte und Methoden der sozialwissenschaftlichen Netzwerkforschung. München, Wien.

WHATMORE, S. (1999): Hybrid Geographies: Rethinking the 'Human' in Human Geography. In: MASSEY, D.; ALLEN, J.; SARRE, P. (Hg.): Human Geography Today. Cambridge. S. 199-235.

WHATMORE, S. (2002): Hybrid Geographies. Natures, Cultures, Spaces. London.

WHATMORE, S.; THORNE, L. (2000): Elephants on the Move: Spatial Formations of Wildlife Exchange. In: Environment and Planning D: Society and Space 18. S. 185-203.

WHITLEY, R. D. (1972): Black Boxism and the Sociology of Science: A Discussion of the Major Developments in the Field. In: The Sociological Review Monograph 18. S. 61-92.

WHITLEY, R. D. (1974): Cognitive and Social Institutionalization of Scientific Specialities and Research Areas. WHITLEY, R. D. (Hg.): Social Processes of Scientific Development. London.

WHITLEY, R. D. (1977): The Sociology of Scientific Work and the History of Scientific Developments. In: BLUME, S. S. (Hg.): Perspectives in the Sociology of Science. Chichester u. a. S. 21-50.

WIEDEMANN, P. (1995): Gegenstandsnahe Theoriebildung. In: FLICK, U.; KARDOFF, E. v.; KEUPP, H.; ROSENSTIEL, L. v.; WOLFF, S. (Hg.): Handbuch qualitative Sozialforschung: Grundlagen, Konzepte, Methoden und Anwendungen. 2. Auflage. Weinheim. S. 440-445.

WINDHAM, D. M. (1996): Overview and Main Conclusions of the Seminar. In: OECD (Hg.): Internationalisation of Higher Education. Paris. (OECD Documents). S. 7-29.

WOLCH, J.; EMEL, J. (Hg.) (1998): Animal Geographies: Place, Politics, and Identity in the Nature-Culture Borderlands. London.

ZIELKE, E. (1982): Die Japaner in Düsseldorf: Manager-Mobilität – Voraussetzungen und Folgen eines Typs internationaler geographischer Mobilität. Düsseldorf.

ZIERHOFER, W. (1997): Grundlagen für eine Humangeographie des relationalen Weltbildes. In: Erdkunde 51. S. 81-99.

ZIERHOFER, W. (1999): Geographie der Hybriden. In: Erdkunde 53 (1). S. 1-13.

ZIERHOFER, W. (2000): United Geography™. In: Geographische Zeitschrift 88. S. 133-146.

ZIERHOFER, W. (2002): Gesellschaft. Transformation eines Problems. Oldenburg. (= Wahrnehmungsgeographische Studien 20).

ZUCKERMAN, H.; COLE J. R.; BRUER, J. T. (Hg.) (1991): The Outer Circle: Women in the Scientific Community. New York.

Anhang

A: Ausgewählte Charakteristika der persönlichen Gesprächspartner

Gesprächs-partner Nr.*	Region des Arbeits-ortes**	Fachrichtung	Geburts-jahr	Geburts-land	Preisträgeraufenthalt in Deutschland		
					Jahr des Beginns	Alter zu Beginn	Gesamt-dauer
1	MA	Ingenieurwissenschaften	1930	Türkei	1992	62	6
2	MA	Ingenieurwissenschaften	1934	Ungarn	1979	45	6
3	MA	Physik	1936	Niederlande	1985	49	12
4	MA	Biowissenschaften	1927	USA	1979	52	12
5	MA	Biowissenschaften	1932	USA	1992	60	6
6	MA	Physik	1940	USA	1986	46	9
7	MA	Ingenieurwissenschaften	1920	Philippinen	1989	69	2
8	MA	Biowissenschaften	1919	USA	1984	65	6
9	MA	Physik	1928	USA	1978	50	12
10	MA	Physik	1943	Kanada	1986	43	8
11	MA	Chemie	1929	USA	1972	43	6
12	MA	Medizin	1930	USA	1987	57	12
13	MA	Biowissenschaften	1933	Irak	1996	63	12
14	MA	Biowissenschaften	1904	Deutschland	1977	73	6
15	MA	Geowissenschaften	1931	UK	1985	54	7
16	MA	Medizin	1925	USA	1979	54	9
17	MA	Ingenieurwissenschaften	1928	USA	1986	58	1
18	MA	Physik	1920	Niederlande	1980	60	6
19	MA	Mathematik	1930	USA	1991	61	8
20	MA	Chemie	1929	Deutschland	1984	55	8
21	MA	Physik	1937	UK	1987	50	6
22	MA	Geisteswissenschaften	1940	Deutschland	1996	56	12
23	MA	Ingenieurwissenschaften	1937	Polen	1988	51	12
24	CA	Mathematik	1932	Japan	1992	60	5
25	CA	Mathematik	1936	USA	1995	59	5
26	CA	Physik	1946	Dänemark	1989	43	12
27	CA	Physik	1926	USA	1991	65	4
28	CA	Physik	1936	USA	1985	49	12
29	CA	Biowissenschaften	1947	Jugoslawien	1995	48	6
30	CA	Physik	1949	Deutschland	1994	45	11
31	CA	Ingenieurwissenschaften	1928	Deutschland	1976	48	6
32	CA	Chemie	1936	USA	1977	41	12
33	CA	Chemie	1940	USA	1980	40	12
34	CA	Biowissenschaften	1940	USA	1974	34	11
35	CA	Physik	1921	USA	1976	55	6
36	CA	Biowissenschaften	1948	USA	1988	40	6
37	CA	Physik	1926	USA	1985	59	6
38	CA	Mathematik	1925	Deutschland	1977	52	12
39	CA	Physik	1931	USA	1986	55	12
40	CA	Physik	1926	USA	1978	52	6
41	CA	Chemie	1941	USA	1981	40	12
42	CA	Ingenieurwissenschaften	1933	USA	1994	61	2
43	CA	Geowissenschaften	1935	USA	1989	54	9

44	CA	Geowissenschaften	1932	USA	1978	46	9
45	CA	Biowissenschaften	1929	Deutschland	1989	60	12
46	CA	Biowissenschaften	1945	Indonesien	1991	46	12
47	CA	Physik	1928	USA	1991	63	7
48	CA	Chemie	1927	USA	1976	49	6
49	CA	Ingenieurwissenschaften	1936	Philippinen	1983	47	10
50	CA	Biowissenschaften	1941	UK	1986	45	12
51	CA	Ingenieurwissenschaften	1925	Österreich	1983	58	12
52	CA	Mathematik	1943	USA	1984	41	9
53	CA	Biowissenschaften	1940	USA	1973	33	6
54	CA	Biowissenschaften	1931	USA	1985	54	12
55	CA	Ingenieurwissenschaften	1928	China, VR	1978	50	9
56	CA	Physik	1935	China, VR	1984	49	12
57	CA	Physik	1927	Deutschland	1976	49	15
58	CA	Physik	1940	USA	1988	48	12
59	CA	Chemie	1942	USA	1993	51	2
60	CA	Biowissenschaften	1921	USA	1988	67	12
61	CA	Physik	1934	USA	1982	48	6

* Anhand dieser Nummern werden die im Text zitierten Gesprächsausschnitte referenziert.
** MA: Massachusetts
CA: Kalifornien

Quelle: Eigene Erhebung.

Anhang

B: *Ansprache des Bundeskanzlers Willy Brandt am 5. Juni 1972 in der Harvard University in Boston (USA) aus Anlaß des 25. Jahrestages der Verkündung des Marshall-Plans (Auszug)*

Durch harte Arbeit und amerikanische Hilfe ist Westeuropa wieder auf die Beine gekommen. Durch Amerika hat es wieder zu sich selbst gefunden. So stehen wir in Europa und vor allem wir in der Bundesrepublik tief in der Schuld dieses Landes.

Lassen sie uns aber an diesem Tag nicht nur nach rückwärts schauen. Lassen Sie uns die Erinnerung zum Auftrag für die Zukunft werden, lassen Sie uns die neue Herausforderung annehmen und die neue Chance sehen. Sie heißt: Frieden durch Zusammenarbeit. [...]

Gerade jetzt brauchen wir wachsendes Verständnis für die Partner auf beiden Seiten des Atlantik. Dazu möchte die Bundesrepublik Deutschland einen Beitrag leisten. Er ist ein Ausdruck unserer besonderen Dankbarkeit für die Entscheidung, uns vor 25 Jahren nicht auszuschließen. Er soll ein Ausdruck sein unserer Überzeugung, daß wir den Frieden nur gemeinsam durch Zusammenarbeit erringen können.

Aus Anlaß des 25. Jahrestags der Ankündigung des Europäischen Wiederaufbauprogramms durch Außenminister George Marshall wollen wir – meine Kollegen und ich, die über die Parteigrenzen hinweg zu Ihnen gekommen sind – Sie von einigen Maßnahmen der Bundesrepublik Deutschland unterrichten, die dazu beitragen sollen, im Laufe der siebziger und achtziger Jahre das Verständnis zwischen den Partnern diesseits und jenseits des Atlantik zu fördern.

1. Die Bundesregierung hat die finanziellen Voraussetzungen für die Errichtung einer Deutschen Marshall-Gedächtnisstiftung in den Vereinigten Staaten geschaffen. Die Stiftung ist inzwischen als unabhängige amerikanische Organisation unter dem Namen "The German Marshall Fund of the United States – A Memorial to the Marshall Plan" in das Register des District of Columbia eingetragen worden. [...]

   Die Bundesregierung verpflichtet sich, dieser Stiftung einen Fonds in Höhe von 150 Millionen DM zur Verfügung zu stellen, die im Laufe der nächsten fünfzehn Jahre am 5.Juni jeden Jahres in Raten von je zehn Millionen DM gezahlt werden. [...] [D]er German Marshall Fund [wird] die Erträge seines Stiftungsvermögens [...] zur Förderung amerikanisch-europäischer Studien- und Forschungsvorhaben verwenden...

2. Aus dem Stiftungsvermögen des German Marshall Fund of the United States wird auf Anregung der Bundesregierung das Institute of Westeuropean Studies der Universität Harvard im Jahr 1972 eine einmalige Zuwendung in Höhe von 3 Millionen DM zur Errichtung eines "German Marshall Memorial Endowment" zur Förderung europäischer Studienvorhaben erhalten.

3. Die Bundesregierung hat dem wissenschaftlichen Austausch mit den Vereinigten Staaten stets besondere Bedeutung zugemessen. Dies hat auch in der nachhaltigen Förderung des deutsch-amerikanischen Fulbright-Programms Ausdruck gefunden. Um die Wirksamkeit dieses Programms zu steigern, hat sich die Bundesregierung entschlossen, ihren Anteil an der Finanzierung wesentlich über die von ihr erwartete paritätische Beteiligung hinaus zu erhöhen. Sie wird ihren Beitrag von bisher 2 auf 3,5 Millionen DM pro Jahr steigern.

4. Zur Stärkung der fachlichen Zusammenarbeit zwischen amerikanischen und deutschen Forschungsinstituten hat die Bundesregierung ein Förderungsprogramm für den Austausch hochqualifizierter amerikanischer und deutscher Naturwissenschaftler [Hervorhebung durch die Autorin] beschlossen. Das Bundesministerium für Bildung und Wissenschaft wird für dieses Austauschprogramm jährlich einen Beitrag von 5 Millionen DM bereitstellen.

5. Der Stifterverband für die Deutsche Wissenschaft, eine Gemeinschaftsaktion der deutschen gewerblichen Wirtschaft, hat sich verpflichtet, das Förderungsprogramm der Bundesregierung um jährlich 2,5 Millionen DM zu erweitern. Diese zusätzlichen Mittel werden für den Austausch von Vertretern der geisteswissenschaftlichen Fachrichtungen verwendet werden.

Meine Damen und Herren, wir in der Bundesrepublik Deutschland hoffen, daß sich diese Maßnahmen im Sinne der Partnerschaft günstig auswirken werden. Und wir knüpfen dabei an jenen Willen zur Gemeinsamkeit an, der das Programm des Marshall-Plans bestimmt hat.

Quelle: BRANDT 1972, 1140-1142.

Anhang 509

C: US-Preisträger an Hochschulen nach Fachbereichen, 1972-96

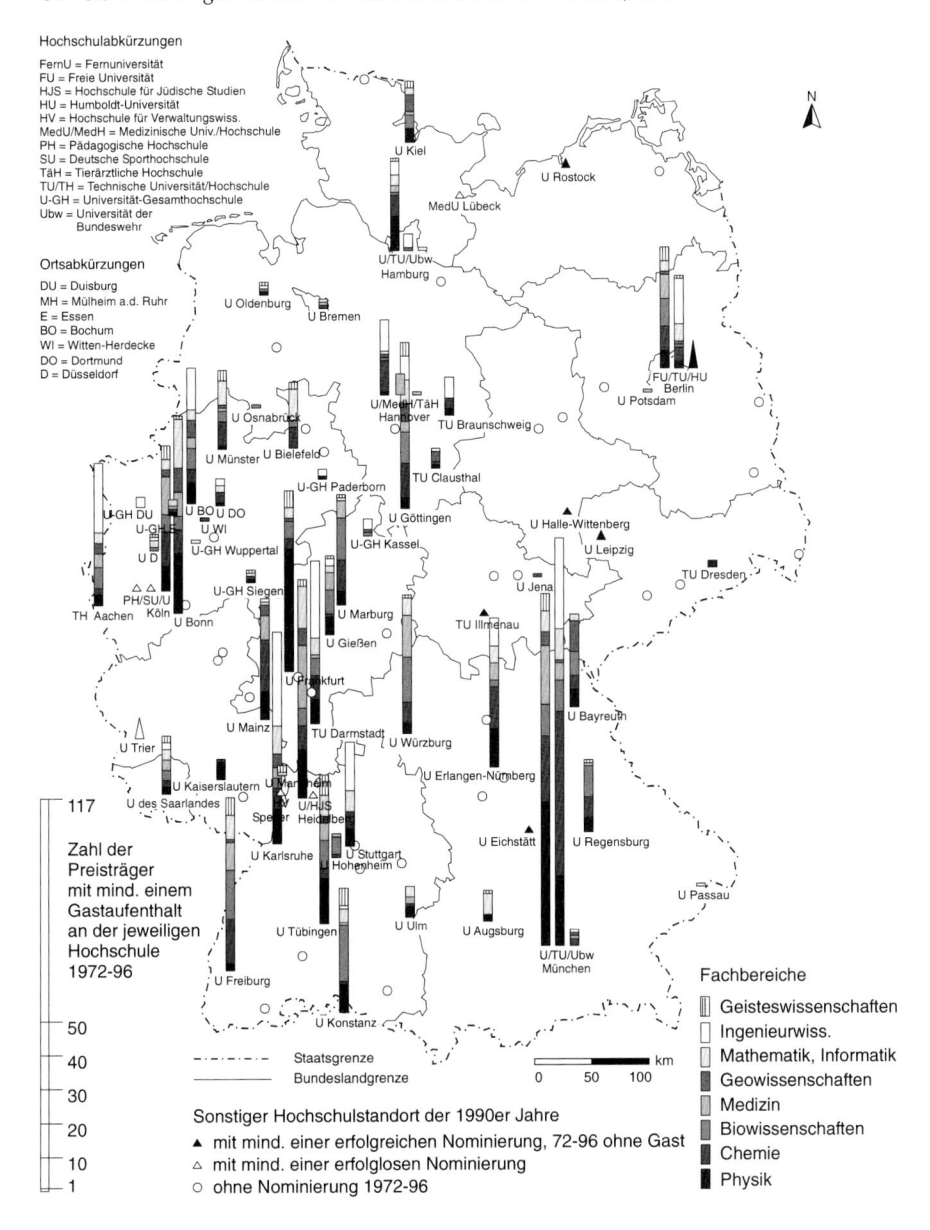

Hochschulabkürzungen
FernU = Fernuniversität
FU = Freie Universität
HJS = Hochschule für Jüdische Studien
HU = Humboldt-Universität
HV = Hochschule für Verwaltungswiss.
MedU/MedH = Medizinische Univ./Hochschule
PH = Pädagogische Hochschule
SU = Deutsche Sporthochschule
TäH = Tierärztliche Hochschule
TU/TH = Technische Universität/Hochschule
U-GH = Universität-Gesamthochschule
Ubw = Universität der Bundeswehr

Ortsabkürzungen
DU = Duisburg
MH = Mülheim a.d. Ruhr
E = Essen
BO = Bochum
WI = Witten-Herdecke
DO = Dortmund
D = Düsseldorf

117
Zahl der
Preisträger
mit mind. einem
Gastaufenthalt
an der jeweiligen
Hochschule
1972-96

50
40
30
20
10
1

– – – Staatsgrenze
——— Bundeslandgrenze

0   50   100   km

Sonstiger Hochschulstandort der 1990er Jahre
▲ mit mind. einer erfolgreichen Nominierung, 72-96 ohne Gast
△ mit mind. einer erfolglosen Nominierung
○ ohne Nominierung 1972-96

Fachbereiche
▨ Geisteswissenschaften
☐ Ingenieurwiss.
▨ Mathematik, Informatik
▨ Geowissenschaften
▨ Medizin
▨ Biowissenschaften
▨ Chemie
■ Physik

Quelle: AvH-Datenbank; eigene Auswertung und Darstellung.

D: *US-Preisträger 1972-96 nach US-Bundesstaaten und Preisträgergenerationen*

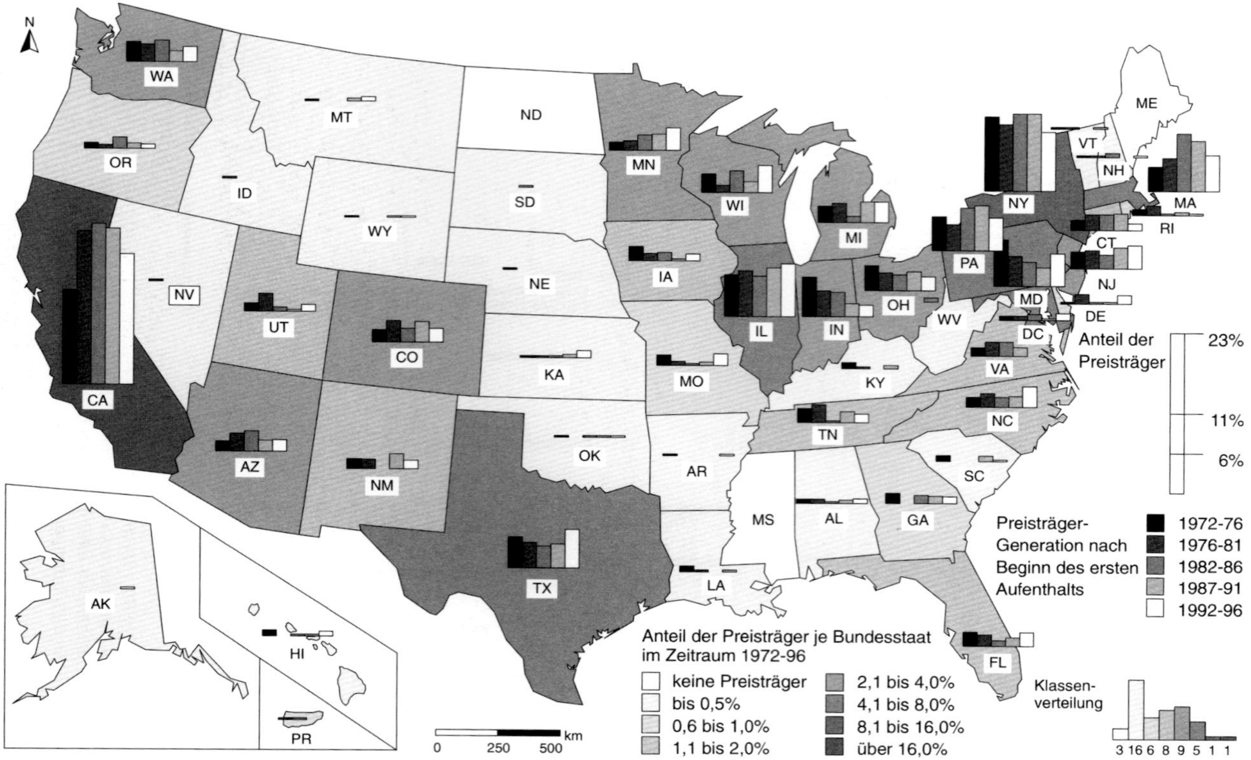

Quelle: AvH-Datenbank; eigene Auswertung und Darstellung.

Anhang   511

E: US-Preisträger 1972-96 nach Bundesländern und PRT-Generationen

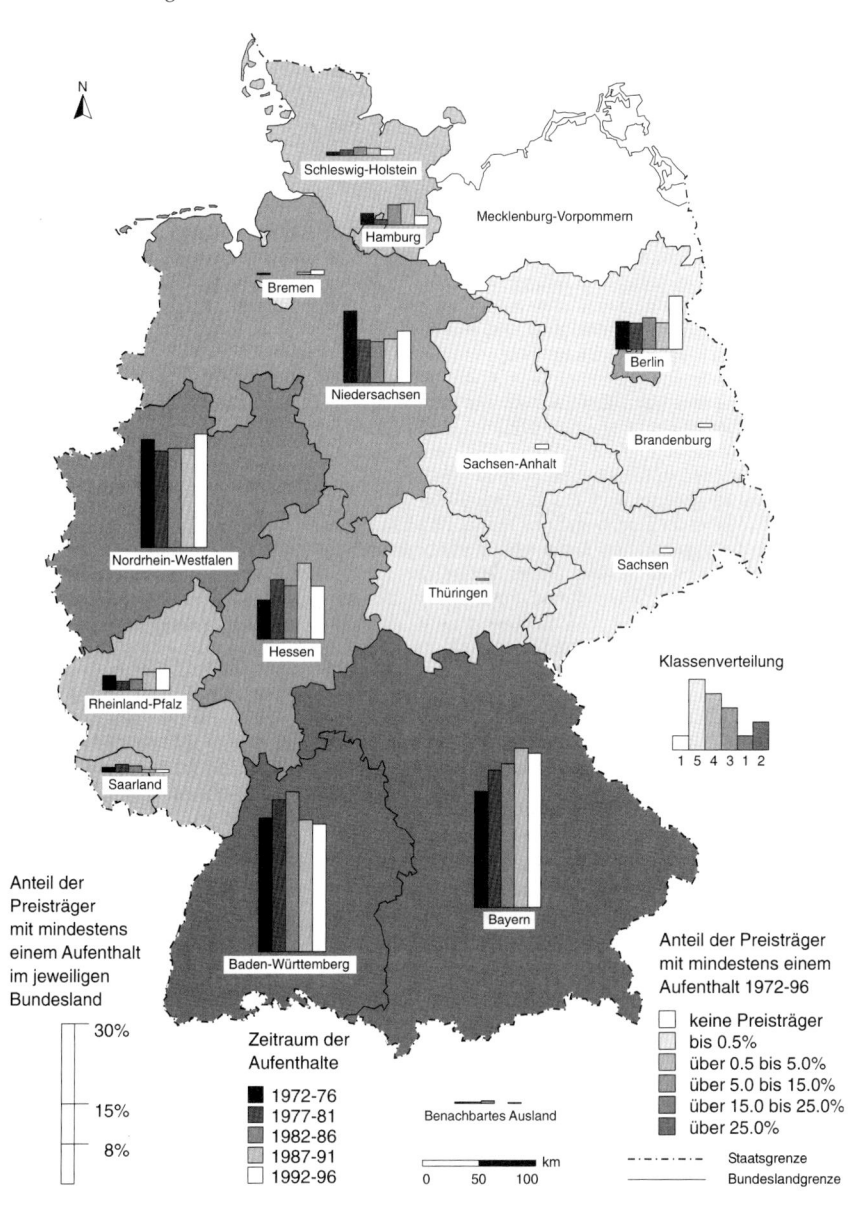

Quelle: AvH-Datenbank; eigene Auswertung und Darstellung.

F: *Alltagsimpressionen der US-Wissenschaftler*

I had good scientific interaction even though I was working pretty much on my own. I talked science with people and the quality of science was certainly excellent, and of course, in living a year in any place, you know, you learn some things you liked about Germany, you learn some things you didn't like about Germany, and some of the tradition and some of the rigidity and so forth you could find frustrating. On the other hand one did sometimes appreciate that it's a more orderly society. In the US everyone does their own thing, and so that has positives and it has negatives, you learn both sides of everything, even in just terms of driving. Germans drive very aggressively but they know the rules, and in fact, I remember in some cases since I didn't know the rules so well, if I would come to a situation, I would tend to give way to the other driver just to be extra cautious, well the Germans know the rules of the right of way and if I'm supposed to take the right of way they're very uncomfortable if I don't take the right of way even though I think I'm being more polite, they want you to do it the way you're supposed to do it, and so you know all those little things, but you know overall we had a very positive time. [41]

Hier ist es alles oberflächlich. Man ist zwar sehr nett und sehr freundlich, aber es ist nicht viel dahinter. Nun ist es in Kalifornien, glaube ich, besonders schlimm, denn man hat wenig Menschen, die hier Wurzeln haben. Die meisten Leute, und ich bin da ein typischer Fall, sind ja Immigranten in Kalifornien. Man ist also hier nicht daheim, in dem Sinne, in dem man das meistens in Deutschland ist. [...] Im Osten ist es nicht so schlimm, also in der Boston-Gegend, da ist man doch mehr zu Hause, da ist man mehr verwurzelt, aber hier. Es ist ja auch ganz einfach zu erklären: Unsere Nachbarn, das sind Leute, die kommen, wohnen da ein paar Jahre, dann kommt jemand anders. Es ist alles sehr mobil, flüssig, beweglich. Man ist also nicht so gebunden wie man das in Europa ist und, wie gesagt, auch im Osten. Und man hat einfach auch gar nicht die Zeit. Und dann ist die Motivation, mit anderen Menschen einen engeren Kontakt herzustellen, gering, denn man hat ja immer die Angst, die reisen ja sowieso bald wieder weg. Und so ist es auch. Also das ist ein Nachteil von Kalifornien. [...] Das ist zwar ein schönes Leben in Kalifornien, man hat viele Vorteile hier, aber die Intensität oder die menschliche Wärme, das ist doch besser in anderen Gegenden. Und das hat uns in Berlin enorm gefallen. Das ist viel persönlicher. [...] Zum Beispiel hatte ich natürlich auch ein Bankkonto in Berlin und der Mann da hinter dem Gitter wußte, wer ich bin. Und hier gehe ich zur Bank, ich bin bei derselben Bank seit 40 Jahren, kein Mensch kennt mich, unmöglich. Jedes Mal, wenn ich komme, ist ein Anderer da. Keine Ahnung, wer ich bin. [31]

You know German people are so friendly and they're so straightforward, and that's the good thing about it, in general of course, we're talking about general things, they're straightforward and they say what they think, they think what they say, and that makes life very, very easy. There are no misunderstandings, and you know you can argue with them because they think what they say, and you try your best to convince them. The Americans usually do not use anything that is considered negative and of course this may lead to misunderstandings if you're not telling what it is, sometimes you have to read between the lines, but the Germans will not hesitate to use it when it's appropriate, that's good, so you know where you are. [...] That character, the national character I would say is outstanding. To some people who are not in that kind of philosophy it will be a bit difficult, it will be considered rude and impolite, in general, but the German culture is of course a bit more straightforward than in the US. Especially in the southern states, I don't know about northern Germany, but in southern Germany, in Munich for example it's more straightforward. [46]

My German isn't good to catch overtones of language, and so the only time I felt uncomfortable was when a couple of drunken skinheads essentially got on the same train that I was taking from Münster to Bochum and started running up and down the corridors spilling beer and shouting 'Ausländer raus'. But that's the only experience of that sort that I've had in Germany. [25]

I mean there have been negative experiences, you go into a big hall and somebody would give a Hitler salute, or something, but you know, you would be bothered by that as much as I would, maybe even more, but that's a small little vignette, that's a side, the people I worked with and the experiences I've had have been very positive, and I very much enjoyed my stay, I think it was a wonderful year, a wonderful experience and I was very thankful that I could take advantage of it. [57]

Quelle: Eigene Interviews.

G: *Altersgruppenspezifische Gestaltung und Auswirkungen der Aufenthalte renommierter US-Wissenschaftler in Deutschland, 1982-96*

Inhaltlicher Aspekt	Unterkategorien Statistische Signifikanz	Jüngere US-Wissenschaftler Beispiel: Personen bis 45 Jahre 1982-96: 14,5% (n = 95)	Ältere US-Wissenschaftler Beispiel: Personen über 65 Jahre 1982-96: 9,0% (n = 59)
Je älter die Wissenschaftler sind...			
Aufenthaltszeiten	*signifikant**	*weniger häufig, länger*	*häufiger und kürzer*
... desto mehr kommen häufiger und kürzer nach Deutschland.	Zahl der Aufenthalte: Mittlere Länge (Monate): Gesamtlänge (Monate):	2,0 *4,2 *8,4	2,1 3,7 7,8
Begleitung	*signifikant*	*eher mit Familie*	*eher mit Partner*
... desto mehr werden vom Partner und desto weniger auch von Kindern begleitet.	Familie: Partner: Keine:	72% 25% 5%	29% 50% 15%
Vorherige wiss. Kontakte in Deutschland	*linear, nicht signifikant*	*sehr viele Wissenschaftler*	*extrem viele Wissenschaftler*
... desto mehr besitzen vorherige Kontakte.		92%	98%
Wiss. Kontakte außerhalb der Gastinstitution	*zwei zu zwei Altersgruppen, nicht signifikant*	*weniger bestehende, mehr neue*	*mehr bestehende, weniger neue*
... desto mehr pflegen und knüpfen Kontakte.	Kontakte aufgefrischt: neue Kontakte geknüpft:	92% 93%	95% 87%
Veranstaltungen während des Aufenthalts	*zwei zu zwei Altersgruppen, nicht signifikant*	*weniger Aktive*	*mehr Aktive*
... desto mehr führen Veranstaltungen durch.	an der Gastinstitution: außerhalb derselben:	65% 60%	70% 65%
Je jünger die Wissenschaftler sind...			
Bewertung des Aufenthalts	*signifikant*	*äußerst positiv*	*positiv*
... desto höher schätzen sie die *Bedeutung* ihres Deutschlandaufenthalts *für die eigene wissenschaftliche Arbeit und für sich persönlich* ein, und desto positiver wird auch die *Bedeutung der Ergebnisse* des Forschungsprojekts für die Forschung an der Gastinstitution, in Deutschland und in den USA bewertet.			
Publikationen und Folgeprojekte	*signifikant*	*sehr produktiv*	*weniger produktiv*
... desto mehr publizierten und desto mehr initiieren neue Forschungsprojekte.	Publikationen erstellt: ... mit Gastgebenden: ... mit sonstigen Wiss.: neue Projekte initiiert:	94% 84% 41% 84%	83% 54% 16% 53%
Nachfolgemobilität BRD-USA (Aufenthalte > 1 M.)	*signifikant*	*hohe Beteiligung*	*geringe Beteiligung*
... desto häufiger fand in beiden Richtungen Nachfolgemobilität statt.	Humboldt-Gastgeber: FL-Stipendiaten: sonstige dt. Wiss.: US-Mitarbeiter in Dtl.:	25% 40% 40% 39%	7% 14% 17% 22%
Rolle der US-Wissenschaftler in Deutschland		*eher aktiv forschender Partner*	*eher Diskussionspartner*
Berufliche Stellung der US-Wissenschaftler		*Forscher mit Repräsentations- und Managementaufgaben*	*Repräsentant und Manager mit Forschungsinteressen*

Quelle: AvH-Datenbank und eigene Erhebungen.

HEIDELBERGER GEOGRAPHISCHE ARBEITEN*

Heft 1	Felix Monheim: Beiträge zur Klimatologie und Hydrologie des Titicacabeckens. 1956. 152 Seiten, 38 Tabellen, 13 Figuren, 4 Karten. € 6,--
Heft 4	Don E. Totten: Erdöl in Saudi-Arabien. 1959. 174 Seiten, 1 Tabelle, 11 Abbildungen, 16 Figuren. € 7,50
Heft 5	Felix Monheim: Die Agrargeographie des Neckarschwemmkegels. 1961. 118 Seiten, 50 Tabellen, 11 Abbildungen, 7 Figuren, 3 Karten. € 11,50
Heft 8	Franz Tichy: Die Wälder der Basilicata und die Entwaldung im 19. Jahrhundert. 1962. 175 Seiten, 15 Tabellen, 19 Figuren, 16 Abbildungen, 3 Karten. € 15,--
Heft 9	Hans Graul: Geomorphologische Studien zum Jungquartär des nördlichen Alpenvorlandes. Teil I: Das Schweizer Mittelland. 1962. 104 Seiten, 6 Figuren, 6 Falttafeln. € 12,50
Heft 10	Wendelin Klaer: Eine Landnutzungskarte von Libanon. 1962. 56 Seiten, 7 Figuren, 23 Abbildungen, 1 farbige Karte. € 10,--
Heft 11	Wendelin Klaer: Untersuchungen zur klimagenetischen Geomorphologie in den Hochgebirgen Vorderasiens. 1963. 135 Seiten, 11 Figuren, 51 Abbildungen, 4 Karten. € 15,50
Heft 12	Erdmann Gormsen: Barquisimeto, eine Handelsstadt in Venezuela. 1963. 143 Seiten, 26 Tabellen, 16 Abbildungen, 11 Karten. € 16,--
Heft 17	Hanna Bremer: Zur Morphologie von Zentralaustralien. 1967. 224 Seiten, 6 Karten, 21 Figuren, 48 Abbildungen. € 14,--
Heft 18	Gisbert Glaser: Der Sonderkulturanbau zu beiden Seiten des nördlichen Oberrheins zwischen Karlsruhe und Worms. Eine agrargeographische Untersuchung unter besonderer Berücksichtigung des Standortproblems. 1967. 302 Seiten, 116 Tabellen, 12 Karten. € 10,50
Heft 23	Gerd R. Zimmermann: Die bäuerliche Kulturlandschaft in Südgalicien. Beitrag zur Geographie eines Übergangsgebietes auf der Iberischen Halbinsel. 1969. 224 Seiten, 20 Karten, 19 Tabellen, 8 Abbildungen. € 10,50
Heft 24	Fritz Fezer: Tiefenverwitterung circumalpiner Pleistozänschotter. 1969. 144 Seiten, 90 Figuren, 4 Abbildungen, 1 Tabelle. € 8,--
Heft 25	Naji Abbas Ahmad: Die ländlichen Lebensformen und die Agrarentwicklung in Tripolitanien. 1969. 304 Seiten, 10 Karten, 5 Abbildungen. € 10,--
Heft 26	Ute Braun: Der Felsberg im Odenwald. Eine geomorphologische Monographie. 1969. 176 Seiten, 3 Karten, 14 Figuren, 4 Tabellen, 9 Abbildungen. € 7,50

* Nicht aufgeführte Hefte sind vergriffen.

Heft 27	Ernst Löffler: Untersuchungen zum eiszeitlichen und rezenten klimagenetischen Formenschatz in den Gebirgen Nordostanatoliens. 1970. 162 Seiten, 10 Figuren, 57 Abbildungen.	€ 10,--
Heft 29	Wilfried Heller: Der Fremdenverkehr im Salzkammergut – eine Studie aus geographischer Sicht. 1970. 224 Seiten, 15 Karten, 34 Tabellen.	€ 16,--
Heft 30	Horst Eichler: Das präwürmzeitliche Pleistozän zwischen Riss und oberer Rottum. Ein Beitrag zur Stratigraphie des nordöstlichen Rheingletschergebietes. 1970. 144 Seiten, 5 Karten, 2 Profile, 10 Figuren, 4 Tabellen, 4 Abbildungen.	€ 7,--
Heft 31	Dietrich M. Zimmer: Die Industrialisierung der Bluegrass Region von Kentucky. 1970. 196 Seiten, 16 Karten, 5 Figuren, 45 Tabellen, 11 Abbildungen.	€ 10,50
Heft 33	Jürgen Blenck: Die Insel Reichenau. Eine agrargeographische Untersuchung. 1971. 248 Seiten, 32 Diagramme, 22 Karten, 13 Abbildungen, 90 Tabellen.	€ 26,50
Heft 35	Brigitte Grohmann-Kerouach: Der Siedlungsraum der Ait Ouriaghel im östlichen Rif. 1971. 226 Seiten, 32 Karten, 16 Figuren, 17 Abbildungen.	€ 10,--
Heft 37	Peter Sinn: Zur Stratigraphie und Paläogeographie des Präwürm im mittleren und südlichen Illergletscher-Vorland. 1972. 159 Seiten, 5 Karten, 21 Figuren, 13 Abbildungen, 12 Längsprofile, 11 Tabellen.	€ 11,--
Heft 38	Sammlung quartärmorphologischer Studien I. Mit Beiträgen von K. Metzger, U. Herrmann, U. Kuhne, P. Imschweiler, H.-G. Prowald, M. Jauß†, P. Sinn, H.-J. Spitzner, D. Hiersemann, A. Zienert, R. Weinhardt, M. Geiger, H. Graul und H. Völk. 1973. 286 Seiten, 13 Karten, 39 Figuren, 3 Skizzen, 31 Tabellen, 16 Abbildungen.	€ 15,50
Heft 39	Udo Kuhne: Zur Stratifizierung und Gliederung quartärer Akkumulationen aus dem Bièvre-Valloire, einschließlich der Schotterkörper zwischen St.-Rambert-d'Albon und der Enge von Vienne. 1974. 94 Seiten, 11 Karten, 2 Profile, 6 Abbildungen, 15 Figuren, 5 Tabellen.	€ 12,--
Heft 42	Werner Fricke, Anneliese Illner und Marianne Fricke: Schrifttum zur Regionalplanung und Raumstruktur des Oberrheingebietes. 1974. 93 Seiten.	€ 5,--
Heft 43	Horst Georg Reinhold: Citruswirtschaft in Israel. 1975. 307 Seiten, 7 Karten, 7 Figuren, 8 Abbildungen, 25 Tabellen.	€ 15,--
Heft 44	Jürgen Strassel: Semiotische Aspekte der geographischen Erklärung. Gedanken zur Fixierung eines metatheoretischen Problems in der Geographie. 1975. 244 Seiten.	€ 15,--
Heft 45	Manfred Löscher: Die präwürmzeitlichen Schotterablagerungen in der nördlichen Iller-Lech-Platte. 1976. 157 Seiten, 4 Karten, 11 Längs- u. Querprofile, 26 Figuren, 8 Abbildungen, 3 Tabellen.	€ 15,--

Heft 49	Sammlung quartärmorphologischer Studien II. Mit Beiträgen von W. Essig, H. Graul, W. König, M. Löscher, K. Rögner, L. Scheuenpflug, A. Zienert u.a. 1979. 226 Seiten. € 17,90
Heft 51	Frank Ammann: Analyse der Nachfrageseite der motorisierten Naherholung im Rhein-Neckar-Raum. 1978. 163 Seiten, 22 Karten, 6 Abbildungen, 5 Figuren, 46 Tabellen. € 15,50
Heft 52	Werner Fricke: Cattle Husbandry in Nigeria. A study of its ecological conditions and social-geographical differentiations. 1993. 2nd Edition (Reprint with Subject Index). 344 pages, 33 maps, 20 figures, 52 tables, 47 plates. € 21,--
Heft 55	Hans-Jürgen Speichert: Gras-Ellenbach, Hammelbach, Litzelbach, Scharbach, Wahlen. Die Entwicklung ausgewählter Fremdenverkehrsorte im Odenwald. 1979. 184 Seiten, 8 Karten, 97 Tabellen. € 15,50
Heft 58	Hellmut R. Völk: Quartäre Reliefentwicklung in Südostspanien. Eine stratigraphische, sedimentologische und bodenkundliche Studie zur klimamorphologischen Entwicklung des mediterranen Quartärs im Becken von Vera. 1979. 143 Seiten, 1 Karte, 11 Figuren, 11 Tabellen, 28 Abbildungen. € 14,--
Heft 59	Christa Mahn: Periodische Märkte und zentrale Orte – Raumstrukturen und Verflechtungsbereiche in Nord-Ghana. 1980. 197 Seiten, 20 Karten, 22 Figuren, 50 Tabellen. € 14,--
Heft 60	Wolfgang Herden: Die rezente Bevölkerungs- und Bausubstanzentwicklung des westlichen Rhein-Neckar-Raumes. Eine quantitative und qualitative Analyse. 1983. 229 Seiten, 27 Karten, 43 Figuren, 34 Tabellen. € 19,90
Heft 62	Gudrun Schultz: Die nördliche Ortenau. Bevölkerung, Wirtschaft und Siedlung unter dem Einfluß der Industrialisierung in Baden. 1982. 350 Seiten, 96 Tabellen, 12 Figuren, 43 Karten. € 19,90
Heft 64	Jochen Schröder: Veränderungen in der Agrar- und Sozialstruktur im mittleren Nordengland seit dem Landwirtschaftsgesetz von 1947. Ein Beitrag zur regionalen Agrargeographie Großbritanniens, dargestellt anhand eines W-E-Profils von der Irischen See zur Nordsee. 1983. 206 Seiten, 14 Karten, 9 Figuren, 21 Abbildungen, 39 Tabellen. € 17,50
Heft 65	Otto Fränzle et al.: Legendenentwurf für die geomorphologische Karte 1:100.000 (GMK 100). 1979. 18 Seiten. € 1,50
Heft 66	Dietrich Barsch und Wolfgang-Albert Flügel (Hrsg.): Niederschlag, Grundwasser, Abfluß. Ergebnisse aus dem hydrologisch-geomorphologischen Versuchsgebiet "Hollmuth". Mit Beiträgen von D. Barsch, R. Dikau, W.-A. Flügel, M. Friedrich, J. Schaar, A. Schorb, O. Schwarz und H. Wimmer. 1988. 275 Seiten, 42 Tabellen, 106 Abbildungen. € 24,--
Heft 68	Robert König: Die Wohnflächenbestände der Gemeinden der Vorderpfalz. Bestandsaufnahme, Typisierung und zeitliche Begrenzung der Flächenverfüg-

	barkeit raumfordernder Wohnfunktionsprozesse. 1980. 226 Seiten, 46 Karten, 16 Figuren, 17 Tabellen, 7 Tafeln. € 16,--
Heft 69	Dietrich Barsch und Lorenz King (Hrsg.): Ergebnisse der Heidelberg-Ellesmere Island-Expedition. Mit Beiträgen von D. Barsch, H. Eichler, W.-A. Flügel, G. Hell, L. King, R. Mäusbacher und H.R. Völk. 1981. 573 Seiten, 203 Abbildungen, 92 Tabellen, 2 Karten als Beilage. € 35,50
Heft 71	Stand der grenzüberschreitenden Raumordnung am Oberrhein. Kolloquium zwischen Politikern, Wissenschaftlern und Praktikern über Sach- und Organisationsprobleme bei der Einrichtung einer grenzüberschreitenden Raumordnung im Oberrheingebiet und Fallstudie: Straßburg und Kehl. 1981. 116 Seiten, 13 Abbildungen. € 7,50
Heft 72	Adolf Zienert: Die witterungsklimatische Gliederung der Kontinente und Ozeane. 1981. 20 Seiten, 3 Abbildungen; mit Farbkarte 1:50 Mill. € 6,--
Heft 73	American-German International Seminar. Geography and Regional Policy: Resource Management by Complex Political Systems. Eds.: John S. Adams, Werner Fricke and Wolfgang Herden. 1983. 387 pages, 23 maps, 47 figures, 45 tables. € 25,50
Heft 74	Ulrich Wagner: Tauberbischofsheim und Bad Mergentheim. Eine Analyse der Raumbeziehungen zweier Städte in der frühen Neuzeit. 1985. 326 Seiten, 43 Karten, 11 Abbildungen, 19 Tabellen. € 29,50
Heft 75	Kurt Hiehle-Festschrift. Mit Beiträgen von U. Gerdes, K. Goppold, E. Gormsen, U. Henrich, W. Lehmann, K. Lüll, R. Möhn, C. Niemeitz, D. Schmidt-Vogt, M. Schumacher und H.-J. Weiland. 1982. 256 Seiten, 37 Karten, 51 Figuren, 32 Tabellen, 4 Abbildungen. € 12,50
Heft 76	Lorenz King: Permafrost in Skandinavien – Untersuchungsergebnisse aus Lappland, Jotunheimen und Dovre/Rondane. 1984. 174 Seiten, 72 Abbildungen, 24 Tabellen. € 19,--
Heft 77	Ulrike Sailer: Untersuchungen zur Bedeutung der Flurbereinigung für agrarstrukturelle Veränderungen – dargestellt am Beispiel des Kraichgaus. 1984. 308 Seiten, 36 Karten, 58 Figuren, 116 Tabellen. € 22,50
Heft 78	Klaus-Dieter Roos: Die Zusammenhänge zwischen Bausubstanz und Bevölkerungsstruktur – dargestellt am Beispiel der südwestdeutschen Städte Eppingen und Mosbach. 1985. 154 Seiten, 27 Figuren, 48 Tabellen, 6 Abbildungen, 11 Karten. € 14,50
Heft 79	Klaus Peter Wiesner: Programme zur Erfassung von Landschaftsdaten, eine Bodenerosionsgleichung und ein Modell der Kaltluftentstehung. 1986. 83 Seiten, 23 Abbildungen, 20 Tabellen, 1 Karte. € 13,--

Heft 80	Achim Schorb: Untersuchungen zum Einfluß von Straßen auf Boden, Grund- und Oberflächenwässer am Beispiel eines Testgebietes im Kleinen Odenwald. 1988. 193 Seiten, 1 Karte, 176 Abbildungen, 60 Tabellen. € 18,50
Heft 81	Richard Dikau: Experimentelle Untersuchungen zu Oberflächenabfluß und Bodenabtrag von Meßparzellen und landwirtschaftlichen Nutzflächen. 1986. 195 Seiten, 70 Abbildungen, 50 Tabellen. € 19,--
Heft 82	Cornelia Niemeitz: Die Rolle des PKW im beruflichen Pendelverkehr in der Randzone des Verdichtungsraumes Rhein-Neckar. 1986. 203 Seiten, 13 Karten, 65 Figuren, 43 Tabellen. € 17,--
Heft 83	Werner Fricke und Erhard Hinz (Hrsg.): Räumliche Persistenz und Diffusion von Krankheiten. Vorträge des 5. geomedizinischen Symposiums in Reisenburg, 1984, und der Sitzung des Arbeitskreises Medizinische Geographie/Geomedizin in Berlin, 1985. 1987. 279 Seiten, 42 Abbildungen, 9 Figuren, 19 Tabellen, 13 Karten. € 29,50
Heft 84	Martin Karsten: Eine Analyse der phänologischen Methode in der Stadtklimatologie am Beispiel der Kartierung Mannheims. 1986. 136 Seiten, 19 Tabellen, 27 Figuren, 5 Abbildungen, 19 Karten. € 15,--
Heft 85	Reinhard Henkel und Wolfgang Herden (Hrsg.): Stadtforschung und Regionalplanung in Industrie- und Entwicklungsländern. Vorträge des Festkolloquiums zum 60. Geburtstag von Werner Fricke. 1989. 89 Seiten, 34 Abbildungen, 5 Tabellen. € 9,--
Heft 86	Jürgen Schaar: Untersuchungen zum Wasserhaushalt kleiner Einzugsgebiete im Elsenztal/Kraichgau. 1989. 169 Seiten, 48 Abbildungen, 29 Tabellen. € 16,--
Heft 87	Jürgen Schmude: Die Feminisierung des Lehrberufs an öffentlichen, allgemeinbildenden Schulen in Baden-Württemberg, eine raum-zeitliche Analyse. 1988. 159 Seiten, 10 Abbildungen, 13 Karten, 46 Tabellen. € 16,--
Heft 88	Peter Meusburger und Jürgen Schmude (Hrsg.): Bildungsgeographische Studien über Baden-Württemberg. Mit Beiträgen von M. Becht, J. Grabitz, A. Hüttermann, S. Köstlin, C. Kramer, P. Meusburger, S. Quick, J. Schmude und M. Votteler. 1990. 291 Seiten, 61 Abbildungen, 54 Tabellen. € 19,--
Heft 89	Roland Mäusbacher: Die jungquartäre Relief- und Klimageschichte im Bereich der Fildeshalbinsel Süd-Shetland-Inseln, Antarktis. 1991. 207 Seiten, 87 Abbildungen, 9 Tabellen. € 24,50
Heft 90	Dario Trombotto: Untersuchungen zum periglazialen Formenschatz und zu periglazialen Sedimenten in der "Lagunita del Plata", Mendoza, Argentinien. 1991. 171 Seiten, 42 Abbildungen, 24 Photos, 18 Tabellen und 76 Photos im Anhang. € 17,--

Heft 91	Matthias Achen: Untersuchungen über Nutzungsmöglichkeiten von Satellitenbilddaten für eine ökologisch orientierte Stadtplanung am Beispiel Heidelberg. 1993. 195 Seiten, 43 Abbildungen, 20 Tabellen, 16 Fotos.	€ 19,--
Heft 92	Jürgen Schweikart: Räumliche und soziale Faktoren bei der Annahme von Impfungen in der Nord-West Provinz Kameruns. Ein Beitrag zur Medizinischen Geographie in Entwicklungsländern. 1992. 134 Seiten, 7 Karten, 27 Abbildungen, 33 Tabellen.	€ 13,--
Heft 93	Caroline Kramer: Die Entwicklung des Standortnetzes von Grundschulen im ländlichen Raum. Vorarlberg und Baden-Württemberg im Vergleich. 1993. 263 Seiten, 50 Karten, 34 Abbildungen, 28 Tabellen.	€ 20,--
Heft 94	Lothar Schrott: Die Solarstrahlung als steuernder Faktor im Geosystem der subtropischen semiariden Hochanden (Agua Negra, San Juan, Argentinien). 1994. 199 Seiten, 83 Abbildungen, 16 Tabellen.	€ 15,50
Heft 95	Jussi Baade: Geländeexperiment zur Verminderung des Schwebstoffaufkommens in landwirtschaftlichen Einzugsgebieten. 1994. 215 Seiten, 56 Abbildungen, 60 Tabellen.	€ 14,--
Heft 96	Peter Hupfer: Der Energiehaushalt Heidelbergs unter besonderer Berücksichtigung der städtischen Wärmeinselstruktur. 1994. 213 Seiten, 36 Karten, 54 Abbildungen, 15 Tabellen.	€ 16,--
Heft 97	Werner Fricke und Ulrike Sailer-Fliege (Hrsg.): Untersuchungen zum Einzelhandel in Heidelberg. Mit Beiträgen von M. Achen, W. Fricke, J. Hahn, W. Kiehn, U. Sailer-Fliege, A. Scholle und J. Schweikart. 1995. 139 Seiten.	€ 12,50
Heft 98	Achim Schulte: Hochwasserabfluß, Sedimenttransport und Gerinnebettgestaltung an der Elsenz im Kraichgau. 1995. 202 Seiten, 68 Abbildungen, 6 Tabellen, 6 Fotos.	€ 16,--
Heft 99	Stefan Werner Kienzle: Untersuchungen zur Flußversalzung im Einzugsgebiet des Breede Flusses, Westliche Kapprovinz, Republik Südafrika. 1995. 139 Seiten, 55 Abbildungen, 28 Tabellen.	€ 12,50
Heft 100	Dietrich Barsch, Werner Fricke und Peter Meusburger (Hrsg.): 100 Jahre Geographie an der Ruprecht-Karls-Universität Heidelberg (1895-1995). 1996.	€ 18,--
Heft 101	Clemens Weick: Räumliche Mobilität und Karriere. Eine individualstatistische Analyse der baden-württembergischen Universitätsprofessoren unter besonderer Berücksichtigung demographischer Strukturen. 1995. 284 Seiten, 28 Karten, 47 Abbildungen und 23 Tabellen.	€ 17,--
Heft 102	Werner D. Spang: Die Eignung von Regenwürmern (Lumbricidae), Schnecken (Gastropoda) und Laufkäfern (Carabidae) als Indikatoren für auentypische Standortbedingungen. Eine Untersuchung im Oberrheintal. 1996. 236 Seiten, 16 Karten, 55 Abbildungen und 132 Tabellen.	€ 19,--

Heft 103 Andreas Lang: Die Infrarot-Stimulierte-Lumineszenz als Datierungsmethode für holozäne Lössderivate. Ein Beitrag zur Chronometrie kolluvialer, alluvialer und limnischer Sedimente in Südwestdeutschland. 1996. 137 Seiten, 39 Abbildungen und 21 Tabellen. € 12,50

Heft 104 Roland Mäusbacher und Achim Schulte (Hrsg.): Beiträge zur Physiogeographie. Festschrift für Dietrich Barsch. 1996. 542 Seiten. € 25,50

Heft 105 Michaela Braun: Subsistenzsicherung und Marktpartizipation. Eine agrargeographische Untersuchung zu kleinbäuerlichen Produktionsstrategien in der Province de la Comoé, Burkina Faso. 1996. 234 Seiten, 16 Karten, 6 Abbildungen und 27 Tabellen. € 16,--

Heft 106 Martin Litterst: Hochauflösende Emissionskataster und winterliche SO_2-Immissionen: Fallstudien zur Luftverunreinigung in Heidelberg. 1996. 171 Seiten, 29 Karten, 56 Abbildungen und 57 Tabellen. € 16,--

Heft 107 Eckart Würzner: Vergleichende Fallstudie über potentielle Einflüsse atmosphärischer Umweltnoxen auf die Mortalität in Agglomerationen. 1997. 256 Seiten, 32 Karten, 17 Abbildungen und 52 Tabellen. € 15,--

Heft 108 Stefan Jäger: Fallstudien von Massenbewegungen als geomorphologische Naturgefahr. Rheinhessen, Tully Valley (New York State), YosemiteValley (Kalifornien). 1997. 176 Seiten, 53 Abbildungen und 26 Tabellen. € 14,50

Heft 109 Ulrike Tagscherer: Mobilität und Karriere in der VR China – Chinesische Führungskräfte im Transformationsprozess. Eine qualitativ-empirische Analyse chinesischer Führungskräfte im deutsch-chinesischen Joint-Ventures, 100% Tochtergesellschaften und Repräsentanzen. 1999. 254 Seiten, 8 Karten, 31 Abbildungen und 19 Tabellen. € 19,90

Heft 110 Martin Gude: Ereignissequenzen und Sedimenttransporte im fluvialen Milieu kleiner Einzugsgebiete auf Spitzbergen. 2000. 124 Seiten, 28 Abbildungen und 17 Tabellen. € 14,50

Heft 111 Günter Wolkersdorfer: Politische Geographie und Geopolitik zwischen Moderne und Postmoderne. 2001. 272 Seiten, 43 Abbildungen und 6 Tabellen. € 19,90

Heft 112 Paul Reuber und Günter Wolkersdorfer (Hrsg.): Politische Geographie. Handlungsorientierte Ansätze und Critical Geopolitics. 2001. 304 Seiten. Mit Beiträgen von Hans Gebhardt, Thomas Krings, Julia Lossau, Jürgen Oßenbrügge, Anssi Paasi, Paul Reuber, Dietrich Soyez, Ute Wardenga, Günter Wolkersdorfer u.a. € 19,90

Heft 113 Anke Väth: Erwerbsmöglichkeiten von Frauen in ländlichen und suburbanen Gemeinden Baden-Württembergs. Qualitative und quantitative Analyse der Wechselwirkungen zwischen Qualifikation, Haus-, Familien- und Erwerbsarbeit. 2001. 396 Seiten, 34 Abbildungen, 54 Tabellen und 1 Karte. € 21,50

Heft 114   Heiko Schmid: Der Wiederaufbau des Beiruter Stadtzentrums. Ein Beitrag zur handlungsorientierten politisch-geographischen Konfliktforschung. 2002. 296 Seiten, 61 Abbildungen und 6 Tabellen.   € 19,90

Heft 115   Mario Günter: Kriterien und Indikatoren als Instrumentarium nachhaltiger Entwicklung. Eine Untersuchung sozialer Nachhaltigkeit am Beispiel von Interessengruppen der Forstbewirtschaftung auf Trinidad. 2002. 320 Seiten, 23 Abbildungen und 14 Tabellen.   € 19,90

Heft 116   Heike Jöns: Grenzüberschreitende Mobilität und Kooperation in den Wissenschaften. Deutschlandaufenthalte US-amerikanischer Humboldt-Forschungspreisträger aus einer erweiterten Akteursnetzwerkperspektive. 2003. 514 Seiten, 38 Abbildungen, 11 Tabellen und 8 Karten.   € 29,00

Bestellungen an:

Selbstverlag des Geographischen Instituts
Universität Heidelberg
Berliner Straße 48
D-69120 Heidelberg
Fax: 0049 (0)6221 545585
E-Mail: hga@urz.uni-heidelberg.de
http://www.geog.uni-heidelberg.de/hga/

HEIDELBERGER GEOGRAPHISCHE BAUSTEINE*

Heft 1	D. Barsch, R. Dikau, W. Schuster: Heidelberger Geomorphologisches Programmsystem. 1986. 60 Seiten. € 4,50
Heft 7	J. Schweikart, J. Schmude, G. Olbrich, U. Berger: Graphische Datenverarbeitung mit SAS/GRAPH - Eine Einführung. 1989. 76 Seiten. € 4,--
Heft 8	P. Hupfer: Rasterkarten mit SAS. Möglichkeiten zur Rasterdarstellung mit SAS/GRAPH unter Verwendung der SAS-Macro-Facility. 1990. 72 Seiten. € 4,--
Heft 9	M. Fasbender: Computergestützte Erstellung von komplexen Choroplethenkarten, Isolinienkarten und Gradnetzentwürfen mit dem Programmsystem SAS/GRAPH. 1991. 135 Seiten. € 7,50
Heft 10	J. Schmude, I. Keck, F. Schindelbeck, C. Weick: Computergestützte Datenverarbeitung. Eine Einführung in die Programme KEDIT, WORD, SAS und LARS. 1992. 96 Seiten. € 7,50
Heft 12	W. Mikus (Hrsg.): Umwelt und Tourismus. Analysen und Maßnahmen zu einer nachhaltigen Entwicklung am Beispiel von Tegernsee. 1994. 122 Seiten. € 10,--
Heft 14	W. Mikus (Hrsg.): Gewerbe und Umwelt. Determinaten, Probleme und Maßnahmen in den neuen Bundesländern am Beispiel von Döbeln / Sachsen. 1997. 86 Seiten. € 7,50
Heft 15	M. Hoyler, T. Freytag, R. Baumhoff: Literaturdatenbank Regionale Bildungsforschung: Konzeption, Datenbankstrukturen in ACCESS und Einführung in die Recherche. Mit einem Verzeichnis ausgewählter Institutionen der Bildungsforschung und weiterführenden Recherchehinweisen. 1997. 70 Seiten. € 6,--
Heft 16	H. Schmid, H. Köppe (Hrsg.): Virtuelle Welten, reale Anwendungen. Geographische Informationssysteme in Theorie und Praxis. 2003. 140 Seiten. € 10,--

Bestellungen an:

Selbstverlag des Geographischen Instituts
Universität Heidelberg
Berliner Straße 48
D-69120 Heidelberg
Fax: 0049 (0)6221 545585
E-Mail: hga@urz.uni-heidelberg.de
http://www.geog.uni-heidelberg.de/hga/

---

* Nicht aufgeführte Hefte sind vergriffen.

HETTNER-LECTURES

Heft 1   *Explorations in critical human geography.* Hettner-Lecture 1997 with Derek Gregory. Heidelberg. 1998. 122 Seiten.   € 12,50

Heft 2   *Power-geometries and the politics of space-time.* Hettner-Lecture 1998 with Doreen Massey. Heidelberg 1999. 112 Seiten.   € 12,50

Heft 3   *Struggles over geography: violence, freedom and development at the millennium.* Hettner-Lecture 1999 with Michael J. Watts. 2000. 142 Seiten.   € 12,50

Heft 4   *Reinventing geopolitics: geographies of modern statehood.* Hettner-Lecture 2000 with John A. Agnew. 2001. 84 Seiten.   € 12,50

Heft 5   *Science, space and hermeneutics.* Hettner-Lecture 2001 with David N. Livingstone. 2002. 116 Seiten.   € 15,--

Heft 6   *Geography, gender, and the workaday world.* Hettner-Lecture 2002 with Susan Hanson. 2003. 76 Seiten.   € 19,--

Bestellungen an:

Franz Steiner Verlag GmbH
Vertrieb durch Brockhaus/Commission
Kreidlerstraße 9
D-70806 Kornwestheim
Tel.: 0049 (0)7154 1327-0
Fax: 0049 (0)7154 1327-13
E-Mail: bestell@brocom.de
http://www.steiner-verlag.de